见识城邦

更新知识地图　拓展认知边界

于斯为盛

乡族、风水与地方记忆

THIS LAND IS MY LAND

陈进国 著

中信出版集团 | 北京

图书在版编目（CIP）数据

于胥斯原：乡族、风水与地方记忆 / 陈进国著 . -- 北京：中信出版社，2024.9

ISBN 978-7-5217-5092-8

Ⅰ . ①于… Ⅱ . ①陈… Ⅲ . ①风俗习惯—文化研究—中国②风水—文化研究—中国 Ⅳ . ① K892 ② B992.4

中国版本图书馆 CIP 数据核字（2022）第 251892 号

于胥斯原——乡族、风水与地方记忆

著者：　陈进国

出版发行：中信出版集团股份有限公司

（北京市朝阳区东三环北路 27 号嘉铭中心　邮编　100020）

承印者：　中煤（北京）印务有限公司

开本：787mm×1092mm　1/16　　印张：61.75　　字数：1000 千字

版次：2024 年 9 月第 1 版　　印次：2024 年 9 月第 1 次印刷

书号：ISBN 978–7–5217–5092–8

定价：158.00 元

目　录

引　言　01

导　论　一个中国“冷传统”的探寻与反观　04

第一节　学术史回眸　07
第二节　问题与路径　17
第三节　生生：风水宇宙观与风水社会　26

上篇　风水信仰与乡族社会的文化统合

第一章　在地社会的发展与丧葬文明的风水遗存　003

第一节　衣冠南渡：墓葬文明的术数沉淀　005
第二节　因土成俗：丧葬明器制度的一体化　038

第二章　“中国”意识的地方记忆与风水的文明隐喻　079

第一节　在地意识的形塑与地域空间的风水想象　081
第二节　建构正统性：地方风水故事的文化母题　119

第三章　汉人的迁流模式与乡族社会的风水动力　139

第一节　风水术数的催化与乡族意识的觉醒　140

第二节　乡族社会的迁流与风水的理想世界　156

第四章　风水资本的整合与乡族社会的宗族发展　191

第一节　风水信仰与庄氏家族的系谱认同　192

第二节　风水信仰与丁氏家族的文明儒化　237

第五章　风水资源的交易与乡族社会的秩序构建　262

第一节　风水选择惯习与家族的自我协调机制　263

第二节　祖墓风水合约与宗族共同体的形象塑造　282

第三节　风水资源的争夺与乡族社会的治理脉络　294

第六章　风水话语的构建与乡族士绅的文化情结　311

第一节　乡族士绅与地方学场的风水营造　313

第二节　乡族士绅的风水取向与地方社会发展　340

第三节　“儒理”风水观与乡族士绅的实践伦理　354

下篇　风水信仰与地域社会的民俗记忆

第七章　风水宗派的知识谱系及其地域化形态　385

第一节　理气派的术数实践及其地域传布　386

第二节　形法派的拟像化表述及其意义想象　425

第三节　风水宗派的折中取向及其地方实践　467

第八章　地域文化网络与风水术数的传播渠道　486

第一节　安镇符咒与风水术数的传播　488

第二节　寺庙抽签与风水术数的传播　535
第三节　扶乩降卜与风水术数的传播　555
第四节　选择通书与风水术数的传播　573

第九章　祭祀礼仪与风水观念的民俗传承　599

第一节　竖造仪轨与风水观念的民俗传承　601
第二节　丧葬仪轨与风水观念的民俗传承　625

第十章　祖先崇拜与墓葬纪念物的风水象征　672

第一节　骨殖替代物与墓葬风水的意义传承　673
第二节　坟墓形制的符号化及其风水象征　705

余　论　术数中国：我们如何解释和理解“风水”　741

第一节　华夏化与乡族化：风水作为社会文化资本　743
第二节　术数化与理性化：风水作为纵贯的文化体系　750
第三节　造化与异化：风水作为象征意义图式　758

附录

附录一　福建出土的买地券文本摘抄　769
附录二　石敢当点眼科科仪文书摘抄　780
附录三　明清时期福建风水示禁碑文摘抄　799
附录四　福建风水诉讼案例谱牒资料摘抄　840
附录五　《晋江古檗山庄题咏集》拓本摘录　885

主要参考文献　893
增订版说明　933
专家推介　937

引　言

千百年来，一个游魂，一个叫“风水”的文化游魂，一直在赤县神州游荡。

在灯火阑珊处，吾等仰望璀璨之星穹，内观良知之律令，体认圣教与华心，不觉凛然若临百仞之渊：诸夏此等的文化游魂，无处不在，无时不在。

倘若吾等对此文化游魂还未十分怨憎，那么，当自何方探寻与反观？

孔夫子曰：“周监于二代，郁郁乎文哉，吾从周。”吾等先从先秦史诗——《诗经》之《大雅·公刘》篇说起吧。

笃公刘，匪居匪康。乃埸乃疆，乃积乃仓。乃裹糇粮，于橐于囊。思辑用光，弓矢斯张。干戈戚扬，爰方启行。

笃公刘，于胥斯原。既庶既繁，既顺乃宣，而无永叹。陟则在巘，复降在原。何以舟之？维玉及瑶，鞞琫容刀。

笃公刘，逝彼百泉，瞻彼溥原，乃陟南冈，乃觏于京。京师之野，于时处处，于时庐旅，于时言言，于时语语。

笃公刘，于京斯依。跄跄济济，俾筵俾几。既登乃依，乃造其曹。执豕于牢，酌之用匏。食之饮之，君之宗之。

笃公刘，既溥既长。既景乃冈，相其阴阳，观其流泉。其军三单，度其隰原。彻田为粮，度其夕阳。豳居允荒。

笃公刘，于豳斯馆。涉渭为乱，取厉取锻，止基乃理。爰众爰有，夹其皇涧。溯其过涧。止旅乃密，芮鞫之即。

大约在公元前1600—前1500年，公刘承继周族先祖遗德，率领族众从邰地出发，筚路蓝缕，跋涉山林，迁流异乡。其所经之处，莫不“相其阴阳，观其流泉”，终于寻得一处诗意栖居之家园。豳，就是周王朝的龙兴之地。周天子近八百年的天下，皆自豳地始。

“究天人之际，通古今之变”的太史公迁，曾如此评价公刘之垂世丰功：“周之先自后稷，尧封之邰，积德累善十有余世，公刘避桀居豳。”

大约在公元前1000年，在周公的辅佐下，周王朝又迎来了一次丰碑式之定都盛事。陕西宝鸡出土的何尊铭文，记述了成王对宗族小子何的训诰内容。文王奉天承运，允文允武，善治天下；武王克商祭天，立誓天下，洛邑为中；成王恭德裕天，宅于成周，禀王礼福。铭文之“宅兹中国”，便是“中国”一词的最早来源。铭曰：

> 唯王初壅，宅于成周。复禀（逢）王礼福，自（躬亲）天。在四月丙戌，王诰宗小子于京室，曰：“昔在尔考公氏，克逨文王，肆文王受兹命。唯武王既克大邑商，则廷告于天，曰：余其宅兹中国，自兹乂民。呜呼！尔有虽小子无识，视于公氏，有勋于天，彻命。敬享哉！”唯王恭德裕天，训我不敏。王咸诰。何赐贝卅朋，用作庾公宝尊彝。唯王五祀。

无论公刘在豳地的“相其阴阳，观其流泉”，抑或武王于成周的“宅兹中国，自兹乂民”，皆堪称文明中国早期堪舆规划之典范。

在居与游之间徜徉，吾等难免情慨慨而长怀兮！“宅兹中国”之华夏文明，居然与古方之国“大举九州之势，以立城郭室舍”的形法实践，有此等昭然之渊源焉。

日新之谓盛德，生生之谓易！风翱翔于千仞兮，非梧不栖。美哉，常道也！惟天命与德性，蔚为人文双翼。自兹中国，“夫居天下之正，合天下于一，斯正统矣”。

诚然，古代中国的相地与风水，一源一流，源远流长。睥睨天地间，吾等心性之默应此等的文化游魂，“惚兮恍兮，其中有象；恍兮惚兮，其中有物”，又平添几多岁月之沧桑？

“秦定百越，汉开九郡。自兹编列，同于诸华。”闽者，海滨邹鲁也，犹独为东南之望，厥有由也。吾等闽人也，生于闽中，育于闽中，当且仅当，邃思闽事。

正欲凭栏，潇潇雨歇。百度千寻，知止观止。

导 论

一个中国“冷传统”的探寻与反观

风水又称堪舆、形法、地理、青囊、青乌、卜宅、相宅、图宅、阴阳，[1]是中国及周边的中华文化圈探讨时空“宜-忌”“吉-凶”的术数。它涉及中国人“事生事死”活动的身体实践，乃至村落、社区、家国的时运变化。从辞源学上看，“风水”名词最迟在北宋时期便开始流行了。[2]《地理新书》将“地理”别称“风水”，涵盖“为葬事”（相墓）和“为地事”（相宅）。[3]约宋代成书的《葬书》多用“风水”指称“为葬事”。[4]

---

1. 史箴：《风水典故考略》，载王其亨主编《风水理论研究》，天津：天津大学出版社，1992 年，第 11—25 页。日本人则称风水为“家相”（宅相、墓相）。
2. 〔清〕丁芮朴《风水祛惑》[清光绪六年（1880 年）月河精舍丛抄本]“风水称谓”条曰：“至‘风水’二字，始见于宋儒之书。司马温公《葬论》：‘《孝经》云：卜其宅兆，非相其山岗风水也。’《张子全书》：‘葬法有风水山岗，此全无义理，不足取。’伊川程子《葬法决疑》：‘今之葬者谓风水随姓而异，此尤大害也。’外此未之前闻。”丁氏之说未尽然。北宋时期市坊地理书的“风水”话语应该相当普及，方有宋儒之批判。福建出土的南唐范韬买地券（赵洪章：《浦城发现南唐范韬墓志铭》，《福建文博》1989 年第 1—2 期合刊）已经有“日月大利，风水会图”等语词。
3. 〔宋〕《重校正地理新书》（北京大学图书馆藏金刻本）卷二曰：“出处为水，入处为风。气脉随水流，欲皆朝于案山是也。取其气脉攒聚之处用之，故风水出入之艰难，乃祸害之本也。”同卷《照幽记》曰：“凡宅居地风水当陇首吉，余处凶。”[《续修四库全书》（子部·术数类）第 1054 册，上海：上海古籍出版社，2002 年，第 23 页] 此书大多依北宋前地理旧书删修而成，定稿于宋神宗熙宁四年（1071 年）。卷八称：“合诸家风水地理书。”（第 61 页）
4. 《葬书》曰：“葬者，乘生气也。……经曰：‘气乘风则散，界水则止。’古人聚之使不散，行之使有止，故谓之风水。风水之法，得水为上，藏风次之。”（《景印文渊阁四库全书》第 808 册，台北：台湾商务印书馆，1983 年，第 14—15 页）《〈葬书〉提要》谓：“其书自宋始出。”

中国汉人常自称“龙的传人”，然而，当我们要体会一下那充溢着生命气息的“龙脉”“龙神”的深意时，却常常因穷于应对现代化和全球化的历史大变局而变得心态复杂、态度暧昧。无论是从古典文献的碎片中，还是从当代的日常生活中，我们都能直观感受到风水术数在乡土（乡族）社会中的游魂般纠缠，却又未知晓其顽强“在场”之所以然。诸如“迷信”“巫术”“拟似科学”等化约论的、被刻板化的经验定性，真的可能呈现“风水社会”的事实本身吗？我们必须客观承认，我们一直在自己的文化体系所设定的框架中生活，根本无法脱离我们的习惯、信仰与记忆的种种媒介和符号的经验。《易》曰：“君子终日乾乾，夕惕若厉，无咎。”我们真的能“见龙在田”吗？

法国人类学家克洛德·列维-斯特劳斯（Claude Levi-Strauss）区分了“冷社会”与“热社会”的差异。“冷社会”试图消除历史动力对其平衡和连续性的影响，而“热社会”则将历史过程内在化，并把历史视为自身发展的推动力。两种社会对应着不同的思维方式，特别是冷社会依靠一种感性的、具体的、整体的思维，即“野性的思维”，来把握兼顾共时性与历时性的整体的世界。[1] 其实，中国文明并不存在什么截然两分的、等级式的“大传统”与“小传统”。[2] 只是“礼义文明”（我们也可称之为“礼乐文明”）更接近于“热传统”，很容易进入正典化的历史，成为显性化的精英文化和主流化的意识形态；而“术数文明”更形似

（同上，第 12 页）〔清〕丁芮朴曰：“郭璞非风水之术也，《葬经》非郭璞之书也。……《葬书》有云：‘气乘风则散，界水则止，故谓之风水。’其书出于宋世故也。”

1. ［法］克洛德·列维-斯特劳斯：《野性的思维》，李幼蒸译，北京：商务印书馆，1997 年。
2. “就像神灵世界的官僚制喻象一样，在历史进程之中，相关性宇宙论的范畴逐渐吸收到了民间文化的结构中（尽管绝大多数时候是零碎的），在堪舆术、医药、算命术、星占术以及其他的日常生活关怀中，它们极大地影响了人们的生活。阴阳和五行并没有从民间宗教的话语中消失，并且在某种程度上还为精英与民间所共享的许多信仰提供了一种［解释性的］‘理论’。不过，它们似乎从未完全取代鬼神的作用——后者一直在抵制将它们结合到抽象图式中去的做法。因此，在民间宗教派别的学说中，在‘反叛者的意识形态’中，人们发现，相关性宇宙论、鬼神的积极干预，甚至还有神秘主义的道家的论题错综复杂地在一起。在这里，人们发现的是复杂的相互作用，而不仅仅是同一宗教的两种平行对应的版本。……因为高层文化与民间文化并不只是一种先天存在的文化整体的两种‘平行’版本，人们才能够谈论在漫长的历史中两者之间动态的、复杂的、令人烦恼的而且从来也没有完全得到解决的互动关系。”（［美］本杰明·史华兹：《古代中国的思想世界》，程钢译、刘东校，南京：江苏人民出版社，2004 年，第 424—425 页）

于“冷传统”，很容易被排除于正史和正统之外，成为一种隐性化的民间文化和非主流的文化抗体。然而，二者一直共时并存，互为镶嵌与渗透，衍生成社会各阶层高度共享的“文明共相”，亦即晚近国人眼中区别于“异端”或“外教”的“圣教传统”（“圣人以神道设教”）。诚如《荀子·不苟》篇云：“推礼义之统，分是非之分，总天下之要，治海内之众，若使一人。故操弥约，而事弥大。五寸之矩，尽天下之方也。故君子不下室堂，而海之情举积此者，则操术然也。”在实践层面上，“圣教传统”莫不以“礼义为体，术数为用”，既涵盖儒、释、道等思想学派的应机教化，也容纳堪舆、选择等术数所积淀的风俗习惯，从而构成一个不断自我调适的、冷热交织的、活态化的文化传统。因为术数文明具有“冷”和“隐”的精神气质，其系统的损益进程较慢，反而顽强保持着一种具备连续性、整体性的中国文明特征，并参与催生了涵括传统神道的“圣教意识”（合乎礼义的“华心”）。

因此，“术数文明”（冷传统）与“礼义文明”（热传统），恍若大鹏之双翼，是构成早期“中国文明”起源与发展的基本的思想传统和观念框架。我们只有将风水术数及其记忆遗产也纳为“连续性文明”的活态化的存在样式，才能更接近总体的思想和社会事实，才能多面相地呈现风水术数在中国社会文化史方面的实相和意义。[1] 我们探究风水知识—实践体系背后的种种文明化隐喻和文化记忆形式，亦是从“大历史”和“社会文化史”（包括区域史）的长时段视野，去参与反思“何以中国”的问题，即我们是在什么样的历史语境中，持续塑造我们的文化感知和历史心性，从而成为一个“中国人”（唐末陈黯所谓“华心”）的。特别是“术数中国”与“礼义中国”，如何作为“文明中国”铜板的阴阳两面，深刻影响着我们的精神世界和日常生活方式。如果从“生生（善生）”宇宙论层面来理解风水观念及其实践形态，我们理应对绵绵相续的中国术数信仰形态，多一分同情的理解与心性的默应，从而呈现出这个被遮蔽的“文化游魂”的历史真容。

---

1. 秦汉以降，中国文化始终存在两条基本线索：一是以儒家为代表，不仅以保存和阐扬诗书礼乐为职任，还杂糅进刑名法术，常扮演着官方意识形态的角色，与上层政治紧密结合的线索；一是以术数方技（方术）为代表，上承原始思维，下启阴阳家和道家以及道教文化的线索。（李零：《术数方技与古代思想的再认识》，《中国方术考（修订本）》，北京：东方出版社，2000 年，第 14—15 页）风水杂糅了早期各种术数，又融入了儒家的“名教”主张，堪称中国整体性、连续性、秩序性思维的象征符号。

第一节 学术史回眸

16—17 世纪以来，“基督宗教”传教士在中国社会开始扎根，他们率先运用“附儒诋佛（道）”的策略，频繁使用“迷信”（superstition）标签，针对中国汉语的思想传统及民间崇拜进行“污名化”的批判。[1] 明末耶稣会的利玛窦（Matteo Ricci）承认儒教宇宙观有“连续体”观念，却批驳中国人用风水来解释“家族的安全、荣誉或甚至整个的生存”；[2] 艾儒略（Giulio Aleni）批判闽人“迷信”风水的社会弊端，“今而后宜求之心地，不敢求之山地；求之天理，不可妄求之地理矣”；[3] 花之安（Ernest Faber）、艾约瑟（Joseph Edkins）、陆一约（Edwin Joshua Dukes）、麦高温（John MacGowan）等传教士，亦关注风水观念如何阻碍基督教在华传播。[4] 清末民初基督教与风水信仰的“相遇”甚至引发了诸多“教案”，[5] 演绎了零和式的“文明冲突”。而传教士所掀起的论战，以“思想（政治）正确”的基督教化世界观为蓝本，预设了后来的“现代性”之争，种种反传统的本土主义运动（如太平天国）的兴起，进一步加剧了中国文化生命如何重新安顿的花果飘零感。

近现代以来，特别是晚清民国的知识精英出于救亡图存或思想启蒙的刺激，同样掀起一场猛烈否定本土文化传统的社会思潮。在进化论的浸润下，他们拿起了“科学”和“理性”的利器，狂扫一切“封建迷信”“异端邪说”“牛鬼蛇神”。神秘兮兮的术数传统和地域信仰，统统成为批判的靶子。新文化运动健将胡适就

1. ［美］苏尔（Donald F. Sure）、［美］诺尔（Ray R. Noll）编《中国礼仪之争：西文文献一百篇（1645—1941）》，沈保义、顾卫民、朱静译，上海：上海古籍出版社，2001 年。
2. ［意］利玛窦、［意］金尼阁：《利玛窦中国札记》，何高济等译，北京：中华书局，1983 年，第 90 页。
3. ［意］艾儒略：《口铎日抄》，载北京大学宗教文化研究所编《明末清初耶稣会思想文献汇编》第九册，北京：北京大学出版社，2003 年；《西方答问》卷下《堪舆》，明崇祯十五年武林超性堂重梓刻本。
4. ［德］花之安：《自西徂东》，上海：上海书店出版社，2002 年；［英］麦高温：《中国人生活的明与暗》，朱涛等译，北京：时事出版社，1998 年；Edwin Joshua Dukes, *Everyday Life in China: or, Scenes along River and Road in Fuh-Kien*（London: Religious Tract Society），1885。
5. 范正义：《基督教与中国民间信仰：以福建为研究中心》，福建师范大学硕士论文，2001 年 5 月。

主张，鬼神崇拜造成了大量的浪费，种种“迷信”和“野蛮的风俗”是中国迈向“进化”和“文明”的最大障碍，毁除神佛是开启民智的任务之一。[1]陈独秀的语词更富有战斗性：“若相信科学是发明真理的指南针，像那和科学相反的鬼神、灵魂、炼丹、符咒、算命、卜卦、扶乩、风水、阴阳五行，都是一派妖言胡说，万万不足相信的。”[2]在欢欣于“赛先生”（科学）和“德先生”（民主）光临之际，知识精英与传教士形成了殊途同归的“话语共谋”，大多执迷于“破除迷信”和“风俗改良”，更不可能根据“内部的眼界”，来同情地理解风水观念世界及其习俗传统本身。那些源自日常文化习惯和生活方式本身的“心性的体会”，反而变成思想上的“异数”。诸如《辞源》《辞海》等权威辞典仍然笼统地声称风水是旧时的“迷信”，而未及追问“迷信”何以长时段存在的形上根源。

事实上，上述种种“反迷信”的话语构建，[3]莫不以“进步”和“现代”的名义，将作为他者的西方或西方的“近（现）代性”，努力“镶嵌”到中国自我历史之中，并内化为官方和知识精英的意识形态共识。因此，这类带有东方主义色彩的话语构建，充其量只是“中国文明批判”的大合唱，一定程度上“异化”了现当代中国人的历史心性，从而强势地左右本土宗教的生态及地域崇拜的命运。

诚如露丝·本尼迪克（Ruth Benedict）所称，西方绝对主义哲学理论（包括一神论）所宣称的价值恰恰是值得我们反思的，而承认“文化相对性”自身的价值，则“有必要达到这样一种成熟的程度，即不再把我们的信仰同我们的邻族同胞的迷信相对立。还有必要承认这些基于相同前提——姑且称之为超自然物——的习俗制度，必须在其他的习俗制度中同我们自己的习俗制度一起加以考虑”，而“只要新的观念像习惯信仰一样受到欢迎，它就会成为美好生活可资依靠的另一道屏障。那时我们将获得一种更为现实的社会信念，还会把人类为自己从生存原料中创造出来的各种和平共存、平等有效的生活模式作为希望之据，成为宽容的新基石”。[4]因此，我们要摆脱关于“风水＝迷信”这种绝对主义的刻板印象，

1. 胡适：《论毁除神佛》，载周质平主编《胡适早年文存》，台北：远流出版公司，1995年，第164—167页。
2. 陈独秀：《今日中国之政治问题》，《新青年》第5卷第1号，1918年7月15日。
3. 沈洁：《“反迷信”话语及其现代起源》，《史林》2006年第2期。
4. ［美］露丝·本尼迪克：《文化模式》，何锡章、黄欢译，北京：华夏出版社，1987年，第3页、第216页。

回归“总体社会事实”本身思考“本文化”的意义，依旧任重道远。

任何学术史的回顾与反思都不能周全，不同学科也有各自的方法和问题。笔者拟从文化通论及建筑史、社会文化史、民俗学和文化人类学等视角，勾勒一下风水术数的研究历史。[1]

一、文化通论及建筑史

随着20世纪80年代改革开放的深入，中国学术界对于风水术数及信仰的研究，已逐步脱离了意识形态化的思维范式。文化史学者如詹石窗、刘沛林、徐吉军、高友谦、刘晓明、张荣明、卫绍生、妙摩、慧度等，对风水学与传统文化的关系有所梳理。[2]而风水文化事象与传统建筑或环境的关系，则成为建筑史学的关注热点。像何晓昕等的《风水探源》《风水史》主要结合地方文献及田野资料，去探讨风水习俗的存在方式及文化意义[3]，并构建风水历史的轮廓[4]；王其亨主编的《风水理论研究》旨在“发掘和揭示传统建筑文化的奥秘”[5]；刘敏耀的《澎湖的风水》探讨风水观念对澎湖村落和建筑空间的影响；[6]堀込宪二考察风水思想与中国

1. 本书将交叉使用“风水信仰”与“风水习俗”概念，前者描述的是主观意义上的风水文化事象（心态），后者表达的是客观意义上的风水文化事象（事态）。广义的“风水文化”概念涵盖了两层意义。
2. 书坊中探讨风水理论的著作，不胜枚举。较有代表性的著作有高友谦:《中国风水》(北京：中国华侨出版社，1992)；妙摩、慧度:《中国风水术》，北京：中国文联出版公司，1993年；詹石窗:《道教风水学》，台北：文津出版社，1994年；刘晓明:《风水与中国社会》，南昌：江西高校出版社，1994年；刘沛林:《风水：中国人的环境观》，上海：上海三联书店，1995年；卫绍生:《解开风水之谜》，郑州：中州古籍出版社，1996年；徐吉军:《中国丧葬史》，南昌：江西高校出版社，1998年；张荣明:《方术与中国传统文化》，上海：学林出版社，2000年。
3. 何晓昕编著:《风水探源》，南京：东南大学出版社，1990年。
4. 何晓昕、罗隽:《风水史》，上海：上海文艺出版社，1995年，第1—2页。
5. 王其亨主编:《风水理论研究》，第9页。
6. 刘敏耀:《澎湖的风水》，澎湖：澎湖县立文化中心，1998年。另见卢惠敏:《中国建筑时空观初探》，成功大学硕士论文，1987年；刘佳鑫:《阳宅形法中的几个问题》，中原大学硕士论文，1987年；陈明诚:《中国院落建筑的组织与特性之研究》，东海大学硕士论文，1988年；施邦兴:《〈葬书〉中的风水理论——环境规范体系之研究》，成功大学硕士论文，1989年；陈文尚:《台湾传统“阳宅风水”类型及其区位原则之研究》，文化大学硕士论文，1991年；赖仕尧:《风水——由论述构造与空间实践的角度研究清代台湾区域与城市空间》，台湾大学硕士论文，1993年；韩东洙:《清代府城的城制与营建活动之研究——以省城分析为主》，台湾大学硕士论文，1994年；邹次元:《〈黄帝宅经〉中宅图研究》，东海大学硕士论

城市构造的关系。[1] 此外程建军、孔尚朴、高友谦、全实、亢亮、亢羽的著作 [2] 及一些硕博士论文 [3] 也重视风水文化与建筑、环境的关系。

大体而言，风水不仅是一种选址卜宅的技术体系，而且是一种建筑的美学与哲学，让人去思考建筑空间符号如何形塑和涵养栖居者的生活理想和人文情怀。而风水思想也给后现代主义或解构主义的建筑思潮提供了自然主义或生态主义的视角，去反思当代城乡建筑景观遮蔽下的文化断裂现象，以及城市地标建筑背后的政治隐喻和地方意象。

二、社会文化史

近年来，社会文化史（包括历史人类学）学者对风水与地方社会治理、风水与社会经济开发、风水与宗族秩序的构建等议题亦有所涉猎。他们立足于线性的史观，更关注地方的文化或民俗事象之“时间过程”，至于长时段的“思想传统”（礼义或术数）本身如何左右地域社会的变迁，往往是被忽视的问题。诚如露丝 · 本尼迪克所言，“我们必须生活在我们自己的文化所设定的我们各自的框架之中”[4],风水术数所牵涉的“文化结构”（文化机制或者文化类型）问题同样值得再思考。

首先，近世风水观念引发的社会治理问题日益突出，引起社会史学者的广泛关注。比如，何淑宜探讨了明代士绅对择葬的态度，葬师在择葬中的角色，风水与孝道伦理、祸福报应的关系；[5] 曾国栋检讨了风水观念对清代台湾社会秩序的冲

文，1994 年。

1. ［日］堀込宪二:「風水思想と中国都市の構造—官撰地方志を中心史料として」，东京大学，1990 年。
2. 程建军、孔尚朴:《风水与建筑》，南昌：江西科学技术出版社，1992 年；高友谦主编:《建筑风水理论与实务资料集》，北京：中国国家建设部研究中心，1995 年；全实、程建军主编:《风水与建筑》，北京：中国建材工业出版社，1999 年；亢亮、亢羽编著:《风水与建筑》，天津：百花文艺出版社，1999 年；亢亮、亢羽编著:《风水与城市》，天津：百花文艺出版社，1999 年。
3. 较有代表性的作品有余英:《客家建筑文化研究》，华南理工大学硕士论文，1994 年；王贵祥:《文化、空间图式及东西方的建筑空间》，清华大学博士论文，1996 年；王其钧:《厅堂：中国传统民居的核心空间》，清华大学硕士论文，1996 年。
4. ［美］露丝 · 本尼迪克:《文化模式》，第 8 页。
5. 何淑宜:《明代士绅与通俗文化：以丧葬礼俗为例的考察》，台北：台湾师范大学历史研究所，

击；[1] 王卫平讨论了清代江南地区的官府与基层组织在处理停柩不葬问题时的互动机制；[2] 林文慧研究了清代福州、福安和闽南的风水教案及其社会影响；[3] 范正义讨论了晚清风水教案与基督教“本色化”运动的关系。[4] 有关基督教与风水信仰冲突的研究成果颇多，本书不再涉猎。

其次，从 20 世纪上半叶开始，风水契约文书同样引起了史家的高度重视。如中国社会经济史学派创始人之一傅衣凌就利用永安县的契约，探讨地域社会土地价格和地主佃户的关系，[5] 指出明清乡族势力在坟墓风水买卖、风水纠纷处理等非农业的领域扮演了关键的角色；[6] 杨国桢和陈支平分析了明代乡族势力对山地坟穴交易的操控问题；[7] 洪健荣剖析了清代台湾鸡笼煤务史的风水叙事与权力话语的关系；[8] 庄吉发简述了风水信仰对清代台湾矿业、铁路开发的影响；[9] 郭双林指出，晚清以来思想界之所以批判风水，其实是为了扫清兴建新式工矿业和交通运输业的思想障碍。[10]

最后，明清以来，作为“冷传统”的风水术数，是宗族团体或乡族力量借以

2000 年。

1. 曾国栋：《从示禁碑探讨清代台湾的社会现象》，《史联杂志》1999 年第 35 期。
2. 王卫平：《清代江南地区社会问题研究：以停棺不葬为例》，《江苏社会科学》2001 年第 2 期。
3. 林文慧：《清季福建教案之研究》，台北：台湾商务印书馆，1979 年。
4. 范正义：《基督教与中国民间信仰：以福建为研究中心》，福建师范大学硕士论文，2001 年 5 月。
5. 卢增荣：《福建民间契约文书的最新搜集和论说》，厦门大学历史系博士论文，2000 年，第 5 页。
6. 傅衣凌：《论乡族势力对中国封建经济的干涉》，《明清社会经济史论文集》，北京：人民出版社，1982 年，第 84—88 页。
7. 杨国桢、陈支平：《从山契看明代福建山地的私有化》，载傅衣凌、杨国桢主编《明清福建社会与乡村经济》，厦门：厦门大学出版社，1987 年，第 155—160 页。
8. 洪健荣：《当“矿脉”遇上“龙脉”：清季北台鸡笼煤务史上的风水论述》，《台湾风物》第 50 卷第 3 期（2000 年）和第 20 卷第 4 期（2001 年）。
9. 庄吉发：《信仰与生活：从现藏档案资料看清代台湾的民间信仰》，《台湾文献》2000 年第 51 卷第 3 期。
10. 郭双林：《论晚清思想界对风水的批判》，《史学月刊》1994 年第 3 期。

维持地域社会内部秩序的文化资本或行动策略。如张小军[1]、陈支平[2]、宋德剑[3]、房学嘉[4]、周建新[5]都指出，风水是闽、粤宗族的生存策略，是宗族展示和扩展势力范围的资本、手段、动力。刘大可、刘文波、马传永、童金根、李金宝等探讨了客家村落发展、村邻关系、宗族关系与风水解释机制的关系；[6]刘永华强调，风水观念的普及是地域社会的宗教信仰走向民俗化的标志；[7]梁洪生指出，堪舆师崇拜和风水传说深深根植于江西宗族的历史记忆之中。[8]

三、民俗学

民俗学是一门探讨民俗传承、民俗实践的学问，重点关注民俗事象的活态传承和民俗生活的样式。地方的风水故事类型[9]、风水民俗知识、风水丧葬习俗，[10]自然是学者涉及较多的对象。而比较民俗学关注同一民俗事象的"常"与"非常"现象，也扩展了我们对风水的地域表现形态的理解。

其一，丧葬习俗及其风水象征是民俗学者研究的重心。如郭于华关注到风水

1. 张小军：《再造宗族：福建阳村宗族"复兴"的研究》，香港中文大学博士学位论文，1997年。
2. 陈支平：《近500年来福建的家族社会与文化》，上海：生活·读书·新知三联书店上海分店，1991年，第229—230页。
3. 宋德剑：《宗族发展与族群互动：以丰顺县留隍镇九河村为例》，《客家研究辑刊》2000年第1期。
4. 房学嘉：《从民间信仰等看宗族互动：以丰顺县汤南镇罗氏宗族为例》，《客家研究辑刊》2000年第1期。
5. 周建新：《风水：传统社会中宗族的生存策略——粤东地区的实证分析》，《客家研究辑刊》1999年第2期。
6. 刘大可、刘文波：《武北湘村的宗族社会与文化》，马传永：《连城县四堡乡马屋村民间习俗》，载杨彦杰主编：《闽西的城乡庙会与村落文化》，香港：国际客家学会、海外华人研究社、法国远东学院，1997年；童金根：《清流县进士乡的民间信仰与民俗特色》，李金宝：《清流县长校村的宗族传统调查》，载杨彦杰主编：《汀州府的宗族庙会与经济》，香港：国际客家学会、海外华人研究社、法国远东学院，1998年。
7. 陈支平主编：《福建宗教史》，福州：福建教育出版社，1996年，第550—553页。
8. 周銮书主编：《千古一村：流坑历史文化的考察》，南昌：江西人民出版社，2000年，第273—286页。
9. 段友文：《南蛮盗宝型传说母题的文化阐释》，《民间文学论坛》1998年第1期。
10. 宿白：《白沙宋墓》，北京：文物出版社，1957年。

与巫术感应论的关系；[1]何彬分析了东南地区的汉族捡骨再葬习俗与地域化关系、墓地风水构造的民俗意义及其文化本质；[2]周星强调福建、琉球[3]的龟壳墓样式符合并内化了风水宇宙观；[4]蔡文高指出洗骨改葬习俗与风水信仰密切关联；[5]窪德忠主编的《冲绳的风水》则考察了琉球"受容"风水的历史、龟甲墓形制、洗骨习俗及墓地符等问题；[6]小熊诚比较了琉球、浙江的风水习俗的差异。[7]这些跨区域比较，让我们对东亚社会变迁中的文化共相有了更直观的感受。

其二，关于风水"民俗知识"的比较，亦是民俗学者田野调查的内容。如渡边欣雄认为，"民俗知识"具有非均质性、可塑性和可变性特征，存在着区域的层积性和差异性，研究者当从风水本身去理解风水，以避免割裂风水知识体系，[8]

1. 郭于华：《生命的续存与过渡：传统丧葬仪礼的意识结构分析》，载王铭铭、潘忠党主编：《象征与社会：中国民间文化的探讨》，天津：天津人民出版社，1997 年，第 156—159 页。
2. 何彬：《江浙汉族丧葬文化》，北京：中央民族大学出版社，1995 年。
3. 清光绪五年（1879 年），日本并吞琉球，之前琉球是一个与中国关系极为密切的藩属国。
4. ［日］周星：《椅子坟与龟壳墓》，载何彬《江浙汉族丧葬文化》附录，北京：中央民族大学出版社，1995 年，第 142—169 页。周星「福建省の亀殻墓と風水」、『アジア游学』第 47 号「風水の歴史と現代」、2003 年 1 月。2004 年 9 月初，笔者将本书修订稿交予由日本回京的周星先生（现任职于日本爱知大学）斧正。10 月即收到周氏惠寄的《坟墓形制、风水实践、建筑仪礼及其他》（收入日本平成 12—14 年度文部科学省科学研究补助金基盘研究成果报告书《中国福建省福州及泉州与冲绳的文化、社会比较研究》［中国福建省福州及び泉州と沖縄の文化・社会の比較研究］，小熊诚主持，2003 年［平成 15 年］6 月）。
5. 蔡文高「福建省西部の洗骨改葬と風水信仰」、『アジア漢文化地域の民俗宗教に関する宗教人類学的研究』（研究成果報告書，研究代表者佐々木宏幹）、2001 年（平成 13 年）3 月、24—33 页；蔡文高「洗骨改葬の比較民俗学的研究」、岩田書院、2004 年（平成 16 年）10 月。报告书《中国福建省福州及泉州与冲绳的文化、社会比较研究》中有《蔡氏福建省沿海诸地域的洗骨改葬》（蔡氏福建省沿海諸地域の洗骨改葬）、《从洗骨改葬到烧骨改葬——以丰见城村字高安的事例为中心》（洗骨改葬から焼骨改葬へ——豊見城村字高安の事例を中心に）诸文。
6. ［日］窪德忠编：「沖縄の風水」，株式会社平河出版社，1990 年。
7. Oguma Makoto，The Village of "Two Dragons" and the Village of "Dragon and Tiger"：A Field of Fengshui in Two Zhejiang Village，*Perspectives on Chinese Society*，edited by Suenari Michio J.S. Eades and Christian Daniels，1995. 感谢小熊诚提供该文。
8. ［日］渡边欣雄：《民俗知识的动态研究》，梁景之译，《民族译丛》1994 年 6 期；［日］渡边欣雄：《汉族的风水知识与居住空间：有关风水的知识及人类学诸问题》，戚未艾译，载高友谦主编：《建筑风水理论与实务资料集》，北京：中国国家建设部研究中心，1995 年，第 13—14 页。

特别是要关注东亚地区的风水意识与风水民俗知识的多样性。[1] 而林美容以台湾的地理故事为例，强调地理是推动汉人村庄结成命运共同体的重要力量。[2]

四、文化人类学

西方人类学家长期关注中国术数文明特别是风水习俗的知识论前提、风水与宗族系谱观念、功能形态、祖先崇拜等议题。[3] 渡边欣雄在梳理"欧美风水研究"[4] 时指出，早期传教士关于风水术数的报告和民族志，"影响到社会人类学的领域，如弗雷泽的巫术论、涂尔干与莫斯的象征的宇宙分类论等，并影响到大约同时期韦伯的中国巫术论"[5]。百年前，德格鲁特（J.J.M. de Groot）称风水为"疑似科学"；[6] 英国传教士伊特尔（Ernest J. Eitel）称风水属于有机整体的自然观，其中"理""数""气""形"等范畴包括"自然的法则""自然的数值比""自然的气息""自然的外形"等命题；[7] 法国传教士禄是遒（Henri Dore）视风水为一种准科学的占卜理论。[8] 人类学家的主要关注点有三。

---

1. 渡边欣雄著有《风水思想与东亚》（風水思想と東アジア）（京都：人文书院，1990 年）、《风水：气的景观地理学》（風水 気の景観地理学）（京都：人文书院，1994 年），他还编著有《风水论集》（風水論集）（东京：凯风社，1994 年）等。其代表性著作有《风水的社会人类学——中国与其周边比较》（風水の社会人類学——中国とその周辺比較）（日本风响社，2001 年）。渡边欣雄惠寄了一系列论文，谨此致谢。
2. 林美容：《由地理与年签来看台湾汉人村庄的命运共同体》，《台湾风物》1996 年第 4 期，第 38 卷。
3. 参阅［日］斋藤齐：《关于风水研究的主要文献目录：日语、欧洲语言（刊年顺）》［風水研究に関する主要文献目録：和文・欧文（刊年順）］，日本《史学》59 卷第 4 号，第 165—180 页；［日］渡边欣雄：《风水研究论著目录》，韩国《比较民俗学》第 6 辑，第 333—362 页；［日］渡边欣雄：《作为东洋理论的风水思想：社会人类学的研究成果及试论》，载［日］渡边欣雄《汉族的民俗宗教：社会人类学的研究》，周星译，天津：天津人民出版社，1998 年，第 285—313 页。
4. ［日］渡边欣雄：《中国风水与东亚文明：社会人类学的论点》，载王铭铭、潘忠党主编《象征与社会：中国民间文化的探讨》，第 187—215 页。
5. 同上，第 192 页。
6. J.J.M. de Groot, *The Religious Systems of China:Its Ancient Forms Evolution History and Present Aspect Manners Customs and Social Institutions Connected therewith* vol.3（Leiden :E.J. Brill, 1897）.
7. 王蔚、戚珩：《毁誉交加说风水》，［英］E. J. 伊特尔《风水：古代中国神圣的景观科学》，载王其亨主编：《风水理论研究》，第 267—269 页。
8. ［法］禄是遒：《中国民间崇拜》，甘沛澍英译，王定安中译，李天纲审校，上海：上海科学技其一是风水与中国宇宙观、祖先崇拜的关系。20 世纪 60 年代后，莫里斯·弗里德曼、裴达礼（Hugh Baker）、王斯福（Stephan Feuchtwang）、芮马丁（Emily M. Ahern）探讨了风水所包含的宇宙观念及崇拜体系。其中，弗里德曼的机械论风水观[1]和芮马丁的人格论风水观[2]引起了较大的争论，中国台湾的叶春荣[3]、李亦园[4]、余光弘[5]等都有所回应，强调风水宇宙观念、空间象征与地方日常生活实践密切相关。日本学人濑川昌久[6]、水口拓寿[7]认为，华南族谱及祖墓祭祀兼顾了两种风水观念。渡边欣雄则指出两种风水观反映了“民俗知识”的复合性现象，[8]皆是“中和位育”观念的表现形式。[9]

其二是风水与家族、宗族发展脉络。其中包括弗里德曼之仪式生活和社会

术文献出版社，2014 年，第 59—69 页。

1. 弗里德曼指出，在牌位崇拜和坟墓崇拜中，汉人对祖先的态度恰好相反。骨殖是一种世系继嗣的象征，子孙却将之当作傀儡来操弄。“死者只是被动的代理者，是子孙利用地理师玩弄的一种仪式游戏的卒子。坟墓选在恰当的位置，就能自动聚气。死者自身不能选择赠予及拒绝那流经其骨殖的庇荫之气。”参见 Maurice Freedman, *Chinese Lineage and Society: Fukien and Kwangtung*（New York：Humanities Press INC., 1966）, p.126.
2. 芮马丁认为，在台北县三峡镇溪南里的调查表明，当地人认为逝去的祖先是有意志与感情的，是祖先本身而非气或抽象的风水力量决定着子孙的幸与不幸。参见 Emily M. Ahern，*The Cult of the Dead in a Chinese Village*（Stanford University Press，1973）。
3. 叶春荣：《风水与报应——一个台湾农村的例子》，《“中央研究院”民族学研究所集刊》第 88 期，1999 年；叶春荣：《风水与空间——一个台湾农村的考察》，载黄应贵主编《空间、力与社会》，台北：“中央研究院”民族学研究所，1995 年，第 317—351 页。
4. 李亦园：《李亦园自选集》，上海：上海教育出版社，2002 年，第 232 页；李亦园：《文化的图像：文化发展的人类学探讨》（上），台北：允晨文化实业股份有限公司，1992 年，第 198—199 页。
5. 余光弘：《没有祖产就没有祖宗牌位？——E. Ahern 溪南资料的再分析》，《“中央研究院”民族学研究所集刊》第 62 期，1987 年。
6. ［日］濑川昌久：《族谱：华南汉族的宗族、风水、移居》，钱杭译，上海：上海书店出版社，1999 年，第 179—180 页。
7. ［日］水口拓寿：「福建上杭『李氏族谱』に見る風水観念—始祖の墓をめぐる［機械論］と［人格論］」、『アジア漢文化地域の民俗宗教に関する宗教人類学的研究』（研究成果報告書，研究代表者佐々木宏幹），2001 年（平成 13 年）3 月，34—42 頁。
8. ［日］渡边欣雄：《风水知识与世界观：关于汉族墓地风水的讨论》，载渡边欣雄《东方社会之风水思想》，杨昭译，台北：地景企业股份有限公司，1999 年，第 63—66 页。
9. ［日］渡边欣雄：《汉族的民俗宗教：社会人类学的研究》，第 307—308 页。

分层的视角[1]；林耀华之人类关系体系的平衡论的视角[2]；庄孔韶之“文化媒人”视角[3]；黄树民之风水与村落政治文化的视角[4]；黄兰翔之宗族伦理脉络的视角[5]；庄英章之风水信仰与房分兴衰的视角[6]；以上都深化了我们对风水与宗族关系的理解。濑川昌久则关注“风水的社会性存在方式”和风水在整个社会性联系中的意义；[7] 崔吉城说明，东亚的祖先崇拜模式是由风水、祭祀和巫俗构成的复合形态。[8]

其三是风水在地域社会的空间象征意义。王斯福主张，风水既是象征主义和巫术，也是美学和选址技术；[9] 王铭铭指出，被破坏风水的故事母题是反抗政治重压的隐喻；[10] 林嘉书则分析了风水术数符号如何影响客家土楼空间象征营建；[11] 李丰楙强调，出煞仪式象征着宇宙秩序的破坏与重建[12]，奠安仪式是家族的通过仪式，

1. ［英］莫里斯·弗里德曼：《中国东南的宗族组织》，刘晓春译，王铭铭校，上海：上海人民出版社，2000 年，第 99—103 页。
2. 林耀华：《金翼：中国家族制度的社会学研究》，庄孔韶、林余成译，北京：生活·读书·新知三联书店，1989 年。
3. 庄孔韶：《银翅：中国的地方社会与文化变迁（1920—1990）》，台北：桂冠书局，1996 年；庄孔韶：《“金翼”黄村山谷的风水实践》，《民俗研究》1999 年第 4 期。
4. 黄树民：《林村的故事：一九四九年后的中国农村变革》第 3 章，素兰、纳日碧力戈译，北京：生活·读书·新知三联书店，2002 年。
5. 黄兰翔：《风水中的宗族脉络与其对生活环境经理的影响》，《台湾史研究》第 4 卷第 2 期，1999 年。
6. 庄英章：《南村的宗族与地方自治》和《台湾汉人宗教发展的若干问题：寺庙宗祠与竹山的垦殖型态》，分载《“中央研究院”民族学研究所集刊》第 31 期（1971 年）和第 36 期（1975 年）。
7. ［日］濑川昌久：《族谱：华南汉族的宗族、风水、移居》，第 9 页、第 175 页、第 112—113 页、第 179—180 页。
8. ［日］渡边欣雄：《作为东洋理论的风水思想：社会人类学的研究成果及试论》，载渡边欣雄《汉族的民俗宗教：社会人类学的研究》，第 285—313 页。
9. ［英］王斯福：*An Anthropological Analysis of Chinese Geomancy*，台北：南天书局，1982 年影印本；［英］王斯福：《中国风水：历史与文化》，王铭铭译，载王铭铭、潘忠党主编《象征与社会：中国民间文化的探讨》，第 176—186 页。
10. 王铭铭：《逝去的繁荣：一座老城的历史人类学考察》，杭州：浙江人民出版社，1999 年，第 178 页。
11. 林嘉书：《土楼与中国传统文化》，上海：上海人民出版社，1995 年，第 202—278 页。
12. 李丰楙：《煞与出煞：一个宇宙秩序的破坏与重建》，载“中央图书馆”台北分馆编《民俗系列讲座》，1993 年。

代表着由日常到非常、从凡俗入神圣的转换过程[1]；王秋桂和王天麟指出，出煞仪式具有建构地域的神圣空间的功能。[2]

大体而言，在探讨复杂风水事象的问题上，人类学家透过个案考察和村落分析而得出的经验认知，能否抽象为客观必然的普遍知识呢？如果脱离了对连续的时间性及超稳定的思想结构的反思，如何能将地方性知识转化为普遍性知识？特别是，当我们用地方性知识去"呈现"普遍性知识时，应该如何有效地界定彼此的边界和互涵的内容呢？这些方法论的反思尚待后来者继续深入探讨。

第二节　问题与路径

一、思路与方法

近几十年来，学界多采用区域研究方法来探索中国社会史课题，但共识甚少。[3] 施坚雅说："中国历史上县级区划的稳定性，只是一种幻觉而已。"[4] 拟从制度或观念的层面来探讨地域的社会文化问题，同样面临着如何界定区域边界与区域历史的难题。地域单位如何划分才最有效，一般要根据我们研究的问题及其所牵涉的点与面而定。

人类学者较早开展了地域性的风水文化事象研究，但一般将调查范围缩小到村落或市镇。从历史学本位出发，欲考察风水文化事象在近世社会变迁中的表现实态及其与乡土（族）社会长期性的互动关系，功能主义的社区分析方法（小地方的描述）和共时性剖析（反历史倾向）虽有可借鉴之处，但也面临着理论上的独断困境。在尊重社区研究和文化志描述的有效价值的同时，走出社区范围，在较大的空间跨度和较广的时间深度中，探讨风水术数的存在方式及其社会文化意

---

1. 李丰楙：《金门闾山派奠安仪式及其功能：以金湖镇复国墩关氏家庙为例》，《民俗曲艺》第91期（1994年）。
2. 王秋桂、王天麟：《奠安与出煞：安龙科仪初探》，《民俗曲艺》第94—95期（1995年）。
3. 程美宝：《区域研究取向的探索：评杨念群著〈儒学地域化的近代形态〉》，《历史研究》2001年第1期。
4. ［美］施坚雅主编：《中华帝国晚期的城市》，叶光庭等译，北京：中华书局，2000年，第19页。

义，探讨不同时空序列中的人群如何看待和实践风水信仰的问题，也是必要的。[1]但这不意味着笔者主张恢复割裂时空关系的宏观化论述。研究的问题往往决定方法的抉择，而非方法的抉择决定研究的问题。

研究风水这类文化事象，既要注意操作层面上的可行性，也要兼顾观念层面上的涵括性。如何使区域研究具有相对普遍的文化意义？如何使区域所承载的历史的、集体的心灵事件的呈现成为可能？具体来说，我们透过“地方性知识”的深描，旨在超越受制于现象界时空的许多先见，特别是隐藏于慵懒心灵和历史话语中的某些“政治的魔咒”，从而获得鸟瞰的超越视野，自觉养成立足于原乡本土的历史意识和宗教关怀，并灵动地展示近世[2]以来区域多元（异质性）而又一体（同构性）的思维模式、文化记忆和群体心态。[3]

其实，我们所记录的声音，何尝不是一种发自芸芸众生以及我们自身灵魂深处的、苍劲而雄浑的声音——“突破时间壁垒与有限性的内在愿望”[4]。我们理应将风水文化研究置于较长时段的历史语境及当下的民俗场景之中，从而跨越区域局限性，使之成为名副其实的跨区域的区域文化史和心态史研究。

首先，考虑到纵深研究的可操作性，笔者作为熟人社会的一员，以福建区域（包括以社区、方言族群或宗族为个案）为中心，一则可以搜集到较全面的历史

---

1. 李亦园称：“即使是人类学家常用的所谓‘参与观察’与‘深度访谈’等方法，也有它的困境，特别是在中国这样大的国家里，如何从参与小村落的田野工作，扩展到了解全国的问题，也是一项在研究方法与研究策略上需要我们自己发展出一套适合于国情的方式（的问题），在这里也许我们可以说费孝通的研究从村庄到市镇，然后从市镇到大区域的策略，确是一个在研究方法上做到本土化、中国化的好例子。”详见《李亦园自选集》，第448—449页。
2. 关于“近世”的概念，系借用日本学者内藤湖南、宫崎市定等人的分期理论，指从唐宋以来中国社会开始发生社会和文化的“转型”。福建各区域汉方言社群从“移民社会”经过“土著化”进入“土著社会”时期，主要是在唐宋。宋代以来，福建逐渐形成了以“乡族”为社会运行纽带的区域组织网络。“乡族”是近世乡土社会中微雕化的族群，是一个圆形的、封闭式的类簸箕式社会结构中的网状交织点。因此，“近世”概念契合我们关于地域风水信仰的长时段的分析。从生活史、宗教史、思想史乃至家族史等领域讨论风水的存在方式和文化记忆，显然不能忽视中国“近世”社会转型这一宏大背景。
3. 费孝通的“中华民族多元一体格局”理论，指出中国历史文化有多种源头和样式，但在发展中又表现出共通性的趋势。费氏的“文化自觉”更强调民族命运共同体的“一体”而非“多元”。参见费孝通等：《中华民族多元一体格局》，北京：中央民族大学出版社，1989年。
4. Arthur Marwick，*The Nature of History*（Palgrave Macmillan, 1989，third edition），p.16.

和田野资料，二则在经历了对故土的陌生化过程后，笔者有可能更接近以“内部眼界”去做深描的尝试。

其次，在复杂的文明社会中，在不同的时空序列中，不同阶层人士的风水知识、认知和实践都是不同的。我们不仅要关注构成风水这一文化事象的基本概念或知识系谱的变化本身，而且要重视继承、传播和表演风水文化事象的“媒介”（mediator），以及“媒介的过程”（mediation），[1] 即提供风水服务者（风水仙、地师、地理先生、风水先生、山家、形家、堪舆师等等）、风水的服务对象（东家/事主，或宗族组织），以及掌握所谓“精英文化”的士绅和实践所谓“俗文化”的基层民众，是如何在具体处境下根据自我的价值判断对风水事象进行文化陈述和具体实践的。我们既要描述客观意义上的风水知识、习俗（事态），也要表达主观意义上的风水信仰（心态）。

毫无疑问，风水习俗（仪式）渊源于风水信仰，又反作用于风水信仰。由于观念的历史天然有失忆的宿命（在意识形态主政的文明社会中，选择性记忆是一种强势主导的时尚），在风水习俗的发生学意义模糊不清的情况下，我们更需要借助一些风水事象、民间文本与口头叙事，去呈现它的象征意义、思想结构、文化功能。而民间的风水信仰形态只有透过表达它的风水习俗或操作仪式，才能更加清楚地呈现出文化记忆的本色。[2] 如何结合历史的传统与现实的变迁，针对活态化的风水民俗知识及其实践，展开相关的研究，这个问题显得相当迫切。

笔者并不准备用纯粹静态的方式，去探讨风水知识本身的技术问题，而是欲

---

1. 学长刘永华曾经就民间文化研究的方法论问题展开建设性的讨论，谨此致谢。
2. 葛兆光评介德格鲁特的丧礼研究时说：“我们常常忽视文献与生活都可以叙述历史，人类学的调查资料不仅可以帮助我们理解古代民众的心情，重建古代生活的气氛，还可以让我们对文献有更深的理解。……Groot［德格鲁特］凭什么可以不分史料的时间界限而混合使用？但这些追问，是建立在“无征不信”的怀疑主义文献学基础上的，作为一个国外研究者，Groot需要书写的是另一个民族文化与生活的背景与意义，而不是汉民族的历史的一个精确的时间表。于是，他把历史资料、现实调查以及考古发现一概当作一种文化的叙述，在他的书写中消解了时间的古今与空间的东西，以此求得他的理解和解释，所以，他不是文献学者，他把古今的时间过程看成是一个延续与皴染的过程，要追问的只是如何理解另一个民族的习惯与心灵。可是回过来想，历史学的目的不也是这个么？”葛兆光：《从丧葬制度中理解中国宗教与社会：读〈中国宗教制度〉与〈中国的死亡仪礼〉》，载《域外中国学十论》，上海：复旦大学出版社，2002年，第48—49页。

结合文化史和社会史，通过分析风水术数及相应形成的信仰与习俗在区域社会的存在方式、表现情态，来考察一种世俗化、实用化的文化观念与思想传统，是为何并如何渗透到地方文化网络中，又随着地方社会结构的变迁而变迁的。为了贯彻这种“事态—心态”的互动研究，以呈现风水文化事象的实态和本质，在重视典型个案的同时，选择大于社区的省区或市（县）区为单位（特别要重视将汉语方言社群等作为比较单位）仍然是一种较合理的方案。

再者，从自然和人文地理角度分析，我们也不应该“阉割”近世风水流派中早已约定俗成的群体“在地意识”认同——所谓的闽派或理气派的说法。

翻开地图，地处东南边陲的八闽大地，具有相对独特的自然地理风貌：西北横亘着武夷山脉，西南有博平岭山脉，东北是太姥山脉，东南是浩瀚的大海，与邻省江西、浙江之间具有天然的屏障。区域内部的地理单元也有相对独立的分割形态，如纵贯南北的鹫峰山、戴云山、博平岭组成了福建的中轴线，而闽江、木兰溪、汀江、九龙江、晋江等流域划割出了不同地区的特色。在陆路交通相对不发达的地域社会中，有“八山一水一分田”之称的福建也确立了相对独特的经济和人文地理板块。

宋代以来，中国经济和文化重心已移向长江以南地区，福建社会经济及文化都是较发达的。明清时期东南沿海地区更是力执中国社会经济发展之牛耳，其社会流动面远较其他地方深广。两晋以来陆续移入闽中的汉民在由移民社会变成土著社会的过程中，[1] 逐渐形成了不同的汉语方言社群（福州人、兴化人、闽南人、龙岩人、客家人、闽北人）和方言区。此外福建还有被边缘化了的闽越族群（包括畲人）以及在地化的域外族群（如阿拉伯人后裔）。[2] 在每一个方言社群内部、方言社群之间，以及汉方言社群与少数族群之间，冲突与交融是并存的，但交融毕竟是主流。各汉方言社群之间、汉方言社群同少数族群之间的血缘与文化融合也更为迅速，已经形成了较有特色的地域文化共同体。

以风水信仰或习俗为例，汉民族传承了中原及北方的术数文化传统，并在漫长的社会变迁中吸纳了闽中的土著文化要素，发展出理气派（闽派），与形法

---

1. 因汉民移进、移出福建的持续性和差异性，这种转变不可能有统一的时间或地域的标志。
2. 参照陈支平《福建六大民系》各章节，福州：福建人民出版社，2000 年。

派（赣派）分庭抗礼，并逐步走向有机的整合。这种融入土著特色（在地化、草根化）的风水文化事象，就像泼墨一样，经过近世以来仪式化、庶民化的多重洗礼，转化为一种具有普遍性的民间信仰或民俗知识，从而成为地域社会的文化统合力量，成为区域群体意识认同的文化催化剂。

自宋代以来，“福建地狭人稠，无以赡养，生子多不举”（《宋史・食货志》），世称“闽在海中”（《山海经》第十《海内南经》）。福建与海外的交往频繁，一批批的风水专家和“身处他乡是故乡”的移民，更是将故土的风水术数带到一个个新开发的周边地区，从而构成其在异乡的身份和文化认同符号。风水术数业已不是专属于某个区域的实用传统，更不能被简单地视为汉人社会的遗风遗俗。从某种意义上说，风水术数不断地为身处他乡的故乡人提供一种解决现实生活问题的合理化的意义图式，一种可以规范操作的象征秩序，从而有效建构并且可预期地满足他们的文化需求。选择福建区域来进行整体的、比较的研究，可以更加深入地了解风水术数的社会存在方式及其扮演的社会文化功能、文化象征意义等，特别是在移居社会中的文化统合作用。

反观近世中国，以朱熹为代表的理学告别了“伪学”时期，成为王朝社会的主流意识形态。发端于武夷九曲的闽学同“流窜”于八闽乡野的风水学（术数）“本是同根生”，本无所谓的雅俗（精英 / 民众）、高低之分，二者在一些宇宙原则（如理与气）及文化规范上共享同一种知识和观念系谱，并无本质性的冲突，甚至在文化实践中有着相当良性的互动。[1] 所谓的信仰风水者亦信仰理学，所谓的信仰理学者亦信仰风水。意识形态化的理学以“以家达乡”和“省方设教”立教，试图让所谓正统化的儒家价值观念重新“回归”乡间田野，并让“土头土脑”的乡民适应吸收尊贵的理学礼义规范，士绅与庶民对风水术数的价值认知和信仰心态，尽管有共通的文化底色，但毕竟不可能是均质化的。

1. 雅俗只是约定俗成的称谓，并不一定有高低、大小之分。所谓雅文化（精英文化），只是意味着其知识体系为少数的精英所掌握，可能是较为“人文化”的；所谓俗文化（民间文化），则指其知识体系为普通民众所认同，可能是较为“实用化”的。雅者可能认同俗者，俗者也可能认同雅者，它们同是中国本土文化“传统”的一部分，甚至是同一种信仰与观念系谱的不同版本而已。有关“民间文化-精英文化”与“民间信仰-官方宗教”之类的概念辨析及相互关系的讨论，参见蒲慕州：《追寻一己之福：中国古代的信仰世界》“引论”部分，台北：允晨文化实业股份有限公司，1995 年。

当然，夸大这种差异性也不符合地方史实，在传统社会的流动机会变得较为公开的情形下更是如此。以近世儒学意识形态发端的区域为探讨范围，有助于反思精英文化与庶民文化长时段的互动和镶嵌关系，反思各阶层（士绅、乡民）接纳风水信仰或习俗方面的能动的表现形态，反思新型的宗族和乡族组织的结构机制、发展动力、历史记忆等问题。不过，我们也要清醒地意识到，那些在闽“过化”的儒家价值观念及其“声教”，亦蕴藏在各类地方文献及族谱的风水叙事之中，成为一种具有“典范性”和“正统性”的历史书写框架。

此外，我们不应忽视本土道教、地域崇拜与风水术数互为条件、互为嵌合、形成相互作用的共生共荣关系。特别是通过田野调查，考察风水知识—实践体系与道教及地域崇拜相互营造自身的合法性力量，有助于我们省思，风水知识和观念何以走向信仰化和仪式化，何以内化为地方的文化记忆形式，从而成为民间社会文化网络的组成部分。

作为一种知识—实践体系，风水术数的存在方式必然具有一定的地域性差异。这种所谓的差异性在约定俗成的南方与北方之间更为凸显，而不是典型地体现于隶属南方的福建区域内部；差异性在福建汉民族与少数民族之间表现得更为典型，而不是集中地反映在该地各汉方言社群之间。在操作层面上，因地方文献难以计量化比较，而基于田野的共时性分析无法全息地反映出区域总体的社会事实及其文化变迁，本书不刻意去表达区域内的风水知识、风水认知、风水实践的差别。为了合理地展现区域内的社会与文化的统合进程，以避免因研究空间扩大而忽视局部个性，本书针对各汉方言社群、聚居家族和房派进行了个案或细部的思考，以期跨越狭义上的政区式解读。

本书的“福建”，与其说是一个动态的政区概念，不如说是综合了地理的、历史的、文化的区域概念。[1] 而本书的风水课题，与其说是属于传统通史的范式，不如说是属于社会文化史的范式。[2] 关于风水的通史研究应“就风水而论风水”，

1. 清政府收复台湾之后，于台设立府治，隶属福建省，迟至清光绪十一年（1885 年）台湾始独立建省。本书所说的福建，也包括设省之前的台湾，但研究重点依然以地理概念隶属于大陆的福建为主。
2. 社会史研究范式的探讨，请参考赵世瑜《狂欢与日常：明清以来的庙会与民间社会》“附录”部分，北京：生活·读书·新知三联书店，2002 年。

探讨风水术数发展的内在理路，专门研究风水派别的源流、理论特质、代表人物等。然而，因为风水习俗的存在形态本身是乡土的、多元的（不能说它只是民间的、地方的），再加上风水思想历史的多重失忆和人为阉割，通史范式的风水思想史往往被异化为书斋里的想象史。

我们有关风水信仰或习俗的分析框架，理当兼顾"历时性"与"共时性"的双重要求，尽量从土著的观点出发，考察风水习俗在地域社会的历史表现形态，特别是要关注和诠释文化主体在社会变迁中的风水实践样态，以期揭示风水信仰、习俗在区域社会文化网络中所发挥的效用和意义。我们有关风水的社会文化史的旨趣，既是历史学的，也是"现在学"的，是对民众"理所当然"的日常生活世界进行文化反思和批评的重要组成部分。

埃文斯-普理查德（Evans-Pritchard）在评议原始宗教的研究思路时称，当"起源不可能被发现的时候，探寻起源并不是健全的科学方法。科学探讨关系，并不研究起源和本质"。原始宗教的事实"必定与其他事实有关，既与它用来形成观念与实践体系的那些事实有关，也与其他与之有联系的社会现象有关"，"我们必须依据宗教事实在其中被发现的文化和社会的整体来解释它们，必须依据格式塔心理学家们所说的文化整体，或者莫斯所说的全部事实力求理解宗教事实。宗教事实必须被看作一个融贯的系统之内各个部分彼此之间的关系，每个部分都只有在与其他部分的关系中才有意义，而这个系统本身只有在与其他作为一套更广泛的关系之组成部分的制度系统的关系中，才会有意义"。[1] 我们同样应该从风水信仰或习俗与其他社会性事实之间的关系入手，来进行地方的社会历史和集体记忆的文化解释。

本书可以被视为将风水信仰或习俗放在"文化-社会-人"这样的三维"关系"中来综合考察的试验品，即：

在文化层面上，要了解风水流派在区域化的历程中参与多元文化整合的功能及其蕴含的文化认同意识，风水文化事象与其他民间信仰、社会习俗互动与交融的情形，风水习俗在乡族社会中顽强存在的表现形态及其象征意义，等等；

---

1. ［英］E. E. 埃文斯-普理查德：《原始宗教理论》，孙尚扬译，北京：商务印书馆，2001 年，第 132—134 页。

在社会层面上，要考察风水信仰实践与区域社会的“土著化”进程的关系，风水如何参与形塑“中国”意识的地方记忆，风水术数如何影响近世家族社会的组成和发展，宗族组织和乡族势力在风水活动中扮演什么样的角色，等等；

在人的层面上，要把握地域社会中的不同阶层在不同处境中对待风水术数的文化心态，风水术数对社会不同阶层的人格影响，实践者如何看待、如何接受风水术数与如何参与地方社会的风水实践等，文化媒人或仪式专家在风水术数的传播中的作用，等等。

就方法论而言，从三维关系视角来审视风水的社会文化史，是一种人类学取向的历史研究，目标是“关注人类学意义上的文化事物”，即经常超越时间段限的主题，“促使历史学家从传统上关注特定政治权力人物的思想和行动的政治史，转而更关心那些不具赫赫事功之人的态度与信仰，亦即‘民众史’（history from below）的一种形式”[1]。

人类学式的风水历史研究，是站在主位的立场研究风水“在世”（历史的和社会的空间）存在的基本情态（包括它相对静止的知识符号和意义体系，以及活态的发生、发展过程），尽量以现象学方式来呈现“在俗之中”的“民”的一般性的生活知识和被边缘化的诗性智慧。[2] 我们既要观察风水知识与观念，如何和为何“在俗（lore）之中”，也要反思它如何和为何“在民（folk）之中”。风水术数不仅是一种信仰文化（事象），更是一种信仰生活（过程），是俗民的“文化世界”和“生活世界”的重要组成部分。[3]

法国人类学家马塞尔·莫斯（Marcel Mauss）强调，研究巫术事象应包括行

---

1. ［英］辛西亚·海伊：《何谓历史社会学》，载［英］S. 肯德里克、［英］P. 斯特劳、［英］D. 麦克龙编《解释过去，了解现在：历史社会学》，王辛慧等译，上海：上海人民出版社，1999 年，第 35—38 页。
2. 高丙中指出，“民俗是具有普遍模式的生活文化和文化生活”，“作为文化的民俗呈现为事象”，“作为生活的民俗呈现为过程”。见高丙中：《民俗文化与民俗生活》，北京：中国社会科学出版社，1994 年，第 7—11 页。
3. 李亦园指出：“假如要以一种预设的观念来看别人的东西，就不能真正认清该一事物的真象。以西方的宗教观来看中国人宗教信仰，就有这样的毛病。把中国人最基础的信仰与仪式，如祖先崇拜、四时祭仪、生命礼俗、符咒法术、占卜风水以及宇宙观念都排除在宗教信仰的范畴之外，又如何去研究中国的传统文化呢？这就是人类学术研究或社会科学研究在基础观念上要本土化的明显例证。”（《李亦园自选集》，第 451 页）

为者（巫师）、行为（仪式）和表现（观念、信仰）三个构成要素。[1] 风水术数不能被简单地等同于巫术，但从社会文化史的整体眼光或关系论的立场，借鉴上述三类构成因素来分析，或许有助于将风水事象纳入“文化–社会–人”的三维“关系”视野。“风水行为者”可指风水术数的操作者（风水先生、择日师或民间道士）或风水术数的接受者（作为个体的东家以及作为共同体的宗族组织、乡族势力、士绅等），“风水表现”就是与各种风水行为相对应的知识、观念与信仰，“风水仪式”就是与风水要素相关的对象的各种行为。

因此，本书的主线是结合历时和共时的分析，将风水知识—实践体系视为地域社会的文化系统和民众的生活方式，以思考风水文化事象与地域社会特定族群或个体的认同、分类意识以及社会文化秩序整合的关联问题，以“再现”一般性的风水知识、观念、信仰在长时段变迁中所创造的文化图像和生活场景。换句话说，本书针对风水的地域社会文化史的研究，目的并非仅仅“真实”地呈现地方性知识和历史记忆形态，而是旨在透过风水这一关键性文化符号，来“真实”地感悟以汉人为主体的中国人的“精神史”和“文明史”。

二、文献和田野

傅衣凌指出：“我在研究历史中，还有一种‘史料癖’，常常记住‘当人类沉默时，石头开始说话’。”[2]“历史是一种综合的知识，任何文字记载、口碑传说、实物资料、正面记载和反面记载，包括一些破铜烂铁的东西，都是有用的。必须扩大眼界，利用有关辅助科学知识，以民俗乡例证史，以实物碑刻证史，以民间文献（契约文书）证史。”[3]

本书资料包括方志、寺志、家谱、族谱、考古文献、契约文书、碑刻、文集、笔记小说、档案、术数、笔记、田野资料等类别。我希望能借助这些零散的记述，让文献自己说话，让阅者直观地感受或想象先祖们在血和泪中的精神历程，而不必将咀嚼先祖记忆的特权，慷慨留给故纸堆中的虫蠹。从文献搜集

1. ［法］马塞尔·莫斯：《社会学与人类学》，佘碧平译，上海：上海译文出版社，2014 年，第 45 页。莫斯的巫术行为者专指完成巫术的巫师，本书扩大了“风水行为者”的外延。
2. 傅衣凌：《傅衣凌治史五十年文编》，厦门：厦门大学出版社，1989 年，第 35 页。
3. 同上，第 37—39 页。

和田野调查，再至增订版出版，已有二十余年，其中有些文献资料亦系多年的积累。

年鉴学派费弗尔（Lucien Febvre）指出：“提出一个问题，确切地说乃是所有史学研究的开端和终结。没有问题，便没有史学。”[1] 在由叙述史学到面向问题史学的潮流下，我们针对风水文化事象的综合研究，应当关注“目前的问题状态究竟如何？提问方法与前人有何不同？解决问题的策略是否合理？”[2]。只有当有价值的新史料与有价值的问题形成有机结合时，才有可能参与不可回溯的历史之假设的有效论证。笔者尽可能地将文献作为田野，也将田野作为文献，以进入和解释历史，以呈现历史的真实与土著的文化心态。

当然，耐心阅读本书者恐怕会产生这样的疑惑：注释引用文献偏长，列举共性事例过多，追溯背景知识太远，甚至有些事无巨细。

其一，这与研究对象的特殊性有关系。由于风水术语相当复杂，断章取义难免会导致如堕云雾的尴尬，特别是有的引文很难用现代用语来充分解释。

其二，对于文本长短的抉择，应当关注其语境究竟是事实还是价值判断，尽量减少对属于价值判断的语句的断章取义，以厘清历史之“表述的真实”与“客观的真实”之别。

其三，不少史家已习惯于凸显写作者的主体意识，对文本进行引导式的想象和虚构，一则加剧了写作者与阅读者之间的信息不对称，剥夺了阅读者参与诠释与理解的权利；二则无形中将文本转化成私人语言，构成新的表述历史。

其四，本书涉及大量的民间文献和田野调查，族谱和田野照片既是记录作者调查的印迹，也是有些章节研究的对象。阅读者可以通过读图来更直观地理解风水术数的地域存在样式。

第三节　生生：风水宇宙观与风水社会

大体来说，本书主要立基于中国思想史的大背景，来整体反思风水术数的

1. ［法］费弗尔：《为史学而战斗》，第 22 页。转引自何兆武、陈启能主编：《当代西方史学理论》，上海：上海社会科学院出版社，1996 年，第 501 页。
2. 厦门大学历史系郑振满教授强调这些是研究者立论的基本前提，谨此致谢。

“生生（善生）”之道与“连续性文明”的内在联系，以呈现民间社会的宇宙观念、信仰和思想世界的实态相。[1]如果我们将“地域社会”范畴理解为“贯穿于固有的社会秩序的地域性的场，是包含了意识形态领域的地域性的场”，[2]那么一般性的风水知识、观念和信仰，同样是维系、建构或发明日常生活世界的社会秩序及其文化生产的精神性场域之一。[3]在近世地域社会特别是乡族的历史书写（族谱）范式中，“风水”无疑是一个无法遮蔽的关键词，它是维系乡族组织的有机团结和祖先崇拜体系的凝固剂。同时，“风水”还是一个连接诸如“天道”“人伦”“阴德”等儒家伦理观念的关键词。它是中国传统礼仪规范、礼学祭祀体系在地域社会的重要展演场域。

某种意义上说，立足于“生生”之道的风水宇宙观，同样提供了一个我们“观看”中国人如何理解和处理人与自然（天、地）、人与人、人与物（器）、人与非人（祖先、鬼神）、人与时间（良辰吉日）之共生关系的视角。[4]我们所观看的地方“风水社会”，并不只是一个纯粹关注人伦关系的“人间社会”，而是涵括

---

1. 李零从“术”与“教”的关系入手，把方术纳入巫术、礼仪、宗教的背景，借以恢复中国古代思想的知识系统，探索古今中外的“人心同理”（李零：《绝地天通：研究中国早期宗教的三个视角》，《法国汉学》第 6 辑，北京：中华书局，2002 年，第 565—580 页）。葛兆光关注“一般知识、思想和信仰世界的历史”，包括择日和风水的知识、观念形态（葛兆光：《思想史的写法：中国思想史导论》，上海：复旦大学出版社，2004 年）。渡边欣雄重视风水“民俗知识”，描述“民俗宗教”中的民众观念世界。我们必须超越“精英 / 俗民”“大传统 / 小传统”的两分思维，关注带有普世意义和价值的知识、观念和信仰的社会影响。
2. ［日］森正夫：《中国前近代史研究中的地域社会视角：中国史研讨会“地域社会：地域社会与指导者”主题报告》，载［日］沟口雄三、［日］小岛毅主编：《中国的思维世界》，孙歌等译，南京：江苏人民出版社，2006 年，第 503 页。
3. “民间社会”“乡土社会”“地域社会”“乡族社会”等概念，都是具有“家族相似性”的范畴，都是解剖中国乡村社会及其变迁的分析工具，本书将视不同的语境进行交叉使用。费孝通从功能论的视角称：“从基层上看去，中国社会是乡土性的。……乡土社会的生活是富于地方性的。……乡土社会在地方性的限制下成了生于斯、死于斯的社会。……这是一个‘熟悉’的社会，没有陌生人的社会。”（费孝通：《乡土中国 生育制度》，北京：北京大学出版社，1998 年，第 7—9 页）
4. 近年来，王铭铭倡导从“广义的人文关系”来理解民族志中的人、神、物的关系，参见王铭铭：《民族志：一种广义人文关系学的界定》，《学术月刊》2015 年第 3 期；王铭铭：《联想、比较与思考：费孝通“天人合一论”与人类学“本体论转向”》，《学术月刊》2019 年第 8 期。法国人类学家德斯科拉（Philippe Descola）在《超越自然与文化》一书中，提出了世界不同类型的宇宙观（自然主义、图腾主义、万物有灵论、类比主义）框架。其实，中国的风水宇宙观同样可以给人类学家提供一个复合性的反思视角。

不同生命有机体之交集的“跨人间社会”。而“跨人间社会”是贯通天、地、人、鬼、神、物关系的文明体系，必将促使我们进一步反思“人性”与“物性”“神性”之间的有机关联，并站在与“生物”（有生气的物象）相互感应和共生的“人物”（人亦是生命之物的一部分）立场，来深入思考人与非人之可持续生存意义的问题。中国风水观念的视野，既是泛灵论的，也是有机论的。讨论中国风水的存在样式和记忆之场，更离不开古代礼学体系（祭祀）及相应的道德实践的具体落实。

一、生气与祭祀：有机论的风水世界

笔者将指出，中国人的风水实践更接近于“有机论”或者“体用合一论”，是“生生”的宇宙观、生命观的体现，是保证祖先的生命存在得以有机生成（亡灵—祖先）和转换（鬼—祖先）的方式，是建立人与非人（亡灵、祖先、鬼神）、人（非人）与地关联性的方式。我们讨论风水的效用，既涉及生者、亡灵与宅地（阴宅与阳宅）的有机关系（生气的联结），又涉及生者与亡灵的有机关系（祭祀的联结）。“生气”的联结往往透过“祭祀”的联结来起作用。风水选择和祖先祭祀都是关键性的桥梁，既架起子孙与祖先栖居的自然的关联，也架起子孙与栖居于自然的祖先的关联，甚至还架起此界的人物与彼界的超自然物的关联。人类学家有关机械论与人格论风水观的论断难免有些偏颇，而地方社会的风水观念实践往往还需要返归特定的语境脉络中去进一步理解。

从存在论的意义上说，有机论风水观的种种实践，充分显现了中国人“事死如生，事亡如存”“生生之谓易”的生命哲学观念。死亡并不意味着人类生命的彻底终结，而是另类形式的人类生命的延续与开端，并给亡灵及其直系裔亲带来指向未来的希望。墓地风水的选择堪称一种“向生而在”的事件，象征着人类生命的自我保存和可持续的发展。生者在直接或间接经历了直系长辈的死亡事件及坟墓风水选择之后，依旧与亡灵延续一种共在共存、相互关照式的等级伦理关系，并使得生者再次确证了其作为“子孙”的现世实存者对彼界“祖先”的道德情感、伦理责任和保存自我实存感的生命意义。特别是借助面对面的“观看”（墓碑、牌位、遗像）、祭拜和“对话”、回忆，埋葬祖先的“地方”或安放牌位的“处所”同现世的子孙构建了一种相互依存（善的相生或恶的相克）的情感关联。因此，墓地或祠堂也是一种有情感性的“生地”，使得子孙和祖先的“栖居”状态各自因时间的绵延关系而具有了彼此共在的实存感、亲密感，也使得他们因定期的、反复的“祭祀”而形成了面对面的“对话”。

既然生命存在的意义是为了永续的存在，风水选择自然也是生者建构可持续性生命的主导权和有效保存自我实存的一种生活方式。自然的“生气”（宇宙存在的能量）透过人为的“祭祀”，便构成了天地、人、神、祖先之间的一体性、关联性。而祭祀及其所依托的物质载体（坟墓、墓庵、祠堂等），意味着亡灵是“有主”（祖先牌位亦叫“神主”）的，可以享受“祖先”名义（失祭意味着“无主”，设厉坛或义冢是要解决“无主”祭祀的问题），子孙既在“直观”祖先作为存在者的亲密性存在，又在“体会”祖先不在现世存在的神秘感。因此，有关风水的行动选择，让祖先拥有了被持续祭祀的理由、动力和灵魂栖居的场所（坟墓与祠堂），堪称一种追求生命连续性的理性方式和经营技艺，即寻求最有利于祖先生命存在的可能方式，去确保祖先位格（从鬼到祖先）的继续存在，以及子孙在现世和未来的生命更好的存在状态。

“生气”立足于一种关联性的宇宙观，即天人（自然、神鬼、祖先、子孙）相感、天人同构的“生生”之道。宇宙存在的“生气”渗透、流行在万事万物之中，包括作为天地灵物的“人物”之中。祖墓或祠堂（血脉或法脉意义上的）风水之所以荫庇子孙（包括过继者），根源在于一气（生气）之相生相感（天气、地气、骨气的一体关联），一脉之贯通（祖先骨气与生者骨气的一体关联）。而这个“生气”的变化亦有好坏与善恶之分，具有道德上的相互感应。因此祖先骨殖或替代象征物并不是被子孙人为操弄的傀儡，而是作为“生气”关联性的一环，参与到一个绵延的生命圈的相互作用中。

当然，“生生宇宙观”本身同《易传》“积善之家，必有余庆；积恶之家，必有余殃”的道德实践有着紧密的关联。所谓地理之“理”，既指天地人阴阳相生的自然法则，更蕴含着人伦关系和基本的道德法则。按堪舆书的记载，获得地理“生气”联结的机会，主要根据祖先和子孙的德行的累积程度（崇德报功）。所谓“天理重于地理”的观念，或者说天道与人道的贯通和感应的观念，首先强调的是天的道德意志（天地气数）与人的主体性作用（阴德）。有德之人只要按照天地法则（天理）行事，特别是善于低调地、不求回报地履行那些从本心和良知出发的德性，即“阴德”，便有可能获得惠赠性质的“礼物”（阴德之报）——为祖先寻得“地理”，即好的、善的“生气”的感应，从而享受趋于卓越的、幸福的“好生活”。根据明代周视的解释：“何谓阴德？德加于人而不求人，知不望人报者是也。”[1] 积累“阴德”才能喜获吉地之感应的风水观念，表明人们是将发自内心的道德理性的自觉及其生活实践，视为一种真正的德行，好德行才是感通天地之道的一个关键通道。敬畏天道与重视德性是传统风水观不可或缺的两极。

作为与“阳德”对应的“阴德”范畴内的概念，“遇见”一块“地理”吉穴，尽管得益于堪舆家的技术选择，但本质上是一种在道德上有义务的自律和自觉，而得到神明或超自然力量回报的“礼物”，故而是被给予的、先天的、宿命的，意味着有超人（超自然）或非人的力量（比如土地神或其他神明，特别是燮理阴阳的城隍神）在计算或掌握着道德审核的标准，并借助堪舆家向东家（福主）显现“地理”之灵。所谓“天祚明德”，只要人敬畏天命，慎德修德，自然可获得上天的重佑和福报。这不是祖先或子孙可以左右的（民间有风水“土地公荫好好”之说，堪舆书也有“大地鬼神伺者”“福地还须与福人”之说）。“祖荫”意味着“阴德”首先要有祖先德性的盈溢，然后才有回报“地理”的资格。“阴德”是一种时间性的功德累积，是一代代“接力”与“反馈”的结果，祖先“阴德”可以借墓地风水的形式“祖荫”或“反馈”子孙，而子孙“阴德”同样可以为祖先或为自己“接力”寻得好的墓地风水。“阴德”既然是“天理”或“道义”的落实和显现，自然暗含着趋于真（不伪）善美的德行实践，既有益于个体的自我修行，亦有益于社会的有机团结。因此，“阴德”不只是一种重视个体良知的“私德”，也是一种维护社会正义的“公德”。阴德是立足于道义上的伦理自觉的美德，是体现个体意志自由和道德自律的圆善。

是故，这种以道德承天命，以道德获生气的风水观念，暗含着一个理性化的博弈假设，即子孙与祖先的更美好或更为持久的生命存在方式，是由规范性的天理及其内化的道德律令所先在地决定的。人们只能顺应天地之性，通过个体或家族修行的方式，才有资格借助风水媒介来获取超自然的“回报”，从而持续“经营”家族更美好、更持久的存在方式。地理“生气”只是天意的载体，如果违反

1. 〔明〕黄慎编：《新编秘传堪舆类纂人天共宝》卷二《阴阳定论》，中国国家图书馆藏。

天道（理）、人伦，即宇宙和社会的整体秩序，地理就会失去效用，衍生灾祸。也即说，风水话语中隐含的“生生”宇宙观，以及实践主体相应的道德操守，共同构设了让家族有机生命体生生不息的文化动力。宋明新儒家恰是这种道德化风水观（儒理）最重要的倡行者。

“祭祀”则源于生者（子孙）与亡灵（祖先）之间的一心之感召、眷恋的情感性关系。诚如《周礼・地官司徒第二》曰：“祀礼教，敬，则民不苟。”唐贾公彦疏曰：“凡祭祀者，所以追养继孝，事死如事生，但人于死者，视其形，多有致慢，放《礼》云‘祭，极敬也’。是以一曰以祀礼教敬，死者尚敬，则生事其亲，不苟且也。”[1] 在祭祀体系中，《荀子・礼论》亦云：“凡礼，事生，饰欢也；送死，饰哀也；祭祀，饰敬也；师旅，饰威也。”在祭祀体系中，人神之间可能存在着互惠性或僭越性的关系（如在买地券、祭龙神等形式中，神明被要求“提供”阴阳宅地），但子孙与祖先之间并不存在“互惠性”的交换或紧张性的张力。祭祀主要表达的是一种“尚敬”的情感。德成为联结、沟通子孙与祖先的媒介。

因此，我们倒不如说，风水选择和祭祀活动（包括物质性的载体坟墓、墓庵、祠堂），是让亡灵“成为祖先”的先决条件（有主），而通过“祖先”这样的他者和对话者，“子孙”的身份认同同样得以正式确立。子孙在祭祀中“意会”自己正处于祖先临在的道德处境之中，从而产生敬畏祖先的伦理责任。祖先并不只是被动的被操弄者，反倒是子孙因为不能触犯祖先，而必须被动地承受风水或祭祀的效用。而因为祖先与子孙的相生同感本质上是反应性的，一气相连，人格化的祖先本意上并无情感上的“喜怒”或“惩训”子孙的意志。祖先身份得以永续的存在方式，其实是由风水和祭祀来先在规范的。风水和祭祀才真正决定了祖先与亡灵（鬼）的等级分野。祖先能够“惠赠”子孙的利益，主要是通过风水和祭祀方式，让关联性的“生气”得以感通相应的结果。可以说，生气是体，祭祀是用，即用见体，体用一如。

因此，祖先祭祀及相关的话语叙事，既是一种关联性的“生气”的发动机制，也是一种证实、转化与强化祖先身份的仪式，构建着一个天经地义、和谐有

1. 〔汉〕郑玄注、〔唐〕贾公彦疏：《周礼注疏》，上海：上海古籍出版社，2010 年，第 429—430 页。

序的祖先崇拜体系。祖先祭祀通过划定季节性的、重复性的时间秩序以及设定不同层级的祖先分类排序，把握宇宙“生生不息”的律动（如五行、理气系统的生克循环），从而让自然、祖先、子孙之间“生气”的关联性得以有效地生成和稳定地实现。可以说，祖先祭祀成功地建立了家族系谱及其生命群体的连续性、一体性（一气贯通），弥补或克服了子孙与祖先之间的断裂性、分离性，从而让拥有“生气”关联的祖先的庇佑起作用。如果没有祭祀的沟通这一环节，祖先会被“转化”为失祭的鬼，彼此间的“生气”联结也失去了。失祭意味着祖先与子孙的关系脱钩、分离，祖先栖居的风水地也就失去了继续存在的价值，子孙与祖先之间的生命能量联结也失去了。无论是有意还是无意的失祭事件，都是真正意义上的“祖先之死”。而失祭祖先复归为鬼和游魂，意味着生者与亡灵之间伦理关系的彻底终结。

当然，“生生之气”联结的效果可能是有益的，也可能是有害的。诚如闽南俗语曰：“死人不认亲。”祖先能否被视为合格和有益的祖先，同他（她）有没有具备“生气”的好地密切相关。而一旦失去了“生气”，祭祀的联结甚至可能带给子孙不利的结果。也因为“祖考子孙一气相属”，祖先可以把冥界中的自我存在状态感应或相通给此界中的子孙。所谓风水地良性或恶性的影响，更可能是祖先存在状态的反映与表象，而不是祖先对子孙善恶态度的结果。放弃祭祀意味着生命连续体（生气）的主动中断，让祖先重新转换为鬼的身份，理论上就不再有“生生”的能量或祖先的存在来影响子孙，故被记忆的“祖先丛”更离不开风水和祭祀的双重加持。

是故，风水选择及接续的祭祀实践，有助于我们从礼义体系（如吉礼）或礼俗互动视角，去反思中国人如何看待生者与亡灵之间的伦理关系（包括报与不报、因德行积累的度而产生的报的质与量）。风水及祭祀实践既确认了“祖先”身份的异质性、他者性和陌生性（阴），也落实了“祖先”在“子孙”（阳）身份面前具有的道德位阶的先天优势。这种超人间的伦理关系让子孙与祖先同时在场，从而带有一种情感化、神秘化的记忆色彩。当子孙在重复“观看”祖先灵魂所栖居的丰碑式的坟墓和祠堂时，自然领会和感受到他（她）对于祖先在道义上的责任，这种兼及接受性和见证性的伦理责任，既关系到子孙德性的成长（阴德），也牵涉到子孙所欲求的“好生活”或最大幸福。而被祖先“显现”身份的子孙，无论是作为理性技术的操弄者，还是作为风水利益的接受者，其作为主体的肉身性知觉和道德情感也因此被直接地唤醒和激发，并“意识”到作为自我的子孙与作为他者的祖先的连接关系。而这种无法进行感官对话、只能直观意会的伦理关系，并不是来自理性的认知，而是来自身体面对面的临在气氛和道德感受性，因此也是子孙“遇见”不可见的祖先时所产生的欲望和情感。[1]

费孝通曾经将中国传统亲子关系界定为基于儒家孝道观念的“反馈模式”，以区别于西方“接力模式”。[2] 如果我们从风水“祖考子孙一气相属”的生生宇宙观念出发，还可以由垂直的亲子关系递进至祖先—子孙关系层面思考，即思考由人间社会（人伦）到跨人间社会（祖先崇拜）的伦理关系，那么亲子或直系亲属关系更是耦合着反馈（祖荫、阴德或风水效应）与接力（造坟和祭祀亦是接力关系）的共生关系。

“共生模式”确立的是作为他者的祖先（阴）与作为自我的子孙（阳）之间的生命伦理（事死如生，事亡如存）和社会伦理（祖先祭祀）的关系。在风水营造和祭祀实践中，子孙“意识”到作为他者的祖先的邻近感、在场感和“生生之气”的力量，“意识”到每个人既有成为自我的“向生性”，也有成为他者的“向死性”，理当接受性地“接力”成为祖先，并在未来接力“反馈”和“惠赠”子孙。其实，作为祖先魂魄所凭依的牌位“神主”，就隐喻着作为他者的祖先相对于子孙的先在性位格。一定意义上说，是风水和祭祀的双重实践，共同“呈现”和“见证”了子孙对祖先的义务性的道德责任，作为子孙的身份是情感性的、承受性的，因而也是被动的、被给予的、不可让渡的，既要接受祖先的“报”，也要承受祖先的“债”（报与债又通过风水穴地的好坏来呈现）。既然“祖考子孙一气贯通”，祖先可以传递，同时子孙可以感受到这种“生气”气息，祖先与子孙

---

1. 本节关于作为自我的子孙与作为他者的祖先之伦理关系的思考，受到法国哲学家列维纳斯（Emmanuel Levinas）的伦理学讨论的启发。参见［法］伊曼努尔·列维纳斯：《总体与无限》，朱刚译，北京：北京大学出版社，2016 年；［法］伊曼努尔·列维纳斯：《时间与他者》，王嘉军译，武汉：长江文艺出版社，2020 年；［法］伊曼努尔·列维纳斯：《伦理与无限：与菲利普·尼莫的对话》，王士盛译，王恒校译，南京：南京大学出版社，2020 年；林华敏：《遇见不可见者——列维纳斯论超越》，北京：人民出版社，2021 年。
2. 费孝通：《家庭结构变动中的老年赡养问题——再论中国家庭结构的变动》，《北京大学学报（哲学社会科学版）》，1983 年第 3 期。

之间就是互为主体的、亲密性的伦理关系，共同构成个体、家庭、家族绵绵相续的生生力量。

《春秋左传·昭公七年》称：“鬼有所归，乃不为厉。”明清以来，民间社会普设厉坛、义冢，有泰厉、公厉、族厉等祀法，旨在解决因“无主”失祭造成的骸骨暴露之伤，以及“废主乏祀者，炉香断绝，姓氏空留，或摈弃于穷岩，或埋沈于瓦砾”[1]等情状。所谓“物本天而人本祖，人之至情即礼之善物也”，厉坛或义冢之祭往往是士绅积累“阴德”的平台，亦佐证“共生模式”是我们揳入并反思中国祖先崇拜观念的根基。

总而言之，随着风水知识、观念记忆的内化及近世乡族社会的发展，我们可以看到风水“生生”宇宙观呈现出两种典型的关联性形态，蕴含着内在的社会实践张力。一种是自然气化的宇宙观向度（纯自然的关联性），强调人物（子孙、祖先）与自然皆是气化的结果，二者是相类同感的，与人物的德行（包括阴德）或礼仪规范无关。民间的盗葬、毁坟或房族之争等有违人伦的行为，背后暗藏着这种气化宇宙观得到认同并流行的现象。另一种是精神气化的宇宙观向度（道德化的关联性），主张天的道德意志，天理与地理合一，人与天地万物为一体，只有通过积累“阴德”等德性修养或心气的化育，才有机会获得超自然力量恩赐的风水吉地这样珍贵的“礼物”，并与吉地的灵力——生气——感应贯通，从而保佑当下的家族或个体的繁衍和子孙昌盛。宋明儒家尤其强调儒理风水观，大量家规族训与相应的叙事话语都反映了这种道德化宇宙观的规训作用。特别是祖先祭祀把个体和集体的道德实践放在社会礼仪（如吉礼、凶礼、嘉礼）脉络中来建构，鼓吹天理与地理合一的风水宇宙观，越来越成为主流的意识形态话语。有时，两种宇宙观向度也是重叠的、混合的，比如频繁的迁改葬行为就涉及两种宇宙观之间的游走与偏重。当我们讨论乡族社会的秩序构建行为时，不能忽视背后长时段的观念形态潜移默化的决定性作用。

1.《鼎建翠云宫乡厉坛碑记》，载郑振满、丁荷生编纂：《福建宗教碑铭汇编·漳州府分册》，福州：福建人民出版社，2018 年，第 1169—1170 页。

二、冷热之间：作为文化记忆的“风水社会”

本书将探讨风水观念体系、实践模式与地方社会历史进程的紧密关联。我们关注的问题是：风水及其关联性（生生）的宇宙观，作为一种复合性的“冷传统”，如何有效提供一整套基本的观念框架、文化逻辑、符号系统、叙事话语，从而在生成、创造、分类、强化不同“阶序”的祖先的身份记忆方面发挥关键影响，同时在构建地方的家族谱系（作为血缘和文化承载单位的家-房-族）和宗族团体的基本形式（组织性的墓祭、祠祭活动）方面发挥关键的影响。风水的观念框架和文化记忆，尤其左右着家族世系传承和宗族团体运作的重要分类系统和实践规范。家族或宗族往往会根据祖先风水的等级效用原则，来叠写、运作家族或宗族的合法性秩序和文化统合目标，从而形成不同阶序、中心、分量的祖先崇拜体系。地方家族世系、宗族组织的整合与分裂的过程，往往同祖先风水典范性的集体记忆和标志性的认同建构密切相关。

风水观念和实践主要提供一个常规化的价值标准和长时段的思想框架，直接刺激了祖先分层体系的形成，并相应规范了家族内部及宗族之间的秩序格局。在风水分类的思维架构下，并不是所有家族世系亡灵都拥有一个被祭祀的“继续存在”（生生、善生）的平等位置。因风水分类而形成的“被记忆的祖先”谱系（祖先丛）的崇拜系统，形成不同层级的“箭垛化”效应（不同等级的“神圣中心”），才是构成家族世系和宗族团体有机统合的链条。在针对“被记忆的祖先”谱系的分层体系中，围绕着等级祭祀和财产分配的宗族的功能性团体，也得到了有效的塑造、发展、分化。

对于家族、乡族的历史叙事来说，不同层级的祖先崇拜“中心性”符号的形成和强化，除了受“动态化”的世系（如始迁祖、开基祖、中兴祖）分类的影响外，同样也得到了风水信仰及其实践的实际效果的界定与加持。譬如，祠堂和坟墓代表祖先崇拜体系的两个“中心性”场域，其“记忆场”箭垛化效应的持续性，必须通过风水话语和祭祀活动来不断印证和强化。祖墓、祖祠的好风水被反复记忆的意义，就在于这样被选择和分类的“记忆场”，可以给家族、乡族带来多元化、纵横性的连接关系。它可以连接起原乡与他乡、家族和房派、迁移者和祖居者、祖先和族裔、同族与异姓、家族与官府（王朝），以及不同的社会等级。祖墓、祖祠的风水记忆几乎与乡族社会的扩展齐头并进，祖墓、祖祠风水让祖先荫庇着形形色色的族裔，持续提供精神上的鼓舞和刺激。栖居于好风水的祖先亦因子孙的祭拜而一直“在场”，已然是被升华的家族保护神。[1]

从存在论意义上讲，被记忆的“祖先丛”以什么样的存在方式持续存在（生生、善生）、分层级存在，并具有一种情感上的依附性和伦理上的优先性，正是我们应该思考的基本问题。立足于“生生”宇宙观的风水观念框架和祖先崇拜的思维模式，正是我们讨论近世家族历史生成及其变化问题、动力问题的出发点之一。它作为一种具有共生性的叙事话语、行动逻辑、实践技艺，关联着家族之血缘、道德和权力的竞择，参与界定了家族谱系或宗族团体内部的权力关系、权威构成、社会阶序或等级分类，构成了家族文化发展的关键表达方式，以及家族、宗族、乡族的社会秩序得以形成的充分必要条件。因此，南方家族、乡族所内化的历史记忆和生成机制，一直离不开风水信仰和祖先崇拜、礼仪实践耦合而形成的内生动力。

在讨论传统士绅和地方精英的风水实践和文化心态问题时，本书将着重指出，由于风水知识系统提供了一套宗族兴衰及个人生活成败的文化解释机制，乡族士绅或地方精英往往“借势”运作，围绕家族或地方风水问题进行种种叙述和展演，一是作为家族或地方内部自我教育的历史课程，反复将家族谱系或地方的典型事件等真实历史传承下来；二是作为家族或地方纪念性、神话性的历史诠释和情感激励素材，被感性化或美学化地写进家族或地方的集体记忆之中。特别是宋代以后科举考试制度的推广、家族制度的发展，以及宗族组织和乡族势力的形成，更深更广地刺激了社会各阶层上下流动的机会。风水观念、信仰所发挥的社会文化整合功能、意义日趋复杂化，总是掺杂着对当下现实的阐释、共同体（血缘或地缘）的身份建构和具体权益的诉求。

因此，围绕风水资源的利用和争夺的话语构建，日益成为维持地方宗族团体的社会脸面及家族内部的身份认同、情感联结，乃至地方精英的社会声望和公共权威的符号载体。而风水术数往往激发了某种带有竞争压力的“鲇鱼效应”，并将不同的社会阶层卷入其中，从而使地域社会的均衡态势处于波动性整合的过

---

1. Victor Turner and Edith Turner,“Iconophily and Iconoclasm in Marian Pilgrimage”, In *The Anthropology of Catholicism: A Reader,* Kristin Norget, Valentina Napolitano, and Maya mayblin eds. California: University of California Press, 2017, p.78.

程中。特别是在各类文化媒介的相互嵌合下，在异教、外教的变相刺激下，礼义文明与术数文明往往被综摄成一种略带民族主义情绪的“圣教传统”，作为辨识“非我族类”或者“心华（心夷）”的文化标准。

在讨论风水地方记忆所营造的空间意义时，本书所强调的是，从家族性坟墓、祠堂、义冢、万善坛（厉坛）的经营，到乡村、社区、城池、学场、寺庙、桥梁的空间规划，一系列高度模式化、刻板化的“丰碑性”（纪念碑性、标志性）的空间“符号丛”被有效地、持续地塑造出来，从而参与叠刻地方的文化记忆形式，操控社会秩序结构的生产，构设地方集体的历史心性和行动逻辑。不同的家族和社群根据风水这个文化“容器”或者“惯习”（habitus），各自围绕着一些可标示身份、分类、分层的显性化的空间符号，通过占据不同空间的“生态位”，来动态地建立集体的归属与权威等级、权力范围、伦理关系，从而刺激社群内部及社群间的生存资源竞争和社会网络的整合，并最后形成相互依赖、相对稳定的“共生性”的人文地景。而被风水观念操控的公共空间符号，通常也有聚合性（中心性）和弥散性之分野，既重新稳定人所栖居的空间秩序结构，也重新规范民众的日常生活世界，使之和谐有序。各种公共空间的象征功能被“内卷”到风水观念之中，从而有效加强了公共空间的符号性力量。

比如，标志性的家族祠堂、坟墓或社区的水口庙、地方性的学场（儒学、府学、庙学、书院）、邑城等，往往在家族、社区或地方等不同层级的认同上发挥聚合性的、中心性的作用。而修补性的空间象征符号（如水坝、文峰塔、文昌阁、桥梁、石敢当、石笋等等），同样是一种弥散性的也是纪念碑性质的文化空间，与中心性的文化空间相互配套，参与建构了一个具有整体性的、分层级的、有机的地方秩序格局。在这些空间的象征安排中，除了地方精英群体（族老、学子、士绅、官僚）可以借助风水的知识体系和话语构建来分享资源、标示身份、提升权威、争夺权势外，普罗大众同样可以借此来想象、分析公共文化空间与个体或家族的命运关联性。而保护好不同层级公共空间的风水资源（包括山水的自然生态），一定程度上就等于保护好在地社会的生存秩序和发展空间。

因此，每一个被风水观念和信仰建构起来的公共空间符号，都是统一性和多元性的有机结合体。无论是家族性的祖墓、祖祠，还是地方各类丰碑性的建筑或文化空间，其相对统一的符号特征都是由地方精英、堪舆师等文化专家根据文化上的共识所共同规范和塑造的。多元性则源于不同的风水功能诉求，蕴藏着区域的个性化特征和集体的历史情感。而每一个公共空间符号在功能上又具有“实在性”和“理想性”的两极维度。实在性的一极是由人们欠缺的需要层级所激发的，比如生产生活的需要（道路、桥梁）、孝道的需要（坟墓、祠堂）、教育的需要（学场、书院）、权力的需要（城池、府衙）、信仰的需要（寺庙、宫观），因此公共空间的营造必须满足这些具有基本的实在性的需求；理想性的一极是人们归属感或幸福感的需要，是由趋吉避凶的风水观念和信仰所规范的公共空间特性，背后另有一套约定俗成的知识—观念、信仰—实践体系。因受到风水观念和信仰驱使而对需求的空间符号进行象征性的营造，正是代表了理想性的、未来性的一面。这些公共载体也因为风水观念和信仰的植入，既满足日常生活中客观的实际需要，也叠加主观性、理念性的诉求，由此构成了风水空间符号生成的基本架构。

由于儒学的地方实践同样是以传统礼义规范及祖先崇拜为核心，儒学思想与风水术数自然形成特殊化的共生关系。二者并非零和关系，而是相互内化，连体共存，从而成为乡族社会和家族制度得以延续的“思想律”和“文化基因”，并使得宗族团体或地方力量有了生成和凝合的内生动力。风水观念及镶嵌于其中的祖先崇拜、礼仪规范，早已融入家族社会的意识形态、信仰法则、行动逻辑之中。虽然说风水“术数文明”和儒家“礼义文明”共同参与家族或乡族的近世历史形态的“再生产”，但反过来说，家族、乡族的历史形态也印证或固化了风水和儒学互融共生的观念与信仰体系。而风水信仰及其衍生的等级性祭祀礼仪，既是确证子孙与祖先相互依存的身份的根基性条件，也是祖先崇拜体系得以延续的先在性基础。因此，清代以降西方传教士集中针对“风水迷信”的批判，自然是精准解构儒家礼义传统和祖先崇拜之最有效的火力点。

除了祖先崇拜等礼仪实践促使儒学思想与风水术数产生共生关系外，与儒家意识形态相耦合的官僚制度（科举选拔）、教育制度（县学、府学、书院），也是底层向上社会流动的关键通道，亦为“冷传统”存在的合法性（合理性）提供了基石。在祖先崇拜及地方空间象征的操弄中，儒学思想为体，风水术数为用，相互杂糅成一种顽固的意识形态力量，与乡族、家族的力量和官僚制度、教育制度培育出的国家及其代理人的力量，彼此共生和圆成。我们从儒学家风水论述和亲身实践便可以管窥蠡测，脱离儒学礼义、礼法的地方实践来理解风水术数的流布，是相当浅薄的历史幻象。反过来说，忽视风水术数在儒家伦理原则及其祖先崇拜推行中的功用，所谓“礼仪下（在）乡”就变成无根的想象和空谈。

是故，“冷传统”和“热传统”所共享的伦理体系、知识框架，不仅满足了普罗大众的情感需要，而且同样约束着儒家精英、王朝官员、地方士绅、普罗大众的行动选择。当风水术数在家族、乡族和空间象征中配合儒家主流意识形态，扮演其附庸之际，历代官方、精英力量自然给风水术数保留相对包容、适度默许的生存空间。作为潜在的思想意识形态之一的风水（比如龙脉攸关王朝国运的观念）一定程度上给近现代社会变革带来了根本性的阻碍和冲击，因此当西学、新学引进，政治力量及精英力量对“礼教”和“封建迷信”的批判几乎是同步的。这种文化变迁的情形当然涉及“思想结构”与“地方历史”镶嵌与共生的关系，是“冷传统”与“热传统”之间的耦合，深刻影响着地域社会的历史运动逻辑，铸就了近现代地域社会秩序变迁的弹性和韧性。

我们要强调的是，近世以来中国受制于生态压力而不断南进的“迁流”浪潮，同样受到风水观念和信仰的有力刺激。居与游的历史叙事往往与追寻风水秩序相契合。而追求善生和好生活的风水术数，天然带有迁流的文化基因。中国术数文明“冷传统”，既上山（居），也下海（游）。“风水”，其实是以一种审美化的姿态，参与塑造了一些具有理想性、前瞻性的外境形象，从而给追求美好生活的人群提供了迁流的欲望、力量、判断和决心。因此，激情化的风水叙事自然会被写入迁流者的谱牒“历史”中，成为回忆、激励和教育的素材，从而突出向外迁流的历史性、必然性。

一定意义上说，“风水”是有关“迁流”的历史话语构建的符号媒介和“文化发生器”，让整个乡族社会的迁流故事更加生动化和形象化，更富有纪念性和神话性。迁流，不仅仅涉及地理的迁流，更是文明的迁流，因而也是“以神道设教”和“以省方观民设教”之圣教传统的迁流。明清以降的风水移居动力和海外“迁流”风潮，亦是地域社会被卷入“早期全球化”洪流的反映。而宗族共同体或地域崇拜体系的建构，并非想象中的自我封闭，而是带有一定的开放性和世界性要素的。是故，“地方”不再是边缘、边陲，而是在世界之中，在天下之中。东南乡族社会的立体网络联结，面对的不只是纵向的官府、国家，还有横向的异乡、海洋。国家、祖先在乡族之中，天下、神明也在乡族之中。

总而言之，作为“冷传统”的风水术数的观念框架，叠加上作为“热传统”的儒家“礼义文明”，为我们提供了洞观以汉人为主体的中国人如何智慧地处理“跨人间社会”的伦理关系，以及反思中国汉人地方社会的文化情感、集体心智和社会秩序构建的通道。各种有关风水的文化记忆和符号载体，对于刺激和规范不同等级的在地意识和社群身份，维持并强化不同社群和文化空间的边界，移植和建构地方正统性的“中国”意识，特别是推动“礼义中国”之“文化一体性”的地方普及，以及面朝海洋和天下的“迁流”浪潮，都具有举足轻重的影响。在冷热之间，我们事死如生，向生而在，诗意栖居，生生不息。

上篇

风水信仰与乡族社会的文化统合

第一章

在地社会的发展与丧葬文明的风水遗存

考古学家苏秉琦指出，早期中国是一个类似“满天星斗”的文明整合格局。中国文明起源有六大区系类型，即黄河流域和长江流域各三大块。北方（黄河流域）先是夏商周，而后是秦晋齐并列，南方（长江流域）先是蜀楚吴，而后是蜀楚越并列。中原文明作为一种“次生型文明”，受到北方“原生型文明”的影响及治理洪水带来的文化交融，“四面八方的文化成果汇集中原，形成了最初的‘中国’”。统一的秦汉王朝最终促成了从“共识的中国”“理想的中国”到“现实的中国”之“一统多元”格局的形成。中原文明之包容、开放、多元的特征，很早就波及东南沿海“四夷”区域，而西北、东北、西南、东南四隅正是中国与外部世界的联结点与桥梁。[1] 张光直推测，自公元前 4000 年左右，华北、华南等地“互相连锁成为一个更大的文化相互作用圈”。[2] 严文明的“重瓣花朵说”则强调中原地区是花朵的中心，起领导作用，周边地区的文化传统则是层层花瓣。[3]

远古时代的东南沿海地区，不仅自身存在一些共同的文化特征，而且折叠着较中原更为复杂的文化区系，一直是多族群、多支系融合和互动的区域。早在约公元前 4500—前 3000 年，福建“壳丘头文化”（代表性遗址有平潭岛壳丘头贝

---

1. 苏秉琦：《满天星斗：苏秉琦论远古中国》，北京：中信出版集团，2016 年，第 16—23 页、第 94 页。
2. 张光直：《中国考古学论文集》，北京：生活 · 读书 · 新知三联书店，1999 年，第 158—159 页；张光直：《古代中国考古学》，北京：生活 · 读书 · 新知三联书店，2013 年，第 264—344 页。
3. 严文明：《中国史前文化的统一性与多样性》，《文物》1987 年第 3 期。

丘遗址、金门富国墩遗址和金龟山遗址）的陶器和磨制石器，应该来自河姆渡的移民文化，其中金门富国墩的陶器与台湾大坌坑文化也有内在的联系。从约公元前3000—前2000年的昙石山文化和公元前2300—前1500年的黄瓜山文化来看，在东南部的稻作文化区，福建、澎湖、台湾本岛三者之间存在着广泛的交换网络和文化联系，原南岛语族从中国大陆到台湾再南迁东南亚的主要原因，与古人对海洋生计方式的适应性有密切的关系。[1]

当然，福建住民的主体部分源于汉唐时期以来中原、北方汉人的历次南迁和繁衍，以及同"重巫尚鬼"的闽越土著（先住民）的族群融合和文明交流。[2]作为南方区系类型的东翼，其文化类型的深层结构更受到作为"重瓣花朵"中心的中原文明的主导性影响。但华夏文明主导时代的汉人持续南迁的运动，其实是对史前文明时代东南部的人口南迁运动的新型延续，继续讲述着生态、资源和人口压力的生存悲歌，讲述着中心—边缘地区之间的文明交流的历史故事，其文化底色不能不带有某些海洋性的、开放性的精神特质。在拓展生存空间的过程中，入闽移民逐渐适应了地域的生态环境，与在地"巫教文明"相互交错，相互嵌合，形成了聚族而居的习惯和注重神灵祭祀的传统。而入闽汉人的集体文化记忆形式，长时段地影响了地域社会的经济与文化的变迁进程。

本章利用族谱、考古文献及田野调查，关注风水观念与信仰于在地社会中的存在生态和发展轨迹的问题：在边陲（相对于政治和地理中心的"周边"）汉人社会的经济与文化的变迁中，风水观念与信仰同入闽汉人"土著化"过程如何形成有趣的文化关联？风水观念与信仰在促成闽中汉人对移住地本土认同以及社会秩序的构建方面扮演了什么样的文化角色？边陲汉人如何借助风水观念与信仰，改变并重编闽越土著有关神灵祭祀的原声音频，完成"省方设教"和"因土成俗"的象征意义的转换？

---

1. 刘莉、陈星灿：《中国考古学：旧石器时代晚期到早期青铜时代》，北京：生活·读书·新知三联书店，2017年，第217—218页、259页。
2. 关于福建居民历史渊源和中原、北方士民南移的过程，参见陈支平：《近500年来福建的家族社会与文化》；陈支平：《福建六大民系》。

第一节　衣冠南渡：墓葬文明的术数沉淀

学术界对风水术数的思想来源、历史流变及其社会功能，已有相当多的宏观考察。既有成果莫不侧重于风水观念及其知识体系的类型转变的文本叙事，或者仅仅将“中国”视为宏大的文化整体去抽象论述，而未兼顾一点，即中国文明的持续生长是各文化区系的互动交流甚至引入域外文明的结果，所形成的是一个“满天星斗”的一体多元、互相交错的文明格局。古代文明亦有从单中心向多中心转移的趋势，“中国文明相互作用圈”的空间范围也远超中原地区。站在考古学视角，倘若离开了对一体多元的丧葬文明及其传承形态的考察，我们便无从理解中国连续性文明和信仰系统的原动力之所在。我们理当从大历史和长时段的视角，来审视中国古代的术数及礼义传统的统合机制，究竟是如何有效地推动福建墓葬制度的“一体化”进程的。

“民族”范畴主要是一种社会文化建构，而不仅仅是生物学事实。因此，我们所称入闽的北方或中原“汉人”是一个宽泛的社群认同与汉族支系的分类概念，也是入闽移民的自我记忆构建。不理解这点，则无以比较和解释所谓汉越“文化互化”的进程。我们拟通过墓葬考古和历史文献的相互佐证，把握入闽汉人“土著化”及其关键性的认同指标，梳理各区域相互作用的巫史传统的文化层累情况，进而省思风水观念与信仰传统及其丧葬遗存在边陲地区“文明化”和“文治化”进程中所扮演的角色。由于福建移居社会主要是北方和中原数次大迁徙的结果，巫礼结合的华夏文化在闽文明演进中所发挥的核心统合作用，也是毋庸置疑的。各类风水术数的连续性实践，由于天然与丧葬礼俗的有机结合，同样构成了中国大一统进程中的合法性资源。在边陲社会各族群的互动中，同样具有“以神道设教”或“以省方观民设教”的统合功用，是推动区域丧葬文明走向同质化、标准化的关键环节，更是入闽汉人将自我历史化的文化记忆方式。

一、文化共相：丧葬礼俗与圣教传统

人类学家认为，任何一个移居社会（immigrant society），经过一段时间的定

居后，必然出现土著化（indigenization）现象，变成在地社会（native society）。[1] 大批移民在闽中拓垦和重建传统汉人社会的过程，是一个不断自我文化调适，逐步走向土著化的过程。由于中原、北方乃至江浙等区系的移民移闽的时段不同，集中定居闽中的区域不同，闽中各区域汉人社会的土著化并不同步，而土著化的空间差、时间差，导致了多类文化类型的交织和累积，形成了不同的汉语方言社群或多元化的文化生态。特别是闽中集体性的移民运动持续多次，加上区域内的再次迁徙，福建大区域汉人土著社会的最终完成是较晚的，下限至少要放到两宋时期。大迁流及溯祖中原事实上是福建汉人及其各方言群共同的文化记忆形式。

土著化是东南文化区系内的汉人移民在社会、文化、经济诸方面的“创造性的综合”，而以方块汉字为基础的闽方言是透视土著化的标志之一。东晋南朝中原汉人的入闽，促成了闽北方言的形成；初唐陈元光集团的戍闽与屯垦，促成了闽南方言的定型；五代闽中的割据促成了闽东方言的定型；经过数次南迁，两宋客家方言也在闽西、赣南等地定型。[2] 约形成于六朝的闽北方言保存着不少上古声母和中古声母。[3] 泉州方言（河洛话）尚遗留六朝“雅言”（官话），《世说新语》中的许多语词可借用泉州话来解诂。闽方言社群比较本真地保存着移民历史叙事的原声，逐渐培育了各汉支系的社群认同。这是外来汉人辗转入迁、聚族而

1. 陈其南：《台湾的传统中国社会》（订正版），台北：允晨文化实业股份有限公司，1987 年；陈其南：《传统制度与社会意识的结构：历史与人类学的探索》，台北：允晨文化实业股份有限公司，1999 年。陈其南提出“土著化”概念，用以解释汉人在台湾岛及附属岛屿这个新的移民环境中重建其传统社会的过程，即透过社会结构、族群关系和人群认同意识的分析来阐明清代台湾汉人社会的转型过程。其分析建立在三个基本的结构性指针上：汉人的族籍分类意识，民间信仰的寺庙祭祀圈，血缘宗族的发展形态。划分这两个社会阶段的主要标准是社会群体构成的认同意识。初期台湾汉人移民社会是大陆传统社会的连续或延伸，而移民社会的性质就是原传统社会移植和重建的过程。但移民社会经过一段时间的定居之后，即发生土著化现象，转换为土著社会。在前期移民社会中，源于大陆的祖籍意识扮演着最重要的角色，而后期土著化则以建立在台湾本地的地缘和血缘意识作为新的社会群体认同指标。只有汉人移民社会才存在一个土著化问题，平埔人等住民本是台湾的土著社会，只有华夏化的问题。土著化理论关注的只是台湾这样一个较短时段的传统汉人社会，倘若放于华南或南洋之长时段的汉人社会来观察，可获得更多的阐释空间。郑振满教授提示笔者要关注风水信仰与土著化的关系问题，特此致谢。
2. 李如龙：《福建方言》第四章《汉人入闽与福建诸方言的形成》，福州：福建人民出版社，1997 年。
3. 李如龙：《福建方言》，第 26 页。

居的历史原声，也是闽中汉人主动移植原乡价值观念的历史记忆。[1]

所谓“十里不同风，百里不同俗”，福建民俗文化的多元性和地域性，是传统汉人社会在不同时空格局中走向土著化的结果。特别是各类方言区域统一用以形、意为主的方块汉字作为关键的交流纽带，不仅克服了不同方言和语言的障碍，而且加强了各方言区域的经济、文化交流和“大一统”的兼容性、凝聚力。而方块汉字的形象思维方式，结合“会意”更产生了无穷的生命力和传播力。[2]具有图像性特征的汉字系统，保持着顽强的超稳定性，抢占着地方的知识生产能力和历史文化的解释权，承载着中华文化最有活性的基因，从而夯实了中国“连续性文明”的根基。方块汉字的统合能力，不仅推动了该区域内长时段“夷夏融合”的历史进程，而且促成了在地多元文明因素的积累，为巩固中华民族“一统多元”文明格局做出了重要贡献。

为了能在一个陌生的边陲环境中生存与发展，汉人必须结合在地原生文化的状况，对移出地的本文化进行变异、转换和创生，从而铸出新旧关联的文化模式。因为定居汉人逐渐占据地域社会的主体地位，移出地的原生文化系统支持其行为方式的深层知识、观念、信仰（如儒道思想、神灵祭祀）并未发生根本性改变。因此，闽中汉人走向土著化而创生的地域文化模式，与移出地整体的原生文化系统的差异，并非根本的异、质的异，充其量只是程度的异、量的异，是大同小异。

与此相应，汉人立足于闽中的群体认同意识，如地缘、血缘意识或开基祖（或入闽始祖）崇拜等，仍然是传统宗法观念、礼教信仰的基因遗传，并不隶属于一个全新的异文化系统。“中国失礼，求之四夷”（《后汉书·东夷列传》），不同时期入闽汉人定居之后发生的“在地化”现象，只是同源变异，既是“省方设教”，也是“因土成俗”。[3]由于方块汉字系统的使用和儒家礼义文明的传播，占卜、风水等术数文明的扩散，大一统中央王朝的强势在场，跨区域贸易网络的联结等因素，地域社会最终形成高度共享性的“文化共相”，并成功塑造了“东

1. 王建设、张甘荔：《泉州的方言与文化》，厦门：鹭江出版社，1994 年，第 4 页。
2. 苏秉琦：《满天星斗：苏秉琦论远古中国》，第 25 页、第 92 页。
3. 何彬分析了江浙与北方葬俗的大同小异、同源变异，以及民俗的地域性（因土成俗）问题。参见何彬：《江浙汉族丧葬文化》第四章《江浙葬俗成因析》。

南”“闽中”等区块的集体意识。因此，边陲地区土著化的进程，同样是构建大一统的“中国”意识和深化“华夷秩序”的历史过程。

有关“闽人”内涵的历史变异，特别是各方言社群本土意识的塑造，既是针对原乡之知识和观念系谱的层累，也是针对新领地的社会文化模块的重新编码。地域信仰民俗的成形，意味着地域文化模式及集体思维方式的成形。土著化是建立在整体性、动力性的连续性文明基础之上的，体现了华夏文明在边陲地区演进的历程。在反思构成外来汉人土著化指标之一的社会群体认同意识方面时，源于人类生命意识之内核的礼义文明和巫术形态是不能忽视的要素。这涉及一个关键性问题，即入闽汉人的神灵信仰或礼仪祭祀活动，是如何既“以神道设教”“以省方观民设教”，又入乡随俗、改俗与因土成俗的。

与汉人生存观、居住观、时空观以及祖先观、灵魂观、冥界观紧密相关的风水知识—实践，或许是有效的切入点，来反思一种有机论的、整体取向的宇宙观念谱系，如何在地域社会的文化统合中连续发挥作用，从而在大范围内产生具有高度共享性的文化共相和信仰系统的积淀，如聚族而居的聚落形态、公共空间的象征营造、丧葬制度的一体化趋势、跨区域的礼义文明交流、祖先崇拜和超自然信仰等等。反过来说，我们也能够在汉人“迁流”迈向在地化的处境中，反思这些文化基因得以顽强存在和传承的结构性因素。透过考古文献等所保留的风水信仰遗存，多少能管窥闽中汉人的历史心性和集体心态，管窥风水术数在各族群或跨区域“文化互化”中层累的记忆形式。

伴随着畏难怀居的北方、中原士民的聚族而居，以及闽越土著的华夏化，风水信俗及相关的丧葬制度作为华夏认同关键性的文化符号和意义体系，也相应扎根于闽中并与边陲社会开发产生了更紧密的联系。入闽汉人在坚守自身文化主体性的同时，也消纳了土著的信仰本（底）色，形成了更为包容、开放、层次更丰富的地域文化模式。诸如早期移居家族的墓葬结构、明器实物遗留、洗骨改葬记忆、地域信仰传统等等，正是我们解释和理解边陲汉人社会结构形态变迁、文化与权力支配关系和日常生活方式的有效途径。而糅杂南北居民血缘的“闽人”群体，在强化自我社会和文化界限之际，对各种神祇崇拜乃至本族祖先的记忆塑造，一直是热情不减的。可以说，汉人定居社会在构建自身地方感、历史感和秩序感的过程中，一刻也未曾游离于“巫史传统”及其延伸的“术数文明”和“礼义文明”之外。各种族谱记录的“迁流诗”或“认祖诗”，是南方乡族社会的精神性“史诗”，堪称“土著化”标志的最重要的记忆文本。

福建及“迁流”周边的汉人走向在地化（土著化）的进程，也是朝向人文化的华夏精神传统的复归。从丧葬文明的一体化现象观之，土著化天然涵盖术数化和礼义化的历史记忆。汉人定居社会的形成，既是术数在（入）乡，也是礼义下乡。风水观念、礼义传统亦由此附着于尚巫祀鬼的地域信仰系统之中，互为条件，互为嵌合，互为诠释，共生共荣，参与铸就了各方言社群的“中国性”或“华人性”（华心，圣教中人）。这样的历史进程也是持续构建中国“正统性”乃至“辨得华夷”的进程。土著化作为一种中国化或文明化的社会事实，只是因北方、中原移民持续“南进”而形成的“文明涟漪”的反映，它既是跨区域的“文化互化”和“相互作用”，更是“文明中国”之主体性价值和文化习惯的落实。礼数并重的华夏文明的迁流与生根，才是我们理解土著化的思想立足点。

我们不妨透过晚近福建人的“迁流地”——南洋槟城及马六甲——的义山公冢条规，管窥蠡测风水信仰所积淀的丧葬习俗制度，如何在异族和异教刺激下成为强化华族边界意识与固化在地社群认同的催化剂。与福建乡族社会一样，是否遵守族规族训，是族裔有无资格以“族人”身份写入族谱世系或逝后埋葬族山风水的标准。而有无资格按华人丧葬礼俗入葬义山并享受祭祀，则是南洋华人社会辨识“圣教中人”（华人之籍）的标准。斯文在兹与否，堪称衡量土著化的文化指标。李丰楙指出，南洋华人的圣教就是“以神道设教”，圣教意识既涵盖儒、释、道三教，也包容“做风水”的礼义实践。“丧葬礼俗被视为‘圣教’，即隐性的宗教意识被唤醒后发挥文化归属的效应。”[1] 而辨识“非我族类”的圣教传统，是一种略带民族主义情绪的文化自觉，是华夏衣冠文明在外境异乡的集体表征。

例如，清光绪十二年丙戌（1886年）槟城《峇抵眼东公冢条规》第29条曰：“凡我闽省人等娶别种妇女为妻妾，既遵我圣教，则葬此冢也。如我圣教中人有入异端者，则不能葬此冢也。若入异教之人，要葬时诈骗，无报明白，后日被理事人查出，该坟当移埋于他冢，仍即重罚，以警忘本。”这类圣教观楬橥了坟墓

1. 李丰楙：《从圣教到道教：马华社会的节俗、信仰与文化》，台北：台湾大学出版中心，2018年，第10页、第74页。李氏对南洋地区华人信俗中的圣教属性及其神圣用途有较详细论述，有助于我们从“迁流”视角反思福建“土著化”进程与中华文明“一体化”的关系。

及丧葬习俗在界定“中国人”乃至迁流的“华人”的身份归属方面的神圣意义。“死无葬身之地”是“非我族类”的等义词。

马六甲“青云亭条规簿”则明确强调坟墓及丧葬习俗在华人文化认同上的符号性功能。其中，“坟墓”与“风水”是同义词，死后能否入葬公冢或义山，享受祭祀，更是兹事体大。条规声称：“诚乃犯我华人之例，立当落亭公议，依规责罚。”青云亭还有晓谕文书，将丧葬习俗列设为中华之“以神道设教”及化外人“奉正朔”的文化根基。[1]

南方从移民社会到定居（在地）社会的土著化进程，不仅仅是地理意义上的迁流（骏马堂堂出异方），更是文化意义上的迁流（任从随地入纲常），即在定居地落地生根，开枝散叶（年深外境犹吾境，身处他乡似故乡），重建、叠合、凝固传统中国“礼义文明”（热传统）和“术数文明”（冷传统）的迁流（朝夕莫忘亲命语，晨昏须荐祖宗香），并构成了南进的文明中国的信仰版图和圣教传统（唯愿苍天垂庇佑，三七男儿总炽昌）。是故，汉人或华人社会因迁流而形成的土著化现象，并非凸显文化“离散性”或“独立性”（形华而心夷），反而强化了“遵我圣教”的在地文化主权意识（形夷而心华）。礼失求诸野，与风水术数相关的丧葬习俗，正是我们反思“何以中国”的一个象征性关口。

二、信巫尚祀：相互作用的墓葬文明圈

福建古称闽，偏处中国东南一隅，其古文化虽以共同的印纹陶为代表，但

1. 青云亭条例凡有五节，曰：“第一节：革出华人之籍，不准入亭拜神。第二节：如有风水在三宝井山，不准伊葬之；或其亲戚，俱不得进葬。当在风水部批明，将其风水归入充公，以为众人应用。第三节：在新冢山日落洞，或不得准他进葬，或其家人，童子均不准葬。第四节：凡他有事，不准借用青云亭之物件，亦不准借用和尚。第五节：当立告白挂诸地头，持示其犯例之事，俾得坡中等人同悉其咎。”《青云亭晓谕书》：“兹晓谕呷中诸绅商人同悉于此：某年某月某日在公谕，为某姓某名犯我华人之例，不收某神炉主或头家，经已责罚革出某名华人籍，不准入青云亭拜神。如违者欲固入，本亭总管，亦和尚、马礁，均可随时逐出。又不准进葬冢日落洞山，或其家人不准葬之。倘在三宝井山有风水，自己或其亲戚俱不得入葬。自当批明在风水部内，将风水归公，以为众人应用。如其有事，不准借用青云亭之各物，亦不准借用和尚。特此布闻。”（郑良树：《大马华族史最早期文献——青云亭条规簿》，华社资料研究中心编：《历史的跫音：三保山资料选辑》，马六甲：马六甲中华总商会、马六甲中华大会堂，1989 年）

是很早就与其他文化区系形成了“相互作用圈”，构成了相互关联的文化类型。它同样经历了古国—方国—帝国的国家发展历程，最后被纳入大一统的中国的范围。

例如，昙石山遗址中层下限早于公元前2000年，其下层更早，属于新石器时代文化遗址。中下层出土的若干座墓葬皆是单人土坑墓，许多墓葬有饮食器皿。昙石山遗址的陶器风格以公元前4450—前4350年的台湾大坌口文化为基础。而台湾凤鼻头遗址的两阶段在年代学上和昙石山的两阶段相对应，陶器风格一致，靠近河口环境的生活方式亦相似。[1]

上古至秦汉时期，福建除土著（先住民）百越人在此繁衍栖息外，尚有山都、木客等未开化的住民，[2]还有邻近区域的迁流者。春秋时期，闽、粤、赣等交界区域是百越支系“七闽”的世居之地。战国时期为越人所居，号曰闽越。秦汉之前，闽越故地与中原地区各隶属于不同的文化区系，却形成了互有交错的文化网络系统，出现一些共同的文明元素，像华南几何印纹陶文化、稻作农业文化、萨满式巫术等等。今天广东、海南一带黎族还有“稻公稻母”（稻谷魂）崇拜[3]，这就是早期华南水田稻作农业经济文化区的历史记忆。

先秦福建本地居民的墓葬主要有两种葬制：崖洞悬棺葬和土坑埋葬。前者属于新石器时代的闽越土著文化，后者的墓葬文化类型包括：（1）东周末至西汉初的富林岗类型（以几何印纹陶文化为主的闽越土著文化），（2）东周末至汉初的庄边山类型（吸收闽越土著的楚汉文化），（3）西汉晚期至东汉的庙后山类型（闽越文化＋汉文化）。[4]这些墓葬文明类型跟周边地域同属于相互作用圈的范围，既有闽越土著的纯粹巫教传统，也有周边入闽华族的礼义文明体系。

例如，1978年发掘的武夷山白岩崖洞墓，属百越族支族，年代应是以印纹陶文化为特征的新石器时代晚期至秦统一前。崖洞墓出土了船形棺、龟形四足木盘、纺织品，是数千年前“越族”跨区域的织造技术成就与作物栽培经验的实物

1. 张光直：《古代中国考古学》，第339—340页。
2. 谢重光：《畲族与客家福佬关系史略》，福州：福建人民出版社，2002年，第51页。
3. 吕大吉、何耀华总主编：《中国各民族原始宗教资料集成》（土家族卷、瑶族卷、壮族卷、黎族卷），北京：中国社会科学出版社，1998年，第701—705页。
4. 吴春明：《福建秦汉墓葬文化类型及其民族史意义》，《东南文化》1988年第3—4期（合刊）。

见证。而类似武夷山白岩崖洞墓葬制的相互作用文明圈，在沿武夷山系、五岭以及川滇一带，均有遗迹可寻。[1]这种葬俗与早期百越人追求长寿（龟）和升天有关。如浙江临海山区“安家之民，悉依深山，架立屋舍于栈阁之上，似楼栖。父母死亡，杀狗祭之，作四方函盛尸。……乃悬置高山崖石之间，不葬土中”[2]。广西“象山武仙县多有神仙聚集，聚高山羽驾时见，如建州武夷山，皆有仙人换骨函榇之迹”[3]。据唐张鷟《朝野佥载》卷二记载：“五溪蛮父母死，于村外搁其尸，三年而葬。打鼓路歌，亲属饮宴舞戏一月余日。尽产为棺，于临江高山半肋凿龛以葬之。自山上悬索下柩，弥高者以为至孝，即终身不复祀祭。”[4]

1983 年，考古学家在闽江下游庄边山发现战国至西汉时期墓葬 8 座，属于同一文化系统的家族性墓地，其自西而东有规律地排列，间隔 6~7 米，基本上朝东南方向。这批墓葬有棺有椁，随葬仿铜陶礼器往往成双成对，还有玉璧、青铜构件等随葬品。其在墓地制度、墓葬形制、随葬品组合和器物风格上均具有南迁的楚汉文化色彩。其丧葬类型亦吸收了闽越土著文化的因素。[5]延自先秦时期，福建青铜器文化主要受到中原和邻省（江西、浙江）影响，[6]并与早期中国的礼义文明和术数信仰体系高度契合。

秦始皇一统天下之后，中国“一统多源”的格局正式形成，进一步推动了各区域多元化的族群和文化的融合进程。秦始设闽中郡（前 221 年），管辖今之闽省全境及相邻浙、赣、粤的一部分。因地理上的毗邻关系，这时期有部分北方汉人入闽拓殖，文化区系间的物质文明交流不断，甚至可能有域外海洋文明的渗透。如《汉书 · 景十三王传》记载，江都易王刘建“遣人通越繇王、闽侯，遗以锦帛奇珍，繇王、闽侯亦遗建荃、葛、珠玑、犀甲、翠羽、蝯熊奇兽”云云，所谓珠玑、犀甲应是闽越人与域外区域的居民交换之物。

延至西汉，为了削弱闽越人的力量并防止地方割据，中央政府采取分而治之

1. 福建省博物馆、崇安县文化馆：《福建崇安武夷山白岩崖洞墓清理简报》，《文物》1980 年第 6 期。
2. 《太平御览》卷七八〇。
3. 〔唐〕莫休符：《桂林风土记》，载《钦定四库全书》史部十一。
4. 〔唐〕张鷟、范摅：《朝野佥载 · 云溪友议》，上海：上海古籍出版社，2002 年。
5. 林公务：《福建闽侯庄边山的古墓群》，《东南文化》1991 年第 1 期。
6. 陈存洗、杨琮：《福建青铜文化初探》，《考古学报》1990 年第 4 期。

及北迁越人等术，派军消灭闽越国（前110年），设立冶县。三国时期，孙吴政权五次用兵，招募吴楚人入闽屯垦，设立建安郡，为汉人大批入闽创造了便利条件。[1]今闽方言尚保存着许多古吴语、古楚语。[2]秦汉王朝正式将闽越纳入统一的中国，从此“器用陶匏，进我辇路”，华夏地区的礼义文明、祭祀系统、方块汉字乃至稻作农业变成了闽越地区共同的中国文明因素。

随着汉、越族群的逐渐接近，特别是入闽汉人及吴楚人口比例的增加，华夏文化因素随之与土著文化产生碰撞与交流，并逐渐转变为强势的主导文化，从而加速了边陲的文明化、礼义化进程。“礼闻来学，不闻往教”（《礼记》），风水信仰和习俗在闽中的时空演变轨迹，既与汉民的经济拓殖和文化传播相关，也与闽越人“华夏化”有关。事实上，所谓“汉化”并非意味着土著的“消音”或“息声”，土著的信仰“底色”仍然在场。虽然入闽汉人与闽越土著的生活方式有所差异，然而牵涉人与非人关系的观念背景又有典型的“家族相似性”，都存在着自然、祖先、图腾、鬼神、巫觋、动物等崇拜形态。“大迁流”所伴随的“省方设教”和“文化统合”绵延不绝，堪称不同文化区系相互作用的大熔炉。[3]

毋庸置疑，闽中“信巫尚祀”的传统是越、汉共同层累的文化记忆形式。在古代中国“连续性文明”的基因中，各文化区系很早就形成一个“相互作用圈”，各自都高度共享“联系性或整体性（天人合一）”的宇宙观，包括具有萨满性或巫术性的宇宙、多层化的宇宙、人与动物之间的相等和相互转型、万物有灵的意识等等。张光直指出，中国青铜时代有一个重要的巫教特征，即“人类和动物的灵魂或其本质生命力，一般聚居在头骨中，人类和动物能从他们的骨骼里面再生，故萨满教有一种骨骼化的观念，萨满在他的迷魂的骨骼式的状态里所作的死亡和再生，常在象征性的萨满法器和艺术上表现出来”[4]。环太平洋地区一直盛行

---

1. 朱维干:《福建史稿》第一至四章，福州：福建教育出版社，1986年。
2. 李如龙:《福建方言》，第24页。
3. 牟钟鉴提出“宗法性传统宗教”概念:“以天神崇拜和祖先崇拜为核心，以社稷、日月、山川等自然崇拜为翼羽，以其他多种鬼神崇拜为补充，形成相对稳固的郊社制度、宗庙制度和其他祭祀制度，成为中国宗法等级社会礼俗的重要组成部分，是维系社会秩序和家族体系的精神力量，是慰藉中国人心灵的精神源泉。”（牟钟鉴:《中国宗法性传统宗教试探》，《世界宗教研究》1990年第1期）
4. 张光直:《中国青铜时代》，北京：生活·读书·新知三联书店，2013年，第496页。

洗骨葬，而风水术数文明包含骨殖具有生命力的观念。这些主张宇宙万物是有机整体的现象，包括“人类与动物之间的连续、地与天之间的连续、文化与自然之间的连续”，都是“连续性文明”的历史记忆传承。

至迟在4000年之前，闽越人巫觋之风盛行，亦有大量的灵魂不死观念及图腾分类象征意识的遗存。许慎《说文解字》曰：“闽，东南越，蛇种。从虫，门声。”这是上古巫教文明有关人与动物（蛇）具有相等性并相互转型的观念。“闽”是闽越人类别思维模式和蛇图腾的标志之一。至今闽西北、闽西尚保存着蛇崇拜习俗。未纳入汉人的“闽人”，只是一种土著的自我认同标识。

闽越的蛇图腾器物在先秦、西汉的墓葬遗址中屡有发现。福建青铜时代（中原商周时期）陶器以黄土仑类型文化为代表，有不少的蛇形把手陶杯、蛇形提梁陶鼓、拍印或锥刺蛇纹杯。[1]福州闽越东冶古城出土的板瓦内侧，刻有“闽”字戳印，与《金文编》中的“虫”“它”字相近，应为蛇的象形字或“闽”字初文。[2]华南黎苗地区同样有蛇崇拜，如陆次之《峒谷纤志》云：“相传太古之时，雷摄一卵，至山中遂生一女。岁久，有交趾蛮过海采香者，与之结婚，是为黎人之祖。”[3]《山方壹斋舆地丛抄·黎岐纪闻》称：“黎之种，旧无所考。或云黎母山有女自卵中诞生，适外来番男与之配，遂为黎种。”[4]而东南畲民与华南瑶民亦有同一类型的盘瓠（犬）崇拜母题，与晋郭璞注《山海经·北经第十二》、晋干宝《搜神记》卷一四、南朝范晔《后汉书》的记述相近。这样的族源神话叙事，证明早期南方地区间的文化交流网络一直是相当开放的、包容的。

据《汉书·高帝纪》，秦始皇禁止闽越人祭祀先祖，“使其社稷不得血食”。《史记·封禅书》记载汉武帝既灭两越（闽越、南越）后，“越人勇之乃言：‘越人俗鬼，而其祠皆见鬼，数有效。’昔东瓯王敬鬼，寿百六十岁，后世怠慢，故衰耗，乃立越巫、立越祝，祠安台，无坛亦祠天神、上帝、百鬼，而以鸡卜。上信之，越祠鸡卜始用”。这些灵异和巫祝崇拜，亦属上古各文化区系共通共享的

1. 福建省博物馆：《福建闽侯黄土仑遗址发掘简报》，《文物》1984年第4期。
2. 福建省博物馆、福建省昙石山遗址博物馆、福州市晋安区文管会：《福建福州市新店古城发掘简报》（欧潭生执笔），《考古》2001年第3期。
3. 邢关英：《黎族的图腾崇拜：黎族先民的原始宗教研究之一》，《海南档案》1992年第3期。
4. 吕大吉、何耀华总主编：《中国各民族原始宗教资料集成》（土家族卷、瑶族卷、壮族卷、黎族卷），北京：中国社会科学出版社，1998年，第664页。

萨满式文明，不独闽越人所有。宋周去非《岭外代答》载有“南人”鸡卜习俗。“南人”概念并非闽越人的代名词。[1] 如广西壮族同样流行鸡卜，择坟墓、择屋地，都要请魔公或道公来，以公鸡带路，借以驱邪祈祥。祭坟用的鸡叫陪葬鸡，公鸡啼叫次数多、声调高的屋地才是“凤凰地”。[2] 作为华南文化区系共通的文明元素，鸡卜之俗是早期土著用以判定丧葬和屋宅吉凶的巫术方式之一。而今天闽粤汉人社会的风水习俗亦遗存着割公鸡血去煞的传统。

初迁至闽的汉民可能因生计之故，无暇考虑居住空间或祖先坟茔的风水吉凶问题（筚门圭窦和衣冠士族有所差异），但定居之地有祸福之应的观念早已是地方的共识。而武夷山、龙虎山等地的悬棺葬俗更是闽越人渴盼祖先亡魂升天的文化遗迹。土俗尚鬼重巫的信仰氛围，使得汉人相对成熟的风水术数和崇尚祭祀的礼义传统，作为“以省方观民设教”的媒介，较易于楔入移居社会之中，从而增加移住者与土著、鬼神、天地沟通的机会。

事实上，早期闽中地区林深丛莽，“多蝮蛇猛兽，夏月暑时，呕泄霍乱之病相随属”（《汉书》卷六四上《严助传》）。这种恶劣的生存处境充满生命的不确定性，刺激了各种“敬鬼立祠”的信仰活动。以风水为主体的术数实践，既给入闽汉人带来了适应环境的心理平衡法则，也增强了他们对移住地生存秩序的自信心。它是一种神秘信仰，也是一种生活方式，更是一种生存动力。

延自东汉末、三国时期，闽中尚属生产落后的偏远荒僻之地。但在闽江流域和沿海地区，北方汉人（军队和谪户）的移民社会形成了初步的定居规模。沿海一带“地方的物质文化，在东汉时期已跟中原地区趋于基本一致”[3]。汉代福建仍以闽越人为主，墓葬文化主体仍是土著的天下。[4] 彼时闽人“华夏化”进程还相

---

1. 《岭外代答》卷一〇：“南人以鸡卜。其法以小雄鸡未孳尾者，执其两足，焚香祷所占而扑杀之，取腿骨洗净，以麻线束两骨之中，以竹梃插所束之处，俾两腿骨相背于竹梃之端，执梃再祷。左骨为侬，侬者我也；右骨为人，人者所占之事也。乃视两骨之侧所有细窍，以细竹梃长寸余者遍插之，或斜或直，或正或偏，各随其斜直正偏而定吉凶。其法有一十八变，大抵直而正或附骨者多吉，曲而斜或远骨者多凶。”（《笔记小说大观》第三册，扬州：江苏广陵古籍刻印社，1995 年，第 755 页）
2. 吕大吉、何耀华总主编：《中国各民族原始宗教资料集成》（土家族卷、瑶族卷、壮族卷、黎族卷），第 577—578 页。
3. 林忠干：《论福建地区出土的汉代陶器》，《考古》1987 年第 1 期。
4. 吴春明：《福建秦汉墓葬文化类型及其民族史意义》。

当缓慢，但是沿海部分地区的物质文化，主要是入闽汉人的日常生活方式、信仰和观念的物化形态。

两晋和南北朝时期，福建社会经济和文化获得了进一步的发展。外来士民迁移入闽经历了西晋永嘉之乱、东晋元兴卢循入闽、南朝侯景之乱等阶段。此次“接受移民只限于江域诸州”，“极少能有越荆扬诸州而至于此（按指宁、交、广）诸州者”。[1]也即说，六朝时期中原、东南、华南各区系类型的文化互化更为频繁。这时期也有士民迁徙到福建内陆及沿海地区，甚至早在西晋初年就到达泉州、莆田。移居者的丧葬文明遗存主要来自中原、北方乃至东南文化区系的混合传统，呈现了一些共同的文化符号因素，诸如重视趋避的择日系统。而六朝丧葬遗存有大量的莲花纹案，更是地域文化统合中所形成的吉祥物符号。

早在清康熙年间，莆田郡城就发现晋太康八年（287年）墓。[2]1988年，霞浦眉头山晋墓有纪年铭文砖“天纪元年（277年）七月十日专瓦司造作当□天作□”。[3]查陈垣《二十史朔闰表》，天纪元年七月朔癸酉，十日丙午，属选择术中的鸣吠日。1982年，南安出土“太康五年（284年）立”的墓砖，墓主人应是南下的衣冠士族。[4]1987年出土的连江西晋纪年墓的墓砖两面压印竖直绳纹，侧面模印铭文和花纹。铭文有“元康二年（292年）六月四日作”“元康三年（293年）六月三日作□”“元康九年（299年）”三种年号，隶书阳文。[5]其中元康二年六月朔丁未四日庚戌，三年六月朔辛未四日癸酉，亦符合鸣吠日习俗。1986年，浦城吕处坞七坊山发现元康六年（296年）墓葬，系入闽的士族地主王氏家族的墓地。其墓底多以单砖铺设，多作人字形排列。墓砖铭文有“元康六年秋冬告作宜子孙王家”和“元康六年□□□公王家宜子孙”等字样。[6]这些墓葬文字是早期中原风水、择日习俗移植的雏形。

东晋时期，北方士民自江浙等地辗转南迁，定居于闽北和闽江下游、木兰溪、晋江流域。各类官修文献都有永嘉年间中原簪缨世胄避乱入闽的记叙。据宋

1. 谭其骧：《晋永嘉丧乱后之民族迁徙》，载《水长集》，北京：人民出版社，1987年。
2. 清乾隆《莆田县志》卷三五《杂事》。
3. 福建省地方志编纂委员会编：《福建省志·文物志》，北京：方志出版社，2002年，第62页。
4. 林宗鸿、郑焕章、黄天柱：《南安丰州西晋太康五年墓》，《泉州文史》1989年，总第10期。
5. 陈恩、骆明勇：《福建连江县发现西晋纪年墓》，《考古》1991年第3期。
6. 福建省博物馆、浦城县文化馆：《福建浦城吕处坞晋墓清理简报》，《考古》1988年第10期。

《太平御览》（卷一七〇）引唐《十道志》载："泉州清源郡，秦汉土地，与长乐同。东晋南渡，衣冠士族，多萃其地，以求安堵，因立晋安郡。"北宋路振《九国志》称："永嘉二年（308年），中州板荡，衣冠始入闽者八族，林、黄、陈、郑、詹、邱、何、胡是也。以中原多事，畏难怀居，无复北向，故六朝间仕宦名迹，鲜有闻者。"[1]清乾隆《泉州府志》卷八《山川》曰："城南曰晋江。晋南渡时，衣冠士族避地于此，沿江而居，故曰晋江。"民国《建瓯县志》卷一九《礼俗志》载："晋永嘉末，中原丧乱，士大夫多携家避难入闽，建为闽上游，大率流寓者居多。"这些有关中原人"落地生根"的历史记忆，难免有掇拾讹传，但绝不能视为虚构的历史话语，而是实实在在的历史心性。衣冠士族"畏难怀居，无复北向"的表述，是入闽汉人确立在地的认同与分类观念体系的聚合反映。

伴随着北方、中原移民的大量定居，魏晋六朝时期以福州为中心的闽东、以泉州为中心的闽南、以建瓯为中心的闽北，已是多元文明交融的地区，进入了一个文化高度发达的时期。[2]各区墓葬遗存的墓砖花纹、动物和人物画像，呈现相当程度的华夏文化统一性，又具有海洋性的特征，一则印证了沿海海上交通和瓷器工业的发达，二则体现了入闽汉人传承中原"事亡如存"的巫史传统。六朝墓葬墓砖中出现了大量写实性的人面纹、兽面纹等装饰纹样。其中人面纹很可能是古代巫觋的形象，动物纹乃是"助巫觋通天地之动物"[3]的形象，反映了古人欲借助巫觋及其召唤的动物之支配性神力来沟通天地、阴阳、鬼神的巫教思维。

比如：建瓯东峰村发现的南朝墓葬群西晋凤M31的楔形红色砖，上下两面压印绳纹，边侧压印纹饰有兽面纹、兽面纹与几何纹组合、叶脉纹、叶脉纹与圆圈组合。少量墓壁砖压印纪年铭文"永康元年（300年）九月立"，凤M34、凤M36也有兽面纹（图1.1）。[4]闽侯关口桥头山西晋永嘉五年（311年）第四号墓的墓砖侧面印有怪脸形的图案。[5]南安丰州东晋咸康元年（335年）墓葬有对

1. 清乾隆《福州府志》卷七五《外纪》引。
2. 陈邵龙：《福建六朝佛教文物的发现和思考》，《福建文博》2011年第4期。
3. 张光直：《商周青铜器上的动物纹样》，载《中国青铜时代》，第446页。
4. 厦门大学历史系考古专业、南平市博物馆：《福建建瓯市东峰村六朝墓》，《考古》2015年第9期。
5. 《闽侯关口桥头山古墓清理简报》，载福建博物院编：《福建考古资料汇编（1953—1959）》，

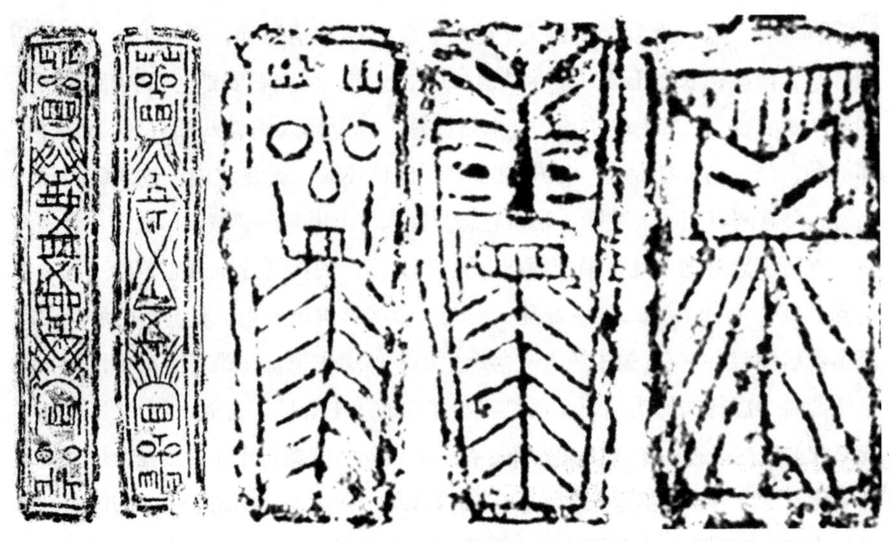

图 1.1　六朝墓砖兽面纹饰

（厦门大学历史系考古专业、南平市博物馆:《福建建瓯市东峰村六朝墓》,《考古》2015 年第 9 期）

称性的人面图案砖印纹，南朝元嘉四年（427 年）墓砖有鱼龙、人面、佛像、古钱、蓖纹、同心圆等纹样。[1] 连江西晋元康纪年墓砖也有人面纹。[2] 福州西门外东晋永和十年（354 年）墓砖纹甚至有代表神怪性的兽面饕餮纹。[3] 将乐东晋墓的墓砖有网脉纹、钱币纹、人面纹、兽面纹、鱼纹、蓖梳纹、三重圆圈纹。[4] 政和县凤凰山南朝中后期的墓砖有长方形和楔形两种，砖上下两面压印绳纹，四侧压印纹饰有叶脉纹、平行线加曲折纹、人面纹、兽面纹、网格加蓖梳纹、叶脉纹加变体钱纹等。[5]

北京：科学出版社，2011 年，第 147 页。

1. 《福建省南安丰州东晋、南朝、唐墓清理简报》，载福建博物院编:《福建考古资料汇编（1953—1959）》，第 94 页。
2. 陈恩、骆明勇:《福建连江县发现西晋纪年墓》,《考古》1991 年第 3 期。
3. 《福州西门外六朝墓清理简报》，载福建博物院编:《福建考古资料汇编（1953—1959）》，第 108 页。
4. 福建省博物馆:《福建将乐永吉东晋墓发掘报告》（陈兆善执笔）,《福建文博》1995 年第 1 期。
5. 福建博物院:《政和县凤凰山六朝墓第二次考古发掘简报》,《福建文博》2013 年第 4 期。

闽侯桐口乡后屿山东晋咸和六年（331 年）墓葬的砖纹，有铜钱纹、兽面形纹、卷草纹、蕉叶纹，此外还有红陶仓和五联罐等模型明器。其中五联罐的四个小罐之间，各有一个持刀执盾、戴着尖帽的武士形象。[1] 这些明器反映了墓主人生前富足的农耕生活与早期定居汉人完整的防范装备。随葬陶器上的尖帽武士形象，也是早期断鬼、除祟、安魂等丧葬观念的器物遗存。尖帽武士与两广胡人俑形象相近，[2] 是中原外来文化甚至南岛民族文化移入闽中的产物，说明闽中区域很早就呈现开放性、海洋性的文明包容气象。

根据文献记载，福建早在西晋初年就有佛寺，如闽侯药山院建于太康元年（280 年）、绍因寺和灵塔寺建于太康三年（282 年）。[3] 墓葬文物进一步佐证了当时多元文化交融的盛况。1993 年，霞浦县眉头山清理出两晋六朝墓七座，其中西晋墓［元康九年（299 年）］眉 M1 有佛教文物谷仓罐一件，上部堆塑三层亭台楼阁，装饰狮、鸽、熊等动物和结趺盘坐的僧人形象，下部堆贴六尊伎乐胡俑。[4] 福州洪塘金鸡山东晋 M1 墓葬则藏有佛教类莲花纹碗。[5]1975 年，闽侯南屿南朝墓葬出土大量墓砖，其中人物类纹饰有飞天、诵经僧人、供花僧人、供养人、侍者，图案类有云气、忍冬、宝瓶、莲花，动物类有飞鱼、飞鹤、坐兽。其中飞鱼图案为象鼻、巨牙、飞翅、鱼尾，原型是鱼龙合体形的“摩羯纹”。[6]

霞浦两晋南朝墓出土的狮形插器共有三件，分别藏于纪年“元康九年（299 年）”及“咸康八年（342 年）”的墓葬中。其中有两件插器的狮形呈匍匐平视状，另一件呈匍匐昂首状，皆是内空，背部有一筒状口，形体或粗胖或扁圆，器身各部位雕刻精细（图 1.2）。[7]1989 年，南平大凤乡宋墓出土“镇墓砖一方。长方形，砖面浮雕狮子作奔走状，颈部饰有挂铃”[8]，狮子是古代波斯语

1. 黄汉杰：《福建闽侯桐口乡后屿山东晋墓清理记》，《考古通讯》1957 年第 1 期；曾凡：《南福铁路工程中福州附近的考古发现》，《考古通讯》1958 年第 1 期。
2. 广西梧州市博物馆：《广西苍梧倒水南朝墓》，《文物》1981 年第 12 期。
3. ［明］黄仲昭修纂：《八闽通志》卷七二至七九，福州：福建人民出版社，1990—1991 年。
4. 福建省博物馆：《福建霞浦两晋南朝唐墓》，《福建文博》1995 年第 1 期。
5. 曾凡：《福州洪塘金鸡山古墓葬》，《考古》1992 年 10 期。
6. 福建省博物馆：《福建闽侯南屿南朝墓》，《考古》1980 年第 1 期；羊泽林：《福建古代墓砖纹样初探》，《福建文博》2002 年第 1 期。
7. 福建省博物馆：《福建霞浦两晋南朝唐墓》，《福建文博》1995 年第 1 期。
8. 张文崟：《福建南平店口宋墓》，《考古》1992 年第 5 期。

图 1.2　西晋狮形插器

（福建省博物馆:《福建霞浦两晋南朝唐墓》,《福建文博》1995 年第 1 期）

（sacake）音译。西汉时狮子由西域进献中原王朝。东汉时西域大月氏、安息、疏勒继续进献狮子。东汉许慎《说文解字》云:“虓，虎鸣也，一曰师子。”汉代铜镜工匠吸纳了狮子的纹饰图案。至迟在东汉，石刻狮子已化身镇墓兽了。[1] 佛经中的狮子则是精进、勇猛、无畏的象征。唐宋以来，风水术数大量使用石狮器物（如狮首石敢当、风狮爷）作为除祟辟邪之象征，形法派广泛借用狮子形象来“喝形”择地。墓葬有关“人类与动物之间的连续”的萨满式关联性思维体现无遗。

南方墓葬明器的“买地券”或“镇墓文”，还经常出现白鹤（天上鹤）、鱼书（水中鱼）、高山鹿等镇墓的动物形象，与华夏其他地区具有相当程度的一体性。例如，江西唐开成二年（837 年）姚仲然墓地券有“何人书？水中鱼。何人读？高山鹿。鹿何在？上高山。鱼何在？在深泉”[2]。同安元代叶丰叔买地券有“何人书了？天上鹤。何人读了？水中鱼。白鹤读了上青天，鱼书读了入深渊”。顺昌元代邓元锡等买地券有“书契人：云中鹤。读契人：水里鱼。鹤在天，鱼在渊。视不见，听不闻”（详见本章第二节）。

根据天文考古学发现，鹿或麒麟很早就作为四象之一北宫玄武的主象（后来

1. 石云涛:《汉唐间狮子入贡与狮文化》,《武汉科技大学学报（社会科学版）》2018 年第 2 期。
2. 陈柏泉:《江西出土地券综述》,《考古》1987 年第 3 期。

演化为龟蛇），围绕着虚宿与危宿。[1] 鱼、鹤、鹿等象征可能和天文选择、月令有关。《吕氏春秋》的十二月纪用四季分配五灵兽，春配鳞虫，为龙属（鱼属）东方；夏配羽虫，为鸟属南方；秋配毛虫，为虎属西方；冬配介虫，为龟属北方。中央一方由从原始形象鹿演化而来的麒麟（倮虫）相配。鱼、鹤、鹿等灵物，可能和早期的四季、五方等天文记忆有关系。

毋庸置疑，墓葬明器或墓砖纹饰反复出现的鱼（蛇、龙）、鹿、鹤、狮等动物形象，很显然带有古代萨满式整体思维的典型特征。在这类观念谱系中，动物和人物之间是“亲密伙伴”的关系，同属于宇宙之有生命力的“万物”，具有相等性的生命力或灵魂，彼此可以相互转型，相互关联。甚至有些动物作为蹻（如龙、虎、鹿，详见本章第二节），更是人类成道成仙的重要使者。而古人除了借墓葬里的动物明器或纹饰来达成除祟驱鬼、安魂护魄的目的外，也试图借助灵异动物的支配性神力来寻求善生、永生或再生的机会。唐宋以后，风水术数体系日趋完善，其喝形学说就涉及各种各样的动物造型及其品质的类比。人与非人（天地、物、神等）之间感通的巫术思维模式经过理性化、实用化的转化，更是升华为中国“生生”哲学的形而上学的依据。就像李泽厚所言，这些动物形象作为一类神圣化的生命象征符号，其实是巫史传统的一部分，本身就“代表生存意志和生活本身具有神圣价值的观念和感情”，是中国文化—哲学的一个重要基因。[2]

值得注意的是，东晋、南朝墓群出土的大量纪年墓砖，充分反映了择日习俗对闽中移居社会的深远影响。丧葬文明的一体化现象是华夏文明的礼义、术数观念体系沉淀为普遍的地方记忆的最好见证。特别是丧葬呜吠习俗的普及化、标准化，显见地域社会普遍拥有一套成熟的天文知识谱系和精准的时间制度安排。这种习俗也是汉人移居社会“土著化”完成的文化标志之一。我们从中可以管窥成熟的华夏文明具有突出的连续性、统一性和整体性。

2006 年，泉州丰州皇冠山发现东晋南朝墓群，其形制及墓砖质地、规格与纹饰皆符合同期的墓葬特点（图 1.3），呜吠观念随处可见。其中，纪年砖 M34 刻“咸安二年（372 年）七月廿二日立之保万年”；M24 刻“太元三年（378 年）

1. 冯时：《中国天文考古学》，北京：中国社会科学出版社，2010 年，第 427 页。
2. 李泽厚：《由巫到礼 释礼归仁》，北京：生活・读书・新知三联书店，2015 年，第 147—151 页。

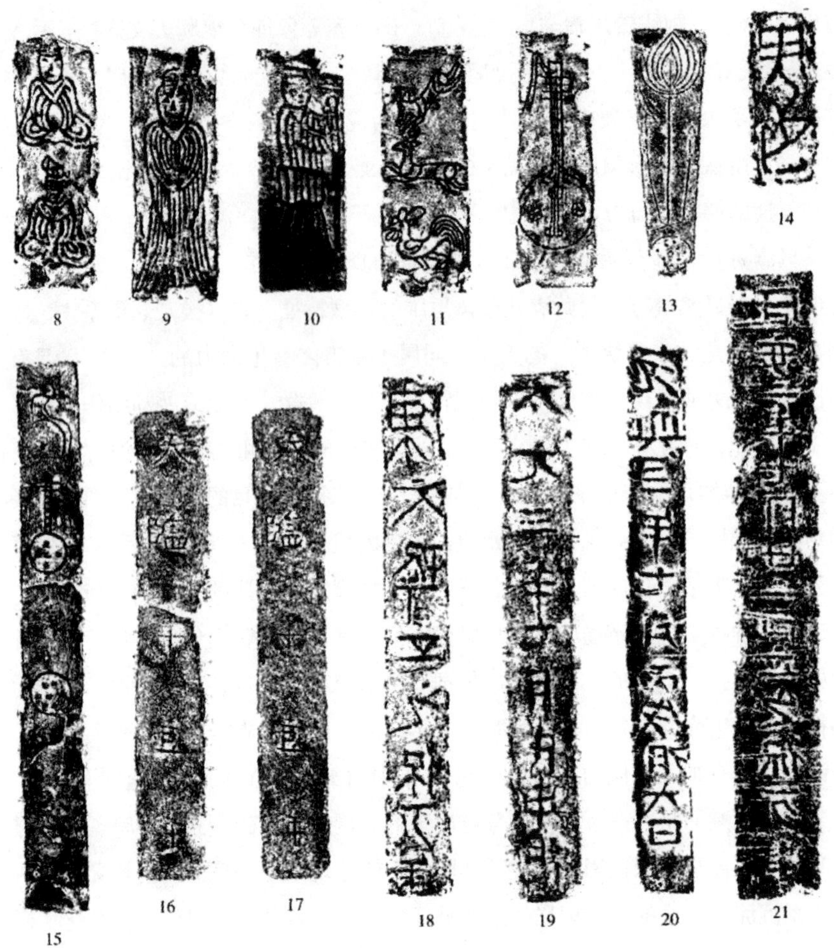

图 1.3　六朝墓砖纹饰

（福建博物院、泉州市博物馆、南安市博物馆：《福建南安市皇冠山六朝墓群的发掘》，《考古》2014 年第 5 期）

七月戊申作”，背面刻“陈文绛立之保万年”；M31 刻“元兴三年（404 年）七月丙戌朔六日”，M12、M20 刻“天监十一年（512 年）”。[1]

1. 福建博物院、泉州市博物馆、南安市博物馆：《福建南安市皇冠山六朝墓群的发掘》，《考古》2014 年第 5 期。

查陈垣《二十史朔闰表》，咸安二年七月朔壬辰，廿二日癸丑；太元三年七月朔丁巳，并无戊申日；元兴三年七月朔丙戌，六日辛卯。按葬日或斩草日基本符合鸣吠日或鸣吠对日的规划。疑简报纪年校释有误。元兴三年七月丙戌朔六日辛卯属鸣吠日，无误；“咸安二年七月廿二日”恐是廿一日，壬子属鸣吠对日；“太元三年七月戊申”有误，应是壬申（十六日）或甲申（廿八日），属鸣吠日。其墓砖纹饰有拨弦乐器阮、莲花纹、飞鱼、奔鹿、飞鸡、端坐人物（僧人？）、直立人物等。[1]我们从中可知，尽管佛教的文化因素已经渗透进闽中的墓葬制度中，但墓葬里的人文世界仍然是一个充满情感力量的世界，是一个人与非人（吉祥的植物、灵异或作为蹻的动物、神仙或修行者、超自然力量）交感共生的世界。

无独有偶，1987 年建瓯县小桥乡东晋墓出土的墓砖铭文有“太宁二年（324 年）六月廿日壬子起”（注：六月廿日为庚申，十二日为壬子）及“咸和六年（331 年）八月五日黄作”，反体隶书。[2]1956 年，闽侯桐口乡东晋墓出土的墓砖有印反文的“咸和六年辛卯七月廿五日作贵（？）”字样。[3]按七月朔庚申，廿五日甲申为鸣吠日。2010 年，政和凤凰山南朝瓦窑出土的炉底部有四块纪年砖，其侧面均压印纪年文字，其中一块为“宋治元嘉四年（427 年）太岁丁卯七月十日□”。查元嘉四年七月朔癸酉，十日壬午，属于鸣吠日。这些瓦砖疑是订制，故符合选择术。[4]1983 年，政和松源、新口南朝墓出土三座墓砖铭，其中 M831 为“宋大明六年（462 年）七月廿八日起公”和“宋大明六年七月作壁”，M835 为“元嘉十二年（435 年）七月十二日陆氏”，M837 为“永明五年（487 年）起□”。[5]按元嘉十二年七月朔丙辰十二日丁卯属鸣吠对日，大明六年七月朔己卯廿八日丙午属鸣吠日。

各种民间叙事文本同样记录了早期入闽修仙者的风水术数实践。寻觅“洞天福地”，精通望气之术，是道流参悟天道的途径之一。秦汉时期，“阴阳望气论”

---

1. 陈建中:《泉州南安丰州六朝墓群出土“阮”纹砖及其学术意义初探》,《东南文化》2007 年第 3 期。
2. 建瓯县博物馆:《福建建瓯阳泽晋墓清理简报》,《考古》1989 年第 3 期。
3. 黄汉杰:《福建闽侯桐口乡后屿山东晋墓清理记》,《考古通讯》1957 年第 1 期。
4. 福建博物院:《政和县凤凰山南朝砖窑发掘简报》,《福建文博》2011 年第 4 期。
5. 福建省博物馆、政和县文化馆:《福建政和松源、新口南朝墓》,《文物》1986 年第 5 期。

和“地脉论”等堪舆术[1]很可能渗入闽粤等地，并间接影响到王朝与地方社会的互动模式。汉魏以来，随着天师道的南向传播，堪舆、选择术数也一并混合共生。道羽入闽，或避世隐居，或建观修持，多重视择地。吴晋时期，左慈、葛玄和郑思远相继入宁德霍童山（三十六小洞天第一）修炼，左慈“造阴宫”。[2]明代的文献记录了汉代梅福在瓯宁择址学仙、升仙的传说：“福为南昌尉，上书不报，隐于建之城南山上，学仙术。后游武夷，望见郭岩有紫气，即往访之。时岐公已先居焉，因与同处。后二人俱乘鹤上升。”[3]地方的历史叙事通常带有典范化和荣耀化的风格，充斥着早期移民的信仰或术数实践的文化记忆。

史称魏晋南北朝是风水理论体系初立的关键时期，而择地与择日几乎是相辅相成的。考古证明六朝中原、北方门阀士族盛行“聚族而葬”，讲究风水实践。[4]入闽的士民亦然，在瘴疠之气弥漫的自然条件及弱肉强食的社会处境中，他们积极从事卜宅卜墓的活动。在闽北、闽东南和福州，上百座六朝砖室墓葬较全面地反映了入闽士族及其同宗亲党部曲在移民社会的生活习俗，其中既有较高级的官僚士族阶层的墓葬，也有一般官僚、士族地主及平民的墓葬[5]，其葬制等级观念受到中央王朝的一些约束和影响，并非十分严格。至六朝时期，闽越部分地区（如闽北、福州）的汉文化占据主体，同样具有族葬制的特点，[6]普遍重视风水朝向，通常选择在土山丘陵向阳面的半麓。现举四例。

2002年，建瓯东峰村出土西晋、南朝家族性的墓葬24座，其中春坑口、牛头山两处墓葬密集分布，规模相仿，等级差别不大，布局合理，其方向整齐一

1. 《史记·蒙恬列传》载蒙恬慨叹建长城是绝地脉，可能是关于风水地脉理论的最早记载。
2. 詹石窗：《道教风水学》，北京：文津出版社，1994年，第64页。
3. 〔明〕黄仲昭修纂：《八闽通志》卷五《地理·瓯宁县》，第100页。《汉书》有《梅福传》。
4. 罗宗真称：“综合六朝及以前各代的‘风水’，都可以看到是‘背倚山峰，面临平原’，即指坟墓宜葬在两山环抱的山腰上，面临开阔的平原；换言之，也就是我们通常所说的‘山冲’之地。现已发现和发掘的六朝大墓，观其地形无不符合上述的规律，实际上它们都是和山丘分不开的。……我们所见南方六朝陵墓，葬地均选在山麓、山腰和山上，而地面建筑如石刻等物均在平地，已成规律。它可能直接影响到唐、宋、元、明各代的葬制和布局，例如唐宋墓葬中的‘明器神煞’与‘墓仪’制度，明诸陵石刻和墓葬的布局，即与六朝相合或近似。”（罗宗真：《六朝考古》，南京：南京大学出版社，1994年，第81页、第85页）
5. 林忠干、林存琪、陈子文：《福建六朝墓初论》，《福建文博》1987年第2期。
6. 吴春明、林果：《闽越国都城考古研究》，厦门：厦门大学出版社，1998年，第228页。

致，都集中在南坡 174º—225º 之间。[1]

2009—2010 年发掘的政和石屯六朝墓，“墓葬均为集中数座至数十座埋葬，显示其应为聚族而葬的家族墓地。其中凤凰山发掘的 44 座墓葬，由西至东分成 3 组，每组间隔 35~40 米，排葬方式呈现一定的规律，均为从东南上坡向西北下坡斜向排列，说明这处墓地应是多个家族合葬”[2]。

1956 年，闽侯白沙区桐山乡南福铁路出土东晋古墓群，基本是朝阳方向。其中 M2 墓室方向南偏西 64º，M3 墓室方向南偏西 15º，M4 墓室方向南偏东 30º，M5 墓室方向南偏东 30º，M9 墓室方向东偏南 20º。[3]

1957 年，南安丰州发现东晋南朝墓葬，与福州同时期墓葬相近，证明“当时福建葬俗甚一致”，皆重视风水术数的择向。墓地“东南面向晋江，遥对晋南紫帽山，背有狮子山与九日山和莲花山相排并立。……墓葬的发现大都在山坡的西部”。其中，咸康元年（335 年）的晋墓位于西北角高地，东偏南 38º。11 座南朝墓为单室起券花纹砖墓室，墓的方向全在南偏东 20º—40º。[4]

总而言之，中古时代福建的墓葬考古让我们真实地聆听到历史现场的“原声”，它们是南进的移民逐步构建华夏文化的主体性的历史印记。就入闽汉人的丧葬文明遗存而论，最迟至南朝时期，福建沿海各地区基本被纳入了统一的“现实的中国”和“文明的中国”的制度体系。礼义规范和术数传统经过理性和道德的内化，在宗法性的祖先崇拜体系中进一步得到有效的实践。而伴随着域内域外的多元文化互通和相互作用，阴阳感易、万物感通、天人感应、同类相从、同气相求的关联性宇宙论，已经成为地域社会一般性、普遍性的观念形态和风俗常识，成为在地者融入天地自然之和谐律动和构建人地相协的社会秩序的驱动力量。

---

1. 厦门大学历史系考古专业、南平市博物馆：《福建建瓯市东峰村六朝墓》，《考古》2015 年第 9 期。
2. 福建博物院：《福建政和石屯六朝墓发掘简报》，《文物》2014 年第 2 期。
3. 《南福铁路古墓群发掘记》，载福建博物院编：《福建考古资料汇编（1953—1959）》，第 150—155 页。
4. 《福建省南安丰州东晋、南朝、唐墓清理简报》，载福建博物院编：《福建考古资料汇编（1953—1959）》，第 93—103 页。

三、洗骨改葬：连续性的术数实践

与洗骨葬相关的二次葬俗起源很早，如仰韶文化时期的半坡遗址、山东大汶口遗址、安阳后岗遗址、宝鸡北首岭遗址、甘肃临洮寺洼山史前文化遗址、崧泽文化遗址、屈家岭文化遗址等都有二次葬现象，几乎覆盖全中国各史前区域。史前文化在相互作用、相互交流（特别是移民）中产生了某些共生共荣的“文明共相”。地域性差异造就了丧葬习俗的多样性，而同一类型的社会族群也有多样性的可能，但不同社会却共有类似萨满式的关联性、整体性的宇宙观念。丧葬文明的一体化现象仍然占据地域社会的主流，明器中的人物、动物、植物共同构成生命有机体的组成部分，同样展示着相互关联性的精神力量。

闽中晚近汉人和畲人社会的“洗骨葬”（二次葬形态，也称捡骨葬、拾骨葬）习俗，既是区域族群及其文化相互作用的结果，也是北方、中原巫史传统积淀的结果。随着北方、中原人口多次“南进”，建立“定居社会”，作为中国文明“重叠花瓣”中心的华夏文明的丧葬观念及相关礼仪制度，在吸收“在地化”的文化资源的同时，占据着主导性的中心地位，是构建福建地区“中国性”认同或者大一统的“华心”的重要符号。

1. 洗（捡）骨葬的源流及其在地化的互化

古文献关于南方（荆楚蛮、五溪蛮、闽越）二次葬习俗记载甚多。土著洗骨葬习俗早先与华夏汉人洗骨葬背后的风水吉凶观念并没有太多关联性，却同属于一种高度共享性的“文化共相”，多出于重孝或除祟目的。《墨子·节葬》云：“楚之南有炎人国者，其亲戚死，朽其肉而弃之，然后埋其骨，乃成为孝子。”《梁书·顾宪之传》云：“（衡阳）山民有病，辄云先人为祸，皆开冢破棺，水洗枯骨，名为除祟。”晋张华《博物志》、《隋书·地理志下》、唐张鷟《朝野佥载》亦录。今广西盘瑶还采用“深埋捡骨葬式”。

南方土著葬俗并不都是洗骨葬的形态。闽、浙、赣先民乃南迁武陵蛮、百越或山都、木客，其葬俗是火葬焚尸，取其骨殖，与风水诉求无关。志书猜测此俗涉及畲民的迁徙。如清同治《贵溪县志》（江西）卷一四《杂类轶文》记载，畲民“遭亲丧，舁棺至山麓，火化之，拾其骨，请于主人，求隙地葬，不起坟。主人恐其久而诈，平地以为坟地，督之令高，今已隆然起三四尺矣”。明万历《永春县志》卷三《习俗》称当地畲民“人死刳木纳尸，乃焚木拾骨，浮葬之。将徙，取以去远”。清代卞宝弟《闽峤輶轩录》则云霞浦畲民“人葬刳木，纳尸其中，少长群相击节，主丧者盘旋四舞，乃焚木拾骨，置诸罐，浮葬林麓间。将徙，则取以去”。闽东畲谚称“下南（闽南）骨瓮掼掼转”云云。[1]

福建发现不少唐五代以来的拾骨墓或骨灰墓，多属于焚尸之后将骨骸、骨灰收拾、埋葬而起墓的，其葬具多用陶罐、粗瓷罈（坛）、瓦棺、青瓷罐等。陶棺盖正中通常有一个洞孔，应是祖先魂魄享受祭祀之通道。从随葬物品来看，丧家大多遵从停柩、攒寄（厝）、择日等固有的习俗，并受到佛教、道教文化习俗的深刻影响。例如：

1936年，泉州发现的唐代初年砖墓系拾骨骸后所遗之墓，刻有“贞观三年（629年）闰十二月廿五日葬”[2]。按唐贞观三年岁次己丑，闰十二月朔丁酉，二十五日辛酉，属于“金鸡鸣、玉/犬吠，上下不呼”的鸣吠日。

1956年，泉州瑞凤岭五代骨灰砖墓墓圹印有龙、鱼、蛇、龟、古钱等花纹砖和纪年砖“长兴二年（931年）辛卯二月祀”，“在墓穴底部中央放置一个粗瓷坛，坛连盖高46厘米，腹径长28厘米，坛内满装骨灰”。[3]

1955年，福州市西湖畔北宋元丰年间（1078—1085年）火葬墓，用陶棺盛骨灰，陶棺一头上翘，棺底为工字形座，棺外四周刻有壶门式图案，上塑红、白、绿色，属于为火葬者配备的专业化葬具。[4]

1958年，福州西门外祭酒岭清理一座北宋熙宁五年（1072年）火葬墓，陶棺三种。一种是前头狭低，后部宽高，形式类似现在的木棺。另外两种外观作椭圆形、长方形，上面中央有圆孔。随葬品还有陶龟及方形墓契砖三块（字迹不明）等。[5]

1957年，厦门禾山区吕厝乡发现南宋淳祐八年（1248年）火葬墓，出土两

---

1. 相关的文献记录，还可见：《中国民族文化大观·畲族编》，北京：民族出版社，1999年，第170—172页。
2. 庄为玑：《古刺桐港》，厦门：厦门大学出版社，1989年，第117—119页。
3. 吴文良：《泉州发现的五代砖墓》，《考古通讯》1958年第1期。
4. 林钊：《福州市发现宋代砖墓一座》，《考古参考资料》1956年第1期。
5. 《福州市西门外宋代火葬墓清理记》，载福建博物院编：《福建考古资料汇编（1953—1959）》，第237页。

件青瓷罐套装，小的内装骨灰，大的器腹外表刻画一个亭子。[1]

1957 年，闽清大安村发现宋代火葬墓，出土陶棺一部，紫褐色，长方形，顶部腰间有一小圆孔，全长约 32 厘米，宽 18 厘米，高约 16 厘米，里面装骨灰。[2] 该墓还有石俑三件，其中一件很可能是蒿里老翁。

1973 年至 1974 年底，泉州、南安先后清理四座宋代火葬墓，其中桃花山墓室“安放一长方形陶椁。椁底放铜钱为垫，现清理出有‘景德’‘元丰’‘熙宁’年号的各一枚。陶椁中放陶制圆圈，圈上放青釉骨灰罐一个”。清源山火葬墓两座，“各有一个骨灰罐，罐外套一个较大的青瓷罐。外罐都已残破，骨灰罐亦仅存一个，通高 27.3 厘米，口径 19 厘米。盖顶微圆凸起，平面无纽，没有任何随葬品。从历代泉州出土的火葬骨灰罐来看，这个骨灰罐属宋代形制，当是贫苦人民的火葬遗物”。南安西峰寓舍埔火葬墓一座，“砖筑，墓室四周各放小铁牛一只，中放青瓷骨灰罐一个，口径 40 厘米，通高 57.5 厘米。此外还有双系陶罐四个，绿釉鼎状香炉四件，黑页岩墓志铭一方，铁铸阳文地券一方”[3]。从淳熙十三年（1186 年）买地券（“龟筑叶从，相地袭吉，宜于泉州南安县归化里西峰龙安禅院之后 / 山安厝”）来看，丧家显然受到佛教和风水术数的双重影响。

1954 年，南安潘山发现元代改葬骨灰墓，其中一件大瓮盖里面墨书志文三环，外环文为“潘八提领灵元命庚戌（1250 年）八月十八日辰时，受生于大元国福建省泉州路左南隅口甲坊坡尾坑头界”，中环文为“今年九月廿二日卯时辞世，享年六十一岁，卜以十二月十二日己□，奉柩往甲方火化”，里环文为“今将瓦棺攒寄火迹，候择吉日迁葬，时至大三年（1310 年）六□”，盖里正中央墨书两行，一行“庚戌十二月十二日”，一行“□□□□谨志”。[4] 火葬迁葬同样遵循择日传统。

唐五代至宋元的闽中火葬习俗，是地域社会多元文化因素相互作用的产物，其中畲民葬俗的文化底色同样深厚。明代冯梦龙描述了寿宁“汉畲互融”的火葬

1. 叶文程：《厦门岛首次发现宋代火葬遗物》，《考古参考资料》1958 年第 1 期。
2. 《闽清大安村宋代火葬》，载福建博物院编：《福建考古资料汇编（1953—1959）》，第 223 页。
3. 王洪涛：《泉州、南安发现宋代火葬墓》，《文物》1975 年第 3 期；徐苹芳：《宋元时代的火葬》，《文物参考资料》1956 年第 9 期。
4. 福建省地方志编纂委员会编：《福建省志 · 文物志》，第 77 页。

风俗，主要依亲房分设金瓶位。[1]清乾隆年间，知县沈钟谓屏南盛行焚棺拾骨藏金罐之俗（不是洗骨）。[2]从各种文化类型互动来看，畲人焚棺（尸）拾骨之俗不能简单等同于汉人的洗骨葬俗。畲民采用一次棺木土葬、停棺拾骨土葬、拣金拾骨二次葬，反而可能是受汉民的宗族观念、土葬习俗和风水信仰的影响。[3]

唐宋以来闽中汉人已盛行火葬和骨灰葬，尽管该俗有违儒家尊崇的孝道观念和厚葬习俗，却不意味着在闽汉人丧失了自身的文化主位意识。火葬墓地同样遵循明器神煞制度和术数选择的安排，并未改变意识深层的鬼神观念和风水禁忌习俗。立基于"满天星斗"的文明视野，南方二次葬或洗骨葬习俗是重孝、除祟、求风水等观念的多重凝结和组合的结果。[4]南方洗骨葬习俗既与早期的土著文化相关，[5]也同中原、北方移民的丧葬习俗密切相关。直面相近的生存环境，区域内各方言社群的集体心灵是相通的，在葬俗方面具有典型的"家族相似性"，并逐

---

1. "寿多火葬，非惑西方之教也，其停柩亦非尽信堪舆之说也。土之稍平者屋之，稍浮者亩之，地几何而堪宅鬼？余初见讼牒，有争金瓶位者，不解，及讯始知之。村民依山而居，居后为墓。其葬法：别为虚棺，内设木板，凿数孔，以置骨瓶，曰'金瓶位'，美其名也。位设则亲房共分之，举所停棺火之，而拾骨依次以厝。有余不足，授受必价。更有余位，他人亦得议酬而附骨焉。不尽亲族，而先授他人，则讼。自非巨姓素封，祖有坟山，不能专葬，停而火之，厥有自矣。大家艰于得地，亦有停至百余年者，子孙衰替不克葬，仍付一炬。"（〔明〕冯梦龙撰，陈煜奎点校：《寿宁待志》，福州：福建人民出版社，1983 年，第 55 页）
2. 沈钟《禁焚棺论》："焚棺之俗，相习成风，其来已久，大非人子之正道，不可不禁。况所谓金罐者，又甚小，谨容升许，闻不过捡一两块贮之，其余则尽弃之。又或有人而难放者，则敲碎安入，心何忍乎？予每往来道中，见山边路口凿一小穴，用砖四块砌成方孔，将罐存顿，并不掩盖。万一被人损伤，或移动他处，纵控究已迟，悔何及矣。屏南自分县后，予多方劝谕，间有一二知礼者稍稍遵行。然不知何时，始得尽改此风也。至于开圹探坟，尤为不道。夫入土为安，岂可轻动？谚云：'狐狸之，狐搰之。'真与禽兽何异？苗风蛮俗，一至于此，良可悼叹！转移风化官斯土者，可不知欤！"（清同治《重纂福建通志》卷五五《风俗·福州府》）
3. 清乾隆《永春州志》卷七《风土志》载："（畲民）近又与土民婚，并改其焚尸浮葬之习，亦足见一道同风之化云。"福安县《雷氏族谱·家训》（清光绪三年修）载："父母临终，衣衾棺椁在所必备者，孝子之情也。刻今多有火葬之说，竟敢斫棺而焚之。不孝之罪，莫甚于此。此后族内人等葬，具称家之有无，断不可以鞠育顾复之恩，而为斫棺焚尸之惨，违者鸣官究治。"
4. 何彬认为南方洗骨葬习俗"并非出自某个单一的文化系统，而是受各种条件影响而形成的多层次的文化积淀"，又称"南方汉族今日所行之二次葬俗不是中原古俗，不是汉族固有习俗"。（《江浙汉族丧葬文化》，第 51—52 页）
5. 凌纯声：《东南亚的洗骨葬及其环太平洋的分布》，《中国民族学报》1955 年第 1 期。

渐形成共通的丧葬礼仪传统。近世以来，闽中畲、汉皆因经常流徙、杂居之故，其延续的拾骨葬俗亦相互影响，日趋“统一性”。[1]

因此，南方洗骨葬的起源问题，“土著说”和“外来说”都难免陷于简单的一元化论断，文化上的相互涵摄论堪称一种更为辩证的立场。因洗骨葬与祖先崇拜具有天然联系，中原、北方的移民与南方土著的跨文化接触，其实并未模糊各自拾骨葬俗的原初价值，反而彼此涵化了相契的象征意义和文化图像。融入风水观念的拾骨或洗骨葬俗（畲、汉二族皆藏祖骨于金罐中，早先的文化内涵不同）是族群间互化和共同构建的直接结果，而以礼仪规范为中心的汉文化基因始终占据着主导性的地位。洗骨改葬的丧葬礼俗的相互涵摄的实践，有助于消弭夏夷之间的族群边界，进一步推动边陲的地方文化的有机统合。这也是秦汉以后统一的中国社会的重要文明标志之一。

从先秦以来中原、北方汉人崇信风水观念的事实推论，不排除很早就有入闽汉人因受风水诱惑而行操弄祖先骨骸之实，至近世有愈演愈烈之势，并最终积淀为地域社会共通的信俗，成为维系儒家的祖先崇拜很重要的文化记忆形式之一，“乃其事，不独出于乡曲之俗夫，即缙绅之家与夫读书谈道之士，亦为习俗所狃而不能自拔焉”[2]，各地志书记录颇多。[3] 各地洗骨改葬的盛行，使得“停厝待葬”

---

1. 清光绪《嘉应州志》卷八《礼俗》称，客家人“负其亲骸来此相宅，道以罂盛而葬之。嗣又以流移转徙之不常，恐去而之他，故相传为捡骸之法，以便带欤”。广东大埔县《郑氏祖源注略》六编（抄本）云：“大埔上坪坝始祖朴素永玉公、妣淑慎周氏孺人，即清芒公十六世孙侠公溯下二十八世祖也。公原居漳州，清明交际之秋，榛梓寇凶盗乱，公卒于漳州，周氏与子抱公骸逃乱，避居至斯。”族谱的记载比比皆是。
2. 陈柏侯：《题古檗山庄》，《晋江古檗山庄题咏集》，民国二十一年（1932年）拓本。
3. 福建地方志书记录的拾骨葬习俗：（1）汀州“起扦捡筋之恶俗独盛。……每至大寒前后，携锄执篓，齐诣坟头，自行开视。如骨少好，则仍安□所，否则捡骨瓦罂，挑往他处。明岁此时，又时开看”[〔清〕杨澜：《临汀汇考》卷三《风俗》，清光绪四年（1878年）刻本]；（2）福州“尤有一种恶习：祖先棺柩埋葬之后，如子孙家道中落，不论葬期久远，将祖先骨殖起出，察看骨色之黑白，以卜子孙之休咎，另行蒸洗掩埋”（同治《重纂福建通志》卷五五《风俗・福州府》）；（3）诏安“葬至数年，家有灾祲，复开棺，捡枯骨而洗之，拾诸瓦坛。其坛高尺许，名曰金罐。瘗诸山麓向阳处，半露于外，俾受日月光华，如是者有年，乃迁葬”（〔清〕陈盛韶：《问俗录》“风水”条，北京：书目文献出版社，1983年，第84页）；（4）建瓯“俗多惑于风水之说，堪舆家互相诋諆，致有停棺不葬或已葬而更改者，甚至历年既久，棺已朽败，捡取遗骸纳入瓦罐而择地迁葬者”（民国《建瓯县志》卷一九《礼俗》）；（5）龙岩“贫家遇长辈丧事，殓后即葬，谓之出山。三年后必须捡骨，易以瓦罐，另觅风的习俗相当普遍（图 1.4、图 1.5）。

我们试举两个基于风水和孝道观念而改葬的事例。

事例 1　明代永春县进士兄弟李开芳、李开藻改葬祖坟事

明万历癸未年（1583 年）进士，永春太平里人李开芳（官至广西左布政、南京太仆寺正卿）、李开藻（李开芳堂弟，与开芳同年进士，曾任山东参议，后晋太常寺少卿不出），以祖先墓地风水攸关子孙，积极改葬祖坟。

根据李开芳在明万历四十年（1612 年）书《先考妣合葬改圹记》，其父李一昆喜谈形家之言，营晋江湖头古雷山四灵阡，因狂瞽所误，改易墓向，后异梦开棺见"阴湿气蒸"，知"向误不祥，不孝罪重"。[1]

李开藻的《赤岑迁葬记》及《石鼓山迁葬记》则称，先合葬父母于惠安县十七都赤岑山下，人皆以为吉壤，然弟开滋不幸中道弃去，开藻"感亡弟之大痛，怵于阴阳之言"，于万历四十一年（1613 年）将坟改迁高处，然"既徂迁矣，而不安乃滋甚。人言亦相怵，或以为灭顶，或以为颠趾"，又迁于旧垄右次。[2] 开藻叹称："夫祖考子孙一气相属者，使祖考不安，则子孙不安矣。"[3]

水，否则人将以不孝目之"（民国《龙岩县志》卷六《礼俗二・风俗》）。

1. 〔明〕李开芳《先考妣合葬改圹记》："……原议坐壬向丙称吉地，及葬先妣，为狂瞽所误，易未丑。神见梦有'小苑城中峰冉，白云江上水依'之句，不悟。是年春祭扫，孙四明师为叹'地吉葬凶'，亦不悟。又十一月启土将合葬，芳徘徊心动曰：'吾父初主壬丙，前对华表峰尖，后托凌霄塔尖，中以四灵石尖鼎立并峙，何异须弥芥子之投针？且灵源山下白云山之九曲明堂，神梦恍在目前，盍速改正以成先志。'芬（开芳亲弟）、藻之志决已，开芳泪下，不忍轻动，且中止。乃考妣辄示异梦若喜，时及启圹，见阴湿气蒸，柩底渍寸许。芳、芬对泣，号天唤母，圣善何辜于天。向误不祥，不孝罪重，今吾父岂可再误，罪益滔天？呜呼哀哀！父母生我劬劳，危乎哉！遂决筮改正壬丙。……考礼，葬欲人之弗得见，然朱文公迁葬父越他所。今改圹不越只尺，天地神人俱叶吉，先考所云'天地人合乃为吉阡者'是已。"（《桃源太平李氏族谱》，1999 年重印本，第 1958 页）
2. 〔明〕李开藻：《石鼓山迁葬记》，《桃源太平李氏族谱》，第 1975 页。
3. 〔明〕李开藻《赤岑迁葬记》（万历四十一年书）："墓在惠安县十七都赤岑山下，人皆以为吉壤。不幸戊申亡灵开滋中道弃去，藐诸暂焉。徘徊邱垅，如一人之身断其一臂，痛不可忍。形家每言斯垄为咎，将不利于似续。……呜呼！葬也者，藏也。休咎之说，学者之不深信，惟宋人论葬有曰：'祖考安则子孙安，夫祖考子孙一气相属者。使祖考不安，则子孙不安矣；又使子孙不安，祖考亦必不安矣。'痛自府君大故，而后骨肉荐酷，莫惨于开滋。滋既死，无子。开藻又仅有一子，示有可为之子。嗟乎！藉令考妣而在，触目诧憏，安乎否乎？即令考妣在天，陟降几楹，又安乎否乎？夫子孙不安，犹可忍也；祖考不安，安可追也！祖考不

梧岡姻翁鄒先生厝所圖說

梧岡姻翁先生棄世者亡四易星霜矣適求數載未獲吉地以妥靈柩其寘匕之中隱有深志或者曰 姻翁在日素精堪輿曷不自卜牛眠以安靈蜕尋曰否匕 姻翁之數覓窨壞以安先兆者 姻翁之孝也其故留讖藏以待後人者 姻翁之慈也古有云為人子者不可不知地理 姻翁自盡孝道於先人 姻翁恐謂後人之皆不亡若乎且嘗見姻翁撰述詩文各集多以龍霧自署今者神棲龍霧之原誠與 姻翁之素志適合也今歲甲申九月十一日寅時榮歸是處後擁青畦前濟碧沼蒼松翠竹倶繞塋旁闢佳境於夜臺備詩材於幽壙其事死如生事亡若存之深意乎他若天官陰陽龍穴砂水之說予百不識一不敢強為貧癖爰稽其圖并為之銘曰

龍霧之陽馬鞍之坂鰲峯左峙鳳寨右袒黙體親心存歿無憾擇而取乎一氣所感 蒼蒼鬱匕碧沼塋匕白揚𧕿匕芳草青匕闢茲佳兆以待長唫幽靈既適佑啟後人

姻教弟鄒心水頓首拜譔

图 1.4　梧冈姻翁邹先生厝所图说

图 1.5　二十世梧冈公马鞍山麓厝图

（连城《四修邹氏族谱》，民国铅印本）

事例 2　清代汀州邹孔爱、邹孔昌不许改葬祖坟事

邹铉猷，字时端，号龙川，汀州四堡雾阁人，系邹氏十九世，生于清雍正癸卯年（1723 年）十二月二十日寅时，卒于乾隆壬辰（1772 年）年三月十四日子时。其坟地由长子子麟费心所选，在本邑归阳里之廖马坪后龙上小地名青殿隔，号醉翁靠椅形，西山卯向兼辛乙三分，辛酉辛卯分金，于乾隆四十六年（1781 年）八月初七日巳时安葬。其次子孔爱（字子仁，号静庵，原配马孺人所生，作贾兼精岐黄）、三子孔昌（字子肇，号启园，淑配李老孺人所生，国学生），

安于溟漠，未可测也；若不安其体魄，安可缓也！”

〔明〕李开藻《石鼓山迁葬记》（万历四十七年书）：“呜呼！葬也者，藏也。藏也者，欲人之弗见也。人子而不得见其父母，斯哀已矣。始迁而复见之，再迁而又复见之，然终不复得见也，其哀可胜道哉！夫惟开藻不孝，始虑之不详，以至于此。犹幸而及于此，庶几生葬存亡，千百世无所恨。”（《桃源太平李氏族谱》，第 1974—1976 页）

于嘉庆十九年（1814 年）曾共立遗嘱，告诫子孙不许改葬之事。[1] 龙川公于乾隆四十六年（1781 年）八月初七日下葬后，长子子麟于八月十一日志曰：“其地开圹之日，圹中之气如香烟萦绕，簇簇而出，此麟之所目睹，故笔之以示后人。”

李开芳、李开藻孜孜于改葬或改圹考妣坟茔，龙川三子则费心垂戒子孙不许修坟。二者皆持孝论改葬之必要。启园生前教导子孙不要妄改祖坟，死后尸骨却不能安妥一处，不时被子孙拉进“厝”中或拉出“穴”外。何种选择是遵守孝道的行为，人们自有一套自足圆融的文化解释模式。由于好的风水效应意味着祖先灵魂的安妥，即便“迁（改）圹忍科夫岂得已”，迁改葬或照原规模补葺与否，既是向逝者践行孝道的方式，更是为生者消灾免祸、求福求利的手段。

值得注意的是，海峡两岸的考古材料，一直具有高度相似的文化特征。台湾新石器遗存大坌坑文化（一说约公元前 4000—前 2500 年）来源于大陆东南沿海（福建、广东）地区。东南沿海新石器时代人群是南岛语族祖先，迁移台湾岛后又最终成为太平洋地区的拓殖者。南岛语族扩散的最初起源又可以追溯到公元前 4000 年长江中下游人群的南迁。[2] 琉球群岛的史前文明遗存同样是环太平洋区域“相互作用圈”的产物。

---

1. 邹孔爱与邹孔昌共立的遗嘱：“《孝经》云：‘卜其宅兆，而安厝之。’《檀弓》云：‘古不修墓。’盖葬者藏也，形骸于以藏，即体魄于以奠。修且不可，而况于迁改乎？一有迁改，则精爽不安，神祇亦不佑，故求福适以召咎也。稽诸往昔，贵溪阁老之祖墓以穴前山高且近而迁徙，即遭寇祸；丰城杜侍郎之祖墓以穴前开一池而遭刺；南昌陈会元之祖墓以穴前筑坝而神力遂歇；浮梁朱尚书之祖墓以穴前塘池平为田而家道顿败。载在版籍，可为车鉴。即以予家论，十祖西桥公墓以更改而致败。朱子尝云：‘祖茔之侧数兴工，亦能延灾，而改尤发泄地气。死者之灵不妥，即生者之身罹殃，理固然也。若夫不更改而获福者，此必然之理矣。’如黄坑学圣公墓、邱坊希孟公墓、庄下士俊公墓，当日棺葬，至今三百余年未改葬，家道丰盛，是其征也。夫以改作之害，如彼而不改作之利，又如此为人子孙者，又曷为徒去劳费，辞福利而求祸害乎？我父龙川公未葬时，长兄麟公跋涉山川，相度阴阳，经历六地，于归阳里之廖马坪后龙上，购重价而获吉壤，尝嘱予兄弟谓：‘此穴砂水有可观，而葬法之浅深、出入、坐向、放水尽皆合宜，主后日财丁兴旺，不可改葬改作。’叮咛反复，至深切焉。予兄弟谨遵斯训，至今三十余年财丁果盛，而又惧后代子孙或妄为更改也，因叙述前人改作之害及不改作之利与夫麟公所嘱，谨书而备录之，以垂戒以远。倘龙川公墓或有水流陷处，照原规模衩葺可也，而更改则断不可。至若盛衰兴替，年代既远，不能一致，须另觅新墓，以接应之，与旧墓无涉。倘有妄听堪舆，或师心自用，至违麟公之训者，即以不孝论。公众子孙，据字鸣官究治，是为嘱。男子仁、子肇谨志。嘉庆十九年甲戌岁三月，立遗嘱，以垂戒永远。切不敢修改，以示后人。”（〔清〕邹序衢等重修：《四修邹氏族谱》卷三一，民国元年铅印本）
2. 刘莉、陈星灿：《中国考古学：旧石器时代晚期到早期青铜时代》，第 219—222 页。

明清时期，闽中三十六姓迁居琉球群岛，同样保持着洗骨再葬的习俗，这是中华礼义文明在异域“存神过化”的集体记忆形式。晚清《万国公报》记录了琉球人丧葬观念及其捡骨葬的实践，堪称东南沿海地区“文化互化”的生动写照。[1]纳骨于坛首先是史前环太平洋地区共有的二次葬记忆。而捡骨入坛重视礼仪，坟墓多立石碑，并“设筵席以飨宾客”，则多受晚近华夏文明的影响。诸如“其遗肉、遗发、遗衣服等葬于坟中”，营坟“务求华美”，与儒家孝道传统具有高度一致性，即《孝经·开宗明义》所谓“身体发肤，受之父母，不敢毁伤，孝之始也。立身行道，扬名于后世，以显父母，孝之终也”云云。

2. 清代闽西地区洗骨葬的案例

我们试举一个“更修进葬”案例，以期更深入地了解晚近洗骨葬实践背后的风水推动力。这种丧葬文明的精神力量具有坚韧的连续性。

永定县彭城刘氏家族保存了一份清代手抄礼簿（漳州林嘉书藏），记述了第十四世祖鼎定公坟墓更修进葬小柩（洗骨葬）的情况（图 1.6）。这些记录一定程度上“还原”了闽西葬小柩的社会语境，有助于我们理解葬小柩仪轨对保存、延续祖先的历史记忆，促进生者与死者的良性沟通，强化族裔的身份认同及对未来的信心的意义。

按鼎定公（1788—1820）寿仅 33 岁虚龄，于清道光三十年（1850 年）八月择日更修。抄本称“历葬十七年，金罐内骨骸清净赤色”，反推鼎定公于清道光十三年（1833 年）应非凶葬，而是停大柩（停厝）。从购买清单来看，本次更修进葬让刘氏背上了一堆债务和利息，却是族裔践履孝道的绝佳“展演”机缘。参与者包括母舅、表叔等亲属朋友，显见此事涉及整个家族网络的“社会脸面”。

---

1. 《琉球风俗考》：“琉球城外多坟墓，坟前皆树石碑，不绝于道。亦有石碑亭，新碑美丽可观，旧碑则苍苔遍布，剥蚀难辨，皆为丛葬死人之所。又于市场之中，见有出售骨殖坛甚多。其坛黑色，亦有装饰，皆为死人埋骨之用。相传捡骨入坛之时，亦有各种礼仪，并设筵席以飨宾客。除王家之外，大概皆在。既死二年之后行之，琉人视此礼为至大，以死后骨不入坛为至辱，骂人者亦以此语为至重也。自我论之，琉人既以留骨为大荣，何不以其尸身浸于醇酒之中，使之永远不腐乎？今琉人则以其骨纳于坛中，而以其遗肉、遗发、遗衣服等葬于坟中。琉人之公见，咸视坟墓为至贵。其营坟之费用较筑室为大，往往罄其家财，务求华美，坐视子孙之贫穷而不知顾恤，岂不大可怪乎？”（［美］任保罗述，林乐知译，《万国公报》卷二〇三，清光绪三十一年）

更修时间虽然距先祖去世甚远，但子孙如此兴师动众，依然在尽其纪念性的伦理责任。风水信仰让刘氏看到通过更修祖坟来改变家族命运的希望（富贵甲族宗）。而家族郑重地将更葬事宜誊抄于礼簿中，以期让后人铭记家族的“荣誉史”，表明此次更葬事件在刘氏家族史上具有里程碑式的纪念意义。祖先的名声、家庭的德行、吉穴预示的前途，也因此得到有效的传布，借以激励后世的子孙。

在更修记录中，刘氏忠实地践履着客家人的丧葬礼仪传统。东家除按例给山主“山理（礼）银”，还给仪式专家“更金银”和“安龙银”。而刘氏购买了墓碑、司土之神碑、石灰、金罐、糯米等物，系按传统“三合土”筑法去修理坟墓样式。日师确定更修进葬日课，仪轨如下：八月初二日起攒动土，八月十八日子时安葬，同日丑时竖碑，二十六日谢土。仪式专家日课考虑周全，除了重视祖坟风水气运的加持（补龙补山）外，还精算了日课与四位祭主（一子三孙）生年的“相生扶金”问题。东家又请繁祉堂复查原课，改竖碑于廿一日巳时，并确定竖福神（土地神）碑的吉方。查其墓碑竖行字共 17 字，正好契合客家人的吉数排列习俗——顺数契合“大皇道”（道远几时通达，路遥何日还乡）的“通”字（凡逢偏旁“辶”字为吉数），契合“小皇道”（生老病死苦）的“老”字（逢生老二字为吉数）。

堪舆师在《福坟课解》中的溢美之言，包括坟墓风水形胜（乌鸦形）、葬法深浅、土色美恶、砂水吉凶、造法弥补等内容。“课解”无疑来自闽赣三合派（讲风水理气的流派）的知识谱系，堪称一则刘氏家族的“励志文”，甚至是核心性的预言书，从而引导着刘氏家族成员及其他亲属，去理解、去想象这个坟墓风水即将发生的吉兆。当然，堪舆师肯定希望借助这种具有深度、专业的“客观化”描述，使该坟墓成为刘氏纪念性的“丰碑”，并将他的堪舆成就带进家族的丰碑性历史。从文本保存至今的现实来看，堪舆家潜在的声音并未被彻底地埋没，并且因为典范性的文本流传，“幸运”地进入我们的历史描述。

总之，区域洗骨葬习俗所呈现的文化表层“一体化”现象，并不能掩盖其文化底层“一统多源”的相互作用的系谱。个案让我们看到民众所固守的普遍的意义图式和观念系谱，即相信他界的祖先与此界的子孙“同类相感”“同气相求”，两界是彼此关联的“一个世界”。这种关于祖先同样是一个共在的生命有机体，因而具有伦理优先性的实在性意识，先在决定洗骨葬习俗不仅是一种事死的祖先

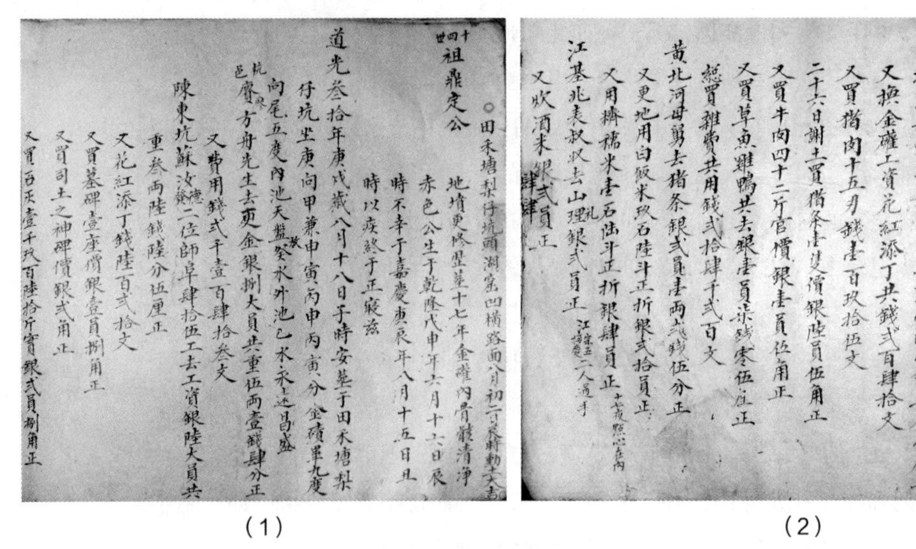

（1）　　　　　　　　　　（2）

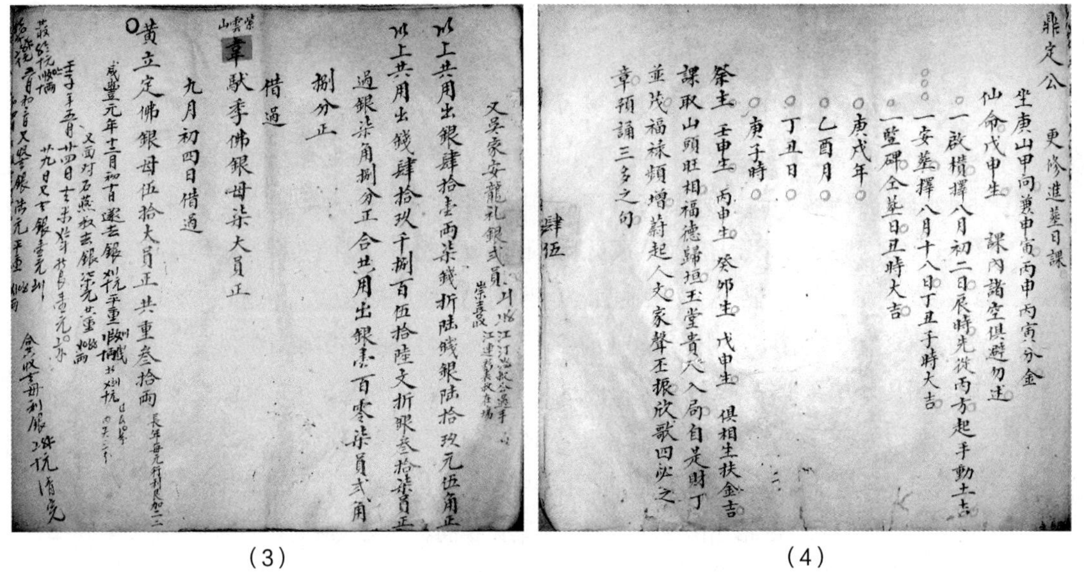

（3）　　　　　　　　　　（4）

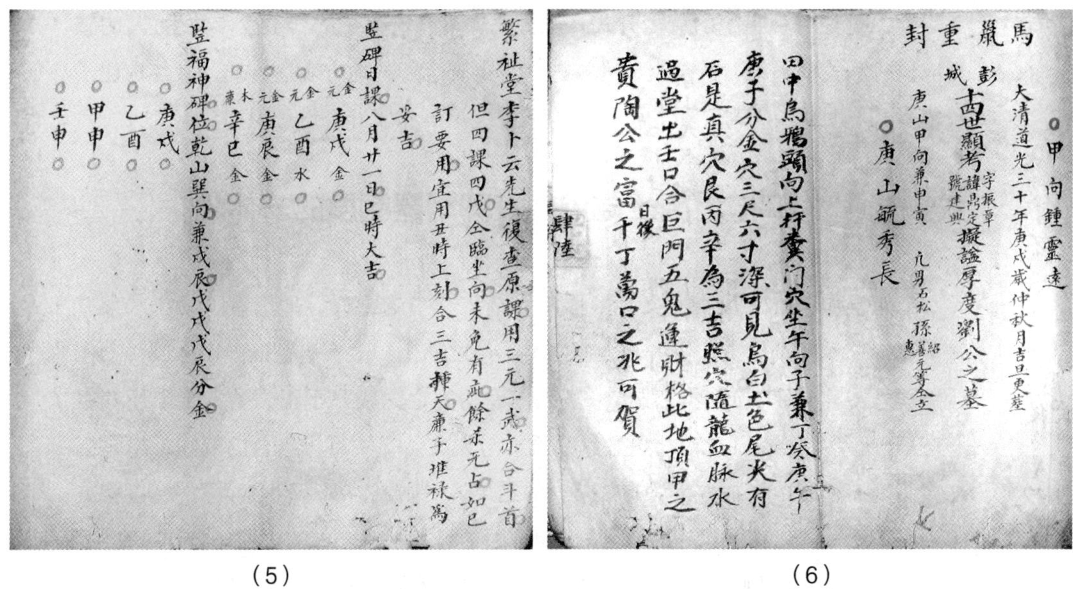

（5）　　　　　　　　（6）

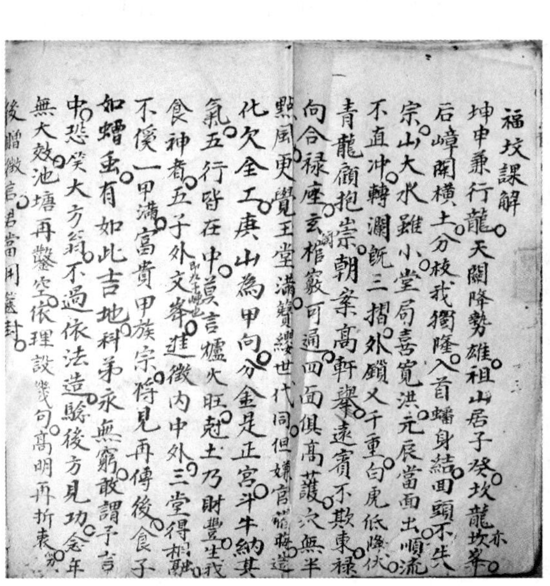

（7）

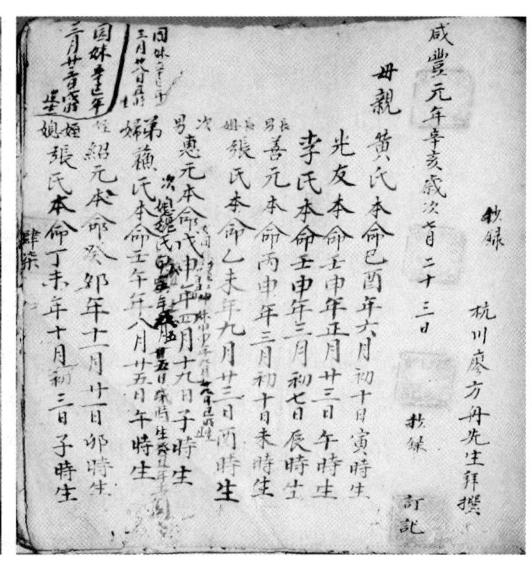

（8）

图 1.6　刘氏鼎定公地坟更修礼簿抄本

（清道光年间手抄本，林嘉书提供）

崇拜，更是一种事生的行为方式。洗骨改葬本身所伏藏的“生生（共生）”的感应模式和关联思维，甚至也成为辨识“华夷观念”的地方表达方式，参与构建了华夏“文明化”符号（祖先崇拜、礼义传统等）和族群身份意识。

第二节　因土成俗：丧葬明器制度的一体化

东汉应劭在《风俗通义》中称：“风者，天气有寒暖，地形有险易，水泉有美恶，草木有刚柔也。俗者，含血之类，像之而生，故言语歌讴异声，鼓舞动作殊形，或直或邪，或善或淫也。圣人作而均齐之，咸归于正，圣人废则还其本俗。”所谓风俗或风土，既是自然（质）与人文（文）有机结合的产物，也是国家制度（王制）与地方生活有效整合的结果。一则风俗属于自上而下的“以省方观民设教”或“以神道设教”，是天朝帝国（考古学意义上的古国—方国—帝国）之统一性的典章制度之有效教化的结果，二则风俗亦是“天矜于民，民之所欲，天必从之”（《尚书·泰誓上》），是地域社会之生活世界的集体表象和共同情感（风土人情）的载体。因土成俗和与时俱进，是民俗知识、观念系谱获得原生力、创生力的源泉。近世以来统一中国的风俗事象，既有高度共享性的文化共相，亦有其地域化的多元特色。

随着中原、北方汉民不断南迁移居闽中，与堪舆术相关的符镇法术、选择术、丧葬礼俗也被移植。考古发现，福建各区域的墓葬文明形态皆发生了同源变异和多源交融，特别是墓葬的文化遗存与“机鬼尚巫”的闽俗同声相和，充分反映了闽人对阴阳界限的惯性认知和信仰心态。隋唐以来，中原、北方墓葬制度、祭祀礼仪日趋于标准化、规范化，“明器神煞”等器物形态的趋同性安排同样是构建以“礼义中国”为中心的信仰符号之一，长期影响了南方地区的丧葬实践，有效推动了各区域丧葬文明制度的一体化进程。

唐五代以来福建的“明器神煞”丧葬制度，同《大汉原陵秘葬经》[1]及《地理新书》的记载相近，并融入某些地域化的特色，有力刺激着入闽汉人在礼义秩序

1.《大汉原陵秘葬经》约成书于金元时期，载《永乐大典》卷八一九九，北京：中华书局，1986年；徐苹芳：《唐宋墓葬中的“明器神煞”与“墓仪”制度——读〈大汉原陵秘葬经〉札记》，《考古》1963年第2期。

方面的在地构建。诸如福建出土的镇葬俑，计有男女侍仆俑、文俑、武俑、十二生肖俑、四神俑、蒿里老翁俑、人首鱼身俑、人首蛇身俑、伏听俑、仰观俑、鬼面俑、鸡俑、狗俑、猪俑、张坚固俑、李定度俑、阴阳人俑、指路俑等等，与其他地区大同小异。这些丧葬明器的广泛使用，反映了古人根深蒂固的祖先崇拜和巫术思维，他们并未截然划分生与死、人与神的界限，而是试图追求永恒性和不朽性，并在阴间和彼岸世界永续在世时的日常生活，为此在墓室中进行一系列理想化和神圣化的身后安排。

一、镇墓明器与风水禁忌

唐宋以来，福建墓葬考古发现各种镇墓明器，如四灵墓砖（俑）、人首兽身俑、阴阳人俑、蒿里老翁俑、柏人俑。这些共同的丧葬文化元素堪称边陲地区在文化类型上最后完成“华夏化”的象征载体。诚如巫鸿所言：“每一个俑都是对人像的‘体’（body）和‘面’（face）的一个特殊表现。每一个俑都从属于为死者建立的一个特殊象征空间。”[1] 镇墓明器的质地多为陶、石、砖等坚硬之物，“展现的是持久、永恒和不朽，总之，是一种独立于时间的存在模式”[2]。有关风水、选择等术数的共同知识和文化记忆形式，在“事死如生，事亡如存”的集体意志的推动下，借助这些明器媒介而被稳定地保存、固化和重温，让我们有机会理解过去的信仰习俗和丧葬常识。

1. 四灵墓砖（神俑）

约在公元前 2 世纪，四象（四灵）体系已经形成，它们是中国星官体系最基本的概念，是古人对各宫主宿形象——授时主星——的提升，直接服务于观象授时的需要。由五种动物（龙、虎、鸟、龟、蛇）组成的四组灵物，分别代表了不同的颜色和方向，并与二十八宿完成固定配合的严整形式。[3] 至迟在西汉武帝前

1. ［美］巫鸿：《礼仪中的美术：巫鸿中国古代美术史文编》，郑岩、王睿编，郑岩等译，北京：生活·读书·新知三联书店，2005 年，第 588 页。
2. ［美］米尔恰·伊利亚德：《宗教思想史》，晏可佳、吴晓群、姚蓓琴译，上海：上海社会科学院出版社，2004 年，第 101 页。
3. 冯时：《中国天文考古学》，第 409—434 页。

期，四灵形象就成为中原墓葬中的纹饰。四灵崇拜（四象、四维、四宫、四兽）[1]与规避太岁、解谢土神等时空禁忌关系密切。如青龙、白虎图案在先秦甚至新石器时代就已出现，最初多表示岁次。[2]堪舆家以为太岁（太岁乃为方便纪年而设定的行星）是对应天上之岁星的地上凶神，当避之。[3]四灵还代表四方星位。《三辅黄图》卷三《长乐未央建章北宫甘泉宫中宫室台殿》称："苍龙、白虎、朱雀、玄武，天之四灵，以正四方。"《礼记・曲礼上》称："前朱鸟而后玄武，左青龙而右白虎。"四灵神俑是明确阴阳界限的禁忌观念在墓葬器物上的反映，传递出方位吉凶的风水意象，深化了人们对人、鬼、神关系的观念联想。

两晋墓葬的墓砖花纹包括不少四神图案。这些与花（华）纹相结合的灵异图案和禁忌习俗所确立的空间分割形态，是早期汉人分类意识的隐喻，也是现实生活方式的模拟。苏秉琦说："龙与花的结合会使人们自然联想到我们今天的自称'华人'和'龙的传人'。"[4]在华夏版图中，四灵形象不仅是墓葬安镇的器物象征，其方位观念也是华夏民族边界意识的隐喻（普天之下，莫非王土；率土之滨，莫非王臣）。

例如，霞浦眉头山天纪元年（277年）砖侧面花纹有白虎、青龙等纹样和镇墓独角怪兽。[5]松政县西晋永兴三年（306年）墓出土"铜镜二件。一大一小。大的为'神兽镜'，直径12.5厘米。已残破。圆纽，纽座外饰有四兽，边饰锯齿纹、流云纹。小的为'四龙镜'，直径8.5厘米。圆纽，纽座外饰以四龙，边饰锯齿纹"[6]。漳浦县东晋墓葬M4出土一枚人物神兽镜，"直径15厘米，厚0.6厘

---

1. 西安国棉五厂汉墓M6中出土的铜温酒炉四面就镂刻有四灵纹（呼林贵、孙铁山、李恭：《西安东郊国棉五厂汉墓发掘简报》，《文博》1991年第4期）。稍后的汉茂陵（葬汉武帝刘彻）及其陪葬冢附近，亦有四灵俱全的画像空心砖（王志杰、朱捷元：《汉茂陵及其陪葬冢附近新发现的重要文物》，《文物》1976年第7期）。
2. 李零：《中国方术考（修订本）》，第125页。十二神者，即青龙、白虎、朱雀、玄（元）武、六合、贵人、腾蛇、天后、太阴、天空、太常、勾陈。十二神名称在不同时代略有异。
3. 〔汉〕王充《论衡・难岁篇》曰："徙抵太岁凶，负太岁亦凶。……假令太岁在甲子，天下之人皆不得南北徙，起宅嫁娶亦皆避之。"《论衡・解除篇》曰："宅中主神有十二焉，青龙、白虎列十二位。龙虎猛神，天之正鬼也。……有十二神舍之……名为去十二神之客。"
4. 苏秉琦：《满天星斗：苏秉琦论远古中国》，第105页。
5. 福建省地方志编纂委员会编：《福建省志・文物志》，第62页。
6. 卢茂村：《福建松政县发现西晋墓》，《文物》1975年第4期。

米，沿宽 1.5 厘米；半圆纽，圆纽座；主纹饰区环状分布为六个人物分坐四方，其中一方有三人；人物两边均有神兽，似可看作是青龙、白虎、朱雀、玄武；人物似为东王公和西王母等。边饰区为十二个半圆形的瓦当，十二个方枚，每个方枚中有四个字"，铭曰"吾作明竟（镜），幽湅三商，周刻无□……"[1] 闽侯南屿南朝墓墓砖纹同样饰有青龙、白虎等形象（图 1.7）。[2]

晋江霞福南齐隆昌元年（494 年）墓葬出土牛马形镇墓兽陶瓷俑，墓砖有青龙、白虎、日、月、僧人等纹样。其中青龙前托太阳，白虎前托月亮。[3]1964 年建瓯水西山南朝墓发现"四灵铜镜一面"。[4] 2006 年，南安丰州镇皇冠山南朝墓群墓砖纹饰有宝相、莲花、卷草、佛像、乐器、动物、朱雀、玄武等。[5] 南朝个别墓砖铭文则有"始得踰利""子孙安吉生万花""金钱百万"等吉祥语。[6]

1936 年，泉州发掘唐初拾骨骸砖墓，其拱门表号古砖饰有四神图形（缺白虎），刻有"贞观三年（629 年）闰十二月廿五日葬"等字。[7]1964 年，福清渔溪出土的初唐墓砖动物纹有青龙、白虎、朱雀、玄武。[8]1965—1970 年，晋江磁灶发现唐墓 7 座，墓砖花纹有钱纹、菊花及四象等，封门砖印楷书"大方"。[9]1981 年，宁化唐墓出土的画像砖，四块有四灵图案，另二块刻有"唯大唐总章元年（668 年）八月"和"戊辰（668 年）造己巳（669 年）成"等字。[10]

五代至两宋时期，随着中国经济和文化重心的南移，福建墓葬仍然出现不少四灵神俑（图 1.8、图 1.9）或陶制或寿山石雕，就地取材，制作精细，意象生动。五代陶制青龙为弯身长足形，白虎为卧式本相，朱雀似孔雀开屏状，玄武为

1. 王文径：《从石榴镇东晋墓群的发掘看开漳前的闽南》，《闽台文化交流》2006 年第 1 期。
2. 福建省博物馆：《福建闽侯南屿南朝墓》，《考古》1980 年第 1 期。
3. 福建省泉州市文馆办、福建省晋江市博物馆：《福建晋江霞福南朝纪年墓》，《南方文物》2000 年第 2 期。
4. 卢茂宁：《福建建瓯水西山南朝墓》，《考古》1965 年第 4 期。
5. 福建博物院：《南安丰州皇冠山墓群的发掘与收获》，《福建文博》2007 年第 3 期。
6. 林忠干、林存琪、陈子文：《福建六朝墓初论》，《福建文博》1987 年第 2 期。
7. 庄为玑：《古刺桐港》，第 117—119 页。
8. 福建省文物管理委员会：《福清渔溪发现唐画像砖墓》，《文物》1966 年第 2 期；王振镛：《福清发现千年古墓》，《福建文博》1998 年第 2 期。
9. 福建省地方志编纂委员会编：《福建省志 · 文物志》，第 70 页。
10. 朱亚仁：《宁化六中唐墓清理简报》，《福建文博》1984 年第 2 期。

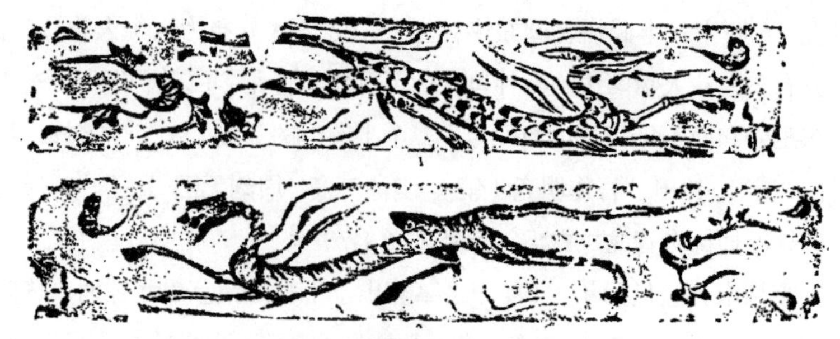

图 1.7　南朝墓砖青龙、白虎纹饰
（福建省博物馆:《福建闽侯南屿南朝墓》,《考古》1980 年第 1 期）

龟蛇相交状。而南宋石雕青龙为平身仰首状，白虎、玄武似五代形状，朱雀是鸮鸟式。[1] 按四灵的安放接近于《大汉原陵秘葬经》提及的规制。四灵为“四廉路使神”，多置于大夫以下至庶人坟墓棺室四角。

1965 年，福州北郊莲花峰五代刘华墓葬出土“龙，1 件。长足，后肢屈坐，前肢直立。尾绕贴于左右足。背隆起成拱形，脊成锯齿状，头缺。气势雄伟，状如恐龙。置于长方形的陶座上”；“虎，1 件。俯伏，两眼平视，作前扑状。尾极长，绕过左后肢穿进腹部。周身涂白色。亦置于长方形陶座上。雀，1 件。展翼，张尾，状如孔雀，双足攀于圆形座上。身着红底色，描绘黑色羽毛。龟、蛇各 1 件。仅存头部及龟的一左足。可能原来是置于同一方形座上，座尚存。以上 4 件墓兽，应是唐墓内所常见的‘四灵’雕塑”[2]（图 1.8）。

1956 年，泉州城瑞凤岭五代砖墓出土“陶龙一条，昂首舒尾末端微卷，四肢作飞舞状，姿态很生动。陶虎一头，雕塑古拙，背上还露出一条和龙的背脊一样的脊，从头部的后面一直伸延至尾部，四肢粗肚，张口露牙，颇具凶猛雄视的神态。陶朱雀一只，两足立地，凰头向上，眼微斜，平展其双翅，做起飞状。陶龟一只，首伸出甲外，仰天而视，额上刻一‘王’字，口中含一颗圆珠，背上盘蛇一条，蛇头和龟头相背。龟作爬状”[3]。

1958 年，福州圣王山北宋墓出土“石朱雀 1 件，昂首直立，身高 7 厘米。

1. 林忠干:《福建五代至宋代墓葬出土明器神煞考》,《福建文博》1990 年第 1 期。
2. 福建省博物馆:《五代闽国刘华墓发掘报告》,《文物》1975 年第 1 期。
3. 吴文良:《泉州发现的五代砖墓》,《考古通讯》1958 年第 1 期。

图 1.8　五代刘华墓四灵神俑（朱雀、玄武）

（曾凌颂：《闽国王后刘华墓的考古发现》，《大众考古》2016 年第 5 期）

石玄武 1 件，昂首，身长 5.5 厘米、宽 5 厘米、厚 1.5 厘米”[1]。1966 年，福州金鸡山南宋嘉定年间（1208—1210 年）陈元吉夫妇合葬墓南室同样发现精美的四灵明器（图 1.9）。[2]

宋代时期，福建地区多流行火葬或拾骨葬，墓葬同样安放四灵神像以祈求辟邪迎祥。1974 年，泉州城东火葬墓出土一个长方形陶椁，内放陶制圆圈，圈上放青釉骨灰罐一个，椁四角有陶制四灵一套，白瓷碗一个，碗底外壁下圈环写有葬日系“绍兴二十一年（1151 年）九月廿三日庚申□”。碗底有方框，内写“辛入乙方”四字。[3]庚申日系“鸣吠日”，“辛入乙方”是方位理气用词，指来龙（辛）和朝向（乙）的天干方位。宋元以后，坟墓壁画绘制龙虎及十二生肖属相

1. 《福州圣王山古墓清理记》，载福建博物院编：《福建考古资料汇编（1953—1959）》，第 115 页。
2. “朱雀 1 件。朱雀两脚踏于座上，昂首收翅，尾部下展，高 10.8 厘米、长 8.8 厘米。玄武 1 件。呈卧状，龟背下缘盘绕一蛇，蛇尾触龟尾，蛇头附龟头上，高 4.1 厘米、长 9.8 厘米。青龙 1 件。伏于台座上，龙头上扬，刻出龙须、鳞甲、四足等，下部钻出大小不一的浅圆孔，高 8.5 厘米、长 15.2 厘米。白虎 1 件。伏于台座上，虎头平视，脑后刻有鬃毛，下部钻大小不一的浅圆孔，高 7.7 厘米、长 14.6 厘米”；北室“朱雀 1 件。朱雀两脚踏于前座上，昂首收翅，尾部下展，高 8.6 厘米、长 9.5 厘米。玄武 1 件。呈卧状，龟背下缘盘绕一蛇，蛇尾触龟尾，蛇头附龟头上，长 9.5 厘米、宽 6.8 厘米。青龙 1 件。伏于台座上，龙头平视，刻出龙须、鳞甲，背鳍呈锯齿状，高 7.4 厘米、长 12.5 厘米。白虎 1 件。伏于台座上，虎头平视，脑后刻有鬃毛，高 7.2 厘米、长 14.2 厘米。”（张焕新：《福建博物院藏南宋陈元吉墓出土器物》，《文物》2011 年第 7 期）
3. 王洪涛：《泉州、南安发现宋代火葬墓》，《文物》1975 年第 3 期。

图 1.9　南宋陈元吉夫妇墓四神俑（北室）

（张焕新:《福建博物院藏南宋陈元吉墓出土器物》,《文物》2011 年第 7 期）

的图画更多，如尤溪麻洋宋壁画墓。[1]

大抵来说，福建墓葬考古发现的四灵形象分布区域广，时间跨度长。这种方位性的物象设置及其负载的祭祀礼义体系，是各区系类型丧葬文明长期相互作用的结果，亦证明华夏丧葬文明具有独特的连续性、整体性、统一性。

2. 人首兽身俑

漳浦、永春、福州等地墓葬出土不少唐宋时期的人蛇（龙、鱼、兽）合体的墓俑明器，计有“人面龙身俑”“人首龙身俑”“人首蛇身俑”“人首兽身俑”“墓龙俑”等称呼。其中“人首（面）鱼身俑”（仪鱼俑）最为普遍。类似人首蛇（龙）身的明器也出现在辽宁朝阳（唐）、江苏邗州（五代）、江西景德镇（北宋）、四川成都（南宋）、四川绵阳（南宋）、陕西汉中（南宋）等地。[2] 这种跨区域高度共享的“文化共相”现象说明，唐宋时期各地的丧葬文明依旧互相交错，是一个持续走向一体化、标准化的相互作用圈。

1958 年，漳浦县刘坂乡发现一座约唐五代间的砖制墓，出土“兽俑，包括

1. 福建省博物馆、三明市博物馆、尤溪县博物馆:《福建尤溪麻洋宋壁画墓清理简报》,《考古》1989 年第 7 期。
2. 张勋燎、白彬:《中国道教考古》第 6 卷，北京：线装书局，2006 年，第 1734 页。白彬认为人首蛇（龙、鱼）身俑是雷神的化身。这种解释放在墓葬明器中似乎不合情理。

镇墓兽，魌头、人面龙身俑、人面鱼身俑、鳖形俑、马头鱼身俑及看不出属何种兽类的残俑”，其中“人面龙身俑”呈平面长条形，“戴高冠，身上还留有朱采花效，脸微向上仰起，头下有两腿着地，尖尾，长 18 厘米，高 9 厘米”（图 1.10、图 1.11）。[1]1979 年，永春唐末五代墓出土“人头兽身俑二件。面作女性，兽身”（图 1.12）。[2]1965 年，福州莲花峰五代闽国刘华墓出土双头的人首龙身俑、人首鱼身俑各一件（图 1.13）。[3]

1966 年，福州北郊金鸡山陈元吉夫妇合葬墓［南室陈元吉嘉定元年（1208 年）入葬，北室孺人张氏嘉定二年（1209 年）入葬］南室有“人首鱼身 1 件。前段为人面，戴兽头形帽，面部丰满。身躯中段形状如山，遍钻大小不一的浅圆孔，后段为鱼身，有鳞与脊”，北室有“人首蛇身 1 件。前段为人面，戴兽头形帽，人面似老人，两鬓垂发，身躯中段呈山形，遍钻大小不一的浅圆孔，后段分五段，似蛇身，刻鳞状纹”（图 1.14）。[4]

“人首蛇（龙、鱼）身”明器应该是考古学家所称的“人兽”或“巫蹻”母题（亲密伙伴母题）的符号。而“仰韶至魏晋这 5000 年间一直不断地有巫蹻的符号存在”[5]。东晋葛洪《抱朴子》内篇卷一五有龙蹻、虎蹻、鹿蹻的记录，“若能乘蹻者，可以周流天下，不拘山河”。道士借三蹻为脚力，可以上天入地，与神鬼沟通往来，“一切邪魔精怪恶物不敢近”。人兽关系就是巫蹻关系，人是巫师的形象，兽是蹻的形象。神奇的动物不仅是人与神的使者，而且自身具有支配性的神力。而蛇（龙）或鱼，一在地上，一在水下，很可能是古人眼中巫师役用的“蹻”，作为死者驯使、召唤的动物助手或伙伴，以利健行、利迅行，以通天地、通生死。这种墓葬明器符号是中国“连续性文明”的生动注脚。人们通过巫术仪式，召唤、控制和感通、感化灵异之物（蹻），充分突显了古人主动和自信的人文精神。

1. 福建省文物管理委员会：《福建漳浦县刘坂乡唐墓清理简报》，《考古》1959 年第 11 期。
2. 晋江地区文管会、永春县文化馆：《福建永春发现五代墓葬》，《文物》1980 年第 8 期。
3. 福建省博物馆：《五代闽国刘华墓发掘报告》，《文物》1975 年第 1 期。
4. 张焕新：《福建博物院藏南宋陈元吉墓出土器物》，《文物》2011 年第 7 期。
5. 张光直：《濮阳三蹻与中国古代美术上的人兽母题》，载《中国青铜时代》，第 328—335 页。

图 1.10　唐五代墓人面鱼身俑、人面龙身俑
（漳浦刘坂乡，陶）

图 1.11　唐五代墓人面鱼身俑
（漳浦刘坂乡，福建省博物院藏，陶）

图 1.12　唐末五代墓人首兽身俑
（永春县博物馆藏，陶）

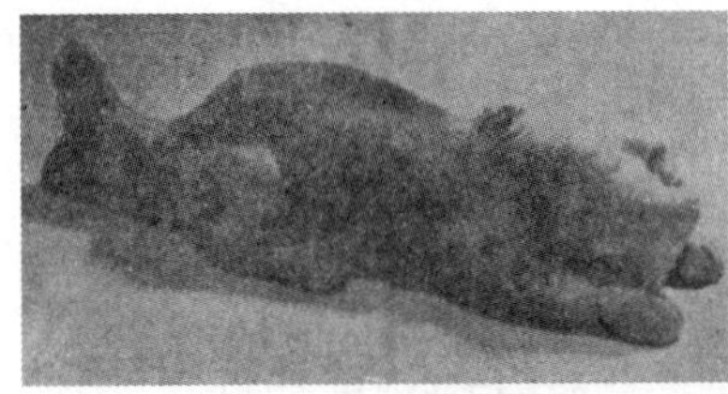

图 1.13　五代刘华墓人首鱼身俑、人首龙身俑
（陶）

图 1.14　南宋陈元吉夫妇墓人首鱼身俑、人首蛇身俑
（石）

3. 风水人物俑

唐宋以来，各地墓葬出土诸多随葬神俑。张坚固、李定度、阴阳人（地理师）等风水人物墓俑也并不少见。这些明器是一般性的风水知识、观念和信仰积淀为区域的文化共相和历史心性的物化表现（图 1.15—图 1.20）。

按张坚固、李定度等神名，多见于南方墓葬中。江苏徐州出土的元嘉九年（432 年）王佛女买地券有“傍人张亢根，当永令”云云，应是最早的“张坚固”原型。湖北元嘉十六年（439 年）兰谦买地券有“时知者张坚固”“张坚固、李定□沽酒各半，共为券莂”等字样。[1] 二者联袂作为穴场“成交”的见证人、保人或地主，蕴含着法度永久、交易有律、度量准确之意，是人们注重坟墓坚固和坟墓方位准确、边界清晰的物化象征。

1. 黄义军、徐劲松、何建萍：《湖北鄂州郭家细湾六朝墓》，《文物》2005 年第 10 期。另见黄景春：《地下神仙张坚固、李定度考述》，《世界宗教研究》2003 年第 1 期。

1965 年，福州莲花峰五代闽国刘华墓出土“戴幞头状帽拱立俑，6 件。帽分高低两层，如幞头状。高低层之间的正中打一长方形结，帽后沿有两个小洞，可能是插展足用的。穿圆领宽袖向左右开拎长袍，束带。着圆头鞋或尖头鞋”[1]，这应是类似张坚固、李定度的陶俑（图 1.15）。其服饰和仪态是天朝典官的做派，借以强化两位神祇在“坚固”阴间居室、“定度”吉穴方位或地界方面的权威性。此外，闽侯县怀安观音亭南宋墓出土的李俑束发，头顶小冠，身着直裰长袍；张俑头戴方形帻巾，身穿团领长袍（图 1.16）。[2] 该石俑系中年人形象，正面立像，双手交合，表情严肃。如同合拳作揖表达诚意一样，石俑当面与观者（墓主或墓

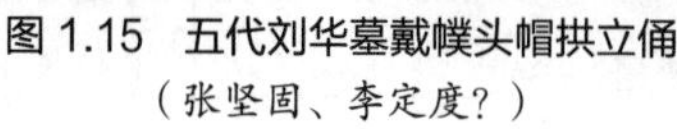

图 1.15　五代刘华墓戴幞头帽拱立俑
（张坚固、李定度？）

图 1.16　南宋墓张坚固、李定度俑
（闽侯怀安观音亭，福建博物院藏品）

1. 福建省博物馆：《五代闽国刘华墓发掘报告》，《文物》1975 年第 1 期。
2. 林忠干：《福建五代至宋代墓葬出土明器神煞考》，《福建文博》1990 年第 1 期。

主亲人）作揖“对话”，寓意“承诺”和“信用”。[1]

1966 年，陈元吉夫妇合葬墓南室出土捧物俑 15 件，[2] 其中捧圆盘俑应是风水仙师俑，头戴幞头帽，身着团领长袍，手持罗盘（图 1.17、图 1.18）。

1974 年，福州北门胭脂山宋墓出土“张仙人俑，1 件。直立，两脚前后而立，露脚尖，束发，穿窄袖长襟，腰间系带，双手捧着一带柄圆盘”（图 1.19），[3] 这尊石俑是否阴阳人俑，圆盘是否罗盘，尚有争议，留此存照。[4]

1985 年江西临川县南宋庆元四年（1198 年）朱济南墓出土成套陶俑，其中“张坚固俑 1 件。脸稍侧视，头戴高背巾帽，身着圆领长衫，双手合执，置于腹前，穿尖靴，作侍立状。底部有墨书题记‘张坚固’”；“李定度俑 2 件。脸稍作仰视，头顶绾发髻，双手合置于前腹，器座底墨书‘李定度’”；“张仙人瓷俑 2 件。眼观前方，炯炯有神。束发绾髻，身穿右衽长衫。右手抱一罗盘，置于左胸前，左手紧执右袖口。座底墨书‘张仙人’”（图 1.20），类似《大汉原陵秘葬经》“地理阴阳人”张景文之类人物。[5] 而临川俑所捧罗盘具有磁针与刻度圆盘相配合的特征。

闽赣张坚固俑、李定度俑、阴阳人俑或地理师俑说明，至迟在十二世纪末至十三世纪初，罗盘在东南地区已经被广泛运用了。这些丧葬遗存说明风水术数的技术性知识在地域社会中得到普及，风水行业神崇拜也开始流行。

---

1. 巫鸿称，西王母无视环绕的随从，只是面向画面外的观者（或现实中的信徒），这种开放式构图的意义，不仅在于画面的内容，而且依赖于偶像与观者之间的关系。（[美] 巫鸿：《礼仪中的美术：巫鸿中国古代美术史文编》，第 256 页、第 469 页）
2. “男俑 13 件，女俑 2 件，皆双手捧物置于胸前。男俑皆着圆领长袍，腰间系带，底部稍刻出鞋尖样，高 16.1~17.3 厘米，以戴风帽者最为矮小。其中戴幞头者着宽袖长袍，余皆为窄袖。多数俑的冠部、腰带残存黑彩，其中一件冠后部下沿残余锈铁。男俑中 4 件俑捧方盘，1 件俑捧瓶状物，1 件俑捧长条状锈铁，1 件俑捧圆盘，1 件俑捧碗碟 4 个，5 件俑所捧之物不明。女俑皆着圆领窄袖长袍，高 16.5~16.9 厘米。1 件顶梳单髻，腰间系带，捧长条状锈铁。1 件两旁结髻，捧碗碟 4 个”，北室“男俑皆着圆领窄袖长袍。1 件头部略向右视，手捧圆盘”。（张焕新：《福建博物院藏南宋陈元吉墓出土器物》，《文物》2011 年第 7 期）
3. 福建省地方志编纂委员会编：《福建省志・文物志》，第 253 页。另见福建省博物馆：《福州市北郊胭脂山宋墓清理简报》，《文物资料丛刊（2）》，北京：文物出版社，1978 年，第 123—129 页。
4. 福建省博物馆赵巍先生提供了胭脂山宋墓寿山石俑的实物照片，特此感谢。
5. 陈定荣、徐建昌：《江西临川县宋墓》，《考古》1988 年第 4 期。考古学界把此俑统称作“张仙人俑”，值得商榷，或作“阴阳人俑”或“地理师俑”更妥当些。

图 1.17（上）、图 1.18（下）
南宋陈元吉夫妇墓阴阳人俑
（南室、北室）

图 1.19　南宋墓寿山石俑
（福州胭脂山，阴阳人俑？）

图 1.20　南宋朱济南墓张坚固、李定度、张仙人俑
（江西临川）

4. 蒿里老翁俑、柏人俑

（1）蒿里老翁

《说文解字》谓蒿里乃“死人里也”，又称鬼所。早在汉代就流行“人死归蒿里”的观念。据《大汉原陵秘葬经》载，无论天子至庶人，其墓西北角天门处一般置“蒿里老翁”，属镇墓冥间地吏，“管亡人生天界也”。福建五代蒿里老翁陶俑扶杖、戴风帽；南宋石雕戴圆帽、菱形帽或巾帻帽。其神态雍容大度，慈祥安详，呈彬彬有礼的作揖状，喻示古人对身体形态与死亡关系的理解及其豁达的生命态度。

1965 年，福州莲花山五代刘华墓出土陶制“戴风帽扶杖老人俑，1 件。相尖顶，帽檐罩至颈肩部，仅露面孔。穿宽袖外衣。束带。左手下垂于袖内，右手扶杖。杖已缺。身略前弯。着圆尖鞋。背后刻有‘启四’两字”（图 1.21）。[1]1997 年，福州马坑山五代吴越国林十七娘墓的随葬品亦有蒿里老翁俑 1 件。[2]福州南宋陈元吉夫妇合葬墓北室出土石质“老人俑 2 件。皆为男俑，额部雕出皱纹，须长及胸，着圆领窄袖长袍，腰间系带，底部稍刻出鞋尖样。1 件双手交叉拱于胸前。1 件头部向右侧视，左手下垂，右手握一已经锈蚀的铁器，立于三角台座上”（图 1.22）。[3]1974 年，福州胭脂山宋墓出土蒿里老翁俑 1 件，“直立，背略弯，头戴方帽，穿交领广袖长袍，腰束带，露双脚尖。右手曲起作持物状，左手下垂，脸部表情生动，额上刻浅细皱纹数道，胡子拖至胸前”（图 1.23）。[4]

宋元时期墓葬壁画经常绘有蒿里老翁的形象。1993 年，三明市岩前村发现宋代壁画墓，其左壁（北壁）“画面东段绘一行进着的青龙（苍龙），西段绘有九个站立的人物及一俯卧的人物。自西向东，第一人为拄杖老人，倾腰弯背，头着黑色高巾，身着镶黑边地白色交领宽袖袍服，腰系黑色腰带，足穿黑色布鞋。留长髯，拄一木结蟠虬的拐杖”[5]。1986 年，尤溪县城关发现宋代双室墓，其左壁壁画“山右一人，残，头似戴冠，有须，着束袖服；左向，躬身，左手持棍，右手前指。此人之右又有一人，残甚”。右壁壁画“右一人肩以上残，蓄长须，双手持易板置于胸前，头上方有墨书，仅存‘里’字。此二人右下方为一山，山上有树。山右一人，头戴帽，上身着束袖服，腰系带，下身穿裤；左向，右手前指，左手持棍，躬身屈腿作行走状。此人右边的一段画面已脱落殆尽，仅在近墓门处见一人，头戴幢头，身着圆领宽袖长袍；右手持骨朵扛于右肩，左手前曲置于右手上，侧身而立。头顶上方墨书‘墓门庭长’四字”[6]。

---

1. 福建省博物馆：《五代闽国刘华墓发掘报告》，《文物》1975 年第 1 期。
2. 福建省地方志编纂委员会编：《福建省志 · 文物志》，第 72 页。
3. 张焕新：《福建博物院藏南宋陈元吉墓出土器物》，《文物》2011 年第 7 期。
4. 福建省地方志编纂委员会编：《福建省志 · 文物志》，第 253 页。另见福建省博物馆：《福州市北郊胭脂山宋墓清理简报》，第 123—129 页。
5. 福建省博物馆、三明市文管会：《福建三明市岩前村宋代壁画墓》，《考古》1995 年第 10 期。
6. 福建省博物馆、尤溪县文管会、尤溪县博物馆：《福建尤溪城关宋代壁画墓》，《文物》1988 年第 4 期。

图 1.21 五代刘华墓蒿里老翁俑
（福州莲花山）

图 1.22 南宋陈元吉夫妇墓蒿里老翁俑
（北室）

（2）柏人明器

根据《三国志·吴书·妃嫔传》注引，“会夫人（吴帝孙皓宠妃张氏）死，皓哀愍思念，葬于苑中，大作冢，使工匠刻柏作木人，内冢中以为兵卫”[1]。按甘肃武威磨咀子出土的前凉张骏建兴二十八年［晋成帝咸康六年（340 年）］有“松人解除简”，墨绘有一身着袍褂的偶人，上记“无拘校重复，松柏人当之”“日月时拘校重复，柏人当之”“岁墓年命重复，松人当之”等文字。东晋至唐宋墓葬所出的“木（桐、松、柏、石）人”“石真”等，主要是道教用以解除墓注、绝呼讼的代人用品。[2]江西南昌唐昭宗大顺元年（890 年）墓的木牍“柏人”造型，声称若“地中有神，呼主人”，在世的亲属、家奴、畜产等，需要

1. 〔晋〕陈寿:《三国志》卷五〇，裴松之注，陈乃乾点校，北京：中华书局，1959 年，第 1202 页。
2. 张勋燎、白彬:《中国道教考古》第 5 卷，第 1383—1450 页。

图 1.23　南宋墓蒿里老翁俑
（福州胭脂山，福建博物院藏）

“并仰柏人当知”，“神木盟当圹等并随柏人觅食”云云。[1]

根据江西吉安北宋开宝七年（974 年）墓“王二娘买地券”记载，柏人使命一是为墓主解除殃咎，“于墓中斩杀凶神恶鬼”。二是为墓主后裔取福，凡“墓中合出高官、职禄”“墓中合出聪明儿孙、金银定帛丝蚕”等福报，“仰柏人招取，送与阳道子孙”。三是“水火盗贼欲至，仰柏人斩之”。[2] 彭泽县宋墓柏人偶墨书“恐呼生人，明敇柏人一枚，宜绝地中呼讼”[3]。江西北宋至道元年（995 年）“彭司空买地券”也有柏人护佑生人、斩断注连的内容。[4]

1. 江西省博物馆:《江西南昌唐墓》,《考古》1977 年第 6 期。
2. 王吉允:《吉安发现一座北宋纪年墓》,《考古》1989 年第 10 期。
3. 彭适凡、唐昌朴:《江西发现几座北宋纪年墓》,《文物》1980 年第 5 期。
4. 北京图书馆金石组编:《北京图书馆藏中国历代石刻拓本汇编》，郑州：中州古籍出版社，1989 年，第 204 页。

按明代嘉靖《儒门崇理折衷堪舆完孝录》卷八记载，闽人墓葬“埋明器，以闽俗之木刻金鸡、玉犬、柏人、土地等物，不无有泄地脉，且引水生虫无益化者，不若皆不用为是。若孝子必欲遵礼用之，亦不必事雕刻，而但用纸糊裱褙为之，乃于穴完工毕之际、谢土告墓之时，对坟烧化，如焚楮钱之义，庶亦就便焉”[1]。

今闽道教科仪本尚有使用柏人的记录，说明丧葬明器制度具有顽强的历史延续性。如福州道士施先生所藏《庆坟安山科范》（图 1.24）载有“柏人式”：“凡圹中用柏人，圹门面□棺背向外，柏人身居碧落乡，上帝命汝守中堂。一切凶神并恶煞，柏人独自向前当。前面书：太上老君急。”其造坟用契砖也有“柏人毋得擅开冢门”云云。

二、买地券及其演化形态

因受早期“鬼道”及巫术的影响，南方地区的汉人丧葬活动，非常注重祭祖（沟通祖先与子孙）、祀神（沟通天地神人）和事鬼（沟通祖先与鬼、人与鬼、神与鬼）等祭祀传统，以期为死者及其家人回死注生，消灾度厄。丧葬明器买地券（冥契、幽契、地莂、冥券、墓券、幽券、铁券、买墓地券[2]），是人们建立阴阳两界良性交流模式的理性尝试，带有人类学家所称的“驱逐捣蛋者”和“给神祇施加压力”的功用。[3]

买地券的技术实践源远流长，反映汉人社会绵绵相续的相同心理图式、历史心性与文化惯习，隐藏着一个有效处理人鬼神之互惠关系的认知框架，即变幻无常的诸神诸鬼控制着自然界和冥界，亦有同人一样的利益诉求，需要彼此进行情感的沟通、合理的交易（彼此之间既紧张又合作、既分离又联结）、礼物的互惠。它们的世界与人的世界是陌生的、有距离的，存在着一定程度的张力，更需要获得生者的安抚，让冥界祖先得以安宁。

1. 《道藏》第 35 册，北京：文物出版社，上海：上海书店出版社，天津：天津古籍出版社，1988 年，第 672 页。
2. 俞伟超称，买地券“叫‘买墓地券’才准确”。（俞伟超：《先秦两汉考古学论集》，北京：文物出版社，1985 年，第 26 页）
3. ［美］许烺光：《驱逐捣蛋者：魔法、科学与文化》，王芃、徐隆德、余伯泉译，台北：南天书局，1997 年。

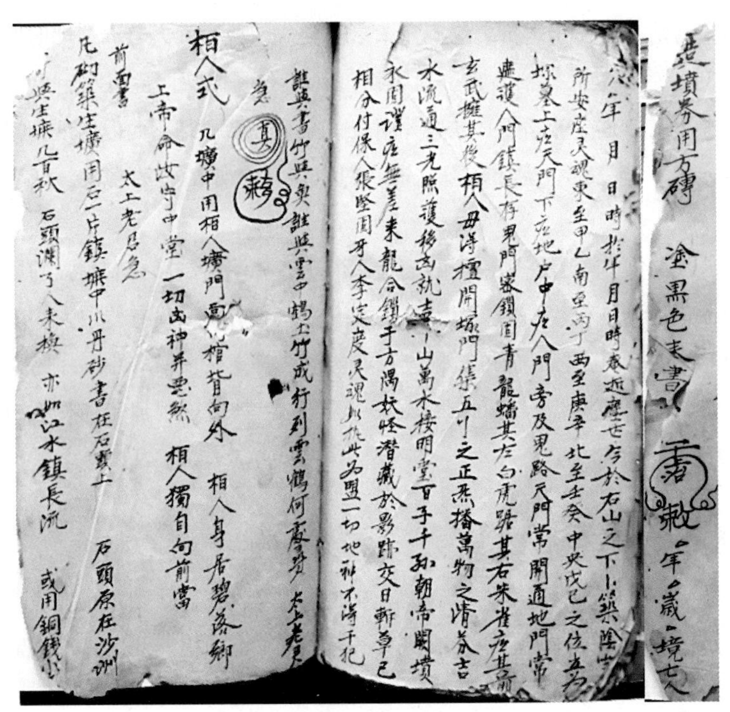

图 1.24 “砖券”及“柏人式”文本

（《庆坟安山科范》抄本，福清施先生提供）

透过冥钱这种礼物的惠赠方式，向神祇买地的“人—神契约”，人们既接受、顺从那个掌管墓地的神鬼世界的力量，又试图化解人、神、鬼之间的鸿沟或局部对立（葬不斩草，谓之盗葬），积极争取、安抚、操控它们，让神祇按照生者的意志和规范行事，并作为见证者和中介者，以期制止或避免其他鬼神对亡灵宅居的争夺。即便出现“地下诸神恶鬼妄乱侵占”的事情，亡灵也可以“诣天帝择论讼”。因此，买地券是生者为亡灵与神鬼建立合约的“理性化”行动，以便为亡灵安排一个相对稳定、和谐的冥界秩序。

买地券的文类大同小异，带有标准化、格式化、典范化的特征。其大约源于西汉，盛于东汉，唐宋以降传布于大江南北。其最初是死者领有阴间土地的凭据，书券人大多是阴阳生、道士、和尚、堪舆家、选择家、乡绅、礼生等“文化媒人”（mediators）或“仪式专家”（specialists）。买地券的广例，通常包括九大项：1. 标题、券额；2. 立券时间；3. 钱主姓名；4. 业主姓名；5. 标的确定；6. 券价与交割；7. 业主担保与违约罚则；8. 中保人署名与酒礼银；9. 设神道以护法权。[1] 券文刻写或笔写于砖、铁、铅、石等硬物上。券文多书四神（兽）、四至、镇墓神祇等涉风水术语，表明人们希望祖先在他界永恒和不朽的观念。[2]

唐代以来，随着福建开发进程的加速，道教符镇、择日法术、明器神煞制度也被移植进来，加速了此地的风物文明开化。仅 1953—2003 年福州出土的买地券就达 17 通，包括五代至宋 12 通，质地为砖制。[3]1955 年连江南塘乡虎头山宋墓出土的陶类买地券（图 1.25）较独特。1 号墓地券“像一通碑，立于龟背上，陶质，墨书，上端削去两角。地券与龟趺可以自由卸下，出土时放置墓后壁龛内”，2 号墓地券“与第一号稍异，此地券立于圆形座上，亦可自由卸下，地券有弧度，字迹全无”。[4]

我们试择录其中较完整的材料，略作校录和讨论（详见附录一）。福建出土的买地券明器时间跨度上千年，与全国其他地区差异不大，这同样是华夏丧葬文明制度迈向一体化的标志之一。地域丧葬习俗的传承与变迁，既是古代尚巫重教的连续性文明的产物，也是近世地域文化秩序有机整合的结果。在日常丧葬实践中，术数、礼义互为作用，经由明器制度之形塑，充分展示了华夏文明高度的统一性和辐射力。巫术礼仪通过“数”（筮、卜、易）的具体途径而走向理性化、体制化。“礼”亦有“数”，即“礼数”。[5] 而丧葬习俗“礼中有数，数中有礼”，恰恰是“礼数”之存留、承继、积淀的文化中介。借助程式化的丧葬礼仪和买地券等明器制度的安排，人与非人（鬼、神、祖先等）也得以和谐共生。

其一，买地券文本的书写程序及附带的文化要素，基本是持续和稳定的，带有道巫结合的超地域成分。买地券明器的普及是推动地方丧葬礼仪制度“一体

---

1. 张传玺：《契约史买地券研究》第十一章《买地券文广例》，北京：中华书局，2008 年，第 174 页。
2. 陈槃：《于历史与民俗之间看所谓“瘗钱”与“地券”：附论所谓“镇墓券”与“造墓告神文”》，《国际汉学会议论文集 · 历史考古组 · 中册》，台湾“中央研究院”编印，1981 年 10 月；台静农：《记四川江津县地券》（《大陆杂志》第 1 卷第 3 期）对“买地券”所涉神祇有所探讨。
3. 李福生：《福州地区买地券的发现及历史演变述论》，《福建文博》2013 年第 4 期。
4. 曾凡：《福建连江宋墓清理简报》，《考古通讯》1958 年第 5 期。
5. 李泽厚：《由巫到礼 释礼归仁》，第 16—23 页。

化”的重要环节。闽中买地券基本符合学术界所说的买地券文广例。

（1）除了明代顺昌邓元锡等买地券书有“阴灵（铁牛）墓契”外，其他出土的买地券差不多，基本没有标题或券额书例。

（2）斩草、立券或安厝的时间，基本符合鸣吠日或鸣吠对日的习俗（详后）。

（3）墓地买主即钱主，是缔约阴券关系中权利一方，署名通常是买主在先，业主在后。福建买地券钱主多为死者本人，并详述了买主的身份、职位、名讳、籍贯、买地缘由等。

（4）业主或地主姓名书例，通常借助地下神祇名号，计有地主张坚固、李定度、皇天后土、地主封侯明王、地主（山主、卖主）武夷王、开皇后土元君、当山土地、五方尊神。

（5）标的书例大同小异，包括墓地的坐落、四至、面积等等，多是标准化版本。唐宋元时期以天干，明清时期以四灵来表述四至。

（6）券（契）价书例基本固定，以九数及“贯”“文”为单位。

（7）业主担保与违约罚则书例，同样引用各类神明，若土下卅六神、武夷王、阡陌大将军、将军、亭长、地府主吏、直符使者、式盘十二神、十二将等。福建买地券言及的丘墓之神即“地狱所典主者”，亦见于中原、北方的文本。[1]

（8）中保人署名有仝（同）中人、作中人、代书人、证见人、牙人、保人等名词，扮演此角色的有岁月主、直符、柏人、张坚固、李定度等。

（9）在设神道以护法权方面，深受道教影响，通常借用“道祖”太上老君、五帝使者、太上玉帝、太上白鹤仙师，来主召律令。[2]不少地券刻有北斗和莲花图纹、符箓等。[3]

---

1. 如徐副买地券（王育成：《徐副地券中天师道史料考释》，《考古》1993年第6期）和刘颛买地券（郭沫若：《由王谢墓志的出土论到兰亭序的真伪》，《文物》1965年第6期）所记录的丘墓之神。
2. 吴荣曾：《镇墓文中所见到的东汉道巫关系》，《文物》1981年第3期。
3. 北宋《重校正地理新书》卷一四“斩草建旐条”[《续修四库全书》（子部・术数类）第1054册，上海：上海古籍出版社，2002年，第112—113页］曰：“用铁为地券，文曰：某年月日，具官封姓名，以某年月日歿故，龟筮叶从，相地袭吉，宜于某州某县某乡某原安厝宅兆。谨用钱九万九千九百九十九贯文兼五彩信币，买地一段，东西若干步，南北若干步，东至青龙，西至白虎，南至朱雀，北至玄武，内方勾陈，分擘四域。丘丞墓伯，封部界畔。道路将军，齐整阡陌。千秋万岁，永无殃咎。若则干犯呵禁者，将军亭长收付河伯。今以牲牢

图 1.25　连江宋墓龟趺买地券

图 1.26　明万历二十一年（1593）陈尧章买地券

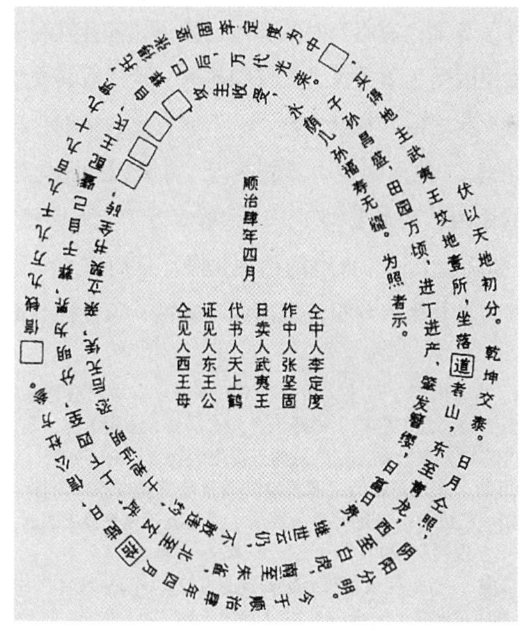

图 1.27 清顺治四年（1647）杜方参买地券（计算机复原）

其二，在各种文化因素相互作用下，买地券明器积淀着地域社会发展的多元化信息，是一般性的风水观念体系在地方丧葬文明中的记忆遗存。

唐宋以来，福建盛行“理气方位”派（宗庙之法），寻龙择向基本采用二十四山向表示法，同时配合墓主的仙命五行、五音姓利、择日吉凶，说明术数推算的理性化特征越发明显。而文本所记录的风水定向及理气吉凶的知识，说明风水观念和信仰日渐成为社会各阶层的文化常识和地方惯习。比如，唐王楚中买地券（861 年）有“内圆外方”等字样，与“天圆地方”的空间观念有关；[1] 南唐范韬买地券（951 年）的“大利庚向地”，宋林七娘买地券（1147 年）的“丁山癸向”“分金坐穴”，宋许叶买地券（1222 年）的“内立辛酉向，外作壬向”[2] 等语词，说明当时的罗盘理气理论得到精确的运用。坟墓设立内外两向，也表明丧葬重视亡命（仙命）与墓向五行的生合关系。宋郭聂买地券（1149 年）详述了龙、穴、砂、水、向的理气关系。南平大凤乡北宋墓葬埋有铁券和砖券，其中砖券正面墨书“岁次壬子（1012 年）十二月□□六（壬？）申日癸亥间□□□为□吴七娘行□□七十一岁值身亡”云云。[3] 按壬子年为大中祥符五年，十二月朔甲子，九日壬申、十日癸亥，抄释有误。壬申日即鸣吠日；宋黄氏买地券（1243 年）有“音利吉方”等字，说明当时的葬俗也重视“五音姓利说”。

诚如前述，福建因受土著畲民（先民闽越人）焚尸取其骨殖及佛教传统的影响，唐宋以来盛行火葬之俗，贫家尤甚。按希腊有史的早期，经火葬代替墓葬之后祖先观念日趋淡薄。[4] 然而闽中火葬的盛行，并未因此弱化地域社会的祖先崇拜体系。其根本的原因，在于堪舆知识体系蕴含着“天人交感”“同类相召”的“生生”宇宙观念和统合天道与人道的伦理秩序，从而有力强化了人与自然（天地万物）和超自然力量及生者与祖先之间的功能性、象征性、道德性的联结。

酒饭、百味香新，共为信契。财地交相分付工匠修造。安厝已后，永保休吉。知见人、岁月、主保人，今日直符、故气邪精不得忓恡。先有居者，永避万里。若违此约，地府主吏自当其祸，主人内外存亡，悉皆安吉。急急如五帝使者女青律令。”

1. 闽南主流的坟墓形制，墓丘是圆的，而墓室外表及墓庭是方的，俗称“龟壳（甲）墓”，这种墓形在宋元时期应已成形。参见［日］周星「福建省の亀殻墓と風水」、『アジア游学』第 47 号「風水の歴史と現代」，2003 年 1 月，第 46—54 页。
2. 所谓的“内立○○向”，指棺柩或骨灰金罐安置的方位；“外立○○向”指墓碑的方位。
3. 张文崟：《福建南平店口宋墓》，《考古》1992 年第 5 期。
4. 何炳棣：《读史阅世六十年》，桂林：广西师范大学出版社，2005 年，第 442 页。

像宋蔡氏买地券（1186年）墓主先寄厝后火葬，“龟筮叶从，相地袭吉”；宋许叶买地券（1222年）骨灰陶罐铭文刻写“羽音翁（婆）”等等，堪称造墓者及书写者“刻意”留给后人的“声音”和“记忆”。亡者尸体火化，骨灰藏罐，并不意味祖先与子孙不再相互感通，彻底脱离风水生气的联结。相反，通过符号化、程序化的丧葬礼仪操作，敬畏天地和祖先的情感力量依旧顽强地刻录于其中。安居佳城、安享祭扫的祖先灵魂依然“在场”，阴阳两界之间互动依然有序、温情，“同声相应，同气相求”，共感而共生，同气而善生。

闽台区域的买地券民俗依然充满着活力，主要有三种类型[1]：一是做地（阴宅，包括生基）用的阴契（地券、阴契、阴府契书，图1.28）；二是做屋（阳宅或寺庙或祠堂）用的阴阳契（阴契、阳契、阴阳契、砖契，图1.29、图1.30）；三是超度或度亡（做功德）用的阴厝契（灵厝契、地基厝契、卖厝契，图1.31、图1.32）。其中，阴契是买地券的本初形态，阴阳契或阴厝契乃变体。安放或焚烧买地券，是闽中丧葬或安宅习俗的遗迹之一。例如：厦门马巷镇洪厝村建房子、做祖祠所用的砖契，[2]正面画后天八卦符、太极阴阳鱼，砖契背面，使用“盘香式（回环式）”书契，用合砖二块，墨书于单砖之正反面；南安市梅山镇闽南清微道院道长黄氏在石井郑成功庙举行的超度拔荐法会，使用了阴司地券，对象是清代郑成功及其将士、各种孤魂（图1.32[3]、图1.33）。

---

1. 陈进国：《“买地券”习俗的考现学研究——闽台地区的事例》，《民俗研究》2008年第1期。
2. 《阴阳契》（同安马巷洪厝村起厝用砖契样式）：“立阴阳契字人武夷王有地基一所，坐落○○兼○○，东至青龙，西至白虎，南至朱雀，北至元武，上至苍天，下至黄泉土，四至明白。今因缺金银费用，托中人引就于阳间○○，尽卖出黄金一百二十锭，即日仝中收托，地基付银主阳间人○○○起盖屋宇，坐○○向○○，兼○○分金，尾○○，咸告竣进入居住，永为己宅。其屋万年不朽，子孙富贵，科甲联登，丁财日进。恐口无凭，岁次○年○月○日设醮安谢土符，立契阪二砖为记。其地基系是武夷王掌管，于别神无干，埋在土符座下为照。岁次○年○月○日。立阴阳契人：武夷王。中人：土地公。作证人：张坚固。见证人：李定度。知见人：车王公。代笔人：兔毛笔。”
3. 阴厝契录文：“无上黄箓大斋坛给 阴有阴司，阳有阳府。率土有官，万物有主。今据福建泉郡南邑四十三都太平乡崇教里石井郑成功庙住居奉道、宣经、礼忏、报施醮主。南安市道教协会、郑成功庙管委会等道场追荐诏封延平王国姓爷赐名成功讳森字明俨郑忠节尊灵暨麾下所率各部三军将士英灵及派下传衍已故未获超度考妣诸位亲魂、明宁靖王讳术桂朱王尊灵暨麾下三军将士英灵、明鲁王讳以海朱监国尊灵暨麾下三军将士英灵、咨议参军讳永华陈军师英灵暨麾下三军将士英灵、亡官讳圮林参军英灵暨麾下三军将士英灵、诏封崇安伯讳辉甘总提督英灵麾下三军将士英灵、亡官讳礼万提督英灵暨麾下三军将士英灵、亡官讳信马先锋英当代闽南家族在修谱告竣后，常常礼请火居道士或瑜伽香火僧，举行谢谱仪式，荐拔本族派下的历代亡灵。为了引渡族中凶死者脱离血湖苦海，张坚固、李定度还分别充当“卖代人”和“牙引”的角色。[1]道教科仪文本历来重视符箓图像、汉字书写和方言表达，其在地域社会的持续实践加速了丧葬礼仪文明的一体化进程，传承并深化了“文化中国”的基本元素、精神特质在边陲社会的存在感。

灵暨麾下三军将士英灵、亡官讳泽陈将军英灵暨麾下三军将士英灵、亡官讳光文沈先生英灵暨麾下三军将士英灵、亡官讳茂春李菩萨英灵暨麾下三军将士英灵往生天界。兹以今月廿日连廿一日越廿二日，就于郑成功庙崇建无上黄箓大斋三昼夜道场，宣经、礼忏、演扬科范、作诸功德，填纳库财于中，备到冥银壹万四千锭，恭对三宝御前，给出阴司圹地乙所，坐落酆都山下逍遥乡快乐里，东至青龙山，西至白虎坑，南至朱雀石，北至玄武仑，分水为界，即日请师立筑起盖蓬莱仙境一座，延平王府一座，三落拾间张、东西护厝、后落盖楼、文斋武馆、男堂女室各一座，各拾间张街道厝贰千间，内门窗、户扇并花、山石、木、家器、六畜俱各齐全，付与诏封延平王国姓爷成功郑忠节尊灵暨麾下所率各部三军将士英灵及派下传衍已故未获超度考妣诸位亲魂等众，仝去进入居住管掌，永为己业，不许外神别魂争占。今欲有凭，恭对三宝至尊御前给出文契为炤。右给付诏封延平王国姓爷成功郑忠节尊灵暨麾下所率各部三军将士英灵及派下传衍已故未获超度考妣诸位亲魂等众收执存炤。天运壬辰年（2012年）闰四月廿二日坛司给大罗三宝天君作证盟，阴司厝契存照。代书纸笔墨号，知中本堡土地作证号。”

1. 德化县曾利贞《谢谱疏全本》[民国二十七年（1938年）重抄本]记载二则“代人关式”：
（1）《三宝法坛代人关》：“据〇〇国福建省云云〇〇至奉佛追修转犪谢谱斋主〇〇，今为〇姓合族各派下历代妻妾妇人，内中有遭怀胎减（足）月分娩及（失）时，海月无光，蚌因珠而忽碎，风因林有恨，花为果而凋残。因产别世临盆丧身，恐难免于血湖，虑更深于苦海。兹逢谢谱之期，特开转犪之会，涓今月〇日，敬延僧侣，就于祖宇启设道场，宣诵经忏玄文，仍就空中特开宝犪，于是捐己冥财〇千〇百锭，托中李定度做牙引，到扬州府都市头张坚固家中，买得女人一身，与亡人年月日时、面貌相似，形状、声音一同，转告三宝光中，指引在坛。仰差阴界引魂使者，护送前去生相死府，跟寻产身魂仪，交换替身，代当前愆，即使产亡诸人脱出浊池，赴坛受度，速便超升，得登净界。须至关行右关，仰辈中列圣、引魂使者同准比。太岁〇年〇月〇日坛司给关。”
（2）《三宝法坛代人关》：“据福建省云云〇〇至奉佛追修谢谱转犪斋主〇〇，今为〇姓合族历代亡灵，内中或有出门经商，往来求利，被航翻覆，为水漂流。又或本命丧溪中，身沉潭底，年湮代远，恐滞隧于沉沦，魄降魂开，因未蒙其荐拔。兹逢谱修告竣，志详分明，欲脱水乡之苦趣，须求宝筏津梁，涓今月〇〇日，延仗沙侣启建道场，仍具水犪，捐冥财〇千〇百〇十锭，托中李定度做牙引，到扬州府都市头张坚固家中，买出代人一身，与亡人面貌相似，形容、声音一样，拜告三宝证明，领承佛旨，协同引魂使者，护送前去水府沉亡之所，查寻亡人真身，转换交替，代当前愆，可使脱出渺冥之苦，即到梵坛，礼谢三宝。慈尊得沾度化，回向超升净土。须至关行右关，仰水府神祇、引魂使者同准此。太岁〇年〇月〇日坛司给关。”

新塟坟用地契

立地契山主武夷王原有黄崔一條東至甲乙南至丙丁西至庚辛北至壬癸中央戊己今凭地師楊救貧擇扦吉地乙穴土名坐落〻坐〻向〻分金憑中張堅固造與陽間亻男〻孫〻等出頭承買即日凭中三面言議定價銀伐九萬九千九百九十九文正其伐即日交訖不欠分里其地即付陽間亻男〻亻孫〻等開造成坟安塟先人祖考〻公妣〻氏亻孫〻等開造成坟安塟祖考〻公妣〻氏永為幽宅快樂逍遥福蔭庇児孫千秋昌熾萬代興隆其地原系來歷不明等因若外人争佔男押為奴女押為婢尚有故違郎師本境土神觧酆都獄主按律施行今欲有凭用立地契付與亡人〻〻公媽収執永遠為據存照

天運〻年〻月〻日立地契武夷王

牛眠吉地

萬代興隆

中人張堅固

在見李定度

地師楊救貧

東有王公証見

西有王母証盟

代書白鶴仙師

图 1.28　新葬坟用地契（局部）

（上杭县灵应道坛，陈观宝道长提供）

图 1.29、图 1.30 清代砖契

（台湾镇澜宫妈祖庙，洪莹发提供）

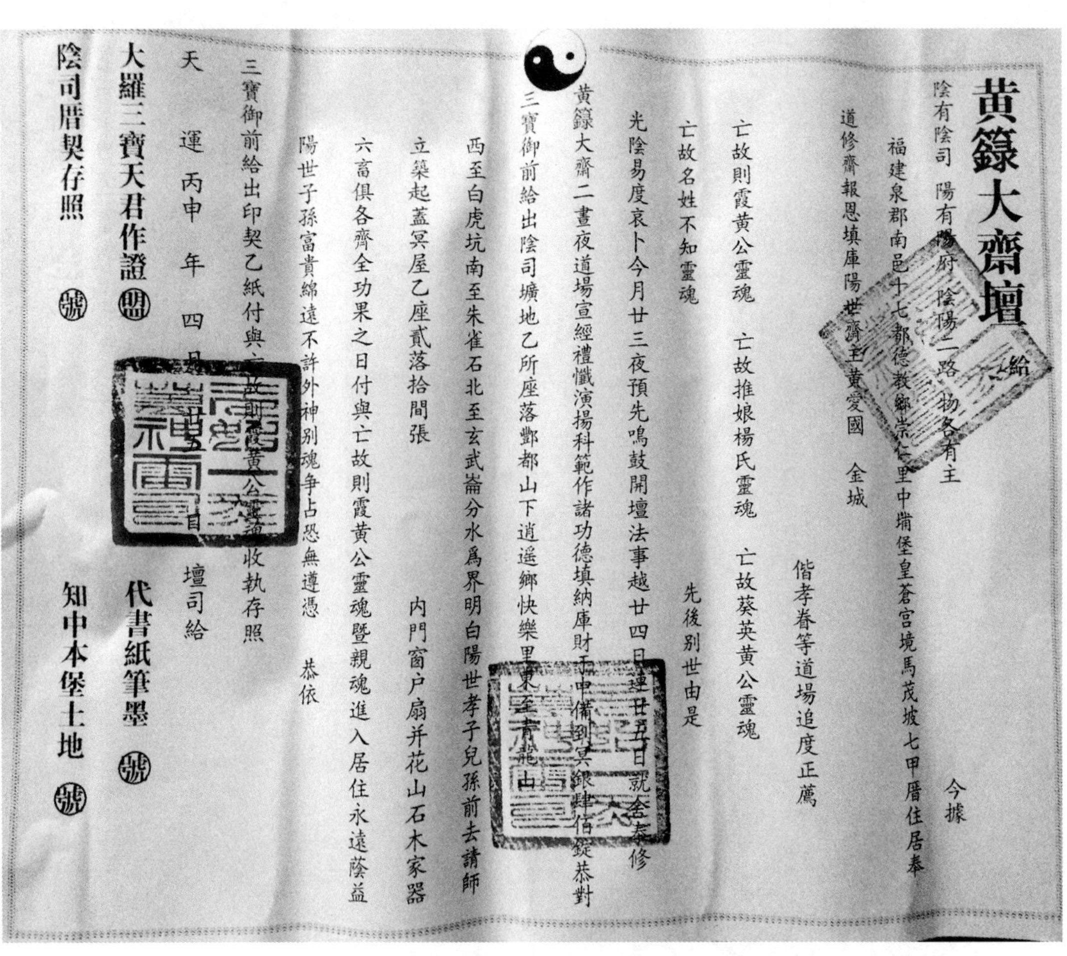
黃籙大齋壇 給

陰有陰司 陽有陽府 陰陽一路 物各有主

福建泉郡南邑十七都德教鄉崇仁里中崙堡皇蒼宮境馬茂坡七甲厝住居奉 今據

道修齋報恩填庫陽世齋主黃愛國 金城 偕孝眷等道場追度正薦

亡故則霞黃公靈魂 亡故推娘楊氏靈魂 亡故葵英黃公靈魂

亡故名姓不知靈魂 先後別世由是

先陰易度哀卜今月廿三夜預先鳴鼓開壇法事越廿四日連廿五日就舍奉修

黃籙大齋二晝夜道場宣經禮懺演揚科範作諸功德填納庫財壬申備到冥銀肆佰錠恭對

三寶御前給出陰司壙地乙所座落酆都山下逍遙鄉快樂里東至青龍山

西至白虎坑南至朱雀石北至玄武崙分水爲界明白陽世孝子兒孫前去請師

立築起蓋冥屋乙座貳落拾間張 內門窗户扇并花山石木家器

六畜俱各齊全功果之日付與亡故則霞黃公靈魂暨親魂進入居住永遠蔭益

陽世子孫富貴綿遠不許外神別魂争占恐無遵憑 恭依

三寶御前給出印契乙紙付與亡故則霞黃公靈魂收執存照

天運丙申年四月 日 壇司給

大羅三寶天君作證 代書紙筆墨 號

陰司厝契存照 號 知中本堡土地 號

图 1.31　阴厝契

（南安梅山闽南清微道院黄记锦提供）

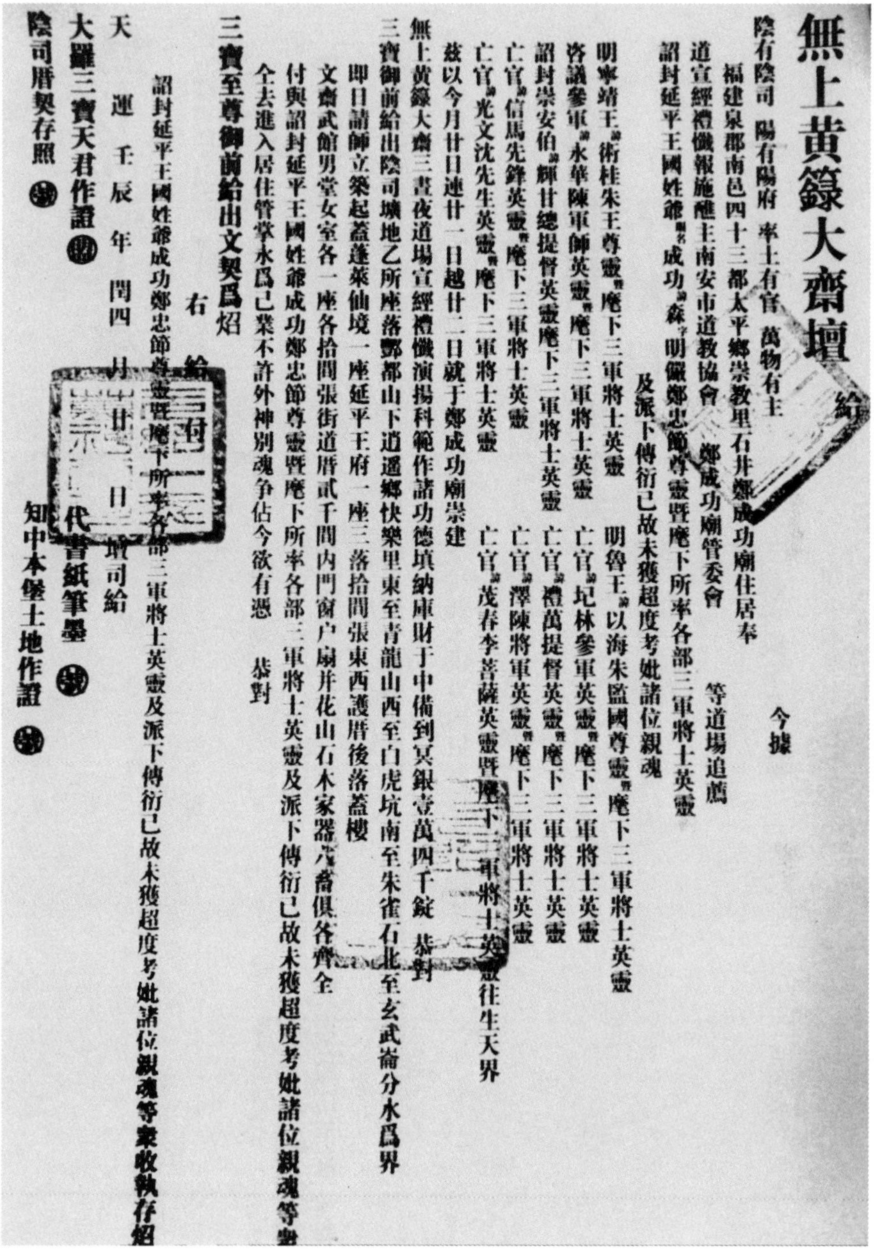

無上黃籙大齋壇 給

陰有陰司 陽有陽府 率土有官 萬物有主 今據

福建泉郡南邑四十三都太平鄉崇教里石井鄭成功廟住居奉

道宣經禮儀報施醮主南安市道教協會 鄭成功廟管委會 等道場追薦

詔封延平王國姓爺(諱名)成功(諱森字)明儼鄭忠節尊靈暨麾下所率各部三軍將士英靈

及派下傳衍已故未獲超度考妣諸位親魂

明寧靖王(諱)術桂朱王尊靈暨麾下三軍將士英靈 明魯王(諱)以海朱監國尊靈暨麾下三軍將士英靈

咨議參軍(諱)永華陳軍師英靈暨麾下三軍將士英靈 亡官(諱)圮林參軍英靈暨麾下三軍將士英靈

詔封崇安伯(諱)輝甘總提督英靈麾下三軍將士英靈 亡官(諱)禮萬提督英靈暨麾下三軍將士英靈

亡官(諱)信馬先鋒英靈暨麾下三軍將士英靈 亡官(諱)澤陳將軍英靈暨麾下三軍將士英靈

亡官(諱)光文沈先生英靈暨麾下三軍將士英靈 亡官(諱)茂春李菩薩英靈暨麾下三軍將士英靈往生天界

茲以今月廿日連廿一日越廿二日就于鄭成功廟崇建

無上黃籙大齋三晝夜道場宣經禮懺演揚科範作諸功德填納庫財于中備到冥銀壹萬四千錠 恭對

三寶御前給出陰司壙地乙所座落酆都山下逍遙鄉快樂里東至青龍山西至白虎坑南至朱雀石北至玄武崙分水爲界

即日請師立築起蓋蓬萊仙境一座延平王府一座三落拾間張東西護厝後落蓋樓

文齋武館男堂女室各一座各拾間張街道厝貳千間內門窗户扇并花山石木家器亢齋俱各齊全

付與詔封延平王國姓爺成功鄭忠節尊靈暨麾下所率各部三軍將士英靈及派下傳衍已故未獲超度考妣諸位親魂等衆

仝去進入居住管掌永爲己業不許外神別魂争佔今欲有憑 恭對

三寶至尊御前給出文契爲炤

右 給

詔封延平王國姓爺成功鄭忠節尊靈暨麾下所率各部三軍將士英靈及派下傳衍已故未獲超度考妣諸位親魂等衆收執存炤

天 運 壬辰 年 閏四 月 廿 日 壇司給

大羅三寶天君作證 代書紙筆墨

陰司厝契存照 知中本堡土地作證

图 1.32 阴厝契

（南安梅山闽南清微道院黄记锦提供）

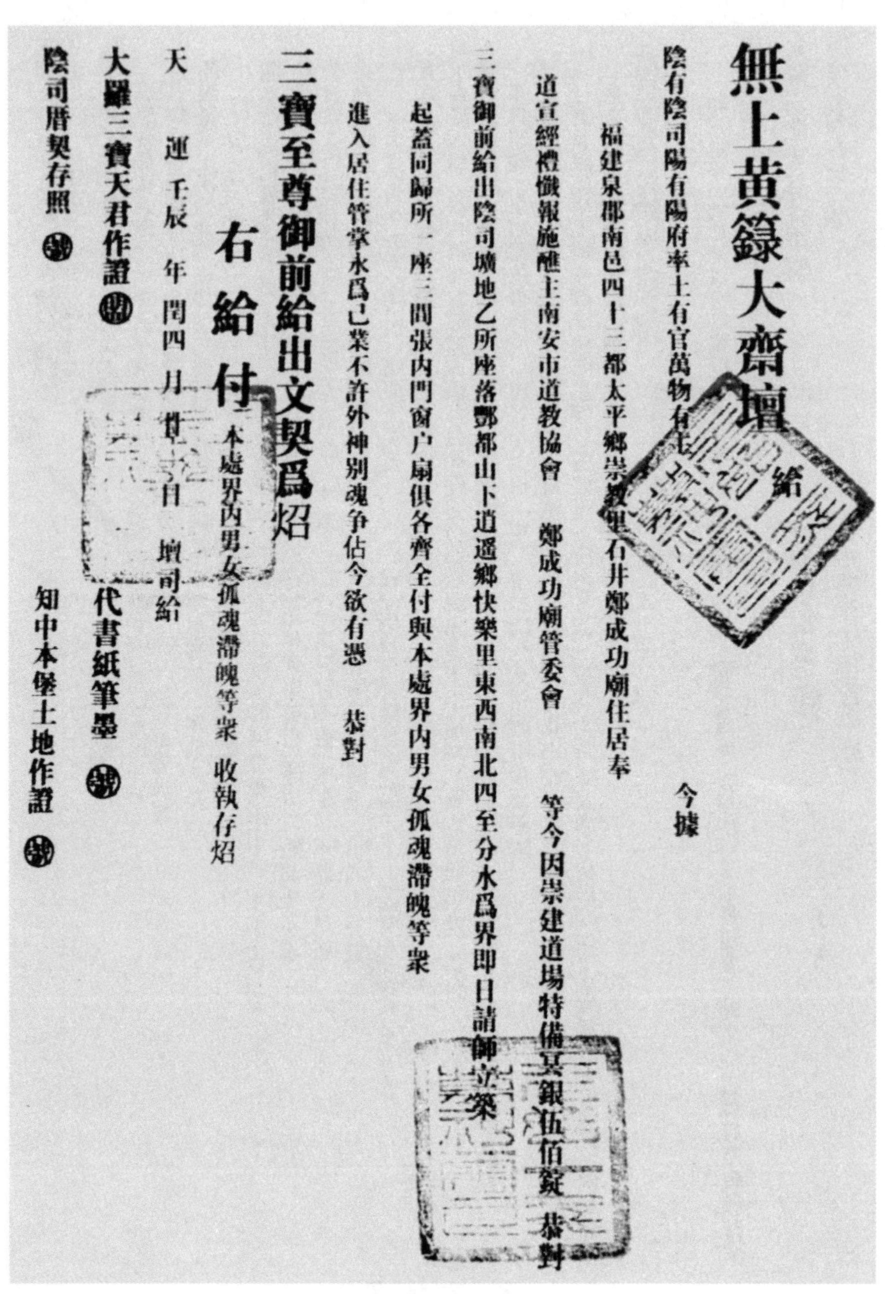
無上黃籙大齋壇
陰有陰司陽有陽府率土有官萬物有主 今據
福建泉郡南邑四十三都太平鄉崇教里石井鄭成功廟住居奉
道宣經禮懺報施醮主南安市道教協會 鄭成功廟管委會 等今因崇建道場特備冥銀伍佰錠 恭對
三寶御前給出陰司壙地乙所座落酆都山下逍遙鄉快樂里東西南北四至分水爲界即日請師立欵
起蓋同歸所一座三間張內門窗户扇俱各齊全付與本處界內男女孤魂滯魄等衆
進入居住管掌永爲己業不許外神別魂争佔今欲有憑 恭對
三寶至尊御前給出文契爲炤
右給付 本處界內男女孤魂滯魄等衆 收執存炤
天 運 壬辰 年 閏四 月 廿 日 壇司給
大羅三寶天君作證 代書紙筆墨
陰司厝契存照 知中本堡土地作證

图 1.33 阴厝契
（南安梅山闽南清微道院黄记锦提供）

三、斩草破土与鸣吠习俗

前述丧葬明器买地券与斩草破土仪轨关系密切，或于斩草日[1]或下葬日埋之。[2]鸣吠习俗呈现程式化和连续性的特点，对地方丧葬具有统一性规范。近世中国的丧葬文化圈一直相互作用、相互交流，形成了高度共享的文化共相。风水、选择等术数传统，有力地推动了各区域丧葬制度的标准化和趋同化，加速了地方社会的“礼教化”进程。

有关鸣吠日或鸣吠对日斩草葬亲的最早记载，出现在唐朝。敦煌文书伯2534号《阴阳历》卷一三《葬事》涉及“斩草”资料，并按月日记载葬事吉凶。斯2263号文书《葬录》载：“五姓续葬，依本墓尊卑便利即葬，不得重斩草作新冢，大凶。何以没前冢旧定，不宜更置。若墓田窦隘，吉地尽，更逐便利。造新冢者，得□铁券斩草。”但“金鸡鸣、玉犬吠，上下不呼，亡灵安稳，子孙富昌”的神煞观念，至少可以推至东汉择日习俗。[3]

方诗铭提出“以检验买地券文干支纪日为主，参以内容是否符合汉制的原则”，作为鉴别文本真伪的标准。[4]吴天颖探讨了买地券干支致误之因。[5]其实，斩草日、葬日干支是否符合“鸣吠日”或“鸣吠对日”，也是鉴别的标准，并能解释部分文本的涂改或笔误问题。[6]从南唐保大十年（952年）范韬买地券来看，

---

1. 隋陶智洪买地券有“维大业六年（610年），太岁在庚午，二月癸巳朔，二十一日癸丑斩草”等字样。（熊传新：《湖南湘阴隋大业六年墓》，《文物》1981年4期）
2. 北宋《重校正地理新书》卷一四“斩草建旐条”[《续修四库全书》（子部·术数类）第1054册，第112页]：“凡斩草日，不宜与葬月。凡斩草日，必丹书铁券埋地心。”
3. 敦煌文书伯2534号《阴阳历》卷一三《葬事》、北宋王洙奉敕所修《重校正地理全书》卷一三《择日吉凶》[《续修四库全书》（子部·术数类）第1054册，第75—76页]、《道藏》第19册《玄精碧匣灵宝聚玄经》卷中“斩绝地根部”（北京：文物出版社，上海：上海书店出版社，天津：天津古籍出版社，1988年，第909页）、《钦定协纪辨方书》（《四库全书》）卷五都录有鸣吠葬俗。
4. 方诗铭：《从徐胜买地券论汉代“地券”的鉴别》，《文物》1973年第5期；《再论“地券”的鉴别——答李寿冈先生》，《文物》1979年第8期。
5. 吴天颖：《汉代买地券考》，《考古学报》1982年第1期。
6. 关于永寿二年刘孟陵镇墓文，吴天颖谓“因故延期使用而涂改不周所致”，“据《陈表》，永寿二年朔旦为己未非三月而是二月，是月小建，则三月当为戊子朔；即使姑且按己未朔推算，廿二日亦当为庚辰而非己酉；倘按三月戊子朔，则廿二日正为己酉”（《汉代买地券考》，《考古学报》1982年第1期）。[日]中村不折曰：“此瓮原为‘永寿二年二底己未朔十六日甲戌’所书者，后经窜改，……可以想见原为二月，使用者因故延至三月，于是‘二’上加一

斩草习俗很早就传入福建西北部的浦城地区。

北宋《重校正地理新书》卷一四“斩草建旐条”详录贵族入墓时的祭仪事项，乃上层官方祭礼指导地方社会的范本。其仪轨将坟场设计为一个合乎礼仪秩序的祭祀场（图 1.34）。其中斩草习俗影响后世丧葬礼仪甚深。[1] 明代刘春沂《刘氏家藏阐微通书》曰：“斩草破土，谓开车墓、掘金井、下砖等事。”[2]

因自然空间的自在状态被拟设的坟场人为地改变，坟场成为一个可能触犯他界的危险（危害彼界死者和此界生者的良性的存在状态）场所。斩草其实是一个克服或消解危机的关键仪式，参与者必须遵守时空、身体的禁忌，知天、敬天、则天（天道、天命、天数），保持主体应有的敬畏和礼数，以期“趋吉避凶”。

其一，斩草仪式应按葬者姓氏五音选择吉日，“凡破地斩草按五行，克我者为鬼。斩草者断其凶恶，使纳魂气，故五音被克日吉，宫姓甲乙日吉，商姓用丙丁日吉……”这强调的是斩草者与坟场时空气运的均衡和谐，即通过“数”（天象、历数、占卜）的推算，来规范阴阳两界的秩序，让不同的生命形态从无序走向有序的状态。

其二，斩草必须洁净言语和身体，“凡斩草祭祀，唯宜称善，不可语恶事。

成‘三’，‘十六日甲戌’改为‘廿二日己酉’，但朔之‘己未’原封未动，故如此也。‘二’上加‘一’痕迹明显。二月系廿九日，其朔旦始于己未终于丁亥，三月之朔为戊子，其廿二日正为己酉，悉合《长历》。”（吴天颖：《汉代买地券考》）议者未知为何券文改动之因。埋葬者可能意识到二月之葬日未合鸣吠日，故改三月鸣吠日。

1. 北宋《重校正地理新书》卷一四“斩草忌龙虎符入墓年月”条称：“人生蓐以草，男女佳会荐于草，死者藉以草。草者，地之毛，生则游于地上，死则归于地下。三者皆人之始终不离于草也，故云斩草。又曰：古者葬于幽远，草木深荒，故云斩草也。斩草者，断恶鬼，安亡魂也。鬼律云‘葬不斩草、买地、不立券者，名曰盗葬，大凶’。”[《续修四库全书》（子部・术数类）第 1054 册，第 112 页]

2. 〔明〕刘春沂：《刘氏家藏阐微通书》（中国国家图书馆藏）卷四《丧葬篇》“斩草破土论”条曰：“按《皇帝葬经》云‘天子斩竹，谓凤凰食其竹’。竹上有昝，昝下有鬼，用剑斩之。要斩十二节，应十二月，阳月节上，阴月节下。斩其竹，埋其死门之外一尺二寸。庶人斩草，用本音官鬼日斩草，草上有鬼，草下有魂，堂下有门，门之外有穴。用刀斩之三四节，阳辰节上，阴日节下。斩其草，埋其鬼门之外，深九寸九分。”卷四《丧葬篇》之“铁券文式”：“某府州县乡人某氏某名号，生于某年某月日，终于某年某月日，寿元几何。今择于某年某月某日时，合天地和宁，金鸣玉吠，歌吼吉辰，奉柩葬于某乡村土名某山某向之原，筮龟叶吉，易卜允臧。伏维皇天后土、山川钟灵，衲衹保佑，广锡洪庥。存土相安，永叶祯吉。谨告。”

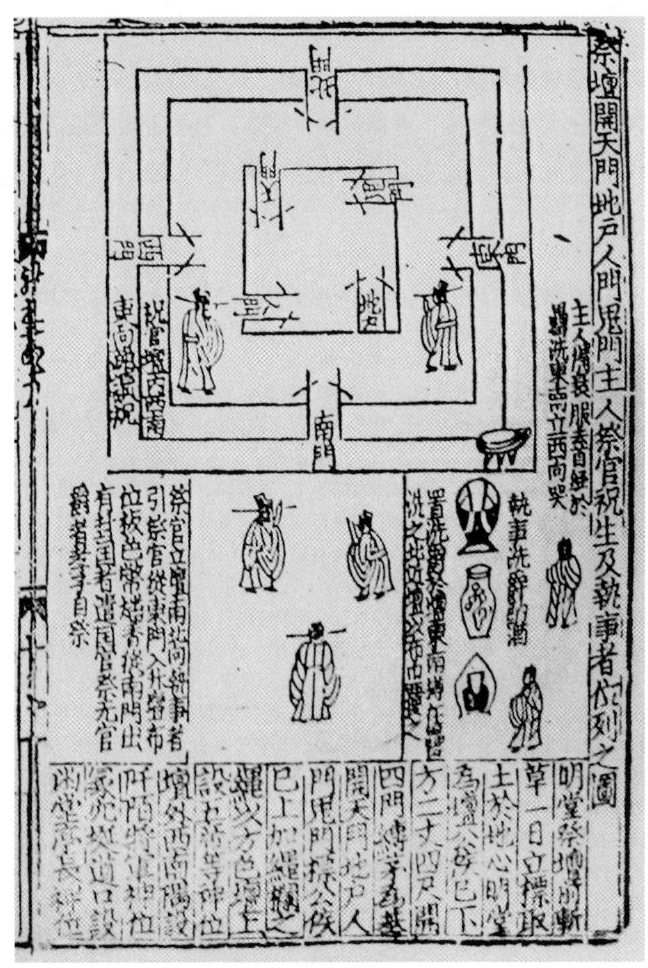

图 1.34　斩草祭坛图

（北宋《重校正地理新书》卷一三）

必沐浴洁净，不食荤杂。若不洁谨，或未讫而怒，或刀杖相加，大凶”。这强调的是斩草者之生命有机体的均衡和谐，即通过身体的自我克制，强化人对自然、鬼神的内在“敬畏”。

其三，“凡斩草日，必丹书铁券埋地心”，设祭坛（取土起坛），行祭礼，告祝山川诸神。[1] 这强调的是斩草者（阳界）与灵界（鬼神）关系的均衡和谐，即通过礼仪规范，敬神如神在，“以通神明之德，以类万物之情”。

宋元以来，士大夫或民间所遵循的斩草仪节，基本上没有偏离《重校正地理新书》所设定的义礼精神，最多是形式有所“损益”而已。在士大夫规训文本的

1. 北宋《重校正地理新书》卷一四［《续修四库全书》（子部・术数类）第1054册，第112—113页］曰：“凡斩草日，不宜与葬月。凡斩草日，必丹书铁券埋地心。凡斩草，取茅或秆草九茎，三三之数也。斩三下者，断三殃害也。更有众子各加三茎，用五色线三道束之，置于黄帝位前。先王用誓板，长一尺，阔七寸。公侯以下，用祭板，长一尺，阔七寸，位板十九，各方五寸，已上各书神位。公侯已下，皆须铁券二，长阔如祭板，朱书其文，置于黄帝位前。其一埋于明堂位心，其一置于穴中柩前埋之。……前斩草一日，于明堂上为坛，立十二标，四角各一标，开天门、地户、人门、鬼门。其八标，若公侯以上，加绳捆之，绳以方色。大夫已下，勿捆也。坛上设神位五行十二辰，及坛外设阡陌将军，埏道口设幽堂神座，祭官沐浴宿斋。有封国者遣国官祭，无官爵者孝子自祭。时至……祝生于坛内，西南东跪读祝……祝曰：‘维年月日，祭主某乙致告于五方五帝、山川百灵、后土阴官、丘丞墓伯、阡陌诸神，某亲以某年月日奄逝，伏惟永往，五内分割，礼制有期，龟筮袭吉。宜于某州某县某乡某山之原，宅兆于霜年月日，迁坐幽室，用今吉辰斩草。谨用信币柔毛酒礼之仪，致告于山川百灵，主供奠于后土神。既葬之后，永无咎艰。尚飨。’再拜，上酒，祭官人，就黄帝位前，跪读两券背上书合同字，置于旧处，俯伏而起。……北向，再拜，行酒，上香。用铁为地券，文曰：‘某年月日，具官封姓名，以某年月日殁故，龟筮叶从，相地袭吉。宜于某州某县某乡某原安厝宅兆，谨用钱九万九千九百九十九贯文，兼五彩信币，买地一段，东西若干步，南北若干步，东至青龙，西至白虎；南至朱雀，北至玄武；内方勾陈，分擘四域。丘丞墓伯，封部界畔；道路将军，齐整阡陌；千秋万岁，永无殃咎。若则干犯呵禁者，将军亭长收付河伯。今以牲牢酒饭、百味香新，共为信契。财地交相分付工匠修造，安厝已后，永保休吉。知见人、岁月、主保人，今日直符、故气邪精不得忏悋。先有居者，永避万里。若违此约，地府主吏自当其祸，主人内外存亡，悉皆安吉。急急如五帝使者女青律令。’次至西南阡陌座，三酌祝曰：‘某人今于阡陌之内，安厝宅兆。谨以酒醴信币，仰劳降佑，使无后艰，尚飨。’以酒洒散再拜，次于黄帝座前取斩草者茅置于幽堂穴前，三酌祝曰：‘谨启幽堂亭长丘墓诸神，今以吉日造立幽堂，谨以酒醴信黎，仰劳保佑，使幽堂清静，故气消除，来者安宁。尚飨。’再拜祭酒，祝生引孝子于幽堂，茅束跪坐。祝生执剑，祝曰：‘上启九天，下及十地。今日斩草，殃去福至。’祝讫，授刀于孝子，祝曰：‘一斩斩天殃，去天咎，除天重，去天伏，除百恶，来万福，下金刀斩之。二斩斩地殃，去地咎，除地重，去地伏，灭防破，来万福，下金刀斩之。’三斩讫，反向外掷刀于五步外吉，还来于坛复位。祭官入于黄帝座前，取酒，出于坛南向，北向跪，祭酒祝曰：‘三爵之礼，周流已遍。所献虽微，保佑深重。惟诸明灵，各安本部，保佑后嗣。’再拜，执事者取所斩之茅兼信币各一段，纸钱少许，肉一脚，酒一爵，果饼等，铁券一枚埋地心，余纸钱信币少许，焚之。执事者引孝子，于幽堂天井前立，授锹于孝子，发其壤。葬欲北首，故南其壤。若贵人则斩草发土，并执事者代之。其祭物等，祭官与祝生等分散之。其末胥米□谷，四方洒之。余食于西南上，分散食之。其祭祀之余，主人勿以将归，凶。其一券，葬时进于墓中柩前。”

影响下，斩草仪式的普及化也成为丧葬礼仪走向程式化、理性化的标志之一。

拜祭坟场的“后土”之神，一直是斩草仪式的关键事项。直至今日，南方坟墓形制的墓手或墓脑处仍然有后土的位置。这种祭祀礼仪体现了古人对土地的朴素情感和实用理性精神，并得到儒家精英的细密规范和宣导，被奉为一项权威化的丧葬制度安排。如南宋朱熹《家礼》卷四和明代《儒门崇理折衷堪舆完孝录》卷八规定“择日开茔祠后土”，[1] 江西南昌朱姑桥元墓《故学宾吴府君地券》有“后土之神，既葬之后，咨尔墓□，为予□殁。毋藏魅魑，毋穴孤免。于□□年，不逢炎苦。相我后人，有斯佑□”云云。[2] 经过儒家意识形态典章化的规训，斩草仪式业已因土成俗，成为南方丧葬礼俗的标准化惯例。

按券文所载的立券时间，为缔约双方或数方的权利与义务生效的时间。东汉建初六年（81 年）武孟靡婴买冢田玉券所书立券时间由年、月、日和日干支组成，书例已相当完善。[3] 根据笔者对东汉至清买地券、镇墓文的统计，其葬日或斩草日大多有规律可循，基本符合选择术中所谓“鸣吠日”（庚午日、壬申日、癸酉日、壬午日、甲申日、乙酉日、庚寅日、丙申日、丁酉日、壬寅日、丙午日、己酉日、庚申日、辛酉日）或“鸣吠对日”（丙子日、庚子日、壬子日、乙卯日、辛卯日、丁卯日、癸卯日、丙寅日、甲午日、甲寅日）。

买地券文提及“斩草”和“鸣吠”习俗（表 1–1），是统一性的丧葬礼仪在不同地域有效渗透的证明。福建南唐保大十年（952 年）范韬买地券、明嘉靖二十六年（1547 年）祝恒齐买地券、明万历二十一年（1593 年）陈尧年买地券、

---

1. 〔宋〕朱熹称：“主人既朝哭，帅执事者于所得地，掘兆四隅外其壤，掘中南其壤，各立一标。当南门，立两标。择远亲或宾客一人，告后土氏。祝师、执事者设位于中。标之左，南向，设盏注酒果脯醢于其前。又设盥盆帨巾二于其东南。其东有台架，告者所盥。其西无者，执事者所盥也。告者吉服，入立于神位之前，北向。执事者在其后。东上，皆再拜。告者与执事者皆盥帨。执事者一人取酒注，西向跪。一人取盏，东向跪。告者斟酒，反注，取盏，酹于神位前，俛伏兴，少退，立。祝执版告于告者之左，东向跪，读之曰：维某年岁月朔日，子某官姓名，敢告于后土氏之神。今为某官姓名，营建宅兆，神其保佑，俾无复艰。谨以清酌脯醢，祇荐于神。尚飨。讫，复位，告者再拜。祝及执事者皆再拜，彻出。主人若归，则灵座前器，再拜，后放此。”（朱熹：《家礼》卷四，《景印文渊阁四库全书》第 142 册，台北：台湾商务印书馆，1983 年，第 557 页）
2. 郭远谓：《江西南昌朱姑桥元墓》，《考古》1963 年第 10 期。
3. 张传玺：《契约史买地券研究》，第 181—182 页。

明万历二十三年（1595 年）郑岳买地券、明万历十九年（1591 年）吴晋娘买地券，皆有相似记载。赣、川、陕、冀、赣、苏的买地券亦然。[1]

表 1-1　买地券的鸣吠习俗摘录

序号	出土地区	立券时间	买地券名称	鸣吠习俗记录	出处
1	江苏蕲州	宋绍圣三年（1096 年）	胡十一娘买地券	维唐大宋国绍圣三年二月十二日……三灵七签，得来吉日，斩草传送入墓，并永 / 明堂。	鲁西奇:《中国古代买地券研究》，厦门：厦门大学出版社，2014 年，第 327 页。
2	江西吉水	宋宝祐二年（1254 年）	张重四买地券	今卜此吉日，动土斩草，以是月十七日乙酉改葬而安 / 厝之。	陈定荣:《江西吉水纪年宋墓出土文物》,《文物》1987 年第 2 期。
3	河南白沙	宋宣和六年（1124 年）	高怀宝等买地券	五月十四日庚寅之晨祭地、斩草、破土。	宿白:《白沙宋墓》，北京：文物出版社，1957 年，第 3 页、第 45—46 页、第 83 页。
4	陕西甘泉	明隆庆六年（1572 年）	王氏买地券	羊角音承凶安葬券式地契维大明隆庆六年岁次壬申五月建午十八日壬寅日合鸣吠本音安葬吉日。	陕西省考古研究所、延安地区文管会、甘泉县文管所:《西延铁路甘泉段明清墓清理简报》,《考古与文物》1995 年第 2 期。
5	四川成都	明成化十三年（1477 年）	刘氏四买地券	坐穴吉水迎龙，山家金鸡鸣，玉犬吠牧童 /……大明成化□（十）□（三）年□次丁酉正月初一日庚子朔越三日壬寅吉时地契。	成都文物考古研究所、成都博物院编著:《成都出土历代墓铭券文图录综释》（下），北京：文物出版社，2012 年，第 588 页。
6	四川成都	明嘉靖四十年（1561 年）	毛氏五买地券	山中玉犬吠，世上金鸡鸣，天星 / 旺贵子，地脉荫儿孙……嘉靖辛酉十月辛酉日吉时仰本山土司循环监照。	同上，第 874 页。

1. 江西买地券文本有斩草记录的颇多，如南宋绍熙元年（1190 年）吉安胡氏买地券、绍熙五年（1194 年）吉安葛仲吉买地券、明嘉靖二十六年（1547 年）泰和周熊氏买地券、明嘉靖四十一年（1562 年）吉安萧钦仰买地券（高立人主编:《庐陵古碑录》，南昌：江西人民出版社，2007 年，第 4—7 页、第 255—256 页、第 175 页）、嘉泰四年（1204 年）吉安周必大买地券、绍定五年（1232 年）进贤曾氏太君买地券、元至元三十年（1293 年）南昌吴季玉买地券、元延祐六年（1319 年）永丰吴母陈氏买地券、明正统十一年（1446 年）南昌余妙果买地券（陈柏泉编著:《江西出土墓志选编》，南昌：江西教育出版社，1991 年，第 566—567 页、第 571—572 页、578 页、第 580 页、第 584—585 页），以及宝祐二年（1254 年）吉水张重四买地券（陈定荣:《江西吉水纪年宋墓出土文物》,《文物》1987 年第 2 期），都有斩草的资料。

续表

序号	出土地区	立券时间	买地券名称	鸣吠习俗记录	出处
7	四川成都	明万历六年（1578 年）	王志买地券	择本年十二月二十四日归窆，追万历戊寅年二月十三晶庚申大吉利……山中玉犬吠，世上金鸡鸣，天星 / 旺贵子，地脉荫儿孙。	同上，第 937 页。
8	四川成都	明万历十二年（1584 年）	袁仲仁买地券	尊山中玉犬吠 / 世上金鸡鸣……天运甲申年五月初九日吉时金鸡鸣、玉 / 犬吠，上下不呼。	同上，第 954 页。
9	四川成都	明万历二十四年（1596 年）	谢永禄为福全买地券	维 / 大明万历二十四年岁次丙申十二日癸亥朔越二 / 十三日乙酉……谨择 / 天地合宁，犬金鸡鸣吠，歌吼吉辰，奉柩安葬。	同上，第 990 页。
10	四川成都	明万历二十八年（1600 年）	杨仲买地券	（上缺）历二十八年（下缺）/ □□朔廿日庚□……今取天地宁和，玉犬 / 金鸡鸣吠，捧柩安葬。	同上，第 1012 页。

当然，任何民俗知识都既有延续性，亦有变异性。福建买地券文本并不完全符合上述神煞规律，但墓葬明器、壁画、墓志铭同样印证了各地的斩草、破土、安葬习俗，具有趋向一体化、标准化的选择。一则，破土或安葬日尽量选择“金鸡鸣、玉犬吠”吉日，以符合敦煌文书伯 2534 号《阴阳书·葬事》所谓“有黑鸟应，神灵安宁，子孙吉昌”的功效；二则，丧葬明器或墓中壁画突出鸡、犬同在的镇墓主题（见表 1–2）。伴随着鸡犬随葬品或壁画等媒介，鸣吠符号得以保存和固化，构成丧葬制度常识系统的组成部分。

表 1–2　福建考古出土的鸣吠明器

序号	福建考古出土的鸣吠明器	出处
1	1958 年，漳浦县刘坂乡大山水库唐墓，出土“狗俑 1 件，作直立状，四脚稍缺，出自门道入口处西壁，与镇墓兽并排，长 6.5 厘米，残高 3 厘米”，“陶鸡 1 件，作站立状，头上有一大块鸡冠，大腹，腹下有两个小圆孔，当时插进木制或竹质的鸡脚的地方，现已腐无存。出自后室，残高 4.5 厘米，长 7.5 厘米”。	《漳浦县刘坂乡大山水库唐墓清理简报》，载福建博物院编：《福建考古资料汇编（1953—1959）》，北京：科学出版社，2011 年，第 200—201 页。

续表

序号	福建考古出土的鸣吠明器	出处
2	1958 年，福州圣王山 F 圣 M3 古墓，其年代最迟也不过在北宋徽宗宣和年间（1119—1125 年），出土“石鸡 1 件，立尢身高 6.5 厘米”，“石狗 1 件，坐态，仰头作吠状，身高 4 厘米，长 7 厘米”。	《福州圣王山古墓清理记》，载福建博物院编:《福建考古资料汇编（1953—1959）》，第 115 页。
3	1985 年，顺昌县大干乡良坊村北宋墓，出土“狗 1 件。蹲卧式。线条清晰，造型生动，釉色闪米黄。器高 4.1 厘米，长 7.4 厘米。鸟 1 件。立式，有一底座，形象生动。釉色闪米黄，灰白胎。通高 6.8 厘米，长 10.5 厘米”。	顺昌县文管会、文化局、文化馆:《福建顺昌县北宋墓清理简报》，《考古》1983 年第 3 期。
4	1993 年，三明市岩前镇岩前村发现的宋代壁画墓，“前壁（东壁）壁画上部遭破坏，有无画迹不详。下部正中绘一长足展翅的朱雀，其头、腹及一翼受到不同程度的破坏。朱雀头、翅、尾等部分平涂朱色。朱雀左下方绘一只引颈昂首的雄鸡，鸡首涂红彩，尾染黑色，背部及翅羽部分间杂涂染红色。朱雀右下方绘一昂首的卧犬，犬垂耳卷尾，颈系红色项圈，前挂一铃”。	福建省博物馆、三明市文管会:《福建三明市岩前村宋代壁画墓》，《考古》1995 年第 10 期。
5	1995 年，武夷山陈家洲宋墓出土“鸟俑 1 件。头颅、尾巴翘起，站立在圆形台座上。手工捏制，用堆贴、刻画方法塑造出立鸟的眼睛、翅膀、羽毛、脚掌的形态。灰白胎，施酱色釉，脱落殆尽。高 8.9 厘米，底径 3.8 厘米”，“狗俑 1 件。昂首，立姿，卷尾，怒吼状。灰白胎，施酱色釉，釉层较厚，足底露胎。长 8.6 厘米、高 6.9 厘米”。	武夷山市博物馆:《武夷山市陈家洲宋墓清理简报》，《福建文博》2014 年第 2 期。
6	1987 年，南平西芹镇宋墓出土“陶雄犬 1 件。出自左墓室，高 7.8、体长 12 厘米，立式，双耳前伸，尾部上翘。褐色胎体。陶雌犬 1 件。出自右墓室，高 7 厘米，体长 12.3 厘米，蹲踞式，双耳前伸，翘尾，浅灰胎体”，“釉陶公鸡 1 件。残，出左室，高 8 厘米，头上堆贴凤冠，身上浅刻羽纹，浅灰胎，外施褐绿釉，腹底部以下露胎，但釉层大部分已经剥落。釉陶母鸡 1 件。出自右室，尾部呈钩形，浅刻羽纹，浅灰胎施褐绿釉，腹底部以下落胎”。	南平市博物馆:《福建南平市西芹镇宋墓》，《考古》1991 年第 8 期。
7	1990 年，将乐县光明乡出土的元代墓室左室壁画，墓门处绘有一大花瓶，花瓶前侧及下方写有四行与堪舆术数相关的墨书:“其寿坟□□□尚……｜［合盛天］大□［卦］｜后术士依此行用｜大吉。”“花瓶左下方绘有一只引吭的大雄鸡，鸡身点染黄彩，鸡尾用浓淡不一的墨色勾绘，栩栩如生。鸡身背部及腿部遭破坏。鸡身上方有火焰状纹样，再上绘有云彩图案。”右壁壁画“门口下方绘一大犬，犬大耳下垂，伸颈，卷尾，作吠状，前脚立，后腿卧蹲。颈上系有绸带项圈，项圈前有垂铃”。	福建省博物馆、将乐县文化局、将乐县博物馆:《福建将乐元代壁画墓》，《考古》1995 年第 1 期。
8	2009 年，将乐县古镛镇龟山新村出土的明代墓，“墓壁四周涂抹有白灰，在白灰面上用红黑颜料绘有图案。左右两壁白灰多已脱落，后壁保存较好。左壁绘公鸡图案，右壁从前往后绘有仕女、飞龙、天狗图案”。	将乐县博物馆:《将乐县明代壁画墓清理简报》，《福建文博》2011 年第 3 期。

四、武夷王与丘墓地主

闽、赣、粤等地流传的武夷君（王）信仰，堪称汉代以来南方汉、越二族之鬼神观念、祭祀文化有机交融的产物，是土著的祀鬼信仰与汉移民巫道观念相互结合的产物。它既是越人原生文化因素在闽中汉文化系统中的积淀和存留，也是汉文化因素在越人的土著文化层上累积、覆盖的结果。探讨武夷王神格的变异以及被纳入风水信仰习俗的过程，有助于我们审视入闽汉人是如何重新编码、组合闽越土著的神灵形象的，有助于我们领悟早期各文化区系的文明是如何相互作用，并形成高度共享的“文化共相”的。

武夷（君）的原型，最初与战国之前闽越先民的祖先崇拜有关，很可能是早期“使通天人”的“巫君（王）合一”的形象，是早期闽越区域的大巫兼部落首领，亦即土著的“英雄祖先”。《史记·封禅书》称：“古者天子常以春解祠。祠黄帝用一枭、破镜，冥羊用羊祠，马行用一青牡马，太一、泽山君地长用牛，武夷君用乾鱼，阴阳使者以一牛。”《汉书·郊祀志》载“武夷君”为“武夷”，无“君”字。南宋理学家朱熹猜测武夷君乃崇安一带“夷落”的君长。[1]

战国时期，武夷（君）又演化为南方（如楚地）掌管兵死者的神灵。[2]湖南长沙马王堆汉墓出土的《太一避兵图》，内有“武弟子，百刃毋敢起，独行莫□”等字，而湖北江陵九店楚墓（下葬年代约为战国晚期早段）出土的竹简《日书》，内有《告武夷》系一篇为兵死者招魂的祷辞。简文称帝命“武𧾷”“司兵使者”[3]。而古代“夷”“弟”形音皆近，“子”是尊称，疑简文的“武𧾷”即图文的“武弟子”，二者都与兵有关，是讲巫祝因为兵死鬼作祟而使人生病，所以向管理兵死鬼之神武夷祝告，希望武夷“君昔受某之聂币、芳粮，思某来归食如故”。从

---

1. 《御纂朱子全书》卷五〇：“武夷君之名，著自汉世，祀以乾鱼，不知果何神也。今建宁府崇安县南二十余里，有山名武夷，相传即神所宅。峰峦岩壑，人迹所不到处，往往有枯杈插石罅间，以度舟船、棺柩之属。柩中遗骸，外列陶器，尚皆未坏。颇疑前世道阻未通、川壅未决时，夷落所居。而汉祀者，即其君长。盖亦避世之士，生为众所臣服，没而传以为仙也。今山之群峰最高且正者，尤以大王为号，半顶有小丘焉，岂其君长所居耶？”（《影印摛藻堂四库全书荟要》第250册，台北：世界书局，1985年，第610页）
2. 吴之邨认为“武夷”之名非汉、梁、陈史志原璧，本名虎夷，唐人讳虎，多改为武。从楚简及券文看，此说不能成立。（吴之邨：《“武夷”名实考》，《安徽史学》1996年第3期）
3. 湖北省文物考古研究所、北京大学中文系编：《九店楚简》，北京：中华书局，2000年，第105—110页。

汉代武夷君与太一同祭来看，它与图文的“武弟子”、简文的“武弜”，应该都指同一个神。[1]

汉魏时期武夷君被符箓派天师道纳入三官解注法，成为“地狱所典主者”，以使坟墓安稳，注讼消沈。约成于南北朝《赤松子章历》卷六亦有记载。[2]唐代玉清观朱法满《要修科仪戒律钞》卷一五“道士吉凶仪”也有“天老移告天一地二，孟仲四季，五路将军、蒿里父老、土下二千石、安都丞、武夷王”云云。[3]

考古发现，武夷王买地券最早可溯至陕西西安汉代熹平元年（172 年）陈叔敬镇墓文，魏晋南北朝的买地券大量出现“武夷王”字样。如湖南长沙刘宋元嘉十年（433 年）徐副买地券、湖北鄂州元嘉十六年（439 年）兰谦买地券、广东始兴县元嘉十九年（442 年）妳女买地券、广东仁化元嘉二十一年（444 年）田和买地券、湖北武昌南朝齐永明三年（485 年）刘凯买地券、广西灵川县梁天监十五年（516 年）熊薇买地券，可见“武夷王”崇拜的地域范围之广。

在买地券文本中，武夷君（王）位处“言功举迁”之列，同张坚固、李定度、东王公、西王母、蒿里父老、皇天后土、土府将军、开灶地主、五方尊神等一样，扮演着“卖主”的角色。武夷王一步步从地方神扩张为丘墓之神。[4]根据刘宋元嘉十年（433 年）徐副买地券，太上老君符敕武夷君等地祇，是为“利

---

1. 李家浩：《论〈太一避兵图〉》，载袁行霈主编：《国学研究》第 1 卷，北京：北京大学出版社，1993 年。
2. 《又大冢讼章》：“臣谨为伏地拜章一通……辄按《千二百官章仪》并正一真人所授南岳魏夫人治病制鬼之法，为某家……加符告下某家及丘丞、墓伯、地下二千石、苍林君、武夷君、左右冢侯、地中司徽、墓卿右秩、蒿里父老，诸是地狱所典主者，并严加断绝某家冢讼之气、覆注之鬼。”《赤松子章历》据东汉《千二百官章仪》及《三百大官章》等编成，约出于南北朝，参照《道藏》第 11 册，第 221 页。
3. 《道藏》第 6 册，第 997 页。
4. 河南、陕西等东汉墓葬解注文（镇墓文）就有“百鬼名字”，与《赤松子章历》的鬼神名目相当，其中“武夷君”题为“武夷王”。（张勋燎：《东汉墓葬出土的解注器材料和天师道的起源》，《道家文化研究》第九辑，上海：上海古籍出版社，1996 年）

护生人"。[1]唐宋以来，随着道教三官信仰的扩张与升格[2]，武夷君日益被收编并演变为官方祀典的一部分，其神格力量也得以扩充，其原初的巫王形象更加隐而不显。

唐陆鸿渐《武夷山记》载："武夷君，地官也。相传于八月十五日大会村民于武夷山上，置幔亭，化虹桥，通山下，村人既往，是日太极玉皇、太姥魏真人、武夷君三座空中，告呼村人为曾孙，因奏《人间可哀》之曲。"[3]元赵道一编修《历世真仙体道通鉴》卷四称："武夷山有神人，自称武夷君，曰吾居此山，因而为名焉。"谓秦始皇二年（前220年）八月十五日，武夷君与皇太姥魏、王子骞辈置酒会乡人于峰顶，令歌师唱《人间可哀》之曲。延至宋代，武夷君更受到敕封四次，有显道真人（1095年）、显道真君（1098年）、显道普利真君（1234年）和显道普利冲元真君（1238年）等号，武夷山被奉为三十六洞天"真升化玄天"[4]。神话传说与国家正祀的交互作用，使升格为"仙人"的武夷君的信仰空间得以扩大。

然而，在国家正祀走向衰落之后，恰是民间社会的祭祀维持了武夷君（王）原生的信仰活力，继续保存着其早期的象征内涵和功能形态。汉越共通的鬼神观念及祭祀传统的历史记忆，也在地方风水习俗中得以反复再现。武夷王的神格也是多重的，他不仅是一位保护墓主的丘丞小神，有时还是负责阴宅和阳宅的地

---

1. 《徐副地券》："……板到/之日，丘墓之神，地下禁忌，不得禁呵志讶。坟墓宅兆，营域冢郭，閈（闭）系亡者/魂魄，使道理开通，丘墓诸神，咸当奉板，开示亡人地道，安其尸形，沐浴冠/带。亡者开通道理，使无忧患，利护生人。至三会吉日，当为丘丞诸神，言/功举迁，各加其秩禄，如天曹科比。若有禁呵，不承天法，志讶冢宅，不/安亡人，依玄都鬼律治罪。各慎天宪，明永奉行。"（王育成：《徐副地券中天师道史料考释》，《考古》1993年第6期）
2. 早期天师道祭祀的三官之法，至南朝衍成三元斋会。徐副地券的"三会吉日"（正月五日上会，七月七日中会，十月五日下会）亦与三元日（正月十五日天官为上元，七月十五日地官为中元，十月十五日水官为下元）相关，即三官考校功过时，是先于三会日考核罪福，至三元日上奏金阙，以降祸福。唐宋时期，三元斋会被纳入官方祀典，并变为民俗节日。三官的神格力量也得到扩充。以地官为例，按《岁时广记》卷二九"作大献"条："七月十五日中元之节，地官校阅，搜选众人，分别善恶。诸天圣众，普诣宫中，简定劫数。人鬼簿录，饿鬼囚徒，一时俱集。"《周礼》称司徒为地官，掌管土地和人民。地官又称地祇，是土地社稷的大神。
3. 《云笈七签》卷九二《赞颂部·赞颂歌》录《人间可哀》一曲并序。
4. 〔清〕董天工：《武夷山志》卷四《敕封》，清乾隆十六年刊本。

主。宋元以来福建出土的系列买地券，还有当代的阴券、阴阳券、阴司券，都继续维持了武夷王崇拜的实用性功能。

武夷王信仰扩散与存留的现象，堪称各区系文化相互勾连成“相互作用文明圈”的缩影，也是巫史（礼）传统——术数与礼义比翼齐飞和交织互融的遗存。武夷王由巫而神，由闽越人祖先或部落神变成华族的地官、地祇，乃至道教的真人、真君，是华夏文明具有突出的统一性、连续性和融合性的重要表征。

总之，丧葬礼仪制度及其日常生活实践，是中国大一统进程中一个很好的文化统合的记忆媒介。透过具有操作性、计算性、体验性、共享性的术数信仰，并经由程序化、标准化的祭祀系统的连续的塑造，有关祖先崇拜及鬼神信仰的社会记忆也不断积淀，成为习以为常的地方性知识和日常生活之精神维度的组成部分。

第二章

“中国”意识的地方记忆与风水的文明隐喻

在中国思想意识形态中，正统性不仅关涉“什么是中国”的历史论述，也是阐释历代王朝（国家）政治合法性来源的核心问题，牵涉政统（法统）、血统（种族）、道统（文化）、疆界等等因素。秦汉以后，“五德终始说”是历代王朝“奉正朔”或“争正闰”的基本理论框架。宋代以后，伴随着儒家的文治复兴运动，以道德批评为主要准则的正统论又成为士大夫热衷的话题。在不同的语境下，正统或正闰之争也是历代士人“中国”意识或“华夷”观念的表达方式。而华夷之辨并非一成不变，往往兼有“文化至上”和“种族至上”两个标准。[1]

其实，正统论之辩叩问的是“政治统一性”问题，折射出传统中国具有一种宇宙秩序（天命）与社会政治秩序（王朝）相互连接的“连续性文明”取向，以及将“中国如何成为中国”作为集体想象建构的历史意识。正统论构造了一个精美的意识形态结构和文明化的旋涡，具有精神性的吸引力和文化的涵摄力，而华夏文化在其中发挥着主体性的统合作用。无论谁欲成为“天下之中”的“中国”的统治者，都必须经历正统论意识形态的洗礼。

按历代正统论兼有道德和空间立论，即汉董仲舒《春秋繁露》所谓“王者必改正朔，易服色，制礼乐，一统于天下”，唐代皇甫湜《东晋元魏正闰论》所谓“王者受命于天，作主于人，必大一统，明所授，所以正天下之位，一天下之

1. 刘浦江：《正统与华夷：中国传统政治文化研究》，北京：中华书局，2017年，第1页、第17页、第31页。

心”，即宋欧阳修《明正统论》所谓“夫居天下之正，合天下于一，斯正统矣”，即宋司马光《论正闰》所谓“苟不能使九州合为一统，皆有天子之名而无其实也”，即宋苏东坡《后正统论》所谓“正统之为言，犹曰有天下云耳”云云。饶宗颐称：“正统理论之精髓，在于阐释如何始可以承统，又如何方可谓之‘正’之真理。持此论者，皆凛然有不可侵犯之态度。”[1]

从疆域的角度立论，正统论涉及“大一统”观念，即统一的“天朝大国”的自我想象与文化优势认同。古代中国“天圆地方”的空间观念包含着“内诸夏而外诸夷”的华夏文明中心观念，使中国人想象自己是“天下之中”（世界中心、文明中心），而周边都是未开发的蛮夷。宋代以后“正统论”“攘夷论”的兴盛，也凸显了王朝统治者和士大夫以文化优等生心态区隔夷夏的“边界意识”，即“重新建构着汉族中心的文明边界，拒斥着异族或者说异端文明的入侵和渗透”[2]。如石介《中国论》《怪说》，一方面区分中国与四夷的地理空间差异，“居天地之中者曰中国，居天地之偏者曰四夷。四夷外也，中国内也，天地为之乎内外，所以限也”；另一方面强调中国与四夷的文明化差异，前者有君臣、礼乐、祭礼、冠婚等文明，后者则被发文身、衣毛穴居。[3]

本章拟从“在地意识的形塑与地域空间的风水想象”和“建构正统性：地方风水故事的文化母题”两个方面，讨论风水术数作为一种意义体系和“冷传统”，如何透过物质化场所（文化空间）和回忆媒介（神话传说和历史故事）等可供教育、教授、学习的形式，来反复讲述、编织、汇流出关于正统性的普遍观念和集体理解。我们还探讨风水术数的总体空间想象（如星野观念、三大干龙说、八景诗、水口庙），将如何塑造一些高度共享性的“文化共相”，将“中国”叠合成一个兼及地理和文化意义的共同体，并强化地域社会的“中国（中华）”文明中心意识。

1. 饶宗颐：《中国史学上之正统论》，北京：中华书局，2015 年，第 66 页、81—82 页、95 页、106 页、120 页、190 页，不再一一注明。
2. 葛兆光：《宅兹中国：重建有关“中国”的历史论述》，北京：中华书局，2011 年，第 59 页。
3. 〔宋〕石介：《中国论》《怪说》，详见《徂徕石先生文集》卷一〇，北京：中华书局，1984 年，第 116 页。

第一节　在地意识的形塑与地域空间的风水想象

在“天下观”的刺激下，古代中国习惯于从华夏文明中心的角度（天下之中、宅兹中国）来理解这个世界图景，习惯于将所绘制的天下地图称作“禹贡”“华夷”“舆地”。堪舆学既然是探讨天道（堪）与地道（舆）关系的学问，亦形成了一套针对中国山川形势的整体性、开放性的空间观念体系。诸如分野观念和“三大干龙”龙脉说，基本涵盖传统中国大致的疆域范围和政治势力范围，并为历代王朝“正统性”论述平添了一个理论支柱。堪舆家基于世界或天下的地理观念谱系，强调中国地理大格局是由“三大龙脉”来有机联结的命运共同体，一定程度上强化了以“中国”为文化意象的空间化认同，并多少影响了历代王朝追求“大一统”及“华夷秩序”的政治运作，特别是宋代以后更彰显了“内诸夏而外诸夷”的文明边界。而在那些以华夏自居的边陲地区，风水知识—实践体系也参与层累、固化地域社会对大一统政治秩序的默认。

当然，堪舆术数赋予中国各区域以符号化和象征化的文化意义，有助于地方文士整体描述本区域地理格局的文化特质和自我想象区域历史的可能走势。它提供一种反思地方历史和建构文化记忆的话语方式。“地景”其实是“心景”的映显，特别是区域性的城邑及更小单位的地景的自我“意象化”过程，不仅牵涉到地方治理秩序的意识形态构建问题，而且形塑了古代中国人对理想世界的“文化意象”[1]。富有历史感、审美化、理想化、情感化的自然空间（聚落、八景），是边陲地区各方言群体的身心灵得以安顿的最后家园。传统中国关于生存空间与生活人群相互感通关联的话语构建方式，既培植了地域人群的自我形象和身份认同意识，也限制了地域人群睁眼看域外“天下”或“世界”的眼界。

一、莫非王土：风水与分野观念的地方化

古代中国立足于“天下观”的文明视野，很早就形成了一套想象中国与世界的图像的分野体系。“天下的某一区域与地上的某个地域会相互影响，这种影响

1. 对“文化意象”和“意象化”的解释，参见石守谦：《移动的桃花源——东亚世界中的山水画》，北京：生活·读书·新知三联书店，2015 年，第 8—9 页。

是固定和持久的，如果某部分天区内出现不寻常的天象，就意味着与这一天区对应的某一地域将有大事发生，这种为了用星象变化来占卜每个地方人世的吉凶，而将地上的州、国与天上的星空区域一一匹配的占星法就叫分野。”[1] 分野体系来源于一种最原始的恒星建时方法。最早的分野形式系以北斗为中介星象，根据北杓所指的方向来建立二十八宿区与地平方位的联系，从而解决了合理分配天区与地域对应的难题。

分野体系的关键并非它是否符合科学实际，而在于它借助一套“天人同构”“天人感应”的关联思维和话语体系，将内含中国的“天下”（王朝或帝国）的疆域符号化、意象化、图腾化，从而持续地建构天下的“神性秩序”和统治者的“正统性”根基。分野体系强调天道即自然之道，既是天地万物生生不息的驱动力量，也是九州乃至天下得以存在的绝对限度和先验性的标准，故而人道必须顺应、符合、模仿天道，否则就有违“天命”，不是“配天”。所谓“天地交而万物通也，上下交而其志同也”（《周易正义》卷二），“观其所感，而天地万物之情可见矣”（《周易正义》卷四），阴阳感易是天地万物生成变化的根本力量和机制，使得天地万物同源共生、同存共荣，形成一个生生不息的宇宙生命共同体。我们只有体认到人与自然（超自然）、人与物、物与物、人与人构成的是一个相互感通、合德的世界，天下的社会、政治秩序才能真正的和谐与均衡。

因此，分野体系作为古代地理学和天文学知识谱系，代表古代精神世界中巫史传统的理性化和人文化，对传统中国的文化—心理结构和伦理政治规范产生了深远的影响。九州、禹迹、神州、赤县等“中国”范畴，自然具有“地理”和“文化”的双重意象，蕴含着一个关联性、神圣性的时空视野。分野体系构建的“一个世界”堪称一个“人与天地也同”（《吕氏春秋》卷二）的人文世界。[2]

分野体系涉及古代中国（天下）统治疆域的大致范围，诸如九州（《吕氏春秋·有始》）、十二州（《史记·天官书》）、十三州（《史记·天官书》）等象征中国的地理画面也因此变得直观和清晰，成为可以被古人对照头顶的天象进行叙述、想象和认同的栩栩如生的天下图景。有关“中国”的早期历史也以分辨星象

1. 冯时：《中国天文考古学》，第 106—107 页。
2. 关于天道与人道关系的讨论，可参照李泽厚：《由巫到礼 释礼归仁》；赵汀阳：《天下的当代性：世界秩序的实践与想象》，北京：中信出版集团，2016 年。

和观妖祥的叙述形式进入王朝的象征记忆之中，成为古代政治伦理实践的重要组成部分。

按《周礼·保章氏》，“以星土辨九州之地所封，封域皆有分星，以观妖祥”。[1]《史记·天官书》曰：“自初生民以来，世主曷尝不历日月星辰？及至五家、三代，绍而明之，内冠带，外夷狄，分中国为十有二州。仰则观象于天，俯则法类于地。天则有日月，地则有阴阳；天有五星，地有五行；天则有列宿，地则有州域。三光者，阴阳之精，气本在地，而圣人统理之。”所谓“地舆之学须通天文”，区域分野还涉及地运变化和地方吉凶走向，更是历代知识精英和堪舆家高度重视并反复论述的问题。传统“分野”观念为区分“正统、异统”和“华夷”提供了形上的根据，参与构建“天下”“中国”“四夷”等世界框架，并在疆域方向涉及中国的文明边界及统治的“天命”问题。[2]《易传》云：“夫大人者，与天地合其德，与日月合其明，与四时合其序，与鬼神合其吉凶。先天而天弗违，后天而奉天时。”天下乃至地方统治者唯有懂得参赞和感通天地，觉察天降祥祸与人之敬天、明德的关联性，才能“祈天永命”，并被授以天命。

综观各种地方志书，“列宿分野”理论（二十八宿按四方固定为四片天区，分主十二州或十三州）主要透过正典化的历史记录而得到广泛的认可和记忆，同样深刻影响着唐宋以后闽人的区域空间观念。各地方官员、士绅根据分野观念来知晓天地变化之根本，把握地域风水形势格局，并判断区域在特定时间内的妖祥、吉凶，从而为地方治理提供顺应天道、迎合人道的建议。各种代表官方和精英权威的府县志及其“封域志”都有详细的分野记载及吉祸记录。正是有关分野的碎片知识被反复纳入地方常识系统中，这强化了地方有关“天人相应”（知天道、识天象）和“感化民心”的历史叙事，以及对所在地域格局基本人文特质的

1. 《周礼·保章氏》，载《十三经注疏（影印本）》，北京：中华书局，1980 年。
2. 葛兆光认为，“这种‘天下’之所以演成了古代中国主流思想中的世界图像，当然与古代中国人的视野、见闻和经验相关，不过，这种视野、见闻和经验也得到一种来历悠久的整体性的宇宙空间格局的支持，例如古代流行很广的‘分野’说，就是把天体上的星宿及其运行轨迹，主要是北斗的指向、二十八宿的空间视位置与岁星运行的所在，和地面上的区域一一对应……既然‘天若斗笠，地如棋盘’，天上的星宿只指示了这么一些，那么当然‘天下’的区域也只能有这么一些，至于多出来的只能是‘紫色蛙声，余分闰位’的羡余小邦，从一开始就没有被上天列入文明的空间中”。（《中国思想史（第二卷）：七世纪至十九世纪中国的知识、思想与信仰》，上海：复旦大学出版社，2013 年，第 323 页）

集体想象。

例如，明嘉靖《建阳县志》卷二《封域志·星野》称“觇星以察变，尽人以合天，为政者宜知所考矣”。明《邵武府志》卷一《天文·星野》称“天有分星，地有分里，一气升沉，相得而各有合为物不二也。近观郡国记载，皆以天道远不言，朱其本矣。昭昭之我，必垂气于坤，维一撮土之多，必腾精光于云汉，此又何疑”云云。既然自然之道（天道、天命、天意、天数、天象）化生万事万物，“生生之谓易”，为政者就必须善于把握自然变化“形势”及可能出现的“天象”，懂得以德配天、以“数”则天，“尽人以合天”。只有善于化天道、天意为人道、人意者，领悟天人之间共在、共生、共荣的关系，才能真正掌握天下变化的种种可能性、未完成性和开放性。

分野体系的观念碎片也是官民共享的地方知识和文化记忆。宋代以来，堪舆家常常将天文分野同地域的自然、人文特征相互关联，以审视一个地方的整体气运和文物兴衰。而分野体系和堪舆术数具有很强的互补性，都涉及天地的对应和时空秩序的和谐问题，这也刺激了分野观念的地域变异进程。这些碎片化、民俗化的观念体系是一把双刃剑，既有助于地方“顺天命”以应时势的变化，也可能导致术士借妖祥之应来扰乱地方治理秩序。

例如，宋代蔡发（建阳人，号牧堂，1089—1152 年）言及“十二分野即列宿辰次所临之地”，“故遇日月之交会、星辰之变异，即以所临之次占之，或吉或凶，当有知之者矣”。[1] 直至清代，民间地理书还在鼓吹星宿分野关系地方人事变动或吉凶之说。清代客家地区某风水书曰：“《汉书》谓二八宿各诸侯分野，以治地方。譬如秀峰出于巳酉丑方，必主巳酉丑年生人出仕，主楚赵越地。余仿此推。”[2]

堪舆家所用的“通天地之变”的罗盘，至迟是宋代的发明（罗盘分层不等，有十六层、二十四层、三十二层、三十六层等），同样杂糅了周易八卦学说与分

1. 〔宋〕蔡有鹍辑：《蔡牧堂集·星辰篇》，载《蔡氏九儒书》卷一〇，清光绪十三年（1887 年）刊本。

2. 此书乃清代抄本，未有书名，长汀罗祖教徒、地理先生 WZF（汀州镇西山下原城隍庙长住）提供。WZF，民国十五年（1926 年）生，罗祖教徒、风水先生。访谈时间：2004 年 5 月 10 日。访谈地点：长汀县汀州镇西山原城隍庙内。该庙已于 2004 年下半年被拆。

野体系的基本知识。借助罗盘的空间感知，分野知识的碎片记忆形式得以在民间术数实践中保存和承续。堪舆家不断运用分野知识，将个体经验加以实证化，即所谓“消息阴阳，辨其吉凶，论其情性，安其分野，则天星立而垣，占山川所产，察人物之吉凶，祸福不爽，鬼神莫逃，造化在于我手矣”。[1]诸如一个区域的格局大小、当下及未来的运势、地方精英的生成及士绅的出路等等，都被煞有其事地推算和想象。堪舆家的叙事是古代分野体系的一般性知识存留民间的表现形态和被活化的记忆。

早在宋代，周密就尖锐地批评了分野体系的荒谬性——倘若以二十八宿配十二分野，并仅以毕昴二宿统辖异域各国，“殊不知十二州之内，东西南北不过绵亘一二万里，外国动是数万里之外，不知几中国之大”。[2]关于九州分野和堪舆吉凶关系的想象性话语，不免固守于巫术化的旧观念体系，一定程度上混淆地理空间与文化空间的差异，并限制了地域社会人群“睁眼看世界”的视野。

总之，我们从堪舆家的“星宿分野”描述中，同样可以窥见历代王朝意识形态某些共同的知识构成和文化取向。[3]构成这种知识背景的正是一整套有关天人

1. （1）闽西童文科《枕中秘诀书》（清乾隆年间抄本）“二十四山十二宫分野”条曰：“罗经二十四山，统为十二位，上察太阳行度，下经地理分野。如子癸同宫，为齐分青州，即今山东青州府、北海郡、济南府、临淄郡、登州府、东牟郡、莱州府，东莱郡等处是也。丑艮同宫，为吴越分扬州，即今浙江杭苏并南直隶、江西、福建、广东等处是也。……盖天上有星，地下有曜，各有界限。世人但知食禄有方，不知风水所致也。卜氏云：‘细看八国之周流，详察五星之变化，嗟天罗网之用，至此尽矣。’地理之李，无余蕴矣。在上以经天，在下以纬地。天禽禽在人，各有所主。苟能消息阴阳，辨其吉凶，论其情性，安其分野，则天星立而垣，占山川所产，察人物之吉凶，祸福不爽，鬼神莫逃，造化在于我手矣。学者其可不尽心乎？”
（2）清代《三十六层罗经解名目》（抄本）之“二十二层九州分野”条曰：“九州分野，应天盘正针十二宫合二十八宿。……用法以穿山透地所推之，子父才官，贵人禄马，金水日月，三奇八门，落在何方（按：这些乃术家用来格定山向的专用术语，也指来龙线路）。若此方峰峦秀丽，即以分野推之，则知居官食禄在于何州。但木州群殊名，昔之群国，今变而为省府县。”长汀县古城镇中都村 HQG 提供。HQG，1952 年生，风水先生，初中文化。访谈时间：2003 年 2 月 11 日和 10 月 12 日。访谈地点：中都村 HQG 家中。
2. 〔宋〕周密：《癸辛杂识》后集《十二分野》，北京：中华书局，1988 年，第 81—82 页。
3. “空间的问题常常可以转换成时间的问题来思考，空间的格局常常支配着思想的框架，像从殷周考古发现的古墓葬结构，到汉唐考古发现的皇宫与长安遗址，以及一直延续到明清甚至当代的中央都市建筑，从亚形演变到以南北为中轴，两翼平行展开，布局非常整齐的格局，是否都有古代中国对天地之像的视野影响？而这种视觉印象是否由于‘奉天承运’而成为古

相应和时空吉凶的观念系谱，如阴阳、岁月、方位、星斗以及“华夷秩序”“天下观”等，以便于塑造政权的天命合法性与道德持续性。而包含这类相关性宇宙论的风水术数，则有效提供一套地方及“城市及其各部分与神祇和自然力联系起来的象征体系”[1],并确立一种关于统治疆界的文化象征和历史权利。万物感通、阴阳感易、同类相从的关联性宇宙观念，虽然可以远溯上古“人神感通”的巫术传统，但经由理性和道德的强化，已然演化为上下通行的政治运行逻辑了。

二、龙飞承天：风水与帝都垣局的符号化

在传统中国，中央王朝的疆域范围和堪舆学所谓“三大干龙”龙脉的延伸区域是密切相关的。同分野体系一样，龙脉及地运的观念将地理空间整体地符号化，并与王朝国家连成一个命运共同体，牵涉国运定数和区域兴衰。“三大干龙”的地域分野基本涵盖了传统中国所谓“本邦”和“内蕃”的范围，并构成了传统中国疆域的基本势力范围和地理框架。所谓“龙脉”的直观形象，既是一种不断被表述、被想象的集体记忆，也是一种功能化、意象化的文化记忆，是塑造“大一统”观念和“中国”意识的符号之一。

在堪舆家关于王朝中国及其命运的理解中，帝都风水格局关系到王朝政权的正统性及延续性（莅中国，抚四夷），即江山如何永固、国运如何昌盛的问题。明代福建士人谢肇淛称：“自周以后，始有堪舆之说，然皆用之建都邑耳。如《书》所谓‘达观于新邑，营卜瀍涧之东西’,《诗》所谓‘考卜维王，宅是镐京’者，则周公是第一堪舆家也。……然观天下都会、市集等处，皆倚山带溪，风气回合。”[2]帝都的空间营造是统治权力的象征，包括赋予帝都的空间的神圣化，同样是统治本身不可或缺的组成部分。

宋代以来，关于中国龙脉发源于昆仑山的论述，树立昆仑山的“天柱”“祖山”“圣山”的地位，自然也强化了中国“居天下之中”的政治想象和历史记忆。这种话语建构除了在各类堪舆文本中流行，甚至获得了儒家主流意识形态的反复背书。明代万历年间刊行的《地理人子须知》（又称《人子须知资孝地理心学统

代中国相当多的政治观念的依据？”（葛兆光：《中国思想史》导论，第110—111页）

1. ［美］施坚雅主编：《中华帝国晚期的城市》，第37页。
2. 〔明〕谢肇淛：《五杂组》卷六，上海：上海书店出版社，2001年，第115页。

宗》）卷一引朱子之话称：“河图言昆仑为地之中，中国至于阗二万里。于阗贡使自言，西去四千三百余里即昆仑。今中国在昆仑东南，而天下之山祖于昆仑，唯派三干以入中国。其入夷国之山无可考，亦不足论。”这种针对整个中国的地理空间感觉，确实很符合中国中心主义的大一统格局。

《地理人子须知》强调，建都立国之地，是天下至尊之地，“莅中国，抚四夷，宰百官，统万民”，故“得正龙之所钟而合天星之垣局者，则传代多，历年久”[1]，“是故风水之说在于地，固有国者所当择。而祸福得丧之机存乎人，尤有国者所当慎也”。三大干龙都有帝都垣局，其中北龙、中龙的格局更被看好。

其实，堪舆家有关主干龙脉、帝都垣局、城池格局的论述，一则不能否认是堪舆家从纯技术视角而形成的真诚信仰（像理学家朱熹），二则受到王朝政治谋求合法性的观念左右，有为王（皇）权进行意识形态背书的神秘色彩。比如《地理人子须知》卷一《论北龙所结帝都垣局》，兼及堪舆学和大一统的视角，为明成祖朱棣夺位定都北京的正统地位进行补充论证，并强调华夷的文明边界。[2]南干龙所结的帝都垣局仅有金陵（南京）和临安（杭州），然而秦始皇已破金陵“天子气”，“金陵形胜虽优，而垣气多泄。两淮龙气大尽，而地势卑下”，“临安

1. 《地理人子须知》（明刻本）卷一载：“帝都者，天子之京几，万方之枢会。于以出政行令，莅中国，抚四夷，宰百官，统万民，天下至尊之地也。地理之大，莫先于此。必上合天星垣局，下钟正龙王气，然后可建立焉。盖在天为帝座星宫，在地为帝居都会，亦天象地形自然理耳。”“夫地理之大，莫先于建都立国。稽古之先哲王，将营都邑，罔不度其可居之地，以审其吉凶。……尧舜圣人，其所建立，未必虑及于风水之说。但圣人之兴，自合造化，圣人所作，动为法则，风水固不拘，而密协于龟卜，即天造地设之自然者也。故《易》曰：‘王公设险以守其国。’此理固先天地而有，即风水之攸始矣。予尝稽诸历代建都之地，得正龙之所钟而合天星之垣局者，则传代多，历年久；非其正龙而不合星垣者，则皆随建随灭，岂非地理之明征乎？”

2. 《地理人子须知》（明刻本）卷一《论北龙所结帝都垣局》载：“自昔之都燕者，始于召公，而极于金元。然召公诸侯也，金元乃夷狄杂气，皆不足以当其大。惟我皇朝，得国之正，同乎尧舜；拓地之广，过于汉唐。功德隆盛，上当天心，下乘地气，真万世不拔之洪基也。而议者乃谓北太近胡，距塞不二百里，无藩篱之固，而天子自为守。不知今之四夷，北虏为急，倏忽来去，边备须严。若畿甸去远而委守将臣，则非居重驭轻之道矣。故我成祖文皇帝，睿意建都于此，良谟远猷，岂凡愚之所能及哉！然当时未必虑及风水之说，而默契若此，是盖圣王之兴，动与法合，天地造化，有自然相符之理。昔尧舜禹三圣之都皆北龙，今我朝畿甸亦北龙，而形胜与风水法度又皆迈之，宜其驾唐虞，迫二代。全盛如此，是固我列圣之茂德神功、鸿休骏烈之不可及，然地理之应抑或然也。愚何幸，躬逢其盛。”

亦天市垣耳。若以形胜论之，则僻处一隅”（图 2.4）。堪舆家对三大龙脉及其优劣态势的话语构建，是孝忠，也是表态，是自省，更是敬戒，某种意义上是借助帝都格局的风水运势问题，来警斥地方势力的非分之想，以确证大一统王朝的“奉天承运”。

无独有偶，满人入主中原后，亦基本接纳华夏的风水理论，并试图修正三大龙脉的“北龙说”，声称泰山之脉来自“龙兴之地”长白山脉，从而为清政权的合法性寻求“正统性”的地理根据。[1] 根据《清史稿·圣祖本纪》记载，康熙四十八年（1709 年）十一月“上与大学士李光地论水脉山源，泰岱诸山自长白山来”。《清实录·圣祖仁皇帝实录》则称，同年十一月二十四日，康熙问曰：“汝等知山东碣石等山脉，从何处来乎？”李光地奏曰：“大约从陕西、河南来。”康熙曰：“不然，山东等山，从关东长白山来。即如山海关与山东登莱相对，渡海不过二百里，中系海套，凡山东泰岱诸山来脉，俱从长白山来，来龙甚远，不知里数。”康熙帝进而提出了《泰山山脉自长白山来》[2] 之说。按来自福建的理学家李光地精通堪舆学，对朱熹龙脉说了然于胸，康熙有意让李光地背书，富有深意，显然龙脉说一直涉及政治意识形态和政权合法性，也是清政权自认中华一统的重要组成部分。

返回福建区域，我们会更清楚地看到，宋代以降，伴随政治、文化、经济中

1. 参见蒋铁生、吕继祥：《康熙〈泰山山脉自长白山来〉一文的历史学解读》，《社会科学战线》2008 年第 6 期。
2. “古今论九州山脉，但言华山为虎，泰山为龙。地理家亦仅云泰山特起东方，张左右翼为障。总未根究泰山之龙，于何处发脉。朕细考形势，深究地络，遣人航海测量，知泰山实发龙于长白山也。长白绵亘乌喇之南，山之四围百泉奔注，为松花、鸭绿、土门三大江之源。其南麓分为二干：一干西南指者，东至鸭绿，西至通加，大抵高丽诸山皆其支裔也；其一干自西而北，至纳禄窝集复分二支，北支至盛京为天柱隆业山，折西为医巫闾山。西支入兴京门，为开运山，蜿蜒而南，磅礴起顿，峦岭重叠，至金州旅顺口之铁山，而龙脊时伏时现，海中皇城、鼍矶诸岛皆其发露处也。接而为山东登州之福山、丹崖山。海中伏龙于是乎陆起，西南行八百余里，结而为泰山，穹崇盘屈为五岳首。此论虽古人所未及，而形理有确然可据者。或以界海为疑。夫山势联属而喻之曰龙，以其形气无不到也。班固曰：形与气为首尾。今风水家有过峡，有界水。渤海者，泰山之大过峡耳。宋魏校《地理说》曰：傅乎江，放乎海。则长白山之龙，放海而为泰山也固宜。且以泰山体位证之，面西北而背东南。若云自函谷而尽泰山，岂有龙从西来而面反西向乎？是又理之明白易晓者也。”（《圣祖仁皇帝御制文集》卷二七《杂著·康熙几暇格物编》），辨析详见蒋铁生、吕继祥的文章。

心的南移，地方士绅对闽中“龙脉”的风水格局及发展空间的问题，贵有自知之明。福建一直被视为南龙支脉，诚如明代王世懋所言，省城福州的风水格局“愈显则根愈浅，愈巧则局愈小”，故而“终不能作天子都”，[1] 这何尝不是地域社会主动顺服远方的中央王朝的一种政治隐喻？这类话语构建当然是一种边陲（在地）意识的觉醒。在认清王朝的“大一统”的集权压力之际，地方士绅无非借此感伤性的空间感知，来审度早被注定的地方共同体的命运罢了。

大体而言，龙一直是中国的权威 / 秩序的象征。[2] 风水术数中的“龙脉”，特别是“天子都”作为大干龙的结穴处，更是充满王朝统治合法性的权威或秩序的象征，而边陲地区知识精英对地域空间的“自我矮化”（不能作“天子都”）则是对此权力象征的理性体认，并催生了一种带有“边陲意识”（在地意识）的地域身份认同意识。近世关于“龙飞承天”的大干龙龙脉的文化记忆建构，其问题的意向性相当明确，即这套言之凿凿的话语叙事，主要为王朝统治的合法性和正统性提供意识形态上的依据，并为地域社会的集体认知和秩序建构塑造一种自洽自足的空间记忆形式。

诚如法国哲学家保罗·利科（Paul Ricoeur）指出：“意识形态试图为之提供合法性的，实际上是秩序或权力的权威——秩序，在整体和部分的组织关系上；权力，在统治者和被统治者的等级关系意义上。……意识形态恰好发生在一个权威体系所提出的合法性要求和我们以信仰作为回应之间的缺口上。意识形态在我

---

1. “天下堪舆易辨者，莫如福州府。登行省三重楼，北视诸山罗抱，龙从西北稍衍处过行省，小山坐其中。乌石、九仙二山东西峙作双阙。其外托则东山高大，蔽亏日月，大海在其外，是谓鼓山，朱元晦所书‘天风海涛’处也。西山迤逦稍卑，状若展旗，曰旗山，以配鼓。其前则印山若屏为南案，似人巧凑泊而成者。然犹未睹水所经宿巳。登乌石山，望则大小二水历历在目。大江从西南蛇行方山下，南台江稍近城而行。大江复从南稍折而东北，南台江水合之，汪洋弥漫，东下长乐入海。其山水明秀如此。土人犹谓‘方山稍西俗名五虎，迫视有猛势’，以为微缺陷处。然予谓即东方山而平之，亦终不能作天子都。何者？愈显则根愈浅，愈巧则局愈小。（省府之南山曰方山，绵亘数十余里，形甚怪伟，俗名五虎山，数之正符志言“九龙鼻索之”，又不足。）”（〔明〕王世懋：《闽部疏》，清宝颜堂订正本）
2. 李泽厚称：“在‘龙’的权威统治下，社会秩序化、组织化、等级化，在基本或能保护人们安全的同时，也带来了常规性的和规范性的剥削、压迫、掠夺和侵害，带来了各种恐惧、忧虑和哀伤，使生命、生活、生存失去它们本有的自由、活泼和欢欣。于是，它也同时会带来对这权威 / 秩序和规范、统治的各种反抗。”（李泽厚：《由巫到礼 释礼归仁》，第 158—159 页）

们自我的信仰中加入一种剩余价值，多亏了它，信仰才得以满足权威的要求。”[1] 诸如风水信仰的价值体系及其有关帝都龙脉格局的表述，正是意识形态为王权的合法性信仰所添加的象征性的剩余价值。借助于使人信服的地理图像和文化符号的操控，权力体系权威的构建也成为现实的可能。因此，有关昆仑、龙脉、帝都的历史叙事，不仅是被训练和被教授的，也是标准化的、意识形态化的。而这种有选择性、操控性的历史记忆具有一个趋于同一性的历史叙事结构，即关于王朝“奉天承运”的天命叙事、光荣叙事，它“编织着奉承和畏惧的话语”，最后甚至成为王朝政治神学和统治心理学的一部分。

三、维龟正之：风水与城池营造的文化共相

在反映官方意识形态话语的地方史书中，常有城池风水营造活动的各类想象性记述，足见一般性的风水知识和观念对塑造区域空间观念和人文格局的深远影响。而受风水规划理念左右的城池历史建筑和遗迹的记忆，“经过循环反复的改变、覆盖与沉积，造成了历史本身的层层相叠”，“非共时的共时性”总是存留于当下的维度中。[2] 而任何一个有历史感和地方感的中国城池记忆，倘若离开层累的风水话语和风水故事，似乎都无法重新获得可资荣耀的历史意义。

有关福建城池营造的记忆，历史文本常常围绕着一些“箭垛式人物”（如堪舆家）的文化活动，来进行种种的集体想象和话语构建。[3] 如晋代郭璞（276—324 年）被尊为风水理论鼻祖，《晋书・郭璞传》《世说新语・术解》《南史・张裕传》皆有记载。随着北方移民的入闽及风水知识和观念在地方社会的积淀，郭璞的社会形象也不断丰满起来。他日渐成为一个地方性的“文化英雄”，甚至被塑造为行业神明而享受后世的推崇。

1. ［法］保罗・利科：《记忆，历史，遗忘》，李彦岑、陈颖译，上海：华东师范大学出版社，2018 年，第 105—108 页。
2. 关于城市历史和文化记忆的问题，可参见［德］阿莱达・阿斯曼：《记忆中的历史：从个人经历到公共演示》，袁斯乔译，南京：南京大学出版社，2017 年，第 91 页。
3. 古典文学创造了许多“箭垛式人物”（屈原、包公、关公等）。人们将善恶、忠奸、智诈、勇怯、清浊等抽象质量射向这些人物箭靶，以至于靶子集中了超量的箭镞。详见胡适：《〈三侠五义〉序》，载姜义华主编《胡适学术文集・中国文学史》，北京：中华书局，1998 年，第 1038 页。

根据宋代梁克家《淳熙三山志》记载，福州（子城）“闽越王故城，今府治北二百五步。晋太康三年（282年），既诏置郡，命严高治故城，招抚昔民子孙。高顾视险隘，不足以聚众，将移白田渡，嫌非南向，乃图以咨郭璞。璞指其小山小阜曰：‘是宜城，后五百年大盛。’于是迁焉。唐中和（881—885年）中观察使郑镒始修，广其东南隅。先是开城南河，有人得石记云：‘五百年城移东南本地，合出连帅。’太康至是适五百年，闽川名士传以为陈岩闽人，为连帅之应。旧记作七百年，文德元年（888年）陈岩复修。”[1] 传说郭璞所著“谶谣”《迁州记》，以奥古的语言叙述古城的形势及“人事更改”的趋势。[2] 明何乔远《闽书》、明黄仲昭《八闽通志》、清陈云程《闽中摭闻》、清林枫《榕城考古略》亦有相近的记载。而写于清乾嘉之际或更后的话本小说《闽都别记》第八回《周启文献开闽图

1. 〔宋〕梁克家：《淳熙三山志》卷四，《景印文渊阁四库全书》第484册，台北：台湾商务印书馆，1983年，第142页。

2. （1）《迁州记》：“桑田为海，人事更改（洪水浸田，人事多变）。六旬甲子，当有其害（六六之数，当见其害）。更重着衣，周回重载（见三重墙，复而修之）。郑国归朝，重关为待（东南有水，潮入其音）。乌出木空，千载不昧（无朱雀山，千年无咎）。前有双眉，重施粉黛（九仙、乌石山为之眉，方山为之黛，是太阴宫也）。溪涧水来，尽归于海（南台有江，出其地户去也）。主揖其客，客住主在（莲花山、高盖山、方山相应）。稳首东日，高山镇寨（卯山见，高盖为日门，鼓山为威瞻之位）。本自添金，因成右兑（在乾为金佛国，兑赤金色也）。但见蛇影，莫知坐亥（木行巳，街正坐壬也）。事过方知，知而未会（久后出人，见了方知）。龙山高山，光照其代（建水为阳福之水，光显朝廷）。巧妇能裁，得令人爱（迁出于巧妇之裁，人俱爱之）。若解修心，得其终信（云民得慈心，得长寿。信生阳数，即长龄也）。市笼放火，聚集磊磊（去效为市，横山有赤路三二，顶峰为火龙）。有一老翁，手把竹筒（乾为主阳之位，主山也。艮山入为主，艮、震为苍莨竹也）。重添新宰，在言不在（云在，是乾为主山。云不在，是被巫山遮也）。铭曰：‘泰康之载，迁插瓯基。四色牢城，层峦三径。洪许南流，瑞龙地应。其主螺女，现对花峰。千载不杂，世代兴隆。诸邦万古，繁盛仁风。其城形状，如鸾似凤。势气盘拏，遇兵不馑。遇荒不掠，逢灾不染。其甲子满，废而复兴。’。”

（2）《古渡》：“旧有人得一石，于城南钓龙台刻云：按晋太康三年（282），太守严高图越王山南之西势，以咨郭璞，云‘方山秀拔于前，二山环峙于后，八百年后大盛’。谶曰：‘其间崒兀创危亭，八百年前兆此名。天降元精如汉佐，岳陶灵气似周臣。中坻不见容航路，古渡应无病涉人。好是褰裳待今日，罾浦坊中人挺生。’年世寖邈，石刻今不复存。惟故老口传，犹可据云。”

（3）《沙合路通》：“郭璞迁城诗云：‘南台沙合，河口路通。先出状元，后出相公。’”

上述资料，详见〔宋〕梁克家：《淳熙三山志》卷三九《土俗类》，《景印文渊阁四库全书》第484册，第579页。

谶，王节度发造城库银》[1]，也绘声绘色地编入郭璞卜城之故事。

按朱维干曰：太康年间，郭璞尚是孩童，焉能卜福州城址？[2]《晋书·郭璞传》称“璞中兴初行经越城”，很可能观察过福州城的风水形胜。我们虽然可以断定严高请郭璞卜城事为非，并不意味着《迁州记》绝非郭璞所著，今世堪舆家也常常对着东家诉说“真实的谎言”。题为郭璞著的谶谣虽也有可能是后人伪托，但在谶纬巫术一向发达的国度中，“凡事预则立”是社会的普遍信条，这些有趣的谶语可视为“戏剧话语”，不仅是闽人在拓殖过程中自我暗示的借口或动力，更是闽人追求人地和谐的文化意识的典型记录。辨伪者若不悟其中“心法”，不关注这些知识生成的思想背景，强将这种玄虚的文化表达一概诬蔑为“伪造”或“虚构”，并不太妥当。宋梁克家曰：“谶纬，识者不取，然不可以耳目所不接尽废者。赵清献作《成都集》记曰：‘神怪之事，不可以为教。’书之何也？吾将以待天下之穷理者也。今耆旧所传与记籍可考者，始载之。”[3]是为公允之论。我们不能过于纠缠表述者的历史客观性问题，而忽视谶谣所传递的另类社会真实。

福州谶谣说明，宋人已借用“天运”观念来解释这座首府的命运走势（“八百年后大盛”），并将福州进一步“意象化”为一个可以诗意栖居的“文明之地”，诸如“建水为阳福之水，光显朝廷”“诸邦万古，繁盛仁风”云云。关于福州城池风水的历史叙事，仍然聚焦于营造理想化胜景的母题，而那些提供日常生活愿景的风水知识和观念谱系，不仅培植并固化了在地人的认同情结，而且预见和指明了一个城池的历史进程。无论郭璞卜城说真实与否，通过文本、舆图、口头叙事等象征性的编码，有关福州城池命运的历史图像已经被存储、内化为一种神话化的地方记忆，这是不争的历史事实。

梁克家题福州府治云：“州自严高大相兹土，告卜于晋，乃定宅方位，迄今不移。”考古学者所绘“福州古代城圈位置变迁图”（图2.1），佐证了古城池变迁受到堪舆卜城观念的直接影响。比较明王应山《闽都记》卷首所附“汉冶城

1. 〔清〕里人何求：《闽都别记》，福州：福建人民出版社，1987年，第51—51页。
2. 朱维干：《福建史稿》，第56页。
3. 〔宋〕梁克家：《淳熙三山志》卷三九《土俗类》，《景印文渊阁四库全书》第484册，第578页。

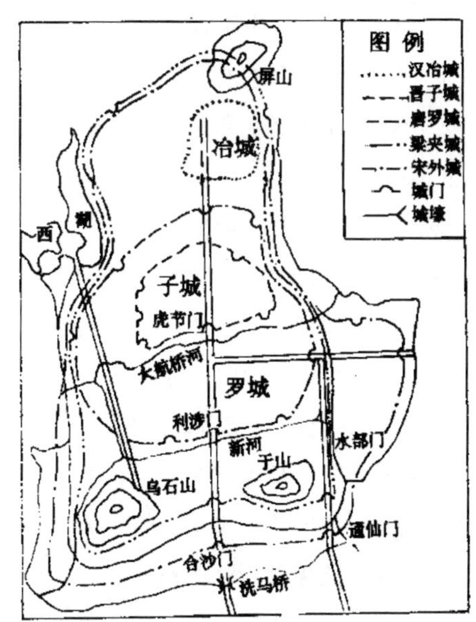

图 2.1 福州古代城圈位置变迁图

（吴春明、林果：《闽越国都城考古研究》，厦门：厦门大学出版社，1998 年，第 217 页）

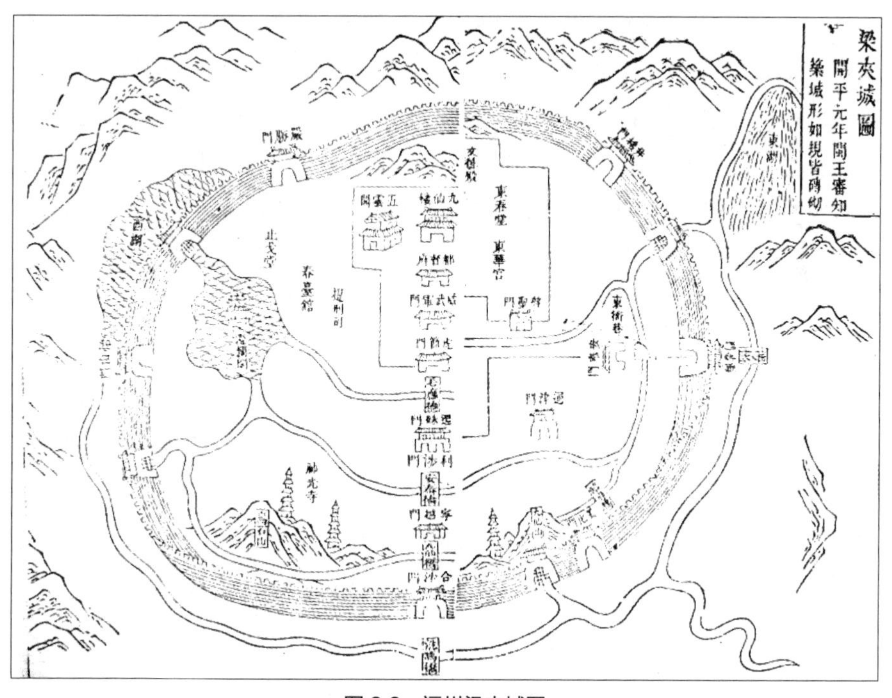

图 2.2 福州梁夹城图

（王应山：《闽都记》，林家钟、刘大治校注，北京：方志出版社，2002 年）

图”“晋子城图”“唐罗城图”“梁夹城图”（图 2.2），可知福州子城建置遵循了周人的卜城传统，并左右了唐代罗城规划（天复元年王审知创筑）。由于闽人重视地理形势的理性审度暨术数（筮、占卜、选择等）的推理，遵从自然与人同构相感的法则，早期城池规制更富有整体性、统一性视野，那些被调和与治理的山水形势，也因此具有“合目的性”的内在美的灵魂。既然城池是一个有机的生命体（气场），栖居其中的人群就是相互感通与共生的命运共同体。

在风水知识—实践的有效刺激下，古代的城池营造往往具有强烈的模式化、规范化、审美化的倾向，进而强化了城池作为区域性的政治、经济和文化中心的合理性和可持续性。班固《汉书 · 艺文志》说：“形法者，大举九州之势，以立城郭室舍，形人及六畜骨法之度数，器物之形容，以求其声气贵贱吉凶。犹律有长短，而各征其声，非有鬼神，数自然也。然形与气相首尾，亦有其形而无其气，有其气而无其形，此精微之独异也。”九州之势、城郭室舍、人畜器物，都有相似性的“形法”，都是宇宙的生生之气驱动和贯通的有机生命体。

古代地理选择的关联思维，其实是一种整体论、有机论、全息论的空间构造模式。诚如《吕氏春秋》卷十三《有始览》所言：“天地万物，一人之身也。”天与地之间、物与物之间、人与物之间、人与神之间、人与人之间，是同构同步、相互感通、相应相求的。天地大宇宙，人体小宇宙。山川形势是血缘世系和人体结构的双重模拟，既有太祖山、宗山、父母山、少祖山等宗法之论，亦有祖山、出身、枝干、行度、枝脚、开帐、缠护、剥换、行止、入首、穴星等拟象之说。

题唐杨筠松撰的《撼龙经》开篇曰：“须弥山是天地骨，中镇天地为巨物，如人背脊与项梁，生出四肢龙突兀。四肢分出四世界，南北东西为四派。西北崆峒数万程，东入三韩为杳冥。唯有南龙入中国，胎宗孕祖来奇特。黄河九曲为大肠，川江屈曲为膀胱。分枝劈脉纵横去，气血勾连为水住。大为都邑帝王州，小为郡县居公侯。其次偏方小镇市，亦有富贵居其地。”[1]《锦囊经》称：“万里之山，各起祖宗而见父母，胎息孕育，然后成形，是以认形取穴，明其父之所生，母之

1. 〔明〕顾陵冈汇集、徐试可重编：《重镌官板地理天机会元》卷四，上海：锦章图书局，民国刻本。

所养。”[1] 城池营造同样要融入天地交感、阴阳变化的自然韵律之中，遵循“祖宗父母孕育”的生生之理。龙脉就是人体的骨架，桥梁、水系就是人体的经络，邑城及府衙就是人体的生殖器。

唐宋以来，福建城池营造主要结合山水形势来进行合理的理气布局，以期为地方营造出文明开化的新气象。地方精英通常使用同一套的话语体系，来分析城池格局美恶，规划城池建筑和水路。堪舆知识谱系业已成为选城、筑城、改城、观城的基本常识，并通过正典化（如权威性的志书）的语言媒介，变成耳熟能详的“地方性知识”和历史记忆形式。城池的命运、性情与城人的命运、性情是一体的，休戚与共。城人与城池的关系理应是和谐有序的共同体，如此才能让城人与城池永续发展，共存共荣。

查阅福建各种地方志，唐宋以来的城池规划与堪舆学的实践一直是密不可分的。各级地方官员、士绅往往拥有非常丰富的易学和术数知识，并扮演城池规划师的关键角色。特别是城池的地理地运被视为关系地方的经世济民之业和文脉赓续，更当顺时运而寅清赞化，敬慎有节。比如，泉州的堪舆规划一直注重水系的利用和完善。唐太和三年（829 年），刺史主持开凿清渠，引笋浯二水入泉州城，名天水淮（图 2.3）。宋明时期地方官员又构筑了护城壕和八卦沟。[2] 后周安溪始令詹敦仁细描了安溪城池的地理形势及城乡格局大小。[3] 宋代胡太初详述了汀州城“佛挂珠”的地脉特征及规划思路（图 2.4）[4]。明代冯梦龙讨论了寿宁县治布局的

---

1. 〔清〕袁守定:《地理啖蔗录》卷八，金志文译注，北京：世界知识出版社，2010 年，第 335 页。
2. “古时以八卦瓶埋置于先天方位。至明弘治十一年（1498 年），御史张敏开城中沟，于西南隅掘得大瓷瓶，上陶‘巽’字，盖取其方位之相配，非凿沟如八卦形也。”（清道光《晋江县志》卷九）
3. “矧新邑发冈自乾、亥（西北方）而来，转势从辛、兑（西南方）而入，向丙、巳（偏南方）以奉离明之化，流寅、甲（偏东方）以伸震迭之威。左环右接，如抱如怀；前拱后植，若揖若拜。析为四乡一十六里，通计一邑几三千余户。梓列以图，卜契我龟。”（清乾隆《安溪县志》卷一一《艺文上》）
4. “汀州地脉艮（东北方）来，常二龙过水，石含当是也。”“旧传白鹤仙迁郡之初，谓形如斗，令于城内按斗象掘地为七井，以七星名之。”“白鹤仙云‘辛兑抱城归巽辰’是也。”（〔宋〕《临汀志》，福州：福建人民出版社，1990 年，第 37—38 页、第 42 页。）清乾隆《汀州府志》卷三《山川》曰：“卧龙山在府治后，郡之主山也。环城四面平畴，中突峙此山，偃卧如龙，故名。又名九龙山，亦名无境山。按旧志云：‘山脉分于赣之宁都虎头山，历石城，过瑞金界石含渡脉，由长龙温地翠峰狮岩，直渡横溪而来。’”

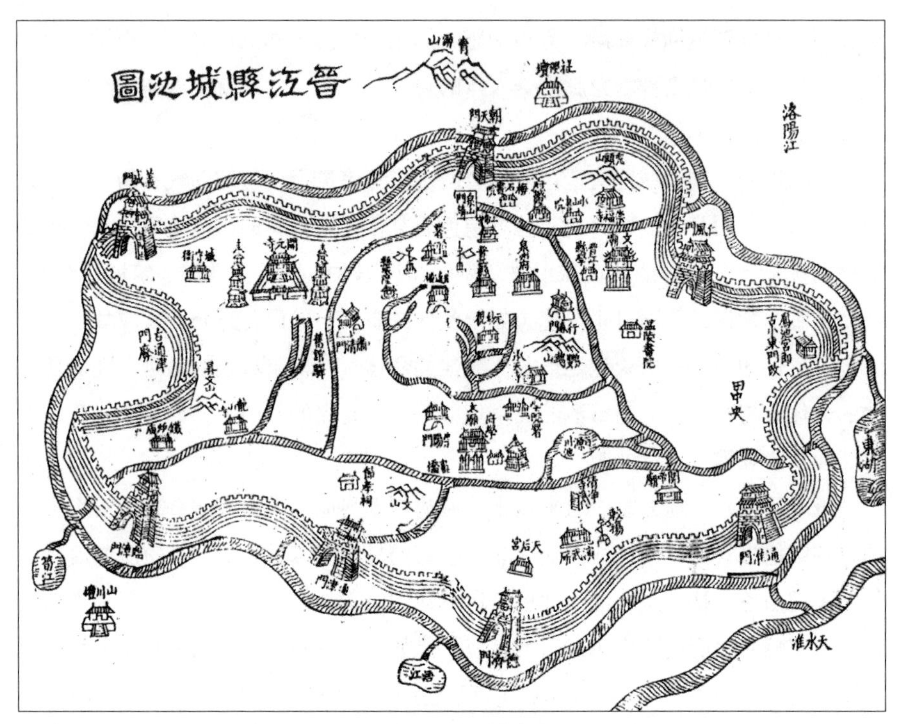

图 2.3　晋江县城池图

（清乾隆《晋江县志》卷首）

形气得失。[1]

宋代以来，地方精英关于城池构筑的话语，既立足于阴阳感易、人地交感的关联思维，更根植于大一统的政治伦理逻辑。如梁克家“建水为阳福之水，光显朝廷”，王世懋“终不能作天子都”云云，其中隐约传递的空间政治想象，何尝不是地方社群保持对中央王朝的距离感和安全感的一种心理映象？

比如，清代杨澜在分析汀州郡的地理特征时，声称其虽然“孑然于蛮风蜑雨

1. “按八宅书，县治亥龙（西北方），其来脉颇厚，宜作壬丙、癸丁之山向（坐北朝南偏东方向），方合东四宅局。因丙丁向上，正当山夹坳风，约数丈阔，天生缺陷，故昔日建基为丑山未向，坐靠镇武，向对翠屏外之形势，森然可观，而来龙未免相背矣。内宅丑未复兼癸丁一二，东西间杂，尤属不伦。此皆缘势坐两难，虽形家亦未如之何也。”（〔明〕冯梦龙撰，陈煜奎点校：《寿宁待志》，福州：福建人民出版社，1983 年，第 6 页）

图 2.4　汀州府城池图

（清乾隆《汀州府志》卷首，汀州博物馆照片）

之中”，但“固不得以闽衣文蛇相嘲也”。[1] 他试图通过强调汀州与京师“晷度相同”“异地同天”的新叙事，赓续地方的文脉，正面回应那种被污名化（蛇种）的地方历史记忆，从而重建地方的文化归属感。诸如此类的反思性和批判性的记忆重温，堪称一种借助“重塑过去”而“带回当下”的边陲（在地）意识的唤

1. “天下之水皆东，汀水独南。南为丁位，以水合丁，其文为汀，故以名郡。近时又有言，汀府正当京师正中南度，东西两溪之合正直丙丁者，大与宛平唐范阳郡地，为幽燕雄镇。天宝之乱，列郡望风而靡。汀七闽穷处也，蕞尔一城，孑然于蛮风蜑雨之中，桂海水天，南北万里。今以新法测望揆之，知其晷度之相同，异地同天，固不得以闽衣文蛇相嘲也。天地灵异之气，喷礴之为山川，毓钟之为人物，必阅数十百年，用一呈露。汀不得称财货乡，独不可为山水郡乎？杭董浦乃谓，闽山童赭堆阜，无佛图、仙观，可以恣游士之眺。陟其水，沸汩淢汩，与石峡咽，进尺退寻，篙师鼓力，一舟惶骇。许慎以为‘人本蛇种’，魏收以为“鸟声禽呼”，岂通论欤？”（〔清〕杨澜：《临汀汇考》卷一《山川考》）

醒。而有关王朝或国家（京师）在场的政治权威，亦由此被“内在化”于地方历史叙事之中。

当然，杨澜还是希望以“山水郡”而非“财货乡”的城池定位，来重构汀州郡的华夷边界，并指引身处边陲（蛮风蜑雨）的汀州郡之“文明化”走向。古代士大夫往往藉借山水，以化其胸中郁结。杨氏的内心世界亦然。“士林”（毓钟之为人物）与“山林”（恣游士之眺）是可以相互交感、互补和协调的，地方郡邑同样能被预想为一个“应会感神，神超理得”于自然的胜境。因此，城池营造堪称士林与山林感通、灵应的媒介。这也是古代中国城池之堪舆规划的理想境界。城池营造的精神指向仍然是“一个世界”的神性秩序。

官方志书及民间文献关于城池营造的多重叙事，尽管同样是借助一套“与天地合其德”的感通模式和关联思维来作为构建地方空间记忆的依据，但它也是一种被精心编辑、表述、规训的公共性甚至政治性记忆，系将城池的山川形势（地脉）与地方命运、文脉勾连成一个有机整体。特别是有关城池山水的荣耀叙事，往往是给邑城共同体的发展构建一个更加合理化的方向感和驱动力，进而也培育了营造城池的人群强烈的主体性和主人翁的情感。在历经正典化（各类志书）、神话化（话本小说）的双重认可下，原本个体性的经验叙事（编写者）被客观化、现实化、神圣化，从而确立了一种具有统一性、正统性的地方历史秩序。在数百年的重复想象中，有关城池的生命共同体被冠以各种情感化、道德化的方式继续言说。其中，一般性的风水知识、观念也透过官方和民间文献，被稳定地存留、突显出来。而地域人群也有责任和义务，来优先传播和回忆这类民俗“常识”，进而突显地方城池的文化血脉和人文胜景。

因此，地方城池的堪舆设置及相应的谶谣、传说乃至分野知识，其实也是入闽汉人“在地意识”或地域共同体意识的苏醒和发明。在信守王朝政治“正统性”或“大一统”的基础上，谶谣、传说、分野叙事背后的文化逻辑，恰恰展示了华夏文明突出的连续性和统一性。古代中国的关联思维是天人感通、同类相从的“一个世界”。地方是小天下，天下是大地方，二者也是同步同构的，彼此共感天地的韵律、时势的变易。而边民对吾乡吾境的地方认同，同样潜藏着对“宅兹中国”和“居天下之中”的认同。

当然，当聚族而居的汉人越来越追忆和神化地方的历史叙事，感物、感灵、感瑞的术数思维和感天、感德、感人的礼义传统，彼此共生互补，“善生”出地方的主动力量和理性精神，从而营造出感性化和感情化的“在地意识”气氛。这类在地的情感力量，化情于士林与山林间，难免也会发酵为等级性的人群分类观念，从而形塑、固化一些地方性的空间记忆和共享性的“文化共相”。

四、度地居民：风水与地域空间的意象化

随着风水术数的落地生根，不独都邑、城池，很多区域的地理空间往往作为一个整体被符号化，并被赋予特定的文化意义，比如关于胜景 / 圣境的文化意象。《文心雕龙》卷二称，“人禀七情，应物斯感。感物吟志，莫非自然”，这类以美的形态呈现的文化意象，无疑让人对地景韵律有直观的反应，进而“感”染、“感”心、“感”性、“感”情。它们作为一种地方历史标识和展现文化关系或社会结构的载体，有助于建立栖居者与地方的本真性关系，有助于塑造地方的历史感、秩序感。而神话化的、美学化的地方历史印象，是当地人拥抱和认同乡土的文化驱动力量。特别是地理家直接赋予山川形势以特定的价值设定和吉凶想象，鼓吹不同的地理和景观将造就不同的行政布局、人文气象和区域特质，刺激了人们顺应和改善自然的主观能动性和强烈的文化自信，自然会影响到当地人的历史心性和行为模式。

我们拟以淮右禅师的堪舆实践为例。明清之际，住锡于江苏茅山及浙江普陀山的淮右“自浮帆到赣州，携黄公记语，历验诸记地”[1]，后来到泉州，历览五县（安溪、永春、惠安、南安、同安）山水，并浮游至澎湖、台湾等地，绘制了大量的风水舆图。其称泉州“海内共推胜地，此非他岳所得而方”[2]，“喜泉州水秀山清，曾得吉地七十二，以为泉人造福”云云。

淮右禅师详细记录了泉州及台湾的山川形势，并赋予这些地理空间以特定的文化象征意义。他将枯燥无味的地方场景感性化、形象化，参与塑造了一些典型的地景记忆形态。像《清源图》录有《澎湖总论》、《台湾内山总序》、《澎湖总图》（图 2.5）、《台湾内山图》，描述了台湾地形地貌及土著居民生活情况，澎湖

---

1. 〔明〕释淮右：《穴证挨指图诀序》，载《淮右师泉郡地理谶图说（中）》，清道光年间抄本。
2. 〔明〕释淮右：《清源总图》，载《清源图》，清道光年间抄本。

山川形势、地脉走向和兵家布阵等。明万历二十五年（1597 年）之后，泉州府（同安、金门）籍移民有规模地开发澎湖，“峦头派”风水很早就影响到人们对澎湖的墓地、建筑、聚落及城镇的选择。[1] 淮右认为澎湖龙脉来自福建，大山屿红毛旧地乃形胜之地，与林豪对澎湖峦头风水的描述相近。[2] 史家连横还略述了淮右之书传至台湾的情形。[3]

淮右从人地和谐与道法自然的美学观念出发，对澎湖和泉州形胜进行了一系列诗性的论述，进而给地方形象的建构和地方历史的走势，叠加了一些新的想象力和精神驱动力。其中《清源总论》细论“胜景”也是圣境的清源山的风水格局（图 2.6）;《青牛泉郡歌》预测泉州形胜的文明气象及发展趋势；[4]《同安地总论》

---

1. 刘敏耀:《澎湖的风水》，澎湖：澎湖县立文化中心，1998 年，第 16 页。
2. 〔清〕林豪曰:“澎湖屹峙巨浸中，自泉郡清源山发轫，蜿蜒至东南入海，一线隐伏波涛中，穿洋潜渡，至澎之北礁，隐跃水面，形如吉字，俗名北硗；缭绕而南，始浮出水，曰吉贝屿，是过脉处；复伏水中三十余里，至北山屿之瞭望山，起高阜十余丈，周二、三里，是龙脉起处；过北山屿十余里，由中屯屿过峡二里许，特地结一大屿，名大山屿，在澎湖中央，磅礴仑菌，幅员约五百里，厅署、镇营皆在焉。大山屿之中，一山镇峙，周围四五里，地势独高，名大城山，为厅治少祖。山分四大支，一支出东北，为林投奎等澳；一支出西南五里，至东西卫澳社，为旧厅治（文石书院亦在此）；又西去五里，至妈宫社（镇营、厅城、街市俱在此），内开一港，为商哨聚泊之所。港口有龟蛇二山，南北拱城，护卫周密，为全澎正口。所谓险口不得方舟，内溪可容千艘者是也。山之北一支为鼎湾、瓦硐各澳；南一支为蒔里澳一带，联络至风柜尾社，回抱妈宫口与西屿之内、外堑，形势相倚。此大山屿之胜概也。”[《澎湖厅志》，清光绪二十四年（1898 年）刊本]
3. 连横:《释华右遗书》，载《雅堂文集》卷三，台北：台湾银行经济研究室点校本，1979 年，第 144 页。王见川提供。
4. （1）《澎湖总论》:“澎湖为台湾要地，守者必据，攻者必争。其地土瘠民贫，皆石田也。可容兵万五千人。其中谷粟所收，足供万人。饮必取给诸台地。其中形胜之区，莫如红毛旧城。后靠北山，前对罩屿，外港盘行曲折，又有甘泉供军，敌锋未易入，即失机宜。敌据平地，亦可自高趋下，长枪劲戟，促之入海，故守兵特盛也。于福建为南北向，子癸间。海中是避飓风，则中墩屿、狮公礁；避三面风者，则岛埯屿、湾贝屿。凡敌舟在北山屿界或竹篙湾界，皆可命水手入水沉舟。盖此二屿与澎湖脉路相通，下多细沙密石，水行可无碍也。”
（2）《清源总论》:“闲说清源薄而无厚，紫帽背而无情，其说荒诞。清源自溪头乡至柳洋后界几百里，皆清源后幛，安得为薄？紫帽原龙，清源龙案，彼中龙自成结作，自立门户，安有无情之说？清源郡镇其气势，并落平洋，故结地特少。又水神皆绕城垣，则山虽有地，而水源生旺，难得倚为用神。龙山气深厚，一湾一曲，亦成美构；凭高枕股，亦收众秀，难可弃也。”
（3）《青牛泉郡歌》:“温陵一片不相凡，地旺人才艺。乾冈亥骨自分明，实称人心情。宛特回龙艮落势，下头自青翠。犹如青蛇赶灵龟，万代足光辉。丁未安城辛兑水，更接连坤位。紫帽尊星庚土迎，拜相居皇城。石旬卓立瑞峰秀，宝物家家有。丁未潮成一带蓝，潮退自东

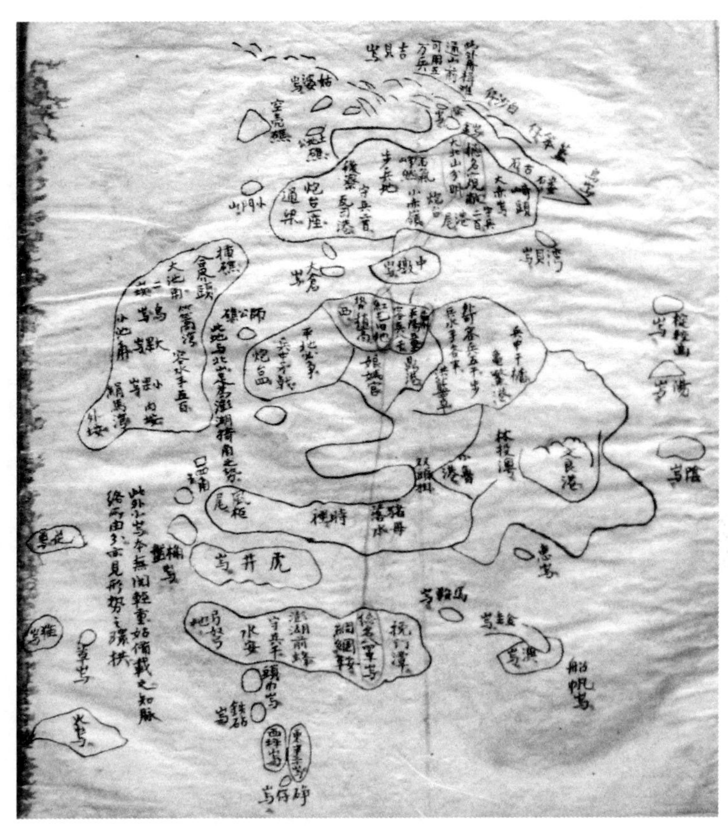

图 2.5　澎湖总图

（〔明〕释淮右：《清源图》，清抄本，泉州博物馆藏）

讨论地域空间与在地人文气质的关系。[1] 淮右的泉台地理格局叙事，类同梁克家

南。巨门已上相朝应，书生日日盛。风水回挽左边来，千古永无灾。尊星癸上如文笔，文武官僚出。公卿将相在其山，时师醒眼看。红旗日日庚上置，丁未拢峰起。辛兑员峰接水迎，人物多知名。下辇水口重重抱，黄龙辛水到。归未辛兑七龙行，珍宝日蕃盛。就中才艺多精巧，吉水重重到。湾湾三拍吉神方，亦出艺精郎。武曲西沈百余里，天下搬财至。此水龙来日里长，镇重无灾殃。或去或聚或平坦，安城只在板。四山拢布如人行，今古绝刀兵。龟蛇相赶似神物，丁水藏深窟。天下凶辰咫尺疆，此地永□殃。文武官员无限数，丙上安庚鼓。紫衣穴法连丁未，山水皆相对。龙舞跪伏来相朝，卓卓出官僚。五百年来一小劫，莲花开四叶。一百年后产英雄，人物更多丰。”（〔明〕释淮右：《清源钟秀记》，清抄本复印件）

1. 《同安地总论》：“同安居泉郡西南，为未坤申之位，龙则丑艮寅之布势也。自大尖山至三秀山开展屏帐，又顿伏十里而入县治，则罡杀消也。龙山多雄壮伟杰，石骨峥嵘，又沙砾半

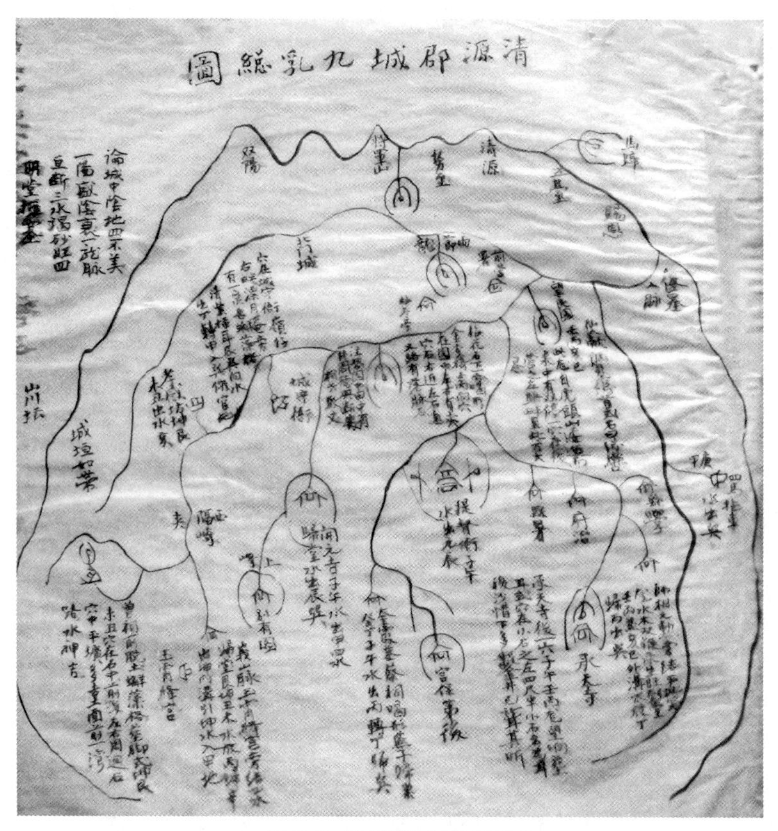

图 2.6　泉州郡九城乳总图

（〔明〕释淮右：《清源图》，清抄本，泉州博物馆藏）

的福州城池风水格局的叙事。其背后是同一套天人感通、人地感应的解释框架。

淮右禅师的个体性经验和堪舆实践是否合乎理性，我们不得而知。然而，梳

土，则气未绕。山莫大于囷山，而水口出元辰，自子至午，凡几里许亦太剥削。今择少纯者入于图偈，使人皆忠厚，俗还纯朴，其造福于同也岂浅鲜哉！山凡三支，自东者则为大轮，应城大凤，孤卿九跃而□吉壤丽焉。西则莲花西山斗拱，石澳仙旗山、文圃山而诸吉壤附焉。其拥而南行者，则大山耸拔，金鞍宝盖回拱，逆结为多。又诸海岛或收潮汐，或成禽罗，而岛屿顿多，皆有美地。总而论之……同安龙魁宏雄伟，为诸县之冠。但罡杀未除，又多禄存，而少蓝带，纯者特少。予择其特尤美者，水法合六顺，图中者以为特结，交结共解一二节合格者入诸水吉壤，故同邑小吉壤较多。”（〔明〕释淮右：《五浪太武记》，清抄本复印件）

理不同地理区块的风水形势，涉及区域格局及发展形态的自我定位，的确有助于塑造地方性的荣耀印象和整体性的文化感觉。无论是堪舆家还是理学家，都高度认同地理环境影响区域总体命运格局的观念。[1] 这些立足于关联性思维模式的地域风水叙事，至少可以被看作一种地方“冷传统”的话语构建。这些模式化的地景表述和地运预测，是经过堪舆师的理性推演和计算的，因而是被档案化、典范化的地方性知识。这些话语构建因关乎地方发展的命运，同样潜藏着地方自我内化的一种价值判断和普遍态度。

明清以来，伴随着乡族社会“文治化”进程，地方士绅和文人密集地针对故乡的自然景观和文化空间，进行各种类型化和审美化的表述，形成了一些高度共享的“文化共相”。士绅所书写的族谱往往附有各类“乡图”“八景图（诗）”。这些结合图像和文字的指示符号，既是一种故乡场景的宏大记述，也是一种富有情感性和道德性的提醒——不要遗忘故土，不要数典忘祖。由于它是感物感时而述作，是士人的心性与乡土相互感动的情感，因此也是一种具有高度共享的地方性知识，是推动人与物、人与地、人与人的情感互动的线索与纽带。通过族谱的叙事，它可以激励曾经生活于其中的族众主动地追忆，或者激起未曾生活于其中的族众探寻故土的情感，化陌生为熟悉，重新找回生命的归属感。乡图（八景图）堪称本地族人为构建自己的理想家园而形塑的文化记忆，是故乡地景的“美学化”、故乡历史的“纪念碑化”、故乡生活的“情感化”。[2]

因此，上述的“文化意象”大多属于胜景或圣境的类型，有力地塑造着清晰可感的故乡的形象和印象。[3] 这种对生活地景的“意象化”过程，有助于将地域

1. 黄干曰：“度地居民，为城邑，为乡井，其居之安，其生齿阜以蕃，则其山川融结，磅礴深厚，宛委回复，必有可观者。若夫萃为中和，散为英华，涵濡孕育为哲人才士，则其环伟绝物，必有大可观者焉。盖人禀阴阳以生，川流山峙，阴阳之大者，其刚柔厚薄盈虚聚散，宜悉相似也。”（清乾隆《福州府志》卷二二《第宅圆亭二》）
2. “历史的纪念碑化是指这些戏剧把难以忘怀的人物和场景展示在人们的面前。激情澎湃的东西是令人难以忘怀的。纪念碑化就是指把事件进行美学的提炼和提升，使之成为对回忆起作用的画面。……美学化却指把抽象的历史知识感性化。赋予美的形态是为了有助于回忆和记忆的形成而对其进行加深印象的改造。”（［德］阿莱达·阿斯曼：《回忆空间：文化记忆的形式和变迁》，潘璐译，北京：北京大学出版社，2016 年，第 83—84 页）
3. 关于“胜景 / 圣境的文化意象”的思考，可参见石守谦：《移动的桃花源——东亚世界中的山水画》，第 12—13 页。

空间整体升华为一个美学化的"文化符号"，以作为地方性认同可资凭依的物质基础。而地域社会正是通过"空间化"的媒介手段，来成功地建构何以故乡的"记忆场域"的。这些故乡胜景或圣境，既负载开拓此域的祖先或乡亲的历史印记，也是后来者可资回忆的"记忆之所"。[1] 通过空间化、固体化的记忆形式，又附着上种种仪式庆典、神话传说、口头叙事、书写文字等象征性的编码和展演的形式，地域胜景或圣境才能蕴含历史性、理想性和情感性的精神内涵，真正变成一种均衡和谐的时空秩序和诗意栖居的所在，重新照亮我们晦暗无趣的日常生活，重新唤醒我们对青山绿水的历史情感。

诚如《汉书》卷三十所说，"传曰：'不歌而诵谓之赋，登高能赋可以为大夫。'言感物造耑，材知深美，可与图事，故以为列大夫也"，这些诗意化、意象化的胜景或圣境形象，主要是地域乡绅、士人主动参与的记忆之场。它们除了融入一般性风水观念的内涵外，还内化一种道德化、秩序化、审美化的"感通"精神传统，因此它才能有机地整合本地地景和居者记忆等要素，从而赋予普通的地理空间一层"超凡"或"神性"的存在性意义。

首先，它是对自然空间的"理性认知"（以美启真），知道它的地形走势和基本格局。这种认知奠定了人可以在此中生存和发展的限度。其次，它是对生存空间的"人文体认"（以美储善）。人要在"此在"的自然空间中安身立命，还需要建立一种秩序感、道德感甚至超越感，理当有一个安顿心灵的文化场所（包括教育、信仰等）。再次，它是对自然和生存空间的审美情感（以美立命）。乡关何处，家园何在？建立足以滋养身心灵的"家园感"，必须有一个"诗意栖居"的场域。因此，这类直观化、人文化、美学化的"文化意象"，既是近世"乡族意识"勃兴的文化后果，也是乡族聚落构建自我形象的"识别地图"，更是地方人群提升自身生存质量的文化凭照。

我们试举三个事例，以期探讨地域社会关于生存空间的意象化塑造，如何有效形成一种具有高度共享性的文化形式，从而促生各个地方相似性的"同体感"。东南地区多丘陵、多小盆地的环境，很容易形成相对独立的定居空间。那些针对

---

1. ［德］扬·阿斯曼：《文化记忆：早期高级文化中的文字、回忆和政治身份》，金寿福、黄晓晨译，北京：北京大学出版社，2015 年，第 55—56 页。

村落地理空间“藏风聚气”的意象化营造，往往寄托着一种自给自足和耕读传家的农业社会的理想生活场景，并暗藏着一个带有隐逸色彩的理想世界的文化符号。这是南方具封闭性的村落空间最为普遍的一种文化意象，当然也是本乡本族的文人士绅受到长时段的隐士文化影响的产物。

一是据清流《平阳郡巫氏族谱》记载，清同治六年（1867 年），本族裔孙明经进士候选儒学正堂巫道南，为巫氏定居地撰写了《龙溪乡图记》和“八景诗”。其中每一景各写七首诗，并对八景进行了详细说明（图 2.7—图 2.9）：

> 文峰凌汉：乡北五里有峰似笔，凌汉冲霄，与祖祠遥对，术家称为文笔峰。
>
> 白马横虹：村首澄清桥，旁有石如马，桥若横虹，因以名景。
>
> 云烟古砚：村沙口一山，端员垂象，有时云烟飞起，雨露常滋，方之古

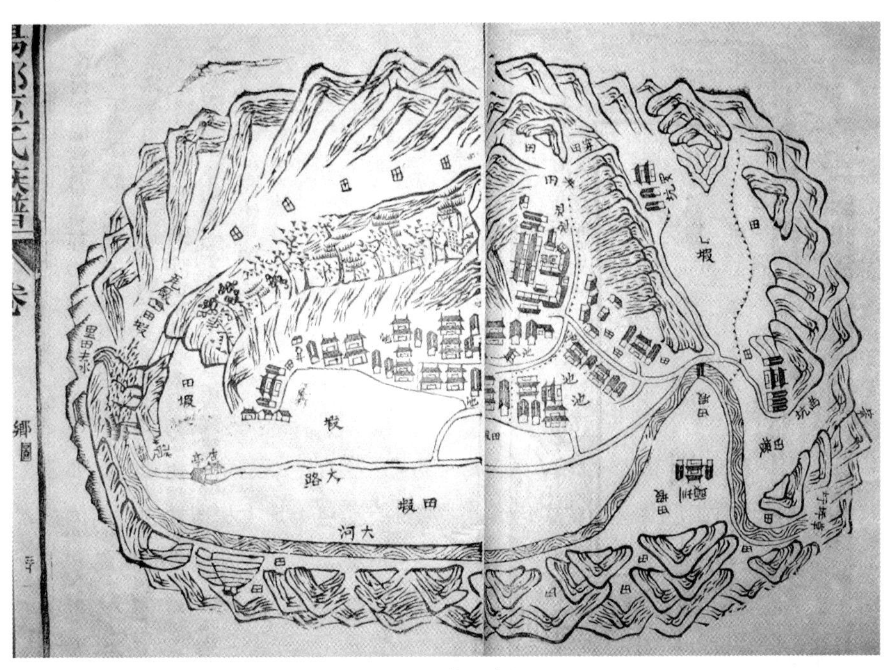

图 2.7　龙溪乡图

（清流《平阳郡巫氏族谱》，民国刻本）

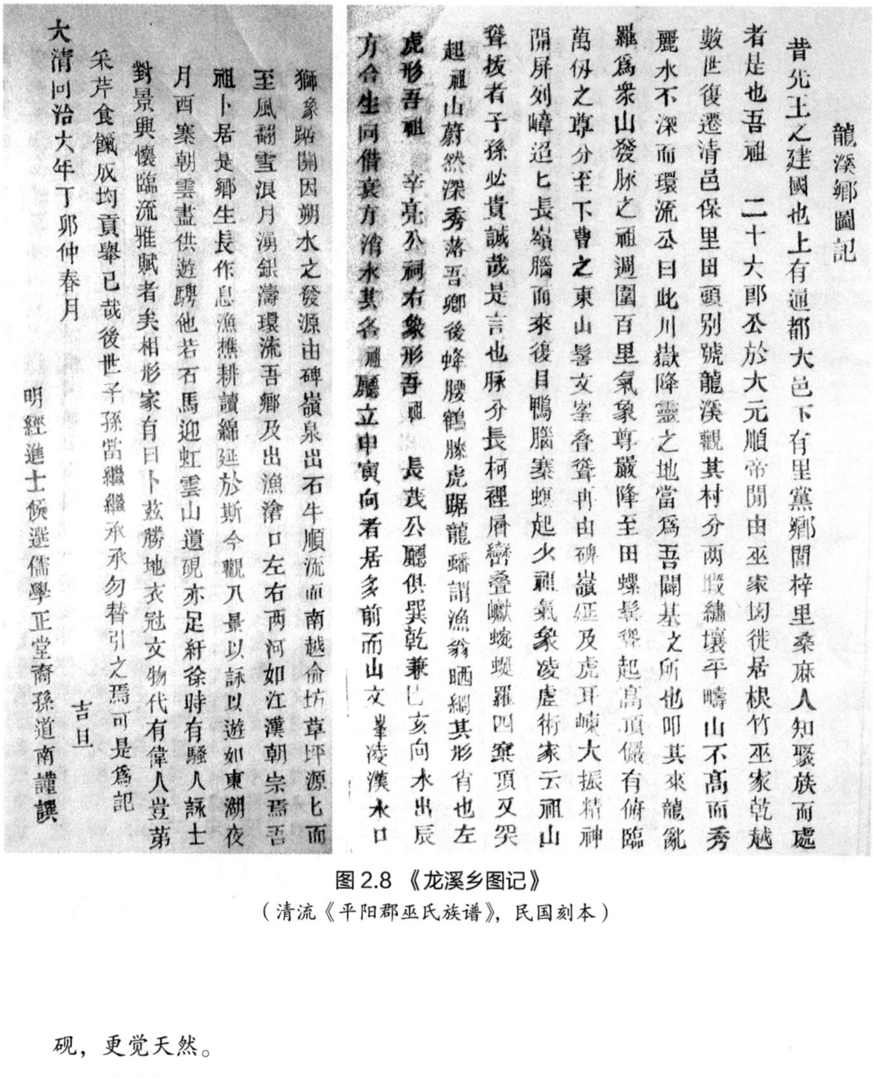

龍溪鄉圖記

昔先王之建國也上有通都大邑下有里黨鄉閭梓里桑麻人知聚族而處者是也吾祖　二十大郎公於大元順帝間由巫家圳徙居根竹巫家乾越數世復遷清邑保里田頭別號龍溪觀其村分兩股繡壤平疇山不高而秀麗水不深而環流公曰此川嶽降靈之地當爲吾闢基之所也卯其來龍亂羅爲衆山發脉之祖週圍百里氣象尊嚴降至田螺髻聳起高頂儼有俯臨萬仞之尊分至下曹之東山髻文峯叠聳再由碑嶺延及虎耳嶂大振精神開屏列嶂迢迢長嶺腦而來後目鴨腦寨蜿起火祖氣象凌虛術家云祖山聳拔者子孫必貴誠哉是言也脉分長柯裡屏巒叠巘蜿蜒羅四寨頂叉哭起祖山蔚然深秀落吾鄉後蜂腰鶴膝虎踞龍蟠謂漁翁晒網其形肖也左虎形吾祖　辛亮公祠右象形吾祖　長茂公壟俱巽乾兼巳亥向水出辰方合生同借寅方滄水其名祖壟立申寅向者居多前而山文峯凌漢水口獅象踞關因朔水之發源由碑嶺泉出石牛順流而南越俞坊草坪源源而至風翻雪浪月湧銀濤環流吾鄉及出漁滄口左右兩河如江漢朝宗焉吾祖卜居是鄉生長作息漁樵耕讀綿延於斯今觀八景以詠以遊如東湖夜月西寨朝雲盡供遊騁他若石馬迎虹雲山遺硯亦足紓徐時有騷人詠士對景興懷臨流推賦者矣相形家有曰卜兹勝地衣冠文物代有偉人豈弟采芹食餼成均貢舉已哉後世子孫當繼繼承承勿替引之焉可是爲記

吉旦

大清同治六年丁卯仲春月

明經進士候選儒學正堂裔孫道南謹撰

图 2.8 《龙溪乡图记》

（清流《平阳郡巫氏族谱》，民国刻本）

砚，更觉天然。

狮象踞关：水口左右二山，形肖狮象，溪流迴抱，有重卫之形。

东湖夜月：东郊有湖，当月明夜，如冰壶悬镜，玉盘荡珠，堪为名胜。

西寨朝云：西山有鸭脑寨，朝云旭照，路甚崎岖，当年避寇之所。

北溪流碧：北村一溪，环如玉带，风翻碧浪，谷绉绿波。观水者有胜溯迴。

南漳浮岚：南有渔峡龟山，遥看列嶂，四时岚色，真堪图画。

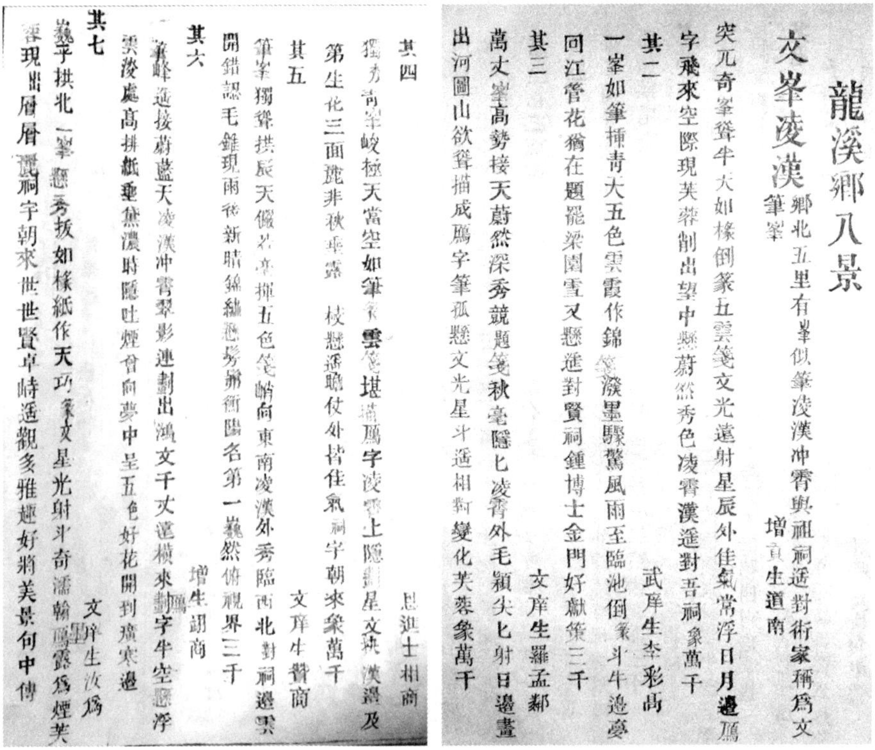

图 2.9 《龙溪乡八景》
（清流《平阳郡巫氏族谱》，民国刻本）

巫氏乡绅对故乡山水的意象化和标签化，并非要打造一个真正的“胜景”，而是借助对故乡美学化的定位，来呈现自我对美好生活的理想之境，其中既表达世俗上的功名追求（文峰凌汉），也含藏着精神上的隐逸情怀（东湖夜月）。诗境即心境，“八景诗”堪称乡族文人对地方历史的情感化书写和自我生命的绘画。

二是根据宁化《谯国曹氏族谱》记载，明代嘉靖年间，曹氏家族因受精通堪舆的邑侯仕颜指点，在“象嘴”水口建设水坝，兴修水口庙，构设了“前有金腰带，后有大象山”的风水格局，使得曹氏世代人丁兴旺，居家富庶。为感谢恩公指点，曹氏家族还在庙中配祭仕颜（图 2.10、图 2.11）。按水口的自然空间通常是建构村落的居住空间的自然边界，是村落构建自我安全的最后关口。水口是否

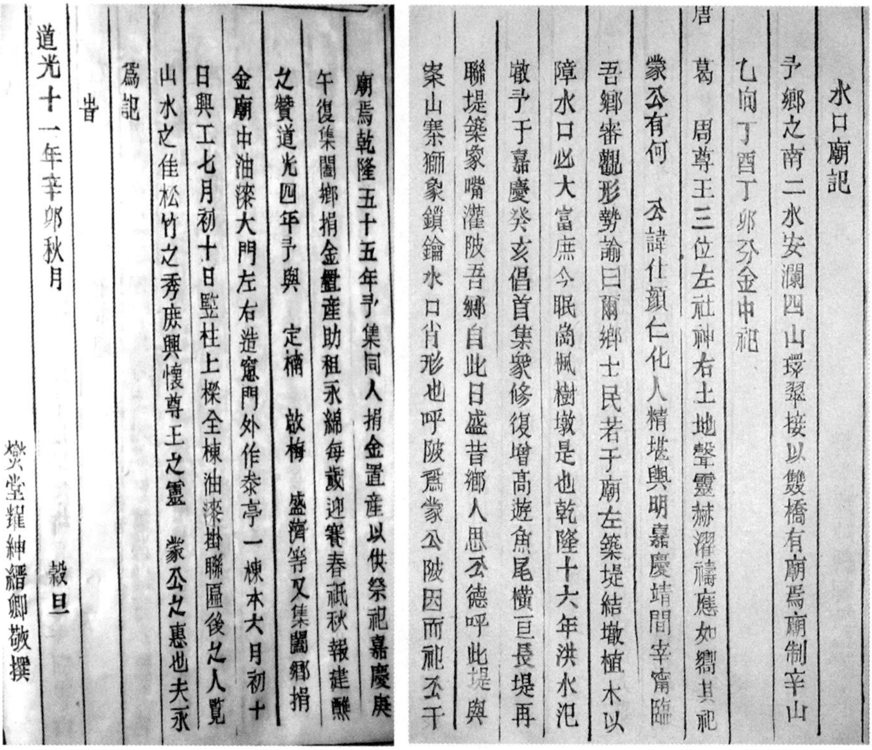

水口廟記
予鄉之南二水安瀾四山環翠接以雙橋有廟焉廟制辛山
乙向丁酉丁卯分金中祀
唐葛周尊王三位左社神右土地聲靈赫濯禱應如響其祀
蒙公有何 公諱仕顏仁化人精堪輿明嘉慶靖間宰甯臨
吾鄉審觀形勢諭曰爾鄉士民若于廟左築堤結墩植木以
障水口必大富庶今眠崗楓樹墩是也乾隆十六年洪水氾
墩予于嘉慶癸亥倡首集眾修復增高遊魚尾橫亘長堤再
聯堤築象嘴灌陂吾鄉自此日盛昔鄉人思公德呼此堤與
案山寨獅象鎖鑰水口背形也呼陂為蒙公陂因而祀公于
廟焉乾隆五十五年予集同人捐金置產以供祭祀嘉慶庚
午復集闔鄉捐金豐產助租永綿每歲迎賽春祇秋報建醮
之贊道光四年予與 定楠 啟梅 盛濟等又集闔鄉捐
金廟中油漆大門左右造窗門外作茶亭一棟本大月初十
日興工七月初十日豎柱上樑全棟油漆掛聯匾後之人覽
山水之佳松竹之秀庶興懷尊王之靈 蒙公之惠也夫永
為記
旹 穀旦
道光十一年辛卯秋月
燚堂耀紳縉卿敬撰

图 2.10 《水口庙记》

（宁化《谯国曹氏族谱》，民国印本）

锁得紧密，藏风聚气，关系到一个村落整体性的风水格局，因此水口建筑往往是一个村落除祠堂以外核心的公共空间，或种植树木作为自然屏障，或兴建桥梁和宫庙作为文化景观。曹氏家族通过改善乡村水口之自然、文化空间，塑造了一个“桃花源”式的“胜景”兼“圣境”。这种文化意象也成为曹氏强化自我归属感的重要载体。

三是根据上杭院前《李氏族谱》记载，[1] 为了保护本乡的水口风水格局，清代李氏对本乡的水口风水格局进行一系列的象征营造，构设有允怀文馆、宫庙、古

1. 〔清〕李英华、李诚敬编纂：上杭院前《李氏族谱》，清光绪三十四年（1908 年）刻本。

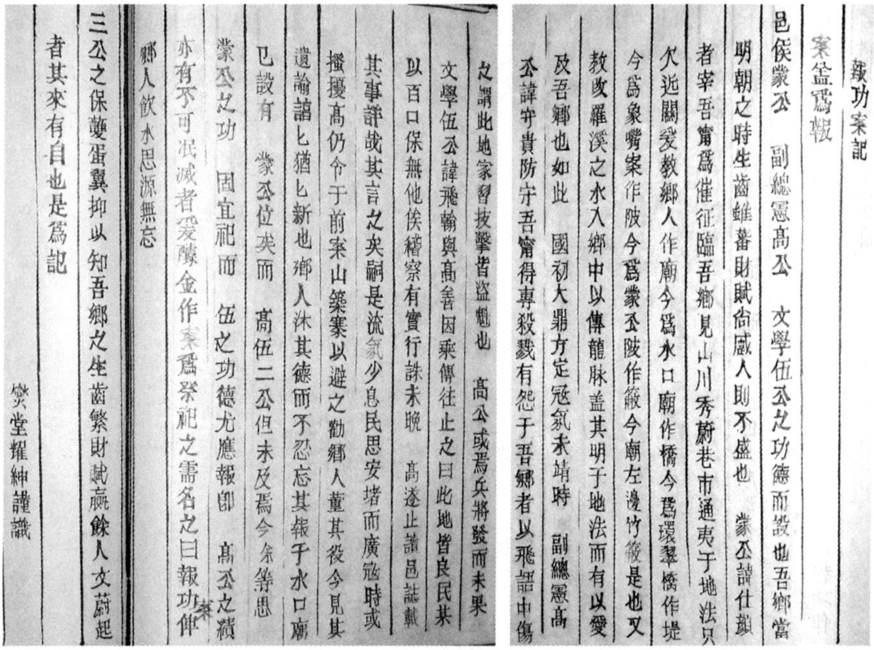

图 2.11 《报功案记》

（宁化《谯国曹氏族谱》，民国印本）

树神坛及厉坛等，形成了一个天地人神诗意栖居的社区“圣境”。其中家族士绅还以诗歌的形式，称颂水口风水形胜与地域人文的关联性。

其一在水口官路旁兴修允怀文馆，“以中厅为祀文昌，正殿前厅两庑为课文公所，左侧护屋为祀题捐诸公享堂”，“遂使课产日增，贤才奋起，文风丕振，既著于四方，允怀之名且播于都邑”。

其二在本乡水口外荷坪下畔兴修龙潭宫，“中祀观音大士及神农、定光、伏虎、地藏诸神像，左祀蛇岳公王，右祀土地”。其《龙潭宫记》云：“然则有潭亦潭，无潭亦潭，有龙亦龙，无龙亦龙，谓有龙即有潭，可谓有潭即有龙；亦可谓有宫乃有龙潭，可谓有龙潭乃有宫；亦可谓有宫即不有龙潭，可谓有龙潭即不有宫；亦可谓今之宫，即昔之龙潭；可谓今之宫，即今之龙潭；亦可谓以龙潭名宫，而宫为龙潭；可谓不以龙潭名宫，而宫为龙潭亦可也。”

其三在本乡水口外罗星，即在龙潭宫之下畔，兴修永丰宫，“中祀三大仙师，左祀行雨龙王，右祀土地”。《重修永丰宫引》云：“予乡西隅鸡垣堟上有神宫一所，实处水口，远吞山光，平挹江濑，巅崖崛□，或回或矗，盘盘囷囷，如衡庐，如巫峡，树木业集，青青郁郁，蔚然眺之而可悦；波涛汹涌，或衡缩□糅，或逆走旁射，其状若蚓结，若虫镂。其旋若轮，其激若矢，活泼涟漪，目而可爱。至若东西朔南，春秋冬夏，朝晖夕阴，气象变化，不可胜状。”

其四是在永丰宫下片溪面上，兴建本乡厉坛，“每年十一月十五日致祭于坛。祭日立土地位于坛中，先祠土地，后祠诸乏祀者”。

其五是设古树神坛，一是“榕树下神坛，同治年间族人钦富集众醵金而建之者也。先是钦富等以榕树下而上至增与桥地属空旷，因遍栽竹木，以为村尾一带下障。随建此坛，祀土地，以为福主焉”，二是在旧墟场千年古樟树下设“万缘墟神坛，巽山乾向”。

相较于曹氏家族对水口“胜景”的“审美化”的营造，李氏的设计则是倾向伦理化的，强调“以神道设教”和“兴修德之思”[1]，并充分考虑地方信仰体系的多重脉络，如涵括神（佛）、祖先、鬼三界，兼顾圣贤（禅师、道师）、自然（树神）、行业（文昌）、动物（蛇公）等崇拜门类。如果说曹氏的水口景观更偏向于人间化的“胜景”意象，李氏的水口景观已转化为宗教性“圣境”意象，并附加了层次更为丰富的文化意象和精神意义。感瑞、感神、感物与感德、感心、感人是一体共生的。这种人地和谐感通的精神力量构成了近世的宗族社区和谐有序的根本动力。

总而言之，有关地方的形胜图偈及乡族的风水地景，本身就是地域社群对栖居空间的关联性想象和人文化定位。有关故乡的意向性想象，天然指向诗意、理想、乡音、乡愁、乡乐等主题。同时，针对故乡的复数记忆又有忠实、现实、再现、离散等意向性的内容，是他们用以唤醒、识认、界定空间界限时特别重要的文化基础。当地人默润着地方种种清晰可感的文化意象，足以反思这些永恒之

1. “圣人以神道设教，而天下服。盖欲借祸福之说以助政教之行，因之以悚民志者，作民敬也。吾族僻处乡隅，祠祀卒鲜，然其定国勤事，捍患御灾，德造于闾阖，福庇夫仕女，而为一乡之保障者，亦不一二数庙而祀之，岂遽滔黩。夫黍稷非馨，明德惟馨。神无常享，享于克诚。族之人睹庙貌之巍峨，仰神灵之赫濯，毋亦有兴修德之思而肃然尽敬者乎。”（上杭院前《李氏族谱》）

问——我们是谁？我们在哪里？我们和他们有何差别？我们乡土的地理特性（或局限性）在哪里？[1]一般性风水知识和观念是将地方历史内在化的文本和符号，自然也会内化为一种地方文化记忆形式，构成乡民生活世界和情感力量的组成部分。

我们借用李泽厚的语言，乡族社会借助风水术数对生存空间的"意象化"、"审美化"和"伦理化"，堪称一个"自然的人化"，暗藏着"天人合一"的生命创造力量和情理交融的文化—心理结构，既是"以美启真"，也是"以美储善"，更是"以美立命"。[2]而被赋予灵性的自然山水，已然变成让乡人诗意栖居的生命空间。用理学家程颐的话说："天地之间，只有一个感与应而已，更有甚事！"[3]

五、急就厌胜：石敢当与地域空间的秩序化

任何文化意义体系若要真正扎根于地方社会之中，如何将文化记忆"空间化""符号化""物质化"，甚至让整个自然空间都可以固化为记忆媒介，是非常重要的。而作为日常生产和生活寄存的地域空间，是整体塑造社区"文化共相"和建构集体认同的关键场景。如何赋予地域空间以吉凶祸福的意义，使生活于其中的人群时刻感受到神圣化的感染，是地域社会维持和巩固文化秩序的基础。

1. 杨彦杰称"乡"是一种"既外向又内向，既对外扩散又向内聚拢"的灵活机制（杨彦杰：《闽西客家宗族社会研究》，香港：国际客家学会、海外华人研究社、法国远东学院，1996年，第116页）。董晓萍认为"'乡'被理解为永恒的圣境兼现实的生活空间，也被当作一种超家族、超村落的自发管理行为的实践。它是民众把人文与自然资源合起来认识社会的独立词，是一个二元式的自为概念"。"风水，又是'乡'社会概念下面的一个分类概念，它是把家族人口、农业资源和本地民俗文化合成后，又加以严格地限定使用的一个更小的独立词。"（董晓萍：《田野民俗志》，北京：北京师范大学出版社，2003年，第189—190页。）民俗学者关于"乡"（或乡社会）的叙述，并未脱离傅衣凌"乡族论"（乡族社会）的经典范式。"族"（包括拟制的）和"乡"都是分析中国乡土社会的基本单位，二者缺一不可，以"乡族"而非"乡"为话语，更能揭示乡土社会结构及其变迁的本质。由于"乡"往往是"族"的等量或扩大，带有不确定性和伸缩性，"族"是一个更基础性的分类概念。本书更重视风水与族的关系，并兼及论述风水与乡的关系。
2. 李泽厚：《关于"美育代宗教"答问（2008、2016）》，载《人类学历史本体论》，青岛：青岛出版社，2016年，第588页。
3. 〔宋〕程颢、程颐撰，潘富恩导读：《二程遗书》，上海：上海古籍出版社，2000年，第206页。

在中国的关联性思维中，人体小宇宙与大宇宙同步同构，相通相应，不仅阴阳感易相生、万物感通感情，而且“同类相从、同声相应，固天之理也”（《庄子・渔父》）。人与人、人与物、人与时空都是相互依存、相互协调的，共同组成一个生生不息的有机生命场域（一个世界）。而各种人文化的地域空间带有自身的能量场（正气或邪气），同样与生活于其间的人群有一个感与应的问题。人们只有与这类公共生活空间的能量场相互顺应和互补，才能拥有更美好的生活状态。即所谓感物之正气则感生，感物之邪气则感疾。石敢当是民间社会最常见的地域空间象征物，是一类带有灵性的辟邪之物，往往被“定位”在一些带有危险气息的空间位置，甚至被当作一个地域空间的符号性地标或纪念碑式建筑，从而赋予生活于其中的人群以持久、稳定、吉祥的地方感和历史感。

“石敢当”很早就被堪舆家视作维持某一特定空间秩序的应急性象征物，它的成形与早期灵石崇拜及道教镇宅法术关系密切。而灵异动物往往是石敢当造型中很关键的母题，甚至安放日子也选用龙日、虎日。灵异动物若龙、虎、狮，具有强大的支配性神力，可以作为人的世界与自然（鬼、神）的世界沟通的媒介。这正是上古巫术式或萨满式思维的遗存，即动物的灵魂与人的灵魂相互感通。人们借助巫术仪式来建立与灵异动物之间的感瑞、感灵、感应。

据西汉元帝时黄门令史游撰《急就章》，最早提到“师猛虎，石敢当，所不侵，龙未央”。唐宋时期，石头镇宅的信仰已经风行民间。宋施青臣《继古丛编》称：“吴民庐舍，遇街衢直冲，必设石人，或植石片，镌‘石敢当’以镇之，本《急就章》也。”敦煌道士的镇宅法事，多用石头镇邪。敦煌文献伯 3594 抄本《用石镇宅法》、北宋初抄本《押衙邓存庆镇宅文》皆有载。[1] 东汉以来，镇墓法术亦使用五石（五精），以期“五精变化，安魂之德。子孙获吉，诸殃永息”云云，今考古发掘材料所见甚多。[2]

北宋《重校正地理新书》称：“镇墓古法，有以竹为六尺弓度之者，亦有用尺量者。今但以五色石镇之，于冢堂内东北角安青石，东南角安赤石，西南角安白石，西北角安黑石，中央安黄石，皆须完好，大小等不限轻重。置讫，当中央

---

1. 《押衙邓存庆镇宅文》的缀合情况，参见王卡：《敦煌道教文献研究：综述・目录・索引》，北京：中国社会科学出版社，2004 年，第 236—238 页。
2. 张勋燎、白彬：《中国道教考古》第 5 卷，第 1492—1494 页。

黄石南，祝之曰：‘五星入此，神精佑佑。岁星居左，太白居右。荧惑在前，辰星立后。镇星守中，辟除殃咎。妖异灾变，五星摄授。亡人安宁，生者福寿。急急如律令。’”[1] 石敢当信俗同样具有五方石的观念遗存（图 2.12）。

早在唐代，闽人就视石敢当为镇宅器物，以作为沟通天地、神鬼的中介。《八闽通志》载：“庆历四年（1044 年），秘书丞张纬出宰莆田，再新县中堂，其基太高，不与他室等，治之使平，得一石铭，长五尺，阔亦如之。验之无刊镂痕，乃墨迹焉。其文曰：‘石敢当，镇百鬼，压灾殃。官吏福，百姓康。风教盛，礼乐张。唐大历五年（770 年）四月十日县令郑押字记。’并有石符二枚具存。”[2] 这是最早的石敢当文物发现。按大历五年岁次庚戌，四月癸巳朔，十日壬寅，合择“龙虎日”安放石敢当的信俗，反映出这种选择宜忌观念的源远流长。宋代佛教徒也崇信石敢当。福州碑廊保留着一方高约 80 厘米、宽 53 厘米的石敢当，横书“石敢当”，直书“奉佛弟子林进晖，时维绍兴载（1131—1162 年），命工砌路一条，求资考妣生天界”，系佛教徒为往生父母所做的“功德”。[3]

明清以降，随着城乡社会经济的快速发展，城镇（平洋）及沿海地区的宅居或街道，经常出现“冲煞”（如当巷冲或屋檐冲者）情形，石敢当的运用更普遍。清赵古农《石敢当论》批评广东人迷信形家，淫祀无福，“言路当冲者有煞，谓泰山之石尚敢当之”。[4] 清末诗人王桂庭《咏石敢当》则辣讽厦门这类厌胜，“徒

1. 〔宋〕王洙等撰：《图解校正地理新书》卷一四，台北：集文书局，1985 年，第 457 页。
2. 〔明〕黄仲昭修纂：《八闽通志》卷八六《拾遗》。〔宋〕王象之撰《舆地纪胜·舆地碑目记》亦有载。
3. 林国平、彭文宇：《福建民间信仰》，福州：福建人民出版社，1993 年，第 88 页。
4. 《石敢当论》：“石敢当者，不知何神，亦不知始自何时。而粤之妇人、老媪事之惟谨，且加其号曰‘泰山石敢当’，殊不可解也。往往于岁时以香烛礼之，或其家有疵疠夭札者，辄向虔祷，愈则酬之。凡乡间里巷、通衢要路之处，每立石焉。予恒因其名揣其义，窃以不解解之也。盖粤人信形家，言路当冲者有煞，谓泰山之石尚敢当之。何煞之不可当耶？此名所由立，义所由取欤。至妇人、老媪从而媚之，则粤尚鬼之意耳。昔昌黎题木居士诗云：‘偶然题作木居士，自有无穷求福人。’然则木与石等，又何异乎？考粤多树榕，榕之下，人每拾怪石供其前，岁久榕根缠绕之，则又以为榕神在是，亦此类也。吾一言以蔽之，曰淫祀，淫祀无福。夫石言于晋，有冯之使言者。石陨于宋，有陨之而化者。斯石也，介耶？坚耶？节然具严严之威耶？似未足以当之。而厝粤人于泰山之安也，是亦一水流神之类而已。彼《封神传》所载云云，出于稗官野史之手，直可存而不论也。”[〔清〕黄艾庵：《见道集》卷七“石敢当”条，清光绪二十九年（1903 年）刊本，第 8—9 页]

令行路嗤荒唐云去”。[1]

在地域社会，石敢当的造型丰富多彩，而写实性的凶猛兽面造型（虎、狮为主，厦漳泉的村落有较多的箭狮造型）一直是其中不变的母题（图 2.12—图 2.16）。诸如华安县高安镇邦都村石敢当、诏安县霞葛镇天堂村“乌眼剑狮”石敢当刻有“李广将军到此”等字样。明清以来，石敢当造型被叠加诸多复合性的文化元素。地方人士甚至约请神明扶乩，为社区的石敢当择址，以补地运、地气，化煞迎祥（图 2.19）。[2] 像南安《诗山凤坡梁氏宗谱》就记录石敢当（石狮）攸关本地的福祉：“夫凤坡来龙，行脉周围宛转坚固，仅樟格上一角被洪水崩陷，□邀仝方英公、方硕公鸠众二房、三房，于乾隆己巳年（1749 年）桂月谷旦，同竖石狮一座制煞，以为子孙造福之计，所关匪浅也。”[3] 明清时期，琉球“多闽河口人”（龙溪、长乐、南安），[4] 石敢当信仰也是两地文化亲缘性的佐证（图 2.17）。[5]

民间社会制作和使用“泰山石敢当”，皆有约定俗成的规矩，包括石头的尺

---

1. 《咏石敢当》：“小碑三尺撑道旁，大书深刻石敢当。有时特冠泰山字，圪立冲要如堵墙。主人借此镇凶恶，谓可捍御无灾殃。岂知当路久尸位，空负万民所仰望。未能呵禁驱鬼物，魑魅魍魉纷跳梁。循名责实无一效，虚有其表形昂藏。胡为滥窃岱宗号，复玷勇士姓名香。曷不长绳拽之倒，扫除妖妄清康庄。别求砥柱安寰宇，庶几民物寿而康。区区厌胜竟何益，徒令行路嗤荒唐。”（李禧：《紫燕金鱼室笔记》，何丙仲、吴仰荣校注，北京：北京广播学院出版社，1995 年，第 21 页）
2. （1）晋江市金井镇围头街石敢当碑乃清代乡族扶乩命立（祖帅爷又称万军主帅，围头的地方神祇）。碑首镌先天八卦，额刻“石敢当”，铭曰：“本乡之中有大路，其直如矢，由来久矣。是年也，叨蒙祖帅爷降乩，命立石碑，则人众和睦，闾里有磐石之固焉。道光乙巳年（1845 年）桂月谷旦围江公立。”（粘良图编：《晋江碑刻选》，厦门：厦门大学出版社，2002 年，第 249 页）
   惠安县张阪镇菘山村某道教遗址立有小石碑，正面刻“天官赐福”，背面上端横刻“元亨利贞”，中刻八卦图，下部竖刻“神卦驱煞降祯祥”等字样。（金洪：《惠安县张阪的一处道教遗址》，《泉州道教文化》1994 年第 1 期）
   （3）澎湖列岛渔翁岛横礁外石碑，上刻“石敢当”，中刻“玉皇敕令三十三”及“天”字，下刻“左青龙、前朱雀、中央交陈星蛇在此神□、后玄武、右白虎”等字样。（刘宁颜主编：《台湾惯习记事》（上），台中：台湾省文献委员会，1984 年，第 81 页）
3. 〔清〕梁焜兆等重纂：《诗山凤坡梁氏宗谱》卷首《石狮记》，台北：龙文出版社，1993 年，第 127 页。
4. 那霸市企画部市史编集室：《那霸市史 · 资料篇》第 1 卷 6，家谱资料（二），1980 年。
5. ［日］周星：《中国和日本的石敢当》，载《“中央研究院”民族学研究所资料汇编》，1993 年。

图 2.12　福州南宋石敢当
（林国平提供）

图 2.13 南靖东田土楼石敢当
（林嘉书提供）

图 2.14（左图）
台湾宜兰崇圣街石敢当
图 2.15（右图）
清代晋江金井石敢当
（范正义提供）

图 2.16　清代泉州狮首石敢当
（中国闽台缘博物馆藏）

图 2.17　琉球久米岛
泰山石敢当
（林国平提供）

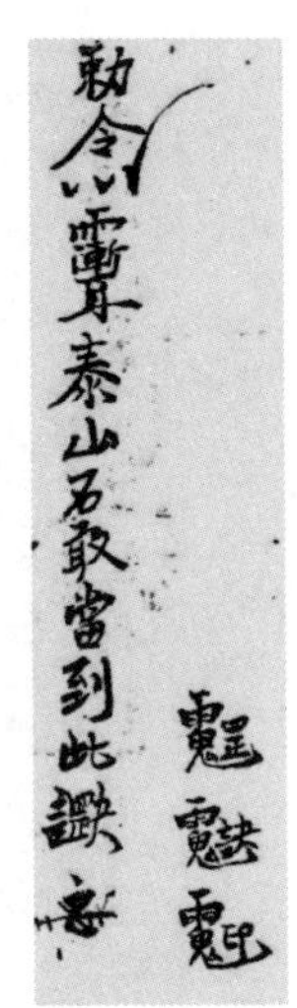

图 2.18　石敢当符
（台湾新竹）

寸、凿石时间选择、祭祀禁忌、符咒使用等（图 2.18）。像凿石起工，只能选择传统节庆冬至之后的十二个龙虎日。人们认为特定的时间节点具有吉凶的力量，通过仪式化的时间安排，才能强化石敢当维护时空秩序的功能。也即说，地域空间的人群与石敢当之间的感通（感物），同时还包含着感气、感时、感变、感瑞、感灵、感神等等的精神性体验（表 2–1）。

表 2–1　石敢当用法

序号	石敢当用法	文献出处
1	凡凿石起工，须择冬至日后甲辰、丙辰、戊辰、庚辰、壬辰、甲寅、丙寅、戊寅、庚寅、壬寅，此十二日乃龙虎日，用之吉。至除夜用生肉三片祭之，新正寅时立于门首，莫与外人见。凡有巷道来冲者，用此石敢当。	〔明〕午荣编:《新镌京版工师雕斫正式鲁班经匠家镜》之《灵驱解法洞明真言秘书》，海口：海南出版社，2003 年，第 306 页。
2	高四尺八寸，阔一尺二寸，厚四寸，埋入土八寸。上凿虎头，再凿“泰山石敢当”五字。凡有街道来冲者，用此制之。凿石起工，须择冬至后六辰六寅龙虎日，用之则吉。至除夕，以生肉三片祭之。新正寅时竖立，莫令外人见之为妙。	〔清〕高衡士:《相宅经纂》卷四，载刘永明主编《增补四库未收术数类古籍大全》之《堪舆集成》第 31 册，扬州：江苏广陵古籍刻印社，1991 年，第 15773—15774 页。

续表

序号	石敢当用法	文献出处
3	安泰山石，阔一尺二寸，代表十二月令，十二时辰。高八寸，代表八卦。厚四寸，代表四方（东西南北）、四时（春夏秋冬）。埋土八寸，代表八节（立春、立夏、立秋、立冬、春分、秋分、夏至、冬至）。用龙虎日寅时安，是因为虎是百兽之王，能吞百杀。	长汀县濯田镇长巫村 LLZ 述。LLZ，民国十七年（1928 年）生，高中毕业，长巫村赖氏宗族宗长，风水先生。参访时间：2003 年 2 月 13 日（访谈地点：长巫村 LLZ 家中）和 10 月 12 日（访谈地点：县城其子租房处）。

在田野调查中，笔者还找到石敢当（石狮子）开光点眼科仪本两种（附录二）。火居道士要延请天神地祇助阵开光，赋予石敢当或石狮之伏魔御鬼的功用。石敢当原本只是一个纯物质化的符号载体或空间化媒介，仪式专家只有透过召请各方神明（盘古、鲁班等），才能给石敢当注入支配性的神性力量。石敢当也因此朝神格化、人格化的方向转化，成为某种灵异性神兽（如虎、狮等）化身，从而承载着地域群体关于社区的总体空间安全的回忆与纪念。特别是石敢当作为社区活态遗存，因为能将制煞镇邪的社区事件与当下现实生活有机联系起来，所以也成了纪念碑式的地方景观。

作为一种指示性、定位性的物质化的象征符号，石敢当本身就是一种有效彰示地域的空间规矩或禁忌的关键符号，它具有规训、限制社区行动指南的气场或势能，关系到人们所栖居空间的吉凶走势。作为一个可供个体或集体凭依的记忆场所，石敢当也不断地提醒、告诫、矫正不同世代的栖居者，应当敬畏地域内的自然或超自然力量。因此，被“定位”的石敢当往往具有“纪念碑性（丰碑性）”的意味，甚至具有隔离吉凶的地理界碑性质，是作为某个地方性祸福事件的承载者和见证者，并使得过去的地方记忆可以被拉回到当下的现实维度中，从而内化为社区不同代际者的历史记忆。

作为挡煞器物象征的“石敢当”的民间故事，堪称近世一种以汉文化为主体的“辨得华夷”观念的地方记忆形式。石敢当被拟人化为一位敢与外来驻足的灵异进行适度抗争的人物。南靖《石鹰山的传说》梗概是，石门岩梧宅后山有座石鹰山，山上有块石头，像一只雄鹰，是唐代陈元光平妖戡乱时随身所带的神鹰。陈元光曾令神鹰监视逃进洞中的蝴蝶精。在蝴蝶精会同蚯蚓精大战陈元光时，神鹰伺机扑吃了蝴蝶精，随后打了一个大盹。消灭蚯蚓精之后，陈元光转战他处讨伐柳斜王，却将神鹰遗忘在山上。神鹰醒来后找不到原主，开了戒心，天天到奎洋村捕食鸡群。村里有位叫“石敢当”的石匠义愤填膺，纠集一些能工巧匠，上山打凿鹰的颈部要害处。突然间天昏地暗，一声巨响，吓得石敢当等人不敢回头，赶快逃回村里。石鹰虽然仍旧傲视于山上，但下颌已断裂，再也不能变成老鹰，村落也就安宁了。[1]

其实，这则传说背后的主题，仍然是中原汉文化（陈元光被视为北方征服者的关键形象）与土著文化（蝴蝶精、蚯蚓精是闽越土著的图腾标识，是受征服的对象）在互动中走向“华夏化”的文明隐喻。有灵异的石鹰是中原文化在闽中环境中发生同源变异、因土成俗的物化表征。而拟人化的石敢当行为，很可能隐含着被涵化的土著文化在特定环境下的拒斥冲动。这种文化拒斥虽然偶尔有效，却不是持续有力的。我们经过译码，可以在一定程度上复原土著文化的原声。被“格式化”或“密码化”的土著文化，并未完全丧失其基础的信息。

地域社会那些同石敢当这样的象征器物相连接的文化空间，由于它本身所承载的风水“禁忌之地”（有煞气的公共场所或无法规避凶意的方位）的意义建构，也就相应地创造出攸关地域生活方式的圣物崇拜（叠加着圣兽崇拜），并满足了地域人群之祈福迎祥的心理需求，从而构成了一种反复提醒或告诫不同代际者的历史追忆氛围。特别是具有社区影响的石敢当遗存，更属于一类含有地方文化编码和“掩饰性回忆”双重隐喻的建筑纪念物。它往往一方面标识被遗忘、被消失、被陌生化的社区生活历史（社区人群可能因为石敢当方位未被重视或者被破坏，而承受过苦难或者经过了留下创伤的历史），另一方面“在记忆的维度里重新唤醒被时间撕裂和消灭的东西，并且把它们组合在一起，使之获得生命”[2]。

因此，石敢当遗存往往是一个地方活态化的记忆场所，潜藏着一些略带压抑性和疏离感并且涉及明确社区事件的信息。其营造的象征空间堪称地方社会秩序的折射，叠加并传递着地方不同代际者和定居者行为轨迹的历史信息，并框定着地方发展之现实和未来的可能性。当然，石敢当也是关联性的生生宇宙观念在地域社会绵绵相续的物质化载体和文化记忆形式。

---

1. 南靖文学艺术界联合会编：《南靖旅游景点故事集》，1999 年，第 59—60 页。
2. ［德］阿莱达·阿斯曼：《回忆空间：文化记忆的形式和变迁》，第 360—361 页。

第二节　建构正统性：地方风水故事的文化母题

《唐律名例疏议释义》称："中华者，中国也。亲被王教，自属中国。衣冠威仪，习俗孝悌，居身礼义，故谓之中华。"唐宋以来，历代王朝统治者及学人都声称其承接"道统"的教化而拥有"治统"的"正统性"，借以建立其政权的合法性、权威性的基础。宋代以降，伴随着中国移民人口的南进和经济、文化中心的南移，这些有关"正统性"和"夏夷之辨"的儒家意识形态，作为一种反复被规训和宣讲的"圣教传统"，透过各种民间文本和仪式的反复构建，开始成为口头叙事和文化记忆的一部分，成为聚居地人群自我划分"地理边界"和"社会边界"的思想共识，乃至理所当然的历史神话。

这种确立"我者与他者"之界限意识的培育和唤醒，一则是"化生为熟""化蛮为汉"，即以汉文化（包括风水术数）作为文明化、正统化的标准，来规训和惩戒土著"蛮獠"，二则是那些以"汉人"自居的各方言社群在新社会空间中进行自我秩序整合的根据，以期重新确立地域身份认同和文化心理优势。移居社会中常见的"鸠占鹊巢"情境，反复提醒在地居民重新思考这些根本性的问题：我们是谁？他们是谁？他们和我们是什么关系？我们究竟在哪里？[1]风水术数的知识—实践体系，参与应和、传达了"大一统"（正统）和"严分华夷"的本土化潮流，进而持续影响着南方中国人在"事生事死"中的历史心性、行为模式。在建构地域社会的意义空间（社会秩序和政治秩序）的进程上，闽中汉人"边陲（在地）意识"也得以昂扬，并交织着"顺服与反抗"的双重记忆。

一、华心与圣教：平蛮叙事中的风水文明隐喻

学术界普遍认为，唐宋时期中国经历了从贵族社会向士绅（士大夫）社会的开创性转变。[2]彼时文化及种族意义上的"华夷之辨，内外之分"（文明与野蛮，

1. 民间叙事文本的"地理边界""社会边界""人兽分界"问题，参见董晓萍：《田野民俗志》，第 80—84 页。
2. ［日］内藤湖南：《概括的唐宋时代观》，载《日本学者研究中国史论著选译》（第一卷），刘俊文主编，黄约瑟译，北京：中华书局，1992；陈寅恪：《陈寅恪读书札记》，上海：上海古籍出版社，1989 年。

中心与四方，汉人与夷狄）得到了进一步的确认。[1]

随着宋明礼教思想、家族制度的推广，福建同样经历了地方文化秩序的多元统合，逐渐形成“华夏化”的文化自觉，以“继中国之统”。明清以降，不仅儒释道走向有机融合，表象化、图像化的礼义和术数文明也高度叠合，并构建出鼓吹“华心”的“圣教传统”。“以夏变夷”的母题继续得到强化和回忆，经常以唐宋地方历史作为神话叙事的对象，堪称近世民族主义观念流变的民间表达。

唐代以来，随着闽中沿海地区开发进程的加快，为了对抗土著社群的生存威胁，中原或北方入闽汉人大多聚族而居（聚居的规模有大有小），“牧畜蕃息，云锦成群”。[2] 落籍边陲的“在地意识”得以发酵，对生于斯、长于斯的乡族认同也得以生成与强化。史料记载，唐初闽中尚未完全开发，闽江流域及沿海平原一带仍然是中原、北方士民较为集中的迁居地，也是汉文化较为发达的地方。许多僻野乃为土著越人所控，如闽广之交“蛮獠啸聚”，九龙江“两岸尽属蛮獠”。[3] 而“开漳圣王”陈政、陈元光父子的平蛮活动，乃此地开发进程中的里程碑。为加强闽中南部的控制，陈政和陈元光率部平蛮，掀起东晋以来新一轮移民高潮，汉文化逐步深入不同区域，加速推动各地区的文化统合的进程。

有关陈氏平蛮之事，史学界主流观点称，陈氏父子系河南光州固始人，唐高宗总章二年（669 年），陈政（玉钤卫左郎）、陈元光（657—711 年）父子受命领府兵数千人赴闽。北方士民带领眷属、族属，共同占籍闽中。另一种观点称，陈元光家族是早期从中原南迁的汉人（可能有北鲜卑血统），乃闽南、粤东交界的地方豪强。最迟从他祖父一代起定居潮州，并在岭南任职。陈元光以布衣起家，主要依靠家族武装参与平定闽岭之间的动乱。[4]

---

1. 许倬云指出：“唐代晚期种下的这一股本土化潮流，在宋国开花结果，引发了对儒家理论新的阐释”，“在宋代，四周同时存在几个政权体制，虽然和典型的列国体制并不完全相同，终究还是有了尔疆我界。有了‘他者’，中国本部之内的人才肯定‘我者’自己是所谓的‘汉人’。‘中国’也列在列国之中，被界定为一个以汉人、儒家为主的，配合佛、道，来作为其本身文化的地区。……有宋一代，实是中国历史的转折点：两汉的坚实基础，隋唐的宏大规模，转变为中国文化的稳定结构。”（《说中国：一个不断变化的复杂共同体》，桂林：广西师范大学出版社，2015 年，第 133—137 页）
2. ［民国］《金门县志》卷一《沿革》，又卷一〇《祠祀志》。
3. 清同治：《重纂福建通志》卷八五《关隘・柳营江把截所》。
4. 谢重光：《陈元光与漳州早期开发史研究》，台北：文史哲出版社，1994 年。

无论孰是孰非，以陈氏为代表的中原、北方移民相视山原，开屯建堡，却是不争事实。特别是陈氏兴学重教的活动更刺激了闽中文教的发展。“山獠”也开始磕磕碰碰的文明“归化”历程。[1] 陈氏开发闽西南的举动，不仅促进“闽南人”或“河洛人”等方言社群的自我塑造，而且确立中原、北方汉文化在闽南、闽西南的主体地位。至中唐，泉州、漳州、莆仙等地的土音已是定型的闽南方言。[2] 越来越多的区域经过政治和文化的“统合”，逐渐“华夏化”而进入“文明中国”的旋涡中。特别是同源的移居历史记忆、统一的语言文字以及具有相似性的思想传统（儒释道、术数的思想传统），都进一步强化了汉人地域共同体的意识。

随着以陈元光集团为代表的汉文化在福建中南部的发展和扎根，以及儒家伦理体系和价值观的普及，礼教往往突出成为区别“夏”与“夷”的标志和“威服异邦（族）”的思想意识形态。约成形于明末的章回小说《平闽十八洞》，叙述的是宋嘉祐年间杨文广平南闽王蓝凤高之乱，实质上演绎了唐陈政和陈元光平峒蛮、辟草昧之事。[3] 小说记录了入闽汉人与土著社群在生态压力之下长期争夺在地资源的记忆，或许也是晚明时代表正统论的夷夏观念再强化的地方表达。

如果说在入闽汉人的意识中，他们与中原的原乡之间是边缘与中心的关系，那么土著社群与入闽汉人之间也被转换为边缘与中心的关系了。小说将闽中欲反叛的土著居住之所称为“洞”，称各有番将把守，且这些洞“四尔险阻”，远离汉人所居的县城。小说还将十八洞主与动物精灵联系在一起。而各洞主的动物类属其实是闽越人的分类象征图腾。[4] 这种立足于“正统性”的夷夏之辨，同在地汉人的文化优越感和对异族的妖魔化有着直接关系，在地汉人同时也试图借此建立起聚居区域的正当性和合法性。

当然，主流的华夷界限指文化而非种族，有无“礼义”和“华心”也是“以夏化夷”的标准。诚如孟子曰：“人之所以异于禽兽者几希。庶民去之，君子存之。舜明于庶物，察于人伦，由仁义行，非行仁义也。”唐代皇甫湜称：“所以为

1. 陈支平：《福建六大民系》，第 27—40 页。
2. 李如龙：《福建方言》，第 28 页。
3. 叶国庆：《平闽十八洞研究》，载《笔耕集》，厦门：厦门大学出版社，1997 年，第 64—130 页。
4. 李亦园：《〈平闽十八洞〉的民族学研究》，载《李亦园自选集》，第 383—404 页。

中国者，以礼义也；所谓夷狄者，无礼义也。”[1]唐末陈黯《华心》称：“苟以地言之，则有华夷也；以教言，亦有华夷乎？夫华夷者，辨在乎心，辨心在察其趣向。有生于中州而行戾乎礼义，是形华而心夷也；生于夷域而合乎礼义，是形夷而心华也。”[2]所谓华心即“圣教意识”，是界定“何以中国”的文化准则之一，也相应地弱化或消弭了地方的种族边界，以构建“大一统”的共同体。

关于十八洞主的动物譬喻，的确是一种意味深长的文化标签，暗指闽越土著是尚未开化“心华”而且“无礼义”的种族（番）。这类平蛮叙事何尝不是掌握着强势话语权的入闽汉人“权力的话语”和“光辉的话语”[3]？如《平闽十八洞》第一回七律诗曰：“大将南征胆气豪，腰横秋水雁翎刀。风吹龟鼓山河动，电闪旌旗日月高。天上麒麟原有种，穴中蝼蚁岂能逃。太平待诏归来日，朕与先生解战袍。”这样，平叛的汉人（在地化的汉人）是高高地站在人的世界一边，而土著或峒蛮则低低地站在动物的世界一边，彼此的文化边界、文明分野是相当清楚的。平叛的叙事主题，包含着一种“化生为熟”的文化扩张与文明征服的象征内涵。像杨文广平蛮这样的叙事，虽然是一种层累的神话化的历史构建，却真实地存储、传承、传达着华夏文明圈积极吸纳其他在地文化的历史记忆。

风水术数同样是代表华夏“圣教传统”之“文明化”的象征符号，被视为一种降服或改造土著文化，并使之接纳汉文明的价值体系——华心——的灵验利器。风水术数同样参与构建以汉人群体为主体的文明边界，代表着一种“合乎礼义”和“辨得华夷”的思想传统。如该小说第四十四回至第四十五回的主题是：平闽元帅杨文广的部属李伯苗变换装束，潜入飞鹅山飞鹅洞，骗娶金精娘仔，掘坏飞鹅洞风水，金精娘仔遂大败。[4]而李伯苗破风水的故事，系改编自唐初陈政、

1. 〔唐〕皇甫湜：《东晋元魏正闰论》，《唐文粹》卷三四，《四部丛刊》本，叶13B。
2. 〔唐〕陈黯：《华心》，《全唐文》卷七六七（第8册），北京：中华书局，1983年，第7986页下。
3. ［法］米歇尔·福柯：《必须保卫社会》，钱翰译，上海：上海人民出版社，1999年，第60—62页。
4. “是夜文广闷坐，军师赵胡曰：‘我看此洞，乃是地龙所结，生成一只飞鹅，故此擂鼓吹角飞上空中，人不能近，此乃地气所结，法术亦难以破。唯有一人能到他洞中，使洞中之人无疑，将飞鹅洞两边二座小山岗掘崩，则飞鹅可破。’……李伯苗出帐，头戴一字乌道巾，身穿道服，脚踏草履，手执渔鼓，宛然有道家体态。元帅曰：‘李先生此样装扮，果有神仙气象。’伯苗曰：‘我此去飞鹅洞，十日之期，元帅可差精细军士一百名，暗带锄头利斧、狗血

陈元光部将李伯瑶的事迹。[1] 南宋绍兴二十年（1150 年）《大宋进封陈圣王许昭侯等敕》称，“李伯瑶，任定远将军，可追封为殿前点检使威武辅胜将军”，以崇德而报功。[2] 其叙事母题与下文的“天子地被破坏”故事有异曲同工之妙。破坏风水需要有“黑巫术”，狗血秽物代表破坏性的物化力量。李伯苗的“道士”打扮也是先进的华夏文明象征。李伯苗居然用道士身份与飞鹅洞的金精娘仔结婚，亦是闽越土著吸纳华夏文明的价值体系的身体性隐喻。

关于杨文广平闽十八洞时用风水智破飞鹅洞（寨）的故事，至今仍在民间流传，只是叙事更加平民化。如华安县高安《智取飞鹅寨》传说，谓飞鹅寨地理是飞鹅活穴，一听战鼓便飞离地面，故杨文广官兵无法攻进。一位将军化装成算命先生，抽签卜卦、风水厝宅、八字算命样样都行，受到寨里人好礼款待，并被招为女婿。他假称寨里人喝水不方便，寨主知他懂地理，就要求他找个好处所。这位将军“在飞鹅寨地形的脖子上挖了一口井，破了地理，飞鹅便成死鹅啦”。[3]

某种意义上说，入闽汉人在新领地形塑在地意识的过程，乃是一个政治和文化双重拓殖的过程。在汉人移民走向土著化的过程中，风水术数是参与区域社会共同体塑造的助力之一。由于福建地处东南，汉人通过明辨“夏”与“夷”（蛮、獠）的社会边界之分，最终确立了自身族群的中心位置（文化的、政治的），并以具有正统性的王朝政治和文化遗产的继承者身份自居。

在上述表达文化与政治一体化的风水故事当中，我们也隐隐地听到土著微弱却未消失的声音。在移民走向在地化或土著走向华夏化的过程中，除了为王朝政

秽物，在飞鹅洞半山谷中埋伏。若有机会，吾当掘坏飞鹅沿二翅，败了娘仔风水。然后我同小军等顺便回营。’……李伯苗在飞鹅洞已有二个月，路径已关心看得明白，在前引路，密密从右道而来。至了一座小山岗，令军士将狗血秽物泼下。军士一齐动手，先将秽物泼下后，掘出一条小水沟，连忙从飞鹅洞后偷过左道山岗，又令军士将狗血秽物泼下，再掘了一条小水沟。毕，吩咐回营，时已五更。行近宋营时，忽听飞鹅洞一声响亮，如雷鸣一般，左右两座小山，俱已崩陷，两条小水沟流出红水，如血一般。”（泉州学研究所编：《〈平闽十八洞〉及其研究》，北京：九州出版社，2011 年，第 170—172 页）

1. 清光绪《漳州府志》卷二七《宦绩四》曰：“李伯瑶，总章二年从陈政入闽，为前锋分营将，渡柳营江擒蓝、雷二贼，杀之，遂平三十六寨。及元光代父职，奏请授伯瑶为司马。又尝以兵凿断鹅头山，平娘子洞诸寨，功居第一。卒，赠定达将军。”
2. 郑振满、丁荷生编纂：《福建宗教碑铭汇编 · 漳州府分册》，第 7 页。
3. 华安县民间文学集成编委会编：《中国民间故事集成 · 福建卷 · 华安县分卷》，1993 年。李志鸿帮作者在福建省图书馆查阅《中国民间故事集成》福建各县分卷的风水故事，谨此致谢。

治一体性所驱使之外，也包含着双方的文化互化，而非单向的“屈服”。随着汉民土著化和土著华夏化的完成，特别是文化同构型的成形（标志地域群体认同意识的塑造），其跟北方政权中心“政治一统”的观念发生了一些异化。边陲意识在培育和强化区域或乡族的文化认同之际，也滋生着在地人对区域外排他性的政治距离感，这很大程度上源于自然地理空间的距离感。

我们尚无从知晓，这类基于地方历史事实的故事演义，特别是涉及“夷夏之辨”的民间故事类型究竟成形于何时。但是，这类“以夏变夷”的故事母题却蕴含着“正统”与“非正统”的价值预设，表达了一种以在地汉人为中心的“文明化”的话语构建。而从这些文化母题衍生出来的土著文明批判，通过人为制造作为异文明的在地“他者”，不仅彰显着华夏文明之清晰的边界，而且强化着边陲地区的“道统”和“政统”意识。随着汉人姓氏家族的在地繁衍，风水观念及其物质化载体相应地变成一种强化地域认同和加强生存竞争的文化符号，是移居者彰显其“合乎礼义”的有效方式，诸如“夷狄而进于礼乐则中国之”和“诸夏而退于礼乐则夷狄之”等正统性的观念。

二、作为顺服的回忆：陈王迁墓的风水公案

帝都乃至陵寝的选择和营造，是传统政治生活中相当重要的国家大事。特别是开国帝王及其先人的陵寝，被视为“王气攸萃”和“奉天承运”的重地，是一个王朝“历史”生成的“孵化器”，因此也是凝聚和强化王权之“正统性”的“记忆之所”。王朝统治者往往营造这类带有宗法和血缘传统的纪念碑群，作为构建帝王家族之宗法传承和政治认同的符号和象征。没有这些外化的圣物、圣地，所谓家族制王朝的神圣性和合法性，就无法“通过‘触动感官’的形式而变得可见并具有持续性”。[1] 所谓“天子地”天然是一种敏感的政治符号和感官的政治图腾，造就一种象征最高权力得以生成和永续的神圣空间。

因此，围绕王朝“天子地”展开的历史叙述，本身就是一场意识形态化的象征叙事和修辞学表达。它不仅需要被严格地操控并进行同一性表述的“历史”，而且需要被反复提醒、讨论、教授、宣传和纪念，从而使之成为一个内在化于臣

1. ［德］扬·阿斯曼：《文化记忆：早期高级文化中的文字、回忆和政治身份》，第 153 页。

民共同情感的集体记忆的“历史”。例如：宋代理学家朱子写过《山陵议状》，积极参与宋代陵寝风水选择的讨论，就是希望“国统”得以永续。他甚至将“靖康之变，宗社为墟”的政治悲剧，归咎于按“国音”进行的错误的堪舆选择。[1]

诚如《汉书 · 天文志》所说：“夫天运三十岁一小变，百年中变，五百年大变，三大变一纪，三纪而大备，此其大数也。”《孟子 · 公孙丑下》则称：“五百年必有王者兴，其间必有名世者。由周而来，七百有余岁矣！以其数，则过矣；以其时考之，则可矣。”在以“生生”为内核的精神观念中，“天命”是王朝更替的合法性来源。而天运与地运相感相应，所谓帝王家族因承负天地“德性”而获得“天子地”（龙兴之地）的风水叙事，既是鼓吹该王朝因“奉天承运”而夺得“大统”的话语，也是地方社会借以表达其对中心（王朝）政治秩序的认同或默认，从而宣示着代表“正统性”的王朝（国家）在边陲开化地区的强势在场。这种寓意“正统性”的风水叙事，往往借助各种形式的媒介宣传，揳入地方社会的历史意识之中，成为一种“神话化”的历史记忆形式。

例如，明嘉靖年间徐善继、徐善述编撰的堪舆名著《地理人子须知》[2]，就借助

1. 〔宋〕朱熹《山陵议状》曰：“若以术言，则凡择地者，必先论其主势之强弱、风气之聚散、水土之浅深、穴道之偏正、力量之全否，然后可以较其地之美恶。政使实有国音之说，亦必先此五者以得形胜之地，然后其术可得而推，今乃全不论此，而直信其庸妄之偏说，但以五音尽类群姓，而谓冢宅向背，各有所宜，乃不经之甚者。不惟先儒已力辨之，而近世民间亦多不用。今乃以为祖宗以来世守此法，顺之则吉，逆之则凶，则姑亦不问其理之如何，且以其事质之，则其谬不攻而自破矣。盖自永安迁奉以来，已遵用此法，而九世之间，国统再续，靖康之变，宗社为墟。……则国音之说，自为无用之谈，从之未必为福，不从未必为祸矣，何为信之？……但今偏信台史之言，固执绍兴之说而不肯求耳。若欲求之，则臣窃见近年地理之学，出于江西、福建者为尤盛，政使未必皆精，然亦岂无一人粗知梗概大略乎？稳优于一二台使者。”（《新编秘传堪舆类纂人天共宝》卷二《状类》，明崇祯年间刻本）黄慎卷后曰：“或问：据朱子《议状》，则凡风水向北者卒不可用乎？曰：非此之谓也。朱子特辨拘姓音坐向之谬，故言此以解其惑耳。其实风水之法，只要结穴真切，不拘于向南向北也。余兄弟历考览四方名地，向北者不胜枚举，姑就是编收图可证者，如铅山费状元祖地，坐丙向壬；华容刘尚书祖地，坐丁向癸；永康徐侍郎祖地，坐巳向亥；徐国公始祖地，坐午向子。及晋江蔡虚斋、杭州茅状元、江山赵中丞，及运城袁氏、台州侯氏诸祖，皆名地而向北，足为征也。大约龙穴真，虽向北不害其吉；龙穴如假，虽向南无不为凶。若谓朱子必执向南为拘，其与拘姓音者何异？又乌足为朱子！”

2. 《论北条干龙脉络》称：

“大河以北之龙，其脉起自昆仑。《经》云‘昆仑山脚出阗颜（阗音田，西戎国名），只只都是破军山。连绵走入瀚海北（北海名），风俗强悍人粗顽。生儿五岁学骑射，骨鲠方刚是此

间’是也。至白登（山名，在大同府白登县）。西一枝为壶口（在隰州吉乡县）、太岳（在晋州霍邑）。次一枝南出为析城（在泽州阳城县），而又西折为雷首（在河中府河中县]。又次一枝为太行（在怀梦河内，北至幽州，九岭绵亘一十二州之界有八陉）。又次一枝为恒山（在定州曲阳县）。又次一枝为燕山，尽于平滦碣石山（在平州庐县）。《经》云‘若以干龙论大尽，太行碣石至海堧’是也。其水源则汾水，出管州管涔山，至绛州入于海。以上中国诸山，皆始昆仑，分脉四列，以遍九州岛。北条出河北，入云中，过雁门、代郡，复回南而太原帝邱，循太行、恒山，派九河，东北渡辽海以入于海，为冀燕之分；中条出河南，自秦、陇、三辅入丰、沛、汾、晋，派伊、洛，东而淮泗，以入于海，为雍、豫、青、徐之分；南条出江南，自陕右分出西鄙，回巴蜀，踰荆衡，入黔中，东而匡阜，南极岭，复东北，渡闽粤，跨三吴，自浙右以入于海，为梁、荆、扬之分。此三干之布于九州岛也。”

“三干之龙，中干为最尊，次北干，又次南干。历代以来，如汉高祖之泗上，汉光武之白水村，宋太祖之夹马营，我太祖之钟离乡，我世宗肃皇帝之龙飞承天，皆在中干。而唐虞之君，俱为北产。南干至宋高宗南渡来，运气方兴，萃产朱子，为万世儒宗。而迩来人物，东南颇多，其最长者为金陵，我国朝根本重地，太祖高皇帝龙兴之畿也。中干之最长者尽东泰，翻身顾祖，东海外荡，河江前回，萃产孔圣及贤贵凝聚。宋末河徙，截其来脉者三，会通河复加截之，其力遂微。而中干之旺气乃萃于四州凤阳，我皇朝熙祖、仁祖二陵在焉。”

“按王文禄《龙兴慈记》云，泗州有杨家墩，墩有窝。熙祖尝卧其中，有二道士过，指卧处曰：‘若葬此，出天子。’其徒曰：‘何也？’曰：‘此地气暖。试以枯枝栽之，十日必生叶。’告熙祖起曰：‘汝闻吾言乎？’熙祖佯睡。乃以枯枝插之去。熙祖候之十日，果生叶。熙祖拔去，另以枯枝插之。二道士复来。其徒曰：‘叶何不生？’是时熙祖在旁，睨之。睨之。道士指曰：‘此必人拔去矣。’熙祖知不能隐。道士谓之曰：‘汝有福，殁后当葬此，出天子。’熙祖语仁祖。后果得葬，葬后土自壅为坟。半载，陈太后孕太祖，皆言此墩有天子气。仁祖徙凤阳，生太祖于盱眙县钟离灵乡，方圆长许，至今不生草木。仁祖崩，太祖奉神柩至中途九龙岗，风雨大作，索断，土自壅成坟。人言葬九龙头上。按松江徐长谷大地图云：‘熙祖陵龙脉发自中条，王气攸萃。前潴水成湖，作内明堂；淮河、黄河合襟，作外明堂；淮上九峰插天，为远案。黄河西绕，元末东开会通河复绕之，而圣祖生矣。’仁祖陵即吴景鸾献宋室者。宋不能用，盖天留以待我皇朝之厚福无疆也，岂偶然哉？”

“北干最长，为燕京，今京师也。朱子曰：‘冀都是正天地中间，好个大风水。山脉从云中发来，云中正高脊处。自脊以西之水，则西流入于龙门、西河；自脊以东之水，则东流入于海。前面黄河环绕。右畔是华山耸立，为虎。自华来至中为嵩山，是为前案。遂过去为泰山，耸于左，是为龙。淮南诸山是第二重案，江南诸山及五岭（南安大庾岭、桂阳骑田岭、九真都庞岭、临贺萌治岭、治安越城岭是也）又为第三四重案。’正谓此也。吴兴唐子镇以燕京为枝结，谓朱子所论冀都指作尧都，非也。彼盖未考舜分冀东为幽州，而幽燕古通称冀耳。倘如所指，则朱子又何复曰‘尧都中原，风水极佳，左河东太行诸山相绕，海岛诸山亦皆相向’云云？此不待辨说而明矣。故邱文庄公《循义补》直以朱子所称为今京师，诚确见也。其以燕京为枝结者，不为妄谈乎？”

“夫南干正结为南畿，及我太祖高皇帝孝陵在焉；中干正结为我熙祖泗州、仁祖凤阳二陵，中结为我承天献宗皇帝显陵；北干正结为今日京师暨天寿山昌平州列圣陵寝。三干之尽，惟我朝独会其全。回视唐虞以来，或得正干之一，或得分干之一者，亦能衍数百年之基，则我皇朝三大干之全福力量，真亿万斯年可预卜于兹也。草茅之士，躬逢其盛，宁不为圣朝之深龙脉学说来论证明朝朱氏政权乃天命所归，“龙飞承天”，“厚福无疆”，具有正统性和合法性。该书声称，中国龙脉有三条干龙，其中“中干为最尊，次北干，又次南干”，汉、宋、明等朝代，“龙飞承天，皆在中干”。明太祖朱元璋祖上就是因偶得道士指点而得中干龙“天子地”。而“南干至宋高宗南渡来，运气方兴，萃产朱子，为万世儒宗。而迩来人物，东南颇多，其最长者为金陵，我国朝根本重地，太祖高皇帝龙兴之畿也”。

堪舆书叙述始于昆仑的“三大干龙”都尽属中国，从而明确了明王朝的大致统治范围（接近于本邦、内蕃的范围），并声称三大干龙都有明王朝祖陵，以此来表明明王朝“奉正朔”拥有天下，承续正统：“三干之尽，唯我朝独会其全。回视唐虞以来，或得正干之一，或得分干之一者，亦能衍数百年之基，则我皇朝三大干之全福力量，真亿万斯年可预卜于兹也。草茅之士，躬逢其盛，宁不为圣朝之深庆哉？”明代学人的“统纪论”盛行一种“正统”“变统”之说。如方孝孺《释统》称“天下有正统一，变统三”，其中“三代，正统也”，而汉、唐、宋，只能“附之以正统”，而变统有三，如“取之不以正”“夷狄而僭中国”“女后而据天位”云云；章潢《图书编》称：“必以纲常为正统，始为古今之通义。”又论宋元正统云：“宋之有天下，与乎秦、晋、隋、唐，其乖纲常一也，均不得为正统，然犹中国人窃中国人也，奸中国统。元则为夷狄，更不当以继中国之统。”

明代《地理人子须知》显然受到彼时代“正统”“变统”说的影响，暗示宋元二朝为变统者，即宋属于“取之不正者”，而元属于“夷狄而僭中国者”，故朱氏祖上才能获得宋代王室知道而得不到的龙兴之地：“仁祖陵即吴景鸾献宋室者，宋不能用，盖天留以待我皇朝之厚福无疆也，岂偶然哉？”福建既然属于东南“运气方兴”之地，倘若有“天子地”的风水，自然是明王朝要十分警惕的地方。

“陈王迁墓”是一则扑朔迷离的历史公案，讲述了唐代陈元光因忌惮祖坟的“王者气”或“天子气”而不得不迁移之事。历史文献的叙述集中在明清时期。

庆哉？”

上述资料，详见〔明〕徐善继、徐善述：《重刊人子须知资孝地理心学统宗》卷五。

明代《八闽通志》[1]、清代《古今图书集成》[2]，以及地方志、陈氏族谱[3]都有生动的记载。“陈王迁墓”并非一种“与现实对立的回忆”，而同样是对地方历史进行“神话化”的产物。这种叙事立足于一个同一性文化之框架，不只是展示闽南陈元光家族后裔（包括归附的）的过去历史，而且呈现了入闽汉民社群（特别是闽南）一个历史化和普遍化的心理图像，以期象征性地呼应传统中国“龙飞承天”和“奉正朔”的政治文化观念。

这些地方文献融入了记述者自我的地方想象和价值认知，但我们也能听出一些历史真实的弦外之音。考古资料表明，现存陈政夫妇墓台基上中下三层遗迹方向各异。其中下层贴近中轴线方向，年代接近陈政下葬年代。中上层中轴线曲折，且出土了南宋嘉熙庚子（1240 年）的纪年石柱铭，而上层折角最大。从地形分析并非因地制宜，应是人为有意的设置。而族谱所记方位及朝向与现存坟堆方向也完全吻合，故“从现在考古现象来看，这个传说目前尚不能完全否定”。[4]

---

1. 《丘墓·漳浦县》：“陈政墓，在县将军山之麓。政，元光父也，唐时为诸卫将军，领兵戎闽，卒葬于此，俗名将军墓。其墓有祭田，至今佃人岁时祭扫。按郡志，元光初葬其父母于邑之云霄，后因术士谓其有王者气，亟改葬南靖新安里北溪社大峰山以避之。后元光战殁，庙食兹土，累封王爵。俗谓其役使鬼物，仍迁其柩葬于云霄山之故处。其言甚不经，然今二县皆有所谓将军墓者，意其初葬南靖，后迁漳浦。郡人神之，故以为是说也。”（〔明〕黄仲昭修纂：《八闽通志》（下），第 878—879 页）
2. 《漳州府部·古迹考》曰：“陈王墓，一在平和新安里大峰山，一在漳浦云霄将军山麓故修竹里。初，陈将军元光初葬父于云霄，后青囊称兹山有王气，元光改葬于大峰山以避之。后元光战殁，庙食兹土，累封王爵，故父葬亦称陈王。宣和五年（1123 年），有佣人林机来自泉，请于县官曰：‘陈将军欲迁峰山茔，迁葬云霄，有砖一坎在普贤院后，幸命五百工将去。’时人以为狂。已而发坎，果验。人于山前遥望，举畚锸者数百人，即之，独机在耳。民各携酒食往饷，须臾则瓶罄豆空。未踰月，役毕。有吴大成者过云霄，见黄旗一带，自峰山直趋旧茔，卤簿蔽空，鼓吹传响。山下人趋视，则新坟立矣。寻访旧茔，藤萝乱覆，始知王之迁葬也。”（清代《古今图书集成》卷一一〇五）清康熙《漳浦县志》和清嘉庆《云霄厅志》亦有是文。
3. 云霄山美《颍川陈氏开漳族谱》（陈祯祥纂）载：“唐仪凤三年（678 年），男龙湖［即陈元光］奉敕，葬考妣于云霄修竹里将军山，既而有术者指其地有王者气，龙湖公遂改葬于大溪社大峰山以避之。至宋徽宗宣和五年（1123 年），陈将军役使鬼物，迁葬考妣于云霄将军山旧茔偏穴，坐庚向甲兼申寅。”该谱藏厦门图书馆，民国五年（1916 年）木刻本。“陈氏族谱最早撰于后唐，其后不断有所修订，仅南宋一朝和清乾隆年间就各有二次续谱之举。”（谢重光：《陈元光与漳州早期开发史研究》，第 6 页。）另平和节溪《陈氏家谱》（抄本，不分卷）亦题：“陈政葬云霄将军山，妣司空氏合葬。”
4. 汤毓贤：《“陈王迁墓”初探》，《福建文博》1998 年第 1 期。

宋绍兴二十年（1150年）陈政“追封祚昌开祐侯”，陈元光“追封开漳州主圣，加谥忠毅文惠王”。[1] 现将军山陈政墓前有南宋石刻题曰：“嘉熙庚子（1240年）春，建坟前仪制十事。石匠：黄顺、叶和、陈应。住庵净智、戒院僧□□。会首：进士陈哲夫、陈缄。”说明南宋时代也同样进行过修复。[2] 南宋王朝对陈政、陈元光“平闽有功，镇守漳州”功绩的正统化认定，无疑再次强化了地域社会有关迁坟故事的合法性叙事。而原本陈政所葬的地方可能就是藏“王气”的正穴，是后来再迁偏穴的。至于是否移葬他山再迁回，或者就地迁移，则不得而知。当然也有可能是“瞒天过海”之法，或许陈坟暗中早已迁回，或许坟墓本未迁移。

按中国史学上的正统论有两大根据，一是采用邹衍的五德运转说，计其年次，以定正、闰；二是借《公羊传》加以推衍，从空间论述正统，正统即大一统之意义也。[3] 无论哪一种正统论，都蕴含着一种具有道德（德气）评判意味的“天命”观念，即君权或王权天授的观念。只有“奉天承运”，行“王道政治”，才能“正天下之位，一天下之心”，否则就非“承统”，而是“僭越”或“变统”。

宋代《册府元龟》卷二一九《僭伪部总序》声称：“夫余分为闰，既异夫居正之统；王纲失纽，或有乎僭命之号。斯盖豪杰窃起，以蓄乎觊觎；强弱相凌，分据乎土宇。虽政令之自出，非运序之所系。”宋欧阳修《原正统论》指出：“尧、舜之相传，三代之相代，或以至公，或以大义，皆得天下之正，合天下于一，是以君子不论也。其帝王之理得，而始终之分明故也。及后世之乱，僭伪兴而盗窃作，由是有居其正而不能合天下于一者，周平王之有吴、徐是也；有合天下于一而不得居其正者，前世谓秦为闰是也，由是正统之论兴焉。”陈王迁墓的风水叙事，其实蕴含着“正统”与“僭伪”之辨。[4]

---

1. 郑振满、丁荷生编纂：《福建宗教碑铭汇编·漳州府分册》，第5—6页。
2. 同上书，第843页。
3. 饶宗颐：《中国史学上之正统论》，第81页。
4. 谢重光称：“如果陈元光确实为了回避政治嫌疑而将父墓从将军山迁至平和大峰山，那就不可能托梦回迁于有王气之将军山。盖因古之所谓‘王气’，实指天子之气。作为人臣而贪此有‘王气’的‘风水宝地’，是犯上作乱大逆不道的表现；作为神祇，虽然享受五爵荣封，仍然是天子底下的一名臣子，仍然要恪守忠贞淳谨之规矩，岂能以封王而重占有‘王气’之茔域？”（谢重光：《陈元光与漳州早期开发史研究》，第146页。）谢氏从考证学批评传说的荒诞，但未意识到背后蕴含的闽人的心灵事件。

陈王迁墓叙事首先是一种纪念性、地方性、荣耀性的历史记忆。人们借助地方官修史书和私修谱牒等文献化的形式，来共同提醒、追忆、续写地方之开发和拓殖的特殊“文明史”；其次它更是一种“作为顺服的回忆”，是地方汉人社会通过反复描述和祭祀一个丰碑式坟墓的形式，将“衣冠南下”的历史内在化、神圣化的一种表达方式，借此来突出和强化自我对“正统”（大一统）观念的认同。

毋庸讳言，围绕“正统性”文化记忆的建构和礼义文明的阐释，是维系王朝统治合法性的基本要素。对于政治一统性的中国社会而言，陈王迁墓的故事类型隐晦地表达着地域社会内敛的集体情感、态度与声音。而在其中经过自我生成、叠加和调适的文化象征体系，本身就构成一种软性的政治力量或社会教化的权威力量。迁墓叙事何尝不是居民之被压抑的政治边陲意识或离散意识的隐秘反映？宋代“役鬼迁墓”于侧穴，更像是边陲汉民在顺服于王朝中心（仅仅是侧穴）秩序之余，表达其在地的人格尊严（迁葬在侧穴）的文化隐喻。

不过，这种被压抑的边陲意识也隐藏着一种尴尬的文化自觉，即相对于中原、北方而言，闽中仍属于“瓯越险远之地”，或“衣冠文物衰微之邦”。朱熹感叹“天旋地转，闽浙反居天下之中”，或可直解为闽中知识精英被压抑的边陲意识的张扬与释放，以及对闽中被边缘化处境的自我警示。“顺服的回忆”背后同样蕴藏着重新构建自我文明中心的“离散意识”。

总之，闽人对地域风水叙事的历史记忆，不但有文明的意味，也有政治的意涵。“合乎礼义”的“风水”，作为一种可供共有和共享的文化符号，一份可供共忆和辨识的文化遗产，既是随时随地膨胀的“汉人”分类标志，更是闽人“言衣冠文物之盛”的助缘。

三、作为反抗的回忆：“天子地被破坏”故事

地域社会广泛流传的有关“王气”或“天子气”的风水宝地故事，隐喻地域社会可能存在着反叛的“天命”或“天数”，历朝统治者自然会防患于未然，以期及时制止民间寻找“天子地”的任何政治野心。各地流行的“天子地被破坏”的故事类型，具有统一的叙事框架和情感性的诠释模式，基本属于一种被征服者和被压迫者角色的民间叙事风格，接近于一种“作为反抗的回忆”，即“与现实

对立或与历史真实对立的回忆”。[1]

这些风水叙事都有具体的“时空关联”和“群体关联”的范围，也提供地方叙事者进行反复回忆的线索和编织、更新、续写的框架和场景，从而表达了自身含有批判性的、颠覆性的集体情感。“天子地被破坏”的故事也是一种地方性的“感伤性的回忆”，将不同时代和地方的记忆图像都统一留存于当下的维度，并体现了一种“非共时的共时性”。[2]

早在秦汉时期，“王气（天子气）”的观念与“分野”及“龙脉”的观念相辅相成，就成了王朝统治者的“共识”。司马迁《史记・六国年表》载：“或曰‘东方物所始生，西方物之成熟’。夫作事者必于东南，收功实者常于西北。故禹兴于西羌，汤起于亳，周之王也以丰镐伐殷，秦之帝用雍州兴，汉之兴自蜀汉。”西北有“收功实”的王者气，而东南潜藏“作事者”的危险，故历代王朝难免不放心东南的治理。《晋书・元帝纪》称：“始秦时望气者云‘五百年后金陵有天子气’，故始皇东游以厌之，改其地曰秣陵，堑北山以绝其势。”破坏东南“天子气”，其实是一种王朝防东南之患的历史情结使然。

闽粤地区早在秦汉时期就被纳入“大一统”的中国政治版图，有关秦始皇专门破坏东南“王气”的传说一直不绝。《寰宇记》记载，东晋望气者言建宁府建安县白鹤山“有异气，命工凿之，朝凿暮合，已而有白鹤又翔其上”；[3]《闽中记》称闽县在“秦始皇时，望气者云‘此山有金鸡之祥’，遂斸断山脊，且厌王气。旧断处为人行路，号曰鸡公巷”；[4]清代屈大均载：“广州治背山面海，地势开阳，风云之所蒸变，日月之所摩荡，往往有雄霸之气。城北马鞍岗，秦时常有紫云黄气之异，占者以为天子气。始皇遣人衣绣衣，凿破是岗。……故粤谣云‘一片紫云南海起，秦皇频凿马鞍岗’。”[5]

闽粤两地“王气被破坏”的风水叙事，都不约而同地将“历史”发生的时间

---

1. ［德］扬・阿斯曼：《文化记忆：早期高级文化中的文字、回忆和政治身份》，第 80—81 页。
2. 关于“非共时的共时性”的问题，可参见［德］阿莱达・阿斯曼：《记忆中的历史：从个人经历到公共演示》，第 91 页。
3. 〔明〕黄仲昭修纂：《八闽通志》卷四《建宁府建安县》，第 95 页。
4. 〔明〕黄仲昭修纂：《八闽通志》卷四《地理・闽县》，第 65 页。明万历四十一年（1613 年）刊本《福州府志》卷二亦载是说。
5. 〔清〕屈大均：《广东新语》，北京：中华书局，1997 年，第 18 页。

点统一地追溯到秦始皇时代，这是两地越人族群和文化被中原华夏文明纳进“天下”格局，正式进入中古时代“中国共同体”的时间点。这些有统一中心母题的风水叙事其实是将地方历史深度有效延长，并构成了地方汉人共同情感的基点之一。更应该说它们是一种神话化、华夏化的地方历史，是一种暗藏“政治大一统”观念的普遍化的地方图像。

德国民俗学家艾伯华（Wolfram Eberhard）总结了中国民间风水遭遇破坏的故事类型的母题素：

（1）一具尸体埋在一块风水宝地上；

（2）产生了奇特的征兆（事主来日将可发迹）；

（3）由于事主恐惧，风水遭到破坏；已经开始的征兆停止了。[1]

福建盛传各类“有天子地，无天子福”的风水故事，应是上述类型的变型，基本上属于地方性的文化记忆和神话叙事，并“不是有据可查的历史，而只是被回忆的历史”。[2]其中，泉州人还有“沉东京，浮福建”和“泉州做战场，天子下南来”等谶谣。福建“天子地”故事类型有多种异本：

（1）某地或某族的风水地本来要出天子的；

（2）因事主不听劝告或触犯禁忌，奇特的征兆被统治者及其代理人知道了；

（3）王朝统治者及其代理人破坏天子地，某地或某族出不了天子。

我们试摘录《中国民间故事集成·福建卷》县市分卷的部分记录，略作分析（表2–2）。

表2–2 “天子地”故事母题

序号	“天子地”故事母题	出处
1	上杭县“龙湖凹的由来”：太拔乡斗谷坪某姓坟墓为天子地；坟主家的孕妇未守百天不许出门的禁忌；拿棕树棍打老母猪；棕树棍飞到京城，打坏京城墙角；天子闻知派兵马挖湖斩断了龙脉。	上杭县分卷，1992年。

1. ［德］艾伯华：《中国民间故事类型》，王燕生、周祖生译，刘魁立审校，北京：商务印书馆，1999年，第260—261页。
2. ［德］扬·阿斯曼：《文化记忆：早期高级文化中的文字、回忆和政治身份》，第46页。

续表

序号	“天子地”故事母题	出处
2	上杭县“竹马村与天子地”：茶地有处吴姓古墓是天子地；朱元璋杀功臣，赤脚大仙赐“竹马”给大将军吴氏夜行归祖，竹马肚中的小马精拟投胎于吴夫人李娘子；李娘子将分娩，吴母想留儿子在家，将与人共存亡的竹马劈了；竹马掉出的金马崽死了，吴将军、李娘子、吴母都死了；朱元璋派人在四人埋葬地活葬了四只犬，吃掉了这个天子的灵魂。	同上。
3	三明市梅列区“南岐出天子的传说”：南岐村后门山沟刀垄有个天子墓；孕妇肚子里的孩子叫她剪纸人、纸马，做一张弓、一支箭，她将被风吹飞的纸人、纸马乱塞在瓮子里；儿子出生后，让母亲鸡叫三更后唤醒他；母亲报早了时辰，儿子朝天射箭，只射中皇帝坐的金龙椅；皇帝派兵马来抓人，放出的纸人纸马缺腿断手，敌不过官兵，新生的天子被杀了；皇帝叫官兵填埋十个儿童和十只狗的血，挖掉了天子墓的龙脉。	梅列区分卷，1992年。
4	清流县“狐狸洞传说”：风水先生说洞口村地形是天子宝地，但老百姓不以为意；明代吏部尚书裴应章路过，一小孩居高临下撒尿，差点撒到裴的头上；裴氏报复，招人改路改河，风水宝地被破坏，就出不了皇帝。	清流县分卷，1991年。
5	长汀县“猴叻脑”：汀州七里桥畔猴叻脑下深水潭是一块天子地；葬者家小孩未守百天不出门的禁忌，上山打柴，并躺下睡觉；明朝侯知府经过此地，看见小孩挂着的黄麻孝衣像“黄伞盖”，睡姿先后组成“天子”二字；侯知府派衙役潜到潭底，发现棺材上蹲着一只发光猴子，在猴背上盖了一印，棺材浮出；侯知府派人在猴叻脑上造了一座石塔，在猴头颈上开了一条古砌路。猴叻脑嘴及颈被锁住，出不了天子，天下不会大乱了。	长汀县分卷，1991年。
6	永春县“天子墓”：天湖山九十九峰，西南方山峰有鹤龄龟寿之相，山下寡妇怀的遗腹子是真命天子；她为了多织布，让缝衣针别住了太阳；太阳久不下山的怪事惊动了皇帝，派星相家带御林军来征剿；御林军在鹤身龟身上筑了十八座炭窑，焚烧一百天，寡妇流产，天下豪杰无法举事造反了，老百姓在鹤顶修了一座天子墓纪念。	永春县分卷，1991年。
7	永春县“金鸡岐”：永春大田交界的金鸡岐有一雄一雌二山，雌雄交配，要出真命天子；这件事传到朝廷，惊动皇帝；他下圣旨在金鸡岐砌起十八座砖窑，烧掉“龙根”；从此金鸡岐雄鸡不啼，出不了天子。	同上。
8	永春县“陈思义起义”：戴云山像一尾蛇，蛇头出天子，蛇尾出尚书；蛇头是永春十九都湖洋玉柱山，还未出天子；北宋玉柱山脚生了白面、红面、黑面三胞胎，白面叫陈思义起义，帝王要移位；北宋皇帝与金国求和，派兵来镇压，蛇头地未出成天子。	同上。

上述“天子地”故事类型应该是晚近时代各自补充和组装的产物，都是将地方生活语境同集体想象的政治图景有机联系，并补充不同时段层的情节元素，使之共处于一种回到当下性的认同维度，从而塑造了高度共享的集体表象和未经反思的历史意识。叙事发生的时间涉及宋代、明代、清代，地点涉及不同县区，故事情节基干和中心母题却有高度的一致性。它们堪称一类高度同构性和重复性的“历史神话”，整个地方社会都拥有生动而又统一的叙述套路和文化视野。

当然，有些叙事也添加某些非关键性的地方色彩的母题素，并围绕着地方重大事件而展开，反映了边陲的政治认同分化趋向和地方反抗的碎片记忆（如官吏压迫、举事造反）。其中上杭竹马村故事和永春陈思义故事系将正史（朱元璋杀功臣、陈思义反叛）进行演义，将历史事实变成神话化的历史。这些故事母题以嘲弄的口吻，一方面将天子地被破坏的责任指向当事人的不遵守禁忌，代表着地方所纠结的自身历史创伤和自我罪责的历史意识；另一方面指责中央王朝（皇帝）或地方官吏破坏天子地，喻示王朝统治力量在地方的显性侵入和强势征服，以及地方社会对王朝治理的不满情绪。

在福建，据称被官府破坏的“天子地”遗迹，至今还是当地人凭吊抒怀的场所。如长汀“天子地”猴吻脑尚保存着石锁、石链的遗迹（图 2.19）。龙岩中福山空道教（真空教，清代同治年间由廖帝聘创立的戒毒宗教）道堂的前面，至今保存着一条人为破坏造成的深沟，从山脉破肚穿过。传说此沟与该山有天子地有关系。

伴随着近世东南区域乡族社会的发展，儒家的礼教教化实践同样有效刺激着地方“华夏化”和“正统化”的历史意识、文明认同。福建族谱尚保存着不少家族“天子地”被破坏的记忆，佐证“正统论之辨”或“大一统”的观念无所不

图 2.19 “天子地”猴吻脑
（福建长汀县）

在，并被内在化于不同家族的“神话历史”之中。而神话和历史故事是一种有效的“回忆媒体”和“传达程序”，“讲故事是支持记忆、保存过去、激活以往体验乃至构建集体认同的一个根本要素”，发挥着唤醒、凝聚家庭或家族集体情感的根本功能。[1]

值得注意的是，上杭《梁氏族谱》[2]、云霄《钟氏族谱》[3]、武平《钟氏族谱》[4]都

1. ［德］哈拉尔德·韦尔策编：《社会记忆：历史·回忆·传承》，季斌、王立君、白锡堃译，北京：北京大学出版社，2007年，第92—93页。

2. 《入杭始祖忠公行实》称：“始祖伯十一郎，妣黄氏八娘。始祖之父三十郎，妣邹氏大娘，世成浙江杭州府钱塘县琉璃八角井人氏。南宋理宗皇帝宝祐二年岁次甲寅（1254年）间，始祖忠公至上杭定居在城里。始祖忠公十九郎笃行孝友，立志忠厚，轻财重义，善于交处，因商至杭，爱斯山水之胜，遂定居焉。娶郭氏，时同起家，生子国才。始祖忠公考妣换葬传奇：换葬时发生一件奇事，流传至今。当时术士论断，此坟属风水宝地，会出天子，发大族，在葬坟时无论丢掉什么东西，都不可回头去拾。偏在葬坟回家时，就丢掉一个篾盖。担篾人不信术士之嘱，竟返回坟地去捡，发现篾盖上爬满小蜈蚣，捡篾人将篾盖拾起，朝摆角石上连敲三下。传说当时的京城金钟随同也连响三声，因而震惊皇上。皇上认为钟响非同小可，预测要出新天子，即派出高明术士，四处查访，当查至上杭三层岭我祖坟时，发现此坟非同一般，是出天子之坟，立即呈报朝廷，皇上旨令派役造塔以镇之。”（上杭《梁氏族谱》，安定郡忠公系，手抄本，第13—14页）

3. 云霄《钟氏族谱》（清光绪稿本）记载：“居宁化县石壁保住坐，安家置户，富贵属有。杨筠松先生到此，福建汀州府坪埔岗上，有一穴大地‘眠狮望月形’，坐下分金丙丁坐壬癸向，得中送来宁化县钟锷属得相生安葬。钟朝清俊得五十耕户，光大葬预先鉴胡古器安葬在内，置备香灯内，有一百年间龙神相会，夜晚更深有鼓声响。乡里有尊长人对官说话，坪埔岗上钟家祖坟中更鼓声响，莫是惊朝之地。申朝奏准，移作汀州府衙门，占住坟冢在案棹下，更鼓即停。后遇许由府官早晨起来，看见毫光大起，不敢坐堂，叫齐一府里，辰夜开一看，坟内香灯不绝，‘与尔无仇，五百年后，与我添油’。许由府官看见难忍，始同府里，抽起资财一百两添油，起一阁门照坟内。修整完成，五牲说话，子孙各散他乡。此时许由府官鉴有碑记的，依年年清明之日，官府退堂三日，许钟家子孙祭祀。系长房子孙分在回龙住坐；二房子孙分在南岭本属住坐；三房子孙移在广东惠州、南岭、梅州去处。以此宗枝分散，后代子孙方可寻究根源，不可失祖。在福建汀州、潮州、惠州、武平等处，皆是钟家子孙。世代流传，各要相认，莫相欺。大宋建号嘉泰元年（1201年），给书一轴，禁在扬州根寻辙。”

4. 武平《钟氏族谱》（民国三十五年编）记载：“民国二十五年（1936年），宗彬叔公驻汀州，《悦心报祖德坟堂发展谱序》，题捐簿《修复我族唐始祖妣马太夫人墓醵金簿序》：彬髫龄时，每闻族老言汀州府署内我唐始祖妣马太夫人墓故事，辄心焉向往。及长，渐耽世事，向往之心，亦未尝一日去怀。自尔倥偬戎焉，奔走四方，偶有所触，便觉怅然，自恨未缘瞻奉，以饫中怀。……汀州四面环山，中辟一平原，从平原中兀然耸立者，九龙山也。山势分九支，皆南向奔逸，蜿蜒如龙，故以名焉。中山一支，势尤雄放，我马祖妣墓适当其中。由其中以望，东亘霹雳，西峙玉女，南屏珠宝，复远山环拱，护势若连云，平畴相错如绣，东西带于左右，二溪合流而南。山川之迴合，配置之天成，及其全境之清佳，非亲临而观者，莫之

有本族“天子地被破坏”的历史叙事。其中云霄、武平的钟氏属于同一系谱，而所录埋葬于“惊朝之地”的祖先名号居然不同。两地的故事属于同源异形，属于情感化的家族回忆和神话化的家族历史，无非在炫耀和塑造家族的自我形象而已。而不同叙述者往往是根据日常生活现实来编织、重构、续写家族记忆的。不同族谱叙事皆立足于共通的历史逻辑和思维框架，即有道德义务来书写家族那些与众不同、光宗耀祖的荣誉史。这堪称一种典范化和情感化的书写模式。

大体而言，天子地故事类型是一种带有地方感和历史感的文化记忆形式，即“将基于事实的历史转化为回忆中的历史，从而变成了神话”。这种神话化的历史并非一定不真实，其回忆形象往往指向具体的地点、时间、人物、家族等，并带有“可持续的规范性和定型性力量”，即一方面告诉我们应该做什么，“它们教会人们如何判断是非、如何找到正确答案以及如何做决定。它们同时传承着如何找到未来方向的知识，指明了正确行事的道路”，另一方面讲述了“我们是谁”，从而“实现对自我的定义并校验认同。通过讲述共同拥有的故事，它们传播了巩固着集体认同的知识并且促成了集体行动的一致。这种发挥着巩固作用的故事会产生一定的推动力，我们将之称为‘神话动力’”。[1]

其实，上述“家族相似性”的风水叙事，真实地展现了地方力量应对王朝（国家）权力挤压的行动策略和政治隐喻：一是“天高皇帝远，民少相公多。一日三遍打，不反待如何？”（明朝黄溥编纂《闲中今古录摘抄》），王朝（国家）的地方治理有问题，边陲社会借此表达某种政治批判的文化记忆；二是边陲社会借此表明心迹，该地方早就丧失了另立正统的“地运”或“天命”，让拥有“大一统”的圣朝放下防患之心，少来打扰地方；三是“普天之下，莫非王土”，王朝“大一统”的疆界包括该区域范围，本地人应有自知之明，不允许有任何非分

能想象也。曩者朝廷迷于风水之说，谓此墓当出天子，乃卜其地，建府署以压之，墓址适为二堂案棹位。据旧谱所载，递年清明□□，犹许钟氏子孙诣府堂祭扫，是则冢故在府署，未尝平毁。嗣以祭扫时，有醉汉触太守怒，始奏革之，然尚以名坟相视，准以府署四偏立庙祠祭。历年亡久，庙宇寖废，迨清同治间，有上杭钟宝三者，以世袭云骑慰得交于汀州冯知府，复奏准因庙废址以立假冢。自近年赤匪兵火后，废坏涤地，昔之闳壮巨丽，化为荆荒墟之地者，已五六年，乃葺为公园。今彬因缘时会，得亲临斯土，俯仰感慨之余，而修复我先人圻墓之念，能不慨然以生乎？正月廿六日宗侄晋书叩录。”

1. ［德］扬·阿斯曼：《文化记忆：早期高级文化中的文字、回忆和政治身份》，第 46—47 页、第 147—148 页。

之想，否则必然会导致被征服、被压迫的命运。地方力量与王朝（国家）权力的博弈策略，一直是在顺服与反抗之间寻找一种最优的均衡感觉。

在远离政治和地理中心的南方地区，这类天子地故事类型一直被继续生产，被重新编写，被反复传承，从而成为一种类型化的“被发明的传统”。它们所传递的“作为反抗的回忆”和“感伤性的回忆”，更多只是作为降低日常生活中现实压力的口头传承遗产，并未真正“被转化成革命性的神话动力”，或者“提供反抗压迫的武器”，甚至一种针对极权统治压迫而爆发的“解放性力量”。[1]因此，这类故事类型还有一种认知性的社会功能，即地方族群反复表达自我生存状态和乌托邦理想的文化隐喻。它们除了凸显南方乡族社会面对国家权力逐渐强势下沉的集体无奈感外，也传达了乡族社会弥望权力中心，以呼应中央王朝秩序化和一统化的文化自觉；这与其说隐晦地反映基层社会针对王朝政治秩序的抵制情绪，不如说真实地呈现着一种被长期压抑的、迈向分离的政治边陲意识。

许倬云指出，唐宋以来，中国中古的社会结构开始发生转变，特别是“汉人往南移动，南方土地被开发，经济中心也向南移动。于是，和经济发展相配合的文化活动，随着两宋逐步向南发展，也移向南方。最后的结果是，东南地区逐渐发展，终于成为中国的第二核心。凡此客观环境，也促使中国前期的社会结构发生改变”。[2]无论是宋代杨文广平蛮的智破风水叙事，抑或唐宋“陈王迁墓”的风水公案，还是明清以来“天子地被破坏”故事类型，皆是唐宋“大历史”变革之后关于边陲“中国”汉人群体的历史想象和文化认同的记忆。

这些风水叙事尽管带着模棱两可、似是而非的神话叙事特征，却在福建人的日常生活言说中无处不在，并且通过地方文献、族谱、话本小说、民间故事等途径，进行生动的历史回忆，从而记录了地方所积淀的集体文化情结和历史心性，是地域社会“作为顺服的回忆”和“作为反抗的回忆”的情感性表达。这些故事类型形象地表明边陲地区汉人社群一种普遍性的思维模式和深层性的历史意识，即本地汉人社会始终扮演着被排挤者、被压制者的边缘化角色，这当然与他们长期的“迁流历史”有关。它们体现着近世乡族社会在政治和文化上成功自我“规

---

1. ［德］扬·阿斯曼:《文化记忆：早期高级文化中的文字、回忆和政治身份》，第 80—81 页。
2. 许倬云:《说中国：一个不断变化的复杂共同体》，第 215 页。

训”的文明化进程，以及不断迈向“正统化”和“文治化”的社会成效。

对于支撑王朝政治秩序的儒家而言，这种以统一性的故事母题呈现的社会化进程，恰恰是主流的意识形态内在化于地方历史记忆的关键标志。风水观念和信仰所参与培育的“在地意识”，同样弥漫着儒家之权力膜拜的鬼魅身影。在乡族风水故事和地方政治传奇当中，人们隐隐感觉到地域社会中政治与文化的内在张力感，“政治一体”与“文化同质”是相辅相成、相伴而行的。而宗族组织或乡族势力借用这类口头叙事，则反复传达乡族化社群之被边缘化和去中心化的集体焦虑感。

当然，这些林林总总的风水故事，虽然没有忧郁的感伤腔调，却有怀古的激情声音。我们今天还兴致盎然地追问它们的种种政治化、家族化的隐喻，不是因为它们给我们提供了多少地方、民间乃至国家的历史记忆，而是因为它们为我们静静呈现了这些历史记忆是如何被精致地构建的，又为何被当下的现实理所当然地遗忘或冻结。中国“早熟而不成熟”的乡族社会的集体心性和行动伦理，从未脱离“大一统”的正统性思维及权力话语的规训、叠写。在日常生活世界中，地方社会也不断地产生着种种反抗性的历史叙事和主动调适的行动策略。在应对下沉的国家权力时，无论是代表顺服还是反抗的风水叙事，其实都淋漓地展示着地方一种“盗机”和“顺势”的生存智慧。

第三章

汉人的迁流模式与乡族社会的风水动力

清末民初思想家梁启超最早从进化论视角提及“乡族”概念：中国人重视身家界、乡族界远甚于国界，“群族而居，自成风俗者，谓之部民；有国家思想，能自布政治者，谓之国民”。“由部民而进为国民，此文野所由分也”。而“竞争者文明之母也”，应“由一家而为一乡族，由一乡族而为一国”，“言博爱者，杀其一身之私以爱一家可也，杀其一家之私以爱一乡族可也，杀其一身一家一乡族之私以爱一国可也”。[1] 只有乡族或部民的意识而无国民思想，正是中国一直无法作为一个文明国家走向有机团结的病症。而“乡族主义（泛家族主义）”视野自有其历史心性积淀使然，自然不利于现当代民族国家政治神学的塑造。

傅衣凌在讨论传统社会“既早熟而又未成熟”的结构形态时，则基于共同体范畴提出“乡族论”：因不同时段大批南迁移居的关系，南方一村一姓或一村多姓都是聚落常态，“他们构成相当牢固的自足自给的乡族组织”，“乡族关系成为他们结合的纽带，具有支配一切的绝对权力”[2]，“这种由血缘 = 族扩大到地缘 = 乡的结合，在中国后期封建社会中占有极重要的地位，日本学者称之为共同体，我则名之为乡族势力，他们或以祠堂，或以神庙，或以某种社团为中心联结成为一

1. 梁启超：《新民说》，《饮冰室合集》（专集之四），北京：中华书局，1989 年，第 21 页。
2. 傅衣凌：《明清社会经济变迁论》，北京：人民出版社，1989 年，第 32 页；傅衣凌：《论乡族势力对于中国封建经济的干涉：中国封建社会长期迟滞的一个探索》，《厦门大学学报》1961 年第 3 期。

种特殊的社会势力”。[1]不论内陆还是沿海，乡（村）不再仅仅是一族的乡（村），族不再仅仅是一乡（村）的族。所谓乡族不仅包括乡族同构、一乡（村）一族的单向体，还包括跨家族、跨村落的联合体。

站在社会总体史视角来讨论风水术数与乡族社会的互动过程，我们必须追问一个核心问题：一般性的风水知识、观念如何“内化”为一种社会记忆形式，从而深刻影响地方社会秩序构建和乡族共同体（家族组织、乡族组织）的发展？风水术数在参与编织“乡族网络”及培育“乡族意识”的过程中，究竟发挥了怎么样的文化象征力量？或者说，风水术数究竟在乡族社会结构变迁中提供了哪些具有高度共享性的“文化共相”？

本章将指出，风水信仰、习俗与地域社会的生态压力、生存资源竞争以及入闽移民的文化传统，均具有天然的亲缘关系。只有将它置于移民拓殖进程的语境下来考察，才能审视风水信仰的社会存在方式及其文化整合功能，以及风水习俗与地域社会文化交融的意义。风水知识—实践体系深刻左右了乡族社会的发展史观或命运史观，并参与刺激了乡族社会自我整合的力量。其中家族或宗族的文化记忆主要是通过祠堂、坟墓风水乃至地域崇拜等空间化媒介来完成的。乡族社会自我形象的形塑和身份归属感，离不开来自“冷传统”的精神力量——风水动力——的加持。风水术数作为一种可操作的技术和可操控的文化象征体系，一直是乡族社会借以维护宗法制度和强化自我文化意义的符号。有关风水的神秘力量直接影响家族乃至地域兴衰成败命运的集体感知，早已内在化为一种地方性的历史观念和格式化的思维模式，甚至成为乡族社会日常生活所流行的神话叙事。而风水动力所参与刺激的移居异乡和“迁流”海外的浪潮，亦使得乡族社会的文化基因构成，一定程度上带有开放性和世界性的要素。

第一节　风水术数的催化与乡族意识的觉醒

傅衣凌将乡族组织看作一个地域共同体的“网络系统”：“传统中国农村社会的所有实体性和非实体性的组织都可被视为乡族组织，每一名社会成员都在乡

1. 傅衣凌：《明清社会经济变迁论》，第 55—57 页。

族网络的控制之中，并且只有在这一网络中才能确定自己的社会身份和社会地位。”[1] 乡族组织作为地域社会联盟的成熟发展，离不开“乡族意识”（乡族化的族群认同意识）的发酵。[2]

宋代以来，伴随着聚居形态的发展和人地矛盾的加剧，乡族意识或者说乡族主义得以持续地滋生与勃兴，从而加剧了有限的风水象征资本的争夺，塑造了地域社会之独特的信仰形态和文化品格。我们从“历时态”的风水文献（谶谣、故事）及“共时态”的风水实践（祖墓祭祀）中，往往能聆听到乡土意识的苏醒和申说，其逐渐形成各类内生性的社会团体（家族、宗族、乡族组织）。那些内化于乡族记忆中的风水观念、信仰，亦是我们透视地域社会秩序变迁及地方资源竞争与分配关系的一面镜子。

一、乡土观念的发酵：空间选择与聚族传家

在唐宋转折时期，伴随着南下移民的拓殖进程，闽人聚族而居，安土重迁的乡土观念孕育着地缘、血缘、神缘交错的“在地意识”。而乡土观念的发酵，又根植于地方文教的培育与发展。

在唐代士大夫的诗歌、传记及后世的地方史志的总体叙事中，我们可以管窥蠡测到，伴随着科举制度的推行和闽地文教的兴起，在地者的文化扎根意识也在孕育和觉醒。初唐时期，闽中尚属蛮荒之地，“虽有长材秀民通文书吏事，与上国齿者，未尝肯出仕”[3]，士人兴叹“只可谋朝夕，何由保岁寒”[4]，弥漫着安于闽中本土、无复北向谋职进取的风气。至大历、建中年间，李椅和常兖兴学，“由是海滨之人，以不学为耻”[5]。唐贞元十二年（796年），敕停福建选补司，规定泉、建、福等州官吏须至长安称补，开始刺激闽中士人北考的决心。中唐以降，闽中

1. 傅衣凌：《中国传统社会：多元的结构》，《中国社会经济史研究》1988年第3期。
2. “现代无产阶级的前身，在其本身的成长过程中，即和宗族紧密结合，不能脱离农村的羁绊，而处于广大农村的包围之中，有的本身就是农民，于是封建的农民意识、行会意识和乡族意识遂渗透到手工业者的脑海中，形成闭锁、孤立的帮派体系，加强小生产者的散漫性，不能团结更多的人民，从事生产和战斗。”（傅衣凌：《明清社会经济变迁论》，第74页）
3. 《韩昌黎文集》卷五《欧阳生哀辞》。
4. 《全唐诗》卷八八九。
5. 〔明〕黄仲昭修纂：《八闽通志》卷六二《人物·福州府》。

汉文化呈现“见龙在田”的新气象，儒门林藻、欧阳詹相继高中进士，时有“欧阳独步，藻蕴横行”之谚[1]，闽中亦享“缦胡之缨，化为青衿”之誉。是时闽江、九龙江流域等开发地区“里人矜耀，故其俗稍相劝仕”。[2]

在文教复兴活动中，地域互帮互助的乡土观念越趋浓厚。在北上中原的士人那里，认同福建的乡土观念更是得到彰显。[3]欧阳詹在蜀寄林蕴诗曰：“村步如延寿，川原似福平。无人相与识，独自故乡情。”欧阳澥曰：“落日望乡处，何人知客情？”[4]乡土观念历经故土聚族而居的人群的长期的“发酵”，在宋代以后逐渐形成浓厚的“乡族意识”。而风水充满着预知美好未来的隐喻，是在地汉人聚族而居、扎根乡土、利用有限资源的一种有效方式。在远离中原故土的边陲，风水既是族众金榜题名、子孙满堂、财源广进的代名词，亦是家族表达仁义孝悌等主流观念的符号。

较早迁徙入闽的大姓林氏是较突出的一个案例。在近世族谱的叙事中，风水是林氏开拓有限的生存空间、积极扩充族力的方式之一。[5]各地林氏族谱皆标榜始迁祖林禄任晋安太守（林禄入闽时间有永嘉二年说和泰宁三年说）。林禄之后裔林披（十六世）世居莆田北螺村（北螺村在今莆田市荔城区西天尾镇汀渚村，开莆始祖总祠就置在汀渚附近的乌石村，十世迁至此地），乃唐天宝十一年（752年）明经擢第，累官检校太子詹事兼苏州别驾。林披所出九子，均仕州牧，世称“九牧林”。其六郎林蕴［谱称唐贞元四年（788年）西川节度推官，官终邵州刺史］忠烈，故有“一门忠节”之称。各地林氏攀龙附凤，追溯先祖于林禄或林披派下。其实，林禄受封晋安郡王和“九牧林”的事迹皆甚可疑。[6]

按林披先世所居的北螺村“延袤爽垲，如飞凤之形”。[7]林披约于唐天宝至德

1. 林蕴系林藻之弟，参看〔清〕张琴编纂：《莆田县广化寺志》卷一，扬州：江苏广陵古籍刻印社，1996年。
2. 《新唐书》卷二〇三《欧阳詹传》。
3. 初唐至中唐福建士风的转变情况，可参照林拓：《文化的地理过程分析：福建文化的地域性考察》，上海：上海书店出版社，2004年，第32—38页。
4. 《云溪友议》卷下《巢燕词》。
5. 唐时福建家族资料所存甚少。林氏早在唐贞元年间便开始修纂私谱，其累世修纂的家谱虽多有作伪成分，但保存着不少较可信史料。
6. 陈支平：《福建族谱》，福州：福建人民出版社，1996年，第99—100页、149—150页。
7. 〔明〕何乔远：《闽书》卷二三《方域志》，福州：福建人民出版社，1994年，第556页。

年间，初为临汀曹掾，后授汀州别驾，知州事，“谙熟地理风俗”。除自身择吉地外，据说立下遗嘱，安排了子孙移居大业。[1]遗嘱叙事是否真实，不得而知。这则关于“聚族传家”的记忆性的、典范性的书写，记述的只是林氏族人眼中家族的兴衰与乡土资源的开发的关系。个别家族的开发不足以改变某地的自然、人文环境，区域的整体开发却可以改变某地的风水气运的走势。而一个家族能否在地安居乐业、繁衍生息，与其能否审时度势、相地阴阳有着密切的关系。我们由此看到，地理环境和思想结构（风水观念）作为长时段的决定因素，成为闽中的家族追溯自我历史的正统性叙事的标配。

唐代中期，林氏家族除在阳宅象征营建中强调“聚族传家”的传统外，其墓葬活动也带有合葬或聚族而葬的特征。林氏并将本族合葬或族葬的墓圹的祥瑞征兆，同风水及孝悌因素联系起来。唐贞元年间，莆田福唐尉林攒（林藻之从弟）先葬亡父于县北，隔城九里，次遭母丧，思欲与先府君修合葬之礼，故“扶护就殡所营葬，未坤合，礼法无亏，负土成坟，三年方就。兄弟结庐墓侧，哀感乡闾，至诚通，屡致祥异”。唐贞元十二年（796 年）二月四日、十一月十七日，十三年正月二十日，“墓所松柏遍降甘露，凝结似雪、如颗，味极甜”。为此，“州司前后差参军陈升曜、别驾夏侯，取验有实。其甘露到检覆并同”，并上禀，以为林攒生养死哀发于天，“伏乞旌其门闾，以从敦劝。敕旨宣付所司，建立只阙”。[2]唐欧阳詹“述甘露，昭孝德也”。[3]

林蕴兄弟九人卒后，合葬于福平山下，尊长苇公居中，九坟齐列，作龟状体。九丘的风水方位同是坐壬向丙。在九龟坟前有甘棠、赤榕、槭朴三木合为一干者。明何乔远曰：“此同气连枝之应也。世人葬其父母，常有公位房属之争，

1. “龙岩今虽改名，尚仍新罗垒使。雄龙吐珠形图下巴偏塞，不但立府不成，且必迁徙，剿灭刁悍凶顽，非仁里可择处也。日后若有改城，环北枕绕珠光，沿溪包裹，则火焰周全，东西南北之山拱应，土垄五星端正，三水环流，且狮（犀）象、麒麟罗列水口，当是闽中奥壤。吾子孙迁居于此，乃堪永世。不然，曷若北螺村涵（汲）江左右，足以聚族传家也。子孙世世记之。”（南靖和溪林中《西河九龙族谱》，民国年间增补本）该谱称：“唐开元二十六年（738 年），开福抚二州山岗，置汀州府于新罗城。天宝元年（742 年），改为龙岩州。披公任临汀别驾十。”另漳州《九牧林氏宗谱》民国年间刻本的文字略有异，异文附于括号之内。

2. 以上引文皆见于《九牧林氏宗谱》所录的福建等州观察奏请文书。

3. 〔唐〕欧阳詹：《甘露述》，〔清〕陈国仕辑录：《丰州集稿》，南安县志编纂委员会，1992 年，第 484—485 页。《九牧林氏宗谱》录有《甘露述》残文。

尺寸至不相假。或有添坟傍葬，至狺狺交讼，孰有兄弟之子合葬其亲，不计中、边，并列一丘？此古人孝友之意，千百年后，征祥此树矣。”[1]

唐、明两朝士绅相似的文化表述，充分显示了以儒家意识形态为主体的话语体系对地方知识的有效浸润。关于地方传统的神秘知识、技术乃至蕴含其中的观念、信仰，往往是对儒家之宗法伦理精神的补充性验证。而孝、悌观念和风水信仰的有机结合，有助于维持聚族而居的家族的内部团结以及带有移居性质的区域社会的人文教化。

林氏家族择地而居的事实和因孝友而风水显异的叙事，堪称闽中早期“乡族意识”的初步觉醒、发酵。这种乡族意识既扎根于乡土，更潜伏于血液；既可上行契合精英，亦可下行化入民众。在萌芽之中的乡族意识，乡与族应该是并重的，乡族意识是家族观念与乡土（在地）观念的有机混合，既以垂直化的血缘关系为纽带，也以横向化的地缘关系为重心。

随着福建开发规模的扩大和汉文化的传播，部分移居汉人已不至于“风俗剽悍，岁比饥馑”，他们借助风水来“追利”（财禄）或“追名”（官品）的需求日趋增多。在生产和生活资源的有限竞争中，风水观念、信仰开始内化为乡族意识的催化剂，人们关于“族的自然边界”和“乡的社会边界”越趋于明晰。前面提及的唐咸通二年（860 年）龙溪县永泰乡唐化里王楚中买地券，间接说明坟墓的风水营造一定程度上催化了居民的“边界意识”。至唐中叶，聚族而居的闽中家族间的盗葬等“败俗”事业已出现。[2] 漳州《西河林氏族谱》所录的唐代《墓田帖》[3]，反映了早年乡族因争执墓地边界所引发的冲突情况。墓田帖反映的是早

---

1. 〔明〕何乔远:《闽书》卷一三《方域志》，第 556 页。
2. 这类情况在中原地区早已发生。按《旧唐书·吕才传》，吕才（600—665 年）《五行禄命葬书论》称:“暨乎近代以来加之阴阳葬法，或选年月便利，或量墓田远近。一事失所，祸及死生，巫者利其货贿，莫不擅加妨害，遂使葬书一术，乃有百二十家，各说吉凶，拘而多忌。……野俗无识，皆信葬书，巫者诳其吉凶，愚人因而徼悻，遂使擗踊之际，择葬地而希官品；荼毒之秋，选葬时以规财禄。或云辰日不宜哭泣，遂莞尔而受吊问，或云同属忌于临圹，乃吉服而不送其亲。圣人设教，岂其然也？葬书败俗，一至于斯。”
3. “县帖。宗副林僩，右检得前池州录事参军林藻前墓田，自隋开皇年中藻七代祖卜筑于此，其后子孙相继，代代坟茔不离此墓田。比来多被人盗葬山内，或砍松柏，或窃偷砖甓，或樵牧烧爇草木。宗人疏阔，止遏不勤，伏请牒宗长林藏诸、宗副林僩、林邈等专行检校。或有侵犯，许其捉获送县，冀免凌暴者。长官判案准状，仍帖地界，耆宿同行勾稽，有违者当日

期入闽家族聚族而居，并以公共的墓田作为聚族传承的经济根基之一。家族之间在风水的象征资本方面的争夺，是生态压力即人多地少矛盾的文化反映，是移居或定居士民在开发地抢夺土地及其他生产资料，追求有利的生存空间的缩影。当然，正是依靠风水观念体系的有效指引，地域社会最终形成了一个人与人、人与自然相互适应的生态秩序，并构建了一个整体的动态的平衡机制。

二、乡族意识的勃兴：安土重迁与华夏衣冠

唐代中后期，经安史之乱之后，中原战乱加剧，北方士民再次南迁，形成了汉人入闽的又一个高潮。河南王潮、王审知兄弟乘乱组织乡兵南下，转战于赣、粤。光启元年（885年）王氏率部进入闽西、闽南，并先后占领泉州和福州等要地，闽中各地纷纷降服。唐昭宗李晔只得任命王潮为福建观察使。王潮死后，王审知继任。公元907年，唐灭，审知被后梁太祖朱晃封为闽王。审知子延钧于933年称帝，改国号为闽。王氏兄弟的武力割据，极大促进了中原及江淮等地的汉民入闽进程。彼时入闽的汉民有逐渐向闽西北等偏僻山区拓展的趋向，他们有的成为学人所界定的“客家”先民，与土著争夺有限的土地资源。同时，众多江北士大夫、文人、豪商、巨贾，以及空门才俊多避乱于闽中。因移民时间短、规模大，闽中由是“备五方之俗”[1]，区域性的汉文化向心力逐渐成形。如以中原汉语为主要成分的闽东方言也在这时期走向定型。“王氏初建国，武夫悍卒，气焰逼人，闽人战栗自危，谩称乡人，冀其怜悯，或犹冀其拔用，后世承袭其说，世邈绵绵，遂与其初而忘之尔。此闽人谱牒，所以多称固始也”。[2]福建地域社会的崇拜体系，多有俗称“大使公”“王二大使”“司马圣侯”“朝天圣侯”的信仰，实际膜拜王审知（一说张巡）。

此外，闽越土著主动或被动地追随汉人慎终追远的习气，攀附其族源于河南固始，“华夏化”成分日趋浓厚，而这种社群整合的趋势，早在宋代就显见端倪。

送县。如前伏须准长官判帖，宗长林藏诸等与地方耆宿共同检请处分者，准各牒林僩等者。唐贞元十五年（799年）十月二十六日摄丞尉许、吏蒋濡帖。”（《西河林氏族谱》卷三《墓考》，民国年间刻本）据同卷所载林大鼎跋语（宋绍兴年间书），系“得旧本家谱，知今墓田即泉州蟠龙山墓图是也”。

1. 明嘉靖《建宁府志》卷四《风俗》。
2. 〔宋〕方大琮：《跋方诗境叙长宫迁莆田事始》，《莆阳文献》卷七，清刻本。

宋郑樵曰："闽人至今言氏族者，皆曰固始，其实谬滥。"[1]汉越两族群共同虚构、附会家族渊源（祖籍地及姓氏）的独特现象，反映了一种在割据政治压力下皈依中原文化传统和崇尚家族的血缘、地缘关系的文化氛围，客观上有利于入闽汉人的宗族实力的巩固和闽中多元文化走向一体的格局。家族之间"潜存着一种宗法的或信仰的结合纽带"[2]，原乡或祖籍意识的强化，出于一种在地的共同体命运的认同需要。

唐五代之际，随着北方士民的大举迁入，闽中汉人对居住地空间秩序的竞争日趋激烈，因人口增加而炽发的"乡族意识"更是弥漫于其中。"故家巨族自唐宋以来各矜门户，物业转属，而客姓不得杂居其乡"。[3]人稠地狭的现状，聚族而居的状态，使得闽中汉人"以乡为族，以族为乡"，乡是族的生存空间，族是乡的人文依托。乡是族的地理边界，族是乡的社会边界。因为有族（同亲族或同姓族，代表血缘继嗣关系），他们共尊祖先，分享祭祀；因为有乡（代表地缘关系），他们共有家园，遵守社区秩序。乡族意识持续强化风水在机会选择方面的能量。为了能在边陲保持或振兴门庭，人们有意识地参与、投资家居风水活动。这在家族所建构和层累的历史话语中有着充分的体现。

据福州尚干《林氏族谱》载，林氏先祖世居河南固始，始祖穆公随王潮、王审知入闽，"功绩居多，故位居左朝奉大夫。后国家胥庆王恩，与从己之人自择桑梓。为裕后之计，于是王自择藤山，我始祖瞻顾枕峰一脉一回龙，经营处所卜居名区焉"。[4]这时期的移居汉民热忱于定居地的风水选择，与其注重延续聚族而居的传统以及自觉塑造宗族的文化认同有着密切关系。当中原门阀士族制度日趋土崩瓦解，浙、闽、粤等南方故家巨族却以门第相高，以世阀相豪，而弱族平民亦以先祖渊源于中原正统而沾沾自喜。风水信仰除促进家族早期的迁居与开发活动外，亦推动了早期家族文化的建构与发展。

---

1. 〔宋〕郑樵：《荥阳郑氏家谱序》，载〔清〕郑惠元编：《郑氏族谱》，清道光二十八年（1848年）刊本。
2. 傅衣凌：《明清社会经济变迁论》，第 50 页。
3. 明万历《福安县志》卷一《风俗》。
4. 〔民国〕林志崇、林恭襄等修：《陶江林氏族谱》第 1 世，民国十八年（1929 年）铅印本。按谱载："始祖墓在枕峰院后坑归义里第四堡河字源第七十四号桥头村，世传乃黄妙应所迁立。"此说恐是家族的附会罢了。

唐末五代有关风水术数对地方社会开发进程的影响，我们还可以透过作为“箭垛式人物”的宗教家、堪舆家、预言家妙应禅师的故事管窥一二。那些预言难免有子虚之语或夸大之词，却是地域社会在故乡吾境面前构设浪漫梦想和未来宏图的回忆，诸如关于家族的兴旺发达、关于地方的开发与发展、关于个人的锦绣前程、关于宗族秩序的构建等话语的构建。

按《莆阳碧溪黄氏族谱》载，妙应禅师（820—898年），名文矩，字子熏，别号涅盘、慧日，胞弟为唐著名禅师曹山本寂，其先祖系永嘉年间中州板荡时衣冠入闽者，先卜居闽侯福唐，与郑氏同居，号曰黄巷。至十二世黄岸“见莆涵头延福山水之秀，因家焉（今国欢院是也），仍号曰黄巷，盖不忘其初也”。而黄妙应乃岸之玄孙，据闻生时火里开莲，既长出家，口吐异光，发言成谶。闽王王审知甚加礼重，涅盘卒，朝命封妙应禅师（图3.1）。[1]宋崇宁初，加封圆智大师。绍兴中，院僧以涅盘所传识偈，奏上于朝，赐塔额曰慧熏。[2]宋道源《景德传灯录》卷一一《泉州莆田崇福慧日大师》、普济《五灯会元》卷四《国欢文矩禅师》略同。《古今图书集成》录其形法名著《博山篇》。

关于黄妙应的风水选择传奇，地方史书及族谱都有大量的记载，反复叠加着黄妙应的地仙效应。宋绍兴五年（1135年）进士林大鼐撰《李长者传》，记载黄氏有关莆田木兰陂兴筑的预言，有“逢竹则筑”“水绕壶公山，莆阳朱紫半；白湖腰欲断，此时大好看”云云。[3]宋何子远《春渚纪闻》记有黄氏谶兴化“拆了

1.〔清〕黄邦士辑:《莆阳碧溪黄氏宗谱》乙辑，清抄本。
是谱《唐敕赐妙应大师传》:“慧日大师，法讳湼盘，莆之黄巷黄氏忠义岸之玄孙。父昌，笈赐封大夫。师生而有异［唐元和十五年（820年）正月十五日子时降诞，灶产二白莲］，及长，名文矩，为县狱椽，往往弃役，往灵观和尚及西院大安禅师所，吏不能禁。后谒万岁塔谭空禅师落发，不着袈裟，不受戒具，惟以杂彩挂子。至观和尚所，观曰:‘我非汝师，去礼西院去。’师携一小青竹杖，入西院法堂，安遥见而叹曰:‘入湼盘堂去。’师应诺，轮竹杖以入。时有五伯许僧染时疾，师以杖次第点之，各随点而起。闽王礼重，创国欢禅苑以居之（居祖父遗址，师舍宅为院）。其后颇多灵迹（鸟衔花，兽作座，创寺宇，施身蛭蚊，两虎相随，出言成谶），唐乾宁间示灭［乾宁五年（898）七月廿五日子时卒，年七十九。闽王赐封妙应大师，是年八月望日葬囊山寺西］。师胞弟崇精，号本寂，舍田建上生寺，后游江西曹山显迹，即今梵宇犹存。兄弟俱见《传灯录》，并郡志。”
2.〔清〕黄邦士辑:《莆阳碧溪黄氏宗谱》甲辑，清抄本。
3.〔清〕陈池养编:《莆田水利志》卷七。

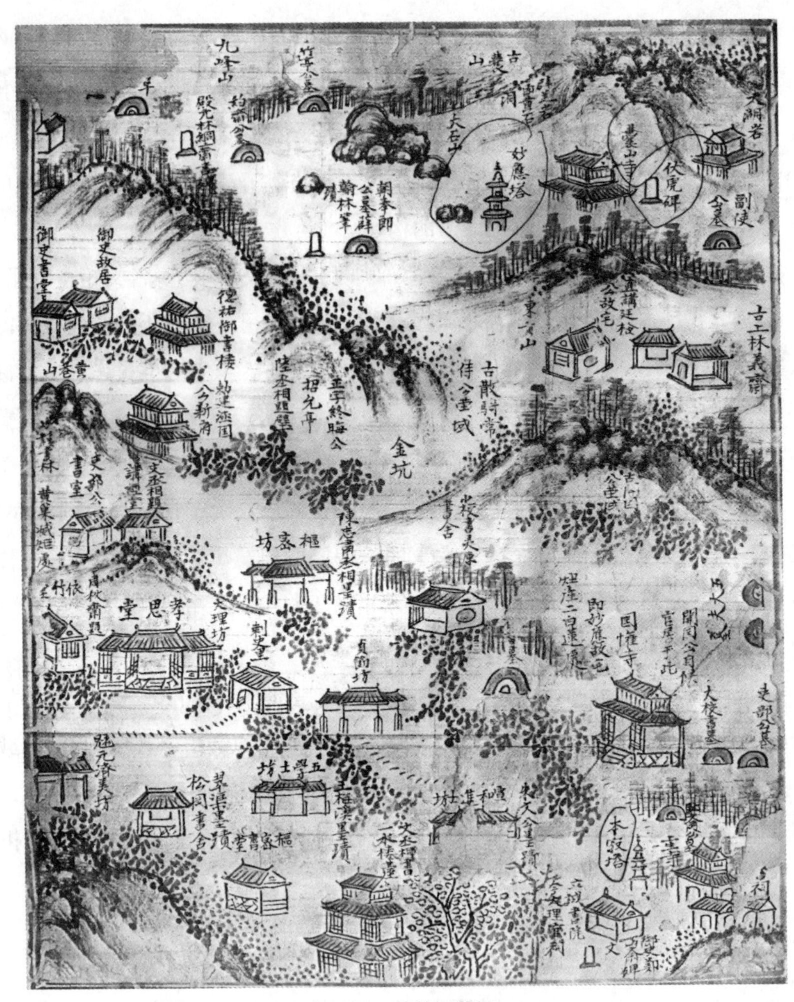

图 3.1　黄巷祠墓图

（《莆阳碧溪黄氏族谱》甲辑，清抄本）

屋，换了椽，朝京门外出状元”等语。[1]《闽书》载有黄妙应谶语及应验情况，如

1. 〔宋〕何子远《春渚纪闻》卷二曰：“黄公度，兴化人，既为大魁，郡人同登第者几三十人。余一日于江路茶肆小憩，继一士人坐侧，因揖之，且询其乡里，云兴化落第人也。余因谓之曰：‘仙里既今岁出大魁，又登科之数复甲天下，是可庆也。’其人叹息曰：‘昔黄涅盘有谶语云：“拆了屋，换了椽，朝京门外出状元。”初徐铎振文作魁时，改建此门。近军贼为变，城

“吾所居地，不动干戈”“乌石山前，官职绵绵”等。[1]清郭柏苍《竹间十日话》说得神乎其神：“（黄妙应）遗命葬佛殿前。至元时，寺僧皆病。黎伯韶断塔地出水。僧从之，举塔，果然旁有谶曰：‘我相地皮，汝相地骨。五百年后，被汝掘出。’”[2]

这些绵绵相续的风水谶语，是闽人关于乡族社会之孕育和形成的文化记忆形式。五代到宋，闽东南区域的经济开发及家族丧葬活动，其实已经同风水的集体实践和想象的效用有了千丝万缕的关系。随着闽中人文科举的渐兴，乡族之“衣冠兴盛”的浪漫梦想，自然更系于区域或家族的风水的象征营造。科举的资源是有限的，风水的资源同样有限，而有限的智慧累加往往能造就神话与奇迹，堪舆家自然也成为超越人生之有限的智慧的化身。

清郭柏苍曰：“唐宪宗时，兴化妙应禅师授仙人堪舆术。莆田林、黄两大姓坟皆其所造。又于两家祠宇庭中穿凿数井。每大雨，则街衢之水入注于井。两家科第不绝。妙应有至后唐始没。”[3]黄、林的族谱也有类似记载。黄氏自我的历史叙事归功于堪舆，谓本族科甲之兴源于妙应及先祖对家庙的营建。[4]黄氏始祖贵为开国公固然不大可信，迁居及营建家庙却是事实。至于林氏家族，《闽书》载：“有糍媪家，名冢也。媪故鬻糍，有褴褛生，日食其糍，媪予不吝。岁久辞去，曰：‘无以报母，乌石山之麓，可冢也。’母从之，是林之祖媪也。林与陈、方、

门焚毁，太守复新四门，而此门尤增崇丽。黄居门外区市中，而左右六人同遇。虽一时盛事，亦皆前定，非人力所能较也。’”[〔清〕祝昌泰辑：《浦城遗书》四，清嘉庆十六年（1811年）刻本，中国国家图书馆藏]

1. 〔明〕何乔远：《闽书》卷二三《方域志》，第549页。清道光《福建通志》卷二六三、民国《西禅小记》之《宗传》亦有类似记载。明《八闽通志》卷八六云：“僧黄涅盘生于唐末，出言成谶。”
2. 〔清〕郭柏苍辑：《竹间十日话》卷五，福州：海风出版社，2001年，第85页。
3. 同上。
4. 根据清光绪十一年（1885年）黄邦和撰《重修黄巷祠墓碑记》，始祖金紫光禄大夫、封开国公、谥忠义讳岸公，自唐入闽，“始家闽侯官榴花洞，至莆观延寿山水清秀，因迁焉。传五世生妙应公，有夙慧，精地理，卜葬公于国欢右麓，复与侄吏部公、校书公、侍御公谋建家庙于旧宅，未既而卒。从奉礼郎公营之，赠朝议公成之，赠大中公继而美奂之，则黄冈祠之建，三公厥功伟哉！由是甲科继起，代毓闻人，从祀圣庙者有之，旌表孝子者有之，著述宏富者又有之。至于忠烈殉难，崇祀于名宦、乡贤者更不一其人，原不独掇巍科、登显官为足征予族之发祥也”。（郑振满、丁荷生编纂：《福建宗教碑铭汇编·兴化府分册》，福州：福建人民出版社，1995年，第343—344页）

黄、宋、刘、王、郑、李八家，居是山下，簪缨不绝，莆人谓之九大姓。”[1]黄妙应所谶“乌石山前，官职绵绵”与该糍媪冢有关（图 3.2）。[2]漳州龙溪宋氏家族录有“水流破军墓记”，同样宣扬黄妙应风水选择的高妙，以及早年的坟墓营造拟像天地的情况。[3]

这一类绘声绘色的家族风水叙事，未必是真实的历史事实，却真实呈现了地方之普遍的历史心性和社会记忆。它们提供了一个宗族内人的话语资源，一个宗族共同体之信仰认同的美丽传说，更是家族之神话化、典范化的历史的组成部分。如果说寻根的乡愁是一杯百年老酒的话，祖先的风水故事就是引发激情的酒精，让族人流连忘返，沉浸于历史想象的荣光。而不同地区的家族共同聚焦于某个堪舆名家的叙事，形成一种“箭垛化”的地方文化记忆，亦是地域社会享有高度共享性的意义世界的生动反映。

在晚唐宋初的大转型时期，在闽避乱的家族在追溯自家历史时也留下了祖先“安土重迁”的历史记忆及家族的风水抉择情况。在培育乡族意识的过程中，家族乡绅开始重视寺庙、书院等人文设施的风水象征营造，一则提升地方的文明教化水准，二则可以借风水的感应刺激家族科举人文的发达。

---

1. 〔明〕何乔远：《闽书》卷一三《方域志》，第 548 页。
2. 〔明〕徐善继、徐善述：《重刊人子须知资孝地理心学统宗》。
3. “宋氏祖坟名曰水流破军者，何也？本坟盖坐丁而向癸也。丁山，按《洛书》，洪范五行属金也，金库居丑也。库者，谓墓库也。墓库即破军也。丁坟属金，而库居丑，不放丑水而放癸，为破军者，何也？盖云丑癸本同宫也，且经云‘水放天干，不放地支’，坟坐丁宜放天干癸水，名曰水流破军者，取天财归库立义也。坟前原立石级二十有四者，何也？盖级者，破军水级也，级因近坟，放水立级而不以土，土日久水侵级将崩矣，故以石而立级。立级或三而至七，或五而至九，至十二。今用二十有四者，何也？坟穴高而水高，故立级二十有四，象四时节气之义也。若坟穴卑而水平焉。用此级，级下两房，旁原立牝牡石兽，何也？盖兽者，守财之义也。坟放水而立级，级者水也。水者财也。财既归库，库必有守，故级下两旁立兽以守。以此数者，乃堪舆因地作法之常。谁谓黄妙应者，神人也。水流破军者，异名也。二十四级者，异法也。牝牡石兽者，异形也。其有异术与何惑之甚也。黄氏妙应每成一坟，必立识立论。立识者，言将来之验。立论者，释时人之惑。曰水流破军，百子千孙，是其识也。时抵北溪，作四坟，我水流破军是其一也。北溪多诎谤者，故黄氏立论以解顽愚之惑也。谓公此记，乃从黄先生论中撮其易见者而撰之，盖以喻后世知此数者，悉本出堪舆焉，理而神之胜迹也。曰堪舆者，上堪天道，下舆地道。本记内以上至天财归库之义，盖从黄氏堪天道立论，以下盖从黄氏舆地道立论。今二十四级犹在，而牝石兽无存者，何也？祸由元朝初海氛焚碎，丁财不振。倘能再立，丁财自可益旺，科甲秀仕自荣内地。为成谨附记垂示。”（〔清〕宋进兴修辑：龙溪芹霞《宋氏前厝派次房家谱》，清光绪十八年稿本）

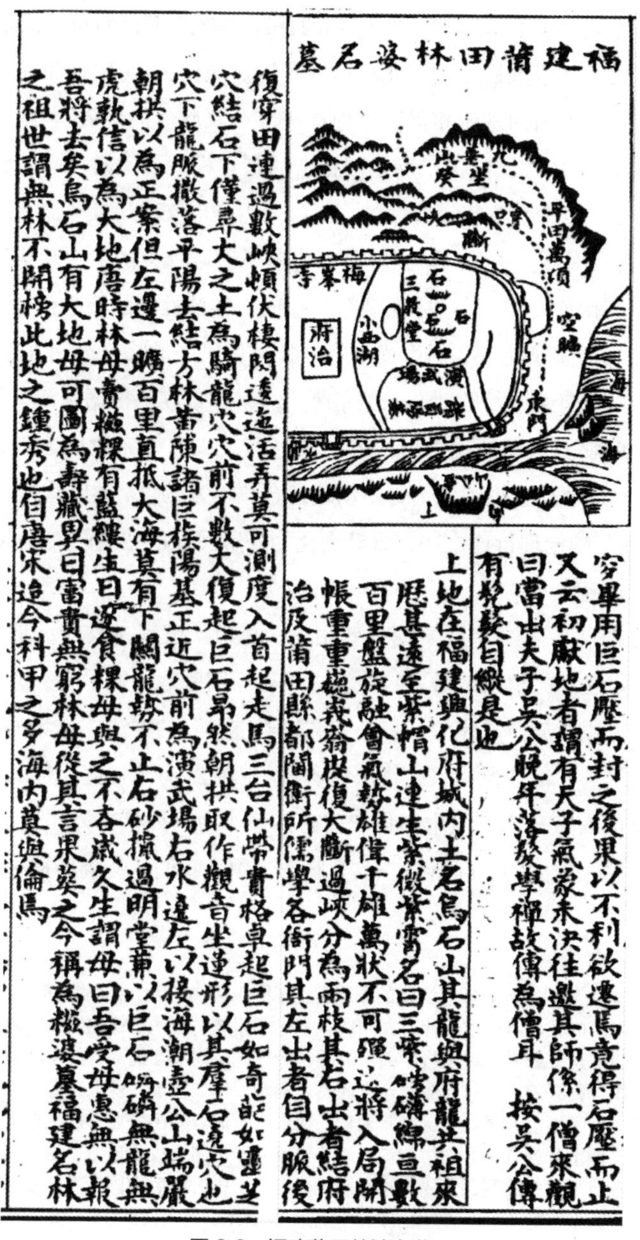

穿旱用巨石壓而封之後果以不利欲遷焉竟得石壓而止又云初獻地者謂有天子氣家未決往邀其師係一僧來觀曰當出夫子吳公晚年落髮學禪故傳為僧耳　按吳公傳有鬚髮自織是也

上地在福建興化府城內土名烏石山其龍與府龍共祖來歷甚遠至紫帽山連生紫微紫霄名曰三紫嵯礴綿亘數百里盤旋融會氣勢雄偉千雄萬狀不可殫述將入局開帳重重巍峩翁崀復大斷過峽分為兩枝其右出者結府治及莆田縣都閫衙所儒學各衙門其左出者自分脈後復穿田連過數峽頓伏棲閃透迤活弄莫可測度入首起走馬三台仙帶貴格卓起巨石如奇龍如靈芝穴結石下僅尋丈之土為騎龍穴穴前不數丈復起巨石昂然朝拱取作觀音坐蓮形以其羣石遶穴也穴下龍脈撒落平陽去結方林黃陳諸巨族陽基正近穴前為演武場右水遶左以接海潮壺公山端嚴朝拱以為正案但左邊一曠百里直抵大海莫有下關龍勢不止右砂攔過明堂兼以巨石磅礴無龍無虎孰信以為大地唐時林母賣糍粿有藍縷生日從食粿母與之不吝歲久生謂母曰吾受母惠無以報吾將去矣烏石山有大地母可圖為壽藏異日當貴與窮林母從其言果葬之今稱為糍婆墓福建名林之祖世謂無林不開榜此地之鍾秀也自唐宋迄今科甲之多海內莫與倫焉

图 3.2　福建莆田林婆名墓

（〔明〕徐善继、徐善述：《重刊人子须知资孝地理心学统宗》卷五）

许倬云《说中国》有一段相当精彩的评述，有助于我们从“大历史”的视角去理解宋代以来地域社会的文化结构之变迁。他认为“(宋代)儒生社会地位的稳固，其齐家治国的理想相当程度地促进了‘家族’的形成”。地方的家族与士的阶层的联合，“构成中古以后中国社会的基本模式”。[1]有宋一代，堪称中国历史的转折点。以朱熹为代表的儒学家通过大力推广文教（如创办书院）和礼义体系（如《朱子家礼》的普及），进一步引领了地域社会的“文治化”进程，特别是“尊祖、敬宗、收族”的宗法观念日渐成为地域社会的核心价值。张载在讨论宗法时说过：“宗子法废，后世尚谱牒，犹有遗风。谱牒又废，人家不知来处。无百年之家，骨肉无统，虽至亲，恩亦薄。”[2]南方家族已根据理学家指导的宗法规范来兴修谱牒。吕思勉就指出：“自宋学盛行，人有敦宗收族之心，而谱牒之纂修复盛。”[3]地域社会也因此更为主动地迎合儒学家的“家国同构”的制度之设。“天地君亲师”的伦理价值之序，日渐内化为一般民众的普遍的文化–心理结构和自觉的行为规范。

诚如潘光旦所言：“宗法之伦理效用三，尊祖，敬宗，收族，是也。尊祖以祭，……宗以主祭，尊祖故敬宗，祭法之不存，则宗之功能尽失，亦即失其自存之理由。宗亦以收族。”[4]宗法的核心是“追养继孝”的祭法。作为祖先崇拜之载体的祠堂与坟墓，都涉及祖宗之祭法的实践。因此，有宋以降，伴随着宗法观念和祭祀制度的有效落实，风水知识和观念体系作为一种富有操作性的精神资源，更为广泛地卷入地方的空间营造、人文脉动之中。我们从各类族谱中可知，地方

---

1. 许倬云：“宋以后的家族不同于汉代的豪族，也不同于唐代的大族，那些都是由一个核心家庭领导很多附属的人口所构成的社群共同体，宋代家族基本上是血缘的组织，也许不过三五代的直接亲属，这些数十口到地将近一百人的亲缘族群，构成互助共存的生活共同体。宋代开始，亲缘团体拥有族产，作为照顾亲人的具体福利，例如义学、养老，等等。读书人成为一个社会群体，又能以亲缘脉络延续其地位，遂形成士居‘四民’之首的优越地位。在每个县级地方上，儒生家族常常号称耕读传家，若干家族即可结合成为地方上的主要稳定力量，他们也是地方上最常见的利益集团。这种变化，确定了中古以后中国社会的基本模式，以至于要到近代才有根本的改变。”（《说中国：一个不断变化的复杂共同体》，第135页）
2. 〔宋〕张载：《张载集》，北京：中华书局，1978年，第259页。
3. 吕思勉：《中国宗族制度小史》，北京：知识产权出版社，2018年，第45页。
4. 潘光旦：《家谱与宗法》，载潘乃穆、潘乃和编《潘光旦文集》第8卷，北京：北京大学出版社，2000年，第300页。

社会自觉地借助风水术数的象征资源和技术手段，来积极参与祖墓、祖祠以及地方寺院、书院的象征营造。这些人文活动有力刺激着近世的家族或宗族在“宗法”“谱法”“祭法”上的自我话语建构，从而为明清地方的治理力量——宗族和乡族组织——的发展奠定了坚实的基础。

我想列举闽南和闽西两个家族叙事为例，以反思这些山区家族的集体记忆，为何都将其族脉和文脉上溯到宋代这样的关键节点。正是由于儒学家在“祖宗之法”上的话语构建和具体实践，一方面倡导“尊祖、敬宗、收族”的宗族制度得以蓬勃发展，另一方面“崇德报功”的地域崇拜体系也日渐地兴盛起来。有关风水的技术与信仰，也因此具备了更为丰厚的实践土壤。在力行“亲亲尊尊”和“家国一体”的家族宗法制度中，礼义与术数，天道与人道，镶嵌共生，相辅相成，有力地推动着东南地区地域社会的“文化一体性”的进程。

其一，南安向阳乡洋坪《姚氏族谱》抄本，为我们留下了唐宋转型时代的家族耕读传家、营建寺院的集体记忆。[1]族谱附明成化丁酉年（1477年）林钟月（阴历六月）释尚美所书的《天湖岩碑记》，记载姚氏三世祖如何迁移祖上墓穴用以兴建泉南最高之顶的佛寺。[2]毋庸讳言，姚氏家族记录与其他族谱的特性一样，

---

1. “安仁公，唐侯官令，天明公之孙，垣公次子，韶溪季房，知永春县事，娶唐氏，生子朝珍、朝班（派传永春）。第一世四十九郎发公，安仁长子，字朝珍。早岁以文学称，丁丑（公元917年，后梁贞明三年）进士，因擢不仕，避乱徙家南安县八都洋坪居焉，为洋坪肇基祖也。子贵赠户部郎中，娶林氏合葬菜坑岭，向穴形美女照镜。生宗生。第二世唐，朝珍子，字宗生。建书楼于西湖，以延四方之士，开泉来学乡里率化。纳进士第，宋枢密副使，征入户部郎中，不禄于家。葬于西湖，坐癸向丁，娶庄氏，生杰。第三世杰，宗生子，字瑶春，以德行称长者，邑旌善士。白日遇异僧求地建寺于天湖，广置业产，粮百石载。晋江、南安、永春、仙游四邑版籍立户，瑶春编为十甲里长。娶林氏，合葬云峰庵瓶坑。向生廷选。第四世廷选，瑶春子，字邦禄。输粟纳监，任福州监仓，曾克承父志，置业产于青塘，谋建堂宇，而有先祠冢城而不就。遇朱仙君灵通飞炉于大枫上，殁芸七天，度童建庙，移冢茔于东域。时集九姓倡建，竣于宋太宗壬辰年（992年）仲吕之月，宫殿落成，叩神灵庇荫。娶富氏葬洋亭尾。生子元英。第五世元英，邦禄，字德雄，太学生，授武昌府教授，娶杨氏，合葬林山东首。”
2. 《天湖岩碑记》：“本岩乃泉南佛国最高之顶也。离城百有余里，其山峭崎，岭有盘桓岑萨之处平旷，有池如湖，春水汪洋，由天所致，故名天湖。四围桎杉松竹交青，可风可浴。上有白云而吟韵，下有清泉而赋诗。前即乐山以环拱，后乃云岫而连岐。实万年之古迹，可格外之清奇。昔大宋间，有枢密副使姚宗生公佳城斯地，其子长者春公优游山中，忽白日途中见一异僧，骑白马而来，公立问之，僧曰：‘特来求化西湖之地，建寺祀佛，功德万年。’长者姚公曰：‘吾先君墓域兹山，如何建寺？’僧曰：‘墓之右有穴可迁。’指授穴地。长者曰：

同样是将先祖追溯为“衣冠士族”“黼黻簪缨”，这是否属实，无从考证。不过，姚氏家族移迁的二世祖姚唐（姚宗生）墓址至今依在，墓碑尚可见“唐姚公宗生墓”字样，左侧西湖庙宇的遗址尚存，足证当时家族与庙宇共在的盛况。天湖岩又刚好位于唐宋时期由泉州经南安往永春、仙游的千年古官道之上（图 3.3）。这样显耀的家族记忆叙事，其实是乡族社会之总体的“历史心性”的映像，是地域之“斯文构建”的重要组成部分。姚氏祖兴建书楼教化乡里，三世祖捐出祖先风水佳城以建西湖寺，四世祖集合九姓以兴建神庙（指当地的青龙宫），都是闽中安土重迁、聚族而居的乡族意识勃兴的表现。

其二，现连城《沈氏族谱》（民国抄本）记载了宋代沈氏祖先因礼让祖坟风水给道教修行者，并作为檀越主持庙宇兴修、保护庙宇祭祀的家族事迹（附录四）。该谱卷首刊有系列碑记资料，主要是一些明代士大夫和乡绅的文字。宋末士大夫沈冰洁由杭州迁入闽中开基并隐居山林，生二子，一迁连城，一迁清流，并于清、连交界的丰山卜得佳城自葬。绍兴五年乙卯（1135 年）欧阳真君卜宅于兹修仙，并为沈氏另择吉穴，允其子孙繁衍发达。真君羽化后，沈氏在原址修欧阳仙宫（庵），左设堂祭祀先祖，并置祀田，共享香火。后另建仙源堂供奉真君。明崇祯年间，有吴氏捐资，试图自书为庙宇之檀越主，引发沈吴诉讼。而沈氏连城一支，在宋绍兴三年（1133 年）亦参与当地庙宇及书院兴修。明中后期嘉靖、万历年间，重修祖祠、风水塔等建筑，以兴科举人文。乡族士绅参与兴庙宇、修筑坟祠，宗族结社举行祭祀，的确成为“地方上的最主要稳定力量”。

‘原穴建寺，与此咫尺，钟鼓之声必闻于阴，可谓不便。’僧曰：‘阴不闻之，我与汝兴言。’毕，遂化登天。长者进寻不见，曰：‘异哉。’乃应真而化现也。时迁父墓，如僧所言，将原墓地捐金建寺，延僧以居，始创斯岩，额曰‘天湖’。后有龙池大德归隐，代传不泯。迨及元至正甲申（1344 年），有宋丞相鲁公之裔孙明海净禅师，发鉴山峦，审曲而势，广开重新，自甲通癸，殿堂悉构，象龙毕集，檀信咸皈通成。姚公、谢公各施田畴，永赡僧众。晨钟暮鼓，金碧文辉，于时大盛，至后颓零。大明永乐间，姚公、谢公又倡首劝缘重建，宛然如故。经今年久，椽木修陈。及成化丁亥（1467 年），住山法宗宿有慧性，自幼出家，孜孜为道，日加精进。窃思梁栋歪斜，日以为栌，由是请会檀信，兼栌已钵，鸠工求木，鉴石开基，广劈元模，改陈换新，由丁至丙。殿堂廊庑、僧房厨库、山门楼阁诸处，悉皆鼎新。钟鱼几案，无一不备。善信观瞻，凡皆稽首。可谓泉南佛国，千日华丽，寔是百代重兴、功烈之悠久者矣。余水云至此，见其古碑岚吞字缺，实事犹存，时有乡耆以实绩而告，请以为记，故书而记之云耳。时大明成化丁酉年（1477 年）林钟月穀旦，住山僧尚美谨志。”

图 3.3　唐姚公宗生墓
（南安向阳天湖岩西湖寺）

宋代以来，在乡族社会的形成过程中，族可被视为乡的文化内核，乡堪称族的自然边界，而乡（亲）的地域认同基本建立在族（亲）的谱系认同基础上。乡族是血缘和地缘混合的地域联盟或地域共同体，构成了统合地域社会外在的组织基础。乡族意识其实是一种借助文化记忆的再生产而创生的地方意识，并表现为一种振兴地方文教（包括佛教、道教的信仰体系）的文化自觉，充分体现乡族精英对"华夏"及其典章文明的主动归附。而儒释道文化也扎根其中，共同汇流并形塑了地方社会之超稳定的文化心理结构和大一统的历史意识。

诚如史家陈寅恪所言："华夏民族之文化，历数千载之演进，造极于赵宋之世。"[1] 家族宗法文化和地域崇拜体系的有机结合、相互嵌合，是近世地域社会

1. 陈寅恪:《金明馆丛稿二编》，北京：生活·读书·新知三联书店，2001 年，第 277 页。

“文治复兴”的背景资源。其中，家族乃至地方上的风水记忆及其文物载体，同样是非常关键的“文明化”符号，是一种相当重要的文化统合资源。

第二节 乡族社会的迁流与风水的理想世界

我们经常说，中国地域社会是安详宁静的、“安土重迁”的。然而，这需要一个关键前提，即生产和生活资源对于聚居群体来说是充足的。倘若换“当地人的眼光”走进历史，人群与资源的矛盾才是永恒的。因为资源是可以定量的，人心却难以衡量，人心寄存着一个先在的文化图像和生活情景。面对各种生存（生态）压力（生存或生态压力与人们的物质生产资源和生活资料的分配有关）时，思考天、地、人、神关系的风水术数提供了一种独特的文化反应模式，有效表达了人们对自然或社会环境变化过程的文化理解。特别是在人地关系趋于紧张、生产和生活资源相对匮乏的情况下，这种文化反应模式有助于“使基本资源的可用性、社会的统一性和集体行动取得最大效应，并使心理压力减少到最低限度变得更为容易”。[1]

无论是内陆丘陵地带，还是沿海的平原地带，人地关系的紧张使得闽人不得不徘徊于“居与游”之间。而风水术数更是造成闽人“安土重迁”观念相对淡漠的文化因素之一。毕竟，神秘的风水术数描绘了一个关于“化他乡为故乡”的美

---

1. 小查尔斯·劳克林（Charles D. Laughlin，Jr）和尤金·达基利（Eugene G. D' Aquili）在《仪式与压力》（*Ritual and Stress*）中，将生态压力定义为“基本资源在数量或质量上的消耗对社会全体成员或大多数成员所造成的任何生存威胁”。资源的消耗可能是环境的变化或与别的族群之间的竞争所导致的。他们暗示说，什么地方的生态压力其实际的、被设想到的可能性越大，那里的社会就越严重地依赖于集体行为，尤其是依赖于仪式，因为仪式模仿了社会结构和宇宙论上的结构，从而为预测变化和控制社会行为提供了公开讨论的机会。而桑迪在讨论食人俗时亦指出：“我的方法是把食人俗作为一种文化系统来构思，说得更精确些，这种文化系统也就是能规定行为的模式并提供行为模式的象征体系和仪式行为。我认为，礼仪式食人俗为繁育生命的物质与力量的流动提供了便利，它表达了一统性，并且拟定了心理上的反应程序。……按照‘在世界中存在的本体论结构’，人们借助于神话、象征和仪式之类的东西来探索他们与世界、其他生物以及自我存在的联系。”（［美］P. R. 桑迪：《神圣的饥饿：作为文化系统的食人俗》，郑元者译，北京：中央编译出版社，2004 年，第 49—53 页）桑迪的“文化阐释”，亦可转借用于针对中国风水信仰的文化解释。作为乡土社会的文化象征体系，风水信仰也是人们针对“生态压力”的一种文化反应模式。

妙愿景，一个关于异乡“乐土”的文化意象。故乡与他乡之间并没有实际的地理空间界限，而“礼义传统”和“术数文明”却共同提供了一个在他乡重构故乡的在地化的精神力量。特别是关于祠堂和坟墓的风水实践，更是提供了家族历史的神话化建构的基础。

同时，风水术数与宋代以后汉人的人口、经济、文化的“南进”趋势相配合，提供一种独特的“精神动力”，形成了一种充满竞争性的、挤压式的“鲇鱼效应”，参与刺激了南方汉人在地理和文化意义上的“迁流”思潮，并随时随地立“华心”。“迁流”是中国传统“游”的精神基因的外在化，形塑了一种冒险性的、开放性的意识，在东南沿海地区甚至还具有海洋性、世界性的特质。风水选择的效应越强，迁流的种种困境就越容易被克服；反过来，迁流的种种经历越顺利，风水的效应就越能得到证明和强化。迁流的历史进程与风水信仰其实是相辅相成的。风水信仰帮助迁流者有效克服了定居异乡外境的孤独与无助，并努力重构一个类似故乡的社会空间和意义世界。

诚如许倬云所说，中国走向南方的经验，“整体说来，是一个全面向前推动、渗透、同化的过程。相对来说，北方是冲突和敌对，南方是一步一步地归并到汉族文化区之内”。[1]北方汉人南进的“迁流模式”，就是一个不断走向在地化的“文明涟漪”。涟漪，水波往周边荡漾，形成一个个外围的圈。术数和礼义，就是引发“文明涟漪”的石头之一。

一、生态压力与外境他乡的乐土想象

唐末五代以降，中国的经济和文化轴心已逐渐南移，经过两宋时期的开发，福建社会经济获得较快的发展。两宋时期，陆续有北方士民迁入相对较落后的闽北、闽西山区。北宋建炎年间，大批江淮人民受金兵侵逼，纷纷南迁避难，成为赣、闽、粤交界地区的客家方言社群的先民。[2]客家民俗与江淮民俗也有亲近关系。但是，福建以丘陵地貌居多，耕地面积相当有限，随着人口的大幅度增长，人地关系更趋紧张，山区已经容不下更多的移民。《宋史·食货志》称：“福建地

---

1. 许倬云:《万古江河：中国历史文化的转折与开展》，长沙：湖南人民出版社，2017 年，第 141 页。
2. 谢重光:《客家源流新探》，福州：福建教育出版社，1995 年，第 82 页。

狭人稠，无以赡养，生子多不举。”尽管许多聚族而居的家族仍然存留着浓厚的“安土重迁”意识，然而严峻的现实催逼着他们积极去寻找新的生存空间，各家族的迁移活动远比唐、五代时期更频繁。特别是宋元之际的战乱，造成了闽西汉人大量朝粤东、粤北等地迁移。

宋嘉泰三年（1203 年）任漳州知州的俞享宗曾描述当时漳州所面临的人口生态压力："临漳为郡，负山阻海，地连潮、梅，盖七闽之极陬。弥望皆崇冈叠阜，榛荆莽翳，象兽之所窟宅，可耕之田绝少，又大半为僧寺所据。民生其间，穷苦而畏谨，淳质而朴俭。……故鲜有衣食给足者，亦可怜矣。”[1] 南宋嘉定十六年（1223 年）曾任漳州知州的危稹则提及，彼时漳州乃有不葬之俗，“其亲死，往往举其柩而置之僧寺。是盖始于苟简，中则因循，久则忘之矣”，其“尝命官僚核其事，近城之五里，乃有木瓦棺合二千三百有奇。爰择于城之西、南、北高燥地，立为义冢三”。宋代漳州人大量停柩佛寺不葬，亦反证当时的生存压力之大，包括用于丧葬的土地相当有限的社会问题。[2]

福建早期客居他乡的家族，往往尝试通过积极寻求风水宝地的形式，来改变尚未站稳脚跟的家族生存现状。风水成为谋求生计的居民再迁居活动的驱动因素之一，反过来也间接地促进了非中心地带的开发和发展。家族倚重风水的风气，更是板荡时期人们面对生存空间不安感的条件反射。乡族社会的移居开发背景，使得早期家族对风水效应有更为强烈的认同感。这种源于生存压力的集体记忆，深刻影响了家族后裔的生存空间选择。

例如，根据宋景定四年（1263 年）泉州傅氏“十一世孙、迪功郎、泉州司户参军兼佥厅、权晋江县事一新”所撰的“傅公祠堂记”[3]，傅氏家族曾经听信黄

1. 《漳州府志》卷十一《访求民瘼碑记》，明万历刻本。
2. 《漳州府志》卷十一《漳州义塚记》，明万历刻本。
3. 傅一新《尚书仆射招计使傅公祠堂记》曰："泉之东湖，今妙应禅师道场，昔仆射傅公暨金吾公故居也。唐广明王之季，闽王潮自浮光携生齿数万来福唐，仆射公实与偕来，卜居东湖，与留鄂公相为左右。时妙应为佛国禅宗，公与为方外友。一日指公曰：'此若室也，丐我否乎？仙游罗峰乃吾穴也，愿两易之。'且申言曰：'汝居吾穴，衣冠不绝。我居汝室，干戈永息。'至今传为佳谶。仆射有子八，析居于漳、于晋江、于南安。独金吾公早世，夫人郑氏奉命，迁居于仙游罗峰，即师所指之穴。将所居室舍为护安院，拨所分之产三百贯有奇，田租以谷计者六十余石，园租以钱计者一百余千，尽充僧院斋粮。今公爵氏揭于法堂之楣门，祠于堂之东西偏是也，吾祖与为庐也。南安之葵山，仆射公葬焉；晋江之圣姑，金吾公葬焉；

妙应禅师谶语“汝居吾穴，衣冠不绝。我居汝室，干戈永息”云云，放弃地理环境较好的泉州东湖居室，让改为今之妙应禅寺，傅氏举族移居条件较差的仙游赖店罗峰。唐广明时，傅氏始祖实公自光州固始同王潮渡江入闽，靖同宁疆，海邦建绩，生八子，遂宅于泉州东湖，后分析于福、兴、漳、泉、建、延、汀等郡。黄妙应还为傅氏指点南安“金盘戏花形”（图 3.4）吉穴。

由于受地域环境的限制，宋代以来福建不同地域的人口聚居密度是不同的。在北部、西部的内陆地区，家族聚居形态相对分散，以杂姓村为主，同一村落大多数族并存，同一家族多地共存，历数十世而“谱系不紊”的世族大家几乎是散居而非聚居的宗族。在沿海地区，家族的聚居规模相对较大，以单姓村与主姓村为主。[1] 随着明清新型家族组织的发展，内陆地区家族小规模的居住形态，使得族系的文化认同更趋强烈，内聚力不断增强。

明清时期，闽北跨地域的散居宗族形态的成形，正是内陆地区强化家族意识的客观表现。内陆地区在环境压力下杂姓而居的情形，使得巨族与小姓、强房与弱房的分别难以扩大，往往有利于催化各姓的地域认同感和乡土归属感，促成地域利益的均沾。而沿海地区较大规模的聚居形态，则拉大了巨族与小姓、强房与弱房的差距，使得家族的血缘认同变得更为复杂，并相应地强化了地域性的乡族意识。特别是沿海地区乡族之间的“分类械斗”，颇能说明生态压力所引发的地域社会结构变迁的问题。在此变迁过程中，风水术数同样成为变动不居的家族进行自我组织的重要的象征资本。

比如，宋元时期，简氏家族先从宁化迁建宁，再迁上杭，最后择得南靖的佳城而兴。[2] 华安赵氏系宋代皇室后裔，受迫于彼时民族冲突和生存压力，不得

仙游之留仙山，曰凤凰、曰眠犬、曰鹤膝，夫人与三世祖妣葬焉。地生吉穴，非天生异人，谁指授之？地灵则人杰，三传生龙图待制少师，楫楫□兵侍谊。……庶吾祖积德为有庆，吾师衣冠之谶永不绝云。”同卷《罗山神谶记》曰：“仙邑南八里如凤展翼，傅氏世居之。宋志云：‘唐黄妙应禅师指此山可居，遂与傅氏泉州左翼军寨两易，为护安院道场。’谶曰：‘我居尔室，干戈永息。尔居吾穴，衣冠不绝。’又曰：‘二百年后异姓同光。’”（仙游罗峰《傅氏族谱》卷一，民国刻本）南安《傅氏族谱》所记录的文字略有差异。

1. 关于福建家族组织地域差异的情况，可参照郑振满：《明清福建家族组织与社会变迁》，长沙：湖南教育出版社，1992 年。
2. 《南靖简氏渊源谱系叙》：“考我简家世系，由来久矣。原其所自之始，实晋续简伯之后，遂以其字为姓望。涿郡是为范阳。考其先，或奏罢盐法，或详明性理，或受尚书之骏业，或建

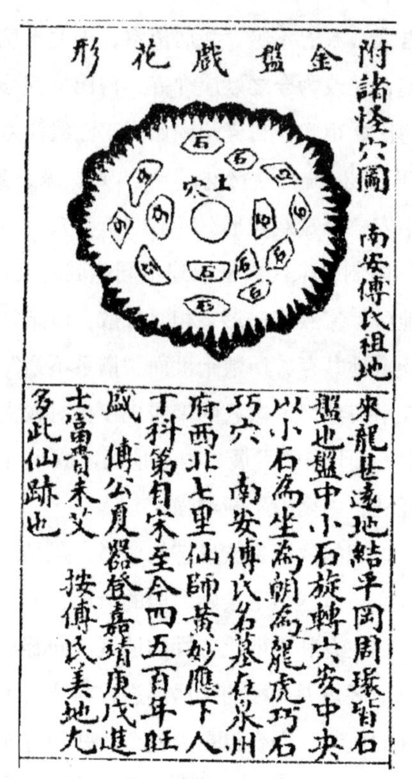
附諸怪穴圖　南安傅氏祖地
金盤戲花形

來龍甚遠地結平岡周環皆石盤也盤中小石旋轉穴安中央以小石為坐為朝為龍虎巧石巧穴　南安傅氏名墓在泉州府西北七里仙師黄妙應下人丁科第自宋至今四五百年旺盛　傅公夏器登嘉靖庚戌進士富貴未艾　按傅氏美地尤多此仙跡也

图 3.4　南安傅氏祖地

（〔明〕徐善继、徐善述：《重刊人子须知资孝地理心学统宗》卷五）

不从杭州迁居漳州北溪，并择居银塘村，“无事可以营生，有变亦堪避乱”，而后“间有择山水之秀而迁者，有为乱离之故而迁者，有逼于衣食或出赘外家而迁

定国之鸿漠，徽声远播，代不乏人，未必非阀阅之名家也。然世远年湮，莫详谱系，莫识里居。居后之人，虽知之而弗能详焉。是故谱之作，则自始祖会益公。始祖系江西省宁化府知贵县石壁里人氏，只生简中和公，即避来福建南剑州即今建宁府，教授生徒。至孝宗乾道二年（1166 年），又诣汀州上杭县蓝路居住，佥督筑城。至三世祖志德公，又卜迁于未分上杭时所辖地方之太平里洪源村坪隔口。公见仁厚之乡，遂置祠宇，是为洪源开基之始祖。传至九世德润公，于大元至正元年（1341 年），游至漳州府南靖县永丰里默林村，教授生徒。公禀性温厚，学问渊深，设教数年，从游日众。时有地师曾巡先生，投宿书馆，感公厚款，指送风水一穴。公回洪源，负请曾祖一评仕公讳宇远骸骨，安葬此地，即默林牛栏下厝背，坐癸向丁，形如走马攀鞍蹈凳穴也。”（〔清〕简醇编纂：福建南靖书洋枫林《简氏六世天佑系谱》，清道光五年稿本）

者”。族谱反复告诫族裔，要懂得择善地而居，“后之迁择者宜何如？曰‘迁居在福地，得福地在福德’。欲求福德何如？孟氏曰‘疆为善而已矣’。此卜居之记也，传家之要诀也”云云。[1]明代赖氏四十七祖从永定迁居宁化石壁城田心村，亦听信堪舆家的建议而开基立祠。[2]南靖赖氏分别在平和、南靖等各“择地开基”和“筑室居住”，亦是生态压力使然，并重视风水选择。[3]董氏迁居石狮沙堤，人

1. “何识其始迁之祖始于何人，始于何年，俾后之子若孙咸知其所自始也。吾祖自伯述公随高宗南渡，先居临安。伯述生师诰，师诰生希庠、希商。师诰于宁宗间入闽迁漳，时宗室三派，在漳之西湖、万盈、桂林者无虑数百。独希庠公与其子与仿，见元愈猖獗，宋日削弱，欲为存祀宁家之计，乃于理宗宝庆二年（1226年）丙戌，择北溪九龙里之银塘村居焉。与仿于理宗淳祐四年（1244年）甲辰，由宗学正奏名登第。甲辰去丙戌十九年，是与仿登第在银塘，而银塘迁居已自希庠公始矣。顾世远人忘，希庠生娶卒葬，惜乎失其实据，而犹幸与仿之得传信也，今直以与仿公为乡始迁之祖云。银塘距城四十里许，自玳瑁岭转西而来，西枕仙岭，背远长江，东对吴田，三涧逆上，南畲镇其北，员山峃其南。郊原膏沃，亩亩夷平。依山带水，可耕可钓。无事可以营生，有变亦堪避乱。斯固吾漳之村居一乐土也。迨今四百余年，生齿渐繁，民居辐辏。余每有迁徙择居之想，第思迁居事之重大者，未可轻举，尚有宜待。但吾家自银塘徙居他乡者若干人矣，间有择山水之秀而迁者，有为乱离之故而迁者，有逼于衣食或出赘外家而迁者，使不识其所自始，则愈传愈远，将不知孰为始迁祖，孰为始迁之年。猝然相遇，鲜不以途人相视者，此卜居不可无记也。后子孙绎吾所记卜居之意，虽数传踈远，上溯始祖一身耳。在本地者，当念一气，愈笃血脉之谊；在他乡者，当怀故土，常兴水木之恩。岁时墓祭，春祀秋尝，各宜趋赴，家规有明示焉。庶乎长幼分明，尊卑情笃，而萃涣合离之道，不过此矣。然则后之迁择者宜何如？曰‘迁居在福地，得福地在福德’。欲求福德何如？孟氏曰‘疆为善而已矣’。此卜居之记也，传家之要诀也。慎毋以余主为迁。德懋记。”（《赵氏皇族银塘卜居记》，载〔清〕赵紫绶、赵鲲飞编纂：福建华安《银塘赵氏族谱》，清乾隆二十七年七修稿本）
2. 《平和心田赖氏来由卜居风水叙略》：“六郎公之三子，四十七世祖朝英公，夫人林氏、谢氏，夫妻合葬于田心。生二子，长二六字万芳，次不详。朝英公即朝美公之胞弟，后捐纳，亦出仕于福建汀州府宁化县知县。因年老卸事，欲搬回永定县，路遇堪舆先生云‘宁化县石壁城有一大地，财丁贵美，不可尽言’，公遂听其言，不欲搬回永定县，与师谋择一吉地，名田心，则居住于宁化县石壁城田心，开基立庙奉祀。”

   《赖氏心田庙志》：“大明天启辛酉年（1621年），众欲立庙以报德，幸有次房瑞溪派邦居妈李氏献其地一穴，象即迎一堪舆师，姓吴，名松江，以凭鉴定。师云：‘此地结成三台，形如猛虎下山。此地能出数万之人丁。左砂建庙能管万灵之神，右砂立冢能吞万人之骨。’众遂欣然而谋成焉，拜师开庚建造此庙。但此地多泥土泉水，难以下手，故巨松埋下而筑祠于上。祠内有联文三对，爰别于左。此祠堂坐丁向癸兼午子，甲子甲午分金，坐柳十度，向女十一度，渊海甲午甲子，盈海乙未乙亥分金。”（赖长荣编纂：台湾《重修五美派心田卜隆系赖氏家谱》，民国二十年稿本）
3. “皇明定鼎，廓清宇内，乃于洪武二年（1369年），陈圣王开漳，招集新民，兄弟合商，不忍远离，相率下漳，择地开基。至平和地方，山明水秀，低回留之。长孙六十一郎公，择芦溪

丁兴旺，自称得益于“玉笋传芳”福地（图 3.5）。其宗祠始建于明嘉靖十五年（1536 年），横梁高悬“玉笋宗祠”匾额，天井左侧耸立天然石笋，高约 3.5 米，最大直径约 1.5 米，天然生成，连着地表四五米高，是家族繁衍力旺盛的表征。当地有“永宁十八宝，不敌玉笋好”之说。如何让家族的人丁兴旺，是早期家族迁徙时最重要的选择。不少祠堂都有象征人丁兴旺的风水装饰物（图 3.6）。

明代中后期，伴随着“早期经济全球化”的国际浪潮，中国开始进入“早期近代化”的历史大变局之中。[1] 明末，受海商活动刺激而出现东南沿海倭患猖獗的现象，以及清初顺治辛丑年（1661 年）开始的“抗台迁界”运动，极大改变沿海地区原有的聚居家族形态，使得家族组织出现新的分化和组合。清代莆田人陈池养曰：“既同居一乡，而小姓相连；同为一姓，而小房相连。于是或合数十乡而为一，或分一乡为二。”[2] 明清乡族社会以利益交换关系为基础，“盛行一种拟制的血缘关系”，或“同姓通谱”，或“异姓称族”，以扩大宗族势力。[3] 明中叶之后，无论是内陆还是沿海，由血缘和地缘关系结成的乡族社会，更因为山海之间的交流互动而更加富有活力，家族组织或乡族势力成为地域社会重要的文化整合力量，有效推动了山海之间的社会互动网络的建构。然而，乡族是地域社会封闭的类“簸箕”式结构中的一个个网格交织点。无论经历多么惨痛的社会变局，家族的谱系记忆及定居空间的中心——祠堂——的风水记忆，以及标志性的祖墓风水，依旧是族人借以维系身份认同感、凝聚家族归属感的关键符号。

比如，海澄县钟氏家族自视是开闽王王政女婿的圣裔，在经历明清改朝换代的大变和清朝的迁界政策之后，仍然纠集各地族众，重兴故地的大宗祠。而大宗祠的风水格局和气象，亦被视为一个足以庇佑族众的神圣场域，可以带给他们发

漳汀之地，乃漳水鄞江分界，往来交衡之所，因筑室居住，永为漳汀一世祖也。次孙六十二郎公，择葛竹峰峦叠翠，秀色可餐，中有百峰朝拱，内有四水归聚，乃造化生成天穴之境，遂筑室于后坪埔，坐巳向亥兼巽乾，永为葛竹一世祖也。三孙六十三郎公，择管溪心田，其地广饶，舟车可通，开基于此，永为心田一世祖也。各择地开基，创业垂统，为万代不祧之祖。宗庙享之，子孙保之。光绪二年岁次丙子（1876）元月谷旦，裔孙征祥敬书。”（《南靖葛竹赖氏开村风水录》，〔清〕赖征祥编纂：南靖葛竹《赖氏族谱》，清光绪十二年稿本）

1. 李伯重：《火枪与账簿：早期经济全球化时代的中国与东亚世界》，北京：生活 · 读书 · 新知三联书店，2017 年，第 401—405 页。
2. 〔清〕陈池养：《慎余书屋文集》卷二《咸丰乙卯公禀宓署府宪留兵防守郡城》，清刻本。
3. 傅衣凌：《明清社会经济变迁论》，第 54 页。

图 3.5　玉笋传芳
（石狮沙堤董氏宗祠）

图 3.6　茶树银枝
（南靖梅林魏氏光裕堂）

科、擢贡、奋武、受职等等向上社会流动的机会（图 3.7）。

漳州白石丁氏家族，同样因为清初的迁界政策而被迫暂时迁流异地，但围绕故地大宗祠被徐姓侵占葬祖的诉讼则持续近百年（见附录四）。“昔始祖唐别驾名宦公九承事郎，同将军陈元光开漳佐郡，建居象山。六世祖孟孙公移居亩中，即今文峰社是也。九世叔祖宋进士乡贤知几公以开凿官港，功入乡贤祠。宗祠之建由来久矣，自唐迄明，世世庙祀不替”，然而“国初，有巨富徐跃者，贪图祖祠吉地。因海氛画界，族人播迁，徐跃越界毁祠占葬。跃等窥宗祠穴吉，乘奉旨迁移地属界外，径于康熙乙巳四年（1665 年）十一月厚赂防守，越界占葬，将名宦乡贤祖祠营筑大坟，合族千家居址占封为坟域，每日鸠筑，阅月方毕”。丁氏直至“乾隆十八年（1753 年）癸酉科，中驹恩例岁贡竖旗，与弟邑庠生为骥谋诸族兄，郡庠生春芳、弟正亨，侄天定、顶峙、其澜、宏中，邑庠生元侯等，于仇徐坟边重兴祖祠，合族欣然乐从，鸠合各房人工费、孟孙公银六十两，先构中堂”。[1]

因此，流行于族谱中的“迁流诗”（认祖诗），可谓集中反映了宋以来闽中汉民持续移居他境的文化心态和历史记忆。这是一种被东南区域各民系（闽南、客

1. 漳州市方志办重编：《白石丁氏古谱》，影印抄本，林嘉书提供。

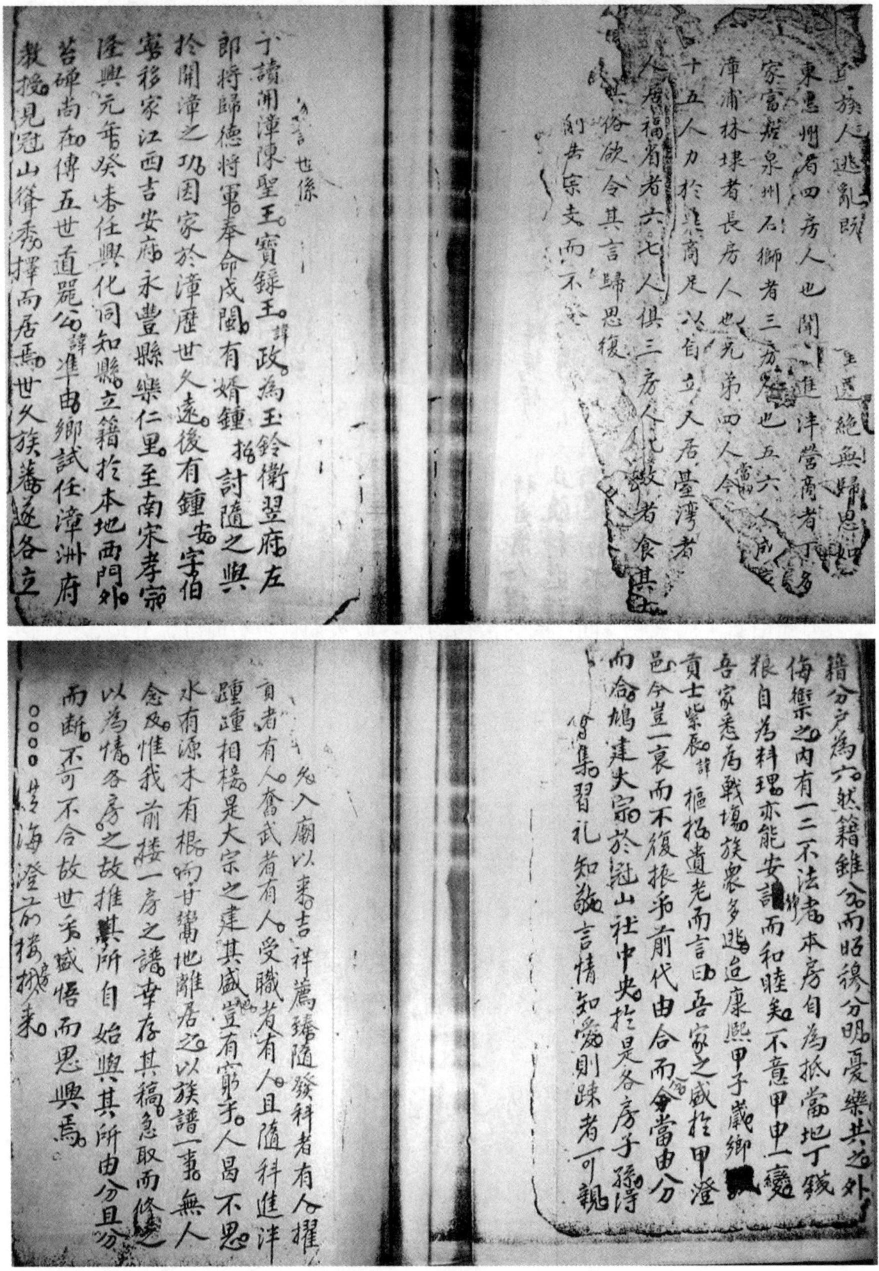

图 3.7　钟氏重修大宗记

（海澄《钟氏族谱》，清抄本）

家、莆仙、福州、潮汕、广府等）和众家族反复叙述的文本。迁流诗究竟是何人何时所作已非关键，毕竟层累的族谱话语蕴涵着某种集体心性和历史真实，承载着南方汉人移境他乡并认同他乡的社会记忆。而不同族谱的叙述表明，闽中这样发散式外移的家族并不在少数。

根据南靖和溪《黄氏族谱》，北宋初期黄氏先祖峭公原定居在邵武三十三都，三妣共生子廿一。迫于生计，峭公曾召集众子，谓“多寿则多辱，多男则多惧”，除“三妻位下，各留长子以奉晨昏，其余一十八支，但可信步由天命，各随地立纲常”，口占一诗以授[1]：

骏马堂堂出异方，任从随地入纲常。
年深外境犹吾境，身处他乡似故乡。
朝夕莫忘亲命语，晨昏须荐祖宗香。
唯愿苍天垂庇佑，三七男儿总炽昌。

黄峭公后裔遍布于邵武、上杭、泰宁、宁化、南靖、福鼎等地。今闽、粤等地的黄氏族谱及他姓族谱，都录有上述“祖训诗”，如广东揭西河婆《黄氏统宗谱》（1992 年编修）、泉州《紫云黄氏族谱》、宁化石壁《刘氏族谱》等。它们可能是出于同一版本并经过纂谱者的“改版”。[2]“迁流”叙事母题堪称南方乡族社会集体历史心性的真实呈现。

泉州紫云系《黄氏族谱》（图 3.8）的叙事如下：唐紫云始祖守恭公（捐地建泉州开元寺）与圣僧将一铙钹裂为四片，分予四子经、纪、纲、纶（僧匡护分别为四子择地于南安、惠安、安溪、同安），并附铙钹诗，以为日后祭祖凭证：

---

1. 南靖县《和溪乐土黄氏族谱》，不分卷，清抄本。
2. 唐僖宗年间，刘祥为避黄巢之乱，携子孙由浙江金华迁至石壁村开基。宋理宗端平二年（1235 年），后裔广传中进士，二妻共生十四子。广传打发众子各奔前程并传诗曰：“骏马骑行各出疆，任从随处立纲常。年深外境皆吾境，日久他乡即故乡。早晚莫忘亲命语，晨昏须荐祖宗香。苍天佑我卯金氏，二七男儿共炽昌。”（刘善群编著：《客家与宁化石壁》，北京：中国华侨出版社，2000 年，第 125 页。）

骏马登程往异方，任从随处立纲常。
汝居外境犹吾境，身在他乡即故乡。
朝夕莫忘亲命语，晨昏须荐祖宗香。
苍天有眼长垂佑，俾我儿孙总炽昌。

守恭公及认祖诗、昭穆、示儿诗

守恭公，字国财，号一翁，诞辰1380年。远祖元方公，河南光州故始县人，晋313年迁居福州，隐居侯官黄巷，数传至裔孙黄崖，隋末由侯官迁徙泉州。崖公生守恭、守美。

守恭公生五子，奉父命徙居“五安”：长子黄经居南安，次子黄纪居惠安，三子黄纲居安溪，四子黄纶居同安，五子黄纬居诏安。

认祖诗

骏马登程往异方，任从随处立纲常。
汝居外境犹吾境，身在他乡即故乡。
朝夕莫忘亲命语，晨昏须荐祖宗香。
苍天有眼长垂佑，俾我儿孙总炽昌。

六十字昭穆

清嘉庆八年1803年，合族编订

先人贻礼则，奕世种书田。文章昭国瑞，忠孝本家传。
行达明新学，修崇德性坚。安份跻仁寿，谦光乐太平。
多福其自取，丕承乃后贤。以斯善继述，振绳亿万年。

示儿诗

五子五安各千秋，知是开元共一流。
欲识紫云真道脉，源头始祖在泉州。

图3.8　黄氏祖训《认祖诗》
（永春水磨《黄氏族谱》，2010年重修）

无独有偶，根据南安诗山《霞锦洪氏族谱》卷一《六桂传芳史略》（民国刻本）所载，洪氏先祖本姓翁，入闽始祖乾度公在宋太祖建隆间生有六子，家住河南洛阳，时因“乱胡夷侵袭，六子驻节是邦，迫而化姓，逃匿六桂，遂此分枝，因而枝叶畅茂，源远流长，及今昭明本源，使后世普遍明白，遂将六桂之始祖之传芳及灯号分述如下”：

祖墓遗诗

落地三朝语不通，生枝是姓公羽翁。
诸子传流分六姓，兄南弟北各西东。
支分南北东西省，六姓原来是一宗。
但愿儿孙知同族，婚姻嫁娶无乱纲。

六桂兄弟灯号

长兄处厚公，字伯起，入洪姓，燉煌堂。
次弟处恭公，字伯处，入江姓，济（淮）阳堂。
三弟处易公，字伯兰，入翁姓，盐官堂。
四弟处林公，字伯悼，入方姓，河南堂。
五弟处廉公，字伯约，入龚姓，武陵堂。
六弟处休公，字伯容，入汪姓，平阳堂。

认祖诗，它既构建了地理上和文化意义上的迁流之合理性话语（骏马登程往异方，任从随处立纲常），又培植了一种“落地生根”和“开枝散叶”的“在地意识”（汝居外境犹吾境，身在他乡即故乡）。它和族谱一样，是一种族群和文化上的“认同标签”，即通过对自身的礼义文明和术数文明的传承（朝夕莫忘亲命语，晨昏须荐祖宗香），既积淀对祖籍、祖地中心的文化认同，又建构土著化和在地化的身份认同（苍天有眼长垂佑，俾我儿孙总炽昌）。而随着家族社会发展的风水观念和信仰，实际上有效参与了这种“迁流”话语的构建，是构成近世汉人乃至中国“文明涟漪”的重要组成部分。

明清时期，随着人地矛盾的加剧，福建除了物产较丰的地区（如福州）以外，许多地狭人稠的地区的居民，不得不背井离乡，逐渐朝海外、省外或偏僻山区迁移。堪舆术家或乡族士绅通常借助风水形势来解释宗族外迁“异境”的原因。

例如：上杭李氏利用始祖李火德“螃蟹游湖”的福地，反复营造一个子孙“外迁”（游湖）越迁越旺的家族神话。李氏还借助乡绅对李火德祖坟的背书来强化族众对始祖风水的崇拜，以激励族众的奋进精神（图 3.9、图 3.10）。其中一支

"有迁移四方之志"，从上杭先迁居江西会昌，再迁兴国高溪入籍，亦是寻求风水"从居之所"，"为子孙计，百计营谋"云云。[1]

漳浦浯江大林宗祠是乌石林始祖安公之四世孙义益的开宗祠，同样有一个家族迁移的风水叙事。该祠始建于明洪武初期，"地理优秀，是虎穴地，称为伏地虎。背后五十米处有巨石小山，一石形似虎口，又有虎脖颈逼真。祠前大埕二粒直径各一米天然圆石，初露地面称虎睾丸。距祖祠前百多米处地墩祖祠石群，尤似虎脚。自建祠后，阪上社的毛猪经常丢没，疑于此虎灵气所为，后创伤虎目，继而在祖祠左四百米处，深挖长坑，断其猛虎灵气。然而又有堪舆审视后，嘱其子孙远走异乡，方能呈祥趋吉。此后子孙络绎迁于广东海陆丰"云云。[2]

此外，士绅借助各州府的地理形胜特征，来解释当地社群之"居"（聚族而居）与"游"（迁居他乡）的取向。如明代术家评价泉州形胜缺失："清源薄而不厚，山衹重砻，鬼星（指府城主山背后相隔的山）太促。"[3]因为主山"鬼星"太促，定居者必多谋好动，自当"远客"或"航海立业于外番"耳。清代永春达埔洑溪（新溪村）姚樟出洋经商致富，返乡捐纳"州司马"，并寻觅一处宝地，修建长泰堂土楼，其正门楹联"擢引仙舟通外国，源开洑水裕中华"，很形象地展

1. "十六世友万次子华山，讳光孝，由梓里迁江西会昌，由会昌移居兴国龙岗头乌老坑高溪。康熙丙子（1696年）正月廿五丑时生，乾隆己丑（1769年）九月廿四日戌时殁，葬高溪水口左砂外向上牛形，卯山。配巫氏，葬梓里檬树下，坤山。继刘氏，康熙丙申（1716）三月初三丑时生，乾隆庚子（1780）十月初五辰时殁，合葬夫坟。子四：在能、在宽、在锦、在乾。光耀大舅坟在高溪水口右砂，卯山酉向。或与公同来，或后来，省公在此寿终，未曾闻诸先人。迄今祭醮与公同费，故特志之。道光壬寅（1842）高溪老屋造，立巽山乾向兼辰戌，堂名华兴。自修造以后，香火合于华兴堂，未回梓里。以前香火，每年清明祭醮，带回梓里，门额'华山公祠'四字。所有余坪空地、花台、水口，左有禾坪，永为众业。公生长梓里，幼配巫妣，及长失之，壮岁有迁移四方之志，由梓里徙江西，驻足会昌，之间数年，爰娶会昌刘妣，相为内助。相阴阳，观流泉，以为此地不足为从居之所，遂与刘妣聿来兴国，至鼎龙，卜宅于长信里七甲严埠西堡之高溪焉。当是时也，一夫一妇，相敬如宾，有冀缺之风；寸积铢累，渐有余赀，因买高溪之田屋山庄，爰居爰处，不无其所矣。尤有虑者，未有籍贯，不足为子孙计，百计营谋，入儒林乡水车里二甲之籍户。为子孙计者，诚善矣。尝考我珠宝公之各嗣孙入兴国籍者，皆由东伏团六甲珠宝户而来。公独异而不同其他，胜人之处未尝考见，而入籍一事不费财，不兴讼，不求人，固有高人一等者。迄今丁衍数百，成均者有人，入东西庠者有人，皆公之手泽所遗也。廿一世裔孙昌言谨志。"（《上杭院前李氏迁徙开村风水立籍事略》，载福建上杭院前《李氏族谱》）
2. 〔民国〕林拱海主编：漳浦浯江《乌石林氏族谱》，民国稿本。
3. 〔明〕释淮右：《清源总图》附文，载《清源图》，清道光年间抄本，中国闽台缘博物馆藏。

图 3.9　李氏宗祠李火德祖像

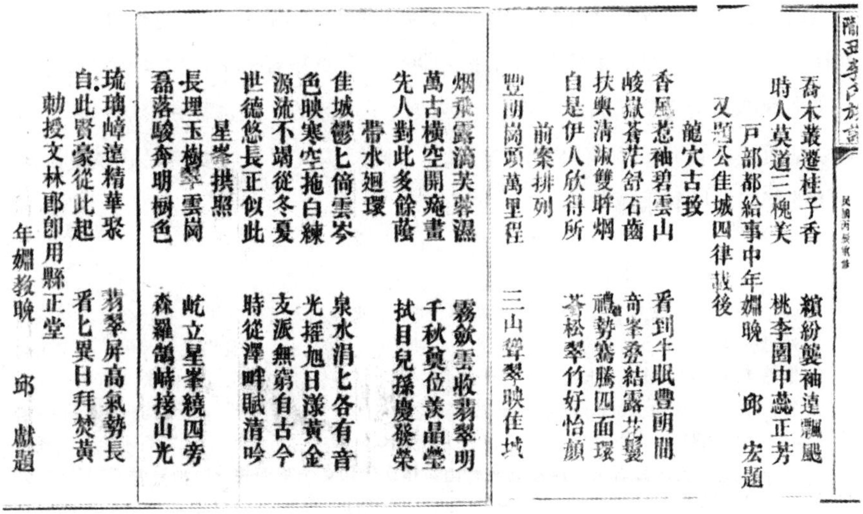

隴田李氏族譜

喬木叢遷桂子香　繽紛雙袖遠飄颺
時人莫道三槐美　桃李園中蕊正芳
戶部都給事中年嫺晚　邱　宏題

又題公佳城四律裁後

龍穴古致

香風惹袖碧雲山　看到牛眠豐明間
峻嶽蒼茫舒石齒　奇峯叠結露花鬟
扶輿清淑雙眸烱　禮勢騫騰四面環
自是伊人欣得所　蒼松翠竹好怡顏

前案排列

豐朙崗頭萬里程　三山聳翠映佳域
烟飛露滴芙蓉濕　霧歛雲收翡翠明
萬古橫空開疱畫　千秋奠位羨晶瑩
先人對此多餘蔭　拭目兒孫慶發榮

帶水廻環

佳城鬱匕倚雲岑　泉水涓匕各有音
色映寒空拖白練　光搖旭日漾黃金
源流不竭從冬夏　支派無窮自古今
世德悠長正似此　時從澤畔賦清吟

星峯拱照

長埋玉樹聳雲崗　屹立星峯繞四旁
磊落駿奔明樹色　森羅鵠峙接山光
琉璃嶂遠精華聚　翡翠屏高氣勢長
自此賢豪從此起　看匕異日拜焚黃

勅授文林郎郎用縣正堂
年嫺教晚　邱　獻題

图 3.10　李火德公佳城四律诗

（上杭院前《李氏族谱》）

示东南沿海地区“迁流”浪潮背后海洋性、开放性的精神特质。清代郭柏苍则将福州“不远客而易思家”（居），兴化、泉州、漳州的“航海立业于外番”（游）等区域人文特质，同当地的地势之“地理之验”相互勾连。[1]

在风水解释模式背后，我们显然不能忽视长时段的地理因素、思想传统乃至家族的集体情感带给地方社会变迁的深刻影响。比如，郭柏苍关于榕、兴、泉、漳等区域的“地理之验说”，同“好男不娶福州女，好女不嫁莆田男”的俗语颇能相互响应。女性在家庭中的地位和幸福感，往往同男性与环境相调适的生计取向密切相关。特别是家族祖先风水的文化意象和区域地理环境的风水叙事，给那些迫于生态压力的移居行动提供了有效的文化解释框架。乡族社会针对迁居的风水解释接近一种地理环境决定论，使得地域社群濡染了一种向“外境”开拓的冒险精神。有关迁移异乡的种种记忆叙事，也是针对近世中国卷入“早期经济全球化”浪潮而涌现的沿海人口迁移现象的文化反应（图 3.11）。

毋庸置疑，“外境”毕竟不是聚族而居的“吾境”，“他乡”毕竟不是同姓同族的“故乡”。清代以来，在福建居民大量移居的其他地区（诸如台湾本岛），当地的移民社会经历了一个移植和重建祖籍地传统社会的艰难历程。他们在新领地构建的社会，堪称中国大陆传统社会的连续或延伸。在生存空间有限的情况下，外移族众在外境他乡的事生与事死的活动，大多重复着祖宗在故乡吾境追寻有限的风水资本的传奇，从而间接地促进或改变了地区的开发进程和聚居风貌。而在新领地营建的祠堂或祖墓风水的“胜地”，同样构成了移居者追忆原乡或认同新乡土的记忆场域和情感载体。[2]

---

1. “福州城郭居乱山之中，受延、建、邵、汀四郡之水潴而入海，其男子不远客而易思家，此地势使然也。女子不耕织而役其夫，此天产使然也。兴、泉、漳客山胜（客山，指主山前面的非主体或结穴之山），非航海立业于外番，即为僧托钵于他郡。延平山水走而不守，故鲜富室。汀之山川迂复驳杂，故多九流三教。此亦地理之验。”［〔清〕郭柏苍:《我私录》，清光绪十二年（1886 年）郭氏丛刊本］
2. 舞鹤（1951 年生，台南人，曾获吴浊流文学奖、赖和文学奖）的《拾骨》，描述了闽台人的掘坟拾骨:“大哥接过铁铲，大力一击，墓碑折断堕向墓庭:娘在墓庭前缘捆扎好的麻布袋中。我们等待六舅返来。师傅问:何以墓碑上的祖籍写着‘台南’？在他拾骨生涯中，只见泉州、诏安、厦门、潮州……我们望着地上碑棋下缘那两个大字‘台南’，无人回答。墓碑上文字以及墓庭门联，是祖父用他的一手工笔写就的。想他在世时，大约无人提过这问题。他总自称是台南北门人，终战那年自田庄移居府城。娘的娘家也来自台南北门，外祖一代已

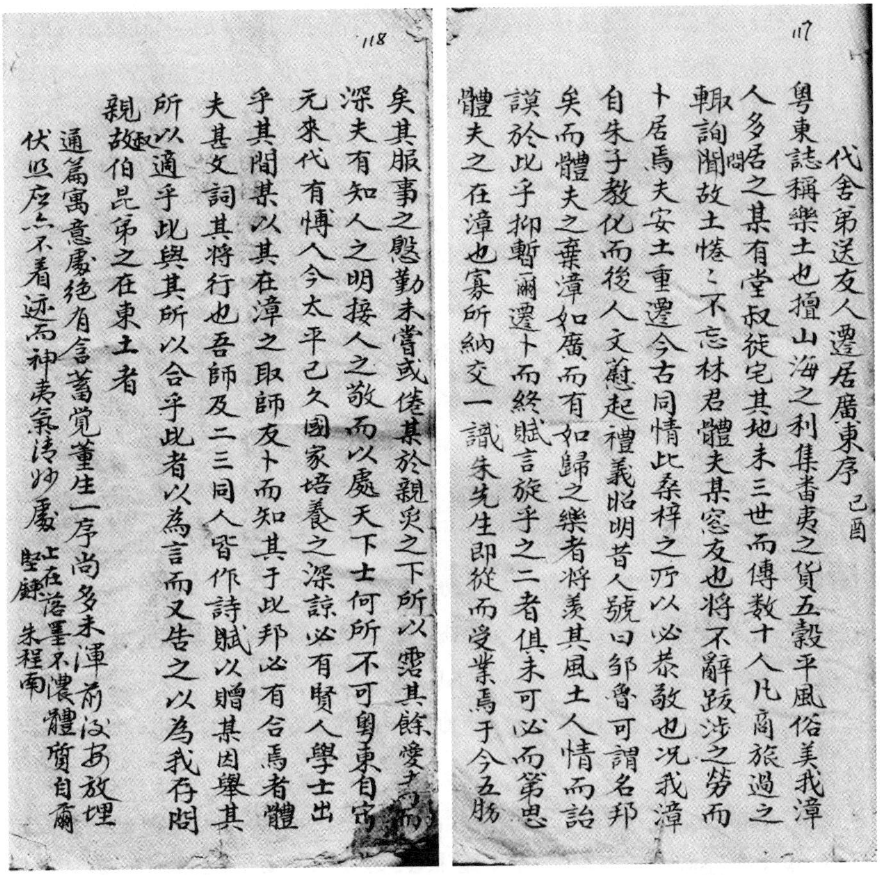

图 3.11　代舍弟送友人迁居广东序

（漳州天宝塔尾《柯氏族谱》，清手抄本）

我们试再举台湾连横（《台湾通史》作者）、连战祖籍地的风水故事。在“迁

在府城有厚实的营生。自命儒家一生的祖父，不会不知道自己的祖籍来处，媳妇嫁过门时不可能不考究她的本家祖籍出处，他当然晓得‘厦门’‘同安’是墓碑文化的约定俗成：娘死那年，祖父年过七十，退休蛰居在闹市一条僻静的巷底，他先在旧报纸上试写遍，之后在一张洁净的长幅白纸上工笔写下：台南。……二哥过肩背起娘，大哥手执线香前导，出墓庭，过蕉园，上便池车。娘安坐前座踏垫上，其上是二哥手中的不断线香，引导娘过高速公路回娘家台南。在乳牛场前我们暂别。我反向经泄洪道旁小径爬上埤堤：春草连绵而去水涟涟的尽头是迷雾的群山。我下到埤岸，蹲着将捏紧的拳掌浸入水中，我闭上眼睛，感觉娘的牙齿濡湿起来……”（《拾骨》，高雄：春晖出版社，1995 年，第 5—86 页）

小说中的“祖父”“娘”的子孙，只是朴素地重复着“唐山”先祖的乡土认同情感罢了。曾

流”他乡后，异地族人仍然持续关注故乡，将祖籍地的风水文运与迁流族人的发展勾连一起。而这种历史观念话语甚至延续到当代的风水操作和家族解释范式，显见文化记忆的顽固驱动力。

根据《江都连氏族谱》民国抄本记载：明正统十四年（1449 年），连法进之长子连垒因躲避沙县、龙溪之乱，扶母入长泰，于江都崎岸定居，衍为望族。族裔连日春于咸丰十年（1860 年）中秀才，光绪二年（1876 年）登丙子科台湾文举人。乡试揭榜后，连日春即携子回到江都村祭祖，依例在祖祠瞻依堂前竖石笔（图 3.12）。其时乡人倡立文风，筹建敬圣亭（字纸亭璧）。连日春书《募建敬圣亭小引》，感叹原乡祖居虽有“雄奇之胜”，却缺少“黼黻簪缨”，期待敬圣亭“卜得其所”，培养“尊文惜字之心”，以振兴宗族的文教事业。[1]

连垒长男连佛保又迁往龙溪二十九都马崎社居住，为龙溪（现龙海区）马崎社开基始祖。2006 年，连战偕妻子前往马崎祭祖，当地政府加急重修了连佛保的祖坟。在重修祖坟时，坟前的曜星石被人破坏（图 3.13）。按明徐善继、徐善述的说法，“曜星者，亦是龙之贵气旺盛，发泄而出者也。凡龙虎肘外、龙身枝脚、穴前左右之砂、明堂下关水口及龙身随带之间，但有尖利巨石，皆为曜星。凡地贵必有曜。……盖远则见效迟，近则可以催断速发矣”。[2] 漳州人将连横祖孙

几何时，“唐山”先祖的墓碑先是写着“颍川”“固始”，而后才写着“厦门”“同安”。如今，这只是唐山血缘的另种“空间位移”罢了。根据中国的传统，女性又是根据“夫妻一体”原则而被纳入夫家的祭祀系列之中的，因此，“娘”墓碑上的籍地自然也是“祖父”家的籍地。所谓“年深外境犹吾境，身处他乡似故乡。朝夕莫忘亲命语，晨昏须见祖宗香”，无论是在原乡抑或乡土，祖墓风水承载着子孙“春草连绵”般的寄托与希望，是祖先绵绵相续的“血缘的空间投影”。

1. 《募建敬圣亭小引》:“环中皆陋境也。自字成鸟，精泄龙潜，雨粟祥呈，结绳改易，遂以洗乾坤之陋，而焕乎文章矣。独慨祖龙御宇欲王天下人，收百家书于咸阳而火之。此上下千古之奇祸也。虽然火能为祸，亦能为功。断简残篇，委诸草莽，单词只字，辱在泥涂，蚩蚩者类皆然矣。与其而躏之，何若焚而化之。未付清流，先投烈焰。此敬圣亭之所由设也。江都千百家，泰东一大村落也。吾宗居此殆五百年。山雄奇之胜，非无磊落英多者出，而黼黻簪缨，终焉寐之。安知非敬圣一道，缺而不讲者乎？读圣贤书，即不能本所学，而措理家国，奈何并此区区分内事而亦忘之。今诸先生长者，悉跃跃有是心，谋诸族人亦多出镪相助，予赞而成之，卜地于清溪之崖，奇石森列，远峰耸秀，甚得所焉。揆诸形胜，以及诸先生、长者尊文惜字之心，族人好义集腋成裘之意，是吾乡大转贲之机也。弁数言预为吾宗贺。……咸丰拾年（1860 年）捌月日庠生连日春序。”（龙海《江都连氏族谱》，民国抄本）

2. 〔明〕徐善继、徐善述:《重刊人子须知资孝地理心学统宗》卷二。

三代的发达之因，想象为祖墓曜星贵气旺盛所致。

在乡族社会的叙事中，连日春、连横、连战父子无疑属于传统意义上的士绅或士大夫的阶层（显贵）。两岸同宗人在间隔百年后的祭祖活动，其场景颇有异曲同工之妙。在儒家“光宗耀祖”的意识形态背后，夹杂着迁流的宗族成员对祖籍地的祖祠（坟）风水效应的无限想象，并呈现了同样的文化解释模式。

图 3.12　石笔
（长泰县江都村连氏祖祠）

图 3.13　连佛保墓
（漳州龙海市马崎村）

二、风水叙事与明清家族的发展史观

宋元以来，闽中虽然仍然属于地理上的“瓯越险远之地”，但是随着中国的经济和文化重心的南移，沿海的福州、兴化、泉州等地，在地方士绅眼中，俨然已是“人文渊薮”“海滨邹鲁”。特别是随着明清家族制度的新发展，尊祖、敬宗、收族等宗法观念不断在乡族社会中获得有效的强化。而日渐完善的科举制度的推行和“航海立业于外番”的商贸活动，亦给家族精英带来了更多的向上社会流动机会。走近闽南及客家的祠堂，那些门前的石龙旗就是家族借助于风水资源的竞争而获得科举功名的见证。

诚如扬・阿斯曼所称，“各种类型的集体都倾向将回忆空间化。任何一个群体，如果想作为群体稳定下来，都必须想方设法为自己创造一些这样的地点，并对其加以保护，因为这些地点不仅为群体成员的各种交流提供场所，而且是他们身份与认同的象征，是他们回忆的线索”[1]。关于祖祠、祖坟等空间象征物及其风水记忆的形式，是家族借以进行尊祖敬宗收族之话语构建的关键符号，也是那些留守故土或只在本境内迁移的乡民们抵抗生存压力、提高生存质量的药方。它也成为乡民们培育“乡族意识”和宗族化的“等级秩序”、构建家族的身份优越感和乡族命运共同体的一把文化利器。作为一种持续的文化系统和民俗传承的事象，风水术数堪称乡族从文化象征意义上调节环境和族群竞争的有效方式，并存储、唤醒地域社会的交往体系和自我运行的历史信息。所谓家族发展历史的烙印，正是透过祠堂、坟墓、族谱书写、风水故事等被叙述、被沟通的形式，连接成一张可资想象和认同的“记忆之网”的。

1. 明清家族关于祠堂的风水叙事

明代中后期以后，面对剧烈的社会变迁（明清改朝换代）及集体生存压力，许多家族纷纷修建祠堂和家庙，编撰家族的神圣文本即族谱，作为构建家族之“有机团结”的重要手段。宗祠或家庙，其实是一个被高度物质化和形式化的文化记忆空间，是一个家族之纪念碑式的象征圣物，是一个不断被唤醒和被重建的家族神圣史迹。不仅祖先或死者通过祠堂之物化的神主牌等存储媒介继续活在后裔的记忆中，而且活着的族人或后人也能通过重复性的祭祀来想象自己在未来的纪念形式。

当然，祠堂不像坟墓。前者更像一个反复叠写的文化模板，一个展示社会关系网络的容器，一个回忆和学习家族历史和道德规范的训练场，因此祠堂也更具有公共性、当下性、标志性和神圣性，后者因为数量大、远离人居以及各房支的分裂等原因，需要有所选择，或记忆或遗忘。祠堂数量有限，而且是家族不同代际者的关联者、见证者，与家族的日常生活空间紧密相连，是家族成员日常交往和沟通的公共场所，是天然的集体象征物和核心的文化符号，是外迁者可资追忆和纪念的空间框架，是可以被当作故乡而不能被轻易地遗忘的。因此关于祠堂的记忆往往带有被提醒、被命令的道德义务的成分（比如通过祠祭），总是以复数的形式得到表述、纠葛、固化。特别是掌握话语权的家族成员，通过持续地编修

1. ［德］扬·阿斯曼：《文化记忆：早期高级文化中的文字、回忆和政治身份》，第6—7页。

族谱和撰写集体的祠堂风水故事，普遍形成了一种日常性的、根基性的家族史观，即阴德和风水相辅相成，是决定家族的兴衰成败的核心性的文化基因。而家族士绅和贤达借助可资阐释和回忆的文字，对祖祠风水胜景进行持续性的话语构建，是塑造家族的集体记忆和地方认同、寻求向上社会流动机会的核心形式之一（图 3.14、图 3.15）。

因此，祠堂作为“尊祖敬宗收族”的公共圣迹之一，其实是家族借以塑造和展示自我形象的媒介，是一个“记忆的场域”或“记忆之所”。[1] 如果没有祠堂及相关的风水象征符号，家族特殊的历史意识和身份归属感的构建就丧失了可资进行文化记忆的根基。祠堂总是不断地承载、层累和“书写”着家族之“丰碑性”的历史。也正因为它具有强化历史记忆和植入价值的“丰碑性”，人们才会如此“浪费”大量的财力、物力，持续反复地重建、整修和纪念，让祠堂处在历

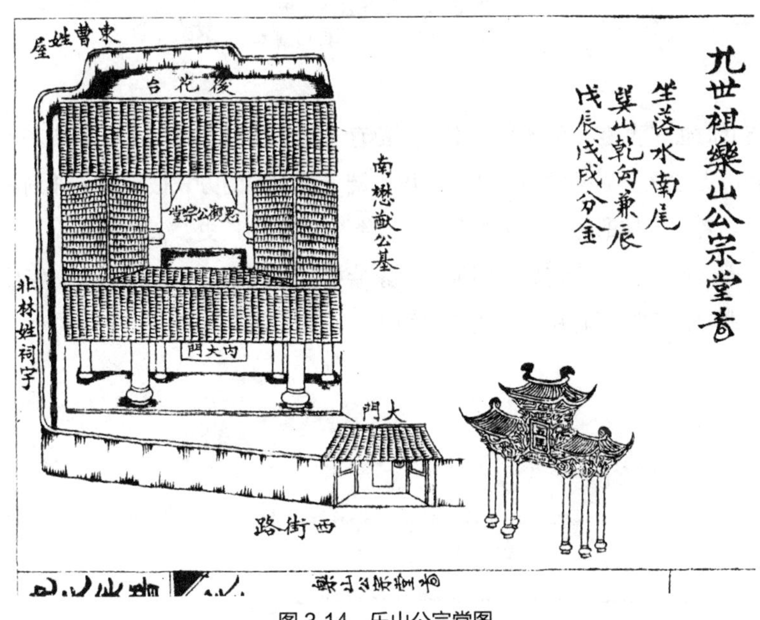

图 3.14　乐山公宗堂图

1. ［德］扬·阿斯曼：《文化记忆：早期高级文化中的文字、回忆和政治身份》，第 6—7 页。

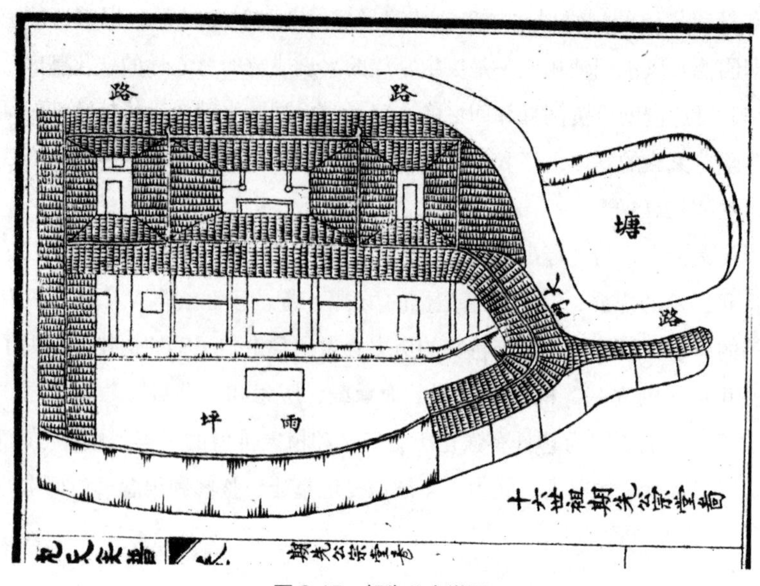

图 3.15　朝先公宗堂图

（连城《沈氏族谱》，民国刻本）

时性与共时性“共在”的场景之中，并留存于当下的时空维度中，重新获得历史情感和历史意义。当祠堂的“活”的历史链条以不同的方式被言说、被刻写，不同的代际者在集体的想象中也真正地感受到家族的成长史、荣耀史。[1]

我们试摘录福建族谱关于明清时代家族祠堂的风水叙事，以期了解家族关于祠堂的书写记忆沉积着哪些文化共识和历史心性（表 3–1）。

1. 代际、锁链、博物馆和媒体是理解记忆中的历史的四个关键维度。参见［德］阿莱达・阿斯曼:《记忆中的历史：从个人经历到公共演示》。

表 3-1　明清家族祠堂的风水叙事

序号	家族祠堂的风水叙事	风水共识撮要	出处
1	明万历间甲第连登，三十四年（1606 年）丙午，而韩承恺倡始而建大宗祠，“庙尚朴素，不加雕饰，而且拥蔽明堂，堪舆家多嫌之”。清康熙四十四年（1705 年）重修庙宇，“自是明堂光亮，山水朝拜，较前之旧制，不亦巍然大观也哉。”“遵开元寺僧太仰选择良辰，遂于四十六年（1707 年）丁亥春正月十九日午时，请主入庙。至次年戊子岁（1708 年）杨学院科校，漳州三房孙讳元泽遂取一等第五名食饩；长房孙讳际昌遂进龙溪学泮，采芹得意，初年获吉如是。从兹以后，福禄攸同，正未有文也。”	漳州韩氏宗祠得良师选择良辰，故有科举功名之应。	《重修宗祠风水记》，《天宝韩氏族谱》，民国十四年（1925 年）手写墨书稿本。
2	龙潭之太祖前溪公，于隆庆五年（1571 年）得青囊明师廖公默林之助，得龙潭宅基地，“先辟花胎，后定堂奥房间，高低狭阔，裁制称式”，“迄今人丁数千，前程数百，田庄万顷”。廖弼公筑龙潭祖祠，作有序：“美哉斯祠，上厅中宫，坐乾向巽，庚戌庚辰分金。左片门楼外坐坤向艮，丁未丁丑分金，乃是格龙，配合阴阳立向。水涵屈曲，切不可改易。其屋高低阔狭，切不可移。至左右横屋天池中，各架凉亭，作法通起气，日后不可砌塞，致害气不通，必狂人。若花胎阔狭，莫移寸尺。屋盖或坏随修，断不可重新再造。若重新，切不可改易分金，恐假伪罗经，有差错空亡之弊。总之为期，堂奥、墙基、花胎、沟路定式，万世莫易。再嘱，龙背两片窠胁，创作池塘，欲养龙局，使龙非旱龙，富贵绵远。祖祠形系帐内将军大坐，又似美女怀胎。右片谋一水沟凿涧，淙水声当琴瑟之音，五十年后子孙大盛。予嘱，右片下砂手尾多作层楼，逆水居之，可以获福。其余左片门楼外，不可架造房屋、厕池，闭塞峰峦秀水，致害人文。溪东老楼后是劫曜之方，更不可架造房屋。若多架造，名为退神送水砂，立见凶败，不可以其远而忽之。前面水直，予多作砂岗，大埢屈曲，日后不可开田掘毁。倘掘直窜，名为退田笔，何啻破财，不可以其小而藐之。子孙不听师言，灾害并至，凶事如麻。能听师言，百四五年后，每纪必发。有科甲之人，官至府道。”	游氏祖祠，应遵从地师指点的法式，不可轻改，方有人丁兴旺，人文蔚起。	《秀篆游氏太祖千总公行略功德及祖祠风水志》，诏安秀篆《游氏龙潭楼系谱》，清宣统（1909—1911 年）稿本。
3	吾祖业基公，以元顺帝至正十年（1350 年）从美江来赘港滨，以礼李公家，生子善长、善庆、善政、善历。迨后四子成立，遂有其地，建籍立户，曰永隆。嗣是数传，始构堂新店楼仔地，而以业基公为始祖而奠焉。历承禋祀，至崇祯辛未年（1631 年），得名地师示下厝田地，云其龙来自峨山西麓，降而趋田，倒作芦花三袅之势，回龙顾祖，结坐空朝满之局，翠嶂罗前，碧潮缳后，中若创祠兴祀，可大尔宗。众从之，遂议以其田为祠地。然田为八世孙继恩公己业，而公时已吏目三考。众请其田，而公素向义，欣允众请，愿充其田三斗为祠地。众不忍干没，乃以其田估银三十两，而公止收银二十两，愿以十两之数充工役费。公之孝思，殊可风也。遂于是年兴工，定其坐向，以乾巽而兼戌辰。迨落成，即是岁之冬，奉主入祀，果数年间，而莅臣公等遂于甲戌（1634 年）应运挺生。无何，甲申（1644 年）鼎革以后，郑寇据海扬波，沿澄通宵烽火。至康熙元年壬寅（1662 年）禁严接济，朝议移界以绝	许氏得地师指点，族人献地，兴建祖祠，果有科举，因妄改修以致阖族不宁，理当尽善经营。	《港滨祖庙前后兴修总记》，漳州圭海《许氏世谱》，许朝瑛、许文焕编纂，清雍正八年（1730 年）刻本。

续表

序号	家族祠堂的风水叙事	风水共识撮要	出处
3	交通，弃政桥以东为界外，遂使田里就芜，族姓鸿嗷，中泽而栖神，祠宇竟销毁于金戈铁马之健儿矣。犹幸庚戌（1670 年）海氛少戢，而荩臣公等已佐兴朝，抡勋专阃，追维祖德，上报宗功，于岁辛酉（1681 年），召族子授金四百为倡，其余诸公亦各捐奉以副，而族之丁壮咸乐趋事赴功，遂即旧址而新之，由是而神保聿归，曾孙肇祀；峨山之辉，重映几筵之上；圭泽之媚，长潆栋宇之旁。俎豆荐者馨香，乐人奏者洋洋，英英而鹊起者，多觐我皇王；蔚而豹炳者，皆观国之光。及乎壬辰（1712 年）之岁，乃有后堂阴晦、天井窳塞之嫌，致起改修之议。一时误听堪舆簧惑，不由旧章，更易水道，放丁出巽，以致阖族不宁，亏损匪轻，于是众情汹汹，始于己亥年（1719 年）修复，放丁出甲旧水路，自是稍获又安，而质卿公等复接武而承纶秉钺矣。然而祠地坐空朝满，最喜流神回环漾秀，以卫真气。而乃祠后祠右闭压为嫌，又或填淤扩地，以细潮流地灵，实为所病。后有加意于斯者，尚其经营，尽善可也。爰志巅末，以示无疆。雍正七年岁在己酉（1729 年）仲秋之吉，阖族谨志。		
4	吾浦名岳，一丹灶，一大帽，而对起祖于龟山。大帽之脉从龟山东北分结，旁结小帽山冈，延袤越百余里。人才生其间者，若周翠渠、陈布衣、王方伯、高江二太史、陈涂铨部。至如佛潭，鉴湖，港头，鸿关，有陈杨林、顾彬彬诸科甲，俱钟厥地灵。而余祖居积美，亦其分支焉。丹灶一脉，从龟山西南分结，次结小灶山冈，延袤六百余里，人才生其间者，若林会魁、詹蔡二柱史。至如锦湖，东姚，陆鳌，蔡郑陈彬彬诸科甲，俱钟兹地灵。而余新居硕高山，亦其分支焉。溯二山之水，则大灶、大帽谓水东流注海，难慈数矣。小帽水由张坑、油柑山岭、磁崎岭西北流入官塘大溪。小灶水由大庵龙昌东南亦入宫德大溪，俱在硕高山前交会。而水口两峰，南曰崇信山，龙发小灶，迤逦奔抵溪南；北曰东林山，龙发小帽，迤逦奔抵溪北。二龙隔十舍而遥，而奔趋相会，左右旗鼓对峙，中夹一溪，仅十数丈，巍然提门巨障，尤称奇哉。余祖宋闽冲郡王南渡后，从少帝航海入广崖，避元晦，居积美滨海，苦盗患。余筮仕，赋性踈拙，素有耽山林僻比家。归遭剧寇凌侮，决意卜庐入山，屡经此地，熟目诸山谷盘密不嚣，冲途不逼，海寇不杂，城市纷华，可以逸庄课子；田土腴沃，树木蕃茂，即难岁薪米恒裕，可以聚族蓄众。又鼎山乾龙逆结，入首开障开钳，砂明水远，近案五层，远山罗拱，天马居前，石人石龟等奇峰居左捍门，居右可以卫真龙。迓吉祥昌，后永世计，心窃喜之，乃芟辟草莱，建楼筑堡居焉。楼建于万历庚子（1600 年）之冬，堡建于甲辰（1604 年）夏，暨诸宅舍，次第经营就绪。拮据峦山二十年，余窃阅往牒，眉山西蜀最僻阻，地比三苏，出人咸知有眉山。淳安隐万山中，有商文毅公出，人遂知有淳安。人杰地灵，相因而重，良不偶已。今余草创，诚无识者，惟子若孙，居斯地，培祖德，绍书香，以振扬而光大之。虽未敢僭拟之眉山淳安，安知异时不与佛潭、鉴湖等名境相鼎峙匹休乎？毅然应地灵，以光映丹鼎，窃有望于后之绳武者，因志而书之，以望将来云。时万历癸丑岁（1613 年）孟春吉旦。赐进士出身，宪大夫，浙江按察司副使，前户部贵州司郎中，硕高主人鸿台赵范谨勒石。	赵家堡士绅分析楼堡的风水形胜，希望子孙居斯地，培祖德，绍书香，以光映丹鼎。	《漳浦赵宋皇族赵家堡风水叙录》，载漳浦赵家堡《赵氏玉牒》，民国乙丑年（1925 年）五修稿本。

续表

序号	家族祠堂的风水叙事	风水共识撮要	出处
5	我祖志旻公，于前明弘治十二年己未岁（1499年），时公年三十有七也，志意远大，思构一阳基，为子孙长久计。是时有以堪舆名世者，曰袁先生光，与公同庚相契，间言有佳地一所，当李屋下首。乱木丛杂，深草蓊郁，未果所扦。公阴到其处，先挖一草窝，袁师未之知也。嗣后邀师到其处，师骇曰："谁先踞此？"公应之曰："是我先日所得也。"师愕然曰："福地留与福人，开年翁何幸而得此。"于是为公选局定向，辰山丙辰分金，造屋以居焉。先是公居利头嘴，已有民米七石，育三男。及徙居城夏，又生一男，遂日新月盛，分居四房，人烟繁衍，实祖积德行仁，以贻诸子孙。后之人每逢年节庆飨之日，咸于大门外揭化纸钱，亦聊以尊祖尊师之诚于万一焉。迨数传而后，有明师指点下，大坪栽树蔽下关井豆山，竖土围各充己由，栽树以作砂手。继又有嗣孙德范，借地师廖大有先生，于四房公位殿一窝，三房公位填一界，煞脑上作一冕旒。迨至康熙二十九年庚午岁（1690年）十一月初一酉刻，上手横屋不戒于火，延及祖堂，幸而香炉神棹抬出，有嗣孙龙川等约众，实时鸠工架梁，十二月初四日竖柱重建，于是祖祠一新。今略记源流于此，俾后世识所由来，长守弗替焉可耳。	傅氏先祖积德行仁，谋得佳地，不断经营，以贻诸子孙。后人当识所由来，聊以尊祖尊师之诚。	上杭《傅氏城厦福星堂原记》，浙江龙游贺庄清河《傅氏宗谱》，傅寿祺编纂，民国八年（1919年）刻本。
6	郭氏之庙在锣鼓山阳。其源甚远，盖自大磨西注委蜒十余里，若明若灭，不可穷其迹。及至祈雨，露峦张峰，舞牙奋爪，岸始大。祈雨之涯时笼云霞，望之如仙人特立，而露其半身；又如美女晨妆，绿鬟翠苍，绮绾绣错。邑东之负海而居者，瞻云气即知雨晴，故谓之祈雨山焉。由兹山少折而西，乍曲乍直，乍行乍伏，乍阔乍狭，可数十百步。而锣鼓一峰特峙，或曰石类锣鼓，名之以其形，曰锣鼓山。或曰是山也，魁伟踞肆，睥睨万有，家斯土者，不专阃而锣万军于麾下，必秉政而鼓豪杰于域中，故曰锣鼓山。山之广可千亩许，异草怪木不可名记。靡然而下，夷衍旋曲，若虎伏龙行，而伸其两股，郭氏之庙构焉。莲花辅之，鸿渐翼之，美人揖之，天马俯之。臂指仆妾，势若星拱。南瞰大海，舻艇上下，隐显渺忽。其岛屿环横布列，若立若偃，若奔若踬，无不献巧呈奇于堂庑之下。盖天地钟异，于是而类智者所设施也。庙之东五十步，而吾族之里居附焉。树林阴翳，烟火合辉，几千余家，俗又近古。同邑所称巨族，罕出其右者。夫山不在高，有仙则名；水不在深，有龙则灵。庙以郭氏之族而显，吾族之不印累绶，若接踵代兴。俾睹斯庙者，咸啧啧于郭氏之族也哉。是以为记。大清康熙丁丑岁（1697年）秋七月谷旦。二十一世孙我疆敬记。	郭氏宗祠风水形胜甚佳，烟火合辉几千余家，蔚为巨族。	《郭氏大宗祖庙风水记》，载华安岱山宝山《郭氏族谱》，明隆庆十七年重修本，清光绪庚寅（1890年）再钞补本。
7	我房自宋朝分派以来，耕读商贾，各安本业，苟合苟美者不少。其人明经子衿者，接踵相继。迨辛丑（1661年）迁移之后，室被兵火，人皆兽散，家业人文，与昔日大不侔矣。廷鐄窃有心故土，不揣绵力，欲成先人未逮之志。历相地势，详考堂局，得上厝之地十二间，阔有四丈四尺，前临大江，后傍孔道，左右各有通巷，邻于本家，苞固绵密，诚可为祖宗栖神之处也。是祠地虽四丈有四，其用则准三丈三尺，金生生之数。东偏一片，宽丈许，以通其脉气，合生气长旺矣。坐子向午兼癸丁，庚子庚午分金。外阳收水，以水土论，生申旺子库，辰	郭氏宗祠乃祖宗栖神之所，合风水罗经理气法度，不容有所损益。愿后日子孙，勿妄作聪明云耳。	载福建龙海角美《郭氏族谱》，郭天锦编纂，清康熙二十四年（1685年）稿本。

续表

序号	家族祠堂的风水叙事	风水共识撮要	出处
7	水流左出则生旺，倒水为合法矣。右水长生到堂而左，年十年有武曲管局，前面最喜池塘。今有大江环绕，不患无金水相涵矣。原高山当论穿透，吾地一片平洋。闻诸白叟云，筑土而居，未尝龙脉真踪，兹只可论收水，不论穿透也。本山子坐属水，祠一丈五尺四寸属金，则为本山之印矣。阔三丈三尺，寿堂六尺八寸，属木，则与本山相生矣。埕深一丈三尺有奇，则合三步凤凰之数矣。廷鐄自少游泮，乏定省之勤。及失岵之际，又乏寻龙之眼，怅恨呼天，三年始得牛眠，后遂发愤地理，得吴望岗先生之秘。今祠中法度，俱与罗经理气相合，断不容有所损益也。始祖大宗古址坐向，亦系子午，科甲富盛。后子孙妄作聪明，误听时师，改为癸丁。今视昔云泥千万，可验也。爰著一言，以为左券。愿后日子孙，勿妄作聪明云耳。		
8	尝谓分岐丰镐，肇基于先世；伊洛瀍涧，待启于后人。盖天有所宝重之地，不欲漫泄其奇。非其人不得而造，非其时亦不得而造也。我杨姓始自周，商音。杼公受周康王分封以后，公侯帝王将相，代有名人。越至宋龟山公，为闽中理学之倡，从祀孔庙，尤足增光志乘焉。列祖自元末明初来自汀州宁化石壁，胥宇平和，居福坪，或居下坪，或居南胜、峨眉、小溪、大坪、内胡、芦溪，或居云霄、诏安，粤省潮州、饶平等处。流派虽分，而溯发源之始，未尝不本龟山也。而缙绅长老恒以县治少一大宗祠为憾，迨甲子（1864 年）兵燹后，适有勖斋公遗址，爽垲秀丽，卜为大宗，众欢趋之。倡建者则有宗虞、仕人、永珍、建章、自贤、类金诸前辈。协理者仕人，而总理者茂冬老家长。遂于癸未岁（1883 年）鸠工庀材，越甲申（1884 年）而进火焉。嗣而丹青涂塈，则嗣徽叔祖肩其任。继而建翼室、筑围墙诸事，则森林叔总其成。由癸未（1883 年）迄丁酉（1897 年），易十数春秋，程功不少，耗费亦巨，费白银二千余元。巍然焕然，壮观瞻焉。是前人欲作之志，未做之事，而后人果能继之、述之，非后人胜于前人也。实天特留此，以报祖宗之德，而遗我后人也。则斯堂之构，春秋享祀，地脉钟灵，行见蛟腾凤起，重振立雪家风，兹非后人之幸也。然进火不一次，旧图之存于衡玑叔者，漫漶散帙。辛丑年（1901 年）庆成再人，又无登图，泯泯棼棼，不足信今而传后。长老命余录之，乃偕企昭叔，就龛对明位次，辑而录之，披图一览，庶有知其秩序焉。谨掇俚言，以志缘起之端云。清光绪三十年岁次甲辰（1904 年）菊月望日，和邑十七代裔孙文炳敬启。道南堂风水及牌位银谷凡例：一祠坐癸向丁兼子午分金。前有大埕、照墙，后有花台、墙围。左右有护屋两进，各六间。左至游家墙脚，右至李家墙脚，占地面积近二市亩。	理学家杨时的宗祠历经重修，乃地脉钟灵，行见蛟腾凤起，重振立雪家风。	《平和县杨氏大宗道南堂之来由及风水叙略》，载福建平和《弘农杨氏平和谱》，杨氏渊源研究会编纂（杨敦慎主编），1999 年稿本。

续表

序号	家族祠堂的风水叙事	风水共识撮要	出处
9	大地蒋氏开基祠堂号为廷宗，是有历史渊源的。景明公、景容公随刘氏来到北溪大地隘尾燕尾，吾祖亦有居焉。今不知孰先孰后，前居已不考。然可以益知，开基当初，许多跋涉磨难是不言而喻的。为了开垦土地，先祖甚是辛勤劳作，景明公起先在金面山前开垦土地，祠堂周围的土地为之所有，于是蒋氏家族便在此盖了一座比较简陋的房厝，自然也就成为开基祖厝。景容公是由大哥景明公拉大成人，他娶大地刘家第八女儿为妻。景明公子嗣后来到外地传承，传说到广东。景容公传二世隆哥公，亦传三世良辅、良奋、泗昭，便将景明公的开居厝地改建为祠堂……十五个房份有人口一千多人。当时主持宗族事务的八世祖纯齐公即照麟公，旦吾公又名行健，天览公的父亲，和九世祖温厚公即统器公，倡导扩建装修祠堂。因入主神位都是廷字辈以前的祖公，于是号为廷宗。朝联公是大地蒋氏的才子，对地理方说颇有研究。根据大地金面山虎形结穴的构造，在改建时，朝联公建议把廷宗建成虎首长啸，下厅的屋檐高于上厅，进厅堂的石阶着定双边奇吉数，堂前筑有玉带佩着，加上前池塘后花园的配置，正是易学风水中的吉穴，能给子孙带来如意吉祥。从历史上看，蒋氏传承九世之后，便出进士、尚书、举人、秀才，代代人才辈出。清朝以来考上庠生、邑庠生有一百多人，太学生不乏其数。清雍正甲寅年（1734年），蒋氏十四祖仕熊公，在沿海经营生意，取得巨大成功后，回到大地，再次倡导维修廷宗祠堂。当时有些人对祠堂称为廷宗有异议，装修好以后，曾到玄天上帝前请旨，神定轮换济美，颜曰廷宗，对先祖祠堂号为廷宗表示肯定，此后正式定为大地蒋氏廷宗祠堂。为记载历史，彰显功德，志表先祖仁达与义举，乾隆三年戊午（1738年），特立大地蒋氏廷宗祠堂记碑刻一方。清嘉庆七年壬戌（1802年），再次重修廷宗，又立碑刻一方。二方碑刻有些文字已剥落，但其内容仍十分清楚，先祖遗志，蒋氏子孙当树雄心，立斗志，再创事业辉煌。	蒋氏开基祠堂廷宗是虎形风水宝地，代代人才辈出。蒋氏子孙当继承先祖遗志，树雄心，立斗志，再创事业辉煌。	《华安大地蒋氏廷宗祠堂风水及其联对》，载福建华安《蒋氏宗谱》，华安蒋氏宗谱编纂委员会编纂（蒋一婷主编），2005年印本。

在上述有关祠堂的族谱叙事中，我们可以梳理出家族社会一套共通的思想整合框架。一般性的风水知识和观念系统，参与提供富有激情而又合乎理性的想象力，赋予祠堂作为家族之荣耀历史“发生器”的意义，并激活了过去与当下之间精神性链条的连接和融合。

首先，家族祠堂风水的营造或维修的历史起点，无一例外都是在明代中叶以后，这与东（华）南地区家族制度创生的“大历史”进程是吻合的。人们关于他们所栖居的地方（乡）的美好记忆，往往与家族谱系和声望的塑造有关，家族也借此来建构共同的情感和身份认同。历史时势造就了各家族的具有高度同一性而又各自独立存在的祠堂记忆之地。

其次，每个值得族谱详录的祠堂建筑空间，都有共同的风水符号叙事，让族众可以分享祖先创立基业的共同情感记忆，并可以持续抵抗因时代变迁所引发的暂时性遗忘。风水象征系统参与激发和支撑了不同代际者情感联结的精神意义，使得间歇性的祠堂营造活动从此有了感性化的力量和正当的愿景。而堪舆师所描绘的祠堂风水效应，经过历史“印证”之后，也作为一种“家族共识”被持久刻写于家族集体记忆之中，并成功地创造出了神圣空间的纪念形态（祠祭）及相应的主祭机构（宗族组织）。有关家族传统之鲜活的精神链条由此有了永续的情感力量和信仰源泉。

2. 明清家族关于祖墓的风水叙事

除了祠堂风水的营造叙事之外，坟墓风水的营造叙事也是构建家族之发展史观的重要组成部分，部分甚至更为持久而有力。历代累积的并带有纪念性的祖先坟墓群，其实为家族集体记忆的编织和续写提供了文化空间上的有效支撑。在持续不断的祭扫、重修、重建过程中，有关祖墓风水荫庇子孙的叙事，不仅反复追忆、重构着过去的家族历史，而且持续刻画着当下和未来的家族命运。有关祖墓风水之集体记忆的唤醒和重建，不仅是祖先崇拜的情感要素使然，也是家族整体永续发展的理性诉求使然。

当然，“文化记忆关注的是过去中的某些焦点。即使是在文化记忆中，过去也不能被依原样全盘保留，过去在这里通常是被凝结了一些可供回忆附着的象征物（symbolische Figuren）”。[1] 家族关于祖墓系列的记忆更是一种有意识的选择性记忆，既涉及时间上的谱系世代选择，也涉及空间上的祖坟定位选择。有些祖墓需要被选择强化，有些祖墓需要被选择忘却。是不是家族谱系上的代表性人物（如始祖、始迁主、身份显赫者的祖先），有没有集体自我认知中的风水效应，是关键性的指标。作为“关键少数”的祖墓风水叙事，自然地被当成了重新组织和阐释家族历史的参照性框架。

我们试举福州林氏和漳州张氏两个家族发展史案例，反思近世家族如何有选择性地唤醒和构建祖坟风水的集体记忆，从而将其固定并内化为家族自我想象的历史。

1. ［德］扬・阿斯曼：《文化记忆：早期高级文化中的文字、回忆和政治身份》，第 46 页。

这种关于祖墓风水的话语构建，是确立家族“根基性记忆”的信仰基础和前进的动力。而通过风水叙事所建构的地方图像，其实源于底层日常生活的“历史感”和“地方感”。诸如“阴骘降康”“德由世积”的伦理体系，在地方家族发展史观中一直占据着中心地位，并成为经受时间性考验的文化共识。这些朴素的精神原则和道德实践，不仅预先决定在地家族是否有缘获得好风水的荫庇，更是有效确立地方文化网络之和谐有序的根基。而家族祖先的名字之所以被后人刻意回忆和书写，既是他在世时所积累的阴德的果报，也是他为家族前景去学习堪舆知识和寻获风水宝地的善果。关于祖先坟墓风水的“神话化”故事和“符号化”历史，为家族社会的自我认知和自我圣化提供了精神性基础，并指明了具有前瞻性和决定性意义的发展方向。

（1）福州尚干林氏家族的风水叙事

在生存压力之下，福州尚干林氏家族于宋、元、明三朝，一直将风水视为“家由培厚，阴骘降康”的关键因素。为了提升社会竞争力、谋求向上流动的机会，“尚干林”除了强调家族的世积之德，还积极通过家族的社会网络关系（如姻亲），来寻求获得好风水的机会。而“风水之验”更是被广大族裔视为影响家族的整体命运，是构建“尚干林”的集体认同意识、刺激尚干林文教发展的关键文化符号。一部家族风水叙事史，堪称一部家族血脉、文脉永续的“精神史”。

表 3-2　尚干林氏世系的风水叙事

世系	祖墓风水选择与家族兴衰情况
（南宋）九世祖讳公选	因晚唐及五代社会的纷乱，尚干林氏自入闽之始，重视阳宅地基选择，“多不重风水”，至九世“乃信堪舆之理”。“公妣合葬高详里第八堡竹字源第一号硝门横岭三溪口地方，名庵前村，其墓坐午向子，谶云：‘文殊山神光满地，黄牛踏断金钟蒂。’今土人常呼曰金钟蒂，又名为三溪一叶莲。”《族赞》公选公“业本先代，兢兢是将。思垂后昆，孜孜永昌。始信地理，默默善藏。家由培厚，阴骘降康”。
（南宋）十世祖讳梃	“公妣合葬连江县西村地方名陈坂村”，“德由世积，以嗣以续。业累代承，弥长弥久。衷曲经营，为后所柄”。
（南宋）第十一世祖讳傅梅	“公妣祔父母四圹，俱藏在陈坂村”。第十至十一世的合葬墓地，乃眠牛倒地穴，有谶云：“文笔倒青天（在县西南），奴溪一叶莲（在仁坂村）。丹阳平地掌（邻近有丹阳寺），癞榻任君迁（县东有癞榻岭）。”族赞曰：“精研地理，历遍丹阳。双溪文笔，悉择其良。创制立法，自祔以藏。承天异眷，默发其祥。立为世次，绳绳以昌。”

续表

世系	祖墓风水选择与家族兴衰情况
（南宋）十祖禹臣 / 叔祖壮行	长禹臣，字君得，年十三应宋绍定己丑科（1229 年）神童殿试，登黄朴榜赐进士第。次壮行，字君用，年十二应绍定辛卯科（1231 年）神童殿试钦赐御射状元及第，授迪功郎融州怀远县尉。“双璧连辉，中叶再兴，为吾门甲第之始。……先人之重风水也如此”。禹臣“公妣合葬龙湖汤泉山名飞鹅饮水，其墓坐丁向癸，牌刻‘方山林神童公之墓’八字”。壮行葬在连江馆头，后世立牌镌“宋尚干状元林之墓”。
（南宋）十三世祖讳津龙，字若云，禹臣长子	登宋宝祐癸丑科（1253 年）进士，“官居尚书干官，善于其职，以官名家，故称尚干云”。公妣合葬光俗里筹岐村山名乌岩，牌刻“尚干林公之墓”六字，其墓内外二向，圹中坐丙向壬，墓外坐巳向亥。碍前村人家，故方便一向外转。世传狮子拖球，亦风水之胜。谶云：“葬后死，死后绝，遗腹子不可绝。”至维本公不数年已殁，仅遗腹一脉，生吉公。至今子孙繁衍，风水之验也。
（宋元间）十四世祖讳稼翁，字维本	宋德祐间，以人才著闻，由荐辟征授盐运司事。当时宋室主少，国危不可复救，且公位卑禄薄，因起退休之念，尤驰于风水。尝见枕峰官路经行龙脉断腰，非子孙悠久之计。因产业世置塔林洋，时往来焉，最善塔林墩自方山落脉，迢递百有六峰，可为子孙不拔之基。因妣乃永庆里山边家而徙居焉，即今茶峰下半月池也。
〔元〕十五世祖讳元士，字能吉	家虽饶裕，尝自检束，未尝侈汰。纵遭时变乱，隐德环水，课子读书。虽有济世之才，终身弗展。
〔元〕十六世祖讳同福，字天锡，号六梅，能吉公第五子	时人重风水，公学堪舆精究。有高详里硝门一吉穴，乃公外馆张氏诸舅之业。公实慕之，多以金帛赂诸舅，不能遂其愿。公业轻财好施。一日公又携金帛而往，姻戚华筵欵洽。酒至半酣，舅氏曰：“林大官，我此山地不羡金帛。汝果有盛德，方今仲冬届节，席间正逢梅花初发，你能掷盆内骰六个梅色，我即当此地奉送。如不然，你山下田若干亩赔手。”公大喜，两家信约，举座高明为明辅。公默祝曰：“苍天，此地果该吾之阴宅，则当一掷六梅。”大呼一声：“天锡六梅。”声呼未彻，而盆内排成六个梅花。众宾大欢而东道主舅氏失色，知天意属公，故长揖成券奉送。此天锡也，故公字天锡，号六梅，其此征也。谶云：“先凶后吉，富贵绵绵。”葬后而长子必潮公以元臣不事明，洪武怒谪贬凤阳府种马刍。后访闻高风，遂释归田，谥文节。三子必方公，因明朝初兴，有现役富户运粮至京失机，军法腰斩，更闻琅峰长妇亦罹极刑。地理之验如此。向后琅峰方山繁衍昌盛，实祖宗之令德所致也。
〔明〕十七世祖讳泽，字必方，天锡公第三子	子昌茂公将父（必方公）尸首焚烧，以藤为枕，骸骨用丝绵紧紧重包，藏在枕内，负归抵家。妣方氏受枕与同衾者十五年。妣自择地于枕峰寺后，有碍前座佛刹，妣捐财起盖三座大法堂，费不下千金，自营坟墓，七载方竣工。下山拔膏腴田一百二十亩为蒸尝。
〔明〕十八世祖讳森，字昌茂，号信斋，必方公第三子	明洪武初，举方正，两征赴部授浙江征粮，以母老告归，不肯就职。以孝行称，故谥教义。公忠厚积德，故子孙最盛，科甲蜂起。孙曾三进士，举秀二十余人，皆亲见之，后裔尚蝉联未已。公妣合葬归义里柘岐山，今呼悬钟墓，坐甲向庚兼卯酉三分，有祭田一百二十亩。

在宋元间和元明间的两个转折时代，尚干林氏家族两度家破人亡的悲剧记忆，本质上是朝代更迭、遭时变乱所酿成的。然而，在尚干族谱的话语构建中，

这类暂时性的苦难局面并非王朝社会的变革所造成的，而居然是“地理之验”（风水好坏决定家族兴衰）的必然结果。而这种文化宿命论的理念，更是家族主义至上观念的典型体现。本着家族集团长远的整体利益考虑，族裔理当牺牲个人利益和幸福，甚至生命代价也是值得的。在“人多地狭，无以赡养，生子多不举”的环境之中，子孙繁衍，科甲蜂起，是林氏家族抵抗生存压力时所孜孜追求的目标。但为了整个家族的“孜孜永昌”，在直面家族风水应验的苦难时，族裔则应自多检束，胸怀坚韧、尚义之志。

（2）南靖塔下张氏家族的风水叙事

南靖县塔下村张氏家族的发展史，同样是一个神话化的风水历史构建的典型。张氏关于祖先风水选择史的表述，堪称家族在迁流过程中的观念史、认同史之缩影。在风水观念的发酵下，祖先虽有主次之别（父系优先），却少男女之别。张氏先祖化孙系宋淳熙年间进士，后避乱入闽，先居宁化石壁溪，后迁上杭官店前上吉街，或留或迁上杭县境，或外迁至永定、平和、南靖，亦有迁至广东嘉应、潮州等。九世孙张小一郎与其妣和幼子光昭，于明宣德元年（1426 年）迁至南靖书洋塔下村。从南宋到明中叶的三百多年间，张氏因人口扩张压力而历经迁徙，但其追求好风水的热忱并未减弱。

《坟墓墓址歌》记录了第一百二十二至第一百三十八世祖（以一代 20 岁左右纪之，约 340 年，包括上杭、永定、南靖的族裔）在“吾境”和“他境”的风水营造情况。这种工整的墓葬址歌，显然是晚近有文化底蕴的后裔或负责编纂的地方知识精英进行“慎终追远”的“神圣叙事”的产物，而风水观念提供了构建集体记忆和指导家族前进方向的关键符号。在神话化的话语中，家族也为繁衍后代的女性祖先保留了最后的人格尊严。在人多地狭的处境内，墓地风水的象征资源是有限的，而多添一块女性的好坟地，意味着改变家族命运的更多机会（图 3.16、图 3.17）。在风水观念的刺激下，家族女性在身后也荣享平等祭祀之光。

明清以来，张氏还积极营造“德远堂”祖祠及土楼，甚至修补祠堂朝山尖峰，以利文运。[1] 塔下九世祖宸公［万历十九年（1591 年）生］“昆仲有四，建

1.《德远堂地论》曰：“千里来龙，串人天依，抛祖顶。卯龙寸经之过峡，孰不知嫩出精神，偏

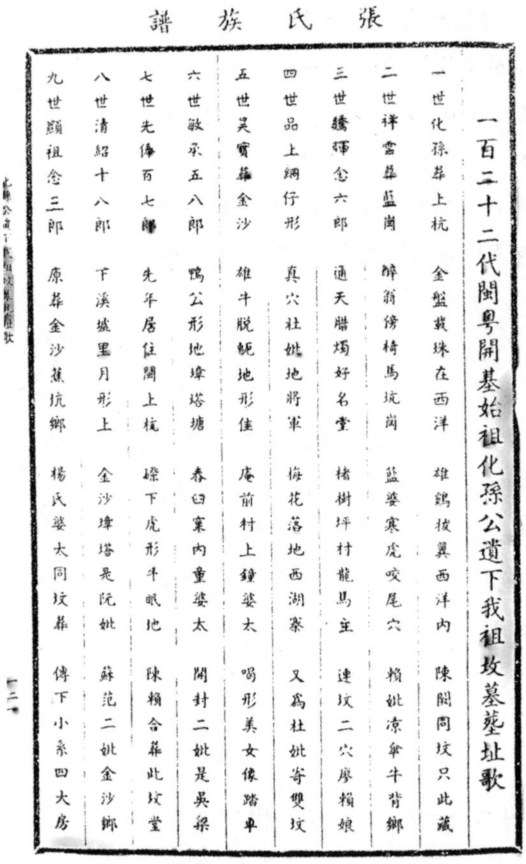

張氏族譜

一百二十二代閩粵開基始祖化孫公遺下我祖坟墓塟址歌

一世化孫葬上杭　金盤載珠在西洋　雄鷄拔翼西洋內　陳閤同坟只此藏
二世祥雲葬藍崗　醉翁傍椅馬坑崗　藍婆寒虎咬尾穴　賴妣涼傘牛背鄉
三世𧃍輝念六郎　通天臘燭好名堂　楮樹坪村龍馬主　連坟二穴廖賴娘
四世品上網仔形　真穴杜妣地將軍　梅花落地西湖寨　又為杜妣寄雙坟
五世昊寶葬金沙　雄牛脫軛地形佳　庵前村上鍾婆太　喝形美女像踏車
六世敏承五八郎　鴨公形地獐塔塘　春臼寨內童婆太　開封二妣是吳梁
七世先傳百七郎　先年居住閤上杭　嶸下虎形牛眠地　陳賴合葬此坟堂
八世清紹十八郎　下溪城里月形上　金沙獐塔是阮妣　蘇范二妣金沙鄉
九世顯祖念三郎　原葬金沙蕉坑鄉　楊氏婆太同坟葬　傳下小系四大房

化孫公遺下我祖坟墓塟址歌　一二一

图 3.16　闽粤开基始祖化孙公遗下我祖坟墓葬址歌

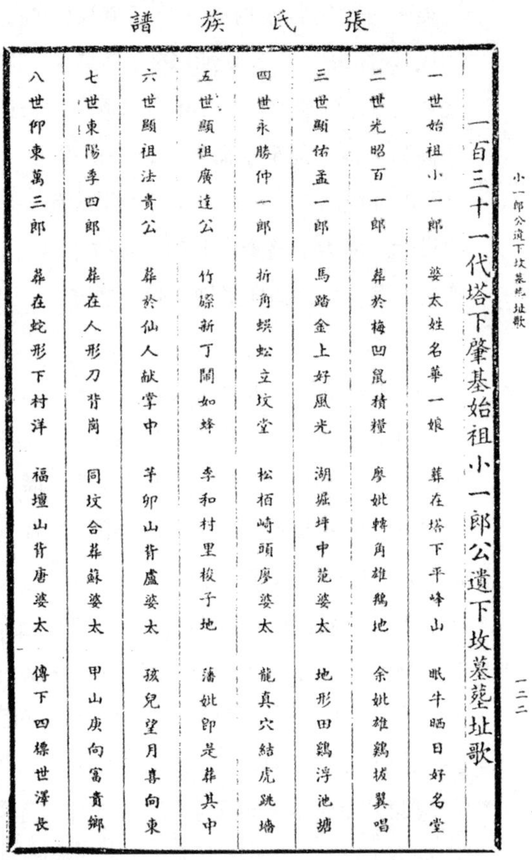

張氏族譜

一百三十一代塔下肇基始祖小一郎公遺下坟墓塟址歌

一世始祖小一郎　婆太姓名華一娘　葬在塔下平峰山　眠牛晒日好名堂
二世光昭百一郎　葬於梅凹鼠積糧　廖妣轉角雄鷄地　余妣雄鷄拔翼唱
三世顯佑孟一郎　馬踏金上好風光　湖堀坪中范婆太　地形田鷄浮池塘
四世永勝仲一郎　折角蜈蚣立坟堂　松栢崎頭廖婆太　龍真穴結虎跳墻
五世顯祖廣達公　竹篠新丁閙如蜂　李和村里梭子地　潘妣即是葬其中
六世顯祖法貴公　葬於仙人献掌中　芋卯山背盧婆太　孩兒望月喜向東
七世東陽季四郎　葬在人形刀背崗　同坟合葬蘇婆太　甲山庚向富貴鄉
八世仰東萬三郎　葬在蛇形下村洋　福壇山背唐婆太　傳下四樣世澤長

小一郎公遺下坟墓塟址歌　一二二

图 3.17　塔下肇基始祖小一郎公遗下坟墓葬址歌

［南靖塔下《张氏族谱》，民国三十年（1941 年）铅印本］

筑塔下顺昌楼。建至一层时，宸公博学堪舆，自觉改筑圆楼比方式为佳，计划楼

波罗动，又有梅花五朵之格，艮龙嫩出蜂腰，粗钟嫩幼，三台华盖结穴。又原科甲发于旺地，祥去盖账，静势皆落。前为三峰六秀，后为重屏相扶，又有巽峰朝对。有人嫌我面山之太迫，孰不知祖生之峻拔，不怕兵卒高强。有人嫌我左边之太旷，孰不知地户之谨闭，最喜天门之宽阔。一闭一泄，泄中藏人，两牢镇水金土，如童关狮象把水口，雌雄如交锁。若听曾祖孟之言，日后财丁两旺，富贵双全也乎。上尖峰于乾隆四十年乙未岁（1775 年）正月初十日戊午日未时兴工建造，下尖峰于乾隆四十年乙未岁二月初一日己卯未时兴工建造，同年二月二十九日谢土祭峰。”［南靖塔下《张氏族谱》，民国三十年（1941 年）铅印本，第 123—124 页］

前左右两旁筑长形小屋，大楼门朝大溪水，预颂日后富贵双全。当时改费颇巨，以致未能也”，只好建四角式楼。直至民国十六年（1927年），族人“顺良秉承先志，改建圆楼”，次年建成。[1]这持续了三百年的土楼改建史，足以让人领略风水符号对家族发展史的意义。宸公拟择迁山城蒲九鳅落湖，“因行程欠利，回迁大坝，创建积兴楼”。宸公“常与兄弟谈话，谓南欧礤下山上有‘七星坠地’形图，曰该处筑坟最好，曰开辟田亦最大。嗣后由宸公太开创水田”，由湖洋坑筑水圳来灌溉所辟之旧田。宸公还参与营造五、七、八世的坟墓，并为自家寿坟喝形“坐椅照月”，为妣坟喝形“观音坐莲”。

因处于闽西和闽南交界，张氏族裔多能听懂客家话和福佬话（闽南话、河洛话）两种方言。近代有关“客家人”“闽南人”的社群认定，尽管造成了张氏内部“认同异化”，但并不至于阻碍族裔血液中“乡族意识”的流淌。毕竟，色彩斑斓的“乡族地图”中，既有祖墓风水灵异的历历景象，亦有祖祠石龙旗（纪念族中有功名者或长寿者）高耸的历历景象（图3.18、图3.19）。无论身处何处，风水地景跟籍贯一样，都是家族“血缘的空间投影”。[2]

三、风水动力与明清家族历史的内化

概而言之，南方乡族社会借助各类风水营造记忆的重构和阐释，特别是以祖墓、祠堂乃至地方文化空间（村庄、道路、风水林、桥梁、文笔塔）等物化的象征物系统作为家族文化记忆的关键媒介，储存和刻写了一些可以用来强化集体身份的物化的符号和象征。特别是这类作为家族“记忆场域”的文化空间，更是经常发挥标记性的作用，用来标记与其他家族或村落的等级化界限，强调自身的独特性、优越性，从而成为家族可以连续回忆的光荣历史（图3.20）。经过族谱的记忆书写和定期化的仪式展演，家族曾经的真实历史甚至演变成家族性神话，成为刺激家族发展的意识形态和文化共识。当然，风水术数更刺激了不同地位和等级的家族成员的“野心”，一定程度上消解了地域社会阶级或阶层固化之可能，

---

1. 南靖塔下《张氏族谱》，第135页。
2. 费孝通称：“血缘是稳定的力量。在稳定的社会中，地缘不过是血缘的投影，不分离的。”我们的籍贯“是和姓一般继承的，那是‘血缘’，所以我们可以说籍贯只是‘血缘的空间投影’”。(《乡土中国》，北京：生活·读书·新知三联书店，1985年，第72—74页)

图 3.18　南靖张氏宗祠德远堂

图 3.19　南靖张氏世英堂
（林嘉书拍摄）

图 3.20　南靖南坑半边塘土楼

从而刺激向上的社会流动机会。

诚如扬·阿斯曼所称，“对于文化记忆来说，重要的不是有据可查的历史，而只是被回忆的历史。我们也可以这么说，在文化记忆中，基于事实的历史被转化为回忆中的历史，从而变成了神话。神话是具奠基意义的历史”，由此延伸，家族“历史不是变得不真实了，恰恰相反，只有这样，历史才拥有了可持续的规范性和定型性力量，从这个意义上讲，也才变得真实”。[1] 由于历史“其传统功能就是讲述权力的权利并把它涂上绚丽的光彩。……作为仪式，作为加冕礼，作为

1. ［德］扬·阿斯曼：《文化记忆：早期高级文化中的文字、回忆和政治身份》，第 46—47 页。

葬礼，作为庆典，作为传奇叙事的历史是权力的操纵者和巩固者”，作为权力巩固者的历史使“典范流传”，而典范“有能力作为某种据点和要素来运转”。[1]而族谱的选择性书写就堪称一种“典范流传”，即通过规范化的写作体例，把家族的集体记忆加以美学化、客观化和历史化。族谱“历史”就落实为“丰碑式的历史”。这也是家族借以维系和激励自我认同的共同情感基点之一。

由于一般性的风水知识和观念系统能为家族或房派的发展乃至乡族势力的运作，提供一种合理化的文化解释机制和激励创新机制，特别是为宗族内部整合及乡族的权威控制提供一种合法化的精神性力量，因此在风水效应之文化记忆的支撑和作用下，家族的兴衰史、命运史相应地获得了一个自成体系的文化解释框架。风水的知识—实践体系参与塑造家族发展史观和家族命运史观，并为家族群体提供内在的心理情感平衡。这种神话化的家族史观，既是一种循环的、宿命的史观，又是一种辩证的、发展的史观。

当然，这种家族历史叙事堪称一种具有励志性、竞争性、持续性的神圣叙事。而“神话化”和“符号化”的风水叙事和记忆，在树立乡族社会整体性的自我形象和认同，指导乡族的发展和前进方向等方面，都发挥了一种凝聚“乡（家）族意识形态”的核心力量。这种“热”的回忆和精神力量，或可被称为“风水动力”。[2]乡族社会之所以有如此的“超稳定性”，并在小区域和小群体内维持动态化的均衡机制，与其将风水作为塑造身份归属感的媒介有关，与其将风水视为个体或家族所积累的阴德的“回报”或“馈赠”有关。“风水动力”既然来自神话化的叙事，难免也是一种“内卷化”（过密化，involution）的文化力量，

---

1. ［法］米歇尔·福柯：《必须保卫社会》，第60—61页。
2. ［德］扬·阿斯曼在分析“回忆的神话动力”时指出，“一种‘热’的回忆，它不是单纯地把过去作为产生于时间层面上的、对社会进行定向和控制的工具，而且还通过指涉过去获得有关自我定义的各种因素并为未来的期望和行动目标找到支撑点，我们称这样的回忆为‘神话’。神话是（主要以叙事形式出现的）对过去的指涉，来自那里的光辉可以将当下和未来照亮”，而神话“具有奠基意义的回忆和与现实对立的回忆”两种功用，而这两种功用“都不是针对神话本身，而更多是针对在当下，神话在群体树立自我形象、成为其行为指导方面发挥何种作用，以及对一个处在特定处境的群体来说，在指导其前进方向时发挥了何种力量。这种力量，被我们称为‘神话动力’”。（扬·阿斯曼：《文化记忆：早期高级文化中的文字、回忆和政治身份》，第75—77页）讨论关于家族历史演变的内化问题，我们甚至也可以说，“风水动力”就是一种“神话动力”。

使得乡族社会盲目遵从“天命”或“地运”的循环，陷入碎片化的血缘或地域利益纠结，无以升华和构建一种普遍化的精神秩序。

毋庸置疑，由多元文化类型统合而成的风水知识、观念谱系，既是一种可操作和可计算的神秘化的技术或术数，也是一种被高度意识形态化的思想传统和精神力量。其为我们探寻地域社会秩序张弛有节的动态平衡机制，提供了一扇神秘而又有趣的窗子。只有将一般性的风水知识、观念、信仰形态，置于中国文明自我演进的过程中，特别是置于乡族社会发展的语境下来考察，才能透视风水术数的社会存在方式和文化意义。而风水术数作为一种地域化的象征资本和整体性的文化符号，更是强化南方家族文化记忆的媒介和手段，具有推动社区总体的时空秩序整合、加强血缘或地域归属感的作用。

总之，在地域的文化整合过程中，风水术数一直发挥着一种具有竞争性和压力性的“鲇鱼效应”作用。只要以血缘和地缘为基础的家族关系获得重新联结的机会，只要整体性的宇宙观念系谱以及宗法伦理传统并未被忘却，风水知识—实践体系便不可能真正被遗忘或消亡。特别是当代家族制度和乡族力量的复兴运动，更是对各类风水文化记忆的“现时化”再生产和再编写，从而使得当下、未来都维系于过去的精神链条之中。不妨说，以汉人为主体的中国人针对风水术数的“借势”或“盗机”，是一种静静流淌在血液中的文化基因、精神密码。

第四章

风水资本的整合与乡族社会的宗族发展

在讨论中国东南地区宗族共同体的发展、变迁问题时，中外学者都注意到风水信仰习俗与宗族的墓地、祠堂的象征营造的密切关系，注意到墓地、祠堂的风水营造与宗族共同体的构建的密切关系。近世以来的家族和房派为何以风水的理由来表述并建构本族或本房的发展历史？家族和房派何以有选择性地参与祖墓和祠堂的风水的投入与维护？风水术数何以成为影响家族世系群的分裂和整合的文化力量？风水术数与当代家族意识的复兴有何内在的文化关联？

讨论问题之前，我们应该对传统宗族的内部关系和运作法则有一个基本的认知。[1] 中外学者分别从“功能原则”（如拥有祖产、祖祠）和“系谱原则”（宗祧理念、系谱体系）角度探讨了亲属制度。莫里斯·弗里德曼（Maurice Freedman）是从“功能原则”角度去分析宗族组织的形成和分支过程的代表，他主张宗族或宗支存在的先决条件是有共同的祀产或祖祠，宗族的分支与宗族的财富差异密切相关；[2] 莫顿·弗里德（Morton Fried）及陈其南强调，首先要分

---

1. 本书使用的“家族”或“房派”的概念，系指一个纯粹系谱性的宗祧概念，而非功能性的团体概念。凡指家族和房派的功能性的生活团体，则以“宗族组织”或“宗族共同体”称之。陈其南指出，中国亲属制度中固有的关于“房”的系谱性概念，直接解明了一个家族的内部关系和运作法则，是厘清汉人家族制度的关键，一个或数个同世代的房派以其各房派之始祖为集结中心而构成一家族，依序往上推，不断照着“房 / 家族”的嵌入过程而扩大其房和家族的系谱规模。以任何世代之任何男子为中心，涵盖所有男性后代及其妻等所构成之团体，可以称为房，也可以称为家族，端视指称的情境而定。（陈其南：《家族与社会》，台北：联经出版社，1990 年，第 132—135 页）
2. Maurice Freedman，*Chinese Lineage and Society: Fukien and Kwangtung*（New York: Humanities

清楚系谱法则和功能作用。在定义宗族形成和分支过程时，首要的是“房”和“家族”的意识与系谱，其次才是共同体和功能。功能因素可以解释宗族分支在社会经济层面上的展现形态，但分支倾向的本身则要根据系谱结构的基本原则来了解：作为纯粹根据系谱结构所定义的房和家族，与结合了系谱原则和功能因素所构成的宗族团体（组织）之间的区别。有关“房”（分裂性）和“家族”（包容性）间互动平衡的系谱模式，正是厘清家族制度的关键。[1] 我们在分析宋元以来的家族或乡族社会结构时，必须兼顾“根基性”和“功能性”的双重原则。如果说根基性的家族和房派是地方社会之“体”，功能性的宗族团体就是地方社会之“用”。

本章拟集中选择两个典型的宗族组织个案，一是汉人庄氏，二是回人丁氏。两个闽南的家族尽管隶属于不同的族群（汉、回），但其宗族共同体都持续地参与祠、墓的风水象征资本的投资，通过恢复、学习、培训、强化家族的系谱史和荣耀史的记忆，以期推动家族社会内部的情感联结和有机团结。泉州的汉、回之宗族共同体的建构和发展，离不开风水象征符号在其中的催化剂作用。我们反思的是：风水如何成为绵绵相续的家族或乡族的一种有限和有效的象征资本？我们的目标是“再现”一般性的风水知识、观念、信仰在家族社会变迁中所创造的文化图像和生活情景。

我们关于庄氏的案例分析，重点是思考家族集体性的风水纪念物之“象征场”，是如何发挥其在宗族组织构建中的“箭垛化”效应，从而形成被强化记忆的“祖先丛”的。关于丁氏的案例分析，主要关注风水术数作为一种与礼义制度配合的“文明化”的象征符号，如何成为丁氏建构自我形象和宗族认同的媒介，使之融入“冷热交织”的中国文明传统洪流之中。

第一节　风水信仰与庄氏家族的系谱认同

本节根据中国家族制度中系谱的“房 / 家族”之间相对的向力关系，来讨论

Press Inc., 1966)；[英] 莫里斯 · 弗里德曼：《中国东南的宗族组织》。

1. 陈其南：《汉人宗族型态的人类学研究》，载《传统制度与社会意识的结构：历史与人类学的探索》，第 136—166 页。

家族和房派参与祖墓或祠堂风水象征营造之可能的方式和受限的条件。“房”和“家族”的阶序性结构，[1]意味着某一世代的墓地、祠堂风水的象征营造和集体记忆的“阶序性”特征。某一世代的墓地、祠堂能否被家族或房派选择，成为一个系谱认同的“象征场”，并保持“靶心式”的“箭垛化”效应，[2]与族裔眼中该墓地、祠堂的风水效应（是否出过士绅）及其是否将此世代视为开基祖、房祖或房派精英等条件密切相关。墓地或祠堂风水之“箭垛化”效应的强度或持续力，又与“房”所指称的系谱深度和功能化程度有着密切关系。

本节选取泉州和漳州的庄氏为案例，一是庄姓始祖系随晚唐王潮、王审知兄弟入闽永春湖洋，家族落地生根，历史悠久；二是庄姓世系明晰，“是初在闽中吾宗无二派也”[3]，“自唐代发祥以来看鼎甲簪缨鹊起蝉联灵钟锦绣无双地，由闽中著姓而后任吴齐浙粤支分派衍本朔桃源总一家”[4]。这些因素有助于从长时段视角来审视风水观念、信仰与家族墓地、祠堂等“象征场”的“箭垛化”效应的紧密关联。

第一部分，讨论各地庄氏族裔如何对入闽祖地永春第四房七世祖墓地风水进行长时段的象征营造，该墓地为何会反复成为庄氏后裔寻求系谱认同的象征场。本部分亦涉及庄氏族裔参与祖祠风水象征营造的投入问题。第二和第三部分，考察漳州龟山庄氏天湖房如何持续参与各世代墓地及祠堂风水的象征营造，并分析龟山庄氏一世祖至四世祖的墓地风水投资变化，以期揭示祖墓、祠堂风水的象征营造与“房 / 家族”的系谱模式的内在关系，特别是族裔如何根据“房”这一男系亲属团体所指称的不同系谱深度和功能化程度，来积极参与墓地、祠堂风水的象征营造。[5]

---

1. 陈其南认为，一个男人相对于其父亲而言构成一个“房”，相对于其儿子而言则是一个家族之代表。这种个体的阶序关系也适用于以这些个人为代表的男系宗祧群集。因此，家族的内部结构性质完全依房的结构特性而定。（陈其南：《汉人宗族型态的人类学研究》，载《传统制度与社会意识的结构：历史与人类学的探索》，第 140—141 页）
2. 北京师范大学董晓萍教授提示笔者，要注意入迁始祖在家族认同方面的“箭垛化”效应。
3. 漳州《庄氏世系族谱》，庄宝与汇集，民国十一年（1922 年）抄本。以下未注者皆出此谱。
4. 庄炳章等编：《泉州桃源庄氏族谱汇编》，厦门：厦门大学出版社，1999 年，第 79 页。
5. 各类庄氏族谱，系由厦门大学台湾研究所陈在正，厦门大学历史系客家研究中心、漳州市台湾事务办公室林嘉书提供。本节主要以庄姓族谱记载的墓祠资料为探讨对象。在重视史料之客观事实的同时，笔者将侧重于家族或房派的自我认同或虚构话语的分析，以透视其中所蕴

一、永春庄氏对墓、祠风水的象征营造

据民国庄宝与汇集的《庄氏世系族谱》记载，入闽始祖庄一郎，讳森，字文盛，河南汝宁府光州固始人，“缘唐黄巢作乱，是年光启乙巳（885年），森公年廿三岁，从王潮、王审知入闽，……遂分镇桐城，卜居永春县桃源里蓬莱山之麓，配祖妣林氏而家焉”。庄森育子四，即韦、章、中、申。长房韦居蓬莱守祖，“谱记传至八代则五人也”，其传至十八世诏，居广东上沙，是为上沙庄氏始祖；二房章迁居惠安龙田，“谱记传至八代则二人也”，今惠安山霞凤阳庄氏是其繁衍；三房中迁居晋江洛阳，改名曰庄浔，“谱记传至八代则四人也”；四房申亦居蓬莱守祖，“谱记传至八代则二人也”。唐季南渡之时，“四房遗下之派承传七八代，仅有十余人而已，寥寥一线以相延”。

由宋至清，庄氏逐渐繁衍为闽南望族，荣继仕版，彬彬辈出。其入闽之发祥，长房五世祖俚公其首焉，初登北宋乾德元年（963年）进士，官福清盐运司副使，后置业兴化北里，不归。四房头九世祖庄夏登宋淳熙辛丑科（1181年）黄甲，官兵部侍郎，赠太子少师，“历三朝，食邑三百户，赐紫金鱼袋，封永春开国”。夏之“三儿竞秀，九孙联芳，冠盖焜耀，阖门荣庆，时誉归焉”。如季子讳望序、嫡孙弥明登进士，“亦熟于经史，奋发接武而起，或授掌令，或授郡佐，或授按抚、招讨之官，纡青曳紫相袭”。嘉定十一年（1218年）宋宁宗赐庄夏第于泉州南街，乃原郡守高惠连所建儒学，“用堪舆家定为坐癸向丁”，“厥后子孙星移，如青阳、仙游、漳、潮不一其人，历来科第绳绳，诒厥而光大之”。[1]庄夏长兄翼之裔孙佑孙（第十二世）、禧孙随迁郡治东门内，人呼庄厝埕。夏次兄果迁广东，三兄晦迁福建惠安繁衍。庄佑孙再徙，为青阳庄氏开派，族裔披闽粤。元代佑孙之裔孙三郎（第十五世）由广东迁居南靖龟山，衍为漳州著姓（图4.1）[2]。

两宋以来，开派泉漳的庄氏主要是入闽始祖第四房第九世代翼及夏的后裔，故现存族谱对该房派墓地风水资料记录也较详细，至于其他房派在九世代之前的

含的社会文化内容。

1. 松洋《庄氏族谱》卷首《重修桃源蓬莱祠宇序》，清宣统三年（1911年）重修本。
2. 《桃源庄氏源流图谱》，民国年间抄本。

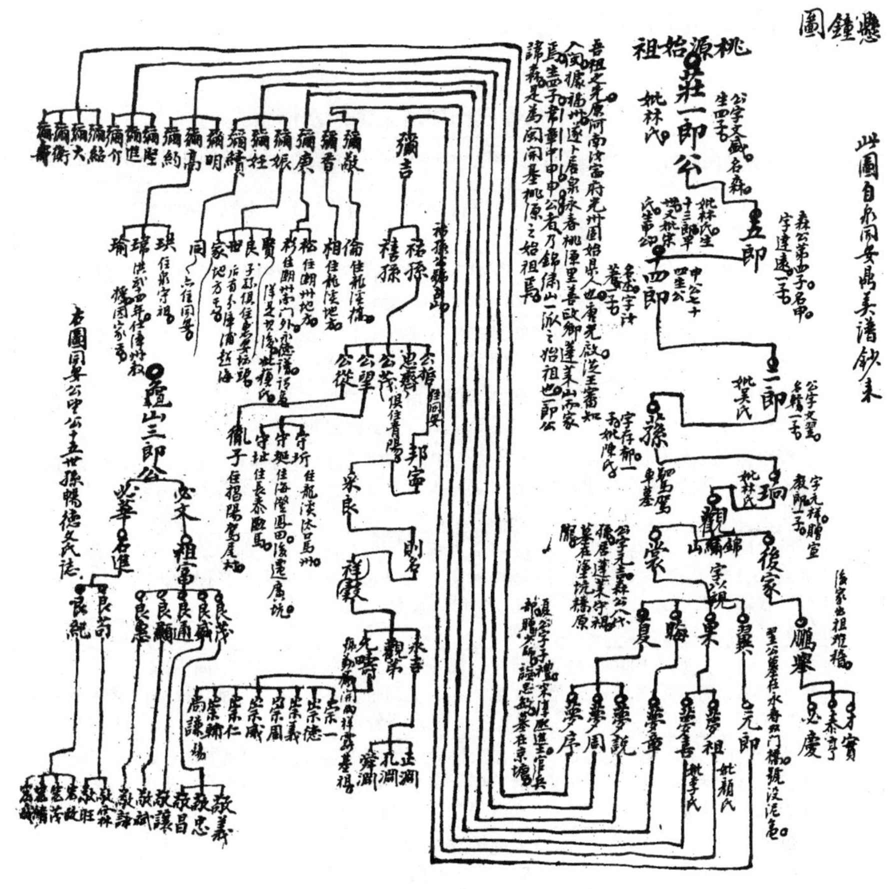

图 4.1 永春庄氏早期世系图

［《锦绣庄氏族谱》，民国三十七年（1948 年）重印本］

历史则语焉不详。[1] 庄氏卜居“地胜水秀”的永春蓬莱山后，对墓地风水亦有所投入，注意形胜（风水喝形）和方位（坐山朝向）的选择，并重视夫妻合葬。表

1.《泉州桃源庄氏族谱汇编》摘录有永春庄氏长房的墓地风水资料，如：三世祖茂公（韦公长子）墓葬在斩砻安大梦，坐壬向丙。配萧氏葬在高平，坐丁向未；六世祖瑄公仁初葬在坑源垄，后移葬十九、二十都洋上土名畲仔杉林口穴，势状如长蛇。这些记录不如四房的墓地风水资料详细。

4-1 是庄氏第四房前九世的墓葬文字。[1]

表 4-1　永春庄氏四房墓地风水情状

序号	永春庄氏四房九世谱系	墓地风水情况
1	入闽始祖庄一郎公（863—952年），讳森，字文盛。	与妣林氏合葬于永春涂桥苏庄山原，穴坐庚向甲。
2	祖讳申（904—986年），字宗达，号高峰。	与配妣宋氏合葬在善政乡清白里留后村高坪后垄，坐壬向丙。
3	三世祖讳述（生卒说法不一），字汝著，号留园。	同妣李氏合葬在清白里留后村石边，穴坐巽向乾（或坐乾向巽），昔号曰牛眠吉地，又曰芙蓉墓。
4	四世祖讳轸（生卒说法不一），字文翼，号白轩。	墓在清白里后隔山之原，穴坐壬向丙。配妣吴氏葬在清白里陈墓山，穴坐乾向巽。
5	五世祖讳苏（生卒说法不一），字存郁，号西峰，宋赠文林郎。	与配妣陈氏合葬在清白里乌洋之西林埔，穴坐乾向巽，形曰驷马驾车，又曰大盘龙。妣墓附在左边，刻“庄母陈氏”。
6	六世祖讳珣（生卒说法不一），字温仁，号元祥，又号龟山，宋宣教郎，赠中大夫，或说赠朝奉大夫。	葬在清白里坑原铁龟陇，坐壬向丙。配妣林氏葬在乌洋城外枫树陇大路边，坐壬向丙，形曰剪刀穴，又曰土垄墓，俗呼人旋墓，或说弄甑墓。
7	七世祖讳观（1046—1108年），字以视，号锦绣，宋赠中大夫。	葬在乌洋十九都之鬼笑山，穴坐壬向丙兼子午，形曰美女抱孩儿，又曰仙人执玉笏。配妣郑氏一说葬在清白里铁龟垄，或云与公合葬。
8	八世祖讳裳（庄夏之父，1103—1162年），字符吉，号原山，宋赠中大夫。	葬在涂桥原白里坑垄辰山，穴内坐巽向乾，外坐坤向艮，形曰燕子归巢。妣郑氏葬在上原陇涂桥头上宅田上山麓，穴内向立艮，外向立子午。
9	九世祖讳翼。	买地葬父（裳公），与妣王氏合葬在十九都乌门桥顶田中，穴坐辛向乙，形曰没泥蛇。

从上述资料略略可知，我们欲阐明家族的内部关系和运作法则，必须注意中国亲属制度中固有的“房”的观念。“房”的分裂性特征先在地决定了族谱的记录属于一种典型的选择性记忆，特别是房谱往往非常关注那些本房派的荣耀历史，甚至不乏伪饰。[2] 关于房派的历史知识经常被刻意美学化、文献化，并融入很多感性化、生动化的描述，从而形成了一种套路化的历史阐释模式，以重申、编织、扩充自己作为一个拥有独特的标志性传统或价值规范的房派的集体记忆。

1. 庄氏四房前九世墓穴风水，参照《庄氏世系族谱》及其他庄氏族谱。
2. 有关族谱对祖先地位及功名的追寻与塑造问题，请参看陈支平:《福建族谱》第六章，1996 年。

因此，族谱所刻写的房派记忆往往也是一种典范性、自明性的示例和教材，表达着这个家族群体共同的历史心性和普遍态度。

庄氏家族和房派对入闽开基地的远祖功名德业的历史记录，往往同祖墓风水的文字记忆勾连在一起。这种风水记忆与祖先栖居场所的空间“定位”密切相关，即通过对墓地场所的精确性记录和追忆（如风水喝形、坐山朝向），来共同讲述和庆祝自己特殊的家族历史，并象征性地表达和保存对祖先的共同情感，以期唤醒和确认分脉各地的族裔对家族系谱的共同认知。祖墓风水是固化家族记忆的重要的关节点和象征物，驾驭着家族的群体认同的行为和体验。针对祖先世系的坟墓史的精心编写，堪称家族共同的生命史中最为核心的组成部分。不同代际者可以从不同的时间点去感知自己的先人及其历史。特别是开基地远祖墓地的风水好坏，往往构成了异地族裔得以对之保持或再现“家族记忆”的根源之一。第四房后裔对祖地先祖的地位及功名的追寻与塑造，肇自五世祖荪。荪墓“木火行龙，金水吉穴，名为驷马驾车形，华表捍门居水口，楼台鼓角列罗城，世代出公卿”。[1]（图 4.2）因“太子少师”庄夏受荫于锦绣山七世祖坟茔——“仙人执玉笏”风水（图 4.3），该墓更成为各地族亲“联甲第，任显秩，代不乏人”的“象征场”。

随着庄氏系谱规模的扩大，家族的“风水记忆”没有被弱化或被遗忘，反而被添加了许多修饰的元素，以提醒和固化家族的历史声望。特别是这两块墓地风水在族裔的意识中逐渐形成一种“箭垛化”效应，成为家族繁衍和系谱认同的“靶心式的象征场”。族谱更用“墓图”的形式，唤醒、温习、教授了这种富有道德责任和纪念意义的历史记忆。至于始祖的墓地风水是否需要找寻和祭祀，却被隐而不语了。

在家族的话语体系中，四房族裔对这两块祖墓风水的认同强度有所简别。例如：延至明崇祯年间（1628—1644 年），青阳古山公派下十六代孙庄仰文书有《锦绣山墓记》，鼓吹“仙人执玉笏”风水的雄奇，以及祖地八世祖裳寻获该风水的奇勋之事。七世祖墓乃是拜鬼神所赐的，是以有“鬼笑山”的俗名。[2]入清以

1. 《锦绣庄氏族谱》，民国三十七年（1948 年）重印本。

2. 《锦绣山墓记》：“一家之兴，必有发祥之地。人杰地灵，毫厘不爽。芸生之物，地有肥硗，荣枯殊焉，况于人乎？我祖自森公入闽至于今，代有簪缨，由来久矣。发祥之地，始自锦

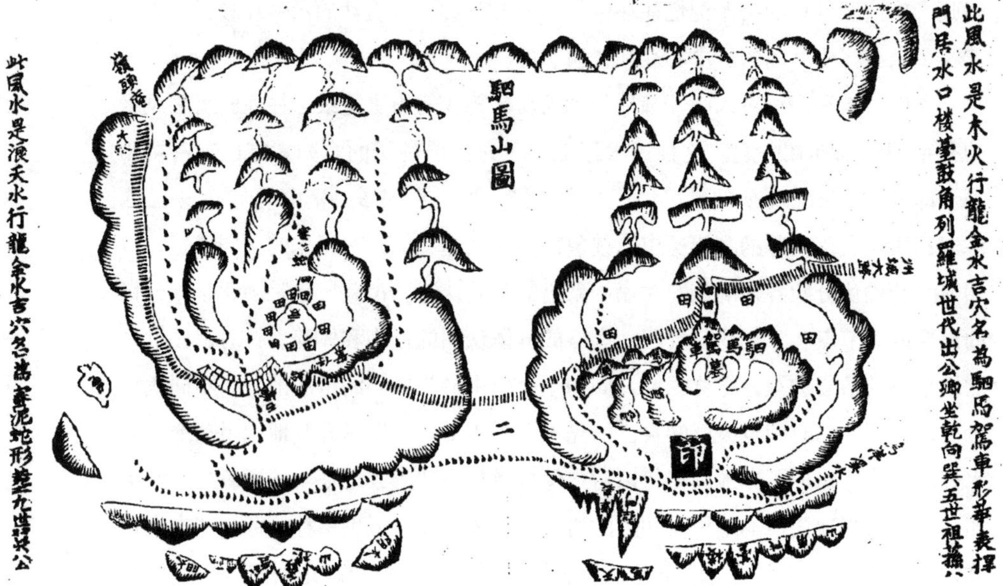

图 4.2　五祖驷马山图

（《锦绣庄氏族谱》）

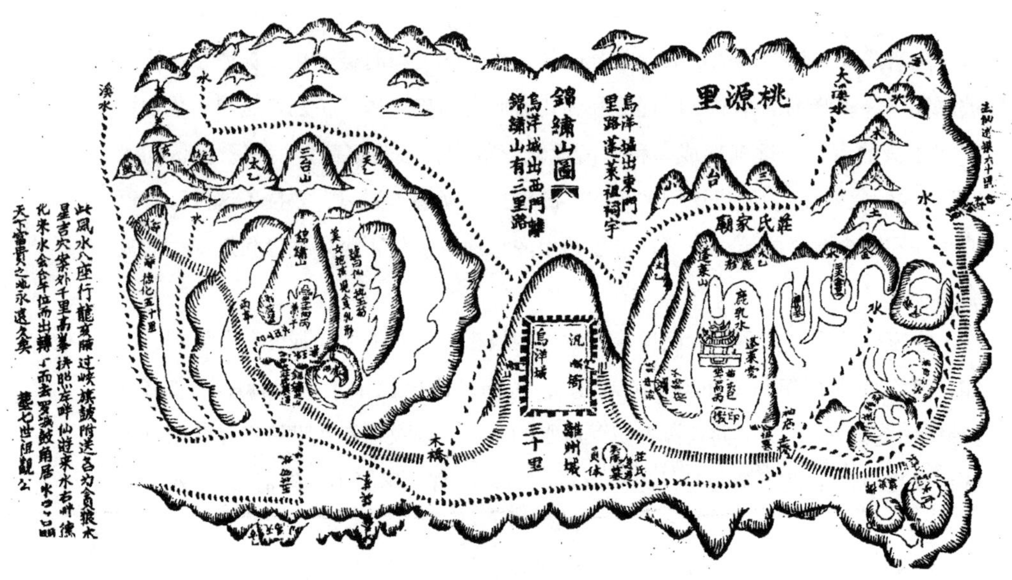

图 4.3　锦绣山图

（《锦绣庄氏族谱》）

来，族裔对受祖荫的庄夏更是极尽圣化之能事，称之“一生遇寅将军，有三次奇勋事”：元吉夫妇夜避盗贼，弃幼夏于草莽中，是夜母虎献乳养夏，此之奇勋一也；夏任漳州郡守，欲造柳营江通济桥，祭告山川龙神之际，竟有虎立宿江中，教以此下为桥柱，此之奇勋二也；夏之桃源家人为虎所害，帝闻之，赐第于桐城晋江附郡，是第乃清源胜景之地也，此之奇勋三也。[1]

庄氏因积阴德而得风水发家的叙事，同样拥有一个普遍化的历史文化框架和自我诠释模式，他们借此来重温和强调庄氏是一个拥有高贵血脉和德性底蕴的家族的记忆。当然，庄氏的“自我”叙事同民间的“异我”叙事差异颇大。永春民间传说则另有一番乡野的情趣，除了继续演绎鬼神护佑祖墓风水的传奇外，还平添了庄裳为孝道入屠业、与尼僧野合生子的传闻。[2]它只是补充、组装和续写故

绣。龙从德化而来，与温陵并峙，送青排闼，奇观万状。屈穴高起一峰，人形特立，五行属木焉。仙人有谶曰：‘石片旁居戌，仙人执玉笏。谁家葬此地，簪缨世济蔚。’时人莫解其意。是地也，峰峦排列，穴似侧转而右，其实倒结于左，左臂抽出串珠一案，内堂稍倾，外堂则左自德化，右自永春，随龙二水会焉。数里许白水一条从中流出，如玉笏然。环穴万山耸立，术家所谓鼎甲案，文笔尖，贵人峰，曲肖备陈。先时堪舆家得是地，默有所献，忽有老人呵之曰：“地主系庄，不可妄泄。”须臾不见，知其神也，乃秘而献于元吉公。葬之夜，公守坟，有鬼相聚而笑曰：‘地既归庄，吾不复守此矣。’因以鬼笑名山，至此时谶乃解。穴坐壬向丙，术家所谓火库居戌也。山于五行属木，葬取诸此。其中恰有片石竖立，葬即于石后下穴，其石不改，反作碑焉。谶所云‘石片旁居戌’是也。迨公之孙夏公显达，仕宋孝宗、光宗、宁宗三君。宁宗少，师事少师，亲题像赞曰：‘天生美质，学业逍遥。坚冰节操，历仕三朝。忠言逆耳，青史传标。箕裘厥庄，百世不祧。’其宠眷如此。尝与少师谈论地理，少师绘此图以进，帝问山名，公以实对。御笔改曰‘锦绣山’。今登坟近界，有石碑大书其字，曰‘锦绣山庄公墓道’，即御赐碑文也。文戊申（1608年）到山，历览其详，颇能道焉，因为之记。凡我同源子姓，得是记而披阅之，则锦绣山家喻户晓矣。”［南靖奎洋（旧称“龟洋”）《庄氏族谱》，十四世贞裕房，清康熙年间抄本］

1. 南靖奎洋《庄氏族谱》（十一世昭毅系），明编清光绪年间补抄本。
2. 相传山家（风水先生）为乌洋街某姓寻得一块叫“美女抱孩儿食乳”的佳穴。不料某姓的棺木入土之后，夜里便被“鬼子”（闽南语即鬼）扔出，如此反复多次，某姓不得其解。山家决定藏身于棺内，以辨缘由。是夜一群鬼子来，将山家藏身的棺木拉出，并大发雷霆说：“这是庄孝子的所在，焉能让这莫（没）福气的人得去。”山家恍然大悟，就到乌洋街上寻访姓庄的人。庄屠（庄裳）是个远近闻名的大孝子，其母亲因病要吃“腰仔”（闽南语，即猪肾）作药引，庄屠就改业做屠户，在乌洋街卖猪肉。每次杀猪后，就将腰仔留给母亲。一日，山家路过乌洋街，闻知其名，就故意向他购买猪腰。庄屠答曰：“自家留用，不卖他人。”山家只好买肉。庄屠便按其所买斤两，一刀切下，不经秤称，递予山家。山家甚是惊异，问道：“此肉不称，少了不好，多了吃亏。”庄屠笑曰：“这乌洋街上孰人不知庄屠手呢？要一斤就是一斤，要八两就是八两。”山家见之个性豪爽，便细问缘由，庄屠如实以告。为再次测试

事发生的场景元素，庄氏家族历史却由此经历一个生动化和情趣化的过程，然而其基本的叙述结构及其同一性的意义指向并没有多少改变。也即说，对于地域社会而言，庄氏的风水励志故事不仅是庄氏家族自己过去的历史图像，而且生动呈现了地域群体广泛接受的普遍态度和历史意识。

在传统家族制度中，一个家族或房派的系谱规模越大，开派历史越久，在地域社会中的地位也就越高。族内官僚、士绅的数量及职位高低，也是一个家族或房派借以宣示地域实力的象征资本。族裔对某一世代的祖墓风水的重视程度，往往是与该远祖及其后裔在本族发展史上所发挥的影响成正比的。某一世代墓地风水提供了后裔增添名望、提高身份的可能性，也就成为族众表达文化优越感的一种“靶心式的象征场”。庄氏反复渲染庄夏屡遇虎之奇勋事，标榜锦绣山为宋皇帝所赐，多少有为本族辉煌的历史背书的影子。

明清以来四房后裔常以“锦绣传芳”为灯号，前往永春祭扫祖墓时，亦以五世、七至九世的封茔为主。这与显赫的家史与皇族的恩赐及“祖先积德流庆之所及”有关，庄氏更自觉遵从主流的价值标准，来诠释祖先获得佳壤之因。谱称庄裳“读书隐逸，不求荣达，建立书舍，启迪后进”[1]，锦绣山风水的获得，正是结缘于祖先之教化乡梓。当然，鬼谋和人谋的有机统一，又是促使本族得以实现好风水理想的重要环节。诸如“天人感应”“天理与地理合一”“阴德”等宇宙观念

庄屠的孝心，隔日山家伪称急需腰仔治病，问能否转让一半。庄屠便去征询母意，其母以救人为重，嘱其应允。按常理来说，屠夫杀生罪重，不可能有福运得风水的。但庄屠乃因孝杀生，其母又淳厚，故山家便指点庄屠到该穴地去葬父亲的骨殖。由于家穷，当时的庄屠尚是光棍一条。一日，庄屠卖肉路过岭头庵，正逢下雨，就躲避在屋檐下，恰巧庵中有一位秀美尼姑，不慎将洗身水泼到庄屠的身上，很不好意思，就请他入庵烤干衣服，竟生一夜之情，后来便生了贵至“太子少师”的庄夏。尼姑因怕此事暴露，就让庄屠连夜抱走婴儿。因无母乳可喂，庄夏啼哭不止。归途中，庄屠因急于小解，暂将夏放于一石头上，忽有一只母虎走来，躺下喂夏虎奶，庄夏从此就不再啼哭了。鬼笑山的“美女抱孩儿食乳”穴是益于出祖者，不利于守祖者。至今湖洋庄氏只有数十户人家，庄夏的后裔在外地却成为望族。

今永春流传最盛的版本是：庄屠乃明万历年间晋江县状元庄际昌之父。由于际昌一直啼哭不停，庄屠及尼姑皆不知所措，后经一高人指点，让庄屠连夜抱着庄际昌往南走，一直走到他不哭时方可住下。当走到晋江县某店家门口时，庄际昌就不哭了，而收留庄屠父子的该店即日便生意大发，让左邻右舍深感诧异，后来都争着养际昌了。作为私生子的庄际昌是吃百家饭长大的。

1. 南靖奎洋松峰村《庄氏族谱》，清光绪年间抄本。南靖奎洋《庄氏族谱》（十四世贞裕房，清康熙年间抄本）则称：“读书尚志，建白里书院，启迪后人，乡人德之。”

系谱，在家族的圣化故事中获得了合理化的注解。

至于流传甚久的民间故事，却将庄裳的角色由受人敬重的教书先生转换成困于生计的屠户（庄屠）。[1] 人们在对庄屠子孙受润于好风水之事表示认可和艳羡的同时，却又善意地揶揄了出身低微的庄屠的违礼之举。这类灰色的幽默手法，巧妙地消解了庄氏对本族历史的自我圣化倾向，使之回归日常生活实践的本来面目。它很可能是好事者根据“美女抱孩儿食乳”穴名，再结合庄氏的风水故事情节，进行多重演义和口传的结果，展现了基层社会针对“风水能转变家族的命运和身份”之观念的戏说心态。

民间故事中宋代“庄夏”与明代“庄际昌”的角色互换和时空错位，与其说是乡俚对庄氏族史以讹传讹所致，不如说是民间社会关于官绅生成机制的约定俗成的文化图像和心理背景使然。传说隐藏着如是信息：关于风水与人伦道德的关系，民众自有一套有别于官绅的情境化的解释框架。祖先合理合情的行为（重孝）虽然是决定家族获得好风水的关键因素，但合情而不合理的行为（偷情），未必就影响子孙接受好风水的荫庇。民间传说集中反映了基层社会朴素化的生活伦理，与“存天理，去人欲”的主流观念毕竟有所歧离。它从一个侧面再现了传统乡村社会文化秩序自我整合的途径。[2]

明中叶以后，随着新型宗族制度的建立以及宗法伦理观念的沉潜，宗族团体热衷于置族田、建专祠、修族谱、祭远祖等巩固家族群体记忆的活动。迁居各地的庄氏宗亲特别是官绅们积极参与了开基地远祖墓地及祠堂的风水营造。诸如“驷马驾车”“仙人执玉笏”风水的灵异传说，以及庄夏遇“寅将军”而得桐城佳地的奇勋事迹，皆是家族士绅有意进行自我塑造的诗意的记忆的组成部分。这种有选择的家族叙事，共同编织了家族之同一性的光荣历史，以重新找到家族系谱的归属感的回忆线索。永春始祖祠及二块“出缙绅”的祖墓风水，不断成为凝聚和维持跨地域的宗亲向心力的神圣场所。（表 4-2）

---

1. 《泉州桃源庄氏族谱汇编》记述庄屠孝行的故事。此系笔者据民间传闻综合而成。今永春民间常以此作为教育子女的素材。
2. 据笔者在家乡的经验，至今永春乡村对人品评价的话语，常有人鬼之分，称这人人品不行时，说“这个人是鬼不是人”。一个单身汉与人私通，他仍然被认为是“是人不是鬼”，但如果一个人“很雄”（闽南话，很凶、不善良的意思），落井下石，特别是虚伪，说一套做一套时，则被议论为“是鬼不是人”。

表 4-2　明清永春庄氏祠、墓重修情况

序号	明清永春庄氏祠、墓重修情况	
1	庄森故宅明代尚存，历有致祭，不意子孙“私鬻他姓”。明万历二十九年（1601 年），吏部尚书庄钦邻同升台、希韩等裔孙倡议图赎，初名“蓬莱祠堂”，喝形曰“鹿乳水”（一称为凤形），坐壬向丙兼亥巳。清乾隆元年（1736 年），“佥举枣岭维才就旧址建祠，坐壬向丙，费三百余金。青阳庄府、仙游房倡题银数，力襄盛事。落成，文盛公下十一世神主进祠。每岁订菊月朔日秋祭，并拜八世祖封茔”。清同治七年（1868 年）重修。清光绪二十三年（1897 年）毁于火，同年复建。	《泉州桃源庄氏族谱汇编》，第 47 页。
2	明万历十八年（1590 年）秋，派下裔孙户部右侍郎渭阳，翰林院编修履丰授潮州教谕应桢等，在五世祖墓边勒石竖碑刻“少师庄忠敏高祖廿一郎公之墓”。	南靖奎洋《庄氏族谱》（十一世昭毅系），明编清光绪年间补抄本。
3	清康熙五十五年（1716 年），锦绣山并驷马驾车墓“被辖棍迭葬，阖族控迁”。	平和五寨《锦绣庄氏族谱·族谱序》，抄本，年代不详。
4	清同治七年（1868 年），泉州府晋江县举人署顺昌县学教谕庄纪云，二品封职候选都司庄元才，惠安县举人五品衔候选内阁中书庄观潮，晋江县举人候选内阁中书庄正，举人庄为琪、庄为璧，军功监锡纲先同知庄炯文，候选光录仕署福清县学训导庄抡元，德化县岁贡生署罗源教谕庄寅琛、庄为瑞、庄玉光，晋江县学生员庄为琛、庄彬，德化县学生员庄以成等，鉴于“尔来世风不古，附近庄山等乡，欺云等族分隔远，遂将坟山界内，肆横混侵、盗葬、栽种，甚将祖坟毁害，又将锦绣山七世祖坟龙脉斩断。种种欺凌，屡阻不理”之事，呈请官府示禁：“如有在庄姓坟山墓内盗葬盗种，斩断来龙，盗砍树木，增建坟墓种种侵害者，一经查出，或被告发，立即饬令究办。”	《泉州桃源庄氏族谱汇编》，第 44—45 页。

按照族谱说辞，永春祖地和祖墓风水虽不利于守祖者，却有益于出祖者（迁移外地者）。祖地庄氏至今仍然人丁不旺，弱化为地方小宗的情形，似乎印证了这种说辞。既然祖地和祖墓是祖先表达偏爱异地族裔的“象征场”，那么它显然刺激了一代代异地士绅的利益想象。乾隆初年，永春家庙“既落成，而鳌头复占不已，见我先公之有赫乎”，[1] 足见异地宗亲对祖祠或祖墓风水的反复的象征营造，乃是他们加强当下的自信力、增加功名机会的手段之一。而各地宗亲祭扫祖坟时，“并拜八世祖封茔”，亦反映了庄夏的身份是促使后裔尽心祭扫的一大驱动

1.《泉州桃源庄氏族谱汇编》，第 25 页。

力，当然这与许多参祭者乃庄翼的后裔有一定关系。

民国以来，经历了社会政治制度的急剧变迁和外来思潮的入侵后，宗族共同体已逐步走向解体，但这并不意味着家族系谱关系的割断及与之相应的文化传统的消亡。围绕宗祠和祖墓的一整套文化观念、规范，依然根植于乡土记忆之中。各地庄氏对始祖祠及有名望的祖墓风水的认同意识（木本水源，得毋意乎）[1]，只是因社会形势的变化而暂时潜伏而已。民国三十五年（1946 年），庄氏后裔有感于“祖祠不仅破损坍塌，且祖山都被侵占迫伤”，即由省政府参议澄波，及杰六、材炮、煦、含芸、天恩等宗亲倡议重建。经仙游、德化、惠安、南安各县代表，齐集祖祠开会公议，一致赞同。三十六年（1947 年），又经先后归侨万里、烜生、材论、丕传、汉民等议论，以为斯举尤应积极进行。爰于三十七年（1948 年）古历元月廿六日，复在泉州庄府巷庄氏大宗祠组成“锦绣庄氏重建永春祖祠委员会”。[2]

改革开放以来，随着“寻根问祖”的热潮兴起，经济实力相对雄厚的海外宗亲也是最热衷于祖祠、祖墓风水营造的群体。祖籍地家族文化传统和宗教习俗的复苏，以及家族系谱关系的梳理，与他们的推力不无关系。对于祖地的宗亲而言，海外宗亲的寻根活动堪称一场别开生面的文化训练。从祖先风水营造故事中获取有关本族繁衍生息的解释，显然有助于宗亲重新滋生姓氏的自豪感和自信力。加强保护祖祠以及有名望祖先的墓地风水，其实是新形势之下复兴家族文化传统、促进血缘和籍地认同的表现形式。

例如：1983 年 6 月，菲律宾华侨庄铭镕《谒锦绣山后记》，声称“吾闽宗自那时起，人丁旺盛，所传皆贤，宗支繁衍，士林之中有文武状元，举人、进士、秀才之辈亦众。……锦绣山乃庄姓所独有，历代不为外姓所用”。庄先生的文化表述传递出一股很强烈的“离祖无根”的焦虑感，也夹杂着来自“衣冠士族”的身份优越感。[3]

---

1. 《庄氏锦绣蕃衍世系谱》，载《庄氏世系族谱》。
2. 《锦绣庄氏重建永春祖祠募捐序》，载《锦绣庄氏族谱》。
3. 兹摘抄庄铭镕的文字，以传递和把握这种“土著感受”：“祖墓（七世祖墓）右手之正中，有一外姓之棺木，是挖孔装进去的，不竖墓碑。右旁二三米处有一大墓，山腰间亦散见好几个墓穴。其中最远者，据说已有安葬，其他则为占地备用者。祖墓左旁不远处亦有一处，似是占为后用者。是日与我们一同登山者有湖洋生产队之书记及队长（姓名秘书处有记录），在在乡族社会中，地方官员和家族士绅在风水信仰方面往往有共同的历史记忆和价值取向。士绅作为本族宗亲的代理人，常主动借助官方力量来保护祖祠及祖坟的风水，以宣扬本族在乡里的地位和势力；地方官员作为国家政权的代理人，则利用家族请求示禁的机会来强化对基层秩序的有效控制。共通的文化背景和信仰图像，使得双方在处理风水受损事件中常有默契的配合。如今立于永春庄氏祠堂的同治示禁碑文就是例证。随着现代政治制度的变迁，特别是随着乡村政权组织的完善，国家权力更是深入乡族社会的各个角落。

不过，在西方进步民俗观的影响下，现当代社会为国家权力扩张铺路的主流意识形态同地方延续着的信仰习俗却是经常冲突的。他姓继续盗葬庄氏祖坟的行径，也从负的方面彰显着传统习俗顽强存在的事实以及国家力量（权力的、文化的）在整合地方传统方面的失效。在所谓“私”的地方权威系统尚未有力重建（重构）的情况下（如宗族势力的复兴），在下沉的国家权力及意识形态并未走向弱化或转型的情况下，地方族人保护祖祠或祖坟风水的努力，难免有搞“封建迷信”之嫌，不太可能获得官方实质性的支持。

庄氏宗亲的自我叙事也表明，内化为家族之群体惯习的传统习俗，有一套自

交换意见后，我们得知青阳诸族长配合湖洋族亲曾数度提出交涉，要求外姓坟墓迁移，其间甚至献议负担迁移费用。二位干部则指出此地荒废已久，几已不受重视，加以现下土地国有，既无阻挠，便随人之便了。此时我等以庆贺团之名义说明来意并强调今天是专程为此事而来的。言谈之中，我们引证锦绣山之历史背景及我全族对祖墓之重视，风水之珍惜。如斯所见者，绝非为我庄氏海内外全族所能容忍者。土地虽为国有，政府现下对历史圣地已有不同看法，且尽力加以保护，此地范围千顷非无葬身之地，某姓何以苦苦择我祖墓之右手而葬之。此倘非故意，必也是为抢占风水而为之乎？然而住湖洋之我姓者，生活贫困，人丁无几，倘无青阳族亲之助，绝起不了作用。而在青阳方面，他们则希望海外能组团视察，从旁协助，俾能事半功倍。……如今住在这里的族亲老幼刚好六十人。他们生活困苦，居处如破窑，甚堪可怜。若依风水之说，吾姓风水益于出祖者。此等族亲据说因孝留下照顾祖庙祖墓的，而今反而牺牲了前程。……设若吾族中尚有关心风水的人士，那目下刻不容缓者有二：其一是风水受人所创是事实，应合力向永春县当局交涉，迁移诸外姓存意中伤者。其二是祖祠之历史价值不容忽视。此乃在众姓中唯一仅留的开闽祠堂。理应在原地址重修之，并保留一些历史悠久的古物，进而协助那边六十位老少的起居。吾宗历代幸受祖荫，宗支蕃衍，人才辈出。今海内外裔孙，普遍发达，在工商学界不管有无硕望者，今若置吾开闽之唯一遗址于不顾，诚无以报祖德。若问需费若干，较乎其他公益款目仅是桶中点滴。以我族亲之多，分布之广，所需者仅拔一毛之力便可成事。作为庄氏一裔孙，我为目睹真情实景者之一，事后内心忐忑不安，似有所亏欠者。自忖人轻力薄，应如何对祖交代。”（《泉州桃源庄氏族谱汇编》，第 95—97 页）

我调整和创造性转换的机制，一套自我克隆和再生产的机制。利用海外宗亲和异地族亲作为有效的压力集团，“保留一些历史悠久的古物”，鼓吹海内外裔孙的发达皆源于“祖荫”，塑造和宣扬本族支开基祖先的孝行事迹、风水故事，诸如此类都是在想象和重建家族共同情感的联系，强化家族荣耀历史记忆的传授，使分布于不同区域的族裔的回忆视野可以“回到当下”，并将家族历时性的维度内在于共时性的维度之中。对于不同代际的见证者而言，这既是对既往家族历史的续写和更新，也是炫耀特殊的家族传统的某种纪念方式。

延自 1985 年，在海外宗亲的推动之下，晋江青阳、惠安山腰的庄氏宗亲出资修缮了桃源庄氏祖祠（图 4.4）和庄观墓地（图 4.5、图 4.6）。“每年清明间，各地庄氏支系，分期分批前往祭祀，并以祭扫锦绣山七世祖观公封茔为主进行春祭。”[1] 当代宗族的复兴，同样伴随着对特定祖祠及祖坟风水的追忆和识认。

晋江青阳庄佑孙（号古山，1211—1265 年）系发展最盛，亦被解释为祖墓风水的荫庇。庄佑孙“官为主簿，列廷署，感时事之变，致仕而归，后爱青阳地灵，山水钟秀，遂迁于青阳山之街市而居焉”。“古山墓在青阳石鼓山之原，初下三锄，地倏震动，火星三起，名曰地震三星”，坐丙壬兼午子，瓦棺。佑孙“葬后出琦（乡荐，晋阳知县）、壬春（进士，节推）、一俊（进士，小参）、用宾（进士，佥宪）、国祯（进士，任布政）、士元、思宽、履丰（俱进士见任），望栋、履明（俱乡荐）。人文济济，福祉未艾，长房、仲房皆离乡出贵，今福、兴、漳庄氏是也。惟少房守祖，人丁富贵尤盛。”

晋江庄氏古山墓图及地课还被收入明代堪舆名著《重刊人子须知资孝地理心学统宗》（图 4.7）。[2] 庄氏后裔将古山墓视为家族圣迹，“竭力营冢，以尽事死之礼”。[3] 明宣德三年（1428），八世孙庄蕤有感于坟山为异姓所持，典赎回古山公墓园周边土地，并修筑立石，祭扫如故。

二、南靖庄氏对墓、祠风水的持续关注

我们集中讨论下青阳庄氏第四世，即漳州龟山开基祖庄三郎派下投入墓、祠

1. 《泉州桃源庄氏族谱汇编》，第 47 页。
2. 〔明〕徐善继、徐善述：《重刊人子须知资孝地理心学统宗》卷五。
3. 《泉州桃源庄氏族谱汇编》，第 319 页。

图 4.4　永春湖洋庄氏蓬莱宗祠

图 4.5　永春湖洋庄氏锦绣山牌坊

图 4.6　永春湖洋庄氏锦绣山七世祖墓

风水的营造情况，以反思家族世系的维系与分裂如何与风水实践产生“裙带性的”关联。

谱称，南宋祥兴二年（1279 年），晋江庄佑孙第五子公从“与表弟蔡若济为潮州司户，辅宋帝昺于朝之硐州，复随至广州新会之崖山，被元兵所迫，陆秀夫负帝赴海而宋亡。公从乃避居于潮州之揭阳县窖尾村而家焉”，事实与否，不得而知，但庄氏乃忠义之族的话语，已蕴存其中矣。公从生四子，长敷言，生子名三郎（1296—1364 年，字登晦，号太极），系桃源庄一郎之十五世裔孙，幼时失怙，依季叔惠和公抚养，后随季叔迁至大埔之神前乡狮子口。至延祐七年（1320），“公年廿七岁，谙习地理，游霞漳南靖县永丰里龟洋社汪洋上水龟，见山明水秀，遂留不去。时遇有朱翁，视公性行端悫，举止忠诚，遂将有故子妇何氏，劝公进赘，便以亲子似之，公亦尽其丧终之礼”。[1] 庄氏还特别设立了“恩

1. 南靖船场赤坑村《庄氏族谱》(《桃源古图录》，清乾隆年间抄本）则称：“谙习地理，时尚未娶，于大元延祐间游来龟洋旺洋朱家看地。”

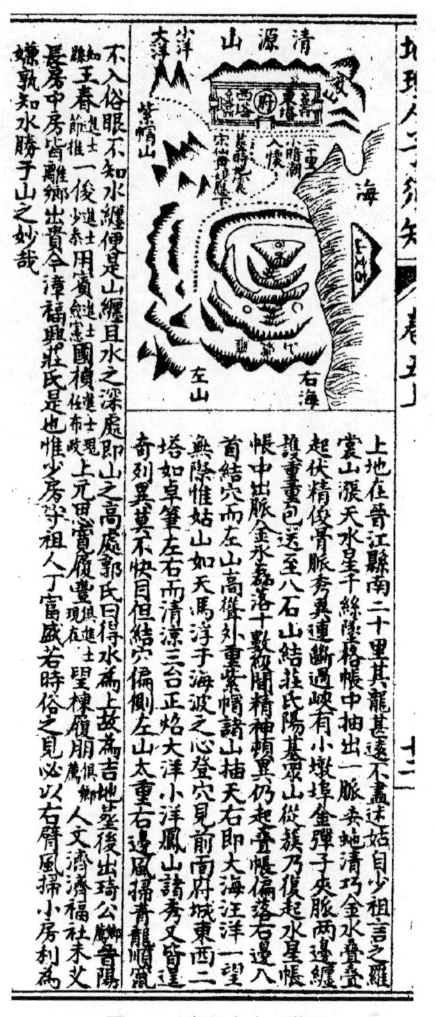

上地在晉江縣南二十里其龍甚遠不盡述姑自少祖言之羅裳山派天水星千絲落格帳中抽出一脈委蛇清巧金水疊疊起伏精俊骨脈秀異連斷過峽有小墩埠金彈子夾脈兩邊纏護重重包送至八石山結莊氏陽基衆山從簇乃復起水星帳帳中出脈金水蟲落十數級閘精神頓異仍起疊帳偏落右邊八首結穴而左山高聳外重紫帽諸山插天右即大海汪洋一望無際惟姑山如天馬浮于海波之心登穴見前南府城東西二塔如卓筆左右而清涼三台正焰大洋小洋鳳山諸秀又皆遶奇列異莫不快目但結穴偏側左山太重右邊風掃青龍順竄不入俗眼不知水纏便是山纏且水之深處即山之高處郭氏曰得水為上故為吉地葬後出琦公(鄉魁)晉陽(知縣)王春(進士)節推一俊(進士少參)用賓(進士僉憲)國楨(進士布政)上元(現)田賓履豐(俱進士現在)望棟履朋(俱鄉薦)人文濟濟福祉未艾長房中房皆離鄉出貴今漳福興莊氏是也惟少房守祖人丁富盛若時俗之見必以右臂風掃小房利為嫌孰知水勝于山之妙哉

图 4.7　青阳古山公墓图

（〔明〕徐善继、徐善述：《重刊人子须知资孝地理心学统宗》卷五）

祖”朱公祠，敬“开山恩祖考朱公恩祖妣孺人始祖考三郎庄公始祖妣何氏孺人”牌位。

在乡族社会中，祖先较高的出身或名分是后裔标榜文化正统、扩张势力的象征资本，故族谱通常规定举凡入赘或出继异姓者例应缺书，甚至不许春秋与祭。因庄三郎乃龟山开基祖，并未丧失宗祧系统，加上开基年代不算太早，庄氏并未尽力矫饰，反而宣扬其“事亲以孝，接人以恩”的德业。这类道德话语的塑造很可能抑制了龟山庄氏的某些男权意识，并间接影响到族裔对女性的看法。

庄三郎入赘之后，常到何氏娘家永定谋生。长子必文也长住异地，营守艺业。这是否与三郎的进赘身份有关，不得而知。必文次子祖富生五子，长为良茂，称天湖房，子孙最为繁盛；次曰良盛，称“中村房”（钟春房）；三曰良通，无嗣失传；四曰良显，称“塘后房”；五曰良惠，称“垄头房”。而三郎次子必华生一子石进，长孙良苟于明初迁平和小坪，其后裔再转迁永定、广东等地；必华次孙良纪移居同邑吴宅，其后裔分迁南安、潮州等地。今南靖奎洋、上（下）峰、中村、后坪、罗坑等地，多数为必文派下。此派最初务农，兼营手工业，个别投身商贾，传至五六世发祥，至七世衍为巨富之族。[1]

龟山庄氏发展到一定规模后，开始提倡“耕读传家”（图 4.8、图 4.9）。如良显房六世望宾于明景泰七年（1456 年）入泮，“龟洋秀山，自此人始”。至第九世与第十世，庄氏出现首批秀才、儒生，施事礼教，撰族谱、建祖祠、修祖墓、立祀田，逐渐发展出以房派为核心的宗族组织，以强化庄氏在地方的势力范围。

至清康熙三十三年（1694 年），庄梦雷考中武进士，康熙五十七年（1718）庄亨阳考中进士，庄士元为会元。明清龟山庄氏中进士 3 人，中举 15 人，入贡 40 多人，庠生 400 多人，仕宦者 50 多人，纳监者数百人，[2]“历年六百有余，历代二十有四，分居住处族绵四五十里，丁满有万余，而吾宗褒扬盛德，甲于一方”。龟山缙绅还热衷于聚居地形胜的改造。如庄亨阳与族内耆老一起，在龟山兴造“文峰”，“使木火通明，则人文蔚起矣”，“他日文章彪炳，甲第蝉联”。[3]

---

1. 庄宝思（十九世孙增贡生）《增修谱歌词》赞曰：“遐德远流芳，五世征昌炽。庙貌壮巍然，地脉汪洋据。八世莫与京，光前有后美。敬承六七作，亦既富且庶。……服农合万夫，通商分四布。人今一族居，利丰从中取。”

2. 陈在正、庄英章：《闽南龟山庄氏宗族的发展及向台移民》，1993 年第 34 届亚洲及北非研究国际学术会议论文，陈在正提供。

3. 〔清〕庄亨阳《龟山造文峰序》曰：“龟山自我祖肇基，垂四百年，食指数万，财谷充盈，久冠诸邻里。然僻处万山中，读书者少，科名文物，自昔寥寥。虽亨阳以祖宗之灵，幸成进士，亦倡焉而无和，独行而无徒，心窃伤之。数年以来，与诸长老诱掖奖劝，不遗余力，而采芹藻者曾无几人，尤为可怪也。近青乌家有云：‘龟山山水甲他处，独少奇峰特出者。若于卯丁二方，增建高峰，使木火通明，则人文蔚起矣。’诸长老闻而然之，思欲捐赀以成斯举，俾亨阳序其说，以为劝。亨阳思地灵人杰，自古为然，郡邑浮屠高出天际者，所在皆是。事

图 4.8　南靖奎洋庄氏大宗祠
（陈东梅拍照）

图 4.9　南靖大垄庄氏房祠聚精堂

庄三郎以看地理为业，一生飘忽多变，且入赘他乡，迫切期望借助风水来改变困境。这不能不影响到后裔对祖墓及祠堂风水的投入力度。如庄三郎妻卜葬于永定苦竹社，“是穴也，龙虎相随，主宾相对，文峰高耸，玉案重环，美哉一佳城也”。[1] 龟山族人（长房必房公派下为主）更孜孜于祖墓或祠堂的风水营造。

兹参照南靖奎洋《庄氏族谱》（第十一世弥庚系，清光绪抄本），择抄天湖房（良茂）派下支系营造祖祠、祖墓风水的情况，列表 4–3。[2]

表 4–3　龟山庄氏天湖房祠、墓风水情状

世系	行状	祖穴地	妣穴地	祭扫（墓、祠）
始祖三郎公	桃源文盛公十三代孙，讳登晦，谥太极，寿六十九（1296—1364 年）。妣何氏生子二：必文、必华。	墓在龟山汪洋之后壁太平山塘坑大庄柯，号覆鼎金，或曰翻天马蹄，雄猪落槽蹄，或曰人形，坐巳向亥兼丙壬，辛巳辛亥分金。	传妣何（1301—1365 年）与公合葬同穴，又传葬在默林社九龙埔。	清康熙二十七（1688 年）起工重修，康熙二十八年（1689 年）春月重修立碑，后建立祖祠在下奎洋越中。
二世必文公	讳行一，从葬地名谥龙山，寿六十七（1323—1389 年）。妣黄氏生子二：志用、祖富。	墓在龙山旧庵后，坐酉卯兼庚甲，己酉己卯分金，一题丁酉丁卯分金。	妣黄氏（1326—1402 年）葬在竹黄鸡笼山，金鸡照日形，坐壬向丙兼亥巳正针，乙亥乙巳分金。光绪年间修石碑，高二尺一寸，亥巳兼壬丙正针，癸亥癸巳分金，出水未坤口，俗称鸡笼蚯蚓案。	清康熙八年（1669 年）十二月十六日辰时十二世孙子巩出首鸠众同祖茔复为致祭。同治十年（1871 年）九月廿八日修立牌。

虽未足凭，要亦理所不废，是当趣而成之者也。吾宗人素多乐善好施者，闻此年七月盂兰会时，一人倡始，奔走偕来，不崇朝而百金亦得。夫求福于无形者尚如此，则造福于有象者宜何如耶？惟我伯父、伯兄、仲叔、季弟等，各随愿力，积少成多，共襄盛举。亨阳从诸长老后，乐观厥成焉。他日文章彪炳，甲第蝉联，近则身膺其宠，过则子孙食其报。猗欤休哉！非惟一时之利，亦千古之荣也，可不勉欤！虽然，吾子弟之就学者，于诸长老之勤勤恳恳，其亦知之矣，厚意何可负也。”（南靖奎洋店美仁和《庄氏族谱》，五世敬旺岩岭开基祖系，清光绪年间抄本）

1. 《庄氏世系族谱》。
2. 表中资料与正文他处重复者，从略。

续表

世系	行状	祖穴地	妣穴地	祭扫（墓、祠）
三世阳平公	讳福富，寿八十一（1343—1424年），追谐阳平庄公。嫡妣曾氏生四子：良茂、良盛、良通、良显。庶妣郑氏生良惠。	明宣德元年（1426年）十二月廿三日辰时安葬（停柩两年余），墓在本里前洋平顶田中，形曰田螺吐肉，坐甲庚兼寅申分金。	嫡妣曾氏（1345—1413年）葬在后壠，至明宣德间（1426—1435年）迁与公合葬同穴。庶妣郑氏葬在本里枫林坑边，坐丑未，先人失其旧址。	
四世良茂公	讳保，寿六十八（1367—1435年）。嫡妣黄氏生子二：敬义、敬忠。继妣张氏生敬昌。	明正统元年（1436）十一月廿三卯时，葬在寨头，坐坤向艮（停柩一年余）。至明成化六年（1470年）十二月十八日，迁葬于霞峰仙宫后龙堀顶池中（逝世35年迁葬），坐酉向卯，透地己卯正针，己酉己卯分金，形曰罗盘穴。	嫡妣黄氏寿四十六，葬在寨上，或云与公合葬同穴。继妣张氏不知葬处。	（1）二祖妣皆依公穴合祭焉。（2）良茂祖祠在梧宅新山寨尾，坐申向寅兼坤艮。清咸丰十年（1860年）十月初六日卯时，十七代孙亦梁、十九代孙节修、炜南等仝鸠集派下建祠在下峰双罐，名曰善昌堂，坐甲向庚兼卯酉。同治四年（1865年）春被焚，神主、祠宇犹存。同治五年（1866年）十月初九日卯时再入主进火。
五世敬忠公	讳福，谥遐德，被良盛子敬让串通黄万福杀害，寿五十八（1391—1448年）。妻舅张扬清代为安葬，后大宗祠冬祭，另设一香案牲醴在下厅，当空致祭张外祖。娶妣邱氏，无子。继妣张氏，生男三人：本兴、本隆、本道。	葬在奎洋大庵后下竹坑，又名野猪坑，名曰猛虎守肉，坐丑向未分金，俗传天葬。后裔所用“五世遐德祖、张妈合葬祭文”曰：“维兹吉穴，象虎之形。闾阎绣壤，广陌香塍。山川秀气，体势峥嵘。爪牙振动，伏虎初醒。我祖考妣，合葬兹茔。季春寒食，爰慕思诚。鸣豭发礉，祭扫坟庭。洋洋陟降，人杰地灵。孙支继世，瓜瓞绵茔。人文蔚起，虎啸风生。”	嫡妣邱氏葬在本里蔡垄坪顶之大元山，坐戌向辰兼乾巽，庚戌庚辰分金。庶配张氏原葬在长汀坝，明隆庆四年（1570年）墓被洪水冲崩，迁于祖穴之左，或称与邱祖妣合葬。大宗祠前之旧主腹内有庶妣张氏亲指血书咒“公卒于非命，冤莫能伸，见者不报、不昌、不吉”之句。	明嘉靖年间立庙下亀洋圩长老厝，形如上水龟，为大宗祠，栖以上本派先灵。上厅（内堂）坐癸向丁兼丑未，水放丙字。下厅（外堂）坐丑向未兼癸丁，水放辛字。外门楼艮坤兼寅申，水属申。明万历十年（1582年）十世诸孙设始草创冬祭。清康熙三十八年（1699年）应玉发等鸠众重兴，系本辈兄弟三房各随力量以成始，后凭元亨利贞四催丁财以成终。同治四年

续表

世系	行状	祖穴地	妣穴地	祭扫（墓、祠）
				（1865年）春月被长发贼焚烧。是岁八月间志由等鸠集派下架筑上厅。同治六年（1867年）架筑下厅，改换中梁及楹柱、架筑门楼。光绪二年（1876年）挂匾。
六世本隆公	谥盘谷，讳仙桂，寿八十一（1440—1520年）。妣廖氏生七男，长玄泰，次玄弼，三玄畦，四玄玉，五玄俊，六玄甫、七玄珪。	明嘉靖二年（1523年）十二月廿三日卯时入葬（停柩3年），墓在上魁岭倒林头刘世坑，内向坐甲向庚分金，外向坐乙辛兼卯酉。墓与颜尚书祖坟飞天马并峙，自白龙山鞍分龙而来十余里，亦耸亦东，枝枝节节，运动而行，浮墩峡脉，护送趋迎，将近界耸一墩埠，开屏列帐，从中而下以结穴，似人竖立，谓之人形。永春州堪舆师论曰：人形者，葬柩者必于心，做坟者必于阴，空圹者存志，防异人相争告官。	配妣廖氏（1439—1505年）葬在本里圣龙宫右边大路上，形称蜘蛛结网，坐艮向坤兼寅申，癸丑癸未分金。继妣林氏葬在本里后坑头下田边。	（1）明万历十年（1582年）重修祖墓（隔60年）。清光绪六年（1880年）重置墓碑，方知空穴有圹，系前朝存墓志于斯。（2）清嘉庆九年（1804年）建祠，在下奎洋塘后天井楼边，名曰萃英堂，上厅（内堂）戊辰兼辛乙，丙戌丙辰分金，下厅（外堂）戊辰兼乾巽，庚戌庚辰分金。祠内神主八股均分。光绪十六年（1890年）太学生连云、挥□、秀峰等鸠（纠）集派重兴。
七世玄弼公	字逸谷，谥仁德，族有是非，悉从其剖析。精于地理，族中吉地若蜘蛛、人形、大宗祠多其规划。寿九十一（1464—1555年）。嫡妣陈氏生子九，长伯英、次伯任、三伯龟、四伯惠、五伯武、六伯韬、七伯传、八伯岱、九伯煜。	初葬在上龟洋水尾东山垻，形曰鲤鱼上滩。万历四十五年（1617年）坟坏，棺浮水面，改葬下斗底（逝世62年改葬），与陈氏合葬，坐未向丑。清乾隆二十七年（1762年）十月十五日十五世孙端惠鸠众重兴。三十六年（1771年）重修，藏祠中所祀旧神主三身于墓，立石为记，坐丙壬兼午子，丙午丙子分金。清嘉庆五年（1800年）仙妈点送蕉坑风水，号更鼓地，葬银牌（逝世245年迁葬）。	嫡妣陈氏（1464—1529年）葬在下斗底冷埔，与公合葬，坐未向丑。庶妣巫氏（1475—1551年）先葬贵竹篱僻处，被人盗开，遂迁上洋隔口埔，又迁上洋中央，名曰蛇形，坐庚向甲。	立祠在下奎洋墟后，艮坤兼寅申，丁丑丁未分金，形如鸣凤朝阳，因以名祠，其先盖萧氏所居，故又云萧洋。

续表

世系	行状	祖穴地	妣穴地	祭扫（墓、祠）
八世伯武公	谥敦朴，浦邑庠生，寿七十八（1503—1580）。嫡妣吴氏无育，尤氏生子四，望尊、望哲、望达、望美。	先葬前洋岭，后迁葬在下高楼，与嫡妣吴氏合葬，坐辰向戌，形曰蜡鲤吐舌。	嫡妣吴氏（1503—1578年）与公合葬下高楼。庶妣尤氏（1515—1588年）葬在小溪内，号曰龟形，坐壬向丙。	立祠堂在禾仓坑，蟹形。明嘉靖十四年（1535年），延请福清木匠，喜舍大宗祖庙神龛及香几。万历三十一年（1603年）四子重修，设醮筵落成。
九世望达公	字竹溪，开基上洋，创业大垄，诗书勗人，寿七十二（1540—1611年），妣辜氏生子三，期科、期寿、期魁。	至清康熙三十二年（1693年）十二月廿二日复葬于番客顶（逝世82年复葬），形曰向天螺，坐乾向巽。	妣辜氏（1540—1609年）先葬花垢李氏祖妣墓所，清康熙十年（1671年）迁于禾仓坑牛母石虾形（逝世62年迁葬），坐南向北。	清乾隆十五年（1750年）五月十三日立祠在埔头庵后，名曰聚精堂，上堂乾巽兼亥巳，下堂乾巽兼戌辰分金（图4.10）。
十世期魁公	字景州，谥端质。七世玄弼公墓棺浮水面，波涛汹涌，捐身赴水，扶起祖柩。寿七十七（1579—1655年）。妣李氏生四子，王职、王义、王政、王兴。	清顺治十三年（1656年）十月初十葬在番塘（停柩近两年），号雄鹅抱卵，坐巽向乾。清康熙四十七年（1708年）四月初八日兴工竖碑（逝世53年竖碑），坐巳向亥，祈北龙宫骑龙仙妈立定分金度数，天盘壬辰壬戌，地盘丁巳丁亥，人盘癸巳癸亥，坐翌宿一十九度，向室宿一十八度。	妣李氏（1584—1655年），清康熙六年（1667年）十二月十四日申时迁葬在上洋水尾花邱（逝世12年迁葬），号曰龟形，坐丁向癸。	祖祠积庆堂在大垄厝，坐午向子兼丙壬，丙午丙子分金。正月二十日祭。
十一世王政公	字敦仁，谥良德，好学行，尊师儒，白手成家，置千金产，创百顷田，寿六十七（1621—1687年）。妣黄氏生子应元。	清康熙三十二年（1693年）六月三十日巳时葬在岭长顶八角岐（停柩六年），号曰狮形，坐丁向癸。	妣黄氏（1629—1708年）于清康熙五十七年（1718）十一月廿六日葬在獭寨顶后（停柩10年），翻身狮形，坐巽向乾，丙辰丙戌分金。	（1）祠堂建在和平寨上寨，筑于清康熙三十二年（1693年），辛乙兼戌辰，丙辰丙戌分金。（2）外祖黄追葬于本里湾上，与祖考妣仝祭。

续表

世系	行状	祖穴地	妣穴地	祭扫（墓、祠）
十二世应元公	字仲祥，谥恂皑，承先人业，静守不矜，寿四十九（1648—1696年）。妣尤氏生八子，芳奇、芳标、芳章、芳俊、芳会、芳英、芳成、芳龙。	清康熙四十五年（1706年）四月十四日酉时葬在清水塘大耳栋顶（停柩9年多），坐酉向卯，辛酉辛卯分金。	妣尤氏（1651—1729年）于清雍正十二年（1734年）四月初四日午时葬在上高楼（停柩5年），坐南向北，内坐午向子兼丙壬，外丙壬兼午子，辛巳辛亥分金，号曰蛇形。	
十三世芳奇公	字淇士，谥秉芳，为太学生，寿五八（1669—1726年）。妣魏氏生子五，世显、世忠、世文、世定、世猷。世显、世忠、世文皆太学生，世定、世猷为乡大宾。	清乾隆二年（1737年）闰九月初五日辰时复葬在本里石壁山（逝世11年复葬），乾巽兼戌辰。	妣魏氏（1670—1743年）于清乾隆十六年（1751年）四月初五日辰时葬在本里盂石头林（停柩七年半），子午兼壬丙分金。	
十四世世显公	字亦纯，太学生，谥温质（1691—1749年）。嫡妣简氏生子存五，长藻、次吧、三泼、四润、五洁，庶妣陈氏生子木生。	清乾隆廿七年（1762年）三月廿二日寅时葬柩在小溪内田中央下厝洋（停柩13年），坐卯向酉兼甲庚，丁卯丁酉分金。	嫡妣简氏（1693—1745年）于清乾隆三十一年（1766年）十月廿八未时葬在田鸡洋（停柩21年），坐乾向巽兼亥巳。清嘉庆二年（1797年）十一月廿五日巳时起迁（逝世52年迁葬），与继妣陈氏（1718—1795年）合葬在鱼骨坑口青蛇岭顶，辛乙兼酉卯，辛酉辛卯分金，实用二八缝针，坐胃宿六度，向氐宿三度，名曰凤形。	

续表

世系	行状	祖穴地	妣穴地	祭扫（墓、祠）
十五世朝坚公	乳名木生，字畅萌，易名朝坚，生前往咬留吧（今雅加达），寿四十二（1749—1790 年）。妣谢氏生子五，明笃、明容（随父往咬留吧）、明绪、明甲、明福。	清光绪廿六年（1900 年）十月初六甲辰日子时兴工，藏木主于金罐，与妣谢氏同穴，葬在奎洋山上（逝世 110 年葬木主），土名下坝顶，丑未向，己丑己未分金。	妣谢氏（1748—1833），清同治二年（1863 年）八月子时葬在蕉坑尾南门营（停柩 30 年），坐癸向丁兼子午，正针丙子丙午分金。清光绪廿六年（1900 年）九月廿九日起迁贮藏金罐，与公同穴（逝世 67 年迁葬）。	
十六世槽荣公	字明甲，易名槽荣，寿八旬（1783—1862）。嫡妣谢氏生二子，长大梗过房［同治四年（1865 年）被贼掠杀］，次紫微。	初葬在本里岭头坑大平岭边，坐辛向乙，至清光绪四年（1878 年）九月十八日辰时起攒，廿四日巳时安葬在本坟右边（逝世 16 年改葬），仍用辛乙向兼酉卯，丁酉丁卯分金，坐胃五度，向氐四度，其坟池中之水放巽字，分金庚戌庚辰。葬法皆从仙妈祈筶。	嫡妣谢氏（1800—1827 年）原葬猪曹坑，用金罐寄在大平，清光绪八年（1882 年）十一月廿二日辰时改葬在红番尾公王后上寮（逝世 55 年改葬），卯向酉兼甲庚，乙卯乙酉分金，从北龙宫仙妈祈筶择山向。葬时仙妈到坟主宰。继妣陈氏（1807—1866 年）葬在老虎岭边，清同治十年（1871 年）十二月初六日起身，贮藏金罐，改葬在必劳坑口田中（逝世 5 年改葬），坐南向北，丙壬兼午子。	

续表

世系	行状	祖穴地	妣穴地	祭扫（墓、祠）
十七世紫微公	字吉星，生于道光十六（1836年）九月廿六日亥时，余不详。	不详。	妻谢氏（1841—1866年）葬在上龟洋本里倍潭林，清同治十年（1871年）十二月初六日起迁，骸贮藏金罐寄厝（逝世5年拾金）。清光绪八年（1882年）十二月十二日并大寒起迁（逝世16年迁葬），葬深度内新开路上双贯岭盂中田长，坟坐卯向酉兼乙辛，辛卯辛酉分金，坐氐十一度，向胃宿十二度。从北龙宫骑龙仙妈炉前祈筶立定山向分金，香火到坟主宰。	

从上表罗列的资料，我们大抵可知：

首先，家族某世代祖先灵柩的停葬安排、首次葬和穴地选择，基本是由“基础房”[1]来完成的。而为了谋取或分沾某一世代风水的“想象利益”，家族针对某世代风水的更改葬及祭祀活动，则主要由奉某世代祖先为房派始祖的父亲“扩展房”来实现。基础房和扩展房是家族之选择性的祖先风水记忆得以有效延续的最重要的组织保障。

从接受祖先的风水荫庇和感应的观念来看，由于处于扩展房阶段的族裔的可塑性增加了（因为年龄或代际的因素，族裔的“社会化”尚未完成，是故受风水

1. 陈其南曰：“一男子（B、C或D）及其妻子和儿子们，相对于该男子之父亲（A）而形成这里的所谓‘基础房’，同一父（A）属下之子（B、C和D）及其妻和儿子之诸基础房，合起来构成这里所谓的‘三代扩展房’或‘基础家族’。所以三代扩展房或基础房是合三代的父子关系联系所构成的，也就是三代所构成的。由四代以上的人所构成者皆称为扩展房或扩展家族。基础房和基础家族得中国家族制度的最基础形态。”（陈其南：《家族与社会》，第135页）

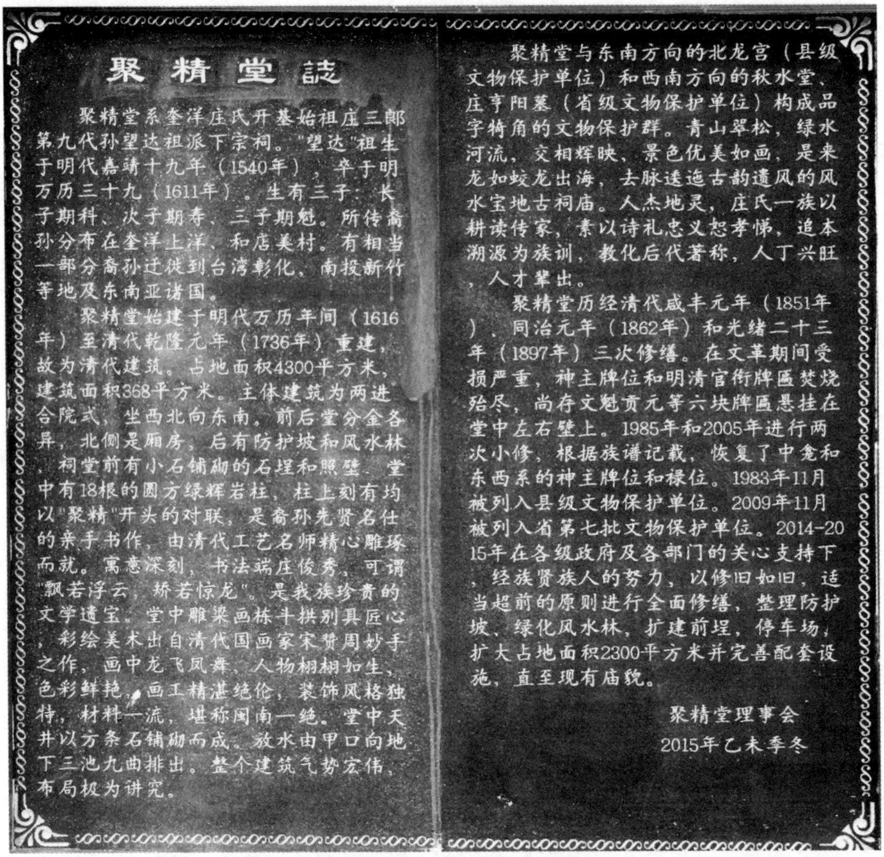

聚精堂誌

聚精堂系奎洋庄氏开基始祖庄三郎第九代孙望达祖派下宗祠。"望达"祖生于明代嘉靖十九年（1540年），卒于明万历三十九（1611年）。生有三子：长子期科、次子期寿、三子期魁。所传裔孙分布在奎洋上洋、和店美村。有相当一部分裔孙迁徙到台湾彰化、南投新竹等地及东南亚诸国。

聚精堂始建于明代万历年间（1616年）至清代乾隆元年（1736年）重建，故为清代建筑。占地面积4300平方米，建筑面积368平方米。主体建筑为两进合院式，坐西北向东南。前后堂分金各异，北侧是厢房，后有防护坡和风水林，祠堂前有小石铺砌的石埕和照壁。堂中有18根的圆方绿辉岩柱，柱上刻有均以"聚精"开头的对联，是裔孙先贤名仕的亲手书作，由清代工艺名师精心雕琢而就。寓意深刻，书法端庄俊秀，可谓"飘若浮云，矫若惊龙"。是我族珍贵的文学遗宝。堂中雕梁画栋斗拱别具匠心，彩绘美术出自清代国画家宋赞周妙手之作，画中龙飞凤舞、人物栩栩如生，色彩鲜艳，画工精湛绝伦，装饰风格独特，材料一流，堪称闽南一绝。堂中天井以方条石铺砌而成。放水由甲口向地下三池九曲排出。整个建筑气势宏伟，布局极为讲究。

聚精堂与东南方向的北龙宫（县级文物保护单位）和西南方向的秋水堂、庄亨阳墓（省级文物保护单位）构成品字犄角的文物保护群。青山翠松，绿水河流，交相辉映，景色优美如画，是来龙如蛟龙出海，去脉逶迤古韵遗风的风水宝地古祠庙。人杰地灵，庄氏一族以耕读传家，素以诗礼忠义恕孝悌，追本溯源为族训，教化后代著称，人丁兴旺，人才辈出。

聚精堂历经清代咸丰元年（1851年）、同治元年（1862年）和光绪二十三年（1897年）三次修缮。在文革期间受损严重，神主牌位和明清官衔牌匾焚烧殆尽，尚存文魁贡元等六块牌匾悬挂在堂中左右壁上。1985年和2005年进行两次小修，根据族谱记载，恢复了中龛和东西系的神主牌位和禄位。1983年11月被列入县级文物保护单位。2009年11月被列入省第七批文物保护单位。2014-2015年在各级政府及各部门的关心支持下，经族贤族人的努力，以修旧如旧，适当超前的原则进行全面修缮，整理防护坡、绿化风水林，扩建前埕，停车场，扩大占地面积2300平方米并完善配套设施，直至现有庙貌。

聚精堂理事会

2015年乙未季冬

图 4.10　南靖大垄庄氏房祠聚精堂志

荫庇的可能性增加），某世代祖先的墓地风水能量的辐射范围，似乎更主要从其后各房派（假设不止一个儿子）的子孙（第三代，孙辈）开始。因以家庭为团体单位的“基础房”有祭祖的局限性（维护血缘性合力的时效性太短），而且受系谱理念的制约（五世则迁的小宗之祭），以家族为团体单位的“扩展房”便相应担负起延长祭祖的责任。不断层累的“扩展房”积极投资祖墓风水，正是对“基础房”祭祀活动的延续和补充。那些被视为好风水的祖墓，相应形成“箭垛化”的认同效应。

自庄氏开基龟山之后，天湖房后裔一直热心于追寻和投资墓地风水活动（后裔亦有袭祖业者，精堪舆），并且不局限于每一世代的家庭，也扩大到整个宗族团体，体现了由家庭到家族之间的连续性（五服之内最为活跃）。为了寻求吉地、吉葬以荫庇子孙，庄氏频繁地进行停葬、改迁葬、合葬甚至水葬，并灵活地利用祖先神圣的象征物去谋求风水利益。那些代表祖先灵魂所寄居的祭祀场和骨殖象征物，往往可以因风水利益而被分离。

明代后期庄氏遵照堪舆术有关人形地的做法，为六世祖本隆设置了两处墓地，在“心脏”处埋葬灵柩，在“阴部”处做坟设碑，族裔到清光绪年间重修时方才知晓。除祖先的骨骸外，那些刻写祖先名讳的神（木）主（七世祖）、银牌（七世祖）乃至墓志（六世祖）也成了庄氏寻求与祖先保持关联的关键象征，他们甚至合而用之。对于在外邦谋生并葬身海外的先祖（十五世祖），庄氏也替之营造风水，以“木主”（神主）代葬，使之魂归故里。在风水因素的作用下，藏骨之地和祭祀之地开始呈现分离倾向，传统以“灵体或灵骨一致”为基础的“一墓制”丧葬生态发生了改变。多元化的祭祀场和祖先象征物的出现亦说明，祖先崇拜这一“理一”仿若“月印万川”，虚实相映，不断地被异化和强化。

其次，祖祠风水的营造与“房 / 家族”的系谱模式有着内在的逻辑关系。族裔根据“房”这一男系亲属团体所指称的不同系谱深度和功能化程度，来参与墓地、祠堂风水的营造。因一个或数个不同世代的房派，都能以其各房派之始祖的父亲为集结中心，构成一个家族，以“房”为中心的系谱关系便具有相当灵活的伸缩性，房的系谱深度也是无限的。[1]

与此相应的是，作为家族命运共同体象征的阶层性的祖先祭祀中心，不断随着家族的发展而成立，从而刺激着家族和房派不同世代频繁的建祠和修祠活动。而以某世代祖先为祭祀主体的立祠活动的前提之一，是该世代所有男性后代及其妻妾等，都以他为集结中心，依序可以类推。祠堂“象征场”被赋予一种“靶心式”的神圣力量。祠堂的风水好坏和香火的旺衰，被视为祖先灵魂能否安宁、能否庇佑子孙的关键性因素。

明嘉靖以降，天湖房积极投入各世系祠堂风水的营造和重修，以配祀各世代的神主牌位。龟山龟形大宗祠系明嘉靖年间天湖房八世诸孙所建，祀五世祖敬忠

1. 陈其南：《家族与社会》，第 132 页。

公为主，并追祀始祖列祖。敬忠公后裔称：“五世祖至于今日，创业垂统，昭穆可继者。五世祖实为起家焉，礼宜尊为先祖。今冬至日，特以五世祖考妣祔配于从中，尊功德也。始祖列祖考妣位次，在上左右者，尊亲亲之义，亦功德也。既祭始祖，以列祖祔配之，则六七世列祖义当出以合享焉。此敬其所尊，爱其所亲，而及之也。”康熙己卯年（1699 年）三房众裔孙重建大宗祠，并结合敬忠公仙命来营造风水意象：“是年初五吉日兴工，其择课则以遐德公生命辛未为主焉，告土则以三房子孙署名焉，坐向分金则以丁丑丁未为用焉。而基址堂构庭阶，仍咸依旧规，谋重新焉。至于辛巳（1701 年）十一月吉日，则进火附庙。”

为了阻止其他房支无功而来分沾大宗祠利益（包括宗祠风水带来的利益想象），修祠裔孙又限定了安放牌位的系谱世代范围：“清康熙三十九年庚辰（1700 年）冬至日在祖案前众子孙再明议祀典规则：自六世祖云岩、盘谷公以下各房各有小宗，自有宅舍，各子孙自有奉祀，则不得在此混滥。”[1] 祭祝文本也反映这种分裂性的房派认同心态。[2] 祠堂同坟墓一样，既是庄氏借以表达慎终追远的象征场，也是其争取风水之想象利益的象征场。

再次，按照“夫妻一体”祭祀原则，家族的祭祀和风水活动并不都以男性为中心，女性祖墓同样可以成为文化整合的象征场，生产和塑造家族认同的“箭垛化”效应。天湖房针对女性祖先的停葬、迁改葬、合葬活动相当频繁，同男性祖坟的投入区别不大。

以祖妣黄氏的墓地风水营造为例（图 4.11），相传二世祖必文“常住龙山营守艺业，妣黄氏多在女家，于清明节与嫂氏同游踏山，访景及此处，坐看良久，对嫂氏曰：‘此处甚然，佳景气象，吾甚爱之。’续有屡云彩山之胜景。及复在于女家殁，世因知前日伊所自爱于鸡笼山，故因此葬之”。[3] 清康熙年间，祖派下往

1. 以上三则引文，皆见南靖奎洋《庄氏族谱》，十一世贞毅系，清宣统年间抄本。
2. 庄氏大宗祠八月初一《福德会祝文》：“惟神正直，保护祠宇。我祖式凭，实赖鸿庇。恩深德厚，酬报罔既。公诞将临，预期表意。信众罗列，拜祝堂墀。陈牲献酌，精诚恳至。公灵赫濯，降鉴勿弃。福我同祭，富贵双美。绫积赢余，簪缨永世。恭请始祖考三郎庄公妣何氏孺人既合炉列祖考同来格而来喜。”《冬祭祖文》：“聿追我祖，肇基龟洋。起绪弥远，衍派弥长。遐哉祖德，宗功庇及后裔，而克振德哉。水源木本，培自先灵以馨香。兹值一阳之来复，气化伊始，系惟奕世之迎承，孝思是将。”（南靖奎洋《庄氏族谱》，十一世弥庚系，清光绪年间抄本）
3. 《庄氏世系族谱》。

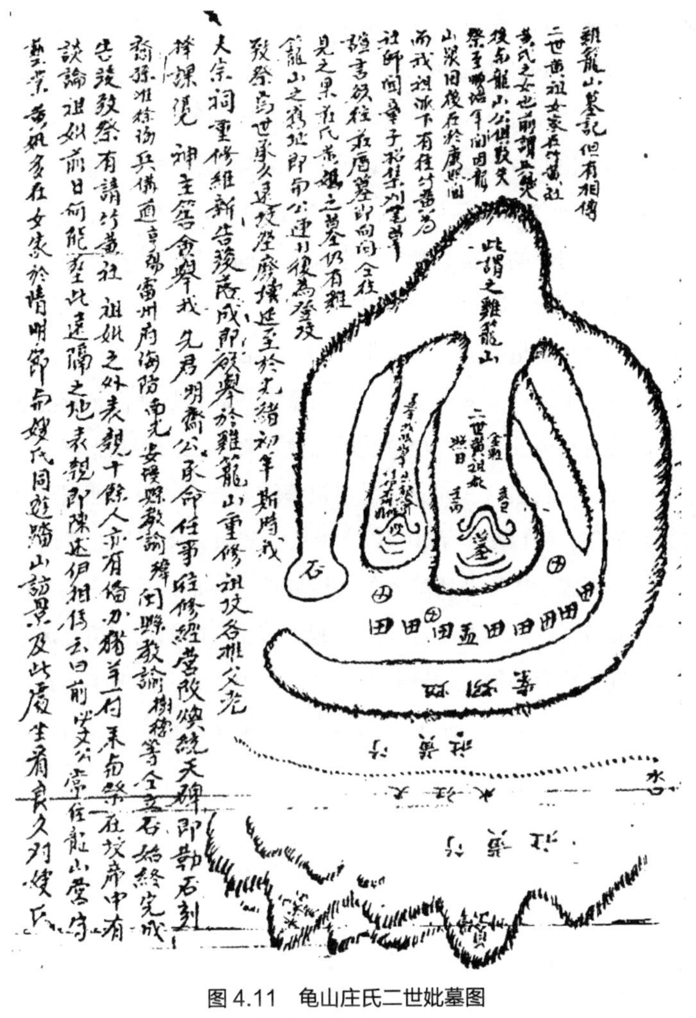

图 4.11　龟山庄氏二世妣墓图

(《庄氏世系族谱》)

竹黄为社师，于鸡笼山寻得黄妣墓址，复为登坟致祭焉。延至光绪初年，大宗祠维新告竣，庄氏“各推父老，择课凭神主筶”，共举精堪舆的十八世裔孙明斋公“承命任事往修经营，改换统天碑”。龟山士绅淮徐海兵备道庄亨阳，雷州府海防南光，安溪县教谕玮，尤溪县训导朝良（另一版本“闽县教谕树德”）等，仝立石以保护祖妣坟墓。

庄氏宗族还规定如何分四阄来轮流祭扫黄妈祖墓。[1] 其祭祀司土祝文和祭文，同样体现出族人对该风水利益的期许及其所积累的、复杂化的房族认同心态。[2] 祖妣在母家独立生活和自择风水的故事，庄氏裔绅持续敬祖尊宗的活动，说明被族人神话化和典范化的黄妣祖先形象，已然是凝聚家族共同体情感的媒介。

最后，明清家族的风水信仰与神灵崇拜之间具有天然的亲缘关系，相辅相成，提供了一个自明性的宇宙观和道德框架，共同强化了族裔针对祖墓和祠堂的“靶心式”的认同力和归属感，参与创造了家族之丰碑性和神话性的历史。

鉴于祖墓的风水能量可能会引发子孙的祸福吉凶等不定因素，庄氏后裔也试图借神祇的灵力来主宰坟墓或祠堂风水的象征营造，这从他们频频前往骑龙宫仙妈炉前祈筶，甚至恭请仙妈香火至坟前的做法可知一二。在寻到好墓地后，族裔也积极敬祭神灵，以表谢意。如葬七世祖银牌的更鼓地系骑龙仙妈所点，庄氏祭扫祖考时必祭仙妈。[3] 在祭祖活动中，族裔从安放祖先象征物的场所中分享着祖先的力量，借以克服个体生命所陷入的边缘处境，并寄托整体家族对现世及未来的愿景。这种地域崇拜和信仰融合，无疑刺激着庄氏内部利用祖墓风水的“箭垛化”效应，来进行相应的伦理训练和身体规训。因为某一房派下子孙除拥有风水术数的技术标准外，还拥有一致的神判标准，有助于推动家族成员遵循共同的社会秩序。

---

1. 南靖奎洋上洋《庄氏坟墓考》[民国九年（1920年）抄本]：“逐年祭墓，定于冬至后七日起程，是夜宿龙山，翌日祭竹黄墓，第三日祭龙山埔岐墓，辨祭照四阄轮流：一阄贞房简斋祖，良显祖，敬义祖；二阄元房云岩祖，良盛祖，本道祖；三阄亨房仁德祖，良惠祖，玄泰祖，玄后祖；四阄利房六成祖，玄玉祖。祝文誊二房、六房、七房，礼生三人名次。”
2. 司土祝文和祭文摘录如下：
（1）《司土祝文》：“伟哉斯穴，雄鸡为形。沙随龙抱，案以蚓名。鸡得食而起舞，人得地而挺生。宜我后代，科第长鸣。胡为世远，罕见音登。岂金巨之未削，抑木养之未平。维神司福，实体冥灵。丰以毛羽，峨以□□。谨具牲酌，祭扫坟茔。神其醉止，赫赫明明。谨告。”
（2）《谒祖祭文》：“群峰挺秀，惟此独尊。雄鸡为穴，蚯蚓前垣。飞鸣有势，振翮何论。美哉斯地，伟哉斯坟。我妣卜葬，永赖长存。僾然如见，忾然如闻。时值冬至，谨具牲豚。宜降多福，俾尔后昆。丝纶入直，峨我冠阍。”
3. 祭辞曰：“粤稽在昔，神显灵通。堪舆握箕，觅出俗瞳。域开鼓地，媲美铜钟。葬我考妣，□我风龙。兹将秋祭，预献仙宫。陈牲酌酒，启告神聪。伏祈来格，佑保重重。谨告。”

三、南靖庄氏关于四代祖墓风水的叙事

汉人家族对祖墓或祠堂风水持续的关注情怀，是家族团体或个体成员借此形塑共同的情感归属和内部身份认同的结果。伴随着近世家族制度的发展与完善，以“尊祖敬宗”的话语实践为表征的风水信仰，业已积淀为民众生活习俗的一部分。不过，随着家族人口繁衍，远祖数量越来越多，族人之间的血缘关系不断弱化，家庭个体对远祖的崇拜必然随之淡化甚至消亡，对祖墓的祭扫也不太可能一以贯之。

出于维持、巩固家族世系的势力范围以及家族内部秩序的需要，如何有效利用远祖墓地风水这一重要的“象征场”来强化家族的向心力，即血缘认同（水源木本之谊，不同乱宗）和地缘认同（聚族而居，同里同乡），就成为一个家族世系的共同目标。有选择性地祭扫远祖墓并宣扬其中蕴藏的风水能量，必然要演变为家族的一项策略性主张以及集体性行为。在这种操作过程背后，人文理性（敬宗收族）与宗教信仰（鬼神作用或风水能量）之间的张力也越发凸显。是故家族群体对较具代表性的祖墓风水的态度，随着社会和文化变迁而有反复，也经历了诸如“热情—冷淡—热情—冷淡”的过程。

试就亀山庄氏一至四世祖墓的风水营造活动，略作分析：

1. 开基祖墓

亀山庄氏开基祖三郎公的“翻天马蹄”墓地（图 4.12）失祭已久。延至康熙二十八年（1689 年）孟春，庄氏宗亲才佥举十四世孙庄铿主持重修，议定“逐年祭墓，定于冬至前二日，推做七推轮办，一元房本兴祖派，二利房六成祖派，三亨房仁德祖派，四良显祖派，五良惠祖派，六良盛祖派，七贞房简斋祖派”。[1] 庄铿《太平山记》记述了始祖墓失祭的情形，突出祭墓在维系系谱认同和人伦方面的意义。[2] 而庄铿强调“殡母于五父之衢”，颇值得玩味。在坦承开基祖进赘并

1. 这是南靖奎洋《庄氏族谱》（十四贞裕房，清康熙年间抄本）的说法。南靖奎洋上洋《庄氏坟墓考》亦称：“七推轮辨祭祀：一元房本兴祖派，二利房六成祖派，三亨房仁德祖派，四良显祖派，五良惠祖派，六良盛祖派，七贞房简斋祖派。”《庄氏世系族谱》则称，冬至前二日“逐年祭墓作八推轮流办祀”，即由一阄本兴、本道祖，二阄良盛祖，三阄玄弼、玄泰祖，四阄良显祖，五阄玄甫、玄玉祖，六阄良惠祖，七阄玄珪、玄俊祖，八阄良纪、良苟祖组成。
2. “尝读《孔子世家》，有曰‘殡母于五父之衢’，窃怪以为不然。由今思之，亦或有然。如我

以妻族卜葬其间之事时，却巧施春秋笔法，搁置了先祖身份尊卑认定，转而宣扬信守礼制及慎终追远的典范化形象。

与庄铿侧重教化来肯定开基祖墓的维修和祭扫的意义不同，一些族裔则从风水角度来肯定祭扫始祖墓的必要性。祭祖之人文化、理性化的气质在弱化，信仰化、功利化的因素在增加。如清庄氏裔孙极力圣化龟山开基祖墓的风水形胜。[1]族裔所用的司土祝文和谒祖祭文极尽恭维，反复传递了地方性的族裔群体热衷于功名和声望的信息。[2]

庄氏有关开基祖墓风水意象的层累的话语，客观上强化这个"象征场"磁力的功效。然而，赋予始祖墓之聚族精神力量的源泉，与其说出于风水感应的直接

始祖三郎庄公，分自青阳桐城，开辟奎洋，由来久矣。其生卒年月载在谱牒，班班可放。适永定苦竹社大坪山内步行溪头一里许，有社名长头坑，何姓之女为朱苗媳，后赘于公。公以妻族，卜葬其间。是穴也，龙虎相随，主殡互对，文峰高耸，玉案重环，美哉一佳城也。旧谱有大元山之误，又兼异邑别属，屡遭兵燹，致失祭扫，遂使我祖之茔域委为培塿，属在子孙能不痛哉！赖祖灵不昧，虽被附近侵图，而坟右邻里老少相传至今，犹称'龟洋庄高祖之墓'云。呜呼！物本乎天，人本乎祖。纵或不知，犹难相诿，况明知之而竟置若罔闻？斯诚罪之大者也。第事出创始，兴复维艰，不有任其劳者，奚以成是举。是春，诸叔父向予言曰：'我祖坟失祭已久，今欲兴复事，非可苟且，为汝其代任，无辞焉。'予等恻然、忧奋然，起曰：'追远尊祖，孝也；登坟祭扫，仁也。予何辞之有。'爰是孟春之日，谋之族众，孝思之忱，千亿如一，每丁喜捐银若干，除本年祭费外，伸银它若干，置立祀田，以为后人虔修岁祀事，于万斯年永垂勿替。由此观之，虽曰人事抑丰，岂非我祖之灵所默庇乎！"（南靖奎洋《庄氏族谱》，十四贞裕房，清康熙年间抄本）

1. "龟山始祖三郎庄公墓地大平山，形称翻天马蹄，又曰雄猪落槽。蹄，阴也，地穴也，与南安曾公亮始祖之坟相似，宋黄妙应先生扦，不入众眼。卜氏云：'辞楼下殿，不远千里而来；问祖寻宗，岂可半途而止。祖宗耸拔者，子孙必贵；宾主相迎者，情意相孚。'左必伏，右必降。精神百倍，前呼后应，气象万千，离杖云势，雄气猛峻，无停脱落，铺毡展席，平脱落就，中离倒杖，员金中正迭坟成，谓之巽巳发祖卯巽临，巳山亥向，阴见阴，艮寅之水由来远，尚且归堂神合襟，是以临官贯天罡，禄财宝系于此方。人丁不须贪狼到，一门诗礼踵绵芳。康熙廿七年戊辰（1688年）二月廿七日午时，四户在甲方，先起工，然后致祭，盖以丑日贵人，太阳在乾，月德在申，可谓得有余之庆矣。"（《庄氏世系族谱》）个别辞参照漳州奎洋《庄氏族谱》（十四世贞裕房，清康熙年间抄本）
2. 司土祝文和谒祖祭文摘录如下：

（1）《司土祝文》："系我祖穴，山号大坪。健龙特结，起伏如生。形压若亏，气吞双坑。幽冥呵护，实赖神灵。严冬节屈，崇报心怦。七推济济，罗拜坟庭。薄表微意，献酌陈牲。神其鉴格，启后峥嵘。人文辈出，共享升平（共生帝庭）。"

（2）《谒祖祭文》："洪维我祖，肇居龟洋。佳城卜葬，在坪之阳。健龙特结，气象光昌。冬至节届，追慕心长。七推济济，罗拜坟场。□礼因时，志籍物彰。致敬致属，□□馨香。伏祈祖兮妣兮，启佑不忘，连捷科甲。"（《庄氏世系族谱》）

效用，不如说是家族群体“箭垛化”的舆论导向的结果。任何信仰都有明确的意向性，都是对某物实在性的意识，并借此媒介来保持、刻写、编织自身的文化记忆。家族风水信仰更是自明性地指向祖墓或祠堂等实物的信仰（还包括对骨骸或祖灵等的信仰），并作为一种反思性和纪念性的精神力量，激励族众针对家族历史做出意义阐释，并引导其未来的行为指向。族裔将开基祖墓的风水能量神秘化，既是其精神信仰之意向性指示的自然结果，也是其期盼开基祖墓风水能催生家族功名利禄的意识的产物。因此，开基祖墓俨然是龟山庄氏“靶心式的象征场”，较容易诱发族裔进行纪念碑化的投资、修建的热忱，乃至生产和发明关于开基祖种种创业的神话。所谓“人丁不须贪狼到，一门诗礼踵绵芳”的风水话语构建，是族裔的一种程序化的家族叙事模板（光宗耀祖）。

2. 二世祖墓

我们再来审视一下庄氏后裔关切祖必文公墓地风水的过程（图 4.13）。据十二世裔孙应玉《龙山记》称，必文公墓在龙山庵后之阳。“因庵庙与室家相近，被吴姓先人所移，兼遭兵燹”，致失祭三百余年。[1] 清顺治十六年（1659 年），庄应玉重寻二世祖坟的过程颇具传奇。[2] 延及清光绪二十二年（1896 年），祖“龙

1. 奎洋上洋《庄氏坟墓考》。《庄氏世系族谱》称：“又有云葬在吴家祠或龛□或花台，被吴家同谋毁占，又兼兵燹，致失祭地二百余年。”（第 138 页）
2. “适玉也从彼地而回，望见一老人于祖坟之侧，问其姓，曰林，名曰好，道士也。生于斯，长于斯，深知斯地之人情土俗。对坐谈笑，详言我祖之茔域于其间。呜呼！吾祖何忍，一至此哉！乃造就之为耶。玉生也晚，闻道斯言，望松楸以太息，恨补报而无门，随即稽首祖前，长揖拜谢致意，归家，亟欲寻马鬣之封于蔓草烟棘中。”是岁冬季既望，庄应玉“倡首谒见长者，募集弟侄，每丁充入祭资五分，约成其事。凡年十五以上者，咸来勘地尊祭。祭余，存费三十有奇，遂同良茂公凑成五十余两，创置祭地，坐坵址罗坑原古，税三十有二，议逐年纳实税租乙十四石，付之该年祭主”。不过，查出亟欲追祭时，“又因黄公台委右镇郭老爷遁兵做槽吾乡，渐停其事，耽搁才两年，而我祖坟边竟又添一坟！此等奸心，渐不可长。余赶紧极力出首鸠众，大小男丁照名造册，每名应捐银五分，以供祭费。约冬至日，齐到大宗祠，成兹盛举。是岁清顺治十八年（1661 年）辛丑十二月十六日辰时交春，凡我叔侄年十五以上者，登坟拜祭，计共千余人，详勘地界，勒石为记。自后祭祀，议作四阄，逐年轮办”，庄应玉期许“水源木本之思，于是可稍慰，而我祖英灵地下应，亦无憾于孙曾也。宜乎萃龙山之秀气，以培天水之命脉，而勃然兴之矣”。（奎洋上洋《庄氏坟墓考》）
为了祭祀祖坟，子巩还贴出《鸠众祭祖必文公示》：“祖讳必文，生于元英宗至治三年（1323 年），卒于洪武二十年（1387 年），原葬在龙山庵后，追谥龙山公。因前人移庵，兵火之后，

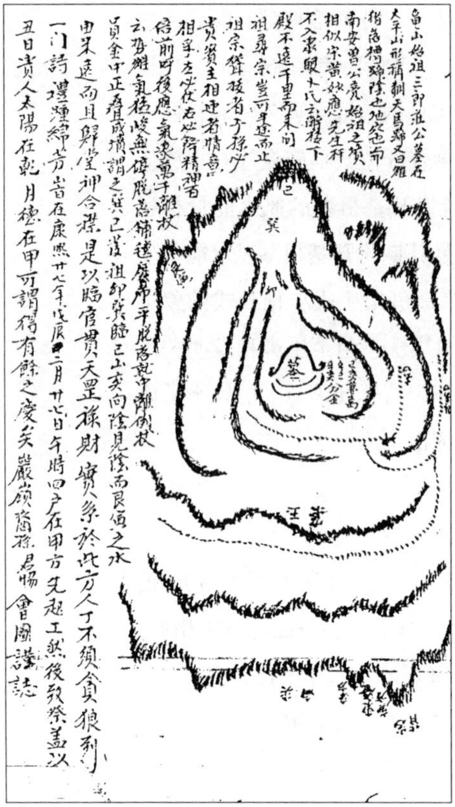

图 4.12　龟山庄氏始祖墓图

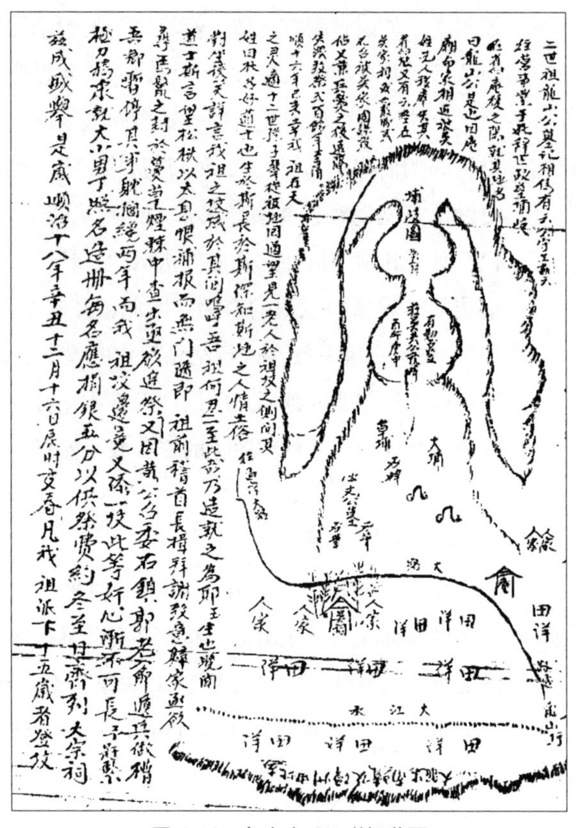

图 4.13　龟山庄氏二世祖墓图

身顶上被圩后吴松富家开做新坟一穴，我派闻知，等众俱不肯，即与相互争论，后有戚属公人断定，就此新坟以为庄吴两家之公荫坟，我派即勒石竖碑据并勒石笔一对，竖祖坟前，刻派下科甲者俱有各焉”。[1] 清代庄氏有关祭扫龙山公的祭祝

以致久年失祭。至顺治十六年（1659 年），子孙有水源木本之思，亟欲追祭。是岁缘公府黄委右镇郭老爷，我叔任公之姻亲也，遁兵做槽吾乡，姑暂停其事。及今我祖坟边添坟，未知谁氏，此等奸心，渐不可长。愿叔兄弟侄辈，望松楸而太息，各房子孙无论大小，可照名册，每名应科银五分，以供祭费，至冬节日者到大宗，约成其事。凡子孙年十五者，当亲登祖茔，详勘地界，勒石为记，庶可寻马鬣之封于蔓草烟棘中。而我祖英灵地下，萃龟山之秀气，必培天水之命脉，勃然生气矣。”

1.《庄氏世系族谱》。

文本，传递了后裔期许祖墓风水荫庇子孙功业有成的集体心态。[1]

龟山庄氏针对二世祖坟的叙事框架（找寻和祭拜，合族阻止他姓侵葬），不免夹杂着理性与信仰的张力，极富戏剧化、文学化的宣传效果，堪称明清家族神学叙事的模板。特别是族谱关于林道士指点墓址的感性叙事和历史修辞，让族裔至少分享了祖先英灵和风水能量所辐射出的实在感，从而体面地完成了尊祖敬宗的规划。这当然有利于宗族内部联结为紧密的祭祀共同体，从而在与外部力量的对抗和妥协中彰显自身的集体实力。

其实，庄氏后裔针对龟山祖墓形胜的叙事，暗含着一种“靶心式”的箭垛化效应，这种效应流特别刚强、集中，也意味着它的消退将是快速的、分散的。合族逐年祭墓的规定，已先在设定了这种集体的合力行为远不如个体家庭关注近祖墓地风水那般投入和持久。由于龟山开基祖的社会地位并不显赫，甚至还有些卑贱，无以成为家族在区域社会中表达尊严和自豪的资本，祖墓的好风水更需要暂时成为凝聚龟山系谱意识和地域认同的一个象征场，成为维护和巩固各房派利益的一个“靶心式”的文化符号。

如果将永春及龟山富有代表性的庄氏墓地风水都视为构成家族世系认同的“象征群”和“符号群”的话，那么，对于龟山庄氏而言，开基三郎祖墓“翻天马蹄”所辐射的文化能量，是胜过异地远祖庄观“仙人执玉笏”及庄佑孙“地震三星”二块风水的。而对于晋江青阳庄氏而言，庄佑孙“地震三星”所辐射的场能量也理应置于首位。墓地风水之“箭垛化”效应的强度或持续力，显然与“房”所指称的系谱深度和功能化程度有着密切关系。

3. 三世祖墓

各类族谱关于三世祖庄祖富“田螺吐肉”形的墓地着墨不多。只有司土祝文

---

1. 司土和祭祖祝文摘抄如下：

（1）《司土祝文》：“地不在高，有神则灵。龙山胜概，我得其精。形如端拱，矫矫无朋。左扶右保，后送前迎。惟神司此，福德永贞。年年南至，岁岁仪牲。护我祖考，佑我后生。长发其祥，福禄咸亨。谨告。”

（2）《谒祖祭文》：“洪维我祖，生长龟洋。室家未奠，渐徙兹乡。陶复陶穴，爰及周姜。生以居处，殁葬冠裳。魂返宗庙，魄在一方。今虽世远，谱载其详。年年至日，荐馔称觞。衣冠满座，拜祭坟茔。祖其如在，来鉴馨香。罔恫罔怨，积厚流光。尚飨。”

和祭文赞扬过其形胜，模式化的话语更多一些，只反映既定的习俗真实，并不能证实该墓属于好风水这样的客观真实。[1]

龟山庄氏发展到第四世代时才略有人口规模，并开始明确分成五大房派。留守龟山的各房派主要以第四世祖即本房房祖的墓地风水为祭祀中心，再加上三世祖墓风水可能并未最佳（族谱无墓图），其作为凝聚各房派“箭垛”的“象征场”地位似乎明显被弱化，地位远不如开基祖和祖墓地风水。

4. 四世祖墓

据庄宝与汇集《庄氏世系族谱》记载，四世祖天湖房良茂的墓地，系良茂去世 36 年即明成化六年（1470 年）改葬的产物。隔良茂去世二百余年，庄仰文撰《罗经穴》，再现房祖墓地的风水意象及其对天湖房发展的决定性影响。庄氏该房派后裔对此坟进行了多次的重修。（图 4.14—图 4.16）[2]

---

1. 该祖墓的祭祀规则是：“逐年祭墓，定于二月十一日，办祭阄额开记于左：一阄良茂祖派下元推本兴（本道）祖入银七（三）钱，仝主祭，庚戌年起，第一年主祭；二阄良盛祖派钟春房入银一两正，第二年主祭；三阄良茂祖派亨推玄弼（玄泰）祖入银八（二）钱，仝主祭，第三年主祭；四阄良显祖派塘后房入银一两正，第四年主祭；五阄良茂祖派利推玄甫（玄玉）祖入银八（二）钱，仝主祭，第五年主祭；六阄良惠祖派垄头房入银一两正，第六年主祭；七阄良茂祖派贞推玄俊（玄珪、敬义）祖入银式（六、二）钱，仝主祭，第七年主祭。”［南靖奎洋《庄氏族谱》（十四世贞裕房），清康熙年间抄本］

   同谱的司土和祭祖祝文摘抄如下：

   （1）《司土祝文》：“伟哉斯穴，孕秀流芳。南龙翻结，西水朝堂。清明节届雨露纷，子孙罗列拜公坟。惟有三世开阳基，奕叶支开两户分。追念先德合同祭，实赖神庥永长昆。谨具菲仪清酌酒，惟神赫鉴此芳芬。泽钟佳气绵绵永，福我儿孙代代春。谨告。”

   （2）《谒祖祭文》：“追念我祖公，上承二祖，下开四宗。佳城卜葬，乃在奎东。南龙翻结，西水朝堂。伟哉斯穴，孕秀流芳。支开二户，扫本心同。惓念先德，有怀凄怆。清明节届，罗拜坟傍。恭奠一酌，聊表微悰。公灵不昧，鉴此芬芳。昌我后裔，振我宗祊。宗功祖德，弥来弥光。尚飨。”

2. 《罗经穴》：“地理之说，有正有奇。奇者而至于水葬，自古则天下不数观焉。今我族四世祖良茂公所葬罗经穴是也。龙自龙岩州而来，从北而行，将近界高耸一峰，即松峰社之尖峰，从峰中侧落自东港，以飞来两边之山，左旗右鼓，有送有迎，穿田过狭，化平洋之田数十余丈，莫寻其迹，突起山陵，厚平而雄伟，可里许屈穴，开一案山，从中直趋而下，左右回环，中开一覆金，纵横二百余步，内凹一湖水不出，旱亦不竭，即术家所谓天湖也。登湖一望，恰在霞峰社中，二十四山包裹，各在襟带之下，令人遐瞻远瞩，而叹为奇壮之观也。湖之中有一石线，至半而止，穴既为罗盘，则是子午针也。又有秀石一块，高起水中，此则术家所用于转旋定盘针之石也。以象形命名，故谓之罗盘穴，诚肖矣。先时有一地师，异人

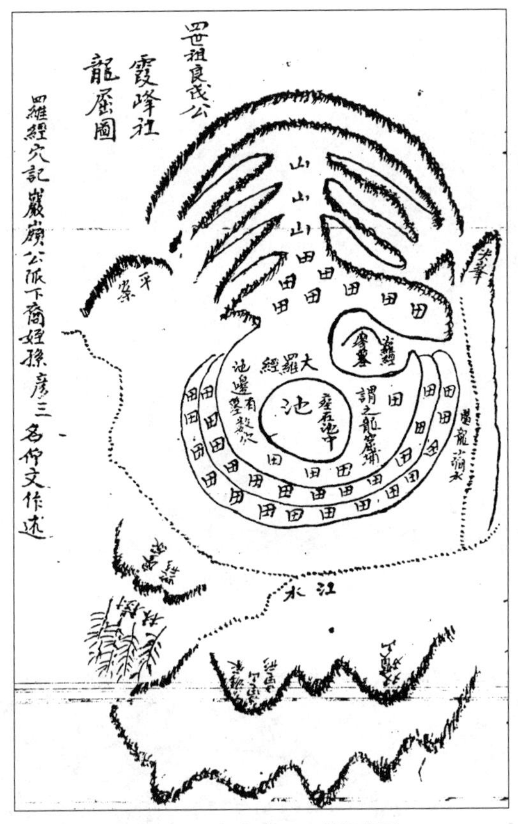

图 4.14　龟山庄氏四世祖墓图

(《庄氏世系族谱》)

也，即何仔云明师，本欲献于湖麓富家，蹑屩升堂，忽有子弟斥之，师以其无礼，秘而不投，即出，至合溪口，日昏，适遇遐德公寓在于此治生为业，师投宿焉。遐德公加礼以待之，师曰：'地属斯人矣。'且嘱之曰：'此是罗盘穴，宜用瓦棺，循石线尽处下穴是也。'遐德公问之深浅奚凭，师曰：'在下有天庭宫，地脉相关，深到是处，神像便动。'即将葬之，顷即命童子，在宫守视神像，约鸣钟为号。及期神像果动，童子见奇而忘记敲钟，师怪之曰："问神动乎？"童子曰：'神已倒在地矣。'师顿足叹曰：'葬已过深矣！财丁无异，贵则迟。'夫自良茂公葬后，今人丁巨万，富豪不绝，而登科甲者，至十四代孙亨阳及士元同榜进士，而亨阳官任淮徐海道，升湖北按察副使，崇祀名宦乡贤，士元任来水知县，又而南光以军功授雷州府海防，又而璋举人以授安溪教谕，皆以此同辈，后之余等登科榜者十余多人。其验如此，非谓奇闻罕见之事哉！吾宗将锦绣发祥而兴富贵昌荣，蕃衍四方，自泉而漳，遥遥相继，后先媲美，而未识及水葬之奇观哉。"

图 4.15　龟山四世祖墓现状

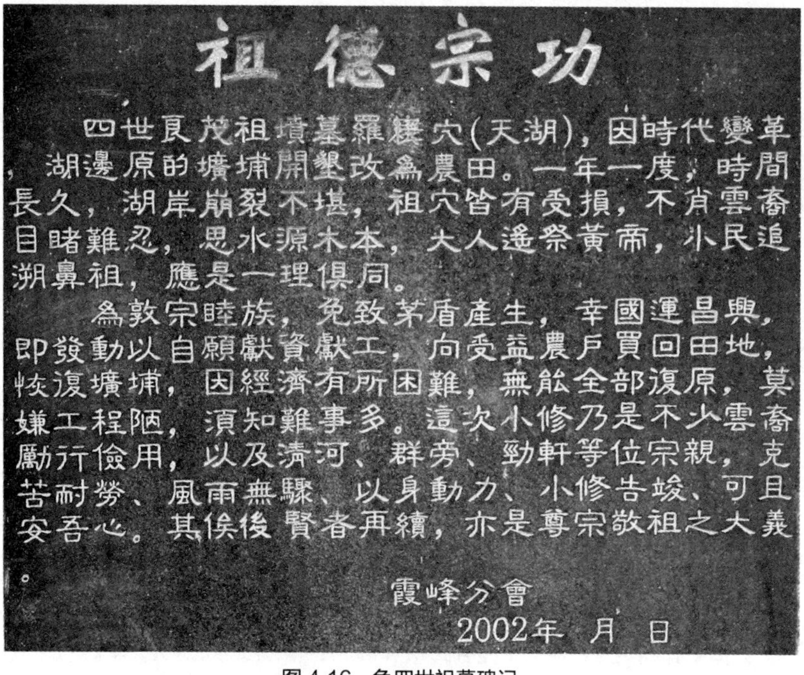

祖德宗功

四世良茂祖墳墓羅縷穴(天湖)，因時代變革，湖邊原的壙埔開墾改為農田。一年一度，時間長久，湖岸崩裂不堪，祖穴皆有受損，不肖雲裔目睹難忍，思水源木本，大人遙祭黃帝，小民追溯鼻祖，應是一理俱同。

為敦宗睦族，免致茅盾產生，幸國運昌興，即發動以自願獻資獻工，向受益農戶買回田地，恢復壙埔，因經濟有所困難，無能全部復原，莫嫌工程陋，須知難事多。這次小修乃是不少雲裔勵行儉用，以及清河、群旁、勁軒等位宗親，克苦耐勞、風雨無驟、以身動力、小修告竣、可且安吾心。其俟後賢者再續，亦是尊宗敬祖之大義。

霞峰分會

2002年　月　日

图 4.16　龟四世祖墓碑记

其实，家族文化的发展往往得益于地方经济的发展，反之亦然。庄氏宗族和房派“人丁巨万，富豪不绝”的局面，为“登科榜”打下了良好的物质基础。天湖房派的兴盛与繁衍，同龟山的地理条件（如地势较开阔，有利于农业发展）、生产资源（如杉木众多，多靠做木材生意发家）乃至族人的资质与勤奋等因素是分不开的。然而，在庄仰文的深层意识中，对风水效用的信奉超过了范导人伦秩序（敬祖尊宗）的理性要求。风水观念、信仰已为家族准备了自明的宇宙图式和意义秩序，准备了有关家族或房派兴衰的宿命理由。“人丁巨万、富豪不绝”与“登科榜者众”并没有什么必然联系，墓地风水才是左右房派发展的决定因素。因为风水效用有快慢，所以本房派的发展轨迹也变得有则可循。在天湖房族的集体想象中，由于房祖良茂公的墓地风水甚佳，才激起他们不断的关注热情。

在普遍崇信风水效用的氛围中，佳城不易寻求，它“靶心式”的“箭垛化”效应总是相当强烈，并容易遭受本族人氏或异族人氏的觊觎。天湖房罗经穴也不能幸免。明代中期，龟山庄氏“自被兵燹，谱牒毁失，祖考妣龙山竹黄坟域失其众祭”。明万历十九年（1591 年），该墓“被中村房十世良盛公之派恒等，敢借口曰：二世黄祖妣葬在石霞峰龙窟之罗经穴，与我四世良茂公份占。斯时伊尚强房，我四世派恐有异心，控官告讯，蒙知县吴老爷断准，标祭不必互争，我派等亦念二世黄妣全脉祖也，后即祭四世庄公亦当兼祭二世黄妣”。

早在天湖与中村分房之后，两房派就发生矛盾。中村房“良盛之子敬让有八子，持其势力欲图占家，□起恶孽之心，遂串通强盗黄万福谋害”良茂之次子敬忠及长子敬义之子贵霖。由于存在强房压弱房的形势，加上二世黄妣亦是天湖房祖先，天湖房后裔为了不被背上骂名，只得容忍中村房“分有”本房的风水效用（是否有用另当别论）。

在此后的祭扫仪式上，天湖房每每借助祭文发泄不满的情绪。如明代天湖房第十世祖温稚公（1556—1665 年）写过祝文声讨。[1] 延至清代，天湖房后裔仍然

---

1. 庄氏四世祖的司土和祭祖祝文摘抄如下：
（1）《四世祖霞峰龙屈天湖罗经穴司土祝文》：“奇哉斯穴，不类尘封。奈何世远，陂说异同。传者口称，二世黄妣。谱载独系，四代庄公。两经聚讼，目翳云蒙。非敢念公而忘妣，实恐怀私而假公。但名曰：先妣之礼，亦当追崇。际兹雨露，我心凄惶。谨标妣名，合祭于公。为公为妣，莫掩神聪。神其正直，鉴此苍苍。福其同祭，庇其正潢。殛其侵附，祸其驾空。无偏无倚，为神休功。谨告。”

不忘声讨中村房的“无良”行径。[1] 这种因风水信仰而引发的房派冲突，尽管弱化了不同房派的血亲联系，但又相应强化了天湖房后裔对本房的向心意识，并提升对房祖墓地风水的情感归属和认同力度。

在传统家族制度中，“房”和“家族”的系谱关系天然形成了分裂与包容的张力。这种张力在天湖房派针对房祖墓地风水的态度中展示无遗。随着家族人口的扩张，天湖房派又分出许多支系，迁徙至不同地区，其宗族共同体的形态已相当松散，有关“房祖”的崇拜观念已不可能随着家族整体的发展而得到强化，反而呈现弱化的趋势。相应地，原来天湖房祖墓风水所凝聚的“箭垛化”效应也被迅速弱化，其作为房祖象征场的地位已由中心走向边缘。故而族人对房祖墓地风水的关切也不那么热烈，更谈不上积极参与，是墓葬后一百来年便遭中村房盗认，似乎证实这种后果的必然性。

入清以来，奎洋上下峰派支系（股）负责祭扫罗经穴，而非通房族派代表祭扫。谱称“今逐年冬至后十一日，祭墓罗经穴之祖，系是松霞峰社六股福私积致祭，龟洋唯有本隆祖办。当年者桃牲醴粿一座到穴与祭而已，在附近者有会数百棹。其双仔建祠祀，良茂社亦是十股福私轩四季祭祀焉。时在咸丰庚申年（1860年）十月初六日卯时。十九代孙节修炜南乖鸠建，至同治乙丑（1865年）被发毁伤，幸祠神犹存，丙寅（1866）十月初六日复再入主进火”。[2] 延至清光绪十五年（1889年），天湖房子孙再次辨不清良茂公墓地的位置。南靖奎洋《庄氏坟墓考》记载：“追同治五年丙寅（1866年）查认，我派下祭扫多年，心尚怀疑。若

（2）《四世良茂公祖天湖庄公祖妣黄氏张氏孺人祝文》：“人本乎祖，而统有宗。奈何迩世，口说雌黄。念我祖兮，谱有明载。惜我妣兮，谱何遗忘。致觊争而聚讼，非重讦之相妨。但爱祖并爱其妣，乃五经之典礼。而因祖追祭先妣，以一脉之可通。用是标名而合祭，聊寓追远而尊崇。遥瞻尺土，片亩方塘，系异人之传受，相奇骨而舍宏。兹届清明，祭扫坟堂。罗湖中而拜奠，奠一滴于泉通。惟公不昧，赫鉴芬芳。庇其正脉，锡福降康。天钟地泽，波流远水。焕文章，代代光。尚飨。”

1. 清康熙年间，进士庄亨阳亦按温稚祖所作经改易殊《天湖祖司土祝文》：“伟哉斯穴，不类尘封。嗟彼无良，怀私假公。以二世之黄妣，混四代之庄公。改年易谱，倒乱雌黄。查甲申纪年兮，乃永乐之二载。按洪武宾天，妣犹未亡。两经聚讼，月翳云蒙。但名曰黄妣，礼亦当追崇。际兹冬至，我心凄惶。谨标妣名，合祭于公。为公为妣，难昧神聪。惟神正直，鉴于苍苍。福其当祭，庇其正宗。殛其侵附，祸其驾空。无偏无倚，实赖神功。谨告。”
2. 《庄氏世系族谱》。

非我祖而祭，未免事出于谄；若我祖不祭，又恐有忘祖失祀之讥。”

不过，晚清天湖房这次寻墓和祭墓的动机，与明末清初时其与中村房抗争不同。他们主要试图借助新的祭祀来与房祖先魂进行“情感交易”，以祈求房祖墓风水又发挥荫庇科考的能量。但墓地已匿而不显，甚至只能借助扶乩仪式作为辨认房祖墓地的“救命稻草”了。[1]罗经穴祖墓俨然是庄氏士绅赋予新意义的道具和游戏。它的记忆恢复和重修的过程，本身就是士绅群体所协商、辨识、确认的过程。而通过集体展演的途径，庄氏士绅成功修复、续写了一段传奇的家族记忆。罗经穴祖墓的风水效应是否真实并不重要，而围绕着祖墓重修事件的组织逻辑和认知框架，却是地方社会结构变迁的投影。

清光绪十五年（1889 年）十月三十夜，南靖县上峰庄显文及其子钟鸣（含章）特意向奎洋松峰社林府太师上表文，请求降笔指示良茂祖坟穴事。失祭的房祖墓地再次成为联系家族关系的载体，祖墓好风水再次被视作荫庇子孙的源泉。庄氏士绅正是这种“回光返照”式寻祖、祭祖、修墓活动的主导者。如果说最初请降乩之事尚有点尊祖敬宗的诚意，后来士绅的集体行动显然功利色彩颇浓。随着岁科来临，士绅们又嗅到功名利禄的味道了。这也说明，在科举兴盛的乡族社会中，家族或房派参与、投资墓地风水的活动，有时并非纯粹为了践履孝道。乩示者请出天湖房进士庄亨阳来进行一番道德训诫，毋宁说看中的是他金榜题名的资历。而乩仙庄亨阳的话语，反证了清末天湖房族向心意识的衰弱。

事实上，在特定的阶段内，“房或家族可能只作为观念上的群集而存在”，[2]祖墓风水所担负的统合宗族的功能是相当弱的。民国以来，随着组织化、制度化的宗族组织的消失，以及科举制度的废除和热衷于科举的士绅阶层的消亡，民间集体性的拜祭祖先和维护祖墓风水的活动，自然跟着弱化了。从永春庄氏第七世祖墓，到青阳始祖古山墓（永春庄氏第十二世），再至龟山四世祖墓（永春庄氏第十八世），分别代表着庄氏世系在不同区域的命运转折点。庄氏对三块祖坟风水

---

1. 参见南靖奎洋《庄氏族谱》（十一世贞毅系，清宣统年间抄本）所录的扶乩文本，另《庄氏世系族谱》、南靖船场赤坑《庄氏图谱》[清光绪二十年（1894 年）抄本]、奎洋《庄氏族谱》（1963 年庄兆祥承录，庄成国承抄本）等皆有录文，乩文可参照本书第八章第三节第三小节。
2. 陈其南：《汉人宗族型态的人类学研究》，载《传统制度与社会意识的结构：历史与人类学的探索》，第 143 页。

的解读和整修说明，族裔热衷于远祖墓地的祭扫及保护，本质上与墓地风水能量在凝聚系谱认同的“箭垛化”效应密切相关。

首先，族裔往往根据“房”所指称的不同系谱的深度和功能化程度，来参与这些墓地风水的投资活动。其次，功能性宗族团体是否热忱，家族内部关系是否密切，以及家族内部的实权阶层是否关切等因素，都不同程度影响着族裔的参与热忱。当宗族团体能够有效运作并进行整合时，家族那章关切远祖墓地风水的序幕就徐徐拉开。一旦某个远祖墓地风水效用关系着家族兴衰的理念，也在族众中获得适度强化。但因家族和房所指的世代深度具有无限性，不同世代祖墓风水能量的“箭垛化”效应是有差异的，因此也影响了后世族众理性的祭祀行动。

四、风水信仰与宗族构建的箭垛化模式

在上文，我们以庄氏族谱为基础，分析家族或房派投资和维护远祖墓地和个别祠堂风水的过程，以及风水信仰与汉人家族之区域发展进程的关系。

在特定的社会时空范围内，各种具体的行为（特别是具有历史延续性的活动）都是由先在的观念、信仰等引发和指导的，反过来各种行为也在改变和再生产新的观念、信仰形态。庄氏案例说明，随着家族和房派的分枝和发展，不同时段的宗族势力对祖墓或祖祠风水的象征营造成为一种时尚的趋势。远祖墓地或祠堂的好风水及相关的话语叙事，既是家族和房派借以宣扬其在乡里的势力和地位的寓言，也是其维系姓氏自豪感、强化血缘和地缘认同的寓言。

在当代家族复兴过程中，特别是在海内外宗亲操作之下，远祖墓地或祠堂的风水及其话语叙事，正是复活和再造家族文化传统的象征资源的组成要素。借助于物质的形式（修墓修祠）、仪式的力量（祭扫）以及心理的定式（风水传说）的组合，风水观念和信仰为家族与房派的发展史提供了一套圆融自足的解释机制，特别为家族和房派的文教事业的进步提供了一种神秘的刺激反应机制。在家族和房派的集体心理中，敬祖尊宗的理性化活动与惑乎堪舆的信仰化活动之间，并未产生太大张力，反而是有机糅杂在一起的。[1]

---

1. 《历代坟墓引》曰：“孝子仁人之掩其亲，其必有道哉。故《周礼》特着墓大夫，以掌国民族葬。自后世堪舆家出，用罗盘分金，以别龙穴砂水，世人遂间为之惑。夫惑乎堪舆，诚不可至。地灵人杰，其说又自有然。古公邑岐一再传，而文武以兴，秦得之亦王天下，春秋时晋

濑川昌久分析香港新界族谱称："宗族对墓地风水的积极参与、投资，与宗族的兴盛期之间具有密切的联系。首先，它表现为宗族在实现强化联合的运动中对墓地风水的积极参与。"[1]然而，根据系谱原则所指涉的"家族"或"房"这个亲属单位，并不必然带有社会功能和目的，也不会必然形成具体的功能性的或具有共同体性质的家户或宗族团体。[2]我们需要对聚居于不同地域的宗族或不同发展时期的宗族参与整修墓地风水（此外还包括祠堂风水）的目的进行具体界定，切不可对所谓"宗族的兴盛期"做过于笼统的判断。

我们应将家族和房派热衷于修祭远祖墓地风水的活动，同宗族组织等功能性亲属团体的结构形态变迁（大宗族、小宗族）、家族或房派的聚居和迁居情况、远祖在家族发展史上的地位，以及牵头参与这种活动的族亲身份等因素联系起来进行考察。由于所谓"宗族的兴盛期"常与本族士绅数量及地位有着密切的关系，所以整个家族和房派投入和维护祖墓风水的兴趣与力度，除了与通族对祖墓风水好坏的集体记忆有关外，更与该远祖及其后裔在本族发展史上的影响因子有关。在民国以前的乡族社会中，士绅或基于追求功名的目的，或为了践履所谓的礼教，通常是营造墓地风水的倡导者和实践者。有时，这种活动与强化宗族统合并无必然关系，只是在宗祧观念左右下的房派或家族成员的一些自发行为。在科举利益推动下，它甚至可能是宗族等功能性亲属团体衰弱时期的一种投机举动。

该案例同样表明，要了解风水信仰为何构成近世东南地区家族和房派发展史的文化解释机制，以及家族和房派为何积极投入祖墓风水营造的问题，除了要考虑家族和房派所形成的功能性团体的作用之外，也要重视汉人家族制度的"系谱

迁新田，韩厥称为十世之利，诚以地也者。山为辅，石为骨，川为脉，得气既厚，因以生人之富贵，蕃衍室家，窀穸无二理也。兹爰即吾庄祖墓，载其基址，绘其形体，记其祀期，夫亦曰冢茔之地，孝之所思慕之处也，是不容以不详云。"南靖县奎洋上洋《庄氏坟墓考》"坟墓引"曰："自风水之说兴，孰不求山明水秀之区以为祖考形之托。然未有非福人而能得福地者，亦未有得福地而不长发其祥者。我祖入闽以来，积德累仁，故能屡得名地，或天葬，或人为，指不胜屈。第恐坟墓有在远处，历年大久，不无兵燹阻隔之虞，一经失掌，被人占侵，况又有误听堪舆而妄为改易者乎？兹特载其地名，志其分金，绘其图形，书其碑记，使子姓后日□□□祖墓所在，不敢更张，岂不美哉！"（南靖奎洋《庄氏族谱》，十四世贞裕房，清康熙年间抄本）

1. ［日］濑川昌久：《族谱：华南汉族的宗族、风水、移居》，第 141 页。
2. 陈其南：《传统制度与社会意识的结构：历史与人类学的探索》，第 136 页。

原则”（家族与房派之间既包容又分裂的关联）因素。祖墓、祠堂风水的象征营造与“房 / 家族”的系谱模式有着内在的逻辑关系，是家族发展的结构性因素发生作用的逻辑延伸。我们还特别应该将家族和房派之信仰风水的文化行为，放在家族、房派与传统家庭的天然的逻辑联系之中来考察。“家族”与“房”之间天然存在着凝聚与分裂的张力，先在地决定了祖墓或祠堂风水崇拜活动受到一种“靶心式”的“箭垛化”效应的制约。

若从“族”（同宗同族）的视角来看，开基祖的墓地风水乃是凝聚家族所有系谱意识的“靶心式的象征场”，祖的坟墓风水就相应地属于“从属式的象征场”的位置；若从“房”（同房同派同支）的视角来看，二世坟墓风水同样会成为一个“靶心式的象征场”，以此类推，三世祖、四世祖亦然。随着世系的发展，属于同一系谱的家族世系群自然根据不同的认同层级，形成不同的祖墓祭扫中心，形成不同的祖墓风水诠释模式（如风水故事），并且有效选择家族或房派祖墓风水的投资活动，指向祖墓的风水信仰也天然成为凝聚或分裂世系的文化符号。当然，这终究属于“理想型”的设定，其前提是相对构成“靶心式的象征场”的祖墓，应当被属于它的世系子孙视作或塑造为荫庇他们的风水宝地，并形成可资佐证的风水效应（诸如人才辈出），由此祖墓风水才可能相应地具有“箭垛化”的向心磁力。诸如庄氏对永春七世祖墓风水的关切态度便是明证。

在考虑祖墓风水“箭垛化”效应时，还应注意“房分差别”理论引发的“房”的分裂性效果。从“族”的角度看，某一房派将某一祖墓风水视为“靶心式的象征场”，往往与这块祖墓风水所“冠”房分（偏于某房之意）有关。其他地方的庄氏宗亲远比永春祖地的更尽心于七世祖墓地的修护，多少与该墓地风水效应不能“冠房”本地宗亲有些关联。此外，由于受到一些变量因素的影响（如祖先的名分高低、士绅的参与与否），原属“靶心式”的祖墓风水“象征场”也会被不断地弱化和消磁。如龟山庄氏对待三世祖、四世祖墓地的不同态度，以及围绕着四世祖墓风水展开的纷争，都是明显的例证。

同样，由于汉人亲属制度以房派为系谱性的组织因素，“房”和“家族”在语意上并没有固定的系谱范围之限制，家族立祠活动也凸显出差序性和层阶性的特征，形成不同层级的祠祭的系谱规模和运作法则。由风水信仰与系谱理念相结合而形成的尊祖情怀和利益想象，加剧了家族和房派建祠、修祠的热忱。而祠堂能否构成家族或房派“箭垛化”的“象征场”，也与祠堂的风水好坏有关。作为立祠和祭祠的主体，该世代的“扩展房”和“扩展家族”（庄氏十一世由“基础房”立祠）在此确认系谱认同的同时，也就具备“分有”祠堂风水荫庇的正式资格，并增加分有祠堂风水利益的机会。由于汉人亲属制度的复杂性、地域的差异性极大，历史与现实中的家族针对墓地或祠堂的风水实践并不是这样绝对化的，但是背后的行动伦理规则却具有典型的家族相似性。

随着系谱性的家族和房派的发展演变，血缘关系和利益关系难免相互缠绕。以系谱观念和功能作用为共同背景的利益选择，基本上表现为三个层级，即宗族、房族、族裔个体。族裔以哪个层级的利益为权衡杠杆，则受到道德、信仰等文化变数的制约，由此促成的文化后果也不一样。与此相应，由风水信仰引出的族裔“想象利益”也有层级之分，再叠加上认同层级的累迭和断裂，墓地或祠堂的风水神话事实上是族裔展开合理竞争的象征场域，有时是促进宗族或房族自我整合的“象征场”，有时也是导致各房族分裂或族裔间纷争的“利益场”。

第二节　风水信仰与丁氏家族的文明儒化

本尼迪克特·安德森（Benedict Anderson）指出，古代文明社会经常借助“古老的、根本的文化概念”来维系某种“非民族”或“超族群”的共同意识，比如书写文化与宗教–经典神秘主义，等级主义世界观及其中心边缘秩序体，以及宿命主义的历史时间观等。[1] 中华文明共同体主要通过一种等级主义的天下观来有效维持，如道气相贯、物我一体、天人合一（感应）的宇宙观念，整体主义的秩序观和重视夷夏之辨的文化观，等等。[2] 天下观所涵摄的“世界体系”与其说是以“种族—族群”的区分和疆域化为基础的，毋宁说是文化主义进路的，是以天地神人的关系作为理解文明的内在背景的。“有教无类”更是表达了关于

1. ［美］本尼迪克特·安德森：《想象的共同体：民族主义的起源与散布的新描述》，吴叡人译，上海：上海人民出版社，2003 年，第 35—36 页。
2. 《书·舜典》：“浚哲文明，温恭允塞。”孔颖达疏：“经天纬地曰文，照临四方曰明。”元耶律楚材《继宋德懋韵》之一：“圣人开运亿斯年，睿智文明禀自天。”前蜀杜光庭《贺黄云表》：“柔远俗以文明，慑凶奴以武略。”

"天下"的世界认识。[1] 风水知识、观念本身就包含着一套立足于"天人合一（感应）"宇宙观念的诠释系统，一直是连续性文明的重要载体和关键象征。

宋元时期，福建海外贸易发达，来泉州经商的阿拉伯后裔和汉人通婚，形成了回人社群，其中以晋江陈埭丁氏为著。他们主要从事工商业，最初多信奉伊斯兰教，但逐渐随方设教，入乡随俗，在保存本有的信仰记忆的同时，逐步走向"华化"和"儒化"。他们与汉人群体一样，立足于家族的谱系性原则，开始有计划地构设宗族组织，比如抄仿汉人族谱，确立木本水源、明昭穆序尊卑的修谱理念等。特别是丁氏同样吸收汉人风水知识和观念体系，积极参与祠堂和祖墓的风水投资和维护，以强化宗族共同体的观念。在明清的宗族建构中，回人群体融合"汉俗"与"回俗"，并以灵山圣墓为中心，有意识地营建了一个属于自己族群的标志性的记忆场所。陈埭丁氏宗族的文化变迁，充分体现中华文明体系中"和而不同"的智慧与"文化互化"的魅力。区域内共同体建构的特征，主要是基于家族（宗族）主义的有机团结，而非民族（种族）主义的机械认同。[2]

一、丁氏家族的发展与墓、祠风水的营造

陈埭丁姓始祖丁节斋（1251—1298 年），字慎思，而"慎思"与"赡思"同音，取同读尾音"丁"为姓，恰为阿拉伯文名字"瞻思丁（Shams-eddin）"意为"宗教的太阳"。[3] 丁节斋系阿拉伯人落地的番客。南宋咸淳年间（1265—1274 年），自姑苏行贾于闽泉，与汉人通婚，遂卜居城南文山里。至三世丁硕德（1298—1379 年）率子丁善，于元末避乱举家迁居，植业于二十七都陈江雁沟里，即今之晋江陈埭，"业日以拓，族日以大"，子孙繁衍成为"万人丁"的巨族。

根据明万历丁衍夏《祖教说》记载，当时丁氏尚保存着一些伊斯兰教的丧葬习俗，但已向华夏文明的礼教靠拢。丁衍夏少儿时祭祖"若上世风气之未开然

---

1. 王铭铭:《中国：民族体还是文明体？》,《文化纵横》2008 年 2 期。
2. 本节初稿《作为文明化符号的风水：以明清时期泉州丁氏回族的文化变迁为例》,《中国科技史杂志》2011 年第 32 卷（增刊）。本节原系博士论文一部分，因电脑文件受破坏，未能收入其中，重新撰写。
3. 泉州海外交通史博物馆编（陈达生主撰）:《泉州伊斯兰教石刻》，银川：宁夏人民出版社，福州：福建人民出版社，1984 年，第 63 页。

也，如殓不重衣，殡不以木，葬不过三日，封若马鬣而浅，衰以木棉，祀不设主，祭不列品，为会期面相率西向以拜天。……厥后殓加衣矣，殡用木矣，葬踰时矣，衰麻棉半矣，祀设主矣，封用圹矣，祭列品而加牲矣。……葬有踰十余年者，吉凶有用黄冠浮屠者，食有以豚者。虽渐变以比于礼，而于非礼之所出者有之，于明洁之尚，吾见其皆莫之省也”。在儒家宗法伦理观念的熏陶下，丁氏宗族的丧葬、祭祀活动多遵照本地汉人墓地风水的习俗。祖墓风水同样被丁氏当作达成宗族统合目标的文化资源之一。

元大德间（1297—1307 年）丁氏始祖节斋公（1251—1298 年）及其妣合葬于晋江县东门外三十九都驿路铺土名东塘头之原，尔后祖述庵公祖妣、三世祖硕德公祖妣，皆以附葬焉，共为圹六，皆同一盘基，封若鬣也。当时是否考虑风水因素，不得而知。四世祖仁庵公（1343—1420 年）定居陈江后，“念去此远矣，筑室坟侧，居守者王显祥。及显祥世绝，有徐粪者家邻吾坟，求承显详守，与之”[1]，显见元末明初时丁氏深受汉人建坟庵习俗的深刻影响。当时丁氏尚未对此三世祖茔的风水作事关祸福吉凶的价值认定。

明成化年间（1465—1487 年），丁氏三世祖墓地坟丁徐福在墓边筑室跨占十有八年，其时族中窘于撤戍之诬（如四世祖仁庵公和五世祖诚斋公因被诬涉白莲会之事入狱），力绌难伸，迨至明正德十年（1515 年），八世祖丁仪号汾溪“得第筮仕，矢志偕古素公仲芳、东淮公文淑，告官清复。又虑后侵，养静公（七世祖）真率宗人请汾溪公营坟于斯”，按丁仪“登乙丑（1505 年）进士，历官四川按察司佥事”，“师事田南山先生，尽得蔡虚斋《易》学之传，而有发其所未及发也”。[2] 其人已深受礼教观念的教化和风水观念的熏陶。而丁氏宗族对三世合葬祖茔风水的改修和保护，也是从丁仪开始的。[3] 七世祖养静公和八世祖丁仪遵照汉人的谱例，积极投入族谱的修撰当中。

显然，丁氏祖茔风水受重视之际，正是丁氏宗族观念凝聚和宗族组织形成之时。通过兴建和保护家族性祖坟，丁氏在延续祖先信仰记忆的同时，也在加速与

1. 《东塘祖墓纪略》，载庄景辉编校：《陈埭丁氏回族宗谱》，香港：绿叶教育出版社，1996 年，第 137 页。
2. 《汾溪府君行状》，载庄景辉编校：《陈埭丁氏回族宗谱》，第 73 页。
3. 《重修东塘三世合葬祖坟纪略》，载庄景辉编校：《陈埭丁氏回族宗谱》，第 139 页。

汉文化的融合，从而促进了家族向心意识的形成。按十世孙邑庠生丁衍夏亦重修谱，曾于明万历甲午年（1594年）秋所书之《证误说》称："始祖节斋公之封，经徐福坏后，复而为坛，负南朝北，堪舆家视之，有疑其不然，无从证也。万历初年，守者耕耘后地，得一石圹，迩祖左封仅数尺，发而视之，唯存一颅骸，则负北而面南。考吾祖教者其封在东郊，祔葬率在其封之前，莫有在其后，则祔葬节斋公之诸孙者无疑也，以此证始祖封面南非面北矣。"[1]

该资料说明，明中叶以降，丁氏已相当看重祖茔的风水营造和朝向吉凶了。丁氏对风水知识、观念的吸收和运用，也是其跨越种族或族群的分别，认同华夏文化的标志。随着宗族繁衍，后裔对一至三世祖妣合葬墓地的整修规模也越来越大，并将祖茔风水同本族人事兴衰和文运昌晦关联起来。如十一世祖哲初公启浚为明万历壬辰科（1592年）进士，历任刑部侍郎，署尚书加太子少保四朝名卿，曾于崇祯年间将东塘祖墓六堆改为一堆，穴坐未向丑兼丁癸，竖"陈江丁氏一世二世三世合葬祖茔"一大碑，召起园地，并付黄家看守。清康熙二十六年（1687年），十三世孙慕正公岳自捐廪膳，鸠族重修汾溪公坟，并筑三世祖茔短垣，植以桐棘，相承无异。他同样以祖茔风水的形胜来解释家族的发展。[2]

从丁岳的表述可知，三世合葬墓地的风水意象已获得神话式的扩充，祖墓风水被想象为一个推动宗族人文振兴的能量场。而保护祖茔"牛眠无恙"则成为

1. 庄景辉编校：《陈埭丁氏回族宗谱》，第137页。
2. 《募修东塘佥宪汾溪公坟并筑三世祖茔短垣引言》："盖闻报功崇德，久而不忘，逆本追源，人有同枕。所以牛眠无恙，已生埋玉之哀；矧乎马鬣中崩，宁无过墓之感？缅惟我始祖节斋公，丕基肇造，奠幽室于效东。我述庵、硕德公先绪克承，祔吉壤于茔侧。六圹佳气带绕，十里荷香；三世潜扃襟连，一湾雉堞。何图撤戍之诬起，几乎覆巢，遂有徐福之奸萌，谋成灭冢。……我前哲古素诸公，虑叵测之难防，思弹压于有永，请公佳城，密拱祖城；揖湖负山，右鱼左凤，实祖孙之佳兆，宜樵牧之不惊。执意沧桑一更，戎马几变。坟前滴酒地，将成夜室千磷；冢上持剑处，翻作城门两轨。藐诸茕子，贫不能崇四尺之封，举族喁煦，蒙不肯施一杯之覆。祖宗为之震怒，行路因而嗟伤，是以贤书久遏而不登，长才多抑而未试。虽文运之暂晦，亦人事之未成臧。既不能卫先正之幽宫，逝者气短，又何以策后进于云路，生者眉扬？……况世传祖茔为浓云卷月，云破则晕分；为倒地银钩，钩断则势缺。参以青乌家说，可无丹青孝心。某怪揄频逢，龙钟无似。研耕力诎，痛修营之无从；山珑梦驰，恐侵餂之日甚。恭布短引，用愿同衷。凡我宗支，共捐涓滴，各俾双手以擎天，欲成一裘而集腋。勿谓祖庙之工尚缺，何暇别营；当思公寝之窿将穿，讵用再俟。趁岁方之吉利，乘宪禁之日星。"（庄景辉编校：《陈埭丁氏回族宗谱》，第138页）

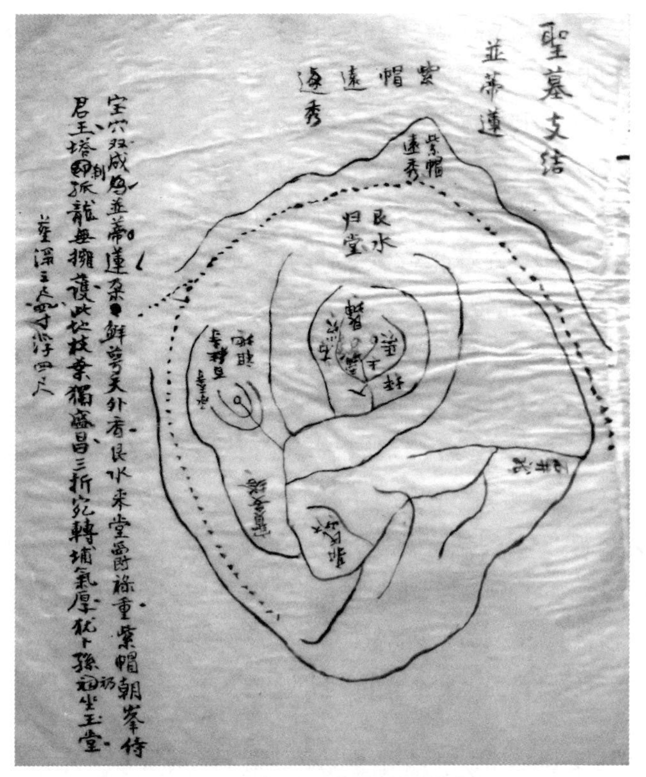

图 4.17　伊斯兰圣墓支结的风水穴图

（〔明〕释淮右:《象坑桃花山五里亭万安山图（浔美乌屿惠安附）》，清抄本）

“报功崇德”“逆本追源”的手段。儒家宗法观念开始影响丁氏的墓地风水营修活动。而泉州伊斯兰圣墓附近的丁氏祖坟山脉，一直被视为风水宝地（图 4.17）。如同《迁流诗》所说，“年深外境犹吾境，身处他乡是故乡”，丁氏族人透过丧葬礼俗的改易，逐步确立起自身与地方的关系，形成了认同本乡本土的乡族意识。而丁氏内部富有儒学教养的士绅，在促成本族丧葬习俗的“文化变容”方面更是发挥着重要的作用。当然，这种变容只是适应在地生存的一种方式，在固守其最核心的精神性记忆层面，并未完全丧失其故土的本真性。

在动荡的社会变迁中，丁氏宗族的共同体认同并非一以贯之。他们对祖坟的祭扫及整修活动也是时断时续的。如自丁岳修墓之后，“延自数年以来，族心不齐，祭扫俱失，坟前满塞园地，小屋尽被坟丁盗卖，举宗罕到，不知所由”。[1]然而，始祖墓地风水毕竟是一种扩大宗族内部统合、凝聚族众向心力的文化资源，至清乾隆二十六年（1761 年），丁氏经通族公议，择吉于九月十有九日到东塘修理祖坟。针对此次修坟的情形，十六世孙淑仪的叙事框架与庄氏家族寻墓的话语构建何其相似，同样喜欢营造一套具有神秘性的话语和传奇式的回忆氛围，用以激励、唤醒乃至警戒族众对祖先的认同意识。[2]毋庸讳言，清中叶丁氏宗族对修墓活动的“奇异”经历的附会与渲染，以及看待祖先风水效应的神圣化倾向，是一种纪念碑化的历史书写模板，反映了丁氏群体积极融入地方社会的文化网络，重视家族的文化传承力量，并担心祖先的文化记忆被遗忘的普遍态度。

延至清光绪年间，丁氏则将宗族命运共同体同入闽先祖墓地风水联结在一起。我们从诸如“肃顾牛眠启瑞，登甲第以鹏搏”之类的祝文吉语中便可管中窥豹。[3]丁氏除重视一至三世祖茔风水的投入与维护之外，对实际开基始祖丁善暨妣庄氏的祖茔风水也特别关切。明代洪武、永乐年间，丁氏五世祖诚斋公向潘家购坟地，位处晋江三十七都，土名鹿园，以安葬四世祖仁庵公及淑懿庄妣。1980 年 8 月改迁至现址。该墓盖尽管采用典型的回式石棺样式，[4]但其“穴坐艮向坤兼

---

1. 《重修东塘三世合葬祖坟纪略》，载庄景辉编校:《陈埭丁氏回族宗谱》，139 页。
2. 《重修东塘三世合葬祖坟纪略》:“至坟之日，有人告曰:‘欲修理，不清八卦沟，良可惜也。’闻言寻掘，三日无迹，计无所出。忽有老人问我曰:‘不知八卦沟乎？食尔一豚，告尔其所。’恭敬询问，到处，示我乾方之所，有一月池，从池而出墙边明沟三十余丈，到坟后暗沟蓄水后，水从田出东塘。因就所示画掘，果见石涵，欲以言谢，老人不见。因思有此奇异，会族公议，清沟、浚涵、凿池，古迹无差。厥后填土，右沙陈甲见阻，诘问情由，园地盗买，归寻旧谱，系我祖业。再议重清，一围皆然。东征西讨，始复原业。……酬土之日，子姓到坟盈千，演戏致祭，和气异常，观者无不称叹。此皆我祖之灵，神人之庇，斯能启我后人，知所克服也。”（庄景辉编校:《陈埭丁氏回族宗谱》，第 139 页）
3. 《一二三世祖坟祭扫新整祝文》:“星霜屡换，雨露频濡，坟侵碧藓。仰燕诒于祖德，培马鬣之神区。毓秀钟灵，长耀千年华表；谨斋致洁，爰呈一束生刍。恭惟祖考妣，岳降苏淞，基开陈埭，骥子承家，凤孙衍派。佳城六圹，襟萦十里荷香；嫡系三传，屏耸千层宝盖。共说浓云卷月，发科则鹊起蝉联；相传倒地银钩，裕后而祥征瑞霭。某等追远铭丹，感怀时素。剔荒苔于元宇，长妥先魂；植老栢于黄丘，少伸孺慕。肃顾牛眠启瑞，登甲第以鹏搏；还其麟趾继昌，育丁男而燕贺。尚飨。”（庄景辉编校:《陈埭丁氏回族宗谱》，第 214—215 页）
4. “两座塔式石墓盖并列，辉绿岩石琢成。分为五层，底长 202 厘米，宽 92 厘米，高 70 厘米。底层六座脚之间雕刻如意云纹，第二层刻连续的折枝图案，第三层刻莲花瓣图案，第四层西座墓盖刻卷云纹，东座墓盖浮雕阿拉伯文，文字的上缘遭破坏。顶石截面呈半圆形，一端刻卷云纹烘托一轮圆月的图案。”其阿拉伯文选用了《古兰经》第 2 章第 255 节 4 段文字。诚

丑未，坟用太极崇封，面揖同安方山”。[1] 由于丁氏徙居晋江东江（陈埭）自仁庵公始，后裔对仁庵墓地更是特别关照。鹿园祖墓屡被盗葬，墓祠被拆毁，引发丁氏宗族与其他汉人家族及坟丁的纠纷。

一是在明代嘉靖年间与吕希春的墓地纠纷。

因鹿园原系潘氏之地，潘氏后裔频频找帖，如“潘吼仔为无厌之求，复告取贴，官不直之”，“嘉靖癸未岁（1523 年），奸人吕希春桀黠刁讼者也，渊于潘，得吼仔状稿，托祠姑妇于潘，窃埋父骸于祖堆之傍，侵及我家诸无后祔冢内。我方讼之，而倭乱炽，是以不终，吕之侵未迁也”。[2]

二是在明代崇祯年间丁氏与坟丁谢氏的纠纷。

根据丁氏族谱的记录，“前坟丁谢宠诏，盗葬瓦棺于拜庭下，先祖伯司寇哲初公启睿于崇祯五年（1632 年）告官，召佃以付陈伯登看守，经按司道府馆定其界。……缘数年祭扫废失，水道直冲，守冢者遂萌孽其间，或盗卖园地，或偷取山石，举宗罕到，懵然不知。……乾隆二十六年（1761 年），择吉于八月二十一日到山修理，视之山石缺失，责之坟丁，初犹豫不负隅，会议闻官，惧罪赔补。九月二日，令填原石，仍罚神佑”。[3]

丁氏族裔为了保护四世祖鹿园的宝地，在清乾隆二十六年（1761 年）“仿古修理，水冲则塞，庭缺则圆，砖破易之以灰，栏折换之以新，复填土以被龙身，遂伐树以去蔽塞，修葺填补，坚牢永固。至若山石一水，由辛而入鹿窟，由鹿窟乾方而入环沟，从丙方水门而出，小则若琴瑟之声，大则有澎湃之势，皆循先人之旧，非创举也”。[4]

近世以来，丁氏祭祖礼仪除了墓祭外，尚有祠祭。如果说墓地是祖先灵魂的永久性居所的话，则神主牌（一般用木做成，外镀以金银）也是祖灵暂居之所，

裔在两石墓后竖立一汉式碑刻，花岗岩石琢成，宽 48 厘米，高 135 厘米，厚 15 厘米，双面雕塑，正面上额阴刻二行汉文、阿拉伯文混合的文字。其中部竖刻“仁庵处士丁公、淑懿孺人庄氏墓”，并志书于石碑之背，其铭曰：“鹿园名山，我赀所置。葬我父母，出自己意。上兄下弟，乐从无贰。植此丹荔，永为荫庇。示我儿孙，保此重器。”详见泉州海外交通史博物馆编（陈达生主撰）：《泉州伊斯兰教石刻》，第 61 页。

1. 《重修鹿园祖茔纪略》，载庄景辉编校：《陈埭丁氏回族宗谱》，第 141 页。
2. 庄景辉编校：《陈埭丁氏回族宗谱》，第 141 页。
3. 同上。
4. 同上书，第 141—142 页。

是联结祖先与子孙之“气”以及天地之“气”的象征载体，能将墓地及祠堂的好风水气运带给子孙。

明万历二十八年（1600）黄凤翔拜撰的《重建丁氏宗祠碑记》称“礼大夫三庙丁氏宗祠，梧州守槐江公承父命续先购，而令计部光元君拓之。不称庙而称祠何？此世数享尝之，外崇追远之祀者也”，“大宗祠坐亥向巳兼乾巽，分金丁亥丁巳”。其落成吉兆被认为有助于科举功名。[1] 蓼初公所书的《三宗祀议》则强调祠墓蕴含的文化意象：“窃惟庙宇所以妥祖灵，邱陇所以藏祖魂，两者并重，幸而庙貌素严，封阡无恙，蒙安袭故，差可相安。”[2]

丁氏宗族同样重视祠堂神主的祭祀。明嘉靖庚戌科（1550年）进士槐江公书有《祭约引》《祀约》，强调“立人之道莫大于礼，礼莫重于祭”，“为吾家宗庙祭祀定式”。[3] 清康熙甲申年（1704年）丁氏重建宗祠，其《列祖神主入大宗祠合祭祝文》也提及“庙堂登配，万福攸宜。自从修举，周庑迟迟。宴堂旋圮，风水差移”云云。[4] 如果祖先骨骸不存或存之太少，葬木主或银牌祔主还被视为一种有效的弥补办法。谱载清咸丰六年（1856年）《修龛纪略》：“其时风例，凡世代屡□而栗主溢多者，投以火化，付之清流。”“诸神主既化，尚其将主中各填生卒、世系，集成一部，俾后日开卷便览。”[5] 因神主在祠堂享受祭祀，子孙也受到祠堂风水的庇荫，族人并不肯轻易地退出本世系神主。[6]

---

1. 《重建丁氏宗祠碑记》：“……今承德公追远一念，子若孙克缵绪而恢张之，且令丁氏之子姓，骏奔对越者，仰思祖德，俯笃本支，是报本之孝，睦族之仁，一举两得也，于以风世厚矣。抑楚茨之诗有之：神佑是格，报以介福。而是祠有福征二焉。祠面汇流日告成了海潮三至。其下祠旁有柏树，一夕产奇葩数本，观者诧为异祥。丁氏之族人咸欣相告曰：吾祖祠报成，赐于计君，而锡厥祉，以逮诸宗也。夫承德之子若孙若曾孙以科第起矣。”（泉州历史研究会编：《泉州回族谱牒资料选编》，自印本，1980年，第18—19页）
2. 泉州历史研究会编：《泉州回族谱牒资料选编》，第44页。
3. 同上书，第41—42页。
4. 同上书，第45页。
5. 庄景辉编校：《陈埭丁氏回族宗谱》，第533页。
6. 丁氏“江头大厝房”公议曰：“以十九世祖孝子纯良公、妣黄太宜人；十九世祖妣节孝淑汝李孺人，正平公元配也；二十世祖诚微公，其神主在祖祠，自前有充银项，须永远留存。如逢祖祠化主之时，宜将此数位神主长留，不准付丙。兹特明登家乘，俾后之子孙知之。民国三十五年岁次丙戌（1946年）梅月谷旦倡守重修，裔孙子守、以鲂、以管同谨识。”（庄景辉编校《陈埭丁氏回族宗谱》，第17页）

丁氏宗族甚至以象征祖先魂魄的木主"填藏其地"以维护祖先风水。《水午林葬木主圹志》记载了五世墓被自家人侵坏的情况。[1] 丁氏同样迷信地方神灵和占卜术数，欲借助神灵来点化风水。如十八世德馨公（近代军火科学家丁拱辰[2]之兄）、妣慈惠苏孺人葬在清源山水流坑，穴坐乙向辛兼辰戌，分金辛卯辛酉，"形似独角麒麟"。先前堪舆家多有吉断。

谱载，德罄公墓经汀州人杨大受占宅兆"六壬课"，卦断"子孙动贵登天门，禄旺在传，此地坐东向西，干中枝结罗墩把水口，两水交连明堂宽，是为吉地。子孙逢吉秀士，世代人丁亦旺，不必更改，勿信庸师之言虎形穴"，又占一卦断"三传子动生财，四课相合，……此地不必更动迁修，越久越好，财丁俱有，并无风煞水蚁之例，可出一榜之裔。土是红紫过脉，来龙并无煞曜，一气到结，切勿信庸师说忌之弊"。但族裔欲改而不能定，最后至"涂门关圣大帝，签诗断风水好"[3]，其签为第八十六签"管鲍为贾"："一般行货好招邀，积少成多自富饶。常把他人比自己，管须后日胜今朝。"而根据该庙传承的签解，亦称"此签凡事，先难后易，求财有，婚必成，功名小，失物在，讼得胜，病渐安，行人未，风水好，孕生男，求福保，莫害他人，反害自己也"[4]云云。

二、丁氏关于祖墓风水的交易与纷争

明清时期，由于土地资源相当有限，旧坟风水买卖频繁，特别是贫家为葬亲之地，更不在意旧坟与否。丁氏宗族同样不能免俗（该议题还可参考本书第五章

1. "是为二房始祖诚斋公（入闽第五世丁观保，字世孚，号诚斋，1369—1436 年）墓坟，四封地可五里许，东至后圳坑，西至马使坑，南至官路，北至吴彦仁墓，碑载可纪。世久指多，众心不一，有导势宦而侵者，赖先中宪祖父力争而止。逆侄丁寅，包藏祸心，仍盗厥壤，合房数千人觉而争之。盗心不悛，攀附求援，会不肖予告里居，为直于郡。伯公祖盗魄获移，佥议诚祖木主填藏其地，永杜后侵。属不肖纪略，以召来者。时崇祯二年孟冬二十日也。刑部左侍郎六世侄孙启浚熏沐拜书。"（庄景辉编校：《陈埭丁氏回族宗谱》，第 142—143 页）
2. 丁拱辰（1800—1875 年）撰有《演炮图说辑要》《演炮图说后编》《增补则克录》《西洋军火图编》等书，这些著作属于中国近代较完备的武器论著。
3. 庄景辉编校：《陈埭丁氏回族宗谱》，第 228—229 页。
4. 按"管鲍为贾"典故："春秋管仲与鲍叔微时曾同为贾，及分金，管仲多自与，鲍叔知之，不以为贪，知其贫也。后鲍叔为齐桓公大夫，荐仲为相。其善全交道，有如此者。"参见吴金炎、吴幼雄主编：《泉州通淮关岳庙志》，北京：九州出版社，2018 年，第 411 页。

第一节）。兹择三张契约略作分析：

（A）立卖契人晋江县二十七都上福乡陈镜、陈悦等，有先祖在日买得张宅山一所，坐在五都宅内乡古老山尾土名大磨前山，张宅产米已推入本户收入明白，安葬祖坟一穴，坐艮向坤。因房分不均，三房子孙公议，迁移别葬外，将此旧穴卖与施宅，员银六十两正。其银即日交讫，其原穴上下各无虚堆，听施宅前去葬亲，开筑砂水明堂。产山系陈宅管执。前年左畔干池下一穴，卖与张宅安葬明白，左畔大石下尾棺一首，右畔分水外尾棺一首，封土两无伤。此系二比甘愿，各无反悔。如有不明，卖主抵当，不干银主之事。今欲有凭，立契为照。其石内砂水听做四至明白，再照。

康熙六年（1667 年）十月 日。

同立卖契人：陈镜、陈锐、陈亢、陈高、陈辰、陈福。

中保：领叔、日灿。

作中人：姑丈王朝聘、林沛叔、林完叔、林愿叔、黄升、庄驭六、蔡玉甫。[1]

（B）同立缴卖契人中华铺蓝光铉、蓝光镇、蓝光铨等，父在日用银明买得何又可晋江县四十一都新田乡土名竹仔山上，坐南向北，其穴步界址登载原契。今因兄弟公议，其地未尽叶吉，托中就与丁宅边，卖过银五十两整。银即交讫，其穴地听丁宅前去择穴、开筑、安葬。此系三房兄弟公议，不敢异言阻当。其前坟有土牛二层，或存或拆从其便，并无不明相碍等情。如有不明，铉自抵当，不干银主之事。今欲有凭，立缴契为照。仍缴祖契二纸，再照。

康熙三十一年（1692 年）二月 日。

同立契人：蓝光铉、蓝光铨。

中见：杨学仁、许俞相、田偶叔、苏瑞墀。[2]

（C）立卖坟契晋江县八都吴山乡苏俨甫，有承祖应分产山一所，坐在

1. 庄景辉编校：《陈埭丁氏回族宗谱》，第 268 页。同谱尚录有一契，谓梁姓因“房分不齐”迁祖，将旧穴卖与丁氏。

2. 同上书，第 257 页。

灵源山下陈埭墓风尾凸，有祖坟一首。因葬不合法，房分不齐，今因欠银择地别葬，托中就与丁宅边卖出旧坟地一穴，银钱银四十两正。其银即日交讫，其原坟听银主前去开筑坟茔，中间并无不明。如有不明，卖主抵当，不干银主之事，其原坟与房亲无与。恐口无凭，立契为照。其中心九步后银主管掌，栏山砂水外系卖主管掌。各无反悔，再照。

康熙六年（1667 年）十二月 日。

立卖契：苏俨甫。

知见：苏六合。

作中见：张长观、千友、瑞老。

作中人：陈□廷、陈奇标、许甲兴、张甲兴、吴升老、张壬兴。[1]

从上述契约可知，丁姓所购买的大磨前山（A 契）、竹仔山上（B 契）、灵源山下（C 契）等三块旧坟地，乃异姓（张、陈、何、蓝、苏）因祖坟“房分不齐”“葬不得法”或“地未尽叶吉”而经合房公议起迁之穴。其中，清康熙六年（1667 年）陈氏三房兄弟转卖的大磨前山旧穴（A 契）原是明代张厚观祖坟，张氏因“开坟葬父后，子孙不利，财产破荡”，经兄弟商议后起迁，于明嘉靖七年（1528 年）将旧穴转卖给陈姓先祖。[2] 清康熙三十一年（1692 年）蓝姓三房兄弟转卖的竹仔山上（B 契）旧穴本是何姓祖坟，何姓亦因“房分不齐”，经“与众房公议”，于清康熙十年（1671 年）将祖迁起别葬，并转卖空穴与蓝氏“以为葬祖公费之资”。[3] 至康熙三十一年（1692 年），蓝姓三房因“地未尽叶吉”转卖给丁姓。上述契约透露了乡族势力干涉邑内迁葬卖穴活动的内情。毕竟异姓、房亲或姻亲的参与，有助于避免同族房分的风水利益冲突，从而保证乡族社会秩序的稳定。

在祭扫活动中，丁氏宗族难免和其他汉人宗族发生风水方面的讼端，但并没

1. 同上书，第 270 页。
2. 明嘉靖七年张厚观所立“情愿卖绝荒山文契”，载庄景辉编校：《陈埭丁氏回族宗谱》，第 267 页。
3. 清康熙十年何又可所立二张卖契（卖旧穴与蓝宅），载庄景辉编校：《陈埭丁氏回族宗谱》，第 257 页。

有被异化为当代话语构建中所谓的“民族冲突”，而是在乡绅及公亲的关照下得以“和息”。试举丁、庄“立约字稿”和“和息稿”为例：

（1）丁焕新立约字稿

立约字人丁焕新，因旧坟本年要行修理，庄家以为近于祖坟向阻，经已控官。兹听公亲调处，俟来年损坏，方行照旧修理，不得高筑添葬竖碑，致碍庄家祖坟。庄家亦当听丁照旧修理，不得藉坟阻当，再滋讼端。今欲有凭，立约字为照。

乾隆三十六年（1771年）十一月 日。

立约字人：丁焕新。

公亲：丁毓英、庄化玉、林聪禧、张源仁、庄拔英、丁湘江。

（2）庄延奇立约字稿

立约字人庄延奇，因丁凤官旧坟本年要行修理，碍与奇祖坟相近，经已控官。兹听公亲调处，丁坟俟来年损坏，方行照旧修理，丁家亦不得高筑添葬竖碑，致碍其祖坟。奇当听其照旧修理，不得藉坟阻当，再滋讼端。今欲有凭，立约字为照。

乾隆三十六年（1771年）十一月 日。

立约字人：庄延奇

公亲：张源仁、丁毓英、庄化玉、林聪禧、庄拔英、丁湘江。

（3）和息稿

具禀人五都总约监生林聪禧，同举人张源仁、丁毓英、丁湘江，贡生庄化玉、庄拔英等，为调处两愿恳恩准销案事。缘丁焕新、庄延奇二比互控坟山等，因均蒙核案批司勘查详报。禧等忝系二比姻亲，仰体仁宪爱民无讼，劝庄以坟前水沟填移别向，勿冲丁坟，其余各依旧管掌。兹各允愿合取具两边遵依缴粘，叩乞大老爷恩准销案，以全亲谊，使免终讼，金紫蝉联。叩。乾隆三十六年十一月二十日禀县主徐，批“既经处明，赴该巡司衙门递息详销可也。遵依并发。”具尊依人丁焕新：“今当大老爷台下，遵得新以占筑等事具控庄修等一案，兹听公亲林聪禧等调处，俱各允愿冰释，合具遵依是实。”具遵依人庄延奇：“今当大老爷台下，遵得奇以勒噬等事，具控丁焕新等一案，兹听公亲林聪禧等调处，俱各允愿冰释，合具遵依是实。”

乾隆三十六年（1771 年）十一月二十日。[1]

丁氏与庄氏祖坟相邻，庄氏系恐丁氏修祖坟而伤其祖坟，故而争讼。双方共许极成的风水信念是滋生诉讼的关键原因。而在由风水观念而引发乡族“议约”活动权力的展演中，既有同意的（房派之间或家族之间，乡族内部），又有教化的（家族或房族内部），也略带有横暴的成分（禀官究办等等）。[2] 我们通过这种以乡村的自治化为前提的息讼行为，足以管窥乡族社会中一个以姻亲、宗亲为重心的“情理”话语系统的自足性，而非以近代兴起的“民族（种族）”话语来营造主体的价值认同意识。回汉双方都是在一个共通的儒家宗法伦理体系的认知框架下生活，遵守共同的社会秩序。

三、丁氏的坟墓样式与回汉的文化交融

明清以来，丁氏宗族大多接纳了汉人的风水择葬习俗，“葬有逾十余年者”。[3] 丁氏家族墓式并未完全丧失其原乡文明的本真性，如封不用圹，封若马鬣。其墓葬石刻带有塔式墓盖的形式。[4]

不过，这些坟墓样式仍然与闽南坟墓造型相互兼容，特别是墓圈“形若半月，后仰前俯”，系吸纳“天圆地方”的宇宙模型观念，同样是一般性风水知识

---

1. 庄景辉编校:《陈埭丁氏回族宗谱》，第 259—260 页。
2. 费孝通称:“（乡土社会）虽则有着不民主的横暴权力，也有着民主的同意权力，但是在这两者之外还有教化权力，后者既非民主又异于不民主的专制，是另有一工的。所以用民主和不民主的尺度来衡量中国社会，都是也都不是，都有些像，但都不确当。一定要给它一个名词的话，我一时想不出比长老统治更好的说法了。”（《乡土中国》，第 70 页）
3. 〔清〕丁衍夏:《祖教说》，载庄景辉编校:《陈埭丁氏回族宗谱》，第 29 页。
4. “这种墓葬亦是遵照伊斯兰教教义的规定，入土为安。在地下挖一长方形穴，四壁用石或砖砌成，一般是端向南北，也有略偏向的。死者裹白布置穴中，脸部朝西。穴上横铺石板，石墓盖即放置板上。墓盖由整石或数方石琢成，或镂空，或实心。一般分为三至五层，底座大，逐层缩小，犹如等腰梯形的宝塔。因此，拟称其为塔式石墓盖。盖之各层有各种雕刻，如莲花瓣、卷云纹、波浪纹、折枝花卉等图案。底层有六个座脚，雕刻莲花瓣，两脚之间以如意云纹连接，顶石截面呈半圆形或尖弓状，端部有的雕刻卷云纹烘托一轮圆月图案，有的端部以及第三或第四层雕刻阿拉伯文字。”（泉州海外交通史博物馆编（陈达生主撰）:《泉州伊斯兰教石刻》，第 31 页。）

和观念的空间化载体。像“始祖节斋公，于元泰定四年冬十月，葬于本县三十九都驿路铺东塘头灵堂山之原，祖述庵公、三世祖硕德公祖祔焉。三世咸偕其配，为圹六，封若马鬣，穴坐未向丑兼丁癸。……崇祯年间，哲初公启浚改为一堆，竖‘陈江丁氏一世二世三世合葬祖茔’一大碑”。[1]

1993 年，因泉州城建所需，丁氏择于灵山圣墓之阳，“背峙清源，俯临晋水，丛林耸翠，胜景非凡，俾做营迁祖灵吉地”。[2] 迁后重建的墓依回式，但墓后墩的墓圈或墓围墙（龟后屏），仍然采用 Ω 形或马蹄形（图 4.18—图 4.21）。坍池长方形，与三重墓手组成交椅状，护手属外推形态。这种“后圆前方”造型能够有效防水护坟。墓门外还有牌坊，形近“楼台掩”或“照墙掩”的造法，和墓圈围墙一样，起到“剪风消杀，避强炊压之大作用”。如丁氏五世英杰公（1375—1459 年）“拳术冠闽，赴省擂台得胜，精识堪舆，自择圣茂佳城，墓依回式，斯为明代古迹。开基三房喜得钟秀地灵，子孙昌盛，历朝庆毓人杰，每逢重九，裔孙咸集祭墓。一九六二年得侨资而修理。今冬七、八，将墓后山砌石水分，左右两翼围墙拱护，镶石泐文，永垂后人留念”。[3]（图 4.19）

此外，原葬水午林五世祖丁观保（诚斋，1369—1436 年）、六世祖丁敏（毅斋，1407—1456 年）、原葬鹿园山六世祖丁宽（1369—1442 年），其墓都是“塔式石墓盖。辉绿岩石琢成，分为四层，底长 206 厘米，宽 92 厘米，高 56 厘米。底层六座脚之间雕刻如意云纹，第二层为连续折枝花卉图案；第三层刻莲花瓣图案；顶石截面呈半圆形，一端雕刻卷云纹烘托圆月的图案”。墓盖石后部竖立的墓碑采用汉式，阴刻汉文“陈江明五世祖诚斋（中）、六世祖龙隐（右）、六世祖毅斋丁公墓”。1980 年迁至圣墓园区后，合葬墓亦采用汉式 Ω 形或马蹄形（图 4.20）。[4]

明清以来，丁氏宗族墓地“封用圹矣”，并完全采取金水墓或龟壳墓样式，借以藏风聚气。如八世祖守素公（1458—1525 年）“与配地王氏、继配王氏原

1. 丁淑仪：《重修东塘三世合葬祖坟纪略》［清乾隆二十六年（1761 年）书］，载庄景辉编校：《陈埭丁氏回族宗谱》，第 138—139 页。
2. 庄景辉编校：《陈埭丁氏回族宗谱》，第 323 页。
3. 《修理五世祖英杰公墓碑记》，载庄景辉编校：《陈埭丁氏回族宗谱》，第 321 页。
4. 泉州海外交通史博物馆编（陈达生主撰）：《泉州伊斯兰教石刻》，第 61—62 页。

图 4.18　丁氏一、二、三世祖墓及牌坊
（泉州市灵山圣墓景区内）

图 4.19　丁氏五世祖英杰公墓
（泉州市灵山圣墓景区内）

图 4.20　丁观保、丁宽、丁敏塔式石墓

图 4.21　丁氏的龟壳墓样式与回式石棺

合葬于本县三十都赤塘乡市尾宫土名安下之原，穴坐子午兼壬丙，分金丙子丙午。1958 年土地平整时遭湮没，后于 1995 年移至灵山圣墓丁氏祖墓郡左起第四穴，墓改用回式”。但现存族谱所录守素公旧墓图有“龟背”二字，形若半月（图 4.22）。从“泉州丁氏十九世祖丁母俭勤王恭人长妇贞王宜墓图”看，嫁入丁氏的汉人女性坟墓（图 4.23）仍然是闽南金水墓的基本造型“后圆（墓圈）前圆（坍池）”。

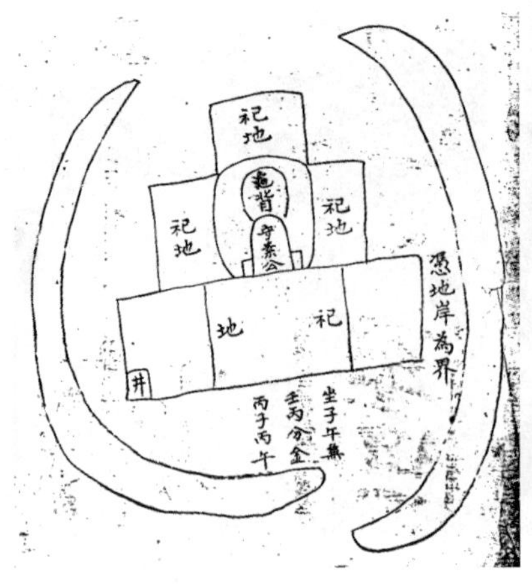

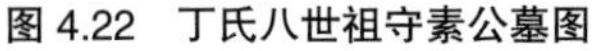

图 4.22　丁氏八世祖守素公墓图

图 4.23　丁氏十九世祖丁母墓图

（庄景辉编校:《陈埭丁氏回族宗谱》，第 413 页、第 430 页）

从丁氏宗族尚存的回式（伊斯兰式）与闽式兼容的墓型看，同一区域内不同族群的文化心态既有同构性，亦有异质性。丁氏葬俗在社会变迁中仍然保存着文化多样性的内容和来自西域的历史记忆，并非完全“服从”于区域内丧葬主体价值的风尚，不能简单用“汉化”来说明丁氏所受汉文明习俗的影响，倒不如说是“华化”和“儒化”了，而这并不是以完全斩断其原乡文明本真性为代价的。混合性的坟墓造型透露出回汉丧葬礼俗相容的文明演进史。而阴阳五行观念及伴生的风水学说扮演着关键的“涵化”角色。文化互摄随着近现代民族话语和民族政策的强化，丁氏坟墓作为伊斯兰文明的边界符号也被不同程度地强化。

四、夷乎夏乎：作为文明化符号的风水

宋元以来，泉州作为东方第一大港，云集了大量“色目人”。许多阿拉伯后裔“落地生根”，与在地汉人通商、通婚，在文化习俗上也相互融合。诚如丁衍夏曰:“有可变革，有不必变革者，在乎省其宜而行之也。宜者何？天理人情之宜也。苟于天理人情而无害者，何必变之以徇世俗之私乎？今于其变者而知裁之以礼，斯善变矣。若意出于明洁，心存于诚敬，则宜深念而慎守，相期以勿变

也。”[1]

回汉在文明交融中，在习俗上既有“可变革者”，也有“不必变革者”。明清以来丁氏吸收了儒家的宗法伦理观念，参与祠堂、坟墓的象征营造，以强化宗族共同体的认同。但是，丁氏在丧葬礼仪和坟墓样式上，同样保持了父系祖先伊斯兰文化的遗俗。在夷夏观念的映照下，回汉两族都在自我调适和界定自己的文化边界。丁氏宗族共同体的建构也是强化其族性认同的一个组成部分。

泉州回人同样保存着“以夷化夏”的原生力，并对在地社会产生了深远的影响。汉人社会内部也有“以夷化夏”的自觉，并造成宗族内部的文明冲突与对话。如明代思想家李贽祖先林驽娶色目女子为妻。明宣德元年（1426 年），其后裔李广斋《垂戒论》指责林驽“从妻为色目人”，“从母为色目人者”，“迷于色目之俗而不能悟，不祖其祖，而祖人之祖，不行其行，而行夷狄之行，俾其子孙，胥而为夷”。明嘉靖三十二年（1553 年），李贽族兄之祖母迭贞勤临终遗嘱云：“吾父家袭清净之教，逭其将终也，授其祖教，而嘱人以三日葬之。葬吾礼当亦如之。”但迭氏逝世后，李贽等深受儒家文化影响者，“今乃欲如其命也，则有所大不忍者而侍其情，于是以周公、仲尼之道葬之”。[2]

1. 庄景辉编校:《陈埭丁氏回族宗谱》，第 29 页。
2. 《垂戒论》:“元氏失驭，大肆凌暴，以涂炭我生灵，逭今虽入编户，然其间真色目人者，有伪色目人者，有从妻为色目人者，有从母为色目人者，习其异俗，以棼乱我族类，蔑视我常宪，斁弗我彝伦，何也？中夏之祀天者，元后也。为邱于南郊，器用陶范，牲用犊，公侯以下，不敢僭焉；色目之仆夫走卒，亦得图天象以家，以事之。我之治丧也，辟踊哭泣，含之以玱，袭之以衾禭，而厚之以棺椁，衣衾为衰为麻，朝夕奠之，为墙为翣，坟墓葬之，为主于庙，以时祀之；色目者之治丧，笙歌鼓舞，实之以步，赠之以华，无衰无服，桐棺不掩而瘗之中野，不为主不为祀也。正衣冠，端靴绅，鸣玉佩，吾之文身也；而色目则缠头被褐而跣足也。七戒三斋，不饮酒，不茹荤，吾之所谓斋也；色目者之斋，昼则不食，夜则食之。市则不食，自屠乃食之，豢则不食。身体发肤，受之父母，不敢毁伤，所谓孝也；色目者不封其身，不为成人也。其书如蚯如蚓，其言如枭如鸮，中夏不能辨而晓也。呜呼！色目之道，夷狄之俗也。书曰‘蛮夷猾夏’，诗曰‘戎狄是膺’，况我泉之地虽处闽海，人人皆知先王之道，至中至正，而习之无弊。今伯父为衣冠缙绅之裔，迷于色目之俗而不能悟，不祖其祖，而祖人之祖，不行其行，而行夷狄之行。俾其子孙，胥而为夷。何哉？溺于好怪也与。韩子曰‘夷狄而入中国，则中国之。中国而入夷狄，则夷狄之’，今广斋复修集家谱，既列其右，叙其行实，又不可不排其非。恐后之子孙仍袭其弊者，以特严戒之云尔。时大明宣德改元太簇月谷旦。二十一世孙广斋谨志。”（《荣山李氏族谱》，清抄本。另见泉州历史研究会编:《泉州回族谱牒资料选编》，1980 年，第 76—77 页）

近世以来，墓葬风水特别是其物质化和空间化的载体，作为一种“华夏化”的文明符号，与儒家礼教传统相互嵌合，在参与推动回人宗族共同体的建构及回汉的文化交融过程中，发挥了重要的统合作用，并促进了中华文明体系“跨族群”共同体意识的形成。

现存明代回人祭坛式墓葬石刻，同样叠加着不少风水术数的信仰底色。中式祭坛墓葬是“一种中国传统墓葬风格与伊斯兰风格相结合的形式。全墓葬包括墓圈、墓手、望柱、堆土、祭坛、等腰梯形墓碑、挡垛石刻等。其中，与束腰祭坛式石墓相似的部分要数挡垛石刻。祭坛上与堆土连缀在一起的等腰形顶石碑与非穆斯林墓葬的平顶或弧形顶石碑有所区别，碑面一般雕刻阿拉伯文或卷云纹烘托圆月的图案”。(图 4.24）现存一张墓葬全景照片“包括墓圈，圈内砌一平台，台上坟头突出，坟头前缀竖立一方等腰梯形顶石碑，碑面阴刻阿拉伯文。祭坛的束腰部分装嵌三方雕刻间柱以及图案的挡垛石。此墓已毁。阿拉伯文译文为‘判决只由他做出，你们只被召归于他’”。[1]（图 4.25）

按中式祭坛墓葬形制是闽南金水墓的造型，如墓圈是“藏风聚气”风水观的物化表现。其顶石碑正面采用等腰梯形，或以卷云纹烘托一轮圆月图案，或在第二层双边缘各向内勾画一个螺旋形图案，中部浮雕一轮小圆月。这些顶石碑背面均未经雕琢修整，背后连缀于坟顶的堆土，受到龟壳坟墓样式的影响，具有“收”“养”“护”龙气的作用。

除了丁氏家族以外，郭氏、苏氏、蒲氏和夏氏等泉州回人宗族团体，同样重视祖墓或祖祠的风水投资。

百崎《郭氏族谱》(手抄本）记载清嘉庆十二年（1807 年）郭肇汾所书《适回辨》，称“吾宗汾阳衍派也”，是从回教的汉家。他透露始祖从“回葬法”，却又择地喝形曰棋盘穴。[2]《华山里顶前架郭氏族谱》(1940—1950 年重抄本)、《温陵螺阳奇山郭氏族谱》(1925—1931 年重修抄本)、《郭氏奇山义房家谱》(1890

1. 泉州海外交通史博物馆编（陈达生主撰）:《泉州伊斯兰教石刻》，第 44 页。
2. 〔清〕郭肇汾《适回辨》:“当盛时，莫非以儒为尚，及支分派别，习俗异好。余因俯仰今古，或从儒而兼道释之教，如今之汉俗是也；或回而兼吾儒之道，如金、丁、夏、马、迭等是也；或从儒存乎回之教，如今本族百奇是也。……吾宗先世元太常寺卿德广公，肇基法石，葬在光堂宫后棋盘穴，此乃来泉一世祖，其坟茔用回教法，如何得曰‘从妈教’？若从妈教，必先德广公用汉葬法，祖子洪公始用回葬法。”(《郭氏族谱》，手抄本）

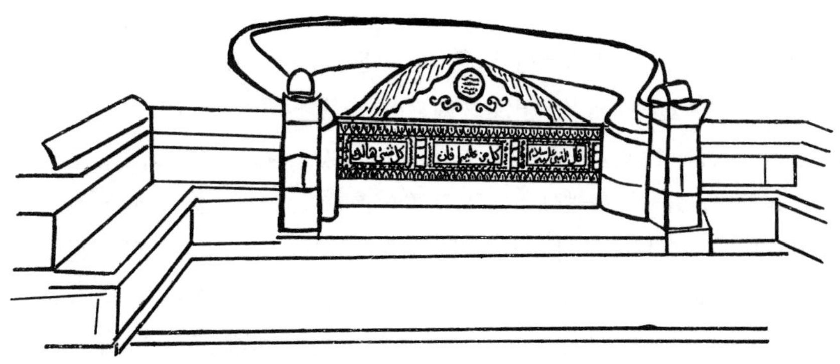

图 4.24　泉州郭氏的中式祭坛墓葬复原图

图 4.25　泉州郭氏的中式祭坛墓葬全景

［泉州海外交通史博物馆编（陈达生主撰）:《泉州伊斯兰教石刻》，第 49—50 页］

年丁惠之重修抄本）记载:“二世祖子洪公，号实斋，七品阴生，德广公之子也，享年四十九岁。卒于皇元至正丙午年（1366 年）十二月初一日忌辰。原配孺人翁氏。……同葬晋江法石里卅五都，圣店光堂后之左穴，坐乙向辛，又曰棋盘

穴。”（图 4.26）[1]

根据《郭氏奇山义房家谱》记载，第三世毅轩公（1348—1422 年），讳泰，字仲远，系子洪公次子，乃“开基百奇始祖”，其宣惠妣陈氏（1351—1433 年），“公妈同葬于吉埔下埭龙头山阳胤。嗣仕初暨诸弟泣请为回圹，石棺大墓穴，坐艮向坤兼寅申，绰号石狮披铁甲穴”。郭泰生前重视儒家文化，所生五子分为仁、义、礼、智、信五房。泉州进士史于光所撰《郭氏族谱序》谈及第三世（德广公—子洪公—仲远公）崇尚地理形胜的大致情况：“始祖德广公生子洪公，子洪公生仲远公，仲远公生卫子，性好山明水秀，沧洪绿草如茵，碧岫翠连，今经七八代而子子孙孙瓜瓞绵绵，真若长江之后浪前浪，相继不绝。”[2]

郭泰暨陈氏墓的外围墓圈采用 Ω 形或马蹄形，“靠坡筑墓圈，圈墙高达 160 厘米；正中安嵌一块花岗岩石雕琢的石刻，高 64 厘米，宽 40 厘米，表面雕刻卷云纹环抱一轮大圆月图案。墓圈向两侧伸延的墓手端部各竖立望柱。圆中部为墓穴，上铺石板，板上并排放置二座塔式石墓盖。花岗岩石琢成，东座略大于西座。东座底长 210 厘米，宽 88 厘米，通高 75 厘米；西座底长 202 厘米，宽 89 厘米，通高 74 厘米。各分做五层，中镂空，各层雕刻缠枝、卷云纹、莲花瓣等图案，顶石截面呈拱状。东座的第四层，三面浮雕阿拉伯文”，文字内容即《古兰经》第 55 章第 26—27 节。[3]（图 4.26）

1978 年惠安县田岑村发现郭氏三世郭奇（1403—1439 年）墓葬，“墓圈两侧已毁，中部嵌安一长方形石碑于墓桌上。碑为花岗岩琢成，上部雕刻卷云纹烘托一轮圆月图案，双侧雕刻螺旋纹图案，表面竖刻三行汉字：‘郭氏三世祖坟。时乾隆丙寅年（1746 年）吉旦重建’”。根据《郭氏奇山义房家谱》记载，郭奇

---

1. “该墓地规模相当广大，为石砌的四方大平台，台上分上、下层，各有两座伊斯兰教徒塔式石墓盖，该墓碑即竖立于上层的首端。……花岗岩石琢成，宽 94 厘米，高 136 厘米，厚 15.5 厘米。顶部略呈弧形，外形类同中国式的墓碑。碑额正中部阴刻一行波斯文，译文为‘伊本·库斯·德广贡·纳姆’。碑右上角阴刻小篆体汉文‘惠’‘白奇’，左上角刻‘晋’‘坡庭’；正中竖刻汉文‘元郭氏世祖坟茔’。”其波斯文可译为“著名的库斯·德广贡之子”。此墓为二世祖郭子洪安葬地。“德广贡”与“德广公”同音。详见泉州海外交通史博物馆编（陈达生主撰）:《泉州伊斯兰教石刻》，第 57—58 页。
2. 泉州百崎《郭氏族谱》（手抄本，年代不详），载马建钊主编《中国南方回族谱牒选编》，南宁：广西民族出版社，1998 年，第 128—131 页。
3. 泉州海外交通史博物馆编（陈达生主撰）:《泉州伊斯兰教石刻》，第 58 页。

图 4.26 泉州白奇郭泰暨陈氏墓葬、郭铁塔式墓盖

[泉州海外交通史博物馆编(陈达生主撰):《泉州伊斯兰教石刻》,第 62 页]

“葬在田岑山，坐子向丙兼亥巳”。郭氏妻丁瑞淑未与同葬，“葬白奇打铁山，坐癸向丁兼子午”。同年，在里村大队“鸟树墓”处发现“石墓盖群葬，坐北朝南修筑大墓圈，圈内自西往东，由大到小，并排放置六座塔式石墓群。花岗岩石琢成，大的底长 265 厘米，宽 108 厘米，高 45 厘米，小的底座 204 厘米，宽 72 厘米，高 35 厘米。分作三层，实心素面，顶石截面呈半圆形”。[1]

明代苏氏十世孙懋祺修纂的《燕支苏氏族谱》手抄本，记载一世唐舍公传的墓葬情况：“唐舍公名阿合抹，维智公长子，生南宋度宗咸淳庚午六年（1270 年）正月十五日辰时，卒元顺帝至正壬辰十二年（1352 年）五月二十三日午时。享年八十三。葬在晋江东门外仁风境后，名苏厝，围穴坐癸向丁。”清嘉庆十六年（1811 年），苏氏勒石立碑，“公禁本山不得放纵牛羊坟首行走及打禾谷，深戏一台立禁”云云。其五世超公生活于明永乐与成化年间，非常重视宗族组织建构，并有计划地营造苏氏的族葬坟山：“公外家蒲荣无嗣，云麓荒山一半归公，一半归母姨蒲氏。后公将母姨山地一半归买管掌，是云麓坟山盖始于公矣。及观户部传凯赞文，有端仪、善行、和睦、孝敬之誉，是足以知公生平矣。”超公次子容公就葬在该坟山，“土名庵洞坑，坐壬向丙”。

明中叶之后，苏氏开始制定堂祭、坟祭的规矩。其坟祭旧式择在清明前吉日致祭，坟祭新式择在汉人普度时期七月初九日，彼时“童冠子孙衣冠齐整，到墓先祭土司之神，后拜奠祖先”，“每五日着看祠洒扫一次，每早燃香一炷，夜燃烛一枝，朔望早燃烛三对，拂拭神龛，众子孙到祠作揖、点茶，不可缺失”。[2]

根据永春《蒲氏族谱》[清光绪二十六年（1900 年）修]，第五世蒲国宝及其子蒲仕宾在南宋嘉定年间（1208—1224 年）入闽，定居泉州。清初蒲瑞寰迁居永春。“蒲瑞寰懂天文，识地理，选中了后溪寨这块宝地。永春桃溪流经达埔汉口村后溪寨脚，水分双道，中间露出小渚，形如双龙抱珠，故定居于此，并把这段溪命名为龙溪。”[3]

---

1. 泉州海外交通史博物馆编（陈达生主撰）:《泉州伊斯兰教石刻》，第 59 页。其中原图 211 伊本·库斯·德广贡墓碑石，原图 212-1.2.3.4，郭泰暨陈氏墓葬，原图 213 郭铁塔式石墓盖。
2. 参见苏懋祺修:《燕支苏氏族谱》，手抄本；泉州历史研究会编:《泉州回族谱牒资料选编》，第 87—100 页；马建钊主编:《中国南方回族谱牒选编》，第 131—132 页。
3. 潘耀金:《永春回族》,《永春文史资料》第 13 辑，1993 年，第 55—60 页。

夏姓祖先夏不罕鲁丁于北宋大中祥符二年（1009 年）定居泉州。根据明代丁氏进士槐江公《祀约》记载，夏氏很早就有祠祭传统："夏家宗庙有祭，俱延于俗，独于当忌之日前一月，畜一牲别牢以食之，有古者涤牲之遗也。"[1]

13 世纪中叶，夏氏逃迁仙游度尾仙剑山寨，传至夏真慈，始迁永春东关南村（南美村），并携其父夏聪五来南村赡养天年，视为开基祖。据说夏真慈在南村搭盖草寮养鸭，没想到鸭都能生双蛋，就选作祠屋。"鸭寮吉兆"母题恰恰是汉人家族拓殖定居的故事，不独属夏氏所有。这个母题是农耕时代乡族社会"安土重迁"的生活反映。[2]

夏氏自迁居南村后，一直信奉祠堂或坟墓风水的效用。夏氏曾将二世、三世的骨殖移往泉州夏厝山、夏厝围安葬，三次择吉皆因暴雨无法成行，只好将二世祖夏真慈改葬于内碧外洋粪基埯，"坐辛乙兼戌辰，水出巽"。三世祖夏德成葬于小湖洋墓湖中。夏氏祖宇分上中下三厅，厅中间有二埕，后落埕分上下埕，上埕中间用溪卵石铺成，组为"回"字。其坟墓讲究风水营造，并在墓龟顶头砌有一块圆形的石头，象征新月，以示洁净。夏氏的手抄族谱记载一至三世祖先坟墓的风水坐向及水口情况（图 4.27）。显然，风水观念和知识同样是丁氏、郭氏、苏氏、蒲氏、夏氏等回人宗族的思想框架和意义图式，持续塑造和生产着回人的社会文化模式和生活方式。[3]

1. 泉州历史研究会编：《泉州回族谱牒资料选编》，第 45 页。
2. 上杭《李氏史记》（李氏火德公总祠李氏史记编辑小组编，1999 年铅印本）记载永定湖坑奥杳村开基传说："李登辉，是火德第二十六代裔孙，他的三世祖千三郎，由上杭稔田大湖迁到永定县湖坑乡开基，繁衍到七世大六郎娶妻赖氏，生五子：积玉，德玉，实玉，梅轩，孝梓。八世祖德玉到十里外的奥杳去放牧，在杨家楼下过夜，他放牛也放鸭，在后龙山搭起鸭寮，养了一群母鸭，由于这些母鸭一连几天都生双黄蛋。他认为，这是块风水宝地，就在楼下架房开居。这样，李德玉成了这个村的开基始祖，取名奥杳楼下村。"
3. "历史乃是依据事物的意义图式并以文化的方式安排的，在不同的社会中，其情形千差万别。但也可以倒过来说：文化的图式也是以历史的方式进行安排的，因为它们在实践展演的过程中，其意义或多或少受到重新估价。……一方面，人们是依据对文化秩序的既有理解，来组织他们的行为计划，并赋予其行动目标以意义的。在此意义上，文化在行动中以历史的方式被再生产出来。……另一方面，相应地，于行动的偶然情境并不必定与某些群体可能赋予它们的意义相吻合，众所周知的是，人们会创造性地重新思考他们的惯用图式。在这种意义上说，文化由此在行动中被以历史的方式改变了。"（[美] 马歇尔 · 萨林斯：《历史之岛》，蓝达居、刘永华等译，上海：上海人民出版社，2003 年，第 3 页）

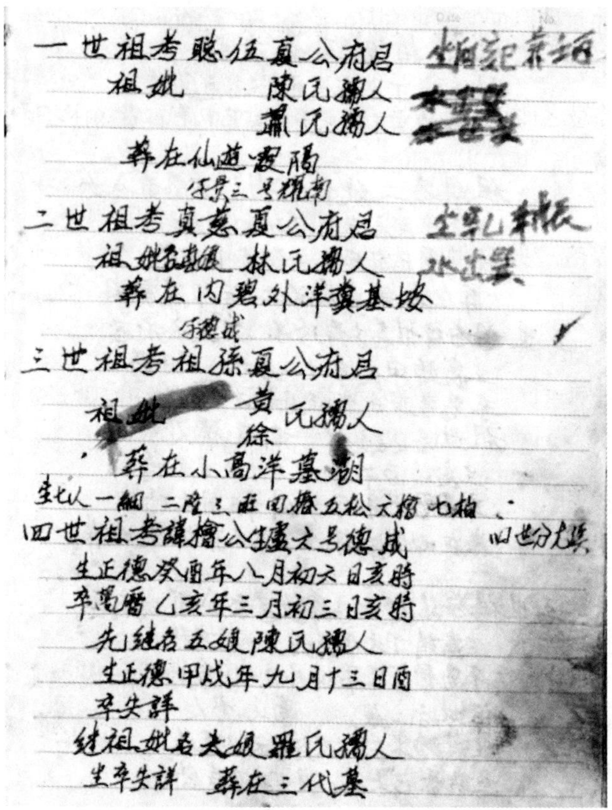

一世祖考聪伍夏公府君
祖妣 陈氏孺人
聶氏孺人
葬在仙道霞阳
二世祖考真慈夏公府君
祖妣 林氏孺人
葬在内碧外洋黄基坡
三世祖考祖孙夏公府君
祖妣 黄 徐 氏孺人
葬在小高洋墓湖
四世祖考讳榆公 字德成
生正德癸酉年八月初六日亥时
卒万历乙亥年三月初三日亥时
先继名五娘陈氏孺人
生正德甲戌年九月十三日酉
卒失详
继祖妣名大娘罗氏孺人
生卒失详 葬在三代墓

图 4.27　夏氏世系（永春南美《夏氏族谱》，手抄本）

因此，在讨论回人与汉人的“文化互化”时，我们决不能立基于当代“民族建构”的刻板性思维，仅仅用“汉化”或“同化”等范畴来化约之，把伊斯兰信俗等同于回人的习俗。其实丁氏等族的“族”与“教”从未一体化，当地的民族与文化认同并非简单的同构。毋宁说，接纳一般性的风水知识、观念，也是丁氏、郭氏、苏氏、蒲氏、夏氏等宗族走向“超族群性”和“地方性”的文化自觉行动，是泉州回人构建集体的自我形象和标记与他者界限的组成部分。

当然，这种文化建构的一致性是“嵌合”并“内化”于地方历史之中的，它与所谓回、汉民族意识是否“弱化”无关，而与“中国”文化基因的主导性有关，与明清宗族发展模式（宗祠、墓地、族谱、族田等建构）有关，与回人各姓宗族的地方认同有关，与儒家礼义文明和术数传统的“存神过化”有关。回人社区认同建构的基础，主要是以宗族文化认同为中心，而不是以种族或伊斯兰认同为中心，充分体现多元文化之间的互化与构建过程。儒家传统的文化符号和精神基因始终起着关键性的统合作用。

第五章

风水资源的交易与乡族社会的秩序构建

宋元以降，中国基层社会结构逐渐朝多元化的方向发展，地方政府作为历代王朝政治的代理人，其职能表面上的逐步萎缩，并未妨碍国家权力形态透过各种经济、文化网络下沉到地域社会当中，[1] 以期建构其“奉天承运”的合理性和正当性。明清时期，伴随着汉人的家族制度和保甲、里甲制度的相互叠合，许多宗族组织、家族联合体——乡族势力——与国家力量及其代理人相互协调和竞合，催生出种种勾连“公”与“私”和“礼”与“律”的行动策略，由此形成了一个立体而多元的地方权威和权力生态。

我们可以用“乡族政治”术语，来讨论乡族社会如何主动适应国家力量的规训和渗透，从中盗用或争取各种社会和文化资本，以获取更多的家族或地方利益。“乡族政治”的行动策略，用《黄帝阴符经》的话，堪称一种伸缩自由的“盗机模式”或“借势模式”，即地方精英采取灵活有效的手段（协商抑或告官、和息抑或示禁），来参与控制、调和、消解乡族内部的冲突。他们往往根据在场的形势和气氛，“借势”设定或跨越、模糊彼此的边界，从而建立一个基于让渡、合作和均衡的地方互动网络。

本章将以契约文书为中心，探讨乡族势力或地方精英如何借助那些“契约精神”的规范性力量，利用风水资源的交易与争夺，积极参与地方的秩序维持和自

1. 有关基层社会管理研究的情况，可参照王日根：《明清民间社会的秩序》之《近年来明清基层社会管理研究的回顾与展望》一文，长沙：岳麓书社，2003 年。

我控制（规训与教化，调适与顺应）。乡族社会构建秩序化和文治化的过程，不仅与乡族精英（如地主、乡绅、乡贤、士大夫）扮演的权威治理角色有关，也同乡民顺从、迎合地方的“和息”惯例，避免“控官究办”的惯习有关。礼治及礼律合一的制度规范是地方“免讼”气氛的思想根基。以乡族为秩序纽带的地域社会的发育过程，更是与风水观念、信仰所刺激的“鲇鱼效应”密切相关。风水观念和信仰深刻影响着地域社会的文化-心理结构、价值认同和行为模式。各阶层参与、投资风水事项的力度越来越大，由此引发的社会问题也越来越多。风水观念、信仰如同一场汹涌澎湃的“精神洪水”，有力裹合着不同阶层和团体前行，它既是提升宗族组织和乡族势力向心力的强心剂，也是诱发家族内部或乡族间离心力的迷魂药。

当然，风水观念的实践所引发的种种分化地方秩序的问题，并非完全不可控制，而是经常刻意地“消解”在种种照顾地域性或宗法性利益的“和息约”和“示禁碑”中。这些和息和示禁的书写或刻写的惯例，其实都是乡族精英处置对内关系与对外关系的主动性策略，是有效应对地方社会秩序之突然状态与应然状态之紧张关系的戏剧化展演方式。它着眼于集体性的话语表述和道德化的自我叙事，而非重复性的地方事件的消弭和支离破碎的秩序的修复效能，因此也适度降低了国家权力在基层的无阻扩张，使得国家与社会的边界“若即若离”，并在彼此克制的互动关系中承认各自的权威关系。明清时期的海禁政策，表明癔症式的王朝控制在边陲的虚张声势。它的统治艺术更需要一些乡族的权威媒介，彼此秋波暗送，保持体面的隐退和礼让。诸如乡族或宗族共同体在风水选择或祭祀中的协商实践或软硬兼施，充分佐证地域社会有一整套圆融自洽的习惯法和“盗机式”的治理范式。

第一节　风水选择惯习与家族的自我协调机制

宋元以来，随着福建开发进程的加快以及新型家族、宗族组织的发展，入闽汉人形成了以方块汉字为统合工具的地域方言群，以及具有高度共享性的地域文化共相和思想框架。其中，风水观念和信仰是一种超越方言群、种族、阶层、乡族、家族的文化形式，深深嵌合在地域社会的结构形态当中。丧葬是一种频繁而日常的生活经验，而乡族社会并未将追求好风水的迁葬、改葬视为有违孝道伦理的行为，即使是朱熹、蔡元定等理学家亦不免其俗。各类族谱不厌其烦地记录下迁葬、改葬关系家族兴衰的文字。叠合着一般性风水观念、信仰的丧葬礼俗，既是标识汉人族群的圣教传统和生活方式，也是常识化、情理化的“地方性知识”。

然而，民间社会过度惑于堪舆家之言，为求“地吉”或“年利”，停柩不葬之风甚盛，改葬、迁葬之风不减，而“二次葬”（包括洗骨葬）习俗更是流毒甚深。日炽的改迁葬风潮和风水房分之辨，一再引发盗葬、盗卖、毁坟等行径，反噬着儒家的宗法观念和家族制度的可持续性实践。地方官员及乡族士绅，通过兼及“教化”与“威权”的治理方式，劝诫乡民毋泥于阴阳之术，并形成种种“契约”规范。他们的权威和身份的构建，既依赖于这些高度共享的风俗习惯，也需要对其发展方向加以规范，控制其风行所滋生的混乱。

因此，我们在探讨风水术数所引发的家族世系的统合与分裂问题时，除了要注意到“家族 / 房”的系谱结构所蕴藏的内在张力（族的包容性和房的分裂性）外，更应看到世系的统合与分裂跟风水房分差别理论有着深刻关联。风水观念和信仰作为长时段的思想传统和思维框架，难免异化为某种可操控的意识形态效应，从而框定着地方的文化视野和行动伦理的方向。换句话说，风水“生生”宇宙观所衍生的房分“受荫”差序有等的思想结构（观念性、符号性），与家族制度“房分”分裂性的谱系结构（生物性和社会性），其实是有机重合的，是彼此相和共生的关系。我们讨论因“房分有差”而展开的地方风水实践时，必须考虑到意义结构（风水宇宙观直接影响、规范房分制度）和历史结构（房分制度反向印证、强化风水宇宙观）之双重向度的“纠缠”现象。

一、迁葬鬻坟之风与家族内部的冲突

明清时期，福建土地已被分割成各家各族的私有之物，并可以通过契约继承与买卖。受风水观念及洗骨葬习俗的影响，民间坟地交易频繁。在现存文书中，风水契占有相当大的比重。因土地所有权和法权制度的私有化、家族化，再加上“地狭人稠”的矛盾，民间用于择葬的坟地毕竟有限，惑于风水而起迁的旧穴，仍有被转卖去重新做坟的可能性。由于闽人长期浸润于“尚巫机鬼”的传统以及“理气派”（闽派）的信仰，听任“造化”（天理决定地理）自主祸福、得失的观念亦根深蒂固。“好风水不如好德性”（闽南语），既是自明性的价值判断，也是普遍性的文化心态。[1] 人们相信各类安镇法术（祛除旧穴的秽气、煞气）有助于改变旧穴的气运，穴地风水效能（吉凶、祸福）会因人而异、因时而异，穴地吉凶同命主八字（仙命、亡命）的好坏乃至择葬时日的宜忌密切相关（图 5.1）。

当然，契约文书中的“风水”有时只是“坟墓”或“坟地”的代名词，而非指称堪舆术数及其实践形态。像“风水一穴”是指“坟地一穴”，“做风水”就是“做坟墓”。这种语言符号“所指”的扩展现象，表明“风水”被固化为一种常识性的知识系统，并借助丧葬习俗及其空间化媒介成为一种符号化的文化记忆。

我们试列举数张买卖契约（表 5–1），管窥风水观念及洗骨葬俗影响家族的迁葬及旧穴转卖活动的方式。其中，“风水不利”是东家改迁坟墓并转卖他主的主因。

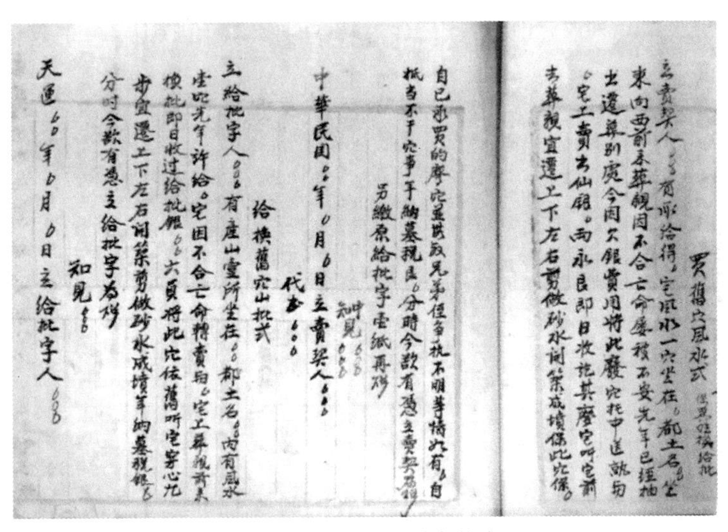
买旧穴风水式
立卖契人〇〇有承给得〇宅风水一穴坐在〇都土名〇坐东向西前来葬亲因不合亡命屡被不安先年已经抽出遗骸别处今因欠银费用将此废穴托中送就与〇宅上卖去仙钱〇两永艮即日收讫其废宅听宅前去葬亲宜迁上下左右剪做砂水词策成坟保此穴系自己承买的废穴并无房兄弟侄争执不明等情如有〇自抵当不干穴事于纳墓税艮〇分听今欲有凭立卖契为照
另缴原给批字壹纸再炤
知见〇〇
中见〇〇
中华民国〇年〇月〇日立卖契人〇〇〇
代书〇〇〇

给换旧穴山批式
立给批字人〇〇〇有座山壹所坐在〇〇都土名〇〇内有风水壹穴先年许给〇宅因不合亡命将卖与〇宅上葬亲前来换批即日收过给批银〇〇大员将此穴依旧听宅穿心九步宜迁上下左右词策剪做砂水成坟年纳墓税银〇分时今欲有凭立给批字为炤
知见〇〇
天运〇年〇月〇日立给批字人〇〇

图 5.1　买卖旧穴风水契约式

（永春《郑氏族谱》杂册，民国抄本）

1. “地理之图……小者惠贫困之人，大者留待德福。至乎得失之故，则造化自有主之，非我所得私也。”（[明] 释淮右:《续序》，载《清源图》，清道光年间抄本，中国闽台缘博物馆藏）

表 5-1 清代晋江买卖风水契

序号	清代晋江买卖风水契	出处
A	仝立换批人卅六都杨茂曾求、秀老，有承祖产山（乙）所，坐在杨茂乡土名楼梯后。前年拔山风水乙穴，经卖与张宅安葬祖坟，年贴墓艮三分。因风水不利拾起，空穴转卖与洪宅。今向本宅换批，即日收过盘仪银完足，此山顶风水前后左右并无虚堆古冢，听洪宅挨移改向，开筑风水明堂拜庭，安葬亲坟，其拜（庭）外筑基，不敢阻挡。保此山系是承祖父物业，与别房无干，亦无来历不明。如有不明，秀与求抵当，不干洪宅之事。日后拾骸添葬，不得异言等情。今欲有凭，仝立换批为照。 嘉庆二十年（1815 年）七月 日 仝立换批人：曾秀老、求老。 中见：蔡星叔。 代书：蔡玉老（忠）。 内注“乙”“庭”二字，再照。	原件藏中国闽台缘博物馆。该馆尚藏有一张“嘉庆二十年张灿老立缴卖字”，A 契即给张灿老的换批。契尾人名皆有花押。
B	仝立换批字人三十六都后渚铺杨茂乡曾寿老、求老有承祖产山一所，坐在本乡土名楼梯后。乾隆二十五年（1760 年）拨出风水一穴，坐南朝北，卖给与张宅葬坟，每年贴纳墓米银三分。前年拾起转卖与洪宅。今因洪宅风水不利，复拾葬他处，将此空穴再转卖与郑衙明白。兹向本宅换批，即日收过佛银八大员，其空穴听衙挨移改向，开筑砂水明堂，安葬亲坟，不敢阻当。保此山系寿等承祖物业，与别房无干，亦无来历不明为碍。如有不明，寿等自出抵当，不干买主之事。今欲有凭，仝立换批字为照。 道光八年（1828 年）十二月　日。 仝立换批人：曾寿老、求老。 中人：曾洪老、蔡五叔。	同上。
C	仝立缴兑字人晋江县北门外卅九都水流坑乡吴出观、豆观、吉观、交观、立观、欣观等，有承祖明买得王宅旧穴地一穴，在本乡土名泰嘉山，穴坐东向西，因风水不合仙命，未曾安葬。今叔侄兄弟公议，将此旧穴空穴地缴兑与陈宅上，即日收过盘仪银完足，其空穴地听□宅再向山主顾宅缮换墓批，前去开筑安葬亲坟，砂水明堂成坟，不得异言等情。保此空穴系豆等承祖明买物业，与房亲叔侄兄弟无干，亦无来历不明为碍。如有不明，豆等抵当，不干银主之事。今欲有凭，仝立缴兑字为照。 道光二十七年（1847 年）二月　日。 仝立缴兑字人：吴豆观、吉观、交观、出观、立观、欣观。 执笔：豆观。 中见：家谊观。	《陈江陈氏五房五家谱》，题为《水流坑义斋公妣墓给批》，第 83—84 页，福建师范大学图书馆藏清抄本。

从契约可知，受风水观念及其利益想象的刺激，墓地所有权关系呈现了分割化、细碎化的现象，法权关系也特别复杂。鉴于坟地风水用途的特殊性，回赎可能性甚小，卖主向买主的补价习惯——找、帖、添、换、尽等也甚频繁。如 C 契说明原山主曾氏和顾氏对转卖多次的坟地仍有部分的主导权。顾氏后裔在陈氏换批时，除收盘仪银外，仍声明“系本衙产山，不得高筑广大，致伤本衙及他姓

坟墓，不得给甲葬乙，亦不得私卸他人”。[1]

当然，洗骨改葬习俗加快坟地产权的交易速度，反过来刺激着人们利用旧坟的频度。因“风水不利”，楼梯后穴地（A契、B契）屡被转手：曾氏（山主）→张氏（1760年买）→洪氏（1815年买）→郑氏（1828年买）。泰嘉山穴地（C契）亦然：顾氏（山主）→王氏→吴氏（未葬亲）→陈氏。各手买主不忌讳购买旧穴，并非不信奉风水。如洪氏终究因“风水不利，复拾葬他处”，吴氏囿于亡亲“仙命”与墓向干支未合，又将空穴转卖了。

当然，家族迁葬或卖旧穴活动并非都与祖墓风水“不利”或“房分不均”相关，亦有迁卖同辈或后辈眷属穴地者。这些坟穴不像祖墓一样，可以充分满足戚属获得风水荫庇的利益想象。[2]一旦有人贪图风水愿意承买时，常有戚属贪利鬻坟迁葬。但坟山常属家族或乡族共有，旧穴买卖会破坏坟山产权的完整性，故也受到家族势力的阻挡。试引安溪钟山《易氏宗谱》的数张契约略做分析（表5–2）。

表5–2 明代易乔俊盗卖风水契

序号	明代易乔俊盗卖风水契	引文出处
1	长泰里住人易乔俊，先年与兄西泉用银买得产山土名均竹墘一所，各择风水一穴。今俊因欠银用度，愿将已葬风水迁起，卖与永安里詹象泉，边银八两正，前去开筑坟茔一穴，四围各十丈栽木遮荫。其银即日收讫，其穴地即付泉开筑动起，不敢阻当。其山穴系俊已葬，与兄穴无碍。如有不明，卖主抵当，不干买主之事。今恐口无凭，立字为照。 万历三十年（1602年）六月　日。 立契：易乔俊。 作中：地理师谢太初。 知见人：陈月塘。	安溪钟山《易氏宗谱》卷首《文契》，题为“承买林世瑞山场被叔乔俊盗卖赎回契字”，民国四年（1915年）重修刻本。
2	立字人易乔俊，前月有山一所，土名登契明白，已卖詹象泉造坟。碍有先埋幼女瓦棺一首，迁移别地，俊求贴灰土银二两正，即日交收掘出，日后不敢生端。如有反悔，执出信为照。 万历三十年（1602年）八月　日。 立字人：易乔俊。 知见人：倪日用。	同上。

1.《陈江陈氏五房五家谱》，福建师范大学图书馆藏清抄本，第81页。
2. 传统风水观念认为，考妣子孙一气相属，一般只有祖考才能荫庇子孙。亦有认为同族或同姓即可荫庇，因为血气相类也。

续表

序号	明代易乔俊盗卖风水契	引文出处
3	立贴契人易乔俊，承买山荡土名根竹墘后有风水，先卖与永安里詹象泉筑坟外，今欲再求栽插树木，遮荫长房风水，愿贴银二两付俊收讫，其山界至崩行外仑界，其仑脊杉木几株，俱付詹宅存留遮荫，不敢砍㓻。恐口无凭，立契贴一纸付照。 万历四十二年（1614 年）七月　日。 立贴契人：易乔俊。 作中人：温振允。	同上。

按该族谱记载，明正统五年（1440 年），易氏始祖明宁公“戍泉安溪，独力难支，基业乏建。迨四世祖钟峰公兄弟等贻谋燕翼，肇基中仑，卜盖祖宇，买念梅琼之山，土名山仔，安葬先严黄兴公茔顶、黄恭班籍承庭峨产山贯钟洋等处”，并“蒙布政使司仰府饬县升科造册于五世祖乔福公名字。兄弟妥议，令侄仕显赴县给贴，立约五纸，各执存照，以遗子孙世守不堕”；明万历六年（1578 年）该坟山被黄庭峨献卖在城许震甫；万历八年（1580 年）黄氏又抽出苦竹林山仑，并后堀寮林，“写卖与赵子尊”；万历十五年（1587 年），赵子尊再将苦竹林转卖给林世瑞；万历十九年（1591 年）乔福呈状申诉，但因牵涉人事太多，只得伙同兄弟乔荣、乔逸、乔修、乔俊等向林世瑞承买。乔俊不仅“贪财忘祖”卖旧穴给詹宅，还伙同相同辈分的乔宗、乔才将山和田捏名投献给“炎宦”杨衙。易氏宗亲为此屡赴道府控究，并费银赎回了乔俊的献批及盗卖旧穴字批。乔俊等也奔逃到德化，迨至清康熙三十九年（1700 年），个别后裔才迁回原籍，认地盖屋，认山樵葬。[1]

易氏案例生动展示了传统宗法伦理及宗族意识影响家族的风水选择活动的情形。因该坟山属家族所有，乔俊（理论上拥有部分产权）的卖旧穴行为自然被视为“盗卖”，更不用说是献卖产山了。表面上看，是产权不明晰导致“搭便车”行为的发生，实质上是其背后的文化逻辑和意义图式在影响着易氏的施事方式。乔俊的迁葬卖穴行为不是本族走向分裂的主导火线，若非詹氏因迷信风水（地理师还是中人）而愿承买乔俊穴地的话，乔俊亦难如愿。风水信仰正是间接影响易氏世系分裂的文化因素。

1. 安溪钟山《易氏宗谱》卷首《文契》，民国四年（1915 年）重修刻本。

易氏案例说明，不能简单就契约而论契约，而应放在具体的社会语境中去分析。所谓“风水不利”而迁葬卖穴的说法，很可能是一种格式化或乡俗化的语词，并非字字确凿。从买方来看，难免会有贪图旧坟好风水的动机，至少是乞求“无虞”（人地关系的紧张限制了人们的风水利益诉求）。从卖方来看，有些人迁葬鬻坟并非为祖先或戚属之故，而是为了糊口度日。因与孝悌观念相违，鬻坟者不太可能“实话实说”。闽中系重灾区，地方文献及族谱记录的戒示甚多。[1] 有鉴于此，乡族士绅更借因果报应观来加以劝诫。龙海霞漳溪邑护吉社《蔡氏族谱》[2] 记录了族内人氏盗卖坟墓的报应。永春《桃源辜氏宗谱》也记载一则子孙贪财乱移祖坟导致后嗣不兴的故事。[3] 清代康襄《诫鬻坟者言》则刻画出一名兜售祖坟者的嘴脸。[4]

---

1. 清褚人获《坚瓠补集》卷二《掘冢歌》，揭示了民间自鬻祖坟之风：“昨日旧冢掘，今朝新冢成。冢前两翁仲，送旧还迎新。旧魂未出新魂人，旧魂还对新魂泣。旧魂叮咛语新魂，好地不用多子孙。子孙绵绵如不绝，曾孙不掘玄孙掘。我今掘矣良可悲，不知君掘又何时。”（《笔记小说大观》第七册，第 853 页）
   南靖船场赤坑《庄氏族谱》（清乾隆年间抄本）载：“亦有风水既葬后子孙不肖，迁棺移金，将坟卖他人者。此忘本覆宗之甚，是以有祖考而无葬地，暴弃棺尸，如此不知卖者买者，天理人心何在！欲望后裔昌盛，不亦难矣！故地理书云：‘人人难保百年坟，起埠迁棺太忍心。莫道天公无报应，后来还有后来人。’……为人子者可不重为悚惧哉！”
2. “十世祖公进，邑庠生。此坟被浦口蔡于成盗刲，穴卖他家，后三年于成狂。讳晖，字时晃，号文。生系播丧公次子，配举人小姐，人讳怡，字汝悦，郑氏。公生永乐壬寅年（1422 年）〇月〇日〇时，卒成化丙午年（1486 年）〇月〇日〇时，寿葬浦口寨山，坐〇向〇。十三世祖，此人儿子添、淑，盗卖铜鼓并废祖祀产，特书罪之，不许人宗。讳乾锷，字宜，号肖林，系桂林公次子，配孺人慈惠郑氏。公生嘉靖壬寅年（1542 年）正月初六日申时，卒万历己未年（1619 年）八月初八日子时，寿七十八，葬自岭祖坟前祀园，坐巳向亥。……子四：春源、春深、春添、春淑。女一适太江苏。添盗卖小宗铜鼓，卒绝；淑与元盗卖祭白岭风水一穴，后卒绝。十四世祖长房次浚，盗卖祭租与唐家，又崇祯十五年（1642 年）又盗卖白岭坟一穴与李玄葬坟伤祖，登时暴亡，无传，特书以戒后人，不许祀之。讳元浚字华石，系石庄公三子，配人黄氏，无子。长兄淳配石氏，次兄润配潘氏，四弟汴配钟氏，五弟涞配氏生二子，廷棨，廷杞，俱无传。湫系六弟往番无回。”［龙海霞漳溪邑护吉社《蔡氏族谱》，佚名，清光绪二十七年（1901 年）稿本］
3. 《纪实》：“泗公，邑庠生……生正德己巳年（1509 年）闰九月廿七日，时卒失纪。葬梧井垅后。元孙良赐贪银，卖穴迁葬于万春寨麓本都后庙，坐壬向丙，迁高祖伯东泉公暨姆陈氏、又迁乏嗣曾祖叔宇公暨婶及子祝公暨婶刘氏共七骸，混号水星开口穴。噫！以赐之为人，不能显祖宗，尚敢妄迁七骸，不肖至甚！宜乎后嗣之不继也。”永春《桃源辜氏宗谱》卷五（清宣统年间刻本）
4. 《诫鬻坟者言》：“有客衣裫褋之衣，着穿角之履，贲然求见。……客曰：‘无故不踵书堂，闻我们不妨从经济视角分辨一下这类迁葬鬻坟行为。鬻坟者在祖坟修造方面要投入不少成本（费用包括买穴、请先生、维修祖坟等），当然希望从风水投资中获得一定的收益，这主要表现为：对现实及未来的家计有较高的期望值，感受到祖先的荫庇，家庭和顺，等等。大凡鬻坟者多为子孙不利、财产破落等生计受挫者，家道衰微的状况使之深感可期待的收益低于原先的成本付出。要改变这种源于信仰想象的收支不平衡状况，迁葬鬻坟是一种有效的行为选择。而这种行为倾向又深受家族及社会伦理的有效制约。

上述契约中“因风水不利而迁葬”等说法，反映的是迁葬鬻坟者遵守孝悌的常态行为。此外，尚有“搭便车”的非常态行为，比如将祖骸盗葬于他穴，并卖掉旧穴。有人对祖坟失望或不再崇信风水效用，干脆卖掉祖坟，随便将祖骸扔掉或葬在义冢、荒山等。而为了维护正常的社会秩序，伦理教化和丧葬制度制定就显得很必要。显然，风水信仰和道德力量的互动程度，是决定迁葬鬻坟者的行为是否为常态的变量。迁葬鬻坟的利益选择又受制于价值判断和信仰意向。当然，不少鬻坟者乃无业游民，靠掘卖他人坟墓度日。杨澜《临汀汇考》载：“永定廖某素无赖，唆卖孤坟，从中渔利维时，近邻掘殆尽。”[1] 地痞无赖也可能借风水惑众，与人订立虚假的迁葬鬻坟契约。这类契约甚至可能被掺入族谱之中。

总之，风水信仰作为地方社会所认同的文化象征意义体系，有效安排并制约着乡族社会功利性的物权交易活动。频繁的迁改葬和旧穴转卖，尽管客观上提高了家庭或家族的丧葬成本（包括坟地交易成本），但一定程度上促进了土地所有权的私有化进程和细碎化进程。而土地私有化及家族或乡族势力的干涉，客观上反制着人们风水选择的自由，从而歧离了人们对风水效能的意义期待。人们甚至改变对风水的习惯性认同，而将之变成各种社会势力或个体可资利用的文化托词和意识形态力量。在一系列迁葬鬻坟的行动或事件中，有关风水的社会记忆图景

君需吉地，仆有牛眠者一，愿献于君，价待酌，惟命点头为君诺也。’余曰：‘愿闻其所。’客曰：‘螺谷之坟，敝祖之旧也。堪舆有言，必穷周甲而后通利。屈吾指载五十有羡矣，迁而鬻之。初不吾忍，贫不堪命，姑从变计，庶活我妻孥乎？’余正襟而难客曰：‘地吉通日近而穷日远，子捐则不智，我袭则不仁。不吉彼也弃，而此也承，于我何太痴，于子何太巧。’客曰：‘地者福之缘，福者德之征。仆也德凉，有忝于地。惟君世德，获福是宜。斋宿来献，何相拒之耶？’”[《马巷厅志》卷一七《艺文》，清光绪十九年（1893 年）校补刊本]

1. 〔清〕杨澜：《临汀汇考》卷四《轶事》，清光绪四年（1878 年）刻本。

呈现出具有矛盾性的功能分化的特征，既促进家族的血缘认同及乡族内部的利益联结，也导致家族祖先崇拜意识的弱化，从而加剧宗法伦理观念的沦丧。随着旧坟转移活动的历史情境关系的转变，民众有关风水效用之文化图像也发生了历史的改变。这种功能和意义的有效转换，也是近世中国社会变迁的反映。

二、风水房族之争与家族的解决之道

按祖墓格局对子孙的荫庇是有差序的，风水房分差别暗含着宗法伦理的法则。明代周视《长幼房分之辨》曰："地理专以龙虎朱雀分别长少之祸福，甚详。大概谓自穴前数起，由内而外，由东而南，以至于西。第一重青龙，管第一房；朱雀管第二房，白虎管第三房。其第二重，东管四，南管五，西管六。其第三重，亦左管七，中管八，右管九。余皆以次仿此。殆术者险小之徒，谋利之具，非惟无益，且动邪心而起争端。"[1]清代《公位断诀》称："若要道行天下，先将公位动人。青龙应在长房，优劣额定；白虎安定三子，吉凶攸分；二子明堂坐穴，五房入首化生，二肩四六之男，二耳七九之子，八十何在，折山来龙，四势纯金，房房俱利；八风不动，位位丰隆。"[2]另外，还有根据山水方位来决定房分的得失，如"乾巽艮坤长房管，甲庚丙壬二房是，乙辛丁癸三房得"之类的。

我们欲探讨汉人家族世系的统合和分裂问题，理当兼顾"族—房"的系谱结构的功能和风水房分实践的相互作用。由于任何风水都很难维持房分的相对均衡状态，家族往往为此透过营造不同的阴宅、阳宅风水格局，寻求各房支平衡之愿景。关于风水房支失衡的观念根深蒂固，一则容易引发房支的利益纷争，造成房支间的持续分裂和冲突，二则刺激了家族成员处心积虑营造自家风水、争抢风水资源的不良风气。试摘录地方文献略做说明（表 5–3）。

1. 〔明〕黄慎编：《新编秘传堪舆类纂人天共宝》卷九《辨类》。
2. 长汀县西山下原城隍庙风水先生 WZF 提供。

表 5-3　地方文献论停柩之习与房分之见

序号	地方文献论停柩之习与房分之见	出处
1	有乡俗寡识，惑于房分之见者。夫风水之说，不可苟略，而房分之说理所必无。……即考之郭璞《葬经》及《素书》《疑龙经》《撼龙经》诸书，亦无所谓房分者。此乃后来术家欲借此，使凡为子孙者不敢不尊信而延请之，阴以诱其厚利，阳以得其奉迎。不知其贻害之深，致使死者不得归土，而生者不得相和，皆此说误之也。	清同治《重纂福建通志》卷五六《风俗·漳州府》载漳浦理学家蔡世远《葬论》。
2	旧时邑人停柩之恶习，由惑于形家之言，以为某地吉，某地不吉；某地利某房，某地不利某房。择地之家兄弟意见不同，致亲柩不能安于坏（抔）土，殊堪浩叹。殊不知古之葬亲者，只求高旷地与干净土而已，无所谓天星、峦头之说也。近时士大夫劝诫，停柩弊风渐革矣。	民国《闽清县志》卷五《礼俗志》。
3	停棺之习，邑多有之。盖由于葬坟酷信风水，惑于堪舆家之邪说，以为某地吉，某地不吉；某地某房利，某房不利，以致兄弟意见不合，年复一年，迄无定所，遂有数十年不葬，甚至数世仍停者。	民国《大田县志》卷五《礼俗》。
4	葬地惑堪舆术，尽诚致敬，听凭指择；又必合乎年命，均其房分，故常寄厝多年。强者每贪吉地，恣意占葬，牙角交讼，虚词限迁，破耗资产不恤。近山乡鳄藉伤煞为词，挟制阻挠，捐索贿赂，不厌不止，最当痛惩。	民国《金门县志》卷一三《礼俗》。
5	丧葬之礼，其衣衾棺椁称家有无，与夫设灵祭诸仪，亦与内地相同，无足赘者。……惟□死即葬，贫者葬于三日之内，富者亦不出百日之外，并无惑于风水停棺不葬之弊，又无草葬、火葬之惨，此尤风俗之美也。	清乾隆《澎湖纪略》卷一二。
6	自魏晋以来，士大夫之家多溺于风水之说。有亲殁数十年而不克葬者，问之则曰："吾将择一地以利吾子孙。"有兄弟数人，则曰："是固彼利而我不利也。"有营葬已久，以事不称意，归咎于地之不吉而徙去者。于是治形家者遂得乘间而鼓其说，不厌其欲。……是俗吾闽中多有之，而泉州一郡为甚。	吴曾祺《晋江黄氏古檗山庄记》，《晋江古檗山庄题咏集》，民国二十一年（1932年）拓本。

明清以来，风水"房分不齐"正是引发家族内部纷争乃至乡族势力之社会冲突的根源之一。一些堪舆术家甚至借此论调阿谀逢迎，以谋取个人利益。停柩不葬、迁葬、改葬、混葬就越发成为一个常态化的社会问题。各房头借口本房子孙不利、财产破荡等故，屡议改迁祖坟，甚至有混祖者、毁祖者。

我们试举数个案例。

一是明代南靖黄氏二房自破祖坟（1535 年）。明嘉靖乙未年（1535 年），南靖和溪黄氏宗族二房六世孙乔迁，也因嫌祖坟［按：墓葬二世孟昌祖考、妣，明成化乙未年（1475 年）合葬于和溪麻埔行］"房分有亏，往上杭哄贼，诈言冢内有宝物，将棺夜开发起破碎"。孟坟则迁"葬于木棉坑，万历戊戌年（1598 年）

同迁葬于龟处坑月甲月形，中穴坐甲兼卯”云云。[1]

二是清代晋江施氏房支自盗祖坟（1684 年）。永南《施氏族谱》的示禁碑文记录了三个房派因盗葬祖坟，破坏风水，导致 30 多个族丁殒命，以及盗葬者房支灭绝的族事。[2]

三是清代平和赖氏次房自盗祖坟（1785 年）。赖氏宗族曾发生次房与长、三、四之间的风水利益之争。起因是次房子孙贪图祖上风水，居然盗葬、附葬始祖坟，为此故意混淆祖坟葬地，篡改神主牌。[3]

不过，乡族社会多有不争风水房分的特例。这并非因为主事者不信风水，而是因为对宗法孝悌的尊崇。地方志作为士绅文化意志的载体，亦屡施春秋笔法，多借《孝友传》以行教化。家族为了“族谊亲谊”，通常采取共同迁葬、改葬祖坟的折中方式，来维持各房派之间的利益均衡。各房派约请房亲、姻亲或有威望的异姓来“同堂公议”迁葬或转买旧穴事宜。迁葬、改葬活动有时成了维持家庭或家族团结，防止各房派冲突的有效途径之一。

其实，风水房分理论所带来的晚近家族制度变迁的结果，除了直接推动房派

1. 南靖县和溪《黄氏家谱（龙湖祠）》，手抄本。
2. 《迁四江盗葬戕伤示禁碑文》：“结草山坟茔，本族始祖也。有二房、东头、四江等私房，将其三骸盗葬坟脑，立伤族丁三十余命，而四江等竟亦无后。夫宗祖根本也，子孙枝叶也。未有根本受戕，枝叶得遂其生者。于是通族子孙，于康熙二十三年（1684 年）十二月，公议令将三骸自徙别瘗，从兹祖宗魂魄既宁，祇见忤悖报应不爽。有鉴在前，无辙覆后，是用石勒，以示禁。康熙二十四年（1685 年）三月日立。”（泉州永南《施氏族谱》，2008 年重编本）
3. 《始祖卜隆公葬所分辨》：“乾隆五十年（1785 年）重兴大宗，四房凤埔十六世孙生员珀，乳名亢，字用潜，恩锡寿官，与瑜共董理，亲见次房然老贡生升飞、希郑改神主情弊。当日势难力争，特书事实，以流示子孙，不忘祖坟之虚实，亦望后有志者与次房人共商而同享之。我祖卜隆公石茭椅之葬穴，我族当初有合祭之例。因次房后代子孙附葬祖坟上下左右甚多，长房、三房、四房合祭之时，有倡起欲清次房附葬之诸穴，而次房人恐惧，因通山石茭椅有我心田一祖坟，遂混始祖是葬通山石茭椅。此虎项庵石茭椅，乃是葬其次房祖启祚公，我四房与三房人不信，遂与次房人约日，欲看验始祖与二世启祚公补主及期，次房然老升飞先到大宗，将神主过敲改易，其旧底墨痕昭昭。公见我四房人与之相争，不由分办，自是以来，石茭椅即不肯与四房人与祭也。其改神主之弊，并列于后，以备后人观览。等承长房祖原神主内只题公讳景禄，追谥启脉，即启祚，旧墨痕，葬在橡树仑，坐癸向丁。生于明洪武十三年（1380 年），至乾隆五十年（1785 年）重兴大宗。次房东坑升飞然老乃改题公葬在石茭椅，坐北向南，生于元至顺三年（1332 年）壬申月日时，卒于洪武廿年（1387 年）庚午月日时。”［〔清〕赖素季、传綋抄补：平和心田《赖氏族谱》，清光绪十年（1884 年）稿本］

之间的冲突之外，还有在风水投资中相应刺激家族制度之相互扶助的运作法则，以寻求房派之间的均衡发展，以有效传承儒家宗法伦理的观念。因此，风水投资使得家族的自身发展模式，一直在均衡与非均衡之间摇摆。

试举两个民国时代的家族案例，以了解在近代时局变迁中传统家族对丧葬问题的适应之道。同样是闽南乡绅，都接受过西学熏陶，在涉及如何解决风水信仰对家族社会冲击的问题时，二者却有不同的思考路径，这真实反映了中西文明交流进程中的思想观念之激荡。

事例 1　永春林以仁、林奉若的风水投资

晚清民国时期，永春县蓬壶乡西昌村乡绅林以仁（1836—1914 年）、林奉若（1876—1944 年）父子，积极投身于乡族及家族的风水营造，就是一个典型案例。

林以仁，增廪生，清光绪己亥（1899 年）岁贡，部选训导，清宣统纪元（1909 年）举孝廉方正。林以仁热心地方公益，是典型的乡绅。以仁“以儒术自任”，“思德心之克广，尊所闻者圣言，综人道之所宜，独不信佛法”[1]，“尚有《四书阐注》《增释制艺题解》及诗文杂著”，“其斋居课学也，以整顿一乡一邑为己任。如倡筑巽峰，造壶口万春石桥，造军兜、陈坂、安泰木桥，而利以次举”[2]（图 5.2）。此外，林以仁还建祖居“一经堂”（图 5.3），让脉下的各房子孙居住。

林奉若，清末廪生，永春教育会会长。青年时期醉心新学，为永春试验发电第一人；继而又无师自通天文学，被聘任加入中国天文学会。林奉若晚岁好佛，隐居普济寺上寺，是近现代律宗大家弘一法师晚年的大护法。他杂交“旧学”与“新学”，一则将西方天文知识转向实现择日术数的实用目的，二则花大量精力投身于自家风水的选择。

林奉若次子是马来西亚华人“族魂”——林连玉（1901 年 8 月 19 日—1985 年 12 月 18 日），原名林采居。[3] 林氏家书记录了林以仁、林奉若的风水投资所引

---

1. 〔民国〕林以仁自述：《衡斋身纪》，载《桃源美山林氏族谱》，民国十七年（1928 年）编撰。
2. 〔民国〕汪煌辉撰：《林以仁传》，载《桃源美山林氏族谱》。
3. 民国十七年（1928 年）版《桃源美山林氏族谱》：“皇敬，字采居，号行简，集美师范毕业生，名采居。思涎次子，生光绪辛丑年（1901 年）七月初六日是午时。配尤氏，春娘，长区

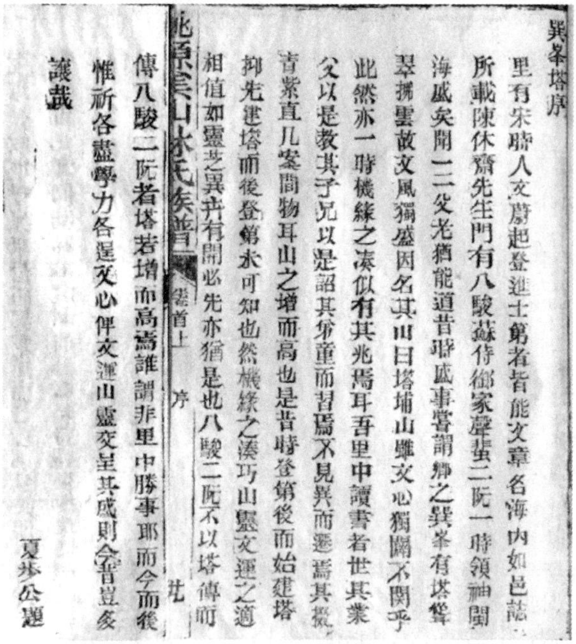

巽峯塔序

里有宋時人文蔚起登進士第者皆能文章名海內如邑誌
所載陳休齋先生門有八駿蘇侍御家聲蜚二阮一時領袖聞
海盛矣開二三父老猶能道昔時盛事嘗謂鄉之巽峯有塔聳
翠拂雲故文風獨盛因名其山曰塔埔山雖文心獨闢不關乎
此然亦一時機緣之湊似有其兆焉耳吾里中讀書者世其業
父以是教其子兄以是詔其弟童而習焉不見異而遷焉其擬
青紫直几案間物耳山之增而高也是昔時登第後而始建塔
抑先建塔而後登第亦可知也然機緣之湊巧山靈文運之適
相值如靈芝之異卉有開必先亦猶是也八駿二阮不以塔傳而

桃源美山林氏族譜　卷首上　序　卅

傳八駿二阮者塔若增而高焉誰謂非里中勝事耶而今而後
惟祈各盡學力各逞文心俾文運山靈交呈其盛則今昔豈多
讓哉

夏步公題

图 5.2　巽峰塔序

(《桃源美山林氏族谱》)

图 5.3　永春蓬壶林连玉祖居一经堂

发的家族内部纷争。按照一经堂风水效应，各房派发展前途并不齐整，由此刺激林奉若独自去营造风水，并接连引发林连玉兄弟间的纷争。[1]家书记载了林氏祖屋风水存在的房分利益问题。[2]

按照族谱记载，林氏二房分风水有利于出文人雅士，似乎与林连玉的教师身份相互印证。而林连玉兄长及自家长子的早逝，仿佛也佐证一经堂风水不利长房之传闻。林连玉在家书中也非决然否定自家的风水效应。他所反感的是祖辈的风水营造所引发的家族纷争，包括个中经济利益的纠结。1962—1963 年，他谈及畴德堂的兴建与三弟迷信风水房分有关系，导致父子、兄弟反目成仇。[3]风水冲

人，生光绪壬寅年（1902 年）二月初八日寅时。字一，多鑫。”因闽语“采居”的读音类同“菜猪”，改为连玉。

1. 林连玉描述父亲说：“由于他参篡《永春县志》，才得成功加入‘中国天文学会’为会员。这两件事有连带关系，当然你们是无所知的。他迷信风水，他一生中几乎可说是风水狂热者，曾对我说，他所寻到的风水，以蔡坪现在你二嫂（指林连玉太太——注）的坟墓这一穴最满意。你二嫂死时我不在家，他把你二嫂下葬后写信给我说‘给你报酬’，却未说明是什么报酬。依我的猜想，必然就是我会使他在历史上留名、并跻身于高级学术行列这两件他认为最光荣的事罢。但我本身与父亲相反，是不信风水的。”（1978 年 5 月 10 日林连玉致妹林子贞信）
2. “你说一经堂的长子都是不幸的也不尽然，X 叔是长子今年已七十六岁，有四个儿子，认定也是兴旺的。我不懂风水，也不信风水，姑且把最迷信风水的你的祖父的话告诉你。他说，一经堂的风水最不利的是长房，其次是三房，最好的是二房，其次是四房、五房也不错。二房的领域是正面对着秀峰，主产生文人，不过距离太远，是在远代，不是近代。四房的领域是西北角坑仔边那一壶，叫作仓库，主有财产。畴经堂最好的是三房，二房也好。尊敬堂的风水最好，各房平均，前面的溪如围带，由一经堂至双龙堂这一带地，如玉案，主产生大贵人，属二房。我家所有风水都属人文地，独醋坪你母亲那个坟墓是发财地，可以寅葬卯发。这些话在我是不相信的。一经堂的长子多数不幸，似乎有了巧合。但有了你 X 叔的例，又证明是胡说了。以仁公在一经堂那个小匾附注说“光绪戊子构上下堂”。所谓光绪戊子，推算来是 1887 年（原文如此），今年 1973 年，就是已有 86 年的历史了。我 1901 年出世，即是说一经堂有了上下堂十四年后，我才出世。至于一经堂大兴土木时我已四岁或者五岁，我还记得当时我和永叔每天都结伴去游玩，看木匠及泥水匠工作，可见是搁置廿左右年了。”（1973 年 4 月 21 日致子林多才信）
3. “关于鸭仔坂的屋，说来话长。你祖父生性偏激，好得罪亲人。我认为不合，往往力争，因此失宠，被他对所有亲戚朋友宣传我是不孝子。但一家人费用又全靠我维持。你的四叔及大姑都我全力培养的。我第一次南洋每月都有寄款（除自身所需外全部寄返）。第一次回国剩款一千多元（四十多年前当时币值甚高），他就起建鸭仔坂的新屋。我说一经堂住不满，双龙堂养蚊子，尊敬堂未曾完成，何必建屋。但他迷信风水，不听我的话，现金用完，变卖田产，勉强去做，弄到家中衣食困难，使我十分灰心。半年后我再来南洋，不把钱寄给你祖父，却寄给你的三叔父，叫他负责家庭的开支。鸭仔坂畴德堂的兴建，是我来南洋第一次回

突也是晚年林奉若遁入佛门，在永春普济寺追随弘一大师修行的导火索之一。[1]

我们从平衡家族房分的实践中，可以感受到风水选择原则实际牵涉家族内部“有机团结”等情感因素。貌似源自“思想迷信”的房分选择，其实也含藏着“博弈论”上所谓的最优均衡取向，以期维持家族房派之和谐、共享发展的精神法则。虽然，这种复杂的风水房分实践往往刺激了房派之间的私心公用。

闽南俗话说“父母天地心，大细无厚薄”“啥人父母无疼囝，啥人公妈无疼孙”“父母疼囝长流水，囝想父母有时存”，叙述的都是父母对子女的无私的态度。换位去思考，站在父辈的角度看，林奉若努力地营造不同的家屋，就是希望对各房分（五个儿子）各不亏待，风水利益相对平衡。营建畴经堂亦是弥补其他家屋风水有亏三房的问题。当林连玉三弟提出营建主张时，林奉若甚至愿意变卖田产，其“一碗水端平”的心态是可以理解的。林奉若虽然咒骂远在南洋打拼的林连玉为“逆子”，却又自择最好的风水坟地给因病去世的林连玉夫人安葬，足以说明林奉若意在维系家族房分的风水平衡。

晚年，远在异乡的林连玉，出于对先妻的愧疚和子孙生活的关切，其对信佛的父亲似乎平添了一份心性的体认和同情的默应。他在致儿子多才及孙子建春的

家那一年。据你四叔告诉我，这是你三叔的野心。因为他迷信风水，认为一经堂是二房的房分，尊敬堂是五房的房分，对他三房都不利，只有畴德堂好处全在三房，所以极力怂恿祖父去兴建。为什么有钱兴建呢？原来祖父是数学家，能推算日历及日月食，是择日名师，每年入息多至三四百元（教师一年只有百多元），我家的衣食已够足了，那时候我在南洋，四叔在厦大，你大姑在集美求学，全由我负担，我还有一部分寄至家中。而祖父为钱山张姓修族谱，得三四百元；为南安吴埔山修族谱，又得三四百元。手头大概有钱一千多元。这时候适值四叔毕业，永春中学聘为教员，每月有七十元，以后升到每月一百二十元。我从南洋回去，有现金一千二百元。所以他有勇气建新屋。可是只及上梁，未曾盖瓦，我就再度南来。我写信回家，反对盖屋，声明不再寄钱给祖父。你四叔也反对，但他很孝顺，不敢出声。祖父非常气愤，把我的信逢人宣传我不孝（你四叔告诉我），说是受我的刺激，看破红尘，要退隐了，把建畴德堂的材料搬去起盖普济顶寺，所以普济顶寺是你祖父独力起盖的，未曾向外界募捐半分钱。畴德堂所以有现在的样子，完全是你四叔的力量。……你四叔罕见的孝子。”（1962 年 5 月 9 日致子林多才信）

1. “忽然起风水问题。我是不信风水的，但你的祖父为着风水而破家，你的三叔父为着风水而怂恿起盖畴德堂，这风水问题在我家竟是一颗魔星。记得我曾听见你祖父说一经堂和尊敬堂以二房五房最佳。事实上，又似乎有点神秘，我和永叔都是二房，下一代多速、多垣、惟能、惟闲和你也是二房，这些人不是比长房都好些吗？你三叔所以非建畴德堂不可，是因为他三房最好。假如多朗也迷信风水，应该照他父亲的意思去住畴德堂。”（1962 年 9 月 4 日致子林多才信）

家书（1975年、1977年）中，反复提及这件事。[1]

其实，无论是林以仁还是林奉若，都是通过公共区域的风水改良（公）和家族祖先坟墓及宅居风水的营造（私），创造乡人和子孙向上的社会流动机会，以期达到出人头地、光宗耀祖的理想。在士绅推波助澜之下，乡族社会的脉动常常处在“凝聚”（族）与“分裂”（房）的张力之中。哪怕民国受到全球化的新观念冲击的林连玉家族，同样无法逃脱风水观念、信仰所造成的种种精神困境。

事例2　晋江黄秀烺的古檗山庄家茔

泉州旅菲巨商黄秀烺（1859—1925年）因父母早丧，早年背井离乡到菲律宾吕宋岛谋生。终成巨富。清光绪二十五年（1899年），黄秀烺定居厦门鼓浪屿，开设“炳记”商行，兼营侨批业暨出口业务。黄秀烺称“夫泉民近海，事商贾，乡井之念薄，而宗亲之谊轻；牟利之望奢，而徼福之心重。风水吉凶之说，乃得乘间而肆其毒”，故于民国二年（1913年）仿造古人族葬之法，营造家族陵园——古檗山庄。山庄楹联曰：“古檗种何年落叶归根生圹自寻初祖地，青山环是处游云返岫夜台犹共一家春。”可谓点出了古檗山庄营造的宗趣。山庄“瞻远山居”与“景庵”内壁，嵌有近二百方近代名人题咏石刻（图5.4、图5.5），其中既有张謇、梅兰芳、林纾、吴昌硕等文化名硕，亦有陈宝琛、黎元洪、康有为、梁启超、谭延闿、黄炎培、汪精卫、郑孝胥、章炳麟（附录五）等政治人物，还有林骚、曾遒、吴曾等本地乡绅，甚至还有日本首相大隈重信等，这足见

1. “提起你的祖父，我曾对你说他刚愎自用，行为不近人情。我因为屡次犯颜强谏，以致父子不和。在他的诸子中，我是他最不欢喜的一个，但当你的母亲死时，却把他一生中辛苦寻来的最得意的一穴风水，给她安葬。这正如你所说，父母爱子是真心的。倘若他地下有知，看到今日子孙中我们这一家最过得去，将以为他相地有识，你母亲的风水发生灵验了。你似乎也有一点儿迷信风水，所以意识到一经堂不利长子，而你母亲坟墓恰正大利长子，不是可以弥补了吗？你在醋坪工作，对你祖母的墓要加以照顾。据你曾祖父说，那是一穴上好的风水地。1946年我回国时，刚好蓬壶达埔一带虎穴流行，许多猛虎横行无忌，被噬者数十人，吓得不敢到醋坪去，所以我还不知道形势如何。唉，生为恩爱夫妻，死后连去看她的坟墓也没有，我太对不起你的祖母了。你知道吗？你的祖母是一个极温柔又坚强的女性，是我们全家的中心人物，可惜死得太早了，她死去到现在已经四十年了，只有三十六岁。”（1977年4月10日致孙林建春信）

图 5.4　晋江黄氏古欅山庄家茔

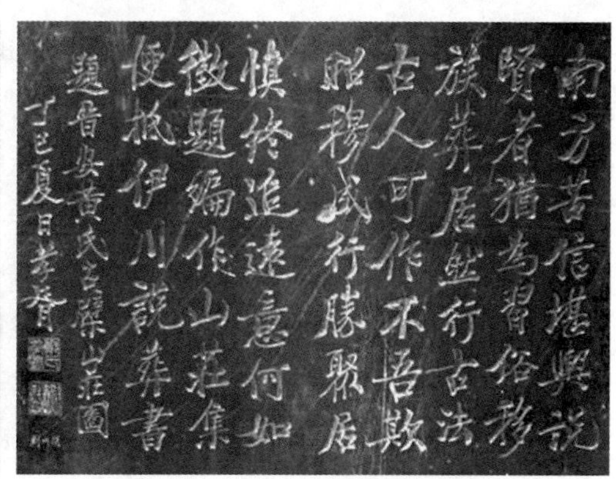

图 5.5　古欅山庄郑孝胥题咏碑铭

黄氏的政商学人脉之广。[1]

其中，黄秀烺亲自撰写二文，记录黄氏家族繁衍、科甲以及古欅山庄的地理胜概。[2] 黄秀烺并不排斥地理形胜之说，而是善于化境——古欅山庄的营造同样

1. 资料来自《晋江古欅山庄题咏集》，下不再引述。
2. 《古欅山庄家茔记》称："民国之五年丙辰（1916 年），猷炳亲营兆域，既藏工颜曰古欅山庄，志不忘所自也。延为之记曰：嗟乎，祖宗之所创，垂盖綦远哉。我族自宋绍兴之间，有进士讳龙公，官于龙溪，爱欅谷山水，自号欅谷逸叟，遂家焉，是为本支始迁之祖。其后子姓蕃衍，分居玉湖、永康二乡，与欅谷并峙为三。玉湖初祖为侍御镇山公，传至少庭公，由玉湖迁居深沪，自镇山公而后历明克复公、润公、景明公、景昉公，父子兄弟乡贤，宦绩勋名烂然。有清一代，科第相望。猷炳之兄松龛以光绪丁丑（1877 年）进士有声于时。数百年来，跻膴仕登高第者，踵相接也。而陵谷变迁，先世墓所多不可复识，祭扫之礼往往缺焉。猷炳愍然伤之，思效古人族葬之法，而苦未竟其志也。去年秋间，始得地于欅谷乡，其地周袤四十丈，去先祠宇曾不数百武。登陇东瞩，沪江如在目前泽如也。于是就其地势，手自经营，为之界画，以定其封；为之昭穆，以别其序。环以墙垣，植以花木，伐石庀材，逾三年而成。盖得地如此之难，而程功如此之久也。异日百岁之后，归骨于此，吾子孙祭于斯，厝于斯，奠幽宫于斯，绵绵延延，守而不失几乎。古人族葬之制矣。嗟乎！风水之说，吾乡人惑之甚矣。余之为此，将使后世之子孙念祖宗经画之勤，其毋惑于形家者言，而冀别葬以徼福者哉。丙辰（1916 年）季冬晋江黄猷炳记，丁巳（1917 年）重九永福黄巽书。"

   《古欅山庄家茔图说》称："谨按欅谷乡在晋江县治南门外十都乡，以古多欅树故名，距县治七十余里，山水佳胜。茔域在乡之左，近傍宗祠，灵源踞其颠，钵岩俯其背，玉湖、石井萦带其前，东望浥江，南揖东石，西抗安平镇，北倚南天寺，形势天然。其地纵横四十丈，绕以回栏围墙，墙以外沟水环抱，署山门曰'黄氏欅庄'。历数级入山门，有一外庭，循庭行数十武，是为古欅山庄，后柱屹立，式如华表，镌字于上。自山庄陟三级，有一内庭，庭之考虑到“藏风聚气”的风水法则和山庄式的文化意象，包括讲究坐山朝向和半月池，以形塑一个可供灵魂安顿的“家园”。其整体的风水布局体现了一种向心型的空间结构形式，堪称宗法等级秩序的空间投射和儒家伦理规则的建筑模板。

比如，古欅山庄的廊柱有郑孝胥所题“公琴郁佳气，宰树获清荫”，风水意象明显。同里潘翔墀点出实情：“风水之说惑之者众，吾乡殆尤甚焉。流弊所至令人不忍殚述。吾友君秀焜营欅谷山庄，效下人族葬之制，规模宏远，不为习俗所牵。时论讳之。吾谓山谷之间常苦阻窄，势宜豁，不宜邃。若夫平原旷野，患在气散者，故欲使之聚。欅谷濒海，山水清旷，与吾后说相符。黄君之为此也，将有无穷深意寓乎其中，不沾于风水，而按之形势，亦无不合。盖亦顺其自然而已。”番禺许秉璋称：“欅谷乡即先德发源处也。其川原奥衍而夷旷，谷茏葱而窈深。经之营之，捐畚大集，审度形势，宜庭者窿之，且池者洼之。”龙溪陈望曾云：“庄在欅谷乡之原，实先世发祥所自台，其地山水佳胜，气象郁苍。”

其实，黄氏批判的是乡人执迷于风水以徼福，由此导致了宗族祭祀的缺失以及内部团结难以达成，他希望通过族葬公墓的构设，减少土地浪费，克服风水所引发的家族纷争。其中，闽中及周边名绅的序言都反复提及闽粤人迷信风水之弊害。[1] 多

内有池，作半月形，广十八丈，翼以低栏，植荷花其中。由此路兮而两之，陟阶五级，为广庭，横二十丈，地段长十八丈，宽二十二丈。居中葬者，以昭穆为序，旁为妾媵及殇者。瘗所四周环植桂树，外有土岍回绕，高数尺，阔丈余，杂植松桐各树，树以下为草坡。沿草埔至围墙，遍种栢树千株。中辟一径，左通欅荫楼，古梅翠柏，清香浓荫，为登陟憩之所；右通景庵，上高耸如尖峰，四壁石刻名人题咏。从景庵而下百余武，有石门名曰景行门，以内右一小室颜曰‘瞻远山居’，为守冢人住焉。自门左循池而行，曰‘息庐’，以备旅榇归葬，暂时停柩于此。工事竣既，另为之图，并粗述形势，俾后有所考焉。猷炳识，永福黄巽书。”

1. （1）闽县梁孝熊《古欅山庄序》曰：“闽粤人往往以风水定吉壤。究之所谓吉壤者，以能避风水为贵，初非当风水之冲者也。惑形家言者，辄以阴阳吉凶之故，置安宅于不顾，暴骸盗葬之弊遂生。其甚者骨肉乖离，祭扫蔑缺。以昌宗光族之初心，而终不能安其亲之体魄，不亦大可哀耶？”

（2）番禺许秉璋《黄氏欅谷山庄冢茔记》曰：“闽粤皆滨大海隅，卜兆之难，实相伯仲。盖下隰多而高原少也。其惑于青鸟、赤霆等术者，无论矣。士大夫服膺古训，断不为习俗所摇，然穴竣则惧风，壤卑则惧水，周回审慎，往往掷千金之费，殚累年之力，未获片土者有之。此孝子仁人所为痛心而扼腕者已。”

（3）晋安陈景韶《黄氏古欅山庄记》曰：“今世俗荧于形家之说，于坟之前后左右，皆不许有继葬者，以为有伤风水。至于斗争构讼，訾忿相寻，甚则殉以身命而不解，何其傎乎？……盖此举有数善焉：依先祠，敬祖也；师古礼，尊经也；恤宗族，广仁也；诒孙谋，锡类也。子孙岁时瞻拜，荐献旅酬，咸油然于亲睦之情，肫然于孝爱之感，所系不綦重乎？方今六合

位乡绅还从地理形势上分析何以福建不盛行族葬之法。[1]

盖因长期于海外"迁流"经商，特别是寓居在天主教兴盛的菲律宾，黄秀烺多少受到西方丧葬观念的影响，然而其思想观念的根基依旧是故土的儒家宗法传统和光宗耀祖的人文情怀。他的族葬实践不仅是一场地方公益事业的投资，而且是一场重建家族人伦秩序的实验。他同样担心山庄日后引来乡族豪强或他姓盗葬侵凌之事，因此，民国十年（1921年）古檗山庄修成，黄秀烺就马上请求地方政府颁发示禁碑。[2]当然，他在意的事宜，还有这个记忆场所营造出的"崇礼尚

云扰，百度变常，士大夫咸昧没于功利之途，懵然不知伦理为何物。而先生独毅然行古之道，不为世俗之见所摇，非有大过人之识，乌能然哉？"

（4）同里杨鞥《黄氏古檗山庄茔域序》曰："士大夫中于风水之说，觊觎福祥，而子孙众多者，各怀私利之见，亲死不葬，择地至数十年不决。且有朽败暴露，猝遭水火之厄。此俗惟泉为甚。……古者，诸侯、大夫、士，葬皆有期；过期而不能葬，为慢葬。盖各有兆域，以待子孙；但分以昭穆，无所谓择地之说。其生也，居处相近；其死也，魂魄相依；制至善也。"

（5）莆田林翰《古檗山庄图记》曰："闽俗重风水，恒有亲没数年，而宅兆未卜者。盖惑形家者言，不惮停丧择圹，以希冀不可知之富贵。甚矣！海通以来，泉、漳人士多商于南洋。富而归者营置田宅之外，益致力于造茔，以为报亲之道，宜尔。然往往以风水故，酿私斗，起讼狱，因而辱身荡产，视故国为畏途者有之。……（族葬）可使其子孙世世祭于斯，厝于斯，无形之中，以敬亲睦族者贻远谋，矫恶俗，其所化顾不大哉！"

（6）闽县陈衍《古檗山庄图题记》曰："自堪舆之说盛，为人子孙使其亲之体魄穷年累世不得复归于土者。盖十八九有心者尽然，伤之。……黄君负魁垒之才，富于财力，不惜买山之赀，乃得此规制恢宏之葬地。吾福州凤池林氏、门萨氏诸大姓，能行之，近亦夷陵衰顿矣。此强有力者至所为，不可以责诸人人者也。若夫迷惑风水，蕲以祖父骨肉，为徼福之具，是在贤有司申明厉禁，富者惩罚有差，贫者举而丛葬之官地，于风化庶有豸乎？"

1. 龙溪陈望曾《黄氏古檗山庄家茔记》称："族坟墓之制，肇自《周礼·大司徒》，所由来者远矣。后世葬经递出，青囊、赤苞之说，玉尺、金斗之书，附会支离，其术遂蔓延而日以盛。又宗法废弛，古意渐就沦胥。马鬣之封，若求便利。中原水土深厚，地多平衍，其为营兆也，高、曾而下之子孙，犹或以次祔葬焉。东南山海交错，形势与中原殊，陂泽冈峦，随地起伏。迷信风水之习，痼蔽已深，而吾闽之漳泉为尤甚。尝有穷年登涉，不惜重资，求一抔于百数十里以外者。欲如古所谓同宗之墓，以亲相近，非有精心毅力，而具卓越之识者以开其先，亦何能矫兹末俗哉？"

2. 黄秀烺声称："猷炳世居檗谷，家徙沪江，翘望松楸，未卜疎藏之所；眷瞻桑梓，时怀恭敬之思。恋游子之故乡，傍先人之旧宅，爰营息壤，名以'檗庄'，绕以墙垣，定其经界。近祠堂而种柏，上袭龙滕之规；指坟墓而生榆，远慕刘清之义。问少时钓游如昨，白首同归；愿后人缔造勿忘，青山永守。所虑年代湮远，陵谷变更，或豪强之侵凌，或樵苏之践藉，垄殊柳下，曾无五十步之防；阡异泷冈，敢待六十年之表？是用绘具图说，抄粘契据，既划界以定其封，将立石以垂诸后。泽留百世，冀托贤长官之恩；族安万民，请申墓大夫之禁。庶几首邱可正，太公不忘五世之归；更教蔽芾长留，召伯永怀千秋之荫。附抄契据、图说暨家茔

义”的自我形象和社会声望。[1]

无论是林以仁、林奉若还是黄秀烺，无论是迷信风水造作还是反对风水徼福，其实都未能脱离固有的思想传统和文化习惯的左右。相对而言，黄秀烺海外的经历与重商的传统，使之更具有开放性、海洋性的人文特质，并在尊重地方传统之余又重视省方设教，移风易俗，以期重建家族的集体记忆和归属感。

第二节　祖墓风水合约与宗族共同体的形象塑造

宋代以后，伴随科举选拔制度以及书院、儒学等文教事业的发展，特别是宗族和乡族组织的成长，宗法伦理观念借助种种记忆媒介完成了“随方设教”，不仅是“道在师儒”，也是“道降庶民”，内化为各阶层高度共享的“文化共相”。基层社会出现了明显的“泛家族主义”倾向，而构建乡族秩序的组织资源也形成了相对强大的地方整合力量。明中叶以降，“五世则迁”的小宗之祭演变为“百世不迁”的大宗之祭。[2]家族社会普遍立足于“根基性”的血缘谱系原则，尝试进行一些“功能性”的祭祀组织的形象构建，诸如建专祠及祭祀远祖，渐渐成为普遍的社会风尚，至清代尤盛。

与此相应，各种大小形态的宗族组织，诸如同一地域的聚居宗族，跨地域的散居宗族，越发热衷于远祖墓地风水的投资和维护，借以追溯特定发展阶段之家族的系谱关系，借以积累并保持家族共有的象征资本，促进家族的紧密联结或松散结合，提升宗族共同体有机团结的形象。为了保护祖墓风水这个共享记忆的象征场，无论是聚居还是散居的宗族，无论是规模较小的房派还是势力强大的宗族，往往都通过订立合约的形式构建祭祀共同体，以期推动社会互动网络的联

记各件，呈请示禁。”

1. 闽县吴徵言：“时至今日，天道西渐，吾闻欧洲制度有合《周礼》遗意者，不一而足。而公茔特其一端耳。诚使士大夫尽如黄公，本诸目击，证诸诵习，躬为提倡，以资观感，安知不足而复古礼民，由是睦宗族、崇孝敬、厚风俗、息狱讼，风化且将遍于寰宇矣。”梁孝熊则感慨说：“自欧风东渐，大隳吾国贤圣之旧坊。所谓亲亲之道，江河日下；宗族之谊，不绝如缕。人人以浇刻为才能，以私利为职志。其毅然抱古人之遗制，以转移感化为己任者，盖不一二见也。”
2. 郑振满：《明清福建家族组织与社会变迁》，第227—241页。

结。我们只有将家族和房派的祭祀活动，放在明清新型家族社会的多元发展与多重整合中考察，才能更深入了解风水信仰与家族社会共生共荣的文化意义。

一、家族制度的发展与祖墓风水的象征意义

近世以来，乡族社会的祖先崇拜，在强调道德义务和情感联结之余，一直带有强烈的功利化、实用化色彩。一方面，个体家庭普遍相信近祖墓地风水感应力强，决定着家运兴衰，积极投入四代近祖的崇拜奉祀和墓地的风水营造。另一方面，“五世则迁”的小宗之祭，即不祭四世以上的远祖之观念也根深蒂固。不少人甚至相信远祖早投胎转世，祖墓风水不可能再庇佑子孙，此外族众甚多，个体“分”有的风水感应力也很少，不必费心祭祀。

随着世系群的分裂，再加上人口迁徙，族裔其实难以持续对远祖墓地保持关切，所谓“遥田不富，遥墓不祭”[1]是也。“百世不迁”的大宗之祭（祭远祖）常常是宗族势力为宣扬敬宗收族而做的表面文章（不排除有其他的利益想象）。更何况追祭远祖也有选择性。纳入法眼的常是“始迁（封）祖”或有名望的先祖，作为宗祧不绝的象征。明代中叶以后，伴随着新型家族制度的发展，远祖墓地建筑多具有“丰碑性”，带有文化表演的特征，是彰显孝道法则和礼义传承、营造宗族有机团结和名声的手段之一（图 5.6）。在族谱编纂体例中，祖先坟墓图式（图 5.7）同样成为构建宗族认同的一种象征方式。

明清家族制度成形的一大特征，就是宗族组织的祖先祭祀中心从近亲转向远祖，特别是塑造对始迁（封）祖的集体认同。始迁祖或某一纪念性意义特强的祖墓（如宗族的达官贵人坟墓）成为宗族统合的关键象征，随着宗族组织的强化而日渐具有神圣的地位。对远祖德行的传记、远祖墓地的祭祀及其风水效应的叠加解释，都不再只是个人的私事，而是变成整个宗族团体的“公义”，是宗族组织践履孝道的最直接体现。而远祖坟墓相应成为一种典型性、纪念性、程序性的丧葬建筑，被不断加以修葺、装饰、祭祀。

这种对待祖先及其墓地风水的差序态度，在家族内部或乡族间的纷争事件中时有所见。一些房派或族裔往往将个体利益凌驾于家族利益之上，自伤远祖风

1.〔清〕孟超然:《诚是录》，载《亦园亭全集 · 孟氏八录》，清嘉庆二十年（1815 年）刻本。

图 5.6　南靖书洋萧氏祖图
（林嘉书提供）

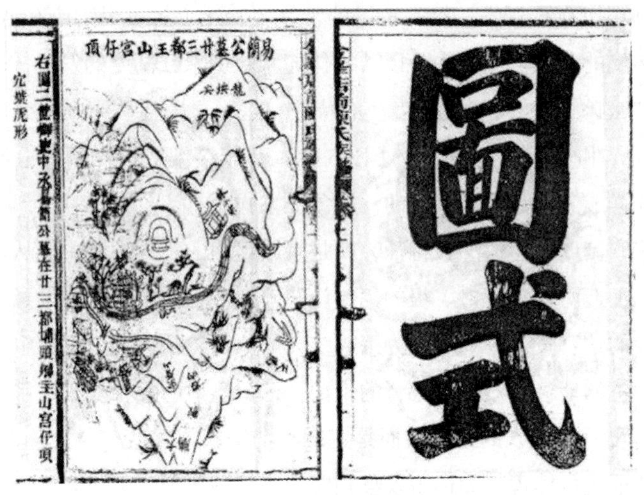

图 5.7　祖墓图式
（永春《金峰陈氏族谱》，民国刻本）

水，如砍伐遮阴风水树木，将远祖坟墓盗卖给他族，并将近祖骨骸盗藏于远祖墓地周围等。因此鼓吹“族繁全赖祖坟庇荫”等观念，自然是宗族组织的重任之一。例如，永春仙夹乡郭氏就以开基祖进保公［明洪武九年（1376 年）生］墓的改易悲剧事件来警告同族不要妄改祖坟。[1]在“不孝有三,无后为大”的乡族社会中，甚至远在京城的太监也求荫家族风水，积极参与远祖墓地的保护。[2]

为了保护远祖墓地风水，防止族人受利益驱使或受外来墓葬文化（如佛教）的影响，许多家族纷纷订立家法、族规（训、禁、诫）、祠规等，甚至不惜将触律者“出籍”。这些制度同样透露了族众对远祖墓地整体的漠视态度，以及宗族组织在促进族人凝聚力和道德责任方面的危机感。风水观念既是诱导族裔去破坏祖坟的文化驱力，也是维持通族“系谱记忆”的象征资本。因土地资源相当有限，为了谋求向上的发展机会，宗族房派之间及宗族之间的盗葬事件频繁。由于远祖墓地牵涉的族众人数甚多，若发生盗葬事件，需要有士绅主动出来组织抗争，才能有效解决。不若近祖之墓涉及私人的直接冲突，远祖墓地被视为风水效应奇佳且有印证，故而盗葬者往往选择远祖坟墓来下手。

为此，围绕远祖坟墓的风水诉讼事件，往往成为动员和强化宗族组织的运作、加强宗族意识的精神利器。至于远祖墓地的风水效应究竟如何，反而未必是宗族组织的真正意图。如明中后期华安赖氏针对始祖坟墓被陈氏盗葬之事，开始一场声势浩大的宗族械斗和漫长的诉讼。宗族组织并非以“息讼”为上策，而是以“族训”形式，强调“祖宗之仇，讵忍坐视？”“告诉无门，姑待后日子孙报复”云云。[3]

---

1. 永春《桃源仙乡郭氏宗谱》卷五：“公妣同卜于本乡漈兜林，负丁揖癸，先代之筹划尽善。至崇祯初，误听邪师，改作坐丙向壬，贪对笔架尖，但水流元神，是以通族倾财损丁。迨至康熙六十年（1721年）辛丑，公议复右坐丁向癸兼未丑，合族称庆。后世有贤智者兴，万勿仍蹈故辙，则幸甚幸甚。”［清道光四年（1824年）重修本，1996年整理］

2. 南靖县十八家村《郑氏族谱》（抄本）载：“妣陈氏四娘，葬在窑上岗背黄蛇过江。郑一葵兄弟倚恃财势，于本年正月径然就于妣坟左八步之内占葬二穴。有祖妣四户子孙户长郑友学、郑再兴、郑珊、郑楷等，切齿不甘，公同屡看有碍，务要取起骨殖谢祖。次日，仍到城隍庙同誓，公罚一葵兄弟罚出系银一百两，为祠堂之用。如拒不出，许四户子孙赴本县府道告追前银。当给予为首公正子孙领用，以警将来。万历十一年（1583年）正月十八日，十三户户房长仝立。郑友学、郑珊、郑再兴、郑恒足、郑显通、郑恒久、郑楷、郑迈、汝霖（信义约正）、海（钟鼓司太监）、敬（尚衣太监）、山（北京批本太监）、戴（节妇恒佩之妻传学之母）。”

3. 《长春祖坟历讼事由》：“始祖之遗址，九世之坟地，仕冲之婿陈如麟久怀觊觎之心，营求赂遗故，盛夫诈秉隆之号，仕冲假乔罔之名。苍茂受货，即与文字。希石抵偿，写契书。彼得执为眷，侵其傍穴。被阻寝谋，又营赂契，即指定桥头坪，而麟之计得遂矣。亡，何麟死，仕冲之女与陈椿谋葬柩，直视为囊中物，径于万历壬子年（1612年）正月初四日，强开封

二、祖墓风水合约与祭祀共同体的动员

除利用家法族规或神灵来规诫族众房亲外，宗族组织也通过较具体的契约文书形式，如禁（合）约字等，来保护远祖墓地风水，以期作为强化家族内部的情感联系和文化统合的契机。无论是族规还是合约，都带有法律强制与道德约束的双重意义。针对远祖墓地风水的规约更包含着某些神秘意味（"祖宗阴谴""覆宗绝嗣之报"之类的诅咒）。

比较而言，族规族诫作为一种有效之"约"，常代表一种自上而下（族房长→普通族众、房亲，祖先之继→子孙之承）的单向之约束，带有纵向的专制色彩；合约文书则主要反映一种经双方或多方共议之约定，带有横向的共制色彩。这些保护墓地风水的合约文书，为我们透视家族形态发展的内在文化机制提供了一个窗口。

事例1　泉州薛氏

元季，薛节翁之子天与贸易于泉州，遂为温陵开代。明永乐年间，薛氏三世克铭卜居泉郡之西，随后人丁兴旺，逐渐发展为府城较有声势的家族。泉州较优越的地理条件及较发达的商品经济，是薛氏得以聚族而居发展的外部条件。入清以来，为了防止他姓侵占始祖坟风水，该族长房与三房达成了投资与维护始祖墓地的共识。

按薛氏坟山界与林氏的产山左右毗连。清康熙二十五年（1686年）十二月，

域，丢弃瓦棺，而埋其柩。行道人谓之不平，盖卧榻之侧，不容他人鼾睡。而祖宗之仇，讵忍坐视？况七百四十余年之祖业，旦被侵欺，其心安乎！吾父声其大义，率族众乘夜直抵祖址，各执干戈，若临巨敌。时刀戟相加，瓦石如雨，惟知祖宗，不知有生死，彼众得揭其柩而起之。历讼龙溪、南靖、漳平三县及漳州府、漳南道。惟父兄与从叔履难蹈险，出生入死，操之愈固。幸祖宗有灵，官府无私，审以本有之山安葬骸柩，他人无故起之，理当重拟。但两姓不兼容，子孙各祖与发冢者，殊料将契约涂抹，断其地而还焉。而奸侥之计穷，未必非一起之力也。延讼七载，费赀伍佰。自五房公山租费心外，书契罚银十两余并无一人出，其余赀以佐不给。然陈椿之局始起于仓茂、盛夫，中酿于仕冲、希石，卒成于仕举，而终不得其地焉。呜呼！贪饵数人，而今安在哉？盖阴阳之契足凭，而悖逆之报不爽也。迨我父仙逝，告案未结。延至天启元年辛酉（1621年），椿虚情诳道，批准复葬伊母许氏并童二柩故处。莫科告诉无门，姑待后日子孙报复，故直书其事如左。"［〔清〕赖素季、传綋抄补：福建平和心田《赖氏族谱》，清光绪十年（1884年）稿本］

林敬澹“因亲谊，就中拨出左毗薛界前所给梁开葬坟一仑”，将左毗薛家一仑卖与薛宅，并约定“其左畔山头，原给梁家一穴，薛宅不得于梁穴上安坟，致伤梁家林；亦无再许梁家添葬之理”。[1] 两个房派在合买祖坟边的林氏山地之后，互约不得私自盗葬始祖坟山。[2]

薛氏房派参与营造祖墓地风水的内在动力，一方面是外力的挤压促成的（或恐林氏混给，或再许梁家添葬，或再卖给他姓葬亲），另一方面是由房祧的分化状态（子孙莫得借口公山，私自招葬，致伤祖坟）所决定的。两个房派议约加强房祧联系，一则降低了本族与异姓冲突的风险，二则深化了本族的系谱理念，整合了两房派的家族归属感与责任感（以妥先灵）。薛氏案例说明，同一地域跨房派的家族（祭祀共同体）在形成以“房”（分族为房）为单位的认同基础上，又确立了以“族”（合房为族）为单位的认同。就认同层级而言，族高于房；就认同强度而言，族又弱于房。在同一地域内跨房派的家族形态中，始祖墓地正是强化族之认同层级与强度的象征中介。“合约字”规定各房派维护祖坟风水的职责，明确房与族之间关系，为房派之间的利益整合预留了理性抉择空间。

事例 2　浦城徐氏

徐氏始祖天威公系避五季之乱始迁浦城东瑞湾乡，属于闽北较古老的世家大族。数百年间，徐氏家族世系经历了多层级的演变。受自然生态环境和社会经济发展的制约，徐氏未能长期维持聚居的形态，而是不断向外迁徙，使得家族谱系关系变得相当复杂。徙居异地的徐氏族人又派生了许多较低层级的宗族形态。由于地缘的关系，他们逐渐形成了以浦城徐氏某一特定分支祖为中心的认同。在新的定居地，徐氏有关“房”或“支”的认同与“族”的认同常是重叠的。合房支子孙相信族繁全赖房支祖的墓地“庇荫”，故也形成了投资和维护本房支祖墓地

---

1. 杨国桢编:《闽南契约文书综录》,《中国社会经济史研究》1990 年增刊，第 31—32 页。
2. “同立合同长房孙世德、三房孙世良等，缘一世祖坟坐七里庵，其山界与林宅毗连，兹恐林宅混给，有碍风水。今两房孙子鸠银与林宅公买，归并合一，以妥先灵。就买之后，公议子孙莫得借口公山，私自招葬，致伤祖坟。如有不遵盗葬，许公族子孙会众登时迁起，不得异言。其前所葬坟，听其仍旧祭扫，亦不得借口旧坟添葬。今欲有凭，各立合同一纸为照。康熙二十五年十二月　日　长房孙　世德　云承……（共 18 人，略）三房孙　世身 世美……（共 9 人，略）同立禁约。”（杨国桢编:《闽南契约文书综录》，第 50 页）

风水的共识。清道光年间，第十三世后坊宗信公派在本房族绅士鼓动下，以合族订立禁约的形式，希望共同保护房祖宗信公的墓地风水。[1]

事例 3　建阳蔡氏

蔡氏是闽北的名门望族，产生过蔡牧堂、蔡元定、蔡渊、蔡沉等理学鸿儒，有“四世九儒，六经三注”之誉。早在南宋，蔡氏就建立了较为严密的宗族组织。因山区生态环境的制约、社会政治的变故以及人口的扩张等因素，各房支派未能延续大族聚居的形态，纷纷迁徙异地。清中叶前后，各房支派“建立了以联宗通谱和同祠合祭为特征的散居宗族组织”[2]。西山公（蔡元定）房下“渊、沉、沆三公支派”“祖制勒有成规”，协议由定居庐峰的蔡沉派下继承各类祭祖设施，防止他族或本族子孙盗卖、盗葬祠墓风水。

其中，蔡氏九贤庐墓系“唐长官蔡炉公墓”（图 5.8）。该墓喝“螺蛳吐肉形”，明代堪舆名著《地理人子须知》和《地理统一全书》分别都有记录（蔡氏墓舆图可参见本书第六章第三节第一小节），共设有九个仿生造型的坟堆，分四层向内环抱，八个小螺趴在一大螺上，蔡炉墓选造于“母螺的口器上”，前面水沟是田螺进水口和出水口。清代乾隆年间，各地宗亲同立《九贤庐墓禁约》。[3]

---

1. 《立禁约祖坟山场》：“罗源县训导、房长、岁贡生、铨选训导徐宗望、炳简、炳业等，缘望合族有祖坟山一座，坐落南隅里土名潘源垄。其山坐北向南，东至分水为界，西至分水为界，北至岗顶为界，南至田为界，四至载明印契，赤凭山内安葬宗信公坟冢一穴，历管数百年无异。迩来稍被砍害，望等合族查明向论，经诸友劝息议罚，不与计较。但念祖坟丁命攸关，望等族繁，全赖祖坟庇荫。倘再被害，情实惨伤。诚恐村棍互相效尤，任意蹧跶，兹合族议立约禁，刊名载明四至，俾远近村邻得以父诫其子，兄勉其弟，当思人各有祖，毋得在此界内贪谋吉壤，截脉扦葬。或砍柴薪，伤护龙木；或因磨刀斧，损坏墓碑。种种侵害，一经望等合族查觉，定即投明地快禀官究办，决不徇情。谨此布知，慎勿谓望等合族言之不早也。道光三十年（1850 年）月 日。炳简、宗望、炳业等合族公立石碑。”［〔民国〕徐裴纂：《重修徐氏族谱》卷一〇《墓田》，民国三十五年（1946 年）铅印本］
2. 郑振满:《明清福建家族组织与社会变迁》，第 238 页。
3. 《九贤庐墓禁约》:“建州蔡氏发源弋阳，派衍麻沙，历今数百余年，宗支日益繁盛，而九贤庐墓春秋亯祀弗替。以视夫他姓墓田，历年未久而盗卖盗葬，弊端百出者，相去奚啻霄壤哉！亦惟祖制勒有成规，奕代恪遵先训，既有以杜冒占之渐，亦所以严越界之诛。泾渭分明，责有专任，不得顾而之他，皆九贤之所贻燕者也。如麻沙实根本之地，梓里祠、田暨鼻祖坟山旧谱所载者，今悉文钦公支派世守。文鋹公，光之派祖也，凡庐峰各处祖山、祠、田，是其世守耳；文弼公派居崇安彭源，则崇邑之九峰、崇贤两祠以及牧堂公、文肃公坟根据禁约，散居各地的蔡元定派下三支，经过重建和恢复功能性的宗族组织，以具有丰碑性的物化象征——九贤祖墓——作为媒介，唤醒并确立支派间的系谱意识（“一本之亲所宜笃”）和共同祭祀的道德义务。开基地庐峰的远祖墓地是经过历史检验的风水宝地，自然成为跨地域的宗亲倾力保持情感联系或重新组织联结的关键性的象征场。当然，远祖墓地风水能否有效庇荫各地子孙已不是经过重组的宗族组织最关心的了，它只是象征性地表明各地族裔希望“九贤先灵世世妥侑”的共同心愿。

因三支派的共同祖先（蔡牧堂、蔡元定）及每支派祖先（沉、渊、沆等）的墓地及祠田都位于庐峰，必须合理地“约定”方能“庶几各房子孙相安祖泽”，避免因分裂的房派意识而发生“冒侵、盗卖、盗葬”的情形。故散居的三支派所达成的共识也反映了他们基于血缘系谱意识的利益取向。最靠近祖墓处的支派则因地缘关系掌握“宗祧继承权”，在维护各支派祖坟风水方面承担着更多的责任与义务。

墓、田、祠，皆其世守者也。他如各房星散，里居不一，祠、田、坟墓从未有过而问焉者。揆厥所由，西山公凡四子，沈公早逝，惟渊、沉、沆三公支派繁衍，而渊、沆二公时又迁居外郡，独沉公子孙凭依庐墓，以此坟山、田地多其世守，抑亦捐置创始、经营恢复。惟此里居密迩者之辛勤为多，是以沉公孙希清公手辑谱牒，载沉十有五世，而渊、沆二公仅十三传焉，非有阙也，亦当时但依本房编次，而远者不及致详。今国家承平日久，敦隆本始，孝治维昭，日京等谨自始迁祖祢以与世传系图，远征近考，合修会纂，厘为全谱。如泉郡两房，一系渊公支派，世居晋江；一为沆公支派，康熙年间转居崇太梓里胡家洲者。昭穆厘然，今悉捜辑补入，非以张大门第，亦一本之亲所宜笃也。窃恐宗派日繁，贤愚不一，或者藉称合谱，以坟田为公物，堕九贤之令范，昧数世之良规，而不知皆附近者之所增，置式廓则觊觎之，尤反为敦本职其咎也。爰立禁约，恪遵祖制，每岁春秋，公集后山书院祭祀。此外，凡有土著坟山、祠、田，均依旧典，世守奉祀，不得冒侵、盗卖、盗葬，庶几各房子孙相安祖泽，而九贤先灵世世妥侑也。不然，罔念前规，乖违祖训，混占祖山，侵凌贤墓，一出于此，则非我族类，人人得而诛之。合族子孙公执谱图究论，葬则起扦，租则倍罚，毋许循庇以乖祖制。今因谱牒告成，佥立禁约，勒石永久。旹乾隆十五年岁次庚午（1750 年）季秋月 开基：金彦、汉贵、培、彦卿、连璧。泰基：成杰、景煊、元堂、文鋹公、文弼公、文钦公。三房裔孙：日京、熊、世埲、朝凤、汉定、世基、景焆、汉芳、朝光、继长 仝顿首禁约。”（〔清〕蔡乃清主修：《庐峰蔡氏族谱》，清光绪三年（1877 年）修，建阳蔡氏济阳堂刊本）

图 5.8　建阳蔡氏九贤祖地
（福建省易经学会秘书长罗辉提供）

事例 4　福州郭氏

元代以来，郭氏家族业已经历多层级的演变。约在元中叶，郭初公之子自福清“州之马山迁泽朗中兴，以其地有五百年后衣冠烺烺之谶”[1]（马山距离泽朗仅五十里）。后分为中兴派和前（钱）埔派。两派何时及如何划分，前埔派和中兴派的谱牒说法相互矛盾。有两种说法：一是前埔与中兴分派在耀公兄弟，初公为分派始祖。初公于马山分派，其一子丽生（华公）由马山迁泉州，另五子衍生（耀公）、广生、厚生、震生、生仔等兄弟则同迁泽朗，再从泽朗析居所。其中衍生派下居中兴，广生派下居前埔。二是前埔与中兴分派在显公兄弟，其分派始祖是乡省贡元京公。耀公首迁中兴，生京略公（中兴派称为京公之误），京略公生显公等五子（显公为第四子），前埔或由显公兄弟分派。而显公生三子，明洪武七年（1374 年）其妣杨氏始阄分中兴派为天地人三房。[2]

---

1. 〔清〕郭柏苍:《葭柎草堂集》卷下《记修福清泽朗各祖墓》，清光绪十二年（1886 年）郭氏丛刊本。
2. 〔清〕郭柏苍:《葭柎草堂集》卷中《归拜泽朗后洋祠墓记》，卷下《记修福清泽朗各祖墓》；〔清〕郭则寿编:《福州郭氏支谱》卷六《墓・元迁泽朗中兴社始祖墓》，清光绪十八年（1892 年）刊本。

明万历后期，泽朗郭氏家族只剩下前埔派，“中兴自明永乐间尾公、贞公先后入陕继役，至嘉靖时文澄公迁永安，子景公迁省城，立常公迁仙游，志逵公迁温州，文海公、子晃公流寓南京，元箕公迁古田，元璋公迁莆田，子旦公迁省城。万历间志龙公、志麟公先后入省会，自是天地人三房子孙无有居后洋者”。[1] 郭氏始迁祖墓在泽朗观音山，前埔族人呼为五子墓。

入清以来，关于元迁泽朗中兴社始祖墓的葬者究竟是谁，两派说辞不一。如前埔谱称始迁祖京略公葬焉，并于明崇祯六年（1633 年）补立墓碑，称钱埔始祖。中兴派不以为然，称迁泽朗始祖为耀公，按理要葬初公、耀公等人，并怀疑“岂前埔以京公显达冒指为始祖”。但迁居异地的中兴派基于追远之意，并未放弃对该始祖墓的追认。族裔郭柏苍称：“乡人传为祖墓，自是始迁之祖，断无疑误。”[2] 由于分派的关系和墓主身份的争议，中兴派族人的系谱认同似乎也未特别强烈。谱云：“族人久指观音山为前埔之祖墓，故大韶公（按：七世孙人房）自认为中兴派下，不敢冒载。”[3] 唯一未有疑问的是，两派各房分皆有祖坟在泽朗大网东塘一带。

明万历四十二年（1614 年）十月望日，逃居省城的中兴派与泽朗前埔派订立《佥禁福清泽朗大网东塘墓盗葬合约》，以保护祖墓山龙脉及各房分风水利益。[4] 该合约堪称郭氏家族发展历史及其系谱意识变化的缩影。家族人口规模的

---

1. 〔清〕郭柏苍:《葭柎草堂集》卷中《归拜泽朗后洋祠墓记》。《福州郭氏支谱》卷六《墓》云：“万历间中兴天地人三房子孙尽皆外徙，崇祯以后省居者罕归祖籍，世次渐失。”
2. 〔清〕郭柏苍:《葭柎草堂集》卷下《记修福清泽朗各祖墓》。
3. 〔清〕郭则寿编:《福州郭氏支谱》卷六《墓》。
4. 《佥禁福清泽朗大网东塘墓盗葬合约》:“佥立合约：前埔派宗叔侄允琼、宗相、宗器与中兴派宗兄弟立言、立师、立贵佥约，为申禁盗葬，以全祖山龙脉、以昌后裔燕诒事。窃思先王之赐姓别族也，姓同则族同，有分派而无分宗。至于派别而居连者，其情谊笃挚，尤不胶漆而自固。吾祖与尔祖自唐宋以来聚族托处于福清泽朗地方，吾祖宅于寨前，有埔名曰前埔。尔祖宅于泽朗中兴境，所隔不越数武。岁时伏腊、吉凶六礼，各执伯叔子侄名分，往来不绝，此派分而实合者也。总之，共靠大网东塘祖墓山为庇荫。其北边上派面东一大墓及火葬二处，则系中兴天地人三房公妣共葬于兹，已立中兴石碑为界。其界南下派三大墓及火葬三处，则吾前埔各房分之祖坟也。此外别无异姓割据，今已三四百余年矣。即两族自大墓、火葬外，并无片穴者，所以脉全气聚，各房瓜瓞绵邈，寖炽寖昌，皆墓山之力也。诚恐世远迹湮，难于认守，立界限，又佥合约，使两族子孙即于各人界内扫祭，俱不得侵占盗葬，以伤风水。虽有腰金拖玉，当思祖派隆重，亦不得觊觎寸土。倘两族内有不肖恃顽贪图吉穴，无论有碍无碍，同心协力劝阻。或密夜偷埋，亦必告官举葬，治以蔑祖之罪。今恐无凭，合立

扩大致使郭氏先后分出了族、派、房等组织单位，并形成了不同层级的远祖祭祀中心。随着中兴派陆续迁居他邑，两派甚至早依“派”（纵向的系谱）分“族”（横向的两族），彼此的血缘关系渐趋弱化之势，但维系两派关系的宗祧观念并未完全丧失。两派皆相信“共靠大网东塘祖墓山为庇荫”，“各房瓜瓞绵邈，寖炽寖昌，皆墓山之力也”。从某种程度上说，是“内敛化”为两派族人之惯习的风水信仰和祖先崇拜，共同构造了这种互利关系的想象和实践。

上述几个案例充分说明，家族发展的不同阶段会形成不同层级的远祖认同，因而家族会参与不同层级远祖墓地风水的投入与维护。不同层级的认同既可重叠，也可分离。家族以哪一层级的远祖及其墓地风水为认同中心，要视家族的发展规模及结构形态而定。同一地域内聚居的家族形态，无论是属同房支的家族，还是属跨房支的家族，都是血缘和地缘关系的结合体，订立维护共同祖墓风水的合约，一定程度上强化了各房派或同房族人的集体感、归属感，从而有助于推动家族内部的统合和地方秩序的建构。

首先，我们从泉州薛氏和浦城徐氏二例可知，随着具有共同系谱的家族人口的发展，处于不同地理环境的家族的运作法则及其结构形态是有所不同的。但对于同一地域内聚居的房派和家族来说，无论是处于跨房派结合形态还是尚处于同房派（或支派）结合形态，都呈现出“三位一体”（以血缘、地缘、利益关系为联结纽带）的特征。在家族的自我整合过程中，其固有的各种关系（继嗣、房支等）的调节与转换，基本不会超出家族系谱赖以存在的自然边界，并且只会产生属于该家族并保持该家族特性的成分（譬如同宗、同族、同派、同房、同支等）。由于祖坟是确证族裔血统纯正且同源同祖地的“象征场”，风水信仰又满足了“族繁全赖祖坟庇荫”的意义想象和利益期望，故而共同投资和维护始祖（祖迁祖、房支祖）墓地风水，通常是同一地域的家族自我维持整体性并调节平衡状态的一种文化反映。

其次，针对跨地域散居的家族形态，我们应当做具体细节的分析。建阳蔡氏

合约，大书中兴、前埔两族分执合同、奕世永照者。再议约：以后各祖坟山界内，敢有于上下左右侵欺盗葬者，必得覆宗绝嗣之报。各画花押在上，‘中兴前埔合同永照’八字大书约缝为记。”（〔清〕郭则寿编：《福州郭氏支谱》卷六《墓》）

三支派所代表的就是一种重新强化血缘关系的家族之利益联结形态，其不同支派所达成的针对远祖墓地风水的禁约（包括共同祖先和房支派祖先），客观上有助于重塑家族的历史感及向心意识。由于地缘的关系，这种向心力相对而言是弱于同一地域内的家族的。而福州郭氏两派则代表一种趋向弱化血缘关系的家族之利益联结形态。两派所达成的佥禁族人盗葬合约，只是为了相互维护本派各房分的远祖墓地风水利益罢了，并非为了促进彼此走向有机的统合目标。

相对而言，同一地域聚居的家族形态更重视共同祖先的墓地风水的投入与维护，跨地域散居的家族形态更强调各自房支的祖墓地风水的投入与维护。对于跨地域散居的家族形态而言，远祖墓地风水作为统合家族的功能常常是要大打折扣的，只有表面的象征意义，而少有实际的功效。即使对于同一地域的家族形态来说，因世系群内部错综复杂的利益关系，这种统合目标常常是家族士绅所做的表面文章。家族的规模越小（意味着远祖并不远），远祖在族中的威望越高，家族和房派就越热衷于远祖墓地风水的投入与维护。

在探讨风水习俗与祖先祭祀之间的密切关联问题时，我们应当将家族和房派投入、营造远祖墓地风水的意图，同族内个体家庭积极营造近祖（主要指四世内的祖先）墓地风水的意图做适当的区别，切忌做过于简单化或笼统化的解释。二者积极参与营造祖坟风水的活动，都先在地蕴含着祖先崇拜的象征意义。

总之，远祖墓地风水往往被视为家族和房派（同一地域或跨地域）加强地域的系谱认同的象征符号，是家族和房派进行利益整合的象征载体；而近祖墓地风水往往是为了满足个体家庭对现世及未来生活的期望而已。由于家族和房派与个体家庭在系谱上的逻辑联系，家族和房派的整体发展阶段与个体家庭参与近祖墓地风水的象征营造，也产生了一定的联系。即使在宗族势力最兴盛的时期，个体家庭与整个家族和房派，也因为风水信仰而发生剧烈的利益冲突。当然，家族和房派对远祖墓地风水的象征营造，在功能上毕竟是对个体家庭营造近祖墓地风水的延续和补充。基于祖先崇拜的风水信仰，不仅为家族的多元发展提供了一种合理化的意义模式（诸如族繁全赖祖坟庇荫、先灵世世妥侑之类），而且为家族的多重整合提供了一种工具化的互动模式。

因此，倘若离开对风水知识—实践体系的同情理解，我们甚至无法去有效剖析乡族社会运行的文化基因及其发展动力。从某种意义上说，南方的宗族祭祀共同体，也是风水命运共同体。乡族社会的身份和认同的历史建构，更是离不开风水术数这样的象征意义体系的刺激与推动。而儒家的宗法和礼义传统的传承，其实也有机地镶嵌在乡族社会的风水术数实践中。

第三节　风水资源的争夺与乡族社会的治理脉络

明清时期，随着家族制度和乡族势力（精英）的发展，国家政权对基层社会的控制受到一定程度的遏制，宗族组织及乡族势力参与地方事务控制的权威却相应得到强化。在同一区域内，以系谱观念为组织基础的宗族共同体更具有内聚性及排他性的特征，容易为本家族的利益与其他家族发生纷争（以宗族意识为价值导向）。而以地缘关系为纽带的乡族士绅公亲，从维护地域共同体的荣誉和共同的利益出发，相对较有亲和性与中立性，常能起到调和矛盾的功用（以乡族意识为价值导向）。

明清以来，在异姓杂居的乡里，乡族精英常共同制定乡约，建立乡约所。始建于明永乐年间（1403—1424 年）的泉州溪亭约所，即“为约束士民之所，凡以教孝、教悌，俾人知睦姻任恤之风，而无嚣凌诟谇之习也”。[1] 明隆庆年间（1567—1572 年）惠安县令叶春及强调“创亭以为约所”，“推择耆老为约正副”，“以十有九章听民讼”，“以四礼齐万民”。[2] 这种在官方势力影响下组成的民间机构，是国家权力在场的“文治”形式，为乡绅公亲协调关系提供了有利条件。

此外，为了宗族共同体的利益，不少乡族精英自订家法族规，故乡族公亲的劝讼习气也契合家族的宗法伦理及文化规范。在家族之间或家族内部因风水发生冲突时，乡族势力及士绅公亲等常借助其掌握的权威常来施加影响。乡族公亲的有效调解，有时代替并弱化了宗族组织的部分职能（未经过族房长、宗子等的公议）。当然，当家族族人（通过族内的士绅）有权主导区域内的乡族事务，或掌握着“和平”解决风水冲突的主动权时，他们也能借机强化宗族组织的职能，达成敬祖收宗睦族之目的。而乡族势力透过风水事件的处理，用“私约”（如订立

1. 《重修溪亭约所碑记》，载陈健鹰：《读碑三题》，《闽台民俗》（泉州）创刊号，第 65 页。
2. 〔明〕叶春及撰：《惠安政书》卷九《乡约篇》，福州：福建人民出版社，1987 年。

和息约）辅助“国法”（通过讼断），一定程度上“代替”了国家政权掌控基层社会的部分权力（未经过地方官僚的判讼环节），节省了乡村治理的成本。

一、风水保护合约与乡族社会的文治传统

随着风水信仰在地方的普及化，家族之间、乡族之间常因为迷信风水而发生冲突，造成社会失序的局面。清代钱琦就列举民间拘泥于风水的种种情弊。[1]如何解决由风水引发的社会冲突，加强控制地方基层社会的能力，是国家政权与乡族组织不得不面对的严峻问题。乡族力量除了借助和解、乡约等方式，也经常合族敦请地方公权力颁布“示禁”文书，来保护祠堂、坟山、寺庙或攸关风水的其他公共空间。族谱、方志、庙志皆有诸多记载（附录三）。

明清以来，山地的私有化程度呈上升趋势，可用作葬地的山地或园地大多掌握在宗族共同体当中，贫苦家庭处理丧葬问题尚难，自然也不可能诉求于所谓的风水选择。陈盛韶提到诏安的情况：“穷人无钱买山，即力能买山亦恐讼累。惟义冢重以官威，前后左右比栉，不争故也。”[2]义冢毕竟有限，人多地狭的现实及风水信仰的泛滥，加剧了墓地风水纷争，如盗葬、盗卖、混葬等。此外，许多山地往往是聚居各姓共同所有，或者存在“一山多主”情况（有山主即“山骨”拥有者，也有佃户即“山皮”拥有者），客观上决定了乡族社会在处理坟山问题时，必须有一个相应的内部协调机制，以利于整个乡族的生存发展和社会秩序的有效维持。

首先，掌握话语权的乡族士绅，往往透过宗族共同体“家训（范）”“族

1. 〔清〕钱琦:《风水示诫》:“闽省逼近江西，妄听堪舆之说，相习成风，情伪百出。有觊觎他人吉壤、倚仗势力用强侵占者，有无力制人、私将祖骸盗葬他人界内者，有己地希图凑锦成局、硬将邻界赖为己业者，有冒认别家旧坟为祖先、无耻占葬者，有豫先偷埋碑记、设立假坟、以图争占者，有以废契旧谱为据、影射蒙混者，有以坟外官山霸为己产、不许他人葬埋者，有邻地筑坟、恐碍己地风水、硬相阻挠者，有不许他人在界外筑寮开沟、阻止械斗者，有见他人坟树茂盛、强占强争者。至于阳宅，则顾惜自己风水，不容邻家兴土木之工。或指祠庙为一方保障，禁止附近居民兴工修造。种种狡黠强梁，不堪枚举。迫人不能甘，则各逞刀笔，互相告讦，希图抵制。或理不能胜，则聚众行强，毁人成工，挖人棺椁，甚至纠约械斗，酿成人命。”（清同治《重纂福建通志》卷五五《风俗·福州府》）
2. 〔清〕陈盛韶:《问俗录》卷四《诏安县》“良峰山”条，北京：书目文献出版社，1983 年，第 95 页。

禁”“条规”“公约”“示禁”等条款（图 5.9—图 5.11），设立“不许祭祀”“删谱削名”“捆缚罚礼”“闻众公革，不许分胙”“违者罚戏”“全咒言绝子害孙”等处罚措施，从礼仪制度层面来集体维护族山、家祠或祖坟的风水利益（也包括坟山的林木权益），彰显其作为地方宗法秩序代言人的身份。这些禁约或规训或编入族谱，或立石碑，以警示子孙，树立其保护的意识。值得一提的是，清乾隆四十三年（1778 年），晋江青阳蔡氏家族采取类似现代公墓的分位形式，从苏家购买土地，“以为吾家子孙殁后埋葬棺柩”。蔡氏举族公立条规，不允混筑虚堆、拾骸移葬，或“开筑栏山、砂水、墓埕占地”等事（图 5.11）。其举措显见家族在处置土地资源和规范坟山的秩序方面的前瞻性。（见表 5-4）

其次，为了维护各个宗族或地域共同体的利益，乡族精英亦积极订立契约，来协调维护地域的公共风水设施。特别是乡绅经常借助自身的社会资本力量，来参与多族杂居的地域社会的秩序构建。比如，今南安市霞锦洪氏家族，在晚明崇祯年间，有鉴于族内不肖盗卖宗祠来脉风水林木及祖山坟地，各房分还共立《盟词》，将“已罚强葬之家十金”分给各房，以期“故半将此金以戢内奸之胆，半将此金以合群众之衷也”，“自今而后，愿你申盟者，永守世规，勿袭前弊，以劳征罪。其自世世子孙咸嘉赖之可也”。[1] 此外，晋江《施氏族谱》存有通族禁止混

1. 《盟词》：“阖族长房应祥、二房应胜、三房应云等议为仝申宗盟以永世规事祥等。盖自先祖披棘启林，世世承守。迩来族蠹踵起，渐使先祖手泽几几欲斩。于天启柒年间，被族中应周仝一韶经，将宗祠后历荫大樟树四株阴卖世耀。我等赖先祖在天之灵，鸠鸣搆鼠，罔弗失坠，口血未干。至崇祯元年间，产山坐落桥头山等处，复被应周献豪开罍，荡我疆界，屡使先祖血造遗业，微线欲坠。夫荫树产山重见倾覆，贼子叛宗，投鼠犹轻，但念同枝，离解弗忽。至今环族托处片掌穴地而使他人逼处以争此土。嗟乎！周始卖树，再见献山，罪已无赦。生人居会投人死骸，此更情理所不堪。今已罚强葬之家白金十两，以为私橐之填，遂将十金佥议。余既为下照祠前之费，而五两六钱则又逐房之黔突以均分。嗟乎！夫罚金以妥先祖之灵。试起祖先而问妥乎？否也。矧分金以填私橐，其胡以箝应周之口而杜孙子之恶乎？盖前之所以擒贼频纵者，端昉于众心之不齐，故极亢宗之子而有漏网之吞舟，故不得已，姑将此金分之逐房孙子而无所阙遗者，非增其众之私橐也。亦以宗有内贼，后有外侮，不得不谋诸弟姪以悍御之。今日者逐房逐竈以分所罚之金，他日务要逐房逐竈以出御侮之金也。故半将此金以戢内奸之胆，半将此金以合群众之衷也。虽然分金可矣，而御侮之金其能保？其欣然若于分金，否则有不出御侮之金。议与叛宗之罪同科，会革宗祠之外，此固我同宗所不忍言而亦安得不言者。自今而后，愿你申盟者，永守世规，勿袭前弊，以劳征罪。其自世世子孙咸嘉赖之可也。是为盟。崇祯五年（1632 年）正月　日。仝立合同人：应祥、应滕、应云、应仪、应台、应赏、应瑞、应调、应洛、世璀、世奉、世用、世怀、世润。代书：启

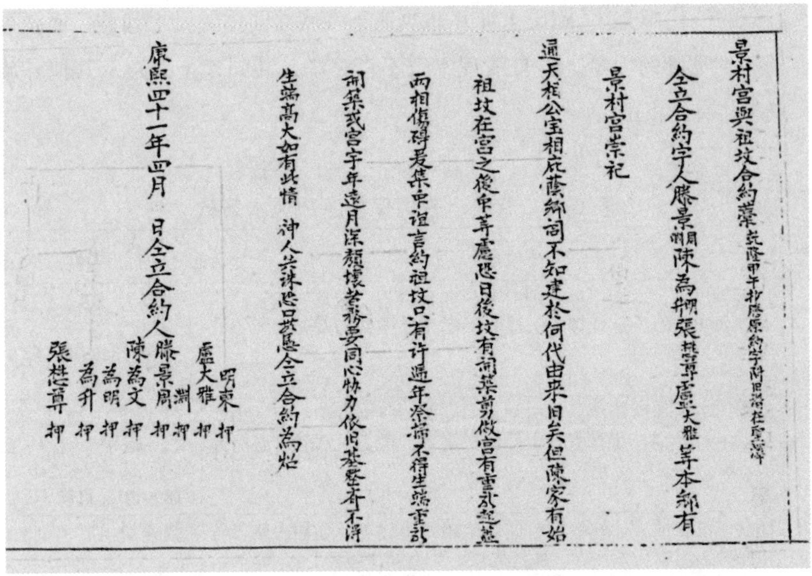

景村宫與祖坟合約稿（乾隆甲午抄滕原約字附照在宮）

仝立合約字人滕景周陳為明張桂尊盧大雅等本鄉有

景村宫崇祀

通天祖公宝相庇蔭鄉閭不知建於何代由來旧矣但陳家有始

祖坟在宫之後申亭處恐日後坟有祠葬前做宫有重……

兩相傷碍爰集申誼言約祖坟只有許逼年祭……不得生端重新

祠葬或宫宇年遠月深頹壞者務要同心協力依旧基整者不得

生端高大如有此情　神人共誅恐口無憑仝立合約為炤

康熙四十一年四月　日仝立合約人滕景周　押　淵　押　明東　押

盧大雅　押

陳為文　押

為明　押

為升　押

張桂尊　押

图 5.9　永春景村宫与祖坟合约稿

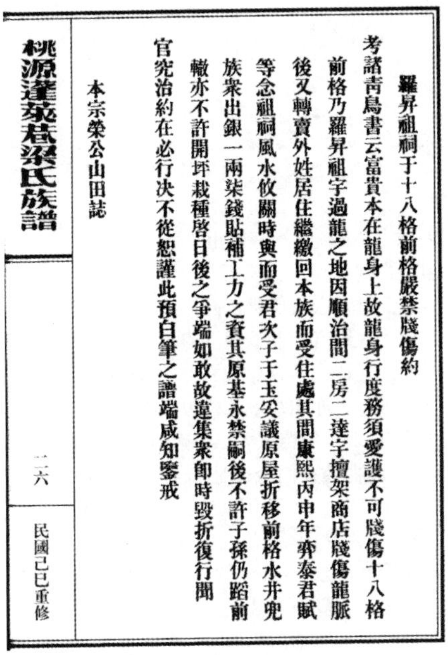

桃源蓬萊巷梁氏族譜

本宗榮公山田誌

羅昇祖祠于十八格前格嚴禁戕傷約

考諸青烏書云富貴本在龍身上故龍身行度務須愛護不可戕傷十八格前格乃羅昇祖宇過龍之地因順治間二房二逢宇擅架商店戕傷龍脈後又轉賣外姓居住繼繳回本族而受住處其間康熙丙申年弈秦君賦等念祖祠風水攸關時輿而受君次子于玉妥議原屋折移前格水井兜族衆出銀一兩柒錢貼補工力之資其原基永禁嗣後不許子孫仍蹈前轍亦不許開坪栽種啓日後之爭端如敢故違集衆即時毀折復行聞官究治約在必行決不從恕謹此預白筆之譜端咸知警戒

二六　民國己巳重修

图 5.10　永春梁氏严禁戕伤约

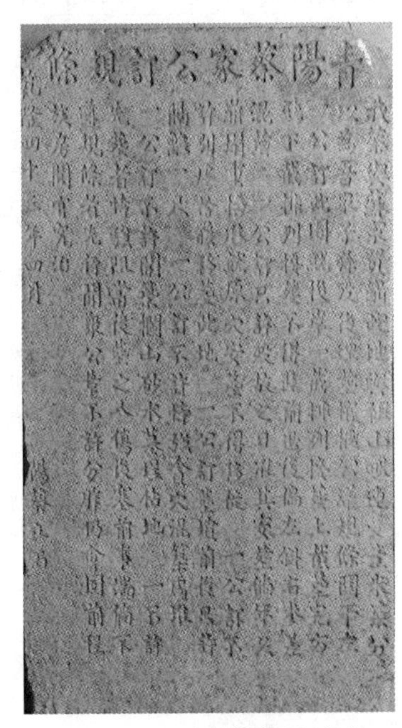

图 5.11 晋江青阳蔡家公订规条

（吴金鹏拍照）

葬、盗葬的清代碑文。[1]施氏士绅并非执迷于宗族共同体的风水利益，而是欲图联合杨姓、林姓的力量，各自清理本宗不肖之举，共同禁止三姓及其他外族盗葬、混葬共有的祖山。

表 5–4　族禁、家训保护家族风水条款

序号	内容	出处
1	凡祖考坟墓，本宗子孙凡遇时节，务亲展省，栽培树木。……不许私卖坟石，砍伐树木。违者不孝生，不许与祭祀，死不许入祠堂。	《家范》，侯官《云程林氏家乘》卷一一，民国二十七年（1938 年）铅印本。
2	坟墓为先人遗骸所宅，蓄树林，扩邱垄，所为以护卫也。雨草尺地不可弃捐。苟有不肖子孙盗拼墓木、盗卖坟山者，必严究治，断不少宽。	《敬先墓》，浦城《莲湖祖氏族谱》卷一《凡例》，清光绪二十五年（1899 年）重镌本。
3	佳城郁郁，前人体魄攸归；庙貌峨峨，历代英灵如在。所贵善相保护，岂容巧肆侵谋。盗葬先坟，恐有妨于窀穸；侵占宗庙，不无碍乎几筵。况乃转鬻诸他人，尤必伤残其先祖。起幽栖之白骨，鬼哭荒郊；绝世亯之明禋，魂飘空野。不仁不孝，孰重孰轻？轻则罚而追赃，重必删之出谱。	《禁侵卖祖墓祖祠》，浦城《重修徐氏族谱》卷一《族禁》，民国三十五（1946 年）年铅印本。

美。按应祥即长房获西公。应腾即二房之大伯公。应云即三房之一蛟公。时已五世而日有事于约，有事于盟。如此是见先人彰瘅之严而后人所宜凛凛也。”（南安诗山《霞锦洪氏族谱》卷一，民国刻本）

1. 《结草山示禁混葬碑文》：“晋江十八都结草山，盖因施林杨三姓祖坟而名也。其原发于妙峰岭，行龙数里，许特结草三穴，而我三姓祖坟鼎列在焉。历宋于兹，盖五百余年矣。今我三姓族派繁昌，人文蔚起，悉号为泉望族，无非此结草山坟所延衍而传者也。然则结草山之为我三姓有也，所从来远矣，前有盗葬此山，致伤坟脉者。侗孩阁下杨老先生究扦十余首，山界一清，此为有功于祖。而吾祖亦同藉，其庇宗之遗老，犹能言之也。乃何数十年来，附近居人不鉴覆辙，复藉势混葬。而我三姓之不孝孙子，亦相踵效尤，名曰傍祖，实以戕祖。或断龙首，或斩龙臂，结草山几无余土。兹康熙二十二年癸亥（1683 年），本爵奉命专征师，次日朔时，届清明，偕族人到墓癸扫巡视，不胜痛愤，因令杨林二家严究，先自三姓之傍租，次及他家之混葬，俱悉令自扦起，计有二十余首。结草山又为之一清夫。庶民之家，虽户衰力微者，犹不听其祖宗任人戕伤。以我三大姓阀阅名族，数百年来封茔，乃敢涎贪混葬，戕伤罔忌，宁料其无有起而争之，而可保葬者之永安斯土乎？呜呼！亦何其不自量，而甘以其亲试哉，亦见其愚矣。今本爵会同总镇林亲台勒石严禁，以后如有仍前混葬本山、戕我三姓坟脉者，即时会同闻官，依律究扦，以杜延蔓。兹历叙前因，俾远迩闻而知戒，且使后之子孙知所遵承、无坠前人之义云。康熙二十三年岁次甲子（1684 年）月 日。”（永南《施氏族谱》，2008 年重修本）

续表

序号	内容	出处
4	后林、浮山坟墓等处树木，俱系蔽荫风水，不宜砍伐及牛羊残害。左右空地，不许私筑，地皮不许剥掘，违者重罚。诸系司纠严禁以图根本之原，不可私相容忍，徒自伤也。	《十厉禁约》，漳浦浯江《乌石林氏族谱》之《厉禁约》，民国稿本。
5	祖祠为先灵凭依之所，子姓敦睦之地。宜勤洒扫，虔香火，庶孝思克展。毋得堆积闲物污秽。其地至后龙水口，蓄荫松杉杂木，为一乡保障，更宜严以约束。倘有私行盗砍者，查出公罚。盗卖者执谱削名，永不许入族。	《家范》，清流《平阳郡巫氏族谱》，巫襄朝总纂，民国三十五年（1946 年）刻本。
6	山之崖石林木，犹人之血脉筋骨也。而蜂腰鹤膝过峡之处，关系尤重。我虎坟一穴，系我三世祖所葬与天虹公昆弟也，东西对峙，子孙并隆。而多年来开筑采凿、漠不关心。夫思长久者动积仁义，人未有乐伤人者，况人祖乎？况己祖乎？总惟禁止不早，是以悮犯恒多。今禀祖宗，演戏示知，勒石严禁。凡来龙结穴水所绕处会处屹立之石，过峡之上与荫坟树木，仍有如前。故犯除挑还外，投伊家长重轻议罚。派下子孙则闻知各房，于庙中责板罚戏。再犯则送官外，革出不齿。此皆尊祖敬宗至意，况又地灵所关，慎之慎之。万勿居心不肖，谓荫我不及，私心偏指，卒归废人也。我家周回数十里，罕有他族，拔一毫而全身动，由此推之，自同出吊钟以至地虎天虹，又总唯一人之血脉筋骨也。其互相保护，以发福于无疆者，岂独此坟哉。有孝思者，可抚林木而油然远矣。大清乾隆庚午年（1750 年）谷月 虎长次三四五房云孙同立石。	《何氏鸡公仑虎坟禁碑》，漳州《漳泉何氏族谱》，何子祥编纂，清乾隆二十年（1755 年）刻本，民国十七年（1928 年）印本。
7	自吊钟而下，至四世祖考妣坟墓，俱属本地大宗来龙，则天虹共之。合公坑，祖妣坟来龙，则虎形共之。其柿树，祖考坟来龙，则圳沟日深，是宜补复。而不肖子孙，发石砍树，毫无顾忌。是仇也，仇在外不仁，仇在内不孝。不孝之罪，甚于不仁。生无颜入庙，死羞入地，其可顷刻容乎。兹于家训已再三叮咛，加之勒石，仍复纪于此者，欲使子孙自认面目，推究本源，惊心动魄，不至以仇自待也。仍复犯者，一依家训，例断不饶。乾隆二十一年（1756 年）通族公禁。	《漳泉何氏祖坟风水通族公禁碑》，漳州《漳泉何氏族谱》。
8	此处系寨地龙身，上至岭顶，不许乱葬伤龙；下至南门，不许开厕伤脉。至于龙身依寨边所带之石，并不许琢毁。违者重罚。雍正二年（1724 年）公禁。[1]	《风水龙脉保护碑》，此碑存于平和县霞山周氏谷坪上。

1. 漳州台办林嘉书提供资料。霞山霞寨建成于明景泰六年乙亥（1455 年）。此寨有东西南北四门楼，以建筑住宅形成寨围，四周为深广鱼塘。寨内建筑依山包而起，屋宅鳞次栉比，巷陌交错，多为青砖一二层古典家居，核心为家族祠堂。鼎盛时约有三百户。

续表

序号	内容	出处
9	古者烈风暴雨，必亲省墓，防崩伤也。矧祖宗潜闼，子姓生灵攸关。凡春秋醮祭，毋或愆期。登悬挂纸帛，稽查禁碑界石，以防觊觎。所蓄护坟树木，外姓不得伤残，族人尤严禁盗砍盗卖。倘有不法子姓攒祖挖葬、锄伤坟头，及来龙过脉等处开沟辟穴，凭族众捆缚，起插毁，仍罚猪醴封山散，不遵者永革其醮。本族有知情徇私及贪受赂者，罪也如之。	《风水林保护之封山散条规》，华安《邹氏族谱》，邹氏族谱编纂委员会编纂，1994 年稿本。
10	昔我先祖鼎分，居择兹土而家，广置山林，为子孙计。冀其农族于斯，庐墓于斯，田园于斯，历亿万载于斯，而无患者也。今虽生齿渐繁，而田土倍昔，各食其力，亦足自资矣。四顾山林，郁乎苍苍，培之何日，护之何人，曰亦可敬也，伊可怀也。风凹一派，祖宗之坟墓根本也；面前一岐，子孙之室家藩屏也。环视之，无秃山也。时入之，亦茂林也。奈何若辈贪目前之小利，致林木之濯濯，伊可痛也，重可怀也。所谓割股以充腹，有未不毙者。凡在所禁之山，毋犯明禁之规。况新爨之资，已从其便；器用之财，不妨其取。别有砍伐剪剔杂货以贾利犯者罚，为令隐匿者责如之。呜呼桑梓百年，多有敬恭之念；松楸满野，孰无利贾之思。乃狃利于毫毛，而忍心其根本。若欲生子生孙如吾今世，须多留一枝一叶，以庇后人。惟尽言以相规，冀传语而告诫。谨白。	《童氏祖山禁约》，华安高车《新德堂童氏族谱》，童氏第二十二世孙合编，清宣统稿本。
11	从父兄公约：公木系祖荫，严禁子侄采取。如违议罚，呈官究治。仍敢盗窃，仝咒言绝子害孙，切告。道光元年（1821 年）正月，谨识。	石刻现存于漳浦旧镇狮屿村后山，《陈氏公约石刻》，载郑振满、丁荷生编纂《福建宗教碑铭汇编·漳州府分册》，第 811 页。

再者，福安县甘棠堡内有大小家族 30 个，明嘉靖年间各族合力建堡时，曾约请福清县方少山来勘定风水，确定堡址（图 5.12）。[1] 建堡后火患频频，乡族力量归咎为风水不利，明“崇祯壬申五年（1632 年）八月初五日，东门起火，通堡回禄罄空，仅存城隔数门而已。通堡疑议，城门大路俱由大街直通进通行，惟东门大路由宫后曲屈直入大街，此不利致损坏风水，凶遭火厄，佥议县主王公三祝荷亲临踏勘，断以由城门入进直透大街通行，不可曲屈，宫后即着填塞”。[2]

入清以来，该堡乡族以遭受堡对面的火星山冲犯来解释火患，共议购买火星山产以存留风水树木，合议通堡乡民维护之（表 5-5）。通过买山并订立具有法律和道德双重意义的公约，乡族势力将甘棠堡各家族联结成“信仰（风水）共同体”和“利益共同体”，加强了对堡内事务的干预与控制，提升了乡族内部的凝聚力。

1. 《地师方少山问答遗言记》，〔民国〕陈一夔纂修:《甘棠堡琐志》卷上，民国十六年（1927 年）铅印本，第 24 页。
2. 《甘棠堡琐志》卷下，第 49 页。

表 5-5　甘棠堡保护风水合约

序号	甘棠堡保护风水合约	出处
1	立卖山契郑朝基原有祖山一片，坐落三十二都奎屿地方，土名鼻尾，上至往奎屿山路，下至官路，左至官路，右至过岗塆为界，四至分明。其本山有碍下二十九都甘棠堡内南离火患。甘棠堡阜老林宪八、刘耆九、薛镐七等，到家承买，存留树木，庇卫风水，以绝火患。基托刘从弢为中，立契一纸，卖与林刘张薛郑陈邬等，永为己业，当面得出山价银四两，另约谷二百秤足，随手收讫。自卖之后，任凭林刘张薛郑陈邬等，存留树木，庇卫风水，并无异言阻当及典挂外人等情。如有不明，自能了解，不干买主身上之事。今欲有凭，立卖山契为照者。 康熙二十五年（1686 年）八月　日。 立卖山契人：郑朝基。 中人：刘从弢。	《奎屿鼻山契文记》，《甘棠堡琐志》卷上，第 38—40 页。
2	立议约林刘张薛郑倪陈等，原甘棠堡内有对面山，俗呼火星山，坐落三十二都奎屿地方，土名鼻尾，乃郑朝基之山。甘棠堡素遭南离火患，阜老林宪八、刘耆九、薛镐七等为首，于康熙二十五年间（1686 年），鸠堡内七姓人等，其捐谷二百秤，买得此山，上至往奎屿山路，下至官路，左至官路，右至过岗塆为界，前来留篆树木，以卫堡内风水。至乾隆三十八年（1773 年），缪元海前来承去栽插松木，面约成林，业佃四六匀分。本年缪要将分下之木出判砍作，堡内人等以先人创买，原为后人接管留篆，前创后背，非继志述事之至意也。会议爰立议约，将堡内二十股所捐刚竹会钱，抽出一十五千文，买得缪元海分下之木，前来一并存留庇卫，永远以为通堡风水。公产自约之后，凡吾堡内务要同心协力，严禁存留。如有盗砍，众应向前议处。如有徇情买放，一经查出，一体同罚。更山内若有吉穴出卖，其价仍归堡内公贮公用，毋得私自肥己。庶地灵人杰，以酬前人之至意耳。 乾隆五十一年（1786 年）七月立。 议约：温谅友、邬开秀、郑孔怀、陈蒂光、张元善、陈钦命、张直淑、陈彩粟、林蒂可、王佑圣、刘尚祯、倪洄川、张若德、陈怀玉、薛公旅、陈拱辰、郑其阑、王彦云、陈玉彩。	《奎屿鼻山通堡议约记》，引同上。

我们试再举闽西和闽南地区的三个典型案例。

一是清流《平阳郡巫氏族谱》（民国刻本）保存着一则《合同契》。清乾隆三十二年（1767 年），当地茜坑乡有一片刘巫二族共有的水口山，系刘氏从当地畲民雷氏手上购买的。为防止再出现妄砍争讼引发乡族间不睦，刘氏、巫氏、罗氏、刘氏、廖氏、凌氏联合立契，以期“修蓄树木，永为一乡之庇”（图 5.13）。

二是连城《松阳赖氏族谱》保存着一则《合同字》。清道光二十六年（1846 年），赖子奇公、赖荣一郎公，同宗支系，虽非同脉，合议共同蓄木，保护水口山的风水（图 5.14）。

三是南安八都马迹乡（向阳乡）有泉州府城施氏的一处山地产权，在此租地种粮种茶者有郑、方、黄、施四姓。清乾隆十三年（1748 年），四姓协商签订

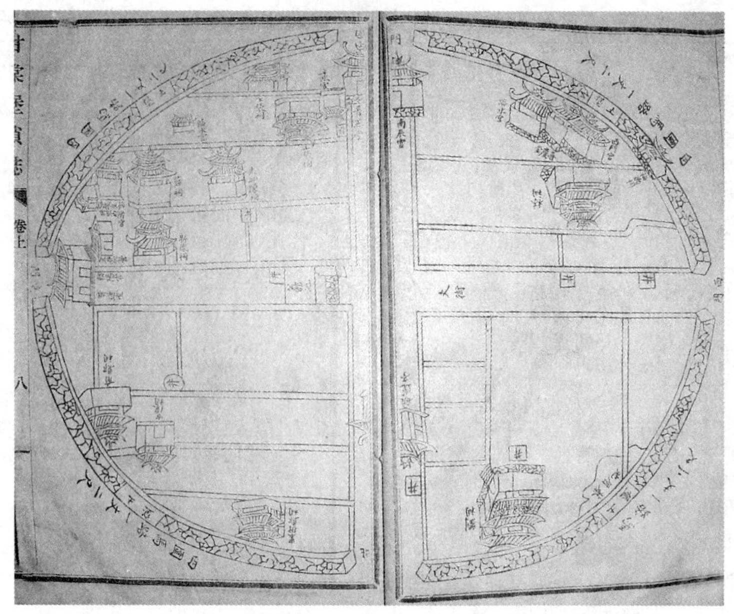

图 5.12　福安甘堂堡地图

《四姓条约》，明确产山的权利与义务，并允许四姓在内“凶葬”（指人去世后未经停柩或洗骨，直接土葬）、改葬或预做寿圹，“愿我四姓同乡，其井万世，更加式好。共敦亲邻，和睦雅谊”云云。《中庸》曰：“事死如事生，事亡如事存，孝之至也。”《四姓条约》充分体现了古人的方便智慧和人性化措施，有助于更好地处理社会经济开发与保存丧葬习俗的矛盾。条约除了涉及清代中叶闽南的茶叶种植情况，也真实说明乡族社会尊重与传承惯俗，以维持地方的社会秩序和乡里共同的历史记忆。[1]

1. 《四姓条约》：“仝立合约人郑风叔、方尾叔、施贵叔、黄郭使，因府城龚衙有山乙所，坐贯南安八都马迹乡，土名外洋、内洋、牛母郁、苦洋、林口坵、深垅、后垅仔、后头坑、挑水坑、社坛、桥仔埯、幕前、圭母岫埯、乌梨格、横箱、蔗柄及火路等处。东至出水仔仑及内外洋、陈山分水为界；西至火路尾、幕前、面桶槎尾、乌梨格、烟墩、陈山分水为界；南至大路尾、乾桥、苦仓洋、石磜坑头及格外口蔗柄、领头为界；北至林口坵、护界及深垅尾、石塔、瓦窑垅、埔圣头、泗洲佛、黄金石、大仑后垅仔、麝狗坪、陈山为界。粮产隶在龚进户内，继而本乡方施黄郑四姓，向龚衙给批栽茶，年纳茶租十八斤二两。又各姓叠向龚衙给批盖屋，各自栽植树木，以为厝荫。并给批开园耕种五谷。惟是茶仑地基租、园租，毋论。一土名之中，施有插入方黄郑者，而方黄郑有插入施者。历年各按批给，各纳龚衙租粟无失

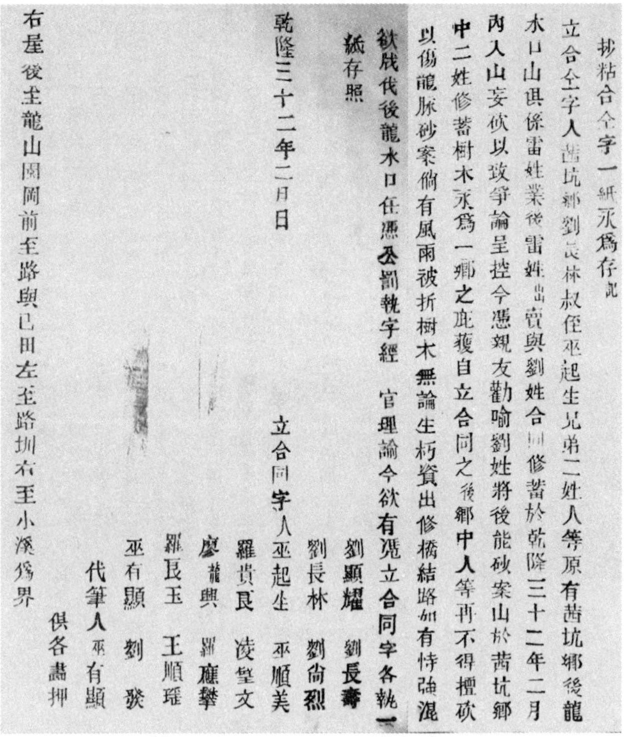

抄粘合仝字一紙永爲存記

立合仝字人茜坑鄉劉長林叔侄巫起生兄弟二姓人等原有茜坑鄉後龍水口山俱係雷姓業後雷姓出賣與劉姓合同修蓄於乾隆三十二年二月內人山妄砍以致爭論呈控今憑親友勸喻劉姓將後能砂案山於茜坑鄉中二姓修蓄樹木永爲一鄉之庇獲自立合同之後鄉中人等再不得擅砍以傷龍脉砂案倘有風雨被折樹木無論生朽資出修橋結路如有恃強混砍戕伐後龍水口任憑丞罰執字經 官理論今欲有憑立合同字各執一紙存照

乾隆三十二年二月日

劉顯耀 劉長壽

劉長林 劉尚烈

立合同字人巫起生 巫順美

羅貴艮 凌堂文

廖龍興 羅應攀

羅艮玉 王順瑶

巫有顯 劉發

代筆人巫有顯

俱各畫押

右是後坐龍山園岡前至路與已田左至路圳右至小溪爲界

图 5.13　水口合同字

（清流《平阳郡巫氏族谱》，民国刻本）

迨。乾隆十三年（1748 年）八月，龚衙将山及茶租并园租、地基租，共二十四石四斗六升五合，凭中蔡子鹰、施仁、施伯清断，卖我四姓各原佃管业。此山业历来交互，难分界址。以此四姓鸠齐银两，合买内派作八份出银，施得四份，方得二份，郑得一份，黄得一份。其土名四至、租声、米声、银声逐一登载卖契，并推贴明白一份山租、茶租、园租、地基租，四姓各照原管，前给处所前去管掌，永为已业。耕种栽插外缘各山仑土名、地基坐址，四姓原管，交插既难归姓，分立卖契。四姓难以分执，今听原中公，立合约四纸，仝原契一齐，填送司契税收。印发之日，施得大份，收执印契，方黄郑各收合约为凭。其山照八份公置，各将土名、租声开列于左。日后不得纷更相侵，产米照龚衙契载，按姓推收入户。至于各山仑如有风水，四姓之内遇有凶葬者，听其择穴安葬，不得刺伤他人之坟。或葬后要改作者，公订给批礼贰大员。倘有预先择吉、筑堆莹域者，公订给批银四大员，不得短少，并不许给卖外姓之人等情。施不得以方、黄、郑无收契生端，而方、黄、郑亦不得藉端生事。自今而后，愿我四姓同乡，其井万世，更加式好。共敦亲邻，和睦雅谊。今欲有凭，仝立合约为

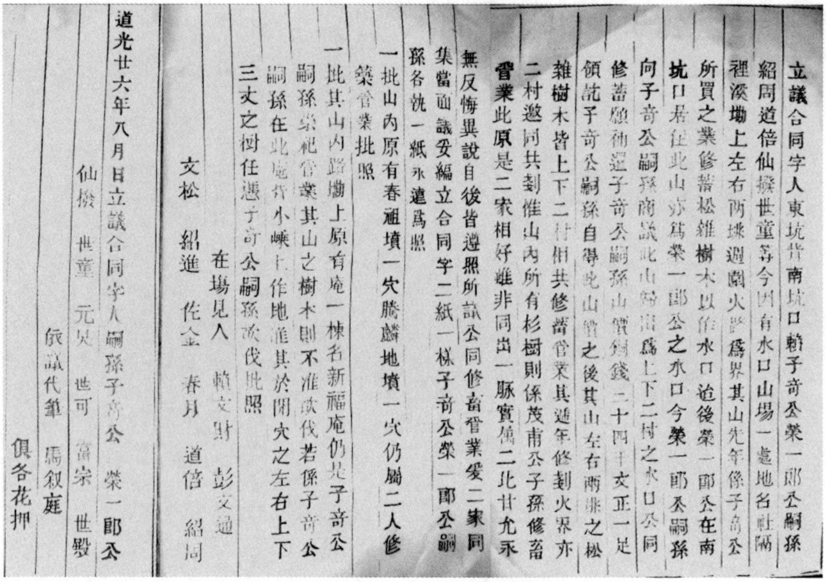

图 5.14　水口合同字

（连城《松阳赖氏族谱》，民国刻本）

这些乡族合约足以说明，风水习俗在近世地方秩序构建中扮演着双重的角色。它既是引发家族之间冲突的破坏性的文化力量，也是促进乡族社会的秩序走向自我整合的信仰推力。

照。计开收米单，各姓各执乙张，其印契公论付与施瑗使收执施宅阄下。施贵淑、博使、凑使、七使，共地基、园租四石一斗一升，并茶租、山租。施卿使、部使、富使、兴使、瑗使、圣使、钦老共地基园租五石八斗五升，并山租、茶租。施求使、瑛使共地基、园租六斗正，并茶租、山租。施珪老地基、园租二石正，并茶租、山租。以上买过山及茶租并园租、地基租等项，共二斗三升七合七勺五，抄在东坊附甲龚进户内。应收八都另甲施进玉名下。其寮后、岭头、寮前、大仓、横路、鹧鸪寮、锯枋堩、牛母郁、苦洋头、苦洋尾、麝狗坪、大路、石桥等处，及大仓、尖寮、前堩埔、圣头，分水为界，俱系前年先向龚衙买管。另契税收不在此公契之内。另格坵仔，凡所四姓公用，不得生端。再照照。至圭母岫堩、社坛后，系是方宅原认处所，今有多自契银，就公契内将此山仓拨还方宅管掌，各柱下合约，除登载外，日后不得私行添填。再照。乾隆十三年（1748 年）拾月日。知见、书约人：施仁。仝立合约人：郑凤使、方尾叔、施贵淑、黄郭使、施兴叔。”（永南《施氏族谱》，2008 年重修本）

二、文化酵母：风水纷争与乡族的和息契

毋庸置疑，在传统官僚体制下，乡族社会争讼时在“官场”的成本付出，往往高于“乡场”的成本付出。此外，在讲究“亲属”关系、“义合”关系的礼制传统中，乡族社会普遍重视“关系”“人情”“脸面”等规则，家族常将争讼看成是一件“无脸”或“丢面子”之事。

我们发现，透过风水纷争所引发的一系列“事件并接”，特别是伴随着家族制度和保甲制度的混合发展，风水作为“文化酵母”，其实构成一个有机“文化链”，使地域社会秩序不断处于“破坏 / 整合”的张力状态中。而风水观念所催生的相对的向力关系，制造出不同的社会关系网络，恰是刺激乡族社会之自治活力的文化因素之一。在这种“文化表演”中，乡族势力及相应的制度设定进一步获得存在的合法性，乡族社会秩序也因此维持着动态的平衡。

兹摘录数张与盗开生基及盗埋骨骸相关的和息文书（表 5-6）。

表 5-6　清代风水和息契（一）

序号	清代风水和息契（一）	出处
A	光泽县二都小原立字人陈以辉，今因邵武县四十六都古山街何伯继有祖山一处，坐落地名旗山。历朝以来何姓子孙春秋二祭，山场树木并无他姓敢于侵占、盗砍、扦葬等事。因康熙三十九年（1700 年）六月初一日陈以辉误开生基一穴，于本年八月初九秋祭登山查知系陈姓私自误开，何宅子侄本欲经官究治，陈宅投托众亲劝勉。何宅子侄念属祭扫歇住之家，陈宅情愿安龙平基。若后陈宅子孙再有盗开生基及私砍树木等情，陈姓任从何宅经官究治。恐后难凭，立字存照。 康熙三十九年（1700 年）八月初九日。 立字人陈以辉。 在见人：吴元吉、赵云灿、陈以明、伯吉、仁甫、以亨。 何姓子孙：何昆圣、自颜、龙腾、一白、上锦、汇万。 经凭：安龙先生赵德显。 代笔人：徐文宪。 以上俱押。	邵武《樵西古潭何氏宗谱》卷尾三《陈以辉误开生基立来字》，清刻本，陈支平提供。
B	立字人西福魏密世，缘郡城薛高华有祖坟在近乡草庵山，被密误在于左畔堆铲掘丢毁，以致高华县告差拘讯究。密自知理非，即延公亲苏永舍、魏节官调处，所有筑堆立即铲平，仍于铲丢等处，原行修葺，碑竖还记，到墓服礼，日后不敢生端，再行筑堆铲丢诸事。而薛宅亦已听处息讼。今欲有凭，立字为凭。 乾隆五十三年（1788 年）八月 日。 立字人：魏密世。 公亲：苏永舍、魏节官。	邵武《樵西古潭何氏宗谱》卷尾三《陈以辉误开生基立来字》，清刻本，陈支平提供。

续表

序号	清代风水和息契（一）	出处
C	道光四年甲申（1824年）十月，因林利侯在土埪大坪风水脚占葬弟柩，众等闻知，遂即办酒请公亲并投地保到万善堂陈情，到地看明白，至近相碍，以后林利侯知罪，将弟柩迁回别处，公亲劝取，前有买畬埔乙片付开做风水，以后议契面佛银六大员，即日凭公亲黄烈辉官、陈锡明官、郑逵甫官、其银交清明白，其契书一纸即批付李殷琅公子孙，永远掌管为坟荫，存照。 立批人：林利侯存照。 外办酒并谢公亲，共赀去四千九百六十文。 道光三十年庚戌（1850年）夏月。 裔孙其文抄记。	漳州和溪阪场《李氏族谱》，清同治年间稿本。

上述契约说明，由风水信仰所引发的一系列突发事件，使得情理网络（得利公亲劝处、念属旧渊、办酒等）以及乡族“习惯法”（和息契）得到整合和运作的机会，乡族社会由里及表的文化制约机制也得以成形。在此协调机制下，乡族内部个体之间的风水冲突事件，也被有效控制在一定范围之内。乡族公亲、乡保、练总、地保、仪式专家，共同在此机制中扮演着合作共谋的角色。而A契规定盗开生基者及盗埋骸骨者得请风水先生或道士来举行“安龙”仪式，意味着在信仰习俗的重复演练中，地方文化秩序又得以重新建立。

祭扫是个体及家族崇祀祖先并保护祖坟风水的重要形式。家族之间常因祭扫引发种种风水纷争。这类纷争颇具典型性，从一个侧面展示了风水信仰与祖先祭祀之间的逻辑关联。一则，风水信仰构成争讼者自明性的行为前提，并赋予其行为以合理的道德意义；二则，争讼者在偶然性的行为场景中改变他们对墓地风水效能的理解，甚至使风水信仰发生功能性的转化，并成为另类抗争的文化符号。

试举三则和息约略做分析（表5–7）。

表 5-7 清代风水和息契（二）

序号	清代风水和息契（二）	出处
1	同立合约字人陈通使、张月身，因通使有祖坟一首在晋江县廿一都李厝前乡，此八月十九日欲到坟修葺换碑，张、蔡上下俱有坟茔，不意阻当，致陈家县控在案。兹公亲蔡诒环等念两边俱系亲谊，从中调处，其官事约公同赴县主求息，其坟听陈家拣择身时吉日修葺换碑，张蔡不得阻当生端。陈家照旧修葺，换碑依旧，亦不得更竖高大。此系两愿，日后三家并无异言。如有背约者，听仝公亲等闻官究治。恐口无凭，同立合约为照。 雍正九年（1731 年）九月 日。 立约字人：陈通使、张月身。 代书：张贞飘。 注：该谱尚录有《李厝前祖茔蔡姓合约》，与此契大同小异，立约时间同，“立约字人蔡腾使、陈通使，代书蔡高观”。	《陈江陈氏五房五家谱》，题为《李厝前祖坟张姓合约》，清抄本。
2	同立约字人郭祥光、陈士比、公亲黄世宁等，缘光有承祖世管产山一所、祖坟一穴，坐贯十六都汰口乡土名福全山。前年祭墓之日，与比口角，因就光界内墓仑顶石泡后通脉处筑荫虚堆，并于光祖四围掘荫虚堆，时光欲赴县控究。宁侦知，念二比亲谊，众公劝处。劝光祖坟附辖全赖守顾，不可构讼，以伤前好；劝比不可因睚眦之隙，戕害人坟，理当铲平，还光依旧管掌。幸二比俱已各听从处息，日后光不得以荫戕之恨复生讼端，比不得以口角挟嫌，复再筑荫生端。恐口无凭，同立合约一样二纸，各分执为照。 嘉庆十一年（1806 年）十二月 日。 同立合约人：郭祥光、陈士比。 公亲劝处并书约人：生员黄必元（字世宁）。	南安蓬岛《郭氏家谱》，民国二十二年（1933 年）重修石印本。
3	同立合约字人苏成垂、英首、成玑、郭士奥、士宁、文佐、传簪、廷在等，缘郭士奥等有祖旺公墓一首，坐贯本乡土名虎井隔，历年祭扫无异。因角弟有田一丘，在郭墓拜庭下，年筑高田岸，致水侵灌郭坟。前年郭士奥等到墓祭扫，目击不忍，即向角弟理较。垂等念及乡邻，须当和睦，恐致祸端，公议向角弟将此田买送与郭士奥观，听其铲掘照旧低郭坟拜庭下二尺，竖石为记。时郭士奥等以礼相加，备出盘仪银十六大员，垂等公同即日收起，其田依旧听苏家管掌，永为已业。从此以后，郭坟庭下田不得再行增高，以致有伤郭坟。而郭坟旧式不得再行改作增张。如田有高筑，听郭家匀掘，不敢阻挡。如垂等确遵约言，郭士奥等亦不得生端滋事。今欲有凭，立合约字二纸一样，各执一纸，永为子孙存照。 道光十三年（1833 年）正月 日。 同立约字人：英首、士奥、苏成垂、郭传簪、成玑、士宁、文佐、廷在。 中保人：苏成揣、郭阶兰。 秉笔：苏克类。	南安蓬岛《郭氏家谱》。

事实上，陈姓与张蔡、郭姓与陈苏的墓地纷争，都因小事而起，并未造成什么严重的风水损坏事故。陈姓与张蔡之争，缘于张蔡唯恐陈姓修坟竖碑“荫”去自家祖坟风水；郭陈之争源于口角，陈姓掘虚堆乃报复心理作祟，并非图谋郭姓风水；郭苏之争是因郭姓祖坟受苏姓田水侵灌。这些源于睚眦之隙的事件，透露乡族社会倾心于保护墓地风水的敏感心态。

在风水观念沉淀为社会集体心态之后，风水信仰所固有的工具性驱动力越发明显，甚至改变其荫庇子孙的原初功能，成为报复他人的手段。在这种负面性的意义生成与象征性的对抗场景当中，风水观念通过一系列意向性的投射行为，再次获得强化与印证。乡绅公亲主要依据情理（念及亲谊或乡邻和睦）来劝和化解，具有较大的公信力和权威性。而冲突家族经过和解，也获得利益最大化的双赢局面。

因此，各家族之间“息讼”与否，常常取决于家族风水利益受损的程度（盗葬盗卖或毁坟就属较严重的事）、家族势力的强弱对比以及乡族士绅公亲的调解能力高低。一些家族往往会结合“私”（宗族组织或乡族士绅公亲势力）和“公”（代表国家力量的地方官僚机构）的系统来共同维护本族墓地风水利益。[1]前者有助于维持乡族“亲谊”或“乡邻和睦”；后者便于宣示本家族的地位与权威，震慑同乡他族的觊觎或威胁。家族通常会权衡两大系统处理的成本付出，以期追求更好的社会效益。乡绅作为官民中介，在地方事务中发挥着主导作用，拥有一定的地位和特权，较常利用“公”的系统来宣扬本家族的势力范围，最大限度维护本家族的利益，并有效促进家族的统合。

前引陈氏契约提到的陈通使曾向尤云蛟等人购买过一块坟地。清同治十二年（1873 年）五月，其后裔中下层绅士如贡生、武生、监生、生员等，有感于“盗葬迫伤靡无不至，甚至有在祖茔界内纵放牛羊，践踏明堂砂水，或樵苏薪，毁伤脉石拦山，种种戕扰，以致筑戕伤，致生事端”，乃呈请晋江县“示禁”。陈氏家族所担心的倒不是异姓的盗葬或侵葬活动，而是乡民日常生活和生产活动会造成对其祖墓风水的破坏。由于防范对象并非具体的某家某族，士绅透过国家政权的权威所达成的示禁效果，更具有震慑力。

大体而言，近世乡族士绅公亲游走于“公”“私”之间，借助各种社会和文化资源，来操弄各种地方风水叙事，一则保护本族祖墓，推动宗族整合；二则参与地方社会秩序的构建。而公私互动的机制，又催生出不同的行动策略和套利方式，从而形塑了地方日常治理中的“智猪博弈”模式，大家在地方（小猪）和国

1. 关于明清宗族组织及乡族势力参与基层社会控制的问题，参考傅衣凌：《关于中国封建社会后期经济发展的若干问题的考察》，《历史研究》1963 年第 4 期；傅衣凌：《明清社会经济变迁论》；陈支平：《近五百年来福建的家族社会与文化》。

家力量（大猪）之间寻找平衡点，各取所需。

因此，风水资本的争夺其实产生了一种竞争性和压力性的“鲇鱼效应”，并有效地区分地域社会的身份、等级和秩序。乡族社会秩序的构建，受到礼法体系的制约和术数传统的刺激，也保持着种种“盗机”和“应机”的生机活力。在由风水信仰引发的一系列行动的偶然情景（各房派的迁改葬、家族内部的风水合约、家族之间的风水冲突与和息）中，各种地方势力（文化个体、宗族组织、乡族势力等）也在重思和转换他们的习惯性模式，有关风水效用的文化图像亦发生了局部的改变。风水叙事甚至变成各种势力可资利用的文化托词和标签。这种功能和意义的转换，是地域社会深刻的文化整合的结果。

从某种意义上说，风水观念和信仰是乡族社会生态系统中的“文化酵母”，在功能形态上表现出“双刃剑”本色。风水信仰既是一种正常的“镇静剂”，也是一种异常的“兴奋剂”。风水信仰既提供了一套合理化的象征图式，也诱发了各种失范化的利益追求。它既提供对抗和改变生存困境的“精神疗伤法”，也让人陷入工具合理性的“迷思”，并因而“迷路”。风水观念和信仰亦使得宗族及乡族势力有缘“迷”于另一种“思”与“路”，创造性地进行乡族社会秩序和权威的意义营造与象征生产。各类事生与事死的活动，更为宗族和乡族势力提供了文化表演机会，进而有效巩固乡村以“情理”为内核和以“自治”为目标的习惯法体系。而乡族社会普遍以“议约化”的形式来自我规范和调节各类社会准则与秩序，则表明乡族势力作为“自治化”的文化共同体也在聚集中。

在宗族组织或乡族势力兴盛的东南地区，在由风水观念而引发的系列家族或乡族“议约”活动中，有关禁约或和息的权力之发生，基本结合着同意与教化，偶尔又配合横暴的成分。这种乡村的统治或权力结构，堪称一种带有地方意识的“乡族政治”，充分体现了近世乡村治理“公”与“私”的结合特色。当然，“乡族政治”曾经构成南方基层权力结构的基础之一，但不等于费孝通笔下的“长老（宗法）统治”，而带有该区域迈向“早期近代化”的社会经济特征，即地域社会的“信用规则”和“契约精神”仍然是发育不全，“早熟而不成熟”的。契约文书只是从一个侧面展示了地方之日常性、复合性的治理策略——教化与磋商（“公亲劝勉”）、规训（“城隍同誓”）与横暴（保练作中、秉官究办）的辩证统一。

毋庸置疑，乡族士绅正是通过有效平衡乡里的规训机制（礼）和王朝的横暴制度（律），来有效参与构建地域社会秩序和意义空间，从而获得自我组织的权威资源和社会声望的。毕竟，乡族社会的人群结构除了依血缘而组合的家族世系外，主要是由“元非血属、本止于以义相从”的“义合”群体（如君臣、官吏、夫妻、朋友、师生、僧道）组成的。因此，地方人伦秩序的统合机制和运行效率，当然都离不开亲属关系和义合关系的规范。[1]

在此意义上，“乡族统治”本质上是依照礼学的原理来构建伦理化的地方秩序的，是人伦关系（亲属关系和义合关系）法制化、地方化的结果。风水观念和信仰作为乡村自足的文化体系和民众生活世界的行动逻辑，基本上是被纳入“礼教化”“契约化”的社会网络之中的。“和息”的操作与实践，本来就是礼律相辅相成的法文化扎根民间的形态，更是“公私合营”或“公体私用”（“私”是相对于政权及其代理人而言，代表乡族的“公”）的地方习惯法一部分。

诚如梁启超和傅衣凌针对“乡族”局限性的批判，乡族政治中的所谓“契约精神”，并未历经倡导个体的权利和自由的“现代性”的洗礼，而仅仅是立足于乡族内部的社会秩序构建，其中毕竟交织着太多的熟人社会“情理”网络关系，因此其“信用体系”同样是带有封闭性、地域性、自足性特征的，缺乏真正意义上的自我规范和公共理性，并不足以真正形成那种立基于成熟的契约精神的自我治理体系。而海量的风水“和息约”和诉讼事件，虽然反映了地域社会积极统合人伦秩序（亲属关系和义合关系）的努力，但也耗散着大量的社会资源和文化资本。这充分说明乡族内部的均衡体系无法适应社会的变迁之势。随着近代国家的构建，基层社会治理的“内卷化”趋势也越发明显。

---

1. 参见高明士：《中国中古礼律综论——法文化的定型》，北京：商务印书馆，2017 年，第 203—204 页。

第六章

风水话语的构建与乡族士绅的文化情结

在乡族社会中，士绅阶层主体源于庶民阶层，[1]是一群受过科举教育并富有儒学教养的“读书人”和“地方精英”，如现任或致仕的地方官员、退官或未出仕的乡绅、谋取功名的士子。构成这个享受高阶教育阶层之认同底色的，其实是一个杂糅着礼义、术数的“知识系谱”和“圣教传统”。士绅与庶民所获取的“机构（文化）的碎片”虽有众寡之分，但二者“模糊的心理布景”大多藏有各种风水效力的影像。士绅在“有点相信”与“不大承认”之间徘徊，反映该群体在“化民俗”与“民俗化”之间的认知尴尬和“社会脸面”的激烈争夺。[2]那些内化

1. 士绅（绅士）是一个宽泛的概念，主要指富有儒学教养的现任或致仕的地方官员，退官或未出仕的乡绅，谋取功名的诸生、士子等。学界定义众说纷纭。如:（1）张仲礼认为绅士集团分为二层，正途的上层绅士包括官吏、进士、举人、贡生（包括各类贡生），异途的上层绅士有官吏。正途的下层绅士指生员（包括各类生员），异途的下层绅士有监生和例贡生等（张仲礼:《中国绅士：关于其在十九世纪中国社会中作用的研究》，李荣昌译，上海：上海社会科学院出版社，1991 年，第 5 页）;（2）王先明认为绅士集团与官僚阶层有别，主要指地方社会中有身份有地位的人，包括具有生员以上的科举功名者，由捐纳而获得身份者，乡居退职官员，具有军功的退职官员，具有武科功名出身者等（王先明:《近代绅士：一个封建阶层的历史命运》，天津：天津人民出版社，1997 年，第 1 章）;（3）何淑宜认为士绅包括现任或致仕的官员、进士、举人、生员等，其共同特色是受过儒家的知识训练，虽不一定拥有极高的政治与学术地位，却都基本属于拥有儒家教养的知识阶层（何淑宜:《明代士绅与通俗文化：以丧葬礼俗为例的考察》，第 19 页）。
2. 张爱玲说:“我们发现大家有一个共通的宗教背景。读书人和愚民唯一不同之点是：读书人有点相信而不大承认；愚民承认而不甚相信。这模糊的心理布景一大部分是佛教与道教，与道教后期的神怪混合在一起，在中国人的头脑里浸了若干年，结果与原来的佛教大不相同了。下层的迷信是这广大的机构中取出的碎片——这机构的全貌很少有人检验过，大约因为太

于士绅心中的“生生”宇宙观念及“儒理”记忆，一直是形塑地域社会“文化共相”的灵魂，在文化统合方面仍然发挥着思想意识形态的剩余价值。

在士绅的乔装打扮下，一般性的风水知识、观念和信仰早已化约为一种富有传承性的象征符号体系和地方文化传统。它通过赋予宇宙时空以个人意义和赋予生命秩序以宇宙意义，形成一整套嵌合于地方社会肌理中的思想框架；同时，借助故事、文本、图像、坟墓或祠堂及其他地方空间等媒介，来达成自我记忆的储存、保存与发展。

在重视脸面、声望和身份认同的乡族社会里，有着相近价值取向和利益需求的士绅阶层，同样意识到必须倚仗这类集体表征和文化符号的魔力，通过赋予山川和聚居空间以独特的文化意象、意义框架，来检视和改变公共空间秩序的势能（气场），营造和规训公共空间的整体氛围、精神气质，从而满足自身对命运和机会的合理化解释。那些值得唤醒、追忆、认识并指向未来愿景的共同的纪念场所，更是成为他们最为倚重的情感归宿之空间。

我们通过还原地域文化空间所承载的士绅的集体想象和普遍态度，或许能找到一些模糊的答案：掌握话语权的乡绅或地方精英，何以对风水这个“文化游魂”充满敬畏和迷恋的情怀？乡族士绅所刻写的风水话语及记忆印迹，真的被新生的意识形态话语或转变的生活方式抹去了吗？这些话语和记忆还有可能以其他方式鬼魅般现身吗？

本章拟继续从“人”的层面，考察乡族士绅或地方精英的风水话语构建和操作实践，借以省思风水知识、观念和信仰何以成为一种复合性的整合力量，一种沟通精英与俗民、王朝（国家）与社会的文化桥梁，一种持续左右地域之集体心理结构、行为模式的“社会事实”。我们需要放下“史官的架子”[1]，从历史褶层中透视风水术数的存在方式和文化意义。当然，我们关注的毕竟是士绅或地方精英的心态史，理当擦去涂饰，“挖掘出一些被遮蔽的东西，它们被遮蔽不仅仅因为

熟悉的缘故。下层阶级的迷信既然是有系统的宇宙观的一部分，就不是迷信。”（《张爱玲文集》，合肥：安徽文艺出版社，1992 年，第 112 页）

1. 鲁迅称：“历史上都写着中国的灵魂，指示着将来的命运，只因为涂饰太厚，废话太多，所以很不容易察出底细来。正如通过密叶投射在莓苔上面的月光，只看见点点的碎影。但如看野史和杂记，可更容易了然了，因为它们究竟不必太摆史官的架子。”（鲁迅：《中国文与中国人：鲁迅杂文精选》，北京：中国人民大学出版社，1992 年，第 17 页）

忽视，而且因为它们被仔细地、断然地、恶意地篡改和抹杀”。[1]

在近世地域社会变迁中，风水的知识和观念体系，同样构成地方士绅或精英构建社会秩序和重组社会资本的重要的象征资源。风水观念体系及其符号化实践，在不断创造或弥合地方社会的张力的同时，也在地方士绅或精英的权力（士权、绅权）运作和权威的生成中发挥着关键的作用。风水术数作为一类具有高度共享性的“地方性知识”，堪称地方士绅或精英借以“知势”“顺势”“乘势”“造势”的一个有效的文化媒介。风水，其实为地方士绅或精英的文化生产和身份提升、命运把控，提供了一套精准高效的行动策略和善巧方便的话语体系。

第一节　乡族士绅与地方学场的风水营造

所谓学场，主要指事关一个区域之文教事业，并能诞育人文愿景的公共空间秩序。培养地方社会及国家的文化精英、教化社会的教育机构，如地方儒学或庙学（作为祭祀空间的文庙和作为教学空间的学宫）、书院等是学场营造的中心和主体。而人文设施或人化的自然环境，从寺庙、文峰塔到郡邑龙脉、水脉等，因被幻想成有助于“兴人文”或“发科甲”的场所，也是士绅营造的象征性学场的一部分。

其实，学场就是一种为乡族士绅创造等级身份的人文空间和分享共同价值趣味的“象征场”，是提醒、规训乃至强化乡族士绅（或预备性士绅）社会化身体的场所。在科举时代，学场的在场与士绅（特别是文化媒人）的生成是一体两面的。由于学场是集中传习知识和传统的集体文化空间，并被赋予了同一性的符号和强烈的情感，所以它天然地成为值得怀念和崇敬的地方景观和神圣剧场。如果学场不能作为有效传达地方文明信息的建筑标志，那么它所承载的历史传统或意识形态的链条也就断裂了。

因此，学场未必是地域社会的社区中心，却天然是士绅进行文化动员和社会展演的文化中心，以培养、维系和巩固士绅作为“地方精英”（族绅、乡绅、邑绅、郡绅）的身份和地位，特别是他们的公共权威和社会声望。学场不仅是儒家

---

1. ［法］米歇尔・福柯:《必须保卫社会》，第 65 页。

意识形态地域化的中心机制，而且是“礼下庶民”和“文字下乡”的中介机制。没有学场这样的文化机制，那些构成“何以中国”的一整套文化体系及观念形态就无法落实，更不要说成为共享性的地方知识。

在传统乡族社会中，如果说科举考试是显性的机会选择机制，风水实践则是隐性的机会选择机制，彼此互为条件和因果，相互成全。一方面，科举制度反复刺激着地方乡族社会的风水实践，另一方面，风水实践又反向推动着地方文教事业的发展。在长达千年的科举制度运行的框架下，风水术数为地方自发的教育运动发挥着关键的催化剂作用，并成为不断被唤醒、提炼和共享的符号与传统。由于竞争性的科举考试是官方推动儒家意识形态（四书五经及其正统化的诠释）的工具，作为“冷传统”的风水术数自然也同儒家的“热传统”相互汇通。堪舆术家与儒教精英之间形成了一种较为特殊的共生共荣关系。术家力量与儒家力量的合流、媾和，使它们结成了文化利益上的共同体，从而深刻影响了地方文教事业的竞争业态。

宋代以来，伴随着乡族社会的发展，特别是科举带动的地方文教事业发展，地域士绅阶层的队伍也在壮大，他们作为一类特殊的地方精英，活跃在地方“公共领域”的舞台上，主动参与地方的公共事务，关心地方的公共利益。[1] 他们既是国家力量与地域社会的组织中介，也是儒教意识形态的认同者和实践者，为地域社会提供一整套的文化价值规范，刺激着基层自我治理的组织形态（如乡族组织）的发展。

由于士绅阶层被嵌合在一种建制化的政治—社会结构（如乡族社会和科举制度）之中，他们自我社会形象的塑造和文化利益的诉求，天然地具有地域或时间上的局限性，往往只能在地方性经验和文化身份中来寻找自身的定位和意义。他们需要给自己维系一种富有理想和激情的在场感，用以激励当下或未来的行为指

1. 卜正民认为，晚明时期已经形成了一个特征鲜明的士绅社会，士绅社会是一个由获得科举功名和声望的精英及其家族组成的社会网络。他们拥有一种公共的表现和声音，主宰着地方发生的经济和社会变迁过程。士绅社会的意指既包括士绅的公益事业（国家统治的公共领域），又包括他们在国家监督之外所追求的社会文化活动。士绅社会的公共性质，是在它的公益事业为士绅提供机会“宣扬”他们作为一个集体性的地方精英的价值和荣誉这个意义上说的。而晚明士绅投资佛教寺院也暗含着国家和社会的分离。（[美]卜正民：《为权力祈祷：佛教与晚明中国士绅社会的形成》，张华译，南京：江苏人民出版社，2005 年，第 21—26 页）

向。他们同样希望自己的功业能被刻写进地方历史和后世记忆之中。一旦受到外部力量的挑战，科举志业走向衰败，地方士绅的话语权也必然要走向弱势。

本节拟对士绅参与地方学场的象征营造情况略做分析，以期管窥士绅阶层如何利用风水术数这类象征资本，来构建地方的社会和文化教育的互动网络。而作为教育和教化之地的学场则相应变成一个灵性化的圣地或理想化的胜景。一个同科举社会相勾连的“学场崇拜”也因此被创造出来了。各种学场的风水象征营造，堪称乡族士绅一种自我表征的事件，是他们在等级和身份塑造中自我调适和疗念的方式、媒介。风水知识和实践事实上成了乡族社会的共同话语和记忆符号，成了维护地方之文化空间秩序、构建不同层面的命运共同体的基本规则之一。

概而言之，科举制度的推行提高了整个社会上下流动的机会，亦相应刺激了风水信仰在地域社会的兴盛局面。风水信仰是推动福建文教发展的一股重要的象征力量，福建文教发展也为风水信仰找到一处合理存在的记忆场所。

一、地方文教的发展与士绅阶层的形成

魏晋以来，福建一直是个文化教育较为兴盛的地区。这是与其位处东南边陲的地理环境以及社会文明的开发历程等诸多因素息息相关的。由于汉人不断南移及迁徙，比较正统化的文化教育得以在家族中代代传衍。唐杜佑云：“永嘉之后，帝室东迁。衣冠避难，多所萃止。艺文儒术，斯之为盛。今虽闾阎贱品，处力役之际，吟咏不辍，盖因颜、谢、徐、庾之风扇焉。”[1]晚唐至五代，更有大批士绅、文人因避乱入闽，“同居幕府，以风雅唱和，闽士多宗之”。[2]各类族谱在追溯族源时，更是常常提及两晋“衣冠士族”入闽以求安堵之事，虽然多为伪饰和叠加的“历史话语”，却是闽人重视典章文明之集体记忆的真实流露。

例如：南朝陈永定元年（557 年），郑露、郑庄、郑淑三兄弟由永福（今永泰）迁居莆田，在城西南凤凰山（南山）建湖山书堂，开先莆之儒学，后人称“开莆来学”。民国牌坊刻字分三层，最上层是“恩荣”；第二层右刻“唐贞元

1. 《通典》卷一八二《州郡典》十二《古扬州下》。
2. 清道光《福建通志》卷一七〇。

元年岁次乙丑（785 年）冬奉旨赐金敕建”，中刻“开莆来学”，左刻“宋熙宁七年（1074 年）重修，明嘉靖四十五年（1566 年）重修，康熙十一年（1672 年）重修，皇清乾隆五十四年（1789 年）重修，光绪二十年（1894 年）秋重修，民国二十二年（1933 年）重修”，左右再书“道承东鲁，学启南闽”；最下一层书“倡学先儒唐太府卿首祀乡贤南湖郑露”。（图 6.1）

礼失求诸野！殆自南宋，随着经济和文化重心的南移，福建的文化学术呈现勃兴之势。叶适曰：“闽浙之盛，自唐而始，且独为东南之望，然则亦古所未有也。”[1] 张守称：“惟昔瓯越险远之地，为今东南全盛之邦。”[2] 以朱熹为翘楚的闽学开枝散叶，有效推动了地方文教事业的发展。而儒家礼教秩序伴随着新型宗族制度的建立（祠堂之兴建、家谱之修撰）以及地域崇拜体系的正统化进程，随方设教，以礼达乡，广泛渗透到乡族社会之中，各邑士绅自认闽中乃人文渊薮。[3]

福建文教事业的兴盛离不开科举制度的直接推动。闽东南是北方汉民最先定居的区域之一，唐初人文渐举。神龙二年（706 年）长溪（福安）薛令中进士，“闽中科目实自戾肇焉矣”。[4] 中唐之后，闽中“岁贡士与内州等”。[5] 唐有闽籍进士共 56 人，闽县达 21 人。[6]

---

1. 〔宋〕马端临：《文献通考》卷一一。
2. 〔宋〕张守：《谢除知福州到任表》，《昆陵集》卷六，北京：中华书局，1997 年，第 82 页。
3. 各种郡县志所表述的话语可见一斑：
   明万历《福州府志》卷四《土风》：“自唐相常衮以文诲后进，宋诸儒倡濂洛之学，号海滨邹鲁。”
   明万历《邵武府志》卷一〇《舆地志·风俗》：“郡之风俗，力学好义，喜以儒术相高。衣冠科第，号称文雅。人尚理学，彬彬乎道德文物，有邹鲁遗风。道南考亭之学兴郡中，渊源理学，士风为之丕变，比屋弦诵，号小邹鲁。”
   清乾隆《泉州府志》卷二〇《风俗》：“有教化而后有人心，有人心而后有风俗。泉自唐以来，席相、常衮倡导于前，蔡襄、王十朋诸贤激扬于后，重以紫阳过化之区，薪传不绝。乡先生遗泽，类足以陶淑后辈。海滨邹鲁之称，厥有由也。”
   清道光《龙岩州志》卷七《风俗志》：“岩自文公过化后，俚啬之气泽以诗书矣。……文公治郡，辑家礼以导民，又时榜谕于岩邑，岩俗为之一新。布衣（陈真晟）倡明道学，而多士励行。林瑜、王源遵行《家礼》以为民倡，立乡约以旌别之。婚丧葬祭之礼，尽有可观。”
4. 清光绪《福安县志》卷一九《选举上·科目》。
5. 《新唐书》卷一五〇《常衮传》。
6. 刘海峰、庄明水：《福建教育史》，福州：福建教育出版社，1996 年，第 22—25 页。

唐贞元元年（785）奉旨赐金敕建的“开莆来学”坊遗照与坊上文字说明。

图 6.1　唐“开莆来学”牌坊旧照

（莆田《蒲坂郑氏先祠》，蒲坂郑氏先祠董事会编印，2007 年）

两宋时期，闽中簪缨鼎盛，各类科目近万人，进士人数远超他省。[1]《宋史·地理志》誉闽中“多向学，喜讲诵，好为文辞，登科第者尤多”。元蒙一朝，闽中科业较前朝衰微，然“朱学统一，惟南方最早，金、元时，程学盛于南”。[2]理学人才济济，熊禾（建阳）、陈普（宁德）、吴海（闽县）堪称翘楚。元皇庆二年（1313 年）诏令科举法，竟以程朱集注的儒家经典为考本。元代朱子学的官学化，以及闽中士子深厚的文化积淀，夯实了明代福建人文科举复兴的基础。彼时闽中人文之盛，堪与海内诸名邦相抗衡。

1. 清道光《福建通志》卷一四七—卷一五〇《选举·宋科目》。
2. 〔清〕皮锡瑞:《经学历史》九《经学积衰时代》，上海：上海古籍出版社，1996 年。

入清以来，因战乱、海禁之故，科名不及明代兴盛，然则文教并未衰微。清乾隆《泉州府志》卷二〇《风俗》:“国朝科第文物之盛，彬彬与上国齿。今闾山海之间，家诗书而户业学，即卑微贫贱之极，亦以子弟知读书为荣。故泉中冠裳之士，往往发自寒薄。”宗祠或家庙门前象征科举有成的石笔（石龙旗），不仅仅是乡族的文教记忆，更是宗族奋进的荣耀（图 6.2、图 6.3）。如南靖《高港曾氏家谱》[曾康生抄录，民国二十年（1931 年）稿本]记载本族盛事:“辛卯科（注: 1711 年？ 1771 年？未详）昆龙应选武魁，壬辰联捷进仕，癸巳三月竖旗谒祖。半径祖祠亦从此而竖旗，斯亦可以慰族人之雅望，振祖宗之门楣矣。”

在各类学校中，官立的地方儒学（庙学），包括祭祀空间的文庙（孔庙）和教学空间的学校一直居于主导地位。福建儒学始于唐中期。唐大历七年（772 年）观察使李椅移福州庙学城南，“始补生徒三十”。[1] 唐乾符四年（877 年）长乐县儒学创立。宋仁宗庆历四年（1044 年）诏令天下立学。至南宋末期，一府五州二军五十八县皆立学校。元代，许多遭兵燹之灾的儒学屡有修复或改迁，新设南靖县学和福宁州学。明代是儒学兴建较多和改迁建最为频繁的时期。经济和文化较落后的地区，如永安、寿宁、漳平、归化、永定、平和、诏安、大田、海澄、宁洋等地新设儒学。清朝收复台湾后，台湾新建二所府学、七所县学，福建本土新建了屏南、霞浦、福鼎等地的三所县学。[2] 明清两朝，各邑儒学文庙和学校的内部设施也日趋完备。地方儒学较为完备的庙学合一（并建）规制，使其成为儒学（理学）教化的象征与中心。

宋元以来，书院作为一种综合性教育组织形式，有力促进了福建科举文教事业的发展。理学的创立就与书院的设置关系密切。经朱熹创建或在此读书、讲学、留下题咏的福建书院就达数十所。[3] 理学家的书院教育虽不排斥科举，但反对忘记为学之本，故而书院最初乃是理学家的活动基地和理学传播研究中心。入元以后，书院逐渐被纳入官学体系，围绕四书集注、五经注疏开展教育。明清两代，书院教育的官学化程度很高。书院同儒学一样走向读书应举的不归路。宋代以前福建书院 80 余所，宋代以后或修葺或扩重建。元代新建 21 所，明代新建或

1. 〔宋〕梁克家:《淳熙三山志》卷八《公廨·庙学》。
2. 福建儒学兴设，参考刘海峰、庄明水:《福建教育史》。
3. 方彦寿:《朱熹及其相关的书院考述》。

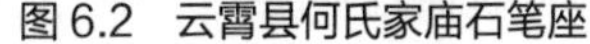

图 6.2　云霄县何氏家庙石笔座

图 6.3　南靖书洋下坂刘氏祖祠石笔

续建 172 所，清代新建或续建 327 所（不包括正音书院），而创建时间缺载者达 179 所。[1]

明清时期，民间社会创设大量的儒学机构，带动了地方文教事业的普遍繁荣，也培育了一大批拥有“县试”以上功名的士绅阶层和乡族的“文化媒人”。那些具有儒学素养的士绅和地方精英阶层的扩大，与乡族或宗族组织的发展是息息相关的。士绅寓生在乡族或宗族组织之中，乡族培养和支撑着士绅的经济和社会基础，互为一体，共同构设地方教育链条的互动网络。特别是乡族或宗族组织为士绅阶层提供经济资本（如族产、学田）和组织资源，士绅阶层则为乡族或宗族组织创造文化资本和价值规范。他们甚至也是乡族内部的重要成员，从而提升了乡族群体的整体地位和公共声望。

在科举社会中，富有儒学教养的地方官僚、绅衿、乡族等，共同构成一个热衷于儒学或书院等学场风水营造的文化利益集团，为地方或乡族向上的社会流动创造可能的机会。学校营造的数量和质量，可视为士绅在特定时空中重视科第人文的关键指标之一。随着科举制度的有效推进，加上风水观念日渐化入社会生活

1.　黄政：《福建元明清教育史话》，《福建省教育史志资料集》第 10 辑，1992 年，第 46 页。

和习俗礼仪之中，士绅变成一个崇信并善于利用风水资本的群体，“虽以朱子之贤，不废其说”[1]。士绅常利用自身较为独特的身份与地位，借助风水信仰的象征符号之效用，赋予儒学、书院及其他人文设施或人化的自然景观以意象化的、人文化的精神能量。反过来说，各类士绅针对各类学场的风水营造活动，亦有助于地方人文传统的自我形塑，也有利于地域社会文化网络的有效联结。

总之，唐宋以来，闽中所积淀的尚人文和重科名的传统，与各邑不同层别的学校，如儒学、书院、义学、社学等的兴办不无关系。儒学与书院，如车之双轨，长期主导着地方人文科教发展的方向，承载着厚重的区域历史记忆。学场作为一个“观民省方设教”的文教场所，因关系到“圣教传统”的教授与传习，往往叠加着不同代际的士绅或精英的文化情感和荣誉历史。学场的风水故事或神话叙事，不仅是士绅或精英用以唤醒和制造功名记忆的符号媒介，而且是他们努力将自我历史化或丰碑化的传习方式。

因此，一部福建的学校兴修史，也是一部乡族士绅的风水实践史。这些不同朝代的学场营造历史，形象呈现了乡族士绅是如何反复利用风水的知识、观念和信仰，并进行自我想象的意义构建的。在不同时代层叠和展演的学场建筑背后，虽然说科举制度是最大的政治性诱因，但是风水术数“冷传统”的改造力量更是不可忽视的。二者互为作用，互为因果。

当然，恰恰是风水观念和信仰的刺激力量，让学场自身的教育主体性功能得到进一步突显。学场究竟在说什么、做什么，学场究竟发挥什么价值，都统统被刻写在地方文教的历史记忆之中。同时，学场的营造也成为被不同的风水知识体系所左右的建筑游戏，因此一直处在一个整体布局的不断更新中。学场要成功营造出一个文教渊薮的“势能”，必须历经一个不同代际者、不同主体、不同阶层反复磋商、辩论并最后达成风水共识的生成过程。学场不仅是科举知识、道德教化的训练场，而且是风水知识、观念和信仰的演示场。

二、科举的刺激与地方学场的风水实践

作为特殊的文化公共空间，地方儒（庙）学或学宫与地域的文教事业或科名

1. 民国《建阳县志》卷一《舆图》。

关系最大，自然被历代官僚、乡绅等预设了符合其自身利益的形式和幻想。官僚寄希望于儒（庙）学科名的兴盛，以礼教导民化俗，或借以衡量本任期内的治绩；乡绅则寄希望于儒学科名的兴盛，以维护所属地域群体（家族或乡族势力）的政治、社会利益；就学于儒（庙）学的士子，更期盼通过功名业绩来实现自我价值或提升社会声望。地方学场的营造因风水因素而充满了可设定的意义和可期盼的利益，从而直接又廉价地满足了不同身份、不同地位的士绅的想象。地方学场作为一个地方的文化教育机构，既是连续性培育地方士绅文化的场所，亦是士绅阶层表达身份和声望的场所，相应地构成了一个地方开放的公共空间的组成部分，成为地方精英积极参与文教和公益事业、展示自我社会形象的重要平台。[1]

1. 宋元时期的庙学

宋代是以朱熹为代表的儒学群体在福建过化、教化的时期，也是福建人文科举最为兴盛的时期。士绅为掇巍科，登上第，除重视私家吉壤外，亦关注学场等公共空间的风水布局。在庙学（儒学）成为科举的附庸之后，各地区更加重视学场的风水吉凶因素。随着闽学的兴盛，书院教育日益扮演“教化之儒”的角色，而州县庙学（儒学）继续成为科举附庸，是培养“王者之儒”的场所。

在“今世之言衣冠人物之盛，必称七闽”[2]的背景下，除了应试者要经受科场炼狱外，地方官僚也要承受升学攀比压力。在那些人文较繁荣的地区，经济通常较发达，士绅势力较强大，更容易结成“利益共同体”，更有社会资本来参与儒学空间的象征营造，并恢复集体想象中遭受官僚损害的儒学空间秩序。比如，宋代泉州商品经济较为发达，各国商贾云集，为人文科举的繁荣奠定了较为雄厚的经济基础。北宋泉州中进士人数为 344 人，尚居于建州、福州、兴化之后，而南宋中进士人数升至本省第二位，达 582 人。而社会经济相对落后的地区，则在科举压力下知耻而后勇，奋力追赶，在风水方面投资也更殷勤。作为营造学场的最

---

1. 如清《相宅经纂》之“都郡文武庙吉凶论”条云：“阴阳之理，自古攸分，二者不和，凶气必至。故公衙务宜合法，而神庙亦不可不居乎吉地。宜于大堂前下罗经定之。文庙建艮、甲、巽三方，为得地，庙后宜高耸，如笔如枪。庙左宜空缺明亮，一眼看见文阁奎楼，大利科甲。再得巽、丙、丁有文笔高塔，主出状元神童，名士大官。”［道光二十四年（1844 年）刻本］
2. 《南宋群贤小集》第十三册《端隐吟稿序》。

大“压力集团”，乡绅或有志于科考的士子与地方官僚既有利益的结合，亦难免有利害的冲突。比如，北宋福建中进士人数，建州计 809 人，而汀州各邑只有 23 人，漳州 83 人，分别列倒数一二位。南宋中进士人数最多的是福州，计 2249 人，而汀州仅 39 人，仍忝列最后。漳州亦只有 185 人，略高于邵武军的 88 人。[1] 汀州、漳州等地的社会开发进程相对缓慢，人文科举落后，这是地方官僚借风水改迁建庙学的推力之一。士绅也将科目不兴归咎于学宫选址不佳或风水受到侵害上。故“整顿”学场的象征空间秩序，便成为这一知识阶层的利益需求。

元代建立后，遭破坏的学校虽然有所重建，但最初并未实行科考取士，直至延祐元年（1314 年）才实际开始。由于科考采取民族歧视政策和区域配额制度，最初福建没有独立的乡试场所（若有乡试，亦得去浙江），士子考取功名是相当困难的。元代福建乡试中选人数大约 70 人，姓名属实的进士尚不足 40 人。[2] 在科举未复之前，“后生无所事，聪明日以放恣，诗书而刀笔，衣冠而皂隶”[3]，加上中举率甚低，士绅（因科举不兴，士绅比例亦少）不可能像前朝那样，过多关注学场的风水吉凶。也就是说，教育制度的断裂和变革，直接影响地方士绅之集体性的信仰态度和生活方式。伴随着空间化的媒介——学场的升学功能的弱化，有关风水的记忆和实践也逐渐弱化或被冻结、遗忘。

有关宋元士绅参与儒学的风水营造问题，我们只能窥知一鳞半爪。（表 6–1）

1. 根据贾志扬《宋代学子的艰难门坎：科举的社会史》的统计，引自刘海峰、庄明水：《福建教育史》，第 73 页。
2. 刘海峰、庄明水：《福建教育史》，第 96—109 页。
3. 〔元〕程钜夫：《雪楼集》卷一一《闽县学记》，上海：上海古籍出版社，1994 年。

表 6-1　宋元庙学风水整修案例

序号	名称	庙学风水整修事宜
1	汀州郡学	据南宋《临汀志》记载，宋咸平二年（999 年），郡学创于鄞江门内横街，“改卜凡四，修建凡再，然规模犹隘，盖局于地势而不得为也”。宋天圣中（1023—1032 年）、崇宁三年（1104 年）乃卜于城外，绍兴三年（1133 年）郡守郑公强遂度城内州东地改卜焉，有诗云：“卜筑石山作郡庠，卧龙腾翥拜龙骧。”宋嘉熙二年（1238 年），郡守戴公挺、教授张实甫以庙学混处非宜，相学左学左射圃地，爽恺广袤，仿太学规模营创，以合礼制，后因“学前屋迫隘，教授萧韶市民居撤而辟之”。开庆初，郡守胡太初以“气象犹卑隘”故，大更新之，且“浚井开渠，泮池堙塞凿而深之，板桥屡坏造石桥以跨焉”。 汀州士绅除改卜儒学地址外，还注重营造周边环境。汀州县学原址东边原开元寺内存有一唐建阴塔井，明代取名“八卦龙泉”，与万魁塔相映为阴塔，为“镇文风”者。另原儒学旧址“题名第”背后尚存有一宋“阴塔井”，有清石碑刻“府学阴塔”四字（图 6.4），旁书“此井以镇文风”。地方史志多次提及地方官及乡绅因风水因素改造汀州县学水道的情况。[1]汀州与赣南毗邻，深受赣派风水术数的影响，府学、县学重视风水，并非偶然。
2	龙岩县学	龙岩县学始建于北宋皇祐初，原位于县治东，寻迁于南通环桥东。宋大观年间（1107—1110 年），知县石复以其地卑湿，仍迁于县东旧所。建炎二年（1128 年），知县方世功以学地右实左虚，复移于东门外。淳熙间县丞李永、曾秘相继建。开禧二年（1206 年），邑人叶琇卿精通堪舆，又以地势逼险，请于县令张汝勉，改建今所即旧驻车驿，[2]“自是文明大启，人才辈出，形家以为应学宫离明之象”。[3]
3	漳州儒学	漳州儒学“在府治东南，宋为州学。庆历四年（1044 年）建于州治巽隅，水自丁人。政和二年（1112 年）移州左。绍兴九年（1139 年），州人士以科目寥旷，请守李弥逊复庆历故址。学成，明年壬戌（1142 年），登科者五人。颜定肃公与焉。淳熙中，守赵公稠作新而广之。仪门之上有槐三茎，生于门上之垩，茎各七叶，苍翠经月。嗣后，擢第释褐至十余人”。[4]

1. “（县学）在兴贤门外。绍兴迁郡庠于廓内，以旧学为县学。……先是县庠先达辈出其间，询之耆老，皆曰古有水圳环抱，自兑抵震而归于巽，正得阴阳经纬之宜。后为居民堙塞，汀士廉得故道，具告于州县，居民狃于侵冒，沮溃其成。陈宰极力主盟，未就绪而秩满，首以是役告于新宰赵崇濂，赵亦以风化为重，克竣厥事。筑废陂于兴贤门外，障而东之，水由故道行矣。”（宋《临汀志·学校》，第 102—103 页）
“淳祐间，知县陈显伯修成学地僦于民者，……得水圳故道，以从堪舆家之所宜。事示就绪而显伯满去，继知县事赵崇濂遂踵成之。”（明《八闽通志》卷四五《学校》，第 24 页）
2. 清道光《龙岩州志》卷二《规建志》。
3. 清道光《龙岩州志》卷一二《人物志上》。
4. 〔明〕何乔远：《闽书》卷三六《建置志》，第 915 页。

续表

序号	名称	庙学风水整修事宜
4	漳浦学宫	漳浦学宫于宋天圣三年（1025年）、庆历三年（1043年）已迁徙数址。宋熙宁三年（1070年），进士郑郊等请迁于县南官塘，"官塘建学祀四十，为徽宗大观宰邑傅希龙用士议，辟河于学前，引潮水入自巽方，流于溪，注于海，襟抱环绕，为文物彬蔚之征，人呼为傅公河"。[1]宋绍兴三十二年（1162年），学宫改迁于城岗。"乾道五年（1169年），以科场不利，徙迁官塘旧址。嘉定七年（1214年）学宫火，令赵师缙新之，易坐坎为亥，于时登乡荐者八人，而自后亦相续不绝。阴阳家以为易亥山之验。"[2]三所儒学的搬迁或改建，与"镇学风"或改变"科目寥旷"的状况有关，是否缘于私利（如治绩）不得而知。
5	泉州儒学	泉州庙学原在衙城之右，唐为鲁司寇庙，太平兴国年间即庙建学。在士绅的集体想象中，学宫俨然属于一块富有灵性的"牛眠吉地"，而被反复地神话化。据传，唐代以来学宫常有吉祥预兆。徐铉《稽神录》云："庙庭有皂荚。州人举进士。观其荚之多寡以为应。梁贞明中，忽生一荚有半，人莫测其祥。是岁，陈逖进士及第，半荚之枝遂生全荚。"[3] 宋大中祥符四年（1011年），时任泉州太守的高惠连迁学于郡西育材坊附近，此后近百年旧址未复。宋绍兴七年（1137年），乡绅张读（闽安溪人，绍圣四年以上舍生擢第）撰、李邴（退官在籍宰相）书之碑文《泉州重建州学记》猛批高氏迁学让士气伊郁。[4]绍兴七年（1137年），刘子羽"委教授戴伟、驻泊张谨共董其事。……又赎庚门旧地，以揖紫帽峰之峰。横跨石桥，因南溪支流入自巽方，遂凿长河，浚青草池，纳潮汐于桥之下，则学宇告备矣。……阅十旬毕工，縻金钱五万余缗，公帑民力，无丝毫扰父老，士民乐输金经犒"。绍兴十八年（1148年）叶廷珪以兵部郎中出知泉州，又辟通淮水门，引巽水入城，曰"今通此水，后必有魁天下"。[5]绍兴二十九年（1159年）秋，学宫瑞莲堂"堂下池产双莲，郡守辛次膺以诗纪瑞，是年梁克家领乡荐第三，明年（1160年）廷试第一，不下十年，官至宰辅"。[6]嘉定癸未（1223年），太守"宋钧一大修之。越年，王胄省元。又越年，登进士者二十二人。淳祐丁未（1247年），守陈猷又大修之，其年，吕中省魁。越年，登进士者十九人"。[7]泉州士绅将两宋"气不士振，殆几百年"的责任，归咎于高惠连"呈私憾西迁"之举。在更移儒学中，退官绅衿张读、李邴、柯述以及儒学教授们的意见可谓举足轻重。地方官刘子羽、叶廷珪等的改造，不过是在弥补高惠连所欠"风水债"罢了。

1. 清康熙《漳浦县志》卷四《重辟傅公河记》。
2. 清康熙《漳浦县志》卷七《学校志》。
3. 〔明〕何乔远：《闽书》卷三三《建置志》。
4. 清道光《晋江县志》卷一四《学校志》："惟学宫之建，在州城南之东门，直于庚以阔通衢，擅山川之壮气，践槐袭衮，元勋伟节，世有名人。厥后太守高侯逞私憾，迁而西之，衣冠遂减畴昔，鼓箧来游者，每愤惋焉！舍法之初（按：崇宁兴学），升养士之额，厥地褊逼，不足以容冠履。"直至大观三年（1109年），"乡先生龙图柯述解组还乡，狥枌榆之舆情，审芹茅之故址，乃扣州牧，自西而东，今学是也。然广轮早延袤，而基址卑下，时浸淫坏屋壁者屡矣。加之行门隙地，以给编户，未仍旧贯，生徒讻讻，至偿狱讼，竟以居民高赀沮格不行，不获已经委巷而出，士气伊郁，积年于兹"。
5. 清乾隆《泉州府志》卷一三《学校一》。
6. 《诗山凤坡梁氏宗谱》，第49页。
7. 清乾隆《泉州府志》卷一三《学校一》。

续表

序号	名称	庙学风水整修事宜
		按传言，高惠连祖父高号知军州事，时汀州山民作乱，进犯泉州，高号领兵作战，殉职于古陵坡。高惠连知泉州，欲送其祖入文庙乡贤祠未遂，憾缙绅梗阻，故有迁庙泄私愤之举。[1]志书妄添高氏另一"呈私憾"之事，即高氏于北宋大中祥符四年（1011年），击断笋江石笋为二。[2]石笋（石祖）由五块石头组成，高3米多，底周长4米多，可能是婆罗门教遗物（图6.5）。但泉州士绅视为"有关文物"，泉州府山川坛亦置此。据宋王象之《舆地纪胜》称："清源紫帽，素标图谍之传；石笋金鸡，屡谶衣冠之胜。"另石笋位处"乾冈亥骨（西北方），有双龟赶蛇之象"，"蛇冈蹑龟背"。石笋更关生殖崇拜，俗谓妇者至石笋处触摸、膜拜，即应之如响。宋熙宁二年（1069年）王安石所撰高氏墓志铭，话语迥然不同："（高惠连）改朝奉大夫，知泉州军，乃移学于育材坊。后岁贡裁得人，泉为多士，或者以为兴学之所致也。士人德之。"[3] 上述针对高惠连破坏庙学风水的"历史话语"，不过是士绅执着于科名心态的生动写照。其一，在高氏改迁之百年间，泉州科举虽不及他邑，尚属人文渊薮，如若真的"衣冠遂減畴昔"，以当时经济水平和绅衿之势力，势不可能如此"愤惋"百年之久，何况所迁之地只"去旧学四十余步"。[4]其二，绅衿柯述议改迁儒学时间（1109年）在北宋崇宁兴学（1102年）后不久，而"舍法之初，升养士之额。厥地褊逼，不足以容冠履"，故所谓"呈私憾"说和"士不气振"说，可能是士绅为扩大学校规模的借口，并与之惓惓于旧学风水形胜有关。绍兴以降科举之盛佐证了旧学风水更佳之辞，士绅当然"众口铄金"了。

2. 明清时期的庙学

明朝建立后，明太祖为了"正风俗"与"育教化"，诏令各地立学，[5]并让士子科考成绩同地方官员及儒学教官的考核相互挂钩。[6]清代各府州县亦有贡监制度，岁贡的名额与方法类同前朝，地方儒学教官根据岁、科两试考核优劣来奖

1. 傅金星:《泉山采璞》，泉州鲤城区地方志编纂委员会，1992年，第140页。
2. 清道光《晋江县志》卷二八《职官志》。
3. 《安海志》卷二五，1983年修订本。
4. 清乾隆《泉州府志》卷一三《学校一》。
5. 《明史》卷六九《选举志》："选举之法……学校以教育之，科目以登进之，……学校则储才以应科目者也。""科举必由学校，而学校起家可不由科举。"
6. 明洪武十八年（1385年）规定，若府、州、县岁贡生不中式者，提调官吏以贡举非人律，教官、训导罚俸一。贡不如期者以违制论。洪武二十四年（1391年）规定，若选贡生员不中式者，有司官任及三年论如例，二年者停俸半年，一年者停俸三月，学官无分久近，罚如例[《明太祖实录》卷一七四，洪武十八年（1385年）七月甲申条，二十四年（1391年）七月庚子条]。洪武二十六年（1393年），又"定学官考课法，专以科举为殿最。九年任满，核其中式举人，府九人、州六人、县三人者为最。其教官又考通经，即予升迁。举人少者为平等，即考通经亦不迁。举人至少及全无者为殿，又考不通经，则黜降"。(《明史》卷六九《选举志一》)

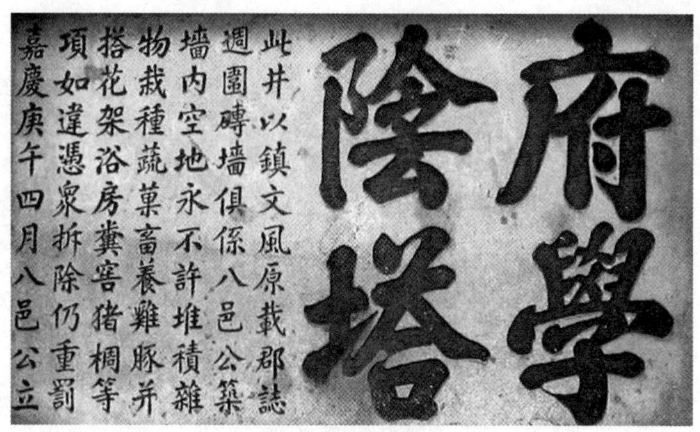

图 6.4　汀州阴塔井碑

（长汀县人民政府内）

图 6.5　泉州石笋

（泉州城外笋江边）

惩。为科举计，更为仕途计，地方官员及教官大多重新注重学场的风水营造。对于士子而言，学场风水吉凶关系科举功名等切身利益，更不容忽视。明清时期几乎所有府、州、县庙学之象征营造，都有风水因素涉入其中，涉及周边环境的整体改造。试就龙岩、漳浦以及泉州庙学略做分析（表 6–2）。

大体而言，明清福建儒学的迁建比例并不太高，大多像龙岩、漳浦县学一样，只是在原址做些改建并整治周边环境。明代由于各种原因而迁学的有邵武、建宁、泰宁、光泽、建安、建阳、尤溪、瓯宁、福宁、福安、长汀、武平、上杭、安溪、龙溪、平和、永春等地，集中于闽北、闽西南、闽东等经济和文化较不发达地区，亦即科举业绩相对较差的地区。

表 6-2　明清庙学风水整修案例

序号	名称	庙学风水整修事宜
1	龙岩儒学	明代福建莆田中举人（1596 人）和中进士（514 人）者甚众，而龙岩县中举人者仅 44 人，中进士者仅 13 人。清代龙岩州中举人的人数略有回升，也只有 184 人。[1] 地方官及绅衿勤于修补儒学风水，与科举落后有一定关系。 龙岩儒学经叶琇卿卜定地址后，明清两朝虽未再改迁，但为了兴人文科举，地方官及绅衿修正了部分建置。明建文四年（1402 年），知县吴子升曾“塞后巷，以避牵射”[2]，“儒学旧门右逼高冈，前蔽民屋，识者病之，恒议更移焉。……洎书生相度之，乃曰东向而南行可也。又建牌坊以匾儒学，望见独秀峰如卓笔”[3]。 明弘治七年（1494 年），知县黄廷圭建应奎楼。嘉靖三十四年（1555 年），知县汤相重建儒学，“更子午向为壬丙向”[4]。 清雍正十三年（1735 年），知州张廷球大集绅士重修儒学，州内董事绅衿如原上杭训导吴烜及生监吴卓等 20 余人踊跃捐资、捐地、督工。“先是庙门外无余址，狭隘弗称，乃扩其基，改建棂星门，移凿泮池于其外，绕以垣，疏西城龙川之水入焉，俾永不涸。又设文昌阁于殿之左，以为拱卫。”[5] 入清以来，学宫射圃久废，居近者竞遗煤土，士绅谓“是地为学宫来脉，形势家以不扫除，建亭可为学校虑乎”[6]。道光三年（1823 年），署州麦祥与士民一道共建观德亭。

1. 龙岩及漳浦中举人数，参见刘海峰、庄明水:《福建教育史》，第 154 页、161 页和 212 页。
2. 清光绪《龙岩州志》卷二《规建志》。
3. 〔明〕苏鏸:《建应奎楼记》，清光绪《龙岩州志》卷一六《艺文志二》。
4. 清光绪《龙岩州志》卷二《规建志》。
5. 〔清〕周学建:《重修龙岩学宫记》，清光绪《龙岩州志》卷一六《艺文志二》。卷二《规建志》:“选贡杨际会等公店一所，呈请充学。……贡生杨文焕店房一间，以明邑人训导连瓒充学公用。……生员蒋隆颖店一间早有充学议，未及行而殁，其子贡生蒋羽仪等呈请折，不愿取偿，以成父志。……生监邱天佑、邱天士以父例贡，邱钤遗命充遗金五十，将空基概筑灰坪，并修崇圣祠”，“学宫明堂轩敞整齐，获睹离明之象”。
6. 民国《龙岩县志》卷三〇《学校志》。

续表

序号	名称	庙学风水整修事宜
2	漳浦儒学	明清两朝漳浦的科名尚好。明代中举人的人数达到 288 人，列全省第 7 位，中进士人数达到 109 人，列第 4 位。因地方文运尚属通畅之故，漳浦儒学规制也未经大的变故。官绅关注的重心是清理傅公河。 漳浦绅衿林海［嘉靖八年（1529 年）进士，官至南京礼部郎中］《重辟傅公河记》称："文运之通塞，人才之显晦，气脉攸系，则当有翘材颖质出而应山泽通气之兆者"，"傅希龙治浦无他政，独存辟河一事，古今称颂"，宜"列名宦祠而俎豆之，以为政知所先后"。[1] 明嘉靖改元后，漳浦"文名日逊"。明嘉靖五年（1526 年），"吉水周候仲视篆至，庠士请益力"。嘉靖七年（1528 年）傅公河复建，历三年之功方竣。清康熙三十二年（1693 年），生员蔡来朋等亦鸠赀疏浚。
3	泉州儒学	明清泉州士绅出于振兴人文科第的利益需要，从未停止过对学场的象征营造。泉州庙学既"受盛山川，而人事气数又常若偶相值者"，[2] 故而沟通学宫泮池"巽水"必须保持畅通，以通文运。 明嘉靖三十二年（1553 年），"知府童汉臣浚内外沟河……大抵沟、河、池、濠相为表里，而要于庠校人文有关，或谓郡清源山嵯峨属火，在得诸水制之"。明隆庆二年（1568 年），"知府万庆又大浚之，……由此河之浚，于科第人文尤有关，非徒为民利已也"。[3] 清康熙五十二年（1713 年），晋江县扩清桥沟勒石志曰："洙泗桥卦沟流自巽方，汲引海潮，贯通泮水，历载郡志，为通郡发祥之地，邦之人文攸关。"[4]
4	光泽儒学	明清地方官员、儒学教官、士绅积极参与儒学风水的迁建、改建活动中，光泽儒学堪称典型。有明一代，光泽中举者仅 22 人，中进士者仅 3 人。[5] 但光泽儒学的迁建、改建活动，并不仅仅与科第人文有关，亦有各方的现实利害冲突掺入其中。 据清光绪《光泽县志》卷九《学校略》，光泽儒学在县治东南，最初南向。明成化五年（1469 年），教谕陈原以学逼重冈（望高山文笔峰）请于提学道游明、知府盛禹改学东向，谓"前临凤沼鸡山，后据贵峰天马，其左右龙山笔峰皆若跃而来趋拱，而附气象雄深，方位亢爽，盖一邑之胜处也"。此次改学，董其事者县丞陈隆相，协之者主簿陆义、教谕陈源、训导祝安也。"弘治元年（1488 年），知县刘俊谓学宜南，先改学门。及正德十二年（1517 年），知县钟华始正南向。嘉靖四十五年（1566 年），复迁西门外龙兴观，北向，于时知县黄楷、教谕张岩、训导梁卓而志不及。盖里人不典之为也，故不几时而定今址焉，今址在县署西数百武故杭川驿也。万历十二年（1584 年），徙学于此，南向，而移驿于前址龙兴观。三十八年（1610 年），知县罗希尹又以学虚后蔽前，改坐亥向巳，仅竖四柱。"

1. 〔明〕林海：《重辟傅公河记》，载清康熙《漳浦县志》卷四。
2. 清乾隆《泉州府志》卷一三《学校一》。
3. 清乾隆《泉州府志》卷一三《学校一》。
4. 详见《泉州文庙洙泗桥示禁碑》，载郑振满、丁荷生编纂：《福建宗教碑铭汇编 · 泉州府分册》，第 235 页。
5. 刘海峰、庄明水：《福建教育史》，第 154、第 161 页。

续表

序号	名称	庙学风水整修事宜
		在儒学的改址及改向活动中，以县令罗希尹等为代表的地方官僚考虑更多的是“利县”而非“利士”因素。据说“先师庙坐亥向巳，进前而对展诰，接祖脉也。旧殿毋甚高峻，以县治白虎之说，高则利于士，不利于县”。明万历以降，光泽诸生屡请兴修儒学而不获，大抵与“不利于县”的因素有关。直至县令汪正谊到任后，称“士苟利于吉，就如之，命高其制”。冯挺为此叹曰：“事闻人实重地，非地能重人。学宫改建，已称得地，而有如人事不修，岁华虚度，徒望幸地灵以庶几一遇，则无是理矣。”因僧（应试士子）多饭（科名）少，未成志者自然有一种“酸葡萄”的心态，而拳拳于儒学堪舆气数之说耳。[1]

3. 宋元以来的书院

宋元以来，书院的建置同样融入了士绅阶层的人文抉择和价值意向。朱熹曰：“所谓太学者，但为声利之场，而掌其教事者，不过取其善为科举之文，而尝得隽于场屋者耳。士之有志于义理者，即无所求于学，其奔趋辐辏而来者，不过为解额之滥，舍选之私而已。师生相视，漠然如行路之人。”[2] 透过风水这类符号，书院更被设定为一个富有“文明气象”的文化空间，一个攸关科第人文的意义世界，一个实现士绅自我价值的象征世界。明清以来，地方官员暨士绅，举凡书院的兴修，皆用力甚多，多重视风水选择，或者专门选择在城邑的东南方位，以兴文运。当然，士绅也有借书院的教化，以推动地方社会的“有机团结”。而围绕着书院，或新建或改造或迁移，不一而足。书院兴修或改易事件，既是地方精英的科举动员，也是联合乡谊的方式。（表 6–3）

1. 清光绪《光泽县志》卷二三《高士传》曰：“（上官灿）坦坦施施，宠辱两忘，盖知自贵而有以乐其乐也。年七十有一子曦，道光壬午（1822 年）举人；孙懋，本乙未（1835 年）进士，官刑部主事。论曰：‘上官氏三世儒书而为诸生处，曦始又年五十始得一举，盖科名若斯之难也。’而懋本遂成进士，官刑部。人曰：‘城南先垄地脉，当得甲科，须至某运发耳。’呜呼！舍人事而功地脉，言已不经，又乌知其先世宿幽光，所以朐躬寿后者，其来有自哉！太史公作《蒙恬传》，讥恬遇诛，归罪地脉，形于论赞畬，于是传窃取其义焉。”
2. 〔宋〕朱熹：《朱文公文集》卷六九《学校贡举私议》，《四部丛刊初编》缩本，上海：商务印书馆，民国二十五（1936）年。

表 6-3　风水与书院兴修案例

序号	名称	风水与书院兴修事宜
1	晋江一峰书院	据知县黄昌遇《重修晋江县一峰书院碑记》，明嘉靖年间，翰林院编修、泉州市舶司提举罗伦谪居之所。清乾隆十六年（1751 年），黄昌遇重修一峰书院，以“院为郡城入脉，山名虎头，清源为之障，紫帽为之楫，敞而高矣。……书院既兴，来学萃止，廓而有容矣”。据潘思渠《重建晋江县梅石书院碑志》，嘉靖八年（1529 年）巡按御史聂公豹改城北净真观为一峰书院。乾隆黄昌遇重修，“城北书院形胜为郡城最，且阶前一石如梅花形，前代有‘梅石开，状元来’之谶。开之者罗公，而应之者龚若庄公也。今复开之，必当有接武而兴者”[1]。
2	德化丁溪书院	书院始建于明嘉靖丁未年（1547 年）。德化之有丁溪，亦以纵横似丁字也。夫丁于五行属火。《律历志》曰：“明炳于丙，火盛于丁也。”《邑乘》又曰：“水流丁，罗簪缨。”则人知其文明之应，久矣。[2]
3	漳州养正书院	明隆庆六年壬申（1572 年）倡建。书院“内隐外叠，淑气萃焉。文山卓立于前，与石壁、凤凰列而为三”，其形势被视为“真学宫之选也”，而“建书院以萃众材，假地灵为国得俊焉”。“天将兴一郡之文教，故间贤以帅之，选胜而居之，豫养以习之。”[3]
4	龙溪丹霞书院	八卦楼当城东南，其始建于明万历六年（1578 年），太守罗公青霄与司马罗公拱宸以东南巽方洼陷，不可无突起之峰，而巽于卦位离明所由进也。迨海氛兵火以来，残基遗迹亦埸为平壤矣。乾隆二年（1737 年），嗣守刘公良璧相势度形，与绅士王公材等谋新之，培石而上，基与城齐，三层八面，漳之胜可周览得也。因其下有深池绵亘，夹以旷地，遂于池之西购书院，……隔池遥对为魁楼，由魁楼逦迤而北，为半月楼，取月之恒亦渐进而明之义也。与八卦楼参差峙工，成萃英才于中，延有文行者主师席焉。[4]
5	福宁石湖书院	宋先儒陈石堂，以邑之主山白鹤峰为火星峰，为木。木火见而火患炽，买地凿湖压之。又凿压星池，直十二丈，应十二月；横二十四丈，应二十四气；方围七十二丈，应七十二候。池中有七星石，应斗壁诸文宿。架桥建亭以接地脉。……乾隆二十四年（1759 年），郡守李公拔因公至邑，周览其地，惊曰：“此水星文风也，若设为书院，人文必盛。”因刻石湖二大字于石，并令知县楚文暻重葺祠宇，多栽竹木，以为修书院地。[5]
6	福安甘堂保书院	清光绪戊寅四年（1878 年）正月初七夜，甘棠堡北门外文光书室毁于火，或曰祠丁不戒，或曰火由人纵，疑义丛生，言之凿凿。然查是时室无驻守，乡人惑于风水之说，以该处建书室隔断龙脉，为北城居民所不利，谋所以毁之已久，故有是举。嗣是不旬日北街巷已兆焚。如二三月间，迭生火患，屋宇被焚甚多。居民一夕数惊，谣言远播，皆以神示咎征，将降大罚，祸犹未艾也。于是，监生陈鸿鏕、生

1. 民国《晋江县志》卷十四。
2. 郑振满、丁荷生编纂：《福建宗教碑铭汇编 · 泉州府分册》，福州：福建人民出版社，2003 年，第 918 页。
3. 郑振满、丁荷生编纂：《福建宗教碑铭汇编 · 漳州府分册》，第 90 页。
4. 清乾隆《龙溪县志》卷二四《重修八卦楼丹霞书院碑记》。
5. 清光绪《福宁府志》卷四下《地理志》。

续表

序号	名称	风水与书院兴修事宜
		员范宗正、贡生刘观翔、监生刘春山等，议为祷祈，特邀举人张如翰来甘主其事，即召集各界会议，佥以倡捐募建，疏陈上祷，或可弭灾。举人张如翰亦深然其说。一时输捐，略无难色，认数集八百余元，谨书之簿，随议基址未决暂停。举人张如翰以兴学为心，考乡之北麓，旧为洙溪庵，为朱子过化之区，遗迹尚存，宜建书院于该处，命名仰山书院，以寓仰前贤之意。[1]
7	南安诗山书院	清光绪壬寅年（1902 年），戴凤仪等倡重修。戴曰："诗山发脉于天柱，归宿于诗口，此全局所系。如手足头目之一气相连也。惜当时结社建祠，而刘林、码头一带未与其间，地脉虽一气相连，而吾人之气谊则不无杆格。予自创成书院后，每以芹山为欧阳毓秀之乡，资福为欧阳挥金之院，诗口为诗山锁钥之村。同属名区，何分彼此？今既奉四门为闽学之祖，而犹使四门故里之多士，不尽入讲舍之瓣香，岂所以示大公之意焉？尝谓诗山一隅，天目犹头目也，高盖犹腹心也，诗口犹手足也。医书以手足萎痹为不仁。程子曰：'手足不仁，则气不贯。'今诗山祀事方荣，教泽方新，而刘林马头一带仍叹向隅，是何异头目、腹心之气已通，而坐视手足之气不贯也？可乎哉？予恻然于心，延鼓励岁贡生陈君宗尧出为醵金，以充书院公赀，以联诗山气谊。"[2]

三、乡族士绅与文教空间的风水改良

宋元以来，乡族士绅除特别关注儒学、书院等学场的风水营造外，亦常将郡邑内其他人化的环境或设施，构建为一邑所共享的象征空间。这些被改造的人文空间秩序，是士绅阶层文化心理投射的成品。风水术数这样的"文化游魂"，为士绅提供一套追求理想生活的意义设定和象征图像，从而强化了士绅追求名望和身份的心理需求。士绅善用风水话语以营造地域空间的"形势"，从而达成自身"利益最大化"。

士绅参与地域文教空间的风水改良，是士绅投身地方"公共领域"（包括公益事业）的组成部分，为其在地方治理中提供一个自我展演的场域，既有助于士绅在私人领域获得晋级功名的动力想象，又帮助他们在公共领域积累地方的声望。这种文化实践风险性极低，还有助于掌握地方主流的"公共舆论"，也是士绅借用地方记忆媒介进行话语构建的策略。士绅对地方学场空间秩序的营造，集中于两方面：

1.《甘棠堡琐志》卷上《起建仰山书院事由记》，第 54—55 页。

2.〔民国〕戴凤仪：《诗山书院续记》，民国《诗山书院志》卷三。

1. 保护和修补攸关文运的龙脉

按传统风水形法派的观念，龙脉聚局大抵有三种，大聚为都会，中聚为大郡，小聚为乡村、阳宅及富贵阴地等。就福建各府、州、县而论，龙脉大多属于中聚局。龙脉聚局与各府、州、县的文运兴衰密切相关，最忌妄加穿凿。若是构成各府、州、县之聚局的来龙遭受戕害，令地气发泄，一邑的气运和文运便可能会一蹶不振，是故一邑龙脉历来为王朝时代的地方政府和在地士绅所关注。而攸关文运的邑龙并不是完美无缺的，如何修补龙脉同样是一桩要事。特别是保护学宫或书院等学场的来龙以培地脉，往往成为在任官员和乡绅的心结，他们经常会以竖立示禁碑的形式加以提醒。有时士绅也借此来凸显自己的身份特权或利益。保护龙脉的举措毕竟满足了士绅对邑内人文科举兴盛的想象与期盼，并在一定程度上推动了地方文教的发展和地方自然生态的保护。

一方面，在各种县志、府志、族谱之中，我们很容易找到由地方政府正式颁布的保护龙脉的告示，主题全是龙脉攸关一邑一乡的“气运”“文运”“文物”云云。明万历辛卯年（1591 年），莆田县发布示禁令，声称“自梅峰铺至长寿铺一带地方，俱属本县来龙，不得起盖牌坊，致伤地脉，谨告来者”云云。[1] 明代嘉靖年间，漳浦士绅为了振兴科举，积极参与修补县邑龙脉“过峡”崩损之处。[2] 同治七年（1868 年），永春知州翁学本根据乡父老之请，发动各姓士绅，修筑永春“学龙”“文笔”大鹏山顶，以期振兴当地人文科举。[3] 清嘉庆年间，泉州府郡守徐汝澜曾经以“泉郡东关外后茂乡地近清源山乃系发源入脉之所”和“永春、仙游交界之白鸽岭（鹁鸪岭）亦系泉郡发源之处”，发布示

1. 《禁建牌坊碑》，载郑振满、丁荷生编纂《福建宗教碑铭汇编 · 兴化府分册》，第 185 页。
2. 清康熙《漳浦县志》卷七《奠龙脉碑记》：“漳浦龙脉发自平和县之矾山，逶迤数十里而至铜壶山，起摩顶山，是为邑之宗山。将至铜壶处，列三台而过峡，奇甚。有蜂腰鹤膝之状，阔仅百尺，长如阔之数而加三。峡之左，其下有田，田畔有溪涧。耕者移溪涧于峡麓，岁久址啮，土崩不可支。阔之圮者三分有二，长如其数，盖十余年于兹矣。迩者，邑大夫偶有不虞之变，而乡绅家耗灾特甚，科第稍啬。曩者堪舆家以祟在峡崩脉损，告于前令皖城杨公。杨公会乡先生诣视之，果若所言，恻然倡筑补之议，捐金率先，士类响应，乃如阔、长之数，砌筑石基。方就绪，杨公以迁官去。嗣令慈溪王公至，士民申其说，王公复会乡先生往视，命移溪涧于田中，毋如前之伤麓，指授方略备至。……令多种树于新筑处，以备盘节障土之助。加意计划，复佐以罚锾。……助工者，乡绅、孝廉、国邑学生、巨客各捐金有差。”
3. 〔清〕翁学本撰：《修筑永春大鹏山龙脉碑记》，详见本书附录三，笔者手抄。

禁告示，不允许在两处“挖掘窑土，开筑礐厕，致伤源脉”。[1] 当然，有些示禁碑是由各社乡耆会所共立的。如同治三年（1864 年）漳州“石坑山示禁碑”就称“此石坑山系开漳圣王庙地，亦寨里社行龙过脉之处，不许茔葬开剥，违者共系之”云云。[2]

另一方面，地方士绅结合地方政府，以风水名义保护本地的文教场所及周边自然的林木生态。民国《建阳县志》卷三《杂录》曰：“蓄留树木庇荫风水之说，似更屡不经，然草夭木乔亦足以壮山川之色，自不应听其旦伐焉。”清代建阳士绅为了文运兴盛，借助官方权力，或掌控山林，禁止乡民砍伐；或与民争讼，堵塞樵采小径。[3] 清乾隆年间，屏南知县沈钟新于城内紫山之麓设义学，并捐俸于后山及左右两岗栽插杉竹，“不独可荫庇风水，而日久倾颓，亦可藉为修理之资焉”，“堪舆家咸谓地灵尽萃于此，科名之盛定当甲于他邑云”。[4] 乾隆五十五年（1790 年），漳州南靖县高树门社的乡绅提请地方政府，声称“高树门社旧植柯木，遮蔽风缺，干系通社风水，大观居民命脉，培滋十八世，通邑周知”，要求合行示禁。[5] 莆田黄石水南书院存有示禁碑，鼓吹青山“为黄石二十四铺主山，实红泉书院风水所关系。曾经先人栽培松树、竹、梅，以资遮荫，于是文运兴隆，科名不辍。谶云：‘青山青，黄石山下出公卿。’自昔兵燹之际，树木被火焚烧，以致风水伤碍”云云。清同

1. 《后茂乡告示》，载周学曾等纂修《晋江县志》（上册）卷四，晋江县地方志编纂委员会整理，福州：福建人民出版社，1990 年。
2. 郑振满、丁荷生编纂：《福建宗教碑铭汇编 · 漳州府分册》，第 504 页。
3. 民国《建阳县志》卷三《杂录》：“童游龟山，盖学宫之来龙也。山下旧有甃石，大路东通浦城，山间过峡处乃里人樵采小径，行之日久，渐成孔道。乾隆间，绅士以此径有碍学宫地脉，呈请堵塞。嘉庆十八年（1813 年），里人醵金甃石，改为大路，于风脉益碍。丙子（1816 年）、庚辰（1820 年），绅士以堵塞先后请为县，而里人出而阻之，遂至构讼连年。道光元年（1821 年）十二月中旬，署建阳县知县刘公俊哲自行履勘者三，然后于是月之二十五日传集勘讯，详请堵塞。次年春，复蒙署建宁府知府尚公维昂勘讯，如县详请，并蒙闽浙总督庆报可。是年，署建阳县张公兴仁即于过峡之东西两入径处，奉檄结石礁堵之。”“登高山，县治之主山也。嘉庆初，署建阳县知县曾公选遇于北关山麓之临街作培坊，其一在西关外桃源洞口，盖禁人之樵采以培地脉也。续经莆田县儒学教谕、邑人詹翰等请于县，以是山付文昌庙值事管理，而立碑于庙之左。道光初，文昌庙值事召人补植并请申禁：‘有敢于此山妄伐一木者，必予责，以示儆。’”
4. 〔清〕沈钟纂修：《屏南县志》，屏南县地方志编纂委员会点校，1989 年，第 10 页。
5. 郑振满、丁荷生编纂：《福建宗教碑铭汇编 · 漳州府分册》，第 1369 页。

治十三年（1874年），一批生员、增生、廪生佥议捐赀，“于该山内仍旧培植松、竹、梅等树，留为遮荫风水。经邀同各乡耆老，写立禁约，遍帖告明，免遭蹂踏，冀易成林”[1]。

2. 兴修或保护“发科甲”之建筑

清福州高衡士（高见南）《相宅经纂》：“文笔高塔方位”条云：“凡都、省、府、县、乡、村，文人不利，不发科甲者，可于甲（东方）、巽（东南方）、丙（南方）、丁（南方）四字方位上，择其吉地，立一文笔尖峰，只要高过别山，即发科甲。于山上立文笔，或于平地建高塔，皆为文笔峰。”[2]清康熙《连城县志》卷八曰：“今寰寓用堪舆家言，按位辨方，往往创建浮图以代之。”为了兴文运、昌科举，士绅常在案山或水口山修建文昌阁、文峰塔、奎星塔、文明楼，或将寺庙的高层建筑改造为文笔峰。士绅并未将科甲之发达归结为学人努力的结果，反而以为是学宫、文笔峰、文昌阁的气运的显发。为了村舍、郡邑乃至全省的文运，地方官僚及绅衿花费大量精力参与兴修、增补相关的山体或建筑。特别是文笔峰得以修复，他们对邑中文物复兴的自信心也跟着倍增。

唐宋以降，福建佛教相当兴盛，文笔峰信仰也刺激了不少佛塔的兴修（表6-4）。因位于东南方向（巽位）的佛塔（浮屠），经常被士绅视作文笔而得到倡导。明代清流人裴应章（官至尚书）曰：“今寰寓用堪舆家言，按位辨方，往往创建浮图以代之。”[3]士绅对破坏寺庙文笔之事，亦谴责有加。[4]在分析佛教寺庙的兴修原因时，我们其实不能仅从佛教信仰的角度来理解，尚应注意主导寺庙兴修的地方士绅热好科举功名的动机。清代署理直隶故城知县的沈绚，有一个涉及儒者之实用主义的表述，可谓中的。[5]

---

1. 《示禁乡民不得蹂躏青山松木碑》，载郑振满、丁荷生编纂《福建宗教碑铭汇编·兴化府分册》，第331页。
2. 〔清〕高见南：《相宅经纂》卷二《文笔高塔方位》，清道光二十四年（1844年）刻本。
3. 清康熙《连城县志》卷八上《文峰江》。
4. 清乾隆《永福县志》卷一〇《杂事》：“宋开宝初，建寺于越峰，晨昏钟鼓，与县漏相应，作桥以续西山龙脉，建塔于东南之水口，以象龙角，于是人文日盛，科第蝉联；闾阎殷富，甲于诸邑。元末，有善青乌之术者，见辱巨室，乃诳县尹，废寺毁桥与塔，以泄其忿，自此邑遂渐耗，然犹不至于大坏者，则有双溪水在也。”
5. 〔清〕沈绚：《建祥麟塔并修峰培龙记》：“余惟塔者，西域浮图也，我其从禅教乎？然贞观间

表 6-4　风水与文峰塔（佛塔）

序号	塔名	文峰塔兴修事宜
1	罗星塔	俗称磨心塔，位于闽江入海口马尾，宋柳七娘所建，明天启年间重建。塔位东南巽位，系插天文笔，涌地木星，“兴得古迹，重创石塔，以振文运事”。[1]
2	定光塔	又称白塔，位于福州九仙山万岁寺。据说系唐天复元年（901 年）王审知造。“此塔有关全闽文运，不可不新。”“凡科举年，先将定光塔顶杂木（乃胡椒树）删削，使文笔出现，福州多发解。”[2]
3	净光塔	原称崇妙保圣坚牢塔，又称乌塔，位于福州乌石山东麓，初建于唐贞元十五年（799 年）。“塔顶生树，枝梢撇撒，自是闽庠科目渐稀，……咸讶塔顶之树不利文笔。”道光己亥年（1839 年），郭柏苍和寺僧删削塔顶杂木，是科闽县叶修昌发解。
4	平和塔峰	平和学宫“独立峰微陷不称，议者谓宜有增补”，明万历二十一年（1593 年）“起塔工，自春逼冬，不十月而塔七级成矣”。“诸如一丘、一台、一观、一塔类，稗官小史所载，谣俗所传者，不可胜举，未有不人力运而地气随之者也。”[3]

慈恩寺建雁塔，而韦肇及第，题名其上，后遂沿为故事。《将乐志》引堪舆家言，巽方建塔，富有千图，而贵当极品。我其惑形家言乎？不知四象之内，东曰仁，西曰义，北曰幽，南曰明。仁主牛，义主杀，幽为鬼，明为人。生气盛则荣，人气盛则生。儒者之道，于生气则长，于人气则增之。凡以法天地之自然，而助其所不及。况为山九仞，语通为学，而龙脉之培，以后天补助还厥本来，是乃吾儒实用，固非惑于青乌之说，从佛氏之教也。”（民国《诏安县志》卷十六）

1. 〔明〕徐𤊹《兴复罗星塔呈词》曰：“兴复古迹，重创石塔，以培风水，以振文运事：窃维闽省雄踞海邦，地接女牛分野。晋安夙称首郡，家遵邹鲁遗风。九山基布于城中，列岫障开于郭外。迁城肇从晋代，登第盛于唐朝，由宋迄明，人文蠭起。沿今遡古，科甲蝉联，良由形胜。周遭水势汇流于马渎，山川绵结，屿浪关锁于罗星。山顶昔建浮屠，方隅正当巽位，插天文笔，耸龙角于东维，涌地木星，矗鳌簪于中柱。何期向岁遽见倾颓，遂致迩年渐由衰敝，秋闱拔隽，不侔往日之二三。春捷登瀛，亦减昔时之大丰。形家占地脉，咸谓咎有所归。郡乘志遗基，佥云事不可缓。倘斯图而因循弗举，年以复年，将文物之寥落可虞。”（郑丽生辑：《罗星塔文献》，1963 年手抄本）
2. 〔清〕郭柏苍：《记福州九仙山万岁寺定光塔有关文运》：“道光壬辰（1832 年）、甲午（1834 年）、乙未（1835 年），苍在乌石读书，石匠蒋学心亦以此说来告。壬辰以后三科，皆于六月架木塔顶，斧削繁枝。壬辰解元吴景禧、甲午解元林廷祺、乙未解元曾庆嵩，皆居省垣。己亥（1839 年）、庚子（1840 年）、癸卯（1843 年）、甲辰（1844 年），塔顶杂木又复芜秽。解元叶修昌、池剑波、曾照、叶耕心皆居省城。”（郭柏苍、刘永松纂辑：《乌石山志》卷三《寺观》，福州：海风出版社，2001 年，第 79 页）
3. 《平和新作塔峰及云龙精舍文昌阁碑记》，载郑振满、丁荷生编纂《福建宗教碑铭汇编 · 漳州府分册》，第 1501 页。

续表

序号	塔名	文峰塔兴修事宜
5	祥麟塔	清嘉庆年间，诏安“族孝廉沈丹清延请士绅于明伦堂，以治城巽方旧未建塔，南山大峰故址前明黎侯培之未竣、近时教场龙脉掘伤成坑，三者皆阖邑要工，谋次第经理之”，并征得地方官员捐俸支持，“一年之内，三事俱举”，以期邑人科甲蝉联而起。[1]
6	石矾塔	位于云霄入海水口，“形家谓之华表捍门，足以钟灵毓秀，故此地前明甲科极盛”。因被巨寇系船曳倒，“云霄文物由是就衰”，清士绅屡次募建石塔，“与将军山对峙，具天乙、太乙两峰，拱护胜概，以壮云霄舆图”。[2]
7	凌霄塔	位于晋江紫帽山补陀岩下，明嘉靖庚寅年（1530 年）所建，“以为文峰”，“江山布置，造物有方，峰笔中奇，紫云护秀，泉南文物，精神其百倍矣”。[3]
8	星塔	位于晋江安海镇安东村，重修于明崇祯癸未年（1643 年）。“夫塔以星名，言其高远接星辰，文明炳星日。其为文笔卓立，则儒学因之标题；其为砥柱水势，则民物因之康阜。……夫安平文物甲郡邑，而此地盘踞其上未里许，分余绪足陶铸。”[4]
9	关锁塔	位于石狮永宁海边，又称姑嫂塔。清乾隆戊戌年（1778 年）重修，“关锁塔者，泉南形胜也。位主离宫，焕文明之象；高出海甸，表堤岸之观”。[5]
10	凤山古塔	位于同安县凤山，“凤山石塔，为黉宫建也。泉山川磅礴，人物骏发，自郡治而外则首同安。其黉宫居邑治西北隅，而东南凤山拱矣。……邑侯徽歙洪公鸣琴……曰：‘兹宾山也，于方直巽且离，方连缀也。巽与离皆文明地，而突兀之观靡称也。顷者邑人文方隆起，顾自苏丞相（苏颂——注）后，大魁鼎辅尚尔寥寥，盖营笔峰而耸之，庶以助风气，干昌运。’遂度基建塔，捐奉为邑人倡。……经始于万历庚子年（1600 年）正月，即以是年七月告竣。”[6]

值得一提的是，在科举文教制度的刺激下，宋元时期清真寺钟塔一直被泉州的士绅和地方精英视作“文笔”而得以保存至今。

宋代，泉州学宫前修建过二所清净寺，皆因有碍风水而被拆撤。约在宋绍兴二十一年至二十二年间（1151—1152 年），阿拉伯商人所兴建的“层楼”遭到士子诉讼。[7] 约在宋代绍兴年间，学宫前面偏东处尚建有一伊斯兰教寺［或曰建

1. 民国《诏安县志》卷十六《修造南山大峰记》《建祥麟塔并修峰培龙记》。
2. 〔清〕薛凝度:《新建云霄石矾塔碑记》，载清嘉庆《云霄厅志》卷一七《艺文》。
3. 《紫帽山凌霄塔碑刻》，载粘良图选注《晋江碑刻选》，厦门：厦门大学出版社，2002 年。
4. 〔明〕郑之鹏:《重建星塔小引》，载郑振满、丁荷生编纂《福建宗教碑铭汇编·泉州府分册》，第 207 页。
5. 郑振满、丁荷生编纂:《福建宗教碑铭汇编·泉州府分册》，第 300 页。
6. 〔清〕黄凤翔:《新建石塔记》，载民国《同安县志》卷四。
7. “有胡贾建层楼于郡庠之前，士子以为病，言之郡。贾资巨万，上下俱受赂，莫肯谁何。乃群诉于部使者，请以属公。使者为其下书。公（按：时任泉州通判的傅自得）曰：‘是化外人，法不当城居。立戒兵官，即日撤去。’而后以当撤报。使者亦不悦。然以公理直，不敢

于北宋大中祥符二年（1009 年）]，即今通淮街清净寺，原称艾苏哈卜寺。其寺门楼甬道后的北墙嵌有阿拉伯纪年的石刻，记载该寺创建、重修的历史。明正德丁卯年（1507 年）丁仪书碑的《重立清净寺碑》则题清净寺创建于绍兴元年（1131 年），重修于元至正十年（1350 年），故有学者认为艾苏哈卜寺与清净寺是两个寺，现泉州清净寺是张冠李戴。[1]

泉州艾苏哈卜寺并非傅自得所撤的层楼，更未被“士子以为病”。其中原因就是它南临通淮街，北依护城壕八卦沟，刚好位于泉州府文庙巽位（东南方位）。[2] 按元皇庆二年（1313 年）农历十月，仁宗要求中书省议行科举，至十一月十八日（1313 年 12 月 6 日），下诏恢复科举，声称“举人宜以德性为首，试艺则以经术为先，辞章次之”，规定以朱熹的《四书章句集注》为设问的标准，并确立了蒙古、色目、汉人、南人分卷考试，各取二十五人的制度。延祐元年（1314 年）八月，各省举行乡试，按规定的解额上贡京师。延祐二年（1315 年）二月，各省乡贡进士 135 人聚礼部举行会试，取合格者五十六人。三月七日，仁宗举行御试，中选者五十六人，分别赐予进士及第、进士出身、同进士出身有差。此后，科举每三年举行一次，只在顺帝“后至元”元年（1335 年）至六年（1340 年）间中止了两科。清净寺在元至大三至四年（1310—1311 年）兴建高大的穹顶，刚好生逢其时，无疑刺激着泉州士绅重兴科举文教的想象热情。

问也。”［《朱子文集》卷一六《朝奉大夫直秘阁主管建宁府武夷山冲佑观傅公行状》，上海：商务印书馆，丛书集成初编，民国二十五年（1936 年）］今人考证，傅自得（南宋时移籍晋江，亦算乡党）知兴化军在绍兴二十五年（1155 年）七月，罢于十二月，其任泉州通判约在绍兴二十一年至二十二年（1511—1152 年）之间。受贿者可能是绍兴二十一年（1151 年）知泉州的南宋宗室赵令衿及其下官。（吴幼雄：《泉州伊斯兰教清净寺创建考证》，《鲤城方志》1993 年 12 月，第 66 页）

1. “此地人们的第一座礼拜寺，就是这座最古老、悠久、吉祥的礼拜寺，名称‘艾苏哈卜寺’，建于（伊斯兰历）400 年（公元 1009—1010 年）。三百年后，艾哈玛德・本・穆罕默德・贾德斯，即设拉子（中世纪波斯南部贸易城市）著名的鲁克伯哈只，建筑了高悬的穹顶，加阔了甬道，重修了高贵地寺门并翻新了窗户，于（伊斯兰历）710 年（公元 1310—1311 年）竣工。此举为赢得至高无上真主的喜悦，愿真主宽恕他……宽恕穆罕默德和他的家属。”［泉州海外交通史博物馆编（陈达生主撰）：《泉州伊斯兰教石刻》，第 3 页］
2. 吴幼雄认为，朱熹所说的“于郡庠之前”的层楼原建于罗城内，撤后迁至罗城外，乃“峙郡庠前”，即今通淮街之清净寺是也。清净寺建于绍兴年间，不是绍兴元年。（吴幼雄：《泉州伊斯兰教清净寺创建考证》，第 71 页）

考古发现，现存艾苏哈卜寺的主体建筑是元代重修的遗物，其门楼应该是中世纪阿拉伯、波斯所流行的伊斯兰形式。明清时代，礼拜殿曾修筑中国式屋顶。明永乐五年（1407 年），明成祖朱棣发布过针对伊斯兰教的“敕谕”，泉州清真寺亦有翻刻。[1] 此“敕令之宝”将伊斯兰教义与儒家义理相格义,对泉州清真寺的保护起着关键的作用。

是故，元明时期士绅视该清净寺为府城文庙的凤翼龙角，“兹楼之胜于文庙有关”，“实足表儒林之胜”云云，[2] 故多捐俸修复。在士绅的想象中，清净寺建筑空间的象征与传统宇宙观念是高度吻合的。[3] 清嘉庆年间，郭肇汾称清净寺“由寺而人传”，是促使泉州乡贤名宦辈出的形胜之所。[4] 清净寺得以兴修，并非由于

1. “大明皇帝敕谕米里哈只：朕惟能诚心好善者，必能敬天事上，劝率善类，阴翊皇度。故天锡以福，享有无穷之庆。尔米里哈只，早从马哈麻之教，笃志好善，导引善类，又能敬天事上，益效忠诚，眷兹善行，良可嘉尚。今特授尔以敕谕，护持所在。官员军民，一应人等，毋得慢侮欺凌。敢有故违朕命，慢侮欺凌者，以罪罪之。故谕。永乐五年（1407 年）五月十一日。”［泉州海外交通史博物馆编（陈达生主撰）:《泉州伊斯兰教石刻》，第 7—11 页］

2. “(清净寺）门以南为向，堂以西为尊，迭迭重重，规制异人间之庙宇，昂昂哙哙，翚革□天上之楼台。峙文庙之东，则如凤有翼而龙有角；崛武台之北，宛若虎斯隐而豹斯藏。一柱乾云，并紫帽峰而作对；七级凌日，参开元塔以为三。宁第壮法门之观，实足表儒林之胜。”(〔明〕李光缙:《景璧集》卷一一《重修清净寺募缘疏》，扬州：江苏广陵古籍刻印社，1996 年）

3. 明万历三十七年（1609 年）李光缙、宗谦甫撰《重修清净寺碑记》曰:“郡建寺楼，相传宋绍兴间，兹喜鲁丁自撒那威来泉所造楼峙，文庙青龙之左角，有上下层，以西向为尊。临街之门从南入砌石三圜，以象天三；左右壁各六合，若九门追琢，皆九九数，取苍穹九天之义。内圜顶象天，上为望月，台下两门相峙，而中方取地方，象人门。转西级而上曰下楼，南级上曰上楼。下楼石壁门从东入，正西之座曰奉天坛。中圜象太极，左右两门象两仪，西四门象四象，南八门象八卦。北一门以象乾元天开，柱子故曰天门。柱十有二象十二月。上楼之正东曰祝圣亭，亭之南为塔，四圜柱于石城，设二十四窗象二十四气。西座为天坛，所书皆经言。云登楼睇之，清源在北，鸿渐在南，葵山在西，灵山在东，紫帽在西南，宝盖天马在东南，凤山在东北，朋山在西北，众峰迤列，如屏如垒。溪水从西来，二长虹澜之大，瀛海汪洋。其东俯瞰城邑中，千雉如带，双塔插天，通衢曲巷，飞甍联檐；西望一紫在趾踵下。楼北有堂，郡太守万灵湖公额曰明善堂。以楼为正峰，横河界之通海水潮汐，短桥以济。异时教从每于月斋日登楼诵经，已毕退休于此堂之上。寺极观备是矣。……夫是以议修复之，非徒以区区灵光之迹也。是役也，郡大夫姜公，邑大夫李公谓兹楼之胜，于文庙有关，捐俸助修，及里中诸大夫君子相与协力成之。”（吴文良编著:《泉州宗教石刻》，北京：科学出版社，1957 年，第 24—25 页）

4. 郭肇汾《议募修清真寺引》云:“温陵郡南有宝刹巍峨上插云霄，势若翔凤者，……寺之关于温陵者，于文庙为青龙之端，于府治为玉案之祥。其地称名区，针英毓秀，有若夏（讳速忽，进士)、郭（讳德广，进士，太常寺卿)、黄（讳实，进士)、丁（讳仪越，弘治乙丑进

其承载的价值（信仰）合理性（非以区区灵光之迹也），而是由于其存在的工具合理性（与文庙有关）。

正是在科举制度和风水因素的共同左右下，清净寺被士绅赋予新的文化表征。在营造学场空间秩序的过程中，泉州士绅阶层其实是用一种相当实用化的表层性信仰，轻松地消解对外来文化的深层抵抗。在“工具理性”背后，也蕴藏着开放性的文化观念。[1]这种儒教文明与伊斯兰文明之间的冲突与融合的张力，既是宋代以来社会结构转型（诸如由贵族社会向士绅社会、平民社会的转变，中外文化交流的拓展和商品经济的发展，经济和文化重心的南移）的兆象，也是中国文化所倡导的“和而不同”观念富有自身免疫力的结果。

当我们考察外来宗教文化的“中国化”问题时，理应注意到儒家的士绅或地方精英具有高度的文化主体意识，懂得如何即体见用、即用证体，“借势”来转换文化空间的象征功能。围绕着风水术数的种种观念纷争和实践性的操作，正好提供一个切入点，让我们了解明清时期泉州本地“以儒释伊”，如何影响伊斯兰教地方化的进程。

总体来说，在受过儒学训练的士绅观念中，风水只是一种“术”而非“道”，[2]但道与术毕竟是统一的，风水也是助力儒学圣道的术数。地方儒学和书院是“学道”和“倡道”的神圣场所，而风水只是王朝乃至地域的文化命脉延续的精神助缘和象征资本而已。但风水可以“巧夺”天地恒常变易和运转的“势能”，创造出有利于地方的科举文教志业的“局势”，故士绅阶层的风水信仰，根植于天道与人道的贯通和统合，同样储藏着一种主动性的精神力量，堪称一种带有强烈的实用性需求的理性信仰。

士）、德（戊辰进士，知府）、林（讳潮，弘治乙丑进士，御史）、李（讳载赞，嘉靖），为乡贤，为名宦，皆由寺以人传，不其信欤？”（《郭氏族谱》，福建师范大学图书馆藏抄本）

1. 士绅将可能是早期婆罗门教遗物的石笋视为“有关文物”，亦是同理。
2. “地理之说，原属幽微。青乌之术，吾儒又目为小道，每不乐谈。凡为人子之事亲，必卜其宅兆，以安厝之，则营造不可不谨。”（《庄氏世系族谱》）

第二节　乡族士绅的风水取向与地方社会发展

近世以来，乡族士绅以风水为由参与地域空间秩序的控制与调整，其意图既可能是“外显的”，如意在维持、提升特定区域之尚人文、重科名的文化氛围，因而经常对发展地方文教事业有正功能；亦可能是“潜在的”，如旨在加强地方社会的文化控制，维持地方社会、经济秩序，因而也间接加速或阻滞地方社会经济的变迁。而乡族士绅以风水为由对地方经济开发的深度参与甚至干涉，除了源于内心深处的文化习惯之外，更多的是想要借用这种廉价的文化策略，来表达自己在地方公共领域的权威和声望。

本节拟利用碑刻及地方志，探讨乡族士绅作为一种特殊的“地方精英”，如何将“士绅”这种身份性的权威力量，同“风水”这种文化性的信仰力量有机结合，借助自己在地方的地位和身份，纳入自我文化想象的现世利益，从而深刻影响了地方的社会发展。而这种长时段的思想传统和文化习惯，其实以各种形式不时隐现于现当代的地方社会。需要说明的是，1840 年以后，外国势力觊觎中国矿产开发，乡族士绅以风水为由进行阻挡和批判的情形，并非本书关注的重点。

一、乡族士绅的风水观念与地方经济开发

文化是人地互动的重要媒介。从自然环境中获取赖以生存的生产和生活资源是人类的天性，但文化调节终究决定了我们借用什么价值标准来进行相应的取舍。宋元以来，在科举制度及传统风水观念的影响下，龙脉聚局常常被士绅视为关系一邑人事的吉凶祸福以及文运的兴衰。地方士绅更充分利用其所拥有的文化教养（懂得风水也是教养的一部分）及在乡族社会中的权威地位，借口风水龙脉遭受破坏，左右乡民或商人开矿、立水碓、取土石等非农业性质的生产活动。笔者试择录一些示禁文或杂录，略做分析。

1. 禁造船碓或水碓

明清时期，水碓的工艺在民间获得广泛运用，人们主要利用它来进行一些农产品的简单加工。这种满足百姓日常生活需要的民间科技的发展，当然会对周边的自然环境（如水系）及相关的商业活动产生较大的影响。

民国《沙县志》卷九所录清乾隆四十六年（1781 年）《禁船碓碑》（详见附录三）和民国《建阳县志》卷三《杂录》所载道光元年（1821 年）禁造卧牛洲水碓事[1]，堪称风水观念深入影响地方生产生活的典型。沙县士民请禁止船碓的原因有两条：一是水碓大碍水上交通，有伤县脉；二是水碓的发展加剧囤奇之弊，影响米铺的价格波动。而建阳士绅禁止在卧牛洲兴建水碓，理由有二：一是水碓离城太近会震荡地脉，有碍县治风水；二是水碓可能引发溃坝等生态灾难。

士绅将水碓之禁同县邑龙脉保护联系在一起，一定程度上阻碍了地方早期工商业发展规模的扩大，亦影响水碓的生产技术的改进以及水力的开发利用。当然，士绅强调水碓会减缓河流的流速并影响航运的安全，或水碓的使用可能导致堤坝崩损并危及城镇安全，亦有一定的科学道理，体现了一种朴素的生态安全意识。而士绅示禁水碓的举动，说明他们在基层社会中占据着主导地位，能利用官方权力来掌控地方非农业性的经济活动。

2. 禁采龙脉土石

明清以来，随着商品经济的发展，福建丰富的矿石资源获得有效开发。乡民出于维持个体生计或获取经济利益开掘砂土、石条，并未过多考虑事关全邑或全境的风水因素，或者生态环境破坏的后果。

福建地方志充斥着诸多的禁谕碑，诸如《龙溪县志》录明万历七年（1579 年）《禁谕碑》，《延平府志》录明崇祯戊寅年（1638 年）《禁煅文笔山石记》，《同安县志》录清乾隆十七年（1752 年）《同安阖邑绅士公禁应城山罗汉峰掘砂伤坏县脉碑》，《沙县志》录清乾隆五十二年（1787 年）《陶金山禁碑》，《晋江县志》录清嘉庆二十一年（1816 年）《后茂乡告示》等碑记（附录三），大多是士绅反对民间唯利是图、破坏文脉或破坏环境的讨伐檄文。

士绅之所以谴责并禁止掘土煅石等射利行为，一则出于对龙脉观念的信仰，

---

1. 民国《建阳县志》卷三《杂录》："卧牛洲，在北关溪中。堪舆家谓是洲为主山护砂，不宜听其濯濯。道光元年（1821 年）二月初六日，绅士乃劝谕居民繁植树木。迩来十有余年，遂已蔚然成林。近或于洲内小溪横筑一坝以束水，而于离城百步许之溪岸架造水碓，不惟冲断此洲，震荡地脉，有碍县治风水，而城垣下正当小溪之冲，尤恐春夏之交水涨坝决，城垣不无可危，现立卷约，折移架离城里许之北建水碓原基。嗣后自北建原碓基以下，毋许复行筑坝造碓，庶足以固城垣而培风脉。"

二则有切身利益的考虑。所谓“官多诖误，俗多忿争，士气颓坠，民风衰薄。弊盖有自来矣”，说的便是士绅想象中的龙脉或文笔山遭受破坏后的后果。由于士绅的示禁活动总包含着官方权力强制的因素，对明清地方土石资源的开发以及商品经济的发展是有所阻碍的。在现实利益的驱使下，这种示禁发挥的效果如何，也值得怀疑。如晚明所谓“奸商”在延平文笔山上的煅石射利是“厉禁不已”，泉州后茂山之挖石行径“前府禁示在案”。

当然，山地的矿石资源开发，会相应地对自然环境造成一些破坏。从可持续发展的角度来看，士绅以风水为由加以示禁，虽然在短期内的确阻碍地方经济开发，但毕竟有助于维持城镇周围生态的长时期平衡。士绅要求官方权力介入，一定程度上压抑了土地私人所有权的发展，从而保证了自然经济秩序的相对稳定。

3. 禁止开发铁矿、银矿

宋元以来，永安和永泰铁矿、银矿等金属矿产已获批量开采，并有政府的铁贡额。源自税贡的开采合法性，使得“射利者每借以滋蠹”“嗜利罔忌”。《永安县志》所录明万历二十六年（1598 年）立《禁矿祛弊记》（附录三）和清雍正年间立《严禁安砂开炉记》《永泰县志》所录禁绝银矿开采[1]，反映了近世金属矿业开采背后的人地冲突和生态危机的情形，以及士绅直面受损的生态环境时复杂的文化心态。开采银铁矿山，一则改变原生态的龙脉聚局（践蹂其植穗，挖损疆土），并影响到自给自足的自然经济（坏田畴）和科举文运；二则毁损不少家族祖坟（锄夷其葬髅），破坏宗法祭祀的传统。这些状况当然是以士绅为首的乡族势力所不能允许的。

---

1. 民国《永泰县志》卷一二《杂录》：“流俗犹传，宋元丰间黄叙（字子理，建州人）知永福县，览山川形胜，系以诗云：‘神仙宅有俦，形胜此堪修。白虎浑无足，青龙不断头。案山前磊落，玉柱后优游。最好双溪水，东南入巽流。’乃倡言十二都太原地方有银矿，命工凿山取矿，号其地曰银场。又凿开龙头为大路，名其地为龙江园。大建社稷坛于越峰寺后，越山堂前，曰：‘掘断拜龙山，令邑人永不得登玉堂。’淳熙丁未（1187 年），邑令赵君爱惜形胜，令银场及拜龙山之掘壤者，许民补筑。适新令林士宗至，遂罢其役。咸淳壬申（1272 年），旧令尹万石时为沿江大制置，心常念永福形胜未修，数寄俸资委官增筑，稍有可观云云。此真齐东野语也。黄叙为民父母，不应有此举动，且宋时开掘银矿，不独一永福也。据云淳熙时犹有修复。掘伤，何以乾道七年（1171 年）有三度状元乎？旧令尹黄万石书已去任，未必更系念为寄资修复也。种种疑窦，可不辨而明。亟补录之，以塞妄者之口。”

有关永泰禁采银的旧闻，更说明在科举时代和自然经济占主导的时代，官僚及乡绅在审视地方文化事业与经济发展方面，是有轻重缓急之分的。文运及科甲兴盛与否，无疑远重于银矿开采之事，这是由士绅所受的知识教化及所处的社会地位决定的。当然，地方官僚会同乡族势力倡议示禁，亦包含着有效维持地方秩序的目的（如“数乡民噪”的情况）。而掌控地方特权的乡绅同代表官方利益的官僚之间，利益上的合作与冲突是并存的。至于志书书写中的鄙夷和怀疑语气，则是时代观念变迁浸润的产物了。

明清以来，以风水为由干涉地方社会非农业性质的生产活动，亦与其争夺乡族社会的控制权和主导权有关。特别是在异姓杂居的乡里，家族与家族之间，乡族与乡族之间，常发生地方权益的争夺。以士绅为代表的乡族势力，每每以维护乡族的整体利益为借口，以提升其在乡里的权威与社会地位。风水观念是乡族士绅可以充分利用的合法化资源之一。

例如，浦城《重修徐氏族谱》录《二十八世富岭浚公传》[1]，详述势豪吴某购山凿石烧石灰，绅士徐浚为保护乡里的龙脉不惜争讼之事。按理说，矿山系由吴某从梅、古二姓购得，徐浚等人本无权利来干涉吴姓的开矿活动。然而吴某的开矿活动，毕竟增强了他的经济实力及在乡里的势力，从而挤压了其他族姓的社会生存空间。这是其他族姓所不愿意看到的，这从作传者的否定性的表述中可见一斑。

在鬼神崇拜及风水信仰甚盛的乡族社会里，徐浚、周世麒等托言山神寄梦及龙脉受损云云，较易获得乡里舆论的认可，使诉讼有了合理性。按同传，徐浚

---

1. 《祖传》：“公更有卓匕可传者。里有山曰葫芦，忝为梅古二姓之物。山下有潭深不可测，名曰白石，肖其容也。时有势豪吴某者，垂涎其山之利，诡买凿石烧灰，或谓开矿取宝，烧灰其托言耳。里人畏之如虎，莫可如何，幸山神有灵，致梦我公及同里世麒周公。明日，二公各述其梦，遂毅然曰：‘山石之凿，地脉伤矣。潭深壅石，水从街下，人其鱼矣。梦不诸他人，偏我二人，是属使用。不急起而力争之，非特无以对里人，亦且怨恫于鬼神。’慨然相议曰：‘用财之事，麒则任之；劳力之事，公则膺之。’遂与吴某构讼公庭。县主不能下，由是而府而道而省，数年之间遍控大僚，至后抚宪，公方息其事，价则给还吴某，山作一街公物，并蒙出示勒石垂禁。至今丰碑犹存，后之人犹得。登其山，苍松葱郁，挺秀可观；临其水，锦鳞游泳，涟漪可爱，皆公之力也。嗟乎！人有自处丰亨，乡里之事置若罔闻。公则急公好义，不为利回，不为威屈，跋涉山川，蒙犯霜露，视公事一如己事。其于人之贤，不肖何如乎？”（徐裴纂：浦城《重修徐氏族谱》卷八）

"时值家道亨通，父兄身皆游庠，公（徐浚）已纳粟入监矣。里人讥其铜臭，公闻之愀然自奋，锐志芸窗，及锋一试，即售其技，而后知向之非，笑我公者，正不啻玉成我公也"，可见徐浚虽贵为监生，最初并未获得乡里尊重。其孜孜于与吴姓构讼，也有借机改变乡人偏见之意图。"急公好义，不为利回"云云，与其说是一种"历史真实"，不如说是一种"历史话语"。

仅就传文而论，无论是徐浚还是作传者，都意识到开矿给生态环境带来的破坏作用。这种构讼虽不利于乡族秩序的稳定，却有助于山地水土资源的保护。

二、乡族士绅的风水观念与地方水利建设

福建水利建设受到风水术数重"地脉"观念的影响，起源甚早，多与城池建置有关，以为可通郡城的地气和血脉。史载晋太康福州太守严高置郡迁城，郭璞按图定议，城外凿东西二湖，周回各二十里，引东北诸山溪水注于其中。晚唐王审知引东湖水时，尝穿龙腰，术家以为主山蜂腰之脉，竟不敢而罢。晋以来，东西二湖主要用于灌溉农田。[1]宋元以来，士绅以风水为由干涉和控制社会经济的事件，最为典型的莫过于水利建设。风水术数特别强调"水"的作用，认为人身之血以气而行，而山水之气以水而运。[2]水利设施乃借人力改变山水之气（来龙）的走向及汇聚，与一邑人事兴衰与文教发展关系密切。随着科举业的发展，各邑士绅在倡议兴修水利时，莫不注重"气脉"和"水法"之利，并赋予各类象征性的诠释和谶纬式的印证。地脉观念蕴藏着对山川地理形势的科学理解成分，士绅的倡议并非都带着宿命的色彩。

"地理气脉有关文物衰替"的相关话语不仅是士绅价值理念的真实反映，也是士绅借以发展公益事业的有效手段，以便民举利，人争趋善。特别是士绅作为

---

1. 〔民国〕何振岱纂：《西湖志》卷一，福州：海风出版社，2001 年，第 1—2 页。
2. 大约成书于唐宋时期的《葬书》早有"风水之法，得水为上，藏风次之"之说（《景印文渊阁四库全书》第 808 册，第 15 页），黄妙应《博山篇》"概论相地法"条开宗明义："凡看山，到山场先问水。有大水龙来，长水会江河；有小水龙来，短水会溪涧。须细问何方来，何方去。水来处是发龙，水尽处龙亦尽，两水合绕是尽。或大合或小合，须细认。"其"论龙"条曰："山双行，水居中。水双行，山内拥。水界龙，龙之行，得水界，龙便止，何以故？气行地中，是曰内气。水流土上，是曰外气。外气界截，内气止聚。"（《古今图书集成》卷六六六《博物汇编 · 艺术典 · 堪舆部》，第 58083 页）

基层社会控制的主体与地方权威，往往将地方利益作为首要诉求，自然变相消解国家力量在地方的“在场”。诸如围绕南安金鸡坝和闽江新港开塞的种种争议，就隐含着地方力量对国家权威的某种挑战，而风水术数提供了这种区隔国家与社会之间的边界的文化理由。

1. 宋代莆田木兰陂兴建的风水话语

从魏晋南北朝到唐末五代，汉民陆续迁入莆仙平原。北宋年间，莆仙平原基本形成聚族而居的局面。农田水利开发刺激了该区域社会经济和文化的发展。[1]宋治平至熙宁年间，钱四娘、林从世、李宏等就在木兰溪筑陂灌溉。迨至元代，郭朵儿在涵江新港截海道筑水池，引木兰陂水接济，使之旁会北洋太平陂、游洋诸水，扩大了耕地灌溉面积。

北宋以来，有关木兰陂的兴修故事一直充斥着攸关风水格局的神奇色彩。木兰陂不仅被视为集灌溉和泄洪于一体的水利工程，也被视为改造地脉以兴文运的文化工程。而士绅在这类话语构建中扮演着相当重要的角色。

南宋绍兴年间林大鼐所撰的《李长者传》，讲述了晚唐黄妙应预言莆田木兰陂兴建之事。[2]黄妙应是否留下谶语，不得而知。所谓筑陂“辨地脉”云云，不

---

1. 陈支平:《福建六大民系》，第 87 页。
2. 《李长者传》(清光绪《莆田水利志》卷七)：“闻莆田壶公洋三面濒海，潮汐往来，泻滷弥天。虽有塘六所，储积浅涸，不足以备旱暵，岁歉无以输官，民则转徙流移。士人皆知濑溪一水，可引而南，其如垄岫关隔何？间有作者，往往莫辨地脉，使流膏美利，空堕于海，为可惜也！唐末人问妙应大师黄涅盘：‘溪陂几时可筑？’答云：‘逢竹则筑。’今古睥睨，其来颇久。宋治平元年（1064 年），钱四娘者，自长乐邑来，捐金九掇大如斗，于溪上流将军岩前，堰溪为陂，开渠循鼓角山西南行。其陂甫成，载酒引棹以落之，洒正酣，守者报溪流涨，陂败，即时赴水而死。继有同乡进士林从世，号十万，复来，相溪下流于上杭温泉水口，筑陂欲成，潮势攻博而不之御。最后宏应诏募而至，按二人遗迹，皆非地脉，逆水性，安得成功？时有僧冯智日者，散性混俗，惟宏事之甚谨，乃引至其地，密禀神算，谋于木兰山前。施工未有定处，方斋祷之夕，地神于今址截溪插竹，似相指授，始悟妙应‘逢竹则筑’之言。盖‘逢’即‘冯’也，‘竹’即‘筑’也。百年悬谶，应在今日。乃倾家得缗鲍数百万，命工伐石，列竹成基，摆布石柱三十二间，以石镵条创治，互相钩锁，屹立如山。二时怒涛不能吞啮，至此而回，截断奔流，疏渠导水转折而南三十余里，大沟七条，小沟无数。……昔妙应尝留谶云：‘水绕壶公山，莆阳朱紫半；白湖腰欲断，此时大好看。’人莫能晓。及陂成溪循壶山之麓而行，觉‘水绕’之言应矣。熙宁九年（1076 年），徐尚书铎廷试第一，元丰间有登科甲至宰辅，而乡里禁从肩靡于朝，‘好看’之言又应矣。盖木兰溪水流

过是掌握水流性质的另类说法。钱、林筑陂失败，乃选址“非地脉，逆水性”之故。而李宏与僧冯智的“密禀神算”，恰是顺应形家“顺地脉”之说。李宏兴修木兰陂时，并未考虑到所谓培地脉、兴文运之事，尔时莆邑乡民也未有“木兰陂助文运”之识（如人莫能晓妙应之谶）。

李宏筑木兰陂之后，便“授塘田百石，设立陂司，委子孙掌管修陂；仍拨七百石赡于郡学，教养子孙为儒”。[1]莆田文运的兴盛，与其说木兰陂的兴修改变了风水气运的结果，毋宁说木兰陂的水利开发带动了文教投入的产物。如宋明两朝莆田人文科举最兴盛，有所谓“十室九书堂，龙门半天下”“比屋业儒，不废读书”之赞语。[2]有关木兰陂筑后人物科名为盛之事，显然是形家和士绅“顺应”风水学说而“顺势”建构的地方通识。士绅因木兰陂之秀水而引发的“利益想象”（科甲兴），亦有益于水利设施的维护。

2. 明代邵武府郡《镇濠治水议》

明万历间，为了防止邵武府府郡周边的水患危及邑内士民生活，绅士侯衮、危纯中、张凤翔、何望海诸人提出《镇濠治水议》，谓“邵武之害有二：一曰断来脉，二曰水不行地中，二者迭相因乘”，“郡之人文视前衰少”与元以来的郡之“气脉凿泄”相关，“故地之有脉也，以钟气也；川之有陂池沟坝也，以节水也。钟者宜固不宜凿，节者当蓄亦当宣。宣蓄不得其道，其害与凿等。今欲填濠以培地脉，必使蓄泄各得其宜”。[3]邵武士绅填濠治水的见解极是敏锐，主要是从郡城的全局利益出发的，并非出于一己之私。

3. 明代海澄新开九都水利

明代高正克所著《新开九都水利碑》，谈及海澄县荐绅、弟子员与父老一同呈请兴修水利事，刻画出一帮士绅执迷于功名的狭隘的文化心态。[4]万历年间海

入白湖，为水破长生。及循山南转，是为秀水循武曲，来揖郡治，此地理之一胜也。”

1. 〔清〕陈池养编:《莆田水利志》卷七，清光绪刊本。
2. 明弘治《兴化府志》卷一五《风俗志》。
3. 清光绪二十三年（1897年）《邵武府志》。
4. “姚侯（桐城人，明万历辛丑科进士）治澄之三载，靡枯不濡，靡坠不举。间以其暇，延见宇下父老、泽宫弟子员，广諏利病，有则以告。父老数人趋进曰：‘吾侪编氓，隶籍九都，田

澄九都水利的兴修效率，得益于学宫弟子员及荐绅先生的推动。邑中父老等费心的是九都水利能否帮助灌溉之事（疏凿浚流），弟子员、荐绅等则关注此水利设施是否汇于泮池并利于文明科甲。这批黉宫弟子员、荐绅先生的“唯利是兴”，显然未见一点“教化之儒”气象。海澄部分士绅力倡修水利，实非志于义理（以百姓之祸福为祸福），视邑中父老亦如行路之人（父老窥观，徒知一隅）。

4. 清代屏南县筑双溪坝以束水藏富

清乾隆年间，屏南知县沈钟亦带着儒者的使命感，将双溪坝的水利建设当成有利于全邑的公益事业。阴阳家认为屏南双溪水“旧坝址俱露有石底，名为地骨，以故民无藏富，亦不产贤豪，亟当修治之”，故沈氏借此倡修水坝二，以束上流之水和近城之水，并提议在坝上造礁磨，“可免舂杵之劳，而平粜出粟，殊易为力，诚两利之举也”。[1]

沈钟之倡议是否得到实施，不得而知，但其主张安放水碓以利民用，与永安和建阳士绅示禁乡民在溪河上安放水碓的态度正好相反。

畴畖睦待润，洿池海潮不通，忧贻云汉，爰稽地脉，则卢沈支河在其上流，原隰中隔仅一衣带，疏凿浚流，使渠于有潴浍于有滍污邪，沾足满篝满车，是都人百世之利也。敢以请。’弟子员数人趋进曰：‘父老窥观，徒知一隅，维澄黉宫建在九都，泮水停泓，居然隩区沥郭流，相距数十武，形家言宜疏活流，蜿蜒而入汇于泮池，于以阐灵毓秀，蔚发文明，是阖邑人士之利也。敢以请。’侯曰：‘唯。唯。阜民造士，惟利是兴，时诎举嬴，谁任其费。’父老、弟子员曰：‘君侯为境内任劳，讵敢辞费不腆，田赋取其圭撮，足以供之，毋烦公帑赢也。’侯曰：‘……疏通水利，政当其遴。’……侯恭履其地，相土宜，程物力，令甫下操畚子来，不啻云集，倡者、敦者、计工者、分账者膺至，事事不浃，旬内河告成，乃议开口，引水灌注。……是澄邑之灵也，中丞监司郡大夫之所俞允也，荐绅先生之所翼成，父老、弟子之劳也。……是役也，回天造，振人文，裨岁政一举而众美具焉。”（清乾隆《海澄县志》卷七《水利》）

1. “屏邑设治双溪，玉柱崎于前，三台拥于后，金钟、玉印、狮象诸山环抱于左右，重重包裹，气象峥嵘，绝无遗议。即双溪之水交会于坤方，曲折而出，中有一墩，当住水口为罗星。其外则层峦叠嶂以蔽之，第见其来，不见其去，尤是称善，而阴阳家微嫌自迎恩桥以及旧坝址俱露有石底，名为地骨，以故民无藏富，亦不产贤豪，亟当修治之。”沈氏“因细询邑中诸父老，佥云旧原有水坝二座，一在南门以上，一在水口以下。是时户有盖藏，人争趋善。自冲决后，闾溪日就衰落，子弟亦多暴矣。合之阴阳家言洵不谬。予遂亲行相度，当于南门迤上旧坝址重设一坝，以束上流之水；南门迤西添设一坝，以束近城之水；仍于水口下旧坝址重设一坝，以束两溪之水。俱用大石镶砌，约低岸尺许。每坝设碓磨各一，不独溪水渊渟永不见底，即临城一望，亦盈盈可爱。且城内居民日众，造有礁磨，可免舂杵之劳。而平粜出粟，殊易为力。诚两利之举也。”（〔清〕沈钟纂修：《屏南县志》，第13—14页）

5. 清代漳浦筑赤桧双溪堤“再培县脉”

清顺治至康熙年间，杨捷援剿入漳浦邑，当地乡绅以“培县脉”为由，呈请清廷减免徭役，让邑内默林保乡民自备工料来兴修“系通邑风水所关”的赤桧双溪的水利设施，以“一保而培一县之地脉”。[1]

按漳浦士绅以修补通邑风水的理由来达成与官府的交易。邑令“仍须酌量，着令附近保民共相帮助，以勷速成”。士绅巧妙通过风水这种象征资本，一则达成乡族共修水利的目的，二则减轻乡族的徭役负担。这也有助于乡族共同体内部力量的协调与权威的凝聚。此事例足证近代乡绅“自治化”并非虚言。随着以士绅为首的乡族势力的扩张，专制集权也不得不做出权益上的妥协。

明清以来士绅兴修水利的动机相当复杂，有缘自公益者，更有出于私欲者。如部分地方官或乡绅、士子，从劳心者立场或私欲出发，一味将水利兴修当成“发科甲”工具，并未认真考虑生民生计问题。在这种扭曲的文化心态之下（非科举累人，人累科举）就很难保证所有的水利设施都是利民的，有些根本是害民、扰民的工程。

6. 清代同安兴筑双溪坝

据民国《同安县志》记载，双溪坝乃同安四处水口之一，乃东西二水汇流之处。因水流平缓，容易造成泥沙淤积，加以堵塞，生态失衡更为严重。士绅听信堪舆家之言，以为蓄水双溪坝有关文运，实乃扰民、伤民耳。热衷于破坏生态的

1. 〔清〕杨捷著:《平闽纪》卷一一《檄漳浦县为恳恩再培县脉树德官民事》:“浦邑自昔人文甲上郡，丁粮冠十城，良以梁峰拱秀，吉水朝宗，自赤桧中流，由双溪而绕卫县治，以护城隍，地利居于全盛也。”顺治五年（1648 年），“洪水崩陷，溪港多岐，赤桧双溪水违故道，本邑由是丁粮日减，文物衰替”。漳浦乡绅林琛、黄性震、陈天远，举人蓝、陈略、陈焴、林登虎，生员黄台佐、蔡广、丘士錞，里民郭春、洪正等呈请“查照往例，仍着附近默林保人民自备芒口、木料、工匠竭力坚筑，以一保而培一县之地脉，相应暂免该保徭役一年，以均劳逸”。康熙十九年（1680 年），杨将军（按：援剿入邑的将军三韩杨捷元凯）“据前情合行遵照，为此示仰该县官吏照依事理，即将该县城外赤桧双溪水堤查明原址，着令默林保居民自备木料、工匠，速行修筑完固，以全朝宗旧迹，以阜户口人文。并将该保徭役，暂行酌免一年，以纾民力。此系通邑风水所关，若工程浩大，该保独力难肩，该县仍须酌量，着令附近保民共相帮助，以勷速成”。(《中国野史集成》第 39 册，成都：巴蜀书社，1993 年，第 823—824 页）

"政绩"工程，大抵古今为官为绅者"惺惺相惜"耳。[1]

7. 明清南安兴修金鸡坝

明清以来，士绅亦以破坏风水为由阻止地方一些水利设施的建设。南安金鸡水利工程的兴修就一波三折。

晋江是泉州最大的水系，上流分东西两溪，于南安县双溪口汇合，流入晋江县，注入泉州湾。明代晋南湖塘如"东湖切近郡城，侵填且为平地。沙塘、湮浦埭，多为豪家垦田，至如大桥、小桥、吟啸、陈翁诸港，盈塘、洑田、象畔、龟湖等汇，率岁久淤浅，不可潴蓄"，晋南的灌溉面积缩小，一些有志之士"欲分一支以入南乡"，"此水利一通，则东南一带田亩万顷皆为上腴之地"。具体做法就是从金鸡桥筑坝凿渠，以导大溪水。

此议遭到一些乡族士绅的反对，以为"溪水力微，分则两涩"，"殊不知大溪之水，一泄二十里而不可挽，无论南安上游诸乡万姓，断山脉，毁坟墓，废庐里田土，为害之大，其如高岗亢原必不可深，繁费疲力必不能给何。纵万一成之，然自金鸡截流而南，则安溪、永春舟载不通，而二县之民坐困，南安、晋江溪流不至，而二县之源顿竭，泉州郡治亦不成其为郡治矣"。明万历年间，"有治兵使者排众议，欲开之，舆情大骇，工竟不究，兵使者坐罢官"。[2]所谓"破金鸡，灌晋南"的工程便不了了之。

任何水利工程都有利有弊，士绅提出的保护上游乡民的理由并非全无道理，但这并不是士绅力阻兴修金鸡坝的主因。在他们看来，金鸡一带风水形胜甚佳，建桥是"金鸡啼"（图 6.6），而建坝是"金鸡破"，前者通畅山川血脉，有助于文运之兴，后者恰相反。[3]况且"南安之水，流合晋江之笋江，以入于海。襟绕郡

---

1. 民国《同安县志》卷五《水利》："双溪坝在双溪全流复分处，土名照野林。逆水而上，以砥溪流，又名右蛇头。其西有小阜名护同山，其形如龟，堪舆家谓龟蛇守门，为邑关键。万历旧志云：'两溪下流，筑双溪坝，以蓄水。'沙壅溪浅，坝随以坏。清乾隆邑令唐孝本再筑，今为洪水冲决几尽。其沿溪两旁，孝本俱向筑堤岸，每尾宽而首狭。每当水涨之时，猝难于泄，上游居民田园、庐舍屡遭淹没，则堤之为利于下游者甚微，而为害于上游者实巨也。后大水决去一边，堤岸水无逼束，其患始平。故兹记，坝不复堤矣。"
2. 上引皆见明万历《泉州府志》卷三，另见清道光《晋江县志》卷八《水利志》。
3. 宋代王象之《舆地纪胜》"重修谯楼上梁诗"云："人杰已知符石笋，魁星还复谶金鸡。"明蒋如京曰："九日山之双阳而来者，尽于一眺石，若将舒翅展翮，盘舞而南。而圭峰山之拥紫帽

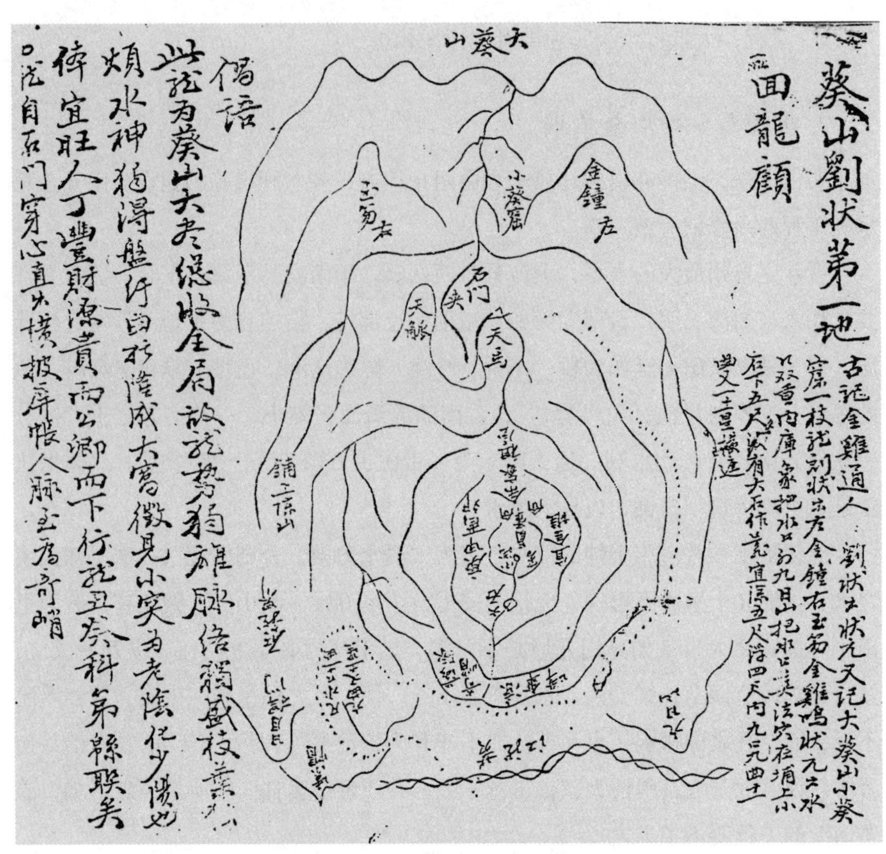

图 6.6 “金鸡桥通出状元”图谶

（〔明〕释淮右：《葵山钟秀记（南安附属）》，清抄本）

城，一郡风气也”，[1] 岂能阻之或涩之？直至数百年后的 1954 年，晋江县人民政府才决定兴建此水利工程。

而突者，奔于金鸡山，若将昂头耸肩，跳踊而北。两情相授，而一水经络，潜穿其间，周围抱以诸峰，诚山川血脉所关。若有桥为之联其隔而媾其交，何啻涉险一便？”明朱鉴云：“谶云：‘金鸡通人行，状元方始生。’……嘉定年间，郡守叶廷圭命守净募缘，创为石磩，架以木梁，覆以楼阁，人甚便焉。是时文靖公名魁天下，其言足征也。”（〔清〕陈国仕辑录：《丰州集稿》，第 349—350 页）

1. 明万历《泉州府志》卷三。

8. 明清闽江新港开塞之争议

明清以来，在士绅的鼓噪之下，一些水利设施反复凿塞，所费民力甚多，而风水信仰是左右水利设施改易的关键因素之一。

争执数百年之久的闽江河口新港开塞公案很有典型性。按明王应山《闽都记》载，福州直渎新港在闽江河口尾，初郡城原凿二河，设水关四：一在西门，引西禅浦江潮，凡三十有六曲，至柳桥以达西江；一在水部门之东，引南台河潮，自河口直渎凡三十有六曲，由水关入城，东西环合以萃风气。直渎又北通东湖，受东北诸山之水，其流甚迅。[1] 明弘治十一年（1498 年），督舶邓太监始凿新港，以径趋大江，方便琉球、日本船只往来，土人因而为市，东际三十六湾遂废。因对新港风水利弊的解释不一，士绅主张堵塞者有之，主张开凿者有之，调和论者有之，莫衷一是，以致新港时开时塞。士绅的开塞新港之争，除深受风水观念蛊惑外，也夹杂着现实利益选择因素。

（1）堵塞新港派

明嘉靖二年（1523 年），给事谢贲作《请塞新港疏》，谓“缘本省城池，自晋改造以至于今，海门潮汐，由闽安镇历闽县鼓山、归善、崇贤、高惠四里，计有三十六湾，周流潆洄，抵河口水步门，散入城中。诸河譬如人血脉周流于身，营卫自有条理”。“一自新港之开，旧河已塞，水失故道，禾稻损伤，仓无余积，库无余财，迩年强兵作乱，几陷城池，议者皆归咎于新港之伤也。”[2] 谢贲疏后经工部题覆，诏下镇巡填塞，之后新港被洪流冲决，故道复湮。嘉靖三十五年（1556 年），倭寇果至河口焚杀，似乎应了谢贲所疏之事。“万历初，屡事疏筑以复故道，豪门规利与奸民拥害，迄无成果。”

明万历十五年（1587 年），郡守汪铎筑堤坝。万历十八年（1590 年），巡抚都御使赵参鲁“采舆言毅然塞之”，后复冲断。明天启三年（1623 年），郡绅大宗伯翁文简又具揭当事，勘验施行，水利道葛寅亮复塞新港，浚旧沙合河以通水道。

入清以降，士绅以郡城科甲不兴、人物渐衰之故，又多议开沙合河，堵塞新

---

1. 〔清〕郭柏苍述：《沙合新港开塞合编》，福建师范大学图书馆藏清抄本，第 11 页。
2. 〔民国〕何振岱纂：《西湖志》卷七，第 166—167 页。

港。清乾隆十年（1745 年），以通副林枝春为首的士绅有感于“自沙合湮，新港凿，会城风日益就衰”，捐金以作塞港复河之资，议请复旧制，“为全闽造无强之福”，“居民富庶，人文蔚起，此昔人经画之深心也”。[1]巡抚周学健开旧河自水部路通桥起，至闽安关止。

（2）疏开新港派

明清以来，并非所有士绅都主张堵塞新港，如明侍郎、福州乡贤董见龙（崇相）“洞精于形法家学”，以葛寅亮塞新港为非。其著有《开新港议》《闽省护龙疏河公揭》《省城山川议》《水法白心议》等文，平议新港开塞之利弊。

董氏强调，仅就郡城的龙水格局而论，不开新港固然是“得全省环抱之势”，而开新港“虽失外重环抱之势，而得巽水入朝之利”，“水从库出，最利于财”。“福山亥龙，新港巽水，名为御街，最利文物”。特别是开新港后省城文物最盛，科举效应印证最速。[2]

董氏反对堵塞新港以防倭寇之议，而倡议建城于长乐广石及连江之壶江，依山设险，以固藩篱。当是时，豪家东街陈尚书以池在新港殖利，故阻是议，并刻《新港实录》分布于众，潜挠之，董氏愤而著《水法白心议》，力破其诬。

由宋至清，福州科甲一直甚为兴盛，明朝中进士人数位列各郡第一。明以来，福州与东洋琉球等地的贸易往来亦频繁。董氏从区域的文化（兴科甲）和经济（旺财库）的发展角度来论证“开新港之说为长”，颇富煽动性。

清康熙十年（1671 年），耿精忠“贪海舶之利”，复开新港，而沙合桥之水渐渐就淤，后成平陆。清乾隆十三年（1748 年），福州亢旱，东门外村民以新港塞不便，环请疏凿，巡抚潘思榘从之。清乾隆五十四年［1789 年，一说乾隆六十年（1795 年）］，郡王福文襄督闽尝议塞之，寻移两广，丹徒徐两松侍郎为巡抚，父老又以不便请，事乃寝。

1.〔清〕林枝春:《开河条议》，载清郭柏苍述《沙合新港开塞合编》，第 11 页。

2. 董氏说:“自弘治间开新港后，省城文物最盛。东林五尚书、三翰林，南林、北林、马司农、郑侍郎、张总制、陈尚书及诸中丞接踵而起，则巽水直入之吉利明矣。既塞之后，京官尽归，大老寥寥，少年科甲多没他乡，通郡无一翰林，台中亦稀。即治声著闻、可当行取选者，且以制归，利与不利，昭然可见。若以人事征应而论，则开新港之说为长。”（〔清〕郭柏苍述:《沙合新港开塞合编》，第 1—2 页）

（3）调和派

鉴于新港开塞公案议论不定，清道光年间士绅陈寿祺肯定董见龙的意见。“今日之势，不在新港之开塞，而在复西北湖之水，以广灌溉；闭北关之闸，以谨偃潴；开到任桥以西之河，以通脉络。则事伟而功倍，其利诚可被亿万人，而延数百世。……浚而合之，则血脉贯通，风气萃聚，兴扶气运，博济民物，非独文明之应也，功德及之，莫此为大。”[1]

清同治年间，郡城士绅郭柏苍鉴于“数百年来议开议塞，纷如聚讼，旋塞旋开，无所适从”，主张应抱有福州城气脉事关全省的大局观念，“凡都会论大势，不贪小局”，“福城关系通省文风、财源，不能专以一郡盛衰论也，亦不可以一时否泰为征”。“新港一开，村民便之，岛夷亦便之”，而“沙合之所以屡议未开，新港之所以屡请未塞”，更牵涉“村民贾客及水部米牙”买卖的利益。他委婉地批评了董氏“以开新港后人物科名为盛”之说，称“宋时新港未开，已累出状元相公矣”，“新港开后省城无入相者”。[2]

在郭柏苍看来，董氏开新港之议“贪小局”，论福州城“水法”则有当处，可就大势（开沙合塞新港）而兼小局，开河开沟，最“关通省之文风”，进士之额倍于从前。[3] 清光绪九年（1883 年）永福倪书勋附和曰，塞新港则“救贫先生所谓‘来不突，去不速’是也。全省财源、科名、人寿悉本于此”。[4]

总的来说，由于庶民阶层基本属于不懂或少识文字的群体，并未掌控地域社会的话语主导权，也未能自觉形塑自身鲜明的阶层主体意识，他们的风水活动天然集中于私家（如个体的坟墓或房舍）或家族（如宗祠或始祖坟茔）的场域，主要以获取个体或家族的利益为目标。而士绅阶层属于文化主体意识相当强烈的群体，他们时常以地域社会法则和文化秩序维护者的面目出现，对公共场域的风水实践关切更多，并冠以维护区域公共利益等冠冕堂皇的理由。地方士绅对公共场域的象征营造，不仅旨在张扬自身的主体价值与文化权威，而且力图强化对地方

1. 〔民国〕何振岱纂：《西湖志》卷二〇，第 432—433 页。
2. 〔清〕郭柏苍述：《沙合新港开塞合编》，第 25—28 页。
3. 〔清〕郭柏苍述：《沙合新港开塞合编》，第 2 页。
4. 〔清〕郭柏苍述：《沙合新港开塞合编》，第 29 页。

秩序的有效控制。士绅阶层在将风水观念化为自身的信仰之际，也将之当作一种意识形态来操弄，从而使公共场域充盈着士绅所赋予的个人意义与价值，达成其彰显自身名望和影响地方社会进程的目标。在这层意义上，风水作为一种文化或象征资本，主要是积极营造一种可以产生实际效力的条件（形势），并提供一种指向未来方向的“势能”，从而为地方培育自治化的公共领域创造可能性的场域。

第三节 “儒理”风水观与乡族士绅的实践伦理

前两节讨论表明，士绅阶层同庶民阶层在风水观念的体证方面并没有根本性的差异，他们都积极参与投资各类风水资源，并将风水活动同现实的文化利益和经济利益纠缠在一起。当然，不同身份或不同地位的士绅对风水认知的态度毕竟有别，同一士绅对不同场域的风水实践态度也不一致。士绅阶层针对公共场域之风水意象具有趋同的价值取向，懂得顺势和造势，懂得盗机和生机，积极营造公共舆论，以提升自我的社会形象和公共声望。我们还应关注乡族士绅对待宗族内部风水活动（特别是家族丧葬）的心态，反思其背后的思想根源和社会结构基础。

其中，宋代理学家（闽学）群体关于风水的“儒理化”阐释，经过长时段的“存神过化”和“随方设教”，逐渐成为士绅“酷以为然”的伦理原则和文化记忆，对乡族社会的文化心理和行动逻辑产生了深远的影响。诸如“天理胜于地理”和“积阴德”（一种不事张扬的、凭借良知和自觉做善事的美德）、“重孝道”等话语，成为地域社会之普遍的心理自觉和思想共识。宋元以降，地域社会的“宗法化”和“礼教化”进程，同样离不开理学家借风水实践进行的“道德植入”。鼓吹宗法、祭祀、教化的“礼义文明”是纲，而擅长操作性、实用性和体验性的术数文明是目，纲举目张。

我们透过士绅阶层所参与的风水诉讼可知，伴随着人口压力和地方资源争夺，地域社会的内生性秩序也出现“内卷化”的态势，从而使国家力量更加频繁地嵌入地方治理之中，社会内部均衡日益走向脆弱化。士绅阶层作为特殊的地方精英，借助其身份权威所参与的自治范围也有限，有时他们也是引发地方宗族、乡族间矛盾的主导性力量。而操弄、保护家族的风水资源，表面上看是维持家族集体性的风水宝地所带来的想象利益，实际上也是维护尊祖敬宗之祭法，彰显整个家族的“社会脸面”和“生存权利”。士绅关切家族或宗族的风水营造和风水利益，其实关涉整个宗族制度得以延续的儒家宗法体系，以及礼义教化的传统。

是故，士绅阶层不过是借风水实践，来有效表达“祖宗之法不可变”，并体现其整体性的存在感和身份感而已。随着近代科举制度的终结，传统士绅阶层逐渐被掌握着经济实力的乡绅和其他具有公共声望的地方精英所替代，但有关维护乡族或家族以及地域空间的风水故事，依旧在反复上演。风水观念依附于地方性的力量孵化甚至膨化，地方性力量则借助风水观念展演、表达其志趣和意志。作为一种长时段的“冷传统”，一般性的风水知识、观念和信仰早已积淀于地域社会的集体记忆之中。

一、天理与地理：理学家的风水学说与风教

在探讨富有儒学（理学）教养的乡族士绅阶层为何热衷于公共场域的象征营造时，我们除了要考虑该阶层共同的利益想象之外，显然不能忽视其积淀的共同的观念记忆及其深远的社会示范效应。由于理学与风水学在价值观念上（如理气观）毕竟有相通之处，故宋元以来理学的发达对风水的流行颇有推波助澜之功。[1] 乡族士绅也借用理学家的思想传统和文化记忆，推动区域文化景观的整合。

有宋一代，儒学家对堪舆学（地理学）有较多的评论，他们大多重视山水形胜之美恶（风顺地厚之处），但又从儒家孝道或名教的角度来规范葬事，少论阴阳家之祸福、禁忌。理学家的整体观点并非一味赞同地理环境决定论，而是主张天道儒理为先，即以德行为体、为理，以地理为用为术、为数，体用一如，理术（数）结合，但各有侧重点。理学家试图教导地方社会的人们，风水选择活动不只关涉子孙的祸福，更重要的是与个体的自我修身有关。

上述知识叠合的策略，使得后世堪舆学说带有更多的道德主义内涵。如程颐书有《葬说》《葬法决疑》，力批地理之书最无义理，称“地之美者，土色之光润，草木之茂盛，乃其验也。……既葬，则以松脂涂棺椁，石灰封墓门，此其大略也”，“父祖子孙同气，彼安则此安，彼危则此危”，“非阴阳家所谓祸福也”，

1. 何淑宜:《明代士绅与通俗文化：以丧葬礼俗为例的考察》，第 113 页。

而“拘忌者惑以择地之方位，决日之吉凶”，不以奉先为计，而专以利后为虑。[1] 他力批“五姓俗人所说”，“野俗相传，竟无所出之处”，主张“葬者藏也，一藏以后，不可复改，必求其永安。故孝子慈孙，尤所慎重”。[2] 司马光批判时人“拘于阴阳禁忌则甚矣”，“葬者藏也，本以安祖考形体，得土厚水深，高敞坚实之地则可”。[3]

朱熹对丧葬与地理的关系论述甚多，多接承程颐之说，批评“世俗信葬师之说，既择年月日时，又择山水形势，以为子孙贫富贵贱、贤愚寿夭，尽系于此，而其为术又多不同，争论纷纭，无时可决”，[4] 但地书与儒学同讲“通天地人”，同讲阴阳变易，同类相感，“是窃谓程先生所谓道路窑井之类，固不可不避；土色生物之美，因不可不择，然欲尽人子之心，则再求众山拱揖，水泉环绕，藏风聚气之地”。[5] “若以术言，则凡择地者必先论其主势之强弱，风气之聚散，水土之浅深，穴道之偏正，力量之全否”。[6] 蔡元定则称：“夫天道不言而响应，福善祸淫皆是物也。谚云‘阴地好不如心地好’，此善言感应之理也，是故求地者必以积德为本。若其德果厚，天必以吉地应之，是所以福其子孙者心也，而地之吉亦将以符之也。”[7]

以朱熹、蔡元定为首的道南门人，尝试将宗法伦理观念内化于风水术数之中，对风水终究抱着“信而不迷”态度，这给后世士绅的堪舆实践留下了深刻的文化烙印。清人评论曰：“盖术家惟论其数，元定则推究以儒理，故其说能不悖于道。”[8] 而朱熹、蔡元定本身就重视祖先及自身坟墓风水的选择，朱熹还多次迁葬祖坟，引来诸多非议。如清大儒王夫之曰：“自宋以来，闽中无稽之游士，始

1. 〔宋〕程颐：《葬说》，载《二程集》，王孝鱼点校，北京：中华书局，1981 年，第 623 页。
2. 〔宋〕程颐：《葬法决疑》，载《二程集》，第 623—625 页。
3. 《司马温公文集》卷一三《山陵择地札子》，载《全宋文》第 54 册，上海：上海辞书出版社；合肥：安徽教育出版社，2006 年，第 309 页。
4. 〔宋〕朱熹：《治葬》，载朱杰人、严佐之等主编：《朱子全书》第 7 册，上海：上海古籍出版社；合肥：安徽教育出版社，2002 年，第 915 页。
5. 〔宋〕朱熹：《答胡伯量》，载朱杰人、严佐之等主编：《朱子全书》第 23 册，第 3038 页。
6. 〔宋〕朱熹：《山陵议状》，载朱杰人、严佐之等主编：《朱子全书》第 20 册，第 730 页。
7. 〔宋〕蔡元定：《发微论》，载《景印文渊阁四库全书》第 808 册，第 195 页。
8. 〔清〕永瑢、纪昀编纂：《四库全书总目提要》卷一〇九《子部 · 术数类二 · 发微论》，北京：中华书局，1965 年，第 923 页。

创此说以为人营葬，伯静父子习染其术，而朱子惑之，亦大儒之疵也。”[1]明代堪舆书《地理人子须知》详述了朱子葬父母亲及自择坟墓风水的活动。[2]

明代《人子须知资孝地理心学统宗》和《地理统一全书》等，收录有朱熹、蔡元定、真德秀、蔡虚斋等闽学家的祖地绘图及文字说明，反复印证这些理学家的成就是受到祖先风水荫庇的结果（图 6.7—6.12）。[3]这些貌似富有说服力的图像，堪称一种典范化、标准化、体验化的风水示例和教材。图像化意味着儒理化的风水观念被纳入以图像为媒介的地方常识系统，并凝固在地域的纪念性和丰碑性的叙事结构之中。这些图像化的记忆载体，不仅仅是民间社会可资进行术数练习的参照物，而且是理学家群体的文化价值神话化和内在化的产物，它们一方面刺激着士绅特别是科考士子的风水选择激情，另一方面激励着士绅阶层将理学家的群体形象持续刻写入地方记忆之中。在理学兼风水的阐释框架下，理学家祖墓或祖地因风水故事的反复讲述而被衍生为可资纪念、可资追忆的圣地或胜景，并被叠加了圣物崇拜的意义。

不过，风水知识和观念化为一种典型的社会记忆形式，是借助各种时空媒介合力共生、共化的结果，理学家所要承担的文化责任是相当有限的。理学家对待风水的普遍态度，一则有道术之分，从“道”的层面（气）强调理学与风水学的共通之处（比如讲生生、感应、感通、气运、崇德），尝试给予风水学说存在的

---

1. 〔清〕王夫之：《船山思问录 · 外篇》，上海：上海古籍出版社，2000 年，第 94 页。
2. 《琐言》：“予兄弟尝游闽至考亭，拜文公朱夫子遗像。及遍观其先世坵垄，文公之祖退翁，名森，字良材，墓在政和县感化里护国寺西。父韦斋先生，名松，谥献靖，墓在崇安县上梅里寂历山。母祝氏夫人，墓在建阳崇泰里寒泉岭仰天湖形。文公墓在建阳嘉禾里九峰山下，风吹罗带形。退翁以前墓，皆在徽婺源，去考亭固已甚远。而退公、韦斋、文公之墓，又各在一县，去考亭皆百余里，何尝拘于附近祖冢之说？又考文公葬父，亦尝三迁，而最后迁处，与葬母同年。按《文公年谱》，乾道六年（1170 年）正月葬母，八月改葬父，亦未尝拘于父母合葬。噫！此见我文公先生烛理之明，不狃于俗，足可为法矣！按《文公年谱》云：‘绍兴十四年（1144 年），葬韦斋于西塔山，其后改葬于寂历山中峰之原。’及考韦公，《迁韦斋墓记》曰：‘初，府君将殆，欲葬崇安之五夫。卒之明年，遂定于灵梵院侧。时熹幼未更事，卜地不详。惧体魄之不安，乾道六年（1170 年），迁于白水之鹅峰山下。’又考文公庆元五年（1199 年）撰《韦斋行状》云：‘公卒之明年，熹奉其柩葬于崇安县之五夫。然公所藏，地势卑湿，惧非久计，乃奉而迁武夷乡上梅里寂历山中峯僧舍之北。’即此而观，乃是三迁葬也。”（〔明〕徐善继、徐善述：《重刊人子须知资孝地理心学统宗》第一册）
3. 〔明〕余象斗撰：《地理统一全书》下册，台南：大山书店重刊编排本，1989 年，第 1327—1331 页。图像顺序经重新编辑。

朱文公塟母地

登穴不見外洋　癸山遷午丙向

右文公、母地、在建邑崇泰里、寒泉嶺天湖、陽文公母祝氏夫人墓也、龍自高山脫脈穿田起爲平岡、又逶迤數節爲湖田、臨穴平洋、脈脊最微茫而難認、所可據者、穴據湖水、而湖前起成高凈爲太陰、文星之案、外陽暗拱、左右映帶、大溪橫遶、眞得水、藏風之美地也、文公子在孫鎰皆官侍郎、曾孫浚尚理宗公主至今、徽州建寧西地、世襲博士、子孫富盛、科弟不替、雖然文公之德、宜其子孫萬世、而愈盛固未必專、係於地然、以此山鍾靈孕秀亦宜。其傳世之克顯也

图 6.7　朱文公葬母地

朱文公先生祖地

右文公祖地在婺源縣、二十七都、地名官坑嶺、乃朱夫子四世祖妣墓也、金斗形、梁上穴、庚申山轉坎作丙向、嘉祐四年巳亥八月吳景鸞下、課云　金斗穴居梁、朝案倡猶岡、溪山環九曲、道學世流芳

此地未下之前有記云、官坑龍勢異、穴高衆山聚、坎離交媾精、文筆天外起、富不及陶朱、貴不過五府、當出一賢人、聰明如孔子、此地正幹迢迢甚遠、不能悉述、至入首結土星、開窩之格、窩間又有微乳、穴粘乳頭、坐下平坦、兩旁拱到、莫知爲萬仞山巔、元辰水雖當面流去十餘里、然穴間不見、亦不爲害、但主離鄉而已、故文公遷建陽焉、若以俗眼觀之、龍身奔去三十餘里始盡、而此間以橫落、微茫數節之脈、結穴高在山巔、元辰水傾流甚遠、誰識爲此等大地哉、傳樂平洪士良、同師吳景鸞、至官坑嶺下、探泉飲之曰、是泉有餘馨香、當產大賢、因報朱氏、此山送龍兩水、右出石橡、前水直瀉五里、穴高水遠、不利初代、窀穸畢、用巨石壓而封之、後果以不利欲阡焉、竟得石壓而止、又云初獻地者、謂有天子氣象、未決、往邀其師、係一僧來觀曰、當出夫子、吳公晚年落髮學禪、故傳爲僧云。

自山下至穴所、約七里天巧穴也、前朝火星尖峰、遠在天表、非天朗氣清、不可得見、尖秀特異、儼若焰動、此山土名官坑嶺

图 6.8　朱文公先生祖地

建陽蔡氏九賢祖塋

螺螄吐肉形

右蔡西山祖地在建邑麻沙、土名鷄母嶺、又名排山、其龍頓跌三十六峰、入首起木星展翅、中出蘆鞭正幹、盡處雖有明堂、龍虎秀峰可觀、而眞氣不到不結穴、其脈閃過右邊成、文星落平田結穴、左山橫一字、文星爲案、外巒秀峰爲應、右山列屏敎文、橫截水口、但堂氣傾斜、故發福遲、文星奔竄、故西山遭貶道州、不入俗眼、其先課云、螺螄吐肉穴居肉、九世九賢出、果九世出牧堂先生發、以曾孫杭貴、贈少保西山、又節公元定、以孫貴贈、大傳九峰先生沈、以子杭貴贈太師、至國朝享祀太廟、謚文正、節齋公淵、復齋公沆丞相、文肅公杭、覺軒公模、素軒公格、靜軒公權、世稱四世九賢、故立爲式。

图 6.9　建阳蔡氏九贤祖茔

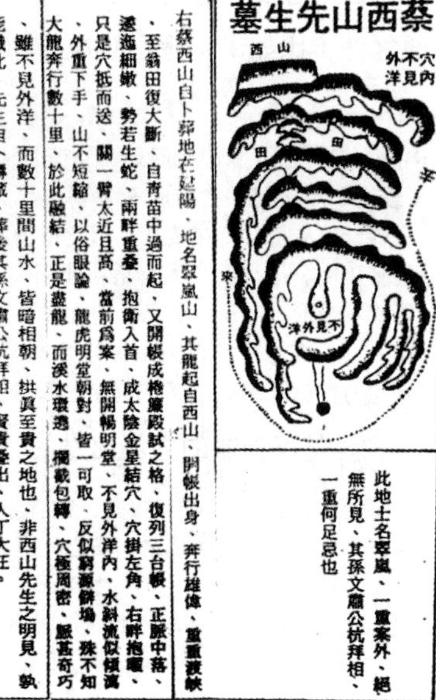

蔡西山先生墓

右蔡西山自卜葬地在建陽、地名翠嵐山、其龍起自西山、開帳出身、奔行雄偉、重重渡峽、至翁田復大斷、自青苗中過而起、又開帳成捲簾殿試之格、復列三台帳、正脈中落、逶迤細嫩、勢若生蛇、兩畔重疊、抱衛入首、成太陰金星結穴、穴掛左角、右畔抱轉、只是穴抵而送、關一臂太近且高、當前爲案、無開暢明堂、不見外洋內、水斜流似傾瀉、外重下手、山不短縮、以俗眼論、龍虎明堂朝對、皆一可取、反似窮源餅塲、殊不知大龍奔行數十里、於此融結、正是盡龍、而溪水環遶、攔截包轉、穴極周密、脈甚奇巧、雖不見外洋、而數十里間山水、皆暗相朝、拱眞至貴之地也、非西山先生之明見、孰能識此、先生自卜壽藏、葬後其孫文肅公杭拜相、賢貴疊出、人丁大旺。

此地土名翠嵐、一重案外、絕無所見、其孫文肅公杭拜相、一重何足忌也

图 6.10　蔡西山先生墓

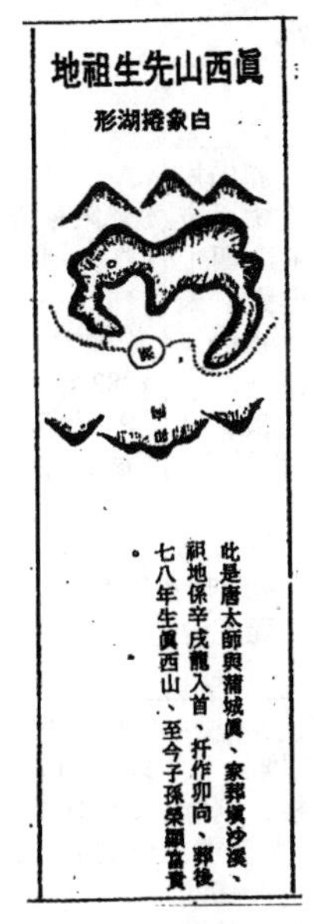

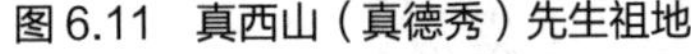

图 6.11　真西山（真德秀）先生祖地

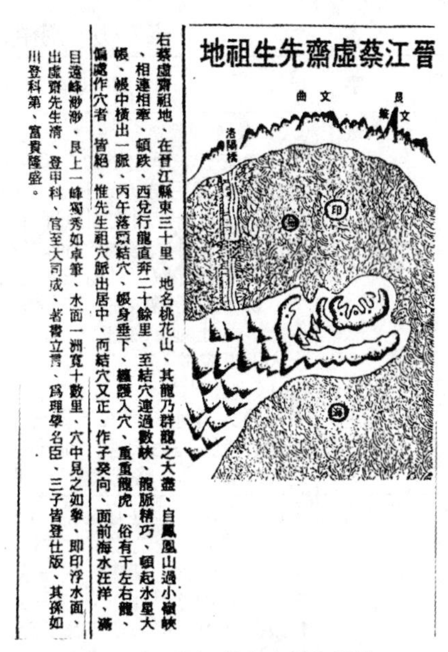

图 6.12　晋江蔡虚斋先生祖地

合理性，而从“术”的层面上指责沉迷风水的祸害；二则有公私之分，从公的层面认同对公共领域（如学场）的风水营造，从私的层面反对地方厚葬、停葬和盗葬等陋俗。这些看似冲突的主张，基本上是理学家“省方设教”，积极推动地方秩序“礼教化”“文治化”的产物。风水术数和理学思想的叠合，标志着理学代表人物的不朽声望被地方性知识系统成功收编。而理学家过化的地方及其祖先的佳城，也因此不断地被“纪念碑化”，并成为儒家复兴神话的记忆之场。

其实，理学家并非反对风水学说的合理性及其效应的有效性，而是担心迷信风水会引发地方的秩序失控。他们驳斥停柩、争盗葬等陋俗，更是从维护礼俗教化和加强基层控制的立场出发的。理学家有一系列相近的论述（表 6–5）。

表 6-5 闽中理学家论风水

序号	名字	闽中理学家论风水	出处
1	朱熹	（A）朱熹“盖欲得葬地，则必求之西山也”，葬朱松于“崇安五夫里白塔山，后又迁葬于武夷乡上梅里寂历山中峰寺后之东，艮山坤向，在崇安县东南四十里”，“福建、江西之明地理者以为朱子笃信堪舆”。朱熹任职漳州时，“劝谕遭丧之家，及时安葬，不得停丧在家及攒寄寺院。共有日前停寄棺柩灰函并限一月安葬，切不须斋僧供佛，广设威仪，但只随家丰俭，早令亡人入土地。如违依条科杖一百，官员不得泮官，士人不得应举”。 （B）《尧山堂外记》云：“文公为同安主簿日，民有以力强得人善地者，索笔提云：‘此地不灵，是无地理；此地若灵，是无天理。’后得地之家不昌。”营建宅舍当“山水环合，略成气象”，忌有空缺处。	（A）〔明〕朱莹撰：《紫阳朱氏建安谱·丘陇》，明崇祯年间（1628—1644年）修，尤溪县文化馆重印，1982年。 （B）〔清〕孟超然：《诚是录》，载《亦园亭全集·孟氏八录》，清嘉庆二十年（1815年）刻本。
2	际熊禾	天运有奇赢，地气有偏盛，所以用之则存乎人，是故知道。君子不论气数，自古积善好义之家，非惟敌之，又从而挽回焉。其次惟阴阳家一途，诚诣其极，则有裨于生人则亦甚大，何也？其于精于天地者为多也，是故公刘周召以来所不废，泛观宇宙窃有感焉。陈同父尝言：楚蜀闽越日衰之气，必有乘而用之者。及今验矣。茫茫禹迹，未能效子长游，今之阴阳家有能发泄神州已旷之地气，以培植昭代方兴之人才者乎，天地生人有望也。	《熊禾集》之《赠地理吴竹涧序》，《景印文渊阁四库全书》第1188册，第774页。
3	吴海	地理之说不可为无，古人别州分土卜宅营葬，率皆用之，则其不可废亦明矣。世技术之流张其说以自神，而祸患吉庆纷纷燃起，慕利图福者往往深信为所欺卖。说愈炽而人情愈疑，理愈晦而人事愈谬。相承既久，虽知术者亦不自知其诬也。	《闻过斋集》卷二《葬书叙》，《景印文渊阁四库全书》第1217册，第153页。
4	李光地	风水岂得云无？今观我们所吃涿州鲫鱼，过此地不远，而鱼已不及。沧州只西门外十里一段水好，过此便不佳。岂得云水土都是一样？万物如此，而况人为万物之灵。即如山僻处，百余年不出一读书人，而通都大衢，科第不绝，自是地气。但迷于房分，拘忌阴阳，竟以祸福牵制，而终身不葬其亲者，此则邪说之罪也。……总是风水一道，亦当以朱子为主。朱子只是讲到土厚水深，山环水抱，地气暖而止。发如何的人，房分如何，朱子不言也。	《榕村续语录》卷一七《理气》，北京：中华书局，1995年，第799—800页。

续表

序号	名字	闽中理学家论风水	出处
5	蓝鼎元	《林蓝田小传》："世俗信青乌家言，停丧者众矣。余读林氏《归厚录》，悄然悲之。归土为安，古今正理。若富贵福泽，则关乎作善降祥，惟子孙之自取之。不信理而信术，以亲为市，殊可痛也。如世榕者，真仁人孝子之用心哉。"《潮州风俗考》："酷信青乌家之说，谓富贵出自坟墓，沉迷风水，争讼盈庭。椎埋盗骨，凶恶无所不至，而程、大、平、镇，相尚屡迁，葬后数年，必发冢洗骸，睇瞻凶吉，至数百年远祖犹然洗视不休。虽读书明理者亦恬不自觉其非，则贪痴之陷溺然也。"	《鹿洲初集》卷一四，载《鹿洲全集》，清雍正十年（1732年）刊本。另清乾隆《潮州府志·艺文》，蓝氏《请修补普宁形胜序》，与斯邑缙绅共请修巽方文峰塔，补普宁"地理浅薄"，以壮志气，兴科名。
6	孟超然	孟氏集录并批注名家批驳丧葬风水之文，欲奏乞焚天下葬书，"疾阴阳家立邪说以惑众为世患，于丧家尤甚"，"病夫不葬其亲者惑于堪舆家言，然尤未知其祸之烈也"。然而，乾隆四十三年（1778年），孟氏同福州乡绅张甄陶、叶观国等一道请复省城龙腰山界址（其揭帖由张惕庵作，经孟氏首肯），因"省城龙腰乃通省山脉来龙，总汇入城之处，凡学校、庙宇、官署、民居皆由此发脉分支，毓秀钟祥，关系极重，累朝皆有禁碑，敬谨保护以卫地方"。	《诚是录》，载《亦园亭全集·孟氏八录》。

宋元以来，理学家及乡绅所信守的礼教及宗法观念在风水实践中进一步获得曲折的表达。诚如福州士绅郭柏苍曰："天道寓于地理之中，今之行道者必先无天理然后得地理。若处处存天理，那个有许多可用之地？"[1] 所谓"天理"与"地理"的争执，既是有限的乡土资源分配矛盾的反映，也是"以德行配天命"的天道观念的体现。所谓为善不求他报的"阴德"，被视为不只是一种无私的私德，也是一种利他的公德实践。至于"天理"是否立足"公义"或"良知"，则不得而知。而士绅编纂的方志及族谱则充斥着"天理重于地理""风水以孝悌为重"（表6–6）[2] 之类的"正统化"话语。所谓"事死如事生，事亡如事存"，在"以礼达乡"的教化活动中，士绅深知"求利"的丧葬活动难免引发冲突，故而丧葬场域仍然是他们孜孜宣扬"礼教"的实用平台。

1. 〔清〕郭柏苍：《我私录》。
2. 何淑宜称："究其实质，与其说风水之说本身具有教化功能，不如说是士绅期望利用世人崇信风水的心理来教化庶民，而这可视为古来神道设教的另一种方式。"（何淑宜：《明代士绅与通俗文化：以丧葬礼俗为例的考察》，第124页）

表 6-6　地方文献论风水与孝悌

序号	地方文献论风水与孝悌	出处
1	王狼，字敦爱，四十一都奎山人，事亲以孝闻。母年耄，狼主船，商于台澎岁数。归携行李，抵亲闱，晨馐夕膳，手调以进，入夜设榻伴眼，絮语外域风景、商家情况，以博欢心。父母初葬地不吉，拟改阡，适狼病甚，捶胸顿足，以不能临窆为恨，顷之昏昏如睡，忽然顿醒，语家人曰："吾省父母坟矣，穴吉也。"家人未之信，其弟在墓所，恍惚见兄临穴观览拜跪，片刻而灭，深为诧异，而适以证其不谬。此虽茫之说，然孝思迫切，亦情之所或有也。	清康熙《南安县志》卷三四《人物》
2	赖豫，字立卿，性至孝，读书与俊秀选，幼丧母，父酷信堪舆家言，苛责风水，将母柩权置北郊外。比豫长，数以葬事请于父，未许。豫内哀痛，衣服饮食常从俭陋，俨有不可为子之想。嘉靖丙辰五月内，适溪水暴涨，平地高数十丈，豫觅舟急同众仆渡河往救，至厝屋已塌，冈有大树，乃与众仆力缠母柩升树，抱柩哀泣。是时，村民避水高阜，咸不忍。豫独立风雨中，招与登舟，仆力挽之，不从，后水愈盛，拔树推柩，豫随俱没入急涛中，十步许不去。越二日，水退，获其尸，颜色如生，观者咸叹异之。时知县陆策、训导李一潮上其事，诸当道按察使李公深嘉其孝行，檄祀乡贤，郡守彭公题其门曰：孝子赖豫之门。邑人御史林腾蛟为立传。	清雍正《永安县志》卷九《孝义》
3	林椴柄，字庚旅，产贤村人，与兄武举肇章、季弟椴榕相友也。亲没，卜葬地于文章山，术者言："地诚佳矣，如不利中子何？"椴柄曰："苟利兄弟，固所愿也。"卒葬焉。未几，柄卒。肇章愍弟无嗣，以己子庠生万昕嗣焉，又卒。季弟椴榕乃复以子万暚嗣之，暚已娶妻生子，或以地不利怵之，榕不为动，然竟无恙，至今其胤犹蕃昌焉。故论者谓："天理能胜地理。"	民国《永春县志》卷二二《孝友传》
4	罗世禄，性孝友，与三弟同择坟葬父，术者曰："坟虽合，不利长子，君勿葬焉。"禄叹曰："以吾故不葬亲，天岂佑之？亲苟安，利不利可勿计也。"遂涓吉成坟。	民国《连城县志》卷二二。
5	刘伯亨，字文称，邑庠生，勤慎朴实，弟文木年尚少，称颇信青乌术。江西有邹心华者以青囊学著，为之择地葬亲，告之曰："潭口虞漕头牛眠吉地也，利次房，不利长房。"称曰："弟吉即吾吉也。"遂寻然营造亲坟。称只生一子，名命，已而夭死。其弟文木果子孙众多。称之友爱天至，至今传诵焉。	民国《闽清县志》卷七《孝友传》
6	鲤堂邹尊丈先生，讳登龙，字传庆，号鲤堂，长邑名诸生也。……平日以孝友闻乡里，亲在而爱敬不忘，亲殁而哀毁骨立，念先人宅兆未获吉壤，则相阴阳，观流泉，数十百里内，足迹殆遍，卒于巴鞍山下得一佳厝，殆所谓好地留待福人来者欤。而又安葬祖母于东嶂之麓，砂明水秀，观者啧啧称善。葬三年，堂兄去龙即补全闽塘务副府，时未得子，亦于省垣连产三珠，人咸以为斯地钟灵所致，而先生不敢居为己功。	汀州《四修邹氏族谱》卷二〇，民国元年（1912 年）铅印本。

续表

序号	地方文献论风水与孝悌	出处
7	《任益、任善二公传》：谷卿公之长子曰任益，四子曰任善。当谷卿公之不禄也，遍历山川，求地以厝，既得清流河坪之山，将葬，有术者曰："斯固吉地也，但利于诸昆而不利于长与四，不可葬也。"任益公曰："不然，惟患地不吉耳。苟吉矣，可以安吾父之魄矣。乃以不利吾而止也，吾父终无葬日矣。吾罪容可诛乎？且诸弟利，无异吾利也。"任善公曰："然，求地以葬父也，岂为吾二人之利计耶？利与不利，其言安必一一可信哉？"遂葬之。迨葬后，善公竟未有嗣，益公亦传至五世而斩。噫！术者之言幸中，而二公之孝友自堪千古矣。 《南峰公传》：南峰公，讳大芳，字宗联，为人孝友倜傥，有胆智，忧人之忧。早岁失父，即遗像亦因兵燹落失。每思其音容而悲鸣泣下者，数十年如一日也。兄弟三人，次弟先与公分爨，未几而殁。当葬，公夙贾有地二穴，倩堪舆相视，视者复曰："若者最吉，宜留为公寿藏；若者少次，可为乃弟窀穸。"公曰："必其最者，吾弟之魄安，吾乃无忧也。"	汀州《马氏大宗族谱》卷一《列传》，清刻本。
8	嘉畿公字邦止"生平见义必为，凡事皆勇于争先。瓒高公及根源公坟地悉系己肩，不肯累及昆季。又置屋宇，以为诸侄鸠居之所，至于外戚悉皆提携不倦。赞曰：造茔域以安祖父兮，窀费不较弟昆。置屋宇以贻诸侄兮，鸠屋无分彼此。内亲外戚咸言其德兮，迄今啧啧犹闻。古稀淑人君子兮，非公其谁与伦！"	永春《金峰陈氏族谱》，民国五年（1916年）重修。

从逻辑角度分析，凡是相信地理（风水）者（不信者则另当别论），对天理与地理孰轻孰重，可能有两种价值判断，一种相信天理重于地理，对德行的重视（因果报应观念或孝悌观）很大程度上影响了这类人的抉择；另一种认为地理重于天理，如大量的盗葬事件或亲属相争风水事件的参与者，但不能简单以为这类人皆无孝悌观或因果报应观念。往往盗葬行为恰是出于对孝悌的执着。这看起来是一个悖论。其实两种风水判断在同一区域内、在同一阶层内、在不同阶层中都是共存的。因为"天理"之要求不仅是针对东家讲的，亦是针对地师讲的。只有讲"天理"之地师，方能将善地给予有"天理"之东家。

其实，理学家和乡族士绅批判民众"惑于风水之利"，宣扬家族风水抉择中的"孝友"行为，堪称一种迎合主流文化心态之"典范流传"。有关士绅孝悌叙事文本，大同小异，无疑都带有仪式化、形式化的展演色彩。这些叙事同样是儒家思想"以礼下乡"的真实反映，也是乡族社会"以风水设教"的话语策略。祠堂楹联所谓"德礼传家承厚泽，文章报国诵清芬"（图 6.13），充分说明儒家的"家国一体"的价值观念深入人心。礼义规范与术数实践相互作用，共同推动地域社会形成了一个高度共享的"文化共相"。

图 6.13　漳州南靖金山吴氏大宗祠楹联

明嘉靖二十六年（1547 年）进士蔡文曾如是想象和描述朱熹在漳州龙溪的“过化”之功：“夫世谓海滨僻陋，非上国文献之伦，非通论也。龙溪自晦庵先生过化以来，民知冠昏丧祭之礼，士习尧舜周礼之学，故陈北溪、刘爱礼、陈布衣先后继作，天下称之。”[1] 清嘉庆二年（1797 年），南靖山城镇士绅以“诚属崇敬圣贤之举”，提请官府发布《朱文公祠地脉示禁碑》。[2] 安溪玉湖王氏“做朱文

1. 郑振满、丁荷生编纂：《福建宗教碑铭汇编 · 漳州府分册》，第 74 页。
2. 《朱文公祠地脉示禁碑》：“特调漳州南靖县正堂加三级沈，为示谕遵守事：据举人林苑培等呈称：‘培等同山城总诸绅衿募建朱文公祠，岁时奉祀，并以为读书之所。经买过李家课田一段，受种子肆斗，址在钱坂保，土名木栅下。现未择吉兴工，诚恐村愚无知，恃强于前后左右预先盖屋、凿池，损伤地脉。’等情到县。据此，除批示外，合行示谕。为此示仰山城保约、民人等知悉：‘该处系各绅衿买过田地，建造朱公祠，诚属崇敬圣贤之举，自应听其盖造，以昭诚敬。凡有附近居民，毋许于朱公祠前后左右盖屋、凿池，损伤地脉。倘敢抗违，恃强盖筑，一经绅衿呈，林苑培、保约施禀赴县，定行按名查拘重处，并将所盖屋池立时拆毁，决不从宽，毋贻后悔！特示凛遵。右仰知悉。嘉庆贰年伍月初四日给告示，发山城总钱坂保。”（郑振满、丁荷生编纂：《福建宗教碑铭汇编 · 漳州府分册》，第 1376—1377 页）

公清溪八景之式”，来描述“本乡山川形势”。[1] 清末永春东关陈克绥掌修族谱时，就依据朱熹学说，批评本族陈氏与周氏风水之争“不明于至理”，乃“子孙无厚福故”。[2] 章炳麟在为晋江黄氏族葬墓写序时，也言及朱熹、蔡元定的风水观念对闽人的深远影响。[3] 我们从中可知，宋明儒学“过化”之功一直为地方士绅所认可，并内化为地方历史叙事的一部分。

因此，宋元以来乡族士绅对待家族领域的风水保护的心态相当复杂，与区域理学家“存神过化”的话语建构有一定的关系。伴随着宗法伦理规范在乡族社会的落实，以及新型家族制度在明代中叶以后的快速发展，短缺的风水资源成为一种维护宗法制度、宗族制度的象征资本。术数与礼义，已经默化到普通民众的集体意识和文化心理当中，成为地域共通的行动逻辑和文化选择取向。当然，一般性的风水知识和观念影响民间丧葬习俗甚深，并引发种种异化的价值失序情形。

二、公义与私利：乡族士绅的公共声望之战

当我们比较士绅针对公共场域风水和家族祠墓风水的表述差异，并讨论士绅在“道与术”之间的冲突时，纠结的仍旧是观念的表象，而未洞察到明清以来地

1. 《本乡山川形势志》(《玉湖王氏族谱》，民国抄本)：“吾乡秀山环绕，长水束于襟带之间，扶舆清淑之气聚焉。文人能赋诗撰记以壮山河之色，则地以人显，人以地传矣。予倣朱文公清溪八景之式标题目于左，亦使山川之胜概不埋没于穷乡僻壤之间云耳。玉湖八景题目：翠岩鸟语、田中送暖、溪盘做饮、襟江文会、云砦蝉声、洲上纳凉、潭畔行吟、香岭骚游。”
2. 《桃源东关陈氏族谱》卷五（清末刻本）：“公［指陈氏十一世文山公（1544—1601年）］之后裔卜葬其墓于凤凰垅，由子孙无厚福故，葬之未得其度也。周姓惑堪舆家言，以为吉壤在墓前，故悖理而谋叠葬也。当时控争不下。自谓谋由人成由天，而不知均不明于至理也。由今观之陈词之得失，未必为此地之不昌。周裔之盛衰亦断非此地之赐福。朱子有言，天理既无，地理亦确无。据此言最不磨。子孙各守祭扫，无可争并无可让。君子尊朱子意以明之，以为贼旧墓者叫醒迷梦。”
3. 〔民国〕章炳麟：《晋江黄氏族葬记》：“余以形法之术自周秦间已有之，《山海经》为其首。及秦樗甲子葬章台东，自言设置岁当有天子宫夹我墓。始皇以秣陵有王气，因断其脉，皆是术也。由宋以下兮有《疑龙》《撼龙》诸经，其辨山冈流势，视旧言三经四列为阅实，至今言山脉者犹依之。及观川阜开关以得都会盛衰之坡，亦往往有徵。独说葬地吉凶为妄耳。本起岭之左右，故江西、福建二部信最甚。自朱元晦、蔡季通生于瓯闽，循礼守教，亦至□然，尚固惑其说，论列廓记，至以形法定位，小□歧泥，有如是也。今秀烺以闽产独能不囿方俗，断之经礼，是亦难能而可贵者哉。”(《晋江古檗山庄题咏集》)

域社会的生态和生存压力的刺激。[1] 因为文本上的"士绅话语"，用鲁迅的话说，其涂饰太厚，"很不容易察出底细来"。傅衣凌称，乡绅包括身份性的与非身份性的两类人物，非身份者其本身虽无官位，却仍可通过科举、捐纳、婚姻、赐爵等途径跻入乡绅之列，故士绅未必尽属于知识阶层。[2]

我们应注意到乡族士绅成分极为复杂的事实，关注不同身份和地位的士绅之观念认同差异及其角色的定位问题。在涉及科名的风水实践和针对家族的自我风水叙事中，历史话语的记忆功能往往转变根本的方向。一方面，士绅以"公义"的形式营造、改良地域或宗族的气运，倡立文风，自然责无旁贷，这成为彰显其优越感和声望的一种方式；另一方面，乡族士绅也从"私利"出发，是积极利用风水信仰制造冲突、破坏秩序和礼教（以暴易暴，毁绝他族坟墓等极端行为）的始作俑者。公义与私利，只是一体两面，具有相当大的弹性。

从长时段的思想结构来看，乡族士绅对待风水信仰所表现出公义与私利交集的观念形态，在各区域中差异不大。所谓读书人"有点相信而不大承认"等说法一针见血。乡族士绅难以释怀的何尝不是缘于"契理而未契机"的认知矛盾与信仰尴尬？乡族士绅有点相信，是因为风水观念系谱并未完全背离"天地之道"，与"天人同构（感应）"的宇宙观念及理学家"理气一体"体系实有相契之处。李光地"风水岂得云无"云云，已然是地方士绅的共识。他们不大承认，是因为在人地矛盾加剧的乡族社会中，墓地风水与公共场域风水一样，都是有限的象征资本，往往也是有坟山的权势家族才可以考虑的文化资源。人们难免乖张于常道之外，从而破坏地域的等级秩序和礼教规范。

其实，乡族社会结构中的"差序格局"具有很强的伸缩能力。[3] 乡族士绅针对风水的貌似矛盾的话语并不矛盾，这是他们灵活地根据社会角色的变换和公共

---

1. 何淑宜在讨论明代士绅对风水的矛盾心态时指出："士人对民间丧葬习俗的批评，多围绕其违反儒家丧礼精神的部分，无论是对哀戚精神的强调，或是对孝道实践的提倡，目的不外是透过讨论引起时人的注意。当然，他们心中理想的目标是儒家丧礼的再受重视，但这个'礼'的标准其实相当具有弹性。"（《明代士绅与通俗文化：以丧葬礼俗为例的考察》，第 130 页）
2. 傅衣凌：《明清社会经济变迁论》，第 58 页。
3. 费孝通称："在这种富有伸缩性的网络里，随时随地是有一个'己'做中心的。这并不是个人主义，而是自我主义。……我们一旦明白这个能放能收，能伸能缩的社会范围，我们可以明白中国传统社会中的私的问题了。……在差序格局里，公和私是相对而言的，站在任何一圈里，向内看也可以说是公的。"（《乡土中国》，第 24—28 页）

声望的需求而做出理性抉择、价值判断的结果。复调的文化表述恰恰表明，功利主义和道义论的伦理原则一直并行不悖。利（欲）往往是士绅个体心灵的本然流露，而义（理）基本上是一种集体的观念虚设。"义"（理）字往往带有刚性的虚构性质和表演成分的集体表象，而"利"（欲）字更真实书写着士绅的尘世灵魂，是士绅灵活评判风水利弊的潜在准则之一。毕竟，这些话语呈现着士绅对社会或家（乡）族的表面之公和对自身的隐秘之私。如何在或公或私的风水操弄中获得利益的最大化，构成了士绅伦理实践的牢固基础。

随着理学家所主导的宗法伦理观念下沉为地方的民俗信仰，富有理学教养的乡族士绅从维护社会秩序和礼教的立场出发，经常冠冕堂皇地批判风水实践引发的"失范"状况。这种集体性的批评话语，从一个侧面反映着乡族社会普遍的历史心性和文化记忆。由于风水活动泛滥，停柩不葬、迁葬、占葬、盗葬等现象层出不穷，势必造成社会资源的浪费以及基层社会的不稳定因素。

因此，士绅们多利用自身的道德权威和话语权力，劝导民众不要惑于风水纷争之事。如钱琦《风水示诫》（福州府）、林春枝《与刘按察使论速葬之法书》（福州府）、沈钟《禁焚棺论》（福州府）、蔡世远《丧葬解惑》（漳州府）、蔡芳《葬论》（汀州府），李永锡《严禁起骸重葬谕》（延平府）等，都代表了一种主流的儒家思想批判立场。[1] 而由乡绅主纂的志书《风俗》篇，同样对丧葬风水流弊极尽讨伐之词。如福州郭柏苍称："以外县乡愚，粗识数字，入书坊买地理书，便思养活妻子，询以纳甲之法，茫然不知所谓。此辈必先没天理，然后能做地理。俗人被其愚弄，无怪也。"[2] 士绅亦借"因果报应"之说劝导民众毋惑风水，以至鬻卖祖坟。如明郑瑄《昨非庵日纂》、清杨澜《临汀汇考》都有相关记载。[3]

1. 详见清同治《重纂福建通志》卷五五至卷五七《风俗》，不录。
2. 〔清〕郭柏苍辑：《竹间十日话》，第 85—92 页。
3. 〔明〕郑瑄《昨非庵日纂》卷一八："闽孙文祥自浦城道经霍童乡，日暮，忽见山旁有屋，遂投宿焉。夜半闻哭声，问故，有夫妇曰：'吾子不肖，鬻此屋，明旦当徙去，不禁悲伤耳。'文祥曰：'子虽不肖，吾当为汝谋之。'至旦，视其处，乃荒冢也。候至日午，果见衣蔽袍者，同豪右仆从，持畚锸至。文祥诘之，对曰：'家贫，将祖坟迁葬，鬻地以度活耳。'文祥恻然，因倾囊与之，不告姓名而去。后数夜，梦寄宿夫妇谢曰：'向日厚恩莫报，今幸获得二凤雏相谢。'遂孕二子，先后并登科第。噫！观此，则毁人之茔以葬其先；断人之龙以利乎己。人谋即工，泉壤其肯瞑目乎？"（《笔记小说大观》第七册，第 129 页）
清杨澜《临汀汇考》卷四《轶事》谈及二则逸事：（1）"长汀宣河吴衍瑞，家贫，种山驴子清末霞浦县甚至成立清葬局以救时弊。[1]

随着聚族而居和杂姓而居的乡族社会的发展，士绅也充分利用家训或乡约等地方协议形式，从阴德、良知、孝道等常识道德范畴（公义）出发，劝导普通的族众或乡民毋为风水所拘忌（表 6–7）。儒学教化体系提供了一种灵活却又规范的思想框架，使得乡族精英所订立的自治规则更具有权威性和时效性，又使得他们的行动具有伦理意义上的正当性。当然，乡族士绅批判乡民沉迷停柩、盗葬等情弊，并不意味着他们就否定风水的实际功效。如清代长乐县梁恭辰著《劝戒录》鼓吹"风水在心不在地"，既列举一堆惑于占坟、抛骨、开坟凿棺、盗卖茔地等恶报事例，也列举一堆因积阴德而得好风水果报的事例。[2] 其父梁章钜亦称"青乌之术，有不可不信者"云云。[3]

表 6–7　地方文献论戒谕风水

序号	乡约或族谱之戒谕毋溺风水	出处
1	凡停柩踰年不葬，及溺于风水、兄弟相推不葬者，各行戒谕，违者罪之。	《乡约篇》，明叶春及撰《惠安政书》卷九，福州：福建人民出版社，1987 年，第 333 页。
2	七禁停棺不葬。天下少牛眠之穴，古来崇马鬣之封，悲父悲母，惟窀穸之可安，为子为孙岂怨恫之胥泯。若腐七尺之躯，未获一抔之土，孝思而为匮乎，良心未可问也。误信于堪舆，藉枯骨以图富贵，或过疑于斗首，择良期而废春秋，人叹骷髅之易朽，我惧水火之难防。痛申此禁，概不许停。	《族禁》，民国徐裴纂：《重修徐氏族谱》卷一。

凹，忽闻遍山鬼泣声，早起视隔山沈某携锄，将挖其祖坟以卖，问所得价，遂给之，嘱令勿卖，自是家有起色。"（2）"长汀俞简中先生卒后，族人有将祖坟出售者，议价已定，约日起扦。售主夜间梦有三人前朝衣冠入门，怒容相向，一揖而去。翌日挖坟时，则坟内三柩在焉，始知即梦中来见之三人也，遂惧，不敢售，覆土毁券而去。"

1. 民国《霞浦县志》卷二三《惠政志》曰："霞浦停棺之弊，相沿既久。光绪二十年（1894 年）陈同书守郡日即设局于署旁，派董清查，计停柩一千二百余具，饬仵作抬埋，给工值二千文。旋访闻霞俗，丧家出葬，仵作视为专利，中产之家索费一二十金，殷富则勒百数十金不等，非满其欲壑不止，以旧例不得他雇也。遂严行出示，无论贫富，限以一棺十里，给工资二千文，如过限，则每十里加四百文，以此递加，否则自行雇工抬埋，仍将仵人严惩，悬为厉禁在案，并勒石于城门门口，以示久远。"
2. 〔清〕梁章钜：《归田琐记》卷六"朱文正师"条，北京：中华书局，1981 年，第 107 页。
3. 〔清〕梁恭辰：《劝诫续录》卷一"潘氏阴德"条，清道光至同治年间柏香山馆刊本。

续表

序号	乡约或族谱之戒谕毋溺风水	出处
3	祖茔空穴不许有力者买葬，惧其分夺灵气也。圹外空地不许恃强者开穴，惧其挖伤地脉也。前代已立约封禁穴以碑为界，各房祖茔一圹内碑牌平列，本分止葬，一棺者不得以二小者，尤不得挖葬。今严立祠规，有敢窜葬盗葬者通族鸣官、拔出、罚租入祠，至可免其拔出者从众酌量罚租作醮。	《禁窜葬》，清邵武《江氏宗谱》抄本。
4	通礼三日而殡，三月而葬古制也。盖葬者藏也，死者藏土为安。近世不明此事，往往托于风水，不宜风年月不利之义。说者果何心也，况停丧暴露，律有明徽，独不思古，尚有卖身佣工而营葬者，其急于葬，亲若何耶？愿我族人，凡有丧之家，慎勿淹屋寄擦，皆当早为掩□死者，安生者顺于心无恔乎！	《戒停丧》，华安县《邹氏族谱》，邹文龙主编，1994年铅印本。
5	殡葬随家厚薄营办。倘力不及，惟宜深掘埋葬，堆封厚土，切不可用佛教焚化，为大不孝，后虽深悔，终亦何及？亦不可惑于吉地，停柩不葬，致余暴露，以难子孙。须阴德求之。	《国栋公家规条则》，漳州《浦西黄氏族谱》，2002年重编，第180页。
6	死者入土为安，若遇父母兄弟妻子丧在柩，惑于地理之说，三年不举葬者，宗老声罪于堂而责之。若贫不能葬者，尚义宗老倡助。	《凡例》，《桃源辜氏宗谱》，清宣统年间刻本。
7	其七曰："人子不葬亲，天地一罪人。买地迁人冢，自丧了本真。君子终身丧，正在此忌辰。"死者以土为安者也，世多因择地而柩停冷屋，蜘蛛尘封，终然绝迹，罪也。或因兄弟之多牵制之众，年庚趋避，砂水搜求，即柩停而安之，亦罪也。前贤云："世人尽知穴在山，岂知穴在方寸间。好山好水世不欠，苟非其人穴不见。"信斯言也。迁人旧冢亦可以不必也。父母既殁，值忌辰而哀慕不胜，是以君子为终身之丧焉。	《祖训衍义》，载《桃源东熙王氏族谱》，清康熙刻本。

实际上，明代以降以家族为单位的自我组织，形成围绕着祠堂、坟山、祭田的宗族团体，本身就是应对生存压力和资源竞争而必须推动的"有机团结"。而聚集地公共风水的改良是壮大宗族力量的资本和动力，因此也是士绅孜孜以求的"公义"。乡族士绅往往比普通乡民更迷恋自己得益于坟祠风水庇护的名望、身份和地位，因此更用心于聚居空间、祖坟和祖祠的营建、维护与改良。

前文提及，乡绅出于科举和文教的需要，一直以"公义"形式积极参与营造公共空间的学场风水。如何有效提升本族聚居地的"风水效应"，更是乡族士绅最积极参与的公共志业。毕竟在有限社会资源的分配和竞争中，风水仍然不失为一种有效加强宗族统合、保证族裔功名、维护乡族势力的象征资本。

例如，清康熙四十年（1701年），漳州龙海许氏官绅省亲谒祖，就倡议家族修补祖庙水系，并在朝山建塔以增文笔。[1]龙海紫泥岛西良村“福岸郭氏，始自宋季。迄元明两朝之间，生齿渐繁，游泮、明经者指不胜屈，盖地灵居多焉。曩传东北隅得一奇峰更胜，宜以人力补之”，至康熙丙申年（1716年），郭氏“独于卯方建七级浮屠，为家山保障”。[2]至乾隆丙寅年（1746年），郭氏士绅倡建紫风塔，以振兴家族文风。[3]乾隆辛丑年（1781年），南靖吴山涌口村吴氏士绅鼓吹“我祖祠奠址平冈，总揽龙山胜势，何文运之兴，未惬所望？意者巽峰更须耸起乎”，倡议兴造祖宇文峰，竟得众房派的热烈捐资。[4]

其实，乡族社会同样积极借助“典范化”的族谱书写，大力表彰维护祖先风水利益的士绅乡贤，并给他们冠以“义士”“烈士”诸名号，以记录其“立德、立言、立功”的“不朽”功德。为了维护祖墓风水免受侵害，士绅甚至合族诉讼，甘冒被革功名或爵位的风险。如永春《桃源太平李氏族谱》就有相关的记载。[5]民国永春乡绅林奉若（赓飏）参与编纂《美山林氏族谱》时，特意撰文，将那些为宗族风水志业与他姓争讼有功的族绅事迹，铭刻于谱牒之中（图6.14）。族裔亦因“尽义于族”（甘为族受法，舍生取义）而得以在家族叙事中保存身后的声望。在乡绅眼中，家族利益（族义）往往天然凌驾于公共良序（公义）之上。由于护持

1. 《港边祖庙堂前水道记》：“康熙四十年岁在辛巳（1701年），司马仪九公自粤旋里，谒庙祀祖讫，相与言祖庙形胜。因谓：‘水不上堂人不富，山无尖峰士难贵。祖庙朝山悉属金水岗峦，而木火秀峰不起，宜造塔以补之；右肩外低田所入之生旺水，宜引之以归明堂。二者未举，而言形胜则未也。’司马公欣然购田地，付族人开剥堂前水道，引桥头神宇后低田之生旺水到堂，东注大河；并以建塔朝山、龙安坪中嘱族人焉。既而水道举行，建塔弗果。噫！文峰未见雄峙，其殆宗族之福欤？凡我族人，尚其留意于斯乎！”（郑振满、丁荷生编纂：《福建宗教碑铭汇编·漳州府分册》，第162页）
2. 郑振满、丁荷生编纂：《福建宗教碑铭汇编·漳州府分册》，第173页。
3. 《重筑新围外洲修紫风塔记》：“北岸枕岸为村，岸之后有坝，曰下坝。……今岁仲春，又修岸左之紫风塔。塔始建于十二世孙国学英璋，补卯方之缺，倾颓亦且数载。兹得岿然屹峙，为族保障焉。……家长：维贵……（略）等仝立石。乾隆丙寅（1746年）仲春谷旦。”（郑振满、丁荷生编纂：《福建宗教碑铭汇编·漳州府分册》，第203页）
4. 郑振满、丁荷生编纂：《福建宗教碑铭汇编·漳州府分册》，第1358—1359页。
5. 明崇祯至康熙年间，族人李铸“习举子业，治书补邑庠生，能读父书，克绍箕裘，事王母及母俱以孝闻，抚弟怡怡，备极亲爱……七世祖实斋公坟山被王献泉占据，上控明廷，不辞劳力，乃存先茔于弈世，家业由此中落”。“天承（清康熙至乾隆年间人士）廪膳生……聪明好学，临事勇敢，年少游庠，历试高等，旋即补廪。乃因店上山被郑炽盗给颜汝霖作坟墓，激起公愤，将颜墓毁掘。告公首名垂青二名，并族人三十余名，公及世旭被刑，实甚革去衣巾，此志尚不移。”（《桃源太平李氏族谱》，1999年重印本，第145—146页、第289页）

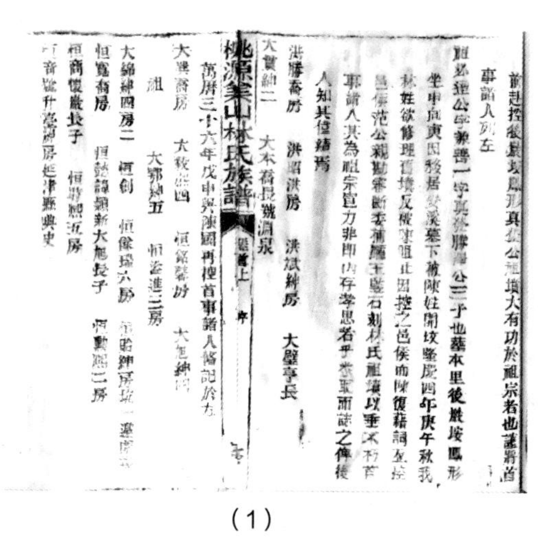

（1）

（2）　　　　　　　　　　　　（3）

图 6.14 “尽义于族”的族绅记录

（《桃源美山林氏族谱》，民国刻本）

族义的行为（哪怕故意伤害致他人死亡）给家族带来最大的风水利益，自然是善举、伟绩、功德，值得族人表彰、铭记。在士绅的话语构建中，这种“族义”的实践当然也是“阴德”的积累，因此也反复刺激着族众去“尽义于族”。

明清以来的族谱，除了保存大量的风水“和息约”，同样记录了形形色色的风水诉讼案例。这些被大书特书的诉讼事件，往往刺激了一些家族组织的复兴和跨区域宗族的联结。这些事件是家族连续性的历史时间突然被断开的关键节点，通常成为家族标志性的回忆性事件。这类举措以明清时期居多，与当时地域资源供给有限（诸如大量人口下南洋谋生）而聚居生活趋于“过密化”有关。此外，向上社会流动机会的竞争日趋激烈，家族集体对风水效益的诉求也更为强烈。保护好家族有限的风水资源，堪称保护好家族的生存权和发展权的同义词。

比如，永春金峰陈氏系南北朝陈后主叔宝后裔，公元 587 年叔宝三子易知、易任、易简率族众南奔入闽，易简于 589 年入永春桃林场开基。其族谱记录一系列乡绅如何维护宗族风水的事例。[1]（表 6–8）

表 6–8　永春金峰陈氏乡绅维护祠墓风水案例

序号	乡绅世系及名字	永春金峰陈氏乡绅维护祠墓风水案例
1	二十三世陈先璋（1505—1562 年）	陈氏祖宇笃庆堂始建于明嘉靖三十一年（1552 年），系 23 世乡绅陈先璋鼎建，坐艮向坤兼寅申。“陈有始祖陈岩前朝起架祠宇，在本都土名官田。是地时要议建文庙，有碍该祠。先璋字文玉公因向县告请给贴，乞赐地基，出补架陈祠。”
2	二十六世陈嘉论（1577—1649 年）	嘉论公承父复为本邦约正，忠厚孝友。壬午（1642 年）岁饥，公倡义散积粟平粜，赖公活者甚众。癸未年（1643 年）烽警复兴，饘粥供乡人，更筹守御，寇不得侵。有大路园黄家枫树一株，关本族风水。时黄欲买人砍伐，公自捐银六两，向黄家买来，为本族遮荫。本邑庠友颜尧抡、郑之骝等赴邑，主举呈给付冠带。兴泉道吴批：“陈邦孝友范家，仁让善俗，有古太丘之遗风。”准给冠带奖励。邑侯唐公赐匾曰“齿德达尊”。赞曰：“平心恤物着于乡，散发粟米具饘粥。懿行非一给而已，赐匾谁曰不宜景。”仰公风信乎，无愧太丘之遗泽矣。
3	二十七世陈大任（1602—1684 年）	公友爱性成，奕宜公子逢愿系公抚养成人，为之娶妇，又赎园为之葬父。素业儒弗遂大志。因严课孙曹其祥等，秉夜不休。仕安公墓前地被高巷王家混献与泉邑王会魁，公倡议率众与之赎契。又葬邦笃公及达坑林氏妈，所买坟地造葬等费皆公独肩，自充已租六石，为根茂公祭扫之费。
4	三十四世陈光尚（1824—1858 年）	以文宗取进州学第名，为人急公尚义。继传公祖坟与刘姓地毗连横，被侵掘，房众袖手，公独挺身，与之控官，履勘斥刘姓非，而令反我侵地，且定界焉，盖公之力也。赞曰：“维公之文，横扫千人。维公之勇，辟易强邻。岿然祖坟，强邻敢侮。维公外御，反我侵土。”

1. 永春《金峰陈氏族谱》（1952 年重修），乡贤陈礼生提供资料。

其实，地域社会很多所谓纷争，有时是士绅作为地方精英角色之间的纷争，表面争的是祖墓风水的想象利益，实质争的是整个宗族的社会脸面、自身的公共声望和自我形象，乃至社会教化的权力，等等。在墓地诉讼案例中，地方精英的权力展演体现得淋漓尽致，并在不同时空中反复上演。风水诉讼事件是左右家族命脉的历史叙事环节，直接彰显着族裔对整个宗族团体的道德责任，是乡绅精英开展的一场集体性、文化性的动员，它架构起一座传承祖先功德、守护集体声望的桥梁。

因此，风水诉讼事件往往是地域家族最具有纪念性和典范性的时间节点。它在唤醒、激发、支撑、教授家族共同的历史记忆和凝聚、巩固家族的情感互动与有机团结方面，具有根基性的象征意义。经过族谱书写存储和代际者的修辞叙事，事件叙事本身就成了重新链接家族身份归属的机缘，并成功转化为家族的耻辱史或荣誉者的回忆发生器，进而形塑着家族当下及未来的方向。士绅在推动祖墓风水诉讼时，既有同一地域内家族成员的整合，也有跨地域甚至跨国宗亲的联合。有些诉讼时间跨越一个世纪，并作为不同代际的家族记忆而得以继续传承和发酵，给泛家族主义意识的泛滥带来深远的影响。

我们试举四个宗族（附录四）的风水诉讼案例，略做分析。这些宗族士绅围绕着祖坟被盗葬事，往往会“借势”和“造势”，来联合本区和跨区的宗族力量，以达成胜诉的目标。其诉讼时间跨度之长、集体动员之广，充分突显风水信仰和祖先崇拜在家族叙事记忆中的重要性。风水诉讼事件甚至已经成为家族历史叙事的标示性媒介，是推动整个宗族谱系有机整合的重要关节点。

其一，南安英山洪氏士绅的风水诉讼案。

明代后期，洪氏士绅因祖墓风水被盗事件，与同区域的吕氏进行了二十余年的诉讼。[1] 洪氏的风水诉讼之所以得胜，主要得益于洪氏后裔在科举文教方面的

---

1. 洪氏“一世祖顺斋公，清源郡王陈洪进公之裔孙也。宋末避乱，由朋阳岭后徙居英山，遂家焉。……二世祖温斋公，讳字、生卒未详。温斋公冘家英山，颇营生产，家声渐起。洪氏招婿，温斋公始赘其家。洪为翁山长者，世有巨积，夫亡子丧，家无朞近之亲，业付一女，后妣洪氏，遂姓其子，示不忘所自云”。而“三世祖讳玑，字伯玉，号良斋，娶林洋蔡氏，生卒年月俱未详。公葬廿九都土名南坑，坐辛向乙兼酉卯。后因道路隔远，被土豪吕一龙盗葬其顶，至万历庚子年（1600 年）众孙子等探墓才知，即纠众诣按院告诉，赖府主窦判迁他圹。”（南安《武英英山洪氏族谱》（未分卷），洪氏家族撰修，清抄本）

进展。“万历四年（1576年）丙子科，孙有助中试竖旗，失其故处，其后寂寂，并废祭扫。十五年前（约1585—1586年），被都伯吕一龙盗葬其顶（头部）。”至辛丑（1601年）诉讼，洪氏参与的士绅层级颇多，有“乡官：有复（进士，官布政）、有助（进士）、启睿（地魁传胪）、启聪（举人，后亦中进士）、承选（解元，后亦中进士）。监生：有俨、有笃、启唯、启初（后中进士）”，以及数十位生员。当然，诉讼让二族结下深仇，“嗣是洪以仇不共戴，而吕亦不忘血矣”，以至到了万历四十七年（1619年）和天启三年（1623年），双方的意气纷争依旧持续。

其二，浦城西溪黄氏士绅的风水诉讼案。

按黄氏六世祖匡镒公“宋赠太子少保，银青光禄大夫”。“公墓筑封自宋，明嘉靖间，遂昌二十五世孙、贵州道监察御史中公率族翕和、邦和、瑞鹄、崇大、有九、畴九、义，重整建碑。国朝嘉庆四年（1799年）五月，因邑人盗葬，浦城、遂昌、江山裔孙忿掘构讼。五年（1800年）五月案结，蒙各宪饬迁余冢，给修祖墓。事竣，谨志并载县详道府谳语。”[1] 黄氏士绅因无力独自处理本地异姓间冲突，便借助跨区域宗族力量。他们甚至赌上士绅名分被剥夺的风险，借助官府来伸张“族声”。其诉讼成本高昂，但也刺激了各聚居家族的整合和跨区域宗族的联合。

其三，闽清陈氏宗族士绅的风水诉讼案。

陈氏诉讼时间跨度长二百多年，从清乾隆九年（1744年）持续到1987年。清代陈氏主要依靠本族士绅的力量，当代则借助地方精英乃至海外宗亲的道义支持。有宋一代，漈上陈氏已成望族，尤以五世玩公（妣谢氏太夫人）后裔最为显赫。玩公之子祥道、安道、旸道、从道兄弟连登进士榜，世称“五子四登科”。七世祥道子行中、旸道子刚中登进士第，世称“一门七进士”，后安道子和中亦进士，堪称“一门八进士”。祥道、旸道乃理学大儒，《宋史》有传，世称“棣萼一堂双理学，梅溪千古两先生”。肇因科场之盛，谢氏太夫人墓多有遭占之讼。“乾隆九年（1744年）漈上祖厝被占，乾隆二十七年（1762年）旸公生母谢氏夫

1.〔清〕黄锦澜纂：《浦城西溪黄氏世谱》卷五，清嘉庆七年（1802年）重修，清浦城黄氏刊本。

人墓遭毁，尤邑宗亲状呈县主宋学源，令其覆土还坟。1981 年谢氏太夫人墓再度被毁，历尽艰辛，六载诉讼，终于由福州（市）中级人民法院判还我族，海内外族亲欢欣雀跃。”[1]

其四，连城沈氏士绅的风水诉讼案。

根据资料，沈氏与周氏之争，从民国延伸到共和国时期。为了掩盖再次盗葬沈氏祖坟的事实，周氏不惜制造假契约，并诡称“该坟因……祸乱，建筑碉堡，而有砖石被拆无存，所以于二十九年春间（1940 年）始行重修”云云。这场诉讼案件的最终裁判者，只是从传统府县转到现代法院而已，而构成诉讼动力的思想构架——风水观念和信仰——依旧在家族代际具有很强的传染性、存续性。

明清以来，乡族士绅除了在宗族内部订立各种保护坟祠风水的公约、禁约、规约外，还借助官府力量的权力认定，请求示禁本族坟山或祠堂风水免受外族或同族不肖者侵占。这从侧面佐证一般性的风水知识、观念和信仰是晚近各阶层所高度共享的“文化共相”。从泉州府、漳州府、兴化府（莆田）的宗教碑铭及笔者所查的部分族谱（表 6–9）来看，乡族士绅请求官府示禁保护本族坟祠风水的事，最早可追溯到明代中叶，这与彼时宗族制度的兴盛及宗族观念的觉醒有关。宗族已意识到借助官方力量来强化内部团结。但呈请示禁案例相对集中在清代乾隆年间，甚至延续至民国时期，广泛涉及各州府、县邑和诸多宗族姓氏。显然，入清以后家族内部及家族之间的风水纷争，是一个相当普遍的社会现象。这可能同清代“康乾盛世”（特别是统一台湾后）地域社会的宗族组织得以继续恢复、发展，而围绕着风水私有资源的争夺日趋激烈有关。

---

1. 明万历十五年（1587 年）陈懋清《重修陈氏族谱序》称：“后梁开平初，有祖千郎公者，由光州固始入仕闽王，因家于福州之大义。二世而柄公，迁于漈上，盖以漈上之山川毓秀，风气攸钟，择而处焉。甫三世而英贤辈出，或以状元、探花发甲，或以进士翰林及第，有著述经忆可传于世者，有直言极谏不私其身者，有司外台而监察者，有任提点而尚书者，有登兵部之侍郎者，有居内阁之学士者。故一门七进士之坊，至今不泯。三代五翰林之志，传诵弗衰。”[《颍川陈熹公系千郎宗谱可行支谱》，闽清塔峰梅谷（渡口）可行支谱编委会编，1998 年] 此谱系厦门大学台湾研究院陈在正教授之家谱，蒙其赐谱。

表 6-9　家族风水官府示禁碑文举例

序号	示禁碑名称	风水示禁内容	示禁时间	出处
1	卢氏风水林示禁碑（南靖）	卢氏祖山在船场镇高联村祖山“有关风水，祖培植竹木遮荫，历掌三百余载无异，但因乡豪往常盗砍”，给示严禁。	明弘治元年（1488年）	郑振满、丁荷生编纂:《福建宗教碑铭汇编·漳州府分册》，第1271页。
2	夏坪禁示碑（平和九峰、残碑）	夏坪祖居初侵伤，严禁，各宜遵守。	明万历三十七年（1609年）	同上，第1508页。
3	钟氏祖山示禁碑（诏安）	廖氏强占钟黄金祖山。将武生廖朝缮、监生廖达发学戒饬，山归钟姓照常管业。	清康熙六十年（1721年）	同上，第949—950页。
4	南屿陈氏祖坟宪示碑（东山）	陈球等在陈亦昭祖坟界内盗葬四柩。应将陈球锁押，所葬之坟限十日内起迁，如违滞究。	清乾隆二十八年（1763年）	同上，第1160—1161页。
5	林氏祖山示禁碑（平和）	林氏祖山林木，自今以后听乐产林姓永远管守樵采，外人不得混争。	清乾隆三十九年（1774年）	同上，第1531页。
6	陈氏坟山示禁碑（南靖）	陈氏祖坟九首，历葬多年，理宜加意保护，嗣后不得于陈姓山界近处复行筑屋挖掘，伤碍坟墓。	清乾隆四十四年（1779年）	同上，第1354—1355页。
7	阮氏坟山示禁碑（南靖）	阮氏坟山界内所培坟域，毋许再行藉端索掘，任意迁挖移培，并藉原卖亲族滋扰。	清乾隆四十六年（1781年）	同上，第1360页。
8	高树门风水林示禁碑（南靖）	高树门社旧植柯木，干系通社风水，大关居民命脉，培滋十八世，通邑周知。嗣后毋许藉冒军工，到山砍伐。	清乾隆五十五年（1790年）	同上，第1369页。
9	沈氏坟山示禁碑（龙溪）	因沈氏祖坟被蔡氏侵灭戕害，不容祭扫。沈氏现葬祖坟，仍归沈姓掌管。其余坟旁圹地，均不得在该处开掘、培墩以及盗卖盗葬。该处树木亦得砍伐，致启争端。	清道光十九年（1839年）	同上，第441页。
10	卢氏祖山示禁碑（南靖）	毋许在卢氏祖坟界内占培虚墩，藉端勒索。	清道光二十七年（1847年）	同上，第1435页。
11	郑氏坟山示禁碑（龙溪）	清乾隆年间郑氏从蔡氏购买坟山，后蔡氏不认。“所有山内蔡、吴两姓旧坟，只准祭扫，不准修增高大。蔡有容所培虚墩，即行平废，嗣后亦不得再有盗卖、盗葬以及混占事情。”	清光绪十一年（1885年）	同上，第569页。
12	陈氏祖山示禁碑（海澄）	明万历三十一年（1603年）陈氏祖山已由县任内呈请示禁勒石在案。现“屡被附近族强贪图吉地，觊觎盗葬”。	清光绪十三年（1887年）	同上，第576页。

续表

序号	示禁碑名称	风水示禁内容	示禁时间	出处
13	杨氏祖坟示禁碑（平和）	杨氏坟山培植松木，荫护祖龙，掌管十余世，不许外人砍伐。叠经延请乡邻房约，经本族亲长勘明禁约，四邻皆知。毋再往杨氏祖坟山上盗砍松木。	清光绪十三年（1887年）	同上，第1587页。
14	大宗祠堂内示禁盗锯墓树碑记（海澄）	柯坑社柯氏盗锯洪氏墓树，毁崩洪氏祖坟。“务须约束子侄，嗣后勿得在于洪姓之巷内山……四至界内砍伐荫树及盗葬”。	民国五年（1916年）	同上，第661页。
15	灵源山示禁碑（晋江）	灵源山有祖坟二首，其坟茔树木仍系远荫风水。凡系吴乡官坟茔内界内草木生枯，不许擅行侵伐。	明万历四十六年（1618年）	郑振满、丁荷生编纂:《福建宗教碑铭汇编·泉州府分册》，第168页。
16	黄氏祖祠示禁碑（厦门）	林氏乘夜欲葬小棺，冲伤黄姓祖祠宗社。毋许于宗祠前后土地“盗买盗卖，并恃强葬伤，亦不许黄姓不肖子孙钩谋别姓，影藉混占，以及屏上圆址假造计庐堆，起盖寮间、筑厕池”。	清乾隆十二年（1747年）	同上，第1050—1051页。
17	康卢两姓坟山示禁石刻（同安）	近康坟者归康，近卢坟者归卢，以杜日后两姓争端。	清乾隆十九年（1754年）	同上，第1062页。
18	黄氏坟山示禁石刻（厦门）	坟山系通族列葬历代祖葬祖茔，该子侄不许私行盗卖葬坟，致他族涎图戕祖。	清乾隆二十三年（1758年）	同上，第1066页。
19	陈氏坟山示禁碑（厦门）	坟山不许近乡居民或外地棍窃，在界内砍挖木石，戕毁坟茔。	清乾隆二十五年（1760年）	同上，第1070页。
20	林氏坟山示林题刻（厦门）	毋许仍前在林云广父坟界内放纵牛畜践踏及锄挖芒草、木、石。	清乾隆四十一年（1776年）	同上，第1089页。
21	许氏坟山示禁碑（晋江）	石竹山有许氏祖坟十余所，毋许在许氏祖山埔园内盗砍柏木、削掘坟墓。	清嘉庆九年（1804年）	同上，第314页。
22	邱良功母封茔示禁碑（同安）	许太夫人封茔及前后左右各园地，毋许践踏、戕损、占耕等事。	清嘉庆十八年（1813年）	同上，第1132页。
23	颜氏祖祠龙脉示禁碑（金门）	毋许在贤聚乡颜姓祖祠前后左右挖掘气土，戕毁来龙。	清咸丰十年（1860年）	同上，第1195—1196页。
24	庄氏坟山示禁碑（永春）	毋许在庄氏坟山盗葬盗种，斩断来龙，盗砍树木，增建坟墓。	清同治七年（1868年）	同上，第886页。
25	许氏祖坟示禁碑（晋江）	许氏坟在朴树下，有一丛树，乃墓身之主脑，攸关风水，被近乡匪徒斫伐。自示之后，毋得仍前盗斫。	清同治十一年（1872年）	同上，第413—414页。

续表

序号	示禁碑名称	风水示禁内容	示禁时间	出处
26	陈氏祖坟示禁碑（晋江）	毋许在陈氏祖茔内盗筑迫伤，以及放纵牛羊，樵采薪木，致有践踏毁伤。	清同治十二年（1873年）	同上，第414页。
27	李氏坟山示禁碑（晋江）	李氏祖妣坟被薛氏“贪穴吉，在伊祖坟墓庭下伏埋虚堆，悬又高筑成坟”呈控。嗣后“他人不许在界内盗卖、盗买、盗葬、盗垦”。	清光绪二年（1876年）	同上，第420—421页。
28	薛氏祖祠禁约碑、薛氏祖祠禁约碑（同安）	祖祠为合族四房肇基之祖，妥先灵，荫后嗣，胥于是焉系。祠后有旷埔，所为祠来龙，亦后靠也，关系甚大。起房屋者，不碍祖坟，无违乡规，有伤和气。	清光绪四年（1878年）、光绪九年（1883年）	同上，第1254、1262页。
29	陈氏坟山示禁碑（晋江）	陈氏“以寺僧盗卖陈氏坟山与吴氏盗葬控”。两造愿甘息讼取结。务须安分守法，不得藉端混扰，以及盗取柏木、糟蹋等事。	光绪十五年（1889年）	同上，第446—447页。
30	古檗山庄示禁碑（晋江）	山庄系仿族葬之家茔，附近乡民务须遵照划石立界，各归各管，切毋侵占践踏。	民国六年（1917年）	同上，第477页。
31	林氏祖坟示禁碑（仙游）	乞示禁弊以保祖坟。坟前后左右，概不许堆瓦砾、粪缸，任意秽亵滋事。	清嘉庆十二年（1807年）	郑振满、丁荷生编纂:《福建宗教碑铭汇编·兴化府分册》，第453页。
32	郑氏示禁砍卖山木（莆田）	郑氏“泒衍族蕃，科名济美，皆祖坟发祥所致。自唐迄今，千有余年，通族子孙从无砍伐坟树，盗卖山穴。祸因近年子孙贤愚不等，輙敢砍伐树木，致兴讼端，历控不休。岂但伤坏风水，而且有乖族谊。永禁向后不许卖砍树木，卖葬坟山，子孙亦不得乱行安厝，庶风水得以保全，通族得免争端，幽明衔接”。	清康熙五十五年（1716年）	郑惠元纂:《郑氏族谱》未定卷（莆田郑樵家谱），清道光二十八年（1848年）修刊本。
33	白邑侯告示（浦城）	邑之东乡高泉高坂园有宋贤詹元善先生墓，该裔孙春霜秋露醮管无失，被季应瑞、王达琳侵占坟境。嗣后于先贤墓道四至界内毋许混行侵占，堆积污秽，并不得假称樵采，砍伐树木。	清乾隆十年（1745年）	詹贤拔主修、詹程勋纂:《浦城詹氏族谱》卷四《长肃房墓图》，清光绪三十二年（1906年）续修本。

明清以来，福建受宋明儒学礼义思想的影响，官绅亦试图透过设立义冢、义坛等措施，来解决贫家停柩不葬及区域或家族无嗣者的祭祀等问题。所谓“天理”与“地理”的观念之争，涉及更多的是地方治理如何有效推进的问题。参与

兴修、保护义冢、义坛等设施，正是乡族士绅借以积累“阴德”的“公义”。

例如，清康熙四十三年（1704年），漳州龙溪根据士绅倡议，择地设义冢，让“所有停柩各棺，每柩给地葬一丈，横阔八尺，就于无碍处安葬，不许侵他人旧坟，致启争端”云云。[1]乾隆年间，云霄县马铺乡何氏家族“大小宗俱安成，父兄另议族厉之厝，稽之于古礼也”，何氏向陆氏购地，“爰是议为坛一、护房二，坛以祀吾宗之无后者”。[2]清嘉庆十一年（1806年），南靖县书洋刘氏“承祖建筑无嗣坛一所，石勒‘万善坛’字样”，“周围栽种松木以为坛荫，近年致祭，历经百余载无异。近因何方棍徒谋占，黑夜毁灭残砍”，亦恳恩官府“示禁以恤幽魂”云云。[3]

上述示禁碑同样说明一个不争的“社会事实”，即士绅或乡绅参与地方的社会治理范围，终究有其限度的。其维护的“社会声望”和“教化权力”，更多是集中在家族、宗族范围之内，一旦牵涉地域社会内异姓宗族团体之间的纷争，更多只能求助于官府的“横暴权力”。士绅必须借助国家力量，通过保护所谓宗族的公共利益或文化资源，来维持自身的形象和公共声望。士绅在国家与社会之间游离并充当中介的角色，一则是由其浸润的儒家教养及科举考试所赋予的名分所决定的，二则是国家力量透过保甲、乡里制度等方式，加强对地方的治理渗透所致。士绅阶层作为“中间力量”，既透过乡族或宗族团体或地方寺庙，也透过国家权力及其代理人，试图打造一个地方性“公共领域”，来强化自身在地域社会的“在场感”。

概而言之，地域社会中各种具有实用性质和功利性质的风水选择、保护活动，隐藏着基层民众和精英对把握向上社会流动机会的理想预设，以及应对生态压力、生存压力而争夺地方话语权和主导权的现实努力。士绅不过是充分意识到改变个体和家族命运的机会之可贵，并充分享受风水之潜在力量庇佑的文化群体。特别是区域风水的大格局和家族风水的小格局所共同塑造的“加官进禄”的

---

1. 《官山义冢宪示碑》，载郑振满、丁荷生编纂《福建宗教碑铭汇编·漳州府分册》，第164页。
2. 《何地义坛记》，载郑振满、丁荷生编纂《福建宗教碑铭汇编·漳州府分册》，第873—874页。
3. 《万善坛荫园示禁碑》，载郑振满、丁荷生编纂《福建宗教碑铭汇编·漳州府分册》，第1389页。

愿景，不能不让人怦然心动。乡族士绅“私利”固然涉及科举功名和声望提升的想象，亦可借此言称“公义”，来变相刺激地方的文教事业之发展或部分公序良俗的落实。[1]

我们同样可以将以“和息约”和“示禁碑”为代表的地方惯例，看作一类“仪式化”和“表演性”的地方行动策略。它们具有类同游戏一样的“家族相似性”和典范化的意义。它们的刻写方式堪称“乡族政治”中展示士绅或地方精英之体面感的一类“类仪式”，是士绅或地方精英自我裁剪下来的历史记忆形式，是掩盖等级性的权力关系、减少暴力成本的乡族政治艺术，是铸牢乡族共同体的同一性的治理技巧。和息与示禁，都是建立、隔离乃至跨越官民界限的一种方式，都是从矛盾重重的地方世界中主动构建社会秩序和文化规则的一种方式。

各种风水诉讼案例同样启示我们，这些流淌在宗族基因中的“血性”和“道义”叙事，是刺激宗族组织的有机团结的关键节点，也是强化祭祀共同体的标志性事件。然而，乡族士绅或精英参与维系的地方均衡秩序，仍然需要国家力量及其礼法体系来作为最后仲裁者在场。这种“溢出效应”堪称分辨地方的权力让渡的表象，表明官民双方默认的界限又从适度的区隔返回模棱两可的状态。这种“夹生”的地方秩序构建，更因其乡族化、地域化、封闭化的特性，根本无法发展出带有普遍性的社会规范和法制化的契约精神。

然而，无论夹生饭的感觉如何尴尬，地方士绅或精英正是透过高度专业化、实证化、体验化的风水术数实践（观天之道，执天之行），形成“智的直觉”，及时把握一个地方的“时势”（时势造英雄，当下的情势和趋势）、“局势”（整体的态势和格局），并灵活运用那些具有现实可能性的“形势”（形势比人强，有形的、变化的势能、效力），契理契机，生机盗机，见机行事。

换句话说，风水实践可以提供一套可经算计的、有效的象征性资本，来营造、创造一种有利于改变个体生命轨迹或地方前途的“生气”和“运势”。在相

1. 〔清〕孟超然议曰：“（新安程观生中孚治青乌家言，谓人家葬吉壤，出圣贤第一，其次忠臣节士，其次博学就征，以科甲为最下。）按观生之说，盖有激乎其言之也。科甲取士，贤才忠节博学多识之人何尝不出乎其中？自俗师谈风水者，皆曰财、曰丁、曰贵，于是人之所希幸者纷然在是矣。观生之意，以为科甲之上尚有此数层，而科甲犹为下，何况于市侩之财、不识字之丁、入赀之贵乎？吾故曰：观生有激乎其言之也。”（《亦园亭全集·孟氏八录》）

信和利用风水来“布局”地方的学场（庙学、书院）及其他公共空间、祖先场域的过程中，地方士绅或精英堪称一群天然的“借势者”“顺势者”和“造势者”。而地方文运或局势并无“常势”，更需要借助风水的主动营造，去革新“形势”，营造“局势”，乃至追逐“权势”。

在传统中国的宇宙观中，人与天地、人与鬼神、人与人皆同属“一个世界”，是相互关联、相互感通、相互感应的。因此，传统的乡族士绅的实践伦理原则不仅是关联主义的，而且也是实用理性的。我们或许可以用“借势（盗机）模式”（审时度势，顺势而为，乘势而行，等等），来进一步解释地域社会中的种种风水实践或利益纷争的行动逻辑。“借势模式”同样是关联思维的产物。从一定意义上说，乡族士绅或地方精英基于公义或私利的风水行为，堪称一种虚张“声势”和“知势”“乘势”“聚势”“造势”“驭势”的行为。风水术数风行的背后，伏藏着地域社会的精英乃至普罗大众的历史心性和生存策略。

第七章

风水宗派的知识谱系及其地域化形态

按先秦两汉时期，风水作为术数（数术）之学，是研究“天道”或“天地之道”的学问。[1] 其学本就包含形法和理气的传统。《周礼》记载先民用“土圭之法”测量地形，“地中，天地之所合也，四时之所交也，风雨之所会也，阴阳之所合也。然则百物阜安，乃建王国焉”。(《周礼·地官司徒》)《汉书·艺文志·术数略》载有《宫宅地形》（二十卷）和五行类《堪舆金匮》（十四卷），堪称风水两派的雏形。唐宋以后，形法派和理气派成为主流。[2] 江西的形法派盛行固然是史实，但闽中的理气派也非“用之者甚鲜”。其实两派只是各有侧重，并

1. 方术包括术数和方技二类。术数分为占卜（星算类、卜筮类、杂占类）、相术、厌劾祠禳。方技分为医药和服食、行气和导引、祝由。《汉书·术数略》的“五行”大体属星算类，“形法”则属相术类。参见李零:《中国方术考（修订本）》，第 19 页；李零:《中国方术续考》，北京：东方出版社，2000 年，第 5—6 页。

2. 〔明〕王祎:《青岩丛录》:“堪舆家之说，原于古阴阳家者流。古人建都邑、立家室，固未有不择地者，而择地以葬其术则本于晋郭璞所著《葬书》二十篇，多后人增以谬妄之说。蔡元定尝去其十二，而存其八。后世言地理之术者，此其祖矣。自近世大儒考亭朱子以及蔡氏莫不尊信其术，以谓夺神功、回天命，致力于人力之所不及，莫此为验，是固有不可废者矣。后世之为其术者，分为二宗：一曰宗庙之法，始于闽中。其源甚远，至宋王伋乃大行。其为说主于星卦，阳山阳向，阴山阴向，不相乖错，纯取五星八卦，以定生克之理。其学浙间传之，而今用之者甚鲜；一曰江西之法，肇于赣人杨筠松、曾文辿，及赖大有、谢子逸辈，尤精其学。其为说主于形势，原其所起，即其所止，以定位向，专指龙、穴、砂、水之相配，而宅拘忌在所不论。其学盛行于今，大江以南，无不遵之者。二宗之说，虽不能相同，然皆本于郭氏者也。业其说者，参其异而会其同，斯得之矣。”[《五朝小说大观》，上海：扫叶山房石印本，民国十五年（1926 年）]

无截然的分野。

本章并非针对风水宗派内在理路的线性描述和知识体系的罗列梳理。诸如为堪舆家立传或辨识宗派技术的“风水史”，并不在我们的研究视野之内。鉴于区域历史的失忆和失声，加上风水宗派史籍汗牛充栋，这类带有“知识史”特质的研究，往往是层累和想象的“历史碎片”罢了。本章的切入点是结合社会史和术数史，兼论风水宗派内在的历史逻辑演进，去探讨一般性的风水知识谱系——特别是其“概念丛”——透过什么样的记忆媒介和社会实践方式，究竟形成哪些稳定的文化模块，从而被内化为地域社会高度共享的思想传统和信仰习俗。特别是仪式专家如何结合发达的书写传统（如刻书业）和地域崇拜体系，对地方性的风水知识和观念体系进行统合和叠写。

同时，笔者拟讨论下当代仪式专家或文化媒人对风水术数是如何进行自我文化阐释的。透过仪式专家对风水知识谱系的地方表述，我们可以管窥蠡测地域社会中某种普遍化的精神现象学，即社会各阶层具有一套共通的思想—文化框架，同享着共通的话语系统和文化记忆形式。风水知识和观念谱系同其他的知识传统一起，在长期的文本整合和具体实践中形成鲜明的“互文性”（intertextuality），构成互为条件、互为解释、互为意义的有机整体，共同参与推动地域社会“文化一体化”的进程。

第一节　理气派的术数实践及其地域传布

本节并非要描述或“还原”风水理气派的地域传播史，而是旨在反思：寓居其中的关联思维、感通观念或生生宇宙观，透过什么样的引动机制，得以贯通和融入常识性的地方知识系统之中；理气派的知识和观念框架如何被刻写在“罗盘”这样带有神性色彩的标准化器物上；地方的社会经济活动特别是刻书业的发展，是如何推动理气派的知识谱系和观念形态的地域扩展的；在塑造地方的文化空间过程中，理气派的信仰底色又发生了哪些蜕变；等等。而知识精英和地方的文化媒人，一直共享着具有高度一致性的知识谱系和文化记忆形式。理气派的文本书写和具体实践事实上构成一种“互文性”，参与刺激了地方社会的知识整合和文化一体化的进程。

一、式盘的发展与理气派的术数特征

古代的堪舆术与选择术、图宅术密不可分，是思考人与时空的关联关系的学问，主要用以占卜时日的宜忌和地（方）位的吉凶。三国魏人孟康曰："堪舆，神名，造《图宅书》者。"[1]汉《淮南子·天文训》曰："堪舆徐行，雄以音知雌。"许慎注曰："堪，天道也；舆，地道也。"（《隋书·经籍志》）司马迁《史记·日者列传第六十七》言及"堪舆家"事，《汉书》所录《堪舆金匮》包括日者式法贞占的内容，《吴越春秋》则提到"金匮第八"字样的六壬占文。

按甘肃天水放马滩秦简日书甲乙种和湖北云梦睡虎地秦简日书甲乙种的记载，先秦堪舆家卜宅时，主要拘忌于"建除十二辰"法，来讨论择日的宜忌吉凶。[2]由于五德有终始轮回，方位因人因时而生吉凶，时辰因人因地而有好坏，有关厌劾解除（驱鬼除邪）等符镇法被引入相宅术、相墓术中。上述日书记录着不少土忌、门忌、室忌及厌劾方法。汉魏以来，符箓道派的传播更刺激了安镇、解注之法。

图宅术主要指"五音姓利说"，即根据"姓"所属五声（宫商角徵羽）、五行（水火木金土）、五方的生克关系，来推论宅之方位吉凶。譬如，赵姓五音属舌，五声属徵，五行属火，五方属南，东方木生南方火为吉，北方水克（贼）南方火，南方火生西方金，却使南方火受损弱，故赵姓论阳宅坐向宜东不宜西，论阴宅墓区宜南高北低，宋代皇陵即遵此术数。王充曰："古者因生以赐姓，因其所生赐之姓也。若夏吞薏苡而生，则姓苡姓；商吞燕子而生，则姓为子氏；周履大人迹，则姬氏立其名也。"[3]《说文解字》曰："姓，人所生也。古之神圣母，感天而生子，故称天子。从女从生，生亦声。《春秋传》曰：'因生以为姓。'"姓氏大多渊源于图腾名称，是远古"感生神话"的体现。[4]拘于姓音坐向的堪舆习俗，是图腾信仰的遗存及衍生形态。根据饶宗颐考证，先秦时期中国就有"五行三合

---

1. 《汉书·扬雄传》颜师古注文。
2. 按周天配十二地支，而分为十二等分，划分方向则与十二次相反，有虚拟的太岁循行，同岁星依十二次运行相逆；又以北斗七星斗柄旋指十二辰，按建、除（余）、盈（满）、平、定、执、破、危、成、收、开、闭排列，如正月建除为寅至丑，二月建除为卯至寅，依此顺数。
3. 〔汉〕王充：《论衡·诘术篇》。
4. 何星亮：《中国图腾文化》，北京：中国社会科学出版社，1992 年，第 98—107 页。

局”和“五行纳音说”[1]，对后代堪舆术家的理气运用产生了深远的影响。

唐宋时期的堪舆活动大多传承汉魏时期的传统，流派众多，其中图宅术的主干仍然是五音姓利说、卜宅日法、符镇法等。[2]《黄帝宅经》二卷“在术数之中，犹最为近古者矣”[3]，“分为二十四路，八卦、九宫，配男女之位，定阴阳之界”[4]，日辰宜忌、五音姓利同宅向吉凶获得精致的结合。该书关于二十四路（山）、十二神和四门的提法，对理气派的罗盘操作影响甚深。[5]理气门派除结合形法、日法之外，民间尚有三合、四局、玄空、八宅诸法，众说纷纭。[6]

今出土的古式（式盘、占盘，古代术数家占验时日的工具）大多属六壬式，唐宋以来士庶通用。六壬式由上下盘构成，上盘为圆形，象征天；下盘为方形，象征地。天盘以北斗居于其中，以子午、卯酉四分圆面，分配十二月或十二神、干支和二十八宿；地盘则自内向外三层排列天干、地支和二十八宿，其四隅还列有天、地、人、鬼四门。式图的空间结构包括四方、五位、八位、九宫、十二度等形式，其时间系统则有四分制的“大时”及十二分制的“小时”之分。一些古式图也与八卦相配。六壬式其实是一个宇宙时空模型，天文历算、阴阳五行皆纳

1. 饶宗颐:《秦简中的五行说与纳音说》，载《古文字研究》第十四辑，北京：中华书局，1986年。
2. 《隋书·经籍志》《旧唐书·吕才传》《旧唐书·经籍志》《新唐书·艺文志》《周礼》《唐六典》《宋史·艺文志》，敦煌写卷伯3865号《相阴阳宅书》残卷、伯3492号《诸杂推五姓阴阳宅图经》等，都有相关记载。
3. 《宅经提要》,《景印文渊阁四库全书》第808册，第1页。
4. 《宅经》,《景印文渊阁四库全书》第808册，第3页。
5. “二十四路者，随宅大小中，院分四面，作二十四路。十干、十二支、乾、艮、坤、巽共为二十四路是也。”主要是将八卦同干支结合起来，分为二十四方位以辨其吉凶。四门即天门、地户、人门、鬼门。
6. 理气派术数的门派包括:（1）五音相宅法，即以五音姓利说为主。（2）福元法，又称三元命卦法，配合命相择宅。后来发展出“东西四宅法”，论述住宅坐向与卦象吉凶关系。（3）大游年法，又称九星飞宫法、八门套九星法，通常与东西四宅法合用，配合星相、命相、以判断建筑及人居吉凶。（4）穿宫九星、截路分房法。（5）二十四山法，借助罗盘，常与东西四宅法相混用。（6）九宫飞星法，运用九宫飞星图、紫元飞白图而判断宅命。（7）日法，又称选择、定时，常分忌神煞法、紫元飞白法、建旺日法、十二建除法等，以断阴阳宅营造的时间吉凶。（8）符镇法，包括时间符镇和方位符镇等。详见宋昆、易林:《阳宅相法简析》，载王其亨主编《风水理论研究》，第74—86页；亢亮、亢羽编著:《风水与建筑》，第90—139页。

入其中。式法又派生出各类择日和历忌之说。[1]

根据考古材料，最迟成形于南宋的罗盘系古式衍生之物。[2]南宋庆元四年（1198 年）朱济南墓（江西临川）和南宋嘉定元年（1208 年）陈元吉夫妇墓（福建福州），皆出土过手抱罗盘的阴阳人俑或风水仙师俑。临川旱罗盘磁针装置方法的特色是中部增大呈菱形，中央有圆孔，系用轴支承的结构，并采用十六分度（三十二向）体系。[3]

宋代以降罗盘的刻度以二十四向为标准，开始在南方地区普及。这从大量的墓志铭、买地券的方位表示法可管窥一二。罗盘的结构无非是结合五行、八卦、天干、地支等代表方位的范畴，来探索这些方位之间的相生相克关系。清杨澜曰："罗盘方向见于山经地志者，自郦道元始。……自乾至巽，皆地理家来龙方向之说。今罗盘以干支除戊己排列四正，以乾坤艮巽为四维。二十四山相宅相墓之法，六朝时已大行矣。"[4]式或罗盘的标准化和符号化，帮助堪舆家进行"数理"推演及"形象"直观，以期"夺神功，改天命"云云。

综观理气派的理论基石，无非立足于《周易》"生生"理念，将阴阳、五行、八卦（先天、后天）、干支、四时、五方、七曜、九星、九宫、十二神、二十四节气、二十八宿、七十二候等范畴相互配合，从而形成一套天、地、人三才相对应的术数体系。[5]其方法是重视罗经的操作，以相山体的阴阳和方位的吉凶。堪

1. 李零：《中国方术考（修订本）》，第 89—176 页。
2. "早期堪舆之辨方位以土圭为主。自南宋以后，始用罗经，其附会黄帝、周公、郭璞、一行、杨益……者，皆无可信。以二十四分向法论之，其来源虽溯自汉代，而宋以后之堪舆对汉代之式占地盘无具体认识，故有先、后天罗经之争辩。自磁针偏角之发现，先后又起缝针、中针、正针之聚讼。故堪舆之术论磁针方位者，未见有早于南宋者。其盛行时期当以明代最为发达。"（王振铎：《司南指南针与罗经盘：中国古代有关静磁学知识之发现及发明（下）》，《考古学报》1951 年第 5 期）
3. 闻人军：《南宋堪舆旱罗盘的发明之发现》，《考古》1990 年第 12 期 。
4. 〔清〕杨澜：《临汀汇考》卷二。
5. 诚如《理气心印内传》所云："一阴一阳，两仪定位。天地生成，人禀理气。浑然中处，阴变阳合，五气以生，五气流行。八卦象位，八卦既定，四方始正，而变化无穷焉。地法因理气之妙，以推山川之生成。太极者理气之源也。……八卦之方始有定位，而生生无穷也。地法因之，故大挠为罗经，相其阴阳，为返本还原之道，立棺椁葬埋之说，使气感而应，鬼福及人，明生生之意，无间断也。……夫气行于地，而运于天也。在地者论形，在天者论气，形静而有常位，气动而无常形。形可见，而气不可见，必以罗经察之，推其位以察其气，乘其气以裁其穴。对天星，用八卦，推山运于退度，察水步于去流，深探祸福之机于毫厘之间，

舆家借此组合出一个模拟天地运行构造的术数框架，从而直观地框定、规范人事与命运的可能性，并暗示阴阳宅空间的可塑性与不可塑性的界限。此外，堪舆家还结合命主“仙命”（宅主的八字、流年、音姓）、穴地方位、营造时令，来辨识人事吉凶祸福，即吉人、吉地、吉时是三位一体、相辅相成的。

大体而言，堪舆学说，特别是理气派，主要立足于“天人同构”的运动宇宙观，强调效法天地自然的规律变化，以感应天地，映照自然，达成人与宇宙自然的动态合一。既然天地宇宙的运行是生生不息的，处在永恒的运动和变化中，人栖居其中，必须相比类而共感，以动态的生命视角去捕捉时空与人的同构互动，才能获得和谐有序的生活质量。而理气派的表现形态，无疑带有程式化、模本化、逻辑化等特征（图 7.1）。

二、理气派的话语体系与理学家的批判

风水理气派在唐宋的传承问题，无从考证。元代赵汸曰：“（闽中理气派）不知其所自起也。赣人相传以为闽士有求葬于江西者，不遇其人，遂泛观诸郡名迹，以罗镜测之，各识其方，以相参合而传会。其说如此，盖瞽者扣盘扪烛，以求日之比。而后出之书益加巧密，故遂行于闽中，理或然也。”[1] 赣人传闻与其说是信史，毋宁说是一种“瑜亮情结”的叙事。王祎称理气派“始于闽中，其源甚远，及宋王伋乃大行”，闽中虽多受术于江右者，然理气派亦是南迁士民术数的自我发展，它吸纳了象数易学、天文历法等具有实用性的文化传统。出土文物及方志记载更是透露了其源甚远的信息。

福建沿海地区出土的唐宋墓碑志，经常记录墓地选择时的理气方位、水法流向、择日趋避等信息，这可补证闽人重视丧葬理气风水的习俗绵延不绝。

试举数例。泉州海外交通史博物馆藏有唐大中十一年（857 年）的《唐许氏故陈夫人墓志》，陈氏墓地“坤（西南方）向山，巽（东南方）流水，申未（西南方）朝，寅卯（凌晨三至七点）葬”，乃“窀穸有期，丹旐启途，青乌从事”。[2]

使神不能夺其宰，天不能定其命。此《葬书》所谓‘夺神功、改天命’也。”（〔明〕黄慎编：《新编秘传堪舆类纂人天共宝》卷一《经类》）

1. 《古今图书集成》卷六八〇《博物汇篇·艺术典·堪舆部艺文》。

2. 按“坤向山，巽流水，申未朝”等皆是风水术中代表穴场前后方向的术语。宋代以后的罗盘

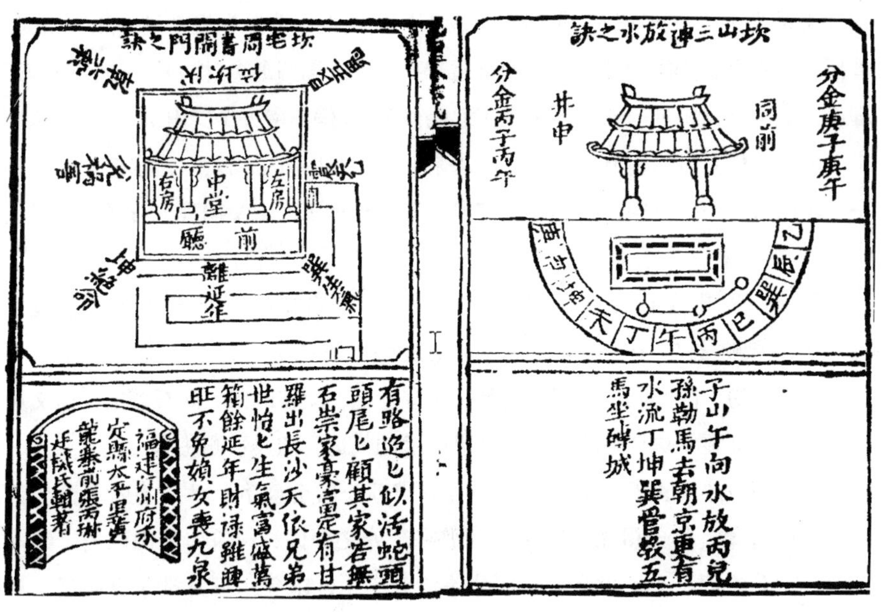

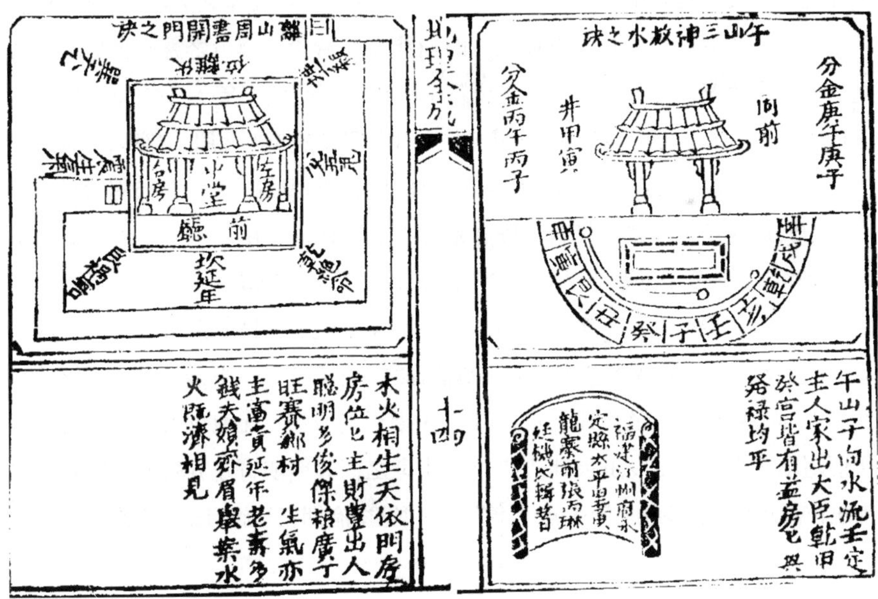

图 7.1 “屋法理气”图

（张丙琳：《地理全成连环记》，清刻本）

按碑文系墓主丈夫给事郎、前行泉州参军许元简撰。陈氏先祖系是中原颍川人，曾任长乐县令，先家于福唐，后刳舟遁于嘉禾里（厦门岛）。按照“五行三合派”理论，坟墓立艮山坤向兼寅申（坐东北朝西南），偏东南方（巽丙）、西南方（坤申）山高，倘若有西南方（申未）的水来面朝，东南方（丙巽）流水按“左水倒右”出西边（庚）方向而去，才是吉地。墓志显示唐代中晚期理气派理论已经相当成熟。

福州将军山《有唐故下邳林氏夫人墓志》铭文曰：“乌翻兔奔，□破林昏。……唯顺之方……□坟峨峨，于山之旁。懿德美行，不随魂扬。高山有碣，雕琢无妨。□□□□，□之用藏。坟摧世更，陵谷改张。此石若出，斯文更昌。”[1] 铭文亦显示唐代葬者高度重视堪舆术的气运吉凶及预测法术。

清光绪校本《南靖县志》卷一一《有宋苏公居士墓铭》曰：“皇考苏公，讳文㹀，字符美。其先祖光州固始人，因官于漳之令佐，遂筑白塔山以居，继而不录。迨公之时，允七世矣。……公淳熙五年（1178 年）五月端午日倾逝，享年五纪。大庆与契人戴宗智寻得葬地，仅十载矣。案以土圭之大法，获得杨宅。后山来龙，乾立超超，从展旗而来。对面巽宫特峙耸。圆山之秀，合阴阳之法度。环山水团弯，时日协吉，卜筮皆从。大庆等于绍熙三年（1192 年）八月辛丑朔初六日丙午谨志。”墓志铭说明，北宋时期罗盘尚未被使用（“案以土圭之大法”），但闽人墓葬既重方位与形势，也重择日趋避的习俗（丙午日属鸣吠日）。

王伋是福建理气派的代表。按清光绪《处州府志》卷二一《流寓》载：“王伋，字肇卿，一字孔彰，汴人。其祖讷，因议王朴《金鸡历》有差，众排之，贬居江西赣州。伋因乡举不第，遂精地理学，弃家浪游，见龙泉山水秀丽，遂家焉。伋为人卜兆，获福者甚多，人以地仙称之。卒后，门人叶叔亮传其所著《心经篇》《问答语录》。范公纯仁跋之曰：‘先生通经博物，无愧古人，异乎太史公所谓阴阳之家者矣。’”王伋针法诗云：“虚危之间针路明，南方张度上三乘。坎离正位人难识，差却毫厘断不灵。”[2] 该诗依据的历法晚于《统天历》[南宋庆元五

已经刻有“二十四山”的方位度数。

1. 〔民国〕何振岱纂：《西湖志》卷一七，第 393 页。
2. 《古今图书集成 · 艺术典》所辑《管氏地理指蒙》录有是诗。另泉州继成堂《洪潮和通书》各种民国版本所附的《罗经图说》亦录是诗。该通书所题“越王赵卿”，即是王伋。

年（1199 年）颁布］，“诸家附会丘、杨、赖诸人之事，皆不足信”[1]。该诗印证宋代罗盘已纳入磁针偏角的知识，并采用后天八封分度，虚危之间即丙午偏角。[2]

王伋著作坊间少有传本，南宋周密称：“王伋云：阴阳家无它，唯忌、乐二字而已。乐唯乐其纯阳纯阴，忌唯忌其生旺库墓。此水法也，谓如子午向，午水甲水皆可向，即纯阳；艮震山庚辛水流，纯阴。”[3]细读蔡牧堂批判理气派“曰阳水从巽入，阴水逐辛流，则后之言卦路者也；曰阴穴水流阳去，阳穴水逐阴流，则后之阴山阳穴宜阴水、阳山阴穴宜阳水者也”[4]，与王伋语录相近，亦即所谓古法“三合派”理论。南宋理气派只是延续汉唐图宅法术。而王伋“汴人”身份说明，闽派理论的发展离不开中原、北方风水观念体系的在地发展与创新。

中国国家图书馆藏明崇祯年间刻本《新编秘传堪舆类纂人天共宝》（海阳黄慎仲修父编次、祁阊许捷云宾父参订）卷七及明崇祯元年（1628 年）余应虬、余应科刻本《刻仰止子参定正传地理统一全书》卷一一收有《心经语录》，我们从中或能管窥他的思想脉络。王伋并不偏倚于阳宅法或阴宅法，同样重视形势派地“龙、穴、砂、水、向”等地理五诀，以“阴阳之音性得地”，偏重于以“方位”“理气”而非“形势”来纵论地理吉凶，更强调“骨脉”（来龙）与“明堂”（前朝）的结合。[5]

浙江图书馆现存明刻本《管氏指蒙》（题魏管辂撰）录有王伋《指蒙后序》

1. 王振铎：《司南指南针与罗经盘：中国古代有关静磁学知识之发现及发明（下）》，《考古学报》1951 年第 1 期。
2. 闻人军：《南宋堪舆旱罗盘的发明之发现》，《考古》1990 年第 12 期。
3. 〔宋〕周密：《癸辛杂识别集 · 阴阳忌乐》，《景印文渊阁四库全书》第 1040 册，第 120 页。《古今图书集成 · 艺术典》亦有是文。按术家将山向分为 24 个山头，12 个阳山，12 个阴山。好穴场的坐向与出水应该阴阳相生比和。
4. 〔清〕蔡有鹍辑：《蔡牧堂集》，载《蔡氏九儒书》卷一。
5. 〔宋〕王伋称：“凡来山去水，不论金木水火土，惟欲纯阴纯阳，无相淆乱。至于外钳内圹，内阴外阳，圹承骨脉，钳接明堂，昭回于天象，骨脉转运于地气。此内外永定之阴阳，不可偏向也，故西北平夷而明堂显焕，东南险阻而骨脉清奇。苟言骨脉而不及明堂，言明堂或异夫骨脉，此未得夫中也。……横取气结，穴取坐安，大概如此，学者充之。苟阴阳之音性得地，朝宗会宿，背南向北，亦不为驳杂之地。凡地理之说，专以气言。故气穴特当明堂而中居朝揖，四方之气不取偏胜者也。寻龙之法，先择明堂平整有情，何害于窄隘。阴宅以龙取穴，以明堂为应，专寻于掌心握口；阳宅以明堂取穴，以来龙为应，专寻于平演宽整。此二宅之异也。”（《心经语录》，哈佛大学哈佛燕京图书馆及上海图书馆藏。学友丁四新从哈佛大学传来了该文缩微胶卷的数码照片，谨此致谢）

及注语言及自然变化之势在于阴阳二气，“欲穷造化之源难矣”，“仰则观象于天文，俯则观法于地理”[1]。天人之间无非“同体而相契”而郭璞“谓友气纳骨以荫所生”“谬戾尤甚”。[2]他颇认同《指蒙·得法取穴》“一气侵凌，五行灭绝。火穴何殊于火葬，封尸何异于流尸”之说，对“圹圻用碑瓦甃砌及炭引水者”颇不以为然[3]。排斥火葬，支持薄葬，反对洗骨改葬、拣骨再葬等繁复葬法。因为纳骨再葬必然要用陶罐封藏骨骸，则“隔绝地气”“阴气内积”，使得天人之间无法感通相契。葬法应遵循阴阳相通的准则，让土脉自然运行，方能藏风聚水，顺应理气的变化。

按宋代蔡发（1089—1152 年）、蔡元定（1135—1198 年）、朱熹（1130—1200 年）等理学家对理气派多持批评态度。他们长年于闽中讲学和生活，熟谙当地的“野俗巫言”，反证理气派在北宋末至南宋初流行于闽中的不争事实。

其中，蔡发写过《辩〈锦囊经〉下非郭氏著》和《地理总说辨》，称《锦囊经》是“后人模仿本文、剽窃他书而增益之”，内容不脱“八吉”（八卦定方位）和“五忌”（五音姓利）学说。[4]“今野俗之书，专论坐向水路之星辰。所谓星辰

1. 浙江图书馆藏明刻本《管氏指蒙·后序》曰：“天地之生万物，河岳之配星躔，日月之有盈亏，寒暑之有代谢，此四者虽出其所自然，而阴阳风水默默相符者何哉？良由上临下载、积气昭回故也。”参见《续修四库全书》（子部·术数类）第 1052 册，第 375 页。
2. 《指蒙·配祀第三》曰：“卜兆曰：托土以生，故还元于五土。即神以死，必配祀于五神。昔者周公郊祀后稷以配天，宗祀文王以配帝，祷尼丘之山而污顶，以鉴其类，矧还元于五土，同体而相契，故与玄黄同体，欲享春秋之尝褅，事父孝故事天明，事母孝故事地察，明察神明彰矣。此子孙小往大来之所系，以十二律稽之人鬼之乐与天地神祇之叙，理义何尝或戾。”（《管氏指蒙》卷上，第 379—380 页）
3. 〔宋〕王伋称：“凡圹圻用碑瓦甃砌及炭引水者，则火气浸凌，土脉不行，阴阳不通，五行绝灭。且王者祀天于南郊，藏水于北陆，则先以火烧隔绝地气，使春阳不至，阴气内积而不发。砖瓦经火炼之物，即同凌室葬之，何殊于掷火也；封尸何异于流尸者，则水不开导，封闭之也；汪洋掩浸，亦无异于流之水也。昧者不究此理，以为常式。然斯二者，为天下之大患。”（《管氏指蒙》卷上，第 436 页）
4. 《辩〈锦囊经〉下非郭氏著》：“自此以下非郭氏书，皆后人模仿本文、剽窃他书而增益之。试以一二言之。如曰得一分三，则剽窃珞琭子书。曰五音合宜，则引用五姓葬法。郭氏时未有此事也，亦未有此法也。曰阳水从巽入、阴水逐辛流，则后之言卦路者也。曰阴穴水流阳去、阳穴水逐阴流，则后之言阴山阳穴宜阴水、阳山阴穴宜阳水者也。用日之法，本乎十宿日之凶十有四，则后之言黄黑二道者也。曰三阳虚敝，曰乾流无势，三阳、乾流二说，皆后之言地理之法也。《贵取势》一篇，又全录《地理新书》十二成者也。其伪一行泓师注及张燕公序者，欲假真以信伪也，必假。一行泓师者，以一行术数之高而泓师又善地理者也，必

者，又取之于北斗之七星，更无义理”，“今之野俗巫言坐向水路者，又以斗星别为起例，亦取七星，以为吉凶五行是非，其可笑欤！”堪舆说的根本是“山水向背”的吉凶。[1] 蔡元定得授家学，亦精堪舆之学。认为五星是指山形的“尖圆方平”和“长短欹正”，理气派借用五（九）星“以谈地理”的习气是不可取的。[2]

假。张燕公者，以燕公尝次集一行历书，又小说所记与泓师论源乾曜、徐坚葬地也。其郭氏自序亦伪也，谓生气、天医、福德为三吉，绝体、游魂、五鬼、绝命、本宫为五凶，皆非郭氏本说也。此书之外，又有外集十二篇，亦假。合前说而为之，其八吉即后世之八卦，五忌即后世之五音，术不成数，文不成章，盖出于一手。其分析为二十章，亦皆非。是此所以不注解也。”（〔清〕蔡有鹍辑：《蔡牧堂集》）

1. 《地理总说辩》曰：“地理之法，不出山水向背四字，向则为吉，背则为凶。大要欲其宽平，不欲其窄险；欲其肥厚，不欲其浅近。但眼识好恶即能分别，初非有微妙难见。今野俗之书，专论坐向水路之星辰。所谓星辰者，又取之于北斗之七星，更无义理。或问：世俗坐向水路之书，皆用北斗八星以定吉凶，以贪狼属木吉，巨门属土吉，禄存属土凶，文曲属水凶，廉贞属火凶，武曲属金吉，破军属金凶，辅弼无所属半吉半凶。其星之名与五行所属为吉凶，三者所自来何也？曰：名出于《北斗经呪文》，五行所属为吉凶出于卦变之法。按星经，北斗之名，一曰天枢，二曰璇，三曰玑，四曰权，五曰衡，六曰闿阳，七曰瑶光，八曰甫，无贪狼、巨门之说也；又按一星主天，二星主地，三星主火，四星主水，五星主土，六星主木，七星主金，无贪狼为木、巨门为土之说也。汉翼奉传论六情，中本有贪狼、廉贞之名，贪狼以贪如狼为凶，廉贞以廉而贞洁为吉，无贪狼为吉、廉贞为凶之说也。以唐人撰《北斗经呪》‘大周天界细入微尘’等语，此七星之名所自来也。又撰卦法，一变为生炁属木吉，二变为天医属土吉，三变为绝体属土凶，四变为游魂属水凶，五变为五鬼属火凶，六变为福德属金吉，七变为绝命属金凶，八变为辅星无所属。以北斗八星适与卦变之八数相合，故以贪狼代生炁属木为吉，巨门代天医属土为吉，禄存代绝体属土为凶，文曲代游魂属水为凶，廉贞代五鬼属火为凶，武曲代福德属金为吉，破军代绝命属金为凶，辅弼代本宫为半吉半凶无所属。此五行所属为吉凶所自来也。其本原如此，故五行所属不足据，而吉凶无准也。夫七星吉凶所属五行，若用八卦，则名为贪狼，实则生炁；名为廉贞，实则五鬼，犹可言也。后之术者乃移之于山水，以本山起破军顺行三匝而周二十四位，又移之于骨节，以主山起破军逆行九匝而周七十二骨节。今之贪狼非向者之生气，安得谓之吉？今之廉贞非向向者之五鬼，安得谓之凶？此非其谬耶？又有移之于峰峦之名者，其尖者为贪狼，圆才为巨门，方者为武曲，块者为禄存，流者为文曲，波者为破军，是犹其谬者也。今之野俗巫言坐向水路者，又以斗星别为起例，亦取七星，以为吉凶五行是非，其可笑欤！世之君子不知本原，无能察者，故地理之书其谬固多。其以七星定向坐水路之吉凶五行者，又谬中之最谬者也。夫坐向固有法，当取之为四位应对；水路固有法，当取之于三合曲折，而北斗之七星何与焉？”（《蔡牧堂集》）
2. 〔宋〕蔡元定：《玉髓发挥·五星龙髓》曰：“五星本于天文，以谈地理，术家罕见。近世间有主此为说者，而义理驳杂，漫无足取。一行五星形体，略而未详，峦头即五星之变名，而专门名家间有讹谬。及观此书该备，则他家特得一二耳。子微以元气融会为五星，元形流峙为五行，五星、五行本为一理，而五行之所由生也，其说甚正。至于五星各立变换名字，初见似略觉其赘疣，详味其旨，则子微盖非得已。大率术家各记其术，则辨山之形无此分别，亦朱熹亦称“辟天星宗庙，皆合正理”，“宗庙之说非也”。[1]而宋室皇陵营造之“拘姓音坐向之非”。“近年地理之学，出于江西、福建者为尤盛。政使未必皆精，然亦岂无一人粗知梗概大略，平稳优于一二台使者？”故堪舆之学应该重视“山势之强弱、风气之聚散、水土之深浅、穴道之偏正，力量之全否，然后可以较其地之美恶”云云。[2]

从知识体系上看，这种被鄙为“模仿”和“剽窃”的“野俗之书”，侧重风水选择的天时（重视天星）、地利与人和（五音姓利），或吸纳“卦变之法”暨“北斗经咒文”来谈地理，或将五音相宅、天星宗庙、选择诸法相杂糅，并伪饰成郭璞之文刊行于市，说明仪式专家（山家）善于灵活地整合多种知识资源（特别是天文学）在实践中具有自我延续和裂变的适应能力。

仅就宋代皇室尚“拘姓音坐向之非”，朱熹“不惟先儒已力辨之，而近世民间亦多不用”而论，关于风水宗庙法的知识和观念体系，可能是弥漫于宋世社会各阶层之中的文化共识。这套观念体系明确地将吉凶祸福的判断纳入“天地人

复难记祸福轻重，故五星变名由此而生。以尖圆、方平与夫长短、欹正、高平论之，则学者必不能辨，加以术家九星所指配五星，全不相合。五星亦名，又不得不熟省，如术家火星，或以为尊星，或以为离星，二说正自相反。”参见〔明〕黄慎编：《新编秘传堪舆类纂人天共宝》卷八《杂录类》下（内题“海阳黄慎仲修父编次祁阊许捷云宾父参定”），明崇祯年间刻本。

1. 〔宋〕张楷辑《岳麓问答》曰：“近世地理之学唯此书为得其正，然犹大醇而小疵，是知吾道之传不杂者鲜矣。……问：然则先生所谓小疵者何在？曰：五星之论正也，穿落传变术家之说，然论龙法者，当准乎此。第生克吉凶，虽于细论，勾藤反戟，不待智者知其凶，若玄之又玄，恐流弊。……张子微亦是一家之说，泥则有弊，如破五姓，辟天星宗庙，皆合正理。问：二十八宿配名之说何如？先生曰：子微之说正。又问：郭景纯所谓朱雀源于生气，派于已盛，朝于大旺，泽于将衰，流于囚谢，世以为即宗庙来生旺、去死绝之说，而张子微乃所不取。曰：郭景纯之说是也，张子微之说亦是也。郭氏之论水来去之常理，子微拆而辨之，尤有意味。宗庙之说非矣。又问：《玉髓经》折水之法如何？先生曰：以阴阳比和不比和论之，若有此理。但若拘三合，恐执泥山家五行之说。《玉髓经》与众迥别，恐难信用。先生曰：今世山家五行诚为悮人。子微之说本正，但刘氏注释以五星乐旺宫定之，虽年月家间有用此，但子微初意未必如是。郭氏以寅卯木、巳午火、申酉金、亥子水、辰寄寅卯、未寄巳午、戌寄申酉、丑寄亥子，此确然之论。以十干配之，则甲乙为木，丙丁为火，庚辛为金，壬癸为水，是为八干。但前此人不论四柱，而子微以巽隶办，以乾隶金，而艮坤则以属土，而界西北东南之分，其说亦当。盖诸家以土居中央，故二十四向皆无土。今已二土界之，亦如五行相配，不可缺一。由是而观刘之注，诚未及子微之深趣也。”（〔明〕黄慎编：《新编秘传堪舆类纂人天共宝》卷六《问答类》，明崇祯年间刻本）

2. 〔宋〕朱熹《山陵议状》（〔明〕黄慎编：《新编秘传堪舆类纂人天共宝》卷二《状类》）

神”的关系当中，并在事生事死的日常生活中获得广泛的实践。

当然，理学家针对天星宗庙法的剧烈批评，也反衬出一般性的宗庙派知识和信仰有一个开放性、共享性的观念体系，通过吸纳知识精英的话语系统以及迎合“野俗巫言”的实际需要来积淀、生长。张子微以五星、天干、二十八宿之名论峦头就是明证。张氏和蔡、朱的善巧解释，即便与“专论坐向水路之星辰”有所不同，也反映了“本乎天文以谈地理”乃是时势所趋的公共话语。有关理气、五星、天干、二十八宿等的“概念丛”，其实是整个社会通用性的思维框架和知识模块，并被不同阶层接受了。

从功能角度上看，这种与“天人感应”或“人天一体”宇宙秩序（人体小宇宙与天地大宇宙的同构相成）相关的、具有普遍性的观念体系，将潜藏于原始心灵之中的星辰崇拜（如北斗经咒文）、图腾分类（姓氏图腾）内化入术数实践中，让百姓日用而时习之、知之，俨然让一般的风水知识和观念濡染了更为神秘的色彩，更富有自明性的信仰力量。其因“义理驳杂”，反而适合于各种群姓，悟知宇宙张设布列的不易之理，悟知物以类聚（阴阳有别），人以群分（音姓有分）。

反观理学家批判宗庙派的话语，无论是体现精英文化的闽学学派（朱子蔚为大宗），还是代表地方文化的风水理气派（王伋为代表），在话语系统或践履方式上皆有着复杂多样的互动。特别在看待风水效应问题时，双方共享“天人合一”“理气一如”等整体主义的宇宙观念体系，分享阴阳、理气、八卦、五行、干支之类的“概念丛”的思想框架。

在借用这些概念体系时，理学家和风水仪式专家的方法与态度毕竟有异。理学家借此来解释宇宙运行之所以然及人事变异之所当然，堪舆家则借之以断时空之吉凶和人事的祸福。理学家斥天星宗庙之说为“野俗巫言”，同“以道领术”的儒家文化偏见有关。王伋是得时势之助，以术契道，传承“野俗之书”罢了。道学家的批判和王伋的传承，体现出近世精英文化与民间文化互为版本，相互交融，共用一套概念体系和话语系统。如果说形势派偏重于堪舆术中的“舆”（地道）的一面，理气派则凸显了“堪”（天道）的一面，体现了天理（天象、天文）与地理（地气）、人理（命相、人伦）兼容合一的取向。所谓“福地福人居，福人居福地”谚语，可以视为理气派之人地关系理念的一种本土呈现。

三、刻书业的发达与理气派的知识普及

关于王伋“宗庙理气派”的法脉传承情况，我们未知其详。但理气方位之术对福建乃至周边的社会经济生活情况的影响，从现存明代建阳的刻书目录可窥一斑。明清以来，书坊刊刻的术数书籍的大量传播，加上民间社会日益频繁的风水实践，有效地刺激了地方社会对一般性的天文地理之知识、观念与信仰的认知和普及，也相应地推动了近世宗族在文教事业方面的话语构建。晚明以降堪舆书籍的大量印刷，无疑与华南宗族制度的新发展有着密切关系。

宋代以降，建阳一直是中国的刻书中心之一。其书坊历史之长，刻书数量之多，独冠全国。入明以后，随着东南地区商品经济的贵盛，建阳刻书业呈兴隆之势。各书坊堂号刊刻了大量的风水书籍，包括理气之学。据明《刻仰止子参定正传地理统一全书》载，建阳以梓书为业，与当地风水形胜“必为文献之所”密切相关。[1] 民间商业行为和术数文化实践可谓珠联璧合。晚明建阳堂号所刻堪舆书目可考者有 30 余种（表 7-1）。[2]

---

1. 按《刻仰止子参定正传地理统一全书》卷一末附有“书坊孔圣庙图式”及余象斗识语，叙述余氏书坊之兴与当地风水的密切关系：“闽建阳县西，离城八十里地，名崇化，今之书坊是也。……原书坊开创之始，止傅、柳、阮三姓。傅住今之后巷，柳住今之罗家巷，阮住今之阮墩巷，散而居焉，俱以耕布为务。至宋朝，我祖公余讳同祖者，系新安县人，为宋奉议大夫广西安抚使，致政卜居于此。其时止同侄芝孙、舅氏范得偕来，初居于蒲萄栟下今之街头。彼时止五六姓、八九十家而已，亦星散而居。芝孙公善堪舆，闲游半载，知此地异日必为文献之所，教民于来龙落头总领立一孔圣庙，甚得其所。又教人以梓书为业，春秋祀之，人皆依其教。时天下未有刻布，惟我书坊雕梓颇见其利。其家饶者，则以梓书读书；其家贫者，则以刻板刷书。坊人乐业，千人之中，无一游手游食者，皆风水之应，而蒙我芝孙公德也。自此书坊人烟凑集，而民居广矣。宋朱夫子文公卜隐考亭，来书坊，见山川美丽、郁草茂林，重建孔圣庙，立同文书院，校刻五经四书集注、诸史百家，大行于世，京、浙、江右等处遂翻刻矣。”来自 2003 年 11 月学友丁四新从哈佛燕京图书馆传来部分的缩微胶卷图片。另参见沈津：《美国哈佛大学哈佛燕京图书馆中文善本书志》，上海：上海辞书出版社，1999 年，第 349 页。
2. 表 7-1 系综合《北京图书馆古籍善本书目》（中国国家图书馆编），《美国哈佛大学哈佛燕京图书馆中文善本书志》，屈万里编《普林斯敦大学葛思德东方图书馆中文善本书志》（台北：联经出版公司，1984 年），谢水顺、李珽《福建古代刻书》第 3 章（福州：福建人民出版社，1997 年），陈昭珍《明代书坊之研究》（台湾大学图书馆学研究所硕士论文，1984 年）等资料而成。

表 7-1　晚明建阳书坊刊刻的堪舆书目录

编号	书 名	著 者	刊刻年代	现存图书馆（简称）	堂号、刻书者	备注
1	《新编历法大旨阴阳理气大成通书》三十三卷		明万历二十九年（1601 年）	中国科学院（北京）	萃庆堂、余泗泉	
2	《新刊理气详辩纂要三台便览通书正宗》二〇卷、卷首一卷	〔明〕林绍周辑，〔明〕林维松重编	明万历年间（1573—1620 年）	南京、四川、国家（北京）	双峰堂、余象斗（字仰止）	
3	《刊仰止子精纂名公地理全抄雪心赋补》□卷	〔明〕余象斗辑	明		双峰堂、余象奎	形法
4	《五刻理气纂要详辩三台便览通书正宗》十八卷、首三卷、附二卷	〔明〕林绍周纂辑，〔明〕林维松重编，附二卷〔明〕柯佩编集、林维松补遗	明崇祯十年（1637 年）	国家（北京）、四川、普林斯顿大学葛思德东方（美国）	余仰止	
5	《新刻玉函全奇五气朝元斗首合节三台通书正宗》□□卷、卷首三卷	〔明〕吴图南辑	明崇祯十年（1637 年）	上海（残）	余仰止	
6	《刻仰止子参定正传地理统一全书》十二卷、卷首一卷	〔明〕余象斗辑	明崇祯元年（1628 年）	上海、日本内阁文库、美国哈佛燕京	余应虬、余应科合刊	
7	地理雪心赋四卷附诸贤歌诀四卷	〔唐〕卜则巍著，〔明〕谢于期、范越风注	明成化年间（1465—1487 年）	《天一阁书目》著录	余廷甫（云轩）	形法
8	地理大全十三卷	〔明〕范越风、谷一清编	明成化年间（1465—1487 年）	《天一阁书目》著录	余廷甫（云轩）	
9	新刻官板地理造福玄机体用全书十九卷	〔明〕徐华盛辑	明万历四十三年（1615 年）	无锡	余继泉、余祥我	
10	新刊官板地理玄机体用全书十九卷		明万历四十四年（1616 年）	国家（北京）	余继泉	
11	名家地理大全		明		余廷甫	

续表

编号	书 名	著 者	刊刻年代	现存图书馆（简称）	堂号、刻书者	备注
12	《三订历法玉堂通书捷览》十卷首一卷	临江宋鲁珍辉山通书，金溪何士泰景祥历法，建邑熊兆起渭校正	明崇祯十六年（1643年）	美国哈佛燕京	三台馆余应灏	
13	新锓京本句解消砂经节图雪心赋五卷、寻龙经诀法一卷	〔唐〕卜应天撰，〔明〕谢志道注解	明万历二十九年（1601年）	浙江	乔山堂、三建书林刘龙田	形法
14	新刊地理纲目荣亲入眼福地先知四卷	〔明〕王崇德撰	明万历二十九年（1601年）	浙江	乔山堂、刘玉田	形法
15	新刻杨筠松秘传开门放水阴阳捷径二卷	〔明〕甘霖辑	明万历三十三年（1605年）	国家（北京）	乔山堂、刘龙田	形法
16	重订相宅造福全书二卷	〔明〕黄一凤撰	明崇祯二年（1629年）	南京	乔山堂、刘孔敦	
17	新刊地理雪心赋句解四卷、新增阴阳地理消砂断法总例大全一卷	〔唐〕卜应天撰，〔明〕谢志道注解，（大全）〔明〕曾万棠辑	明嘉靖四十五年（1566年）	上海	闽山书堂（刘氏闽山）	形法
18	类编历法通书大全三十卷	〔元〕宋鲁珍、何士泰撰，〔明〕熊宗立编	明	国家（北京）		
19	新镌台鉴历法增补全备应福通书□卷、卷首三卷		明	国家（北京，存卷首3卷）	种德堂、熊冲宇	
20	新刻杨救贫秘传阴阳二宅便用统宗二卷	〔明〕邵磻溪撰	明	国家（北京）	种德堂、熊冲宇	形法
21	新著地理独启玄关罗经秘旨四卷	〔明〕徐世颜撰	明万历年间（1573—1620年）	上海	种德堂、熊秉宸	
22	新镌皇明司台历法立福通书大全□□卷	〔明〕熊宗立辑	明	山东（残）	种德堂、熊秉宸	
23	精刻编集阳宅真传秘诀六卷	〔明〕李邦祥撰	明万历二十七年（1599年）	国家（北京）	宏远堂、熊体忠	

续表

编号	书 名	著 者	刊刻年代	现存图书馆（简称）	堂号、刻书者	备注
24	地理参赞玄机仙婆集十三卷（美国哈佛燕京图书馆藏崇正堂刻本为十二卷）	〔明〕张鸣凤辑，〔明〕张希尧参补	明万历年间（1573—1620年）	清华大学、人民大学、中山大学、美国普林斯顿大学葛思德东方	宏远堂、熊体忠	
25	卜居秘髓图解三卷、新增三卷	〔明〕熊琠辑著	明万历二十三年（1595年）	美国国会	近山堂、叶贵（南京）	
26	卜居秘髓二卷	〔明〕熊琠撰	明	国家（北京）	书林叶贵	
27	钦天监明传秘指日用通书三卷	〔明〕胡以信辑、〔明〕夏以仁订补	明	国家（北京）、上海	书林叶贵	
28	鼎镌燕台校板发微五星大全二卷		明万历三十四年（1606年）	安徽	闽建书林杨氏	
29	重校刊官板地理玉髓经二十八卷、后卷一卷	〔宋〕张洞玄撰、〔宋〕刘允中注，（后卷）〔宋〕房正撰	明末	首都（北京）、中国科学院、华东师范大学	积善堂、陈孙贤	
30	重镌官板地理天机会元三十五卷	〔明〕徐之谟删补	明万历年间（1573—1620年）	甘肃、浙江、福建	书林奇泉陈孙贤	
31	镌地理参补评林图缺全备平沙玉尺经二卷、附录一卷	〔明〕徐之谟参补	明	国家（北京）、北京大学、山东、浙江	积善堂、陈贤	
32	新锲全补发微历正通书大全乾集三卷	〔元〕何士泰历法，〔明〕顾乃德编集，〔明〕罗崇麟增补	明崇祯年间（1628—1644年）	国家（北京）	积善堂、书林陈国旺	
33	全补发微大统历正通书□□卷	〔明〕顾乃德、熊宗立撰，熊秉懋订正	明	国家（北京）	积善堂、书林陈贤	
34	新刊地理天机会元（存四卷）		明嘉靖三十二年（1553年）	美国国会	积善堂、书林陈云岫	
35	雪心赋桑龙经五卷		明万历二十五年（1597年）		存德堂、陈世璜	形法
36	新刊锄云杨先生地理心法内篇一卷、外篇一卷	〔明〕杨芸撰	明万历十一年（1583年）	中国科学院	善敬堂、王兴泉	
37	地理雪心赋勺解四卷		明弘治十八年（1505年）		进贤堂、詹氏	形法

由于历史记忆的多重丧失，上述书目只是晚明建阳刊刻堪舆书籍的一个缩影罢了。风水宗派知识已为术士或百姓所效法，却是一个不争的社会事实。[1]在雕版印书时代，刊刻书籍的成本是较大的，倘若没有较大的市场需求，私家书坊不会贸然开雕。仅就上表而论，刊刻堪舆书籍的书坊可谓繁多，堪舆书目可谓繁多（兼刻理气、峦头，有些书目本身即杂糅二派）。同时，明代有一大批地方知识精英一直在从事堪舆专业的文化再生产，将一整套涉及认知天地自然的观念体系进行有机整合，并通过刻书业这个渠道传播到大江南北。

在建阳刻书中，日法选择书籍深受重视。"宗庙理气派"同式法、日法等选择术关系密切，都重视八卦九宫、七政（曜）九星、二十四节气、星象分野。例如：

（1）中国国家图书馆藏明代"书林文台余象斗绣梓"《新刊理气详辩纂要三台便览通书正宗》，卷一为"理气门"，详列各类天象图式，以及"飞宫覆钟掌法""起山运掌法""二十四位筹头掌法""正五行诗（论造葬修方起来龙运）""八卦五行诗（造葬论向）""双山五行歌（补山用）""玄空五行歌（论放水）""洪范五行歌（变龙运）""秘传天符经""四利三元压煞帝星例诀"云云。

（2）三台馆余应灏订梓的《三订历法玉堂通书捷览》一参发微通书、一参斗首通书、一参时用通书、一参河洛图数、一参历法理气、一参奇门遁甲"云云。[2]

（3）明嘉靖年间建阳儒学尊经阁藏有《魁本百中经》《关煞百中经》《万年一览》《大百中经》《台司妙纂》《通书大全》《历府通书》《克择便览》等通书。[3]

---

1. 连城县四堡马屋村的马勋建藏有数种本地刊刻的堪舆书籍，即《地理河洛精义》五册（宛陵孟浩其天甫著、□汀折水刘步青衡庵氏增编）、《地理金弹子合订、金弹子地理元珠经、玉弹子》一册（元太师辽阳耶律楚材传，明太师青田刘基伯温先生、富春张凤藻九仪甫问，清后学海昌陈彝则子奇订）、《铅弹子地学正义》一册（青溪方从孟又承甫传，富春张凤藻九仪甫著，海昌陈彝则子奇甫订，武林吴观垣六平先生、富春马天选闲上先生合阅）及《雪心赋辩讹正解》《地理第一书》二册（宛陵孟天其先生订）。另邹恒宗亦藏有《地理辩证疏》[黄石公原本、清光绪七年（1881年）春刻]、《杨筠松撰真诀》二册。此目录系学长刘永华访谈所得。关于理气、形法二派书籍，可见钱文选:《钱氏所藏堪舆书提要》，上海：商务印书馆，民国三十一年（1942年）。
2. 沈津:《美国哈佛大学哈佛燕京图书馆中文善本书志》，第342页。
3. 《建阳县志》卷五，明嘉靖三十二年（1553年）刊本，天一阁藏书刊本。

当然，有些建阳刻书家精通地理及选择，这势必刺激堪舆书的刊刻和发布，也促进了风水宗派的知识论争。如余象斗辑有《刻仰止子参定正传地理统一全书》和《刊仰止子精纂名公地理全抄雪心赋》，前书参定理气派和峦头派多家，并融入象斗之己见。[1]余氏“博综古籍，择其端论龙穴砂水者标为正宗，余偏重星卦则斥为旁门”，也反证了明末二派相颃颉的态势。另外，种德堂熊宗立（1409—1482年）亦精通堪舆之术。例如：

（1）民国《建阳县志》卷一一《方技》：“熊宗立，别号道轩，从刘剡学阴阳医卜之术，注《天元》《雪心》二赋、《金精鳌极难经》《脉诀》《药性赋补遗》，并集《妇人良方》等书行于世。”

（2）清代《潭阳熊氏宗谱》：“（熊宗立）尝读《易》，悟阴阳之奥，遂精克择。袭祖父之医术，皆不计酬，一以活人为心。著有《小学集解》《通书大全》《脉诀》《难经活人指掌》《妇人良□》《医方大全》《居家必用》等书行于世。”[2]

（3）熊宗立《通书大全》，经曾孙月涛增补，至裔孙秉懋校订，成《新补历法总览合节鳌头通书大全》十卷，于清乾隆五十一年（1786年）重梓（中国国家图书馆藏）。该书至今还是民间择日师倚重的理论性通书。

入清以来，福建书坊依然大量刊刻理气和形法两派的风水书籍和选择通书。汀州府四堡各书坊刊刻了不少俗用之书。根据清至民国该地尚存雕版的堪舆书目，雾阁有《山洋指迷》《龙穴扼要》《人子须知》《地理大全》《雪心赋》《鲁班经》等；马屋有《四弹子》《龙埋龙穴》《百段经》《先天易数》《地理五诀》《地理河洛精义》《永宁通书》《永吉通书》《协纪通书》《万法归宗》等。营销商将这些书籍大量销往福建、广东、广西、江西、湖南、浙江、四川、山东、云南等地。[3]当然，建阳或四堡刊刻的堪舆书籍并非皆闽人作品。风水术数的兴盛反过来又促进两地刻书业的发展及商业的流通。

---

1. 〔明〕余象斗自序：“参者，有前贤之未发，随参附己意，为之继述意。定者，盖众说之纷淆，特断以是非，定之从违也。正传者，道术之授受，不饰以邪伪，要之至当也。统一者，理气星卦总根于地，而下济上行，还合于天地。全书者，居要只在于片言而支离无取于充栋也。”转引自沈津：《美国哈佛大学哈佛燕京图书馆中文善本书志》，第348—349页。
2. 〔清〕熊日新等修：《潭阳熊氏宗谱》，清光绪元年（1875年）木活字本。转引自谢水顺、李珽：《福建古代刻书》，第285页。
3. 包发生：《四堡雕版印刷业情况调查》，《客家纵横》（龙岩）1998年第12期。

明清时期，福建社会经济跨入全国先进地区行列。沿海地区更是借地利之便，跟随“早期经济全球化”的浪潮，从事海上私人贸易，为新型家族制度的发展提供了必不可少的经济条件。家族出于敬祖、收宗、睦族的需要，多热衷于宗祠和坟墓的象征营造。理气派的操作法则，随着建祠、修坟风潮而被广泛运用。风水宗派知识的普及与宗族共同体的构建可谓共兴共荣，有效刺激了乡族社会集体的历史心性与文化记忆的形成。宗族组织关于坟墓和祠堂建筑等祭祀场域的历史记述，仍然保存着大量理气派的实践记忆（图 7.2—图 7.5）。

兹举漳州府漳浦、南靖、平和三县族谱记载为例：

事例 1

默林陈氏始祖，自明洪武五年（1372 年）起，由兴化府莆田县派分迁，移入漳浦西三角潭建室，至明洪武十四年（1381 年）迁至默林居住。陈氏“追来堂”始建于明，系用罗盘“二十四山法”格定宅内外（如顶落、下落、天井、水池）的方位，其营造式法充分运用“压白”尺法，讲究宅内各建筑尺寸吉凶。[1]

理气派的营造法，系根据二十四山先确定宅基坐山、朝向、水口，再按朝向所属卦象及五行属性，依照“尺（寸）白口诀”算出营造尺寸的吉利数字。尺白与堪舆九星相关，旧时设定尺寸时，先用法定尺阴阳两爻的象数占定各类建筑尺

1. 《默林始祖追来堂坐向分金水口》：“顶落坐壬向丙兼亥巳二分，用针丁亥丁巳分金；下落坐亥向巳兼壬丙四分，用缝针癸亥癸巳分金；天井内水放丙，用丙午分金；二池放甲，用丙寅分金；三池放丙，用丁巳分金；四池放坤，用辛未分金；五池放庚，用庚申分金；六池放丙，用丙午分金；七池放丁，用庚午分金；祠堂前潭口放丙，第三、第四之潭口放丙，第五潭口放巽，水出乙口。顶落中宫中□楹下至砖上高一丈八尺七寸阔，内壁至内壁三丈三尺四寸，内壁内至砱齐深三丈九寸，前㕓楹下至砖上一丈一尺二寸，后㕓楹下至砖上九尺六寸。中厅深三丈二寸，内步深七尺二寸，外步六尺八寸，前砱三尺七寸，共三丈九寸。又后砱深四尺四寸，中厅阔内步分中量起三丈一尺八寸，左房间八尺一寸五分，共阔三丈三尺四寸。下落中宫中雁楹下至砖上高一丈五尺二寸，阔三丈三尺四寸，中宫中厅深九尺九寸，内步三尺八寸，内砱三尺七寸，前面榻受并砱齐深六尺八寸，共二丈四尺二寸。中厅阔耳门柱分中量起二丈一尺八寸，左房间阔八尺一寸，右房间阔八尺九寸，共三丈三尺四寸。左水阔七尺二寸，右水阔八尺，天井顶头阔一尺七寸五分，下长阔左平至破口迁一丈六寸，右至破迁七尺一寸五分，破阔三寸，共一丈八尺五寸，左平深一丈三尺三寸，右平深一丈三尺二寸五分，顶厅天井砱高一丈六尺二寸，下厅天井砱高九寸五分，门前砱高一丈二尺。大门高七尺九寸，阔五尺一寸，左右耳门高六尺四寸，阔二尺八寸。”（漳浦《默林陈氏族谱》，手抄本，不分卷）原文用“码子字”，为方便行文，均换算成鲁班尺寸，如一丈八尺七寸。

寸的吉凶，再用占筮尺八卦和六十四卦的象数占定吉凶。按“吉凶相度，吉多凶少为佳”，一般先两尺各自吉凶值相度，再两尺之间吉凶值相度。官方和民用建筑的营造尺寸又有差异。[1]“追来堂”营造尺寸是依照民用建筑的吉凶相度计算出来的。民间做门时，对鲁班尺式（门光直尺和营造曲尺）也有严格要求（图7.2）。[2]丁兰尺（金兰尺）则用于寺庙神桌的制作和神位的安放，长度为一尺二寸五分，分为丁、害、旺、苦、义、官、死、兴、失、财等十格。

借助于理气派风水知识的运用（理气的和谐又通过方位、数字的安排呈现），陈氏祠堂的空间结构布局语言是高度象征性的、意义性的、示意性的，已被术数化、符号化、生命化，被构造成一个天、地、神（祖先）、人和谐相处的祭祀场所。其空间秩序指向人事吉凶的隐喻因此得到了强化。种种数字化或标准化的规矩和禁忌，事实上形塑了祠堂空间的“气场”和“氛围”，使得每一建筑空间尺寸都牵涉人们生存和生命意义上的价值设定。在这样的场所中祭祀祖先，风水的能量场自然会与子孙的身体能量场同构相应，进而影响其行为轨迹及人生命运的发展方向。祠名“追来堂”更寄托着宗族慎终追远的人文情怀。

事例 2

南靖县和溪阪场的李氏大宗祠，清道光年间重新修葺时，兼顾方位坐向与日法选择。风水师或择日师（二者的角色常是合一）在营造中举足轻重。每个修造步骤如出火（移出祖先或神灵之位，火指香火）、兴工（起瓦盖）、起基（放低地基）、代梁、定磉（固定石磉的工事，定立宅向）、上梁、安龛、入火（安放神主牌位）等，都有选择宜忌。风水师或择日师还根据日辰神煞吉凶，预言宗祠的风水效应。这些事关家族之科举教育兴旺的吉祥预兆，通过族谱的记录及族人的口传，往往成为一种刺激族众日用精进的精神食粮，从而直接或间接地推动了宗族

1. 金其鑫：《中国古代建筑尺寸设计研究：论〈周易〉蓍尺制度》，合肥：安徽科学技术出版社，1992 年，第 85 页。关于尺寸的吉凶规定，可参考该书。

2. 〔明〕午荣编：《新镌京版工师雕斫正式鲁班经匠家镜》卷一“鲁班直尺”条曰：“鲁班尺乃有曲尺一尺四寸四分，其尺间有八寸，一寸准曲尺一寸八分，内有财、病、离、义、官、劫、害、吉也。凡人造门，用以尺法也。”在客家地区，鲁班尺也叫皇道尺，属于阳尺。做风水即阴宅所用的尺则叫阴尺或石尺（图 7.2）。（第 39 页）

魯班尺式量門濶狹訣

魯班尺有合本尺八寸者有合本尺九寸者皆合玄女九星尺法八寸者尺頭屬一白水尺尾屬八白土土尅水下尅上為逆九寸者尺頭屬一白水尺尾為九紫火水尅火上尅下為順合水火既濟之成當用九寸尺分做八綱書 財病離義官劫害本 以量門之濶狹俱要在財義官本四字上為吉尺式例從

此乃魯班尺一寸當依一寸為法較正八寸做成一尺照下畫中字樣書於尺上

尺式

一寸式

財帛	財木	榮昌
灾病	病土	難免
主人	離土	分張
主生	義水	孝義
主生	官金	貴子
主禍	劫火	如麻
主被	害火	盜侵
主家	本金	興隆

图 7.2 鲁班尺式量门阔狭诀

（长汀县原城隍庙风水先生 WZF 提供）

组织的发展和地方文教的进步。[1]

1. 南靖和溪《李氏族谱》（手抄本，撰述者不详）载："大宗祠堂，乾隆五十年（1785 年）乾请廖登芬先生议地基，贅高一尺五寸。至道光四年甲申（1824 年），又请温蔼廷先生议，折放低地基下一尺五寸。本祠坐酉向卯兼庚甲，丁酉丁卯分金。本祠出火：道光四年甲申闰七月廿六日丙辰日辰时中刻。修祠兴工：闰七月廿六日辰时中刻从后庚方先起手并瓦盖。放低地基：仝闰七丙辰日月廿六日丙辰日酉时中刻从厅内庚方先起手。代梁：闰七月三十日庚申日巳时。定磉：八月初五乙丑日丑时。上梁：八月初五日乙丑日巳时中刻高升大吉。安龛：八月初二日壬午丑时中刻登位大吉。入火：九月初七日丙申辰时中刻进主大吉。罗贪：甲申水毕；纹贪：甲戌火心；合廉：丙申火奎；贵武：壬辰水箕。谋取归贵吉格，最见发祥。选霜降候，纯美金□，□□□□，锐锐为奇，时宪太阳，在向对照，万福来朝。杨公云：好把太阳照，富贵亿万年。加以飞天禄马、飞天月德、地财星、真天赦到坐，罗天大进、一白星到因祠堂供奉着祖先或其他神灵的神位，除了要祠地大吉（空间秩序）外，尚要竖造大吉（时间秩序），才能保证整个家族的兴旺发达。通过对修造过程的象征时间节点的展示，宗祠的空间形态成为一个适宜同族历代祖先“栖居”的场所，是一个与自然和宇宙同步、同构的生命有机体，具有内在贯通的动态势能（气场），而非纯粹静态的物质存在。又因宗祠“气场”是一种与天地自然相感应的生命力量，自然也有资格被构设或被想象成一个荫庇家族全体成员的祭祀和教化场所。而家族的势力扩张大小及社会地位高低，同族人“科名”的多寡有关系。“显祖荣宗、登科及第”云云，透露了李氏拳拳于功名的情怀，也是该族借用日法热心修祠的动力之一。

事例 3

平和县芦溪郑氏系南宋时由赣迁入汀漳等地。其族裔坟墓的《箱扦记》详述了清代道光年间的风水营造对方位理气术数的活学活用。[1]我们姑且不去细论这些专业化的风水术语。堪舆家借助罗盘的二十四山分金坐度、纳甲放水手法，说明墓地来龙去水、内外方位、土地公地安放、进葬日辰以及日后子孙宜忌等事项。按照民间“三合派”或“四局”的理论，坟墓坐西朝东，龙脉“宜旺龙衰虎”（左边高，右边低），来水则要“右水倒左”。查陈垣《二十史朔闰表》，道光乙丑年八月朔壬戌，六日丁卯，属“鸣吠对日”，“虽金鸡不鸣，玉犬不吠，而与鸣吠之辰相对，故可用斩草、启故，或与月便用之殓殡、权厝，吉”。[2]而坟墓内外部空间（一山两向）的营造意在构建祖先永久居住场所的“气场”，使之可以

向，阳贵人、癸水德到中宫，恰制官符，及月火无咎。申戌汇酉，西方夺秀。辰酉合金，助旺元辰。又得贵人对会，有显祖荣宗、登科及第之妙。斗首贪官抚外，声名远播；廉武内齐，丁财并催。入火进主，允房房进财丁，代代登科甲。元吉。”

1. 《箱扦记》：“坟内坐庚向甲兼申寅，丙申寅分金，用毕宿五六度，父子卦纳□□；外坐庚向甲兼酉卯，庚申寅分金三度。又得子癸（北方）乾亥（西北方）龙入穴，又得甲寅、乙卯（东方）、壬癸水（北方偏东）来上堂口，出巽（东南方）去。土地公安巽方，卦纳震，坐庚向甲兼申寅，丙申寅分金，坐毕八度。后日子孙兴旺，修风不可，然亦分金线路。己丑年（1829 年）八月六日□□进葬。地师水井宗叔，正名鎗，号宗元，立此分金正明。师用三二配卦。”［平和芦溪《郑氏族谱》，民国二十四年（1935 年）抄本，不分卷］

2. 《重校正地理全书》卷第一一《择日吉凶》，载《续修四库全书》（子部・术数类）第 1054 册，第 75 页。

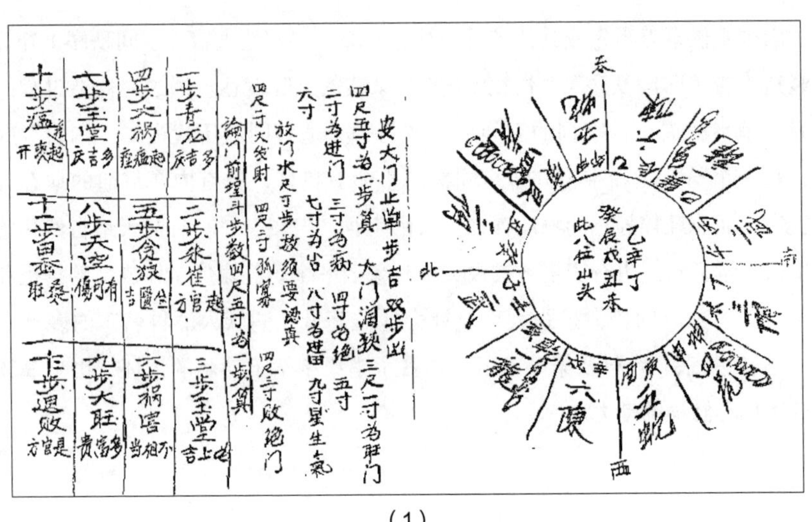

（1）

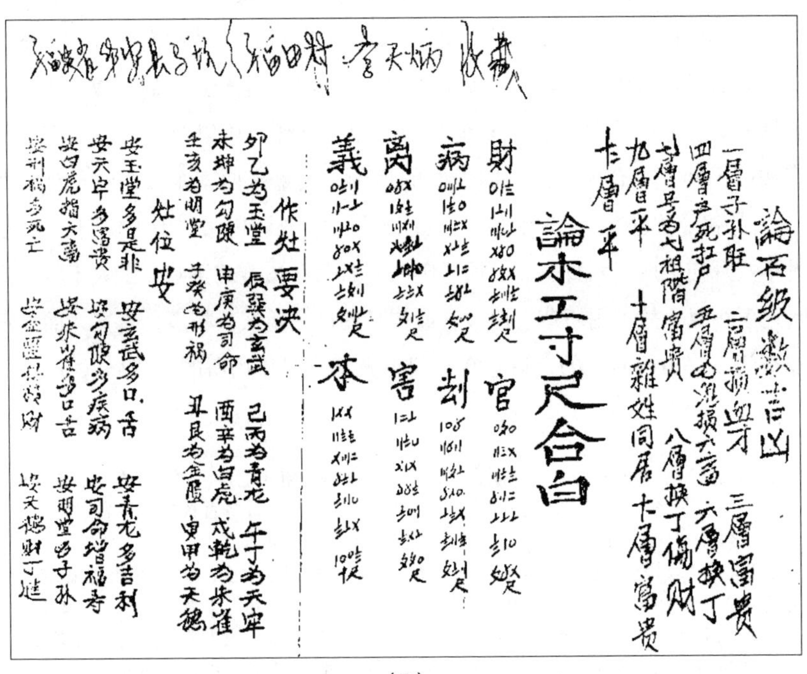

（2）

图 7.3　华安县民间藏的建筑尺寸合白吉凶数

图 7.4　台湾宜兰彭城堂对联的理气用语

调动和发挥其潜在的风水势能，因此更被赋予了相应的吉凶象征或祸福的隐喻。棺木朝向的选择，取决于是否有利于凝结“龙气”；而墓碑朝向的选择，取决于是否有利于“消水”。埋葬骨殖的坟墓同安放神位的祠堂一样，都是家族内部加强自我认同的载体和神圣资源，因此理气派的风水实践，特别是吉凶相度计算和时间宜忌选择，对新型家族组织的风水之场域的建立与完善产生了一定的积极空间作用（形法派亦然）。

四、罗经崇拜与理气派的民俗信仰样式

民间历史文献证明，“宗庙理气派”在地方社会的文化存在样态是丰富多彩的，并非像王祎所称的“浙间传之，而今用之者甚鲜”。当然，从堪舆家的师承关系去考察理气派在闽中乡族社会的发展，是一件相当棘手之事。该流派的知识和观念体系的地域性扩散，有着坚实的自然和文化生态基础。若以地理条件析之，福建背山面海，呈现半封闭、半独立的自然状态，较能保持经济及文化上的独立个性。若以文化变迁论之，入闽汉人的礼教和宗法体系日渐消融并置换了闽

越“丧巫重鬼”的信仰底色。志书有关堪舆师的记述汗牛充栋，[1]从一个侧面反映一般性的术数知识、技术及观念、信仰，并没有乖离于地方精英的视野之外。

我们欲洞察一般性的风水知识、观念和信仰如何积淀为集体的历史心性的情形，必须把握仪式专家和风水实践者诠释、借用这类观念系谱的方法与态度。诸如江西、福建出土的南宋墓穴，多次出现手抱罗盘的风水仙师俑的形象（江西临川、福州东郊、闽侯怀安）。这种明器的发明是风水知识和观念日渐普及的物化表现。不同区域共享罗盘技术并用其来指导丧葬的实践。明清时期的风水书籍录有使用罗经的仪式规范及罗盘术语的“拟人化”解释。这种“野俗巫言”代代相续，鱼亥之误难免，却真实地反映了理气派的知识与技术的民间存在样态。

明清以来，粗通文墨的风水师、算命师、择日师（火居道士、香花和尚也参与其中）经常扮演地域文化媒人角色，他们的身份经常是重叠的，因而也最了解地方普遍性的信仰需求，并能够进行各类术数知识的有机整合和民俗再生产。特别是透过各种仪式的发明，堪舆家们可以更有效地运用和表演这些风水知识的模块或套式，进而主导普通民众日常生活的基本方向。而圣化罗经、祭拜罗经就是这类文化模式之一。比如，清乾隆四年（1739 年），汀州府永定县太平里黄龙寨张丙琳廷机氏撰《地理全成连环记》（笔者藏刻录本）录有“驱龙喝山口诀”，视罗经为山家之圣物。[2]

表 7–2 是明清民间风水书籍有关罗经的使用方法的摘录。地方仪式专家系将

---

1. 清道光《龙岩州志》卷二〇：“吴邦基，字畅僎，海澄庠生。乾隆间，徙居龙岩之王庄村，精堪舆术，博通群说，著《玉函辑要》三卷，分天元、人元、地元，凡罗经、理气、形体及阴阳架造诸法，颇为详备，刊行于世。”“章贡云，字芳修，龙岩人。遂于星术、阴阳五行、医卜等书，无不计源溯流，窥其蕴奥。壮年浪迹云游，适元日在湘江舟中见日蚀，忽大悟张果老看宫度之谬，遂自号番果老。集卷甚伙，惜无传人。蠹朽之余，惟存《命理星案》二卷，其中附著《罗经奇门脉诀》诸篇，自谓独出己见，非剿袭臆说。康熙间，侨寓都门十余年，受业者几遍海内。”
2. 〔清〕张丙琳《地理全成连环记》“驱龙喝山口诀”：“手把罗经八卦神，盘古初分天地人。九天仙女阴阳法，曾度凡间杨救贫。南山石上凤凰飞，正是杨公安葬时。年通月利无禁忌。今日打开生龙口，轻轻引进大封君。前面有山山拱秀，背后有屏镇龙基。手把罗经摇一摇，二十四山都来朝。手把罗经照一照，二十四山都荣耀。前有朱雀旺人丁，后有玄武镇明堂。左有青龙送财宝，右有白虎进田庄。禄到山前人富贵，马到山后旺儿孙。此是我葬听吾断：一要人丁千万口，二要财宝自盈丰，三要子孙螽斯盛，四要头角倍峥嵘，五要登科及第早，六要牛马自成群，七要南山比府库，八要寿命好延长，九要家资石崇富，十要贵显永无疆。”

罗经视为一种沟通天人的道器，并活用传统道教的存想术，以期借此探知地理吉凶之奥秘。其中清代闽西手抄《罗经咒语》更是添加了“吾奉杨公急急如律令敕”云云，是风水祖师崇拜深入地方社会生活的生动反映。我们在第八章介绍杨公符术时还会言及。

表 7-2 风水理气派罗经咒语

序号	罗经使用方法及咒语	引文出处
1	凡用罗经，用左手结本师诀印，遮闭艮户；右手结本师诀，藏于袖中。弗去罗经尘埃，逆罗旋三次，顺罗旋三次，存罗倒九宫、八卦、二十四向，邪神鬼杀，俱各潜藏。用呵心火三口，阵入罗经，存想五色祥云，拥起护托。再以右手执仙壶斟水，存想东方青龙吐水于定龙井中。以右手把定南针，从乾宫起，即于天门也，顺罗旋，密念三奇咒一遍，咒曰：“天有三奇，地有六仪，精灵怪异，古器伏尸，黄沙赤土，砥砾坟基，方光白步，随针见之，急急如律令敕。”咒毕，将定南针，从右耳罗起，横过左右眉目，从左耳罗下，一丹从鼻中升上至印堂，想金木水火土，尽皆罗倒拥护吾身，以定南针在印堂摘下，存从天门降于定龙井中，放罗格筹，将卯位直东方日出之所，定子午，万无一失。或执法正时之际，用左手结金牌，决执东北方艮户，乃为闭塞鬼路也；以右手结王印诀，执西南方，要晋坤字，乃为晋人门也。更有师命与位，可宜遮蔽，不拘左右手指，但遮掩得着，乃为全妙。捧起罗经，乾为天门于上，巽为地户于下。执起罗经，须要照耀四方，默云或高声云：“天门，人门，鬼路，地户，手把罗经照四方，乾坤艮巽及中央，震离坎兑皆无忌，遮护人民大吉昌。”	明余象斗所辑《刻仰止子参定正传地理统一全书》卷七《用罗经秘旨》。
2	凡用指南针，七旨为始，别物之有无。地凶非逆，地吉作顺，用针不可一时为定，每以三掷为准。次定生向，详审八针之秘诀。凡下盘放盘，口齿三通，密念三遍：“天有三奇，地有六仪，精灵奇怪，故炁伏尸，黄砂赤土，瓦砾坑基，方广百丈，随针见之。开天门，闭地府，放人门，塞人肥，急急如律令敕。”	清代《用针要旨》抄本，长汀县古城镇中都村 HQG 提供。
3	手把罗经照四方，乾坤艮巽及中央。坎离震兑皆无忌，遮护人民大吉昌。天有三奇，地有六仪，精灵古墓，伏尸黄沙，盖土瓦砾，坟基方广，百步随针见之。吾奉杨公急急如令敕，乾为天门，坤为地门，巽为人门，艮为鬼门。	清代《罗经咒语》抄本。长汀县濯田镇东山村 WKC 提供。

2003 年，笔者在长汀濯田镇长巫村、东山村及古城镇中都村调查，见到不少手抄清代风水书，其中把罗经“人格化”为神明所赐之圣物（表 7-3），并涉及五星、九星及罗经源流等的神话化记述。罗经崇拜变相地形塑了堪舆家在沟通

天人方面的仪式专家的角色。[1]

表 7-3　风水理气派关键术语

概念	长巫村 LLZ 版本	东山村 WKC 版本
罗经	罗经本是西天玉桂杵，生在蟾宫第一枝。罗经天性千般巧，廿四位地仙机，是太华仙娄敬仙人所制，二十四山太上老君所写，针石乌石仙人所置。罗经姓唐，名陶明惠，针石姓李名良，石翕石姓朱名文富，水龟姓卜名明，又曰胡文卿。天召公铁制南车针，南华山取水辰宫入水。轩辕氏作南车，周公定子午向，廿四人仝行，另有二人藏在黄河九曲背。 附：长汀县古城镇中都村 HQG 的版本：罗经原来西天月桂杵，生在蟾中第一枝。周公生得千般巧，木做罗经，四维廿八宿天星位。廿四字地何机，罗经姓唐名明瑞，礒石姓李名良天，南针姓朱名甫，三人共同一朝天。地盘分金金牛转车，人盘分金金龙转车。	小罗经系刘董仙所造，罗经袋姓吕，水龟黄茂应，罗经胃仙人置。罗经原是唐明惠，南针乃是李量天，礒石本是朱明辅，三人同共入朝天。罗经原是仙天月中丹桂树，生在蟾宫第二枝，却被强风所折一枝。吕公天性千般巧，把手造作罗经。四维二十八将天仙子，二十四气地仙机，先知天门并地户，人间祸福已先知。礒石带针能浮水，礒石原在四华山，辰宫入，艮宫出，上取礒石原是岳石精，如公将铁指南针。罗经原有四尺八寸大，后来减作一尺四寸八分大。罗经原是有卅二字，后来减及廿四字，减去天地日月坎离震兑八字数。景仙做出廿四字，九天玄女分。袁天罡增上二字，寄在水中，中央戊已土是也。五行相生，石属土，铁属金，金能生水，水上浮得针，针去生水，水能生木，木能生火。
四灵	缺	青龙名孟璋，白虎名监兵，朱雀名灵光，玄武名宗元。
五星	金星姓黄名金天牛，居住扬州，七十三岁，生禄存、武曲；木星姓刘名木大胆，居青州，九十岁，生贪狼；水星姓危名水龙，居苏州，八十岁，生文曲，破军；火星姓罗名火刀嘴，居抚州，六十岁，生廉贞，辅弼；土星姓王名土星，居福州，九十岁，生巨门。	金星住扬州，姓王，七十岁，葬辰山戌向；木星住吉州，姓刘，五十六岁，葬寅山甲；水星住扬州，姓成，七十一岁，葬午山子；火星在苏州，姓罗，五十九岁，葬壬山丙；土星在福州，姓张，五十二岁，葬卯山酉。
六甲	甲子姓张，甲戌姓邓大郎，甲申姓何，甲午姓刘二随娘嫁，甲辰姓戴，甲寅姓贺永传扬。	缺
八卦	乾姓赵，坤姓殷，巽姓何，艮姓陈，坎姓张，离姓官，震姓蔡，兑姓柳。	乾姓赵，坤姓张（殷），震姓震（蔡），巽姓何（番），坎姓何（张），离姓卜（官），艮姓陈，兑姓柳。
九星	缺	贪狼姓徐，德州府人；巨门姓张，青州节度州宰相；禄存姓许；文曲姓宋，竹州人；廉贞姓李，燕国赵州人；破军姓艾，齐国务州人；武曲姓唐，扬州人；右弼姓万；左辅姓邛。

1. HQG、LLZ、WKC 等人的访谈资料其他内容，详见后面的章节。

明清以来，宗庙派法术的器物罗盘的圣化，使得风水术数的观念和实践进一步走向仪式化、民俗化。在繁复的仪式操演中，关键不在于仪式参加者（风水先生和东家）是否懂得那些符号的象征内涵，而在于其能有效展示天人感应的力量，特别是有关罗经呼召群真的神话叙事，强化了风水术数可以运化自然、压服鬼煞的信仰。关于风水关键词语的拟人化表述，则含藏着风水专家世世相续的集体记忆。有意思的是，“形法”喝形还有“罗盘穴”之说，堪称民间社会罗经崇拜的集体心性的反映。[1]

道教法师在罗经崇拜中也扮演着关键的角色。罗经与石敢当、石狮、神像等一样，只有经过斋醮科仪迎请神仙护持，伏藏百杀，才能具有识龙、呼龙的灵力，并协助地理师寻得佳城。我们试抄一份闽西客家道场的“开罗经”科仪（图7.6)，略做分析。

从“唱山神语”来看，择地葬亲时山家的请山神仪式包含着圣化九天玄女、杨筠松等“罗经仙人”的灵力的作用，也实际左右着“量山步水”的效应。“六壬弟子”堪舆师扮演的是“媒介者”的角色，以使“福地福人居，福人居福地”。子孙祭祀坟墓的目的，不仅仅是祭祀祖先亡灵以期护佑，更是示请灵界神明及地理先师杨筠松安镇祖先的坟宅。这是一种典型“有神论的风水观”，系将风水庇护的效力、亡魂的安顿与鬼神的恩示有机地联结在一起。

作为灵界沟通者的道士，通过展演“踏罡布斗”法术，召请神仙施灵力，赋予堪舆器物——罗经——以“伏藏百煞”“催龙大吉”“济度孤魂”“利益众生”等神圣使命。开罗经法术频繁地使用“文紫微令”——𩴠。按《五音集韵》曰：“子役切，音积。人死作鬼，人见惧之。鬼死作𩴠，鬼见怕之。若篆书此字贴于门上，一切鬼祟远离千里。”《正字通》曰：“按𩴠音贱。俗谓之辟邪符，以𩴠为

1. 上杭胜运乡《曹田丘氏族谱》载元代七世祖喜获“天葬地”罗盘吉坟：“百三郎公，原名伯三郎，因避先代名，故后裔将公名改此，以利区别。十九郎公长子，太学生，幼随父徙黄潭松源桥下，世居黄潭。相传公卒葬时，适倾盆大雨，灵柩扛到大坪里，洪水满山遍野袭来，八仙无奈，只好将灵柩乘于条凳上，躲雨而去。雨稍疏，不见灵柩，只见一大堆黄土凸起，如罗盘状。从此，子孙便认定天赐罗盘吉坟，历代不肯动土建筑。因祖坟坐向不明，每岁祭祀插香，均沿着坟地周围而插之，说是谁家插中了位置，谁就会添新丁。现已于二零零零年马年正月二十日午时，卜址马坪坡，迎魂镌碑，与子孙三代合葬。”（2002年编，第136—137页）

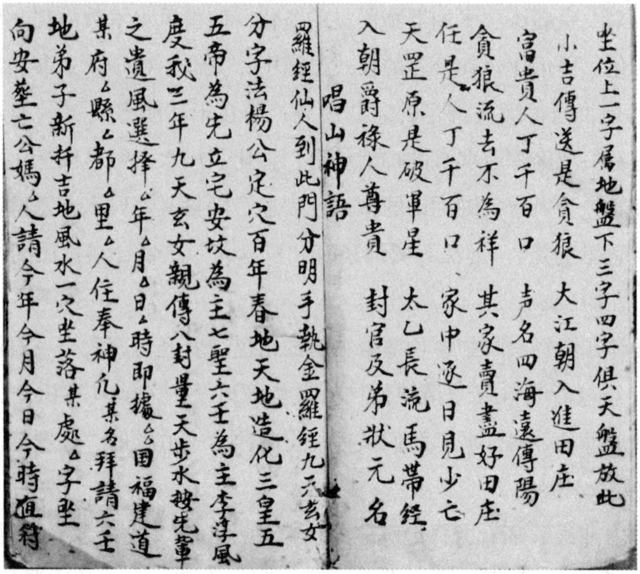

（1）

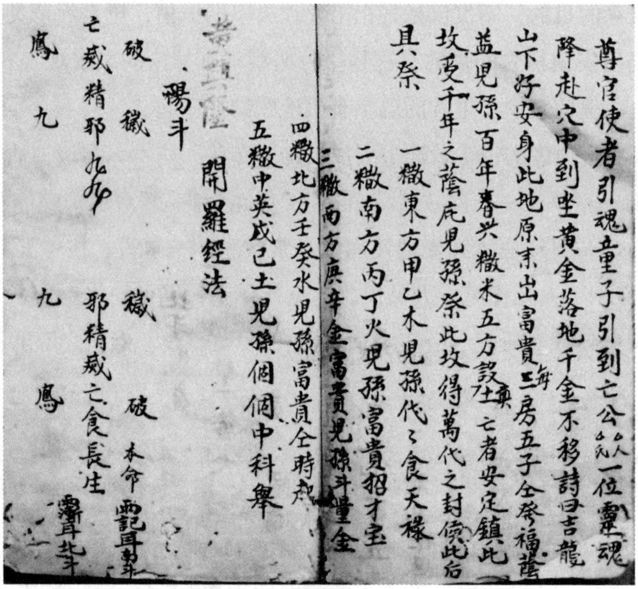

（2）

图 7.5 “开罗经”科仪书影

（上杭县南阳镇灵应堂陈观宝提供）

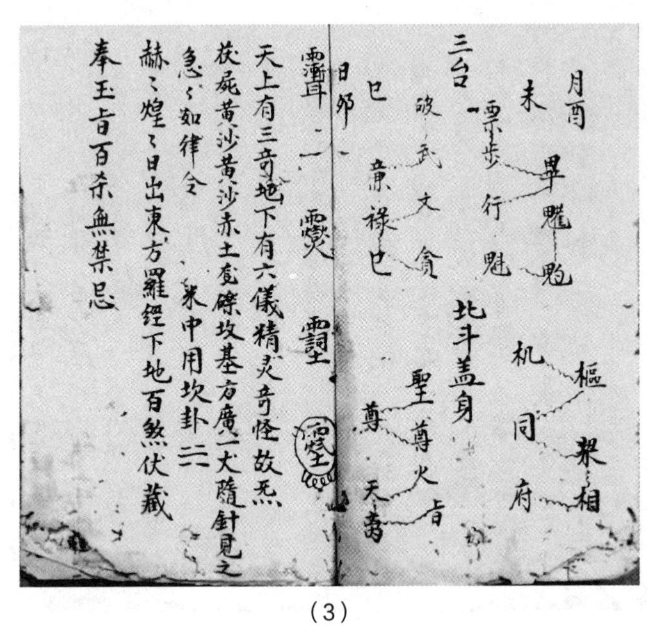

天上有三奇地下有六儀精灵奇怪故無
茯屍黄沙黄沙赤土瓦礫坟基方廣一丈隨針見之
急急如律令 米中用坎卦
赫赫煌煌日出東方羅經下地百煞伏藏
奉玉旨百杀無禁忌

（3）

封山頭
封身用
封墳
下羅經 先破穢
志天蓬諱、天猷諱 月月常加戌用
時時見破軍右
左逐天
右逐天
乾三連 三坤六斷
离中虚 坎中滿
震仰盂 艮伏碗 兑上缺 巽下斷
論論八八六十四卦名訣 巽离坤兑

（4）

图 7.5 “开罗经”科仪书影（续）

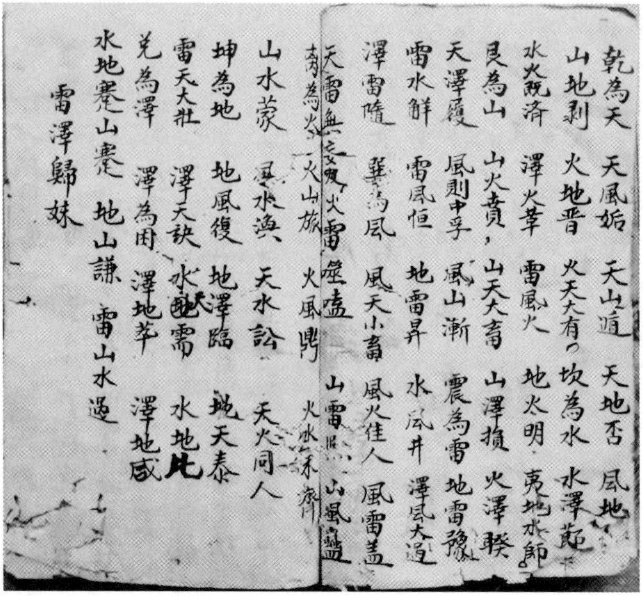

（5）

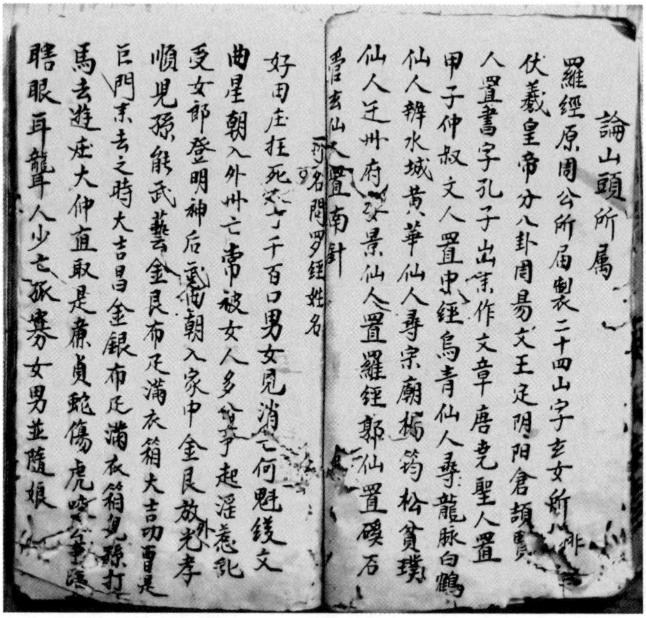

（6）

图 7.5 “开罗经”科仪书影（续）

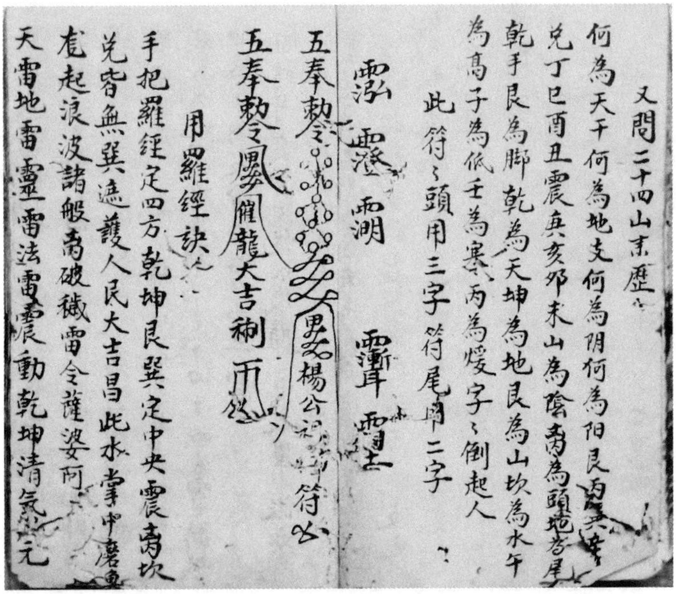

（7）

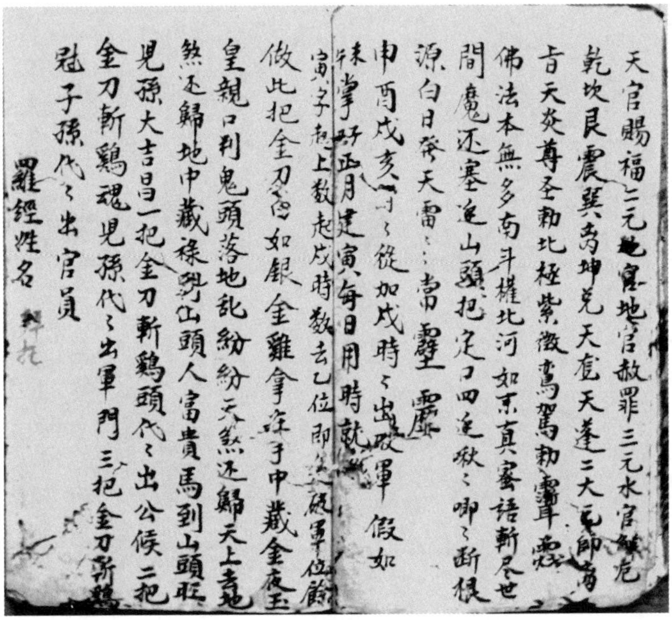

（8）

图7.5 “开罗经”科仪书影（续）

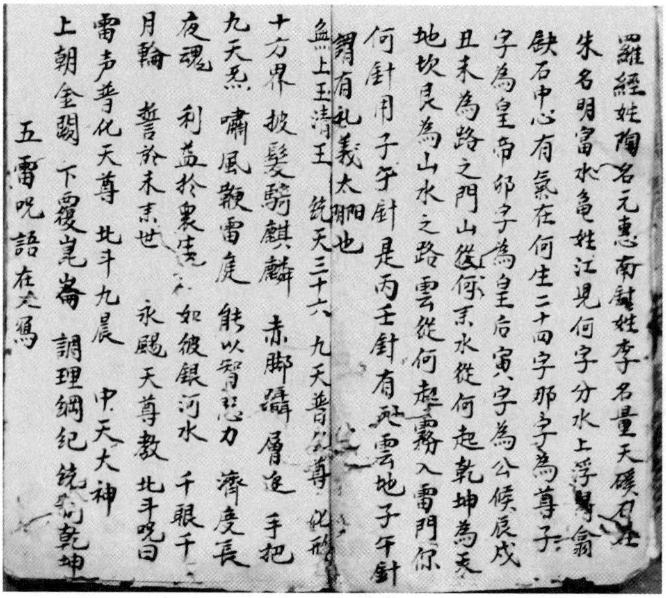

羅經姓陶名元惠南尉姓李名量天碌石在
朱名明富水龟姓江晃何字分水上浮翁
缺石中心有氣在何生二十四字那字為尊子
字為皇帝卯字為皇后寅字為公候辰戌
丑未為路之門山從何來水從何起乾坤為天
地坎艮為山水之路雲從何起霧入雷門你
何針用子字針是丙壬針有死雲地子午針
錯有礼義太陽也
無上玉清王 統天三十六 九天普化尊 化形
十方界 披髮騎麒麟 赤腳躡層冰 手把
九天炁 嘯風鞭雷霆 能以智慧力 濟度長
夜魂 利益於衆生 如彼銀河水 千眼千
月輪 誓於末來世 永賜天尊教 北斗咒曰
雷声普化天尊 北斗九晨 中天大神
上朝金闕 下覆崑崙 調理綱紀 統制乾坤
五雷咒語在文寫

（9）

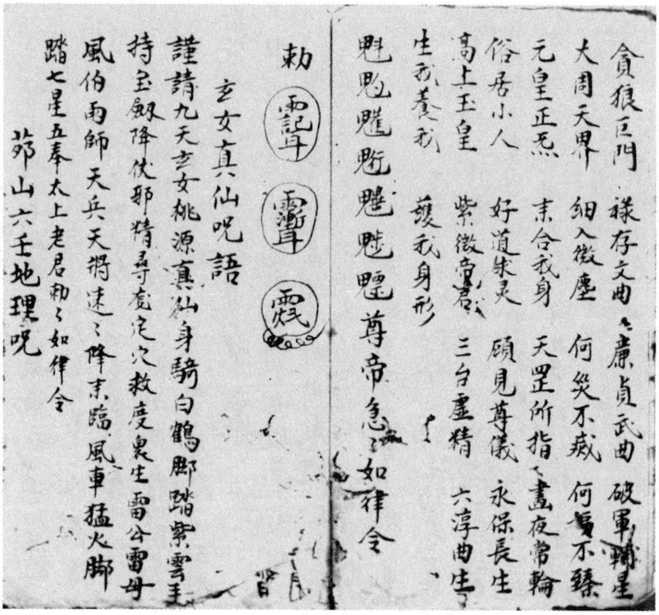

貪狼巨門 祿存文曲 廉貞武曲 破軍輔星
大周天界 細入微塵 何災不滅 何福不臻
元皇正炁 來合我身 天罡所指 晝夜常輪
俗居小人 好道求灵 願見尊儀 永保長生
高上玉皇 紫微帝君 三台虛精 六淳曲生
生我養我 護我身形
魁𩲃魖魓魒魋魑 尊帝急急如律令

敕

玄女真仙咒語
謹請九天玄女桃源真仙身騎白鶴腳踏紫雲手
持宝劍降伏邪精尋龍定穴救度衆生雷公雷母
風伯雨師天兵天將速速降來臨風車猛火腳
踏七星五奉太上老君勅急急如律令
茆山六壬地理咒

（10）

图 7.5 “开罗经”科仪书影（续）

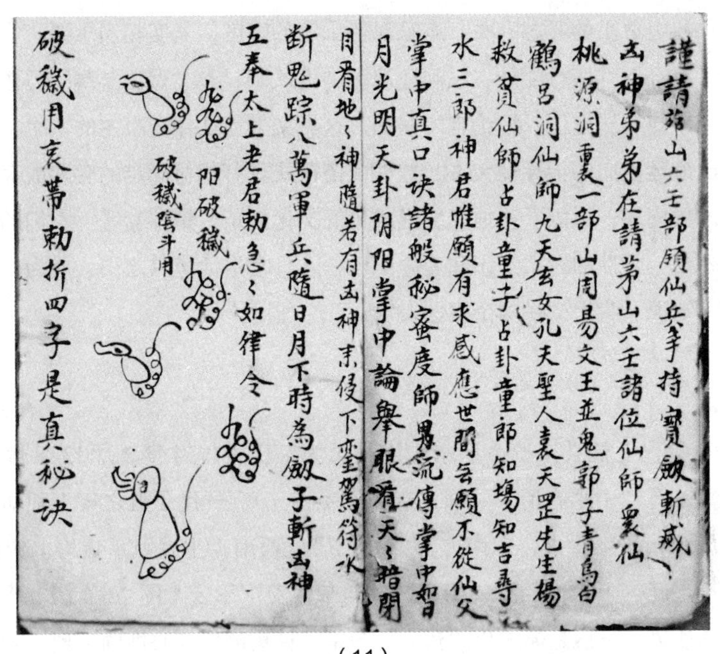

謹請茆山六壬部頭仙兵手持寶劍斬戚、
凶神弟弟在請茅山六壬諸位仙師衆仙
桃源洞裏一部山周易文王並鬼谷子青烏白
鶴呂洞仙師九天玄女孔夫聖人袁天罡先生楊
救貧仙師占卦童子〻占卦童郎知場知吉尋
水三郎神君惟願有求感應世間若願不從仙父
掌中真口訣諸般秘密度師男流傳掌中智
月光明天卦陰阳掌中論舉眼看天〻暗閉
日看地〻神隨若有凶神来侵下鑾駕符水
斷鬼踪八萬軍兵隨日月下時為劍子斬凶神
五奉太上老君勅急〻如律令
阳破穢
破穢陰斗用
破穢用哀帶勅折四字是真秘訣

（11）

图 7.5 “开罗经”科仪书影（续）

鬼名。”《酉阳杂俎》曰：“时俗于门上画虎头，书聻字，谓阴府鬼神之名，可以消疟疠。”

其中，斩杀公鸡开祭罗经的方式，属于中国固有的“血祭”传承，更带有补添“阳炁”和“破秽除煞（杀）”、“亡灭精邪”的象征意义。风水先生身携带有灵力的罗经“量山布水”，一则借助神力，增强自身寻龙审水的眼力，二则利用其预防各种鬼煞冲犯和保护自身安全的功能。

风水先生（山家）在走山寻穴时，并不是随便使用罗经的。他们往往根据东家的福报和为人，提供不同层级的牛眠穴地。举凡相信因果的风水师，都有使用罗经的禁忌。举凡有缘寻遇“大风水（大地）”吉穴，通常不轻易“开罗经”。“大地鬼神荫护”，若是东家没有阴德和福报，罗经一开，等于诏告山神土地，“大地”可能很快被他人寻获。山家若强行“开罗经”示现“大地”给无福报的东家，等于触犯因果。“开罗经”禁忌除了同风水师的行业信仰有关外，也与风水师谋寻社会尊重的心态有关。东家对待山家的态度，其实相当重要。

除了罗经崇拜盛行之外，民间还流行“批八字”和“做流年簿”习俗，系结合生辰流年与筑居方位，综论吉凶祸福。这类文书往往伴随事主的一生，成为其了解自己命运走向的指导性文本。这种民俗样式具有相对固定的套路或套语，术家借此术数模块，可以反复地套装模式化的文化规矩、精神套餐。它们的流行化育，反映出一般性的风水知识和观念早已融入日常生活世界之中，成为一种常识性的地方知识。我们试举两个案例。

案例 1

1963 年，上杭县丰稔乡风水先生吴氏为某氏（1954 年 2 月 13 日生）批写“流年簿”，有“山水有情人共仰，吉凶无妄我先知”“逢子丑之年不利动土、做屋、修风水，一生贵人，东南方得力。阳居坐西南，主发财丁贵寿。厨灶向西南，六畜兴旺。上祖地□□戌荫之，林向东西安”云云［图 7.6（1）］。[1] 流年簿指导性的话语，虽然是模式化的套话，却是一种集体信仰心性的呈现，对普通人的人生选择，往往起到潜移默化的移情效果。

案例 2

长汀县风水先生 QTJ[2] 为某氏（1975 年阴历十二月五日寅时生）批写“流年簿”［图 7.6（2）］：“本命住居，坐西北向东南方大吉利，求财向东北方大利。每逢子年不宜兴工动土、作灶、建房、修风水。每逢寅之年不宜瓦打铁钉子，当防损丁破财。配婚妻人，同年的、大一二三岁、小三四五岁，相生可对。床门向北方不利，东西南方均利。夫妇白头到老，子孙兴发。”

在地域社会的集体文化记忆中，“一命、二运、三风水、四名字”是社会各阶层所共享的观念体系和认知图式。“八字”（出生“四柱”干支）决定了人祸福吉凶的大趋势，这叫作“命”，命是先天的，一般不能改变的。但“好命不如好运途”，“运”却有好有坏。十年为一大运，五年为一小运。流年簿推算“运”的

---

1. 图 7.6（1）录自林嘉书：《土楼与中国传统文化》，第 232 页。
2. QTJ，1964 年生，初中文化，长汀县大同镇黄屋村人，风水先生、算命先生、罗祖教徒，访谈时间：2004 年 4 月 12 日，访谈地点：长汀县汀州镇惠利夫人庙内。

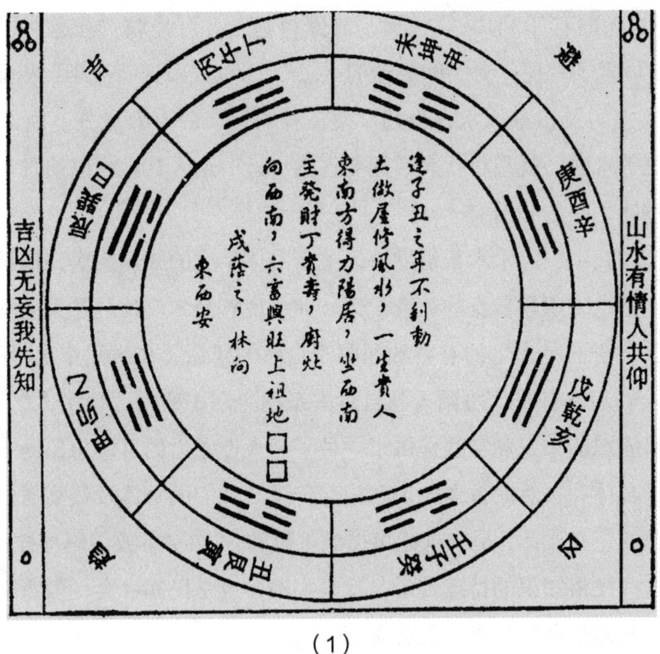

(1)

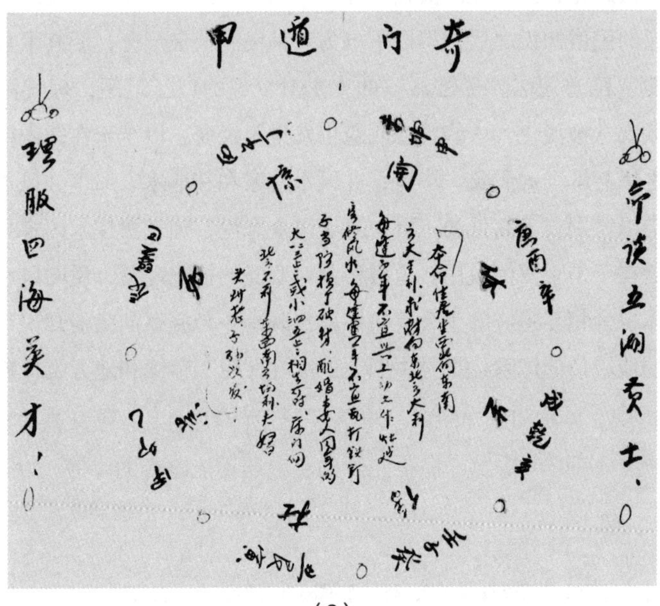

(2)

图 7.6 “流年簿”所录命主建筑方位吉凶图

吉凶。“好运”时善于利用，“凶运”时懂得趋避，可采取“开运”“补运”“改运”手段，体现了“民间对时间和谐的追求”[1]。东家根据“流年”变化，选择和调整好居住空间及祖墓风水，也是“改（补）运”的有效方式。所谓五音相宅法、福元法等术数，就是将代表时间变迁的“运”纳入其中，以追求个体生命历程与生活空间之间的和谐有序。

在命相实践中，风水术数借助古人关于身体生成的知识系谱，借助那些呈现身体之原生信息来积累自身的社会记忆。如果说算命术反映的是人们探求自身秘密的本能，宣告的是人生的有限和屈服于自然的宿命（命中注定），那么风水恰恰展示了人们超越有限、协调人与自然关系的企图（所谓“地生人”，而非“人生地”）。宗庙派的知识和实践提供了一种平衡人性矛盾的可资想象的方式，榫接了人们关于身体和自然的古老知识和记忆传统。我们的身体及其寓居的自然被视作相互协调的意义载体，是有规律可循或可数的，“像文本或编码那样‘可读’”[2]和可证。这些民俗知识的持续传承与反复实践，也是民间社会一般意义上的知识观念、信仰和思想世界之真实的实态相。

在上述仪式化和拟人化的文化表述中，宗庙理气派一般性的观念体系，在被化约为普通的民俗知识之后，得以下沉为一种民间记忆形态，而其术数学派的边界日渐模糊。随着冠名“形法派”的术士对罗经的广泛运用，理气派“始于闽中”的区域观念被淡化，一些观念底色也发生了蜕变，以至于在知识精英表述中有“今用之者甚鲜”的假象。毕竟，在风水专家和其他术家那里，风水宗派可能还是一种借以辨别技术高低的工具；对于民众来说，理气派技术内容是什么并不重要，关键在于是否发挥效用。道教科仪对罗经的神化现象，说明风水术数将大自然和人体视为相互感应的生命有机体。它既是一套完整的民俗知识系统，也是一套复合的地域信仰体系，更是中国“连续性文明”存续和地方文化秩序构建的重要表征。

---

1. 李亦园：《从民间文化看文化中国》，载《李亦园自选集》，第 229 页。
2. ［英］保罗·康纳顿：《社会如何记忆》，纳日碧力戈译，上海：上海人民出版社，2000 年，第 124 页。

五、理气派与地域社会的多元知识整合

简而论之，风水术数中的“方位理气派”可谓源远流长，其知识谱系带有非常明显的理性化、计算化色彩，特别是与秦汉时期的“巫史传统”如式法、日法有密切传承关系，有效传承了整体性、连续性宇宙观念和天人交感的思维模式。风水术数传入自然环境较封闭、社会文化较滞后的福建之后，延至宋元时期逐渐形成了一整套具有地域特色的专业化知识系统。而明清以来地方社会结构变迁和商品经济的发展，同样深刻影响了风水知识和观念的传播形态，特别是近世发达的书写文化在推动风水知识的普及方面发挥了重要的作用。建阳、四堡刻书业的贵盛，使得理气派书籍广为流布。民间对风水书籍的迫切需求，甚至刺激了某个工商行业的兴旺。宗族组织的发展亦使得理气派的知识体系有机会融入建祠修墓的风水场域，深刻影响了乡族社会的思维方式、世俗秩序和生活方式。

其实，无论是“野俗巫言”的民间文化，还是正统化的精英文化，在很大程度上都是在一个共通的话语平台中平行运作和相互影响的。特别是理气派所包含的专业知识，涉及天文学、阴阳五行学说、易学甚至儒学、道学等多元化的知识谱系，并通过对风水文本的反复解释及实践有机地整合在一起，从而与其他术数传统，如算命、占卜、历法、中医乃至官方的科举考试文本（如《周易》是《五经》之首，科考必备），普遍共享着同一套知识和观念谱系（如气论、五行生克）。这些多样性的知识体系，彼此互为叠合、互为连接、互为解释、互为条件、互为意义（比如风水择地要结合东家的命相、五音、阴德，风水龙脉与中医气脉相通，墓地造型与人体生殖结构相拟），构成共生共荣的常识性的地方性的知识。

因此，理气派成功参与精英和民间的文化统合进程，使得中国思想传统和术数文化体系被铭记、刻写和固化下来，形成高度共享性的“文化共相”和“文化标准”，进而积淀为模式化、标准化的地域文化习惯。而普通阶层和精英阶层既然共享一般性的术数知识、观念和思想世界，并落实到具体的风水实践（包括仪式）中，自然刺激了地域文化“一体化”的进程。这样多元化的“知识整合”进程，堪称中国“连续性文明”持续发展的一种表征。

此外，风水理气派所形塑的罗经崇拜传统，亦培植了地域社会对风水知识体系及风水仪式专家的敬畏感，使得堪舆家成为传承术数传统、支撑地方记忆的中坚力量和知识代言人之一。罗经作为宇宙时空的模拟器具，暗含着古人对“天

道”（天意、天命、天数）与“人道”（人意、人事）关系的实用理性之理解。用李泽厚的话说，一则天道即人道，天道具有开放性、包容性和灵活性，与人意、人事相响应，“‘天’‘道’‘天道’的神圣性或神秘的主宰性与它的物质性，即与自然和人事的过程性连在一起的，未可明确分割”，二则天道“是人的主体性与主动性的直接昂扬”，人才可以知“天数”，懂“法度”，“参天地，赞化育”，“主动地选择和决定自己的现实生存和世间生活”。[1]借助于这种沟通天地之灵性、可以规范化操作的罗经，风水仪式专家就可以晓天文（道）、知地理、通人事（道），以为“顺天道，尽人事”，事在人为，主宰自然。

罗经作为沟通天道与人道的实用性工具，亦含藏着古人讲“度”和“数”的哲学思维，具有某种不可规定性和不可预见性，准确而又模糊，讲求“经”（原则性）与“权”（灵活性），“理”与“势”，“命”与“数”的辩证，因此更需要文化媒人神秘性的经验，通过寻找地理形胜之图像化的“美”，并经过合乎“法度”的“理数”推算，以检验天地相感应的“真”“善”。

一则“度”（和、中、巧、调）讲究分寸、恰到好处、过犹不及，是一种“中”与“和”的实现行动，是物质实践（操作活动及其他）的具体呈现，是在实践—实用中的秩序构成。“以‘度’作为本体性的人类主体性对自己主观性的要求，首先是操作活动的规范化和程序化，程序化展现为各种巫术礼仪形式的操作—演算口诀的建立，然后在意识上表现为由后世形式逻辑及各种抽象范畴所表达的认识功能。”[2]

二则中国巫史传统中的“天道”呈现方式常常就是“天数”，神秘的天数与人的命运（命理、命数）是休戚相关的，人在“运筹帷幄（度和数）”的活动中，可以扩大“理性内构”与“理性融化”，通过理性对感性的建构，在自然秩序和心理秩序上，获得一种审美—秩序感。[3]罗经将天地相应、相生、相克的法则“直观化”，根据“度”与“数”的原则进行推算，有一种封闭性、循环性、均衡性的特征，容易形成一种交互作用的“因果反馈机制”。

在上述意义上说，理气派风水术数的文本书写、知识整合、话语实践，具有

---

1. 李泽厚:《由巫到礼 释礼归仁》，第 75—80 页。
2. 李泽厚:《“度”的本体性》，载《人类学历史本体论》，第 240—247 页。
3. 李泽厚:《答问（2008、2010）》，载《人类学历史本体论》，第 317—318 页。

非常鲜明的“互文性”特征，是对多种知识谱系的合力重构和多元互化。它是其他知识文本的镜子，通过对其他知识和观念谱系的引用、改写、吸收、扩展和转化，相互参照，相互印证，彼此勾连，从而形成了一个连接传统与现时的、开放性的地域文化网络。这类仪式化、信仰化的术数实践，时刻提醒我们要从中国整体性的宇宙观、实用理性的生存智慧以及多元化的地域崇拜体系，去省思理气派知识体系的传承和传布的方式，并反思风水实践者如何诠释这类知识、观念系谱的方法与态度。

第二节　形法派的拟像化表述及其意义想象

本节主要利用风水书籍、志书及田野资料，反思近世的形法派理论在闽中何以形成持续扩展的态势，形法派所构建的师承系谱的认同价值及其潜入器物层面上的观念形态，形法派的区域图偈实践如何含藏着人文识别指南的文化地图意义。笔者拟“悬置”对风水形法派的专业知识、技术的梳理，而是关注那些标志性、典范性的风水喝形，在形塑地域社会的地方感、历史感、道德感方面，何以具有丰碑性、神话性的意义。

一、形法派源流与赣闽之间的术数交流

《汉书·艺文志·术数略》曰：“形法者，大举九州之势，以立城郭室舍。形人及六畜骨法之度数、器物之形容，以求其声气贵贱吉凶，犹律有长短，而各征其声，非有鬼神，数自然也。”形法不仅包括相地形和相宅墓，也涵盖相人、相刀剑、相六畜等，志书将“望气”也列入形法类之中。后世的形法派指“举九州之势，以立城郭室舍”一类的相宅相墓之术。约成书于公元前2世纪中叶的湖北省云梦睡虎地秦简日书甲种《梦》章所附竹简文数百字（简15背：壹—20背：陆），[1]记录了住宅（宇）之设置与吉凶的关系，与《汉书》所录《宫宅地形》内容相近，足见形法类相宅术很早便在秦楚的民间流行。东汉“阴阳之宗”张衡也涉及相度陵墓的形法。元赵汸曰：“予尝读张平子《冢赋》，见其自述上下冈陇之

1. 吴小强:《秦简日书集释》，长沙：岳麓书社，2000年，第122—123页。

状，大略如今葬书寻龙捉脉之为者，岂东汉之末其说已行于士大夫间？”[1]

形法类的相墓相宅之术，最初随中原、北方士民南迁福建，并多用于卜城形胜。如宋代《淳熙三山志》题郭璞著《迁州记》，述福州城的形势吉凶。约在晚唐福建已形成较完整的形法理论，其中以黄妙应《博山篇》为代表。当时有众多形法派作品在闽传播，只是因历史的失忆，甚少有蛛丝马迹可寻。早于江西派入闽的形法家，同样围绕着龙、穴、砂、水、向而展开探讨的。

在《博山篇》中，黄妙应描述了形法派要点——“地理五诀”中的龙、穴、砂、水、向。[2] 寻龙脉法须先寻祖宗山（群山起源处）、父母山（山脉入首处），次辨来龙的正、侧、逆、顺、回等五势，再察主龙的支干及其行气所止；定龙脉须“考方位，注真气，加制伏，方得利”；论龙神要“识全局，知天地”；探穴位要分辨山（星）的五种正势（五行）及各种穴变（横、直、飞、潜、回），并细审穴之真假生死（山水向背分真假、气之聚散分生死）。总之“审阴阳，定五行，决向背，究死生，推来历，论星峰，看到头，论分合，观其明暗，核其是非”。察砂（主龙及穴场前后左右诸山）则要分辨侍、卫、迎、朝等形态及富、贵、贫、贱等形局，喝砂形时宜“论生克，讨分明”，特别要注意龙神斯聚的水田砂，以及藏风聚气之关锁的明堂。由于水（会聚明堂之水）之远近及其气止皆关吉凶，故“欲识龙，在识水”，“砂关水，水关砂”，了解水格的贵贱与龙神的关联。无论是觅龙、察砂，还是观水、点穴，又关乎方向，“定向首，稽气候，正方隅，形势符，方位合，斯全吉。阙形势，不可插。失方位，减福力”。

黄氏在该书中强调形势与方位应辩证统一，不能忽视五行及五行生克之理。故晚唐的理气派和形法派的界限并非泾渭分明，重视方位吉凶是风水术数的共性，区别在于形法派是从辨形势入手来判定方位美恶的，而理气派着重从音姓、命相、卦象等来决定方位的吉凶。

因地缘的关系，黄氏理论渗入莆泉地区至深，并朝闽西南及东粤传播，并对江右堪舆师有所影响。地方文献及族谱的“历史话语”藏有蛛丝马迹。按宋刘克庄曰：“莆人重黄涅盘、厉伯韶两墓师如神。其所点穴，或在高峰，或在旷野，

---

1. 〔元〕赵汸：《葬书问对》，陆氏刻十万卷丛书本，清光绪五年（1879年）。
2. 凡引《博山篇》，皆见《古今图书集成》卷六六六《博物汇编·艺术典·堪舆部》，不再做注。

有凤凰展翅、玉带出匣之说。”[1]明谢肇淛曰:“堪舆自郭璞之后，黄拨沙、厉伯韶其最著者也。”[2]《博山篇》附有曹仙（名乐）和厉仙（名伯韶,明罗明祖《地理微绪》言其宋人）的赞语。曹乐曰:“我师妙诀，千载心传。云依日月，水满山川。阴阳无始，天地无边。开门一笑，满目真元。”厉伯韶曰:“不见先生面，雅闻先生诀。大哉我曹师，千载传真法。”民间多以“厉布衣”称之，更有“族有布衣坟，繁昌必有闻”之谚。[3]

明清时期，黄妙应仍然深受地方社会的推崇，并不断地被神格化，衍生为地方性的仙师、宗族性的祖师崇拜。其实，这类题材只是一种惯常的故事模式或文化套路罢了，以强化风水符号对宗族乃至地域社会的气运兴衰的关键性意义。其中，莆田黄氏家族每年正月十日在国欢寺、七月二十五日在囊山寺致祭黄妙应。[4]

---

1. 〔宋〕刘克庄:《后村先生大全集》卷一〇五《跋蔡公杂贴》，民国四部丛刊初编本。
2. 〔明〕谢肇淛:《五杂俎》卷六，第115页。
3. 平和县《林氏家祖族谱来历经书》抄本，除录有黄妙应给林氏先妣糍粿婆卜地外，还记录林氏永公后裔（第八世）请厉伯韶相地的传闻。

   《林氏家祖族谱来历经书》（平和县五寨林泰山抄藏）曰:“至四世，延厉仙伯韶馆于家三年，礼以士宾，遂获善地三所。其一在锦亭山下，旧名水亭，今名为鹧鸪山。厉仙曰:‘此地甚宽，可安三穴。’遂以六代祖（名康，乃永公玄孙也）安中穴，坐卯向酉。七代祖（名宽）安左穴，坐乙向辛。八代祖（名赉）安右穴，坐甲向庚。余二穴，一在紫帽山之石门，坐癸向丁。一在紫帽山之象峰，即天廷峰。时厉仙以石门穴当出状元，象峰出探花。当时林氏兄弟三人，孟曰宋监部，仲曰泉州司户，季任贡元。然吉穴当以长幼为序，弟不先兄，欲以石门穴与监部，而象峰穴与贡元。惟仲子司户不信，故厉仙亦不择地与之。监部曰:‘吾弟追随仙公效劳日久，我不敢坐享成功，愿让石门穴与弟贡元。’厉仙善其言，俱为迁穴……。”

   明叶盛《水东日记》（北京：中华书局，1980年）称:“广东人言其地有宋坟，无唐坟。盖自宋南渡后，衣冠冢多流落至此，始变其俗事丧葬也。相传嘉定中有厉布衣者自江右来广，精地理之学，名倾一时。有经其葬，至今故老犹能言。其处广州林某者，宋元富家，永乐初中衰，以术者言祖穴向稍偏所致，因发地而得石，书云:‘布衣厉伯韶为林某葬此千载谷食之地，后学浅识，不许轻改。’徐视之，盖下向与土封微不同耳，遂之。今林氏颇振，庚午举人林弁、癸酉举人林汝思、林廷辉皆其族也。广人土音称‘赖布衣’云。”（第142页）叶氏又曰:“予尝记宋嘉定中地理厉伯韶事。兹读开化江氏谱，见秉心纪善，贽曾学士求作墓记书，云桂严去开化县治东南二十五里，西塘又去桂严西南百步，侍御景房之墓在矣，松櫕蓊郁，冈峦屈曲，势若蜿蜒。然宋季有相地者赖布衣过之留记，云此墓是已。乃知称赖布衣者，不独岭南人也。”（第168页）

   清屈大均《广东新语》云:“宋有厉布衣者，善相坟地。今广东故家大姓，其始祖二世、三世坟，我厉布衣所定穴。予宗有其二焉。谚曰:‘族有布衣坟，繁昌必有闻’。”（第504页）
4. 祭辞曰:“惟公生而神异，长而灵通。西传衣钵，缁流所宗。发言成谶，妙夺天工。理穷地脉，郭拜下风。一身现化，伏虎降龙。创建梵宇，古囊莲峰。受知闽王，赐号尊崇。时比梁地方文献也经常记录黄妙应的各种历史记忆和传说故事（详见第三章第一节），特别是其阳宅剪裁制作理论同样颇有影响。[1] 千百年来，黄氏作为地理师、禅师并举的“箭垛式”大师形象跃然纸上，成为民间堪舆师眼中的神话般存在。

按明清之际活跃于泉州及台湾的淮右禅师称，黄氏堪舆术的特色乃图偈结合，即通过钳扦图来展现形法理论的精髓。所谓偈，为梵语伽陀（Gotha）的音译，原属一种诗体谀神之辞，偈文以四言、五言、七言为句。妙应常借鉴偈语来表述穴地吉凶，在莆田、泉州等地留下不少穴地图谶。其中最受其击节者，当数泉州清源山势至干结——将军抱印（图 7.7）。

该偈文堪称一篇“迷你型游记”。偈文写于何时，不得而知。[2] 作者系以拟人化的方式来展示一幅人地相应共感的场景，形象地描述了清源山脉走势、山石形状、山土颜色、天空云彩、朝山案山的巍巍气势、泉州城的水流及住居情况，让人仿佛屹立于石骨峥嵘的山上，扑面感受“将军抱印帐里出”的森森气氛，并领略谶语背后的宗法等级观念，如“五世应封侯，君看众山朝拱干结”云云。[3] 其

武，礼于宝公。真形已返，塔藏云封。祠像色相，暮鼓晨钟。宗祊食庆，瓜瓞无穷。”（《碧溪黄氏族谱》甲辑，民国年间刻本，福建师范大学图书馆藏）

1. 清乾隆《仙游县志》卷五三《摭遗志下 · 丛谈》：“陈整，字洞山，明洪武时人。精青乌家言，尝著《二宅剪裁秘旨》，又注《元真子穴法赋》及妙应禅师《相宅宗旨》，并题赞一篇，其书名《地理悟元》，所著论以生成形势为主，直破卦气之诬。其注黄氏《初度相宅篇》，周瑛尝跋曰：‘详玩是篇，以聚气为主，可谓至言矣乎！众人囿于气而不知有气，犹之鱼在水中而忘夫水也。惟洞山心妙应之心，故能阐妙应之书。妙应得洞山而益明，洞山得妙应而益精也。’”

   据《桃源庄氏源流图谱》载：“泉州开元寺仙师，讳承德，精于堪舆，得妙应之真传，遇异人之秘授，天文地理，无不精通。”庄氏于清雍正十二年（1734 年）及清乾隆二年（1737 年），用“乾坤卦作法”，为十一世祖子机公之妣魏氏墓改葬，喝“猛虎吐肉形”（《庄氏族谱》，台中：新远东出版社，1967 年，蓬 60—61）

2. 是文作者是淮右禅师还是黄妙应，不得而知。

3. 《势至八证歌》云：“问何龙，两水夹处是真踪，右峰左转三台下，顿入东北起高昂。问何穴，穴前蟖眼真清洁，石骨峥嵘白如雪，上四下三斗杓坤，莫消说碧玉羊脂窝，须配黄金鳝鱼血。问何砂，势至命名看不差，左横秋水剑，右多积粮车，近藉单力□，中藏朝席奢。问何水，长生帝旺是真髓，下有三合襟双潭，养阴在腰里。水口湾洄都转西，万家烟火把关秀。问主星，文曲星柔见真形，右峰之下小金见，旺方侧面势初停，三停脱土何奇突，暗拱调剂得丙丁。问朝案，紫帽凌霄何嵬焕，罗裳剑戟又森森，及第文峰相联贯。问符验，仔细论。将军抱印帐里出，雷雷交会聚云屯，万马明堂奔，旗鼓喧扬札阵门，金屏玉座势独尊，斗杓南指坤，三六出殿元。问大地，何久留。此地由来八百秋，景纯舟世方点头。回明眸，天一地六为深浮，五世应封侯，君看众山朝拱，知干结回转，余枝卫名州。”（〔明〕释淮右：《清

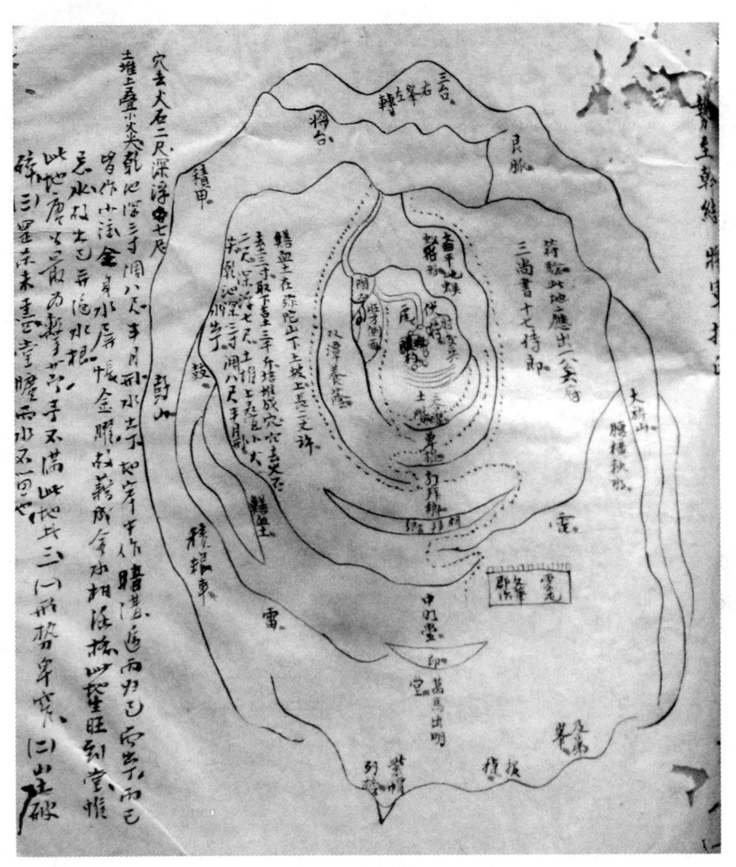

图 7.7　将军抱印穴

（土堆并叠小火尖、乾池半月形）[1]

实《博山篇》亦有相关的话语表述：“寻龙法，寻祖宗，寻父母。祖宗所居，极高之方。”“龙身加顾祖山作朝，此乃回势。”“顾祖者远为优。”论砂条：“两边鹄立，命曰侍砂。……从龙抱拥，命曰卫砂。……绕抱穴前，命曰迎砂。平低作揖，拜参之职。面前特立，命曰朝砂。不论远近，特来为贵。”黄氏的形法术折射出早期闽中移居社会重视人地关系和宗法关系的史实。而以禅师示人的黄妙应形象，亦反映了早期佛教吸纳本土术数文明并走向中国化、民俗化的特色。

源图》，清道光年间抄本，中国闽台缘博物馆藏。）

据笔者所见，题黄妙应禅师著的堪舆书籍抄本在福建广为传布，比如《导指心印》（又称《禅师开阐三徒导指心印一百二十法》）、《首经引》、《神枢经》、《祖师阳宅要旨》、《黄妙应仙师五星仙机制化砂秘诀》等。按这些书籍是否真为黄氏所书，不得而知，但其中理应有黄妙应的论形法、宅法的手笔，显见黄氏在福建术数史中的翘楚地位。

据元明之际闽南堪舆家杨明山所书的《导指心印小叙》云："堪舆家之道，精而且微甚矣。诸书所作，重究峦头，次精理气，二者悉备，做神机矣。但其用法，世人鲁莽，不思正道，不倣古法，自逞聪明，变施妄作，以失神功之旨，故禅师为道徒曹渠、洪举、陈自得勤于考究，笃于意义，似为子房圯上遇老人三进履之殷，故'导指心印一百二十法'，实印乎心，统论峦头理气、剪裁制作之法、消砂纳水之功，详且尽矣。其中提调纲领，点缀真机，须细究诸书，今备此中发出心印妙用，依旨行法于世，厥功不可测哉。"故时下民间所传的《导指心印》至少在宋元时期应该已经广为流行。该书录有黄妙应的一则偈语，内藏三位弟子的名字："一轮秋月引三星，千古慈云覆群蒸。汩汩长江无巨楫，悠悠一渡出迷律。曹溪莫笑洪桥水，妙心印破陈郎汀。莫非自得禅中趣，万叠江山任纵横。"

按《导指心印》一书，列有如下篇目：论登龙过峡、论结穴到头正侧二出变幻多端、论九曜之变、论杂出结穴俱有诀法、论坐煞藏煞闪煞之诀、论龙穴正气装卦、详认气之法、论修竹茂林以关气运、论认气（石、砂土）证穴、论童山（断山、石山、过山、独山）不可葬、论横龙（飞龙、直龙、潜龙、回龙）结穴、论人事不齐、论天时变幻诀、论鬼神机变诀、论家宅盛衰兆诀、论怪异时见、论建立宫宇等章节。《首经引》则有登山看龙有妙诀、论装架、论真气、论穴法、论作用、论注气、论制化、论葬法、论架屋、论化胎、论水法、论峦头、论天星、论力量、论水口、论陇龙、论支龙、论骑龙、论化形、论城屋、论庭墙、论屋体等篇。至于《神枢经》《祖师阳宅要旨》《黄妙应仙师五星仙机制化砂秘诀》主要涉及阳宅的剪裁制作方法，也关注"龙行度结穴法"（图 7.8—图 7.9），应与前述明代陈整提及的妙应禅师《相宅宗旨》《初度相宅篇》大同小异。

值得一提的是，在《导指心印》中，至少有多个篇章反复强调风水吉地的追寻及气运吉凶同福主之德性（福人、善人）的紧密关联性，突出作为属人品质的善与义（人道）以及天人感通、人神感应的真实性。姑不论这些文字是否为黄妙

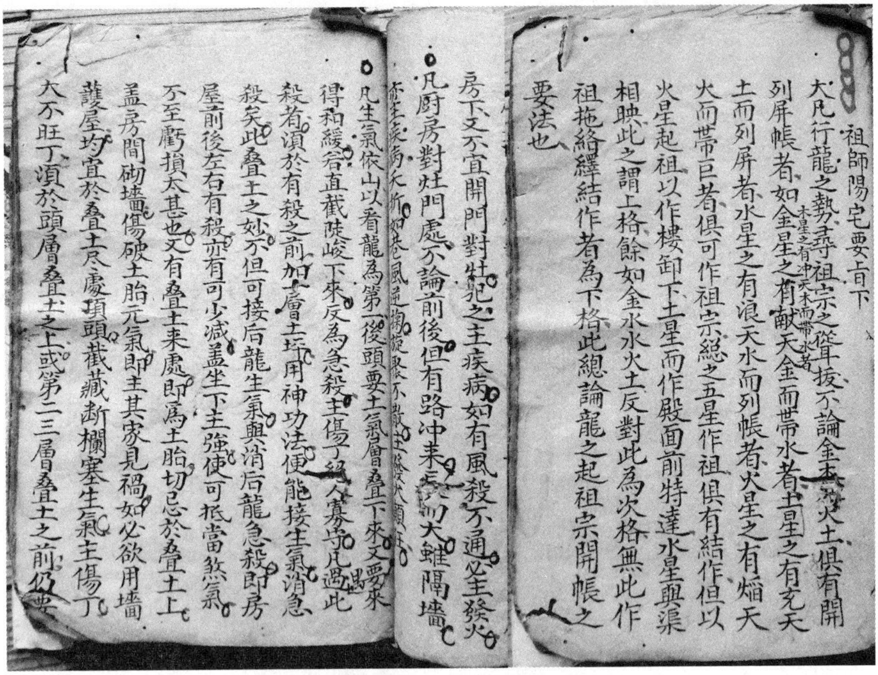

图 7.8　题黄妙应著《祖师阳宅要旨》抄本

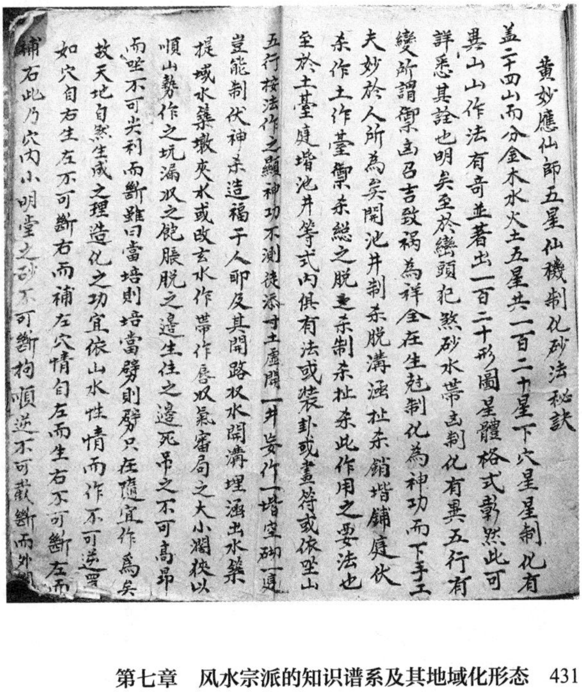

（1）

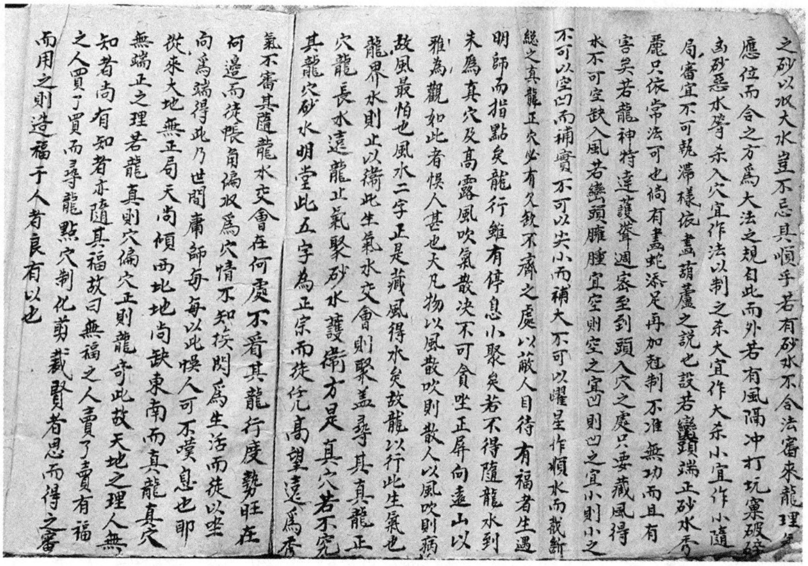

（2）

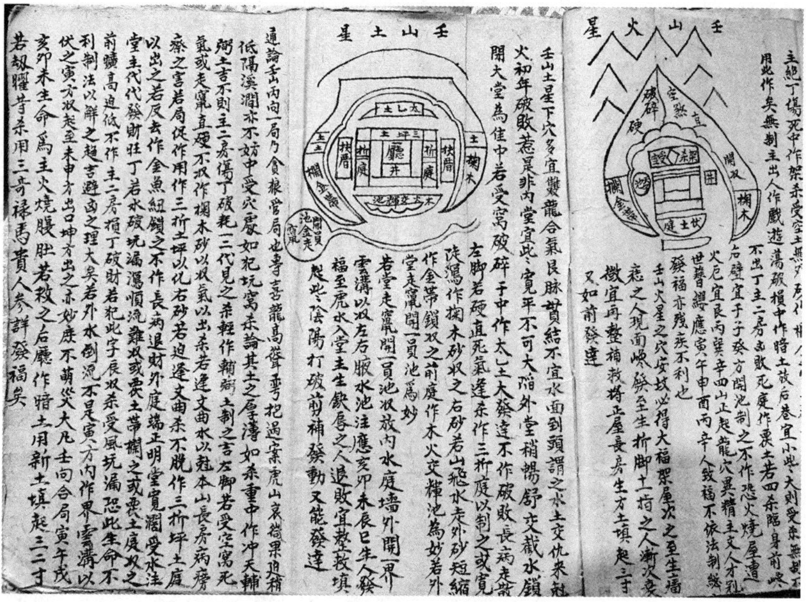

（3）

图 7.9 《黄妙应仙师五星仙机制化砂秘诀》抄本

应的手笔，但至少反映了近世的地域社会借助堪舆仙师的话语构建，来强化形法风水实践所应遵循的基本道德底线。在讨论形法派或理气派的知识或技术框架之余，我们其实更不能忽视风水宗派背后对“人道合乎天道”的道德法则的共同坚守。[1]

可能是受王祎说辞的左右，人们一提到形法派，总是惯性地指“江西之法”，归宗于唐宋时期的杨筠松、曾文辿、赖文俊、廖禹等箭垛式人物，殊不尽然。所谓的“江西之法”乃是一种模板化的老套的分类样式，用以表达堪舆术士之门派认同心曲的方式之一。

《四库全书总目提要》称：“筠松不见于史传，惟陈振孙《书录解题》载其名氏，《宋史·艺文志》则但称为杨救贫，亦不详其始末。惟术家相传以为，筠松名益，赣州人，掌灵台地理，官至金紫光禄大夫。广明中，遇黄巢犯阙，窃禁中玉函秘术以逃，后往来于处州。无稽之谈，盖不足信。”[2]旧题杨氏作品有《撼龙经》《疑龙经》《葬法倒杖》《青囊奥语》《都天宝照经》《天玉经》。据清丁芮朴考证，《撼龙经》《疑龙经》“专言形势”，其分“所谓九星者，特取譬之假象耳”，乃杨氏之真书，其余引九星多属方位，为理气家之权舆，“非一人手笔也。其依

1. 《导指心印》“论人事不齐”称：“夫坟宅之吉兆者，皆因达人君子，施恩布德、举事平正、无狡猾侥薄之人，方得佳兆。稔知世之无良心辈，专事诡谲奸诈，贪嗔弄侮；夸己之能，毁人之过。天既有眼，地连鉴戒，岂有吉凶而施凶人乎？有等愚师不达时务，贪人钱财，妄与吉地，神人共愤。倘有明师为之造葬地，亦能转吉为凶。故师曰：天不与吉，人岂逃凶？地虽吉壤，解移不良，余今戒此，得地须拜。”
“论天时变幻诀”称：“夫大地吉穴，亦须福人可求。故曰吉凶乃神之所司，善人乃天之克相，得地获福以享后昆，此远代之流光也。近以得地之应捷者，如此地吉矣，妄与非人。若欲看地之时，天色清明，临局而风云变色、朦雾匆匆，视不见，空中有以神号，听不闻。或至葬之时，又皆如此，盖此非人力所为，天地鬼神为之呵禁。福非艽己，再勿强为。倘使极力强为，终须有祸。故曰：天地不容为恶人，鬼神善司此吉地，不然吉地许凶人，是为逆天遭责鬼，观此可鉴彼也。”
“论鬼神机变诀”称：“夫吉壤者，非人力之所能致，实鬼神之所司所，龙神呵护。虽吉者能转为凶。至于高人达士，自有方便主持，福泽及人，溢恩溢义。幽冥鉴戒，自当移地以报。若至背恩悖义，诱奸诱诈，作横恶之凶顽，歉善人而自祸，此等顽徒，安能受地。余之徒弟邹尔良者，妄施一地与江西铅山余少原，家事不吉，得此地泽日开葬，日期已近，鬼神为之推移，转出恶石，凿不人，坚又凝。三日见之，似乎变易原地，尔良走告，余曰：天地怒，鬼神变。与非人，即此现。当抽身而从神鬼之呵禁也。”
2. 《景印文渊阁四库全书》，第808册，第39页。

托之迹，即于书内灼然可验。且杨筠松地理宗派，自宋迄明，为人所道者，是峦体，则理气非杨学”。[1]

至于曾文辿，著有《曾氏水龙经校》《阴阳问答》《寻龙记》《青囊序》,《青囊序》述方位理气，著作可能是后人伪撰。赖文俊，世称赖布衣，南宋初人，传撰有《催官篇》《七十二葬法》《绍兴大地八钤》《理气穴法》《天星篇校》,《七十二葬法》《绍兴大地八钤》属形法作品,《催官篇》虽述龙穴砂水之形势，取八卦、二十四山以定阴阳生克制化之理，亦有理气之疑，其他属理气术。廖禹有《九星穴法》《十六葬法》《廖公四法心经》等。

余嘉锡根据宋褚泳《祛疑说》，质疑丁芮朴“杨氏之学是峦体，而非理气”的说法。[2]后世流传的杨、曾、赖、廖等江西派的著作，多糅杂理气和峦体二宗，如罗盘有所谓杨针、赖针配置。杨氏、曾氏、赖氏等人著作多伪托者，其术兼顾理气，反过来促进了理气派的繁荣。

江西形法派同样重视觅龙、察砂、观水、点穴之法。但黄氏学说代表了形法宗的理论雏形，较为表象化（如图偈）。而杨氏反映了形法宗较为成熟的理论形态，较为抽象化。我们从《四库全书》所录杨筠松学说（或托名其说）“提要”中或可见一斑。[3]而十二杖法（顺、逆、缩、缀、开、穿、离、没、对、截、犯、顿）堪称根据山形地形进行堪舆实操的例证。该说远较黄妙应五种“正势”及穴变说具体，更能适应东南山陵地带的点穴需要。闽、赣形法派的理论形态及其辩证的思维特征，充分体现了时人对人地和谐的空间秩序的想象。

有宋以来，闽西、闽北汉民多途经赣南移入，有关赣派风水术数的历史记

---

1. 〔清〕丁芮朴:《风水祛惑》“杨曾书”条，清光绪刻本。
2. 余嘉锡:《四库提要辨证》(北京：中华书局，1980 年)：“宋末地理家之言理气者，固自托为杨筠松所传，非复《龙经》专论峦体之旧矣。其蜀中一家，虽自谓出于陈抟，然术家相传，抟实受之曾文辿，则仍筠松之支流余裔也。而其术亦是理气，而非峦体。然则杨氏之学，固别有此一派，其所从来久矣，非起于明以后也。至于《青囊奥语》之为书，与《龙经》持论互相矛盾，绝不出于一人之手。丁氏之说，自不可废，分别观之可矣。”(第 736—737 页)
3. “《撼龙经》专言山龙脉络形势，分贪狼、巨门、禄存、文昌、廉贞、武曲、破军、左辅、右弼九星，各为之说。《疑龙经》上篇言干中寻枝，以关局水口为主。中篇论寻龙到头，看面北朝迎之法。下篇论结穴形势，附以《疑龙十问》，以阐明其义。《葬法十二杖》则专论点穴，有倚盖撞黏诸说。《倒杖》分十二条，即上说而引申之。附《二十四砂葬法》，亦临穴时分寸毫厘之辨。”(《景印文渊阁四库全书》第 808 册，第 39—40 页)

忆和文字书写自然随处可见。《夷坚三志·壬志》卷廿一云："临川罗彦章酷信风水。有闽中赖先知山人，长于水城之学，漂泊无家，一意嗜酒，罗敬爱而延馆之。会丧妻，命卜地，得一处，其穴前小涧水三道平流，唯第三道不过身而入田。赖咤曰：'佳哉！此三级状元城也，唯第三不长。如子孙他年策试，正可殿前榜眼耳。'"[1] 余嘉锡考证，此赖氏可能为赖文俊。[2] 清《临汀汇考》称："地理书中只言风水，从无及骸骨。迩来汀行术者多江西人，术精者少，言人人殊。人家不能不信，又不能尽信，于是习以为常，转以起扦验冢之方。数十年以至数百年之后，冢中枯骨不能安其故土，而生人则恬不为怪也。"[3]

由于深受赣派"喝形"学说的影响，闽西南、粤东等地逐渐形成了独特的聚落形态和人文景观。如土楼、九厅十八井、围龙屋、五凤楼等民屋，大多因应地形而建，背后常有扑朔迷离的风水兴衰故事。形法术所蕴含的宗法伦理观念，在不同汉语方言社群中也获得有形的积淀。[4] 闽东南沿海也很早受到江西派知识的熏陶。[5] 当然，在士大夫主导的地方叙事和书写文类中，闽中对江西形法派的接纳，并非一味被动接受。闽中堪舆者也多前往江西学习风水术数。我们摘录官修地方志的记述，以期了解明清时期赣闽地区的风水知识情况（表 7-4）。

1. 《笔记小说大观》。
2. 余嘉锡：《四库提要辨证》，第 737 页。
3. 〔清〕杨澜：《临汀汇考》卷四《轶事》。
4. 土楼的风水营造情况，可参照林嘉书：《土楼与中国传统文化》。土楼的风水故事，可参照南靖县文学艺术界联合会编《南靖旅游景点故事集》，1999 年自印本。
5. 据洪福增编印《柏埔洪氏家谱》（1993 年）三载，同安县翔风里十三都柏埔洪氏宗系，传宋"自鄱阳来任武荣令，相泉州山川形胜，人文蔚起，心焉慕之，遂挈眷而入泉籍。偕兄弟四人，卜住泉之邑都，十六郎住南安石竹，十七郎住晋江龙窟，十八郎住晋江钱屿，十九郎住任武荣。今住同安十三都，井榱秀错，生齿绵衍"。柏埔派始祖植公乃江西饶州府乐平县岩前派世系之第十三世祖，葬在晋江洪窟，喝形"金鹰扑兔"，其子希炀公葬地喝形"狗殷勤墓"，其孙敦仁墓喝形"丝线吊铜钟"。而植之先祖岩前派八世祖士良公尝师德兴人吴景鸾，"深得地理之旨"，并择妣地喝形"风吹罗带"，"用朱笔于出使马后拖之，后世子孙有显官出使外国，久不还乡，可以拖处凿断即还"。家谱常见借名风水师相地来圣化家族显赫历史，士良是否师吴氏，不得而知，洪氏深受赣派风水之影响却是不争。（第 13—14 页）

表 7-4　地方志中的堪舆家记载

序号	地方志中的堪舆家记载	出处
1	蔡鸿……先以父母未葬，同戴弘亮等游虔州，学青乌术。比归葬亲，曰："吾非以此邀福，无使土亲肤足矣。"	清乾隆《长泰县志》卷九《人物》
2	章鼎，字子台，邑诸生。因族姓于连籍从无领解者，闻赣州人多善青乌术，往师事焉，数年尽得其秘。归，卜筑松岭，又营三世坟，子姓始登科第。间为亲友择善地，无不奇验。	民国《连江县志》卷三〇《方技》
3	李虎，字从龙，太平村人。入赣学相地术，业成归里。当乾隆时，自择坟地于安溪界之东溪，葬其先世，号其形曰活虎。开掘日推算支干，禁其子不许从行，因俗言"凡地形类猛兽者，必食人乃发也"。子不信，竟往助工。及归，劳雇作者，其子出陪，席方举杯饮，即头晕仆地，举家惊哭。虎遽摇手止之曰："无妨，不过些须事耳。"用盆水加覇尺，以草绳缠之，祝曰："起。"子遂愈。问之，曰："渠方欲博噬，适吾以绳缚其喉也，费长房缩地。"与杨筠松撼龙其术等耳。	民国《永春县志》卷二四《方技传》
4	林云洲，明季邑二十一都人。门祚衰微，十一世单传，喜堪舆术，往江西从师。归，改建祖祠，并修造坟茔，自营寿藏，得眠犬穴。又卜葬长子，得飞凤衔书穴，棺下窆复吐出，骇极，急诣师门请教。师外出，久候未返，师母具午膳，见箸横碗上，恍然悟衔书穴须横葬，谢师母归。如法葬，后子孙昌盛。	民国《闽清县志》卷七《方技传》
5	刘明，邑六都巷尾人。少治举子业，既壮慕青囊术，乃负笈千里，往赣州从名师。游阅数载，学成而归，遂自点祖祠及祖坟两穴。识者延之，虽礼意殷勤，终不受聘。唯湖头乡黄姓戚属关情，为之择牛眠穴，并示以数柩踵接葬法。厥后黄族繁盛，而明之后嗣亦大发祥。其精于堪舆之学乎！	民国《闽清县志》卷七《方技传》
6	刘玉树，字霖澍，乃刘明先生裔孙也。早岁游庠，为祖父窀穸计，遂博览先世所遗地学诸书，得其要旨。省垣巨家多厚聘之。生平点穴，必相阴阳，察理气及穴中土质如何。言无不验，人皆信服之，洵学有渊源也。	民国《闽清县志》卷七《方技传》

方志事例说明，随着近世科举制度发达和家族制度发展，一批底层的文化人士以堪舆为业，从而为形法派的知识、技术之跳跃式的地域扩散创造了有利的条件，并促进了各区域在术数文化方面的趋同化实践。而"江西之法"等风水宗派意识也不断被想象和强化，以至于形成"大江以南，无不遵之者"的历史叙事和文化标签。官修方志将赣派的堪舆师列入《人物》《方技传》中，从一个侧面反映了地方精英的主流话语系统并不排斥形法派的知识和观念体系。特别是在社会资源有限、分配不均的情况下，形法派的知识及其实践，增加了底层人士谋求向上的社会流动的文化自信力。

二、地理仙师膜拜与风水宗派意识

宋元以来，随着一般性的风水知识、观念沉淀于民间习俗之中，地理先师膜拜不仅在堪舆术师中广泛流传，而且日渐成为南方墓葬中的民俗信仰。其中，买地券文本的书券人主要是阴阳生、选择师、道士等术数从业者，故地理先师或择地仙人很早就被纳入买地券的神祇体系之中，计有白鹤仙、青乌（鸟）仙（子）、九天玄女、郭璞、李淳风、杨筠松、曾文辿等箭垛式人物，尤其以"迁（踏、点）地人"——白鹤仙——的使用率最为频繁。如南汉光天元年（942 年）广州泥城北厢某氏买地券有"四至所到，龙脉正中。飞鹅 / 彩凤，左右相逢。由白鹤仙师作主，点明吉穴山泉，云梦真人送冢，于金元帅家安葬。封罡日，天地合 / 息，五星照明堂"云云；[1] 元代元统二年（1334 年）淮西道蕲州黄梅县李元德买地券也有"西天白鹤先生读""白鹤先生读 / 了上青天"等字样。福建宋元以来的买地券文本同样有白鹤仙师崇拜的信息。如福州吉祥山明万历魏氏买地券有"青鸟白鹤仙师"及墓圹墨书"白鹤青鸟仙人吉 / 穴卜精微葬法良"等字样。[2]

买地券明器所见的地理先师崇拜习俗，尤以江西、四川为盛。

（1）江西

南宋绍定五年（1232 年）进贤曾太君买地券称"寻山定穴李淳风先生、郭璞先生、白鹤仙人、张坚固、李定度"；[3] 元至元二十二年（1285 年）高安蓝六娘买地券称"寻龙点穴郭璞先生，交正青鸟、白鹤仙人"；[4] 明正德七年（1512 年）吉安旷钰买地券称"寻地人青乌子，迁穴人白鹤仙。敕太上九尊破地仙师灵符一道"。[5]

（2）四川

北宋大中祥符三年（1010 年）成都张先买地券曰"证见人青乌子急急如律

---

1. 程存洁：《广州出土南汉买地券考》，载广东省博物馆编《广东省博物馆集刊（1999）》，广州：广东人民出版社，1999 年，第 46—48 页。
2. 福州市文物考古工作队：《福州市吉祥山明墓发掘简报》，《福建文博》2011 年第 2 期。
3. 陈柏泉编著：《江西出土墓志选编》，第 571—572 页。
4. 刘翔：《江西高安县汉家山元墓》，《考古》1989 年第 6 期。
5. 高立人主编：《庐陵古碑录》，第 141 页。

令”；[1]宋熙宁四年（1071 年）杨承秀买地券曰“王仙乔、赤松子、青乌子、玄女等知证”；[2]明正德四年（1509 年）刘秉洪买地券曰“凭青乌先生选卜佳城一所”；[3]明嘉靖三十一年（1552 年）僧宗顺镇墓文券曰“承奉 / 天师之敕旨 / 遵郭璞之遗文。镇山水无怪异之形，荫 / 法徒有昌荣之兆”[4]；南充明正德五年（1510）王恺石墓券曰“尊天师之科教，按郭璞、李之典文，内列九星，外列八卦，指标界至，指定方隅，依界护寺者”；[5]隆庆六年（1572 年）张氏石墓券曰“尊天师之科教，按郭、李之典文，内列五星，外挂八卦，指定方隅，依界护持”。[6]

赣川二省的道教正一派风行堪舆术数，买地券文本经常出现“山家”“地仙”“龙神”“地脉”“地理”“佳城”等名称。四川金堂县明正德十六年（1521 年）丘氏买地券甚至刻书“地理山家券式之书”。[7]墓联多涉及风水术数用语，诸如“奇山秀水环卫其茔，荫我世代富贵长春”“八卦镇山川，五星扶地理”“上应天星，下应地理”“山神守护，地脉扶持”“扶地理，镇山岗”云云。

最迟到明代中叶，川、赣地方社会中书写镇墓券文的术士，已经有意识地将赣派风水祖师杨筠松、曾文辿视为护佑墓地的神明。例如：明弘治十四年（1501 年）成都黄相为孙黄瑄买地券曰：“读契神白鹤仙押 / 证盟曾杨二氏先师驾祥云飞……天上五星高照，风水相荫。地下八卦拱揖，兴旺儿孙”；[8]弘治十五年（1502 年）成都鲁谅买地券曰：“迁地点向人盘古老仙 /，书券人白鹤大仙，

1. 成都文物考古研究所、成都博物院编著：《成都出土历代墓铭券文图录综释》（上），北京：文物出版社，2012 年，第 106 页。
2. 成都文物考古研究所、成都博物院编著：《成都出土历代墓铭券文图录综释》（上），第 165 页。
3. 成都文物考古研究所、成都博物院编著：《成都出土历代墓铭券文图录综释》（中），第 692 页。
4. 成都文物考古研究所、成都博物院编著：《成都出土历代墓铭券文图录综释》（中），第 838 页。
5. 重庆市博物馆编：《中国西南地区历代石刻汇编》（四川、重庆卷）第 1 册，天津：天津古籍出版社，1998 年，第 122 页。
6. 重庆市博物馆编：《中国西南地区历代石刻汇编》（四川、重庆卷）第 2 册，北京：文物出版社，2012 年，第 15 页。
7. 张勋燎、白彬：《中国道教考古》第 4 卷，第 1158 页。
8. 成都文物考古研究所、成都博物院编著：《成都出土历代墓铭券文图录综释》（中），第 642 页。

知见人岁月主，/代保本日直符张坚固、李定度/证盟杨曾二大仙”；正德二年（1507年）成都李氏买地券曰：“踏地人白鹤仙师、知见人张坚固、/大唐国师杨救贫”；[1] 嘉靖三十一年（1552年）成都何氏买地券曰：“吾奉五帝使者准佛敕令右地卷（券）一本，给付亡人何氏大收执准此/祖师证盟曾杨二仙准此”；[2] 万历十七年（1589年）四川甘洛龙王氏买地券曰：“大唐国师杨（筠）松佥书玉券，故气邪精永不侵□”；[3] 嘉靖四十一年（1562年）江西吉安萧钦仰买地券曰：“交契人杨救贫，付与亡人萧公钦仰。”[4]

官方史志及地方文献的表述，佐证杨筠松（仙人）崇拜在清初赣闽二省已经普及为活态化的地方性知识。如清代雍正《江西通志》卷一〇六《赣州府》记载：“杨筠松……以地理术授曾文辿、刘江东，世称救贫仙人。”赣南、闽西、粤东等地区，风水专家更借助道教的神仙谱系模式，将杨筠松神化成一位“箭垛式”的文化英雄，并借安奉杨公牌位或符木、诵念杨公符咒等方式，来强化赣派祖师的“魔力”。清代闽西永定县张丙琳撰写的《地理全成连环记》，直接神化杨筠松为“杨公九牛破土大将军”。其刻本的人物版画和三角龙旗，则彰显堪舆家群体对自身“知书达礼”形象的文化塑造意识（图7.10）。在江西兴国县三僚村（图7.11）、乐安县流坑村，杨地仙（筠松）、曾仙（文辿）甚至被尊为家族神灵，食享大宗祠配祀。[5] 闽西风水师还在厅堂悬挂香座，祭祀地理先师[6]。

明清以来，东南沿海商民以及往来进贡的中国周边国家使节，亦广泛使用水（地）罗盘为航海定向之工具。开航前下针时，商民必须举行祭祀仪式，向海上诸神及制作和使用罗盘的风水祖师诚心祷告。相传，轩辕皇帝发明指南针，周公用指南针相宅，青鸦和白鹤仙师（青乌子）撰《葬经》，李淳风书《阴阳正要》，陈抟（陈希夷）是蜀中理气派名师（宋《夷坚志》卷七《焦老墓田》提到陈抟精

1. 成都文物考古研究所、成都博物院编著：《成都出土历代墓铭券文图录综释》（下），第671页。
2. 成都文物考古研究所、成都博物院编著：《成都出土历代墓铭券文图录综释》（中），第841页。
3. 黄承宗：《凉山州出土的明代买地券》，《四川文物》1997年第5期。
4. 高立人主编：《庐陵古碑录》，第175页。
5. 周銮书主编：《千古一村：流坑历史文化的考察》，第282—286页。
6. 其神位包括诸葛武侯先师、鬼谷子仙师、杨公救贫仙师、财神赵大元帅、本塔土地功曹、千里眼、顺风耳等。

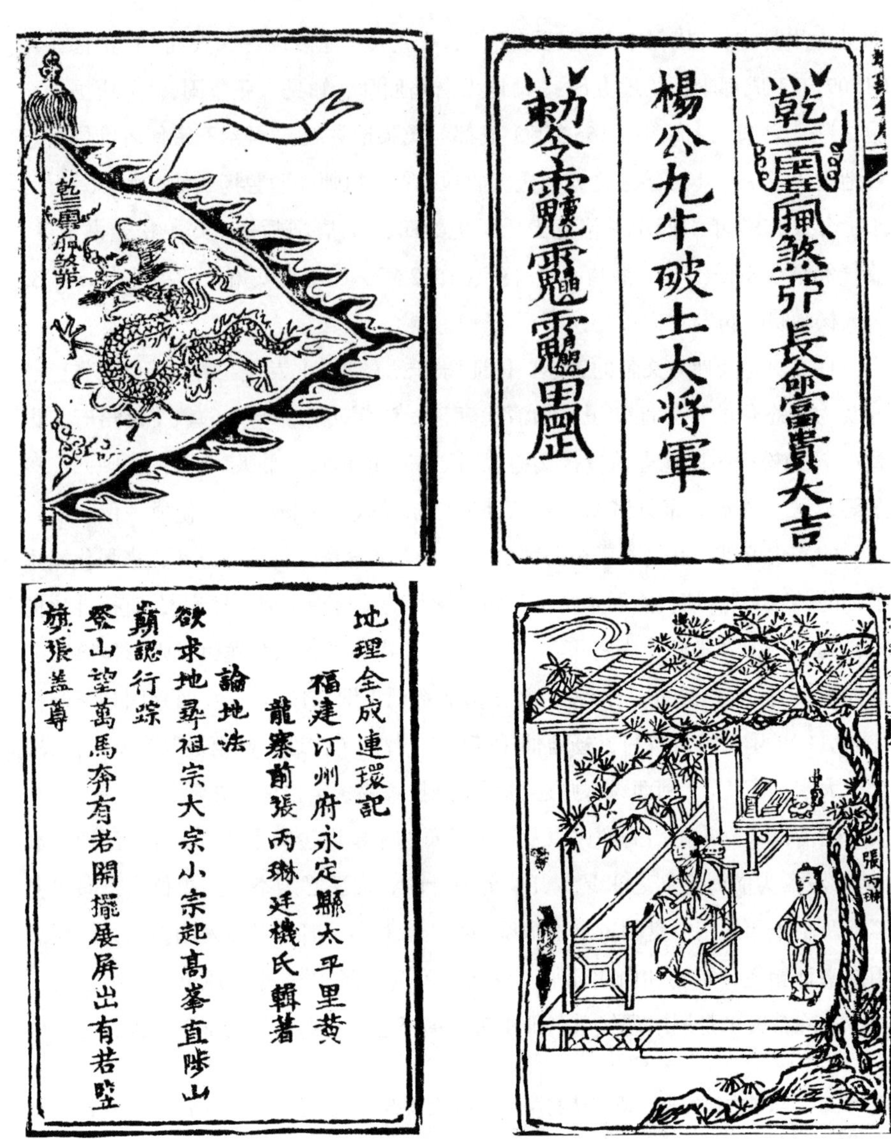

图 7.10 《地理全成连环记》的杨公符咒、龙旗、版画

图 7.11　江西兴国县三僚村廖屋杨公祠

于地理之术），郭璞（朴）和杨救贫更被术家尊为风水宗师。诸如《顺风相送》[1]《指南正法》[2]都有拜请堪舆祖师的下针请神祝文。琉球国程顺则所撰的《指南广义》除了迎请上述神明外，甚至把张坚固、李定度写进下针祝神文之中（写成“张仲坚、李定”）。[3] 中国及琉球海上船只的风水师崇拜，与普通陆地民众的风水

1. 《顺风相送》所载“地罗经下针神文”称：“奉请历代御制指南祖师、轩辕皇帝、周公圣人、前代神通阴阳仙师、青鸦、白鹤仙师、杨救贫仙师、王子乔圣仙师、李淳风仙师、陈抟仙师、郭朴仙师……或游天边或驾祥云，降临香座以蒙列坐，谨具清樽。伏以奉献仙师酒一樽，乞求保护船只财物……奉请来则香供请，去则辞神拜送。”（向达校注：《两种海道针经》，北京：中华书局，1961 年，第 23—24 页）
2. 《指南正法》所载“定罗经中针祝文”称：“焚香拜诸位，请历代御前指南祖师、轩辕皇帝、周公圣人、前代神通阴阳先师、鬼谷、孙膑先师，袁天罡、李淳风、杨救贫仙师、王子乔、陈希夷仙师，主罔郭仙师……乞赐降临……虔备礼物，祈保平安。”（向达校注：《两种海道针经》，第 109 页）
3. 程顺则《指南广义》载有《开洋下针请神祝疏》（全文）：“伏以德自垂庥，渡海锡安澜之庆。神能鉴物，凭空纳祈祷之文。仗此真香，肃先布告。东南西北中央五方报事直符使者，年月日时奉直四位功曹，乞为转请黄帝轩辕氏、制造指南周公大圣、九天玄女、宣封护国庇民明著天妃圣母娘娘、茅竹水仙五位尊神、青鸦白鹤二位仙师、杨救贫、王子乔、马头陀、张仲坚、李定、陈抟、柳仙、郭璞列位先生、罗经二十四位诸神、掌针大将、下针力士、定针

师崇拜，所表达的文化意义是不同的。陆地民众主要是祈求他们择造的阴宅、阳宅的吉利，沿海商民则是乞求“海道平安往回大吉，金珠财宝满船盈荣”等等。二者祈祥避邪的心态虽然相近，乞求的指向却迥然不同。

民国以来，中国港澳地区及东南亚的德教会慈善团体，还将杨筠松视为乩神，认为他不定期临坛来指点迷津。而清代以来福建永春、德化等地盛行南少林武术，白鹤拳拳师在膜拜武术门派的祖师“白鹤仙师”时，往往顺带把杨筠松纳入其中，有“焚香奉请杨公先生，精通堪舆，夙著芳名。水流山寺，灵从心生。吉凶祸福，如镜思行。赫赫宝像，永镇天轮。吾奉杨公仙（真）师速降来临，急急如律令”的说法。[1]这种跨行业膜拜的现象，可能与白鹤仙师原系地理先师的地方民俗记忆的叠合有着密切的关系。

大体而言，近世以来关于地理祖（仙）师的地域崇拜，离不开那些掌握术数话语权的风水术士刻意的舆论营造和文字刻写。他们透过各种象征性的方式和具体的操作实践，反复地追溯、标榜自己的宗派归属，以契证其说之合理性、权威性。因此，神化地理名师，编造师承系谱，塑造行业神崇拜，自然形成风气。至于祖师系谱是否可靠，风水知识和技术属不属于形法派（形法派书籍很多混讲理气）已非关键问题。这种神话化、纪念碑化的集体叙事，也是形法派地理师彰显自身的术数“道统”的有效方式。从法脉上讲，实践者都是“风水仙师”杨筠松

童子、转针郎官、叶石大神、守护罗经坐向诸神、历代过洋，知山知水，知屿知礁，知湾知澳，知浅知波，看云皖风，擎波喝浪，一切仙灵，鲁班仙师暨部将神兵、本船木龙槓椇诸神、巡海夜叉、海上虚空过往神明、经过岛屿山神土地，本船崇奉香火，一切感应神祇，闻香下降，俯鉴微忱。今琉球国中山王府耳目官姓名，正议大夫姓名，带领大小官员、舵工、水稍人等，坐驾本船，前至福建上京进贡，择于康熙某年某月某日吉时，就于那霸港口，开洋下针，虔备牲醴，罗列香灯，普请受享。伏望诸神，顺风相送，默佑潜扶，桅舵无虞，礁石不碍，逢凶化吉，降福消灾。酒当初献，拈香再请。酒当亚献，拈香三请。三献酒果。又祝云：至再再三，聊效野芹之献。惟诚惟敬，俨然云汉之临。瞻在前，忽在后，神虽莫测，视不见，听不闻，念可相通。焚纸钱向外云：上有开元通宝字，中有麻绳一贯穿，发火将军来煅炼，化作黑龙飞上天。焚毕又云：来当焚香请迎，去当焚香拜送。唱：神恩大，海道长。上船欢喜莫思量，好风好水霎时到，一路平安降吉祥。礼毕。如归国时，改前至福建及那霸港口等字，则云都通事某人等奉旨归国，择于某年月日在福建福州府开船。如接贡归国时，则云：捧敕归国。如接贡在本国开船，则云：前至福建接回贡使。”（高津孝、陈捷主编：《琉球王国汉文文献集成》第16册，上海：复旦大学出版社，2013年，第68—72页）

1. 福建永春民间拳谱抄本，笔者藏。

的继承者；在祭祀上，他们都膜拜共同的风水先师；在时间上，他们都共享着相近的传承记忆；在空间上，他们都声称江西为形法派的发祥地。

田野调查发现，地方风水秘籍还相当完整地保存着各种内容相近的“历代地理先师姓名及诞辰”名录。这类传承谱系列入了诸多传说的神明名号及真实的历史人物，编写相当随意，自然不能被视为信史。然而，地理先师传承谱系模仿的是传统的门派法脉或家族血脉的体系，时间下限只列至宋代祖师，显见这些文本是近世文化媒人创造和展演的行业知识系统，属于“神话化”的历史，他们以此作为自我身份认同和技艺传承的文化记忆方式（表 7–5）。这种宗派性的“文化自觉”意识，也是一般性的风水知识、观念体系扎根地方社会并走向民俗化、信仰化的产物。

表 7–5　历代地理先师姓名及诞辰

长汀县濯田镇长巫村 LLZ 版本	长汀县濯田镇东山村 WKC 版本
一代太华仙，甲子年正月初一日亥时生	一代泰华仙，甲子生正月初一日亥时
二代九天玄女，庚申年八月初十日亥时生	二代玄女，庚申生八月十八日申时
三代陶侃仙，乙未年九月初七日亥时生	三代陶侃仙，乙未生六月初一日亥时
四代吕财仙，甲子年二月十九日亥时生	四代吕才仙，丙子生二月十九日丑时
五代白鹤仙，戊申年二月初八日申时生	五代白鹤仙，戊申生七月十五日申时
六代青乌仙，庚申年六月初八日申时生	六代青乌仙，庚戌生三月初八日申时
七代丘亚仙，丙申年二月十五日申时生	七代亚和仙，丙申生三月十五日申时
八代张良仙，壬子年八月十四日亥时生	八代郭璞仙，戊子生三月十五日酉时
九代福善仙，甲寅年二月十九日申时生	九代福善仙，甲子生二月十五日申时
十代陈福仙，丁丑年二月初七日申时生	十代陈福仙，丁丑生六月十七日酉时
十一代杨仙人，戊申年九月十八日申时生	十一代清水仙，戊辰生十二月十三日酉时
十二代青年仙，庚申年二月十三日申时生	十二代白仲仙，壬午生二月初五日卯时
十三代白中仙，壬子年三月十九日戌时生	十三代固代仙，丁巳生二月十八日酉时
十四代固城仙，丁巳年二月十八日酉时生	十四代袁天罡，戊申生九月初十日未时

续表

长汀县濯田镇长巫村 LLZ 版本	长汀县濯田镇东山村 WKC 版本
十五代袁天罡仙，戊申年九月十一日未时生	十五代丘廷瑜（延翰），戊戌生七月二十一日申时
十六代丘延翰仙，戊申年七月二十日申时生	十六代杨救贫，在轩州城中玉树下，乃河南开封府人。父叔贤庚申生九月初十辰时，母是朝中何状元之女，生三子，长子筠翌，次子筠松，三子筠积。筠松十七岁借察邱廷瑜，十七岁朝中为国师，四十五岁只因黄巢造反打破长安，是时离却东京，传授弟子廖王雷、曾文辿。杨筠松出在唐朝庐王皇帝时年已七十，十二月初四辰时生，在甲辰七月十三日辰时死，葬云都药口坝，壬山兼子午三分，地少龙形。
十七代杨救贫仙师，辛酉年八月十六日午时生，或曰十一月十三日，九月初七日	十七代曾仙佩
第十八代曾文辿仙师	十八代吴景銮
第十九代廖禹玉仙师	十九代吕仙刘伯仙
第二十代赖布衣仙师	二十代曾显仙

明清以来，“江西之法”俨然成为风水术数的标记，而非一个纯粹的宗派代名词。风水师言必称江西，福建形法传统反成“别子为宗”。黄妙应传说便是一个反映风水宗派记忆叠合的故事。传说黄妙应乃赣州人氏，自幼双目失明，终日与一家龟为伴，此龟托梦与之，愿黄氏用龟泪涂抹双眼。黄氏只用龟泪涂抹了右眼（未及涂抹左眼），眼力便能穿透地层，看清山势龙脉，为人寻龙点穴皆十分灵验，由此赣派风水名闻天下。为了报答老神龟的恩德，闽中所有大墓均砌成龟壳形状。[1]

按黄妙应本是莆仙、泉州的黄氏先贤，且是闽派祖师，竟被“掉包”成赣派大佬，这与其说是赣派对闽南的风水文化的征服，毋宁说是透露了闽赣形法理念互为融合的事实。这类民间故事叙事与地理先师膜拜现象互为表里，是地域社会真实的文化图景和集体心性的呈现。人们既相信天机不可泄露，否则将遭天谴，又渴盼着把握命运的天机，而风水先生就扮演着一个实现浪漫梦想的、灰色的中介角色。不过，风水专家关于形法派法脉知识的仪式化和象征化的表述，难免使

1. 刘浩然:《闽南侨乡风情录》，香港：香港闽南人出版有限公司，1998 年，第 101 页。

得各种宗派的知识和技术趋于同构化，反过来又模糊了自身的宗派意识和技术界限。因为“宗教表述的精髓在于，它们要在起源之后，把变化保持在最低限度。它们的效用在于重复表述”[1]。

三、喝形图谶与山水形胜的文化意象

在讨论风水形法派的知识和观念体系的影响时，我们不能忽视堪舆家“喝形”理论及其实践形态所蕴藏的集体记忆与历史心性。“喝形”学说涉及古人对人与自然（天地万物、鬼神）的本真性关系的理解，是中国人心性感性地、面对面地理解天（堪）地（舆）之道的媒介。山水中的每个穴形或物象，都被堪舆家赋予特定“物性”，都是一种有灵魂或灵性的生命存在体（生气之物），禀有与此穴场同形相应的人物、动物或器物的气质与性情。人们通过在穴位上埋葬尸骨或象征器物，或者兴建屋宅，来感应、享有某一穴形物象的精神特质与生命能量，荫庇现世之人及其子孙。堪舆家透过“喝形”来构建足以增进“幸福”或“好生活”（诗意的）的栖居空间（阳宅、阴宅），从而营造了人物与非人物（自然）、人物与物象之有机联结的日常生活世界。

诚如旧题唐杨筠松的《胎腹经》云：“天地交通，阴阳化育。物禀赋形，犹胎犹腹。惟地之灵，唯人之生。富贵贫贱，关感杳冥。生气凝聚，山龙会合。穴占其的，群灵拱护。”[2]这种立足于天地人物同一体的拟象化思维，与《易经》提倡的“生生”或“善生”宇宙观密切相关。天地万物的生成是自然而然的存在，是即存有即活动，皆来自阴阳之气的“化育”，各禀其性，彼此是相类、相感、相应的，同属于“一个世界”（天人合一、万物一体）。人同样是自然之中的有形之物，与自然是同构照应的关系，因此人在直面山水之物象或有灵性的器物时，应当抱持着平等之心乃至敬畏之心，尽可能顺从其物性。“喝形”中的物象类比和“统觉移情”，正是立足于天人（自然与人）相感、天人同构的“生生”之道，自然也蕴含着对有灵性的山水物象的认知与尊重。

本文拟继续分析明代淮右禅师的堪舆理论及其实践（图 7.12—图 7.20）[3]，以

1. ［英］保罗・康纳顿：《社会如何记忆》，第 77 页。
2. 〔明〕黄慎编：《新编秘传堪舆类纂人天共宝》卷一《经类》。
3. 中国闽台缘博物馆藏有淮右著作九种，即《清源山结穴图》《清源图（水源坑柳洋附）》《淮

期管窥闽、赣形法派的演变特征，了解形法派如何以“喝形”的方式，来传神地表达自身的知识形态和宗派特色，进而左右人们对地域的自然和人文地理的具象式认知，并形塑独特的文化空间气场、氛围和山水审美情趣。

按淮右兼具禅师与风水师的双重身份，其游历山水，“遍阅名师”，“而作法善必以黄公为最”。[1] 他主张“开权显实”，变通“地理之法”：“青乌绝学久矣。自杨公创《撼龙》《疑龙》二经，而真龙非有面目，然犹托之空言，领会者特少。黄公创为图偈，真穴乃有形迹。然言之而不详，误葬更多，咫尺间判若云泥，是欲福之地而反祸之也。”[2] 为了弥补“杨公、黄公之不及”，淮右喜用图谶结合的形式，来传达他的风水吉凶理念。在淮右看来，“山川本是活物，岂容人执印版”，必须遵行五行相生相克之法，寻求人与自然的相融。

在阳居方面，他绘制“清源郡城九乳总图”，著《阳居后图序》《九乳图说》，评注泉郡九乳阳居（官府、寺庙、豪门）的“喝形”“注气出水”之法、格局大小、美恶、吉凶等。[3] 赵祠即泉州西街甲第巷赵氏大宗祠，“越有明以逮国朝，世

右师泉郡地理谶图说（中）》《东岳世家坑七里庵图》《潘山翠屏葵山图》《象坑桃花山五里亭万安山图（浔美乌屿惠安附）》《紫帽罗裳图》《南山晋北紫帽南门外图》《东岳洛阳风水结穴图》（残本，与前《东岳世家坑七里庵图》略有重复，此系道光年间抄本）。泉州市图书馆藏有《清源钟秀记上（桃花、南山附属一）》《紫帽乌山记（五县各地总目）》《双阳白虹罗裳钟秀（晋江附属三）》《癸山钟秀记（南安附属四）》《五浪太武记（安溪惠安附属五）》等抄本复印件，题名皆为“明淮右师谶”。据连横《雅堂文集》卷三《释华右遗书》称：“郑芝龙据台时，普陀山僧华右者精堪舆术，与其友萧克游台湾。……华右既去，主于安溪李光地家，乞刊其书，未久圆寂。”《紫帽乌山记》附有一篇李光地序文（图 7.14），谓淮右乃“温州和尚，辽左将也。毛文龙败，和尚寓居登莱山，得异授，遂精堪舆”。《榕村续语录》卷一七《理气》提到“温州僧”“浙僧”至李光地家相地之事，称“僧辽将，失机后为僧”（第 799 页），“浙僧在当时以为狂僧，今观之，乃非常人”（第 800 页）。按光地曾祖九滨曾“与僧周旋，岁在丙子（1636）、丁丑（1637 年）之间”（第 798 页）。是僧亦为李光龙“择一地，许五六年联发”，“壬午（1642 年）、癸未（1643 年）果发”（第 800 页）。《双阳、白虹、罗裳钟秀，晋江属附三》之“淮右师锡氏钟秀总图序”提到“崇祯癸酉书”。《清源图》所附《莲先生伪证真序》称淮右“又居茅山，入释氏法门”，是知淮右乃明清之际逃道归禅者也。

1. 〔明〕释淮右：《清源图》本。
2. 〔明〕释淮右：《穴证挨指图诀序》，载《淮右师泉郡地理谶图说（中）》。
3. “阳居最重水法，营造次之。地形虽得宽敞，鳖裙不可不厚。遍历名师，每用反吸以迎生旺为宗。”“泉郡提督府为狮子形，中明堂边恒宜敞，近多火灾，又砂左随龙，深沟内绕，泄火纳金。府署为龟穴，宜吞。县署为蛇穴，宜吐。詹山衙则真武伏剑，伏龟蛇也，宜从四大空亡日用煞，贡时用子，否则火化矣。小山丛竹地美无双，后屏三台，前筑玉笏，近居扫除，煌煌大观也。曾祠妙。承天寺惜多井凿破。开元寺惜中明堂两井不相关。评事王家祠合玉

图 7.12　南山总图

（《紫帽南门外南山晋北图》，清抄本）

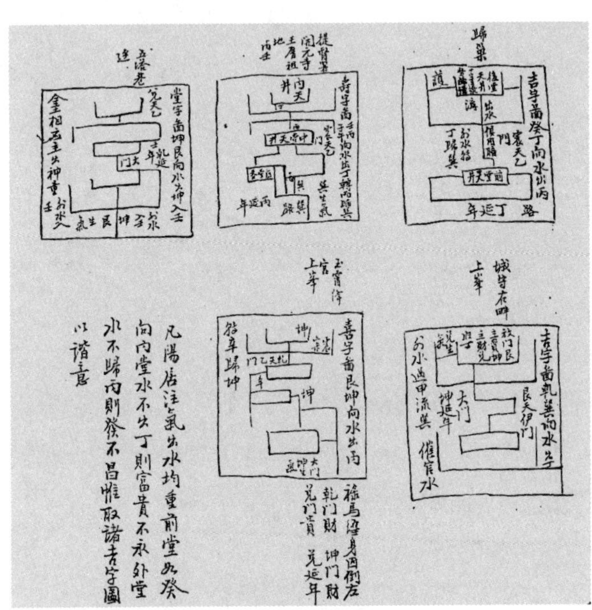

图 7.13　泉州市区阳宅风水图

（《清源钟秀记一》，清抄本）

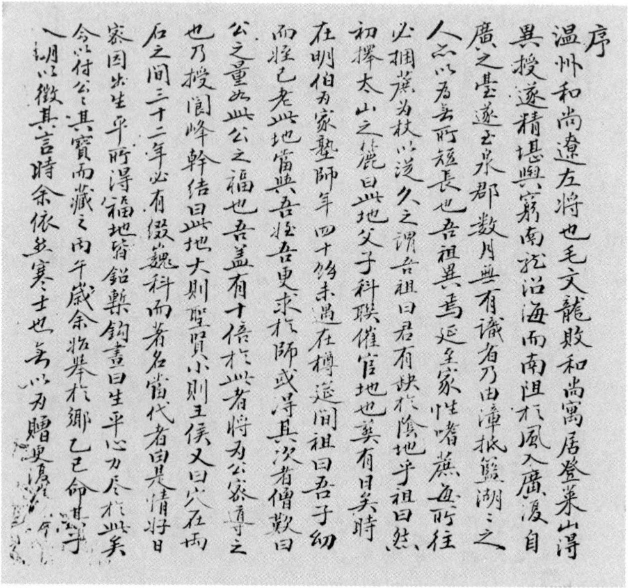

序

温州和尚遼左将也毛文龍敗和尚寓居登莱山得
異授遂精堪輿窮南於沿海而南阻於風入廣復自
廣之閩遂至泉郡數月無有識者乃由漳抵鑑湖〻之
人亦以為無所短長也吾祖異焉延至家性嗜蔗無所往
必捆蔗為杖以送久之謂吾祖曰君有缺於陰地乎祖曰然〻
初擇太山之麓曰此地父子科聯催官地也葬有日矣時
在明伯為家塾師年四十餘未遇在樽遙間祖曰吾子幼
而姪已老此地當與吾姪吾更求於師或得其次者僧歎曰
公之量如此公之福也吾蓋有十倍於此者將為公審尋之
也乃授閬峰幹結曰此地大則聖賢小則王侯又曰穴在兩
石之間三十二年必有傑巍科而著名當代者自是情將日
寮因出生平所得福地皆鉛槧鉤畫曰生平心力盡於此矣
今以付公〻其寶而藏之丙午歲余將舉於鄉乙巳命其孫
入閩以徵其言時余依然寒士也無以為贈叟涕

图 7.14　清代李光地自述祖地

（《紫帽乌山记》，清抄本）

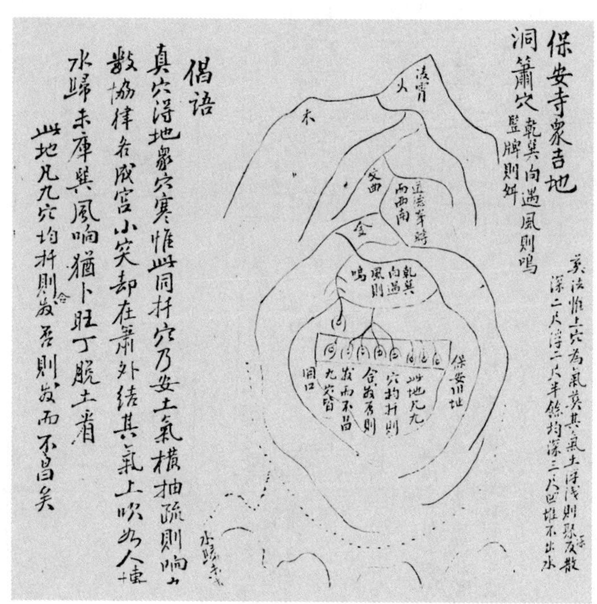

图 7.15　洞箫穴

（《紫帽乌山记》，清抄本）

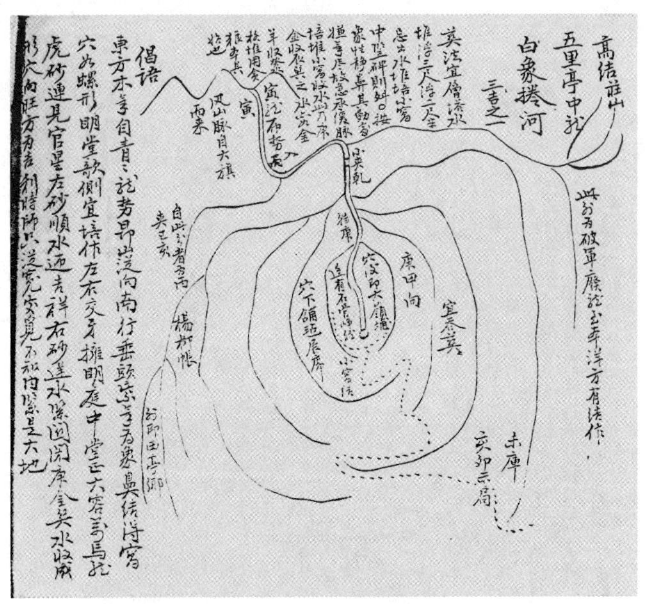

图 7.16　白象卷河穴

（《清源钟秀记》，清抄本）

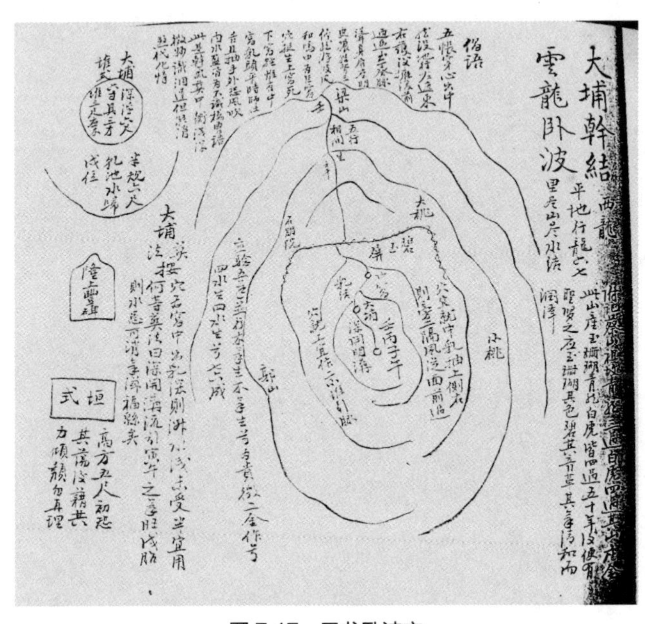

图 7.17　云龙卧波穴

（《清源钟秀记》，清抄本）

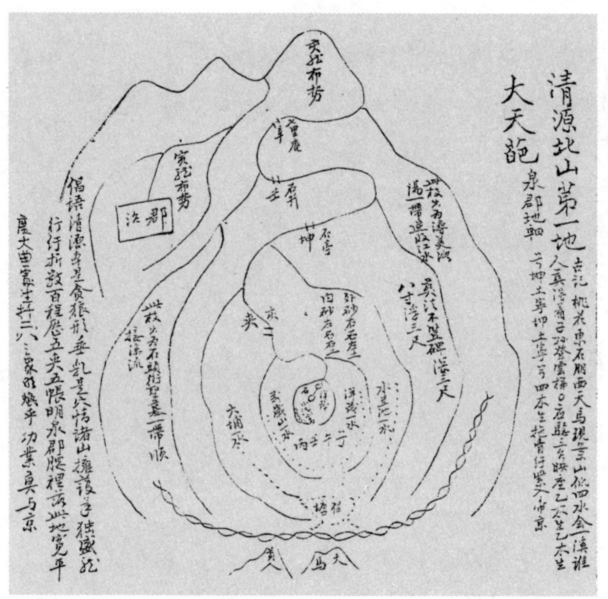

图 7.18 大天葩穴

(《清源钟秀记一》，清抄本)

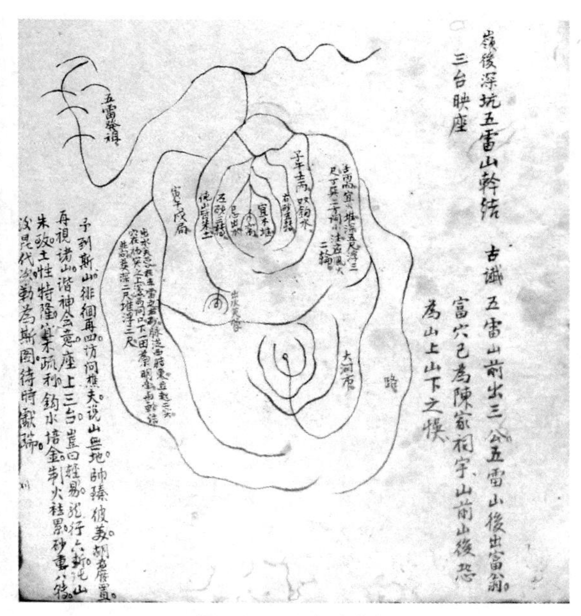

图 7.19 三台映座穴

(《南山晋北紫帽南门外图》，清抄本)

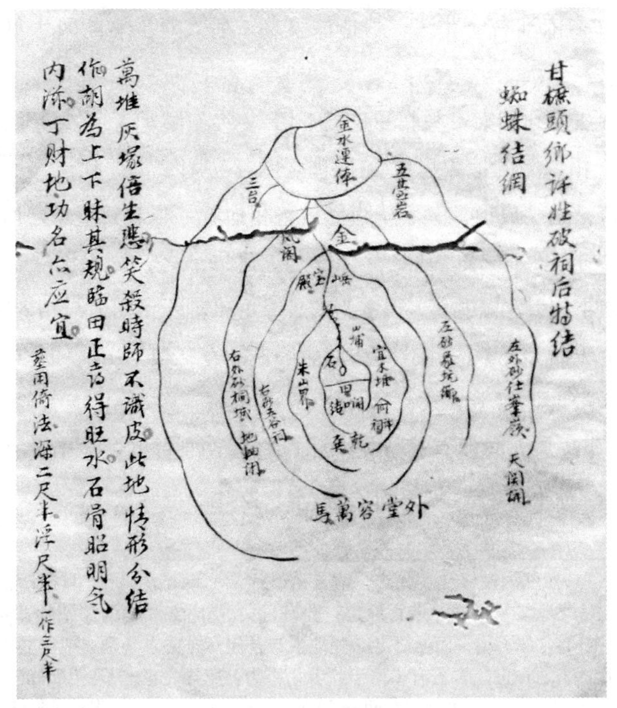

图 7.20 蜘蛛结网穴

(《东岳洛阳风水结穴图》)

代元魁踵起，井霞光照，耀人耳目，人称为神仙点地，得犀牛望月之精，故宗毓特盛”。[1]

在阴宅方面，淮右记录了泉郡及周边县乡穴地的美恶、来龙、支脉、朝案、方位、水法以及葬之深浮尺寸、堆式、沟式、乾池、碑石等用法。他在记录某座山脉穴地时，通常会对其形势大局有一个总评。清代理学家李光地家族拥有一块“大则圣贤，小者王侯”的名地，即出自淮右手笔[2]。清源山、紫帽山

尺，赵祠六合，惟外护不符。”(《清源图》)

1. 泉州赵宋南外宗正司研究会编:《南外天源赵氏族谱》，1994 年印本，第 577 页。
2. 〔明〕释淮右:《五浪太武记(安溪惠安附属五)》，清抄本。泉州市图书馆所藏《紫帽乌山记》抄本文字与《榕村续语录》(第 797—799 页)相近:“温州和尚，辽左将也。毛文龙败，和尚寓居登莱山，得异授，遂精堪舆。穷南龙，沿海而南，阻于风，入广。复自广之台，遂至泉郡数月。无有识者，乃由漳抵篮湖，湖之人亦以为无所短长也。吾祖异焉，延至家。性嗜

至今保存着许多依淮右“葬法”营造的坟墓。后人对淮右的风水见识也有高度评价。[1]

早期的形法术和相人术关联一直很密切。[2]淮右继承了黄妙应《博山篇》“行龙的度，人身相似”的拟象思维：“地理之图，充塞宇宙。凡天之所生，地之所养，飞走动植，融结成形，莫不毕肖。故善相地者，当观其生意之所在，神情之所趋，反复以求之，多方以乘之，合佐龙远近以证之，测浅深浮沈以取之。虽有龙穴砂水之不同，穴以龙辨，得水为穴，望龙知穴。”[3]相地与相人有相似之处，穴地不可能全美而无忌，因此“葬法”应因地制宜，根据山情变化或者喝形之物象的特性，来辩证地营造坟式，“以承气接脉为宗”“以补化工为要”“以补龙为醒人眼观”。葬法与立向俱有五行相生相克之法。淮右也专注于穴之理气及星体的研究，强调“形势为体、理气为用”，重视罗经的正确使用。[4]

蔗，每所往，必捆蔗为杖以从。久之，谓吾祖曰：‘君有缺于阴地乎？’祖曰：‘然。’初择太山之麓，曰：‘此地父子科联，催官地也，葬有日矣。’时在明伯为家塾师，年四十余未遇，在樽筵间，祖曰：‘吾子幼，而侄已老，此地当与吾侄。吾更求于师，或得其次者。’僧叹曰：‘公之量如此，公之福也。吾盖有十倍于此者，将为公密导之也。’乃授阆峰干结，曰：‘此地大则圣贤，小者王侯。’又曰：‘穴在两石之间，三十二年必有缀巍科而著名当代者。’由是情好日密，出生平所得福地，皆铝椠钩画，曰：‘生平心力尽于此矣。今以付公，公其宝而藏之。’丙午岁，余始举于乡，乙巳命其子，八月以征其言。时余依然寒士也，无以为赠，更复……（按：残缺）图所得地图，相授来由，舡而归，则由陆云游。余□责浙督学之命，访其后裔，莫有知者。或曰有二孙在，不能详。今余令书所誊录以遗。若子若孙见祖德积善之余，庶亦以见地灵之不可诬焉。文渊阁大学士兼吏部尚书李光地序。”

1. 《莲先生伪证真序》：“淮右大师图偈，正合杨公九星穴法结作，并无半字差错。观峦头星体，龙度变星，结作穴法，件件相符。又分别支干，点穴葬法，浅深推式。其艺有郭杨之术，与曾黄并肩；其文词有扳桂之才。此乃士林高士，智慧过人。……其非凡人而有入圣之道，故道能通天地阴阳，过去现在未来，神机莫测，逍遥自在，身外有身也。故其相地绘图，无论大小，皆有根据，非同影响。任后人依图寻地，十有九神。非登山地，观其峦头、砂水、堂局，无不显然易见，满心欢喜。至于穴处，无不骇异。”（《清源图》）
2. 《儒门崇理折衷堪舆完孝录》卷一《论气运通塞》：“卜氏曰：‘相地一似相人。’此善喻相地之法也。余观风鉴之流，每每以形体观人之贵贱，以气色辨人之穷通。二者兼尽，然后相法无遁情也。何今之相地者，徒知相形体而不知观气色？卒不能如相人之验矣。”（《道藏》第35册，第583页）
3. 〔明〕释淮右：《续序》，载《清源图》。
4. 〔明〕释淮右《葬法序》称：“予之相地犹人也。予能转移祸福，夺造化神工鬼斧，惟在《葬法》一书。盖天地能生地，而不能使穴穴皆有葬而无忌，或明或暗，或唇缺唇薄，或龙身上为路所伤，或龙脉为阳宅所亘，皆有法以补之，此特易知耳。至如立堆身，使全山之精神皆注于正堆体，使八方之山水皆朝立一向，则四面八方皆为有情。定高下主宾，砂手便皆朝在上述图谶中，淮右禅师还按五行（金、木、水、火、土）来做坟墓的造型堆法。他赋予特定的山水物象以可感知的、可想象的生命样态和文化灵魂，从而深刻地影响泉州人文地景的总体观念和实践取向。这些拟像化的图谶，充满对人地关系的想象力、表现力、感染力，是传承、检验风水形法之效应的媒介。而这些结合图像和文字的风水信息表达形式，刺激着在地人对山水物象的生命特质的认知和理解，有助于他们感知、储存、传承天地人相类、相应、相感的宇宙图式，并参与培植各类认同地方生活世界的文化记忆形式。

在“挨指”泉州郡城及周边穴地的过程中，淮右禅师的穴证图偈大多遵从乡土俚言，将山水形象同现实生活中的物象相拟相参，以期呼应和同构穴场的形势及

拱，则其法大矣。又有极至者，如俗眼所经本无穴，而必用大为开剥，使上承下接，遂为千古大地。如又正龙奔赴而来，忽傍闪反侧，必细心寻其脉细缕，遂照点一穴，初看无情，后坑有意，其进退浅深、穴星之大小，此际煞有功夫。至于迎水、蓢水、收水、合水，必观其合于六顺图诀，方始下手。富贵不急贪也，亦不远弃也。有识者鉴之。”

《葬法开章第一义》曰：“葬法以乘气接脉为宗。余更以为宜辨南北之宜。自京师至福建，潮汐之差三刻有余，准以量天尺一度二百三十余里。凡相悬七百余里，北极高而南极下，故北多有隧道，南方用之则舛矣。予倡中泉南概用五尺内浅深，至六尺以下非地脉，太厚决不敢此出。”“葬法以补化工为要。……葬法以立穴能收全山之精神为大。…… 葬法以承气为宗，以迎水为要……”“葬法以竭心边小巧。如断脉、缺唇、接臂、亘气种种，不可进退深浅运用弃取，非竭心思断不可也。青茫执笏，下唇现，上脉太高，故宜用凿以接脉。蚌石明堂破碎，不造土牛，祸殃立至矣。……惟亘气一法其难。如兴化之慈母墓于右肩上创掘一井，则专龙亘气之精者。”“葬法以补龙为醒人眼观。此地此穴分明结作，惟上入手多蛮铺，龙行地底，俗眼笑其无来，不知穴法有龙来气来势，来势来气来则不见其来，得穴久亦发。能辨平地星体，于平铺中垒堆作生气星体以招之，则发更速矣。”

《葬法立向第二章》曰：“葬法与立向，俱有五行相生相克之法。如横梁吊金钟，不用空金取水法，究发不成，此相生法也；如倒地木，不用金雕琢，亦发不成，此克法也。立向须用衰方，以啜生旺，此相生法也；亦宜立旺以收生去囚谢，此相克法也。不可不知。”

《葬法辨星体第三章》曰：“星体不外五行之理，宜下克不宜上克，宜上生不宜下生。上克则形势自衰，下生则本气太浅。五星中惟金土喜剥泄，土性实，金性顽，不泄则不动也。图中言宜某堆星，准此。星体堆式，以称穴为宗，作二善手，宜讲究，不越俎。上龙来石煞太重，星体堆式不是相压，则宜立碑，穴后或墙壁掩之类。”“天之气先于地，而万物之气又后于地，故天之北斗斜在于壬亥之间，而地之日影中倚于午丁之际。赖公天生而为中针，其子位在正针壬子之中，以先至之气格龙。杨公本日影而为缝针，其子位在正针子癸之缝，以后至之气立向。而正针不先不后之气，专主坐穴三针，各适其用矣。中针为地盘，龙来处为宝地也；鏠针为天盘，向指处为空天也；正针为人盘，生坐穴葬魄人事也。”“经盘要大，线为紧细。置经要平，先以格龙，……次格水口。……水口既定，然后于晕心下盘，以定方向，其四应吉凶山水方位。”（《紫帽乌山记》，手抄复印件）

其生命能量，赋予山水物象“想象的真实”，让人通俗易懂、心领神会（表 7–6）。

表 7–6　明淮右禅师的穴证图目录

类型	穴名
神鬼形象	1. 仙人击（伐）鼓、仙人抚琴、仙人打钟、仙人舞袖（旗）、仙人掌露、仙人脱履（骨）、仙人献网、仙人凭几、仙人献珠（花）、仙人张幕、阵云迎仙、八仙下（奕）棋、八仙出洞动药器、真武仗（按、伏）剑、真武踏龟蛇、武公端（安）坐、洞宾举笔； 2. 观音坐莲、观音迭坐、弥勒献肚、弥勒坐地（殿）、头陀听钟； 3. 五鬼运财。
人体形象	1. 玉女坐机、玉女踞坐、美女怀胎、美女遮羞、美女梳妆、美女献花、美女照镜、晓妆临镜、美女挂金钗、美女贤夫两相扶、良女特参、美人画眉、人穴； 2. 将军坐（出）帐、将军住营、将军按剑、将军带甲坐、将军拜抱、执笏朝天、七子夺魁； 3. 孩儿吸乳、孩儿坐帐、孩儿点肾； 4. 船公对船婆； 5. 侧脑太阴穴、从股向股。
生活器物	1. 小玉连钩、卷帘玉钩、玉几迎风、玉带腰围、风吹罗带、风吹红旗、金钗坠地、横空玉磬、停驿玉栉、金钗插地、斜金摆土、金珠穴、金瓯穴、香炉穴、明珠开花、丝线铜锣、横梁吊钟、掌心珠、两金相照、大金盏、金刀剪芙蓉、圆镜照形； 2. 洞箫形、凉伞遮身、戏球穴、推辇穴、金交椅、展旗穴； 3. 罗经穴、冲天蜡烛、鸡笼穴、屈尺木。
自然物象	1. 浮云随月光、烘云拱月、半月沉江、云光卧波、七星坠地、日照湖心、鑽云形、月照地光； 2. 万火齐明、灯火穴、灯塔穴、锦帆扬风、扬风帆。
灵异形象	1. 青龙下江、黄龙赶坑、金龙卷水、回龙顾天、神龙耳形、神龙听龟、双（神）龙戏珠、黄龙吐珠、渴龙饮水、飞龙戏彩、飞龙出大江、玉宇龙、云龙卧波； 2. 独角麒麟、伏地麒麟、双狮朝麒麟； 3. 飞凤衔书、飞凤下田、青凤形、飞凤朝阳。
动物形象	1. 翻身金狮、狮子戏（弄、抛）球、狮子弄象、狮子吼地、双狮斗走、笑天狮子、金狮形、向天狮、猛虎跳墙、猛虎守肉、猛虎过涧、下山猛虎、出洞虎、卧虎、伏虎形、覆地虎、落山虎、虎子穴、渴虎穴、虎腰穴、白象卷河、玉象穴、犀牛望月、金牛望月、金牛展翼、金牛转车、牛肚穴、牛腿穴、牛舌穴、牛皮穴、平地牛、眠牛形、卧牛穴、渴马奔泉、战马嘶风、天马行空、马蹄穴、骑马朝天、四马拖车、两犬交春、金钟玉犬、落眠犬、猫儿洗面、落山羊、下山猪、眠猪形、猪母导子、玉兔衔光、蝙蝠穴； 2. 灵龟下田、灵龟载书（甲）、灵龟守（抱）印、金龟拜玉印、水龟渡池、青蛇赶（听）蛤、金蛇下水、青蛇饮水、青蛇渡水、落水蛇、蟾蜍守印、穿山甲脱肉、罗里脱甲、狻猊穴、獭穴； 3. 云雁排空、飞雁形、冲天鹤、燕窠穴、燕子归巢、天鹅抱卵、天鹅展翼、水田白鹭、青鸦展翅、飞鸦落地、金鸦地、独角鸟、鹅角形、鷃鹑埔穴、鹦鹉朝阳、赶鹅形、金鸡报晓（晓啼）、鸡公穴、金鸡玉兔、金鸡展翼、石鸡形、山鹰搏兔； 4. 游（金）鱼戏水、鲤鱼过滩、红虾戏水、龙虾出海、双鲤朝天、鲫鱼停岸、田螺吐肉、蚌蟹形、螃蟹穴、鳖坑； 5. 飞天蜈蚣、平地蜈蚣、蜈蚣展须、蜘蛛结网、黄蜂出巢、蝴蝶恋花。

续表

类型	穴名
植物形态	1. 芦花三袅、出水莲花、置水金莲、倒拖莲花、金珠芙蓉、荷叶摆水、花簇锦绣、玉座垂莲、并蒂莲、金盘插牡丹、梅花点地； 2. 结荻代形、杨柳垂堤、一林春笋、瓜瓞形、倒地木。

无独有偶，长汀县古城镇中都村地理师HQG也提供一份《论形图》（表7–7），我们从中可知各地的堪舆家如何“立象以尽意”，共享哪些心理图像、观念谱系和行动逻辑。

表7–7 闽西堪舆家的论形图目录

类型	穴名
神鬼形象	1. 仙人带胍、仙人抱鼓、仙人献掌、四仙山洞、仙人骑鹤、仙人舞袖、仙人下凡、仙人跷脚、仙人击鼓、三仙着棋、仙女捧棍、仙人骑象、仙人端座、仙人下马、仙人抚琴、八仙聚会、八仙下棋； 2. 弥勒献肚、观音座莲、观音望（坐）海、观音抱子； 3. 饿鬼扫枷。
人体形象	1. 侧脑人形、大座人形、美女梳妆、美女献花、美女踏车、美女抛发、美女吐调、美女抱儿、美女捧盆、美女缠脚、美女出帐、织女穿梭； 2. 儿子望月、孩儿出栏、孩儿角口、孩儿爬地、孩儿辇轿、帐中孩儿、锦被盖孩儿、孩儿坐金盆； 3. 帝王登殿、太子骑龙、将军上（勒）马、将军脱甲、将军脱靴、大将点兵； 4. 忠三醉酒、酒醉人形、醉翁倒地、醉翁凭椅； 5. 寒婆唆虱、寒婆借灯、寒婆炙火、寒婆渗尿； 6. 贫子杠篮、公公抱孙、老人驮伞、两人下棋、张公射月、渔翁打网、赵公骑虎、张公钓鱼、赵公骑马、浪子打球； 7. 长老坐禅、游僧拜坛； 8. 卵子形图、眼大形、大眼目。
生活器物	1. 金钱落地、架上金盆、金盆形、架上金盘、金柜银坛、金锭形、金盘替菜、金盘磊菜、出盆宝镜、抛地珍珠、倒插金钗、玉筋浸头、绣针落檀、铜盘形、金锁形、金斗形； 2. 架上悬钟、覆钟形、十钟形、吊钟形、开锣形、同鼓形、琵琶形； 3. 双棋插斗、棋盘形、笔眉跳架、墨砚形、墨斗形、棋子形、牙炉形； 4. 乱箩倒谷、簑衣挂形、凉伞形、扛秤形、扛网形、竹牌形、油箩形、草鞋形、钩刀形、扫帚形、玉枕形、畚斗形； 5. 壁上打钉、拜地补毡、壁上挂弓、挂壁灯形、风吹罗带、壁上挂猪肝、称钓扎肉上； 6. 罗经形、冲天蜡烛、船形地、磨石形。
自然物象	1. 祥云盖月、西月沉江、明月照江、片月形、月弦形； 2. 魁星点斗、三星在户、七星拱月； 3. 天虹贯水、秋雨遇排。

续表

类型	穴名
灵异形象	1. 飞凤落阳、凤凰投湖、单凤含书、凤凰展翼、凤凰跳架、凤凰落阳、飞天凤形、双凤落阳； 2. 黄龙出洞、回龙顾祖、蟠龙戏水、涨江龙形、五龙聚会、双龙戏珠、盘龙形； 3. 麒麟吐火。
动物形象	1. 向天狮形、神狮摇铃、狮子饮泉、望岗狮形、狮子滚球、白狮开口、捕地虎形、猛虎跳墙、寒虎咬尾、五虎下山、棋下虎形、侧面虎形、下山虎形、渴虎饮泉、饱虎吐肉、寒虎绣尾、铁栏杆虎形、卷鼻象形、犁沙象形、倒地象形、驷马归槽、五马归槽、走马潘按、马迹形、倒地牛形、黄牛出洞、雄牛脱押、下山土牛、栏里土牛、黄牛推车、寒牛不出栏、雄牛相闻、寒牛出瓶、犀牛望月、骆蛇衔宝、双猪落桧、饿猪搔槽、猪头形、猴孙采菜、猿猴献菜、猴哩偷李、猴哩迁井、上山猴形、猴哩洗面、猴子汶浆、狸子形、过家猫形、伏地猫形、猫儿坐凳、灵猫伏晨； 2. 白鹤含书、飞鹅投水、鸳鸯戏水、鸳鸯晒翼、孤雁投湖、寒鸡晒翼、乌鸦含柴、燕子挂梁、天鹅抱蛋、金鸡捉梁、雄鹅泊岸、雄鹅落水、鸡公相打； 3. 花子弄蛇、埋泥蛇形、草里藏蛇、生蛇挂树、生蛇出洞、黄蛇赶蛤、黄蛇吞蛤、两头蛇形、双蛇咬虎、水哩抱蛇、山蛇形、金蛇赶金印、□骨蛇形、南蛇朝斗、双蛇隔子、逆水金龟、山龟出洞、莲叶盖龟、龟蛇相会、镇武踏龟、金龟抱印、灵龟朝斗、老鼠偷仓、田鸡浮塘； 4. 游鱼上水、鲤鱼上滩、柳叶串鱼、鲫鱼偏台、仙虾起水、圆鱼形、鲢鲤吐舌、田螺吐须、上水游鱼、鲫鱼上岸、九鳅落湖、螃蟹游江、虾蟆子形、虾蟆听更、螺系吐肉、张天海螺、鳌鱼形、倒妆鱼、海螺形； 5. 蜻蜓点水、蜻夹游水、折蛉蜈蚣、蜈蚣出洞、下山蜈蚣、黄蜂吊薮、形蜂桷形、蚁子池江、蜘蛛结网、蜘蛛形、蚯蚓形、蝴蝶形、螳螂形。
植物形态	1. 黄腾吊瓜、叶里藏瓜、金瓜形、冬瓜烂子、冬瓜聚棚、金线吊葫芦、葫芦洒药、倒地木形、串地梅花、金剪芙蓉、嫩草乘珠、倒地金莲、莲花形、蒲杓形。

按形法派地理师的穴证图，系由几类物象构成：神鬼、人体、生活器物、自然物象、灵异形象、动植物等。这种“喝形”特征乃农耕社会之人地关系的生动写照，也是世俗生活情态的摹写与移情。譬如神鬼类由道佛教的神灵形象组成（如弥勒、观音），朴素地反映了世俗百姓的知识观念谱系，神仙生活其实是世俗生活的模态；以玉女躯体或动物的交媾形态来喝形，是生殖崇拜的折射，也是庶民化的女性审美情趣及性观念的反映。特别是阴宅穴形图本来接近于女性外阴形状，体现了汉人传宗续嗣观念；以孩童形态来喝形，更是展示了日常生活场景的乐趣和传宗接代的集体心态；以日常器物来喝形，反映了自给自足的农耕社会的生活常态；以飞禽走兽形态喝形，特别是以麒麟、神龙、灵龟、飞凤等灵异祥瑞来隐喻，包含着图腾崇拜因素。《说文解字》曰：“闽，东南越，蛇种。”玄武（玄天上帝）形象通常是龟蛇相交；而以云、月、玉、莲、荷花、牡丹、芙蓉等物象喝形，充分体现了人们除魅祈祥、崇尚美好生活的民俗信仰心态。

"喝形"是堪舆家对自然山水具象的拟象化符号实践。各种自然物象的美恶（符号学上的"能指"），被转化成吉凶祸福的征兆（符号学上的"所指"）。穴场的自然物象与吉凶征兆对称与否，除取决于地师运用葬法的得当程度（究天人之际，知地理和选择），更取决于东家的"德福"或"阴德"，所谓"小者惠贫困之善人，大者留待德福。至乎得失之故，则造化自有主之，非我所得私也"。譬如，淮右《东岳洛阳风水结穴图》录有"蜘蛛结网穴"（图 7.20），称"扦下丁财贵连远"，"十世文章无白丁"，然张通政之势炎人，德福不够，"使其终不可得，是所谓大地鬼神伺者"云云。[1] 这类"福地福人居"的观念系谱，杂糅着儒家人文教化和道家"天道承负"的思想，并默化为地方社会的文化解释框架。

概而言之，形法派堪舆家诸如此类的图谶或喝形，无非是根据传统的"生生"宇宙观念图式，将世俗世界中种种可理知的物象（人物、神物、器物、动物、植物）的形态，成功地"移情"到外在自然之特定的山势形态（穴形）之中，赋予其生命化、伦理化、情感化、符号化的形象，从而合情合理地想象、感知彼此的"同形相似"、"同构相应"和"同类相感"的本真性关系。堪舆家从这种天人同构、共感共生的文化逻辑延伸开来，境由心生，情主境从，自然创造了风水实践中常见的"喝形""图谶"等形式，进而营造和活化了生人与亡人之居住空间（阳宅与阴宅）的意境氛围。而在"以人观物"和"以物观物"的过程

1. 《蜘蛛偈语》："蜘蛛穴情本开宏，龙分左辅穴星成。绵递高峰十五节，消尽罡煞英气生。三田迭下收旺水，正的中田垒堆明。万家烟火作一臂，明堂组织文章盛。外山朝来皆低伏，巽上高峰殿元名。贵人天马渺千里，扦后发科莫与京。穴高大受称穴情，生旺光相宜早贵。十世文章无白丁，此是正干初得生。龙接定殿近穴情，内砂象坑为左臂。外面化峰护长枝，右砂五谷祠拱护。外砂郡治地轴毕，七星墩山接内堂。此地情形分结作，临田得水旺滋生，扦下丁财贵连远。"《蛛网大地鬼神伺记》："昔通政张氏通籍显贵，聘国师入闽择地。到新铺，忽逢老人售叆叇，国师爱之上眼光明四映，虽远山草木莫不分毫毕现，得之甚喜。遂至泉择东郊地，主宾交欢，以为不负此行也。张氏子弟竭赀经理，而国师亦朝夕课督，未几而窀穸事毕。师索谢，张氏奉以五百金，师遂图其穴而归。过新铺，忽遇老人曰：'前日明镜，乃吾以遮老眼者，吾与尔值当见还。'师遂改装取予之。回头，老人忽不见，师大骇，念此必有异，吾为张氏择地乃无悮乎？入夜改图，静坐以观，乃知此穴在三田之上，向之所择，乃止结展肩之腋下也。急回头寻张氏，欲为改作，且欲所谢五百金为费。张谓恐其挟诈，断然不许，师氏乃归。后人有入京师，师必问此穴在否。嗟呼！夫以张氏之势炎人，得国师之明眼，而乃有物以间之，使其终不可得，是所谓大地，鬼神伺者，非耶？穴在方寸间，岂虚语哉！"

中，地理即物理、人理，地性即物性、人性，相比类而同感共生，从而也将人的生命自然化、宇宙化、宿命化，最终形成了人与自然的情景交融、美美与共。

四、喝形实践与乡族社会的功名诉求

不可否认，宋元以来的风水喝形学说，一直与王朝时代的科举制度设计、文武官员选拔制度紧密相连，寄托了乡族社会谋求向上的社会流动机会的希望。堪舆学家往往明确地将风水喝形地的想象效用，同传统科举功名的层级以及官禄的等级有机地勾连。关于喝形穴地具有各类科举功名特别是官禄之应的历史叙事，也是一种典范式的书写策略，表达了地方社会之共同的文化想象和历史心态，成为地域社会热心于人文教育的精神动力来源之一，成为激励地域共同体如乡族势力、宗族组织开拓进取的历史记忆传承。

关于风水喝形实践这种刺激乡族或家族向上社会发展的“精神性动力”，我们可以透过明代《地理人子须知》略知一二（表 7–8）。该书附刊了闽浙赣地区科举有成的喝形图，介绍了这些祖地与家族“科甲”和“登仕”的因果关系。这些舆图的文化记忆及地理解释，从一个侧面展现出宋代以后东南已成为中国文化的核心区域，如此才可能有大量的科举人才涌现。而形法喝形的观念深入人心，被反复用来解释家族兴盛、科教繁荣的现象。这些被地方历史反复书写的祖墓喝形图，作为一种专业化的知识与技术，是一个家族累积其社会声望和光辉历史的记忆载体，是一个家族兴旺发达的符号性标签和象征性存在（图 7.22）。喝形学说系以一种“拟象化”的工具理性方式，参与“诱惑”不同阶层的人群改变自我的社会地位，并刺激着地域社会寻求可持续发展的心理动力。

表 7–8　明代《地理人子须知》刊录的福建名地（局部）

序号	墓名	朝代	喝形	风水效应
1	建宁杨文敏祖地	明代	金龟下田	杨氏又有白狸窝祖地，尤美。但此地葬后数年，文敏即发解，连第登宰辅，发越似乎太速。彼地三百年后始有应验，又似太迟。此造化之妙，不可谓无此理也。地在建宁府城东里许白鹤山，系府龙分脉，数节结随龙穴。入首顿起御屏土星。中垂正脉，铺展而下。左有白鹤寺，右有东岳庙，穴结山麓，临田蘸水，前吐毡唇。贴身白虎横抱过穴，成玉带文星，逆收溪水，以关内气有力。内堂紧小，外洋宽畅，前朝拱揖，得水藏风，真催官之地。葬时文敏公年十三岁，不数年即

续表

序号	墓名	朝代	喝形	风水效应
				发解（进士），登宰辅（三十三岁入内阁）。子曰恭（尚宝少卿）。孙士倧、士伟，俱进士。曾孙旦（进士）吏部尚书、易（进士）副宪、亘南京户部郎中，曰昉、曰昂，俱知县。玄孙曰迈、京、崇、疑、成、名、棐（进士）诸公，皆登科甲，跻膴仕（封荫奏名），登仕版者又数十人，福祉未艾。
2	陈副宪祖地	明代	未详	地在建宁府西北河西。其龙来远不详述。入首顿起主星，高大尊严，挺秀迥异，护从周密。正脉从中落下平地，穿峡起平坡即结穴。穴场正座主星有力，开钳吐唇明白。前案低伏，近身如眠弓，抱穴有情，以关内气，逆收大溪之水。内堂水口石墩如印。左右映带，前朝秀丽，内堂紧巧，外洋宽畅。葬后即出羽泉公纪（壬午年葬，甲申年羽泉生），登嘉靖丙辰（1556 年）进士，官副宪，封君纵遐寿康宁，累膺诰封。诸孙济济，福祉未艾。
3	莆田林婆祖地	唐代	观音坐莲	地在福建兴化府城内，土名乌石山。其龙与府龙共祖，来历甚远。至紫帽山，连生紫微、紫霄，名曰三紫。磅礴绵亘数百里，盘旋融会，气势雄伟，千形万状，不可殚述。将入局，开帐重重，巍峨翁嵷。复大断过峡，分为两枝。其右出者结府治及莆田县都阃、卫所、儒学各衙门；其左出者，自分脉后复穿田，连过数峡，顿伏栖闪，逶迤活弄，莫可测度。入首，起走马三台仙带贵格，卓起巨石，如奇葩，如灵芝。穴结石下，仅寻丈之土，为骑龙穴。穴前不数丈，复起巨石，昂然朝拱，取作观音坐莲形，以其群石遶穴也。穴下龙脉撒落平阳，去结方、林、黄、陈诸族阳基。正近穴前，为演武场。右水遶左，以接海潮。壶公山端严朝拱，以为正案。但左边一旷百里，直抵大海，莫有下关，龙势不止。右砂撺过明堂，兼以巨石磷磷，无龙无虎，孰信以为大地？唐时，林母卖糍粿。有褴褛生日逐食粿。母与之不吝。岁久，生谓母曰："吾受母惠，无以报。吾将去矣。乌石山有大地，母可图为寿藏，异曰富贵无穷。"林母从其言，果葬之，今称为糍婆墓，福建各林之祖。世谓"无林不开榜"，此地之钟秀也。自唐宋迄今，科甲之多，海内莫与伦焉。
4	莆田林布政祖地	明代	仙人脱履	地在莆田城北一里。其龙分府干龙旺气，奔腾磊落。入首起金星，开钳结穴。后坐九华，前对壶山，穴甚尊贵。但两钳既长，前铺余土，壅塞内堂。葬后三代，偶去穴前之土，二泉公澄源即登会魁，官至方伯。今人文济济，福祉未艾。按：是地龙旺穴秀，撞脉安棺，极善。去其余土，亦天启其衷耳。造化福善，岂偶然哉！
5	莆田叶布政祖地	明代	倒地木星	地在兴化府治南三里。其龙分府龙之旺，磅礴绵亘，气势雄伟。比入首，大断穿田，变为平冈。枝脚均匀合格，结倒地木星节包之穴。开钳明白，两掬微茫高尺许，弯抱有情。穴上吐出毡唇，证佐分晓。明堂融聚，水口一墩，关锁交固，诚美地也。葬后，出梅峰公珩，登进士，官方伯。子曰士宾，登会魁，官正郎。孙荆坡公九金，以少年登隆庆戊辰（1568 年）进士，累任佥宪。人才迭出，富贵方隆。

莆田蕭員外祖地

石巧穴格

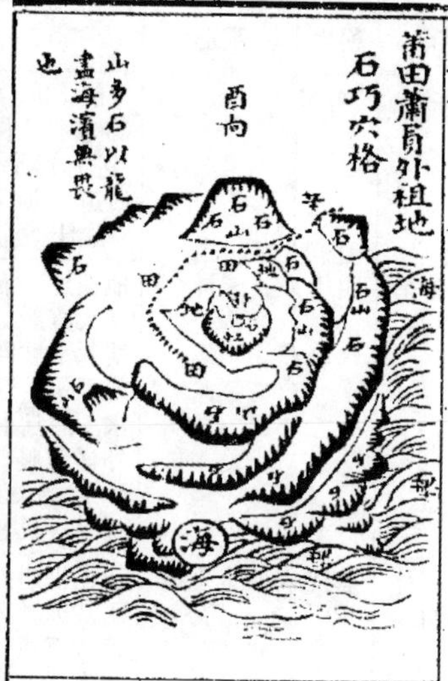

右地在莆山縣東南八十里其龍來歷甚遠至于海濱盤旋踴躍千形萬態活變叵測巨石岩岩可驚可愕將入首達折側落偷閃結穴穴下開鉗明白左右捲抱有情近面石峰卓立為朝挺然端拱四勢周密藏聚可愛海濱之地易于受風最忌空曠此穴如坐室中斯所以為美也蕭氏葬後出燕山公奇節登嘉靖癸丑進士官南京户部員外所至有聲其弟曰奇熊見任州安曰奇焦理學儒才人文濟濟富貴隆盛一門 曰父義謹然六世同居 今上旌表之

莆田陳翰林父子會魁祖地

上地在莆田城西三里其龍分府幹旺氣來歷甚遠自二紫帽磅礴綿亘數百里盤旋融會氣勢雄偉千形萬狀不可殫述將入局開帳巍峩翁從層疊正脈自帳中栖閃透迤莫可捉摸入手結坐頭紫氣穴穴前平坦左右擁從而府龍逆抱以作下關收盡諸山諸水十分甘力前朝漠隆秀入雲霄真美地也但滿山巨石林立不入俗眼却登穴不見所以為美像辛龍入首杆酉山卯向以丁酉丁卯分金葬後出石溪公言生丁卯登鄉會二魁中官郎于肅庵公經邦生丁酉登鄉會二魁入翰林見任太子賓客禮部侍郎福祉未艾

图 7.21 风水喝形图

(〔明〕徐善继、徐善述:《重刊人子须知资孝地理心学统宗》)

续表

序号	墓名	朝代	喝形	风水效应
6	顺昌廖副宪祖地	明代	金盘形	地在顺昌县，土名沙口下，金盘形，珠上穴，乃郭子云下也。其龙开帐，自帐中抽下，大顿小伏，左栖右闪。将及结穴，撒落平田。田中复起一突，前后左右四金相照，有合天心十道，穴甚清巧可爱，真美地也。葬后出廖元，官副宪；廖忠，为县令。科第数人，迄今荣盛不替。
7	南安傅氏祖地	五代	金盘献花	来龙甚远，地结平冈，周环皆石，盘也。盘中小石旋转，穴安中央，以小石为坐为朝为龙虎，乃石巧穴。南安傅氏名墓，在泉州府西北七里，仙师黄妙应下，人丁科第，自宋至今，四五百年旺盛。傅公夏器登嘉靖庚戌进士，富贵未艾。按傅氏美地尤多，此仙迹也。
8	泉州黄榜祖地	明代	冲天木	地在泉州府晋江县西南二十里，土名乌石山。其龙发自紫帽峰，辞楼下殿，奔腾踊跃，顿伏三十余里。将至作穴，大断过脉，忽起大帐撑天，横阔十余里。自帐内顿起冲天木星，一连三座，大小相等，疏密停匀，结天然之穴。其大帐两角掬抱过穴。穴前两山交互，圈内自成一家。高数丈余，人行大路在下，莫知上有此奇。及登山入内，则迥然开畅，一龙中出，木星耸秀，诚如闺中之女。本身二水合襟绕抱，内堂交会，外洋宽平，前峰端耸如顿笏，当面海水九曲来朝，左右诸峰罗列，四神八将应位，三奇六秀咸集，真美地也。葬后六十年，出榜眼仪庭公凤翔。
9	莆田郭侍郎催官地	明代	天巧穴	上地葬侍郎之父，葬时侍郎在襁褓中。及长，登嘉靖庚戌进士，累官都宪、兵部侍郎，巡抚广东。公号华溪，名应聘，福祉方亨。
10	泉州黄尚书祖地	明代	天巧穴	地在泉州府西北四十里，土名八尺岭。其龙自葵山发脉，迢递奔行七八十里。比入局，跌断过峡，顿起冲天火星，侵云削峻。两肩大展，复遶抱向前。中垂隐隐之脉。忽于山半开平，连迭数级平面土星，乃于土气之下融结微窝之穴，界合分晓，左右弯回，内堂平聚。虽是顺水作局，而收拾齐整。大溪至此横绕过右前。御屏耸立尊严，端然朝拱。但主星卓峻冲霄，虽明堂中仰望后顶，高入天际，不见垂落之脉，似乎玄武拒尸。且火星刚燥，亦不融结。不知连迭平坡，则是生土。火以生土，急中有缓，矧两肩垂落，重重绕抱有情，风气藏聚，龙旺穴尊，朝端从美，真吉地也。葬后出经历公晟、教谕公绶（俱赠刑部尚书）。其孙光升登进士，官至大司寇；曾孙乔栋，官太守，富贵未艾。
11	泉州曾丞相祖地	宋代	番天马蹄	地在泉州府西北八十里。其龙发自安溪，迢迢奔行八十里，顿起极高大之山，盘旋数百里，结天巧之局。众山从拥，高起撑天大帐。帐中一脉，委蛇顿跌，生曜生官。两边帐角众山，一齐左拥右抱。至入首，结仰天金水星。中生一窝，四围石骨，而左右远抱之山交互过前，成一字文星，以收尽内气。此外俯视下界，万山矗矗，穴中皆不见。但数十里外海水汪洋，远接天际，缥缈极目，取日出扶桑一点红，特奇之应，俗呼番天马蹄形，以穴状名也。出太保宣靖鲁国公亮、端明殿学士孝宽、户部尚书孝广，及状元从龙诸贵。

我们试再举例，说明科举制度如何左右堪舆术家有关地方山水价值的书写方式，从而刺激着地方社会之持续性的择地动力，包括对栖居空间的改造热情。

宋代绍兴年间（1131—1162 年），德化有一位堪舆家叫陈朗，留下喝形谶书多种。据清乾隆《永春州志》“方技”记载：“陈朗，字子彝，德化人。遇仙授予草履，受而著之，行疾如飞，百里立至，精察地理。择其家之当发积者，为之造葬则验。邑中称为陈朗仙。今葛坑山石上有陈仙迹。”陈氏谶书写明穴地的地点、坐向、吉凶，诸如状元、榜眼、探花等功名之应，反复刺激着地方人士去追逐牛眠吉地。今德化赤水镇还流传陈朗改造山水气运的故事。据传在宋代绍兴三年（1133 年），客商在赤水街北牛棚格下建店铺，但生意萧条。陈朗虽中意于赤水的钟灵毓秀，却嫌双髻山丙向属火，遂发动乡民开楼梯岭、锲石龟、修水巷、砌七星火、建德水殿，以制火邪。赤水含有以锦水制赤火之意。

德化的望族也将本宗族的兴旺发达与陈朗师的择地联结在一起。他们通过宣称家族得益于风水名家指点的历史叙事和书写策略，让族裔共享着相同的心理图式和文化记忆，并强化本族在地域社会竞争中的优越感。像大铭乡琼溪村的颍川堂是明崇祯年间进士出身、礼部右侍郎赖垓公的家庙，始建于宋绍兴年间，原喝形“双旗结彩”形。宋淳熙十六年（1189 年），陈朗仙师云游至此，喝形“灯盏添油”，并亲督整建颍川堂，丕成琼溪赖氏之肇基祖宇（图 7.24）。颍川堂其门庭前辟左右两印池，堂后砌高档土墙，基脚地沟筑长方形池，长年保持“池泉不涸，大雨不盈”。正堂前廊砌高坎壁，正中筑十一个台阶至下堂，天井筑九曲水半圆状土坪。坑尾林树林内田中案尾仑下田中有七口池，号曰“七星池”。祖庙水尾造拱桥并做三土坪号为“魁星拱门”。自明至今，颍川堂人才济济。明嘉靖间，赖孔教授全椒县儒学，赠封通议大夫，礼部侍郎兼翰林侍读学士，累赠封崇祀乡贤；其孙赖垓官至三品，赠为中宪大夫；赖垓之子赖回表为四会县县令；其从侄赖光为儋州府正堂（五品）。他们以“德政风清义行”而流芳后世。当代的赖氏族众，依旧普遍将宗族的文教之盛归功于陈朗仙的风水择地，故每年族众也积极举行祠祭。

今永春民间珍藏有元明之际的堪舆家杨明山（沙县美家易人）的《大㦗地㦗书》抄本多种（图 7.23）。《桃源岩春杨氏族谱》讲述杨明山为永春岩春杨氏择

图 7.22　德化县大铭乡琼溪村颍川庙“灯盏添油”形

（双旗结彩）

图 7.23　喝形图

（杨明山：《大㦸地㦸书》，永春民间抄本）

地而被纳入本族祭祀的事迹。[1]从略传可知，永春许多宗族皆深受杨明山的择荫，并留下诸多营造史迹（如祠堂建筑）。我们从该略传管窥出那个时段乡族抱持的感恩心，以同情理解游走于四方的堪舆家，而不像在这个受过西学冲击的时代，因为普遍知识的积累而滋生“我慢”，就可以随意地鄙夷各类的地方知识、风土习俗。如江有声的《岩春杨氏祠宇记》[2]及三首诗[3]，称赞杨氏“英贤辈出，磊落邦家”，实得益于杨明山所择祖宇的风水胜概。

杨明山行走的地域颇广，除了闽南外，还远至福州、闽西、潮州等处，故

1. 江有声：《宗叔明山先生略传》[清乾隆三十一年（1766年）撰]：“宗叔讳惠，字皈肃，号明山，沙县美易人也。精堪舆，为吾永（春）造福甚多，名传千古。凡属亲裁大地，则富贵绵长，子孙藩衍，小地亦历传不绝。本族祠宇亦其裁成者也。先生于元朝年间，享寿八十余而卒于田地乡，即葬于田地乡蛇仔仑，坐癸向丁。本族子孙不忘其德，为刻木主，进于大宗，春秋祭祀，并为筑坟立碑文曰‘元杨明山先生墓’，以垂不朽。又邀族中同人，各出薄资放利，以为每年十一月十五日到坟祭扫之费云。”（《桃源岩春杨氏族谱》卷首，抄本）
2. 《桃源岩春杨氏族谱》载《岩春杨氏祠宇记》：“桃源皆山也。其西南诸峰，林壑尤美，望之蔚然。而深秀者，天湖也。山行六七里，独辟一窝，畅逐者，岩春也。峰回路转，有宇翼然踞于里中者，杨氏祠宇也。建于者谁？大唐广明二世祖甫精也。厥初建于内岩兜，即有宗佑、文炳等巨富数千，不事文饰，而且惟积德、积书以遗孙子耳。至于大明十四世祖有为公，复接名师杨皈萧者，移建于岩兜之外，丕振家声，遂有廷宣安等之贵显，名达殿陛。以后英贤辈出，磊落邦家，是诚桃源之望族也。余兴杨亲姻娅，世世谊笫，闻其世祖兴隆，而未尝亲睹其地之美。迨岁丙戌（1766年）秋八月，觅高露冷，月皎桂香，正唐人游观之豪兴也。适内村杨君著绩嘱余修谱，余因得以造其堂，而观其祖宇之胜概，果也。龙泛天湖、月湖，蜿蜒而来，东有毫光、银瓶插耳之高；西有珩岐、宗祖之峭；南有石龙、纱帽环拱之奇，北有岩岭、屏翰之峻。登览之顷，万象森列，岂非天造地设，而钟此牛眠，以为弘农氏千万世之祠宇也？是穴也，门对天马，负癸揖丁，乃皈肃先生得意之地。当年基屋井井中规，后经兵火，堂则改之，基则未尝有易也。后廊三厅张两扇大门，以为阴所阳庭之格，制作殊异于时，师阶曰漏阶，石曰保儿，庭号半月，砂号金脚，门路盘桓，庭除曲折。假令贤子贤孙有志重整斯宇者，当遵名师作法，慎不可改易于其间也。父老有云：‘此保儿石者，经有不知而改之，儿便跌庭。后惊悟，仍留之。’山册有曰：‘云蒸霞蔚，乃鬼神所司，以与有德者得之。其杨氏先祖积德而得此地欤？’又曰：‘美锦辉煌，制者功半，其皈肃先生欤？’又曰：‘前扶兮后拥，佥夸凤舞鸾翔。右拂兮左萦，堪龙蟠虎踞。其与岩春杨氏祠宇适相肖焉。吾故曰：‘地灵人杰，亶然乎。安得不于修谱之余，聊为之记，以乐观其盛云。’”
3. 关于杨氏宗祠的歌咏如下（资料系永春乡贤陈诗忠提供）：
（1）《咏杨氏宗祠胜概》：“蜿蜒湖阜列岩屏，萃下牛眠一地灵。水抱山环增胜概，龙盘虎踞耸奇形。毫光吐彩文明盛，纱帽加荣姓字馨。自是宏农夸世胄，簪缨赫奕显朝廷。”
（2）《咏杨氏祠宇揖南方天马山》：“胜概岩春有可扬，门前天马揖祠堂。山形似骥居南向，地势如骝拱北方。首带青云应得路，身披锦绣拟观光。从兹奋发信鞭策，万里飞腾到端乡。”
（3）《咏杨氏世祖兴隆英豪辈出》：“自从同邑徙岩春，奠厥攸居世泽新。派衍支流皆起凤，荆蕃棣桦尽为麟。诗书不替绳先志，德业留贻启后人。”

《大懺地懺书》列有闽省七州八府的穴图数百幅。在交通不便的情况下，杨先生却自得其乐，风餐露宿，去体味山水的利乐有情，足见古代堪舆家在悠游之际，对天地自然抱有一种敬畏之心，虽然这类术数知识在今天看来未必再合时宜。

在谶图中，杨明山同样将风水喝形取象与科举功名兆象有机关联起来。根据永春乡贤陈诗忠考察，今闽南多地望族的宗祠都系杨明山所择，计有德化县盖德凤山村徐氏儒山祖宇、安溪县剑斗御屏郑氏祖宇（俗称御屏祖厝）、永春蓬壶美山林氏大宗祖宇、蓬壶汤城魁园尤氏祖宇、蓬壶军兜吕氏杰山祖宇、坑仔口杏村杨氏祖宇、坑仔口洋头村郑氏祖宇、坑仔口景山村柯氏祖宇、锦斗横路吴氏祖宇、锦斗长坑李氏祖宇、锦斗锦溪方氏祖宇、桂洋赤水林氏祖宇、桂洋上际泰山祖宇牛鼻祖九坑庵、呈祥黄氏宗祠等。

总而言之，喝形图像堪称风水形法派的具象化、感性化、凝固化的知识表现形态，可以反复地塑造和激发某种可预期的想象力量和信仰激情。特别是通过那些与图像相配合的风水谶语的形象描绘，喝形图像被赋予了种种可能改变或提升墓主后裔生活质量或社会声望、财富（丁财贵）的意义和愿景，自然会凝聚并增加自然山水效应的感染力、穿透力、表现力，从而刺激以喝形图像为实际操作基础的风水崇拜行为。宋元以来堪舆家关于地域风水形胜的叙事，不仅构成了地方文教发展的信仰动力根源，而且提供了乡族兴衰成败的文化解释模式。

五、形法派的具象化实践及其文化效应

综上所述，至晚唐时期，在开发程度较为深广的福建，已形成较为系统的风水形法理论。随着江西形法派的逐渐扩张，闽、赣的形法理论亦慢慢走向有机的整合，并形成了独特的地理仙师膜拜，从而强化了形法派在地域社会的影响力。明清以来，随着福建居民移居台湾、澎湖等地，形法思想亦传入这些待开发区域。同理气派一样，形法派的衍播扩散与乡族社会的流动网络、科举教育制度密切相关，形成一种互相作用的文化机制。形法派将日常生活经验和自然界的天然物象，精巧地移情到相宅、相地的实践中，反映了农耕社会的真实生活图景和民众的诗性智慧。特别是形法派关于地域形胜的具象化解释，充分体现一种天地人神共在的有机生命观。它扩展了土著（当地人）对地域人文性格的地理认知，并促进了在地社会自我形象的塑造以及地方人文教育的延续与发展。

我们透过地理谶书及其活态的“具象化”实践，还能看到风水术数在地域社会中反复产生一种充满竞争性的激励机制——“鲇鱼效应”。乡族社会的不同阶层一直将改变身份、地位和追求向上社会流动的希望，深深寄托在有情山水形胜的寻觅上，并借具象化的喝形叙事，来表述并强化个体或家族奋发图强的精神、敬祖尊宗收族的需要，乃至改变自身身份地位的幻想。特别是传统中国“学而优则仕”的“官本位”（以官为本、以官为贵、以官为尊）观念，也借此得以凝固和扎根。而通过解释和印证那些被“历史事实”检验过的喝形（如《地理人子须知》的记载和地理谶图），不同阶层也看到改变自我命运的直接希望，并努力去把握那些突破自我的身份和固化等级的可能机会。与个体或家族自身的命运相关的喝形越是形象和逼真，个体或家族之自我激励的精神动力就越强大；反过来，自我激励的精神动力越是强大，喝形的形象就越刻骨铭心。

事实上，每一个形象化、标志化的喝形都是一种“记忆的场域”，构成一种空间的势能（气场），从而为地域社会各阶层提供了一种指向未来和梦想的文化意义。没有了风水术数的喝形法门（喝形包括更大范围的村落或小范围的穴地），地方山水形胜就失去了灵性和神性，就无法被赋予可资想象的、可回忆的、能够产生激励的文化意象，人们就无从确立起，也无从强化生长于其中的地方性认同。而喝形还连带地培育了一种“天地与我共生，万物与我一体”的情感诉求，对天地和自然抱持着亲近、感恩、敬畏、爱护的心态，形成地域或家族的命运共同体意识（诸如民间有各类保持龙脉和山水的禁约）。古代景观地理图就是传统山水画的先声，文人的山水绘事同风水理论有密切关联。[1]

因此，那些富有代表性的喝形名穴或被意象化的区域胜景（圣境），天然带有教化意义的“纪念碑性”和内向化的道德意义、审美意义。这些名穴、名地、名景，往往借助各种地方书写文本和口头叙事，被反复叠加、刻写上各种神话化解释，从而具有典范化的示范意义。特别是风水专家和在地人群，通过反复实地观察、专业验证和地方叙事，更是形成了一种大家接受并珍惜的地方记忆，从而将过去的历史与当下的现实连接起来。不仅是那些附着在喝形上的专业风水知识

1. 史箴：《山水画论与风水过从管窥：兼析山水画缘起》，载王其亨主编：《风水理论研究》，第198页。

被唤醒、被回忆、被表述，而且附着在符号化的风水空间中的价值伦理体系，也被印证、被宣传、被升华（如“小者惠贫困之善人，大者留待德福”“不可不修阴德”“修德以俟天，择地以尽人”等话语构建）。诸如前述明代淮右禅师关于“蜘蛛结网穴”的道德警示，就是一种标准化、统一性的“典范流传”。

从某种意义上说，被“历史证明”的喝形赋予地方一种整体性的文化力量。其记忆方式因具象化而变得亲切又令人印象深刻，有效参与培育了地域社会的地方感、历史感、道德感。地方的社会互动网络（包括文化资本和象征资本），往往因喝形的地域空间被符号化而得到维系，不至于被人为撕裂。而喝形（特别是关于公共空间的宗祠、村落、寺庙、龙脉的喝形）作为一种“纪念碑式的记忆”，不仅具有“回溯性”，更有“前瞻性”，特别是构成了地方的道德教化、审美记忆的媒介。[1] 只要走进地域社会，每个地方都有值得典范流传的喝形故事和山水景观，这就是最好的明证。至于风水所营造的审美化、道德化的地方氛围，是否真能“以美启真”、“以美储善”甚至“以美立命”[2]，则另当别论。

当然，堪舆家究天人之际，意在“留待有福者”以资厝亲之举，往往事与愿违，有时反而成为引发地方秩序紧张和失序的导火索，这无疑是风水术数“鲇鱼效应”所带来的一种压力性的“副激励”因素。比如，乡族社会因为争夺风水资源而引发很多纷争，甚至兄弟间、族裔间因争房分而衍成仇雠。是故，地理图谶往往被秘而不宣，唯恐掀起腥风血雨。在崇尚新式丧葬文明的社会中，我们必须本着文化反思的态度，视之为曾经左右我们的文化心向、生活方式的历史遗存，才能理解地方社会运行的文化逻辑和群体记忆。

第三节　风水宗派的折中取向及其地方实践

宋元以降，两大风水宗派的一般性的知识和观念谱系，透过乡族社会中的职业性文化群体——地师、礼生、士绅、法师、卜师等“文化中介”——的主导、

1. 古埃及的纪念碑式的坟墓，让“社会互动的网络在时间层面上被永恒化”，而“古埃及的伦理体系要求通过彼此怀念以使社会网络不致被撕裂”。（[德]扬·阿斯曼：《文化记忆：早期高级文化中的文字、回忆和政治身份》，第56—59页）
2. 李泽厚：《关于“美育代宗教”的答问（2008、2016）》，第588页。

规训和实践，日渐沉淀为在地化、通俗化的“地方性知识”或“民俗常识”，从而深刻地影响着地域民众的集体心理结构、行为选择模式乃至日常化的风俗习惯。本节拟再从风水宗派的内在逻辑、普遍民众的文化心态、地域空间结构的变化、家族社会的变迁等方面，探讨一般性的风水知识和观念系谱的地域拓展进程，以及地方仪式专家关于风水知识系谱的文化阐释。

一、堪舆典籍的“崇理折衷”论调

清丁芮朴尝曰：“风水之术，大抵不出形势与方位两家。言形势者，今谓之峦头；言方位者，今谓之理气。唐宋时人，各有宗派接受，自立门户，不相通用。”[1]元明时期，风水宗派的对峙仍旧激烈。形法派不满理气派以方位、卦例、择日为重。元赵汸《葬书问对》称“论五行衰旺生克，此是阴阳家事，非所以求形法”，“方位时日无关于地理”，“夫方位之说，本非所以求地理，况乎随意所择，不得形法之真”。[2]赵汸以为势与形理显而事难，而方位者理晦而事易，易为“喜模鬼神，惮作狗马”者利用。其实《葬书》除言形势外亦言方位，运用阴阳理论及八卦法则讲述理气。

明代《儒门崇理折衷堪舆完孝录》偏于形法：“堪舆论峦头者，《雪心赋》《葬经》等书言之伤矣；论星气者，《催官篇》《玉尺经》等书言之备矣。”“相地以五星峦头为先，而卦例天星奚足惑；择基以七政要旨为重，而百家杂说何足凭。守此阴阳正理，可参造化玄机。”[3]明周视《阴阳定论》“崇正学”条曰：“何谓正学，根于义理。而择地不拘于卦例择日，不狃于神煞者是也。”“撮大旨”条曰：“不拘阳山阳向，不用天星八卦、宗庙、紫微等法，但辨来龙之真伪、结穴之美恶、水城之向背、应案之假特、左右之拱反、明堂之阔狭、水口之开合而已。”“正五行”条曰：“五行之说，岂可以九星、宗庙诸术之。”[4]因江西派或托名江西派的著作本就糅杂峦头和理气，加上罗盘的普及化，两派的风水知识谱系日趋交融，形势者不斥方位和日法，理法者不否认峦头形势及土石气色。明吴天洪

1. 〔清〕丁芮朴：《风水祛惑》“杨曾书”条，清光绪刻本。
2. 《古今图书集成》卷六八〇《博物汇篇·艺术典·堪舆部艺文》。
3. 《道藏》第35册，第582页。
4. 〔明〕黄慎编：《新编秘传堪舆类纂人天共宝》卷二《论类》。

《形气论》[1]、朱传《问答破愚》[2]、缪希雍《解难问答》[3]都重视两派的调和。

1.〔明〕吴天洪《形气论》曰："地理之说，盖自古记之。然发之未明，言之未详，余不容以无辨。世有专用峦头者，有专用天星者，不知峦头为体，天星为用，体用一源，相为表里。有体斯言用，专用则失体。然则术家可不先峦头而后天星也哉！形有阴阳，气亦有阴阳；形有五行，气亦有五行；形有生死，气亦有生死；形有吉凶，气亦有吉凶；形贵一阴一阳，气贵净阴净阳。形之五行，星峰博换，节节相生，如金生水、水生木之类，顺生向前为吉，逆生向后为凶，比和为吉，相克为凶；气之五行，假如寅卯之龙，自北方来为生，从东方止为旺，自西方来为克，从南方止为泄，生旺则吉，克泄则凶。形之生死在来脉，气之生死在支干；形之吉凶在山川，气之吉凶在星宿。龙穴砂水之形，载《入式歌》中；龙穴砂水之气，载《催官篇》内。形吉气凶，福多祸少；形凶气吉，福少祸多；形气俱吉，富贵长隆；形气俱凶，岂可葬乎？穴之贵贱，在龙，龙在峡；山之祸福在水，水在向。故源上寻龙，脉上求气，气上认穴，穴上观水，水上定向。此要诀也。"（〔明〕黄慎编：《新秘传堪舆类纂人天共宝》卷二《论类》）

2.〔明〕朱传《问答破愚》曰："或问：有执既明倒杖之法，方知卦例之非，以为不必用理气者，果是否？曰：若果精得倒杖之法，即不用理气亦可，然终不入细。曾见古人最著如郭、如丘、如曾、杨、廖、赖，有不精理气否？若不必用理气，古人又安用制罗经，又安用许多理气之说？所谓方知卦例之非者，以世人专用诸般卦例，不知倒坐杖之法故耳。'用卦不用卦，卦向穴中作。时师专用卦，用卦还是错。若能用卦时，便是真郭璞。'即此言推之，古人未尝不用卦，得穴而后卦耳。第所用之卦，以先天卦四六阴阳相配，后天卦推排爻象，所谓得卦得金，如是而已。古人亦有用变卦者，然止于三般卦例，未尝用世所传许多卦例也。且今之用罗经立标打线，即倒杖之遗法。然识得倒杖之法，方能打线乘气，打线立向，不然，是亦梦中说梦耳。有精理气，而不知峦头者乎？曰：峦头体也，理气用也，天下无无体之用，如不识峦头，将理气精于何处？……然而今人轻侮理气，以为若用理气，处处可安格盘等语，是犹入庙笑陈俎豆也。……此峦头、理气之配合，不容一毫牵强者也。"（〔明〕黄慎编：《新编秘传堪舆类纂人天共宝》卷六《问答类》）

3.〔明〕缪希雍《解难问答》曰："问：理气方位天星宫位应验之说，果有之耶，抑不足凭也？答曰：《易》曰'仰以观于天文，俯以察于地理'。言理者，条理也，即文理、脉络之理也。察其条理，则知中边向背，精粗大小，于以建邦立国、安处万民，此圣王之能事也。气者形之微，形者气之著；气隐而难知，形显而易见。经曰：地有吉气，土随而起，化形之著于外也。气吉形必秀润，特达端庄；气凶形必粗顽，欹斜破碎。以此验气，气何能逃。岂若术家之泥理气为吉凶者乎？经曰：占山之法势为难，形次之，方又次之，此方位之始也。今之针盘，即指南车土主遗制也。圣人之位，教人辨方，俾万民不迷所向而已。曷尝有吉凶哉？葬家亦用以占山者，盖欲原其所始，乘其所止也。……今术家舍形势而言方位，固已失之，又迷方位而论吉凶，其谬益甚。以针盘分金立向者，盖审定主宾，不使差失。恐放棺处，稍偏一线，则远处差多，宾主不对矣。此朝迎之法，实乘气自然之向也。故用分金，以纪所向之山水尔。设若合向此而误向彼，则所对非所朝，失乘气，失堂局，失宾主，故其应有差殊，非谓吉凶在分金也。乃至天星之说，世多知迂远，据其所论星垣，必是冀州、关中、燕都、西洛，始合垣局，杭州已多不足，况其他州郡乎？审如是非，都会山陵，鲜有合者。今术家不过为民间卜葬卜宅，安用此为哉？不必究其是非可也。"（〔明〕黄慎编：《新编秘传堪舆类纂人天共宝》卷六《问答类》）

明代嘉靖年间徐善述点出人们在风水选择上的“崇理折中”的信仰心态：“予窃取而权衡之，形势审于未穴之先，先天之本体也；方位察于倒杖之后，后天之妙用也。先天之体出乎自然，天也；后天之用尽乎当然，人也。体用不可偏废，天与人相峙并行，乌得执彼废此耶？乃以平昔所讲求经涉而有得者，定为成书。先列峦头之要，次附天星之法，形势方位，各有攸当，天人体用，不相背违。”[1]有关风水术数的“知识整合”，既源于对山川形胜的具象化的感官认知（形法），也源于对天地运作法则之“生气”“生理”的术数化分析。其中的基本精神和文化特质，既带有鲜明的“参天地，赞化育”的实用理性的思维定式，也反映堪舆家对天地宇宙的存在方式及其规律性的理性认知，体现了人对自然的主导性和主动性（“天人体用”）。

明代士绅罗明祖［永安人，崇祯四年（1631年）进士，曾任华亭令和浙江萧山令，后弃官归闽］就是一个融会派代表。罗氏乃罗从彦后裔，出身易学世家，以为“峦头、天星诸家纷纷，各持其说，总之要合得着，用得活，制得倒，救得来”。[2]他著有《形气赋》，谓“形气不分体用，体用乃系人为。术士各占一家，形气不能一贯”，山川的“形清气浊，此名峦头吉而理气不吉，庸人有富贵牖下之时；形浊气清，此名理气不凶而峦头凶，豪杰有杀身成仁之日。……作用全仗取舍得定，推移纯系趋避合法。以形救形，山水皆形也，在所定向，但得临渴甘泉，何意贪秀峰特耸；以气救气，阴阳俱气也，要于合局。……气一形一者，美恶任我进退。气异形异者，酸咸妙在烹调，五行之正变亦多矣”[3]。

罗氏《地理微绪》还结合两法，分析其先祖葬地的吉凶祸福（图7.24、图7.25）。其实，墓图叙事是明清家族族谱最常见的表达祖先崇拜情结的文化模块之一，亦是家族内部的自我身体规训的形式之一。墓图往往直观地提醒、矫正子孙的祖先记忆模式和人伦责任，而图释通过重述祖先的遗迹和形胜，刺激、引导了子孙对家族乃至自己命运走势的感知。[4]

---

1. 〔明〕徐善继、徐善述：《重刊人子须知资孝地理心学统宗》“自序”。
2. 〔明〕罗明祖：《地理微绪》，《罗纹山先生全集》，扬州：江苏广陵古籍刻印社，1996年，第1015页。
3. 〔明〕罗明祖：《汉上末言》，《罗纹山先生全集》，第1068—1072页。
4. “饱虎守肉形穴图：此余家葬高祖妣地也。西方作祖，左旋而比节，不失亥气。行龙极清，壬山丙向，赖公云‘迢迢西兑入天皇’，又云‘丙向夹蛇扞’是也。惜入首一节，癸丑双行，

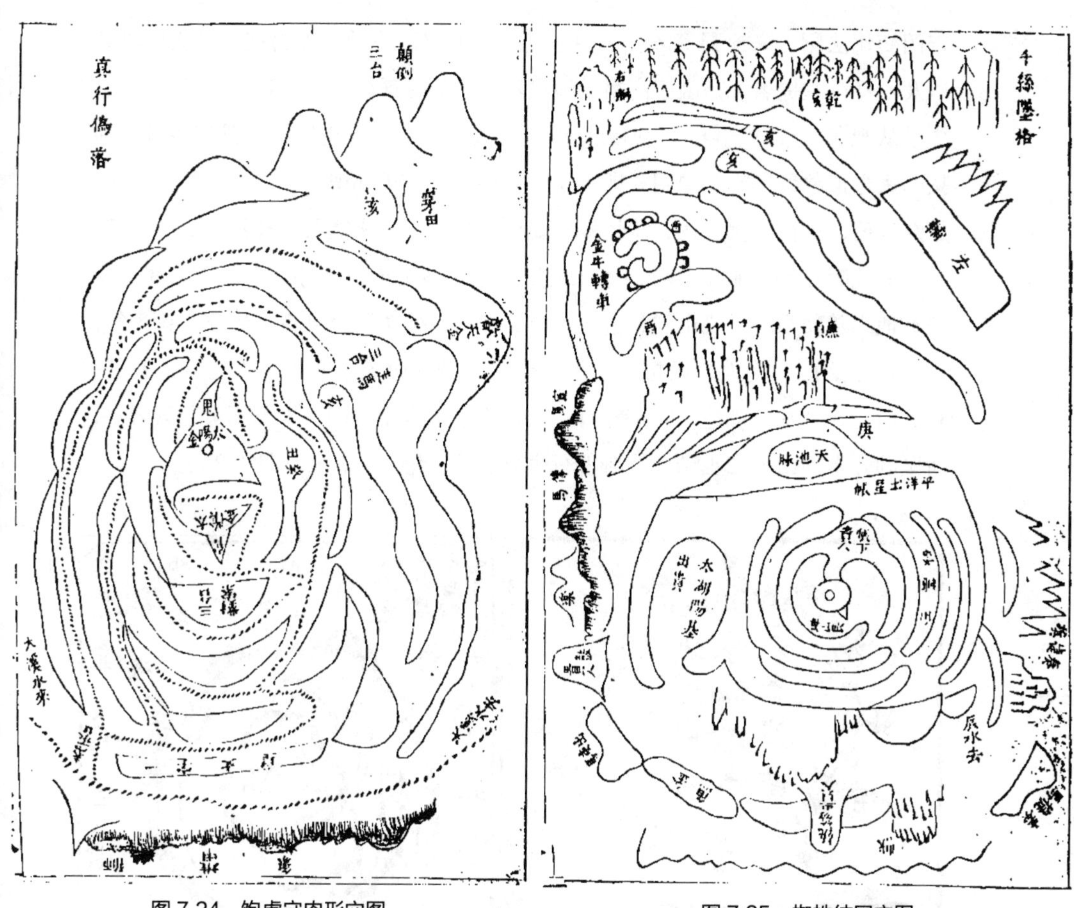

图 7.24　饱虎守肉形穴图

图 7.25　蜘蛛结网穴图

罗氏除从形法角度辨析高祖妣的穴场挨扦问题外，亦用理法中的卦气及方位

时师不识扶避之方。又作穴太低，为前案所压，故六十年凶气异常，仲子先绝，福房四孙长、季俱绝，季孙聪明，二十八岁而夭。寿房单子单丁，人财零替，田屋归人。揔为鬼金侵穴耳。过此一节，余以丁卯辛未，发乡会两榜，盖亥龙之应也。地名长道洲，俗呼为‘饱虎守肉’之形。”“蜘蛛结网穴图：此余葬先慈地也。此地与余乡龙同祖，分支百余里，重重结帐，转入太祖地坯山，延一帐三十余里阔，结为千丝坠之格之玄过峡，左辅右弼扛脉，复结金土星辰，金牛转车过峡，又顿起廉贞，爆火三台，即张子微所谓‘天几穴’。其石皆高耸玲珑，如乔木开花，遂卸平洋，天池出脉，结土帐，帐下金星贵人，转出水星泡心穴，俗呼为‘蜘蛛结网’之形是也。其山左边俱金水秀丽，右边丙、午、丁山尽高耸玲珑之岩，为禽为兽，游人络绎，文武得位，为阴庚龙，立坤艮向，卦气攸宜。水消龙门，兽星双镇水口，

吉凶变化法则，来诠释家族在一甲子轮回中的兴衰成败。他将房亲“人财零替”以及自身科举提名，归因于高祖妣地风水气运的变迁。而对母亲的葬地，罗氏亦先遵从观龙、察砂、辨水、喝形、点穴之法，再结合山川形势的卦气吉凶判断。按术家之拟象说，蜘蛛结网穴即丁（子孙多）贵（子孙识文或为官）两全，只要族众勤劳，世世衣食无忧，难怪罗氏要望穴兴叹，恨未能及早迁葬焉。

清乾隆年间，永定县青乌家张丙琳在其《地理全成连环记》的“自序”中，声称他跟随父亲“登眺山麓，遍览形势，相与论峦头而究五行之生克，论理气而究水口之旋向，论天星而按之三垣，合之八卦、南极、北极出入之度，究其差移，而龙穴砂水之创造，宜宗斗首，宜宗洛书，宜用奇门，推测不爽”云云。他所画的二十四山形图也结合八卦五行生克、理气论吉凶祸福（图 7.26）。

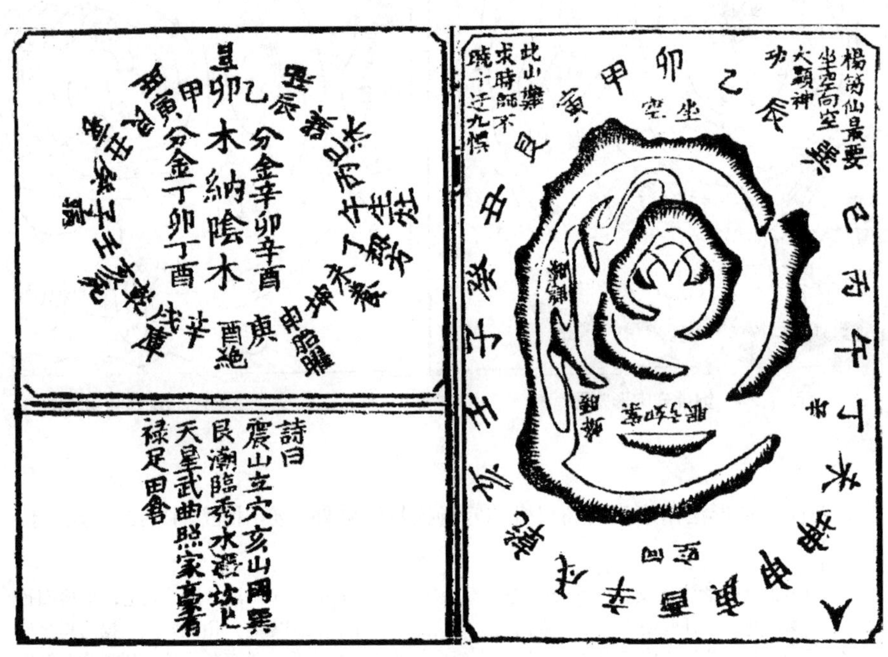

图 7.26　二十四山理气图

（张丙琳：《地理全成连环记》，乾隆年间刻本）

四面拥矗，怪峰周抱，独结穴十里坦平，辛、壬会而趋辰是也。旧宋厉老曾有钤记，时眼莫辨。予登山而得之，求之李氏，以葬先慈。惜先严地不美，恨宦游未及迁葬，恨恨耳。”（〔明〕罗明祖：《地理微绪》，第 1030—1031 页）

从吴天洪、朱传、缪希雍、徐善继、徐善述、罗明祖、张丙琳等的论述看，风水宗派知识的混合化既是风水理论内在逻辑发展的结果，也是民间风水操作功能化的需要。地理师关于两派理论的取舍实践，事实上刺激了古代中国天人知识体系的有机整合，从而推进了一般性的风水知识与观念体系的地域沉淀。

二、风水宗派在乡族社会的融合实践

明清以来，风水理论的两派走向相容或折中，亦是民间普遍的驱邪、避煞、祈祥的集体心态使然。风水先生独钟情于某派风水术数的知识、技术，而一般民众不会去辨识孰是孰非，只能根据“自利”（避煞求吉）原则来决断穴地的吉凶效应。风水宗派的差异，术师水平的参差，使得民众的风水选择更加谨慎，他们游离于两派之间，以追求风水效益的最大化。而两派对立性的存在既刺激了风水理论的自然发展，也加深了民众对风水知识的认知兴趣。地域社会关于风水的客观知识及主观判断，构成了民间“神秘实用主义”的两面。

随着一般性的风水知识、观念逐渐融入地方的民俗信仰之中，上至文化精英，下至普通百姓，大多以“求利”为第一位，纳入两派术数的观念系谱，既按形法派择山形势，又按理气派之说结合仙命以择日时（图 7.27）。风水理论上的争执和实践中的演示，也变相加深了民众“事亡如存”的集体文化心态。在择地现象背后，我们看到了更多对生存时空的圣化、对死亡的敬畏和对生命的眷念。两派风水知识及其实践，在赋予中国人生存活动以意义的过程中，也将人们拉回了信仰时代的童年，呈现的是对自然及超自然世界的自发的敬畏之心，以及人类积极追求生存质量的本然之心。

事实上，形法理论首先提供给人们一套“仰观天文，俯察地理”的感官性、表象性的认知（山水的形状吉凶），而理气理论则根据阴阳五行的生克关系，继续对山水的美恶进行理性化、数学化的分析，二者的结合充分体现了中国人对天地之道的感性认知和理性认知。而普通民众对待风水术数的“神秘而又实用”的态度，是刺激风水两派整合的社会因素，这从地方文献的话语表述中略见端倪。比如，清光绪年间，汀州城南的李氏裔孙文澜针对本家祠堂的形势、理气进行过理数合推，断定“一纪之内定产英豪”，因此哀叹“生不逢辰”，“惟期诸后生辈，头角峥嵘，应运而起”，这反映了一般性的风水知识沉淀为乡族社会的日常文化记忆，

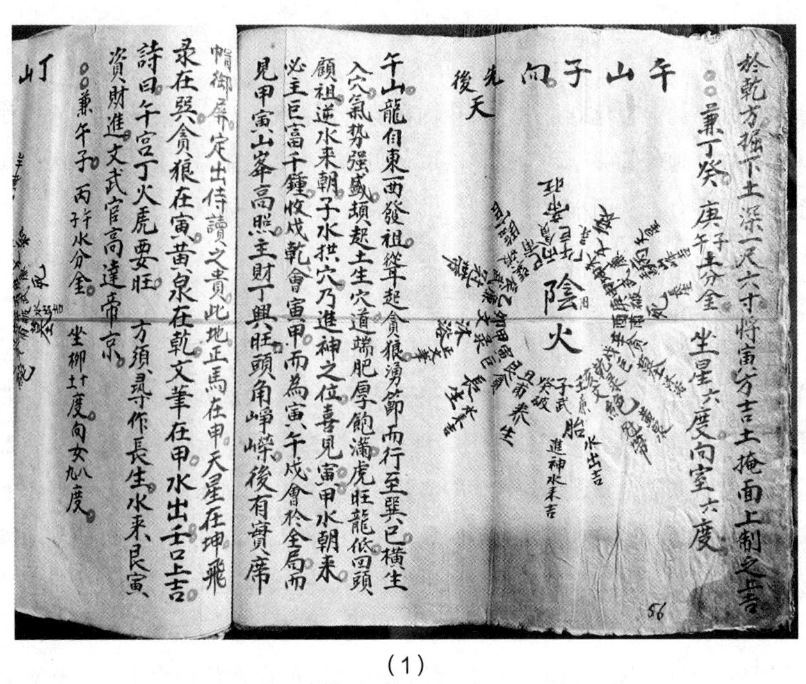

（1）

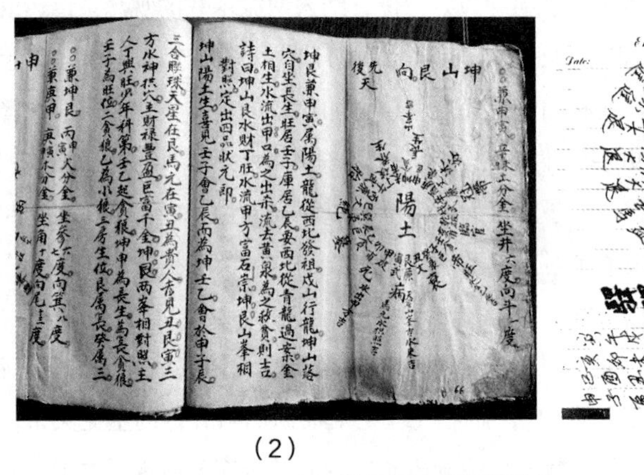

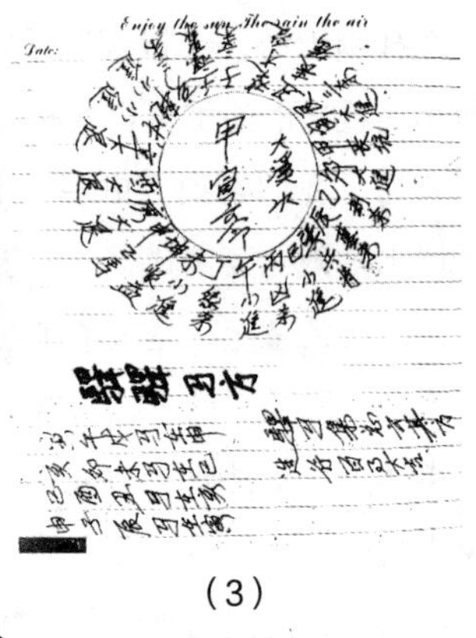

（2）　　　　　　　　（3）

图 7.27　理气堪舆书

（三合、四局、仙命等）

并为士绅提供了有关家族发展脉络的一个自洽的解释模式。[1]

---

1. 汀州《文川李氏七修族谱》卷首《城南李氏宗祠分金向首记》："地理见端于《易》，而《易》

明清以来，随着区域的开发规模日益扩大，社会经济获得较快的发展，形成新的墟镇，城乡地理环境发生了许多改变。如阳宅常遇“冲煞”问题，形法派的“喝形”诸法难以实施，加速了两派理论的整合，诸如日法、向法、卦例法、符镇法、福元法术等普遍受到重视，反映了民间社会在相宅实践中朝向理气观念倾斜，以及将风水技术信仰化的趋向。乡间村口、街头巷尾，到处可见“石敢当”或石狮、安吞口、安赐福板、安善板、安白虎镜等术。涉及厝宅之方位、择日等一般性的风水知识、观念甚至被地方文人写进寺庙签诗中，成为民众问卜各项生活事项的依据。如南安诗山凤山寺签诗第三十三签，有“殡葬从来利害多，也须

理本于图书，至幽至深，至元至妙。非通儒不能精，即非名师不能解。夫岂双山三合，拘于八干、四维、十二支者，所能窥其仿佛哉！是故名手作用，时师不可得而识也。前朝墓宅，后人不可妄为改也。余舌耕，暇考诸名墓宅，往往有误信时师迁改，竟至始盛终衰，甚而一败涂地者，不可胜数。如城西祖祠，原系乾山兼亥，与湖塘仲山公坟气局相同，乃三元不败大局，后改亥山兼乾，竟失大局，反犯阳差（此真差错，时师不解，故致悞用），何惜如之。我南祠创自明初，重建于万历庚申（1620年），迄今二百余岁矣。三宗并秀，代起人文。地灵人杰之说，信不诬也。其分金向首，与我四世祖妣七星冈坟气局微同，意当年创建必出一名师之手，故其立穴、出向、消砂、纳水，时师有万不能解者（时手只解三七二八兼法，拘拘百二十分金十八局故耳）。但分金向首，前人未登谱牒，窃恐日后无稽，误听时师迁改，如城西故事，势必不免。余鉴前车，曷禁悚然。此记之不能已于作欤。夫地理一道，峦头为主，理气辅之。无理气而峦头终成废物，无峦头而理气亦属空谈。”

“试先言峦头。祠之来龙，或云起祖长邑，从水西岭下至钱姓坟，渡河而过。或云起祖金鸡岭，从旗石峰下至高墩上，渡河而过。此缘改河日久，遂不知其所自来矣（河改自嘉庆初年）。岂知其龙实由邑之青龙砂委折而来（未改河前，水南带皆邑之青龙砂，亦邑之明堂毡唇。改河以后，青龙断矣），以东坛为父母山，趋至彰福桥上下过脉（未改河前，并无此溪桥），至水南铺茵展席，散落七星，到第墩逆转，突起金星，为祠之主山，作回龙顾祖结穴，收城内血脉水到堂，横过城西一带，狮象关锁内口（未改河前，邑之内水口即此），复会南关外大河，缠元武而出，且远峰罗列，玉笋森森，此山水之灵秀也。”

“再言理气。祠之向首并双山作法，坐坤立艮兼未丑四分余（此非坤未双丑艮双之说，时师谓无分金，不敢下针），坐井十六七度，升、蛊二卦，缝针向斗九十度，无妄、随二卦，缝针门首八字，墙外复飘，出墙四尺，恰收乙字，中孚节水来消壬字，比观水去（此局改河后亦可，日后永不得增减尺寸），正合《青囊奥语》‘坤壬乙巨门从头出’之局（坊书尽谓‘文曲从头出’，只知牵扯三合水局，不解此中消息），然合四象作之收巨门局，又不仅巨门，此天元龙兼取人元龙，亦三元不败之上中局，真名师作用也。目下运届上元之一，风气渐转，接交二三运，应主文明大启。至下元七八运，亦佳（时下呆板三元，概不足信）。”

“余生八运之末，窃叹生不逢辰。然依我祠理数合推，一纪之内定产英豪。惟期诸后生辈，头角峥嵘，应运而起。贤父兄种德以裕后，贤孙子修德以光前。一纪以后，余将亲睹其盛焉。钟灵毓秀，长发其祥，可于此日卜之，不即可于此祠基之也。夫有基勿坏跂，予望之。光绪七年（1881年）上元辛巳季冬交乾之九二，廿二代裔孙文澜谨志。”

人事两相和。方位已和符吉日，凶神恶煞自消磨”云云（图 7.28）。

第三十三下籤

殯葬從來利害多　也須人事兩相和
方位已和符吉日　凶神惡煞自消磨

（古人）貴妃被斬

附註：唐玄宗晚年，寵愛楊貴妃，名玉環，初女道士，號太眞妃，沉迷宴樂，六宮美女盡不鍾意，安祿山作反，出兵征之，宰相李林甫朋比爲奸，以討伐楊國忠爲名，突自范陽起兵叛唐，玄宗西行到馬嵬驛坡下，三軍不行，要皇上將楊貴妃斬首至肯前進。

聖意					
功名	運程	婚姻	官司	丁口	家宅
功成急退勿貪榮華	雖多挫折幸得平寧	求謀費力終當有成	急宜自保爭則有悔	飽暖不淫自然安泰	家門凶神長恨嘆情
生意	疾病	失物	厝地	田畜	六甲
和平處世自可生財	耐煩保身急而可安	運犯小耗更當謹守	方位和諧際遇吉祥	努力經營庶物繁昌	凶神惡煞孕受消耗

第三十四中籤

高堂巨室此時營　應遇福星正照臨
人物亨通俱可慶　優遊憩息享安寧

（古人）桃園結義

附註：東漢末年，鼎分三國魏蜀吳，劉備稱帝，在桃園結義有關羽、張飛，恭敬心身，參天化育，結拜爲兄弟之稱，千古忠肝義膽，萬載聖神之聖地。

聖意					
功名	運程	婚姻	官司	丁口	家宅
功名得時更多後福	一路平穩諸事順適	配合若定自然得意	退讓一步可以無憂	家人有慶人丁興盛	門閭吉慶福星拱照
生意	疾病	失物	厝地	田畜	六甲
運際昌期財源廣進	逢凶化吉醫禱皆應	小往大來不須介意	風水平穩地理清秀	田禾富足庶物咸亨	孕生貴男永結同心

图 7.28　诗签中的理气术语
（南安诗山凤山寺）[1]

1. 辜安庆：《保安广泽尊王史略》之三《灵签古本注解》，香港：开元禅院，1992 年，第 63 页。

族谱资料也能管窥二派的融合趋向以及乡族社会的兼容并包心态。一般性的风水知识、观念系谱的扩散，同“尊祖、敬宗、收族”的伦理实践相互推进，从而构成了相互嵌合的思想传统，用以激励族众当下和未来的价值定位和行为选择。随着新型家族制度的发展，宗族组织越发热衷于参与祠堂及远祖（特别是开基祖和有功名的先祖）墓地风水的投资。而乡族势力为了控制地方秩序，常参与地域风水的象征营建（如村落水口、水利设施）。因两派术数各有利弊，风水的实际效用又被视为评判优劣的标准。地师或乡绅意识到结合形势和理气之通法，方能取得中和的风水效益。由于祠墓地营造关涉到全族子孙的祸福命运，主事者在抉择时慎之又慎。特别是一些士绅熟谙风水理论，多以形法为体，理气为用（图 7.29)。因为山形、水法属形势大局，难以改变，应以顺从和调适为主，而宅舍的理气、卦气则常随时令或命主而变，恰可补山形之缺，如通书日法的“补龙”或“补山”之术。

随着各种风水知识和技术积淀为普世性的民间信仰，重要的已非风水的知识和技术本身，而是人们对其信仰的程度、利用方式和价值评判等。“尚巫祀鬼”的观念根深蒂固，“敬天法祖”也是普世的价值取向。而阴阳两界的界限，更不可模棱两可，以免触犯禁忌。人们以虚拟的金钱贿赂天地神灵，祈求镇煞去凶，保证祖先和子孙的相安无事。其中，形法派杨救贫或廖金精、曾文辿等的名号就被反复地提到，但在焚烧或埋藏“买地券”的仪式中，风水的派别意识并未被强调。人们关注的是神灵与祭祀活动的效用问题。

我们不妨引述一下族谱有关族裔择地的记录。在寻龙踏穴“喝形”的基础上，族裔对墓祠的理气、择日的认同也是代代相传的。堪舆师在风水流派上的不同传承（如有三合、四局、三元、玄空诸派），也会决定祠墓做法的差异。如，南靖高才社《徐氏族谱》（民国手抄本）记载，徐氏在丧葬和建祠中既认可喝形术，亦重视理法、日法的运用。九世祖复贞（1614—1693 年）“学博艺精，洞彻舆图，明通地理”，费心改葬多代祖坟。自选的寿坟喝形鱼形眼中穴，“坐巳向亥兼丙壬，辛巳辛亥分金”。十四世仕修（1774—1841 年）停葬数年，“道光廿八年（1848 年）戊申三月十一乙酉日辛巳时，葬在永场葫芦山田中，内向酉卯兼庚甲，形图名曰架上金盆，又名众星抱月”，同治七年（1868 年）三月十三日辛酉日酉时与妣陈氏（1782—1865 年）合葬，“坐庚向甲兼酉卯，壬申壬寅分金，坐昴十度，向心二度”，至民国三年甲寅（1914 年）十一月，“起棺换金斗，改位迁葬，内外系是酉卯兼庚甲，丁酉丁卯分金。用日课甲寅年（1914 年）丁丑月壬寅日壬寅时，安葬此地”。徐氏所选的乙酉日、辛酉日、壬寅日等葬日，都是择日书的“鸣吠日”。入葬时还兼用“买地券”。[1] 通族屡次立建祖祠，未获吉地，挨延不就，至十世以下之子孙齐，乃审择高才社汤夏洋“相其峰峦形胜以立向，度其阴阳以定基，又正之于龟，叶之于蓍，然后择吉创建经营，成就明明龙穴，山则□□□□，水则环之巍巍，祠宇主以奠之，魂以安之。是年大清乾隆九载甲子岁（1744 年）吉旦，供迎我广仁堂，坐乙向辛分金，盖择于五月初九日起工”。

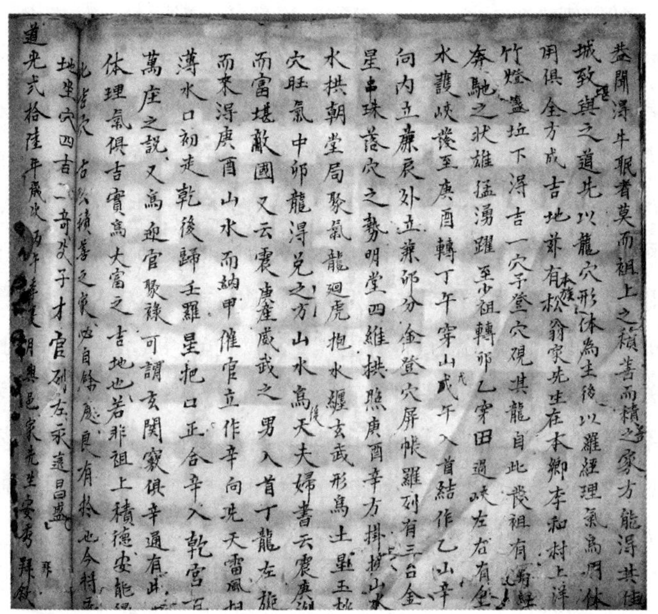

图 7.29　清永定刘氏堪舆记

1.《徐氏族谱》录有一则残破的“买地券”格式：“天苍苍，地茫茫，乾坤日月照山岗。立卖地主武夷王，前往南山采果，北山采茶，及遇仙师杨救贫，扦有牛眠吉地一穴，坐落某社某处，欲行出卖，请托中人张坚固、李定度，前来送卖与福建省△△△承买，当日三面言定……九十贯文，其银即日随契交讫，不欠分文，其地……任从买主过手筑坟安葬，左至……后至元武，四址分明，若有……。”

总之，在近世福建宗族组织的象征营造中，风水宗派的知识谱系皆有着丰富而又灵活的发挥空间，为族人提供了可资想象的意义预设，使得宗族团体的敬祖尊宗收族的举动得到了有效推进。“神秘实用主义”之所以成为民众的选择准则，乃是“神秘”源于人们对自然的敬畏，而“实用”出于人们对生存质量的本然期待。在唤醒和践行术数文明这类“冷传统”的过程中，礼义文明的“热传统”同样被内化于心，共同将连续性文明的历史刻写进乡族的文化记忆之中。

三、民间仪式专家的风水术数知识

欲把握一般意义上的风水知识和技术影响地方社会的方式，“从土著的立场”做一些“深度的描述”是必要的。日本学者渡边欣雄在浙江湖州村落调查时，着眼于“当地一般民众（而非专家）的风水知识”，如风水先生及风水的民俗知识、风水与墓地环境、墓地与风水树、风水与方位判断、风水和尺度、风水与墓制、葬制等。“作为中国民俗学的一个问题，应该怎样来认识风水先生和风水研究者各自的风水知识和关心的焦点完全是不同的这样一个事实？”[1]我们有必要细描风水仪式专家一般性的风水知识表述，以及对待风水的文化态度，特别是倾听他们“看（做）风水”的心路经历。

案例 1

LLZ，民国十七年（1928 年）生，长汀县濯田镇长巫村巫坑人，巫坑赖氏宗族宗长。访谈时间：2003 年 2 月 13 日。访谈地点：巫坑 LLZ 家中。

2003 年 2 月，笔者到“红旗跃过汀江”的濯田镇做些田野调查。镇政府的廖柏霖和王用功熟悉乡土历史与文化，称长巫村巫坑有一位先生，旧学功底甚好，精通《周易》。巫坑四周都是小山，村的水口种满树木，隐蔽性很好。村内已经没有巫姓。林姓和古姓有十多户，赖姓有三十多户。赖氏是在元朝中叶从濯田南安圩“迁来开基，祠堂坐东向西，辰山戌向兼巽乾分金，名油坊形”。LLZ是第二十六世，巫姓宗长，他有些耳背，开始有些顾虑，后经廖先生解释，便陆

1. ［日］渡边欣雄：《墓地风水的民俗：湖州地区的事例与考察》，载《汉族的民俗宗教：社会人类学的研究》，第 256—276 页。

续讲述了“行地理”的经历。他热情招待我们喝米酒，并带我们去看祖祠，讲解房分差别。一位族叔 LKY 刚好来串门，他参加过国共两党，打过鬼子，做过乡长。该村除出过一位新华日报社副总编外，就数他官最大。LKY 说巫坑的山头低，格局小。副总编家的好风水位于 LLZ 屋场对面，下山虎形，朝向梯田和山峰，迎来水，所以有“贵气”，出文人。

LLZ 的屋场背靠一座小山，面朝村落的水口处。庭前挖了一个小池塘。他说屋场风水格局一般，财、贵不足，丁旺。只要有男丁，靠双手勤劳，财气可求。LLZ 生了五男，让村里人羡慕不已。LLZ“行地理”时间很长。中华人民共和国成立前，叔公留下很多的风水书籍。在他十三四岁时，文化水平较低的叔父经常拿书来问。二十六七岁时，他开始“行地理”，暗暗做。人家说“行地理”是封建迷信，但心里又半信不信的，有人请他才去，也不主动要钱。LLZ 藏有《青囊经》《雪心赋》《玉髓真经》《疑龙经》《撼龙经》《天玉经》《青囊叙》《黑龙经》《金弹子》《铅弹子》《地理大全》等典籍。2004 年 10 月，笔者托廖柏霖请 LLZ 提供坟墓形制的资料。LLZ 画了草图，从长巫村走到镇政府转交。客家老人的淳朴、守信，让人感动。

> 风水是一种环境学，基本要求是住起来要舒服，身体健康，不会生病，不会有灾祸。地底下化学物质很多，地理先生只能通过水来证明。但后来将风水迷信化了。如早上做风水，晚上就可以发财，这就是迷信。做了风水可以当宰相、皇帝，就是太玄了。有句诗说得好:“地理先生说玄风，指南指北指西东。山中尽是王侯地，何不回家葬祖宗。”风水书是人写下来的，他们也是按照脑里的印象和实践去写的，他不是天上掉下来的，故书只能做参考。不能保证能帮人家做什么。只能本分地按书做风水，不能夸大。
>
> 风水就是藏风引水，像客家话说的，“鱼住深潭人住湾”，挡了风，人气就比较温和。客家话又说“有福之人风吹线”“东家有福，先生有目”“内隔一条线，外差万重山”。道理就是：寻找地坟时，一般是由东家带先生到山上去，如果东家没带对路，先生也看不到，所以说要靠东家的福气。以前，有钱的人请先生，先生通常要花很长时间住下来寻地。现在，只能看东家自己找好了哪块地方，才给东家定个方向。所以，现在不是先生找地方，而是

东家找地方，地方好坏就看东家的福气了。

什么叫地理？书上说：“地理即形气，理是从地出，地由理生。地无理，则为块然之死土地；理无地，则为空洞之浮词。故形势、理气，虽二为实一也。”现在所说的形派，又叫三合派，重形，结合理，主要研究山地形状。形，其代名词是龙，有起伏和断连。气主要配合水、峰（砂）。形法以《雪心赋》为代表，强调山势，来龙去脉，山有起有伏，水有弯有曲，峰（砂）有尖有圆有方。三合以龙、穴和砂水向为三合。三合派也有讲理气的，是赖布衣的理论，按八卦分二十四山，二十四山分五行，相生比合才好。理派，明代以来又叫三元派，重气，重理。三元派的理气是按照《周易》，八卦分为六十四卦。理气从六十卦变出，比较复杂。三合则从八卦分出二十四山，比较简单。

农村较重视三合，主要原因是要“坐满朝空”，即后头要靠山，面前要开阔。而城市看不到山，所以常重视三元，“坐空朝满”，后头要靠水，面前有建筑物。按照我们行地理的做法，一般是先看山的形势，然后看水的来去，峰（砂）的分布，再点穴，基本上以形派为主，再结合理气。比如水和砂各是二十四山的哪个字，来？去？这讲的是方位的意思。穴是否可进，可出，可左，可右，等等。以理气为主，风水可能“发”得更快，但可能“败退”得也快；而以形法为主，风水会“发”得更为久远一些。

案例 2

LSN，LLZ 次子，1964 年生，小学文化。访谈时间：2003 年 2 月 16 日；2004 年 5 月 18 日，访谈地点：长汀县车子关 LSN 租房处。

LSN 是唯一继承父业的人，专职从事择日、卜卦、算命、看风水，也兼做小生意。选择此业，一则喜欢，二则为生计。他的重心是培养儿子读书。他认为孩子命格较高，可以考上好大学，如果他不在县城发展的话，会对孩子的将来不利。LSN 通过东家关系，将儿子的农村户口“买”到县城来读书。LSN 有一股客家人的豪气。LSN 的风水知识和技术，并不全是从父亲处传下的。他经常与周边的风水爱好者交流。2004 年 9 月，LSN 闻知北京图书馆藏有刘永明主编《增补四库未收术数类古籍大全》之《堪舆集成》（江苏广陵古籍刻印社，1991

年），便委托复印全套丛书。县城有百位风水先生在“谋活”，市场竞争剧烈。LSN 祖传的风水秘籍不少，不缺少“吃”这碗饭的资本，居然愿意复印专业书籍，可见 LSN 的爱好程度。他说，搞风水行当，要讲职业道德，否则对本人及后代不利，这是祖上反复交代的。他祖传四代“行地理”，代代有男丁，个个健康，这是重视职业道德的福报。

老的形法理论，讲“坐满朝空”，喜后有山，前有水，要山、穴、水相合，山有屈有伏，带龙的形状；穴有护卫（砂），前面有案，案前有峰，峰要清秀；水应是逆水，湾环长绕，不要直水，即所谓的“九曲入门堂，当朝宰辅”。现在江湖上的“三合派”以赖布衣的理论为基础，以龙、穴、水为判断的依据。而赖布衣讲的是“三合理气”，主要论阳宅，以八卦去分宅，如东四宅、西四宅等，特别重视十二水口。水口就像人的大便口（肛门），没有排泄，身体就要生病。三合理气就是早期的理气派，它有很多口诀的，如“癸水癸向入乾源（穴场坐南朝北的水口出西北向），辛入坤宫丁出巽（穴场坐东朝西的水口出西南方，坐北朝南的水出东南方），乙流艮位产英贤（穴场坐西朝东的水口出东北方）”。山区的环境比较适合三合派。就像在客家地区，山都比较矮小，水路比较少，屋场前庭设立门楼（东门），就是为了收水，管财丁。而屋场后面的“花台”（护坡），一是防止滑坡，二是山小龙小，花台像双手一样护卫屋场，能够锁气，让聚集地气往屋场透出。所谓“逆水门楼顺水灶，顺水门楼绝莫做”。

理派，现代人通称三元派或玄空派，其祖师就是江苏风水大师蒋大鸿，以数、卦为判断的依据。玄空派主要是以河洛数去分宅向。三元重视运，三元各一百八十年，分九运，每运二十年，如 1984—2003 年属下元七运，代表西方兑卦主运。2004—2023 属下元八运，代表东北方艮卦主运。按三元九运法，每运有六个山头，有坐空朝满，叫上山下水；有坐满朝空的，叫旺山旺向。一运九运无旺向，壬丙二山无旺运。城市的环境比较适合三元派。

无论是“找风水”，还是“做风水”，都必须有辩证的精神。其基本原则是“形法为体，理气为用”。在寻找地坟时，首先应该重视的是形派的“地理五诀”和“喝形”理论。一块穴场较好的地坟，最起码的要求是，来龙、虎砂、水口、面山等比较清楚、灵动、不驳杂。如果一块地坟的穴场理气不够清楚的话（不好开罗盘），也比较麻烦，就必须多花功夫去修补风水。在做地坟时，还应充分考虑运用理气，比如结合逝者仙命、东家男丁的命相、当年山运等来择日、定向、做乾池、碑石等等。地坟的形势虽然可能很好，倘若是不会“做风水”，不懂得“补龙（来龙）”“补山（结穴）”，效能可能就会大减。如果一块地坟的周围形势不行，再如何运用理气也没有效用。地理家会问东家，要运来得快，还是慢。如果是求快发的，通常就用理派的做法；如果求长久和发得稳的，通常就用形派的做法。

地理家说过：“天下诸书对不同。”形法与理气只是针对历史上的风水理论宗派的笼统说法而已。在宋代的赖布衣之后，江湖上的风水先生并不习惯于称谓什么形派、理派的。而在蒋大鸿之后，江湖上更是只讲“三合派”和“三元派”。但客家的土楼风水按太极、八卦的生门、开门、休门三吉门开门路，不能纯粹用“三元派”或“三合派”的风水理论来解释，属于八卦地理派，以无形成有形，可以建在煞口上，选择四面山水环抱的地方。

四、风水地方性知识的文化反观

在上述事例中，我们大体了解风水专家看待风水的观念和表述风水两派的关键性的基础知识。我们对此的假设是，由于这些风水知识是最基础的和最关键的，也是不完全和不成体系的，因此它们更可能成为民众一般性的风水知识系谱，并构成风水判断的观念基础。风水先生显然需要为东家进行初步的文化解答，以满足东家对风水效应的浪漫幻想。风水先生还可以同时有族长、择日师、卜卦师、算命师等身份。风水专家事实上构成了一个文化中介、一座信仰桥梁，促使风水宗派的知识、观念扩散，积累为一种信仰民俗。

这些基础性的风水知识和观念在“沉潜”为一种民众的习惯记忆时，就可能让一般民众在风水实践中有资格评价风水先生的能力，并根据自己的意义图式对风水先生的判断进行合理怀疑或确证。就像笔者通过访谈，在某种程度上已成为风水先生的“受众”，接受了他们有关风水理论宗派的一般性知识的信息传播。显然，笔者所接受和描述的风水理论知识是初步的，因而也不是全面的和客观的，但并不妨碍笔者用“坐满朝空”或“坐空朝满”等关键术语，辨别一些具有代表性的建筑物所隐藏的风水知识形态，并合理地解释城乡的风水景观差别。同样，因为笔者的意识已经添加了龙应起伏、水应湾环、峰应清秀、三元气运等标准观念，所以笔者自然会反思，为什么这房子要朝这个山头，而不朝那个山头呢？既然今年是下元几运，那么今年那个山头的气运究竟是好是坏？我们当然也可以揣摩一下风水先生的技术技能，用民间的话来说，到底精不精。

因此，在想象风水宗派的基础性的知识和观念系谱“内化”为社会记忆的过程时，我们理当辨出风水专家和一般民众在风水知识方面的“最大公约数”。这样我们至少能够对某一区域的风水信仰情态以及风水民俗特征有一个相对准确的判断。

此外，风水专家的关注焦点，并不像研究者那样，总是喜欢找出两派的知识和观念系谱的差异。形法或理气，三元或三合，只是一种技术标签罢了，关键是看风水的实际效应。至于理派或形派，毋宁说只是研究者的理想型划分，风水专家早就知道“地理即形气”“形势、理气，虽二为实一也”。他们根据的是环境的需要或者东家的要求，知道理气和形法的妙处。“形气互动”作为风水知识、观念的地域拓展态势，并不纯粹如研究者所想象的那样，是风水理论发展的必然结果，而是出于风水知识实践的实际需要。针对地方的风水信俗的传承，我们还应注意到这套知识谱系具有双层结构，一层是“文本层”的风水知识谱系，一层是“实践层”的风水知识谱系。前者提供一些标准化的观念和范式，后者则融入了更多的个性化的地方习俗。

我们还能得出的推断是，民间风水专家在实践中融入了传统的道德判断和理性选择因素。比如 LLZ 和 LSN 终究是将风水理论应用看成后天的助缘。所谓“东家有福，先生有目”，东家的“福运”才是第一位的。“行地理”是要承担一定风险的，故当契合天理（是其所是），更要顺应“情理”（应其所是）。虽然“理是从地出，地由理生”，但在急剧的社会变迁中，人多地狭，风水资源更加有限；人心不古，风水先生的能力也更加有限。风水先生所抱持的文化态度，只能是“人生地”，而非“地生人”。而这种顺应社会现实的风水认知，不仅仅是属于风水先生的，而且是属于一般民众的。这种价值判断上的共识，能否帮助我们反思地域社会一般性的观念、信仰、思想世界的实态相呢？

总之，作为文化媒人的民间风水专家关于风水宗派的知识的表述，或许可以帮助我们“以今证古，以古证今”，确立一个有效的参照系，去观照那些最基础的、最关键的，因而也是一般性的风水知识和观念，是如何揳入一般民众的信仰、思想世界之中的，是如何被用以诠释乡族社群的历史发展脉络及“熟人”的生命运动轨迹的。我们业已拉开一张“神圣帷幕”，仿佛更加有信心，准备对一般民众观念和信仰进行历史追问，即追问在民众的信仰和思想世界中，普遍意义上的风水知识和观念的社会记忆是何以可能的。

第八章

地域文化网络与风水术数的传播渠道

毋庸置疑，风水两派理论都属于艰深而神秘、技术性很强的实用文化体系，尽管掌握专业的风水知识和技术对民众来说是奢侈的文化需求，但地方社会同样可以通过各种文化媒人或仪式专家，将高深的风水知识与技术，同日常生活方式有机地结合，从而刺激风水的民俗知识的普及。恰恰是因为民间社会的认可和利用，风水术数才获得存在和发展的社会基础，而没有成为一堆仅供观赏的“文明化石”。研究者应从民众的信仰和思想世界去反思，普遍意义上的风水知识和观念的社会记忆是何以可能的，民众的风水观念、信仰为何能确立并成为日常生活的一部分，风水信仰形态是透过何种具体的方式和途径完成自我存储和表达的。

一般性的风水知识和观念为地域社会所承认、接受并转变为民俗信仰的过程，乃是一种价值转换及意义生成的过程。首先，它是一种“位序转变”的纵向过程，其核心的价值规范逐渐下落到日常生活之中，并得到经验性的实证、模式化的演练，为大众所接纳。它先“化民俗”而后“民俗化”。其次，它是一种“平位调换”的横向过程，即在“化民俗”和“民俗化”的经历中，又与其他类型的信仰或已化的民俗互通互化。譬如，风水知识和观念与佛教、道教传统结合，逐步走向民间化和仪式化；风水的知识和观念被投射到婚嫁礼俗及岁时节庆的习俗之中，成为地域社会的文化记忆的组成部分。这两种转换方式当然是有区别的，但都参与了区域社会长时段的文化整合和意义建构。一般性的风水知识与观念走向民俗化、仪式化的过程，也是民间的社会文化走向多元整合的过程。[1]

从玄秘的风水术数衍生成日常的风水信仰习俗，是各种内外因素合力促成的结果。诸如民间的符咒、灵签、乩文、通书等文字、图像或仪式的媒介，都是保持风水知识—实践体系的文化记忆的关键载体。而地理师、择日师、算命师、礼生、工匠、民间道士、乩生、寺庙解签人等文化媒人或仪式专家，则是主动传播和创造性"盗用"各种社会礼仪、术数传统的中介者，甚至是第一媒介者。他们有些"鬼里鬼气"，甚至"装模作样"，却是搭建（实惠而又有效的）地域社会各阶层所共享的文化平台的"知识共同体"。一般性的风水知识和观念正是透过文化媒人和仪式专家，逐步走向民俗化和仪式化，从而深刻影响地域社会秩序构建和文化整合的。

本章拟从"关系论"出发，借助那些构成地域文化网络之环的安镇符咒、寺庙灵签、扶乩善书、民间通书等文献、图像和仪式，探寻一般性的风水知识、观念及其信仰渗入地域社会的过程，是如何和为何发展的。我们还要探寻各类仪式专家或文化媒人在风水知识—观念体系的地方传播中又扮演了什么样的关键性角色，他们如何将风水等术数文明的历史信息或记忆形态进行有效阐释、叠加和固化，或转换为攸关情感归属和身份认同的"地方性知识"，或生成日常生活叙事中的思想—文化框架、道德范式乃至行为轨迹、身体规训。

我们透过这些日常生活中的文化载体和不同代际者的能动性的文化表述、神话叙事，或者说种种层层相扣的"民间文化链条"的勾连和回忆，或许能感知其中一些活生生的文化灵魂和历史情趣，如何、为何被编织和刻写在一个充满活力的民俗知识系统的意义网络之中，并成为一种神话性、精神性的信仰力量。尽管复原文本的生成和传播的场景只是一种抽象的可能，本章仍将尽量传递各种文献、图像和仪式的背景信息，以期合理地呈现风水的知识—观念系谱的社会文化

1. ［英］R. R. 马雷特:《心理学与民俗学》，张颖凡、汪宁红译，济南：山东人民出版社，1988年，第84—85页。马氏认为，要研究"文化残存为何残存"的问题，必须以动态的方式来看待它，文化的历程是个价值转换过程，其转换方式可做二类分别，即纵向的位序转变和横向的平位调换。本文在借鉴"价值转化"概念之际，并不视风水习俗为一种过去的遗物或残骸，而是认为其代表古代中国实用文化传统的延续，如风水信仰统合了古代祀神、祭祖、事鬼的传统。由于适应社会现实的需要，风水观念系谱的仪式化和民间化的过程强化了对风水的基本价值的认可。

内涵及其符号性的意义。

第一节　安镇符咒与风水术数的传播

符咒，是符、箓和咒语的总称。符咒是道教斋醮科仪的法术之一，用以迎福攘灾、趋吉避凶。符是一种屈曲的篆籀之字及星雷之文。[1]箓有二类，一是戒箓（登真箓），乃奉道者的名册；二是记录天曹官佐的名册；咒是法师（道士）与神祇沟通并借以驱策神祇的一类口诀。盖有道印的符、箓是人神合一的媒介，是神祇得以驻足人间、施加灵力的象征符号。[2]符咒堪称一种理性化的“魔法”和“技法”，一方面通过身体规训的实践（如制定和使用符咒的禁忌、跪拜的动作），另一方面通过书写、诵读文字的神力，来维持人与人栖居其中的时空的秩序性。

随着道教科仪在地域社会的反复实践，符咒法术不断被纳入风水知识和观念体系，并形成地域性的安镇符咒法术。这类法术是风水和鬼神观念的凝结与浓缩，是人们借助超自然力量来左右风水效用的文化策略。它提供一个扎根于乡土的“符号桩”，拴住的是特定族群或个体关于区域的祀神、事鬼和祭祖传统的记忆，是关于风水能量左右区域内的族群命运或个体命运的记忆。借助于这类象征形式，人们能够对时间序列中的关节点及特定的文化空间进行有效的划分、切割，以维护自然秩序的神圣性，维护社会生活秩序的稳定性。

考察安镇符咒法术在民间社会的运用程式和规矩，有助于我们把握风水知识与观念借助一些超自然信仰模块，走向民俗化和仪式化的不同途径，并探索地方风水习俗同鬼神观念相互杂糅共生的信仰特性，了解风水观念与信仰是如何随着历史记忆的增删、层累而融入地域社会的文化网络之中的。[3]

---

1. 《云笈七签》卷七“符字”云：“符者，通取云物星辰之势；书者，别析音句铨量之旨；图者，画取灵变之状。然符中有书，参似图像；书中有图，形声并用，故有八体六文，更相发显。”（《道藏要籍选刊》第一册，上海：上海古籍出版社，1989 年，第 43 页）
2. 《灵宝无量度人上经大法》卷三五曰：“夫大法旨要有三局，一则行咒，二则行符，三则行法。咒者，上天之密语也。群真万灵，随咒呼召，随气下降。符者，上天之合契也。群真随符摄召下降。法者，主其司局仙曹，自有群真百灵，各效其职，必假符咒，呼之而来，遣之而去，是曰三局。”（《道藏》第 3 册，第 807 页）
3. 资料主要来源于笔者的田野调查，林国平及其学生提供了部分文本。我系根据安镇符咒法术的门类来划分。

一、道教的镇宅符咒及其地方形态

在事生与事死活动中，早期堪舆家与道教符箓派有很多共通之处。安镇科仪与符咒法术是“道教的宗教生活和堪舆术的广泛流行相结合的产物”[1]，是人们赋予时空关系以吉凶祸福的人文意义，使生命序列走向有序和谐的产物。

《论衡》尝曰：“世间缮治宅舍，凿地掘土，功成作毕，解谢土神，名曰解土。为土偶人，以像鬼形，令巫祝延，以解土神。已祭之后，心快意喜，谓鬼神解谢，殃祸除去。”[2]这种解土仪式后为道教符箓派的安宅镇坟科仪所吸收。

唐代以前的《太上洞渊神咒经》卷一七列有“召诸天神龙安镇墓宅品”，《赤松子章历》卷五列有“谢土章”，唐代《道门科范大全集》收有安宅解犯仪、安宅解犯谶方仪，安宅解犯谢灶仪等。[3]元明以后，正一派安镇科仪发达。《道藏》收有《正一醮宅仪》《正一醮墓仪》《土司灯仪》；《藏外道书》收有《九宫八卦安镇神灯科》(《上清灵宝济度大成金书》卷一四)。全真教派《广成仪制》收入《阳醮谢土安镇九宫全集》《阴醮招安启请全集》等科仪，述如何礼谢十方神灵，谨防地煞土神殃祸生人。《阴醮招安启请全集》强调安镇科仪与堪舆术的一脉相传：“玄灵叶应，由宗祖而荫子孙；人事式凭，辨吉凶而稽风水。盖缘一脉相传，灾祥是系。百神所主，祸福攸关。然点穴寻龙，虽从术学；而凌空化鹤，罕遇仙踪。妥先灵而卜吉，本希庆衍千秋。”[4]

随着安镇祈禳科仪的流行，安镇符箓也广为运用。殆出于隋唐的《无上三元镇宅灵箓》称三部九军能振动天威，厌鬼辟邪；殆出于唐后的《太上秘法镇宅灵符》列有《璇玑八卦之图》及镇宅灵符；殆出于宋前的《太上老君混元三部符》录有多类安宅、辟土符；《黄石公安宅护符法》列有五岳镇宅符、镇土府符、救宅符、镇寺观符等。

早在东汉末年，镇墓明器就结合道符来逐鬼驱邪。陕西户县汉阳嘉二年

---

1. 陈耀庭：《道教科仪与易理》，《道家文化研究》第 11 辑，上海：生活·读书·新知三联书店，1997 年，第 351 页。
2. 〔汉〕王充：《论衡》卷二五《解除篇》，上海：上海人民出版社，1974 年，第 386 页。
3. 关于《太上洞渊神咒经》的著作年代，各家说法不一。或曰下限在东晋末（卿希泰的见解），或曰后十卷乃唐末以后增加（大渊忍尔的见解）。《赤松历道子章历》盖编于唐末以前（大渊忍尔的见解）。
4. 《藏外道书》第 14 册，成都：巴蜀书社，1996 年，第 803 页。

（133 年）朱书陶瓶道符附有时、日、月、尾、鬼、索形、星等物，“大天一主逐敦恶鬼以节”；[1] 湖南长沙刘宋元嘉十年（433 年）“徐副买地券”附有由北斗、文昌、房宿、衿、心宿等构成的星象符。[2]《钦定古今图书集成》卷六百七十八《阳宅十书》收入各种符镇法。

魏晋以来，随着福建移民开发进程的加速，道教信仰大量地渗入地域社会的文化肌理之中。一方面，道教将民间诸神纳入神仙谱系，民俗化的道派盛行；另一方面，斋醮符咒仪式被移植到地域崇拜之中。特别是安镇祈禳科仪及符咒法术相当繁荣。例如：上杭县南阳镇正一派“福应坛”有《太上正一皈龙谢土玄科》《太上安龙五方谢土玄科》《太上皈龙土皇醮科》《太上正一安龙敕符玄科》等“归龙科仪”文本；[3] 闽西北普庵教道坛有《佛道太上道坛正教安龙扶气玄科》和《太上安龙扶气神灯济群玄科》等文本；[4] 永春东关镇灵宝派“灵应坛”（该派夹杂着闾山道法）所用的《灵宝延生敕坛科》文本，主述“此间土地四坛结界”仪轨，神灵往往扮演了堪舆仙师的角色。

在地域社会的集体记忆中，一个聚落的兴衰往往与风水气脉的维系相关。举凡聚落空间（同族聚居或异姓杂居）出现不平之事时，人们便将其归咎于通境的龙脉不顺、龙神游走。道坛法师每年举行请龙、安龙科仪，以祭龙神、通龙脉、壮龙气，保护通境宅舍安宁和百姓安康。倘若祖坟风水遭遇破坏，便要请道士举行安龙、平基仪式，防止龙神被人抢走。[5] 邵武《樵西古潭何氏宗谱》（清刻本）卷尾三记录了盗葬者陈氏同何氏和息，并聘请道士“安龙”事宜。[6] 凡是庙宇或

---

1. 王育成：《东汉道符释例》，《考古学报》1991 年第 1 期。
2. 王育成：《徐副买地券中天师道史料考释》，《考古》1993 年第 6 期。
3. 安龙科仪文本是了解道教与风水信仰互动的重要文献，因篇幅过大，只好割爱。
4. 叶明生：《闽西北普庵清微等派调查》，载杨彦杰主编《闽西北的民俗宗教与社会》，国际客家学会、海外华人研究社、法国远东学院，2000 年，第 426—427 页。
5. 试录数语：“真人真人，北帝化身，手执罗经，子午为定，五行、五气、八卦随身，乾坤为重，日月为明，二十八宿随行，指陈山顶带云捉穴，有名灵龟献水，金针浮行，不怕天凶神杀，不怕地下恶鬼神，天师上帝来助法，牵山塞海斩妖精，北方天门是吾镇，人民富贵至如今。急急如佑圣真君到此律令敕。”
6. 《光邑陈姓立情甘字》：“立情甘挖验平基字人陈中乾，缘本族不知何人，在何姓观音大座形之山悮开生基。何宅本欲鸣官究治，中乾出身劝勉。何士沂、占元、杰等念属旧渊，从中调处，经众登山挖验，倘私藏骸骨，中乾情愿收领，另为改葬。如无骸骨，亦应平基培土安龙，无得异说。此山原系何宅三大股祖妣坟山，自后遍告陈姓子孙，再不得悮开生基等

祖祠重修，也要安土醮事，告慰四方、龙神等（图 8.1、图 8.2）。

在符箓道派中，闾山教法影响闽地甚深。南宋白玉蟾称："复有闾山法者，其实一巫法也。巫法亦多窃太上之语，故彼法中多用太上咒语。"[1]三奶派（主祀兴化县陈靖姑即临水夫人，信仰圈集中在福州、闽东、闽北）和法主公派（主祀永福县张慈观即张圣真君，信仰圈集中在闽东南、闽西南）向来重视安镇科仪和符箓法术。[2]

按龙岩道坛举行传度受箓仪式后，考法者（受度牒的师公）度牒文书就有"阳平衙给出地理公牒一道"（图 8.3）。[3]风水祖师被圣化为地域神明，成为法师的请神对象之一。永春县东关镇"灵应坛"（法主公派）《延生设醮三元保安请神科》有"请茆山六壬先师"；[4]上杭县南阳镇"灵应堂"（主祀红头教地方神祇黄幸三仙、三奶夫人）《正一闾山红头正教请神科》有拜请"五行地理仙师杨救贫、曾仙佩、驷马头陀、九天玄女、白鹤仙人"云云。客家地理师甚至盗用闾山教的请神科仪，用于阴阳宅的破土仪式。[5]

事。欲后有凭，立情甘挖验平基字为据。同治八年（1869 年）三月十六日。立情甘挖验平基字人：陈中乾。经众劝勉人：梁居成、梁居庆。乡保官：永成。安龙道士官：贵贻。其笔自书。"

1. 〔宋〕白玉蟾：《海琼白真人语录》，《道藏》第 33 册，第 123 页。
2. 《闽都别记》对陈靖姑和张圣君的传说有不少描述。传说三奶派陈靖姑"匍往闾山学法，洞主九郎法师传度驱雷破庙罡法"（《绘图三教源流搜神大全》卷四《大奶夫人传》，上海：上海古籍出版社，1990 年，第 183 页）法主公派则是道法（巫法）和佛法（瑜伽法、普庵教）杂糅，盛行"金山科"（乌狮，功德超亡）、"闾山科"（红狮，醮事、祈禳法事）（叶明生：《闽台张圣君信仰之探讨（续二）》，《福建道教》2000 年第 1 期）
3. 叶明生：《福建省龙岩市东肖镇闾山教广济坛科仪本汇编》，台北：新文丰出版公司，1996 年，第 39 页。
4. 其文曰："六声龙角应乾坤，应开茆山六壬先师诸衙门，左殿横山银台使，右殿户部十郎神，殿前安符三相公，上元师赤松子，中元师赤松郎，下元曹子居裴子，骞奏事梁舍人，总曹官（典）、刑曹官（典）、户官（典）、法官（典）、兵官（典）、江官（典）、礼官（典）、六司案头、六司手、六司案尾、蒙判典十郎神、杨救贫先生、李淳风先生、袁天罡先生、郭朴先生、六壬一切先生，千里寻吾角声，飞云走马赴醮筵。"
5. 长汀新桥镇新桥村礼生、风水先生 WDX［民国十五年（1926 年）生，访谈时间：2004 年 5 月 25 日；访谈地点：新桥村 WDX 家中］所用的《斗首廿四山通用》，"做地"破土时用如下请神文（有异字者照录）："一焚香拜请，日吉时良，天地开张，拜请东震西兑南离北坎，拜请本山土地、开山土地龙神、守墓童子、守墓童郎摧开龙口，拜请三元盘古仙人、伏羲神农皇帝、周公、孔子圣人、九天玄女仙娘、杨公救贫仙师、曾公仙师、廖公仙师、司马头陀、张坚定、李定度仙师、罗经二十四山点穴仙师、周天二十八宿星君仙师、一百二十分金

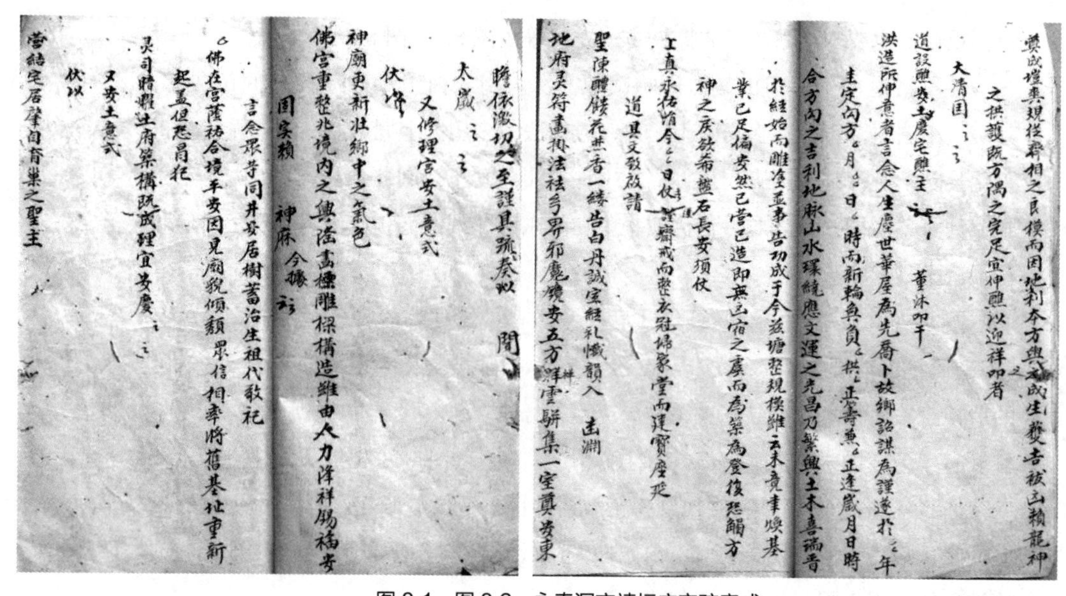

图 8.1、图 8.2　永春洞玄靖坛庆宅疏意式

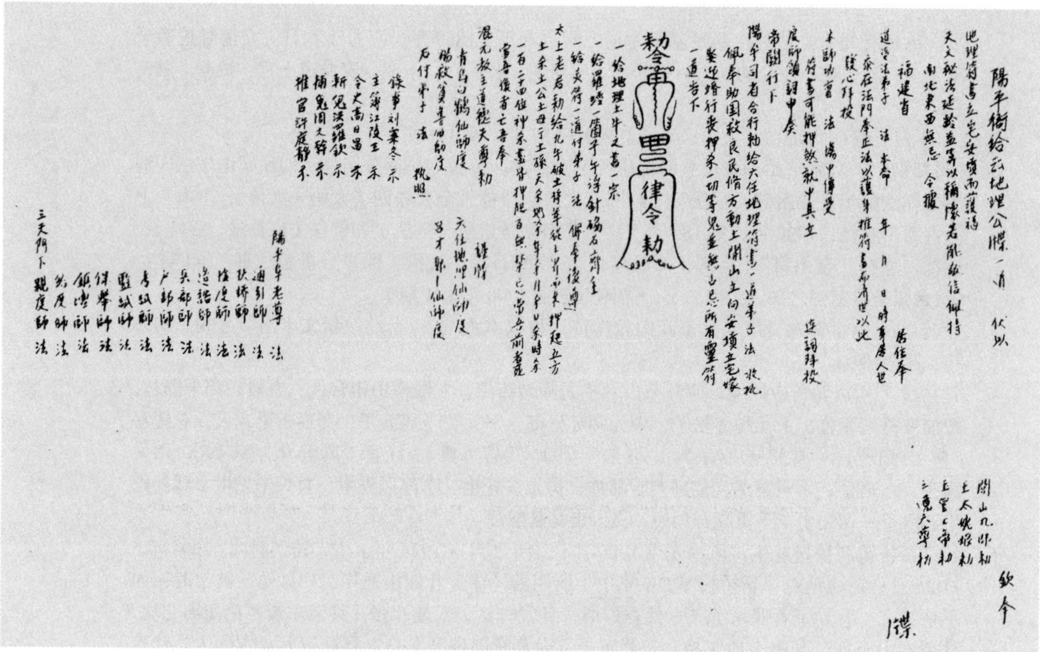

图 8.3　闾山教“阳平衙给出地理公牒一道”

（叶明生调查）

各种传说文本也充分展示了闾山教安镇法术实践的神秘性。福安《甘棠堡琐志》载："王开朝，清雍正间得闾山术□，其法力特别高强，凡人一向之祈福，先用铁符放去。一日，忽然镇在东门陈宅之中庭，陈宅之妇知王法师之铁符，用红裙掩于厅前，而铁符受其秽气，不能收回。今亦依然宛在，即举人陈培元之宅是也。"[1] 铁符可能是闾山教法的镇宅明器。今德化、永春、安溪等地法主公庙，兼祀肖公圣君（肖明）和章公圣君（章敏）。而张、章、肖带有亦佛亦道亦巫的色彩，精通堪舆术。[2] 法主公懂得"走地理"，遇风水不定之事，便去庙里抽签占卜，或请灵符安镇。[3]

闾山教安镇法术有诸多的禁忌，浓缩着诸多的道教专业知识，是高度技术化和体验化的。画符前，师公应净身、净口、上香请神、上章告文、步罡踏斗、叩

星君、紫微太微星君，拜请东宫东殿敕符师、南宫南殿敕符师、北宫北敕符师、东宫西殿敕符师、中宫中殿敕符师，敕开天门，敕开地府，敕开上界玉清圣境元始天尊、敕开上清仙境灵宝天尊、敕开大清胜境道德天尊、敕开三清玉皇上帝、太上五郎神姥君、王姥七千徒、闾山三官承九郎、陈林李三奶夫人、三元唐周葛三台将军，〇府〇县〇处地名众山尊神，拜请紫金殿上得道玉十三郎、幸七郎、幸公八郎、三元和合仙师、上元和合仙师、中元和合仙师、下元和合仙师、龙虎山头五伤一郎、五伤二郎、五伤三郎、五伤四郎、五伤五郎大将军，拜请长眉仙、矩眉仙、琅琊仙、洞中仙、大华仙人陈抟、白鹤仙师、前传后传祖本原师、口教师傅陈向伟、漳州府吴叔公、传法师公吴升、起符动土口教师公饶法鸣、陈法光、令旂众位师公师父、前传后教老师父、后传口教老师爷、千里同名学师、万里同名学师，拜请董德彰仙师、本坊福主、游案公王、社令真官、土公土母土子土孙、〇氏门中随来香火众位圣贤、诸位神祇，在天者腾云驾雾到，在地者摇鞭打马到，在水者摇船架浆一齐到坛来，筶子三变，一来到座，二来领受，今有某主〇年〇月〇日〇时香主东君虔备清香、宝烛、净茶、净酒、刀头案肉、高头雄鸡、水中鲜鱼、水花豆腐、黄禾米粿，盖保主人三朝一七来，进财、进宝，百事亨通。再来盖保未姓客人红云盖头、紫云遮脚，来者得福、去者得禄。盖弟子香火兴隆，上家来请，下家来迎，身中体泰，老少均安，子女团圆，众位圣贤领受金纸、银钱，天有钱心，地有钱灵，黄纸是金，白纸是银，红火烧化，即是金银。"

1. 《甘棠堡琐志》卷上《杂记》。
2. 〔宋〕张世南《游宦纪闻》卷四："（张圣者）游邑（指永福）中，募缘造高盖石桥，富室挥金相先。人曰：'圣者作大功德，又自可无一颂语？'僧笑云：'只两好事：石桥半，出通判；石桥全，出状元。无庸颂也。'及侍讲萧公国梁魁天下，乃生于桥成之月。桥方半时，实生通判吴公。"（北京：中华书局，1997 年，第 30 页）据德化县榜上村《黄氏族谱》载，其先祖必玉公曾献地葬章公考妣，后章公拜必玉为谊父，为黄氏钱塘祠剪裁砂水。（《道教圣地石牛山》，1998 年，第 46—47 页）
3. "道教宗派'闾山教'法师为台湾民间宗教的重要祭司，民宅八卦牌的奉安仪式均由他们所主持。"参见董芳苑：《台湾民宅门楣八卦牌守护功用的研究》，台北：稻香出版社，1988 年，第 9 页。

齿捏诀，并忌有秽物和女人内衣裤在场。如图 8.4 是龙岩闾山道士的安龙谢土符式三种（上梁符、镇厅堂符、谢土符），礼请普庵法师为符主；[1] 符式纳主生、养、护生人的三台星君。[2] 民间有活符、死符之说。符若全部贴紧，便是死符。符下三分之一随风飘动，方是活符。这些符式具有巫、道、佛混合色彩。

比较而言，风水先生运用罗盘来确立理气、坐向，只是规范宅舍风水的一个总体变迁趋势（气运流动），闾山制符者却借着符咒法术来实施对时空秩序的象征调控，以期范导宅舍气运一直趋吉的走向，或暂时逆转趋祸的运势（伏制神煞）。请符者虔诚的仪式行为（烧香供奉、奠基安奉），也暂时缓解了他（她）对失序的居住环境的焦虑或恐惧，进而感受到个体存在的有序化。安镇符咒法术所引发的心理效能，甚至可能强过风水签占之术。毕竟，抽签者的辨签难免多带一些游戏氛围，甚至允许反复的怀疑与否定。而画（用）符者的心态却显得敬畏而凝重，充满着对抗凶神恶煞的崇高感、力量感。

1. 〔元〕秦子晋《新编连相搜神广记》录有普庵法师的身世及事迹。普庵被闾山教法尊为南泉教主普庵祖师、南泉万法教主、普庵真人、普庵大德禅师。

2. 《太上感应篇》卷一："三台共有六星，每台二星。上台司命，中台司功，下台司录。上帝署为天曹。俾主生死养寿夭。人有三魂，上应三台。"南宋元妙宗（太上助国救民总真秘要）卷二曰："上台真君身长一丈，面黄，吐黄气，散发，道装，浅黄之衣，手执玉圭，乘三素玄云，顶中有黄气，名虚精。中台真君真身一丈，面白光，吐白气满天下，道装、白衣、执白圭，乘白云。顶中有白气，名六淳。下台真君身长一丈，面青有光芒，气如丝射，暗立青气中，道服，青衣，执青圭，名曲淳。"并有三台星形，注曰："上台一黄，祛却不祥。中台二白，护身镇宅。下台三青，治病除精。台星到处，大赐威灵。诛锄凶恶，赦疗群生。太上笔法，符到奉行。"

   元代徐道龄《太上玄灵北斗本命延生真经注》卷三曰："上台星君号通妙玄道天尊，生生主者；中台星君号仁化昭德延福天尊，养养大神；下台星君号灵源妙有空洞天尊，护护天翁。虚精、六淳、曲生者，乃星村之内讳也。人能知星眉名号，而诚心顶礼敬者，则众恶消除，诸善备至。凡于静房端坐，思三台覆头……人非魂不生，非魂不养，非魂不护，故言生、养、护矣。凡人之身，有魂则生，生必养，养必护矣，若生养了不护，则夭折也。延生之诀，正在此三字上。"

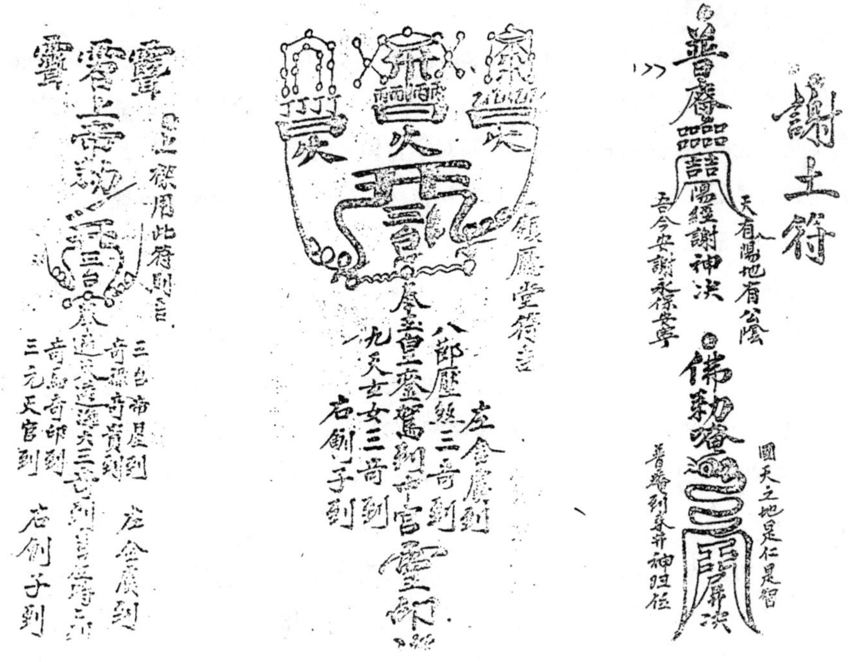

图 8.4　闾山教安龙谢土符式三种[1]

二、镇宅符・镇墓符・风水护身符

1. 镇宅符

不仅闾山教重视镇宅符箓，各类佛道寺庙和民间宫庙也参与涂画或印制镇宅符。这一方面是为了改善聚落或社区环境、宅舍气运；特别是在定居空间秩序暂时无法改变之际，张贴、焚化灵符不失为一剂经济的补救药方，让人赢得避免灾祸的时间差。另一方面，张贴或焚化镇宅符，有助于保证未来或现存的风水气运不至于发生急剧改变，并使得固有时空秩序朝有利于社区或个体的愿景演进。地域不同，镇宅符的种类和用法可谓五花八门。

1. 叶明生：《福建省龙岩市东肖镇闾山教广济坛科仪本汇编》，第 172 页。

（1）八卦符

《易经》涉入日常生活习俗甚深。太极、八卦图像被视为宇宙信息和能量的载体，能够驱鬼驱邪和调节气场吉凶，成为镇宅符之核心的象征图案。八卦符咒其实是多元的意义结晶体，既是民间对宇宙模式的原型信息的复制，也是社会生活模式信息的沉积。风水师通过对原初自然秩序的模拟，隐秘地再现了乡土文化传统的复合记忆。

在制作八卦符的仪式中，各类星象天神以及神化的“文化英雄”皆被摄召来“各效其职”，风水祖师被圣化为收伏鬼祟的神灵。模拟天地构造法则的八卦符，成为保护宅舍“龙神”安宁、宅主安宁的圣器。八卦符又有先天、后天之分。东家一旦认为房舍风水不好，特别是面朝马路、巷子、对门、衙门、寺观，就要安符来压煞。符图的元素包括太极、八卦、河图和洛书、八卦字令、北斗七星字令等。

在闽南，先天八卦符是纳吉的象征，主要用于竖厝（建房之意）、建祠或升中梁等喜庆之事；后天八卦符是治邪的象征，主要用于建庙宇或净化秽地。[1] 除风水先生遵循一套仪轨外，东家也要举行烧香、照烛、备清供、打花（“大发”谐音，指割破公鸡冠血祭符）等安符仪式。八卦符图的制作必须遵循一定的仪轨（长汀濯田镇长巫村 LLZ 提供），堪称道教宇宙图像与风水观念形态的典型结合：

（1）风水先生准备好纸笔、墨、一碗清水，并净心、净口、净手；

（2）在红纸（或木板上）上画先天八卦图，中间先画太极图，再按先天八卦顺序画八卦图，默念八卦字令及天皇字令、土皇字令口诀：

八卦字令：[illegible]乾字令名三宫 [illegible]艮字令名三宫

[illegible]震字令 [illegible]巽字令 [illegible]坤字令

[illegible]離字令名太阳 [illegible]坎字令名太阴

[illegible]兑字令

諸字令合口訣 [illegible]天皇地脉[illegible]下。

1. 华安马坑《李氏族谱》（民国年间刊本）的符图复印件，系漳州台办林嘉书提供。

诸字令口诀：[illegible]天皇地[illegible]魔下，[illegible]土皇神杀伏驰驱。

（3）画完符图后，用拇指头在碗水上方虚写天皇、土皇、太岁、廿四气、地皇、玉皇、人皇、廿八宿等字令：

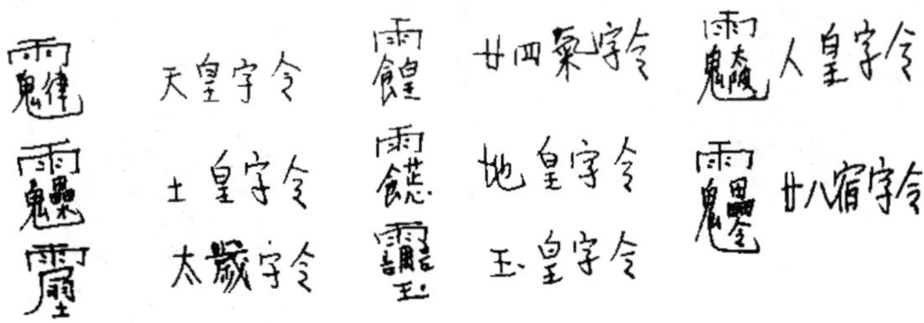

（4）先默颂“敕水咒”[1]，次颂“杨公咒”[2]，再口含碗中清水，喷洒于符上。有些八卦符还杂糅着杨公先师崇拜。

（2）太岁符

在传统宇宙观中，天人并非两分，自然（时空）与人同属一个宇宙生命有机体的一部分，是相互感应的。世俗的生命秩序乃神性的宇宙秩序的缩影，宇宙秩序是主宰和规范生命秩序的根源（天道性命一体贯之）。时间被视为神圣的，或可逆的、循环的。时间序列中的不同关节点，会影响不同空间设置的气运以及处于某一序列关节点上的人（或家庭）之命运。在不同关节点上，人与定居空间的和谐均衡是相对的，而非静态的。定居空间的气运（如年运）一旦暂时偏离原轨道，必然影响到个体身心及事业。太岁符[3]正是对此时空秩序规则的形象仿真，是化解时间关节点禁忌的有效方式。

俗云：“太岁出现来，无病恐破财。太岁当头座，无喜恐有祸。”凡是当年

---

1. 《敕水咒》：“祖师敕水，水师敕水，原是九天玄女甘露水。仙女阶前，玉女阶后，洒天天开，洒地地开，洒人人长生，洒鬼鬼没亡，洒足踏地。吾奉九天玄女、杨公祖师敕令。”
2. 《杨公咒》：“天灵灵，地灵灵，乾坤始奠，日月分明。伏羲、黄帝、文、武、周公、孔子圣人、青鸟仙师、白鹤仙人、玄女仙娘、郭仆仙师、杨公祖师是吾开判，是吾收伏，何鬼敢当，天下鬼祟自没亡。九天玄女、杨公仙师急急如律令敕。”
3. 在民众眼中，太岁符具有镇宅功效，能为冲犯太岁的宅主驱邪避凶。本文视之为镇宅符的一种。

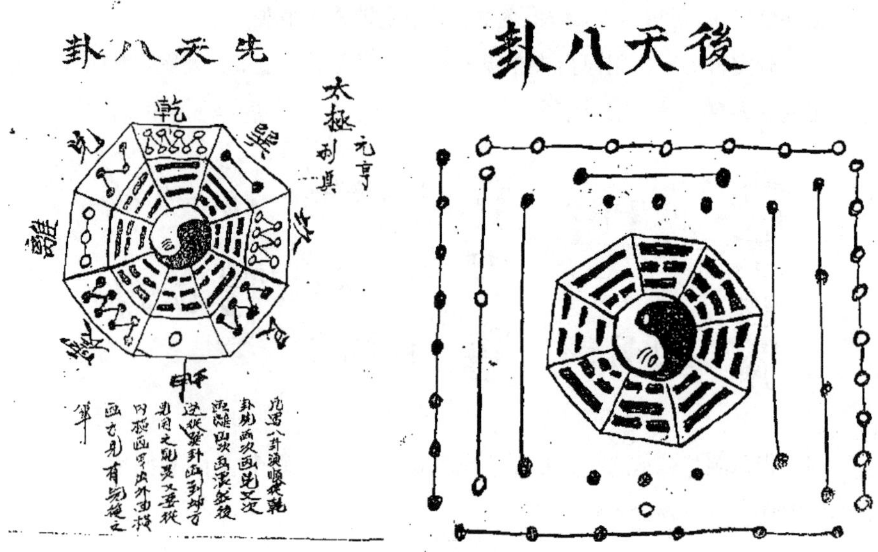

图 8.5 八卦符

（华安马坑《李氏族谱》，手抄本）

“犯刑太岁”或“犯冲太岁”的人（指出生年与当年的流年相刑冲者），都应请太岁符到家中安奉。如 2003 年肖羊者为本年犯刑太岁，肖牛者为本年犯冲太岁。特别是每年太岁星君不一样，而犯太岁的屋主所住的房舍方位之年利也不同（如今年“大利南北，不利东西”，明年“大利东西，不利南北”）。

各地太岁符（图 8.6）符面大同小异，中间写上“唵佛敕令加（八卦图）太岁□□年□□星君到此镇（加符胆）”等字，“□□年□□星君”填入年庚及太岁名，如甲戌年誓广星君，辛巳年郑但星君、癸未年魏明星君。内侧左右画七星，各写上五个“雷”字。外侧右边画上“日”和“七星”图案，写“太阳星君南斗星君敕令六甲神将敕令天官赐福敕令镇宅光明”；左边画上“月”和“七星”图案，写“太阴娘娘北斗星君敕令六丁天兵敕令招财进宝敕令合家平安”。

太岁符所画的北斗七星，乃先秦两汉古“式”的常见图案，主要用以辨岁次及方位吉凶。道教一向有“南斗注生，北斗注死”的说法。所谓五雷，概指金、木、水、火、土五方雷公（神）。六甲指甲子、甲戌、甲申、甲午、甲辰、甲寅，代表阳神玉男；六丁是丁卯、丁巳、丁未、丁酉、丁亥、丁丑，代表阴神玉女。

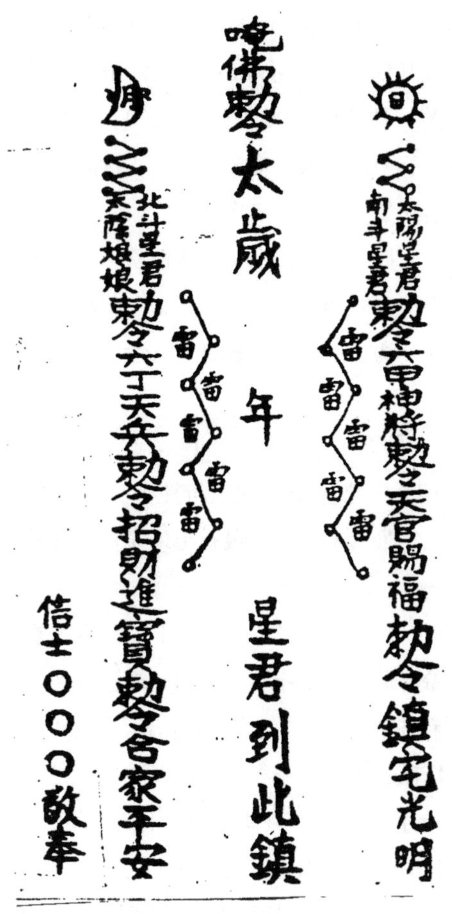

图 8.6　福州市照天君庙太岁符

（林国平提供）

五雷、六甲、六丁都是道法用来驱鬼驭疫的“神将天兵”。民间画符头、符身时，须诵念“太岁星君咒”。画至符胆时，须诵念“人符胆咒”。[1] 漳浦县石榴镇玳瑁

1. 宁德市蕉城金光寺的二种咒本（林国平提供）：

（1）《太岁星君咒》：“值年星君到此镇，七星五雷护两边。六甲神将到宫前，六丁天兵守后营。天官赐福神共降，招财进宝聚当时。弟子一心三拜佛，拜请太岁星君保安宁。镇宅是明人尊敬，合意平安万事兴。太岁星君降来临。急急如律令，急急如律令。”

（2）《符胆咒》：“天上日月有三奇，人间三奇天地人。点天上日月，点人间长生。一笔精气通灵光，二笔气降发光芒，三笔神在扫邪魔。弟子一心三拜请，拜请太岁星君推吾行。神兵

村九龙庵（主祀关羽）安奉太岁符的规定（林国平提供）是:（1）安奉在厅堂同位，或灶君神同位，或其他清净处所;（2）宜用清茶、五果、香烛、寿金、太极金、天金奉敬大吉（焚香拜请星君到此镇宅平安）;（3）宜于农历十二月廿四日早上请符，宜用香花、五果、清茶、寿金酬谢后，拆除焚化吉。有些地方在安奉符时，还要诵念“恭请太岁星君咒”三次。[1]

太岁符咒从一个侧面展示基层民众防止生命秩序失范化的信仰心态。民间并不是只用太岁符来防止冲犯时间神煞的。因宅舍“年利”不一，房主的年岁吉凶也不一，总要找寻各种办法，以保证宅舍风水气运不受或少受时间神煞的左右。

（3）竖厝符

闽人营造居住空间，非常重视处理人与神祇、祖先之间的联系。诸如动土符、上梁符、安龙谢土符最为常见，以摄召土地龙神、地基主、祖先等，来保证宅舍风水气运的凝聚。

图 8.7 系客家人动土犁头符。安犁头符属于模拟性的象征行为。犁头本是农业丰收的象征，乡民希望屋场动土与犁头动田一样，象征生活有新的收获。动土之前，在厝厅堂前或宅基中轴线坐山上设一小祭坛，用砖头围成，内放沙土，插上包红纸的旧犁头，坛前置酒杯、茶杯、水碗、香炉。红纸写上“土地龙神之神位”（有些则省略），七字顺数合“小皇道”（“生老病死苦”五字）“老”字，代表天长地久。上香拜符时，东家默念吉语。动土之后，每天早晚饭前点香，配换茶水。农历初一、十五清早敬酒，隔天倒掉，平时倒扣酒杯。“拜拜”持续到入火（搬新屋）之后结束。

图 8.8 为普庵符式，是客家人在动土立基时防止冲犯地祇神煞的。传说普庵禅师是土木匠祖师爷。《鲁班经》卷一曰:“凡立木上梁，候吉日良辰，可立一香案于中亭，设安普庵仙师香火，备列五色钱、香花、灯烛、三牲、果酒供养之

火急如律令，火急如律令。”

1. 长汀县濯田镇所见咒文:“奉请三星照令符，天上日月来拱应。南斗北斗推五行，唵佛显灵敕真令。八卦祖师其中形，玉旨奉令太岁年。值年星君到此镇，七星五雷护两边。六甲神将到宫前，六丁天兵守后营。天官赐福神共降，招财进宝众当明。弟子一心三拜佛，拜请太岁星君保安宁。镇宅光明人尊敬。合家平安万事兴。保命护身且镇宅。值年太岁降来临。急急如律令。”

图 8.7　犁头符
（上杭县南阳镇南坑村）

仪。”[1] 制符时风水先生应诵念普庵咒。图 8.9 为门楼上梁符，借九天玄女来保护宅舍。龙谢土符、犁头符、普庵符、上梁符（包括上梁八卦符）与太岁符或八卦符的功能是迥然不同的。前者欲图延续屋场既有的风水格局；后者则拟扭转屋场既有的风水格局，以化解危机状态。

客家谚语有云：“四两的屋场，千斤的门楼，万斤的花台。”（图 8.10、图 8.11）除了门楼用符，花台的保护同样重要（后文杨公符木也与此相关）。花台（化胎、花胎）指房子坐山（屋后）环形向下的护坡墙，具有承气接脉（凝聚龙气）的功用；门楼又称东门，指朝向来水的外大门，据称能凝聚来山、来水的灵气。花台防止屋后山体滑坡；门楼有防盗、防风作用，保护私家空间的隐蔽性。《鲁班经》卷一“造作门楼”条：“新创屋宇开门之法：一自外正大门而入次二重较门，则就东畔开吉门，须要屈曲，则不宜太直。内门不可较大外门，用依此例也。大凡人家外大门，千万不可被人家屋脊对射，则不祥之兆也。”[2] 诏安县太平镇元中村永丰庵存有一个保护花胎的示禁碑，[3] 而平和县五寨乡五寨村庄氏祖祠立

1. 〔明〕午荣编：《新镌京版工师雕斫正式鲁班经匠家镜》卷一，第 33—34 页。
2. 〔明〕午荣编：《新镌京版工师雕斫正式鲁班经匠家镜》卷一，第 77—78 页。
3. 《永丰庵示禁碑》：“严禁：一，不许在庵背花胎开墟。二，不许演戏时在花胎搭寮，违者罚

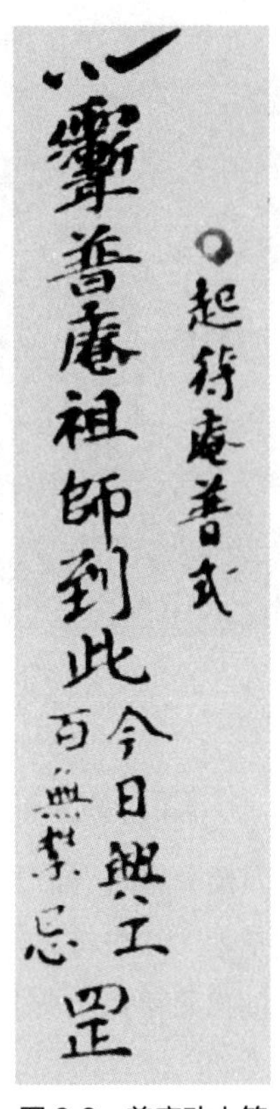

图 8.8　普庵动土符
（长汀县古城镇）

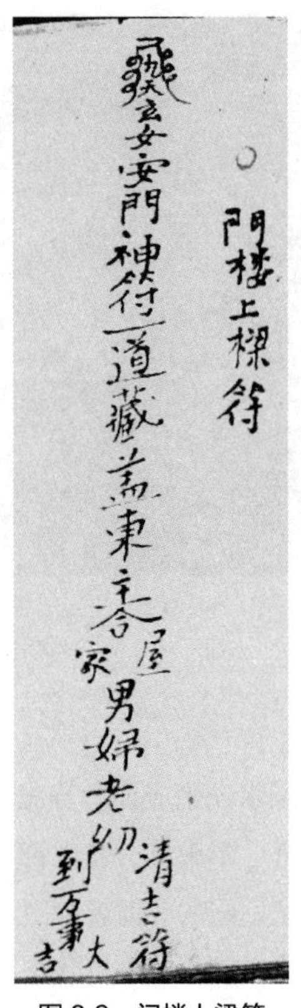

图 8.9　门楼上梁符
（长汀县古城镇）

有《庄氏祖祠禁约碑》，强调“花胎后至田，龙脉攸关。不许附近人等栽插竹木、围种瓜豆、筑室搭寮、竖立□□，百凡伤碍”云云。[1]

戏一台。三，不许在庵背挖泥工荒，各寨长仝告白。”（郑振满、丁荷生编纂：《福建宗教碑铭汇编·漳州府分册》，第 1140 页）

1. 郑振满、丁荷生编纂：《福建宗教碑铭汇编·漳州府分册》，第 1535 页。

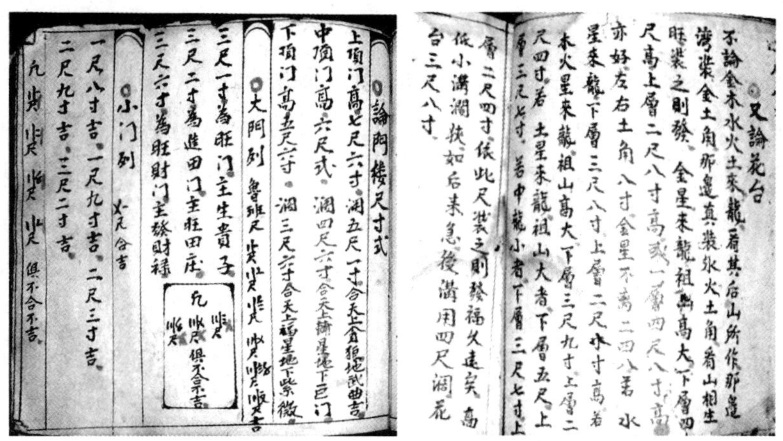

論門樓尺寸式

上項门高七尺六寸，濶五尺一寸，合天上貪狼地武曲吉。

中項门高六尺式，濶四尺六寸，合天上輔星地下巨门。

下項门高五尺六寸，濶三尺六寸，合天上福星地下紫微。

大門列 魯班尺

三尺一寸為旺门，主生貴子。

三尺二寸為進田门，主旺田庄。

三尺六寸為旺財门，主發財祿。

俱不合不吉

小门列 尺合吉

一尺八寸吉，一尺九寸吉，二尺三寸吉，

二尺九寸吉，三尺二寸吉。

九 俱不合不吉。

又論花台

不論金木水火土來龍，看其后山所作形邑，湾棠金土角形邊真裝，水火土角看山相生旺裝之則發。金星來龍祖山高大，下層四尺，高上層二尺八寸，高或一層四尺八寸，高亦好，左右土角八寸，金星不离二四八者。水星來龍下層三尺八寸，上層二尺 寸高者。木火星來龍祖山高大，下層三尺九寸，上層二尺四寸。若土星來龍祖山大者，下層五尺，上層三尺七寸。若中龍小者，下層三尺七寸，上層二尺四寸。依此尺裝之則發福久遠矣。高低小潇濶狭如后來急後潇用四尺濶，花台三尺八寸。

图 8.10、图 8.11　论门楼、花台尺寸式

（长汀县古城镇 HQG 提供）

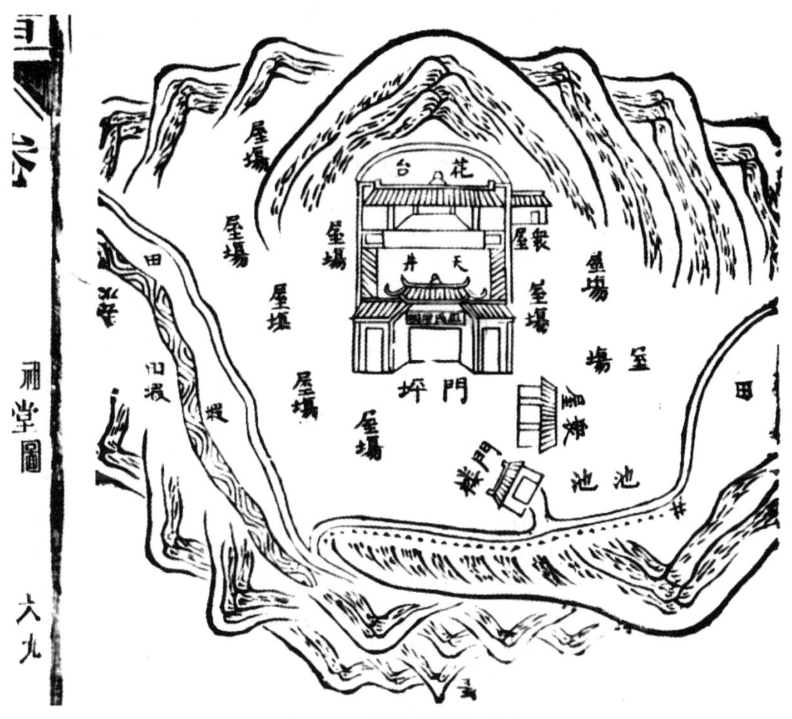

图 8.12　祠堂的门楼和花台

（清流《平阳郡巫氏族谱》，民国刻本）

（4）其他镇宅符

屋场年利不一，若宅主不安，应进行危机预防。民房难免遇有“路杀”或“巷射”，特别怕与神庙、社坛、衙门、祠堂等建筑相冲。民间的制煞法五花八门：“一名瓦将军，一泰山石敢当，一兽头牌，一天官赐福板，一姜太公到山，一黄飞虎将军，一山海镇，一倒镜，一九天应元雷声普化大将军，一鎗篱，一吉竿。”[1] 安吞口即结合兽牌、倒镜（白虎镜）、山海镇等形式，准备一块木板，长一尺二寸，上宽一尺二寸，象征十二时辰；下阔八寸，代表八方。木板中画一兽面，口含利剑，书“吞山食海”四字，喻钟馗吃鬼。寅日寅时钉于对冲巷子的墙壁上。盖老虎乃百兽之王，能吞吃杀气之故。

图 8.13 是某处“吞口符”的实拍图，吞口上挂有白虎镜，吞口下画先天八卦符。图 8.14、图 8.15 则是安放于土楼外墙的压煞符兽头。据长汀县濯田镇长巫村 LLZ 介绍，安吞口（画上兽面的木板）主要防巷子冲杀：上阔一尺二寸，下八八寸，高一尺二寸，在寅日、寅时钉，不可偏斜，亦不可钉于兽面上，丑未亥生人宜避之。凡家门当面有杀，为了二家和睦，当安赐福板：在木板上书“天官赐福”四字。另有门外安善板者，书一“善”字，于四月初八佛祖诞辰日辰时，请一德著齿高者，借其一言一善，以消百恶。至于安白虎镜，凡家门首有高楼寺观、旗杆、塔顶者或与人家对门，用此镜相镇之。

镇宅符多为凝聚屋场龙神或龙气的手段。图 8.16 系年度镇宅符，综合了八卦符、太岁符（如字令），符辞曰“龙神兴旺灵符到此”。台南昆仑符法镇宅符（图 8.17）有“来龙进宝”云云。[2] 因灶与日常生活秩序息息相关，民间亦赋予灶以凝重的文化象征意义，声称做灶时间和灶口方位会影响家运云云。本属小神的灶君（公）成为人们最接近的神灵之一，祈求其“上天报好事，下地保平安”。[3]

---

1. 长汀县古城中都村风水先生 HQG 提供。《灵驱解法洞明真言秘书》（又名《秘诀仙机》）“禳解类”提到“瓦将军、泰山石敢当、兽牌、天官赐福、一善、姜太公在此、吉竿、黄飞虎、山海镇、九天元雷、篱笆”等禳解术（〔明〕午荣编：《新镌京版工师雕斫正式鲁班经匠家镜》，第 305—315 页），这些器物性的符镇法术可能出自此书。
2. 程灵凡：《昆仑符法总解》，台北：武陵出版有限公司，1998 年。程氏来函解释了台南昆仑符法的起源。昆仑符法，据说是由福建传入的道教上清（茅山）雷法之一。
3. 《救贫捷诀》曰：“灶君乃五祀之一，为家之主养命之源也。宜用救贫真诀，逑明传世。要家主乾坤二造生年生月录明配合，本宅之吉方向并主命之吉方向相合，取三吉方安之，必是发财生子，发福成家。凡人丁不旺者，宜安天医方灶；名利不成者，宜安生气方灶；财旺寿高

图 8.13　吞口符
（长汀县濯田镇东山村）

图 8.15　诏安秀篆磐石楼的压煞符

图 8.14　南靖南欧土楼外墙的压煞符

安灶公符咒亦是有效的符号。图 8.18 符文曰：“山斗神押起上杀恶神杀。钦奉敕□灵符到此则安，太阳在玄。急急如律令。”

者，宜安延年方灶。此三灶述明传世，俱要宅命相合，配卦方为上吉。假如宅与命不合，即将床并灶口向本命之方安之，亦吉。”（长汀县古城镇中都村 HQG 提供）

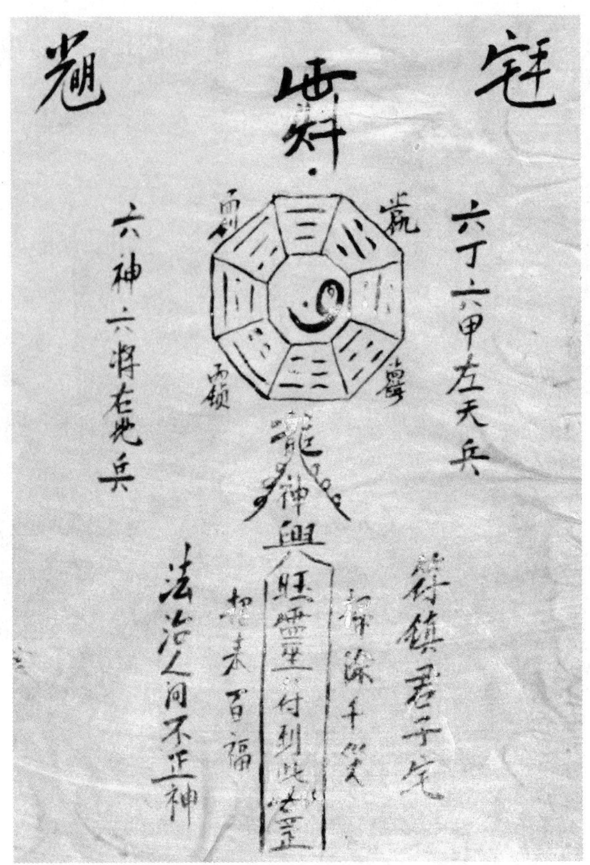

图 8.16　年度镇宅符
（上杭县南阳镇）

2. 镇墓符（压圹灵符）

人类对死亡的紧张与恐惧与生俱来。民间在丧葬中常常使用镇墓符，以保护死者在他界的安全，庇护此界的生者。在此讨论一下“压圹灵符”，即主要是在生者营造寿坟中使用的灵符。

压圹灵符包括“阳圹灵符”（安放于男墓室）和“阴圹灵符”（安放于女墓室），元代可能就定型并流行了。明崇祯十六年（1643 年）刊刻善本《三订历法玉堂通书捷览》（元宋鲁珍通书、何士泰历法）卷五附有两种“压圹灵符”（图

图 8.17　台南镇宅符

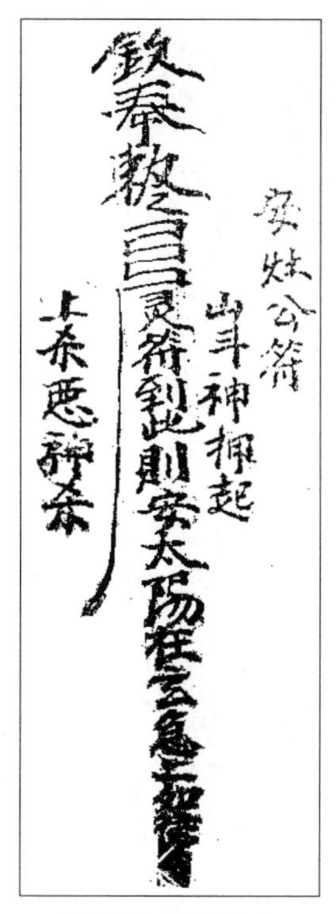

图 8.18　安灶公符
（长汀县濯田镇）

8.19）。[1] 清康熙年间潭阳魏明远编纂《增补象吉备要通书大全》卷二八亦附有“生坟压圹灵符”。[2] 阳圹灵符跟阴圹灵符有些差异，前者由唵、三台星图、生养护、北斗星图、门天口、罡（变形字）、天元律令等符字及图形组成，后者由唵、三台星图、罡、天元等符字和图形组成。

墓葬考古都发现不少明清压圹灵符，很可能是墓主生前经营的寿圹所用。

1. 《中国古籍珍本海外丛刊·美国哈佛大学哈佛燕京图书馆藏中文善本汇刊》第 22 册，桂林：广西师范大学出版社，2003 年，第 484 页。
2. 笔者所见版本，有上海校径山房文瑞楼印行的清康熙六十年（1721 年）刻本和福州集新堂清同治四年（1865 年）刻本。其文载“治寿圹作灰隔法”：“其穿圹圹外勿令高阔，仅取容木炭、石灰、沙土三物和匀，筑城郭外。朱子曰：‘炭御木根，辟水蚁。石灰得沙而实，得土无原则粘。岁久结为金石，蝼蚁盗贼皆不可进也。’又曰：‘炭灰七八寸，既辟湿气，免水患，又绝树根不入。树根遇灰皆生转去，以此见炭灰是死物无情，故树根不入也。’”

例如：

（1）1956 年，福建闽侯白沙区桐口乡发现古墓群 11 座，其中 M6 系明代夫妇合葬，墓室前方框内右边有墨书，其文曰：“高拥其峰懿德□，黄几历花甲簪□。朝天马邋赐封□，孙子盛科名英□，世自蝉联。太白主人题。”其左圹随葬品有“符咒方砖 2 块。各宽 37 厘米，薄 3 厘米。左室符砖上写‘金玉满堂’，其下写‘草堂本幽静，山人不可催；真符于载后，石朽老人来’，两旁写‘身披北斗，头戴三台。寿山永远，石朽人来’。背面又画一符咒，四角写‘寿比南山’四字。右圹符咒砖，正面朱字已不清楚，背面同样画一符咒”。左室“符咒方砖前放一白瓷香炉，两旁各放一青花小瓶。出土时里边尚有清水。前面又放五个小杯，成五圆形。五小杯两旁又放一对烛台，锡质”，而左圹符咒砖两边还放有“牖形砖两块，无字，长 44 厘米，宽 11.5 厘米，厚 7 厘米”。[1] 这是福建墓葬至今发现的最早压圹灵符（阳圹灵符和阴圹灵符）。

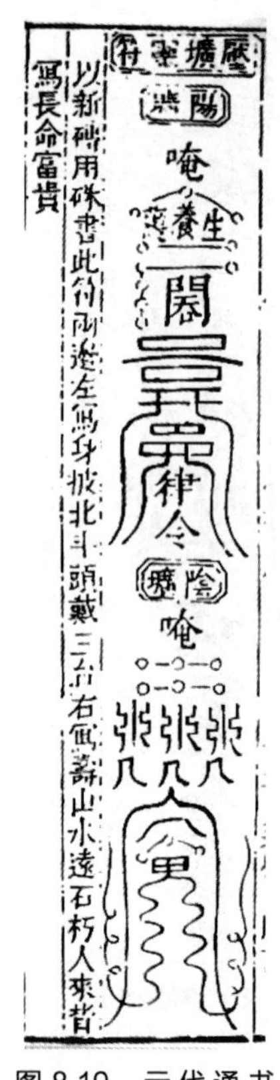

图 8.19　元代通书“压圹灵符”（《三订历法玉堂通书捷览》，民间藏书）

（2）1980 年，贵州省思南县发现明代万历三十二年（1604 年）葬的张守宗夫妇墓，藏有硃书二件压圹灵符（阳圹和阴圹），右题“身披北斗，头戴三台”，左题“寿山永远，石朽人来”，背面四脚题“长命富贵”字样。[2]

（3）1980 年，湖南省石门县夹山寺奉天玉和尚遗址发现一块阳圹灵符，并

1. 曾凡：《南福铁路古墓群发掘记》，载福建博物院编《福建考古资料汇编（1953—1959）》，第 153—154 页。

2. 刘恩元：《贵州思南明代张守宗夫妇墓清理简报》，《文物》1982 年第 8 期。

被人误读，用来论证此墓乃明末反叛者李自成之墓。[1]

（4）北京出土的清赵文起移葬墓记砖［道光十年（1830年）］也有阳圹灵符。该砖乾刻铭文。正书，两面刻，正面计42字，中刻门楼式牌位；背面计28字，中刻“符箓”。长宽各50厘米，高7厘米。正面中：“清故先考赵起文之录，八十六岁，移葬。”正面右：“原命乙丑相，四月初八日辰时建生。”正面左：“道光十年三月初六日申时安立。”背面右、左：“身披北斗，头戴三台。寿山未远，石朽人来。”背面下：“天皇守墓，土公、土母、青龙、白虎。”[2]

福鼎市洪潮和派下董珍辉大通书的《符法杂篇》附有“生坟压圹灵符”（图8.20），是根据魏明远通书绘制的，以备做寿坟之需。压圹灵符一般绘于建房用的砖头上（长20厘米，宽15厘米），旧时通用毛笔蘸朱砂绘制，今用毛笔蘸红色水彩颜料。画符时须一心不乱、一气呵成。安符砖时根据寿主（生坟的未来主人）八字和山头五行年利择日，避开山位神煞（山位是相对于星位而言的，顺十二宫星宿为吉，逆十二宫为凶）。置好压圹灵符后，墓门封闭。营造寿坟时，寿星不能参与，以免生横祸或暴卒。封墓之前，放一瓶清水于穴中，几年后打开墓门，检查瓶中清水是否变浊，瓶子是否倒下等。若性状发生改变，预示风水不好，不能埋葬尸体或骸骨。[3]

闽西客家人仍有做生基寿坟的习俗，用红朱砂将“做生基寿圹灵符”（压圹灵符）画在烧砖上，埋于寿穴中（图8.21、图8.22）。这一类接触巫术具有镇惊吓、保长生、藏魂之意义。[4]寿藏碑的纵行字数须过“大皇道”和“小皇道”吉

1. 王育成：《中国古代道教奇异符铭考论》，《中国历史博物馆馆刊》1997年第2期。王育成认为“压圹灵符”基本定型于明代，并批驳了个别学者误用“压圹灵符”来论证所谓李自成化名的荒唐之举。据《三订历法玉堂通书捷览》所载，“压圹灵符”的定型可能更早。
2. 胡海帆、汤燕编著：《中国古代砖刻铭文集（上）》，北京：文物出版社，2008年，第525页。
3. 关于压圹灵符的用法，根据董珍辉写给林国平信文。董氏提供了闽东、浙南等地通书多种。
4. 据长汀县白云居士说：“做寿坟时，先踏看山头，选择与寿主本人年庚相合的风水吉地。如申、子、辰年生人，应选择坐西向东为上吉，因申子辰水局，西方属金，金能生水，故为上吉。总之，以五行相生为吉。做寿坟有竖立墓碑与不竖立墓碑两种。如不竖立墓碑，较为随便，择与寿主生庚无碍之吉期以及山头之利向，即可动工。如要竖碑，必须合山头利向，选择日课动工，竖碑日课宜正旁四废、旬中空亡、大小空亡、天地空亡、伏断日，合主命纳音长生有气月日为吉利。忌重、复丧、建、破、平、收、本命冲克、天瘟、受死、三丧、飞廉、死气、月杀、大祸、天没日。”

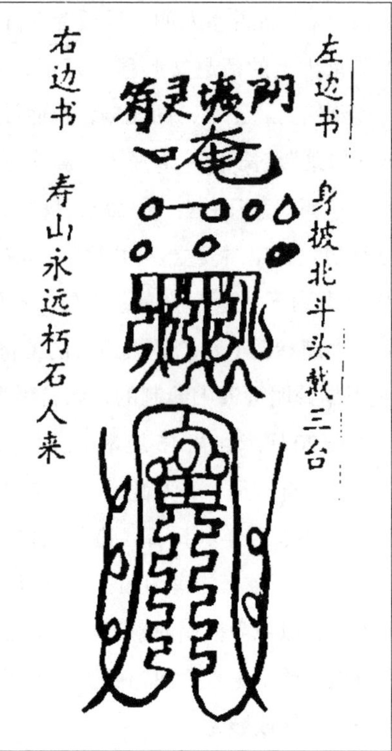

图 8.20　生坟压圹灵符二种

（福鼎《星华堂通书》）

数，埋藏符砖时诵念《造生寿坟祈龙文》[1]，并取木炭、石灰、砂土和匀以坚固之。寿藏碑石与安葬墓碑有别，前者书某某“寿域”，某某“奉立”“仝造”等，后者书某某“茔墓”“奉祀”。客家人做寿坟时，先将寿主手脚趾甲、头发、脱落的牙齿，用一小陶制瓶罐盛装，竖寿碑时置于圹内。[2] 现代乡村普遍推行火葬，并非严格地限制骨灰葬山林。寿星去世后，若不急于入葬，还会反复查看寿坟风水。

1. 长汀县濯田镇东山村 WKC 所用《造生寿坟祈龙文》：“伏以日吉时良祝寿台，墓门谨闭永无开。龙神护佑增百福，地脉兴隆富贵来。南极生辉朝帝主，北极长生步金阶。人仙庆寿添百岁，寿登彭祖身不坏。”
2. 白云居士（王乐平），民国十七年（1928 年）生。访谈时间：2003 年月 2 月 17 日（访谈地点：汀州府文庙内）和 10 月 20 日（访谈地点：建设街家中）。

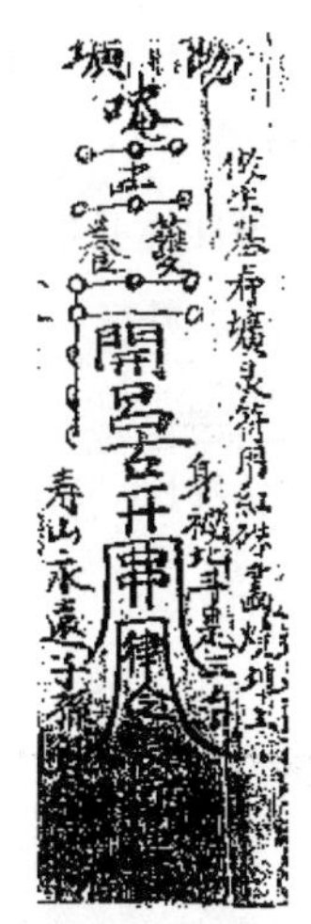

图 8.21　阳圹灵符

（长汀县濯田镇桐睦村 LSS 提供）

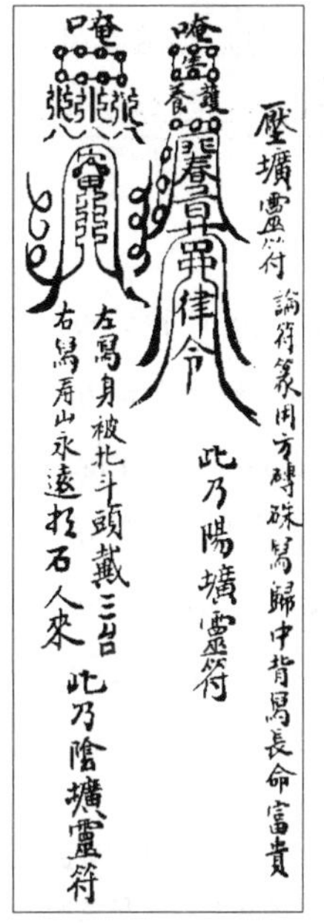

图 8.22　压圹灵符

（汀州镇原城隍庙长住 WZF 提供）

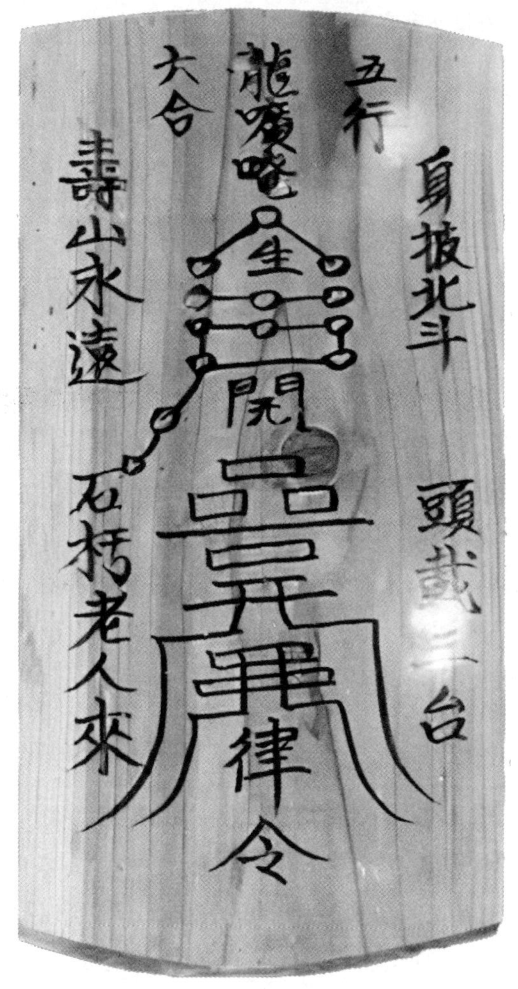

图 8.23　琉球地区的“阴圹灵符”

（墓中符，林国平提供）

寿坟亦有弃之不用者。

因明代有闽人三十六姓移居琉球国，“压圹灵符”传播至此地（图 8.23）。其符体结构变异不大。窪德忠主编《冲绳的风水》所附《关于冲绳县的墓中符》（沖縄県下の墓中符について）分析了琉球多种“墓中符”（压圹灵符）的特征及符字内涵。

据长汀县濯田镇东山村 WKC 告知：“验穴惟怕风水吹，以烛验之。烛入而辄灭者，非吉也；烛入而焰动者，此亦地风吹之，能翻棺转尸，凶，不可不验也。”

图 8.24 是上杭县南阳镇土名鸡斗窝处的寿坟，始建于 1994 年，埋“阴圹灵符”砖，墓坐甲山兼寅向，碑题“清（一十七）世祖黄妣○○○之墓”，纵行字数 11 字，过大皇道“远”字，过小皇道“生”字，墓碑已“顺红”。墓主生前原欲棺葬，因故火葬，未埋骨灰。子孙拟再葬骨灰，先请来学赣派风水的先生勘察。先生（拿罗盘测墓者）称，寿坟风水颇佳，子孙可出“贵”，考上大学或当官（笔者在场）。后东家请一位深谙理气派的先生，称寿坟乃“美女献花”穴，少男丁，故弃用。[1]

3. 风水护身符

护身压煞符是仪式专家常用的护身符咒。这里讨论一下“制罗睺”符（图 8.25—8.27）。自唐开元年间（713—741 年）印度婆罗门历法（九曜历）传入中国后，星命术士即用九曜（或十一曜）运数推算祸福，称罗睺、计都乃逆行之星，凶神恶煞，若逢灾星临照，即有大祸。唐宋间道士设醮诵咒，供养三元、九曜（或十一曜）、二十八宿星君图像、禳灾祈福之法。敦煌文献斯 5666、斯 4279 尚存有《罗睺星君禳解神像咒诀》，乃解星禳灾醮仪中所用的神像及符咒。约出

---

1. 民间做寿坟除要置放“压圹灵符”，应举行告土仪式。如：

（1）南靖龟洋《预营寿域祀土祝文》：“惟公之德，司土之灵。凡居兴作，谁不献诚。今○自择，爰筑佳城。绸缪春雨，预先行营。龙穴沙水，胎吉居情。伏神守掌，永赖英明。俾延出月，寿享百龄。添丁留待，应期启行。”

（2）《作寿域完工谢土祝文》：“惟神正直，坐镇山茔。惟神厚福，积德斯茔。职司后土，负荷匪轻。兹卜佳域，水秀山明。一邱盘浩，万代钟英。维持防卫，实赖等灵。际兹吉日，酌备陈牲。仰祈昭格，鉴我微诚。全叨匡庇，守护佳城。牛眠虎踞，奠厥攸灵。”

图 8.24 上杭县南阳镇某寿坟

于唐末的《太上洞真五星秘授经》《元始天尊说十一曜大消灾神咒经》载有十一星君的名号、服饰、咒语及斋仪等，前者谓“罗睺星君，主九天之下一切诸恶，如世人运气逢遇，多有灾厄深重，宜弘善以迎之”。[1] 制罗睺术源于唐宋解星禳灾法术。

按通书和风水书的规定，一年中有些山头、时辰、方位会犯所谓的星宫神煞“罗睺”（罗睺系属火的凶煞），[2] 如巡山罗睺，忌风水先生；坐山罗睺，忌东家或风水先生；穿山罗睺，忌匠人。风水先生若犯罗睺时，不可开罗盘，不可出煞（出破军），否则有生命危险。[3] 制罗睺法术借用“异类相克”的交感原则，属于

1. 王卡:《敦煌道教文献研究：综述 · 目录 · 索引》，第 53—54 页，第 155 页。十一曜即金星（太白）、木星（岁星）、水星（辰星）、火星（荧惑）、土星（镇星）、太阳（日）、太阴（月）、罗睺（黄幡）、计都（豹尾）、紫气、月孛。
2. 关于罗睺代表的吉凶祸福，参照《儒门崇理折衷堪舆完孝录》卷二《论月孛》《论罗睺》，载《道藏》第 35 册，第 610—611 页。
3. 民间风水书有关罗睺的记录如下：
（1）长汀 WZF 提供的清代风水书曰：“坐山罗睺会杀人诀：甲己年罗睺在乾山，乙庚年申山是罗睺，丙辛年午山是罗睺，丁壬年巽山真罗睺，戊癸年寅山杀先生。又时家罗睺（如子日忌卯时、丑日忌申时等等）此不宜出破军（破军即出煞），出了破军即杀先生，恐不救。大凡遇时家罗睺，前一时出破军，大吉。”［WZF，民国十五年（1926 年）生，罗祖教徒、风水先生，访谈时间：2004 年 5 月 10 日，访谈地点：汀州镇西山原城隍庙内］
（2）濯田镇东山村 WKC 提供的清代风水书曰：“罗睺共有巡山罗睺、坐山罗睺、穿山大罗睺、时日罗睺等。巡山罗睺又名无头火星，一年占一位，百忌。云宅墓忌下此向，犯者主见官灾横事，总有吉星不能押制，然而五行之内专有无生无制长乎。当用水德星，一白水星，

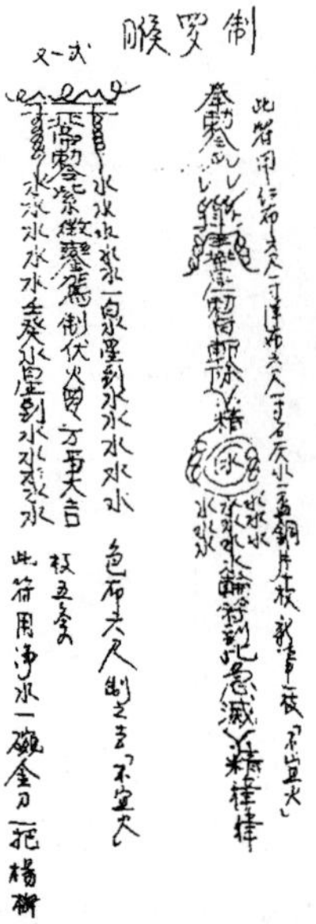

图 8.25　制罗睺符

否定性的禁忌行为。风水先生通常结合身体和符箓言语，实施制伏各类罗睺的法术。试举数位长汀县风水师的做法：

（1）濯田镇长巫村 LLZ：其一，事先藏好制罗睺穿山符，符文写满五个以上的"水"字（图 8.25），或写上"敕令北帝水德星君"，或"敕令雪山师傅"等，象征克火；其二，和东家一样，身上穿白衣，头上戴黑帽。五行中金尚白，水尚黑，象征泻火、克火。

（2）古城镇中都村 HQG：根据所犯罗睺，使用相应的符咒（图 8.26、图 8.27）。制罗睺时，风水先生准备一盛满水的碗，边移脚步，边持手诀，密画字令，默念盘古咒和藏身咒。藏身咒诵念二遍，并在水碗中一掌打合，将水碗放在符头下。洒完符水后，站在"生宫"（西北向），"最验，无有不吉"。[1]

（3）县城 WZF：默念雪山咒者，在水碗上（放水绵）写字讳"[illegible]（霜寒而雪落）"和"[illegible]（冷冻退浪）、[illegible]（冰霜雪冷退皮寒）"等各七遍。[2]

（4）濯田镇 WKC：用水一碗，"宜用铜钱一百

或三合会水局，或轸星壁星箕星制之，屡用制压，返获吉矣。"

1. 二种咒语摘录如下：

（1）《盘古咒》："存变吾身不是吾身，弟子又变为盘古天帝真身，头为上元盘古，脚为下元盘古，身为中元盘古。吾今头带婆娑天，脚踏婆娑地，身穿婆娑衣，眼看婆娑世界。身长千万丈，天大不如吾大，吾身更大天地。天地是吾置，日月是吾所生，大石是吾骨节，江河是吾血脉，四边茅草是吾毛羽，天下诸兵神煞尽是属吾所管。"

（2）《藏身咒》："点起东海、西海、南海、北海，东震、西兑、南离、北坎，弟子带兵入中宫，四围员云露雾起，千重兵马万重城，罗围将军下三匝，罗围将军下三重，天师不知吾住处，地师不知吾住场，神来道道，鬼来道亡，啾唧断根源。弟子三十六节骨，藏在杨公衙内。"

2. 《雪山咒》："雪山师傅雪门开，雪山童子降雪来，霜也来，雪也来，霜霜雪雪一同来，六月阴阴落大雪，七月阴阴降大霜，左手攀下千年雪，右手攀下万年霜，霜也寒时雪也寒，霜霜雪雪一般一般。"

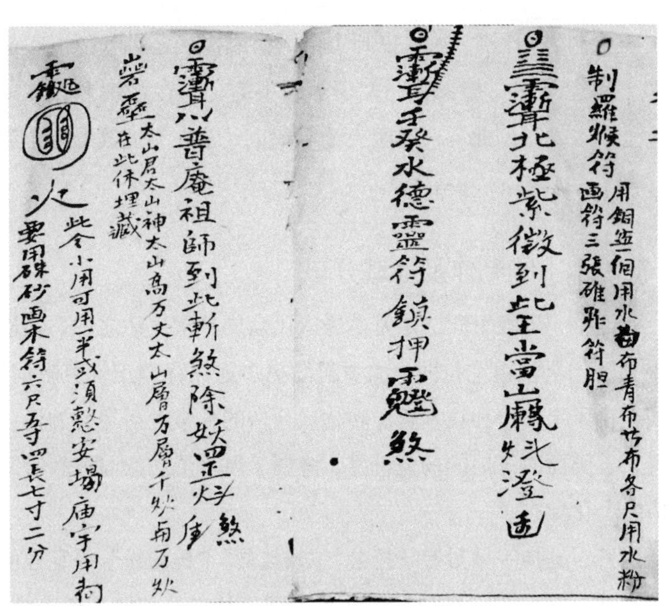

图 8.26　制罗睺符

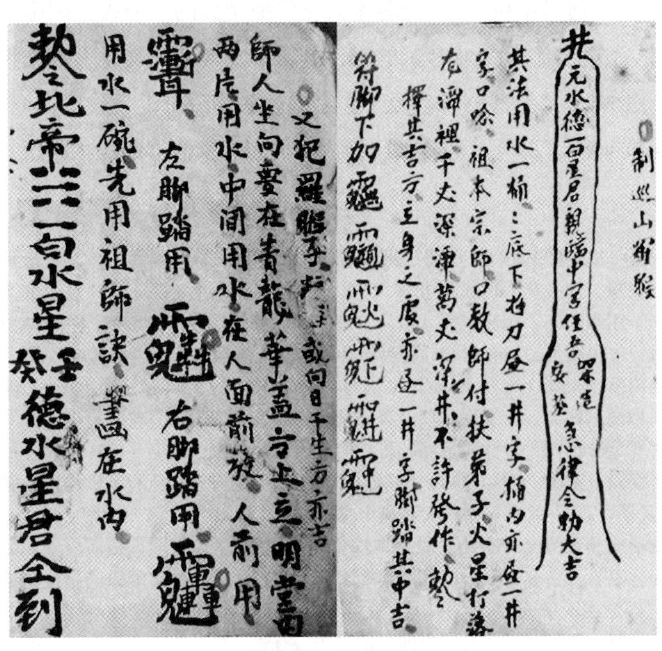

图 8.27　制罗睺符

廿六文放水碗中制之则吉”，放在宗师（杨筠松或传法之风水师）座前，默念制罗睺咒七遍。每念一遍，扔铜钱一文于水碗中为记，在水碗上画字讳——“雨鬼一白水星壬癸水德星到此”。[1]客家土楼墙壁也经常在有煞气的方位涂上罗睺符（图 8.28）。

三、杨公符（木）的制作及地域分布

在社会变迁中，道教符咒法术基本融入民众的日常生活之中，促进了民间文化的多元整合。如果说镇宅符咒、太岁符咒更多地保存着正统道教信仰的因子，尚未从形式上将风水知识和技术资源转化成通俗的日常生活经验的话，那么流行于赣南、粤东、闽西南等地的杨公符咒，应属于风水形法派与道教符箓派交汇之后因土成俗的文化标志。

所谓杨公符，是指一种写有“杨公”“杨救贫”“杨筠松”等字样的压煞驱邪符，有两种符式：其一是“杨公”名号单列型，其二是“杨（杨筠松）、曾（曾文辿）、廖（廖禹）”并列型。

该法术成于何时不可考。[2]与客家人居住地交界的广府人、闽南人、龙岩人亦间有用之。[3]随着客家与非客家的汉语方言群在经济、文化上的交汇，信仰与习俗也互相影响。有关杨公符起源于客家的说法，只是近现代族群意识的反映。杨筠松（曾文辿、廖禹等）等先师已经成为代表客家族群的保护神了。[4]

---

1. 《制罗睺咒》：“〇年〇月〇日福建汀州〇里〇巷〇〇弟子若有犯罗睺等，敬请元亨利贞万盖我身，盖我魂，盖我座，行如路边草，坐如路边尘，人不见，鬼不知。急急如律令敕。敬请用水童子、用水童郎，用起东海、西海、南海、北海，敬请一白水星，壬癸德星，金龟藏在五湖四海，以去藏身，但有罗睺，种种位仙师打落五湖四海。急急如律令敕。”
2. 林宝树［康熙十二年（1673 年）生人］《年初一》（又名《一年使用杂字》）：“许多斯文行地理，人人称说堪舆仙。南经碣石罗经袋，看人祠堂及地坟。杨公符木有灵应，消砂纳水照书篇。中宫驾定分山向，金井穴情用心扦。峦头内胎外界水，明堂斗口峰峦尖。龟背过龙石碑座，祭合摆角及冢圈。埋葬之时出破军，呼龙出煞喊大声。红色利市雄鸡血，完工谢土讲谢金。”（《武平县志》，北京：中国大百科全书出版社，1993 年，第 883 页）
3. 客家人的形成及其源流有四种类型，即客家人与非客家人南迁时同祖而分支，由非客家人分支而成为客家人，由客家人分支而成为非客家人，客家人与非客家人的反复交错迁移。参见陈支平：《客家源流新论》第 4—7 章，南宁：广西教育出版社，1997 年。
4. 这种竖杨公符的民俗与杨筠松提出的“倒杖法”有关。早期的江西形法派根据目力来观测穴位，常常借用手杖来标出方位，指定穴位的内气与外气。宋元以来，虽然普遍使用罗盘，但

图 8.28　华安仙都村大地社二宜楼“罗睺符”

1. 闽西地区的杨公符

闽西地理杨公符主要书写于木、竹制品的四个立体切面上，用于竖造动土或安葬破土仪式，安放于宅基地或坟地的来龙坐山处。[1]

杨公符木有“符顶”“符桩”“符头”“符木”“符头”等名称。客家民谚曰：“不信风水看三煞，不信药方看砒霜。”杨公符木的功能，一是通过确立宅基或墓地的方位，保证事主或墓主获得牛眠吉地；二是保证竖造过程或安葬过程的吉利，防止各路神煞、鬼神对墓主或事主及风水先生的侵害。

杨公符木蕴含着丰富的文化象征内涵。[2]各地的文本甚多，但制作和使用的程式则大同小异，即：做符木（头）→画符木→包红布→祭符木→竖符木→谢

“杖法”传统可能以竖杨公符木的形式保存下来。杨公符木作为桩标也具有确定穴地纵轴线的作用。这与纪念或神化杨筠松也有关系。

1. 克择家曰动土指阳居，破土指阴居。完工指阳居，收煞指阴居。“出煞”“谢土”则阴阳居共享。
2. 林嘉书《土楼与中国传统文化》（第 256—257 页）录有上杭县白沙村林必璋画杨公符的过程及所用咒语。

（安）符木。材料常选用杉木和桃木，间用竹筒。符木高长宽（四个立体切面）尺寸有定规。通常由风水先生墨书符木，或书于红纸再贴（较少用）。

画符之前，先准备好新墨水、新毛笔，摆好香案、三盘素果，点香照烛；风水先生整衣冠，净神气，洗手净面，默念"洗手诀""持砚诀""持墨诀""磨墨诀""持符树诀""提笔诀"等。画符时还得请神、默念画符咒等。

制作符木时，符头（原本是木头的尾部）的体积须留得大些，符尾（原木料的根部）则要削得尖些。即闽西民谚曰："千根柱头都是顺（二十四支都是顺），只有一根倒柱头。"竹筒做的符木略有变化，即竹头在上，竹筒限用三节。竖符前，要举行拜祭风水先师（如杨筠松、廖禹、曾文辿、鲁班、荷叶、张郎等，但杨公居中）的仪式。东家用三牲（鸡、兔、猪）、香纸、蜡烛（建厝用红烛，做坟用白烛）、果品，恭祭杨公先师。风水先生手握七星剑（剪刀、刀子），斩杀雄鸡祭告天地，[1] 并用鸡血祭符和清水敕符。竖符后，东家必须每日至符木前烧香敬酒。完工后，请回符木，安师拜祭，或放置待用。

我们试举两个闽西风水师制作和使用杨公符木的程序：

案例 1　长汀县濯田镇长巫村风水先生 LLZ

（1）做符头（也叫开工）

东家先请木匠来做符头，一般用杉木，选三株以上长势良好的杉木丛，挑一根树干带回晒干，以象征长生和旺相。符头高度尺寸数"过大小皇道"，如一尺七寸（17）过"大皇道"的"通"字，过"小皇道"的"老"字。符头的四个切面宽二寸四，象征二十四节气。

（2）画符头

在动土或破土前，风水先生当场画好。东家备好符头及全新的笔、墨、砚之后，风水先生先念磨墨咒（一边磨一边念）、祝笔咒（拿起笔时念）、顿笔咒（沾

1. 林嘉书认为，客家人之所以要杀雄鸡祭杨公先师，是因为雄鸡于黎明时分啼鸣，恰是日月、阴阳转换的时候，象征着生生不息、瓜瓞绵绵。这大抵符合《周易》"生生之谓易"的说法。按《年初一》说辞，雄鸡血"红色利市"。

墨时念，画符时不念）[1]，在符头四个切面上画符（正背面、左右面）。“师符式”（阳宅式正面符字书“兴工动土架造”,地坟式正面符字书“安葬”）[2] 详见图 8.29。

（3）包红布

用红布六尺一寸包住符头，并用红绳子绕住红布三圈。六尺一寸的象征意义是：其一，表示“过小皇道”，即合“道”字和“生”字，吉利。其二，象征天地阴阳和谐，一表示为乾为阳为君，六表示为坤为阴为臣。其三,一和六都象征吉利的白星。三圈表示天、地、人相合。这基本是《周易》乾坤二卦易理及天地人三才观念的符号表达。

（4）祭符头

符包好后，用刀或剑割雄鸡（或小公鸡）喉血“打花”，洒在符头上，并让鸡血流到符木四个切面的符字特别“符胆”上，表示杨公符开始具有驱邪制煞的灵力。

---

1. 三种咒语摘录如下：（1）《磨墨咒》：“一磨壬癸水，二磨丙丁火，三磨甲乙木，四磨庚辛金，五磨戊己土，六磨六神峰，七磨七杀尽，八磨八卦观，九磨九宫助，十磨十官符，十一磨诸神佑，十二磨罗经廿四星。”（2）《祝笔咒》：“凝神安大将，抬点一阳生，五气重重发，三华灿灿腾，辟开天地自然生，敢昭地隆兴，扫荡没邪精。”（3）《顿笔咒》：“顿一笔一浑天清，顿二笔二棹地宁，三点笔三棹人长生，地师诸大将火速降临。”

2. 符图内容如下：

（1）正面符图：先画[illegible]，喻无极生太极，太极生两仪，两仪生四象，四象生八卦；次画○○○，喻三清，元始天尊、灵宝天尊和道德天尊；次画[illegible]，即文紫微令（二十八宿），八卦字令中的兑字令；次画[illegible]，即北帝北极；次书“敕令钦奉诏大唐国师敕封金紫光禄大夫杨公救贫先师、鲁班、曾文辿、廖金精、何叶仙师神符到此兴土动土架造（安葬）百无禁忌岁押煞”，次画符胆[illegible]。

（2）背面符图：先画[illegible]，表示三清；次书武紫微令“䨮”字及“北帝”，次书“敕令年无忌月无忌日无忌时无忌当年太岁大将军押煞”，“煞”字外画一金刚圈，表示将恶煞圈住了；次画符胆[illegible]。

（3）左符图：先画[illegible]，象征太极；次画离卦，喻太阳；次画∨∨∨，喻三清；次书离字令[illegible]；次书“左日太阳星君神符到此招百福青龙收煞”；次画符胆[illegible]。

（4）右符图：先画[illegible]，象征太极；次画坎卦，喻太阴；次书坎字令[illegible]，次书“右月太阴星君神符到此纳千祥白虎收煞”；次画符胆[illegible]。

（5）竖符头

动土或破土前，将符木竖在宅基地或坟墓后的来龙中轴线上，或放于坟右后土位，“起符字令口诀”[1]和“打符头”[2]。

（6）安符头

房上梁之前或坟墓建好之后，东家将杨公符头“请”回家中。尚未全部完工或日后欲添盖新房间，符头不必请回。每逢农历初一、十五，东家须至符头前烧香、祭酒。在动土至上梁期间，应按时烧香。上梁、放粮米仪式之后，举行“回师”“谢师”之礼。东家择日安放符头时，采取两种方式：一是安于正厅堂左下角（左边属青龙位）处当作神灵祭祀，每天早晚饭前烧香，平时烧三炷香。初一、十五点蜡烛，放鞭炮。一是置于家中的神厨上待用（做坟用的符木不会安放于厅堂中），可免拜祭麻烦。

案例 2　长汀县古城镇中都村风水先生 HQG

（1）做符木

多用杉木，少用桃树。桃树吉凶太大，不好找。符木高六寸（小）或二尺六（大），长一寸八，宽一寸六，或长宽一样（衡量用鲁班尺寸）。按：二尺六过“大皇道”的“远”字，“小皇道”的“生”字；一寸六过“小皇道”的“生”字，一寸八过“大皇道”的“达”字。

---

1. 起符字令口诀，指风水先生在动土或破土竖符前，用右食指在地上边画字令边念口诀的仪式，包括文紫微令、武紫微令、九星字令、八卦字令等。先在“煞”字内一加字令，二加口诀，三加金刚圈。字令画完后，加一“罡”字。并在金刚圈内加一个蚀字。每画一笔字令，先念六诀中的一诀（一笔一念）：“开天门，闭地户，留人间，塞鬼路，穿鬼心，破鬼肚。”（“六诀”也是道士在画名为“四正公”即“罡”字符胆时常念的咒语。）六诀念完后再念：“五气盯盯，金刚速现，覄护值人，先三转，罗四山，塞五湖。”
2. 打符头，风水先生诵念咒语：“伏以百道吹仝将，九牛破土神、救贫请到此，神煞化为尘。”再用斧头打符头，边念祝文：“一打东方甲乙木，二打南方丙丁火，三打西方庚辛金，四打北方壬癸水，五打中央戊己土。竖起神符，年无忌，月无忌，日无忌，时无忌，荣华富贵与天长，大吉大利。”

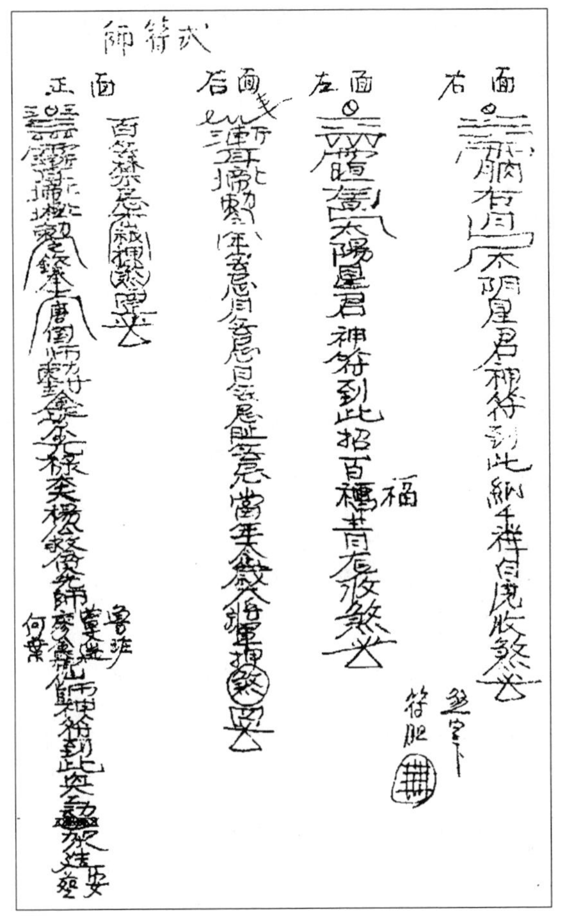

图 8.29　长汀“师符式”文字

（2）画符式

风水先生洗脸，洗手，默念净心咒、净口咒、净身咒、安土地咒、净天地咒、敕砚咒、敕水咒、敕墨咒、磨墨咒、敕笔咒，顺颂师承师父名字[1]：提笔画

1. 相关咒语摘录如下：

（1）《净心咒》：“太上台星，应变无停。驱邪缚魅，保命护身。智慧明净，心神安宁。三魂永久，魄无丧倾。”

（2）《净口咒》：“丹珠口唇，吐秽除氛。舌神正伦，通命养神。罗千齿神，却邪卫真。喉神

，默念杨公符咒。[1]符式分为“建造阳宅灵符式”和“修造地坟灵符式”。（图8.30、图8.31）[2]

虎贲，气神引津。心神丹元，令我通真。思神炼液，道气常存。”

（3）《净身咒》：“灵宝天尊，安慰身形。弟子魂魄，五藏玄冥。青龙白虎，坠伏纷纭。朱雀玄武，侍卫我真。”

（4）《安土地咒》：“元始安镇，普告万灵。岳渎真官，土地祇灵。左社右稷，不得妄惊。四向正道，内外澄清。各安方位，备守家庭。太上有命，搜缚邪精。护法神狂，保卫○○。皈依大道，元亨利贞。”

（5）《净天地咒》：“天地自然，秽气分散。洞中虚玄，晃朗太元。八方威神，使我自然。灵保符命，普告九天。乾罗怛那，洞罡太玄。斩妖缚邪，杀鬼万千。中山神咒，元始玉文。持诵一遍，却病延年。按行五岳，八海知闻。魔王束手，侍卫我轩。凶秽消散，道气常存。”

（6）《敕砚咒》：“祖本宗师○○○（按：此处隐去真名，以下名字各不相同）敕砚，化为千兵万马，金精玉食，凶神恶煞。吾奉六亡仙师敕令。”

（7）《敕水咒》：“祖本仙师○○、○○敕水，化为九天甘露水，洗天天清清，洗地地灵灵，洗人人长生，洗鬼鬼灭亡。吾奉六亡仙师敕令。”

（8）《敕墨咒》：“祖本宗师○○○敕墨，磨倒天地，年月日时杀，一百二凶神恶杀，尽皆磨在井中藏。吾奉六亡仙师敕令。”

（9）《磨墨咒》：“一磨壬子癸，二磨丙午丁，三磨甲卯乙，四磨庚酉辛，五磨五星制，六磨六神降，七磨七星制，八磨八卦全，九磨九天制，十磨十神符。吾奉六亡祖师急急如律令敕。”

（10）《敕笔咒》：“祖本宗师○○○敕笔，笔有毫光，天有万象。笔头指天天清清，笔头指地地宁宁。笔头指人人长生，笔头指鬼鬼灭亡。吾奉六亡仙师急急如律敕令。叩齿三通，神鬼灭踪，收得天地年月日时煞，一百二凶神恶杀，俱收金井而藏，主人三魂六魄，列进南斗先生宫中金桥而坐。吾奉祖师杨救贫，慈悲法水救良民。”

1. 《杨公咒》：“天灵灵，地灵灵，杨公、鲁班现真身。十八尊神随吾转，五百罗汉护我身。十六元帅统天兵，五神随吾鬼神钦。治哉治哉，要灭治鬼鬼无踪。关王元帅，吴狄将军，金刀挺起统领千兵，收捉下界亿万邪精。顺吾者存，逆吾者亡，天雷霹雳化灰尘。神祖大神通，佛大满天红。波啰生嗾帝，断绝鬼神空。十二金刚哪吒嗾帝神，十二金刚身雨魍、雨魉化灰尘。一洒天清清，二洒地灵灵，三洒人长生，四洒鬼灭形。四大天王并四角，五大天王暴断绝。上也不通飞鸟过，下也不通蚂蚁行。天无忌，地无忌，年无忌，日无忌，时无忌，杨老仙师到此兴工动土，百无禁忌。”

2. 《建造阳宅灵符式》正背左右的符字各不同，如：

（1）正面符式：先画，象征无极生太极，太极生两仪，两仪生四象，四象生八卦，阴阳交泰；次画玉皇令、天皇令、地皇令、人皇令、天官令、地官令、水官令、文紫微令；次画一表示“勒令”的秘字，次书“唐朝敕封金紫光禄大夫筠松杨老仙师到此九牛破土大将军押煞”等字。

（2）后面符式：先画○，次书“雷”、次书“九天玄女仙师到此镇守中宫祖师盖保兴工动土百无禁忌五行星君到此押煞”等字。

（3）左面符式：除符图外，有“鲁班曾文辿仙师到此招百福印”等字。

（4）右面符式：除符图外，有“张郎廖伯禹仙师到此纳千祥印”等字。

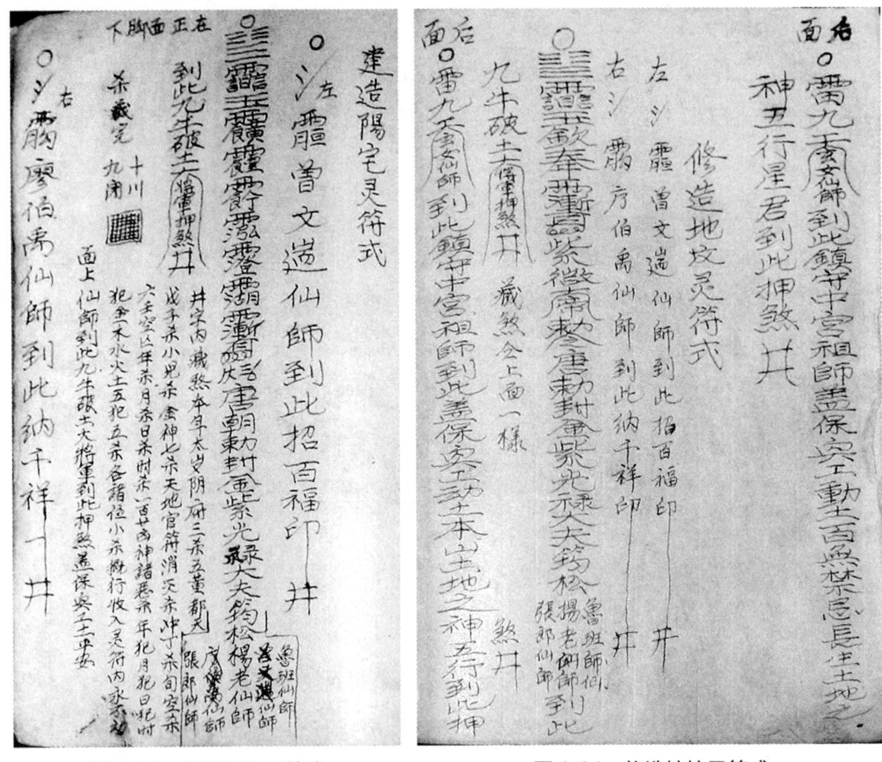

图 8.30　建造阳宅灵符式　　　　图 8.31　修造地坟灵符式

（3）包红布

用五尺红布包住符头约五寸，用红绳绕三圈绑住红布，再将一个铜钱塞在红布外头，有孔的话可用红绳套住。最好找康熙或乾隆时铸的铜钱。

（5）正背左右符式的共同特征是：符式的最下方都有一个表达“十川九闭”的“井”字，“井”字内又藏众煞名字：“□年太岁、阴府三杀、五黄都天戊子杀、小儿杀、金神七杀、天地官符消灭杀、冲丁杀、旬空杀、六壬空亡年杀、月杀、日杀、时杀、一百二十凶神诸恶杀、年犯、月犯、日犯、时犯、金木水火土五犯、五杀、各诸位小杀，概行收入灵符内，永不动作，□仙师到此，九牛破土大将军到此押煞盖保兴工土平安。”
《修造地坟灵符式》则简单些。如正面符式用于敕令各位风水祖师办事的天神字令，只提到玉皇令和文紫微令。

（4）祭符木

边默念“祭符咒”[1]边打“打雄花”（割鸡喉），祭血于符头“唐朝”以下符字，用瓷碗盛白水（清水），含一口喷在符木上，象征去除煞气，吉地清洁。

（5）竖符木

若动土或破土时间未至，就边等符木血干，边用罗盘测好中线[2]，再将符木放于本山（阳宅地或坟地）后龙的中轴线上。地形很陡，放远一点，平地放近一些。定好时间竖符时，先用手指在地面竖符处画一“井”字样（与LLZ的起符字令略同。井字内藏“七政四余星”[3]），默念藏字诀[4]。次用斧头打符头时，默念竖符咒[5]，诵念打符头咒[6]。仪式简单的话，只打三下即可，只念咒文前三句。通常念“打符头咒”即可，“竖符咒”可省略。竖好符后，若建造阳宅须诵念“吩咐咒”[7]（做地坟不用），以示勿冲煞小孩。

（6）谢符木

修建阳宅上梁前，一般由风水先生或东家将符木请回厅堂的八仙桌上，叫“安师”。东家烧香照烛，木匠站在左边，石匠站在右边，行“拜师”之礼。上梁

1. 这是斩牲时所用的《祭符咒文》：“伏以○此双金鸡来祭神○，看他足下生龙神，五更能报人间晓，惊动朝中宰相人。鸡有五德，意重千斤。雄花虽小，血气冲天。一点鸡花落地，奉敬本山土地；二点雄花落地，年月日时百无禁忌；三点雄花落地，信士门中大吉大利。”
2. 中线指建筑物的坐向与门向的线位、地坟的坐向与碑向的线位。
3. 七政指日、月、金、木、水、火、土，四余指孛、罗、气、计，即火、土、木、水四星之余气。
4. 《藏字诀》：“开天门，闭地户，留人门，塞鬼路，收尽天煞地煞、年杀月杀、日杀时杀、太岁部下一千二百位凶神恶杀，尽入井符之中，不敢动作。”
5. 《竖符咒》文式二种：
（1）“日吉时良，大吉大昌。杨曾破土，福人安葬。吾今便是杨曾子，千里寻龙来到此。九天玄女及青鸟，吩咐吾师亲破土。一斩天殃，煞灭神藏。兴工动土，万事吉昌。二斩地殃，神鬼没亡。家生贵子，金玉满堂。三斩人殃，大吉大昌。凶神恶煞，雄鸡抵当。”
（2）“一斩天央，煞灭神藏。兴工动土，万事吉昌。二斩地央，大吉大昌。杨曾破土，杨人安葬。三斩人央，鬼煞灭藏。神符登位，金玉满堂。”
6. 《打符头咒》：“一打天清清，二打地能能（灵灵），三打人生长，（四打鬼灭尽，五打东家大发福）。”
7. 《吩咐咒》：“如有小孩，或六畜撞倒扶起，不要追究。如有追究，五雷避之化为尘。”

和放粮米之后“回师”和“谢师”，即将杨公符木插在上厅堂地上的左边坛位，每天早晚及农历初一、十五烧香。若不放在厅堂，可倒放于楼上（高处）的某个角落，喻不管事了，日后再请用。有些房子还未正式完工则不必请。若是做地坟用的符木，等“谢师”后，就拿到楼上（或高处）倒放，以后做阴宅破土可再用（阳宅动土不可）。若无暇祭神，可将符木倒放。若杨公符并非写在符木上而是用符纸贴上的，谢师后应当场烧掉。

按传统礼俗，在风水先生念盛水咒、磨墨咒、画符咒、包红布、祭符咒、竖符咒、打符咒、吩咐咒、谢符木时，东家应各给一个红包，或总送一个红包。钱额由东家随喜。风水越好，红包越大。

在客家社会里，制作和使用杨公符木乃风水先生隐而不宣的地方性知识系谱，是其获得当地人群认可和信任的标志。随着社会的发展和文化生态的改变，杨公符所依附的物质载体和使用方式也发生许多改变，符字及仪轨已被大大简化。或只在坐山中轴线上竖立一个木桩，上书“杨公先师神位”或“土地龙神香座”，甚至不立符字，照样烧香照烛；或只将杨公符书写在纸上，阳居用红纸，表示喜庆，阴宅用黄纸，表示除祟。

图 8.32 是永定县安葬动土时用的杨公符式，符头三点表示三清；“天”字变体的三个小圈谓合三清之数；祭杨公符咒是：“天灵灵，地灵灵，杨公仙师亲到临，或安葬，众位仙师灵符到，邪神邪煞走不停，吾杨公圣祖，急急如律令。”收煞咒语是：“坟邻兴工动土，筑坟安葬百无占忌，二十四山大吉大利即是。”

为了避煞除祟，保护好地风水气运，竖造或丧葬的每个程序皆可能运用到杨公符。有些杨公符并非书于纸上，在水碗上象征性地用笔画即可。如图 8.33 系客家木匠的护身符式。用水一碗，右手用“剑诀”在白水上书符，咒曰：“木节，木节，安在何方。速随咒念，免致堕殃。为者自受，作者自当。屋主永吉，子孙永昌。吾奉太上老君急急如律令敕。”手持杨柳枝或檀香木浸符水，洒于厅堂及房间四周，以喻邪鬼不能近。剩水倾倒至长流之水处。在挂水碗前敕水，咒曰：“佛敕光明，天一生水，地六成之，一六已合，吾神乃机。吾今选取，污遂尘飞。吾奉杨公祖师急急如律令敕。”图 8.34 系风水先生的护身符，图 8.35 用于犯杀者，主治病。

图 8.32 动土用的杨公符

（永定县，林国平提供）

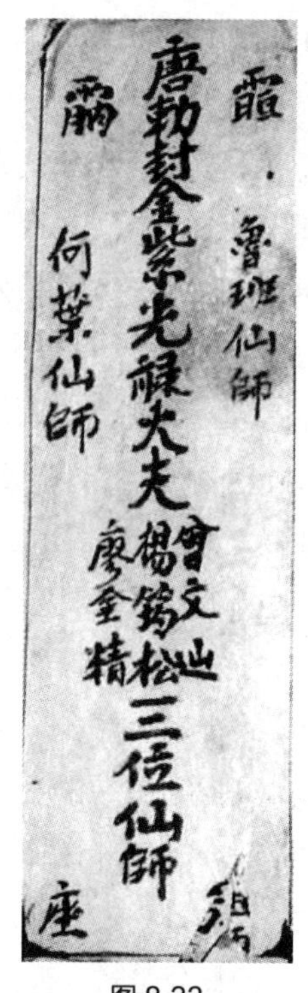

图 8.33

木匠用的杨公符式

（长汀县古城镇中都村 HQG）

图 8.34 “保犯用”符式两种

（长汀县濯田镇东山村 WKC）

1. 其他地区的杨公符

与闽西客家地区交界的龙岩人、漳州人地区，亦用各类杨公符式。不过，符式和仪轨都相对简单。符式称杨公为“圣人”，透露民间信仰在剪裁正统文化方面的随意性。

华安马坑《李氏族谱》（民国本）载有杨公符二种（图 8.36），上梁念“进梁符”唱语：“镇宅光明，老少康宁，家门吉庆。”在使用杨公符的地区，风水师在墓地后土处所做的出破军仪式或出煞仪式大同小异，如焚香、挥剑杀公鸡，对符泼血等等。图 8.37 所示符甚简略，系漳浦的墓地杨公符，又称水符，做墓放

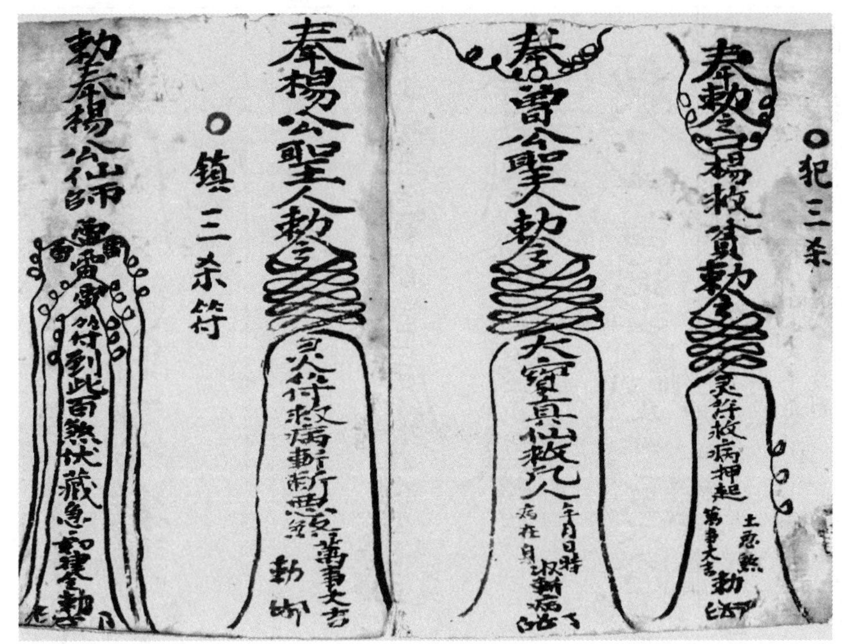

图 8.35 “制三杀”杨公符式

（长汀县古城镇中都村 HQG）

“水口”用。[1]

漳州南靖龟洋《庄氏家谱尺牍通册》（民国年间抄本）录有本族竖造及安葬用杨公符（图 8.38）。竖符咒语较繁复，请神和送神环节杂糅在一起，俨然一场人神和悦、若即若离的演示性剧目。原同安县马巷镇洪厝村《符咒簿》抄本，抄有“安灶符”和“天杀符”（图 8.39），结构简单，前者有“杨公祖师神符亲到安谢”，后者有“廖公仙师亲王中宫”字样。德化县动土杨公符（图 8.40）亦有一定的特色。相对来说，泉州的杨公符结构较为简单，不似客家复杂。

清代以降，客家人及闽南人迁移到台湾，也带去故土的风俗信仰。如今台南

1. 画符咒语较简略。用笔头顿符咒：“一顿天清清，二顿地灵灵，三顿仙师显贞刑，急急如律令敕。”做符胆咒：“一出日月明，一转占光山，一横挑不起，直剑占鬼神，一点鬼神惊。”做护身胆咒：“左宣天地转，右宣日月明，一横安人物，直上通阴阳，一点神符助，宰（再）点鬼神惊。”

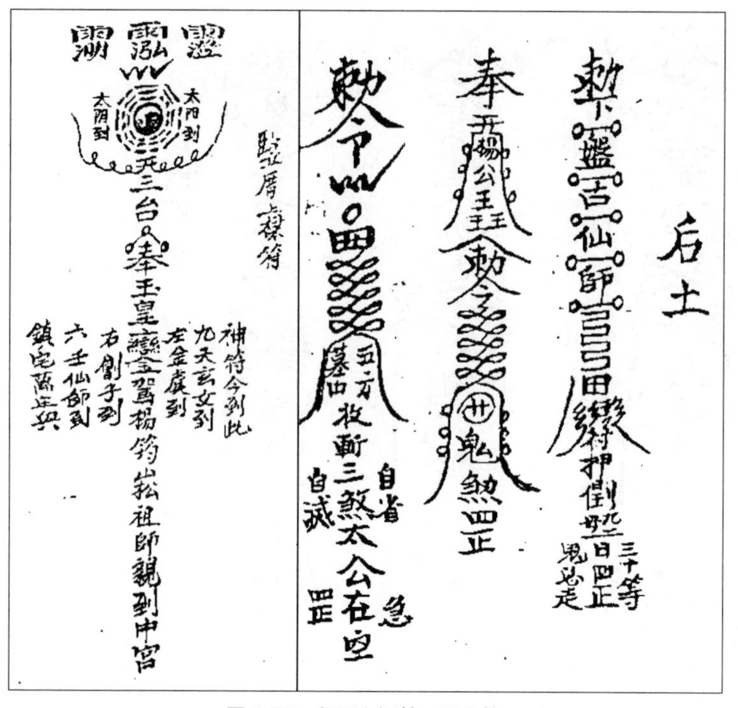

图 8.36　竖厝上梁符、后土符

（华安马坑《李氏族谱》，抄本）

图 8.37

漳浦县石榴镇九龙庵水符

（刘广明画，林国平提供）

昆仑符法就包括杨公符多种（图 8.41）。[1] 这些杨公符的角色定位（神格）多元，并非尽属于风水符。台湾《符咒施法全书》录有不少杨公符 [2]，与闽西南竖杨公符木（竹）有亲缘性。图 8.42 乃宅屋有邪收煞用，系“用竹，符长二尺五寸，可制煞”，咒曰：“神入地百无占忌，神符下地一寸深，凶神恶煞不敢侵，吾奉杨公仙师急急如律令敕。”图 8.42 亦提到曾文辿，用于造葬，“若山势凶猛，葬后用帋各画符，用竹材一枝，方要倒打，在此边没泥，大吉无事”。[3]

客家及漳州盛行的杨公符，亦影响了明清移居琉球群岛的闽人的风水活动。久米岛有两种较典型的墓地符（杨公型和杨曾廖型）：图 8.43（1）有敕令“杨

1. 程灵凡:《昆仑符法总解》，1998 年。
2. 许绍龙撰:《符咒施法全书》，台北：满庭芳出版社，1996 年。
3. 许绍龙撰:《符咒施法全书》，第 133—134 页。

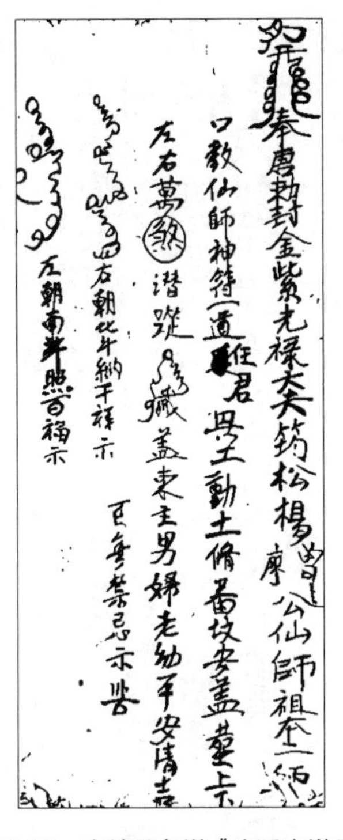

图 8.38　南靖县龟洋《庄氏家谱尺牍通册》所载杨公符式

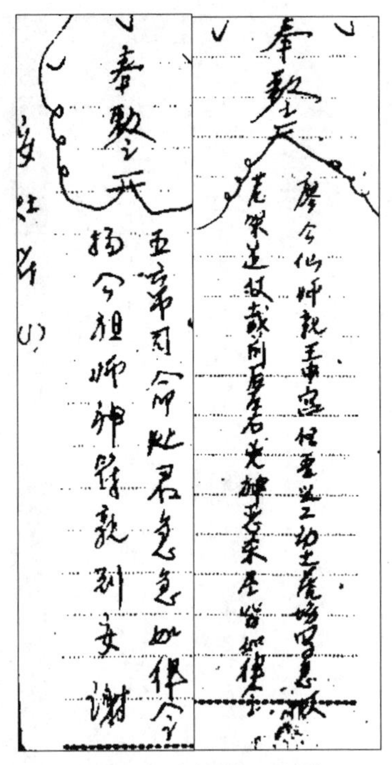

图 8.39　安灶符、天杀符
（同安马巷洪厝，陈支平提供）

公九牛破土大将军急急如律令”，图 8.43（2）书有“后符九天玄君杨曾廖诸神师到山催官大吉”云云。图 8.43（3）并非安放于墓中，而是写在纸上，贴于竹筒上，等祭祀结束后再焚化掉。

四、安镇符咒与风水民俗知识的普及

综上所述，安镇符咒法术广泛融入事生事死的信仰习俗之中，成为民间社会文化网络的要素之一。安镇符咒法术是风水观念与道教信仰、地域崇拜相互结合并走向仪式化和民俗化的标志之一。同一门类的安镇符咒在仪式功能上兼具“强化”与“转换”的混合形态，或是维持、强化时空秩序的和谐有序状态，或是缓

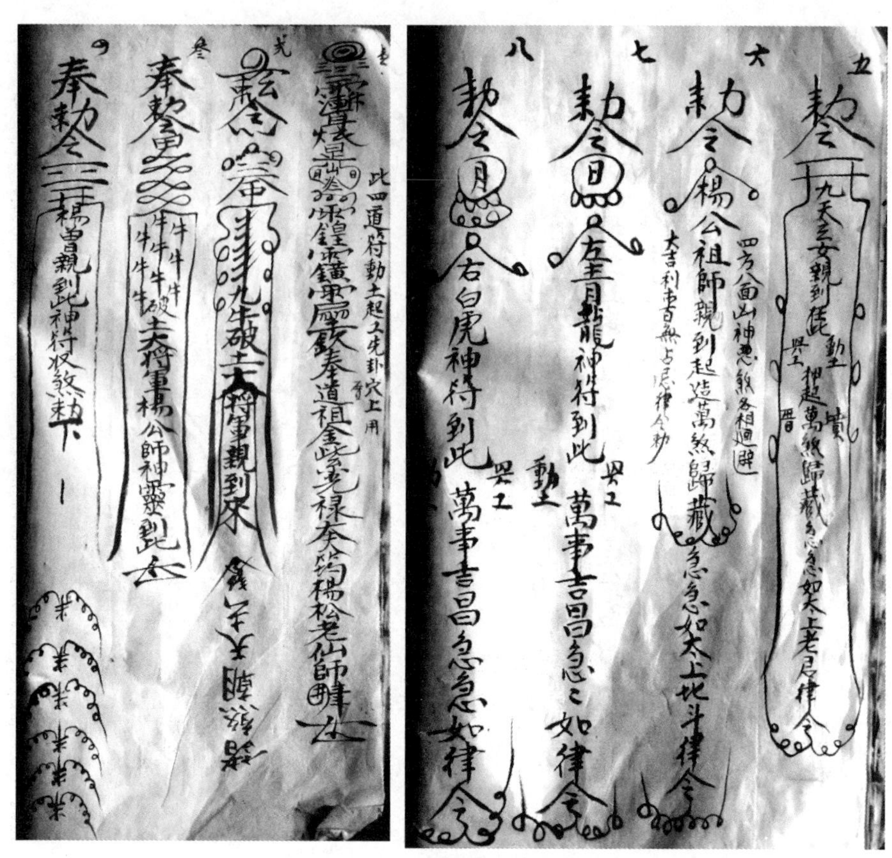

图 8.40 动土杨公符多道
（德化火居道士 SQT 提供）

解、克服、转换生存危机状态。[1] 安镇符咒法术代表了日常生活中某种无形的文化稳定力量。它反复地借用神秘的言语（行咒、行符）、吉祥的数字、特定的颜色、变形的文字以及身体的行为等符号，尝试建构人地关系的和谐性，不仅将人与生活空间（阳宅）或祭祀空间（阴宅）的关系仪式化、神圣化，而且建立了一个人神（鬼、祖先）交感的媒介，为风水操作者和信仰者提供了一套关于“宇宙

1. 有关仪式的分析，参照金泽：《宗教人类学导论》，北京：宗教文化出版社，2001 年，第 223—232 页。

图 8.41　台南昆仑符法多道

（镇棺木刹符、制什煞符、丧葬用符、土符、却曜符、请雪山符）

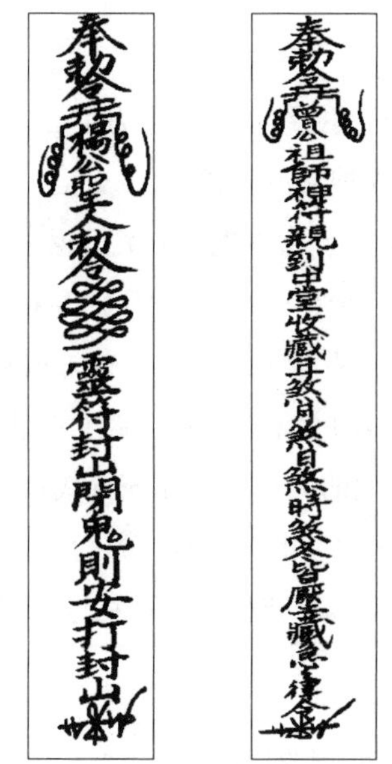

图 8.42 《符咒施法全书》所录杨公符二种

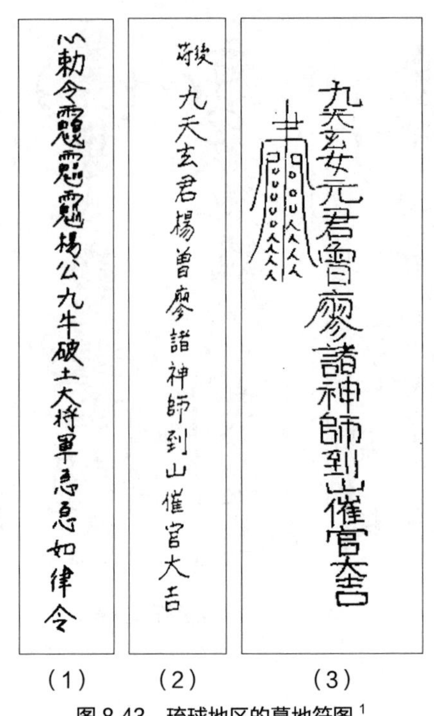

图 8.43　琉球地区的墓地符图[1]

交感”的合法解释，从而提升其持续信仰风水力量的力度。

在讨论安镇符咒法术的人神交流模式时，《史记·屈原贾生列传》一语中的：“夫天者，人之始也；父母者，人之本也。人穷则返本，故劳苦倦极，未尝不呼天也；疾痛惨怛，未尝不呼父母也。”人们出于对某种超自然、超人力的恶之力量（邪、鬼、妖、精、邪神、恶煞）的恐惧，首先渴求的是代表善之势力的天神（三清尊神、三台星君、四御、北斗星君、六丁六甲，诸如此类）的降临。但是，天神毕竟代表某种外在化的力量，不能充分代替人们来分沾自我命运的苦难。在对天神抱持着“敬而远之”的态度时，人们相应地圣化较亲近的“文化英雄”（仙师、圣人、祖师），使人神获得与天神相近的“能量”。这是“敬天（天

1. ［日］山里纯一：《流传于久米岛的咒符诸相》，载《久米岛上东亚诸文化媒介事象的综合研究》1999 年。图 8.45 系林国平提供。

神）法祖尊贤（风水祖师等文化英雄）”之普遍价值观念的浓缩与凝聚，是传统宇宙生成观念、构成模式、真灵位业谱系在风水信仰习俗上的物化表现。

动土请神灵，竖杨公符木，拜祭杨公先师，张贴或焚化杨公符，与其说是“敬天”为上，毋宁称是“法祖”为本。杨公符木可以视为风水先生继承“法祖”传统的器物之一。在仪式话语中，“祖本原（宗、先、仙）师”“前传后教师傅”“口教师傅”“杨公先（仙）师”不胜枚举。这类安镇符咒法术意味着特定的族群在时空秩序（动土、破土时是指向当下的）与生命秩序（动土、破土时是指向未来的）的构建中，重寻到某种关于现实生存的归属感与亲近感。在代代相传的戏剧化表演中，借助各种人造神灵的力量来防止“凶神恶煞”对所谓气运的破坏，构成了风水实践的环节，至于如何运用技术化的风水操作准则，这个问题反而退居其次。这类仪式演练行为，毕竟有助于认知主体克服对异己力量的焦灼感，确立人与神、人与人和谐共处的信仰模式。

大体而言，风水信仰在福建乃至整个中国社会的泛滥（辐射），一方面是风水知识和观念“内在化”与“外在化”矛盾运动的产物。安镇符咒仪式之重复实践的过程，也是风水知识与观念被内在化为一种社会记忆形式的过程。而地域社群顺承这种集体信仰习惯，积极参与风水选择（如择居、迁居、择葬、停葬、改葬），算得上风水观念的一种外在化呈现。另一方面，这也是古老的祭祀传统、鬼神观念、祖先崇拜与地方意识良性互动的结果。一般性的风水知识、观念和信仰要扎根于民间，必然要经历一个因土成俗的过程，化为地域人群的文化记忆和社会认同意识的一部分。

本文探讨的安镇符咒法术基本上属于自我保护类型，接近于“白巫术”。民间尚保存着一种破坏型的“黑巫术”。所谓“断龙符”用于破坏龙脉，名曰“江南东道治不正家由无道”，颇有“破地理以施天理”的道德审判味道。上杭客家人的祖祠内和房子后龙，至今保存不少补风水用的杨公符木（图 8.44—图 8.47），这反衬出风水知识业已因土成俗，化为区域族群的行为惯性。

图 8.44　上杭县南阳镇黄氏祖屋符顶
（远景图）

图 8.45　上杭县南阳镇黄氏祖屋符顶
（近景图）

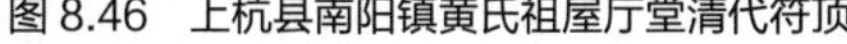

图 8.46　上杭县南阳镇黄氏祖屋厅堂清代符顶

图 8.47　上杭县南阳镇陈氏民屋厅堂符顶
（新竖）

第二节　寺庙抽签与风水术数的传播

抽签是中国民间社会流行的一种签卜术（sortilegium），其特点是以各类别的宫观寺庙为贞占场所，以竹签或杯筊为贞占工具，并根据抽（卜）中的灵签（又称神签、圣签、签诗、筶判等）的文字内容来辨卜行止和吉凶。获得的灵签被看作占者所祈祷的神明的神秘启示。灵签文本所涉事项常常包括民间社会生产生活的各个方面。为何各种灵签文本会纳入风水知识与观念或风水吉凶判断的相关内涵，以占卜竖造和丧葬活动的吉凶？风水习俗在各种灵签文本中究竟得到怎样的反映，即灵签中的风水主题（兆象[1]）是如何反映风水习俗的？我们拟从抽签文本（text）和文化媒人的双重角度，来反思民俗文化的互融现象及其文化意义。

1. 所谓灵签兆象，是指签诗所蕴含的征兆或迹象，包括原初兆象、扩展兆象和定性兆象三种形式。参见林国平：《中国灵签研究：以福建为中心》第 1 章，博士论文，厦门大学历史系，1998 年。

一、寺庙灵签的源流与风水占卜

灵签的产生是古代占卜术趋向世俗化、占卜方法趋向简易化的产物。唐代寺庙就有求卜问签之俗，并传到了朝鲜。如开元时真表云其遇弥勒佛，得卜签求戒之制。[1]到了宋代，宫庙灵签的形式基本齐全。宋嘉定年间刊刻的《天竺灵签》善本（中国国家图书馆馆藏），有诗文、图解、占卜吉凶判断等。

唐末到宋元时期，福建已有“缦胡之缨，化为青衿”之誉。随着闽中逐渐由“移民社会”演变成“土著社会”，各地兴起了造神高潮，建造了众多的佛道寺观及家族祠庙，刺激了灵签的编造和普及。南宋宝庆间（1225—1227年），“莆田傅烨为赣县东尉，艳神之为，撰为繇辞百章，俾人占之”。[2]依此推断，宋代已有文人替本地寺庙撰写灵签。

明清至民国，伴随着佛、道的民俗化趋向，福建地域崇拜更为贵盛，并随着外迁移民朝境外辐射。各类民俗知识相互交融，使得灵签内容和形式更加丰富多彩，容纳了社会生产（如农业、商业、渔业、手工业和农副业）和生活（如运途谋事、婚姻生育、居住风水、占病求寿、功名富贵、行旅、争端诉讼、寻人寻物）方面。

从发生学视角来看，灵签占卜是晚于风水选择的，但风水知识及吉凶判断何时何地被纳入灵签文本之中，很难进行具体而准确的推断。据宋嘉定本《天竺灵签》提及“移迁”“家宅”等事项，[3]说明风水选择应是宋都临安民间的占卜内容之一。[4]明清两代既是灵签占卜最为盛行的时期，也是风水信仰最为泛滥的时期，故风水选择与灵签占卜呈现了有机互动和叠合的趋势。

---

1. 这是《宋高僧传》卷一四《唐百济国金山寺真表传》的记载，参见严耀中:《论占卜与隋唐佛教的结合》,《世界宗教研究》2002年第4期。庞纬称:“十一世纪左右，灵签已从易占中脱颖而出，其普遍性也与日俱增。”([德]庞纬:《中国灵签研究（资料篇）》之“提要”，台北:龙记图书有限公司，1976年）此说恐不能成立。林国平推测灵签约形成于唐代。
2. 《护国嘉济江东王灵签》，载《道藏》第32册，第841页。
3. 《天竺灵签》(台北：广文书局，1989年）第64签图曰:“安居且虑危，情深主别离。风飘波浪急，鸳鸯各自飞。”解曰:“此卦知荣而辱，故不知其失也，卦象不宜迁居、起造、出入、登舟。”
4. 〔宋〕叶嗣宗《四朝闻见录》[清嘉庆十九年（1814年）留香堂《浦城遗书》刊本，中国国家图书馆藏]“天竺观音”条提到“孝宗即位之初，内府宝玉三品寘于天竺寺观音道场”，是知天竺寺在临安。

二、玄帝灵签中的风水民俗知识

这里以有关玄武崇拜的灵签文本的演变历程为例，以期揭示风水习俗与灵签贞占相结合的运作方式和存在情状，以及隐藏于其中的民间文化认同抉择。

玄武崇拜是闽台重要的民间信仰之一。[1] 现存最早的灵签是《四圣真君灵签》，共 49 首，签语包括序号、吉凶中平等断语、七言签诗三首、四言“圣意”一条、释文一则、五言诗一首。该签的出现应不早于南宋。[2] 该签诗占卜的事项包括占财、置货、种田、出行、迁移、占病、交易、婚姻、诉讼、谋事、借钱、产孕、兴贩、家宅人口、求官职名分、走失等，并未明确涉及竖造及安葬事项，也无涉及风水知识的语词或风水吉凶的判断。

玄武崇拜的渊源毕竟甚早，原初便含有星辰崇拜的意象，一直与规避太岁凶神、解谢土神等时间禁忌有些关联，而各派风水术数（理气派和形法派）也一直遗存着“左青龙、右白虎、前朱雀、后玄武”的说法。该签谱的签序乃由魁、魁、魓、魒、魓、魖、魒七个斗星名中的两个组合而成（有的两字重复，如魁魁），也透露了玄武神所具有的避鬼驱邪之功能。再者，该签本的“圣意”和“释文”条，也略言及“迁移”、“移居”或“入舍”的吉凶，如第三中平签“释文”有“宅神不宁”，[3] 第十七下下签“圣意”有“四隅造作，伤犯土府”[4] 云云，故而不能排除当时民众至庙中卜课以“断”风水。

朱熹尝曰：“古人之葬，必择其地，而卜筮以决之。不吉则更择，而再卜焉。近世以来，卜筮之法虽废，而择地之说犹存。士庶稍有财力之家，欲葬其先者，无不广招术士，博访名山，参互比较。”[5] 由于风水术数的发达，宋时卜筮（占具乃龟甲、筮草、杯筊等）以求吉地的传统可能不是特别彰显，但并不意味着这种“习惯”不能演进，抽签就是传统卜筮法之演进。对于那些缺乏财力的家庭而言，入庙卜筮以求风水吉凶是最经济的选择。该签诗的事项安排也透露了一个信息，入庙卜筮风水可能不是当时的时尚。

1. 玄武又称玄帝、真武、玄天上帝、荡魔天尊等，闽台祀之甚盛，亦有称之上帝公、上帝爷、帝爷公者。
2. 参见林国平博士论文，厦门大学历史系，1998 年，未刊稿，第 30 页。
3. 《道藏》第 32 册，第 753 页。
4. 《道藏》第 32 册，第 757 页。
5. 〔宋〕朱熹：《山陵议状》。

明成祖朱棣崇信玄武神，封之“北极镇天真武玄天上帝”，玄武信仰开始扩散开来。之后《玄天上帝感应灵签》逐渐取代了《四圣真君灵签》。[1]该签谱数亦49签，每签分圣意、谋望、家宅、婚姻、失物、官事、行人、占病八项，每项为七言四句诗，并注有上、中、下、吉等兆象。该签谱的“圣意”系七言，即《四圣真君灵签》每签“圣意”前之三首诗中的第二首。《四圣真君灵签》签首常题有诸如“应天”“动用取进”等二言字、四言字来直接表示“签旨”，《玄天上帝感应灵签》则常取“圣意”诗的前四字，如“日出扶桑”“如虎平林”等作为“主题兆象”。《玄天上帝感应灵签》给占卜事项增添了若干组诗歌作为“扩展兆象”，有助于人们更明了所占事项的吉凶。灵签文本发展至明代已越来越民俗化，更适应了民间社会的实际需求。

《玄天上帝感应灵签》没有直接涉及风水吉凶的占卜内容，以当时社会的风气视之，应有部分民众至庙抽签贞卜风水吉凶。明代制签人或解签人已经有意识地将风水选择列为灵签的占卜事象了。约早于晚明形成的《扶天广圣如意灵签》就有坟葬“吉利”“平稳”“不吉”“半利”“小吉”“败”“灾”等词。[2]

清代以来，玄天上帝灵签兆象获得一些扩充。民间盛行《北方真武上帝灵签》（简称《北帝灵签》），基本以《玄天上帝感应灵签》为模板。但《北帝灵签》也渐渐被主祀其他神灵的寺庙吸纳。为便于携带和流通，《北帝灵签》格式普遍写得较为简单，包括主旨签诗、主题兆象以及典故等。

在地域社会中，百姓所受的文化教育毕竟是有限的，往往意会不了签诗所呈现的神意，解签人自然扮演着一个权威的“神媒”或“神明代理人”角色，[3]既是神圣意志的转述者，也是地方知识的传播者。解签人大多粗通文墨，受过解签技术训练，并配有“签解”类书。为了凸显“旨（圣）意”，让抽签人自愿缴纳香

---

1. 《玄天上帝感应灵签》即《万历续道藏》所收的《玄天上帝百字圣号》，内题万历三十五年（1607年）“正一嗣教凝诚志道阐玄弘教大真人掌天下道教事五十代孙国祥奉旨校梓”，故此版本应属晚明校正本。（《道藏》第36册，第337页）朱越利所著《道藏分类解题》（北京：华夏出版社，1996年）认为“前有宋仁宗御赞，本书当出于宋”（第133页），但从该本与《四圣真君灵签》的传承看，其说恐有误。
2. 《扶天广圣如意灵签》载《道藏》第32册。
3. 庄孔韶认为，风水师是乡土社会中重要的文化媒人（庄孔韶：《“金翼”黄村山谷的风水实践》，《民俗研究》1999年第4期），解签者可称是文化媒人。

火钱、解签费，签解书一般不会示人。[1]而解签人设置签解事项的方法，除了受到知识训练的影响外，亦与市场的文化需求有关。当入庙占卜风水的需求增加时，解签人自然要对术数有所了解，并纳之于“签解”中。如何使风水知识更加通俗化和口语化，以迎合乡土之民，也是解签人要加以考虑的。

福建流行的《北帝灵签精解》[2]（51首）包含着丰富的风水知识和贞占事项。《精解》以《玄天上帝感应灵签》为模板，除在各签头标明“上上”“大吉”“中平”“下下”等定性兆象及相应的主题兆象外，还包括“总曰”“诗曰”“家宅”“岁君”“失物”“生意”“行人”“谋望”“婚姻”“官讼”“六畜”“占病”“六甲”“求财”“功名”“移徙”“自身”“祖山”“菁草”“子息”“命理”“阳基”“置货”“行舟”“外出”“雨水”“田蚕”“合伙”“作福”等。而涉及风水占卜的事项，有“家宅”“阳基”“移徙”“祖山”“菁草”等。“家宅”和“阳基”贞卜所居或新筑房屋的吉凶，“祖山”和“菁草”贞卜已葬或欲葬坟山地吉凶，“移徙”贞卜原住居或新住处的吉凶。

兹抽取“上上”“大吉”“中平”“下下”“全福”签之涉及风水事项者五首（图8.48），列成表8-1，借以把握风水知识扩散及入潜民间的宗教背景因素。

---

1. 泉州关岳庙之三义庙左壁尚立有一块清咸丰七年（1857年）《立守看碑》，规定“近有猜详签诗者，只听在庙外静候，不得擅入庙门解签致令填塞。至于签诗，住持须接续刷印，不得有缺”，由于“代理”神事，解签者自然也属于维护文化秩序的一类地方权威。

2. 福建民间流行的《北帝灵签精解》（许多县市地方的集贸市场、摊点有售），题“浩渺山人编”。笔者所见的盗版本纸张粗劣，错别字连篇、有脱页。从该书所列事项及言辞判断，应是清代民间粗通文墨的解签人所著，今人又加以损益。如第四一“中平签”典故竟称汉朝朱买臣“发奋读书，高中状元，官到会稽太守”，解签者显然不懂科举制度。笔者所见版本则称：“本签簿经我聚宝堂审定更正后，文名通顺，意义明确，比其他任何签本通俗易读，每首签配合古人一则故事鲜明生动，更加强对签语本身的认识。”

表 8-1 《北帝灵签精解》之签例

签名 事项	第一 上上签 杨公炼金 吉胜无疑之兆	第廿一 大吉签 上帝收龟蛇二将 鸾凤冲霄之兆	第四一 中平签 朱买臣分妻马前 曲水后富贵 螳螂捕蝉之兆	第四九 下下签 孟姜女哭长城 柳絮遭风之兆	第五一 全福签 逢凶化吉之兆
总曰	飞龙变化喜运时，此日升腾果遂期。谋望求财皆吉庆，求官进禄更无疑。	鲲化为鹏海浪翻，阴阳交泰太平关。庶人蓦有凌云志，平地雷声得势还。	落花流水两无情，家舍惶惶至不宁。小口阴人招祸危，须当急祷旺神宗。	群鸦集噪不为奇，防慎家门口舌欺。退步之时方见吉，若能进步主忧疑。	君汝求签未诚心，罚尔香油二三斤。送经奉油敬佛祖，消灾改危福来临。
诗曰	一箭射红心，人人说好音。日长鸡唱午，真火炼真金。	一人持一笔，逢午壬龙飞。守圆平地稳，得意上云梯。	门前光出现，始见一皇天。心地行中正，红莲出水开。	此意已先知，天高谁敢欺。乾坤高且厚，造化不自疑。	缺
家宅	三阳交泰转洪钧，瑞气盈门百事新。岁念时丰财禄旺，又添人口许相新。卜吉宅，人口有喜，但嫌门路受杀冲伤，有利宜修整，吉，并立八卦抵挡。三阳交泰，瑞气盈门，家有新婚之喜。小儿勿近六甲，合家平安。	须宜更改旧门庭，人旺财兴百事宁。不但田蚕收十倍，更随四方任经营。卜行此数年不顺，是从先有过，改门庭水路坐向，有利宜改过旧门庭水字之后，居住平安，有喜则吉。若无喜事，恐防孝服事。合家和睦致祥而家道可成。	鬼怪无端入户庭，响声入梦怪人惊。要知因甚人财蹇，只为户庭路不平。卜吉宅人口，有是非灾难疾，失财失六畜，求佛祖奉经保平安。又嫌屋前受杀冲伤，宜立八卦抵挡，吉。有利宜修门路，吉。并内有棺柩出殡，子孙兴也。	口舌无端从地来，只因家中有悲哀。归来及早求神佑，合宅如今不受灾。卜吉宅人口，各宜忍口舌，防是非口舌破失，宜拜福德老爷保平安。且有灾啼，小童要哭夜。有喜，可改之丈门字，灶宅不旺，有利宜修井，无利宜谢土神。	卜吉宅人口，求佛祖不诚心。此签云阳宅龙运不旺，灶位前污秽，此皆女浴盆桶冲犯灶君。有防十月有灾难破失，宜向佛祖添油奉经，可消灾改危，福即有之。灶君有利，要修整过、修新或移位，上神圣神容，宜重壮光彩，平安，并戒君今后诚心待圣。
移徙	君子移徙十分吉，衣禄非常进万益。门庭改换人丁旺，此卦分 明为第一。卜移徙吉，老阳宅不宜再往，宜速移之。新老居均可请华关爷神相镇宅平安。	三植漏屋最为难，纵然无事也招非。劝君久耐艰长守，不劳苦苦意徘徊。移徙吉，可速为之，移而财丁贵。	非是住宅不安宁，盖因庭矮不光明。迁移高厦吊头去，或有亨通运转行。称徙地灵不旺不可移，移之难失也。	日久恹他同一样，等来由命不由人。若使移居无两样，不如依旧莫出林。移徙不顺，未移先被人占，行舟不顺。	缺

续表

签名 事项	第一 上上签 杨公炼金 吉胜无疑之兆	第廿一 大吉签 上帝收龟蛇二将 鸾凤冲霄之兆	第四一 中平签 朱买臣分妻马前 曲水后富贵 螳螂捕蝉之兆	第四九 下下签 孟姜女哭长城 柳絮遭风之兆	第五一 全福签 逢凶化吉之兆
祖山	卜贵祖佳城有结穴，气派又足，但嫌白虎或青龙方向有杀冲伤，有利宜修整，并掩祭青龙方杀气，财丁可旺也。	卜贵祖佳城横龙结穴，气脉文雅，但嫌龙不旺，水字不美，坐向有利，改过唇前水字又兜唇之后，财丁可旺也。或葬后财丁奔波者，因穴位分金有错。若有利改过分金水字之后，财丁昌盛也。	卜祖山有结穴，但嫌龙运不旺，水神不美，白虎畔有路杀冲伤，有利宜查修壮旺，并理水神归口。又填白虎畔有浮朝顾，又兜唇做浮室，大吉，财丁旺。	卜贵祖地吉，但嫌青龙后背塞，若有利即修井，然后财丁可昌也。	卜贵祖佳城气脉足旺，两水合欢龙运壮。葬后财丁兴旺，但十五年财丁不顺，须修整。由是来水不美，戌亥方有岚隙冲碍此穴。有口舌，失财生灾。宜理清水字归原，消掩岚隙，财丁顺吉也。
菁草	卜此地有结穴，气派足旺，但嫌初时有阻隔，须忍口舌，立胆智，用才利补贴。葬时须注意青龙方杀气，葬之财丁旺矣。	卜此地横龙转结穴，气脉足旺，面前大案朝拱，葬后定显武科。若子午未丑二山分金，定旺财丁。谨理妥水字清楚，切切。葬之，可保财丁官贵也。	卜此地有龙落无结穴，又水神不美，白虎畔受杀冲伤，葬此地又有此口舌。若要取，恐是非重重，并破失。勿取之，即安。	卜此地有结穴，但非君之福。由是旁边相碍，被碍者不容尔所为，望勿强争，以免生是非失财。	卜此地气脉足旺，但嫌葬后十五年后财丁不顺，须必在葬之前理妥来水，掩祭戌亥方岚隙，并忍口舌是非。葬之，财丁定可旺，并子孙可显达富贵也。
阳基	卜阳宅，居之财丁可旺，但嫌青龙方有杀冲伤，宜种此树木化之，吉也。	卜吉宅吉，但嫌数年财丁奔波，是门水字不美，有利速改过。卜新创，初时恐有阻，到底可成。	卜阳宅起造有是非口舌，失财。宜理妥门庭水路，又嫌面前受杀，水神不美，掩祭大吉。	卜阳宅欲起造，防口舌失财，勿取，吉。旧阳宅门字不美，若有利宜修整，居则安之。	缺

显然，无论是上签（上上、大吉、全福），还是中签、下签，“签解”对阴阳宅吉的判断，都显得很辩证、很中庸。各类贞占“家宅”或“阳基”兆象的签文，牵涉的大多是门庭冲煞、坐向有偏、水法不美、灶位不旺等问题，区别只在于程度有轻重罢了。改变的办法是对不利处稍做修整，并运用通行的理气派风水的镇煞手法做些暂时性的补救，如安八卦、谢土神、请镇宅符等。再者是强调防口舌以免纠纷，敬请神灵来保佑等。例如：

第十八下下签是“宜求佛祖奉经保佑，并请华光大帝香灯镇家门，或请上帝

第卅七下下签

项羽乌江自刎

行舟失楫之兆

总曰

江水无船起可通　波涛风浪急危机

出入不宜须守旧　进之难也退无他

诗曰

风冷长江静　鱼舟钓月明

一声孤雁过　旅客动悲情

家宅

无事何须出外游　恐遭灾盗反成忧

今日切防人口损　若见平安只在秋

卜占宅人口有喜可得　但防灾难火盗厄是非失财求佛祖帝丝保平安　并查修坟山之后吉　请南天大帝香火令旗镇宅平安　内有老柩宜出殡

生意

有失宜守心勿慌　交冬有利也是小

偏财勿取取必失　正财求佛祖均安

交易谷防阻失　宜用心巧智谋　於衣货伤留后成事得利也

祖山

卜贵祖龙运不旺　葬后失财阻隔　是青龙畔砂破失又面前水阳出各宜修补井理水神归口然后财丁足旺

菁草

卜此地横龙结穴嫌青龙畔砂不朝护又来水雄水散葬穴宜沉阳并先唇掩祭之后财丁旺大吉也

子息

卜子息命希孤鸾得之难养宜行善事　日后自有兄弟之子过继承祀

阳基

卜起造有阻宜用心窍可成　老屋修井理妥水字居住则安

命理

命理先奔波离散后为官之词不吉凶死也终身大中可算不吉

雨水

四季雨水不利也

合伙

合伙合而破失　或伙计不同心或被劫

作福

问事宜祭江四个步头福出船祭江纸人纸马小衣小饭进要从四

图 8.48 《北帝灵签精解》卅七签图局部

符令或火神公安宅”；

第廿三下下签是“宜请佛祖符令镇宅”；

第卅七下下签是“请南天大帝香火令旗镇宅”；

第二中平签是“宜拜佛祖保平安……谢土神……请大伯公镇宅平安”；

第七中平签是“宜立八卦”；

第十七中平签是“宜求达摩祖师香灯锁门上，立八卦抵挡”；

第四一中平签是“立八卦抵挡”；

第五十中平签是“请上帝灵符帖于茅楹”；

第廿六大吉签是“求佛祖令并福灯吊门上”；

第四十上上签是“求佛祖八卦符安门上”；

第四三上上签是“拜本境老爷改化或张元帅爷安宅”；

第四五上上签是“请佛祖符令镇宅或立八卦抵挡”。

关于“移徙”，无论是居老宅还是迁新宅，也大多要“请华关爷神”或“佛祖神”“达摩祖师”“日头公”等镇宅。至于“菁草”或“祖山”条目，签解所涉及的无非是风水形法派的常识，如龙、局、砂、水、向的美恶判断及取舍，特别是“青龙”“白虎”出现频率最高，反映出“四神”观念之深入民心。

该签解有关风水叙述的语词，也并不全是口语化的，亦保持着较为专业化的词汇，说明签解作者具有一定的风水知识修养。如该“签解”对罗盘的专业术语就有所体现，廿一签的“菁草”条提到“子午未丑二山分金”，卅六上上签“菁草”条提到“就山龙下罗经可知面前之濯水也”，卅十中平签“祖山”条提到“子午宜兼癸丁兼丑未用分金字”。

就北帝灵签文本的演变个案而言，大量通俗化和口语化的风水知识渗入签谱中应是较晚的事。恰是民间社会崇信风水的现实需要，促使了签解作者（签解作者应是个复数概念）将基础性的风水知识纳入灵签占卜事项，并做了适应基层民众文化认知的通俗解释。签谱之“中庸”式的占卜话语（这也是民间签诗的普遍特征），其实是传统思维模式和文化内在特质的朴素的启示，是签解作者潜藏的心灵事件的自发表述。

签解作者尝试借助神秘的“神意”，来完成对居住空间秩序（阳间：阳居、家宅、移居；阴间：祖山、菁草）的意义设定，从而使抽签者克服空间秩序失范状态带来的侵害。在反复强调让“神意”来定位（上上、大吉、中平、下下）或改变（宜……请……）这种边际情景（边缘状态），以重新确立正常的生命秩序（财丁获安、顺、吉、旺等）之际，签解作者似乎明白，臆想中的空间秩序的变更，并不必然带来生命状态的恒常或恢复（多口舌之争）。是故，社会伦理规范及个体道德判断不能处于尴尬的边缘状态，要借助文本自身及相应的占卜仪式，来进行有效的定向与范导（忍口舌，求签应诚心敬神）。[1]

总之，玄天上帝签本蕴含着民间文化媒人（制签者、签解作者）对基层社会炽盛的风水活动之理性化的道德叙述和文化反思。而一般性的风水知识和观念借助寺庙灵签文本及其仪式实践的媒介，成为常识化的地方知识系统，并内化为民众的生活方式及行为选择。

三、闽台灵签中的风水民俗知识

仅就北帝灵签文本的流传而论，尚不能奢望重构或复原风水习俗侵入灵签文本的历史过程，但毕竟能对风水习俗在民间社会的传布方式，以及在民间行为选择中的文化意义，进行演绎、诠释和理解。宫观寺庙签谱的占卜事项有大量涉及风水术数的语词及风水吉凶断语的内容。这些签本包含着闽台区域的社会生活和文化习俗状况的信息。

据林国平统计，闽台寺庙有代表性的签谱所涉的八种生活事项中，“居住风水”类别次数仅次于“运途谋事”和“婚姻生育”，多于“占病求寿”“功名富贵”“行旅”“争端诉讼”“寻人寻物”。在42种未重复的签谱（各县市）中，“居住风水”（建屋、移居、家宅、阴宅、风水等事项）类共出现1414次，其中“家宅”事项出现508次、“阴宅”260次、“移居”150次、“建屋”131次、统称“风水”者365次。而在台湾的19种代表性的签谱中，“居住风水”类出现1335次，其中“家宅”571次、“阴宅”256次、“移居”303次、“建屋”95次、“风水”110次。[2]“家宅”“移居”“建屋”等事项出现的总次数是“阴宅”的数倍。

1. 张建建著《冲傩还愿》（贵阳：贵州人民出版社，1997年），对民间宗教仪式的文化整合功能，如重建社会交感，重建生命秩序和道德秩序有深入的思考，有兴趣者可参照。
2. 林国平博士论文附录三《灵签具体定性兆象统计一览表》的统计数字包括北京和其他地区的灵签87种。本文根据该表，抽取闽台含有风水占卜内容的灵签61种，重新做数据处理。台这符合中国人“重生”观念（未知生，焉知死）。而台湾地区灵签反映“移居”吉凶的兆象颇多，可能与清以来闽粤向台湾大量移民的现象有关。

闽台寺庙签谱的风水占卜事项说明，签诗（或签解）已经将民众风水习俗的普遍经验和价值认知，通过各种语言概念的组合（简洁或是繁复的语词；业余或是专业的语词），投射到灵签中的风水主题（兆象）之中（某一风水事项吉凶的定位→如何完善或改变某一风水环境→完善或改变之后的各种结果→必须注意的禁忌事项）。灵签文本中的风水主题既是风水实践者关于风水知识之共识（理解）的间接反映，又是签诗（或签解）作者对民间共识之理解的直接再现（通过灵签文本的语词）。而透过灵签文本存活的社会文化环境信息和文化环境信息（如在闽台社会的传布情况、寺庙的神灵信仰特征等），有可能黏合出灵签风水主题生成和传播中的一些存在状态，从而撕开其所掩盖的文化意义之帷幕。

明清以来，观音菩萨堪称闽台最有影响力的神祇，《观音签谱》也是闽台流传最广的灵签之一。《观音签谱》有两类，一种是60首的，俗称《六十甲子签诗》，首签首句是“日出便见风（浮）云散”；另一种是100首的，首签首句是“开天开（辟）地作（结）良缘”。许多非观音寺庙采用此签谱，略改名称。在林国平于福建收集的760种签谱中，上述两种签谱接近200种。其中100首类型的流传量又最大。[1] 这两类反映观音崇拜之辐射区域的签谱文本，载有大量涉及风水的占卜事项，蕴藏着有关闽台民间社会之风水观念认同的文化信息。

因地域的差异和社会变迁因素影响，观音灵签文本有关风水事项的叙述也有所不同。如60首类型的《观音签谱》一般借用六十甲子纳音取象来作为扩展兆象。[2] 据云霄《碧湖岩观音佛祖签诗解》载，解签“须注意者，年分四季，月别朔望，日定阴晴、昼夜，配合甲子，纳音、生克、刑、冲、合等，进行分析推断，使下解准确率高”。因此关于同一种签诗所预示的风水吉凶成因及祸福结局，常因时因人而有不同的理解、诠释。如碧湖宫首签“甲子（纳音海中金）”，典故是“包公请五雷”，扩展兆象涉及风水的判断是“移居不好”“灶君好”，其“注”称：“金可生水，但金被土生；金为克木，但金被火克。庚午日出签不利；庚午

湾的灵签资料，系取材于庞纬所编的《中国灵签研究（资料篇）》。

1. 参见林国平博士论文，厦门大学历史系，1998年，未刊稿，第87页。
2. 参见林国平博士论文，厦门大学历史系，1998年，未刊稿，第110—111页。

日抽签破财；秋天出签好；五月出签差；相羊人抽此签年运差，岁君烦。”根据时令变化及命年的五行生克关系，同一首签可以有多样的吉凶推断，多方位满足抽签者的意义设定，也使得解签人的诠释富有开放性和多元性。

台湾同类型的观音灵签亦以六十甲子为序号，但关于风水吉凶的定性则较为固定。如台南市西区海安宫主祀天上圣母，亦用《观音签谱》，签涉及“坟墓”“移居”“筑室”的事项。然而，同是首签，该庙签解的判断却是“筑室清吉光明”“移居大吉”“坟墓地穴大吉”，与云霄碧湖宫的推论迥然。

比较而言，关于“坟墓”的吉凶判断，海安宫签谱所用术语较为规范化和专业化，分别从“山龙”（真龙正穴）、“地势”（甚美、尤好、妥当、有合、不吉）、“地运”（大进益、如意、参差、不佳）、“地气”（渐佳、渐失、渐发、亨通）、“犯煞”（犯六十年紧移、地犯退败必迁）、“福运”（福人得福地）、“早发”或“迟发”等角度论述，[1] 足见风水形法派及理气派的基本概念，皆已注入灵签的主题之中了。

100首类型的《观音签谱》，常将100首灵签纳入十二宫中，[2] 每一签涉及“家宅”“山坟”的吉凶判断或修改建议，如“山坟凶”“山坟吉”“山坟败”“山坟改”。解签人还按十二宫原本所象征的人在特定时空中的生存状态（养气），来指示各事项兆象。每宫收入7支、8支、9支、11支签不等，再分家宅、自身、求财、交易、婚姻、六甲、行人、田蚕、六畜、寻人、公讼、移徙、失物、疾病、山坟15项。以亥宫为例，其涉及“居住风水”者有“家宅”“移徙”“山坟”。“山坟”事项载：“宜坐北向南。墓向朝南大吉昌，仙人占作住中央。四畔山环兼水选，儿孙代代进田庄。”[3] 这些都是民间有关风水坐向、砂水的常识。

台湾的100首类型观音签谱，如台北县五股乡观音山凌云禅寺的签诗，形式就较简单，只是在“解曰”提及坟宅的吉凶和修改事宜，如宅利、平、吉、福、守旧、改、移、高、变等，坟墓好、旺、贵、平、稳、空虚、守旧、改等。

---

1. ［德］庞纬：《中国灵签研究（资料篇）》，第3—32页。
2. 古代天文学家将黄道周天三百六十度分为十二段，每段三十度，故称十二宫。后世的算命术则有“五行寄生十二宫”的理论，十二宫即绝（受气）、胎、养、长生、沐浴、冠带、临官、帝旺、衰、病、死、墓，内容是每个具体的五行遍有十二月、十二辰出没，经历从受气到归墓的过程。术家根据人出生时五行所寄之宫，推断一生时运祸福。
3. 《观世音灵签精解》系南平市明翠阁印刷。此签本广为流传，私家书摊多见之。

闽台观音灵签签解都收入了一些风水常识。福建签谱是以五行生克原理为基础，结合时间的宜忌及抽签者的属相或八字，以推断抽签者风水的吉凶，主要凸显抽签者的当下“主观认知”。在抽、解签的过程中，风水同日法选择、算命等知识相互叠合。而台湾签谱突出共识性的风水知识，体现制签者、解签者对风水吉凶的“客观认定”。

显然，信众或抽签者不可能从中多获得多少风水的实用知识，但问题的关键在于他（她）信仰或认同风水效用的深浅程度。风水主题在众多灵签文本中被建构之后，预示着抽签者的卜占带有符号化的戏剧表演成分。如同一位对佛法不甚了了的“佛教徒”，可能是出于趋吉避凶的功利心态，而非源于对宇宙人生的关怀，一位对风水不甚了了甚至也无认知兴趣（有功利需求）的抽签者，与前者大抵是信仰迷途上的“知音”。更何况，在设有观音签谱的寺庙中，“抽签者”与“佛教徒”的角色也常是重叠的。“佛教徒”占卜和解读签谱之风水议题的过程，也是将其潜意识中的观音崇拜移情到风水信仰中的过程。

闽台签谱不仅在占卜事项中涉及风水主题，其签文还附有相关的道德劝诫语词，这显然是针对民间风水需要而设置的伦理叙事框架（表 8-2）[1]。

表 8-2　灵签文本论风水与道德关系

序号	灵签文本论风水与道德关系	出处
1	第四十五签“高祖遇丁公”：“好将心地力耕耘，彼此山头总是坟。阴地不如心地好，修为到底却输君。”第七十九签“文王编易卦”：“乾亥来龙仔细看，坎居午向自当安。若移丑艮阴阳逆，门户凋零家道难。”第八十签“郭璞为母卜葬”：“一朝无事忽遭官，也是门衰坟未安。改换阴阳移祸福，劝君莫做等闲看。”	泉州市通淮街关岳庙（主祀关羽和岳飞）诗签。曾焕智、傅金星编著《泉州通淮关岳庙志》，1986 年印本，第 104 页、122 页。
2	第五十九签：“好将心地力耕耘，莫向深山妄求坟。阴地不如心地好，修为到底更加勤。”	长汀县城车子关福德祠（祀释迦佛、罗公祖师）诗签。
3	第四十七签：“神仙指出神仙宅，世上凡民皆不识。守护青龙数百年，福人先到可安得。”	澎湖马公镇五德里威灵宫（祀保生大帝）诗签。
4	第五一签：“虽不甚美，亦不甚恶，探穴寻龙，将就之着。”	宜兰县中山里城隍街感应宫（主神孚佑帝君）诗签。

1. 例 3 至例 7，载［德］庞纬：《中国灵签研究（资料篇）》，第 210、393、460、484、155 页。

续表

序号	灵签文本论风水与道德关系	出处
5	第廿一签："营求吉穴筑高堂，此地诚为吉利场。庇荫蚒幪成美利，子孙永保福繁昌。"	彰化县鹿港镇龙山里德兴街凤山寺（主神广泽尊王、文安尊王）诗签。
6	第六签："宅墓鬼凶多，人事有爻论。伤财损失防，祈福始中和。"	台北县乌来乡乌来村妙心寺（主神释迦佛）诗签。
7	己亥签："神仙岂敢漏天机，福地福人居莫疑。相逢只恐相逢悮，只恐相逢悮不知。"癸丑签："山山包裹水水归，真穴天成认四围。下看正形无倚侧，男为将相女为妃。"	新竹市关帝里南门街关帝庙（总60首）诗签。

当然，签文中的风水观念作为一种普通的知识资源，在抽签者及解签者的解释下，经过转喻的过程，实现了价值的多重转换和意义的多元生成。如表8–2例2解曰："凡事保守本分，人要行忠心，多做善事，求大神大佛保佑平安。"例3签文用来解释功名、六甲、生理、失物、婚姻、远信、厝宅、丁口、官司、出行、疾病、月令等，并不仅仅是用作卜问风水。占卜语词"象征互换"，使得签诗所承载的文化意义得到了扩张。从"主签诗"到"评""注解""说明"，随着签诗兆象的扩大，签解也凸显了风水主题在文本中存活的方式，达成了自身价值的延续和意义的明晰化。而抽签者对风水观念的认同，也借助这种通俗化的表现方式，由表象走向观念，由抽象上升到具体（图8.49、图8.50）。

寺庙还专门设有风水签诗门类。长汀县大同镇黄屋村尚缘寺尚存有一签本，分本身、婚姻、家运、功名、求子、求财、求寿、风水、疾病、移居、出门等事项，每一事项各设有二十种签诗和签解。抽签者可根据需求查询到相应的签诗和签解。"风水""移居"二项的签诗和签解都是针对百姓诉求，前者主阴宅，后者主阳宅。

可以说，灵签文本借助风水吉凶判断的方式，既重申了对宇宙秩序（阴阳有应之理，阴阳交媾之美）和时空秩序（某向有利，某年吉）的信守，亦确立了社会道德秩序（作善得福、依理顺行）的指向。而个体生命秩序（人身健康、人丁兴旺、财利日发）的维护和保持（趋吉避凶），又是以时空秩序和道德秩序的和谐为前提的。这些签诗及签解文本，正是民间社会追求"天、地、神、人"四重和谐的文化心理结构的生动呈现。

总之，寺庙灵签就是一个多层次的、复合性的文化模板，叠写着多元化的民

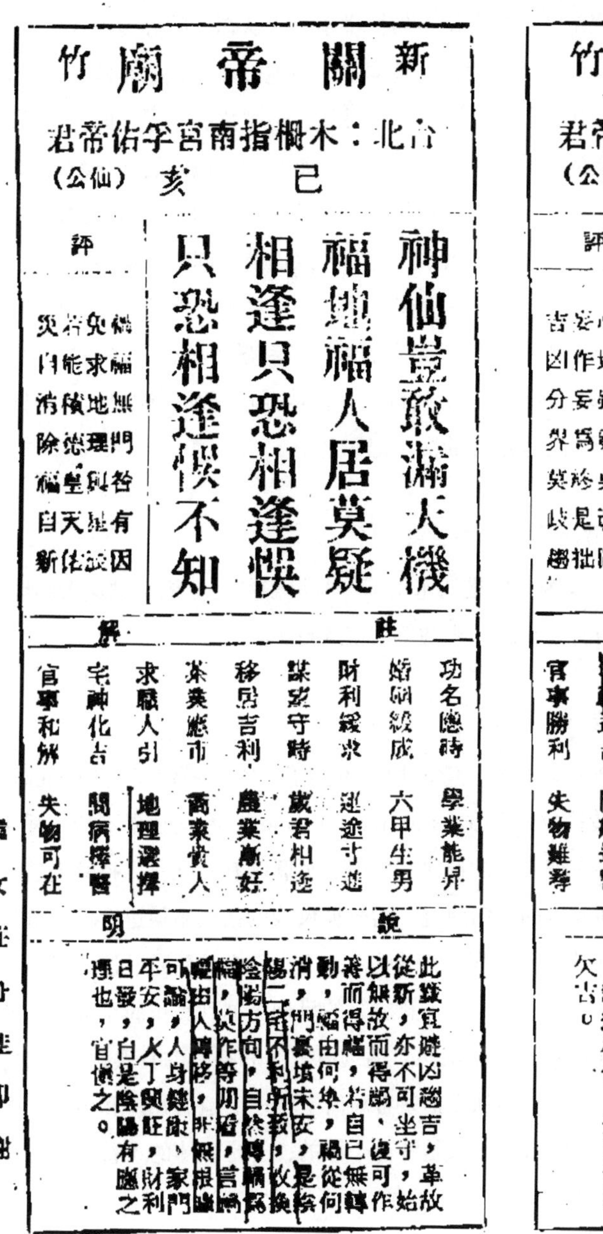
新竹關帝廟

台北：木柵指南宮孚佑帝君（仙公）

巳亥

神仙豈敢漏天機
福地福人居莫疑
相逢只恐相逢悞
只恐相逢悞不知

評

[illegible]

解註

功名隨時　婚姻終成　財利終求　謀望守時　移居吉利　茶業應市　求職人引　宅神化吉　官事和解

學業能昇　六甲生男　運途守進　歲君相逢　農業漸好　商業貴人　地理選擇　問病擇醫　失物可在

說明

[illegible]

信女莊丹桂叩謝

新竹關帝廟

台北：木柵指南宮孚佑帝君（仙公）

癸丑

山山包裹水水歸
眞穴天成認四圍
不看正形無倚側
男爲將相女爲妃

評

[illegible]

解註

功名漸進　婚姻和合　財利可求　謀望有成　移居不宜　茶業秋好　求職有望　宅神迫吉　官事勝利

學業慢成　六甲生男　運途進益　歲君更變　農業平常　商業順利　地理可求　問病選醫　失物難尋

說明

[illegible]

图 8.49　台湾新竹关帝庙灵签二枚

俗知识和主导性的价值规范。灵签文本不仅提供了行为认知上的分类模式，而且构建了可预期的社会秩序和道德框架；灵签文本既是地方性知识的容器，更是随方教化的实验场；灵签所传递的信息既框定了民间社会文化的主导方向，又暗示了日常生活世界的意义指向。因此，我们不妨称灵签文本是民间的文化教育和历史阐释的课程、剧本，它将历史的、道德的、术数的、礼仪的种种基本知识进行诗意化提炼和美学化升华后，生动地展示在普罗大众面前。同时，灵签文本也借助寺庙的各种神圣力量，从容建构出一个多主体间相互展演、相互交流、相互认同的游戏和平台。灵签更是充分利用了大众的求知欲和敬畏感，将过去、当下、未来进行了有机连接，参与创造了一个独特的文化传播机制和身体规训的神话，从而将连续性文明的大历史写进地方的文化记忆之中。

四、依附性仪式与风水术数的记忆

欲探讨灵签占卜如何及为何促进风水信仰与神灵崇拜之有机交融这个问题，我们就要关注灵签文本自身，更应重视抽签的仪式行为。

1. 抽签与依附性仪式

从仪式的过程或表现状态来看，寺庙抽签可归于一类“强化仪式”（rites of intensification），又与“转换仪式”（rites of transformation）有些边界不清。强化仪式的指向是保证业已存在或确立的秩序、价值、关联等有所强化，持续沿着有利于个体或群体的生存和发展的方向演进；而转换仪式的指向是促进个体和群体对变化的适应，帮助个体或群体克服和解决危机。[1] 抽签仪式系通过抽签者与神灵的“有效对话”的完成以及神灵“真正意志”的呈现（抽到真正属于抽签者的一支签，有时须重复好几次，这足以确保对话的有效性和神意的真实性），来建立人与神祇之间的合作关系，从而强化抽签者对时空秩序、道德秩序和生命秩序的认可或信守。抽签所强化的对象不只是针对个体的，亦是群体的（譬如贞占聚落的年度运势），是帮助个体和群体提高生存质量的文化策略。

从仪式的功能或效用来看，抽签可称得上是一种“危机仪式”（rites of

1. 相关的仪式理论，参照金泽：《宗教人类学导论》，第 223—232 页。

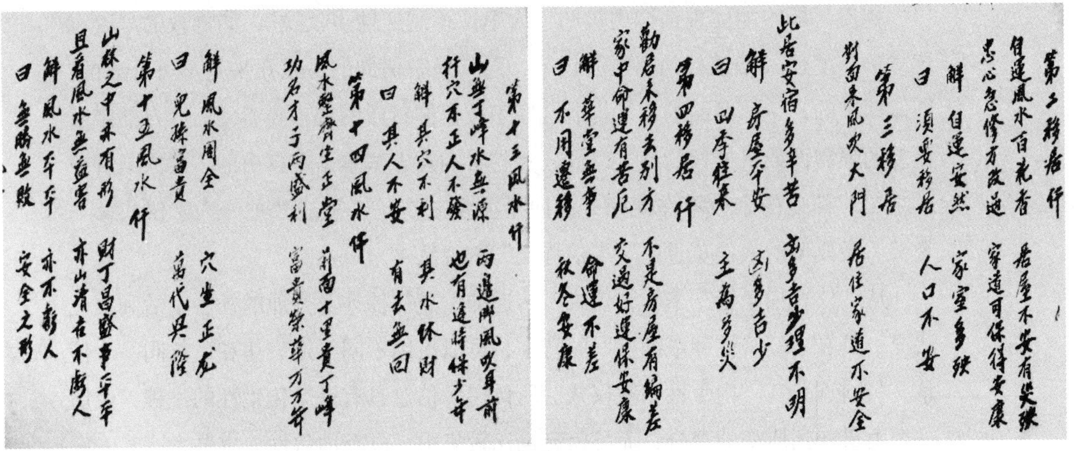

图 8.50　长汀县尚缘寺风水签

crisis）和“治疗仪式”（rites of cure）。抽签者有效获得了处理或解决生产、生活中遇到的危机（事务性危机及由此产生的心理性危机）的一些信息（具体表现于签诗的各类占卜事项），有效克服或暂时消解了臆想的无序状态和恐惧感、焦虑感，从而在一定时段内恢复或增强了对生产、生活活动的信心。特别是由于抽签带有随机化的性质，回答或解决现存问题的可能性增加了，这难免与抽签者原来的事实判断和心理预期大相径庭，但抽签者经此心理预期的“折扣”，更有可能变得相对理性，从而增加克服危机的选择机会。抽签仪式象征显然提供了维持民间社会生活的文化稳定力量。

就抽签仪式所依附的神圣空间（寺庙）及祈祷对象（神灵）而言，它基本属于一种“依附性（从属性）宗教仪式”。它与各种宗教信仰的关系是不即不离、若即若离的，也不可能如实反映其所依附的信仰的内核。离开了“依附性仪式”，各种宗教信仰并不会因此改变其基本文化特质或判教的特性。这种仪式行为之强制性或机械性的特征自然不是特别突出，即使有，程度也较弱，往往多些约定俗成的成分，抽签者的意志也基本是自由的，甚至允许怀疑与否定。当抽签者觉得签诗不合己意时，可以重抽。他可以认为抽签时节或方式不对，早上抽签或朝拜人多时抽签更准等等，但这并非对神意的怀疑与否定。抽签所反映的神或教主与人的向量关系（vector）也基本是“神或教主⟷人（抽签者）”。

相反，那些能体现信仰内核的“内生性（制度性）仪式”，如佛教的早晚课仪式、超度仪式和道教的斋醮科仪等，同其宗教信仰的关系几乎是不可分离的，即体即用的，一体两面的，是构成这些宗教信仰特质的基本要素之一，自然带着更多的强制性或机械性的特征，仪式参与者的意志基本是不自由的，故人与神或教主（非神化的宗教不在此列）的向量关系基本是“神或教主→人（仪式参与者）”（最典型的表述莫过于“因信称义”的说法）。

从“仪式信息论”来看，仪式所传递的信息往往涉及当地的社会生活和文化状况，具有“经济性和浓缩性”的特征，可以借助不同渠道表达和重复同一个信息。[1] 比较而言，“内生性宗教仪式”所传递的信息具有一个化生性的过程，经历一个由量变到质变的聚合，而且信息也比较集中，具有内敛性，主要表达某一宗教信仰的神圣内涵，其区域特性不明显；而抽签等“依附性宗教仪式”所传递的信息常常是寄生性的，呈现出量的积累或质的扩张。这种仪式信息也较为多元（如签诗的众多兆象），具有扩张性或离散性，并保留着较为明显的区域性，适用并满足了多种宗教信仰的世俗需要。前者突出和强化宗教信仰的“一元性（化）”特征，后者则突出和强化宗教信仰的“多元性（化）”特征。

在地域社会的宗教活动中，“内生性仪式”与“依附性仪式”始终如车之两轮，相辅相成。如果说“内生性仪式”突出了宗教信仰之“神圣性（化）”和“非功利性（化）”的功能的话，那么“依附性仪式”主要突出了宗教信仰之“世俗性（化）”和“功利性（化）”的功能。但“依附性仪式”仍然属于宗教仪式，故而它也不可能弱化宗教信仰之“神圣性（化）”的一面。二者都会强化群体或个人对宗教的信仰力度。[2] 当然，两种仪式的参与者所产生的宗教体验也有程度上的不同。前者可能是意会的，后者可能是实证的。探讨抽签仪式的特质，对反思和修正当前的宗教仪式理论亦有所启示。

---

1. ［英］埃德蒙 .R. 利奇（Edmund R. Leach）:《从概念及社会的发展看人的仪式化》，载史宗主编:《20 世纪西方宗教人类学文选》下卷，金泽等译，上海：上海三联书店，1995 年，第 503—511 页。
2. 罗依 · A. 拉帕波特（ Roy A.Rappaport）指出:“在技术不发达的社会中，权威是由神圣化维持的，但神圣性本身又是由宗教经验维持的。”（史宗主编:《20 世纪西方宗教人类学文选》下卷，第 572 页）

2. 神圣与世俗的交织

作为“依附性仪式”，抽签体现着大众化的宗教信仰之神圣性（化）、世俗性（化）和功利性（化）的有机结合。宋《四圣真君灵签》的卜签仪式规定：“凡欲祈签，必须诚心洁身，清晨神爽之时，恭诣圣前焚香祝告。”“凡祷之时，先念乡贯某处某人为某事上启天蓬大元帅真君、天猷副元帅真君、翊圣保德真君、真武灵应真君、天地神祇，万物皆知。吾今卜课，善恶扶持，凶应凶兆，吉应吉期，判断生死，决定无疑。”[1] 在祈签和求签的仪式中，“神圣性”是关键的，抽签者是不能对神灵表示怀疑的（诚心，决定无疑），却可以对神灵（一个庙可能是一神的也可能是多神的）启告“世俗性”的愿望和要求，甚至向神灵许愿，故功利性的目的甚是明显。当然，神灵也可能明彰报应，指示愚迷，所祈所愿，大赐显应。而神灵所“指示”的信息，就隐藏在某支灵签的文字上。抽签者除了可以自主诠释神意外，往往还能借助通解神意的解签人来辨签（也叫破签），获得更明确的解释和指引，再将签解同自身的实际场景相对照，以决定是否认同或遵照实行。在抽签仪式中，人神之间主要是一种双向交流关系，而非纯粹的结契关系。

毋庸置疑，灵签占卜仪式加剧了风水信仰与神灵崇拜的有机交融。当抽签者向神灵贞卜风水之吉凶时，他（她）首先要进入某种“神圣性（化）”的信仰状态。而倘若抽取的灵签事项恰好契合他（她）原本的所思所想，或者他（她）根据占卜内容修正了自家的风水并感觉灵验的话，抽签者自然会强化对灵力的崇信（“灵”“准”），并克服原来由风水信仰所引发的不确定感或危机感，心灵也由此得到有效的治疗和疏解。

由于仪式所传达的信息（消息）是“神圣化”的，[2] 抽签者和解签者便借由神灵之信仰或体验（特别是实证性的体验），将签谱中的风水知识资源或风水吉凶判断转换为契合自我价值的积极信息，这种转换也是一个不断解释与批评（反复确证，甚至怀疑）的过程，并会刺激风水信仰与神灵崇拜的内涵的深度交错，使风水信仰沉潜为民众的社会记忆及文化习俗成为可能，使传统道德观念和伦理准

1. 《道藏》第 32 册，第 752 页。
2. ［美］罗依・A. 拉帕波特：《仪式・神圣性・控制论》，载史宗主编《20 世纪西方宗教人类学文选》下卷，第 565 页。

则潜入民众的社会意识结构成为可能。[1]风水吉凶事项经过抽签仪式的创造性演练，已变成了社会戏剧表演的一种道具和一项主题。

上述推论可从族谱叙事得到印证。据南靖奎洋《庄氏族谱》载，当地北龙宫骑龙仙妈甚是灵异，精通堪舆，族人择葬、改葬时常祈求圣筶。清光绪二十四年（1898年），族人改葬十世祖考期魁公（1579—1655年）时，因未晓墓向，便向仙妈祈问“立定分金度数”。[2]而七世祖玄弼公“墓被洪水流坏，棺浮水面，波涛汹涌，向若者惊，公（期魁公）慨然捐身赴水扶起祖柩，不至漂流，子孙无憾者，皆公之力也”。族人通过卜筶仪式获得墓地风水的信息，是对神灵灵力和祖墓风水效应的认可，也彰显着先祖的孝业功德。

抽（解）签仪式活动具有“依附性”或“寄生性”的生命力，一定程度上加速了本土“创生性宗教”与“原生性宗教”[3]之间聚与散的双向运动，[4]客观上促进了民俗文化的多元化整合。诸如灵签文本中的风水主题，既暗藏了民间活跃着的社会生活和文化习俗的真实信息，也反映了签诗（或签解）作者的文化认知心态。正是通过这种独特的“依附性宗教仪式”的确证，神秘的风水信仰与理性的道德判断，业已互相获得存在的合理性。理性与非理性、道德与功利缠绕成经

1. 民间尚有至寺庙求神仙“云梦”（圆梦）以得风水者。明刘春沂《刘氏家藏阐微通书》卷四《丧葬篇》（中国国家图书馆藏）就列有“论梦地之谬”：“近闻神仙梦地之说，良可骇也。按古葬书有寻龙经行程记，未闻有梦地书也。且右明师唐有文辿、筠松，晋有郭璞，宋有陈希夷、吴景鸾、廖禹者，亦未闻有梦地之仙也。今人徒狥其变，而不遡其理。”仙游县九鲤湖、泉州市马甲双髻山以“云梦”著名。《九鲤湖仙吉凶梦解》（民间自印本）所刊梦解事项计有10大类115则，有问地理事，如梦“天神降者主居凶”“火烧见屋主兴旺”。民众还通过捐建佛像等方式来祈求吉壤者。据李禧《紫燕金鱼室笔记》载：“漳州公园铜佛……佛丰硕，制殊精。以年代久，僧侣未知保护，指多断落，背镌篆文云：‘愿父母往生吉壤，造时供给。己丑孟冬铸。弟子林某某’二十一字。”（第3页）
2. 庄氏期魁公于“顺治十三年丙申（1656年）十月初十日，葬在畲塘，巽乾向。今因历年太久，坟式、牌记崩坏，分金向家靡定，决要修理，众子众孙等签举敦五为揔缘。至光绪二十四年（1898年）戊戌四月初八日兴工竖碑，将坟格经，方知坐巳向亥，众子众孙未晓，即向祈北龙宫骑龙仙妈，立定分金度数，天盘壬辰壬戌，地盘丁巳丁亥，人盘癸巳癸亥，坐翌宿一十九度，向室宿一十八度。多谢仙妈圣筶指破分明，我太祖有厚德，早日获师卜葬，独记巽乾向，其中有妙处，天地人三盘一贯，皆合生旺”。（《庄氏族谱》，十一世弥庚系，清光绪抄本）
3. 原生性宗教不是创生的，而是自发产生的；创生性宗教不是自发的，而是由特定的人在特定的历史条件下所创建。参见金泽：《宗教人类学导论》，第104—188页。
4. 金泽：《民间信仰的聚散现象初探》，《西北民族研究》2002年第2期。

纬，共同编织着风水信仰的神圣帷幕。

第三节　扶乩降卜与风水术数的传播

扶乩（coscinomancy），又称扶鸾、降卜、扛箕、扶箕、箕占、筛占等，是一种古老的占卜术。卜者以箕召仙，通过观察箕之动静或箕所画之文字，“或预言休咎，或开示符方，或与书生唱和，或传经劝世”。[1]

唐宋以来，扶乩的形式主要有两种：一是“用取桃李之有两叉者，削其头如笔状，令两人各以一手持其柄，念动咒语请神，桃枝则跃跃动，书字书药，甚或抒写诗歌，朗朗可诵”。[2]（图 8.51、图 8.52）一是倒扣畚箕、饭箕、米筛等竹编物，上覆盖女性衣服，下绑一毛笔或木棍，二人对面扶箕，在沙盘上书写文字，故称扶箕或扛箕。宋代诗人陆游《箕卜》[3]说的是后者。

早期的箕仙（乩仙）多为紫姑神，唐李商隐就有“羞逐乡人赛紫姑”的诗句。后来连寺庙神灵或家族祖先也能降箕。明清科举时代，几乎每府每县的城市里都有箕坛，清代漳州府城甚至有专祀箕仙的大愿堂。它的流行多源于文人官僚的信仰，[4]而后才散布于民间。掌握文字的文化媒人或仪式专家多能主之，所卜之事尽非阳春白雪。谢肇淛曰：“今以箕召仙者，里巫俗师，即士人亦或能之。”[5]

扶乩活动作为一种古老而复杂的文字组合术或神秘的通灵术，由具有相当知识水准的文化媒人操持，充分展示了汉字组合体系中富有装饰性的魅力，有效强化了汉字精神世界的吸附力量，既是民间文化再生产的重要方式，也是思想传统得以有效传承和重新解释的关键中介。随着风水观念和信仰在民间社会的发酵与扩散，地方社会广泛透过扶乩的传统信仰形式，来判定和解决与风水相关的技术

1. 清乾隆《莆田县志》卷八《风俗志》下。
2. 民国《同安县志》卷一二《礼俗》。
3. 〔宋〕陆游诗：“孟春百草灵，古俗迎紫姑。厨中取竹箕，冒以妇裙襦。竖子夹扶持，插笔祝其书。俄若有物凭，对答不须臾。岂必考中否，一笑聊相娱。诗章亦间作，酒食随所须。兴阑忽辞去，谁能执其祛。持箕畀灶婢，弃笔卧墙隅。凡度亦已彻，狼藉果与蔬。纷纷竟何益，人鬼均一愚。”
4. 许地山：《扶箕迷信的研究》，北京：商务印书馆，1999 年。
5. 〔明〕谢肇淛：《五杂组》卷一五《事部三》，第 305 页。

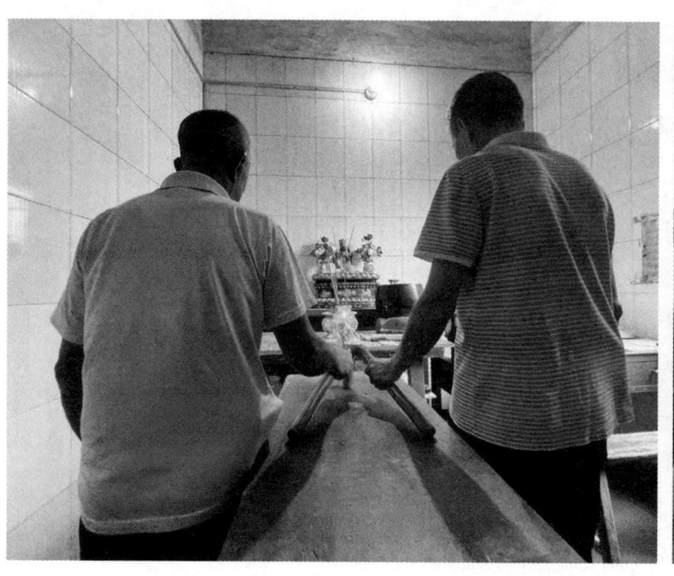

（1）

（2）

图 8.51　福建莆田三一教的扶乩活动

图 8.52　香港元朗金兰观的扶箕活动

或信仰问题。透过对风水扶乩文本的解读，我们能反思神灵或祖先崇拜与风水信仰之互动交融的意义，特别是寺庙神灵崇拜如何范导风水选择，如何左右地域社会秩序的构建和文化的整合。

一、《正统道藏》中的风水扶乩文本

从文献来看，箕（乩）语同其他仪式话语一样，具有简约性和模糊性的特征。许多仪式话语属于人语，箕语却是典型的“神语”，这决定了它具有特殊的表现形式。一则，宋代以来扶箕者大多是粗通或精通文字（如文人扶乩）的“文化人”；二则，降箕的神灵（箕仙）被信仰者先在地视为神通广大的，本不可能属于下里巴人或文盲；三则，箕语被视为神灵向人的启示，与俗语不同，操作功夫向来颇费精神，文字更不易辨认。

箕语基本是以短句或诗词的形式出现，富有韵律，言约旨远，加上本属于神圣话语（神灵借助乩手在言语），它给卜问者传递的信号也相当富有刺激性和力量性，不仅节省了他（她）进行事实或价值判断的成本，而且提高了他（她）依照乩语践行所问事项的可能性。因为对他（她）而言，这不仅增加随机选择的成功机会，而且涉及不违背神灵的意志和不辜负箕仙的信任等问题。表面上看，作为箕仙之代言人的扶乩者似乎与问卜者并无多大的关联，然而，在与神灵的交感之中，乩示者的自我意识与文化观念，以及信仰箕仙的区域的一些社会文化状况，往往也蕴藏于简练的箕语之中。[1]

就卜问者而论，在从事祖墓、祠堂或阳宅风水的技术选择时，他（她）难免要面临究竟是重视“地理”还是“天理”的信仰冲突困境。停柩不葬或迁葬或风水争讼，很大程度上是这种“边际情境”的反复体现。在肃穆的仪式活动中，扶乩者因为箕仙暂时降附于身体，魂魄和身体都不可自控，被视为有一定的宗教体验（乩者一般要接受神的启示与训练，也叫魔考），问事者通过这一交流媒介，

---

1. 许地山曰：“扶箕是观念力与灵感活动的现象，有感当然有应，感应的表现就是箕示。这观念力与灵感多半是从在坛场参与扶箕请仙的人发出的。一二人扶着箕，十几二十人的观念力或思想力集中在扶箕者的身上，使他们不自觉地在沙盘上写字。说起来，所写出的离不开在场诸人的观念意志与知识程度。”（许地山：《扶箕迷信的研究》，第98—99页）箕仙知识不是神仙知识，而是地方性知识。

获得神的启示或告诫，依靠自我的心态调试，显然能够从区域的社会文化资源中寻找到一些解决风水问题的平衡点。

具有巫术取向和多神信仰特征的道教与扶乩颇有关联。六朝陶弘景所录的《真诰》据说是仙人的降笔。诰者，随神旨意直书尔，既忽遽贵略，后更追忆前语，自是有草行多儳黵者。有关箕仙降笔诰毖草民风水抉择的记载，编撰于元大德年间（1297—1307 年）的《徐仙翰藻》是较早的。卷六《效景纯〈迁州记〉为志名》、卷七《答问造坟》《答梁氏问迁葬》，箕仙“灵济真人”（九天金阙显灵溥济真人徐知证及其弟九天玉阙昭灵溥济真人徐知谔）之降笔典雅隐晦，掌故博洽。[1] 二徐真人属于本土神灵，这些乩辞透露了元代民间风水活动的一些信息。最迟在元代，民间已通过扶乩问卜等来决定造坟、迁葬等事。我们从中可以感受一下“模式化”的扶箕话语背后的“道德教化”的母题。关于风水历史的知识编码以及风水选择的价值判断是如何有效贮存和传递的，我们透过其中节奏井

---

1. （1）《效景纯〈迁州记〉为志名》：“高陵深谷，孰是主张。胡为封树，世不义黄。迨及中古，累累北邱。赤松仙去，安有青囊。后天之学，郭厉黄杨。狂澜日倒，膑里施妆。虎狗相肖，指认微芒。尘俗眼孔，失之偏傍。乾坤大化，是纪是纲。谁泄其巧，云山苍苍。益土崇巳，枝叶流芳。维星之魁，职典大常。双双鹿马，两两云阳。日出沧海，照耀四方。月临帝座，西掖文章。天一生水，源深流长。出于天空，入于太乙。勾陈跋乎，腾蛇隐匿。自东徂西，为渊为泽。腰金东玉，贵人侍侧。谁谓瓜藤，生花结实。考之图经，盘匏入格。顾祖之龙，势来形止。回抱有情，必冗其耳。日吉辰良，危莤应瑞。不在其身，在其孙子。岂道明龙，低头贴尾。所喜天禄，悠悠千里。吹拈扶危，迎神逐鬼。山止为足，莫坠其辙。错认牛眠，犹嫌兔缺。阴盛阳微，各操乃节。此是天然，初非人力。心巧目专，何庸针石。古人有言，吉人吉冗。孔墓于今，不荆不棘。卜葬之后，更加阴骘。百世其昌，绵绵瓜瓞。吾非青鸟，周卜之吉。志而留之，姑铭于碣。铭曰：有个老爷，有执镆铘，胡床据坐，斥逐青蛇，蛇化为龙，环绕我家。谁谓瓜藤，结蒂生花。松根蟠结，枝叶繁华。勿须放足，牛角嵯岈。勿须反镜，呈丑髻斜。对案齐眉，巧饰六珈。腰金东玉，名聚京华。光依日月，翰苑操麻。道逢书生，阴骘可嘉。与子凿之，诚耶伪耶。因铭于石，目者矜夸。祖德之灵，人力莫加。鲁元云仍，连茹拔茅。”（卷六）
（2）《答问造坟》：“北邱旧墓何累累，城都富贵千年期。碑刻姓名大如斗，问之孙子今有谁。吉凶当年非不卜，造物反复竟何为。祸福无门人自召，方寸心中是福基。吁嗟世人愚且痴，大家何必隔藩篱。不思自有同宗鬼，究是连理又连枝。兴始王陵今何在，葬母宁甘号孝儿。君不见，金陵王气旺，秦人鲁厌之。后宫生武后，高宗非不知。国家尚如此，人事夫何疑。掘冢焚尸非盛德，己所不欲人勿施。两家各存阴骘事，上有神明不可欺。”（卷七）
（3）《答梁氏问迁葬》：“牛眠已卜陶公穴，白鹤仙人暂降凡。心地允符阴地好，人天敢道我天宽。果然宗祖灵如在，相尔儿孙达大官。投以木桃报琼瑰，都来造物亦知还。”（卷七）
三则乩文分别载于《道藏》第 35 册，第 435 页、第 451 页、第 454 页。

然的诗歌语言，大抵能够体味一二。降箕者强调地理与天理（祖德、心地）的关系，诸如“祖有功，崇有德”（敬天法祖）的观念系谱，借此获得了神圣化的表达方式。乩示者虽不否认地理能阴骘人事，但显然带有“神道设教”的人文教化成分。

比如，《效景纯〈迁州记〉为志名》回顾了风水理论的主旨及发展历史，并强调吉地“此是天然，初非人力”“祖德之灵，人力莫加”，尖锐地批评了那类执着于针石的“尘俗眼孔”行径。就《答问造坟》来说，问事者在造坟时可能是卷入了人事纷争，乩示者却借此严厉地批判逐利于风水的恶习，宣扬了道家“天地不仁，以万物为刍狗”的自然无为思想，与清《红楼梦》的“好了歌”颇有异曲同工之妙。而《答梁氏问迁葬》在突出“敬天法祖”观念之际，更是大讲因果报应，强调“心地允符阴地好，人天敢道我天宽”。

正是分享了区域神灵的权威性和真实性，上述乩语不仅被注入神秘力量的氛围，而且渗入信仰的人文气息，揭示了众多风水信仰者内心潜藏的思想困惑与情感冲突，促使其重新定位自我的角色，回归心灵深处的和谐有序、平静安宁。无论是对于卜问者还是乩示者而言，箕仙都扮演着一个调节者的角色，使得个体与神灵、个体与社会的交流成为可能，并使得建立在交流之上的公共秩序的维持成为可能。

明清以来，士绅利用扶乩行教化之事，减少停柩不葬之弊。[1]我们从地域神灵崇拜系统中，亦能看到神祇对民众的风水认知及其实践的范导功能。如清光绪三十年（1904 年），莆田神应庙所立碑记就记录了一则妈祖的诗占。[2]这些“神

1. 清陈盛韶曰：“城西有良峰山，青冢累累，棺不知其几千百也，世不知其几千年也。少尉署内有扶鸾者，山鬼降乩，自称许某。粤人游幕诏安，死葬于此，问：‘安乎？’曰：‘否。土满人稠，以棺压棺，隆隆三四层，牛羊又从而践踏之。’问：‘可代为捡葬乎？’曰：‘否。白骨遍地，失其故我。’予闻之恻然心动，乃倡买义冢，设泽枯局，于清明、中元致祭。并请乩议定章程，以鬼治鬼，使鬼有所归。且地亦必求其藏风避水，顺民所欲，毋犯所忌。不数月葬讫。续买者，又不数月葬讫。几埋至八百余冢。问其故。曰：‘穷人无钱买山，即力能买山，亦恐讼累。惟义冢重以官威，前后左右比栉，不争故也。’”（〔清〕陈盛韶：《问俗录》卷四《诏安县》“良峰山”条，第 95 页）
2. 《重修名山神应庙碑记》：“忆昔中秋夜觞□神，仙师占诗曰：‘樽酒未干，月已□□。长江有水，□□□□。飞舟求到银河界，那识天阶咫尺底。’原其诗符、诗谶、某水、某山、同人家来难备记，但地由德造，神尝曰：‘人人皆欲求福地，人人□□种福田。不种福田求福地，

话”是不是降笔所得，我们不得而知，却足见道教或民间神灵既有效催化了风水观念在民间社会的内化进程，也有助于调节或纠偏民众的心灵困顿及道德失范。

二、庙志（碑铭）中的风水扶乩文本

在传统儒学伦理精神“下落”和“内化”于民间社会的过程中，以“敬天法祖”“崇德报功”等核心价值为基础的民间信仰寺庙，往往是传播儒家孝道观念的重要载体。一些寺庙通过各种宗教膜拜仪式，将这种孝道观念灌输到民众的集体意识之中。而传统的扶乩仪式正是将儒家思想“神圣化”的重要手段之一。

“地灵人杰”是民间的共识，历来寺庙的选址非常重视风水抉择。只有择址于牛眠吉地，神明才能灵验，护国佑民。南安诗山凤山寺主祀广泽尊王（后唐郭忠福），影响波及闽、台等地及东南亚，达数百座分灵庙宇。按戴凤仪《郭山庙志》[1]及杨浚《凤山寺志略》[2]等载，郭忠福幼因家贫替人牧牛，日必驰归侍奉双亲。一位形者鉴其孝，点化他葬父骸于“蜈蚣形”宝地。郭忠福获得好风水，由人成神，正是“惟忠惟孝”的福报。[3]《郭山庙志》还载有二则尊王自降乩文以保

却从何处□□□？’风水之事实关阴德，神屡屡求之矣。”（郑振满、丁荷生编纂：《福建宗教碑铭汇编·兴化府分册》，第356页）

1. 〔清〕戴凤仪《郭山庙志》卷二《保安广泽尊王传》：“王，闽之南安人，郭其姓，忠福其名。祖父多隐德，母感异梦而娠，诞王于后唐同光癸未元年（923年）初二月十二日。王生有孝德，气度异人，尝牧于清溪杨长者家，晨昏之思忽起，驰归侍奉，依依如也。父薨，艰于葬地，王忧心惸惸，虽就牧，犹潸然泪下。一形家鉴其孝，指长者山而告曰：‘窆此大吉。’王然之，稽谢，愿求长者而茔之。竣，乃归郭山下，而奉母以终身焉。后唐天福间，王年十六，忽牵牛登山，翼（按：翌）日坐古藤上而逝。母至，举其左足，塑像者因塑其左足下垂。迨母薨，里人感王至孝，为祔于清溪故茔。”［清光绪二十三年（1897年）刊本］
2. 〔清〕杨浚《凤山寺志略》卷一《先茔》：“神父母茔在安溪崇善里，穴坐虎吻，亦曰蜈蚣穴也。里人峰尖峙于西北间，曰大吕山，磅礴透迤，数转至茔，拱案如表蚓形，左右山水，内局则圆抱一团，外局则弯环数里，阡后有太极两圆堆，安藏神父母遗体也。中竖圣旨牌，坐向癸丁兼子午，出水为壬。神母后薨，里人以神至孝，为合厝焉。”［《四神志略》，福州群玉斋清光绪十五年（1889年）刻本］
3. 《圣王踪世歌》曰：“笃生人神扶大纲，惟忠惟孝振家堂。诞生五代属后唐，癸未元年是同光。二月廿二忠福郎，郭乾乳名保安康。眼光直射观四方，眉目清晰感上苍。仙风道骨活神功，天书罡决五行通。腾云驾雾道明将，呼风唤雨变无穷。五湖四海瞬展彰，六韬三略恐诚惶。七龄亡父恪守丧，单身奉养依萱堂。童年困窭佣于杨，刍牧为生司牛羊。父薨未葬忧悚惶，幸蒙崔司识阴阳。指点羊圈穴最良，葬毕速离旧屯庄。长兴壬辰是后唐，跋涉崎岖背山岗。世运浮沉五代亡，乾坤正气钟凤凰。神兵旋转抵南阳，居在南安县北乡。诗山里有社村

护考妣“佳城”的灵异事迹。[1]

在风水观念深耕化为地域社会的大众信仰之后，乡民惑于私利图谋神灵封茔风水之事是史实。郭忠福至孝得风水和降乩护风水的传说，显然蕴含着双重的象征意义：一是守孝道是寻获祖墓好风水的前提条件，二是保护好祖墓风水是守孝道的表现。这些传统观念，也是民间社会在风水实践中形成的共识。然而，要使这些观念激起人们强烈的情感认同，除了借助传说故事以发挥神妙的功用外，更要借助一些神圣性事物或媒介来强化某种权威性。戴凤仪曰：“尊王一生大节，惟孝为首，其孝以葬茔、祭茔为大，则封茔重焉。”[2] 由于郭氏已被神圣化为人神形象的关系，再加上坟茔原本就属于神秘而危险的场所，郭氏考妣的封茔更成为不可侵犯的神圣空间，成为人们可以敬畏和膜拜的圣地。[3]

每年祭茔的集体性活动不仅激发了人们对至孝的广泽尊王的尊崇情感，而且激发了人们对守孝道得风水、护风水行孝道等关系的内在联想。扶乩代表着与上级之神通声气，自然是神化郭忠福及其考妣坟茔的有效手段。特别是广泽尊王两次乩示“孝思”的事件，更加凸显了神的祖茔及其对象之不可亵渎的神圣性。宵小破坏圣物（如圣旨碣）或用亲骸（世俗之物）盗葬圣茔，其实是故意违反神圣的禁忌，突破约定俗成的神圣空间的边界，“王律必有以处之也”。这种积极而强势的仪式代表了民间社会巩固超人（神）的权威、稳定正常的文化秩序的努力，

庄，社稷以北郭山长。发脉之峰名文章，钦疑翕郁气苍苍。环列左右多平岗。高田高盖与育浆。此山舒翅欲飞翔，此形指点为腾凤。一涧东水去淼茫，吞吐岚影蘸溪光。地灵孕毓钟呈祥，神人暂降水云乡。身有奇骨非寻常，幼里为奴江夏黄。牵牛牧羊游山岗，群童钦敬梓与桑。后晋天福戊戌宫，桂香念二蜕天阊。十六坐逝古藤上，拟将苦海渡慈航。牧童告慈言不僵，忽携牛酒登山岗。瞑目灵光照十方，伸其左足垂前旁。里人塑像山中央，郭山祠庙显辉煌。有感斯应人难量，有功于民祀之当。”（辜安庆:《保安广泽尊王史略》）

1. 〔清〕戴凤仪纂:《郭山庙志》卷八《尊王近事纪闻》:“乾隆初年，有近茔某姓者，将封茔圣旨碣乘夜埋没，以为图占风水计。翼（翌）早，王即降乩，鸠集里人迅速抵茔，比至，里人寻碣不见，扶乩者忽向茔下深泥中以剑划之，果获其碣，遂封竖焉。”“十七年（1752 年）壬申，有某姓贪封茔形势绝佳，私瘗亲骸于茔首。一日，王忽乩示，私瘗处令里人铲去，以儆效尤。于戏，王之孝思不匮，上天尚且感动，宵小敢如此生心想，王律必有以处之也。”
2. 〔清〕戴凤仪纂:《郭山庙志》卷二《凡例》。
3. 涂尔干称:“圣物就是被分离出来的事物。圣物之所以是神圣的，是因为神圣事物与凡俗事物之间有条不可逾越的鸿沟。通常说来，圣物超脱于其他事物之外。而且，有一整套仪式可以用来实现这种根本上的分离状态。”（[法]爱弥尔·涂尔干（Émile Durkheim）:《宗教生活的基本形式》，渠东、汲喆译，上海：上海人民出版社，1999 年，第 395 页）

帮助仪式的参与者在心灵深处同时领会人与神、子孙与祖先的天然的亲缘关系，并与之相契合。[1]特别是当直接的规训变成共信的“史实”传播时，它唤起的不仅有文化事件的回忆，还有神圣权威的训导。

杨浚还记录了一则祭神禁忌：“神得四正穴，寺为凤，宫（龙山宫，神之故居、祖厝）为牛眠，庙为水蛇（威镇庙，离封茔不远），先茔为蜈蚣。神寺之凤与先茔之蜈蚣可相见，每祭，神必亲诣。若庙兼祀神之太子，庙为水蛇，与蜈蚣不可相见，故祭太子不往。俗传如此。”[2]这种基于风水生克原理的禁忌体例，堪称宗法伦理精神和家族意识的隐喻。它以风水信仰和神灵崇拜相结合的形式，推动并强化了传统道德规范的“禁忌化”和“形象化”。按照儒家“亲亲尊尊”“长幼有序”的观念，广泽尊王拜祭（仪式由信众代劳举行）父母是理所当然的，而让他屈尊去拜见儿子，显然不符合儒家文化观念。[3]

广泽尊王亲祭祖茔以及太子神与祖辈互不相见的拜祭习俗，隐晦地表达了汉人传统亲属体系处于凝聚与分化矛盾的紧张状态的事实。[4]因为祖先可能对子孙或不同房祧产生不利的影响，而子孙对祖先的祭祀，也要以祖先没有对子孙进行不利的伤害为前提。

有关广泽尊王的风水传说及扶乩事例，乃是宗法伦理理想的典型符号表达，一则体现祖先崇拜和神灵信仰混合的神圣空间——祖茔——的边界具有不可侵犯性，二则借助捍卫这一神圣空间来唤起并强化人们在处理崇拜祖先和信仰风水的关系时，必须信守的社会道德秩序。不过，也不要高估神灵崇拜对民间风水活动

---

1. 涂尔干称：“祭祀之所以产生，并不是为了在人与神之间制造一条人为的亲属关系纽带，而是要维持和更新最初就已经把两者结合在一起的天然的亲属关系。”（[法]爱弥尔·涂尔干：《宗教生活的基本形式》，第446页）
2. 〔清〕杨浚：《凤山寺志略》卷一，载《四神志略》，福州群玉斋清光绪十五年（1889年）刻本。
3. 按民间传说，广泽尊王升化之后，曾现神示（一个金手镯）给当地的一位浣衣女，女孩后来成了他的妻子（童贞）。如果凤山寺尊王夫妇床底下的某处泥土有返潮现象，就表示尊王的太子出生了，这把湿土就拿去塑一尊太子神像。有关尊王的传说，可参见《凤山寺》，载《中国民间故事集成·福建卷》，北京：中国ISBN中心，1998年，第314—317页。
4. [美]孔迈隆（Myron L. Cohen）称：“中国家族往往处于凝聚倾向和分裂倾向两者的矛盾所产生的紧张状态中。”（陈其南：《传统制度与社会意识的结构：历史与人类学的探索》，第142页）

的道德劝诫功能。宵小盗葬神灵祖茔的事件，恰恰从一个侧面说明民间对神灵的崇拜在程度上甚至是稍逊于风水信仰一筹的。而在民俗信仰方面，地域社会功利性、实用性的因素也远胜于神圣性、超功利的因素。

从功能的角度看，寺庙常常成为一个“祭祀圈”或“信仰圈”的中心，有效推动了社区自我组织的形成和自我管理的完善。寺庙不仅是社区发展历史的见证，而且是凝聚社群向心力的家园。[1]庙宇用以保持和控制地方文化网络的合法性，既源于神灵自身的内生性力量（灵力），也源于庙宇风水的外部性力量（气场）。倘若要使寺庙所凝聚的、源于信仰的内生性力量与外部性力量成为强势的文化合力，则必须充分借助各种仪式活动的操作才能实现。集体性的扶乩仪式直接传达了神的谕示信息，让人不再游离于模棱两可的信仰状态之外，集中体现了人与神之间的内在联系，帮助社区信众确立一种趋同的意义模式和思维惯性，有效维护寺庙作为社区神圣空间象征的位置。

漳浦县盘陀镇东林村东林庙（主祀开漳圣王）立有一碑，记载乾隆四十七年（1782 年）关帝降乩保护庙宇龙脉事。[2]乩示仪式的目标，系通过关帝圣谕的形式，来严厉警示族人不许破坏寺庙的“龙秀穴美”的风水，从而促成修理庙宇和保护庙宇周围环境的效果。这种神谕显然传递和强化了将信仰空间禁忌化的信息：东林庙社区空间的分割是有神圣与世俗的边界的，混淆或突破这种文化空间的界限，不仅意味着对神灵的意志的侵犯和亵渎，而且意味着对社会秩序乃至宇宙秩序的扰乱与破坏，必然要遭受神灵严厉的惩罚。而达成这种维护庙宇的禁忌

---

1. 有关“祭祀圈”理论，可参考施振民:《祭祀圈与社会组织：彰化平原聚落发展模式的探讨》，载《“中央研究院”民族学研究所集刊》第 36 期，1975 年 2 月；林美容:《由祭祀圈来看草屯镇的地方组织》，载《“中央研究院”民族学研究所集刊》第 62 期，1987 年 12 月。

2. “山西夫子乾隆壬寅（1782 年）显乩指示祇遵，尊王旨意曰:“且古人有曰‘地灵人杰，人杰地灵’，诚哉是言也。历观庙宇诸神灵显者，莫不因其龙秀穴美，故神居其所。是以威灵赫赫，保宅子民，俾魑魅魍魉莫能逢之。既莫能逢之，致使群黎咸宁，斯功垂奕世，直享祀于无穷者也。余莅此土，由浦西而来，四百有余年矣。所谓保民如保赤子者，非余而谁！今汝元民，忘我大德，仅修一宇，落成未卜。反念恩深似海，余尚□忍，历届新禧巡狩，境内民居，处处增辉。民尚如此，余独不能润屋而润身乎？时耶愠怒，持遣辅信将军普舍捐银，延令未就，肃请山西夫子共襄此事。多蒙夫子聿来胥宇，丕称龙运有伤。余春三月二日鸠集子民，填平水井，毁坏短墙，无有固违。余阅之，时觉畅快。倘日后有不惜死之子民，重开故井，接坏垣，阖族子民无庸出执，听其自毙。”圣谕毕。乾隆岁次乙巳（1785 年）季夏吉旦立石。”王文径编:《漳浦历代碑刻》，漳浦县博物馆自印，1994 年，第 186 页。

行为的信仰基础，又具有权威性和普世性，既源于人们对大公无私、以忠义立教的关帝的信仰，也源于人们对寺庙风水神秘的交感作用的信仰。[1]

倘若乩示者不是通过关帝的谕示，来强调庙宇的好风水能让神灵"灵显"，"保宅子民，俾魑魅魍魉莫能逢之"，"子民"恐怕也不会乖乖地"填平水井，毁坏短墙"。当然，风水产生的交感作用也是奇特的，同神灵一样已被化约为一种权威性的象征符号，影响到神圣与世俗两个世界（既针对神灵也针对人），承载着维持神灵的灵力以及保证子民群黎咸宁的功能，是所谓的"地灵人杰，人杰地灵"。与其说关帝的乩示是一种单向度谕示神灵的神圣意志的行为，不如说它喻示着神与人都基于功利目的而互相结契的意义。通过仪式化和禁忌化的宣示，神灵崇拜与风水信仰已交织在一起，并获得更深层次的强化。

漳浦关帝的事例表明，扶乩仪式是一种积极设定空间禁忌主题的行为，通过"启动"内化于子民历史记忆之中的神灵崇拜与风水信仰的权威力量，来加强社区的自我认同感，消解潜在的利益冲突，以保证社区信仰空间的边界不受侵犯以及社区秩序的稳定性。恩斯特·卡西尔（Ernst Cassirer）指出："禁忌体系……是整个社会秩序的基石。社会体系中没有哪个方面不是靠特殊的禁忌来调节和管理的。""取缔它就意味着完全的无政府状态。"[2]这种仪式禁忌显然不完全是消极的，它在禁止也在指导，让人强烈感受到神灵崇拜与风水信仰的交织所产生的教化力量。[3]

三、宗族族谱中的风水扶乩文本

宋元以降，透过士绅富有操作性的制度建设以及民众的创造性改造，儒家宗法伦理精神进一步走向"深耕化"（化为大众的习俗，习为大众的信仰）。随着新型家族制度的建立与完善，一些家族势力或将有功名的祖先奉祀为神明，或请地

1. 金泽认为，宗教禁忌的信仰基础包括神灵观念和神秘的交感。（金泽：《宗教禁忌研究》第 2 章，北京：社会科学文献出版社，1996 年）詹姆斯·G. 弗雷泽（James G. Frazer）很早就将中国风水看作同类相生的交感巫术。（[英] 弗雷泽：《金枝》，徐育新等译，北京：大众文艺出版社，1998 年，第 55—56 页）
2. [德] 恩斯特·卡西尔：《人论》，甘阳译，上海：上海译文出版社，1985 年，第 138 页。
3. 卡西尔指出："禁忌体系强加给人无数的责任和义务，但所有这些责任都有一个共同的特点：它们完全是消极的，它们不包含任何积极的理想。""它警告要提防危险，但它不可能在人身上激起新的积极的即道德的能量。"（[德] 恩斯特·卡西尔：《人论》，第 138 页）我们在这里却看到，表现禁忌主题的扶乩仪式在强化道德规范方面充分显示了信仰的威慑力量。

方神祇为箕仙，降笔垂训子孙，风水问题往往是垂训的内容之一。随着神灵或箕仙的家族化、地域化，箕语也走向通俗化、口语化。士绅往往借助扶乩请神等“以神道设教”的方式，使得风水观念逐渐落实为社会各阶层共有的知识背景和信仰底色。乡族士绅往往透过扶箕等通灵活动，来有效掌握地方历史传统的解释权，或者以此来指导家族事业的发展方向。

一是礼请本族的祖先降鸾。

明代同安县洪朝选，因逆忤权相张居正而罢职家居，后陷于大狱瘐死。到了清代，洪朝选被族人敬奉为四川省白玉殿的城隍和本族的箕仙，并被道士尊为驱鬼避邪的“厉神”。扶乩问事时，族人应先安师请神，诵念“芳洲大人咒”。[1] 洪氏家谱记录了洪朝选降笔训斥族人妄改家祠风水之事。[2] 作为箕仙的洪朝选既是幽冥世界中“剪恶除凶，护国安邦”之神，也是洪氏富有声望的先祖。两种身份的汇合与重叠，使其垂训之辞显得既威严而又亲切。由于科举功

---

1. “静庵我祖德流芳，百世仪型永不忘。身出大明赐进士，官居刑部左侍郎。勘辽不为权奸屈，封诰虑永全典煌。取义圣人似孔孟，读书谈道友王唐。政司提辖总裁事，崇祀乡贤名官堂。南部自为称君子，西蜀相传作城隍。万古流名青咒册，千秋祖笃响馨香。孙辈一心转拜请，我祖扶鸾到坛前。”（《咒语簿》影印本，同安马巷洪厝村一村民藏，陈支平提供）
2. 《扶乩报笔垂训》：“乾隆五十七年（1792 年）壬子九月二十日夜，扶乩报笔，垂训孙子。伯祖静庵公曰：子孙之不得为孝慈者，为其不能则古昔、明义理、睦宗族也。不睦，皆由不明义理、不则古昔有以致之也。入清以来，科甲久已不振矣，然犹遵法守分，邻里咸称先人遗风，迄于今一败涂地，不可言矣。夫非犹是我家也欤哉，何以前既若彼，今乃若此？盖科甲不振者天数，而使宗族倒置者，地脉不利也。夫我祖始居此土，高、刘、王、李、林、谢、欧阳七十余家，既为我而有之矣。夫元明之际，芹其不咏、鹿鸣不歌五六代也。隆万之时，殿陛与列，此地此土且欲有所补也。诚以先人艰难创制，去七姓之族，成一本之亲，当时虽衰，于后可望固守，勿敢变者。何乃世代迭更，一二不肖，戕疾之，改作之，欲为己利，不知一不利，终无有利者矣。譬之于身，四肢病曰四肢病乎，岂惟四肢病乎，识大体者可以晓然矣。吾诲汝，千里来龙惟重人手，凿之则寒矣！且在巳方曜水到堂，其大病一也；大龙小结，则庙不得过高，亦不得过大，前迫而后虚，左有岑楼之压，其大病二也；两水合流，而鲤墩守之，所以蓄气也，小焉不无泄漏矣，其大病三也；分脉之始，东有九宝，西有金山，可谓善矣。然深沟横断，予亦尝兴填塞之思，所志未遂，会遭奸害，是以至今，崩坏益倍，其大病四也。此数者皆为扼要之处，人文所关，其于兴隆衰替之机，既有征而有验矣。良弓之子学为箕，良冶之子学为裘，尔非木石，宁得袖手待毙，绝无述作之思哉！择其足任是事者某某等，力能为之，苟予令而莫违予之愿也。若其不从，败难堪也。书不能悉意，各宜凛此。又题诗二则：人言子孙苦无多，我有子孙说奈何。抑郁忧思忍不住，寄词笔下涕滂沱。一向忧愁一向看，哀哀不肖泪将潸。而今若作孟庄志，洗却从前一切艰。”（洪福增编印：《柏埔洪氏家谱》十六，1993 年，第 31 页）

名关乎一个家族或房派在乡族中的生存发展及社会地位，是与他姓良性竞争的文化和权力资本，洪朝选的现身说法，首先道出的是洪氏在乡族势力竞争中面临淘汰的危机，并提出有效解决的途径：一则明义理，睦宗族，二则改善家祠的风水气运。家谱是每个家族历史的文字记录，是象征族籍认同的圣物。这篇祖先乩文彰显了一种对全族宗亲的庄重警示。这种“神判”方式应是有心之士借以处理宗亲冲突的一剂良方，一定程度上有利于维护家族的整体利益，从而避免家族内部的利益纷争。

清光绪年间，南靖奎洋庄氏天湖房派的士绅、生员曾经请乩寻问四世良茂公墓的确切地址。除林府太师公降乩指示“报本追源”外，本房派进士庄亨阳的阴灵，借机对族众进行道德训诫，期许族人尚德重孝，方能获得祖先的荫庇。[1]

---

1. 南靖奎洋《庄氏族谱》（十一世贞毅系，清宣统年间抄本）记载：“四世良茂公之墓在码州屈龙埔，未知是否，于光绪十五年己丑年（1889年）十月三十夜，裔孙显文率男钟鸣为表，求于林府太师公降乩指示。乩曰：‘且待一个月后。’是时，孔劣下降，诗云：‘父子同心知报本，孙曹职分岂云蠢。率属奉公师至意，劝君书院方完竣。’话说吾乡因君父子上表文，师却查明：‘但尔庄家在世显荣、在阴任职者，英灵不爽，犹可相究。尔庄家若果有报本追源之心，可以聚集乡绅至漳，宜选取同姓善执乩者，向到漳城梧桐书院，特斋敬办清香、清茶、果盒、蜡烛。又宜会集乡绅数重望者，务须带衣冠到梧桐书院，恭拜祈祷。斯时，我太师兼尔庄家在阴司承任官者，自有明议确据。余无他意，但可即此数言，预先通知。’便自咏欲回。诗云：‘回头上望转千秋，寂寂长年换物悠。四世庄灵询是卿，端由子孙不勤求。’至十一月初旬，福建提督学政乌粒布考试到漳，庄钟鸣就将此事告诉庄姓绅士，订约于十二早到梧桐书院。先一日焚香告祝，至期即会集建勲、伟功、天飞、朝煌等生员计二十余人及各房新生数十人，由笅主渊源执乩，布流副之。一出：‘□□□’三字，人皆不识，此字体乃不晓得。再出：‘月中丹桂，何由攀折？吾是谁，汝等知之乎？’太师曰：‘是尔庄亨阳，首出三字，便是今将正体，先为尔等言之。’责缓到院，诗云：‘需待已经两三时，奈何公事不嫌迟。所学贤书是何说，旁观袖手我当诛。’自论我祖确据。再诗云：‘窟龙龙窟名相依，我祖栖斯事非虚。坟后坟前皆有据，张黄二妣葬一池。’请作祭文，其字体若不晓的，便可问：‘缅维祖考，卜葬良畴（弟欲指明可也。但临祭时，宜要写我字样）。浑忘念（廿）世，失祀千秋。几经寻脉，莫析缘由。蒙师确指，窃报源流。虽被比邻，所混亦同。荒丘犹叨，岁祀配享。陈牲献酬，我辈阴冥。查究魂到，马州孙曹。阳世祈祷，不胜忧愁。兹逢岁科，试乘叶舟。敬备牲酌，祭扫渡头。庇及孙子，泮水群游。来秋大比，咸被祖庥。尚飨！’解说：‘是穴确是，谓之良畴。今者子孙廿四代，故除我祖四世，谓之廿世。劣在阴承任已久，不能显乩，亦难辞不肖，敢请蒙师确指。我祖栖此，彼虽有昧者混图，却亦同其配享，今□不可忘其禋祀之恩。若欲略修坟面，前后左右，不可伤碍，墓碑写好，令石匠工琢分明，坟面只可补，不可重修。今欲开祭，须公理，不可私祭。凡逐科逢试到漳郡者，不论举贡、生员、童生，皆宜各带衣冠，自理船费、福食来与祭，始办祭品，静（净）洁订期会集，到处开祭。将此祀例与记矣。’太师曰：‘汝今日所言，皆正肃严重官法之论。命阳童取清茶来，庄亨阳

二是礼请本地神明降鸾。

永定江陵《熊氏祥人公家谱》记载有十世（开基祖为仁斋公）先祖祥人公（1607—1665 年）的风水卜课事。祥人于崇祯八年（1635 年）参加乡试，“诗书裕后”。[1] 熊氏族人在祥氏去世两年后，择定康熙六年（1667 年）十二月十二日乙卯时葬永定龙门瑶前冈上，巳山亥向，丹炉覆火形，又呼为架上金盆形。熊氏求证当地神祇降笔乩示（未言及何神降乩）宝地：“此地求不得，得之不必求。固尔子孙福，乃祖积德由。”[2] 熊氏慎重结合“人谋”和“神谋”来谋求本支祖先风水的举动，除乞求荫庇子孙外，也与彰显祖先“重义”的德业有关。毕竟“尚志不仕，沈酣理学”的祖先，甚是符合儒家圣贤的人格风范，获得好风水是“天理人心”所致，后裔子孙满堂、兰桂齐芳的景象是理所当然的。其族谱话语也自觉配合这类约定俗成的观念系谱。[3] 在乡族社会里，崇尚“不语怪力乱神”的儒

口已渴矣。汝等亦曾敦诗说礼，何不晓的乎？’亨阳拜曰：‘吾庄家诚有可笑，试为师尊言之：父未见有慈，子未见有孝，兄未见有友，弟未见有恭。亦成参商，富则特财，势则特权，士则多斗，狼心何由上达，商则灵华无实，据理陈情，汝林家则有厚望焉。若劣敝乡，何足箕也。’太师曰：‘尚德哉！若人，君子哉；若人，宜乎阴阳，皆承重任矣。’亨阳曰：‘若矣！苦矣！劣不自思，荷蒙上帝柔爱，敢曰承任？愉快乎？劣不自量，敢则晓吾宗等。’又出诗云：‘捷彩芹香略堪欣，奈何士类多嫉心。蟾宫月桂休忘想，品行加修方可钦。狭隘居心害了身，乡风何以能重新。待友待师须自责，勿轻己意起无因。今劣宗中有轻心不自安分而取族中之利者，故云余言难尽，敢辞尊师。’欲回，又再诗云：‘吾宗里多无知，重望尊师至切乩。俾得士农咸被化，不才阴府亦知之。’太师曰：‘请，请，尔其缓缓归鸾可。汝等若能听受，愚敢不候命，公事毕完。’此是己丑年（1889 年）亨阳公来梧桐书院降乩指示，录为后世可鉴耳。”各类庄氏族谱都录有该扶乩资料（个别有异字）。庄宝与汇集《庄氏世系族谱》、南靖船场赤坑《庄氏图谱》[清光绪二十年（1894 年）抄本]、《庄氏族谱》（庄兆祥承录，庄成国抄本，1963 年）。

1. 祥人公“由诗二房中式拔贡第十五名，准应会试考授知县。公肄业南雍高等时，辽事旁午，西寇嚣张，司城周询以时务，条对井井，称为济世真才，疏授知县。值永邑各乡寇警，以亲年老辞归，迁居于县城讲学，城之远近有名之士悉师事焉，甘守淡泊。国朝推选以授知县，前明尚志不仕，沈酣理学，不治产业，教子义方，诗书裕后”。（永定江陵《熊氏祥人公家谱》，2001 年，第 23—24 页）
2. 地师郑东松“祥人公地课”云：“自贵人岽起祖发龙以至于入穴，其中出帐穿心而行，过峡有送有迎，带旗带鼓带仓带库，逶迤曲折，大顿小跌，缅补拥从周密，结穴星体端庄尊严，成凭高之穴，左右护卫有情，前后盖座朝对，耸拔秀丽；水口巨石，交牙纽锁。至于远峰呈秀，明拱暗拱俱堪称赏，诚至贵之大地，有非笔端所能尽绘，即绘之亦只得其大概而已，愿高明者其恕之。赣水麻谷山人七十六叟郑养浩东松氏志。”（永定江陵《熊氏祥人公家谱》，第 23—24 页）
3. 譬如，祥人公长子二何公（1632—1707 年）“二十一岁入郡庠第四名，康熙十九年（1680

家道德规范，正是透过内化的风水信仰与外在的扶乩仪式，获得了有效的演示。

根据宁化《谯国曹氏族谱》（民国刻本）记录，嘉庆十六年（1811 年）家族请吕纯阳祖师在德云庵降乩为祖祠建门楼、晋主择日课等事（图 8.53）。

根据连城《松阳赖氏族谱》记录，清咸丰十年（1860 年）赖氏家族借南极仙翁乩作《宗厚公碑记》，述其尽心于"坟墓祭典"，以表彰孝道之事（图 8.54）。

根据南靖奎洋《庄氏族谱》记载，松峰村庄氏亦利用地方神明的乩示，为十九世祖信和公判定坟地好坏。清光绪十七年（1891 年），庄氏后裔从刘国安买来虚墩（旧坟）乙穴安葬庄信和，地址在下村，原坐乙向辛兼卯酉，丁卯丁酉正针分金，外向用缝针辛卯辛酉分金。后裔怀疑该祖墓扦法，特意祈祷云山林太师公降乩指示，至清光绪二十二年（1896 年）十月初六日起赞，改易坐卯向酉兼乙辛，辛卯辛酉分金，水放壬字，后内池水放庚，外池水放辛，源头水来乾亥，水口庚。[1] 清光绪年间，南靖县和溪镇高山刘氏，也祈请云山林太师公降乩指示十五世祖四泮公庶妣徐氏（1796—1884 年）坟地风水事。徐氏原葬陈公田仔，至清光绪壬寅年（1902 年）八月十五壬寅日壬寅时，改葬在北坑岭长兴洋祠溪，坐庚向甲兼□□分金。其孙详细记述了乩占的情形。[2]

年）一等十名，补廪一等六次。……公宽和浑厚，未尝有疾言厉色，家庭之中以恩相洽，子侄孙曾辈百有余人沐其德化，咸彬彬有礼，门无戾气，事多吉庆。和可致祥，信不诬矣。生平以设教为事，邑之文人受业日众，学行兼优，有泰山北斗之望焉"。次子三峰公（1634—1682 年）"二十四岁科考进邑庠第十名，辛亥（1671 年）补增二等六名。公幼有异才，多挚行乡里，称文孝。公时富甲一方，耕地四方遍布，设蒸尝，儒资田千亩，抚市、溪口等地建有仓寮，储放谷物。公修先堂，更祖坟。康熙庚申年（1680 年）应五房子孙之请，将被邻盗卖之银树坑地力争归回"。三子怀人公（1641—1721 年）"幼承庭训，长二兄秉性质朴，素行端方，教子成名，手创千金，夫妇齐眉，矍铄健步，博读群书，兼精堪舆，初获寿域二所，因伯父、严君相继先逝，已将寿域分葬伯父、严君"。祥人公三子资料，录自永定江陵《熊氏祥人公家谱》，第 25—26 页。

1. 其乩诗曰："艮寅旋转到卯山，穴在卯山俗未删。但惜龙身到头失，到头稍失作法难。细查此地□□常，端赖案山拱穴张。左右两砂虽有抱，当前去祸总难联。穴在村乡穴上为，此事专由阴骘推。阴骘不忘天玉汝，皇天玉汝地由归。仰止高山气脉长，龙身到首失封疆。总要沉藏来作法，当前去水配坟场。原定分金乙木辰，乙辛辰戌未堪亲。分秒度数三分定，从此原来反复寻。与君选定一分金，乙山辛向卯酉临。丁字三合龙身气，龙身得气穴长深。乙辛大进在小阳，课取小阳壬戌天。安葬用寅三合地，月天二德照坟前。"（南靖奎洋松峰村《庄氏族谱》，清光绪年间抄本）
2. 《刘氏族谱》（清光绪年间重修本）："就此地原来而论之，当时愚做生意，与人相帮货担，往到北坑岭，暂坐一刻，相待未到，看此对面山形变化分明，定有结地之势。龙降尖峰之处，顺便一提，马来西亚华人“族魂”林连玉（1901—1985年）出身于闽南乡绅家庭和书香门第，他的家书记述了前清贡生、祖父林以仁（1836—1914年）扶乩之事，亦可佐证晚近的士绅阶层借助扶乩询问家族风水事宜的普遍性。[1]

三是礼请堪舆祖师降鸾。

明清以来，风水信仰成为地域崇拜体系的组成部分，唐代形法派堪舆家杨筠松经常是民间竖造和丧葬仪式中膜拜的对象。许多家族为了选择好风水，甚至尊请杨筠松“飞鸾”来确定方案。根据上杭县珊瑚乡《陈氏三十四郎一脉宗谱》记载，[2]陈氏因迁建祠堂，争议不决，杨仙师不仅点出争议之事，还从理气上给予详细的空间布局。人神之间的有效沟通，有力强化了家族对风水的崇信。

从上述例子可知，不同类型的乩仙，充分显示出他们在拯救或增加自家人或他人幸福时的高度神圣化的能量，以及在地域社会秩序的构建和文化整合方面的功能。乩仙的关键性、指示性的乩语，都是以充满韵律的诗文形式来呈现的。针

恰似观音坐莲，意欲到地看明。及至后个月，亲身到地，审察其详，看地有□做之形，而坟宅无修方之象。就愚思之：‘若是祖坟，岂□榜树之大矣哉？’遂至他日，遇谢家之人：‘汝有坟宅在后面尖顶？’答曰：‘并无坟宅在尖峰。’至次年，山春社陦绵兄与愚、锯枋曰：‘汝要地理否？’愚答曰：‘有吉地者可也。’又曰：‘吾在北坑岭长过去尖峰之下，向牛角弯而去，是吾之墟墩。先日我祖父开做工力甚多，至今久矣。’愚恭请云山林太师公指点分明，乩曰：‘坟宅来龙乾亥宗，庚甲分金水流东。可取峰尖转人首，观音坐上不怕空。’又：‘福德神降此地，至今多年。现今开眼，是弟子之福，可喜可贺。’”

1. 林连玉：“太祖父不信道士、和尚，却信世间有神。关于扶乩问神，他不反对，自己也曾做过，有几椿不可思议的事。如锦坑祖墓的风水，以仁公求神定方向，把投词写在冥金上焚化，连扶乩者也不知何处，却题诗云：‘白桐风水一翻新，空在乾巽兼戌辰。’以仁公原以为那地名是周坑的，及至翻阅契抄，才知应该叫作白桐坑，这就是神比主人更明白了。”（1962年6月12日林连玉致子林多才信）

2. “明十二世俊成长子守简公，号东泉，妣蓝氏。生四男，长明易，次明经，三明鉴，四明书。公婆合葬忆子树下，立庚山兼酉、庚寅庚申分金。公建祠于豪山下，虎形，迁筑多番，舆论莫决。在民国四年（1915年）兴工改造，凭请杨筠松仙师飞銮乩示到坛，诗原文：‘中秋佳节秋气清，驾下尘凡顷刻临。回天手段今番试，宫中六六尽逢春。’示‘此祠造离卦，即甲山兼卯庚寅庚申分金，较原造迁左二丈二尺。上厅高一丈九尺九寸除阴巷尺，深二丈八尺三寸，阔二丈。下厅地盘较上厅低一尺。下厅高一丈四尺六寸。自上厅檐下至下厅檐前八尺八寸。水放三池。内池水癸字。中池水丙字。外池水庚字。内大门高七尺三寸五分，大四尺五寸五分，宜造双大屋间更妥’等谕。但改造时因被左片老横屋所限，时地盘又挖见前番老脚，故少迁左三尺余，内池水当时有议不宜放到癸字，除二点未照做到外，余皆遵乩示。至虎眼总花台、后沟等，当时未请乩示，后由众裔自行配置。”［上杭县珊瑚乡《陈氏三十四郎一脉宗谱》，陈福兴主修，上杭县启文印社，民国二十九年（1940年）刻本］

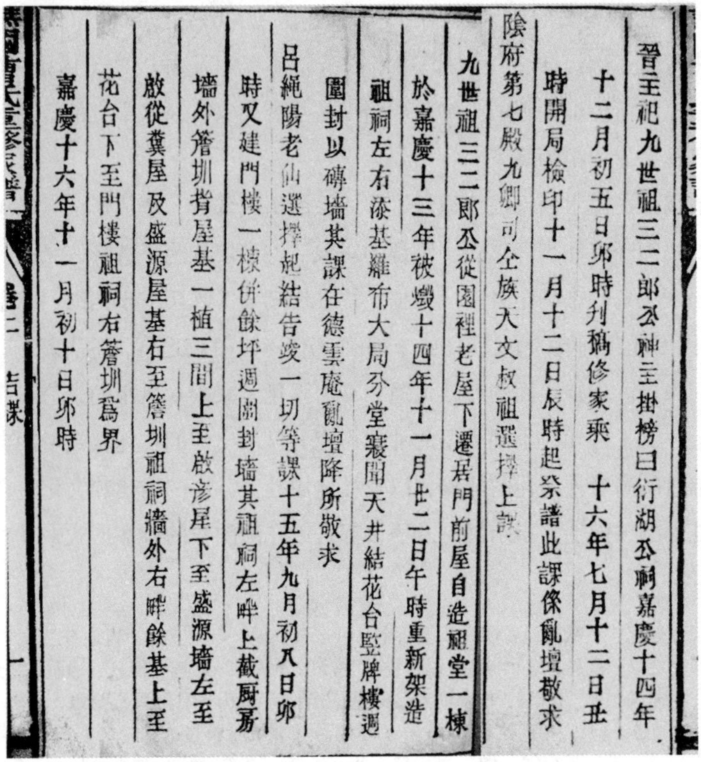

晉主祀九世祖三二郎公神主掛榜曰衍湖公祠嘉慶十四年
十二月初五日卯時升龕修家乘　十六年七月十二日丑
時開局檢印十一月十二日辰時起発譜此課係亂壇敬求
陰府第七殿九卿司仝族天文叔祖選擇上課
九世祖三二郎公從園裡老屋下遷居門前屋自造祖堂一棟
於嘉慶十三年被燬十四年十一月廿二日午時重新架造
祖祠左右添基雖布大局分堂寢開天井結花台竪牌樓週
圍封以磚墻其課在德雲庵亂壇降所敬求
呂純陽老仙選擇起結告竣一切等課十五年九月初八日卯
時又建門楼一棟併餘坪週圍封墻其祖祠左畔上截厨房
墻外簷圳背屋基一植三間上至啟彥屋下至盛源墻左至
啟從糞屋及盛源屋基右至簷圳祖祠牆外右畔餘基上至
花台下至門楼祖祠右簷圳爲界
嘉慶十六年十一月初十日卯時

图 8.53　宁化《谯国曹氏族谱》的神明择课

对家祠改建或祖墓更葬的风水问题，各位乩仙都“降”出专业的判断，这强化了乩语的有效力，使其精确的信息传递不至于被中途阻隔或切断，从而给予卜问者以实际的帮助。然而，乩仙所传递的专业性信息中也潜伏着相关的社会性信息，即一再强调孝行德业、个人福运与地理选择的密切关系（阴骘、皇天）。乩语意义的变换既强化了族众对于地方神灵灵力的信仰，也提升了他们替祖先重择风水的自信力。更重要的是，民间名目繁多的修祠、迁改葬活动，在信守伦理道德的帷幕之下，也获得了神圣的合理性依据，并克服了由风水信仰引发的种种危机感。

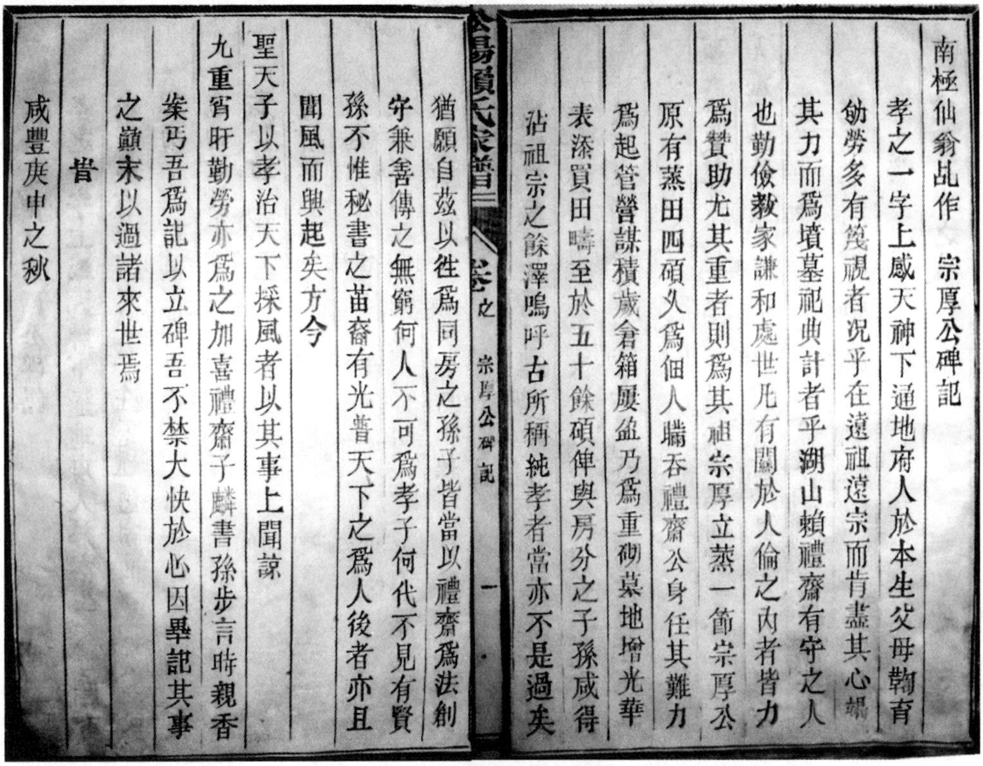

图 8.54　连城《松阳赖氏族谱》的神明乩作

四、作为文化展演的风水扶乩

爱弥尔·涂尔干说："仪式不仅追忆了过去，而且还借助名副其实的戏剧表现方式将过去呈现出来。"[1]克利福德·格尔茨（Clifford Geertz）也视仪式为"文化表演"，不光是对信仰者来说表现了"宗教生活的习性与观念等两方面的汇聚点，而且是局外观察者最易于考察到的二者间的互动点"[2]。拉德克利夫–布朗（Radcliffe Brown）称，仪式在"带给人们自信、安慰和安全感的同时，同样也能够合理地论证它们引发了人们的恐惧和焦虑"。"仪式是与某种社会地位相适应

1.［法］爱弥尔·涂尔干:《宗教生活的基本形式》，第 492 页。
2.［美］克利福德·格尔茨:《文化的解释》，纳日碧力戈等译，上海：上海人民出版社，1999 年，第 129 页。

的情绪之秩序化（《礼记》说得好）的表现形式，因此适合于调节和粹炼人们的情感。我们可以说参与仪式表演有助于培育个人情操，而这是社会秩序自身得以存在的基石。”[1]

同寺庙抽签一样，扶乩活动是一种适应地方社会需要的“文化展演”行为，为民间风水实践提供了信仰上的强烈支持，使一些与风水相关的观念得以“内化”为集体记忆，成为巩固既有社会秩序和宇宙秩序的象征资产。比较而言，抽签问卦、张贴镇宅或墓地符、举行竖造或安葬地请（祭）祝活动等风水实践，代表着问事者的“主动的诉说”，神灵或祖先常是被动的“听者”，他们是否真正领会问事者的意愿（譬如灵签、符咒有准不准的问题）常不得而知。然而，在扶乩活动中，神灵或祖先仿佛亲临“现场”，面对着问事者的“主动的诉说”，他们的意志获得了有效的展示与感性的张扬。

以唯物者的眼光，这只是扶乩者透过降乩之神在向问事者“间接诉说”或“直接胡说”罢了。借用陆游《箕卜》的诗句是“人鬼均一愚”。但对于虔诚的卜问者或扶乩者而言，乩示文传达的是箕仙——神灵或祖先——强力而又善意的诰示信息。当扶乩者以模棱两可的“神话”方式传递有关风水事项的吉凶选择或祸福启示时，其意义也经常是多元的、复合的。扶乩既是一种克服或缓解危机的仪式，也是一种强化既有自然秩序和社会生活秩序的仪式。卜问者的神灵崇拜及风水信仰被重新唤起并得到有效的强化。而卜问者在这种神圣启示或道德劝诫之下，也容易形成较为稳定的价值判断和信仰心态。

因此，扶乩活动充分展示了以“敬天法祖”“崇德报功”为基础的鬼神或祖先崇拜与风水信仰的情景交融，而鬼神信仰或祖先崇拜所包含的合情合理的道德理性因素，更借此有效规范着民间社会的各类风水实践活动。扶乩揭示了神灵崇拜、祖先崇拜与风水信仰在文化整合与秩序重建中所具有的多元的社会功能。

总而言之，扶乩不但是一个象征和表意的文化模具，还是一个知识和观念再生产的社会机制。扶乩主要是一种透过身体训练的桥接，由人与神来共同书写、复制、传达社会知识、道德规范、情感归属、行为指向等信息的文字游戏，人与

---

1. A.R. Radcliffe-Brown, “Taboo”, *Reader in Comparative Relgion: An Anthropological Appoach, Fourth Edition*, edited by William A. Lessa and Evon Z. Vogt (New York: Harper & Row Press, 1979) , pp. 53-55.

神之间由此建立起互为主体的关系，彼此不断地进行话语的交流和意志的成全。在意义的生成过程中，社会秩序或文化秩序也因此被创造出来，并框定了当下及未来的生活方向和行动旨趣。

与此相应的是，如果我们不仅仅把扶乩看作有关风水的知识、观念和信仰之传达的媒介和载体，而是将它视为人具有灵性地展示自身主体性、能动性、自由性的“身体习性”，我们就能更深入地理解人神关系、人地（天）关系、人人关系、人物关系之“本真性”所在。核心的问题也不再是一般性的风水知识、观念、信仰究竟表意了什么，而是它们到底展演了什么、再生产了什么。

第四节　选择通书与风水术数的传播

先秦以来，“统纪之学”是关乎政治或政权的合法性和正当性的家国大事。饶宗颐先生指出：“治史之务，原本《春秋》，以事系年，主宾户分，而正闰之论遂起。欧公谓‘正统之说，始于《春秋》之作’是矣。正统之确定，为编年之先务，故正统之义，与编年之书，息息相关，其故即在此矣。……‘统纪’二字，史公屡屡用之，其由来远矣。……《尚书·洪范》‘协用五纪’，五纪者即岁、月、日、星辰、历数。……历法以记时日，故曰‘历纪’”，而“纪之为书，必系年月，如网之在纲，条次与条纪、历纪，义正相通”。[1]“究天人之际”的学说包括讲阴阳幽明之说的选择和堪舆等术数。

从历数延伸而来的历日宜忌之学，历来是官民双方共通、互融、共用的象征资源。一方面，合乎“统纪”的历日安排被视为延续“正统性”的关键象征，是王朝“奉天承运”的重要依据，即汉代儒者董仲舒所谓“王者必改正朔，易服色，制礼乐，一统于天下”云云。历代历书（皇历）的编撰权，一直牢牢地掌握在司职堪舆或选择的历朝官员手中，历书成为统治者表达意志的工具。另一方面，民间社会日常的生产、生活秩序同样离不开历日选择，否则就无法“过日子”。

在术数传统中，堪舆与择日是一体两面的，都涉及时空秩序的合理安排问

1. 饶宗颐：《中国史学上之正统论》，第 3 页。

题。通书知识最初与“政统”密切相关，都被官民共同视为“国粹”。《须江郎峰祝氏族谱》录有一则题“西洋人赫巴序”，系为祝氏《增补万福全书》而书（见表 8–3）。其是否西洋人不得而知，但在族谱编撰者的意识中，选择者是“国粹哲学士”，足以教化“夷狄”。而祝氏筑草堂非为隐也，乃欲“奉正朔”，借增补通书以补皇历之微，以尊圣训，以通民情。“正统性”的思想传统，透过各种规范化的历日知识的编撰、传承、传达，成为强化民间社会“大一统”认同意识的文化记忆形式。

值得一提的是，与天文知识相伴的择日、命理、堪舆风水等术数传统，同样是乡族社会士绅，特别是礼生要重点掌握的地方知识。宋代以降，伴随着科举制度的推行，研习作为教科书的“四书”“五经”直接奠定了士绅深厚的易学基础。大量没有上升机会而沦落到地方讨生活的乡绅，化身仪式专家或文化媒人，将术数民俗知识活用于日常生活当中，这也是他们在地谋生并获得社会尊重的方式之一。

一、奉正朔：从日书、皇历到民间通书

作为官学之一，堪舆术、选择术与占卜时日吉凶和决定举事宜忌有关。《周礼》所说的“春官宗伯”“地官司徒”“夏官司马”，其实与堪舆、历算之事有关。《左传・桓公十七年》记载，“天子有日官，诸侯有日御”，日官、日御，即日者。汉以来，统治者广泛参与关乎国是的堪舆、选择活动。《史记・日者列传第六十七》载汉武帝聚集五行家、堪舆家、建除家、丛辰家问事。[1]《汉书・术数略》曰：“术数者，皆明堂、羲和、史卜之职也。”《后汉书》卷二五载东汉日官主“掌奏良日及时节禁忌”。

唐敦煌文书伯 2675 号将“阴阳人”与官员职名并列。[2] 宋朝设司天监，广纳术家（史称杨惟德、吴景鸾等被授司天监监正），负责相度风水、诹吉兴工等事。元至元二十八年（1291 年），朝廷“括天下阴阳户口，仍立各路教官，有精于艺

1. 关于《日者列传》是否司马迁为所作，学界至今尚有争论，主流意见为非司马迁文。
2. 敦煌文书伯 2675 号《阴阳语残卷》曰：“咸通二年岁次辛巳（861 年）十二月廿五日，衙前通引并通事舍人范子盈、阴阳范景询二人同记。”

者，岁贡各一人”，“果有异能，则于司天台内许令近侍”。[1] 明清除继设地方阴阳学外，中央还有钦天监（清有漏刻科、时宪科和天文科），汇集阴阳、选择才隽，负责宫室营建、师旅、冠婚择日、郊祀候时、陵寝择地等事。

早在战国秦汉时期，《日书》就代表了一种普遍的民间（或通俗）文化，在中下阶层人士之中流行。[2]《日书》载有堪舆术的内容，以历法配合禁忌，供人趋吉避凶。例如：九店楚简《日书》录有“告武夷”及“相宅”等非择日篇目；[3] 放马滩秦简《日书》甲种有建除、土忌，乙种有门忌、月忌（室忌）、四时啻等禁忌；睡虎地秦简《日书》甲种有室忌、门忌、土日及宇池方位的吉凶等。[4] 因时代变迁和语境转换，后世官方颁布的历日（皇历）或民间私造的通书，在术语和用法上虽然和日书有所差异，却基本继承了《日书》的“驱避宜忌”事项。通书只是先秦《日书》传统的近世变体罢了。

据黄一农研究，为了适应择日的需求，唐朝廷已开始雕印官颁历日，并附上行事宜忌等内容。朝廷颁布律例，以处罚私造、盗印或贩卖历日者。直至清乾隆十六年（1751 年），朝廷才同意民间翻刻宪书，清嘉庆二十一年（1816 年）始奉旨废除禁例。[5] 尽管私印官历之事屡禁不止，但官历毕竟不能兼顾各地风俗，满足不了民间的实际需要。在元代，以“通书”为名的书籍广为刊刻、售卖，基本分为“理论型”和“实用型”两大类，[6] 前者总结和阐发堪舆、选择的理论知识，较为高深，时效性较长，克择家常秘不示人；后者解释各年度的时日吉凶宜忌，较为浅显，流传最广。清乾嘉以降，由于私人编纂通书不再有违法之虞，选择家纷纷树帜，以己名或堂号为标志出版实用型的通书。

从内容上看，通书与皇历并无本质区别，通书“发明皇历之隐微”，“皇历，经也；通书，传也。传以疏经，非任意妄作，徒新耳目也”。[7] 只是通书一通而

---

1. 《新元史》卷八《选举志》。
2. 蒲慕州：《追寻一己之福：中国古代的信仰世界》，第 110 页。
3. 湖北省文物考古研究所、北京大学中文系编：《九店楚简》。
4. 见吴小强《秦简日书集释》所录湖北云梦睡虎地、甘肃天水放马滩秦简《日书》。
5. 黄一农：《通书：中国传统天文与社会的交融》，载《汉学研究》1996 年第 14 卷第 2 期。
6. 黄一农将通书类型分为“百科全书式通书”（综合整理各种选择神煞的规则与意义）和“年度通书”（近乎官颁历日的增补本）。
7. 《大清康熙五十五年岁次丙申便览全备通书·序》，中国国家图书馆藏。

俗，在语言表述上更加民间化、通俗化罢了，甚至多有巫觋传之。[1]

同《日书》相比较，近世皇历及通书收入了更多的风水宜忌内容。清朝理论型历书《钦定协纪辨方书》系针对通书“讹袭谬见”修订亦有风水论述。如卷三三《利用一》录有“选择要论”“杨筠松造命歌”“疑龙经”“论造葬”“论补龙”“论扶山”“论立向”“论相主”“论开山立向与修山修向不同”“论修方”“论修方兼册向及中宫”“论用盘针”“罗经图”“定方隅法”等条目。而实用型通书的风水知识更加通俗易懂，易于民众阅读。因其发行量甚大，且基础知识变异少，难免加剧民间崇信风水的风气。

秦汉以降，随着中原和北方的汉民的多次南迁，选择宜忌传统传入福建。宋元之后，选择（重天文）与堪舆（重地理）并未决然地分家，双方都有市场空间，明清尤盛。从清雍正元年（1723 年）科臣黑硕色的奏折可见一斑：“江南、浙、闽等省民间所用历日，多系无印私历及通书等。今薄海内外莫不遵奉正朔，岂宜令私历公行，请将各省私历偏行严禁，令布政司将用印官历交与贸易人发卖，则民间俱有官历看，通书、私历自废。”[2]

明清以来通书日渐普及，现存明末建阳麻沙及清初汀州四堡刊刻的通书种类甚多。我们从地方文献中可略知一二（表 8-3）。

1. 刘春沂《论私书之课》：“克择家必以钦天监为主，以明贤所注通书参互而用之，可也。今人传得一书，则曰祝氏之家福也，杨氏、曾氏之秘传也，信之如神明，藏之如至宝，皆不论其阴阳消长之道，年月生克之理，但合之则云吉，不合则云凶，若此者何其愚也。况所传皆巫觋之辈，而抄写未免不以甲为申，以戊为戌，乃率然信用，运福未见，而祸已随之。非为误人，适所以自误也。”（《刘氏家藏阐微通书・丧葬篇》，柯炳荣择日老馆藏版）中国国家图书馆藏刻本内页题名《新刻订正原板刘氏家藏二十四山造葬全书》，扉页题“麻沙刘春沂先生著”，内页又题“东官刘春沂、佐沂著，男尔蕃、尔昌、孙殿客仝订”“东莞刘春沂”，刘春沂可能是广东东莞人氏，其后裔客居福建建阳麻沙。

2. 〔清〕席裕福、沈师徐辑：《皇朝政典类纂》卷四一五，《近代中国史料丛刊续编》影印清光绪二十九年（1903 年）刊本。

表 8-3　地方文献中的通书记载

序号	地方文献中的通书记载	出处
1	建阳刻书家熊宗立（1409—1482 年）曰："近世以来，阴阳之书何啻数百家，使人无所措目。是以休咎不明，岁月弗克，吉者未必用，用者未必吉，若是者吾见之屡矣。独清江宋辉山《通书》集先贤之秘诀，会诸家之所长，辩论详明，使天道人事各随其时，非深知羲和之道，造景纯（按：郭璞）之阃，得袁（袁天纲）、李（李淳风）、杨（杨筠松）、曾（曾文辿）、刘（？）、范（？）诸君子之传者，而能然乎？诚所谓阴阳宝鉴者也。金溪何景祥有《历法集成》，又辉山所未及而采者，余之先祖伯梅隐翁梓行久矣。近时嗜利之徒往往誊录而翻刊之，以致二书字画讹舛，则有申甲戌戊之难辨，鲁鱼亥豕之狐疑，使览者病焉。"	〔明〕熊宗立编：《类编历法通书大全·序》，明经厂本，中国国家图书馆藏。
2	清代建阳县麻沙刘尔昌、刘尔蕃，"先太祖在翰林修国史，传得钦天监天机秘书"，传至先大父刘春沂，"于星辰度数、阴阳理气皆三其微奥，除"考正古今通书二十余部刊刻行世"外，编有《刘氏家藏阐微通书》（理论型通书），"广集诸家之谈，约为不易之规，订讹辟谬，备极苦心，开卷了然，明若指掌。初但秘藏家中，后乃授梓公世，纸贵洛阳，遐迩宗其克择书，传海内造葬藉为指南"，以致"书坊翻刻，止知苟简图利，罔顾舛错悮人"。康熙二十三年（1684 年），尔昌、尔蕃"爰是捐赀缮写，不敢妄意删增，校订选梨，悉付良工剞劂"。"是集阐明造葬二十四山，定二宅旺相、分金、得卦、穿山、透地、坐穴、划度专用，年月日时趋吉避凶，了如指掌，识者王忝之。"	〔清〕刘尔昌、刘尔蕃:《刘氏家藏阐微通书》，柯炳荣择日老馆藏版。中国国家图书馆藏本题《新刻订正原板刘氏家藏二十四山造葬全书》。
3	清康乾年间，汀州籍钦天监副大史"桂亭马裕良容先生，博览群书，尤精选择，其术屡试屡验"。清乾隆二十一年（1756 年）丙子发行《催福通书》（理论型通书）。时人议曰："明季暨国朝则重用公历，但以测乎分至。问及每日所宜，而吉凶神煞不著焉。若《象吉》《鳌头》诸通书，无虑数十家，神煞著矣，而本源详略不备焉。今彰其源而逆其流，分其条而晰其缕，不特精选者便于翻阅，即素不习此者，一览此书，吉凶了如指掌。"	〔清〕《催福通书·序》，长汀民间流传版本，笔者藏。
4	明福州林九均，为人择日架屋于布政司后，不避三煞。时布政使郭青螺善历日，闻而大骇，取梯登墙观之。问："择日为谁？"主人云："林九均以此时有紫薇星照墙，诸煞皆伏，所谓逢凶化吉也。"青螺异之，由是九均之术大行。今称后曹为择日街者，以九均得名。林龙光、林伯行皆九均子孙，发祥于祖，用世其业。"明钦天监薛一白兼精地理，择莲花峰葬焉。战阪数乡，鸡犬不鸣。众污其墓，遂失传。今奇门称薛一白者，皆冒其后也。明季萧觉寰与卜者余光斗，同以小事系狱。狱中有僧，罪当死，善历日、卜筮，乃以历法传觉寰，以卜筮传光斗。后觉寰以历名于时，乾隆间犹世其业。光斗当顺治初垂帘卖卜，问者盈门，午后即谢客，以此致富。后无神明之者，遂不传。	〔清〕郭柏苍辑:《竹间十日话》卷五，福州：海风出版社，2001 年，第 96 页。
5	历府之书何为而作也？盖为间选诸家通书屡变不同而作也。近因兵燹荒没，篡乱不周，故有悮人吉凶。嗟哉谬矣！予游中国，蒙恩覃任保章。昔尝赴京过此，见峰石鼎插，形色奇秀，欲一登游，乃以王命之重不敢旷延。今遣归国，复此一宿，不可以不游者。于是绕步而登，偶见蓬庐，额载"东山草堂"，案居皓翁有若仙丈，俯观历书。余因长揖而问曰："先生孰号人耶，仙耶？"翁茫兴答，详道其历。知为先年征仕不出，东山祝先生隐乎斯也。先生学术精微，穷经考史，无书不览。今复敬述璇玑玉衡之法，旁及吉神凶煞、奇门缠度、趋避制宜。凡克择	《须江郎峰祝氏族谱》卷一二《文集》，民国四年（1915 年）修。

续表

序号	地方文献中的通书记载	出处
	家守经行权妙用之术，更参二十四山向煞禁忌、五行生克、砂水相当，并阳宅收水、开门诸法，重新考证，逐一参补，悉厘定之，分款定式，汇集补正。予观之而愕然曰："东山先生其唐虞之羲和也，东南之梓慎甘石欤！"先生答曰："吾闻世人用事择日不当，故此小补，以利选用。庶几趋吉避凶，获其福耳。虽然搜索妄谈，未免有失圣训之咎。幸今日奇逢，乞为首序，以征民从。"余不敢违，因妄弁以不佞之语曰："此书如探囊取物，可为济世之奇。俾仁人孝子得以心恔，富商巨贾得以利从。上下相安，人享荣吉。此书造福之要旨也，阐悠然之福泽，启万代之吉庆，岂曰小补之哉！以《万福全书》名之可也，即先生万福之造也。"予异域人，沐中国文化，不揣愚陋，于是乎序。	
6	吴可泮，号藻山，柘洋东源人，庠生，品学兼优，孚乡望，尤精天文，以历日酬世，所诹吉课神验，远近遵行，迄今传五代，与泉州洪潮和相媲美，著有《星象地理》藏于家。	民国《霞浦县志》卷三七《方技》。

清代以降，闽中流行的实用型年度通书，基本上以《钦定协纪辨方书》为标准，以《象吉备要通书大全》(魏明远)、《鳌头通书大全》(熊宗立)、《崇正辩谬》、《选择求真》、《催福通书》等坊间常见的理论型历书为参用，再结合本地和邻省赣、粤的惯例编撰而成。[1]在涉及堪舆术方面，各类通书大同小异，无非是竖造、修整、安葬、修理坟茔、入宅归火、修作厨灶等。诚如广东省兴宁县宗睦堂通书称："盖知发福由于地脉，催福出自良期。然地理其明速，而选择及精考尤为验速也。"[2]近世以来通书的流行，有效推动了基层民众知晓竖造、安葬宜忌事项，使得风水信俗进一步渗透入民间社会文化生活中。

二、《洪潮和通书》与风水民俗知识的推广

在本小节中，笔者以东南地区流传最广、影响最大的泉州继成堂《洪潮和通书》(被称为择日南派)为例，管窥通书的流传与近世风水观念普及化、风水信仰民俗化的关系，以及传统术数之学在民间社会文化整合中所发挥的作用。[3]

1. 《钦定协纪辨方书》编纂者之一何国栋曾任汀州府知府。今闽西的择日师甚倚重该皇历。
2. 罗志文编:《宗睦堂罗家推算通书》，1998 年，第 1 页。
3. 《温陵脞牍》言及泉州择日之盛："凡建筑、婚丧、修舍、醮神、作醮、拜谶，均命克择家择日。初生小儿剃发，亦必择日行之。"(民国《同安县志》卷二二《礼俗》)

1.《洪潮和通书》的发行与社会影响

清代以降，“术数之家，更相推衍，吉凶祸福，不无矛盾。而一二克择者流，又泥无稽之神煞，愚庸众之听闻，宜忌混淆，是非倒置。星学之道，愈晦而不彰矣”，故乾隆年间官方“采西洋新法，著《协纪辨方》暨《数理精蕴》诸编，集古今之大成”，[1] 试图破尽术家选择附会不经拘忌之说，使阅览者咸得晓然于趋避之道。《钦定协纪辨方书》自然被奉为圭臬，“然其书颁行虽久，或则闻之而弗及见，或则习焉而不能察，无怪乎克择之家，互相抵牾，迄无定论也”，[2] 民间通书于是大行其道。洪氏继成堂是影响最大的一家。

据清同治《重纂福建通志》卷二四七：“洪潮和，字符池，精通星学，著通书，滨海数十郡及外洋无不购之。子彬海，能习父业。”吴焕彩称：“元池洪先生，世以堪舆克择著名。购书京师，考订粤南，乙卯（1795 年）下廉温陵，与余时相考证。观其所造通书，原原本本，一遵《协纪辨方》《数理精蕴》，与宪书无不吻合。洵趋避之津梁而吉凶之著鉴也。”[3] 是序书于清嘉庆元年（1796 年）端午月，洪氏很可能是在同年编撰通书的。[4]

清嘉庆至道光年间，长房洪彬海（学海）和二房洪彬成、三房洪彬淮继承父业，在泉州集贤铺海清亭开张继成堂择日馆。继成堂基本是由长房（洪潮和—洪彬海—洪正中—洪堂麟—洪应奎—洪翥鹍、洪再畴、洪焜耀、洪鹍腾、洪翥罴、洪翥鸞、洪翥鹤）和三房（洪潮和—洪彬淮—洪正信—洪堂燕—洪銮声—洪永言—洪集熙）主持。二房回福建同安祖家置业，后裔亦有回泉州城择日者，然未成气候。民国年间，长房和三房发生矛盾，[5] 洪应奎在民国十五年（1926 年）后

---

1. 〔清〕吴焕彩：《〈继成堂趋避通书〉序》，载陈国仕辑录：《丰州集稿》上册，第 259—260 页。此序在民国版三房《洪潮和通书》皆有附。
2. 〔清〕吴焕彩：《〈继成堂趋避通书〉序》，第 260 页。
3. 〔清〕吴焕彩：《〈继成堂趋避通书〉序》，第 260 页。
4. 浙江泰顺县清吉堂专业五行地理择日老馆（洪潮和长房洪应奎派下）的钟乙茗提供了另一种说法：“洪潮和，字符池，生辰未知，大清雍正五年（1727 年）七月，钦天监命其设择日馆于泉州，次年开始刊印通书，迄今大约有 270 年左右。”此说法与吴焕彩序言有冲突。
5. 黄一农《通书：中国传统天文与社会的交融》对洪氏三房与长房的冲突情况有细致的描述。据清光绪二十五年（1899 年）三房通书载，三房洪堂燕、洪銮声父子曾传授长房洪应奎课学，但洪应奎“其艺初成，胆敢夺我门人，灭我外信，评我原课，侥我束金”。笔者访问泉州李丰成及浙江钟乙茗二位择日师，他们皆认为洪家以洪应奎的择日水平最高，民国时期长

迁至泉州金鱼巷开业，长子洪翥鹍后迁至厦门中山公园西路钟楼边嘉禾药房内开业。1949 年前，长房和三房皆声称自己代表继成堂的择日正派（图 8.55、图 8.56）。

有趣的是，民国新文化运动风起云涌之际，洪氏家族对西方文化的冲击警惕有加，反复强调祖传的观象择日术属于国粹，“为吾侪践圣之基”云云。[1] 中华人民共和国成立后，择日业被视作“毒草”“封建迷信”，长房及三房后裔基本荒废了祖业。

继成堂开张后，在拓展自身的文化产业方面颇有创意，使得其发售的通书、春牛图的影响日益扩大。继成堂堪称民间择日师及堪舆师等“文化媒人”的速成培训基地。其参校门人则是闽台民间风水术数的实践者和传播者。

（1）加强版权保护

继成堂还通过官方力量来加强版权的保护，打击盗版。清道光七年（1827 年）六月晋江县发布示禁文，谓“嘉庆十年至十一年间（1805—1806 年），被刻

房通书的克择推算比三房通书更为精确。

1. 民国十四年（1925 年），长房元孙应奎等刊发《劝学择日保存国粹》：“国立于二十世纪间，形而上之学与形而下之学各立门户，互相标榜。我华胄丁此惊涛骇浪之际，凡莘莘学子若冥途土适埴，夜半临池，甚而自文其说，倒戈相向，将我十三经、二十四史及百家学说一举而扫空之。呜呼！数典忘祖烈于秦火楚炬，昌言国粹而国粹沦亡！有心者目击于此，未尝不痛哭流涕长太息也。虽然一国之粹条目繁赜使其中，而遗其一端犹未足以言保存之美满也。余尝反复思之，观象择日国粹之一，欲言保存，又不可不于此加之意乎？盖我国五千余年之文化，莫不含有阴阳五行，而择日实包括诸学。譬如《易》道阴阳消息，《书》陈洪范九畴，《礼》则刚经柔史，《诗》则揆之以日。而日者探造化之机微，明盈虚之玄妙，能使卜筮道明，祲祥无爽，以及读史读经望诸景山，举无能越轶轨外，而神乎其说。碻知日月蚀之经，行恒星行星之晷，度其利益溥博，非仅诏后人以趋吉避凶，直可上承先圣，岂若寻常家之言五行作片面解释已也！故为今之计，不言保存国粹则已，而欲言保存国粹，其可外视择日而不讲乎？抑余更有进者读撒马利亚之古碑，而知干支之别名，适与《尔雅》相吻合。考希腊楔形之文字，有与《大易》离义相发明。且迦勒底史之萨尔恭第一，即我国之神农，南狄恒即我国之轩辕氏。凡此诸端东西图籍早成定许，足征阴阳五行无分乎中外。既有阴阳五行，又不仅镕经铸史，藉兹为入门之径。即合东西文化冶于一炉，亦当自研此阴阳五行始。愿世之学者知择日碻含哲理，知学择日尤为吾侪践圣之基，而劝学择日行将见同文共轨，又岂区区保存国粹乎哉！中华民国十四年乙丑日缠四宫十八度二十八分。泉州长房继成堂洪潮和元孙应奎裔孙再畴、鹍腾、翥鹍、翥罴、焜耀、翥鸞、翥鹤谨告。”［民国十六年（1927 年）继成堂长房《洪潮和通书》］

图 8.55　民国洪氏长房传人画像
（泉州洪氏长房后裔提供）

图 8.56　民国继成堂三房通书封面书影

匠施雕串漳州城内聚文楼等书店，假冒翻刻。……混造发往各处散卖，累害不休”，至道光六年（1826 年）“萌故智，串谋漳州城内文林号书店，翻刻通书。其书皮及每帙中线刊列刻‘继成堂洪潮和长□□□□造’假冒字号，发往台湾各处销售”。[1] 民国十五年（1926 年），晋江县知事应三房洪銮声、洪永言之请，告称三房通书及春牛图推算与宪书吻合，若有“奸徒无耻，假冒翻印，鱼目混珠，希图渔利”，定当严究不贷。[2] 这些禁文从一个侧面反映了洪氏通书强势的市场需求。

洪氏家族与代表新旧之“政统”的当权者的良性互动局面，说明双方在文化心理上具有相当程度的共通背景，另外也反映出统治者对于约定俗成的地方文化的默认。洪氏各房则借此凸显其在通书业的正统性和权威性的地位。[3]

1. 继成堂三房《洪潮和通书》[民国元年（1912 年）]，中国闽台缘博物馆藏。
2. 继成堂三房《洪潮和通书》，民国十九年（1930 年）。
3. 一个特别的例子是，在洪潮和的祖籍地同安，至今百姓还将洪氏通书当成避邪去煞的圣物。马巷洪厝及临近乡村建厝举行上梁、点梁、安屋仪式时，通书是必备之物。见《咒语簿》影印本（同安县马巷镇洪厝村一村民藏），陈支平提供。

（2）重视广告宣传

在清宣统二年（1910 年）前，因交通及邮电业不甚发达，继成堂主要以面授的形式传授选择和堪舆知识，但每年参学人数不固定。鉴于“外地诸君或因路途穹远，或以山水迨遥，川资旅费虚耗不少，兼之伙食住宿诸多不便”等因素，继成堂于清宣统二年（1910 年）始设函授科。

民国元年（1912 年），继成堂三房刊发的函授招生广告称：“雅慕虚名来馆参学，接踵而至。”[1] 该年度欲招收函授生 20 名，学制一年，学费每月八元。另招面授科 10 名，半年毕业，学费一百六十元。速成科 10 名，四个月毕业，学费二百元。由于影响日炽，民国十九年（1930 年）“专售台湾”的三房通书广告，要求择吉者直接与总馆联系，以免资仪意外流失。[2]

民国四年（1915 年）十二月，晋江县知事则应长房洪应奎要求示谕，谓洪氏历书与奉颁官历推算相符，“流传至今二百余年，所有推造民间日用历书分秒必究，未尝丝毫舛错”，而其他通书关于民国乙卯年腊月的月建推算有误，要“各界各宜慎用，切勿误会”。[3]“本馆历来推算月份节气未尝舛错，政府在案与保

1. 继成堂三房《洪潮和通书》[民国元年（1912 年）]，中国闽台缘博物馆藏。

2. 其文曰：“窃维避凶趋吉选择，必赖历法之精。越国过都□信惟凭人力之所通，敝馆世传诹吉良辰，叨蒙诸公雅慕虚名，颇见殷重。或因路途穹远，或遇山水迢遥，寄托他人，每将隆仪抽丰厚腆克减，不独空负盛情，反为渔人得利。然而各省各府星缠分野之不同，宜趋宜避神杀轻重之攸分，嗣后如蒙赐惠择吉，务须年庚、山向并资仪不拘丰俭慎重缄封外，以家书切要之语妥寄信局驿使，嘱勿擅行开拆，以杜弊端。庶给与者得慷慨之美名，而受者沾款待之实惠矣。敢布腹心，伏祈原谅是祷。再启者：如要封固，谨缄烦交福建泉州城内考棚边道口街海清亭坐东向西第一家招牌脚有一石狮为记，庶不致悮。”

3. 继成堂长房《洪潮和通书》[民国十六年（1927 年）] 所录告示，李丰成提供。在尚未遭受西方社会进化观念强力冲击的情形下，民国初期官方对待诸如克择等地方文化习俗的心态是怎样的？告示提供了一个很好的窗口：“晋江县知事董，为出示晓谕事：本年十一月二十七日，据长房洪潮和元孙洪应奎禀称：‘伊号承祖开建长房洪潮和择日馆，坐在福建泉州城内海清亭地方，流传至今二百余年，所有推造民间日用历书分秒必究，未尝丝毫舛错。缘乙卯年常用历书经奎号于去年秋间刊订是年十二月建小，而他号之历书则误为十二月建大，业于去年冬间沥情禀请示谕在案。嗣因奉到官历，欲与查对，但官历系主阳历，其旧历腊月则推在民国五年（1916 年）历书之内，是时莫衷一是。兹将恭检北京中央政府教育部观象台颁发民国五年历书所载，亚细亚洲之东部中二十三行省阳历二月二号即阴历腊月除夕节己巳日，阳历二月三号即阴历丙辰年元月岁首日庚午也。然则天下全区均月十二月建小，奎号所订实属吻合也，而他号则实舛误矣。盖此日系除夕岁首之分，为民间最大关键，理合沥情禀请察核示谕，俾免误会。’等情。据此，查此案前据具禀当经前县出示晓谕在案，兹据前情，除批示

护之告示盈箱满箧。因限于篇幅，不及备载，兹检出乙卯年十二月告示列于卷首，俾知本馆历书是有根据之著作物也。”[1]

长房洪应奎和洪翥鹍的择日馆设有“太乙遁甲函授科”和“普通择日科”，年限一年，“除给予毕业证书外，加给‘国粹哲学士’此荣誉称号”。[2]

许多源自继成堂的选择家利用祖馆的品牌效应，常登报做广告以招揽门徒或授书。如《台湾日日新报》民国十三年（1924 年）九月十日号《学就归里》条载：“艋舺益庆堂之择日，夙有声誉。其家学渊源，则自施可斯氏递授至其曾孙施定川氏。定川更潜心研究，又躬造泉州洪潮和派下应登之处，执弟子礼。近已返梓，在龙山寺町重整旧业。艋舺近来青年有志□留学于内地渐多，故如日家亦受其刺戟，不肯以故固自步也。”[3]施定川名字列入民国十六年、十七年（1927 年、1928 年）长房通书的“传授普通门人”名单之中。

（3）推动连锁加盟

立参校门人制度和加盟连锁经营制度，是继成堂的一个创意。[4]祖馆函授或面授的毕业生员可随地开设日馆，并将尊名逐年列在该堂年度通书页内。

清嘉庆二十一年（1816 年）通书所隶参校门人 62 位，其中福建籍 57 人，内有泉州府 24 人，兴化府 24 人，永春州 4 人，福州府 4 人，延平府 1 人；浙江温州府 4 人；台湾鹿港 1 人。清光绪二十五年（1899 年）三房参校门人累计达 229 位［嘉庆二十一年（1816 年）参校门人名单几乎照单收入］，浙江增 7 位，台湾增至 21 位，漳州府出现 5 位。[5]民国十九年（1930 年）三房通书的参校门

外，合行出示。为此示仰合邑军民人等知悉：‘尔等须知旧历乙卯年十二月份确系建小，现据长房洪潮和所造历书核与奉颁官历校对，月建逐一相符，而他号推为建大，实属错误。尔等各界各宜慎用，切勿误会，自贻伊戚。此系部定，颁行天下，届期一体，遵照毋违，切切！特示。’中华民国四年（1915 年）十二月□日给。”

1. 继成堂长房《洪潮和通书》，民国十六年（1927 年）。
2. 〔民国〕洪翥鹍:《讲述余谈》，载《日学讲义》，泉州圣教书局石印本，具体印刷年限不详，浙江省泰顺县钟乙茗提供。
3. 该资料系台湾王见川博士提供。
4. 据李丰成告知，他的部分参校门人承担各年度通书的吉课推算，现汇总编排。清代以来洪氏参校门人是否也遵照此例，不得而知。
5. 清嘉庆及光绪本“参校门人”数，参照黄一农《通书：中国传统天文与社会的交融》(《汉学

人累计达 398 人，其中台湾累计达 142 人，浙 14 人，余为闽人。

长房洪应奎迁至金鱼巷开业后，改自家通书累计门人的惯例，声明“本馆门人最多，篇幅不敷排列，故将远代与无新式证书者概行删去。若要登载尊名，须向本馆注册给证，方可照例登载”。[1] 长房民国十六年（1927 年）通书“传授普通门人”共 30 人，其中闽 14 人，台 13 人，浙 2 人，南洋 1 人。长房民国十七年（1928 年）通书所录门人新增 19 人（列入 1927 年的 30 人），其中台湾新增 7 人。民国二十七年（1938 年）厦门长房裔孙洪翥鹍的参校门人累计达 198 人（包括 1928 年泉州长房通书中的 49 人），其中台湾属泉厦长房门下的达 57 人，闽占一半多，浙近 20 人，粤、沪、苏、赣、南洋等地零星。

经过二百多年发展，继成堂参校门人在东南及南洋等地自立诸多门户。[2] 清乾嘉以降，大批泉州人移居台湾，来参学的台湾人也较多。祖馆通书在台发行量大，最全盛期可达十万册，祖馆有“专售台湾”版本。[3] 各分馆编著的发售量更为可观。台湾通书有三分之二源自继成堂。[4] 洪氏前辈多次到台湾传授历法。日据时期，日本当局禁止大陆通书入台。台湾人民将通书当作维护汉文化的利器，如鹿港诗人林朝崧咏《旧历日》有“留与儿孙知汉腊”云云，指的就是洪氏通书。[5]

（4）开发相关的服务产品

继成堂通书推销“万应神油”，谓异人传授秘方，“健脾、温胃、祛风、辟

研究》1996 年第 14 卷第 2 期）统计。

1. 继成堂长房民国十六年（1927 年）、十七年（1928 年）《洪潮和通书》。
2. 在民间书摊上，到处能看到印有“洪潮和通书”字样的小册子，大抵属洪氏派下的参校门人所作。分别在浙江苍南和闽东福鼎设星华堂的董珍辉，自称是“洪潮和亲传洪观清门人白益三、赵遇卿同授”（洪观清系长房洪应奎门人）。其所编年度通书《阴阳日表趋避通书》，在闽东及浙南一带具有一定的销售量。该通书的基础内容，基本袭自早期的继成堂通书。
3. 民国元年（1912 年）和民国十九年（1930 年）的三房《洪潮和通书》皆标明“专售台湾”。近年来发行的《李丰成大通书》中标明“专售台湾”版者，收入传统通书固有的风水基础知识部分，大陆版则略去相关内容。
4. 黄一农《通书：中国传统天文与社会的交融》探讨日据时期台湾通书与三房继成堂通书的关系。
5. 参见洪英林为 2001 年《李丰成大通书》所作之序。

图 8.57　中国闽台缘博物馆之洪潮和通书展厅

邪、消痰、降气、开膈、利胸、止眩、止痛、止呕、止泻以及感冒昏乱、寒暑不调诸症"，"不拘男女老幼，服之立效如神"。广告内容与华人社会风行的白花油或万金油，同出一辙。

清嘉庆二十一年（1816 年）继成堂通书有定时刻香广告："凡造葬、婚嫁等事，不拘日用、夜用，俱宜照标起点，各得真正时刻。凡读用者务请开明用事之年月日时，则僭以便按是候之日永、日短，将香画明日用、夜用，更宜认真确认系继成堂馆号制造，庶无差忒。"[1] 有清一代洪氏制造定时刻香，商业策略相当高明，但对于使用者而言，定时刻香是同某个时间的宜忌紧密相关的。世俗的时间似乎被控制住了，信仰者在神圣时间中感受到人的未完成性和无秩序感，自然更自觉地遵守时间的宜忌，以防误时触犯神煞。通书所制造的两种时间观的过渡与转换，无形中强化了人们对自然秩序的敬重与追求，使得风水观念转化为基层民众的心理积淀成为可能。

广东兴宁通书在闽影响颇大。近代堪舆家所用的沿海型风水罗盘，便是以闽漳州及粤兴宁等地为代表的，且"兴宁制作坊多自漳州迁来，其一切技术及盘

1.　黄一农：《通书：中国传统天文与社会的交融》。

制全同”。[1]直至今日，兴宁通书在闽的口碑依旧甚佳，著者有宗睦堂（有三百余年的发行史）、集福堂、九星堂、崇道堂、天宝堂、万兴堂、广善堂等。这些粤地通书多少减缓了洪氏派下通书的市场扩张。[2]闽浙许多小派的择日馆，甚至糅合了洪、罗两派通书。据浙江苍南聚德堂《合吉通书》（流行于浙南及闽东）载：“闽洪氏、广罗氏之通书皆盛行于世，而莫之或禁。同邑余君鉴巧，为乡先哲，余荣光夫子再传弟子黄开通，俾之良师益友，故历数之学颇有心得。为便民计，谨依洪罗二氏之例编辑通书。”[3]

2. 洪潮和通书的风水选择论述

闽、台基层民众通过继成堂的门人及通书，既接受了一些常识性的风水知识，亦加深了对风水观念的理解与认同。

二百年来，继成堂逐渐形成一套较为完整的教学计划，编写了较为完善的教材体系。他们发布广告,宣传“本堂以孔圣天隐之宗旨普及同人”[4]。“教科嫁娶六孔并裁衣合帐、安床冠笄，以及周书合卦各卦各爻六神六亲起例、并吉凶生旺补助法，均详明并排便在内；作灶并灶卦竖造、伐木剪料、避宅出火、动土平基、起基定磉、竖柱上梁、安门放水、安碇合脊、入宅进火等，均一一详明在内。安葬、开生圹、添葬、修圹、合寿木、祈福设醮、斋醮功课、造桥造船、上官赴任、开光塑绘，并三倚四课七层斗首演禽诸秘诀。”

民国初期，三房洪銮声和洪永言鉴于“窃惟神煞无限，必须别其舛伪；吉凶有凭，最要堪支底蕴。切念先祖贯通历法，精奥克择，手著日书册甚多，以便后人观览，但其意深，其词广，诸例浩繁，后学初步不无难于观阅”，“特恐钝蒙寡识或致鲁鱼亥豕之误，认本从中摘要，阐发分明，编成《克择讲义》十二册，俾

---

1. 王振铎:《司南指南针与罗经盘：中国古代有关静磁学知识之发现及发明（下）》，第 166 页。
2. 据笔者对泉州李丰成及浙江钟乙茗的访谈，闽浙洪氏派下流传如是传说：乾嘉年间，洪潮和择日“应验”甚多，自钦天监考试录取一等之后，更被朝廷授权于闽、浙、赣、粤一带发行通书。他本人与广东兴宁罗家择日名师摆过擂台，结果洪氏的推算更为精确。按双方约定，罗家通书因此应比洪氏通书晚三天发行。从此，洪氏通书的发行量盖过了兴宁罗家通书。这是不是“瑜亮情结”的反映，我们不得而知。
3. 曹庆玉编纂:《阴阳日表合吉通书》，1994 年，董珍辉提供。
4. 民国元年（1912 年）三房通书的函授招生广告。

学者一目了然，庶几入德有门，简而易晓，详而且备，不苦其难耳”。[1]

长房洪应奎和洪翥鹍也编写了初级教材《日学讲义》共12期，以嫁娶为主，但也涉及竖造、安葬要用廿四山总论、开生坟、入宅等内容。[2]《克择讲义》参照洪氏祖传秘本及克择通例等编排而成，较为通俗，堪称继成堂三房年度通书的理论大纲。该书虽是三房所编，但其克择义理也是长房通书所认同的。两房头通书纳入了彼书的微言大义，反复强调竖造与安葬活动与生者的利害关系。

因竖造宅舍[3]与堪舆术关系密切，讲义剖析了竖造项目及选择宜忌，突出时间宜忌对空间秩序建构的影响。如第6期《竖造宅舍条目》列有：动土平基、兴工拆卸、企厂作灶、安鲁班公、架马作梁、安分金石、起基行墙、定磉石日、竖柱扇梁、穿屏归岫、上梁上眷、上子孙椽、盖屋平檐、合眷收规、安梯门楼、入宅归火、安厨作灶、安门安砱、放水吉日、开厕池塘、造畜椆栏等。另讲义将各条目内容集成短章，名曰碎金赋[4]，并通俗注解各类神煞忌例。[5]讲义主张按“制化之玄妙”（阴阳相生克原理）竖造宅舍，并依照坐山来龙及事主命运来确立竖造的日期及生气方位，使“宜者而趋，忌者而避”。[6]

在民间通书所蕴涵的观念中，构建一个驱除神煞的时空秩序，正是个体生命秩序赖以维系健康的物质基础。对于百姓而言，灶是维持个体生命健康的物质供给的场所，是和谐稳定的家庭生活的象征。讲义第7期《作灶全章》强调了灶之

---

1. 《克择讲义》，民国刻本，中国闽台缘博物馆藏。
2. 《日学讲义》：“此讲义虽辑于吾长儿翥鹍之手，然经吾苦心鉴定，亦可称为完本。诸君读之而不能入门者，吾不信也。馆长洪应奎启。”（民国泉州圣教书局，石印本）
3. 宅舍包括宫室、官衙、寺观、神庙、宗祠、仓库、家宅等，即生人所居之所也。
4. 《辞源》释“碎金：零篇杰作”。金，言其可贵。《世说新语·文学》：“恒公（温）及谢安石（安）作简文谥议，看竟，掷于坐上诸客曰：‘此是安石碎金。’”以后或用为书名。
5. 神煞者，神即神明，煞即杀；神煞指凶神，代表着一种时空中生杀予夺的神秘力量。
6. 兹择录《造宅碎金赋》，以观其要略：“由来造宅要推详，趋吉避凶作短章。此中制化兼生克，好为后人指大纲。（解：此篇诸例之条分缕析，或宜者而趋，或忌者而避，制化玄妙，诚为后人张纲。）山头三杀休轻用，四柱逢冲更是殃。（解：神煞虽多，惟三杀之例不可轻犯，故坐山大忌。在向者则审别之。四柱如有冲山大凶，更不可用。）阴府虽凶分死活，浑天先后辩山方。（解：阴府乃山头纳卦合化，受四柱之克大凶，如与库运同者，为活则吉。山方杀例由先后六卦爻官鬼忌日大凶，吉不能制。）……修造兼分四边看，大小月建星不良。（解：修宅之例，必分前后左右而看。择坐修坐，择向修向，非新造之容易也。至于月家，又加忌大小月建，犯之吉难抵制。）……时师拘执诸般杀，矛盾能无笑自相。（解：古之名师，选择原原本本，寻源察理，无愧为后学之津梁。今之时师，竟执死诀，岂不矛盾贻误耶。）”

风水好坏能左右家庭的运途，并规范了作灶的宜忌。[1]通书通过为灶确立流年中的适宜方位，将灶各部位尺寸拟象为宇宙的时空结构，灶就被赋予了“天人合一”这种神圣而又超越的意义。宇宙秩序的和谐也意味着生命状态的和谐。当作灶的理念转化为建灶的象征实践时，基层民众与其说认知了有序化的宇宙观念，毋宁说潜在地感受到了现世生命所处的位置。

在第 8 期的《安葬全章》中，继成堂相当重视理气派中的“从辰法”，讨论了如何规避（制）凶神（煞、杀）以获得吉利的法门和口诀。如时间方面有“安葬年（月、日、时）家凶神占山口诀”，空间方面有时间不同造成的吉凶不同——“安葬山家凶神占山口诀”等。具体来说，安葬时应仔细推算历日及葬主仙命的冲克关系，安排好坐山方位、朝向分金等，防止冲犯各神煞。第 9 期的讲义则详述了修添及开生坟（寿坟）的年（月、日、时）家、山凶神忌例。第 10—11 期讲义以图表的形式记录了造葬二十四山列便吉凶。根据罗盘的布局，二十四山的不同坐向、分金所应注意的时间宜忌，都有具体的规定。

《克择讲义》及《日学讲义》主要是针对初学者而设置的。在学完初级讲义后，两房择日馆的高级学员还要学习洪潮和祖传的一些择日秘籍，如《洪氏锦囊》《克择择碱》《廿四山会解正宗》《地理铨真》《洪氏六十女命嫁娶大全》等。[2]据洪翥鹍称，最初“外人概不传授，虽面授学员亦不传授”[3]。洪应奎还给高足弟子传授《克择南针会集全书》，论述盖屋泥饰、造门修门、造大厢作灶、移徙入宅、修方、造神庙寺观等择课窍门。

在这些“本门秘籍”中，《廿四山会解正宗》与堪舆术关系最为密切。清光绪十二年（1886 年），洪氏后人“切念先君贯通历法，精奥克择，手著《会解正宗》一部，以便造葬观览”，但“特恐钝蒙寡识，或至鱼鲁亥豕之误认，不已从

1. 继成堂长房《择日讲义》有关作灶的说法，与继成堂三房《克择讲义》相同。灶列五祀之中，实为一家之主，关系匪轻。所择之日不可不慎，最要宅母主馈之神勿冲破，俱得明现为妙。阳年（申子辰寅午戌）灶宜坐东向西，阴年（巳酉丑亥卯未）灶宜坐北向南。灶式以双连为成格，长七尺九寸，下应九州岛，上应北斗星；阔四尺，应四时；高三尺，应三才；灶门阔一尺二寸，应十二时；安两釜，应日月；穴大八寸，应八风；……取土水宜天月岁德方、亭部方、极富方、二仓方、生气方，吉。
2. 这些资料的复印件，由泉州李丰成和浙江钟乙茗提供，谨此致谢。
3. 〔民国〕洪翥鹍:《讲述余谈》，载《日学讲义》，泉州圣教书局，民国年间石印本。

中摘要阐发分明，积成袖珍全本，俾学者一目了然，庶几入德有门，简而易晓”。其重心在于辨勘廿四山头的吉凶及年、月、日、时之神煞宜忌，堪称选择竖造及安葬课的实用工具书。[1]《选择赋》《论补龙补山》《选择指要》等文献阐明了“选择”与“地理”的辩证关系，谓“地脉钟山川之秀，佳期夺日月之光”，“发福由于地脉，催同自良辰。世以佳龙美穴不能招福，皆选择之关也”，“地理非选择不能神其术，选择非地理不能妙其用”云云。

我们从中可以领会，风水术数不是只关心阴阳宅空间的设置，而是辩证地分析特定的时空结构。作为人类生存之物质载体的自然时空，已被择日家赋予了事关吉凶祸福的理想价值及深邃的意义。择日家有关时空宜忌的设定，就建立在传统宇宙观的基础上，即有序的生活状态乃有序的宇宙状态之真实表现，但有序的宇宙状态又呈现于特定的时空之中。堪舆、克择所要确定的就是这种特定时空中的和谐有序，从而保证世俗生活处于和谐有序的状态中。在通书有关秩序的建置中，流动的时间同相对静止的空间相比，在逻辑上又是第一性的，因为它最灵动地展现了择日家“究天人之际”的心灵之舞。

清嘉庆以降，祖馆年度通书都要收入风水论题精华资料。长房和三房的民国各年度通书收入了《罗经理气解》《罗经图经说》，以及十五层的罗经图、阳基阴地布气妙法、克择吉凶神煞要论（论太岁岁破、论利中不利、论斗首、论生克制化、论五脉六气扶助地脉、论相主、论补龙补山活法、论六吉、论六凶、论三式、论天符、论消灭必按气候、论修方及山向，论选择当论年月日时等），数十幅涉及水法“私断”和“公断”的四大局图谶，洪潮和论自生自旺向、论收山出杀（煞）、论分房位之法、论格局、论水法的宏论等。

继成堂年度通书反复强调竖造与安葬活动攸关生者运途。《竖造全章》曰：“今夫宅者乃生人聚居之区也。人从宅而生，宅旺人兴，宅废人息。造者不可不谨，择者不可不慎也。”《安葬全章》曰：“盖闻葬者藏也，是人子关终之要事，则选推之家之紧要也。葬乘旺气之期，则丁财俱兴；葬乘衰败之期，则凶祸立至。”[2]继成堂还推算出每年度各个时间段（精确到时辰）竖造和安葬活动宜忌事

1. 据浙江钟乙茗提供的清光绪年间刻本，题名为《洪氏会解正宗通书》。
2. 文见继成堂长房民国二十七年（1938 年）《洪潮和通书》，三房《洪潮和通书》各版本亦录。

项，列表细说。此外，继成堂发行“春牛图”（迷你型通书）。“春牛图”价格便宜，通俗易懂，发行量巨大。至今泉州农村民众尚在购买，用以初判年、月、日、时及山向的宜忌。

《洪潮和通书》普及的风水选择知识，持续影响着民众事生事死的生活实践。从其发行量之大，传播范围之广及流传时间之长来看，《洪潮和通书》堪称风水信俗流行的催化剂。

其一，清代以来，民间惑于择日家之说，总是拘泥于年月时令及山向宜忌，故停柩不葬或迁葬之风盛行。[1] 年度通书或春牛图注明安葬造坟或竖造宅舍的“年利”（“大利南北，不利东西”云云）。如果当年是“大利南北”，那么墓葬朝向就得以南北方向为主轴。若所择的葬山走向或已择的墓圹朝向与“年利”不符，要么停柩在堂，要么“寄山”，等符合“年利”再迁葬于原择好的或新择的墓圹。对于有固定葬山的乡村来说，在“年利”不符时只好“寄山”了。民国以来禁革民间陋习，停柩不殡或不葬现象较少，[2] 但今泉州民间“寄山”之风尚存，惑于年利而改迁葬之事依然频频。根据时间宜忌来决定葬山、葬向的观念，根植于民众的日常生活之中，并非一时便能杜绝。[3]

其二，明清以降，闽中关于风水的房分之争已有愈演愈烈之势。各种版次的洪氏通书仍旧详尽论述阴宅风水的房分差别。特别是四大局水法图谶文（共48局，见图8.58），剖析各类墓局水法的好坏及相应的房分吉凶福祸甚详。东家据

1. 清梁章钜称：“吾乡卜葬，择日者以山向为准，有一年利东西、一年利南北之说。漳泉合葬之日尤难，有迟至一数年始一遇者。”详见《退庵随笔》卷一，载《笔记小说大观》，上海：上海进步书局，民国三十六年（1947年）。

2. 民国二十九年（1940年）二月二十二日《福建省各县及特种区禁革民间陋习办法》规定：“凡人死棺殓后，最迟不得过三十六小时出殡。百日内应即下葬，久停未葬之柩，限二个月内清葬，违者依照左列规定分别办理：甲、有主柩（有家属或关系人员）应予强制执行。乙、无主之柩（无家属或关系人员）由当地政府会同慈善机关团体，负责送至公墓或义冢掩埋。其有姓名籍贯可考者，并代木沐标识。”

3. 竖造亦考虑“年利”问题。《洪氏锦囊》曰：“欲用何煞利，及太岁年，新基起厝则可。若修理则凶，原基起盖亦凶。若新基者动土平基、起基定磉、竖柱，用寄梁法，勿祝彩悬八卦，暂用油纸包梁，待大利年，即开梁、祝彩等事。而安门亦勿推正，门枋暂用大小扇，勿推正，勿订门鏡，勿贴红联，待大利年，即推正等事。又水涵亦可连工开导，使水源有消纳之处。惟涵中之五谷安，待大利年，即择吉日安之。又入宅用移居寄往，从偏门肃静而入，勿入纸爆为妙。”（泉州民间翻印本，李丰成提供）

此自可对自家某块阴宅坐向及分金的房分吉凶有一个初断。[1]

概而言之，在风水观念逐步转化为民俗信仰之过程中，不登大雅之堂的通书的推力究竟有多大，不得而知，但这种文化刺激毕竟是不容忽视的。年度通书所标榜的“趋避”二字，准确地抓住了大众功利化、世俗化的信仰心态。

三、民间文化媒人与风水观念的沉淀

从文化变迁的角度讲，先秦以来以术数、方技之学为主的知识和信仰传统，正是因为它不经意地将生命秩序（大而扩之即为社会秩序）同宇宙秩序进行有机的联结，所以才有机会成为地域社会的“文化酵母”。如果说强势的儒家文化属于“热传统”（正统），而术数方技属于“冷传统”（非正统）的话，那么这种“冷传统”更是官民共同继承的古老传统。从“奉正朔”的皇历到“民间所用”通书之发展，充分体现了官方与民间更为强烈的文化连接。[2]而官民共信、共享的风水和择日习俗，正是促使文化整合的象征资源之一。

清嘉庆十二年（1807年）洪氏通书曰：“逐日事宜，首遵国朝宪书，较正吉凶神例；附遵《协纪》，兼究诸家五行。‘宪宜’事后注明‘通宜’，以便俗用。”[3]

---

1. 比如，针对火局生向墓流［立向艮寅坐（西南朝东北），水出辛（西方）］、木局生向墓流［立向坤申（东北朝西南），水出乙（东方）］、木局生向墓流［立向乾亥（坐东南朝西北），水向丁（南方）］、金局生向墓流［立向巽巳（坐西北朝东南），水出癸（北方）］，《四大局长生向法公位断》分析了各房分风水效应的差别：“生向龙来入旺居，天然结穴左无提，右宜官旺绕堂过，前会养生归库池，定主房房丁财旺。下砂长裹二房稀（此言下砂长水流子午卯酉胎位而去，故二房丁财稀），砂昆高时二房败，长三兴旺久不移。砂尾低时终见库，二房先败后光辉，若无养生有官旺，二子荣华丁亦微。生来不见有官旺，长二三房财亦稀。无生无旺有临冠，三房富贵长二平（三房养富贵亦稀丁）。养水有来生旺失，三房富盛且多儿，二子人衰财又散，长房平稳未裁夷。或来冠到向长生，驳上龙身官旺行。生水朝堂千古秀，后归左库穷犹真，应主长三两子旺，二房先败后无人。养方无水有旱流，吉位无峰来拱迎，长子平平二子绝，三房微弱苦伶仃。或然生向变绝向，左右水来当面放，外转左边归库消，龙行冠旺入墓死（死龙吉墓龙次），长三两房永兴旺，二子平平亦快畅。最宜左边内砂低，高压穴前不成样，穴顶不见左库流，先发后绝无少壮（此言先出库后不归龙库）。诗曰：长生之向水聚堂，丁财大发显文章。横龙逆结归正库，下手无砂万年昌。”（继成堂长、三房各版本《洪潮和通书》）
2. ［美］本杰明·史华兹说过：“问题的关键不在于同一种文化有两种版本，而是高层文化和民间文化之间颇为有趣的重叠和动态互动，以及两者之间存在的张力关系。”（《古代中国的思想世界》，第422页）
3. 转引自黄一农：《通书：中国传统天文与社会的交融》。

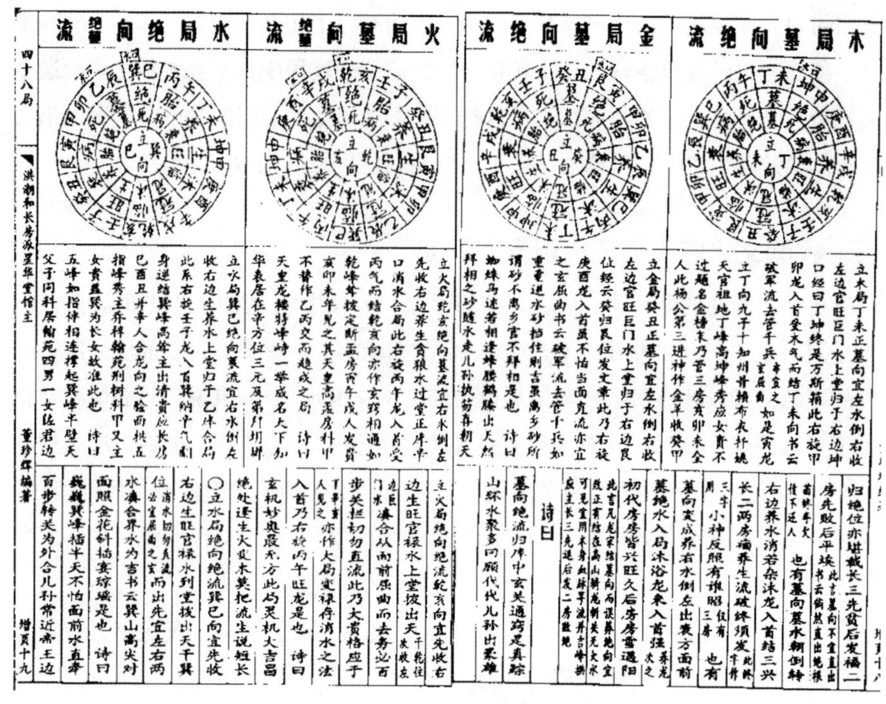

图 8.58　洪潮和派下星华堂通书四大局水法图

民国长、三房通书也称“通书之设，以利人之趋避也”，“尽书通书宜事，参与协纪，务其精详”。如果说钦天监、阴阳人、士绅们所代表的是官方的知识精英，试图借助皇历“奉正朔”，纠正通书的“讹袭谬见”，那么择日师、风水师、礼生[1]就是民间的知识精英和文化媒人。为了“以便俗用”，他们积极吸纳民众的观念习俗，从而参与了对正统权威的潜在解构。

明清地方文献经常提到“文化媒人”形家（青乌家）或日者对丧葬习俗的深刻影响，说明选择技术已经沉潜为乡族社会之文化记忆和历史惯习的一部分。[2]

1. 应酬先生亦叫理（礼）生，即精通各类礼俗甚至风水操作的民间文化人，几乎每个村落都有。由于理生精通礼俗，通常较受本地乡民的礼遇。术士历来被士绅或文化人视为“邪法撩乱”，他们能否“指点迷津”，抑或自性直被愚迷染，另当别论。
2. 清康熙《南安县志》卷九《风俗》：“按泉俗，风水之说惑人最深。往往信形家言，既择年月日时，又择山形势，至有终身不葬，或累世不葬，或子孙衰替，忘夫处所，遂弃捐不葬者。悖礼伤义，无过于此。且有初丧草草薄葬，过数年后择地，既定开棺拾骸，以瓦棺移葬他民国永春《桃源美山林氏族谱》[1]载有吕一经所撰《林以仁叙》，提及民国十年（1921年）林奉若（1876—1944年，林以仁子，前清廪生，通择日）因意气之争拟向洪氏选择通书挑战的事宜，佐证当时泉州洪氏通书在民间的普及性。族谱借林以仁托梦告诫之事，意在突显其信守的儒家忠恕之人格。林连玉的家书则进一步讲述父亲林奉若的择日声誉及家学传承。[2]

方，以为不如是，则心不安也。”

清道光《厦门志》卷一〇《风俗记》：“厦岛人贫者十日、半月即葬，房屋窄小故也；富者往往听青乌家言。人无智愚，惑而信之，俗称为地师，听其指择。又拘年月日时，房分不齐，又各信一地师，彼善此否，往往停柩不葬。”

〔清〕邓传安、陈盛韶《蠡测汇钞 问俗录》（北京：书目文献出版社，1983年，第79页）：“（仙游）儒者学无根柢，多为艺术所惑。父母之丧，久停不葬，必觅堪舆与日者，居上座，称先生，以求富贵吉穴。不得者有年，得之又必将山向参诸生死支干，选择吉日，天时地利吻合，诸煞不犯，诸福毕臻而后葬。父母之骨已枯矣，藏诸罐瘗之，名曰金斗。”

1. “衡斋（林以仁）夫子品学，优入圣域，行状共见共闻，其流风遗泽永人，称道弗衰，毋庸赘述矣。惟义方是训，没世而灵爽如在，不得不表彰焉。盖夫子诗礼传家，有世兄庚飙继食廪饩，复为中国天文学会会员，名奉若，经史外兼通历数，永春、大田修志，《纬候》皆其手编，推翻星野古说，中央观象台极表赞同，采登天文会报，以示全国。其历学之精超出于俗术，故见泉州洪氏通书错误，有害民用，特贻书指正，复将行登报。民国辛酉年（1921年）元月望后，适送子采居（林连玉）协中赴集美肄业，过方城北蔽寓，谈及辩驳洪氏谬点，已投稿印字馆。是夜生忽梦夫子前临曰：‘予生平强恕而行，寄语吾子，无改父道。予戊子构屋堂名一经，与汝庠名相同，未有冠头楹句。兹举以为训诵云：一贯绍薪传忠与恕躬行不悖，经书诒训诂子若孙家学相承。’语毕而寤，心窃异之。翌晨，告世兄以梦，世兄遂收稿焚之，而洪氏亦上书认非焉。噫！夫子终身行之以恕，对社会以是署于契约，对家庭以是垂为教育，乃至在天之灵犹拳拳于不欲勿施，则其毕生行谊，即此可概见也。人或疑幻梦无凭，然生一想梦中音容宛然，如在函丈，不禁肃然起敬。昔高宗梦良弼，孔圣梦周公。《周礼春官》《小雅太八》均有占梦。梦固非虚，此生真知独见。爰为叙述，以见夫子精灵不依形而立，不待生而存，不随死而亡。其生前以身作则，无行而不与，而身后复施忠恕之庭训，立言不朽，岂生所能赞一词哉。”林连玉家书得益于永春县委办公室女史李琼芳的尽力帮忙。另《桃源美山林氏族谱》（1928年）和《永春美山林氏族谱》（1996年）照片，系永春《桃源乡讯》记者梁白瑜帮忙拍摄。特此致谢。
2. “你的祖父（林奉若）善于择日，这门学识只有我学习得最为到家。你的三叔父虽然为人择日，可是那是半路出家，一知半解而已。我曾把祖父用作择日的手抄稿，全部腾（誊）清副本，准备自己可用。大概还由你五叔存。此外，择日的基本巨著，如《麻象考》或《通德类情》《六壬大全》《奇门遁甲》，大概已经不在了吧。当我求学的时代，每次假期回家，你祖父就把择日的工作交给我做，可知我是已得真传了。……我遗憾的是，推算日食月食的天文没有学到，那是因为我的数学基础太差。据你祖父说，要推算天文，最好是学到解释几何及微积分，最起码要懂得立体几何及三角，而我只学到平面几何，所以没有资格学习天文。……你祖父原是穷书生，分家时以仁公只给他三斤种的田地，后来所以有钱，是从择林氏的海外家书从一个侧面说明，通过乡绅或地方文化媒人的推介，术数知识谱系才得以有效在民间社会传承、扎根。中国神秘的实用文化传统能有效保存与持续发展，往往是借助这些追求实效性的文化媒人来综合完成的。由于生于斯，长于斯，用于斯，“以便俗用”的术士们不免有些“土里土气”，却时常比有些“神里神气”甚至“唉声叹气”的士绅精英，更能代表乡土文化的“正统性”，因而也能顽强地维持另类的文化活力。当然，在精英文化与民间文化的互动中，乡土（民间）社会的文化媒人也是具有层级性的，择日师、风水师、礼生等，有时比传统士绅更有资格担当“第一文化媒人”。

调查表明，与皇历相比，通书更有资格代表民间实用文化的一种权威解释文本，它一直在心理层面和文化层面上强势而有效地范导着民间事生事死的消费活动。这种标榜“趋吉避凶”的文本反复强调了某种潜藏的、隐蔽的超自然力量，或危险力量（主要是时间神煞）对人之日常生活的禁拘与限制，其构设的竖造或安葬活动，其实是一种积极遵守和维护时空禁忌（通书文本所构设的时空向量关系是：时间禁忌→空间禁忌，时间选择→空间选择）的文化活动，让人深信能够避免某种超自然或危险力量所引发的灾祸。

事实上，透过界定时空序列中的吉凶关节点，选择通书已成为一种强化神圣的时空秩序的标准化手册。实用型通书的流通数量及其基础内容的重复程度，也是时空禁忌主题——包括风水的吉凶主题，不断地获得展示的重要数量指针之一。这种民俗事象反复地强化了人们的禁忌行为、时空观念与宇宙论之间的内在连锁关系。[1]它不太可能因为地域社会的急剧变迁或现代意识形态话语（如封建迷信）的猛烈冲击，而变成一种苟延残喘的文化现象。透过一些现代化的传播手段，实用型通书反而获得了更加强势的符号表达机会。特别是借助各种民间故事，它仍然顽强地保持着其传统的知识和信仰载体。

例如，长汀至今流传着一则《看通书》[2]的笑话类型，属于民俗学者“嘲禁型

日得来的。他是著名的择日师，远至德化、大田、永安，都常有派专人来求择日。我懂事时，他一年择日所得，往往超过教书的。……择日有三百多元，在数十年前，这是很好的收入了。这门择日功夫，只有我学习到家。我若在家，你祖父就把择日的工作完全交给我。”（1973年4月21日林连玉致子林多才信）

1. 参见金泽：《宗教禁忌研究》第3章。

2. 《看通书》：“从前，西山下住着一位叫阿三的老头，虽然只上过两年私塾，但那‘人之初’，

禁忌主题”（嘲讽及鞭挞禁忌习俗的故事）。从场域外的人士视角去审视，不能说民俗学者的判断是武断的。[1] 倘若从主位的观点看，看通书或看皇历的老故事的嘲禁矛头“直指向守禁之人，而非禁忌事象本身”的事实，却说明守禁者与不禁者历来是矛盾的文化统一体，并不是说那些本属于老皇历的禁忌习俗都代表着愚昧落后，即将在社会变迁中成为明日黄花。

上述通书（皇历）的禁忌主题所遵循的信仰逻辑，并没有遭到根本性的解构。以守禁者的眼光来看，“触犯禁忌必遭受惩罚，这在宗教信仰的氛围里是铁的法则”。[2] 无论是风水先生还是阿三的遭殃，都仍然可以被解释为触犯“不能出门”的禁忌，在遵守时间禁忌时，人们不可投机取巧，置身于模棱两可的状态（不能出门却爬墙出门）。看通书（皇历）的禁忌主题，恰恰是以反讽的形式，说明选择及风水的禁忌习俗具有不可忤逆性和相对有效性，对普通信众的深层心理结构具有深刻的影响。极端守禁者的“过犹不及”，并不能被视为某种时空禁忌过时的文化标志。

‘米谷豆子’认得大半箩（比较多），有时还念得朗朗爽口。他有一个怪脾气，年年过年都要买新通书，这还不怪，怪就怪在天天都要照通书写的去做。子日，他不敢打老鼠；亥日，他家不敢杀猪……连剃头也要看日脚会不会属丁。总之，凡大小事都要先查通书。一天，他的外甥做满月，他女婿三请四催，非要岳丈大人去不可。阿三一查日脚‘不宜出门’四个字写得清清楚楚，怎么办？阿三真急得像热锅上的蚂蚁——团团转。不知怎的，一会儿老头不急了，笑嘻嘻地托来一架楼梯，引来一大伙人跟着他到后院去。原来，他是要将楼梯放在围墙上，自己从楼梯上爬出去，既不要出门，又可以去做客，真是两全其美。不料，正当他快要爬到墙顶时，忽然，‘轰隆’一声，围墙倒塌了，阿三跌了个四脚朝天，楼梯压在阿三身上，泥土石头压在楼梯上。‘救命！救命！’阿三直叫，闻讯赶来的孩子说：‘爸爸，我赶紧去看通书，看看今天宜不宜动土。’阿三上气不接下气地说：‘别看了，再看就没命了……’”（《中国民间故事集成·福建卷·长汀县分卷》，长汀县民间文学集成编委会，1991 年内部发行，第 469—470 页）

段宝林《中国民间文学概要》（北京：北京大学出版社，1981 年，第 83 页）所载《不能动土》的笑话，叙事结构与《看通书》相近，却换成了风水先生“看皇历”的经典表述：“风水先生要出门，先看皇历，但皇历说‘不能出门’。于是就从墙上爬出去，墙倒，被压。人欲刨之，他又急止之曰：‘看看皇历再动’，一看‘不能动土’，只好等明天再说。”

1. 万建中称：“当某一禁忌的虚妄为大家所识破和认定，那么这一禁忌便到了末日，不再为人们所惧怕，并渐至成为历史的沉积。……‘老皇历’这一民间极为流行的表述，鲜明地露出皇历所载的禁忌之已过时，不再有效。”（万建中：《解读禁忌：中国神话、传说和故事中的禁忌主题》，北京：商务印书馆，2001 年，第 274—278 页）
2. 金泽：《宗教禁忌研究》，第 177 页。

为了维护正常的宇宙秩序与道德秩序，选择、风水等术数所设定的时空禁忌主题，已经成为民间社会一种必修的文化表演节目。东家选得好日课的征兆甚至是展示祖上有功德的文化象征（图 8.59）[1]。风水日课也是日常生活中的重要组成部分（图 8.60）。我们经常可以看到民间文化媒人的自我推销广告。图 8.61 是长汀街头择日师的摊位，招牌写着诸如“祖传选吉日、做礼（理）生、念经、还寿生、做风水、写对联、写中堂、写书信、画八卦、算命查字、看三世书、查流年”科目，而他的桌板则摆着通书、算命书、卦文、风水书、太岁符、普庵符、罗盘等器物，堪称宗教与术数活动“通吃”的“十全大师”。

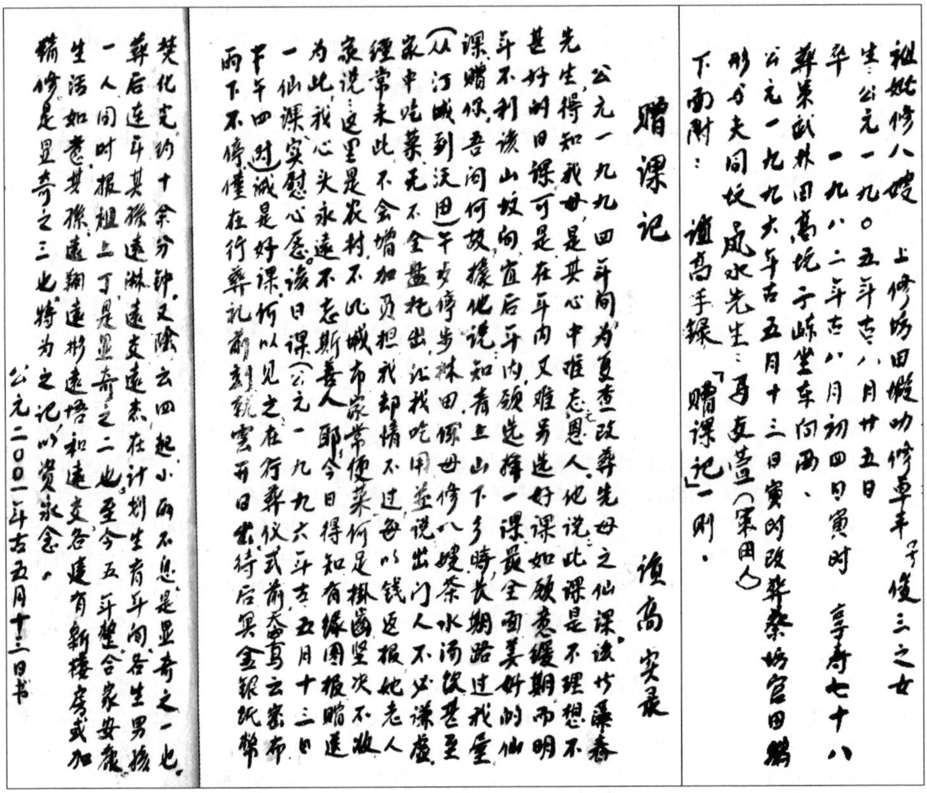

祖妣修八嫂 上修坊田缎叻修阜丰子偯三之女
生：公元一九〇五年古八月廿五日
卒 一九八二年古八月初四日寅时 享寿七十八
葬莱武林田高坑子岭坐东向西、
公元一九九六年古五月十三日寅时改葬黎坊官田鹅
形与夫同坟 风水先生：马友益（宋田人）
下面附： 谊高手录「赠课记」一则。

赠课记

谊高实录

公元一九九四年间为复查改葬先母之仙课，该水桑春先生得知我母是其心中难忘恩人。她说：此课是不理想，不甚好的日课，可是在年内又难另选好课，如愿意缓期而明年不利该山坟向，宜后年内领选择一课最全面美好的仙课赠你。吾问何故，据他说，知青上山下乡时，长期路过我全（从汀城到沃田）半步停步，林田你母修八嫂茶水汤饮甚至家中吃菜无不全盘托出，让我吃用，并说出门人不必谦虚。经常来此不会增加负担，我却情不过每以钱送报她老人家，说：这里是农村，不比城市家常便菜，何足挂齿。坚决不收。为此，我心头永远不忘斯善人耶。今日得知有缘图报赠送一仙课，实慰心愿。该日课（公元一九九六年古五月十三日下午四时）诚是好课，何以见之，在行葬仪式前天高乌云密布雨下不停，仅在行葬礼前刻钟，云开日出，待启冥金银纸币焚化完约十余分钟，又阴云四起，小雨不息，是显奇之一也。葬后连年其孙远淋、远友、远杰在计划生育年间各生男孩一人，同时报祖上丁，是显奇之二也。至今五年整，合家安康，生活如意，其孙远翔、远彬、远培和远友各建有新楼房或加精修，是显奇之三也。特为之记，以资永念。

公元二〇〇一年古五月十三日书

图 8.59　长汀县《刘氏族谱》所录《赠课记》

1. 刘昭堂主编、刘谊高续编：《刘氏族谱》，2002 年，手抄本。

概而言之，在地方“文化媒人”和“仪式专家”的推动下，通书成为一个民间文化整合的平台，系统地糅合了选择与风水术数，反过来加速了一般性的风水知识和观念系谱民俗化、地方化的进程。风水知识和观念不断揳入地方文化网络之中，成为大众化的文化行为和社会生活方式的组成部分。

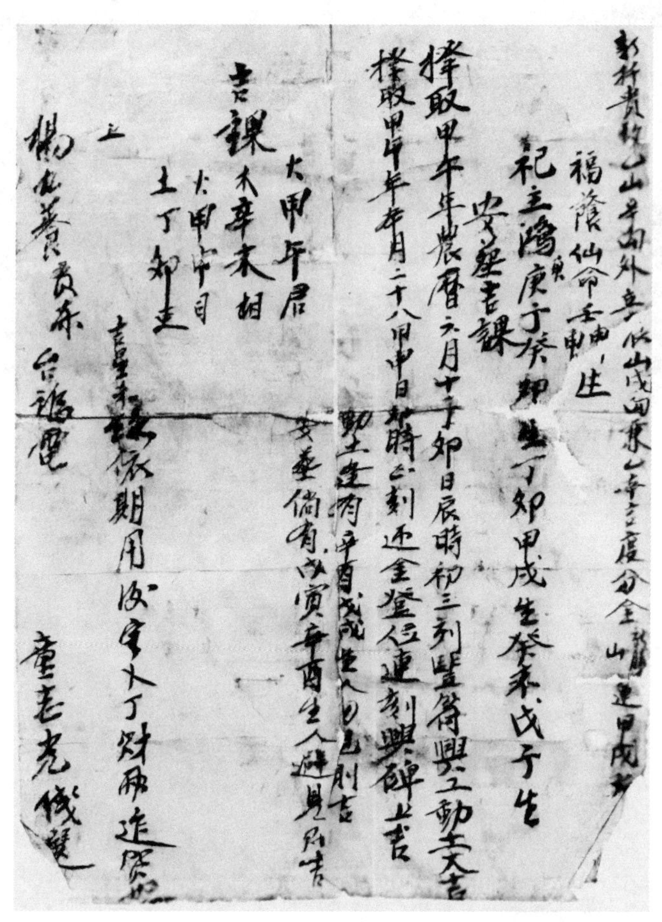

图 8.60　清光绪二十年（1894 年）漳州“安葬吉课”

图 8.61　长汀县天后宫选择术士的摊位

第九章

祭祀礼仪与风水观念的民俗传承

在巫术口头仪式中，“言语与行为绝对是等价的”。[1] 言语与身体、器物一样，是区分圣俗和表达观念与信仰的工具和方式，是构成祭祀礼仪之不可或缺的要素。对于信仰者而言，鬼神崇拜属于自明性的、有意向性的精神意识，是对他者——某物（鬼神）——实在性的信仰或体验。正确而完整的祭祀话语，不仅承载着特定区域历史的观念和信仰信息，而且传递和实施了某种约定俗成的神秘力量，甚至能够发挥信仰者所期待的施事功效。[2]

祭祀话语本身的礼仪和施事本质及其祭祀的时空限定，阈限了形式上的标准化、简约化、格式化和地域化的特征。每一次重复展演的祭祀仪式和祭祀话语，貌似机械地回忆和复制了过去，却总是指向一种“现时化”和“审美化”的“仪式性关联”，让后世的集体参与者在回忆和想象中，参与建构并强化自我形象和身份认同，从而复活并明晓这些仪式过程连接当下的鲜活意义。这些象征意义也

---

1. ［法］马塞尔·莫斯：《社会学与人类学》，第 38 页。另外米尔恰·伊利亚德称：“语言被赋予了巫术 - 宗教的价值。某些姿势已经透露出某种神力或宇宙‘奥秘’的显现。……语言越是完善，它所具有的巫术 - 宗教的能力也就越强大。语一出口就具有了一种难以磨灭的力量。类似的信仰仍存在于一些原始和民间的文化之中。在一些更复杂的社会中，我们也可以从颂文、讽刺、诅咒及谴责等巫术术语的仪式功能中找到类似的信仰。对于作为一种巫术 - 宗教力量的文字所具有的极具刺激性的体验有时可以使人确信，语言能够达到几乎与仪式行为同样的效果。”（［美］米尔恰·伊利亚德：《宗教思想史》，第 27—28 页）
2. 有关巫术或宗教仪式话语的“施事”本性，还可参照 S. J. 坦比亚（S. J. Tambiah）：《论巫术行为的形式和意义》，载史宗主编《20 世纪西方宗教人类学文选》下卷。坦比亚借鉴奥斯汀的“施事话语”来阐释思维与行为的关联。

是“一个社会的凝聚性结构得以确立的基础”。[1]

仪式话语属于一种特定的施事语言、一种典型的符号表象形式，特别是仪式行为无限的重演性质，先在规定了一般性的知识和观念谱系在脱离具体的历史关涉时被记忆、被刻写、被复制并走向“因土成俗”的可能性。而只有通过义务性的身体实践[2]和庄重的话语实践，在任何语境下都能常规化应用的祭祀文本的意义，才能保持鲜活性和现时性。参与者针对神灵和祖先的精神性体验、针对风水的实在性信仰，也由此被反复记忆。一般性的风水知识和观念尽管只是一些脱离特定时空脉络的文化碎片和符号，却能够有机地嵌合于其中，互为解释，互为作用，在全新的社会语境之中被言说、被礼赞、被认知、被展演、被信仰，并因此承载着反复陈述个体或家族之荣耀的意义与功能，共同成为一种长时段的思想传统和理所当然的意义图像。

因此，各种祭祀礼仪是一种具有高度共享性的文化记忆形式，通过格式化、标准化的祭祝语言载体的形塑，成功将祭祀观念或风水知识纳入地域的集体经验、常识系统之中，从而有效保证了祖先崇拜的连续性、整体性。这种独特的记忆形式，与其说成形于近世地域社会多元文化的汇流，毋宁称渊源于先秦术数思想传统的积淀和存留。在仪式专家或文化媒人的编辑、重组、混搭之下，一般性的风水知识和观念逐渐实现从非正统化的“野俗巫言”到正统化的“民俗常识”的转变，完成了在地域社会之最感性也最抽象的固化。特别是风水知识与观念经由祭祀文本典章化的形式而被反复记忆，自然会内化为“地方性知识”和理所当然的“常识”。

本章所谓的“竖造仪轨”，是指竖造活动（闽人通称“起厝”或“做屋”）中仪式专家启奏神灵或祖先并念诵祝文的礼仪行为。所谓“丧葬仪轨”，是指丧葬活动（闽人通称“做风水”）中仪式专家启奏神灵或祖先并念诵祝文的礼仪行为。

---

1. ［德］扬·阿斯曼:《文化记忆：早期高级文化中的文字、回忆和政治身份》，第6—7页、第89页。
2. 关于“社会记忆”“身体实践”概念，参照［美］保罗·康纳顿:《社会如何记忆》。“社会记忆”与学术界常用的“集体无意识”“集体记忆”“习惯记忆”“惯习”等是相近的概念，本文“社会记忆”是一个包括集体和个体的历史与想象的概念。“身体实践”指习惯性记忆（不是认知记忆）在身体中的积淀，包括体化（incorporating）实践（如对文化特有的姿势的记忆等）、刻写（inscribing）实践（用来储存和检索信息的现代手段等，如字母系统）。

因为鬼神、祖先均被视为游离或驻足于阴阳两界之间，所以请祝与祭祝作为祈祷性的、言语性的仪式行为，其指向的神灵对象经常是重叠的，概念上的区别只是分析的善巧而已，二者，都是一整套约定俗成的仪式制度和礼数传统。这些祭祀礼仪也体现出“融合主义”的两重性。它一方面是规范化的，其程序框架、祭祀理念基本来自“热传统”和“冷传统”的有机结合，各地方具有连续性、一体化的趋向，变动性甚小；另一方面是地方化的，各地民俗风情、习惯用语杂糅其间，充分展示其多元化、个性化、情感化的一面。

宋元以来，所谓“礼仪下乡”，很大程度上是各类仪式性“文字下乡”。“礼以义起”，代表礼仪文明的“热传统”恰是透过术数文明的“冷传统”的糅合，参与整合和规训地方社会秩序，成为地方的集体文化记忆。各级士绅及文化中介也借助这些程式化、标准化的仪式话语，来有效规范、支配整个地方民众的日常生活方式。一般性的风水知识和观念，同样借助竖造、丧葬仪轨及祭祝文本等载体进行传播，进而积淀为地域社会的民俗知识和文化记忆形式。而通过保存，传承，强化语言化、仪式化、符号化的风水术数记忆，地域社会的方言社群对自我的身份和文化认同也得以延续和固化。

第一节　竖造仪轨与风水观念的民俗传承

早在先秦，中国社会就相当重视鬼神祭祀的仪轨及其灵验性。古人在祝祷仪式中诵念科诗韵文（多用四六文句）。《礼记・郊特牲》：“土反其宅，水归其壑，昆虫毋作，草木归其泽。”《礼记・中庸》：“鬼神之为德，其盛矣乎。”《论语・八佾》：“祭如在，祭神如神在。”汉唐以来，道教祭祀仪式更工于格式化的语词（拜奏章/颂青词或绿章）。斋仪青词告哀请宥，述建斋之所祷；醮谢青词奏斋修有阙，乞求谢过。安坟镇宅科仪也不缺少奏章。[1] 随着佛教“中国化”和“化中国”的趋势，特别是民俗佛教（Folk Buddhism）以经忏斋焰、送死度鬼为职事，

1. 《赤松子章历》卷五《大醮宅章》：“一切神灵，从立宅已来，未曾章醮。今选吉辰良日，谨于中庭安镇法座，铺陈质信，以表宅上。十二时辰，分解禁忌，谨为伏地拜章一通。”（《道藏》第11册，第215页）

佛门也广借安镇科仪以谀颂鬼神。[1] 活跃于民间的安镇科仪法事，刺激着鬼神崇拜与风水术数的成功嫁接。安镇仪式话语提供了一套标准化的模块，同样是编辑、表述、指称和传承风水知识和观念的媒介。由各类文化模块组合而成的超自然观念体系，亦由此作为一个整体嵌合在日常生活世界之中，令人们感到理所当然，习以为常。

福建民间竖造请祝仪轨难以寻源，我们只能从土著化的视角来审定它是北方移民的知识观念与闽中土著习俗的混合衍生体。不同方言社群的竖造仪式虽然是有差异的，但其背后的观念谱系和信仰模式却基本一致，呈现出高度的“中国”文化共相。标准化、刻板化的竖造仪式背后，其实有一整套被重组、再编、混搭的民俗知识和观念框架，用以礼赞传统、刻写乡愁。其中风水信仰与鬼神或祖先崇拜互为交织、贯穿始终，参与传习、复制、塑造了地域社会的文化模式和生活礼数，满足了人们实用文化需求和祈福驱邪的心理定式。

“闽西人”（客家人）和“闽南人”（福佬人）是由北方、中原汉民和土著居民长期融合而形成的两大汉语方言社群，各自储存着许多先祖劈山讨海的社会记忆，形成许多层累的文化图层。明清以来，人地矛盾越来越突出，闽客人大量朝省外、海外“迁流”，也带去故土的观念形态、信仰习俗，以重建“身处他乡是故乡”的家园。在持续的移民迁徙及文化生态变异进程中，这些信仰习俗如何在日常生活中持续构成神秘的内驱力，参与塑造区域群体的自我认同、人格特质及文化模式呢？这正是我们要回答的问题。

一、竖造礼仪及其文化象征意义

福建各地的竖造过程大同小异。整套礼仪框架的核心精神是把常见的竖造行为仪式化，通过沟通阴阳、鬼神、天地等超自然力量，祈求拥有一处平顺的栖居空间。其所立足的文化逻辑是人与天地自然的“善生”“共生”的本真性关系。例如，闽南（起厝）：择（选）地、择日课、动土平基、起基立磉、安门、安

1. 敦煌文书载有“建（入、镇）宅文”“上梁文”“临圹文”等僧道作品。（黄征、吴伟校注：《敦煌愿文集》，长沙：岳麓书社，1995 年，第 648 页、第 794 页）《押衙邓存庆外镇宅文》《敦煌王曹延禄外镇宅文》等是民间道士的设醮镇宅文书。（王卡：《敦煌道教文献研究：综述 · 目录 · 索引》，第 236—241 页）

砱、出煞、升梁、系八卦、呼龙、合脊、放水涵、合大门、辞土、安土地公、入宅归火等。又如，客家（做屋）：择地、择日课、动土平基、起基定磉、砌墙、行墙、搧架、安师请神、出煞、上梁、呼龙、放粮米、盖瓦片、做门栏、放水开井、入火等。

“土里土气”的风水先生、择日先生、应酬先生（礼生）、木匠、石匠、泥水匠是一群精通竖造仪轨和信仰禁忌的仪式专家，他们是地方礼俗的传承者、发明者，既规范标准，也随方设教。他们“理所当然”地针对术数传统进行适度的损益和整编，并将其融入谋生手段之中，躬行实践，推动风水信仰与乡土意识的糅合、术数实践与礼义制度的勾连，从而参与构建地域社会之重视礼数、规矩、人伦和情感的日常生活方式。

诚如《春秋左氏传·桓公六年》称：“夫民，神之主也，是以圣王先成民，而后致力于神。”乡土中国“民神杂糅”的社会记忆倾向，其实属于人性化的神性揣度，人与化育于其中的宇宙秩序并非截然割离，神灵的世界是人的世界的想象，人神互动模式堪称社会互动模式的翻版。神圣性或精神性是内在于日常生活世界之中的，各种礼仪制度从未离开过神明或祖先的祭祀传统，人与神同属于一个世界，可以相互感通感应。整个工具性的竖造行为由此也变得富有象征性和沟通性，用来交流、描述对鬼神的安抚、感恩的态度。通过仪式化的行动，人的栖居空间变得洁净，拥有更好的气运与力量。

1. 动土仪式

动土或曰破土、平基、立基，是在阳宅基地上请神、动锄的仪轨。

战国秦汉时期，动土起基的时空宜忌之风盛行。《论衡·讇时篇》释曰：“世俗起土兴功，岁月有所食，所食之地必有死者。”天水放马滩秦简日书甲种“土忌”（24 贰）条谓：“凡甲申、乙酉绝天气，不可起土攻（功），不死必亡。”[1]睡虎地秦简日书甲种“土忌”（简 104—105 正民：壹、106 正、107—109 正：壹、129—142 背）称土徼（土地神巡察）日或土神日“不可为土攻（功）”，“门”条

1. 吴小强:《秦简日书集释》，第 267 页。

（143—144 背）曰四敫日不可“起垣、彻屋及杀”；[1] 睡虎地秦简日书乙种“室忌”（110）、“盖屋”（112）、“盖忌”（114）也言及筑室、盖屋的宜忌。[2] 放马滩秦简日书乙种“室忌”——四时啻（帝），系用“式图”的干支之位来喻屋室的方向吉凶。如春：甲、乙和寅、卯、辰；夏：丙、丁和巳、午、未；秋：庚、辛和申、酉、戌；冬：壬、癸和亥、子、丑；[3] 睡虎地秦简日书甲之“啻”96—99 正：壹、贰、95 正：贰、96—98 正：三）题及起室、穿门、筑垣等的时空禁忌。[4]

动土是竖造的“头出戏”（闽南语，好开端），民众多有追求“好彩头”（吉兆）的心态。风水先生（择课也是其生计之一）勘察宅基，确定坐山朝向、校定分金、度数等，择定吉日良辰。东家至境主（当境神）前筶杯、抽签，借“神判”定夺。动土日辰除合乎宅基地方位干支外，应合乎东家男丁或女主事的年庚（生年），避免“犯冲”。通书大多录有动土平基仪式的日辰宜忌及操作规范。[5]

（1）闽南地区

泉州各县市的“起厝”动土仪式大同小异。据惠安山霞镇东坑村 LDX[6] 介绍，当地东家先备好如下祭祀器物：①“分金木”（木，闽方言 keih）二根，杉木质料，宽约 10 厘米，长约 120 厘米，裁成尖角（切忌倒插），用以拉线确定宅基地中轴；②圆盘子一个，内装满白米，置于中轴线上，权作底盘，以防罗盘抖动而

1. 吴小强：《秦简日书集释》，第 81 页、166 页、168 页。
2. 吴小强：《秦简日书集释》，第 215—217 页。
3. 李零：《中国方术考（修订本）》，第 200 页。
4. 吴小强：《秦简日书集释》，第 77—78 页。
5. 继成堂洪潮和三房编印《克择讲义》第 6 期之《碎金赋》：“细谈动土与君听（编集碎金赋，为后人张网），好似怀胎未见形（动土如受胎，未见男女形）。白地中宫何处认（新地无方偶可认何有中），坐山为主检分明（动土安分金，石主在坐山）。如逢旧基重翻盖（旧屋倒堂须查有无换基），基址应教月建停（基址另换则须以新宅论）。日辰仍要寻清吉（先论山头后查日辰清吉），月破受死不安宁（月破受死均大凶不可用）。土符土府地囊杀（此三条亦忌动土之忌神），天贼天火天瘟星（宜忌抽法可看动土忌例）。正四废日真灭没（正四废并真灭没亦大忌），戊己土王邻不灵（戊己二日在土王后大凶）。黄帝土公死葬日（此条宪书不忌，通书则忌），庚时启土业凋零（庚时惟忌动土，其余不忌）。”《克择讲义》第 10 期称：“所有动土、破土，起手宜从坐山起锄。若从地支，山家从兼处起手。苟兼处不同卦山，须防大小月建并剑锋之类，亦不能乱动。”（民国年间刊本，中国闽台缘博物馆藏）
6. LDX，民国三十二年（1943 年）生，初中文化，风水先生，访谈时间：2003 年 11 月 5 日（访谈地点：泉州市金星大酒店），12 月 17 日、18 日（访谈地点：惠安县山霞镇东坑村）。

影响定针；③三牲（猪头、鱿鱼、鱼卷或熟鱼，敬献天公和土地公）、酒礼（三杯酒、三根香）、碗菜（十二碗熟食，素荤皆可，敬献地基主）。

动土之前，工匠按风水先生吩咐，插好两根分金木，喻示宅基地获得了张坚固（张状元，前）、李定度（李状元，后）的认可。风水先生将罗盘平置于米盘子上，校正坐向方位。泥水匠在厅后插上“土地公神位”或“福德正神”牌位。倘若兴建传统闽南建筑，像“五间张”大厝（有上下厅、过水的房子）或者祠堂，先撰写祝文以欢谀神祇。[1]时辰一到，东家举锄，在宅基坐山上象征性地破三下或八下，并卜筶吉凶，以圣筶信杯（一双杯筊呈正反面状）为准，喻神明示可。随后烧金纸、放鞭炮、顺“金纸灰”环浇酒水，以示圆顺。逢农历初二、十六，东家敬备果品、香烛拜祭土地。忌肖虎的家人及孕妇祭拜。

（2）闽西地区

闽西谚云：“唔（不）识字怨爹娘，唔会赚钱怨屋场。”风水先生在屋场定桩并选好吉辰后，东家备好三牲、酒礼、香烛，默向杨公和土地祷告，并卜圣筶。风水先生于来龙坐山上竖符桩、立杨公符木（符顶）或“杨公先师（菩萨）”牌位，默念杨公符咒，割鸡“发彩”祭符木。竣工之前，逢农历初一、十五日，东家祭拜符木。简者仅竖木桩或竹片，贴上杨公符、系上红布。

闽西上杭县、长汀县一带，百姓翻新旧屋时，还使用犁头符，即旧犁头包上红纸，插在厅堂神位下，上书“土地龙神之神位（香座）”，早晚烧香敬茶，初一、十五敬酒。永定安奉土地公牌位，俗称“起谱”。若是旧地或宅基不吉，拜土礼轨由应酬先生（礼生，火居道士或风水先生）主持，祭地主、家神（祖先），

---

1. LDX 提供的两种《动土祝文》：

（1）“○县○镇○村信男○○○，拟起造住宅一幢，坐○山○向，现择吉于○年○月○日○时，动土兴工起坐，祈求神明在施工中保佑工匠家人平安顺利。日后竣工，当再虔备牲礼果酒叩谢。”

（2）“伏维日吉时良，天地开张。立地焚香，直达天庭。香烟阵阵，请神降灵。香烟袅袅，请神驾临。岁次○年○月○日，○省○县○镇○村信男○○○，因兴建住宅，特请地师选此吉地，阡立○山○向，分金○，择吉日破土兴工。现虔备三牲、酒礼、果蔬、香烛、大金等供品，恭迎过往神明、本山土地、历代地理祖师、张李二分金仙师同临，保佑千祥云集，百杀消藏，施工顺利。○氏合家添丁进财，代代科甲连绵，世世兴隆不替。发福无穷，为祝为祷。”

烧镇宅阳券。[1]

2. 起基仪式

起基，又叫下基、定磉、放石脚，指确定宅基地的坐山朝向后安放第一块下脚石的仪轨，接近于现代意义上的奠基。闽南民谚曰："分金差一分，好坏分房分。"客家民谚曰："分金差一线，富贵不相见。""内隔一条线，外差万重山。"起基立磉更切紧于动土起基，动土"好似怀胎未见形"，宅舍刚有坐向之稽而未有形体之立。而起基"好似婴孩与早禾"，确立屋宇的形体架构和坐山立向吉凶。泉州继成堂通书录有各种起基的日辰禁忌[2]，有针对"下石脚"的操作规范："如平基定，即分金石。起基定磉，即柱下之石。其发掘之日，先起四维而后四正，以八卦而周力也。再审本宅生旺方及年月吉神方位。"[3] 风水先生"牵庚"（定线），指导工匠安放磉石，定下主轴线。

（1）闽南地区

LDX 介绍，若日课允许，起基与平基同天举行。择日下基者再备酒礼。起

---

1. （1）《起屋告土神文》："本山后土福德正神位前跪曰：恭维尊神，执掌坤兴。权司土德，中央镇静。位擅之行，福祉崇隆。位列三星之首，溯神恩之浩荡，知土德之宏深。兹当竖造，用伸告虔。宾陈薄馔，敬表征忱。伏愿念酒浆而降福禄，家道兴隆；护宅第而锡鸿庥，人物昌盛。地灵人杰，亿万斯年。"
（2）《起屋祭杨公文》："唐朝钦奉杨、曾、廖、阴阳会上一十八代仙之神位前跪曰：惟师术精堪舆，深窥地理之秘；业宗青囊，能造人间之福。救贫有诀，参造化于无穷；济世为心，移乾坤于有象。兹者〇〇〇等，为祖造宅（祠），上答宗先。凶神恶杀，悉蒙驱唱之功；吉曜福星，咸蒙安排之法。爰具菲仪，用伸虔告：伏惟介以景福，俾椒聊之蕃衍；锡以纯嘏，卜瓜瓞之绵延。"（《应酬通俗大全》，手抄本，上杭县南阳镇灵应坛道士、礼生陈观宝提供）
2. 泉州继成堂《克择讲义》第 6 期《起基定磉碎金赋》："编成定磉起基歌（编辑歌章以为后人津梁），好似婴孩与早禾（起基良辰如小儿之初生）。成败荣枯从此卜（起基与动土日关系最大），吉凶祸福定无讹（动土与起基吉凶均要紧）。动土邪气不侵人（最要山头旺相不犯休囚），定基旺气不嫌多（竖造以定基最要生旺也）。正体最宜生旺相（正体即山头根本极宜旺），体旺人荣发福高（正体生旺自然宅旺人荣）。除将月建并井破，忌与瓦陷发福高。四离四绝正四废，天瘟天火真灭没。受死大退地柱日，下磉发掘依序谱（下磉照依月令起手发掘）。造化枢机留妙秘（选择此歌真为妙秘之诀），何须同室起操戈（吉凶神煞了然明白之至）。"
3. 泉州继成堂长房《洪潮和通书》[民国二十七年（1938 年）]，中国闽台缘博物馆藏。

基之日，东家备好天公料（金纸）、香炉、五牲（猪头脚、红花鱼、鱿鱼、鱼卷、马加鱼）、碗菜（二十四碗，有发糕、芋头等，象征发发发）、六斋（熟的）、五果等，按序置于八仙桌上，敬奉天公、土地公、地基主。八仙桌置于预设的大门之外，桌面木条纹向与宅基坐山同向，东家朝门向膜拜。天公料、五牲、五果六斋敬献天公，碗菜敬献土地公、地基主。祷告后卜信杯、烧金纸、放鞭炮。[1]定磉后有砌墙或搧架，安大门、安丁砛（或用“砱”）等仪式。特别是丁砛，指上厅最靠近“过水”处的长条石。该长条石底部雕刻有一个凸状的石块，象征男性生殖器，寓意家族代代生育男丁。如漳州原海澄县紫泥岛南书村社慈济宫有石砱题刻，谓“本里陈杰通舍砱，祈子孙昌盛。弘治八年乙卯（1495 年）立志”。说明此俗源远流长。[2]

（2）闽西地区

起基仪式应重新选择吉日良辰。民谚曰：“有福之人风吹线，无福之人鬼拔线。”“东家有福，先生有目。”鬼神乃左右屋场吉凶的力量，理当准备供品，上香鸣炮，礼敬天地、杨公、土地龙神等。起基（校石脚）时，择五星石（五种形状和颜色的小石），放在宅基中央，象征五行不缺，生生不息。风水先生诵读《起石脚文》，祈祷宅舍落于龙脉正位。[3]

3. 上梁仪式

上梁习俗源远流长，以求驱鬼去煞（杀），凝聚龙脉气运。民国《崇安县新志》卷六《礼俗》曰：“宋时上梁，多为文祝之。文用骈语，寓颂祷之意。附之以诗，分上下东西南北六章，每章冠以‘儿郎伟’三字。近日均由木匠用成语

---

1. 晋江的石匠或泥师定好石磉之后，还要诵念祝文，以祈请山头坐旺、分金不差的“造化”。参见刘浩然：《闽南侨乡风情录》，第 130 页。
2. 郑振满、丁荷生编纂：《福建宗教碑铭汇编 · 漳州府分册》，第 43 页。
3. 《起石脚祝文》：“伏以手执金鸡是凤凰，石脚起成万年昌。后面造起龙献脉，前面造起金鸡对凤凰。左片造起金银库，右片造起万石仓。年年生贵子，月月进田庄。杨公弟子祝赞后，龙华富贵与天地长。”《搧架祝文》：“伏以手执金鸡是凤凰，架起柱柱大吉昌。门对青山千古秀，锦绣红旗列二旁。连中三元皆及第，琴棋书画秀四方。进田庄五福临门，六部尚书掌朝廷。”（长汀县古城镇中都村 HQG 提供）

致祝，无自撰者。”各地称呼不一，莆仙人称“埋楼古”“架七头松”，泉州人称“升梁”“进梁”（忌说“吊梁”），客家人称“升梁”。广义的上梁仪式包括请神（安师、拜师）、出煞、升梁、呼龙、放梁（粮）米等环节，一气呵成。上梁时辰事关风水气运，应契合事主的年庚、命格，选在黎明前举行，谓阳气上升，鬼煞逃遁，前景光明。[1]

（1）闽南地区

砖木结构的上梁仪式选择有两类：若没有年利冲突，砌墙上架后，择日请神、出煞、点梁、上梁、呼龙；若“年利”有背，待完工后再择吉请神、出煞、开梁、点梁、呼龙。

①上梁前，在厅堂外或门外摆好三牲、碗菜、香烛、金纸，东家或木匠烧香、卜筶，拜请天公、家神、当境神、行业神（九天玄女、鲁班、胡协）、土地神、堪舆主事神（张坚固、李定度）、四方神（青龙、白虎、朱雀、玄武）等神明。[2]上梁前的祭献是沟通此界与彼界、人与神关系网络的礼仪，以期确证屋场

1. 泉州继成堂《克择讲义》第6期《竖柱上梁碎金赋》称：“上梁凶杀最为繁（上梁条例实属浮繁多端），好似加冠元首尊（上梁如人加冠乃要切也）。二十二条大凶杀，条分缕晰汇其源。横天朱雀真灭没，倒家杀日切莫犯。冰消瓦解凶头日，瓦碎又嫌徇初元，天火天星正四废，天兵天时受死冤。月破天瘟及天贼，四离四绝凶败奔。罗天大退震宫杀，天空尤宜金火墩。课格安排清且吉（凶神刚去，自然课格清纯），自然福曜照高门（课格既清，则福祉频颁）。”泉州《李丰成大通书》“竖造上梁”条曰：“上梁如人之加冠，此数例实第一切要。须要正体生旺有气，造命格局合宜。诸家吉凶神煞，务要仔细精祥，权衡有准。”（2001年，第79页）

2. 各地的请神文本经过损益，融入了一些现代性表述，但基本保持着原有的历史感：

（1）晋江“皇宫起”大厝（闽南建筑格式，有上下厅和左右偏房）升梁前由“轿脚”（按：抬菩萨的人）抬出本村“当境神”，由众工匠领队到郊外龙首处，接回各路神祇到厅堂，然后由木匠主持，拜请各工匠祖师及事主祖先，“来龙土地，五方土地，镇守宅舍，左龙右虎，前青龙，后玄武”。（刘浩然：《闽南侨乡风情录》，第133页）

（2）同安马巷洪厝《拜请神帖》：“具请神帖人，系福建省泉州府同安县马巷辖十三都祥岚堡〇村弟子〇〇〇，兴建华屋乙座，坐落〇〇兼〇〇。今奉吴府王爷（境主）指示，备彩梁一栋，择于〇年〇月〇日〇时进梁，开彩梁卦，开光梁眼。令焚香请盘古帝王、复希神郎、文王、周公、九天玄女、鲁班祖师、邱（或姜）氏夫人及秦二公、胡协先师、巫业先祖、阳光祖师、福德正神、张公坚固、李公定度以及本境其他神明，降纳庇佑，赐华堂添丁进财，弟子福寿康宁，万事胜意。”（《符咒簿》，陈支平提供）

（3）永春《上梁请仙祖祭文》：“公元〇年〇月〇日〇时，福建省〇县〇都〇境〇乡〇村〇〇堂信士〇〇名等，一意丹诚，敬备牲礼全副、大香灼火，今请胡协、鲁班仙师，悉到助场教

空间主权的神圣归属。

②请完神后，按惯例出煞、祭梁（点梁）、升梁。如永春东关镇内碧村[1]和惠安山霞镇东坑村[2]的习俗大同小异，皆要准备刀、镜、笔、金纸及公鸡（去煞）

导。谨大尊中梁为神，日美建新高堂，其上华堂盖厦。厝坐向东西四至，上下左右，顶是高山，下是平洋，山川腾秀，山水来时，境腾地龙。敬备清茶、果品，寔宝之仪，伏愿之至，具问以闻。岁次○年○月○日答叩。"LZJ，民国三十二年（1943 年）生，小学文化，木匠；访谈时间：2001 年农历正月初三，访谈地点：永春东关镇内碧村 LZJ 家中。

1. 永春东关镇内碧村 LZJ 关于出煞、点梁、上梁仪式的资料（文字略作整理）：
出煞、开梁、点梁前，备好这些祭祀用品：刀子一支（称为尚方宝剑），镜子一个（称为照妖镜），新毛笔一支（称皇上笔），能啼公鸡一只（称皇上鸡）。金纸包括上灯料四座（个）、中灯料十六座、大金四十只、中金十六只、金子十六只、钱四十把、天灯一支、大灼（烛）一对、通金马七张、大中炮二串、五寿一会、金钱一对、银珠一分、五谷种子、猪头五牲。第一步压杀，先备好大金十二只、纸钱十二把、扫手（扫帚）一支、风炉一个、花红布三尺六寸、生鸡生鸭各一只。由木匠"请五文压地杀"，祝曰："今请淳风仙师教导：天清清，地灵灵，五化变身。压天天青青，压地地灵灵，压水水到堂，压人人长生，压鬼鬼回避。"压杀时，鸡放在桌下左边，鸭放在右边，鸡头向内，鸭头向外。出煞祭完后，用扫帚将鸡扫入门内，将鸭扫出屋外。鸡扫入象征吉祥，鸭扫出代表去杀。第二步点梁，木匠先"请李淳风仙祖教导"："天清清，地灵灵，五文变身。我有一支剑，正是尚方宝剑。我有一支笔，正是皇上笔。我有一个镜子，正是照妖镜。我有一只鸡，正是皇上鸡。今取皇上鸡一点血（用刀子在鸡冠上割点血，滴在镜上与银珠笔拌均匀），此血正是金，梁升在位千年龙，万事吉庆子孙兴。"再手举银珠笔点梁，诵念："一点梁头子孙兴，二点梁美（梁尾）丁财贵，三点梁大吉庆。"第三步挂梁，木匠在中梁上挂五谷袋、彩灯，边挂边念："梁挂金钱一对花，挂上五谷袋，子孙做封侯。梁挂灯，房房子孙兴。梁灯照上一所光，房房发田庄。梁布盖梁，子孙代代兴。"第四步升梁，木匠颂"上梁祝文"："伏维公元○年○月○日○时升梁，天精地灵互化身，日月乾坤之精华。修居建屋，大林之储，良材之用。修诸大厦，必求乔木。春冬寒暑天地生成，施经岁月培养之功，汝为栋梁之资。室宇修宗，大尊堂上，中梁为神，日美建新高堂华厦。福建省○县○都○境○乡○村俗呼○○堂，宅坐○山○向。山明水秀，地龙境腾。堂水朝宗，福寿双全。士农工商，中时以吉，升梁大吉。梁为一室光辉，栋梁之神，高堂其上之尊，百世万代传宗。梁神维持保界，护居之宝地，佑我平安，丁财旺盛。金榜题名，五谷丰登。百业兴旺，均诸利乐。香楮、清茶、果品、寔宝之仪，伏愿之至，具问以闻梁神、境主，岁次○年○月○日○答叩。"

2. 惠安山霞镇东坑村 LDX 的出煞、祭梁、升梁仪式资料：仪式开始时，木匠和泥水匠（石匠）身披红布，木匠站在东边，手拿金鸡。泥水匠站在西边，手拿乌鸭（谐音，表示压煞）。木匠割破鸡冠血，和朱砂搅拌，提笔点梁。笔锋指向太阳升起之方，再象征性地放入嘴中，以呼吸天地精气。木匠边点梁边颂口诀："伏维良日吉时，天地开张，祭梁大吉昌。生长在深山万年长，原来名字叫金娘。○○弟子取来作中梁，鲁班仙师亲手做。今日请你进画堂，一片红绫万丈长。点起太极分阴阳，乾南坤北，离东坎西，都是内中一点红。左手执手斧，右手提良鸡，玉皇大帝报晓啼。来龙眼，以天齐。点你左眼眼清，点你右眼眼明，点你两眼日月清。日出光辉四海明，一对明灯龙虎榜，年年兴到凤凰地。"念完后，拿酒、茶浇在梁头和鸭子（押煞）等物品，木匠和泥水匠或礼生主持礼仪。按新厝风水气运（按六十甲子轮回）始于开梁点眼，出煞是净化新居住空间，赶走凶神恶煞，以保证宅运趋吉之势。

③凡做“皇宫起”大厝，应迎龙、呼龙。晋江人的习俗是，系八卦前，众人合力抬铺境神（境主）至境（村落空间）外“龙脉头”（龙脉入处的山岗或高坡）接地龙，“为确保龙脉兴旺，事先准备小风炉火一个，牛臂股一支。当迎龙的队列在锣鼓和爆竹声中返回家屋时，由男子拿着点燃炉火的风炉和牛臂股，回家放在屋脊中间，并让炉火越烧越旺，表示人丁兴旺龙脉强劲。牛臂股则表示拉住自家的地龙，不让别人家夺走。这些要等系八卦仪式完结以后人才离开，但风炉和牛臂股则仍留在屋脊正中”。[1] 东家爬上屋脊中间安放风炉，大声呼龙。众人齐呼“呼龙来”，声音越大，龙神越刚健，主家发得越好。邻居也爬到自家厝顶（或站门口）喊“呼龙来”，以防旧厝龙神被新厝呼走。迎龙和呼龙后，龙神入住新厝，保佑厝主兴旺发达。

（2）闽西地区

客家人兴建屋场，必须举行安（拜）师、出煞、升梁、呼龙、放粮米等仪式。带有地域特色的风水民俗知识（如杨公崇拜）被镶嵌在每一个仪式环节之中，成为客家人共同的知识谱系和文化记忆。

①安师前，择好日子，在大厅外安好“师桌”（四方桌或圆桌），备好三牲、香烛、供品、鞭炮等。有些地方还备好“起师”用的米斗，内放罗经、笔、墨、纸、线、镜、尺，外放算盘。东家先请回杨公符桩，安奉在客厅桌上，木匠和石匠分立两边。东家点香、烛，跪叩卜筶，礼敬天地和祖先。长汀县濯田镇东山

上，挂上五谷袋，上梁，口诀如下：“伏维天地开泰，阴阳开合。一天星斗照入门，凤凰子孙架高堂。年月方位定吉昌，年煞归年煞，逢山山飞，逢水水漂，逢人人大发。今日宅主喜洋洋，百子千孙富贵临，禄马贵人齐齐到。添产添财人丁旺，堆金积银千万贯。子孙及第状元郎，腰悬金带进朝堂，执笏执印伴君王。代代富贵昌，发福发禄永无穷。”上梁时，在场者同呼“升升升”等吉语。升梁后，在屋脊正中系八卦，八卦一般印在红布上（或将八卦图案绘在中梁上）。如果有上下落（厅），上落中梁用先天八卦图，下落中梁用后天八卦图。随后散五谷米，将金鸡送给木匠，鸭子送给泥水匠。

1. 刘浩然：《闽南侨乡风情录》，第 133 页。

村[1]和长巫村[2]安师仪式的特色是拜请地理先师“杨公”。

②启师毕，出煞、祭梁、升梁。礼生主持仪礼，风水先生、木匠或泥匠配合

1. 长汀县濯田镇东山村风水先生 WKC 提供的《上梁请神文》：“伏以香烟渺渺，瑞气腾腾。阴阳肇判，二气初分。拜请开天辟地盘古仙师、伏羲神农、轩辕黄帝、尧、舜、禹、汤、文、武、周公、孔子先师，拜请开山土主、李定度仙师、九天玄女仙师、青鸟、白鹤仙师，拜请杨救贫仙师、曾文辿仙师、廖禹金精先生，拜请鬼谷先师、袁天罡仙师、李淳风仙师、卜则魏仙师、刘江东仙师、郭璞仙师、吴景鸾仙师、诸葛孔明仙师、刘伯温仙师、寻龙点穴仙师、开门放水仙师、罗经会上前传后教老幼仙师，拜请东震、南离、西兑、北坎、乾、坤、艮、巽、甲、庚、丙、壬、乙、辛、丁、癸列列神君，拜请来龙、坐龙、到龙、傍龙、穿山透地、过海来龙、左青龙、右白虎、前朱雀、后玄武神君，拜请天上九星、地中八卦、华表捍门、列列神君、地有廿四山、天有廿八宿神君、天罡、太乙、胜光、小吉、传送、洪魁、河魁、登明、神后、大吉、功曹、太冲列列神君，拜请中天星主、北极紫微星大帝，拜请某处本山土地、十二旺相龙神、五方五帝龙神、造屋（坟）童子、修屋（坟）童郎、源头水尾一切有感神明。方登一请，恭当再请。请毕，方登二请。请毕，方登三请。恭当三请。请毕，神有请，礼有迎。三请已毕，三迎已周，在天者腾云驾雾，在地者骑马扬鞭，远远须到，近近须来。到座已毕已周，先通神名，后通事意。今有弟子○○○，在大清国○省○府○县○里造屋（坟），虔备清洁香烛、三牲、茶酒、开壶弱献。今有造屋（坟）信士○姓○名，谨卜○年○月○时，兴工动土，起手开基平地（竖符安葬），或○时上梁搧架，未曾呼龙出杀，拜请诸位尊神、列列仙师镇守山场，呼起天杀、地杀、山杀、砂杀、木杀、土杀、年杀、月杀、日杀、时杀、一百廿四位凶神恶杀，尽皆速出，埋没潜藏。呼龙出杀之时，贵人禄马扶持弟子，敕令弟子化为玉白之鸾驾正身，造屋（坟）主家中人等男人化为诸天菩萨，妇人化为观音大士，动土等人化为天上雷神大将。霹雳一声，百鬼潜藏。吾奉杨公仙师急急如敕令，敕令弟子前去出杀，乞求仙师庇护，开天门，闭地户。留人门，塞鬼路。升梁（进葬）之后，便谢师送神，保佑进财。入宅之后，三朝一七来才进宝，保佑屋（坟）主，富比石崇，贵如斐度，人才两胜。今蒙仙师抄持弟子呼龙出杀，凡远近到座诸神、列列仙师，各请归位，在天归天，在地归地，在坛归坛，来则降祥，去则留恩。拜道奉送，伏为珍重。”
2. 长汀县濯田镇长巫村 LLZ 提供的《上梁请神文》：“伏以日吉时良，天地开张。金炉让五柱明香，虔诚拜请。今年今月今日今时，直符使者，伏望光临，有事恳请。今据○省○府○县○乡杨公弟子选到今年今月、日、时，吉方大利，架造厅堂，不敢自专，仰仗直符使者赍信，拜请三界四府高真、十方贤圣、诸天星斗、十二宫神、五方地主明师、虚空过往神仙、灵聪住居香火、释道众真门宫、井灶司命之神、前传后教祖本宗师，望赐降灵。伏望诸贤圣跨鹤乘鸾，暂别宫殿之内，登车跋马，来临坛星之中。既沐降临，酒当三奠。初奠才斟，圣道光临。已享已祀，鼓瑟鼓琴。布福乾坤之大，受恩江海之深。二奠杯觞，永灭灾殃，百福降临，万寿无疆。酒当三奠，人神喜乐，大布恩光。自此以前常贴太，从兹男女享安康。仰冀圣贤流恩泽，广庇田户降福祥。三奠已毕，伏愿信馆○○自创造上梁之后，家门浩浩，活计昌昌。千斯仓，万斯仓。一要富，二要寿。公私二利，门庭光显。宅舍兴隆，火盗双消。诸事吉庆，四时不犯。雷进否八节，常蒙天地太。临堂有庆，德革无危。顺生智慧之男、聪明富起家之子。凶藏杀没，各无干犯之方。神喜人欢，大布祯祥之兆。种工匠人等兴工造作，拈刀舞斧，自然目明心开；负重拈轻，莫不手轻脚快。仰赖神通，特重庇佑。”

（年长者为尊），持刀（七星剑）剖红“打花”，由屋内滴到屋外。风水先生“喝煞”，用刀在地上刻画七星符字，双脚站在符字内，用力一踩（表示压煞），咒念喝煞文。[1]东家若请鼓手班（一班六人，有鼓、扬琴、小号、唢呐、铜钟、钹等），画符念祝时鼓手击鼓三遍，小号吹三声，喻吓走凶神恶煞。

③出煞毕，祭梁应颂上梁起首文、用酒把梁文、赞上梁文。[2]升梁之前，用红绳系上八卦和五谷袋，五谷袋内放入香、墨、笔、书等物，寓意五谷丰登，人才辈出。主事者边系红绳时边说好辞：“绫罗绸缎及系棉，把你黄龙身上缠。左绕三周生贵子，右缠三转科甲联。”普通民宅和学堂的上梁文本有异。[3]谚曰“四两的屋场，千斤的门楼，万斤的花台（化胎）”，门楼上梁甚是隆重。[4]

④呼龙、发粮米仪式，由资格较老的老师傅来喊梁，诵念“呼龙文”，[5]以呼

---

1. 长汀县古城镇中都村 HQG 提供的《喝煞文本》：“伏以天青青，地灵灵，杨公弟子出煞神（阴宅称‘出破军’）。紫微大帝座中堂，谁个诸神敢作强。杨老仙师中堂座，曾廖公列两旁。压煞帝星今日到，凶神恶煞尽归藏。弟子手把七星剑，脚踏七星罡。凶神并恶煞，远即往他方。天煞还从天上去，地煞还归地中藏。年煞归年位，月煞转月方，日煞归日位，时煞转时方。凶神见吾低头拜，恶煞闻知走无方。一百二十位凶神恶煞，雄鸡抵当。吾奉杨公祖师敕令。”

2. 长汀县濯田镇东山村 WKC 的祭梁和上梁资料：

（1）《上梁起首用》：“伏以日吉时良，天地开张，杨公到此大吉大昌。天地交泰，万物呈祥。〇氏祠堂（华居）吉时上梁，诸位吉星到山到向。天皇鸾驾到山，玉皇鸾驾到向。紫微鸾架到山，天乙贵人到向。罗天大进到山，贵人禄马到向。吉吉昌昌，时候正当。鲁班诸师，迎上金梁。上梁之后，世代荣昌。富贵荣华，天地久长。”

（2）《用酒把梁文》：“伏以天地开张，日吉时良。吉星临照，时候正当。一杯酒把梁头，代代儿孙作公侯。二杯酒把梁中，代代儿孙富石崇。三杯酒把在梁尾，代代儿孙着锦衣。今日杨公亲祝赞，富贵荣华千百载。大吉大利，金梁升位。”

（3）《赞上梁文》：“伏以三元选择妙阴阳，四顾寻龙到吉方。历授杨公亲秘诀，方圆规矩鲁班妆。建大厦，造华堂，四时八节纳祯祥。产麒麟，毓凤凰，连登科甲坐朝堂。年佳月利日吉良，五星聚会，百杀潜藏。敬请鲁班诸位大师，敬请廖郭与曾杨，叮咛工匠齐举手，轻轻迎上紫金梁。大吉大利，金梁升位。伏愿上梁之后，兆开千年之吉利，定卜万载之祯祥。”

3. 《学堂上梁文式》：“天开文运降吉祥，杨公弟子上李梁。鳌鱼涌出千山景，丹桂开花万里香。三汲浪中龙献爪，九霄云外凤呈祥。状元姓字标金榜，直入皇家作栋梁。今日吾师祝赞后，荣华富贵与天长。”（长汀 HQG 提供）

4. 《门楼上梁祝文》：“新做门楼龙口开，左边进宝右进财。人丁兴旺年年发，喜事重重门上来。今居龙门四脚方，金梁架起在中央。日进千财召百福，时来进宝集千祥。良田万顷真富贵，高车驷马永传扬。出入人丁千千万，龙虎榜上名传扬。吉星常赐千年福，荫庇龙门万代昌。金梁架起，万代馨香。”（长汀 HQG 提供）

5. 《上梁呼龙文》：“伏以三元选择妙阴阳，四处寻龙到吉方。杨曾廖仙亲秘诀，方圆规矩鲁班

醒龙脉正气，防止邪煞侵占屋场。一般呼喊与“丁”“财”“贵”相关的谐音吉辞，众工匠及东家齐声应答，此即清初林宝树《一年所用杂字》所载的客家“呼龙出煞喊大声”的场景。[1]当邻里放鞭炮“接龙”时，东家鞭炮声应更炽烈，以防新“屋龙”被接走。“呼龙”时应注意“外应”（兆象）。外应吉兆是家族发达兴旺的关键性象征。[2]

明清以来，民间兴建家（宗）祠的选择宜忌及仪轨法则与家宅竖造基本雷同，形态略有差异。如“祭梁”或“点梁”所指向的对象（死人与生人、阴界与阳界）不同，此祭实非彼祭也。如果说阳居是一个家庭命运共同体的载体，祠堂或家庙则是一个家（宗）族命运共同体的载体。[3]若兴建祠堂，还有安龙之礼。[4]

仙。青山古树最高强，宜取回家做栋梁。○姓贡东做华堂，今日时候正相当。三十六穴点在此，代代贡东穿朝衣。七十二龙请到来，左边进宝右进财。青龙白虎包华堂，代代贡东状元郎。朱雀玄武起重重，代代贡东出三公。日出东方一点红，紫金梁上百条龙。一起首登龙虎榜，尚书阁老拜朝中。吾师弟子亲祝，诸起栋梁做中堂。”（长汀 HQG 提供）

1. 福建省武平县县志编纂委员会编:《武平县志》，第 882 页。
2. 试举两个实地调查的案例：

（1）长汀县濯田镇王氏族人“呼龙出人丁”故事:“清光绪年间，长汀濯田琅琊王氏翠良公祖祠在坝尾村一处名叫‘烂骨蛇型’处动工兴建。一天良时吉日祖祠上梁，石匠、木匠在梁上‘呼龙’，大声高唤:‘要要富裕唷！’跪在地板上的翠良公子孙齐声回答:‘要！要！’正在这时，正好翠良公祖祠河对岸有一群顽皮牧童在草地上放牛，这些顽童听到对岸大声说“要”，有心故意打岔，异口同声地说:“我的腚（deng 去声，客家话指男性阴茎）喔！”一边一声说‘要’，对岸又一声‘腚’。结果，顽童的叫声无意竟成了呼龙的好兆头。因为腚是男性才有。后来，翠良公子孙男丁果然繁育很快，不到一百年，就成为有 2 000 多人丁的家族。”（讲述人：王用功，1949 年生，长汀县濯田镇文化站站长；访谈时间: 2003 年 2 月 12 日；访谈地点：长汀县濯田镇乡政府）

（2）武平县湘店乡湘洋村刘氏族人之“呼龙出大将军”的故事:“某年某月某日，湘洋村‘月形下’处刘氏祖祠正在上梁呼龙时，当时正好有一位脾气很大，外号‘张飞’的同村青年人经过，周围的人都一齐呐喊:‘张飞来了！张飞来了！’张飞是小说《三国演义》中著名的‘五虎上将’，这是很好的兆象，刘氏家族后来出了共和国的著名空军司令刘亚楼上将。”（讲述人：廖柏霖，1968 年生，中专文化，长汀县濯田镇司法所所长及统战干事；访谈时间: 2003 年 2 月 12 日；访谈地点：长汀县濯田镇政府）

3. 平和县祠宇《祭栋梁祝文》:“恭惟栋梁，二五钟英。挺生不几，卑表奇形。榱题攸赖，独居尊荣。吉日悬卦，象喜能兴。兴建祠宇，永观厥成。寅具仪物，敬献豆登。灵神赫赫，来鉴其馨。绥我先祖，居处永宁。启我后人，科甲联登。尚飨。”（平和县《家礼会通集录》，未分卷，手抄本）
4. 平和县《安龙祝文》:“惟神正直，盛德是崇。攉司锡福，保护不忘。系惟我祖，肇远斯台。世代相承，赖神帡幪。兹因○厝架筑，本日○时上梁，被他师匠，扬声呼吸。只恐本祠龙神扰动，爰备牲仪，预告神聪。龙神显赫，永镇斯台。兴我○派，富贵荣宗。”（平和县《家礼家居和祠宇的兴建事宜，有效刺激了人们对于龙神的想象，并不断赋予风水关涉家道和家族兴衰的意义。

当然，祠堂“安龙”与家宅“迎龙”或“呼龙”的象征意义有别。安龙针对的是敬奉牌位的祠堂或家庙，“只恐本祠龙神扰动”，希望祖魂幽居得安，护佑子孙，多少隐含祈禳的影子；“迎龙”（接引龙神）或“呼龙”（唤醒龙神）指向生人的起居住所，唯恐屋宇龙神不跃，想防止左邻右舍抢走好风水，带有请祷的功能。“安龙”带有些许凝重庄严的气氛，表达的是对祖先的敬畏之情；“迎龙”或“呼龙”则富有喜剧成分，让人减轻对凶神恶煞的恐惧。建庙宇上梁叫“安龙”，不称“呼龙”。庙宇“安龙”与祠堂“安龙”的意义差别毋庸再议。文本细微的内涵差异，是地方深层信仰结构和价值倾向的反映。

4. 谢土、辞神仪式

上梁仪式之后，尚有合脊、放水涵、合大门等仪式。[1]既有请神，必有谢神、送神（闽南人叫“辞土”“谢神”，客家人叫“回师”“谢师”“谢土”）。神祇的使命既已完成，人们“无事不敢动神仙”，神祇就不能处于与人共居的“在场”状态。有些神灵应隐遁（被请走），以免成为“邪神”，反伤宅主。这与人们担心没法按时供养神祇，怕得罪神祇的心态有关。辞神之后，人与神明（严格地说是与事主日常生活关系不甚密切的神灵，有些神灵反而要留下）就算正式走向暂时的分离，人们又从仪式时间状态转换成世俗时间状态，又从信仰生活的状态（非

会通集录》，未分卷，手抄本）

1. 长汀祝文式：

（1）《造门祝文》：“伏以龙门尺寸合天机，出入行藏实得宜。高驾凰楼朝北阙，直望蟾宫折桂枝。登金榜，拜丹墀，青云有路上天衢。登月殿，出瑶池，皇都得意耀门里。大吉大昌，世代祯祥。”

（2）《起门祝文》：“伏以竖造站楼上栋梁，朝开暮闭进田庄。年通月利，日吉时良。竖造门楼，大吉大昌。今日吾师亲赞后，嗣孙科甲拜君王。门迎山水常进宝，户对文笔出官郎。丁财岁岁皆兴旺，福禄招开集千祥。”

（3）《放水语》：“天地开张，宇宙精光。山川毓秀，今古无随。禹疏治水，八卦论祥。元直水法，是吾端装。今日放水，大吉大昌。水放玉堂，才谷盈仓。水放章光，金玉满堂。水放麒麟，必出圣人。水放凤凰，宰相朝王。水放青龙，百岁老翁。水放白虎，寿高彭祖。满此放水，福寿绵长。伏以锦麟池中水长流，子孙永千秋。凤凰池中水流归，子孙百世辉。洗马池中水弯曲，子孙必发福。凡水中八杀，雄鸡抵当。”

常）走回到日常生活的状态（常）。[1]

修建祠堂或新建屋宇时，道士会被请来举行庆成告祖、祭门神、进祖牌、安土醮仪（图 9.1）。其请祷祝文同样带有风水术数的知识信息和信仰认知。[2]不赘述。

（1）闽南地区

在惠安，辞土或谢神时，东家请回两根分金木。拔出代表李定度的分金木后，填埋一个汤圆；拔出代表张坚固的分金木后，填埋一块发糕，象征前圆后发。分金木被视为“彩市”（好运气的预兆），应置于后厅“状元桌”（长条形，用于供奉祖先灵位或房头佛）下，相当于客家人置放杨公符木之处。家主尚未添丁时，可将分金木放在床上祈福。土地公神牌位应撤去，重新在厅堂左边墙壁上安奉“福德正神”神位（神龛）。安分金木、土地公后，工匠诵念“辞土文”或“送神辞”。[3]

---

1. 格尔茨认为，仪式中的宗教信仰使得宗教信仰占据了个人身心，将人带到另一个生存方式之中，而日常生活中的宗教信仰则是对前者苍白的记忆和反映。（[美] 克利福德·格尔茨：《文化的解释》，第 137 页）
2. （1）《祭门神祝文》系奉祖牌（神主）进祠所用，亦隐含风水的瑞气意象：“门神户尉之神前曰：恭惟万神，启闭攸司。阖辟体乾坤之撰，出入叶君子之宜。重修庙宇，亦既成之。苇故鼎新，萃一堂之瑞气。泰来否去，振万年之丕基。开明纳秀，美富立斯。寅詹今日，奉祖进祠。陈牲献酌，预达神知。万神赫鉴，来格来茹。辟门愿俊，纳吉于兹。佑我夕士，奕世重熙。谨告。”（平和县《家礼会通集录》，手抄本）
（2）长汀古城镇祠堂《进牌文》：“伏以新造华堂色色新，祖牌升座上高厅。上起高厅生贵，人才兴旺皆昌盛。年年生贵子，月月田庄进。杨公弟子祝赞后，荣华富贵与乾坤。”（HQG 提供）
3. （1）《辞土文》：“维共和岁次〇年〇月〇日〇时〇省〇县〇镇〇村信士〇〇，谨备牲礼、果蔬、酒馐、香烛、寿金等祭品，恭迎福德正神及本宅地基主驾临。信男自〇年〇月〇日〇时兴工动土，至〇年〇月〇日〇时，历经〇年〇月时间之修造，现已全部竣工。因恐修造期间工匠不谨，惊犯神祇，信男特备祭品于尊前，仰蒙厚德宽佑，进宅万事大吉，居家财丁两旺。伏希尚飨，此求此祈。”（惠安山霞镇东坑村 LDX 提供）
（2）同安马巷镇洪厝的竖造《送神辞》：“弟子备办酒沿实不周，不敢允留诸位神明。奉送先师到仙山，奉送娘娘到仙宫，奉送诸位神明，有府归府，有殿归殿，有车乘车，自行备轿马奉送。”并非所有神灵都被送走，如“送神辞”又曰：“我钦奉九天玄女敕令，本境境主暂留一时。本堂观音佛祖、司命灶君、福德正神（土地公）、门神户尉，九天玄女敕令各守礼堂，各守本位，急急如律令。”（《符咒簿》影印本，陈支平提供）

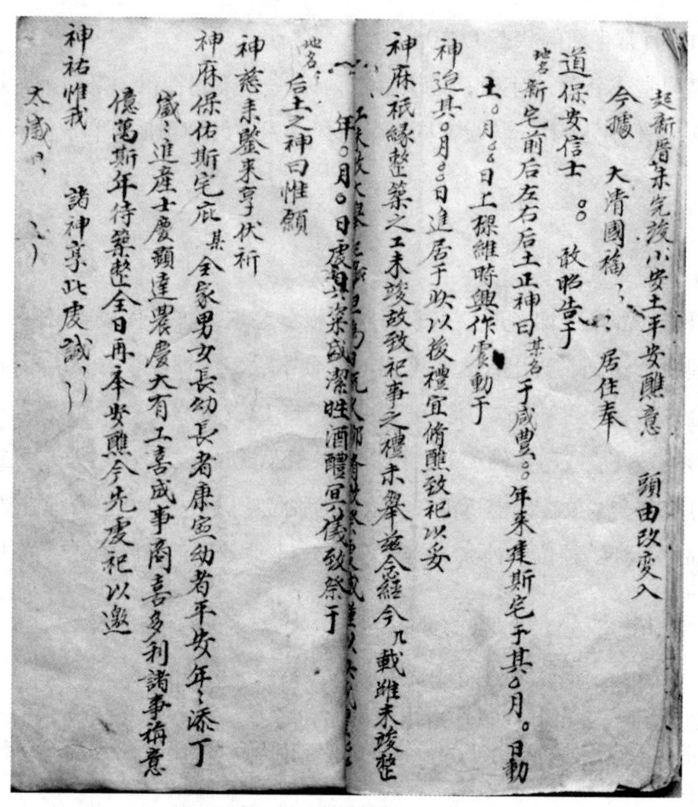

图 9.1　永春洞玄靖坛安土醮疏意式

［清同治元年（1862 年）抄本］

（2）闽西地区

谢土仪式由礼生主持，分“回师”和“谢师”两个环节。择日后，东家在厅堂左下角（屏柱，神龛脚下）设坛，将原放于厅堂正中师桌上的杨公符木，插在神坛中，叫回师。在符木前烧香照烛、敬茶酒、诵念《竖造谢后土杨公文》、张贴谢土符，叫谢师。[1]

1. 《竖造谢后土杨公文》：“致祭于唐朝钦奉杨、曾、廖、阴阳会上一十八代暨本山后土之神前，恭而跪曰：获兹吉壤，鼎建斯堂。龙吟虎啸，鹤峙鸾翔。美哉轮哉，实敕神光。时日协吉，牲醴用浆。伏冀居音勿吐，降福无疆。”（《应酬通俗大全》手抄本，上杭县南阳镇灵应坛道士、礼生陈观宝提供）

二、竖造礼仪与日常生活秩序

诚如莫里斯・哈布瓦赫（Maurice Halbwachs）所言：“不存在没有词语对应的回忆。正是语言，以及与语言联系在一起的整个社会习俗传统，使我们每时每刻都能够重构我们的过去。”[1]不同地域社群的阳宅请祝仪式和符号象征尽管有所差别，但基本上属于社会记忆之共通的文化编码，都是神灵祭祀传统及风水观念投射的结果。祝文语言亦是鬼神观念、风水记忆得以寓存的家园，是本地人借以维系地方感和归属感的表达方式之一。

其实，地域社会礼仪传统的有效传承和强化，一直与各类事生或事死的仪式性“文字在乡”有着密切关系。民国以来，所谓的“文字下乡”通常是知识精英欲图以“新知识”来改造地方社会的浪漫想象的产物。仪式性文字一直“在场”，并作为思想和文化记忆的一种载体，左右着乡村日常生活世界的方方面面。从“文字在乡”的视角来看，一般性的风水知识和观念，更是乡里仪式性话语的核心要素之一。而仪式性文字所储存和刻记的超自然观念体系，更是为地域社会各阶层所共享，因此也是最为一般性的、核心性的“地方性知识”。当然，竖造礼仪是其中最为重要的文化模块或套式之一。

1. 竖造礼仪与时空秩序

在重视人情往来和脸面文化的地域社会中，竖造活动实际上是一种社区性的、集体性的“狂欢”行为（范围相对较小，上梁仪式及随后的请客活动是个小型的宗亲狂欢节）。在特定的时空范围内，特定的人群（宗亲、姻亲等）透过约定俗成的仪式演练，重新回忆、熟悉并共同认同社区内既成社会事实的习俗传统。文化媒人或仪式专家的反复实践，更是促成了风水崇拜和鬼神祭祀观念的多重交织，并有效投射到参与者的心灵事件当中。经过各个程序的洗礼，那些被选择、被固化、被重温的风水知识和观念，业已实现其意义的生成与价值的绵延，成为人们回归日常生活秩序的象征符号。

阳宅竖造程序的符号象征活动，系将相关的风水知识及鬼神观念谱系纳入以

---

1. ［法］莫里斯・哈布瓦赫：《论集体记忆》，毕然，郭金华译，上海：上海人民出版社，2002年，第290页。

仪式化、标准化的语言为媒介的生活常识之中。祭祀仪轨一旦被奉为一种日常化的形式，它就获得了接近常识化、正统化的集体认可，地域人群有义务和责任去主动回忆、传承并重构过去，因此它也是传统信仰模式和生命观念活态化的记忆。其天地人神的互动模式，体现了人与自然的动态平衡关系和双向感应方式，这其实是一种互为主体性的沟通。

首先，人被视为“在时间中”的存在者，其生存价值与生活意义是由特定的时间“先在”规定的。人们关于社会时间的记忆，主要与特定的生活事件联结在一起。竖造各个阶段所设定的神圣“仪式时间”，自然不可等同于日常的“世俗时间”。由于仪式时间被明确设定为与宅舍的坐山朝向、参与者的流年（八字运势）相关，这强化了仪式受益者（东家）与生活的宇宙或自然秩序之间同一性的感知，唤起了他在新的居住空间中改变旧的日常生活状态的希望。仪式时间成为以家庭或家族为单位的、生命向上提升的载体，被视为转换危机（伏藏恶煞的威胁）和强化生命秩序的关节点。民间关于竖造的时间记忆关节点，往往与仪式话语密切相关，如人们习惯说“动土（上梁）的时候”等。这一系列带有个体历史事件之回忆的仪式话语，自然成为想象和固化地域社会之文化惯习的砝码，持续形塑了民众对地域社会的历史感、认同感，并有效存留了地域的民俗文化遗产记忆。

其次，人被设定为“在空间中”的存在者，人在确定居住空间的界限之际，同样是以性情化的、美学化的方式赋予空间丰富的人文意义。动土时锄头的动法，起基时磉石的放法，安师请神和迎龙时对境的设定，呼龙时对龙脉的象征性相争，辞（谢）土时对分金木、土地公、符木的放置等等，都带着术数化、符号化的象征意义，隐喻着对建构神圣秩序的积极肯定，并强化了人们对生活空间的有效控制和意义安排。适宜的居住空间其实是延续和固化日常生活记忆的载体，人们通过不断地回忆、表述那些发生在居住空间上的纪念性仪式及其历史断面，既安顿了曾经焦虑不安的情感，也重构了个体或集体参与的“过去”，从而建立起符合历史习俗传统和美好生活想象的记忆话语。

这些竖造念祝仪式是传统象征分类意识的灵动展示：阴与阳、生与克、净与晦、善与恶、正与邪、吉与凶、福与祸。不过，竖造仪式并非凸显矛盾双方的对立，而是欲实现一种向量的转化：相生相合，除晦转净，去恶扬善，以正压邪，避凶趋吉，免祸向福。这类社会记忆形式当然不是闽人独享的文化遗产，而是对古老的祀神、祭祖和事鬼（避煞）传统的继承，是中国人追求人与地、人与神、人与人和谐的文化反映。

古代凡表示祭祀的字词都与饮食有关，或浑言而无区别，或析而有别。《周礼》曰："以祭以享以祀。"又称"以祭山川""以祭地祇""以祀天神""以祀四望""以享先祖""以享先妣"。《礼运》曰："夫礼之初，始诸饮食。其燔黍捭豚，污尊而抔饮，蒉桴而土鼓，犹若可以致其敬于鬼神。""祭"（古音"杀"）本指杀牲以腥肉献神，指先用腥肉降神然后陈馔进熟食。"祀"本义表示由"尸"主代替神灵饮食，后来引申泛指祭祀。"享"同"飨"，用酒食款待宾客或供给祖先鬼神都叫"飨"。"荐"本指进献酒食，郑玄注《礼记·祭法》曰："凡鬼者，荐而不祭。"[1]

各种竖造请祝仪式是古代祭祀分类意识的延续，是在特定的人文空间界限内架设人与神祇良性沟通的桥梁，是人与神祇相互"订约"，进行"沟通"或"交易"的关键象征，以此有效消解彼此潜在的误解与冲突。闽人用血祭的形式（如杀鸡）拜请或奉祀天公（玉皇大帝）、土地公、地基主、分金仙，或杨公先师、土地龙神等，既包含依照祭祀礼仪传统加以崇信与尊奉的成分，也体现基于现世功利性的交换要求，特别是祈求"好地理"（地龙境腾）福佑今生。地方神祇成为人们想象中的"隐形风水先生"。

就香火、冥纸、供物、祭场来看，人们往往以不同的态度来对应神灵世界的不同对象。[2]在重视礼仪和差序的文明之邦中，传统敬神的对象层级包含着象征意义的差别。神格越高，尊敬程度越高，人神关系越疏远。神格越低，尊敬程度越低，人神关系越亲近。"天公"是最高的主宰神祇，人们礼敬他，但天公毕竟与人的关系疏远，甚至无暇关照竖造这类小事，人们更愿将精力投给神格较低、关系较近的地方神祇。

闽人祭祀"福德正神"土地公和"地理先师"杨公的频率，恰是传统祭祀分类意识的地域反映。如"福德正神"是糅杂着神秘的命运因素（福）和理性的道

---

1. 詹鄞鑫：《神灵与祭祀：中国传统宗教综论》，南京：江苏古籍出版社，1992 年，第 173 页。
2. 李亦园：《宗教与神话》，桂林：广西师范大学出版社，2004 年，第 167—170 页；［日］渡边欣雄：《汉族的民俗宗教：社会人类学的研究》，第 97—98 页。

德因素（德）的综合概念（福+德→正神），颇符合“大者留待德福，至乎得失之故，则造化自有主之”[1]的认定，是福德者获得风水的神圣确证。闽南民谚曰，“风水土地公早注好好的”（“注”是“安排”之意。），“风水是土地公顾（看）的”，“得罪土地公，鸡母狗仔都𬞞饲得”（𬞞是“不能”之意）。人们恭敬对待他，难免有“贿赂”和“求索”的味道。所谓“帮助宅主是应该”之祝词，与其说是乞请土地公指示，毋宁说是索要好风水。而“杨公”既是客家人阳宅风水的潜在提示者、守卫者，更是其家道兴旺发达的推动者。土地公和杨公成了宅主敬奉有加的家神、正神。在具有稳定性、层阶性的祭祀活动中，地域社会的记忆主体主要依赖于仪式化、身体化的媒介，并根据个体在特定场景中的精神性诉求和固有的地域社会框架，来选择性地传承习俗传统并建构自己的记忆形式。

因此，我们只有将这种基于日常生活世界的分类结构，重新楔入内在的历史逻辑之中，回归祭祀传统以及祭祀语词的原初意义之中，或可获得更为广阔的诠释空间。费孝通说过：“祭祀很有点像请客、疏通、贿赂。我们的祈祷是许愿、哀乞。鬼神在我们是权力，不是理想；是财源，不是公道。”[2]这种解释只展示了日常生活世界的一个仪式剧场的断面。在考虑祭祀的功利性因素之余，我们还应当回到祭祀礼仪特别是供献制度中，去观察巫史传统之理性化、计算化的心理结构。天人相感相通相应，人与神同属于一个世界。在人与神灵的远近亲疏背后，不仅潜藏着传统宗法制度的差序观念，而且涉及“守礼”与“非礼”的秩序界限，以及儒家“爱有差等”等“有分”观念。民间所遵循的历史心性和文化逻辑，既是实用理性的，更是价值（道德）理性的。透过仪式安排，自然与器物同人一样具有了灵性和生命，因此也相应相感，构成和谐同一的命运共同体。

2. 竖造礼仪与龙神崇拜

倘若离开了对“龙”“煞”等关键性范畴的讨论，我们将很难理解竖造请祝仪式在地域社会的秩序构建和文化整合中的意义。[3]按形法派所谓“龙”，本指山脉的行止起伏，表征着无形的“气”的流动走向。竖造请祝仪式却将主体意向

---

1. 〔明〕释淮右：《续序》，载《清源图》，清道光年间抄本，中国闽台缘博物馆藏。
2. 费孝通：《美国与美国人》，北京：生活·读书·新知三联书店，1985年，第110页。
3. 福建不少地区的出煞仪式放在“归火”（搬房子）前一晚上才做。

性的认知对象，由龙之“气”（普通的天地之气的流动）转换成龙之“神”“运”（天地之气凝聚于大厝建好后产生的周期性的神秘能量，地龙），从而扩充了其原初的风水意象。而“龙神”观念落实于风水实践，起源甚早。如漳州龙溪榜山镇存有一宋代的“柯坑井题刻”，有“云峰院僧兴焕抽衣资，舍井一口，为恩安龙神、考妣、自身，同增福惠庄严。壬寅岁（1182 年）淳熙九阳月日题”云云。[1] 而“煞”代表了同“龙神”相对应的某种神秘势力（如恶煞）。“气运”具有周期性、轮转性，强弱不一，故“煞”是无处不有、无时不在的。“去煞”“出煞”“压煞”等概念说明，“煞”并非可消灭的对象，而是可控制的对象。

虽然带有“驱除”“赶出”等意思的“出煞”是一种解除危机、不安的仪式，但有关“出煞是再造宇宙新秩序的仪式，也就是从非正常回复正常的复归过程”[2] 的说法，却颇值得怀疑。因人与自然、宇宙具有同一性，竖造仪式过程所呈现的宇宙秩序并未遭到实质性的破坏。所谓净与晦、阴与阳、善与恶、吉与凶、生与克、正与邪的相依，即宇宙或自然秩序的常态，“出煞”只是对固有时空秩序的量的调节，而非质的重建。它所建构的日常生活秩序仍然在总体的宇宙秩序关节点内。“出煞”只是将“煞”的因素由矛盾的主要方面转为矛盾的次要方面，从而在新的生活空间中保证日常生活的有序化。

竖造请祝仪式结构，其实展示了两类潜在的对立性力量（恶煞与龙神、事主与邻人）之间具有的象征性的生存竞争关系：一是阻止凶神恶煞侵犯龙神，二是防止他人抢走或扰动“龙神”。各个仪式阶段借助具象化和程式化的展演，巧妙地消解了人与人在现实生存空间方面的实质性争执和心理焦虑，并将之转化为主体间于在场的神灵面前之象征性的较量。能否拥有或控制有利的生存空间之主动权，很大程度上取决于在场的信仰主体能不能把握与神力有效“沟通”（交感）的时机（时间选择），有没有虔敬的态度（敬神如神在）。

在戏剧化、仪式化的“对话”场合里，如何维护龙神在其未来定居（阳宅）或祭祀领地（庙宇 / 祠堂）的永存（或动或静），防止恶煞破坏运行的风水气运的问题，构成了民间竖造仪式的最本质特征，至于如何运用技术化的风水操作准

1. 郑振满、丁荷生编纂：《福建宗教碑铭汇编 · 漳州府分册》，第 9 页。
2. 李丰楙：《煞与出煞：一个宇宙秩序的破坏与重建》，第 326 页。

则的问题，反而退居其次。在日常的经验里，人们有可能“反刍”这类内在于地方历史的民俗记忆，从而确立人与神（天神、龙神）、人与人、人与地和谐共处的信仰模式。

当然，人们在“召唤”龙神“在场”（安龙、呼龙）后，有效完成了对恶煞的克服（压煞/喝煞）或逃离（出煞），甚至是同神祇的象征性告别（辞神/谢师）。这表明为了维护日常生活秩序，除要掌握与神祇和解的技能外，更要学会回避神祇的技巧。这种收放自如的仪式结构的设计，充分凸显了人的主体性地位。

竖造仪式中常见的“龙神”崇拜，也融入其他的日常生活礼俗之中，成为一种常识性的观念记忆。比如，许多地区在东家举行新居的过厝（入火）仪式时，都有一种象征“冲突的化解”的“留龙”仪式，以维系邻里关系的和谐共处。如莆仙人行过厝仪式，邻里要烧火，以避免财龙被新屋拉走。安溪人行过厝仪式时，邻居要拿草耙作往返拖状，喻在留下自家的好风水。闽人称“嫁出的女儿，泼出的水”，许多地方女儿出嫁上轿时，要换鞋子，防止新娘沾上家土而带走祖家风水。闽台禁忌女儿回娘家生孩子，以为会抢走祖家的风水运气。《台湾云林廖氏大宗谱》记录：“十一世宗路公，为心瞒公遗腹子也，因不得已在外祖家中生。俗例谓，居宅给人生产者，地理灵气恐被产儿所得。乃以笨席作产室于外庭，即所传之围殿妈派也。宗路公传六子，俱移台。长朝缀，次朝雅，三朝博，字性慧，四朝骞，五朝训，六朝烈，字顺刚。六公皆肇基西螺广兴，为开基之祖。”[1]

在岁时节庆习俗之中，龙神崇拜的记忆更是根深蒂固。粤东、赣南、闽西、闽南等地都有“搬龙”（祭聚落的龙脉龙神，不会每年举行，属于较特殊的游龙灯）、“游龙灯”（通常每年举行）的习俗。因定居区域的气运格局被视为有盛有衰，故而需要借助“搬龙”和“游龙”仪式来维持或转变区域整体的风水。“搬（游）龙”习俗既是一种消解社区间或宗族间冲突、承认彼此的权利边界或势力范围的戏剧表演，也是聚族而居者“文明”争夺、划分区域内有限资源的政治隐喻，更是推动社区间或宗族间有机团结的象征资本。[2]“搬（游）龙”堪称一种仪

1. 廖德福主编:《台湾云林廖氏大宗谱》，云林县张廖姓宗亲会编纂，1979年，铅印本。
2. 据童金根调查，清流县进士乡（流坑村）“三条卧龙落村野”，与童、谢两姓的风水息息相关（左边青龙管童姓，右边玉龙管谢姓，中间黄龙共管二姓），在元宵节之后，童、谢二姓要举

式性的交流协商机制，通过护持社区聚落的“龙运”（血缘或地缘），强化了社群分类意识和乡族意识，让自身与他者重构过去、安顿当下、想象未来，激活共同的知识系统和共同的记忆。

事例 1　上杭县“游龙”

上杭县南阳镇 M 村属于同一宗姓，每年元宵节举行“游龙灯”仪式。“游龙”队伍男女皆可参加，主要是年轻人。农历正月十三日开始，道士（先生）按惯例在黄姓祠堂内举办三天的“仙佛醮”（祭定光古佛），并到村落的各个关口或角落“拜土”，以驱煞去邪，净化公共空间。正月十四、十五日晚上，每家拿出一节“凳龙”[1]，先到黄姓总祠前对接好。“游龙”队伍的首站是到镇上巡游，向其他姓氏展示黄姓的“合力”，然后返回村落，顺着村道绕行。队伍经过时，家家竞燃烟花、鞭炮等，最后回到黄姓总祠前，沿着池塘四周奔跑、转圈，寓意一年快快乐乐，圆圆满满（图 9.2）。

显然，道士的打醮、拜土仪式是一种护持村落日常生活法则并界定村落的文化空间范围的象征方式。而“游龙”队伍在村外（集镇）和村内（黄姓各个聚落）的热闹活动，除有维护村落总体的时空秩序、保证村落风水的总体气运不受凶神恶煞侵蚀的功能外，也旨在文明有序地展示黄姓的宗族势力，并强化村落的“命运共同体”意识。

行搬龙仪式，各家拿花灯相接成一条龙，祭龙头、龙尾，主龙灯还要祭宗祠和各家厅堂。安排祭龙时间时，两姓又分开，以免龙头相见，引发纷争。点花灯接龙时，同房分的灯也不接在一起，以免房分纷争。另据李金宝调查，清流县长校村（皆为李姓）和邻近的江坊村因龙脉相连，两村各自举行搬龙仪式，防止本村每年的风水被邻村“搬走”。（杨彦杰主编：《汀州府的宗族庙会与经济》，第 222—297 页）

1. 每节“凳龙”的制作方式：选一块长约 120 厘米、宽约 25 厘米、厚约 5 厘米的松树木板做“龙身骨”。木板前后两头，各钻一个或两个洞孔，用来穿绑绳子，连接其他节“凳龙”。木板中间，钻一个洞孔，便于榫接一节约 50 厘米的木棍。木板两头的上方，各用铁丝线固定好一盏花灯树（茶树枝），花灯内点煤油灯或蜡烛。前一盏花灯树插上白花，象征男性。后一盏花灯树插上红花，象征女性。客家民间有“换花缸”习俗，无论男女，凡是到十六岁时，都要举行“换花缸”的过渡仪式。在长汀县，人们大多礼请“罗祖教”教徒诵念《大乘经》（明代无为教教祖罗清《五部六册》）、《童子经》、《父母报恩经》等，表示子女长大成人。有请道士诵经者，但费用较高。

图 9.2　上杭县南阳镇 M 村“游龙”图

事例 2　永春县“游龙”

永春县太平境昆仑山位于桃溪流域，“孤峰特起，状如昆仑。堪舆家形之为冲天玉烛，最宜文明。载之《闽书》《广舆记》及郡邑志，为桃源东隅拔秀名山。世治，则修文应运而出。世乱，亦备武易危而安”[1]。昆仑洞主祀法主公和关圣帝，“境政”分为九柱七堡三十个火头（六个村，以李姓为主，余有蔡、苏、林、陈、谢、叶、刘等）。1895—1951 年，昆仑洞持续到德化石壶殿（法主公祖殿）谒祖进香，而后被制止，至 1985 年恢复。

按惯例，该境村民于每年农历八月份（卜筊决定）举行“游龙”活动。境内七堡九柱的乡民（经商者、学生、求嗣者最为踊跃）合举龙灯从各堡的宫庙（神祇不同）出发，先到昆仑洞“游龙”，再回巡各堡各柱（各聚落）。据说游龙能够跃动昆仑寨的“龙神”，赶走境内的凶神恶煞，带来好年运。有些人还敬请“游龙”队伍到自家厝门口表演，期盼跃起“好风水”和“好家运”。如果事主“福运”不够，或者“厝屋”尚未“开梁”行运，却遑能“请龙”的话，反而是“坏

1. 《桃源太平李氏族谱》（第四册），1999 年重印本，第 1918 页。

代志”（不好的事）。虽然境内的佛事机构有统一安排，但各堡乡民（或众姓组合，或单姓，或李姓）常暗自较劲，争谁的“龙头”先到昆仑洞。

上杭县“游龙”活动以村落同姓宗族为核心，而永春县以跨姓氏的地缘关系为纽带，形成以昆仑洞为中心的社区信仰空间，是境内杂姓而居的社群强化乡族意识的生动反映。乡民对小聚落（角落）的认同与大社区（境）的认同强度是有差异的。境内由各姓氏组成的聚落认同展示的是地缘关系网络，而同姓组成的聚落认同，又糅杂着宗族因素。地域崇拜以及风水信仰都是强化不同类型认同的象征力量之一。

第二节　丧葬仪轨与风水观念的民俗传承

传统儒家提倡随方设教，主张“人道，亲亲也。亲亲故尊祖，尊祖故敬宗，敬宗故收族”（《礼记·大传》），“事死如事生，事亡如事存，孝之至也”（《中庸》），“礼者，谨于治生死者也”，“卒礼者，无它焉，明死生之义，送以哀敬，而终周藏也。故葬埋，敬藏其形也；祭祀，敬事其神也；其铭诔系世，敬传其名也。事生，饰始也；送死，饰终也。终始具而孝子之事毕，圣人之道备矣”（《荀子·礼论篇》）。慎终追远的丧葬观念，不仅强化了子孙自身同祖先的系谱关系，而且赋予了祖先崇拜更多的人文精神。

地域社会中结构变异不大的丧葬仪式及墓地风水操作实践，同样是观察中国主流的儒家意识形态如何存神过化、因土成俗的切入点。与丧葬相关的制度安排一直在儒家礼仪规范中占有核心地位。等级化的丧葬制度及其相配套的标准化、模式化的仪式框架，是保证“礼仪在（化）乡”的媒介和基础。汉唐以来，以儒家为主、以道释为辅的丧葬礼仪类别和制度规范亦在乡里持续“在场”，我们从买地券文本可知丧葬明器制度的一体化进程（第一章第二节）。宋元之后，以“四书五经”为范本的科举制度则是礼仪观念得以“过化”乡里的根本保障。科举制度培育了大量缺少上升空间的“闲散”文化媒人，更是各类仪式性的“文字下乡”的催化剂。至于宋明新儒家所设计的宗法礼教制度，只是一种革新化的体化实践罢了，它也伴随着新式的家族制度的发展而得以有效地推行。

就丧葬礼仪制度而论，人们主要通过祭祀（家祭、墓祭、祠祭）来表达对祖先的孝道与追思（义、理），兼以供奉祭品的方式与祖先进行互惠性“沟通”（利、欲）。祭祀礼仪代表着“义”与“利”、“理”与“欲”的情景交融。墓地风水活动离不开祖先崇拜，当且仅当包含上述两类的意义生成向度（dimension）。既然风水活动是一种孝道实践（以奉先为计），孝道的落实自然就带来祖先的荫庇（利后为虑）。换句话说，好的风水宝地既能安妥祖先之灵（合义理），也能护佑子孙之福（顺人欲）。在“祖考子孙一气贯通”的基础上，透过祠坟的营造和祭祀体系的设计，“祖先”和“子孙”的身份也得到明确化，形成一种勾连反哺与接力的共生关系。

民间祭祀和墓地风水活动，有着共通的信仰背景和相似的意义指向。许多祭祀仪式中融入了墓地风水的知识与信仰，而墓地风水活动也需要祭祀仪式来维持其行为的合理化、常规化。风水观念与祭祀仪式的相互交织，使得祖先崇拜呈现出丰富多彩的地方形态。[1]

---

1. 本节探讨祖先墓地风水活动及祭祝仪式。有些祭祝仪轨主要用于同辈或晚辈的戚属（夫妻、兄弟、儿女），甚至是自身（比如做寿坟）。这些仪式活动可能表达更多的是悌、慈等人伦情感。如：

（1）《戚属完坟祝文》：“恭惟府君，赋性贞坚。躬修孝友，无干人言。行备徽柔，世德久扬。为善厚报，天命有常。卜葬兹土，嘉获牛眠。山明水秀，映带天照。峰峦拱然，气象舒张。工力完竣，世代永昌。从兹以往，发福无疆。甲第联辉，簪缨孔长。予忝戚属，聊表微虔。伏冀来格，鉴此酒浆。尚飨。”（平和县《家礼会通集录》，手抄本）

（2）《祭兄弟起程祝文》：“恭惟我兄，手足情肫，奉事父母，孝敬扬闻。和乡睦族，处众恂恂。藉侄犹子，里党咸尊。溯厥懿行，实获佳坟。牛眠为穴，得配乾坤。山水明秀，来龙超群。灵辆既驾，安宅长存。兹将发引，送行纷纷。寅具义物，敬献豆笾。尚飨。”（平和县《家礼会通集录》，手抄本）

民间还有预营寿域（开生坟）以增寿的习俗，反映出民俗知识整合系统的一体多源。如：

（1）南靖县“开生坟”之前的《祀土祝文》：“惟公之德，司土之灵。卮有兴作，谁不献诚。今〇自择，爰筑佳城。绸缪春雨，预先行营。龙穴沙水，胎吉有情。伏神守掌，永赖英明。俾延岁月，奉享百龄。添丁留待，应期启行。”（南靖县奎洋《祝文、药方等》，手抄本）

（2）南靖县《作寿域谢土祝文》：“惟神正直，坐镇山茔。惟神厚福，积德斯茔。职司后土，负荷匪轻。兹卜佳域，水秀山明。一邱盘洁，万代钟英。维特防卫，实赖万灵。际兹吉日，酌酒陈牲。仰新昭格，鉴我微诚。全叨匡庇，守护佳城。牛眠虎踞，奠厥攸灵。”（南靖县奎洋《祝文、药方等》，手抄本）

（3）长汀县古城镇《竖寿坟碑祝文》：“日吉时良，天地开张。年通月利大吉昌，竖碑时候正相当。福如东海千层浪，寿比南山万里长。左有青龙召百福，右有白虎纳千祥。前有朱雀招富贵，后有玄虎列三台。手执金鸡似凤凰，紫气腾腾透天堂。一点雄花祭碑头，应出儿孙做诸侯。二点雄花祭碑中，儿孙衣紫在朝中。三点雄花祭坟堂，富贵荣华永传扬。今日弟子亲关于治葬之事，南宋理学家朱熹曰："三月而葬，前期择地之可葬。""古者葬地葬日皆决于卜筮，今人不晓占法，且从俗择之可也。"[1]择葬应该遵守礼制，"此等事自有酌中，恰好处便是正理"[2]。社会的变迁自然是急剧的，民间事亡习俗却具有延续性。各类"过关"祭仪是针对每个关节点的，如停柩时的拜柩祭祖，初葬时的祭灵、出柩、起程、破土、安葬、完坟、谢土、点主、回龙，改葬时的迁柩、告土、竖符、动土、进金、竖碑、葬银牌或木主，修方时的祭祖、祭司土、立墓碑，以及墓祭和祠祭、家祭。与竖造请祝仪式相对欢快的情景迥异的是，安葬祭祝活动带着庄严肃穆的气氛。这些仪式实践以及事亡祝文格式，是地方集体心灵事件的真实记录，不仅塑造了社群对祖先或神灵深沉的崇拜意识，而且深化了社群对墓地风水的心理认同趋向。

笔者以祭祀文本为案例，并结合访谈，讨论大柩（棺木）、小柩（埕金、小金）、祠祭、墓祭等祭祝仪式，以管窥近世以来绵绵相续的民间事亡活动的礼俗规范，管窥一般性的风水知识和观念对民间事亡习俗的强力渗透作用及其内化为地域社会记忆和集体情感的方式。丧葬礼仪中风水先生、择日师、礼生、工匠，乃至火居道士等文化媒人，在构建、塑造地域社会文化秩序方面发挥着关键的中介作用。

一、凶葬：葬大柩（葬棺木）的仪轨

明崇祯十六年（1643年）刊刻的《三订历法玉堂通书捷览》（元宋鲁珍通书、何士泰历法）卷五"论凶葬法"曰："按《周公七分明堂经》云：'凡凶葬，不避凶年恶月、天尸地杀月。墓内有杀及众神皆不能成咎。'《百忌》云：'凡人初死，不问年月。若三日内乘凶葬之，吉。虽慎凶神亦不为害。'今人凶葬尽三日之内，并不问山向年月，但择吉日，就当日尽破土，此一日之内成坟，唯有月家州县官符开山立向之处，不宜斩草、举哀、拜圹矣。俟凶神过，方可择日加土甃，砌谢土墓。"[3]民国《永泰县志》卷七《礼俗志》曰："凡含殓、奠献、陈设，

嘱赞，福寿绵绵天地长。"

1.《朱子家礼》卷四，《景印文渊阁四库全书》第142册，第566—567页。

2.《御纂朱子全书》卷三八，《影印摛藻堂四库全书荟要》第250册，第347页。

3.《中国古籍珍本海外丛刊·美国哈佛大学哈佛燕京图书馆藏中文善本汇刊》第22册，桂林：

尚准《家礼》行之，死而即葬，谓之凶葬，然特无力及早殇者为之耳。素封之家，则固择年择月，定期卜兆安厝也。”

由于受到丧礼规范及堪舆术数的影响，旧时很少凶葬。耄耋者老事先备好寿棺，并涂漆加光（图 9.3）。停柩在厝（殡）亦是常态（百日属合礼节耳）。[1] 出葬当请礼生或堪舆家择好吉日。如南靖六斗《黄氏六世勤笃派家谱》录有一则《出山择日书》，我们从中可略窥一斑。[2] 民俗学者将“先厝再葬”视为二次葬或复葬范畴。按棺柩停放地点、保存方式，殡可分为很多种类。[3] 停厝之俗发源甚早，古称“假葬”，最初未并另建厝所。[4]

“葬大柩”主要是从掩藏尸骨的器物角度来分辨的，涵盖民间“凶葬”（一次葬）和“停厝再葬”等葬法。“葬大柩”与“葬小柩”的仪式略有区别。前者的“出煞”仪式在起棺前举行，后者的“出煞”仪式在“进金”（指将金罐放入墓穴中）前举行。前者有“点主”“回龙”仪式，后者有“呼龙”仪式。倘若已择好牛眠吉地，不拟再拾骨改葬，先厝再葬大柩时，当如葬小柩一样举行出煞、呼龙进葬等仪轨。（图 9.4）

1. 拜祭灵柩

停柩在“厝”以求福地期间，丧家通常在特定日子（清明节、祖先亡日、中元节、农历初一、十五）根据唱礼式，举行家（堂）祭，拜祭在厝灵柩，诵念

广西师范大学出版社，2003 年，第 508 页。

1. 约成于金元时期的《大汉原陵秘葬经》列有“凶葬法篇”（明《永乐大典》卷八一九九）。
2. “贵地一位，戌山辰向兼乾巽，庚戌庚子。仙命丁丑生，祭主己酉生。择取十月廿三庚辰日用午时起符，又取本月廿七甲申日用丑时迎葬，上上大吉，良可贺也。房房均匀发福，财丁两旺。再请高明先生详查。黄府印业荣大鉴福照，兴邑曾梯云代选。”（南靖六斗《黄氏六世勤笃派家谱》，清宣统稿本）
3. 何彬：《江浙汉族丧葬文化》，第 43—45 页。
4. 〔元〕程棨《三柳轩杂识》“假葬”条曰：“胡楷世行，尝言先世由徽来霅（浙江省湖州），买屋广化寺侧，修理夹壁，得故攒堂一尸，僵卧如生，触之辄应手灰灭，遂白有司迁瘗之。始闻疑信相半，后阅《通典》，有‘假瘗三年即吉’议。郗诜母亡，不致丧，便于堂北壁外下棺，谓之假葬，三年即吉。卫瓘以其不应除服而议之，诜云：‘此方下湿，惟城中高，故遂葬于所居之宅，祭于所养之堂，不知其不可之辞。’求之近史亦然，始印胡言之信。”（《五朝小说大观》）清赵翼《陔馀丛考》卷三二（清嘉庆年间刻，瓯化全集本）“假葬”条有相近的记载。

图 9.3　南靖某座土楼保存的寿棺
（20 世纪 90 年代）

“祭在厝灵柩祝文”。出殡将葬时，亦当跪读祝文祭灵柩（将葬祭灵柩祝文），以慰死者之英灵，祈生者之厚望。[1]停柩在“厝”待寻风水乃约定俗成的规矩，是个体以尽子职，报答父母鞠育深恩的方式。

---

1. （1）《祭灵唱礼式》：“哀子哀孙就位，灵前跪，举哀，哀止，上香，俯伏，兴，拜，兴，拜，兴，拜，兴，拜，兴，跪酌酒，灌茅少，初奠酒，进馔，读祝文者跪读祝文，再奠酒，进馔，三奠酒，进馔，进羹饭，进牲仪，进米粿，献茶，俯伏，兴，拜，兴，拜，兴，拜，兴，进财宝，化财宝，焚祝文，平身，复位如前。”（平和县《家礼会通集录》，手抄本）
（2）《祭在厝灵柩祝文》：“返念我父（母），鞠育深恩。昊天罔极，欲报何能。遗世已久，抱恨难平。牛眠未卜，中怀靡宁。爰择福地，迎到佳城。谨涓吉旦，迎出坟茔。爰陈牲酌，聊表微诚。父（母）等不昧，降嘱于庭。迎柩上道，勿怖勿惊。他年华表，鹤驾送迎。”（南靖县奎洋《祝文、药方等》，手抄本）
（3）《将葬祭灵柩祝文》：“呜呼我父（母）！生我之德，恩同昊天。驭鹤遐逝，于今有年。柩停几载，子职有愆。兹等佳城，形若牛眠。涓此吉日，卜葬万全。柩从此游，自适安然。灵轮已驾，日吉时良。轻灵就道，安宅在前。兹将发引，孙子绵绵。寅具仪物，敬献豆笾。伏祈皇祖，鉴此馨香。尚飨！”（平和县《家礼会通集录》，手抄本）

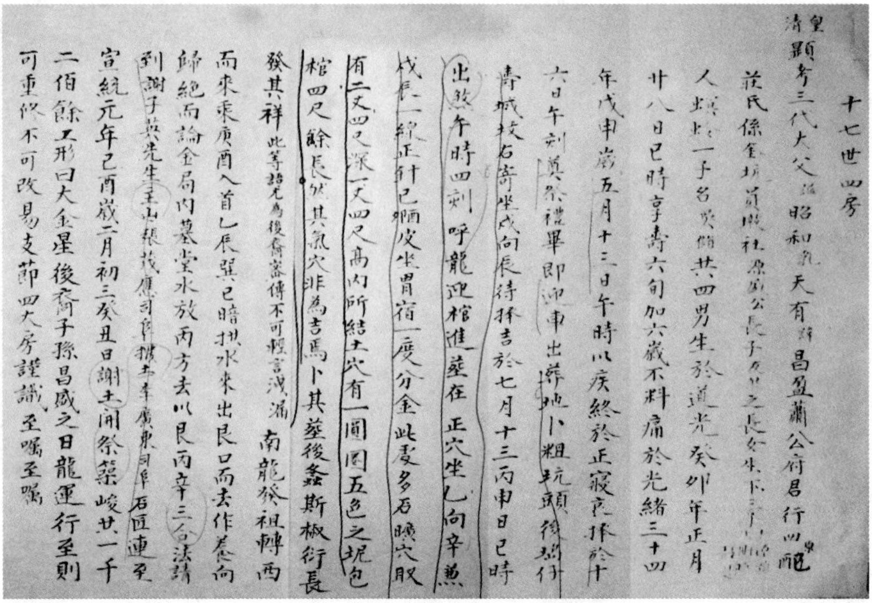

图 9.4 “葬大柩”仪轨

［漳州施洋《萧氏族谱（辉甲公派下）》，民国年间抄本］

从更深的心理因素看，因祖先与子孙乃阴阳两分，祖先尸骨首先被子孙视为一个危险的存在，需要尽早妥当处理，以免得罪祖先而贻害自身。祭灵中反复出现的跪拜仪式（在厝时间长，仪式自然是反复进行的）展示了一种敬畏祖先的姿态以及“祖先有灵”的观念。而诵念祭灵祝文，堪称一场克服对尸骨恐惧的即兴表演，生者通过同祖先的即兴“对话”，来有效传递子孙践履孝道的信息。拜祭灵柩仪式中身体跪拜和祭祝语词表演的有机结合，其实是生者积极寻求与祖先英灵和谐相处的有效的象征手段。

一般来说，因为仪式保持着既定模式的重复性（由此也让象征意义具有重复性），所以它“对人来说是一种自然的途径，它具有灌输和令人付诸行动的能力，蕴含着强大的内在化动力，使人类社会生活中必不可少的基本规则牢牢地印刻在参与者的心中”，在仪式参与者的身体动作（姿势）过程中，“原初的存在真实地再现了，时间由此得以更新”。[1] 在这种戒惧戒恐的仪式场景中，祖先坟墓的风水问题其实是丧葬“施事话语”系统的重要组成部分，是子孙对安置祖先尸骨和灵魂的一种积极的交代。子孙有责任和义务寻找风水福地，以妥先灵。那些关涉风水观念的格式化的、形式化的语词由此获得了反复演练，譬如向祖先抱恨尚未选定福地，或告知已择佳城等等。

因为藏有危险尸体的棺柩要先停在“厝”（图 9.5），而厝是祖先魂魄的暂居之所，所以民间亦讲究厝的风水以及棺柩入厝的时辰。北宋《地理新书》卷一三《野外权厝吉地法》，即根据五音姓利说强调“凡权厝取地，随近便之处。若地从本音生气，阳气上气有坡面，内从周足水流，依地图形权，则随本音作大利向为善。若无坡地面及内从十七将不相连接，或独山头，或田洲上，同随本音作小利向”。“凡葬地未备权寄地所，或为屋宇取为丘载，皆须合甲丙庚壬三才尺步即吉。”[2] 这种择厝停柩习俗至丧葬改革前一直延续着。

汀州四堡《邹氏族谱》详细记录了邹氏第廿世祖、国学生启园公灵柩在十余年间两次入“厝”的经过以及因停柩而引发的宗族内部纠纷。[3] 该族先停柩在厝，后葬穴地，再起棺入厝的案例，充分说明了“厝”在吉葬中的重要性。

2. 出（移）柩起程

出（移）柩起程又称“发引”（发靷），即扶柩还山之意。择好日期和葬地之

---

1. 金泽:《宗教人类学导论》，295—296 页。
2. 《重校正地理新书》卷一三，第 98—99 页。
3. 邹启园停棺之厝，坐落在洋坳里神坛下乌鸦伏田形，巳山亥向兼丙壬分金，坐辛巳向辛亥，宿坐翊十三向室十二。此厝原葬邹氏魁文公，于清道光十二年（1832 年）崩坏，子孙将公骸拣回另葬。道光十四年（1834 年）十一月廿八日，启园公去世，在厅暂停，无地可寄。其子元暄不得已，向魁文子孙购买此厝，并于清道光十五年（1835 年）四月十二日丑时起手动土，十二日戌时上梁。其龙运山向与旧址一样。十一月廿九日子时出柩，戌时入厝。厥后，元暄误信堪舆邹天发之言，费重金购买天发在下谢的粮田，开地一穴，于清道光十九年（1839 年）十一月初二日丑时在厝移柩，卯时在下谢进柩。是地葬经五载，家道不亨，复择吉日于清道光二十五年（1845 年）五月十八日寅时，偷看棺外十分水湿，将回头断，开棺内无水，故将原棺抬回，拟再重新入“乌鸦伏田形”旧厝。因该厝北与本族梅田公厝相邻，入厝时梅田公子孙等领众不许启园公柩入厝，并将该厝后土锄去。后经族内劝阻，至二十六日卯时入厝。数日后元暄又呈控，因子克宜于六月初八已进泮第八名，暄以天报善人之处，不再呈官。［〔清〕邹序衢等重修《四修邹氏族谱》卷三一，民国元年（1912 年）铅印本］

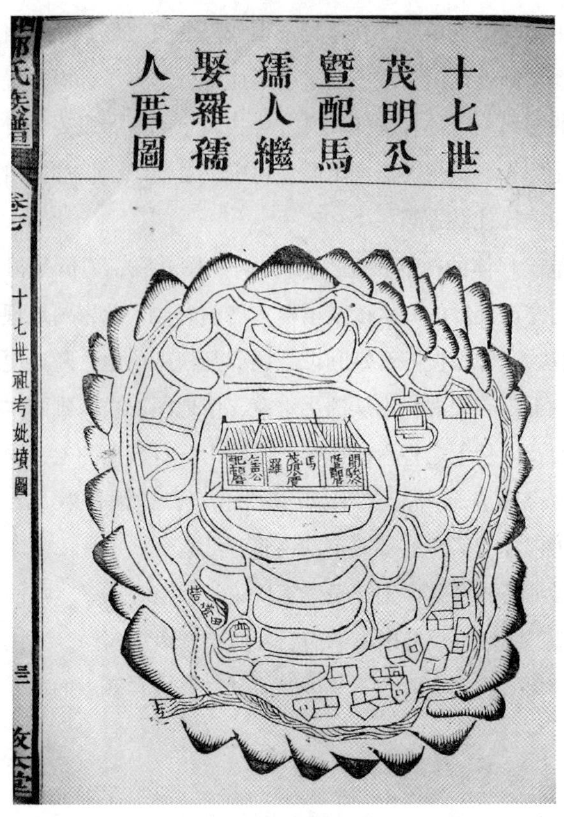

图 9.5　连城四堡《邹氏族谱》中的厝图
（民国刻本）

后，子孙将尸骨出殡埋葬。各地叫法不一，客家人曰“发引”（长汀），闽南人谓“出山”（泉州）、“上山”（厦门），闽中称“出门”（将乐）。

所谓“骨肉归复于土，命也！若魂气则无不之也，无不之也”（《礼记 · 檀弓下》），“千载之后，棺椁朽腐，乃得归土，就其真宅”（《汉书 · 杨王孙传》）。“发引”时间代表祖先尸骨和灵魂出发入住新居所（墓地）的开始，倘若日辰选择不慎，不仅意味着死者在黄泉路上走得不顺，而且意味着墓地风水不能如期兴发。故“发引”通常选择一个最有利的时间节点，即结合死者仙命、断气时辰及家中男丁年庚的生克关系来推算。[1]

"发引"意味着子孙或生者开始远离停柩在厝的祖先尸骨所施加的无形的危险，这种危险即将转移到远离社区或宅主的生活空间的墓地。一方面为了让祖先尸骨及灵魂能平安上路或离开，另一方面为了重新"净化"并恢复生者的日常生活空间，"发引"前肃穆的"出煞"仪式是不可避免的。在"礼生"有序引领之下，孝子、孝孙践行跪拜唱式，跪读祭祀祝文，借此驱避凶神恶煞。[2]"发引"仪式是礼数上的"辞别"和"驱离"，既明确生死有别、阴阳两界的边界观念，更避免生活空间的吉气受污染或居住风水受晦气的破坏。[3]出柩起程祝文再次传递的信息是：子孙已尽到责任，为祖先寻到吉地，祖先总算等到入住新居，应该荫庇子孙了。

从"发引"来看，中国人抱持"事亡如存"的态度，追求在不同的生命历程中的和谐有序状态。死亡并不意味着生命历程的结束，而是在他界生活的开始。祭考妣合葬祝文声言合葬乃"未获佳城"之故，透露民间对合葬有可能违背子孙与祖先和谐关系的忧虑心态。当然，祖先顺命归根，入土为安，是喜不是忧，故祝词改称"喜获牛眠"。

---

1. 讲述者：WKC，民国二十六年（1937年）生，初中文化，祖传风水先生，长汀县濯田镇东山村人。访谈时间：2003年2月12日。访谈地点：东山村。

2. 长汀县濯田镇《行丧出殡出煞文》："天灵灵，地灵灵，玉皇命我押杀行。天上凶神归天去，地中恶杀归地藏。一百廿凶神并恶杀，远走他方。吾奉太上老君急急如律令敕。"

3. 平和县《出柩起程唱式》："哀子哀孙就位，柩前跪，举哀，哀住，上香，俯伏，兴，拜，兴，拜，兴，拜，兴，拜，兴，跪酌酒，灌棺头，初进酒，进馔，读祝者跪读祝文，再进酒，进馔，三进酒，进馔，进羹饭，进牲仪，进米粿，献茶，俯伏，兴，拜，兴，拜，兴，拜，兴，拜，兴，进财，焚祝文，平身，复位，拜，兴，拜，兴，拜，兴，拜，兴，礼毕，平身，彻馔。"（平和县《家礼会通集录》，手抄本）起程的祝文格式则因祭奠对象不同而别（祭岳祖、岳父母起程时，其唱式大抵相同）：

（1）祭父："恭惟吾父，赋性贞坚。和乡睦族，惇厚永彰。义方训诲，垂裕千年。大德厚报，天命有常。经营卜吉，喜获牛眠。山明水秀，来龙孔长。灵輀既驾，日吉时良。轻灵就道，安宅地前。兹将发引，子孙绵绵。兴具仪物，敬献豆笾。伏冀皇考，鉴此馨香。呜呼哀哉。尚飨！"（平和县《家礼会通集录》，手抄本）

（2）祭母："恭惟我母，赋性贞坚。淑慎持身，四德久彰。大德厚报，天命靡常。经营吉地，喜获牛眠。（按：接下来的文字与上则祝文同）……"（平和县《家礼会通集录》，手抄本）

（3）祭考妣合葬："惟祖考妣，恩泽难名。自从仙逝，未获佳城。经营卜择，窀穸广平。拟为合葬，水秀山明。今将发引，清酌告诚。伏冀来格，鉴此微牲。就道临穴，孙支送行。吉时安宅，保护厥生。尚飨。"（平和县《家礼会通集录》，手抄本）

3. 斩草破土

斩草破土习俗源远流长，最初是古人表达敬畏自然、追求人地和谐的象征行为，以后才延伸为设定阴阳边界，防范各类神煞及鬼魂欺压等含义。旧时破土斩草仪式信仰颇是浓重。清乾隆《宁德县志·礼俗篇》曰："葬必有期，邑人重堪舆，每有以选择吉地持久而未谋窀穸者。至举葬事前三日开圹，延亲友入山中，宴之，谓之看开山。"

至今福建乡村斩草的礼俗依然操作如故，已演变为一个私人的仪式，祭仪相对简单。未行土葬改革之前，初次葬和洗骨葬，都缺少不了这个程序。[1]

据惠安县山霞镇东坑村LDX报告，晋江、惠安、南安等地，若事先未择过地，孝男必须陪同先生上山确立凶葬的穴地方位。破土之前，诵念破土文式："恭迎过往神明、本山土地、历代地理祖师、张李二分金师同临。"[2] 插上定方位的二根"分金木"，上用红绳线绑五张"寿金"（金银纸），并于墓地前/后/中位，各烧"寿金"二千圆。

长汀县推行殡葬改革之前，"葬大柩较为随便，一因时间紧迫，不能久等。二因大柩笨重，山区一般走的羊肠小道，扛抬不便，难以行走，因此择无风煞之处，取一利向埋葬之。时至八年以后，选择吉地即好风水的地方，将骨骸捡起陶

---

1. 清代《破土唱式》："就位，上香，跪，叩首，再叩首，三叩首，兴，拜，叩首，五叩首，六叩首，兴，拜，酌酒灌地，叩首，兴，拜，叩首，再叩首，五叩首，进财宝，化财，焚祝文，平身，复位，跪，叩首，再叩首，三叩首，兴，拜，叩首，再叩首，九叩首，礼毕，平身。"（平和县《家礼会通集录》，手抄本）

   按：此唱式亦可用于清明祭土地仪式。其"跪读祝文式"："某朝某年岁次○某月朔○越○有○日，弟子○姓○名等，谨以牲醴、果品、香楮、财宝之仪，敢昭告予本山司土之神前曰：恭惟后土，民物资生。含宏光大，化育无形。人生宇内，实受栽成。百年必尽，归土为宁。相宅此地，水秀山明。峰峦映带，环抱有情。兹晨清吉，破土是呈。为父（母）安葬，龙神永凝。伏祈俯听，荷比匪轻。千秋永主，万代显荣。理宜虔告，敬陈醴牲。昭格来临，鉴此豆登。尚飨。"（平和县《家礼会通集录》，手抄本）
2. LDX使用的《破土文式》："伏维日吉时良，天地开张。立地焚香，直达天庭。香烟阵阵，请神降灵。香烟袅袅，请神驾临。岁次○年○月○日，○省○县○镇○村信男○○，为安葬先人○○，特请地师选此吉地佳壤，阡立○山○向，分金○，择吉日兴造佳城。现虔备三牲、满面、酒礼、果蔬、香烛、寿金等供品，恭迎过往神明、本山土地、历代地理祖师、张李二分金师同临，保佑千祥云集，百杀消藏，施工顺利。○氏合家添丁进财，代代科甲连绵，世世兴隆不替，发福无穷，为祝为祷。"

罐（俗称“金碓”）盛之迁葬”。[1]较正规的一次性土葬（事先选好风水地）应竖立杨公符木，杀鸡“打花”祭符，方能斩草破土。破土时颂祭符文，恭请杨公破土，斩杀凶神恶煞。[2]

客家人在入殓时，棺内还要放入合砖二块，一块写上卒者的世代及姓名，一块分两行写上卒者的生卒年月日时，字数当过大小“皇道”。如果初葬时未竖立墓碑，合砖在“拾金”时用作确凿的标记，乱坟中不会捡错；另外用合砖可知道生卒年月，便于选择重葬日课。

在闽南，如果破土处的旁边还有坟茔，特别是有另一位祖先的坟茔，为了避免惊走“龙神”，得张贴普庵符，或诵念“留龙祝文”，以伏祈安妥。[3]

概而言之，阴宅斩草破土仪式既是一种有效驱鬼压邪的象征活动，也是一种与掌管土地或鉴别佳壤的神祇建立沟通的渠道，为祖先祈求合法获得阴宅使用权的象征活动。倘若未经过斩草破土，不能赶走其他占地的凶神恶煞，或者“隐形风水先生”——地下神祇没有应允，或者鉴别“佳城”的地理先师（杨公、张李分金仙等）不开“法眼”，再好的风水宝地也可能隐而不显，而即将居住其中的祖先也不得安宁。斩草破土仪式代表人神之间合法化的“理性交易”，是替死去的祖先同鬼神的“立约”（非盗也）。无论生者还是死者，由此也消解了潜在的威胁，得到“龙神永凝”的保证。

4. 完坟谢土

“古不墓祭”，春秋时代以前，死者下葬以后，只在墓旁祭祀地神，并未祭祀墓主。《周礼·春官·冢人》记“凡祭墓为尸”。贾公彦疏认为“是墓新成，祭后

---

1. 讲述者：王乐平（白云居士），教师职业，礼生，风水先生，民国十七年（1928 年）生，高中文化，定居长汀县建设街某门牌号。访谈时间：2003 年 2 月 17 日（访谈地点：汀州府文庙内）和 10 月 20 日（访谈地点：建设街王氏家中）。
2. 《斩草破土祭符文》：“日吉时良，大吉大昌。杨曾破土，福人安葬。吾今便是杨曾子，千里寻龙来到此。九天玄女及青鸟，吩咐吾师亲破土。一斩天殃，煞灭神藏，兴工动土，万事吉昌。二斩地殃，神鬼没亡，家生贵子，金玉满堂。三斩人殃，大吉大昌，凶神恶煞，雄鸡抵挡。”（长汀县古城镇中都村 HQG 提供）
3. 清代《留龙祝文式》：“祖德德耀，神功功名。春秋享祀，血食丰盛。兹因坟右，开筑斯茔。呼龙喝杀，恐动尊灵。恭陈牲酌，昭告于庭。伏祈安妥，勿震勿惊。千秋永镇，百代扬声。”（南靖县奎洋《祝文、药方等》，手抄本）

土”，孙诒让《周礼正义》也认为“祷祈于墓地之祇”。清赵翼《陔馀丛考》卷三二《墓祭》称：“按《周礼·小宗伯》虽有成葬而墓祭之文，乃葬日，孝子先归虞祭，而使有司在墓一祭地神，实非祭先祖。《冢人》所云凡祭墓为尸，《檀弓》所云有司设奠于墓左，亦然。”

春秋战国之际，古礼起权变，兴起墓祭礼俗，兼祭墓主和地神。[1]北宋《重校正地理新书》卷一五《葬后谢墓法》录祭地神而非墓主，“凡葬皆犯山川土地神祇及诸禁忌。事毕，为祭谢之。择日于埏道左，洽地为方坛”，祭后土及丘墓神（五音元曹墓神）、二十四路、功曹传送、蒿里、阡陌、道路诸神等，以“愿亡者神魂宁于幽室，子孙长保”。[2]

近世以来，以祭地神为主的谢土仪式，仍然被民间反复演练着，但“随风土庶民”，趋于简化。而先祭墓主、再祭后土渐成定例。因丧葬礼仪的结构离不开风水选择的基本要素，而一般性的风水知识和观念更成为祭祝叙事的标准化内容，祖先崇拜也天然同风水的民俗记忆相叠合。比如，完坟祭祖一般列举穴地坐山、朝向、分金等事宜，既是祭告祖先以使之灵安，也有再向鬼神确证阴宅产权明确的味道。完坟后再读祭司土祝文，酬谢土地神祇及地理仙师恩赐佳城。[3]

---

1. 杨宽：《中国古代陵寝制度史研究》，上海：上海人民出版社，2003 年，第 108—111 页。
2. 《续修四库全书》（子部·术数类）第 1054 册，第 118—119 页。
3. （1）平和县《完坟唱式》：“主祭者就位，执事各司其事，瘗毛血，上香，再上香，三上香，拜，兴，拜，兴，拜，兴，拜，兴，跪酌酒灌地，初进酒进馔，读祝者跪读祝文，再进酒进馔，三进酒进馔，进羹饭，进牲仪，进米粿，献茶，俯伏，兴，拜，兴，拜，兴，拜，兴，拜，兴，进财宝，化财，焚祝文，平身，复位如前。”（平和县《家礼会通集录》，手抄本）
（2）南靖县《父母完坟祝文（新葬）式》：“我〇冥缘，宅兹佳城。〇位向昌荣，〇分金咸亨。牛眠昭地脉之美，马鬣告人工之成。龙翻虎踞，水秀山明。乃安斯宇，永妥幽情。子孙罗列，拜祭坟茔。祖氏不昧，鉴此微诚。佑及后嗣，万绩扬名。支支富贵，代代丰盈。”（奎洋《祝文、药方等》，手抄本）
（3）平和县《司土祝文式》：“惟神正直，福德并彰。卜葬斯土，神司于先。山灵永生，长享千年。山明水秀，来龙孔长。峦峰迭拱，气象舒张。工力完竣，酬答神前。寅具仪物，敬奠酒浆。洋洋如在，鉴此馨香。佑启我后。福禄是将。房房蕃衍，代代炽昌。财丁俱旺，富贵绵长。谨告。”（平和县《家礼会通集录》，手抄本）
（4）惠安县《辞土文式》：“呜呼！生老病死，人生常事。养老送终，人子之责。先人〇〇，于〇年〇月〇日〇时，驾鹤西归。余等后昆，不胜悲切。哀树欲静而风不息，悲子欲养而亲不在。遂延师择吉壤，卜葬于此。于〇年〇月〇日〇时，破土兴造佳城，历经〇月〇日〇时，于〇月〇日，已全部竣工。今虔备〇〇等供品，拜于土地公及本境诸神尊前。因恐修造期间工匠不谨，惊犯神祇，特求宽佑。二求葬后，一帆风顺，万事大吉。此求此祈。〇省〇阴宅的谢土仪式基本是礼教文化积淀于地域社会的习俗反映，是生者积极追求阴阳两界和谐、避凶趋吉的一种象征手法。近世先祭墓主、再祭地神的习俗，固然是古礼“连续中的断裂”，但依旧是传统礼制中的差序原则的再现。谢土仪式声明墓地“取之有道”，亦是巩固人神之间在破土时所确立的诚信的象征，以此避免地下神祇可能误会并祸害于祖先及其子孙。这种仪式亦可被解释为地域的人情互惠体系（与祖先的互惠，与丘墓鬼神的互惠）的再现，隐含着“礼物的交换”（风水地是一种无形的礼物）和“情感的投资”。

5. 点主、入主祠堂（家庙）（图 9.6）

完坟谢土之后，通常举行点主仪式（葬大柩才有的习俗），即将象征祖灵的神主请回入家庙或祠堂，谓之“回龙”或“回灵”。

清乾隆《屏南县志》卷七：“凡葬先择地、择日，备祭品祭车而车，或女婿外甥中途致祭，同扶柩到山，孝男致祭，六亲拜主，各分腰帛，祭毕入圹。点主毕，回灵。家中备祭接主，设席名为回灵酒。”清嘉庆《福鼎县志》卷二《风俗》：“葬，发引前一日，迁棺于厅事。厥明，设祖奠，奉主升车。柩行，主人、男妇哭从。请达尊祀后土，题神主。既葬，奉主返，谓之回龙。行虞礼而卒哭。贫者多火化，富者又为堪舆所惑，择地停柩。”

点主仪式乃丧葬活动的要事，是仪式专家对上层礼仪制度及宗法祭祀观念的“盗用”。从卜辞可知，商代祭祖的木制牌位叫“示”，我们常说的“请示”隐喻

县○镇○村○年○月○日○时。”（山霞镇东坑村 LDX 使用）

（5）客家《安葬谢后土杨公文》：“致祭于唐朝钦奉杨曾廖、阴阳会上一十八代暨本山后土之神前，恭而跪曰：获兹窀穸，于号佳城。山清水秀，穴地龙真。迁葬我○，实赖神明。时日协吉，菲仪是陈。灌顶三爵，礼重一行。灵昭赫赫，福佑绳绳。”（《应酬通俗大全》手抄本，长汀、上杭等县流行）

（6）客家《葬后谢土祝文》：“伏以时维本年本月本日吉时良辰，今有祭主○○○等，虔备清香、宝烛、三牲、酒礼，请到前代开山张坚固、后代开山李定度仙师，杨筠松、曾文辿、廖金精、司马头陀、九天玄女、历代堪舆传授仙师，再请东南西北神君，山家来龙二十八将，罗经二十四神，各请降临，先求领受三牲酒礼，再求祈保祭主安葬○太公婆之后，房房富贵，永远昌隆。人长千丁，粮长万石。官居一品，富盖天下。化财奉送仙师众神，不敢久留，各还本位。稽首皈依，伏惟珍重。再求祈保吉星高照，禄马扶持。”（长汀县西山下原城隍庙风水先生 WZF 使用）

了崇拜祖先和尊敬长辈的意思。周代的木牌位叫“主”。点主仪式原属天子诸侯礼，布衣本无权主之。[1]“神主”的尺寸制作、题字都有特定的象征意义。[2]

福建民间点主仪式在明代已流行，至清尤盛。旧时泉州人祀后土之后，点主官（有身份或辈分较高的人）应到墓地亲自点主，再坐轿径回。彼时孝男抱主东跪，点主官先将银朱笔举向太阳（意为指日高升）并呼气，孝男等亦呼气（意为取生人阳气），而后沾银朱或鸡冠血（亦为借阳气）而点，再盖以墨笔，仪式同上。朱笔点完弃用，墨笔则保留。礼毕，孝男奉主升魂轿。有些地方神主之字事先刻好（如厦门），点主官仅具形式，免实际上点“王”字而成“主”字。[3]在闽

---

1. 汉代许慎《五经异议》曰：“主者，神像也。孝子既葬，心无所依，故虞而立主以事之。唯天子诸侯有主，卿大夫无主，尊卑之差也。卿大夫无主者，依神以几筵。故小牢之祭，但有尸无主。三王之代，小祥以前，主用桑者，始死尚质，故不相变。毁练易之，送藏于庙，以为祭主。”汉代郑玄《礼祭法篇注》称：“惟天子诸侯有主，禘祫大夫有祖考者，亦鬼其百世，不禘祫，无主尔。”

   清代秦蕙田《五礼通考》：“世俗题主，皆虚‘王’字一点，临时请显者点之。遍考诸书，皆无此说。明儒吕新吾及本朝刘山蔚，皆辟其谬。……今世遵用朱子《家礼》，朱子固南宋士大夫也，《家礼》只有‘题主’，并不言‘点主’。”（黄艾庵：《见道集》卷三之“木主”条，第 14 页）

2. 《台湾林氏大宗谱》记载：“祖先神主牌格式尺寸及题主制度：《白虎通》《五经异议》《礼记外传》《公谷何范注》，均论及主形：正方，天子一尺二寸，诸侯一尺。自位次仲分之，考八寸，妣七寸，广厚三寸。司马光、程颐：以下趺四寸，象四时。板中尺二，象十二月。然而，尺寸长短，古今不同。酌以吾乡匠人一尺九寸九分之。高亦自有说，盖一究于九，变于六六者，含阳之施，与一同用，阳数所阴生也。始一终九，三七该其中也。座如室，无须韬藉，于是乎省在外椟焉。题主：释例主所以依先人之神也，一生终始，垂示千百世者，尽在于斯，故题字不可不慎，又不可不详明。朱子《家礼》：书于陷中，曰宋故某官某公，讳某字，某第几神主。宋故某封某氏，讳某字第几神主。其粉面曰皇考某官封谥府君神主，皇妣某封某氏神主。左旁孝子某奉祀。既陷其中，加粉于上，衹一行也。镂而深之，嵌而平之，烧铅以贲之。内外两款，识虽漫灭，而其一自存。吾乡锯板之半分而为二，制殊意合。内书子某奉祀，墨字加漆。明旌之题，曰某氏某之柩，主则省氏。荀子：于重亦仅书名，重者代主者也。注曰：悬明旌有纵横木，他说不及也。书仪从许郑言，改重为魂帛，生卒年月日时分左右书。既葬，明旌魂帛同埋，作主奉于庙，无庙在寝，今在于祠堂。他日修谱，凭是采录。倘有未详，则子孙之能记忆者题矣。何以曰府君尊之。陆贾、张说：均尊其父曰府君，曰赠丹州刺史先府君。古墓亦屡见之。汉尊郡守沿用尊称，宋后用以题主，且约举其生平大者，名号里居，功名出处，生卒葬地，妻配子女，一一无遗失，岂可苟焉已哉。”（林恩显主编，1984 年，台北铅印本）

3. 陈仲瑾、陈泗东：《泉州丧葬风俗记闻》，载泉州民政局编《泉州旧风俗资料汇编》，1985 年，第 80 页。

西，写主和点主仪节往往在祠堂内举行，礼生负责指导。[1]点主官所用祝文，往往具有浓厚的风水意象。[2]

如果说墓地是祖先灵魂的永久性居所的话，入主祠堂或家庙的神主牌（一般用桃木，表层再涂上金、银等附属物）则是祖先灵魂暂居之所，是接结祖先与子孙之“气”以及天地之“气”的载体，意味着将墓地及祠堂气运带给子孙。旧时大户人家入主仪式隆重，相关仪节也是家族促进宗亲情谊的手段，[3]祝文大多带着

---

1. 客家《应酬通俗大全》（手抄本）所载写主、点主仪节：

   请写神主仪节：厅中先设公案、棹围、坐褥。孝子跪请写神主人。写神主人请主出，灵坐前上香，拜四拜，即捧主诣公案上，正中立写。既成，又捧主诣灵坐，又拜四拜。写神主人拜时，孝子在旁回礼。礼成后，孝子拜谢写神主人。

   点主设席仪物：厅中先设公案、棹围、坐褥、朱盒、笔架。左片设席一张，安神主，焚香照烛。右片设席一张，放花帛，摆大金花一对、缎二匹。俱要用棹围。

   凡点主人及礼生，俱服公服。

   点主仪注，三献礼式：

   通唱：迎宾，引读文，迎点主，捧主者，题主官就位（题主官座立），捧主官就位（若无捧主官，此句不必唱），题主官盥洗。

   引唱：指盥洗所，盥手净巾，复位。

   通唱：题主官高升公座，座旁立，捧主官盥洗。

   引唱：指盥洗所，盥手净巾，复位。

   通唱：捧主官请主。

   引唱：祝者诣神，座前请主。

   通唱：孝子以下哭从。

   引唱：起椟，请主出椟，捧主诣公案前。

   通唱：孝子以下皆跪，秉笔，请题内主，请题外主，请主还椟。

   引唱：捧主还神座，还椟。

   通唱：孝子叩谢题主官，四拜，题主者在旁回楫，献花币帛，题主者退，拜谢捧主官，四拜同前。礼毕。以上三献礼单。献礼。凡行吉礼或丧礼，皆可傚此依例。吉礼唱发鼓，丧礼唱擂鼓，千万不可唱错。

2. （1）清代《点朱笔祝文》：“我〇之形，毓秀于星。我〇之神，于昭于天。神主既设，是依是凭。朱毫一点，百世遗馨。”（平和县《通用杂谱谢神祝文谱》，手抄本）

   （2）惠安县《点主口诀》：“我把朱笔对天庭，二十四山作圣灵。孔子赐我文昌笔，万世由我来作成。点天天清，点地地灵，点人人长生，点主主有灵。主上点来一点红，代代儿孙状元郎。”（山霞镇东坑村 LDX 提供，这些“点主文”尚在应用）

3. 《福州通贤龚氏支谱》之《祠堂条例》[清龚葆琛纂修，清光绪九年（1883 年）刻本，中国国家图书馆藏]：

   进主仪节：进主者葬事既毕，卜日进主。先期三日，其子或孙具贴，请族人每房一位。先于本家造主，是日设酒席于祠堂，家中以轿载神主，用鼓乐执事，伞扇（视其品级，不可僭越）前导，引至祠堂，请神主于案。其子抱神主，拜祖，凡四跪。叩首，礼生唱赞，跪，礼

格式化的风水语词。[1]

除安葬后要迎神主入祠外，祠堂重修时亦应重新迎主，诵念入主祝文。[2]若神主牌因搬迁或年代久远而不幸毁坏，可通过道士或巫师举行引魂仪式后重做。若是重建（修）祠堂，须再举行入主仪式，并请当地有名望的人士来点主。

明清以来，人们普遍相信祠堂风水是宗族各房头子孙都"有份"的，某一房分的家庙风水则是同一房的子孙都"有份"的。若不将神主牌位请回祠堂或家庙内安奉，并好好祭祀，就不能"分"有或"荫"到祠堂或家庙风水。入主仪式及祠祭活动，也是一种反复强化家族认同意识的方式。人们不仅将祖先崇拜同墓地风水黏合，也与祠堂或家庙风水黏合。对祖先牌位的祭祀往往等于对祖先遗骨的祭祀，家（祠）祭与墓祭是有机统一的。

因风水习俗与祖先祭祀之间的密切联结，民间特别忌讳将异姓的神主牌位放在本姓祠堂或家屋当中，以恐"分走"本姓的风水。如晚清，泉州黄宗汉家族经营许多房店产业，十分忌讳租赁者搬入自家神主牌位，恐其夺走业主祖先的灵气之庇佑，抢去业主房屋好风水，并将业主的"好运途"转给租赁者。[3]黄氏家族保存了一则限令承租者搬出神主的合约文书，堪称信仰习俗楔入社会经济活动的

生读祝文，平身，祔神主于龛。再拜（凡四），三献如祭仪。叩首，起立于旁。诸族众以次拜完，其子孙焚钱化宝，礼毕。就席。

进主祝文式：维年月日云云，曰：先考某官某号府君，葬事已毕，礼当祔主入庙。仰承先德垂裕后昆，感时追远，不胜永慕，谨以果酒，用伸虔告。

进主请帖式：詹某日奉显考，诰敕授赠某官某府君神主，祔于家庙，伏祈贲临，礼教是荷。

1. （1）平和县《迎主升龛祝文》（平和县《通用杂谱谢神祝文谱》，手抄本）："恭维我○，积德流芳。卜葬斯地，龙穴昌扬。形为窀穸，神返宗堂。卜以今日，奉主升香。伏祈列祖，引翼和光。千秋俎豆，百代蒸尝。伏我后裔，富贵绵长。"

   （2）南靖县《父母还主安座祝文》（南靖县奎洋《祝文、药方等》，手抄本）："坟茔高敞，宛似牛眠。襄事已毕，瞻仰昊天。神附木主，凭依立前。春秋匪懈，崇奉绵延。迎回启祝，酒醴惟虔。俾昌厥后，祭达万年。"（南靖县奎洋《祝文、药方等》，手抄本）

2. 平和县《重修入主祝文》（平和县《家礼会通集录》，手抄本）："构北祠宇，惟有历年。更修梁栋，气象方年。美轮美奂，丹护新鲜。涓此吉旦，妥侑祖先。安香奉祀，自在依然。是蒸是享，牲醴告虔。洋洋如在，鉴此豆笾。伏祈锡福，垂裕后贤。货财丰殖，瓜瓞绵绵。尚飨！"

3. 卢增荣：《福建民间契约文书的最新搜集和论说》，博士论文，厦门大学历史系，2000年，第40页。

图 9.6 霞浦县塔后村北宋明教徒林瞪神主牌

生动案例。[1]

1. 《立限搬神主恳求约》:“立限搬神主恳求约字人，晋江县水门外五保乡住居张栈良，向认祖过黄衙上行屋一座，在泉南关外浯渡铺，间隔声落四至租项，载明认批，开张‘合记柴栈’生理，本无住眷。因前年人事不安，私将神主擅自搬入行内安奉。现被衙上侦知，立刻赶将神主行屋，一齐搬空送交。栈急央公亲梁狮官认错，求暂宽缓。至乙酉年（1885 年）四月，

二、吉葬：葬小柩（洗骨葬）的仪轨

宋元以来，各地惑于堪舆之说辞，迁葬或更改葬之风（洗骨葬）甚炽。从一地迁至另一地埋葬，通常叫迁葬或改葬。在原地更改葬法的，称更葬（不移动棺材者也有称“修方”）。前者是风水不吉或尚未择地所致。后者既有风水不吉之故，也有增强风水效应之故。据说风水气运同人的运途一样，有起有落。每隔一段时间，吉地的风水效应会衰弱。若能动一动，修一修，就会改变。凡更葬、改葬骨骸的葬法也叫“捡金”“葬金”，俗称“小柩”，属于“吉葬”，以别于葬大柩的“凶葬”。更改葬时亦有未动棺木的（在原穴），或起原棺移葬的，[1] 这固然属于二次葬或复葬，却未必就是“洗骨葬”。

闽南河洛人将复葬活动叫作“吉做（造）”，闽西客家人亦按喜事办，隆重者须请吹鼓班至墓前庆贺。按客家先生白云居士罗列了二次葬的理由：“一，经长时间的选择，地点较为合适，能起风水之效果。二，不致骨骸受无地气之潮湿而霉烂。”

按葬之吉与凶的说法，与古代对丧礼和祭礼的区别有关。丧礼叫凶礼，祭礼称吉礼。从人死开始到三年除丧，要举行多次祭祀，未葬之前的祭祀叫“奠”，属凶祭；既葬之后叫“祭”，属吉祭。吉葬不属于凶礼，属祭礼。

一般来说，启攒旧坟时，先祀土、次祭柩、再拾金（拣骨）（图 9.7、图 9.8）。迁至新坟或依旧坟改建时，则有告土、告祖或安师请神、出煞、下金、封土、竖碑、呼龙、发粮米等仪轨。若骨骸不全或没有骨骸，亦有对应措施，如葬银牌、木主、招魂葬等。有些地方改葬金罐后，竟有“开圹探坟”之陋俗。[2] 在

定将神主搬回家安奉，决无挨延、借词、推诿各情事。荷蒙衙上允许，至期自应如约，将神主搬回家安奉，不敢再缓。倘有失约情事，应听衙上着令原公亲搬出，或闻官究治，均从其便。但衙上并无收过供奉神主之租项，合立限搬神主字一纸，会执为据。光绪三十四年戊申（1908 年）四月□日立。限搬神主求约字人：张栈良。公亲：梁狮官。秉笔：自己。”

1. 据《陈埭丁氏回族宗谱》载，迁入台湾的十九世祖诰封奉政大夫孝子纯良公（1813—1873 年）“旧与妣黄氏合葬马芝堡竹围村白沙墩。光绪十三年丁亥（1887 年）再起原棺，移葬于彰化县武东堡湖水坑，六男生添祔左。穴负丙揖壬兼午子，分金辛巳辛亥。妣旧与纯良公合葬，光绪十四年戊子（1888 年）再起原棺，移葬于彰化县半线堡泉州厝庄后过碑。穴负乙揖辛兼卯酉，分金丁亥丁酉”。（第 118 页）
2. 清乾隆《屏南县志》“丧葬”条曰：“更有陋俗，将亲焚化，装放金礶，安放圹中者。又或三年满载，开圹探坟，预备米饭一甑，热酒一提，将被盖在圹口之上，请师挖开一看。如果无

福安，小柩葬仪中的呼龙、发粮米仪式很喜庆，并没有太庄严或凝重的气氛。呼龙时，仪式专家站在坟头唱《喝龙》歌，拜请杨救贫；发粮米时，其站在坟头唱《散五谷米》歌，表示家主“发发发”（图9.9、图9.10）。

作为一种程式化的符号表象方式，改迁葬祭祝仪式充分反映了风水信仰与祖先祭祀的意义联结。参与者既展示或释放了其尊祖敬宗的人文情怀，也将风水信念渗透于非仪式性的行为和心理中，从而影响了其他的社会文化活动。

1. 闽西的葬小柩仪轨

兹择取客家地区葬小柩的程序及权变之法，略作介绍。

（1）择课起攒

起迁旧坟前（一般葬后八年起迁），请风水先生查验旧坟，并择好新坟。确定迁坟后，请择日师（或风水先生）择好与墓主及东家年庚不相冲犯的日课（通书“起攒日”）。

（2）祀土、告祖

启攒旧坟之前，东家举行祭祀，以免触犯土地神祇及祖魂。与“做大柩”先祭祖先再祭土地的次序不同，迁旧坟时先祀土再告祖先。[1] 在闽南永春，旧坟或新坟破土时常择于黎明时分，由东家亲临，防止被“外人”看见。[2]

（3）仵作挖坟

仵作，也叫扛抬师傅，负责挖坟穴、拣骨骸之专业人士。仵作地位一般较

恙，即将酒饭充入，圹口仍行封固。倘有不吉，携回另葬。”

1. 《御纂朱子全书》卷三八录“朱子答弟子问”：“须告庙而后告墓，方启墓以葬。葬毕，奠而归，又告庙。哭而后毕，事方稳。更不必出主，祭告时却出主于寝。”（《影印摛藻堂四库全书荟要》第250册，第344页）

2. 南靖县的告土和祭柩仪式文本（南靖县奎洋《祝文、药方等》，手抄本）：
（1）《起迁祀土祝文（旧穴）》：“吾考（妣）葬此，已历多年。恐有他患，合情改迁。今归启定，致嘱预先。别图新地，安享自然。经营得所，世代绵延。仍新庇佑，不崩不骞。”
（2）《父母迁柩祝文（旧穴）》：“精灵不泯，浩气行流。新茔是卜，丹山之邱。钟祥毓秀，多卫松楸。迁柩致告，父（母）归难留。哀总不尽，礼必虔修。真魂赫奕，何惧何忧。”

图 9.7　埕金罐
（惠安县张板镇，旧穴前）

图 9.8　埕金罐
（惠安县山霞镇，新穴前）

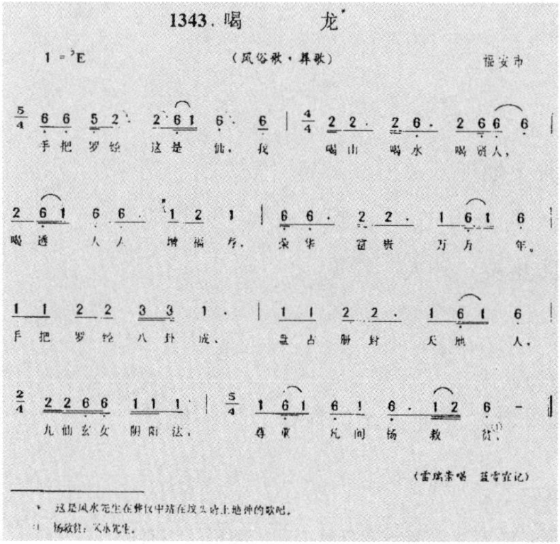

1343. 喝　　龙*

1 = ♭E　（风俗歌·葬歌）　福安市

手把罗经这是他，我喝山喝水喝贤人，喝透人人增福寿，荣华富贵万万年。手把罗经八卦成，盘古册封天地人，九仙玄女阴阳法，尊承凡间杨救贫[1]。

（雷瑞禀唱　蓝雪霏记）

* 这是风水先生在葬仪中站在坟头请土地神的歌吧。

(1) 杨救贫：风水先生。

图 9.9　福安市葬仪《喝龙》歌

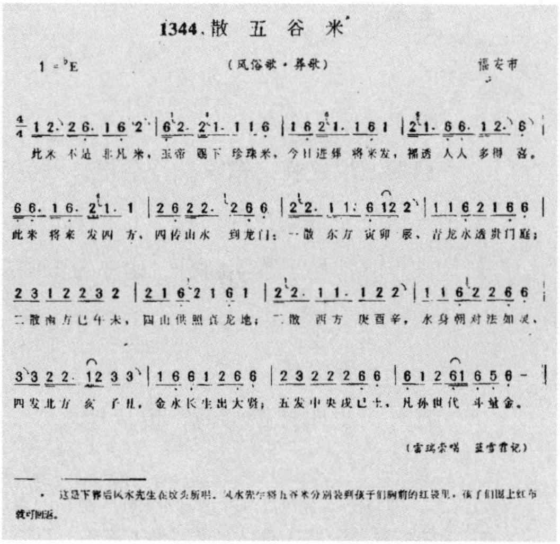

1344. 散　五　谷　米*

1 = ♭E　（风俗歌·葬歌）　福安市

此米不是非凡米，玉帝赐下珍珠米，今日进葬将米发，福透人人多得客。此米将来发四方，四传山水到龙门；一散东方寅卯辰，青龙水透进门庭；二散南方巳午未，四山供照真龙地；三散西方庚酉辛，水身朝对法加灵，四发北方亥子丑，金水长生出大贤；五发中央戊己土，凡孙世代斗量金。

（雷瑞禀唱　蓝雪霏记）

* 这是下葬后风水先生在坟头所唱。风水先生将五谷米分别装到孩子们胸前的红袋里，孩子们围上红布就可回返。

图 9.10　福安市葬仪《散五谷米》歌
（《中国民间歌曲集成》福建卷，北京：中国 ISBN 中心，1998 年，第 1278—1279 页）

低，大多由生活境遇较差的人士担任。凡社区举行庙会或吉庆之事，通常不受欢迎。

（4）洗骨装金

拾骨之后，先洗骨。按长汀县白云居士报告，骨骸“用米筛盛放，从脚到头，左右有序，然后用炭火焙干，用烧酒（即高粱酒）喷之骨上，再涂上茶油，放置于金碖里面，待良辰吉日，葬于新建坟墓”。倘若骨骸是完整的，仵作会根据人体骨骸结构折叠、固定好，呈坐姿，头盖骨置于金斗最上方。

（5）东家挑金斗

拣好骨头放入金斗后，若是选好新穴，即由嫡长子或长孙挑装金斗到新穴处。挑时先烧三根香，沿路烧纸钱。有身份者用小木柜盛金斗（扛樵），雇人扛送，并请吹鼓手送行。如果新坟“年利”不好，或将骨骸放在埕金内，暂厝于旧坟或新穴前，以待吉日入葬。

（6）斩草破土、造新坟

开掘新穴时先斩草破土。若穴场属旧坟，或发现旧坟，应先焚烧“阴契”。泥水匠或石匠预先营造坟墓的初坯，风水先生在场指导，确定穴位、墓碑方向等。

（7）安师请神

落葬当日备好三牲、酒礼，风水先生“安师请神”，竖祭杨公符木（客家），祈请龙神降临，确证穴地归属，确保祖灵安妥。风水先生还应拜祭罗盘，以示对盗机天地的感恩，表达对地理先师的尊崇。[1]

---

1. 南靖县告土和祭柩祝文文本（南靖县奎洋《祝文、药方等》，手抄本）：
（1）《迁葬告土祝文（新穴）》：“惟神正直，主持一方。今择吉地，坐○向○，分金○○，迁葬○柩，得地之精。敬陈牲酌，祇荐芬馨。伏冀万神，奋发地灵。左龙右虎，拥卫封茔。庇我后裔，富贵扬名。谨告。”
（2）《迁葬祭柩祝文（新穴）》：“先时进葬，于土未安。今择吉地，来龙盘蟠。除秽补阙，开做方圆。坐○向○，分金○○。涓吉进葬，德曜临垣。仝归有庆，问心稍宽。陈牲献酌，罗

（8）出破军、拖龙（图 9.11）

出煞称出破军，阴阳宅仪轨略同。先备草纸多张和燃香多根（一般是七张草纸和七根香），垫在墓碑及坟堂上。坟堂外摆放五个酒碗，斟满掺了酒的清水。风水先生左手提鸡，右手提刀，朝右方“割红打花”，淋祭鸡血于墓碑上。斩牲时默念一遍“杨公咒”。[1]

举行出煞仪式时，风水先生先在水碗上隔空“书写”出煞符式外，同时脚踏北斗七星式，默诵“喝煞破军文”或“步七星咒”（阳宅咒文“出破军”改作“出煞神”）。然后大口含吸清水，喷洒于墓碑上或坟堂前。右脚猛地一踩坟地，表示成功压煞了。[2] 风水先生通常会庙算出煞向和破军方的吉凶，以便赶煞时“藏身”自保。[3] 小柩属于吉葬，隆重者甚至用猪“拖龙”，其出煞文有所不同。[4]

（9）暖穴（窝）

出完煞后，先“暖穴”或“暖窝”，即在穴位上烧松枝和草纸，并将纸灰均匀地铺在穴位上，以使金斗内的骨骸承纳天地之吉气。[5]

拜坟坛。○氏不昧，陟降不缓。佑启后嗣，富贵团圆。”

1. 客家斩牲用《杨公咒》：“天灵灵，地灵灵，乾坤为定，日月为明，三河邦富。玉皇帝、周公圣人、黄老、文王、孔夫圣人、桃符真仙、青龙、白虎、郭璞仙人、曾、廖、人主杨师救贫，丰天夺宿。三台七星，是我开绑，是我取伏。雷鸣制殿，通等天兵，万莫自伏。鬼位邪神，自死自没。吾奉杨公急急如律令敕。”（长汀县濯田东山村 WKC 提供）
2. 客家《出煞祝文》：“伏以盘古初分天地基，凤凰山下此鸡啼。未葬之时先出煞，先把金鸡祭此神。祭得龙神喜欣欢，福人葬此万葬兴。杨公仙师来指引，曾廖仙师到坟堂。压煞将军镇此方，凶神恶煞走别方。天杀打从天上去，地杀还归地藏，年杀归年位，月杀转月方，日杀归日位，时杀转时方，一百二十凶神恶杀，雄鸡抵当。吾奉杨公祖师敕令。”（长汀县古城风水先生 HQG 提供）
3. 客家风水先生《护身秘诀》：“月月常加戌，时时问破军。有人会得意，请吉保平安。”“假如乾山巽向，正月进坟，用丑时，可将戌在寅上数去，丑时落在巳方可破军，就要向巽巳丙出，吉。为师者可坐青龙、华盖方，皆吉。”（HQG 提供）
4. 用猪出煞所用《祝文》：“贪巨武星是三奇，赶出破军莫迟疑。未葬之时先压煞，先将雄鸡祭龙神。猪有千斤气充天，压出凶神万万千。年杀月杀日杀时杀，疾走如飞不敢停。天杀打从天上去，地杀打从地中藏。吾奉杨公急急如律令敕。”（长汀县城西山下原城隍庙 WZF 提供）
5. 讲述人：WSZ，民国十七年（1928 年）生，长汀县濯田镇中坊村人，礼生；访谈时间：2003 年 2 月 12 日，访谈地点：中坊村 WSZ 家中。陪同访谈者：濯田镇文化站站长王用功。

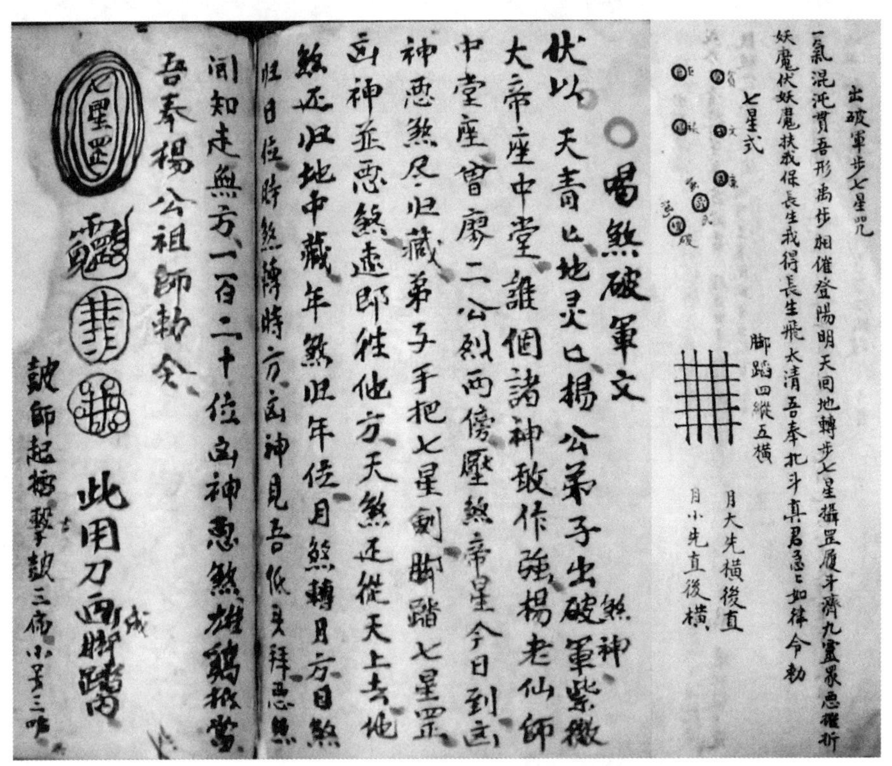

出破軍步七星咒
一氣混沌貫吾形禹步相催登陽明天回地轉步七星攝罡履斗濟九靈衆惡摧折
妖魔伏妖魔扶我保長生我得長生飛太清吾奉北斗真君急急如律令勅
七星式
脚踏四縱五横
月大先横後直
月小先直後横

喝煞破軍文
伏以 天青已地灵已揚公弟子出破煞神軍紫微
大帝座中堂誰個諸神敢作強揚老仙師
中堂座曾廖二公列两傍壓煞帝星今日到凶
神惡煞尽归藏弟子手把七星劍脚踏七星罡
凶神並惡煞速郎往他方天煞速從天上去地
煞速归地中藏年煞归年位月煞轉月方日煞
归日位時煞歸時方凶神見吾低头拜惡煞
闻知走無方一百二十位凶神惡煞雄鷄摡當
吾奉楊公祖師勅令
此用刀西脚踏
敕師起棺擊鼓三倫小号三吹

图 9.11　闽西地区的出煞（出破军）仪轨

（10）进金（入土）

进金也叫入土。葬大柩时发引时间最为重要，葬小柩时进金时间最关键（一般选在晚上或黎明前）。进金必须遵守“亲亲尊尊”的宗法礼制，以避免房分相争的局面。进金时辰一到，一般由嫡长子或长孙咬破中指，滴血在金斗的骨骸上，以示“父祖子孙同气”，然后脱下穿的裤子，或带一条嫡长子或长孙穿的裤子，包住金斗，轻轻地放于暖过穴的“金井窝”上。必须放得很平，否则子孙房分会不平。各房子孙则站在旁边督观。包金斗的裤子拿回家后，洗净了可以再穿。客家话“裤”与“富”同音，象征东家日后衣食无忧，家有库存之意。嫡长子或长孙包放金斗时，不能直接触摸金斗。

风水先生不能抱放金斗，以免触到煞气。放好金斗后，先生测定朝向（仵作会在金斗外表画一条线，告知面部骨骸的正面朝向）。如果方位有差，再请泥水匠配合，移动金斗。嫡长子或长孙跪在金斗前，双手捧一把泥土，一半放在金井窝内，一半放在金井窝外，表示土地一部分留给祖先，一部分留给子孙。[1]

（11）封土、竖碑

进金之后行封土、竖碑（揭）碑仪式（通常墓碑在入葬前竖好）。礼生或风水先生肃立墓前，诵念“撒（封）土文”“竖碑封龙口文”，由泥水匠或石匠割破新的公鸡鸡冠血（不能杀死），打花祭碑，此鸡送给泥水匠。[2] 有些地方将出煞放在竖（揭）碑后举行。

（12）呼龙、发粮米

竖（揭）碑之后呼龙和发粮米，接引土地龙神。东家（贤东）子孙应在坟堂前就位，一拜来龙降势，二拜四水朝山，三拜杨公祖师，四拜墓主安康。撒发米

---

1. 讲述人：廖柏霖，1968 年生，长汀县濯田镇政府司法所所长和统战干事，谙熟当地的风土人情、宗教习俗；访谈时间：2003 年 2 月 12 日；访谈地点：濯田镇政府。礼生 WSZ 也谈及这些仪式。

2. 长汀县古城中都村风水先生 HQG 所用祝文格式：

（1）《封土文》：“伏以前也龙，后也龙，乾坤普盖在掌中。杨公弟子今日来封土，不负弟子尺寸中。一封东方甲木，荫出儿孙多发福。二封西方庚辛金，金盛儿孙万代兴。三封南方丙丁火，荫出儿孙早登科。四封北方壬癸水，兴旺儿孙锦衣回。五封中央己土，土秀儿孙做知府。贤子贤孙抱壮土，粮米抱土增金。”

（2）《竖碑封龙口文》：“天开运人大吉昌，竖碑时候正相当。左有青龙来进宝，右有白虎进田庄。前有朱雀招富贵，后有玄武降吉祥。手执金鸡似凤凰，紫气腾腾透天堂。别人把来何处用，何仙弟子把来祭坟堂。一点雄花祭龙头，应出儿孙做诸侯。二点雄花祭龙中，贤东代代出三公。三点雄花祭龙尾，代代贤东状元归。今日弟子嘱赞后，房房富贵永传扬。”

长汀县濯田镇东山村风水先生 WKC 所用祝文格式：

（1）《撒土文》：“伏以土乃五神之主，万物之母。此土不是龙风土，乃是昆仑山上土。此土一撒东，儿孙富贵出三公。此土一撒南，儿孙受职做朝官。此土一撒西，儿孙富贵赛陶朱。此土一撒北，儿孙代代朝金阙。此土一撒中，儿孙富贵赛石崇。撒土一讫，今当说愿。一愿千年风水，二愿万载兴隆，三愿绵延昌盛，四愿积玉堆金，五愿五福骈臻，六愿畜牧成群，七愿千仓广积，八愿四海名扬，九愿连登科甲，十愿金榜题名。切问圣东，要富要贵，大吉大利。”

（2）《竖碑文》：“伏以日吉时良，大吉大昌。维兹竖碑，永卜千祥。碑牌获千华之吉，荣祥荫万代之长。丁粮兴旺，富贵流芳。”

花时，东家子孙们应及时掀起衣角接好。风水先生每呼一句吉语时，子孙们当高呼“要要要”。[1]

（13）谢土、告祖

谢土告祖仪式，祈求“房房蕃衍，代代丰盈。财丁大进，科甲扬名”。[2]“看落葬”的亲朋好友送上红包、喜炮，到墓前行礼，东家在旁回礼。

2. 当代葬小柩的案例

2005年11月15日，上杭NY镇L村黄氏举行了一场葬小柩仪式（图9.12—图9.23）。我作为记录者参与了这个具有“丰碑性”的丧葬过程。由于我在场观摩，无论是风水先生、工匠、东家、吹鼓班，还是在场的其他观者，皆因可能被文字和画面记录而变得“正式”和“庄重”起来。固定在这个时间节点的葬小柩程序，把祖先坟墓变成一个可纪念的象征，一个记载黄氏的期待和抱负的丰碑。

这次葬小柩的起因，是东家祖坟原葬地区因开挖稀土，导致坟墓来龙受损。同年家族长房损失一位青年男丁。据称，同块葬山的其他家族也遭遇损丁破财之事故。故东家黄氏的三个房派，充溢着集体的紧张和焦虑，赶紧先救急起攒旧

---

1. 长汀县古城一带所用《安葬呼龙文》和《发米文》格式：

（1）《安葬呼龙文》：“吉日时良，天地开张。年月日利，吉时正当。爆竹声喧动天台，文武曲星两边排。吾奉杨公亲指示，煞末神藏任安排。手捧罗经照天堂，紫微大帝呈祥光。昆仑山上发龙来，二十四山任我裁。青龙迢迢获吉地，白虎昂昂冀华堂。玄武磊磊似宝盖，朱雀森森列三台。紫微大帝鸾驾到，文武曲星到，财帛星君到，禄马贵人到，龙神伏佑千载旺，福人置造万年兴。”

（2）《发米文》：“先有迎金进葬之礼，后有发米文。钦钦粮米来呈上，吉似天官赐福来。一撒东，堂前山水秀葱葱。二撒南，贪狼武曲水朝堂。三撒西，龙穴砂水尽皆齐。四撒北，富贵功名从此得。五撒中，代代贤中福兴隆。请问东主，要富要贵。一要千年富贵，二要百子千孙，三要良田万顷，四要科甲连登，五要名登天府，六要状元归身，七要仙女下凡尘，八要八仙和门庭，九要人丁千万口，十要富贵万年兴。从今弟子嘱赞后，房房富贵似天长。”

2. 平和县《迁移旧穴完坟祝文（新穴）》：“恭惟我祖，树德滋生。治家勤俭，处众和平。溯厥懿行，宜获佳城。改移旧宅，择寻新庭。日吉时良，居处永宁。山明水秀，环抱有情。峦峰迭起，气象峥嵘。兹将告竣，工力完成。虔具仪物，敬献坟茔。孙支列序，进酒陈牲。伏冀皇祖，鉴此芳馨。佑启我后，大振家声。房房蕃衍，代代丰盈。财丁大进，科甲扬名。尚飨！”（《家礼会通集录》，手抄本）

坟，并暂迁小柩于他处，然后急聘一位本地的风水师，跑山多天，选择一处喝形曰“狮子戏铃”的牛眠佳地。这处穴地的下方刚好有一条蜿蜒的小溪，像腰带一样，由右转左，缓缓流淌。穴位对面的案山叫象鼻，刚好印证了“狮象呈祥”的征兆。而案山外还有一个高耸的朝山，预示着黄氏子孙将富贵双全。黄氏的三个房派，暂时克服了之前损丁的沮丧。

11月10日左右，风水先生便择好日课，确定日时动土，定好穴位点和朝山方向，并由工匠提前三日做好坟墓样式。11月15日子午，正式举行安葬仪式。东家聘请了吹鼓班，集合那些生年不犯冲煞的家族成员，聚集于新坟之前，历经了安师请神、拖龙喝龙、暖穴、进金、封土、竖碑、祭碑打花、发粮米、告谢土、回礼、礼成回程等仪轨，最后集体地回到祠堂举行进主的祭祀，并于次日中午大摆酒席。整个葬小柩的仪式并没有多少悲伤的情调，反而充满喜庆的气氛。由于东家家族人丁兴旺，二房有人“在朝为官”，一大群吹鼓班的助兴，加上远自京城的陈博士在场的“彩头”，以及黄氏族人及亲友前来“回礼”瞻仰祖先，可谓彰显了东家的身份和名声。风水先生因为帮忙用心寻找了好穴地，与二房官家结了“善缘”，亦多了一条自我宣传的资本。

总之，民间反复实践的迁（改）葬仪式，是地域社会在“事亡如存”实践中所积淀下来的文化符号载体。因南方地区雨水多，棺柩（凶葬）接触泥土后，容易腐烂，历久之后祖先骨骸也不易保存，民间用火烘、蒸洗、喷烧酒的方式洗骨，并在“暖窝”之后复藏于金罐内，这既是一种洁净、除秽的仪式，更是一种保存骨骸不坏的办法。而骨骸代表着祖先的魂魄之所依，改葬时子孙必须滴血联亲，更象征子孙与祖先“一气相连”，不敢“数典忘祖”。迁改葬活动绝非所谓见利忘义、侮辱祖先之行径，反而是践行“尊祖敬宗”理念的合理举措。因为祭祀主体在主观上认定以前并未替祖先择好或葬好吉地，所以祭祀仪式更象征着主体暂时克服或消解了这种自责或不安的精神状态的（问心稍宽）。

迁（改）葬祭祀仪式展示的是这样一套约定俗成的文化逻辑：子孙与祖先有着神秘的交感，子孙的心灵或肉体的不安，乃源于祖先灵魂宅居的不安状态。改葬、迁葬要克服的是祖先宅居的不安和子孙的不安，使彼此共处于一种和谐的交流感应的状态（“夫祖考子孙一气相属者”云云）。随着作为“文化酵母”的风水观念和祭祀观念反复发酵，祖先崇拜也在不同的场景中被赋予了新的意义图像，

图 9.12　营建新坟（葬小柩）

图 9.13　葬小柩时墓旁的吹鼓班

图 9.14　葬小柩“安师请神”

图 9.15　葬小柩“拖龙”仪式

图 9.16　小柩“暖穴”仪式

图 9.17　葬小柩“进金”仪式

图 9.18　葬小柩封土、竖碑“祭祝”仪式

图 9.19　葬小柩封土、祭碑“打花”仪式

图 9.20　葬小柩“发粮米”仪式

图 9.21　葬小柩“谢土告祖”

图 9.22　葬小柩“回礼”仪式

图 9.23　葬小柩礼成回程

并为确立新的社会文化秩序提供了观念和信仰上的支持。在属于复葬范围的迁改葬活动中，传统文化理念的意义图式已被反复并灵活地嵌入新的场景中，并获得吊诡式的符号保存和文化表述。

三、墓祭与祠祭：风水记忆的时空媒介

大约公元 11—13 世纪，宋代士大夫掀起了一场恢复祖宗之法、效行三代“文物之治”的运动。这场儒学变革及其秩序重建的实践，搅动了东南地域社会阶层的上下流动进程。官方和知识精英再造社会秩序的实践以及地方的反应，是一场“再造斯文”的“文治化”的运动。一是“以礼达乡”或“化民成俗”。中央、朝廷或知识精英借助政治、文化的权威，“自上而下”来渗透地域社会，推动一种代表政治或文化正确的“礼教体系”；二是“礼以义起”。“上有所好，下必甚焉”，地域社会既有“自下而上”的文化回应，也有因地制宜（“义者宜也”）的文化构建，从而形成一种多元化的“正统化”标签。[1]

《荀子·儒效》曰：“儒者在本朝则美政，在下位则美俗。儒之为人下如是矣。”近世儒学之礼教制度在地方的“存神过化”的传布，不仅是“庶民化”的进程，同样也是“士绅化”的进程，从而形成了为各阶层所广泛接受的、具有高

---

1. 余英时称这场运动是士大夫的政治文化实践，是一种合理的“秩序重建”（道统者，治统之所在）和“内圣外王的连续体”，以期变“天下无道”为“天下有道”（［美］余英时：《朱熹的历史世界：宋代士大夫政治文化的研究》，北京：生活·读书·新知三联书店，2004 年，第 47 页、第 879 页）；沟口雄三认为从宋代朱子学到明代阳明学，都有“与民众站在同一地平线上”的思想共识，在推动“道学的大众化过程”即儒学或礼教制度向民间渗透之治世原点方面，都具有历史延续性，并致力于重组乡村秩序，最终形成了具有共同体性质的乡村秩序的实践形态（［日］沟口雄三：《中国思想史：宋代至近代》，龚颖、赵士林等译，北京：生活·读书·新知三联书店，2014 年，第 84—87 页）。伊东贵之强调近世儒教社会经历了一场“礼教化”和“秩序化”的思想变革和文化实践，礼教的教化走向大众化和普遍化，最后形成了儒教的泛社会化或泛社会的儒教化的局面（［日］伊东贵之：《从“气质变化”到“礼教”：中国近世儒教社会“秩序”形成的观点》，载［日］沟口雄三、［日］小岛毅主编《中国的思维世界》，第 525—552 页）。包弼德（Peter K. Bol）则将宋代文治复兴运动称为“斯文”，通过“以文施治”来重建秩序（［美］包弼德：《斯文：唐宋思想的转型》，刘宁译，南京：江苏人民出版社，2001 年，第 1—2 页）。科大卫（David Faure）、刘志伟称，宋代以来地方传统的歧异性“制造了很多不同层面意识模型的叠合交错，形成表现不一但同被接受的正统化的标签”（［英］科大卫、［中］刘志伟：《“标准化”还是“正统化”？——从民间信仰与礼仪看中国文化的大一统》，《历史人类学学刊》2008 年第 6 卷第 1、2 期合刊）。

度共享性的“文化共相”。所谓“道在君相”“道在师儒”“道在庶民”的三位一体，反映一般性的儒家伦理知识、思想观念，在渐进地渗入中国文化深层结构的肌理。特别是宗族共同体推动的墓祭与祠祭活动，有效促成了地域社会的自我驯化（成己）和文化秩序（成物）的重建。

我们欲追问的是，所谓代表“正统化”（由下而上）和“权威化”（由内而外）的儒家意识形态走向“民俗化”（自上而下）及“内在化”（由表及里）的过程，究竟是通过哪些渠道，如何有效达成的？在脱离了历史文化语境之后，从发生学意义来抽象探讨儒家意识形态对地域社会的控制与征服，或者乡土对儒家思想传统的创造性挪用与吸纳，难免陷入艰难的境地。但这并不意味着寻找上述文化整合的因子是一种抽象的可能。与其理想地架构各种解释因子之间的结构网络，不如单纯地观察某个因子的自身特性及其历史变异。而分析墓祭和祠祭的仪式及其格式化的、标准化的文本，可以让我们更加深入了解地域社会内的个体、家族乃至社群，是如何将自我设定的意义加诸外在世界又最终反馈于自身的，是如何借此追溯历史、规划未来、寻求自然秩序与生命秩序的和谐一致的。

1. 墓祭、祠祭的源流及风水观念的内化

古云“古不墓祭”。定期墓祭的礼俗源自春秋、战国之际，后世称为“上冢”或“上墓”。秦汉之际，已出现夏冬两季伏祭和腊祭的上冢礼俗。王充《论衡·四讳篇》曰：“墓者，鬼神所在，祭祀之处，齐戒洁清，重之至也。”西汉中期以后，上冢礼俗已成为集会和团结宗族、宾客、故人的手段，祠堂建筑已相当普遍。[1]墓祭是顾炎武所说“士庶人之孝”的“盛节”。至于祠祭，最初则非士庶人之孝的盛节。西周以来，立庙祭祖一直是宗法等级特权的象征，贵族各有不同的庙制，庶民不许立庙祭祖，仅能祭其父于寝。秦汉以后，“毁（迁）主毁（坏）庙”制度并未得到根本的改变。

北宋中叶以降，在“宗子法废”“谱牒又废”的局面下，理学家主张取消贵贱在祭礼上的区别，放松对民间祭祖代数的限制。程颐提出祭祀始祖及四代以上先祖的设想。朱熹将始祖及先祖排除在祠祀之外，称“君子将营室，先立祠堂于

1. 杨宽：《中国古代陵寝制度史研究》，第121—124页。

正寝之东，为四龛，以奉先世神主”，“易世则改题主而递迁之”，“大宗之家，始祖亲尽则藏其主于墓所，而大宗犹主其墓田，以奉其墓祭，岁率宗人一祭之，百世不改。其第二世以下祖亲尽及小宗之家高祖亲尽，则迁其主而埋之，墓田则诸位迭掌，而岁率其子孙一祭之，亦百世不改也”。[1]经过朱熹的设置，祠祭与墓祭制度得到有机结合，“小宗”之祭（五世则迁）和“大宗”（百世不迁）之祭皆各得其所，“若是始基之祖，想亦只存得墓祭”。朱子门人杨复进而称，若依“始祖亲尽则藏其主于墓所”，“则墓所必有祠堂以奉墓祭”。[2]

元代以降，墓祠（有些以家庙代之）重新构成了民间宗族祠堂形态之一，至明代初期，墓祠应该在闽中家族公开实行（图 9.24、图 9.25）。而墓庵或墓祠之设，同样攸关墓地风水维护及祭祀问题。如明代漳州海澄县《霞苑黄氏墓庵记》就有“墓庵之创，近乎墓而为乎墓也。一以择人居，守树木，荫风水；二以藏祀器，供春秋祭扫之需；三以备子孙巡视宿息之所。国朝观之，江左谓之扫室，江右谓之香堂，吾漳衣之墓庵。名虽不同，义无或异。我祖有墓庵一所，坐址在坂尾社西，坐丁向癸，与师堂后上祖诸坟相向，创自大明洪武七年（1374 年）”云云，该墓庵于明正统十四年（1449 年）被烧毁，嘉靖五年（1526 年）重建。[3]

事实上，宋元以来，福建家族开始陆续兴建各式的祠堂。根据咸淳十年（1274 年）莆田钱江黄氏裔孙元功的《群仙书院祠堂记》，其祖上北宋年间就建有堂宇二座三十余间，“前座为家庙，祀先世神主，以寓时思之敬，揭其匾曰‘朱氏祠堂’”。[4]而根据南宋咸淳七年（1271 年）进士黄仲元所书《黄氏族祠思敬堂记》，当时莆田黄氏设有古家庙即影堂，作为“黄氏春秋享祀，岁节序拜之所也”[5]。而根据莆田《国清林氏重兴先祠记》，其祖在宋时就置祭田，并在元至正戊戌（1358 年）至明洪武庚戌（1370 年）年间重兴先祠。[6]

由于朱熹祠堂之制易造成“族迁于上，宗迁于下”的弊端，东南家族已变通

---

1. 〔宋〕朱熹:《家礼》卷一《通礼・祠堂》,《景印文渊阁四库全书》第 142 册，第 531—533 页。
2. 〔宋〕朱熹:《家礼》附录,《景印文渊阁四库全书》第 142 册，第 580 页。
3. 郑振满、丁荷生编纂《福建宗教碑铭汇编・漳州府分册》，第 52—53 页。
4. 郑振满、丁荷生编纂《福建宗教碑铭汇编・兴化府分册》，第 50—51 页。
5. 郑振满、丁荷生编纂《福建宗教碑铭汇编・兴化府分册》，第 51—52 页。
6. 郑振满、丁荷生编纂《福建宗教碑铭汇编・兴化府分册》，第 79 页。

朱子之法。特别是嘉靖以降，品官被允许立庙祭祖，民间建专祠之风日盛，祭远祖（始迁祖、始封祖或入闽始祖）成为社会时尚。[1]长汀县《文川李氏七修族谱》卷首《凡例》曰："子孙上祭四代，祖来定制也。冬至祭始祖，立春祭先祖，又所以推而广之者。祭期亦当仿古，禴祠蒸尝与诸忌日可也。今止以春秋祭墓并诸俗节，虽云从俗，然其礼亦当酌而行之，俟族彦裁正可也。"而有关始迁祖的祭祀及其相关的祠墓风水记忆，在统合在地宗族、凝聚族众方面发挥了相当关键的作用，充分代表了乡族社会"礼以义起"（以义起礼）的实践精神。凡迁流某地而成族者，在地家族立祠时，通常以始迁者为开基始祖，同时还尊开基祖的一至两代先祖为迁基始祖，从而形成具有阶序性的祠墓祭祀体制。

例如，永春儒林辜氏先祖原居旧同安所属白礁（现漳州市辖区），至光保公（1314 年生，卒年不详）迁徙南安，终于芦溪（今罗溪），"葬南安十七都官园大帽山大石墓，号曰仙人踞脚形，坐西北向东南"。次子始兴公（生卒失纪）再迁于永春廿二都姑岑头。始兴公之子陶公（永资公，1381—1440 年）入赘儒林陈氏。辜氏族谱有"追奉始祖"的条规，即尊光保公为入永始祖，永资公为儒林开基始祖，并在谱中专门绘制二位始祖的祠宇图、墓图，以方便祭祀。[2]

辜氏永资公"入赘永之西门儒林街陈均岱公之家，配其次女，因而买屋后尤理生地基，盖屋一座而定居焉。时人而曰后辜之所由名也。后陈氏归之女乃合其地而建祠宇，并祀外祖陈均岱及外祖颜氏妈，春秋匪懈，享祀不二（来自元季明初）"[3]。继续经营祖祠的风水。至明代嘉靖年间，裔孙昂公（1507—1561 年）"克勤克俭，通达世务，不以见利而趋炎，不以贫贱而易交兢，有古君子风。先时吾祖宇坐癸向丁，公以独力支撑，不较及第昆，竟改坐子向午兼壬丙。今之子孙得

1. 郑振满：《明清福建家族组织与社会变迁》，第 229—233 页。
2. 永春《桃源辜氏宗谱》[清宣统年间刻本] 卷一《宗祠礼略》："古人制礼必立始祖之庙，而百世不迁。在诸侯则始封之君也，在大夫则别子为祖也。后世封建不行，所谓始封者无有矣；世禄不行，所谓别子者无有矣。然祠宇中必封一祖为尊，而后左昭右穆，可以依次而列。盖物本乎天，人本乎祖，无贵贱，一也。当其初，因仕宦而迁徙，或患难而播迁，后世子孙繁衍，遂成巨族者，始至之人，自宜奉为始祖而祀之。或继世之后，拓造基业、鼎建宗祠、光昭奕叶者，后人报本反始亦奉为始祖而祀之。是二者皆与'祖有德，崇有功'之义有合，亦礼之可以义起者。吾族之祀由白醮乔迁芦溪，由芦溪入永者，始自光保公，故以光保公为始祖。至缔造儒林则自永资公，又故奉永资公为开基始祖也。"
3. 永春《桃源辜氏宗谱》卷一《源流序》。

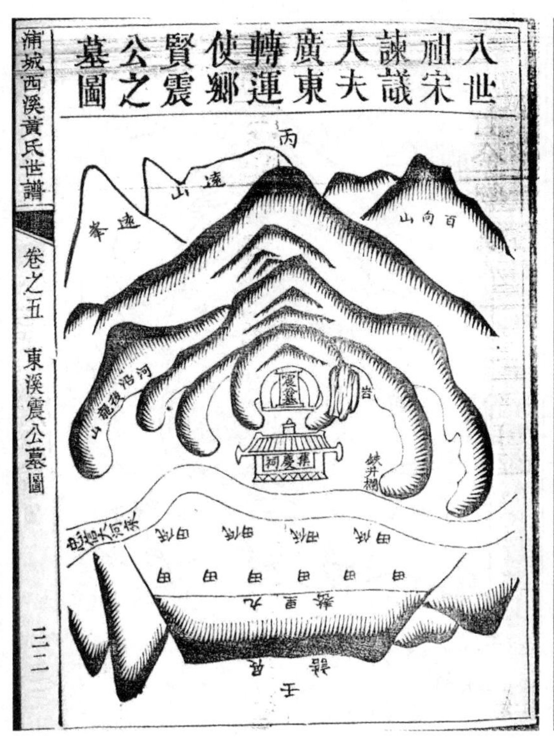

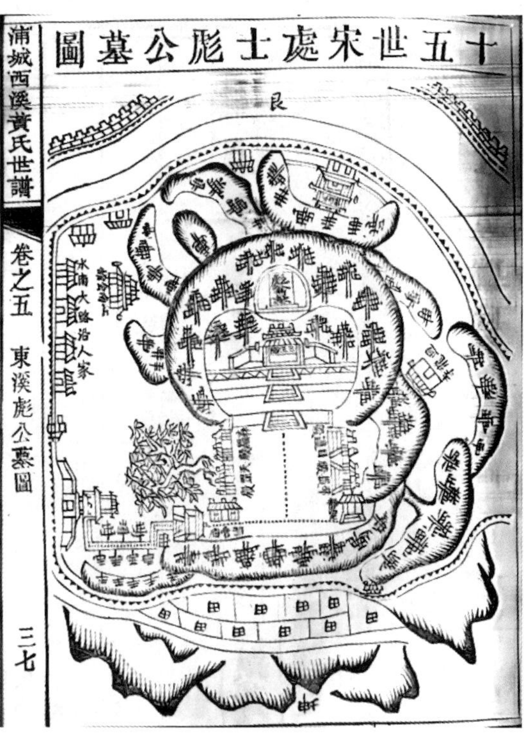

图 9.24　墓祠图

［《浦城西溪黄氏世谱》，清嘉庆七年（1802 年）重修］

以蕃衍相继者，皆公之力也。又买长房西畔护厝上四间，以燕翼第四子，旋而延堪舆家踏勘莲岳，卜穴奎璧垅，重建次祖宇，公实有继往开来之休焉”。[1] 伴随祠宇风水的改进和族裔的繁衍，明中叶辜氏祠祭活动也迈入正轨。

另外，我们从明万历乙卯年（1615 年）同安《柯氏重新祠堂记并规约条议》亦可知，柯氏始祖商菴公自元致和间卜居同安下崎村，即其居宅为祖庙焉。正统戊辰年（1448 年）祖祠被流贼焚毁，至万历壬子年（1612 年）重建，动土上梁，越年迎主祭奠。其规约对整个祭祖礼仪有详细的规定，其中有“议龛主位置：始祖者，乃百世不迁之祖，大宗之设正为斯地，龛位居前中”[2] 云云。根据厦门海

1. 永春《桃源辜氏宗谱》卷五《纪实》。
2. 郑振满、丁荷生编纂:《福建宗教碑铭汇编 · 泉州府分册》，第 1002—1004 页。

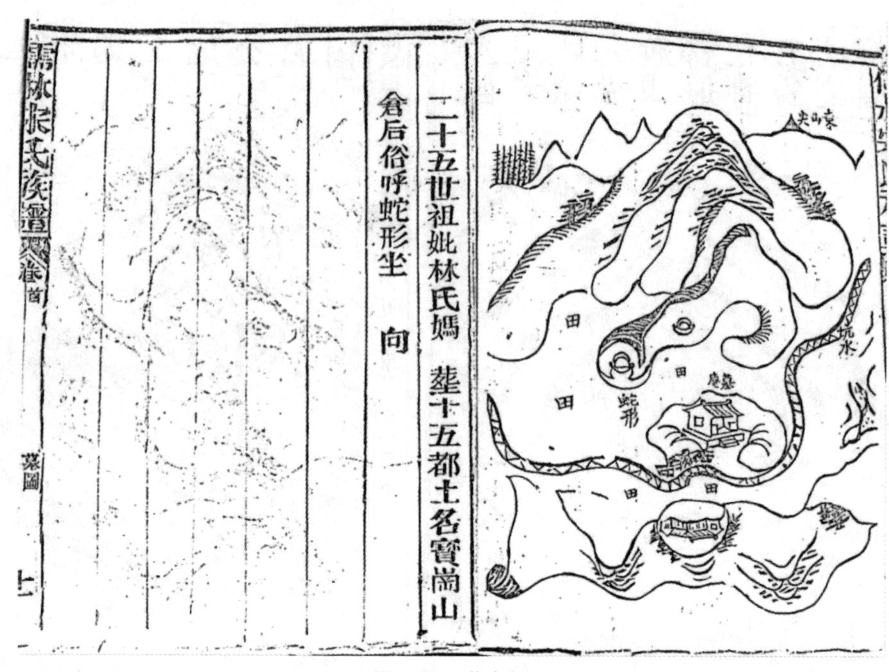

图 9.25　墓庵图

（永春《儒林宋氏族谱》，民国年间刻本）

沧青礁《颜氏祖祠配享碑记》记载，颜氏于“至正甲申（1344 年），建有奉先祠堂”，万历丁丑岁（1577 年）“鼎建祖庙于本家之东”[1]，亦佐证明中叶以后福建家族择风水地以兴建祠祭祀之风气已经相当普遍。

其实，墓祭和祠祭的仪式结构是高度成形化的、标准化的，既是礼仪专家（如士绅、礼生、法师等）的私人创作（包括抄袭、盗用、叠合），也是族众集体参与的产物。这些仪式都在固定的空间中举行，以祭祀文字、祖先牌位或图像、墓碑作为关键的编码，并且由礼生或长老来展演。这些仪式每年重复进行，反复强调祖先崇拜的意义，其实是一种记忆的引导。家族通过回忆、记述祖祠、祖墓的风水遗产，也成功地建构了家族的集体愿景。即便是远迁台湾的族众，念兹在兹的也是祖先骨殖是否得到安置，坟墓祭祀是否完成。如南靖清潭楼吕氏在祖墓

1. 郑振满、丁荷生编纂：《福建宗教碑铭汇编 · 泉州府分册》，第 1013—1014 页。

墓碑上写着“树欲静而风不息，子欲养而亲不在”云云。

墓祭和祠祭制度的成形固然是儒家宗法伦理观念“以家达乡”和“随方设教”的结果，然而，各种格式化、标准化的祭祖及祭司土祝文样式，同样融入风水知识和观念的内涵，包括赞扬祠堂或祖墓的风水形胜，祈请风水神祇（后土、龙神墓君、四灵）护佑子孙。[1] 通过规范性的书写和祭祀的口头传承，家族成员在针对祖先纪念物的风水想象中，也构建了自我的归属情感以及自身对好生活的希望。[2] 所谓墓主“正魂”词说明，坟墓只是阴祖“魄”之寄居说并非“通识”。

---

1. 中国人对待祖先和土地神灵时，态度有所简别：在破土或动土时厚彼（司土）厚此（祖），而在祭祖时却厚此（祖）薄彼（司土）。朱熹称：“墓祭非古，虽《周礼》有墓人为尸之文，或是初间祭后土亦未可知。但今风俗皆然，亦无大害国家，不免亦十月上陵。”“比见墓祭土神之礼全然灭裂，吾甚惧焉。既为先公托体山林，而祀其主者岂可如此。今后可与墓前一样，菜果胙脯饭茶汤各一器，以尽吾宁亲事神之意，勿令其有隆杀。”（〔清〕李光地纂：《朱子礼纂》卷四，《景印文渊阁四库全书》第142册，第713页）
清乾隆《安溪县志》卷四《礼制》云：“李文贞公（按李光地）谓：‘古人以亥月报土功，订于十月祭墓。世俗祭墓丰，而祀土地薄。’文贞公以后土为先人托体，牲馔当用丰，但祭墓先而祭神后，谓自内而外也。”
2. 武平县象洞《何氏族谱》（1996年编）旧谱原件祭祖祝文格式：
（1）《祭墓祝文》：“伏以吉日良辰，天地开张。死生之礼，孝思不匮。人有木本水源之思、收兴追远祭祖之怀。时值清明之际，正当寒蛰之期，山头处处扫坟，冢上人人挂纸。大清道光〇年〇年〇月〇日，阳上嗣孙〇〇新生竭〇〇祖〇〇等，虔备清香、油烛、高山绿茶、壶中清酒、海砂盐盏、案上猪肉、熟食米果、果盒酒礼，自有一分金纸银钱，列在坟堂，敬心奉献。拜请山家将将、二十四位龙神墓君，感烦守墓童子，打开墓门，引出墓主某公太婆二位正魂，振振衣冠，降赴坟堂，受享祭礼。美酒美样，当升香献。献献已讫，正当茶献。夫茶者，蒙山顶上露浓茶，玉瓯盏里漂绿花。抑把清风生二叶，从资一味入仙家。茶献已讫，正当酒献。吐康造酒盛清香，特来坟上劝祖偿。嗣孙祭扫虔诚礼，诸位龙神降吉祥。有酒在样，开杯初献。日神吉利大亨通，凡等虔诚古礼同。净洁仪物虽然薄，殷勤献列在遥中。初献已讫，酒当二献。献献酒，嘱先炙，逍遥常在醉先行。诸位龙神生欢喜，儿孙宝贵保千丁。二献已讫，酒当三献。献献酒，意甚虔。殷勤果将在坟前，人生有酒虽当醉，一适杯期列九泉。三献已讫，火化冥财。一分纸钱，奉上三家、五方土地、诸位龙神。又分纸钱，奉上某公太婆二位降赴，受领交领化纳归期享用。化财讫，已敬当奉送。伏望诸位龙神各归方位，亡魂者在快乐天堂，乃子孙思世之墓亦神，以为永远。风水无疑，百世永赖。尚飨。”
（2）《祭祖祠辛山堂祝文》：“维〇年岁次〇朔节清明〇月〇日之良辰，阳上嗣孙〇〇等，谨以牲醴、果品、香楮、烛帛之仪，致祭于庐江堂上始高曾历代昭穆考妣神座前（用红纸条写，另贴面上）。祝曰：追维我祖之祠，发源于龙嶂云霄。贵人耀子，护送雄虎下山，于横岗堂开虎帐。祠正坐辛山龙，本来自戌方。二间已境其湾环，四面青山于朝拜。二湾溪水绕池塘，巽峰亦及其拱视。龙盘虎啸，此乃我祖一代之灵爽式凭。兹当清明佳节，虔诚追远之怀。人有水源木本之思、追远不忘之志。时值清明祭扫之期，阳上嗣孙〇〇等，虔备清香明烛、金纸银钱、案上猪肉、高头雄鸡、水中鲜鱼、壶中清酒、茗茶香果，摆到案前，用伸庆据永定《陈氏族谱》记载，该族祭祠、祭祖，“诣本祠后土福德、有感诸位尊龙神前暨颍川堂上随来普庵祖师，偕我颍川陈氏开基老富垄始祖考文玠念一郎公，太妣曹小六娘孺人传下一脉宗支众位神座前”致祭，[1]“谨请出家五方后土龙神，左青龙，右白虎，前朱雀，后玄武，四围八表，墓势龙神，降坟就座”[2]云云。

祠祭和墓祭保存着祭祝仪式在不同场合的形式主义和重复操演特质，特别是每年的时间节点是固定的[3]，使得同样的祭祀重复成为必需，同样的仪式在同样的时间环境中完成（图 9.26、图 9.27）。传统家族祭祀的“知识需要以多媒介展演的形式得到展示，在这种展演中，文字文本被植入声音、身体、面部表情、肢体动作、舞蹈、旋律和仪式行为中”[4]。随着周期性（一年一次或两次）的祠祭和墓祭的举行，实践者“发现自己好像处在同一时间内”，既跟往年的祠祭和墓祭一样追忆家族的历史和传统，并且要不时地适应当下的祭祀语境，而进行“现时化”的意义改写。这类在时间和空间上至要的具有重复性的组织方式，使得不同年份的祠祭和墓祭显示出同构性、聚合性的特征，在情感体验和观念认同上也是如此。[5]实践者通过对祠堂及墓地等纪念物的重复回访，也保证了一般性的风水知识和观念的存储和传承，以及风水习俗的再生产。[6]而逝者或祖先，也因后裔祭祀的集体性参与而获得持续存在的方式，并让生者感知到逝者对家族当下与未来的影响，特别是祠堂、祖墓的风水气运，是整个家族得以兴盛的动因。

逢佳节，报祖攸宜。伏愿我始高曾祖、历代考妣，整顿衣冠，推车降临合食馔。于今受享祭礼，于今敬你薄席，谢你德浆。伏祈我祖，庇佑嗣子裔孙，老者安，少者怀，耕者富，读者贵，高考高中，为官者步步升高。人丁大发，济济昌昌。人人集福，万代名扬。来格来尝。尚飨。”

1. 《老富垄祭祠墓并司后土祝文》，载永定《陈氏族谱》（宗族文化篇），1998 年，第 1232 页。因引文较长，此处不引。
2. 《祭祖祝文》，载永定《陈氏族谱》（宗族文化篇），1998 年，第 1235 页。
3. 根据永春鹏翔《郑氏族谱》（民国刻本），墓祭时间有立春、寒露、清明、重阳、立冬、小雪、冬至等。
4. ［德］扬·阿斯曼:《文化记忆：早期高级文化中的文字、回忆和政治身份》，2015 年，第 52 页。
5. ［美］保罗·康纳顿《社会如何记忆》，第 76 页。
6. 林宝树《一年使用杂字》描述了客家人的祭祖：“春分时节思祖公，上坟祭墓一般同。先在祠堂宰牲血，后担篮子到坟中。吹手四人凉伞一，唢呐哨子及大筒。保护请神又奠酒，散挂五方花纸红。蒸尝大者发丁肉，斤两多少在秤中。绅衿耆老加一等，消散祭仪摆门风。头家备办出来食，奠打酒醉乱叮咚。”（《武平县志》，第 882 页）

此外，每次的竖造仪轨和丧葬仪轨总要面向新的时空情境来设立，故而每次的仪轨并非重复性的次序表演，而是有着相当程度的自主性和调适性，其表达当下的知识和认知的“现时化”程度也同样明显。这也使得参与者自觉强化了仪轨背后的意义体系，为日常生活世界提供了新的希望和方向。

诚如《周礼》曰：“凡其党之祭祀、丧礼、昏冠、饮酒，教其礼事，掌其戒禁。”丧葬礼仪及祭祖传统其实是一种高度共享的文明教化制度。一般性的风水知识和观念的文化记忆，通过这类典章化、正统化的祭祀媒介，再经由标准化的、程式化的祭祀语言的塑造，自然被固化为一种常识性的“地方性知识”，成为一种表达孝道话语、强化时空秩序和谐的代码。一般性的风水知识和观念，已然成为民众日常生活秩序和心灵秩序得以重建的象征，甚至是理解“术数中国”的文明化。

2. 祖先祭祀与风水荫庇的关联

探讨民间流传的祭祝仪式及其文本时，我们很难考虑文本创作者及实践者所处的社会文化环境，但祭祝文本毕竟代表了风水习俗的地方表达方式以及民间所积淀的风水意义图像。祭祖祝文反映了一种共通的思维取向：子孙的风水实践（安放骨殖的墓地或安放灵位的祠堂或埋葬神主的墓），必定能给他们带来各种现世的福报。

民间事亡祭祀仪式，主要围绕两类祭祀对象展开：一类是土地神祇（包括丘墓神祇、杨公祭祀。因丧葬牵涉破土和谢土，土地神祇最重要），一类是过世祖先。对二者的祭祀，又与风水信仰联系在一起。

一方面，人们在祭祝仪式中确立同土地神祇“良性沟通”的渠道，获得它的“认可”（欲葬或已葬之穴地时）或“宽恕”（迁葬新地或旧地改葬时），维护祖先的“地盘”和“禁区”，以禁忌凶神恶煞的侵犯。土地神祇既是祖先穴地“产权”（包括产权确认与产权变更）的提供者，也是“龙神”（地龙）凝聚于祖先穴地的确证者。伺候好土地神祇，就是为了让祖先在阴间拥有一个好的居所。若得罪土地神祇，祖先好风水就得不到保证。

另一方面，人们笃信祖先的灵魂是不灭的，还能感知到阳间子孙的所作所为，故孝子于葬祭二事尤当尽心焉，葬之以礼，以尽慎终之道；祭之以礼，以尽

图 9.26　台胞在南靖下坂黄氏家庙祭祖

图 9.27　台胞在南靖下坂黄氏祖坟祭祖
（林嘉书摄影）

追远之诚，否则会被失望或不满的祖先惩处。通过土地神祇（天定）和风水先生（人谋）为祖先确定好葬地，就是表达孝道的有效手段。祖先只有得到子孙的安香奉祀，才能护佑子孙。（图 9.28）

换句话说，子孙能否拥有祖墓的荫庇，取决于两大因素。一是有没有经土地神祇默许，卜得佳城，喜获“牛眠”。欲使龙神凝聚于祖先穴地，除地吉外，尚须葬吉（葬向、葬时要吉），否则就得改葬、更葬。这是从客观层面上讲的“得风水”——使天地之气（表现为龙神）与祖先之气（通过骨骸或银牌或木主）相连接，牵涉人与自然的关系。二是子孙有没有尽心于土地神和祖先的祭祀，瞻拜有常。由于神人（父子亦然）同格同体（神是自我本质力量的外在化的象征），“祖考子孙一气可属者也”，子孙与祖墓的土地神祇之间，子孙与祖先之间，被想象为存在着互酬关系。这种关系处理是否得当（有没有祭祀，祭祀是否认真），很大程度影响着祖墓风水的效用（好与坏，强与弱）。这是从主观层面上讲的“得风水”——获祖先之“灵”的护佑（通过骨殖或银牌或木主），牵涉的是人与神祇、祖先的关系。

前者是获得墓地好风水的基本前提（体），后者是维持墓地好风水的必要保证（用），两者缺一不可。作为地主的土地神在促成天地之气（龙神，可以说是先天之精气）与祖先之气（祖灵，也可以说是后天之血气）合一时，发挥着重要的中介作用。祖墓好风水的取得是自然（穴地吉）与人为（葬吉、祭祀得体）的有机统一，客观与主观的有机统一。李开芳所谓“天地神人俱叶吉”，可谓一语中的。祖墓风水的存在及其生成，乃“体用一源，显微无间”——风水未发前是“寂然不动者也”（“天星峦头，各得其止”，土地神荫好好的），已发后是“感而遂通者也”（葬之吉凶否，土地和祖先祭祀否或祭祀得体否）。而祖先好风水之已发，则是“发而中节谓之和”（葬吉，认真祭祀了土地和祖先）。

关于祖先崇拜与风水信仰的关联，人类学界有人格论或机械论风水观的论争。笔者拟从中国家族法原理中“宗”所属的关系（自然的和社会的）再做一些探讨。我们不能局限地关注左右墓地风水效应中的直系亲缘关系，应考虑到拟制的血亲或非直系的亲缘关系。从文化本位的立场看，只要墓地埋藏的先人同属于“骨肉亲情”，即使不是直系的祖先，其风水效应也可能作用于祭祀该墓的事主（诸如过继或过房的子孙，同族或同姓的子孙）。

清代话本小说《闽都别记》的故事，足以让我们了解一般意义上的风水信仰观念及地域社会记忆。[1]第四十回《辨错墓而亨分店，失祭祖都茂破家》和四一回《都他反赢成家立业，李九赌败破产倾财》，讲述一则有关风水宝地的效应和

1. 《闽都别记》以话本小说的形式，记述了清代福建民间的各种风俗习惯和传说故事。

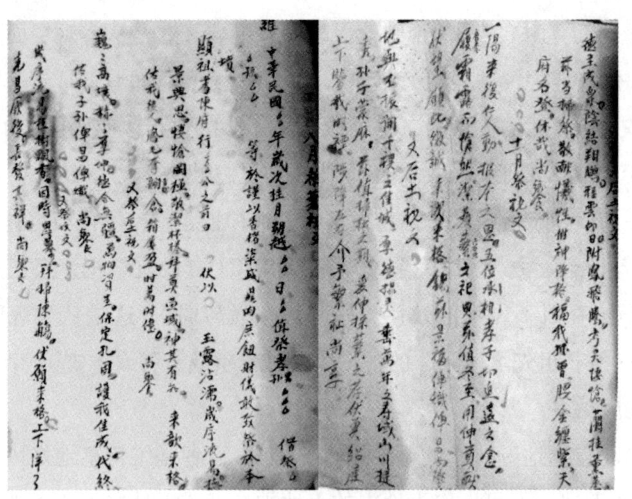

图 9.28　永春民间的祭墓和祭后土祝文式

后世祭祀的密切关系的故事。

迁居宁波的李都茂祖坟在福州黄山，年久失祭。一位外来的地理师寻遍风水，唯看都茂祖坟好极，“龙自豹头山由北门外二凤发祖以来，前以五虎山为案，左以狮头墓，即濂浦山为龙砂，右以象山即高盖山为虎砂，四围虎豹狮象凤齐全，穴点又真，先生贵后出富不断。惜乎失祭，寻不着子孙，占不得风水，坟至凋零。若有同姓来祭，风水即被抢夺，便兴旺矣”。孑然一身的赌棍李九闻地理之言，是夜即在墓上睡卧，祭祝曰：“姓同都是子孙支，风水惟从祭者施；只愿富来不愿贵，夜求一梦去行为。”是夜梦飞来一鸟，浑身五彩，其鸟春夏毛胜金鸡，秋冬则毛羽零落，故叫凤凰不如我，乃赌蠹虫也。李九遂终日以赌为业，百赌百胜。李九“以同姓认祖宗”，凡有年节都来祭扫都茂祖坟，自此渐渐兴发，财至数万，儿孙满眼。而都茂“十余年前敝族旺甚，科甲不断，至少家财亦有数万。迁居外郡失祭，财丁零落，晚生屡遭横祸，财破及人亡”。其弟都他迁居建州开布店，亦因赌钱“把家产数千，并一间大布店输得精光……遂至衣不遮体，食常断顿”。[1] 李都茂闻知祖坟风水被李九谋夺之详细，急忙去祭了祖坟。此后都茂和好友危而亨一同在福州罗源南台开张木行，遂大兴旺。都茂与都他又听危而

1. 〔清〕里人何求：《闽都别记》，第 223—227 页。

亨计，依李九梦兆知今墓有祭扫，风水可以夺回头，便诱李九聚赌。李九终似秋冬之鸟，一败精光，妻子另嫁，孑然一身。李都茂兄弟则重整家业，生男育女。

我们回顾一下滋贺秀三有关“宗”的看法：“必须考虑到自然性的和社会性的两方面。所谓自然性的不用说，指有关生理上的血统这一方面；而所谓社会性的，……无非是指一种祭祀与被祭祀的关系……处于应祭祀同一祖先的地位的人在社会性的意义上就是同宗者。”[1]他在归纳私法“继承”（承继）概念时说：“首先，所继的是人，这是继承的本质。所谓嗣（承继人）是意味着作为故人的人格的连续延长而存续于这个世上的人。其次，通过可见性的例行活动象征那种人格连续关系的事物是祭祀。祭祀某一故人这种事是具有确认公示自己作为这个人的人格延长于此现存这一事实的意义。从而最后，如果说人格连续关系的实际上的效果是什么的话，不言而喻存在原属于故人的财产权包括性地为承继人所继承这样一点。而这些在所有事情的根柢上，就是因为存在着的认为父子是分形同气的思想。”

在中国辞源中，“承继”还包含“取宗族之子为后，与为人后者”之意。除了血统上的直系亲属（亲生子者）外，被“拟制”为儿子的同族内的人（嗣子、继子，一般是同宗于昭穆相当者）也可作为继承人（“为人后”也称过继、过房，即产生了宗内位置的移动）。[2]滋贺秀三又称：“对于中国人来说，坟墓是具有极为重要意义的存在。明显象征着视祖先和子孙为一个‘气’之展开的中国人的世界观的就是坟墓。祖先不是作为个人而生作为个人死去，而是作为无形之‘气’的一个环节曾生存过。如果这个‘气’成为许多子孙目前正在繁荣着的话，祖先也就继续活在他的子孙之中。像这样的死了而又继续活着的祖先的住处便是坟墓。……和阳宅要慎重地选择地形方位来建设一样，比其更强烈得多的是关心坟墓要卜到吉地来营造。这一地相的吉凶或管理的良否被认为左右着子孙的命脉。”[3]

我们在考虑墓地风水与祖先崇拜的密切关联时，应兼顾宗所属关系的自然性

---

1. ［日］滋贺秀三：《中国家族法原理》，张建国，李力译，北京：法律出版社，2003 年，第 16 页。
2. ［日］滋贺秀三：《中国家族法原理》，第 97—98 页。
3. ［日］滋贺秀三：《中国家族法原理》，第 304 页。

和社会性，社会性以自然性为基础。对于直系的继承人（亲生子者及其后裔）而言，由于在男系血统的连续的所有阶段上，存在父子“一体（气）”的关系，所以承继作为人格连续的结果或作为祭祀义务的保证，除“包括性地继承财产权”外，理应包括继承墓地风水给予承继者的想象利益。而对于由拟制而来的承继人（同宗的嗣子或继子及其后裔）而言，被祭祀者与嗣子的亲父，不论是从兄弟还是兄弟，“自祖视之，皆一体也”，嗣子与养父仍然是本同一体（气），都有骨肉关系，因此其祭祀本身意味着嗣子是被祭祀者的人格的延续，嗣子及其后裔通过祭祀形成一体关系的确认，也应承继或分享被祭祀者所住的墓地风水的效应。

从主观层面上看，继承人（无论是亲子还是同宗的嗣子）要想得到祖先（包括拟制的）墓地风水的荫庇，凡有年节必须到墓地扫祭，以象征性连接子孙同祖先“一气”。从客观层面上看，美地（得天地之精气，即滋贺秀三所说的“地相的吉凶或管理良否”，也包括拜请土地神、龙神等）更是承继人获得荫庇的前提条件。倘若没有美地，再努力祭祀祖先亦无效用，甚至起相反效果。凡祖先葬于恶地，或承继人未行祭祀之礼，墓地风水皆可能不利于承继人及后裔。因此，被祭祀者穴真（吉地）是风水可应之“体”（天地一体，即天地之气在某一穴场的凝聚与延长，它能沟通强化或减弱父子或同族、同宗的一气连续）。而继承人祭祀则是风水可施之“用”，在自然性的层面上讲，这是父子或同族、同宗一气（骨气）的连续，在社会性层面上讲，这是父子或同族、同宗人格的连续的结果，体用一如，显微无间。

显然，《闽都别记》以反讽形式表达了相似的文化理念，祖先固然葬在风水宝地（真穴道），但对于不敬的直系子孙（“寻不着子孙”），似乎不那么仁慈或友善。这种叙事蕴含着子孙对祖先具有伦理上的祭祀义务，双方具有共生关系。尽管说同宗就是同姓，同姓则未必是同宗。文本蕴含着“同姓即是同宗”的价值判断（姓同都是子孙支）。只要有人“以同姓认祖宗”，葬于“真穴道”的祖先也可能佑护非我直系后裔的宗亲（风水唯从祭者施）。接夺风水的李九扮演了一个“拟制的嗣子”的关键角色。

在中国家族法中，“儿子对家产拥有承继期待权”，[1]“父亲至少在常态下不能

1. ［日］滋贺秀三:《中国家族法原理》，第 174 页。

剥夺任何一个儿子作为继承人的资格”，父亲的财产留给作为祭祀资格的亲生子是自古以来的习惯。[1]同样地，直系承继人在祖先风水效应（父子一气、一体）方面本来也象征性和优先性地拥有“承继期待权”。在此意义上，风水是另一种可资想象的、无形的家族“财产”。这便是话本里所说“人说无风水，此等说风水应之如响。今再祭起，丁贵仍旧在也”。[2]

当然，文本同样蕴含着强烈的道德劝诫，凸显祭祀在争取墓地风水荫庇的功效：夺人风水者风水必再被夺回，不祭祖先者必遭祖先惩处等。按泉州的习俗，如果遇到祖墓风水不好的话，一般会先停止至墓地祭扫，以为这样祖墓风水就会暂时地失去作用，不会再危害子孙了。在客家地区，至今尚有“若要富，偷扫墓”的习俗。清明节前后，许多被视为风水宝地的祖坟，常常是本族后裔尚未去祭扫，便有外族人（特别是同姓的）祭扫过了。据说偷扫了那些风水好的墓地，可以分享他人的好风水，改变家道不济的命运。就民间社会的“通识”来说，墓地风水对于与之发生关系的事主（包括子孙）的影响，与其说“机械的”（突出人与自然的关系的一面）或“人格的”（突出人与同格的神祇、祖先或非直系血亲的神主之关系的一面），不如说是“有机的”和“整体的”（一体二面，体用一如）。

1. ［日］滋贺秀三：《中国家族法原理》，第153—155页。
2. 〔清〕里人何求：《闽都别记》，第224页。

第十章

祖先崇拜与墓葬纪念物的风水象征

我们讨论一般性的风水知识、观念和信仰的地方记忆形式，除了要关注风水民俗知识与祭祀礼仪的结合，还应重视祖先崇拜与风水术数的器物象征的关联。民间往往借助重复性的祭祀和现时化的叙事，来积极操弄代表世系继嗣的象征物——祖先或血亲的骨骸及其替代物。而那些坟墓形制的象征营造，更是勾连着地方或家族的历史与当下，从而构成具有共同归属的“我们”和我们共同的历史记忆。

本章将分析，在没有或者只有很少的骨殖的情况下，地域社会人群如何充分借用银牌、木主或其他骨殖替代物来作为祖先或血亲持续存在的纪念象征物，以延续个体或家族的“历史”和“希望”。笔者拟从丧葬民俗载体或具象形态——坟墓形制——入手，去关注具有关联性的宇宙观念和常识性的风水民俗知识，如何左右坟墓形制的营造样式及其变迁，并伴随移民传播到周边地区——琉球。

《礼记·中庸》曰：“事死如事生，事亡如事存，孝之至也。”生与死、阳界与阴界、子孙与祖先并非截然分为“两个世界”。地方性的风水实践充分体现“关联性”“一体性”的宇宙观念的落实。[1]所谓“返气纳骨，乘其生气，骨骸得

1. “三才一理，而天其宗乎？地匪天，块然已，何以效厥能？人匪天，蠢然已，何以效厥灵？故地必曰理，有以哉！夫天言乎其气，地言乎其形。而地之所以为地，则生生之气。气之所以为气，则生生之理。……宅兆为亲，亲安而子孙安。是皆本天星，察地理，所谓仁人孝子之用心也。”（〔明〕徐善继、徐善述：《重刊人子须知资孝地理心学统宗》“旧序”）

气，遗体受荫，其义亦微矣”，[1]中国人在重视骨骸的“生气”联结的作用之余，出于“事死如生”的生命态度和对祖先的伦理责任，同样重视祖先或先人骨殖的替代物——银牌、木主等。它们有的是代表永恒和贵重的货币金属，有的是代表生长和生气的坚硬木料，都是“一气贯通”的载体。而在骨殖替代物上滴上子孙之“血”，象征祖考与子孙“一气相属”和阴阳二界的通感性关联。至于墓碑和坟墓形制，不仅带有连接天地“生生之气”和“生生之理”的效应，而且具有保存祖先记忆“纪念碑性”（丰碑性，monumentality）[2]的意义。

中国人针对祖先坟墓之内置与外设的安排，是将“人同此心，心同此理”的精神秩序对象化和客观化的结果。祖考与子孙之间的共感共生模式，涵摄着体认生命的“生生之理（气）”的伦理意义。埋藏祖先或先人的躯体遗存及其替代物、营建纪念性建筑，构建了祖考与子孙之间生命体的连接平台，代表了一种再现共同情感的记忆的保存方式，使得后人睹物思人，形成序列性的“时间索引”和“认同索引”，感知“人自身，让他回忆起自己、自己的过去，自己的先辈”[3]，因坟墓风水荫庇而感受光明的未来，从而赋予子孙生生不息的生命动力。因此，中国人借助风水营造而建构的祖先崇拜模式，重视社会的伦理责任，更关注生命的伦理责任。其人伦关系主要是一种互为主体的共生模式。其确立的伦理关系不只是处理人间的关系，更是涉及人间与非人间的关系。

第一节　骨殖替代物与墓葬风水的意义传承

有关祖先骨殖与风水效用的关系，堪舆书的解释体系源自关联性的“生生”宇宙观念——阴阳交易、天人感通（气之感通与德之感通）与同气相求、同类相

1. 〔明〕黄慎编:《新编秘传堪舆类纂人天共宝》卷一《经类》。
2. “纪念碑性”是巫鸿提出的概念，意指纪念碑的纪念功能及其持续。“一座有功能的纪念碑，不管它的形状和质地如何，总要承担保存记忆、构成历史的功能，总力图使某位人物、某个事件或某种制度不朽，总要巩固某种社会关系或某个共同体的纽带，总要成为界定某个政治活动或礼制行为的中心，总要实现生者与死者的效能，或是现在和未来的联系。”（[美]巫鸿:《中国古代艺术与建筑中的“纪念碑性”》，李清泉，郑岩等译，上海：上海人民出版社，2009年，第5页）
3. [德]扬·阿斯曼:《文化记忆：早期高级文化中的文字、回忆和政治身份》，2015年，第11页。

感，具体包括环环相扣的三个层面：

一是天地人“贯通一气”，天地“生气”（阴阳二气）滋养祖先（血缘直系或模拟血亲，包括养父母、师徒法属等）“骨气”。二是祖先（养祖父母或师父）与子孙（过房子孙、徒弟）“一脉贯通”，祖先（养祖父母或师父）“骨气”荫护子孙（过房子孙、徒弟）“福气”。三是子孙（过房子孙、徒弟）本着“孝思不匮”，就能“感召”祖先（养祖父母、师父）“骨气”。自然（生气）、祖先（养祖父母、师父）、子孙（过房子孙、徒弟）互为条件、互为一体，是一种“共生共荣”的有机关系。人类学者弗里德曼[1]及濑川昌久[2]对祖先骨殖的“机械性”作用有所注释，但缺乏对古典风水文献的充分理解。

清代袁守定曾谈及风水发生效用的原理。[3]祖墓（血脉或法脉意义上的）风水之所以荫庇子孙后代（包括过继者），一则源于“一气之相生”“一脉之贯通”，二则源于“一心之感召”“一心之眷恋”。祖父与子孙的相生同感本质上是反应性、感受性的，本身就蕴含着宇宙同一感和道德感的同感现象。

我们在讨论小柩葬法时，还要关注一个独特的习俗，即在祖先（养祖父母、师父）或直系亲属骨骸缺失或骨骸很少的情况下，民间社会究竟采用什么办法处理？他们是否同样重视墓地风水的营造，并相信子孙与祖先墓地风水的“一气相

1. “在风水的逻辑中，骨殖是世系继嗣的象征。如果没有骨殖，人们就与祖先恩惠最强有力的源头彻底脱离。”参见 Maurice Freedman，*Chinese Lineage and Society: Fukien and Kwangtung* (New York: Humanities Press Inc., 1966), p.139。

2. 濑川昌久强调“气”通过骨骼而得以形象化，“气”以骨为媒介，故对祖先遗骨（作为形象化的父系继嗣）的祭祀就能得到祖先墓地风水的好影响，“对祖先遗骨（作为形象化了的父系继嗣）的祭祀，就与希望在现实环境中寻得好影响的风水习俗，实现了联结”，“在汉族的继嗣观念中，祖先的骨骸是关于世系继嗣的具象性代表物，对于子孙来说，它的存在具有根本性的意义”。（［日］濑川昌久：《族谱：华南汉族的宗族、风水、移居》，第 179—181 页）

3. 〔清〕袁守定：《地理啖蔗录》卷八：“天地之郛皆气，龙穴乃二气也。祖父之骸，乘生子孙，有相生之理。盖枯骨受阴阳之媾，斯遗体钟山川之灵。盈天地间皆气也，龙穴乃阴阳二气之所为也。祖父与子孙本一气也，祖父之体得乘阴阳之生气，则一气之相生而子孙受其荫矣。《葬经》所谓‘气感而应，鬼福及人。铜山西崩，灵钟东应。木华于春，粟芽于室’是也。唯一脉之贯通，故越国者亦炽；唯一心之感召，故过房者亦昌。唯一祖父与子孙一脉贯通，所以虽迁流至他所，亦大发福。如明之中山王、黔宁王，祖坟在江西，而发于江北是也。又如地房之子，其所继之父母亦荫之，及前母亦荫后母子，后母亦荫前母儿。僧道亦荫其徒弟，总为子、为徒者，一心之眷恋，孝思不匮，故感召如此。若如《疑龙经》所谓随香火降福之说，则诞矣。”（金志文译注，北京：世界知识出版社，2010 年，第 399 页）

生”及“相互恩惠”的关联？民间关于祖先魂魄的观念，是否也因此有所变化？中国南方传统墓制是不是“一墓制”？笔者拟分析民间利用骨殖替代物的各类小柩葬例，以期反思风水信仰在固化祖先崇拜和宗族共同体方面的文化意义。

其实，生者在葬小柩的实践中，通过安置骨殖的替代物，又重建起与祖先或亡者的有机联系，对死者的长存方式和纪念性的作用也有更直观的心理感触和身体体验，即再次确认自己的身份，感知祖先的仁爱和荫庇。在涉及风水效用方面，模拟血亲与直系血亲并没有太多差别，民间的观念系统和思维定式，采用的是同等的标准答案。

一、永恒与贵重的纪念物：葬银牌

明清以来，东南区域新型的家族组织及乡族势力获得快速发展，家族出于“敬宗收族”的需要，或求风水庇佑，常频繁更改葬远祖坟墓。盖因年代久远，祖先骸骨无存或存留不多，便借用银牌更葬。若因异常死亡而尸骨无存或存留异地，或骨骸因族人移居异乡而被迁，亦代葬银牌。民间甚至在甲处葬祖先骨骸，在乙处葬银牌。出于合葬之需，一块银牌亦可合写几个祖辈名号。客家人俗称“有奶奶无祖父”和“有祖父无奶奶”是“孬种”“野种”，凡骨骸未存者不立银牌乃大不孝。[1] 此葬俗在赣南、粤东、闽西最盛，也散见于闽东、闽南和台湾等地，南洋地区（东南亚华人社会）亦有。

古代举凡发兵、出使、乘驿，皆用银牌，银牌具有信契、符节的功能。宋苏舜钦《乞发兵用银牌状》：“汉世发兵，皆以虎符，所以严国命而绝奸端，厥后给银牌以为信。”宋周辉《北辕录》：“接伴戎服陪立，各带银牌……虏法出使皆带牌，有金银木之别。”《宋史·舆服志六》：“符券。唐有银牌，发驿遣使，则门下省给之。”《续资治通鉴·宋太宗太平兴国三年》：“六月戊辰，诏‘自今乘驿者皆给银牌’。”银牌被民间借用作为神主牌，具有转借其代表权威、符信的象征意义（图 10.1）。

闽人葬银牌的类型多种多样，其中最常见的是在故里葬银牌（图 10.2）。主

1. 讲述者：LSN，1964 年生，小学文化，祖传风水先生，长汀濯田长巫村人，访谈时间：2003 年 2 月 17 日；访谈地点：长汀县城车子关 × 号 LSN 租屋处。

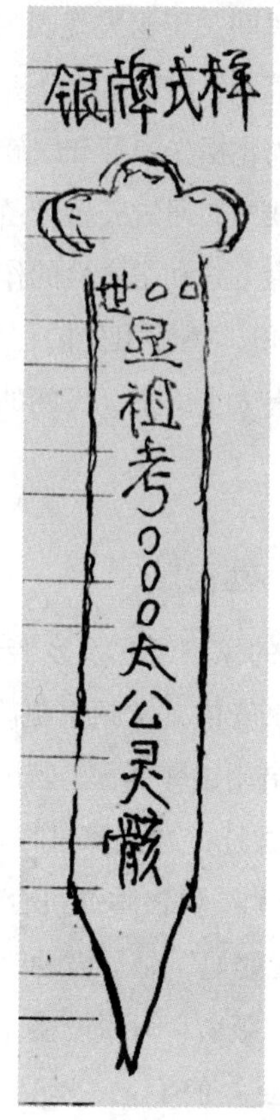

图 10.1　长汀白云居士提供的银牌式样

因是重修或更葬祖坟时发现骨骸不足或缺失，或者逝者因变故（如战乱等）而改用银牌替代（表 10–1）：

表 10–1　闽人在故里葬银牌案例

序号	闽人在故里葬银牌案例	出处	备注
1	始祖八郎公、妣刘十娘合葬冢前坪上穴，寅山申向，兼甲庚分金。初葬时日失纪，至大清康熙四十一年壬午（1702 年）八月更葬。后七十三年，至乾隆三十九年甲午（1774 年）五月初二日戊时更葬，金罐俱无骨骸，公与妣俱葬银牌。其山向照依老式坟位，照老式升高一尺，推进九尺而已。 二世祖三十五朗公暨妣孺人合葬在白沙大坪里牛栏窝，庚山甲向兼酉卯，庚申庚寅分金。初葬时日失纪，入清康熙三十一年壬申（1692 年）四月初三日巳时更葬，此时已无骨骸，乃镌银牌更葬。至乾隆四十七年壬寅（1782 年）八月十三日巳时更葬，始筑灰坟。至咸丰三年癸丑（1853 年）时山忽崩坏，择本年九月二十八日辰时修筑更葬，金罐银牌极清净，俨然如新。	上杭《西河林氏族谱》卷三《墓考》，民国年间刻本。（图 10.2）	更葬数次，因骨骸无存而葬银牌。
2	十九世坤瑞公，号兰芳，原配游氏，继配彭氏，生子岳喜。公于同治四年（1865 年）遭反乱被捉，下落不明，打银牌与妻合葬苏棵下。	永定《徐氏族谱》，2002 年印本，第 201 页。	人失踪而葬银牌。
3	二十一祖丕乐公附葬廿二世克谐公，坟在清流保里东山乡地名雀童窝，又名芽冬坑，未山丑向兼坤艮，辛未辛丑分金，号海螺形，上下左右并无坟墓毗连，于道光十一年（1831 年）十月廿九日未时换棺安葬。咸丰三年（1853 年）克谐公往崇安贸易，日后不知何处下落，于光绪十九年（1893 年）后用银牌，八月廿六日酉时葬，与父元智同穴。	闽汀龙足乡《邹氏族谱》卷三，民国二年（1913 年）刻本。	人失踪而葬银牌。
4	福文公，妣朱氏、钟氏，公遇虎食，立银牌安葬排上，庚山。二妣并葬共坟展坑里岭上，猛虎跳墙形，乙山，辛卯辛酉分金。	武平《陈氏联族宗谱》卷七。	人恶死而葬银牌。
5	世谱 133 世财昌公：参加工农红军，烈士，妣许氏出，弟财方长子泰昌继为嗣。1986 年由泰昌将财昌公用银牌安葬在下芦排下赤竹面中间岗上。左边窝子与来件、泽珠、永明、泽茂共坟。财昌与永明共筋井，立甲山庚向兼寅申。	《赖氏族谱》，长汀赖氏首届联修族谱理事会编，1999 年，第 370 页。	革命烈士，过房子在故里葬银牌。
6	廿二世杰俊，一八九八年八月二十八日丑时生，享年四十一岁，在陕西省丁安市东郊胡家庙由胡文虎开设的虎标永安堂任职，不幸患重病身亡于胡家庙，由友人安葬，骨骸未回，现打银牌与妻合葬于大窠排。	永定《徐氏族谱》，印本，2002 年，第 195 页。	卒葬异乡，故里与妻合葬银牌。

续表

序号	闽人在故里葬银牌案例	出处	备注
7	宋二世三十四郎次子五三郎，妣卓五四娘，生一男千八郎。公生宋理宗景定四年癸亥（1263 年）六月初八日酉时，殁于元顺帝至元元年乙亥（1335 年）十月十一巳时，享七十三寿。择十一月初四还山，葬横坦岌，风吹罗带形，内立庚山兼申，外立庚山兼酉吉度分金。乾隆五十五年（1790 年）庚戌八月初二日酉时，依张先生主盘更葬，金骸甚多，婆立银牌在罐。婆生宋度宗咸淳元年乙丑（1265 年）十二月廿七日辰时，没于元至正十年庚寅（1350 年）五月十七日吉时，享八十六寿，择十一月廿三日还山，葬横头坝天字壁响铁山，象形，立庚山兼申，丙申丙寅分金。元三世五三郎公子千八郎，妣吴六十娘，生一男孟七郎。公生元武宗至大三年庚戌（1310 年）四月十二日寅时，没于明太祖洪武十七年甲子（1384 年）八月十六日申时，享七十五寿，择十二月初四日还山。妣生元武宗至大二年己酉（1309 年）十月十七日午时，没于明太祖洪武七年甲寅（1374 年）二月十三日吉时，享六十六寿，择三月初八日还山。公婆合葬旗子岭戌山兼乾，虎形。乾隆五十五年庚戌（1790 年）七月十八日午时，依张先生主盘更葬，公婆俱立银牌在罐。民国廿五年（1936 年）三月吉日公立银牌，分葬于横头坝天字壁响铁山母坟左肩，立庚山兼坤，日后改葬宜立坤山更妥。元四世千八郎公子孟七郎，妣王氏一娘。生六男，长子珊住本乡，次子贵移居尧禄乡，三子荣移居寨背，四子显移居蓝屋驿，五子圣移居高梧，六子忠居高梧。公生元顺帝至正二十二年壬寅（1362 年）三月十八日丑时，没于明永乐十二年甲午（1414 年）九月初三日申时，享年五十三，葬本乡螃蟹俺，乾山兼戌，丙戌丙辰分金，螃蟹游江形。乾隆五十七年壬子（1792 年）八月十二日午时，依张先生主盘更葬，立银牌在罐，面前水坑出口作立几墩。婆生元顺帝至正廿四年甲辰（1364 年）六月十二日吉时，没于明仁宗洪熙元年乙巳（1425 年）六月初四日吉时，享六十二寿，择十一月十六日还山，葬山塘窝，乌鸦伏田形，内庚山兼申，外庚山兼酉。乾隆五十五年庚戌（1790 年）八月十八日辰时，依张先生主盘更葬，金骸甚多。金罐对右畔角石，直入立穴。	上杭珊瑚乡《陈氏三十四郎一脉宗谱》卷四《始祖第二房住居珊瑚梓乡世系》，陈福兴主修，上杭县启文印社民国二十九年（1940 年）刻本。（图 10.3）	家族为二三四祖考姆妣更葬，重安骨骸，并立银牌。
8	一世祖大清乾隆戊辰十三年（1748 年）闰七月二十六日午时更葬丰稔寺乡水口九曲游秀窠中冈上穴，二三郎公妣钟氏招魂合葬。公太骸骨存有一大捧，婆太打银牌。二世祖四一公打银牌，招魂迁葬，左片手上穴安葬。二世祖妣隐没氏葬丰稔寺村示角湖丘外穴。	广平《游氏族谱》，永定大溪游氏修谱委员会编，1999 年，第 523 页。	一二世祖妣招魂迁葬，打银牌。
9	入闽开基祖承顺公（928—？年）卒，与妣邹氏、彭氏合葬龙岩州石牌前笔架山下大路上，未山丑向兼坤，虎形。又立公银牌，葬于上杭县胜运里兰家渡官庄坪，燕子阁形，为燕子傍梁。	永定《吴氏宗谱》，1995 年编，第 112 页。	开基祖一处与妣合葬灵柩、一处独葬银牌。

续表

序号	闽人在故里葬银牌案例	出处	备注
10	世谱98世永琪公（承富公之子），孺人罗氏九娘，先年间葬在上西坑桥子头，壬山丙向兼子午分金。嘉庆二十四年（1819年）冬开墓，因和夫妇合罐，择十一月廿六日（甲申日）子时，将金罐移在水尾乌塘坳茅菇坑。彼时所葬三世祖承富公旧地安葬，而桥子头原坟今用银牌贮罐内，设位安葬祭扫。两处之坟俱壬山丙向兼子午分金。	《赖氏族谱》，长汀赖氏首届联修族谱理事会编，1999年，第723页。	迁葬，新坟合葬骨骸，旧坟葬银牌。
11	二世祖惟禄公刘妣葬三元岭大复钟形，坤山艮向兼未丑，万历十年壬午（1582年）二月十三日巳时更葬，得骸骨一大碗，盛以磁矸，志以银牌，葬法约高坟堂七狼寸许，全灰坟。	上杭中都丘《氏族谱》卷首《继龙公世系》，1996年编。	更葬，藏剩余骸骨，兼埋银牌。

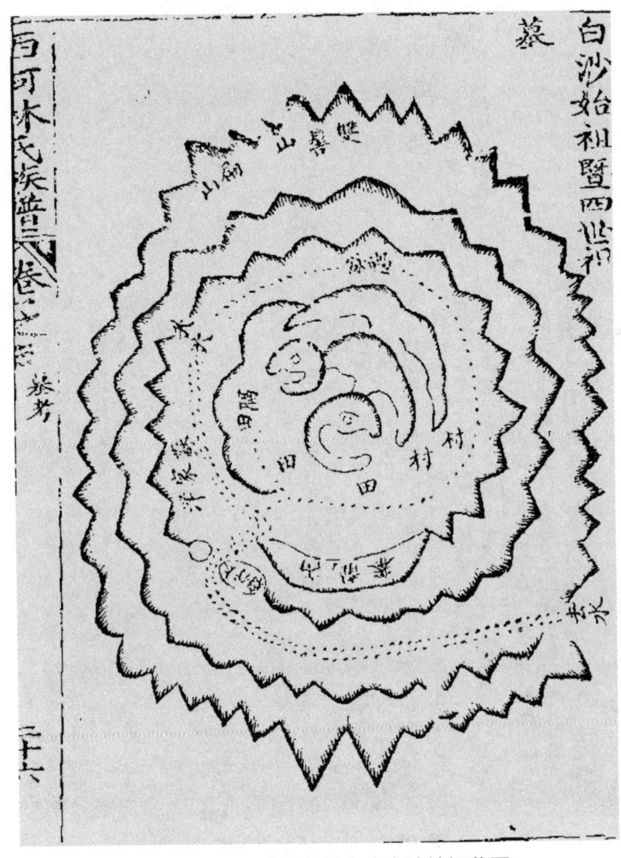

图10.2　更葬银牌的永定白沙始祖墓图

续表

序号	闽人在故里葬银牌案例	出处	备注
12	一世祖陈赜公坟地在本乡古岭下，号凤形，坐乾向巽兼戌分金，明堂放甲水。公原葬上马鞍山，于乾隆十三年戊辰岁（1748 年）八月十二日迁葬公于兹山，罐内有银牌与金同贮。	闽汀龙足乡《邹氏族谱》，民国二年（1913 年）刻本。	迁葬，藏银牌及骨殖。

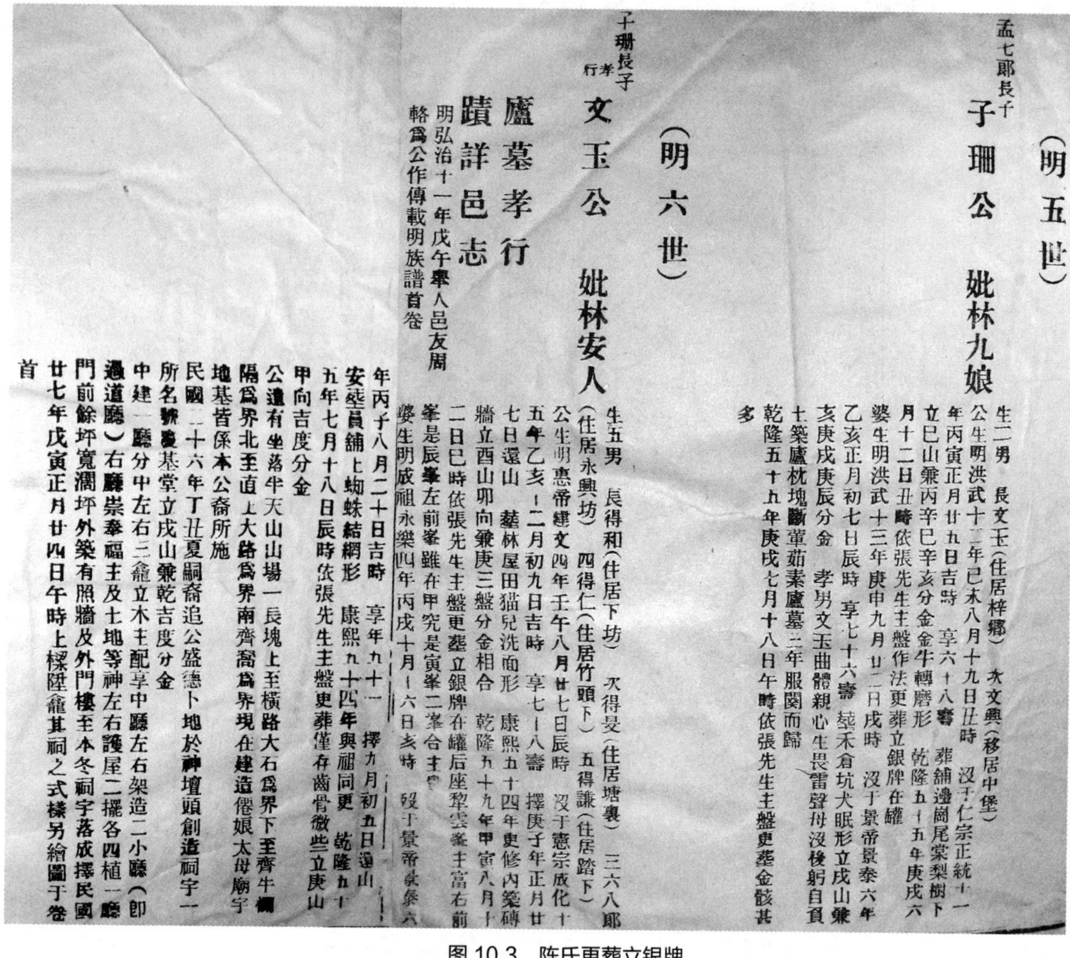

(明五世)

孟七郎長子

子珊公 妣林九娘

生二男 長文玉（住居梓鄉） 次文興（移居中堡）
公生明洪武十二年己未八月十九日丑時 沒于仁宗正統十一
年丙寅正月廿九日吉時 享六十八壽 葬舖邊崗尾棠梨樹下
立巳山兼丙辛巳辛亥分金金牛轉磨形 乾隆五十五年庚戌六
月十二日丑時依張先生主盤作法更葬立銀牌在罐
婆生明洪武十三年庚申九月廿二日戌時 沒于景帝景泰六年
乙亥正月初七日辰時 享七十六壽 葬禾倉坑犬眠形立戌山兼
亥庚戌庚辰分金 孝男文玉曲體親心生畏雷聲母沒後躬自負
土築廬枕塊斷葷茹素廬墓三年服闋而歸
乾隆五十九年庚戌七月十八日午時依張先生主盤更葬金骸甚
多

(明六世)

子珊長子

文玉公 孝行 妣林安人

廬墓孝行

蹟詳邑志

明弘治十一年戊午舉人邑友周
軫爲公作傳載明族譜首卷

生五男 長得和（住居下坊） 次得旻（住居塘裏） 三六八郎
（住居永興坊） 四得仁（住居竹頭下） 五得謙（住居踏下）
公生明惠帝建文四年壬午八月廿七日辰時 沒于憲宗成化十
五年乙亥十二月初九日吉時 享七十八壽 擇庚子年正月廿
七日還山 葬林屋田猫兒洗面形 康熙五十四年吏修內築磚
牆立酉山卯向兼庚三盤分金相合 乾隆五十九年甲寅八月十
二日巳時依張先生主盤更葬立銀牌在罐后座犁雲峯主富右前
峯是辰峯左前峯雖在甲究是寅峯二峯合主貴
婆生明成祖永樂四年丙戌十月十六日亥時 歿于景帝景泰六
年丙子八月二十日吉時 享年九十一 擇九月初五日還山
安塟員舖上蜘蛛結網形 康熙五十四年與祖同更 乾隆五十
五年七月十八日辰時依張先生主盤吏葬僅存齒骨微些立庚山
甲向吉度分金
公遺有坐落牛天山山場一長塊上至橫路大石爲界下至齊牛欄
隔爲界北至直上大路爲界南齊崗爲界現在建造僊娘太母廟宇
地基皆係本公裔所施
民國二十六年丁丑夏嗣裔追公盛德卜地於神壇頭創造祠宇一
所名號慶基堂立戌山兼乾吉度分金
中建一廳分中左右三龕立木主配享中廳左右架造二小廳（即
過道廳）右廳崇奉福主及土地等神左右護屋二擺各四植一廳
門前餘坪寬濶坪外築有照牆及外門樓至本冬祠宇落成擇民國
廿七年戊寅正月廿四日午時上樑陞龕其祠之式樣另繪圖于卷
首

图 10.3 陈氏更葬立银牌

（上杭县珊瑚乡《陈氏三十四郎一脉宗谱》卷四，民国刻本）

续表

序号	闽人在故里葬银牌案例	出处	备注
13	世祖考仕贞公、妣江大孺人坟合葬本乡黄坑背，戌山分金，初葬年月无考。清乾隆四十年（1775 年）更葬，贞公只遗牙齿两个，用银牌一座，与祖妣合葬。五十四年己酉（1789 年）重修，竖华表。道光十年庚寅（1830 年）八月十七日启金，系连珠安葬浮浅，视座高有四五寸。祖考金斗内进有乾土，后故坐低取进约有一尺许，得见老形样，新立祖考银牌一座，计重三钱五分，与旧银牌一仝放下。九月初六日午时，本戌山安葬齐座，葬进墓脑下，砌全堂石，复起祖。右砂环抱收水，其水自大权乡来，艮寅见山峦环，案外丙方，水口由未坤而去。周围上下左右，并无别坟。附记：四世祖光公原配张太孺人坟葬木里河坑齐公坪，戌山，庚戌分金。初葬年月无考，清乾隆间迁高七尺，余金骸甚微，立银牌主同更葬。清光绪十九年癸巳（1893 年）七月启金，有白气上升，金骸银牌如故，复迁低七尺余，有五色黄土，外有栏门石砂案匀称，天然真穴也。十月初六日酉时，金骸用红纸包好，与银牌一仝更葬，换全堂石。	上杭《杭砂袁氏族谱》卷首坟图，民国十年（1921 年）七修刻本。	更葬，同葬新旧银牌，骨殖与银牌同葬。
14	二十四祖贵公暨妣王氏婆夫妇合银牌共一斗，改葬伍厝岗大冉。	明溪《宏农杨氏房谱》，杨玉清修，清同治九年（1870 年）文华堂刻本。	改葬，无骨殖，公婆合打银牌。
15	十五世步敬，因逢世乱失踪，尸首无存，后打银牌葬于寨仔下。	南靖《张念三郎公派下族谱》，张维清主编，1994 年铅印本。	人失踪而葬银牌。
16	朝公流移福建白虎村，为汀州始祖，生三子，长二十五郎回龙祖；次二十八郎南岭住，派下移兴宁祖。三十郎一朝公封为黄门侍郎，嘉泰二年（1202 年）避难落在江西省宁都竹坝村，生三子以后处不堪业，朝公乃流移福建白虎村为始祖。落派时，有地师杨筠松先生见此埠岗有大地一穴，系眠狮望月形，丙山壬向，遂与我祖妣安葬，是为马氏祖妣墓焉。因奉旨创建汀州府城，将坟茔掘毁，不见尸骸，遂将此坟创作府衙。挨至数百年后，有知府许由莅，将清明日，忽见府堂中公座前毫光灿烂，涌起墓堆，三次如是。知府令人掘土三尺余深，化出清油一花缸，中一明灯，光辉灿烂，内题诗四句云："许由许由，与尔无仇。五百年后，与我添油。"知府见诗，叹为神异，乃捐金买尽一府之油，添不见满，方召钟家子孙来，将油一斗添入即满。知府依旧令人覆土，备办牲醴祭谢，命立木牌为纪，次日早不涌起。从此，每年遇清明日，掘不见金骸，只见铁钉四枝。后立银牌义明公名字，遂与巫氏祖妣合葬。碑记七房。一相传吾上祖原在山祖下居住，后在对门岭游猎，望见黎家坪良龙起顶落平洋，树木荫浓，中有一湖，堪以卜宅安居，始徙于此开基焉。	漳州《自汀州一脉源流分派松洲钟家族谱》，民国元年（1912 年）二修稿本。	坟茔被毁，无骨骸，迁葬，合葬用银牌。按：族谱的传奇话语并不可信，然从中可知葬银牌乃乡土知识的一部分。

续表

序号	闽人在故里葬银牌案例	出处	备注
17	祖妣陈氏五娘，生于元朝成宗大德九年乙巳（1305年）腊月初七日巳时，卒于明朝洪武廿七年甲戌（1394年）六月十八日吉时，享寿九十岁，谥庄慎，葬在大寨尾金星盂，因崩山失之，至清嘉庆己卯年（1819年）纠集族长公议，立银牌以为我祖骨殖，葬在内村鼻祖坟侧石墩。	南靖金山《彭城刘氏族谱》，清道光七年（1827年）三修，宣统三年（1911年）补录稿本。	"因崩山之失"而"立银牌以为我祖骨殖"。
18	十六世中依树公之三子，生于道光癸巳年（1833年）七月初十日辰时，同治乙丑年（1865年）三月十四日被发贼所掳无回。至清光绪乙酉年（1885年）引银牌安葬在温泉三树脚，坐辰向戌。娶妣简氏名宽娘，生于道光戊戌年（1838年）八月十五日，生二男二女。	南靖范阳《卢氏通保系族谱》，卢位俊抄录，清道光十三年（1833年）三修稿本。	人失踪而葬银牌。
19	简氏二世三世墓志：我简氏由江西而福建，始于会益公，驱公系二世，俱在上杭。至致德公，宋端平二年（1235年）即理宗登基的第十一年卜居洪源里，支分派衍，今不下万众。公虽系三世，实开创之祖也。景定四年（1263年）即理宗在位第三十九年葬在南芜坪，至明万历己未年（1619年）更葬筑坟，巳山亥向。此原葬也，由来旧矣。驱公林祖妣系万历庚申年（1620年）招魂安葬于三世之坟右离三丈许，丁山癸向。此盖因致德公溯而上之，以不失岁时拜祭意也。始祖安坟长流，因惑于形家之说，谓吉地必得骸骨，发祥方验。而迁葬致德公之议以起，又以二世穴形不佳，遂谋以三代合葬焉。及启视二穴，二世之为魂牌无疑矣，而三世亦仅得银牌，与谱载不合。嗟！经两朝之兵燹，历五代之伶仃，其间之废坠蒙混或所不免。	南靖长教《范阳郡简氏世代族谱》，简庭编纂，清同治十二年（1873年）二修稿本。	更葬，原用银牌。误听术师，以为"吉地必得骸骨"，改迁始知。
20	元末明初年间，江西赣南某县一叶氏家族，在兴国县一位名师地理先生的指导下，已在闽西汀西南选准一块风水宝地——东边山人形地下腹部阴穴上，建了一座坟墓。当这一带琅琊王氏族人发现时，为时晚矣。为了不让这块风水宝地让江西人占去，王氏族人经谋划后，偷偷地组织人马将人形地基穴里的叶氏上祖骸骨取出，安葬在附近山坡上。而采取调包手法，又将王氏族人上祖千王公的骸骨葬进人形地墓穴里。数年之后，江西时氏发现这块宝地不但无用，而且出现一些不吉利之事故。于是，组织劳力立即赶回汀西南东边山，把王氏千王公的骸骨误当成是叶氏上祖，从人形地墓穴中取出运回赣南家乡。王氏族人眼瞪瞪地目睹他们将自己上祖骸骨取走，又怕吃官司，不敢出面阻拦言明真相。丢了骸骨咋办？后经地理先生指点可用银牌代之。后来王氏族人把千王公灵位打成银牌，葬在人形地原穴。果真一般灵验，不但在当地发了人丁数千，还在江西会昌、广东潮州、梅州一带繁衍子孙达数万之矣。	讲述人：WYG，1949年生，小学文化。访谈时间：2003年2月12日；访谈地点：长汀县濯田镇政府。	濯田镇中坊村王氏先祖千王公"银牌代骸骨"传说。

银牌葬俗是明清以来地方人口“迁流”现象的民俗反映。如福建人迁移台湾后，或返乡祭祖扫墓，或落叶归根，将骨骸归葬故里。在台去世的乡亲或骨骸丢失，有借银牌代葬于原乡者；有落地生根，在台安葬者（表 10–2）。安葬银牌不仅强化族人的迁流记忆，亦是联络两岸家族情谊的方式之一。

表 10–2　闽人在闽、台葬银牌案例

序号	闽人在闽、台葬银牌案例	出处	备注
1	十二世书相葬河坑大窠顶窝，妣游氏葬河坑坪溪，生六子，长志宏、次志卫迁台湾大牌竹，骨骸运回葬本地桥头仔；三志清往四川；四志英往四川；五志达迁台湾开基；六志美往四川。十七世讳观亮，往台湾，殁于台湾，后打银牌，与妣庄氏合葬本里赤磷畲，坐南向北。	《张念三郎公派下族谱》，南靖张念三郎派下修谱委员会编纂，1994 年铅印本。	回迁唐山，葬骨骸或银牌。
2	十四世道明，乳名萍，字瑞浮，娶庄氏名畏，生四男一女，沃、畅、友、淮、琴。嘉庆三年（1798 年）搬家眷往台湾甲子兰居住。道明生于乾隆七年壬戌（1742 年）七月二十三日巳时，卒于嘉庆十三年戊辰（1808 年）四月二十日丑时，享寿六十七岁，葬在台湾东势柯仔林，坐未向丑。至道光六年丙戌岁（1826 年），被水冲毁坟墓。道光戊子年（1828 年）备银牌（充作灵骨），葬在乾溪冢地，坐庚甲兼卯酉，庚申庚寅分金。妣庄畏，生于乾隆十二年丁卯（1747 年）四月二十六子时，卒于嘉庆四年己未（1799 年）三月十九日巳时，葬在台湾芝巴里大仑庄厝后，坐庚甲兼酉卯，庚申庚寅分金。	南靖吴宅鼎寮洞内社《林氏泰昌堂西河弘仕祖派下私谱》，清嘉庆稿本，清光绪二十年（1894 年）抄本。	被水冲毁坟墓，用银牌葬在台湾。（宜兰，古称蛤子兰、噶玛兰、甲子兰。柯仔林属今宜兰壮围乡功劳村。芝巴里原属淡水厅竹堑堡，即新竹。）
3	十八世祖朝顺公，生于道光廿年庚子（1840 年）六月十三日寅时，卒于咸丰九年己未（1859 年）七月廿八日，在台湾西螺别世，葬在西螺冢埔。妣庄氏改嫁，生于壬寅年（1842 年）九月五日，坟墓不知何处，后至民国十四年乙丑（1925 年）制造银牌，合风顺、六顺、八顺四位同穴。	南靖默林《魏氏巨鹿堂族谱》，魏雨顺编，民国二十六年（1937 年）抄本。	迁台，骨骸葬台湾，另造银牌带回祖地安葬。西螺即今云林县北西螺镇。
4	五十年前，我还是儿童时代，每年春节过后，就跟着父母上山去祭墓。二百多年来我房上祖大都迁往台湾，留在故土的只剩下我一家了，因此全房族的远祖近祖坟墓都由我家来祭扫。这些坟墓有在台湾逝世后运回安葬的，有骨骸被水冲掉了就只好用银牌代葬的，有的儿子去台，母亲在家死后骨骼都未捡殓的。踏遍周围几十座山头，走完邻近十多个村庄，二十多门墓地祭下来已是临近清明，最后才祭祖父的坟墓。	谢耀承:《两箱谱契维系两岸亲情》,《客家纵横》1997 年，总第 14 期。	永定下背村，回迁唐山，葬银牌。

明清以来，客家人迫于生存压力迁居异地时，常常随身带走母亲（母系）而

非父亲（父系）的骨骸，原乡旧坟则用银牌代葬。这种注重祭祀的“二墓制”形态跟家族在社会变迁中（如移民）追求血亲纯正性以及重视继嗣的理念有关。女性有“生养”（生育能力），带走母亲（母系）骨骸象征家人在新居处人丁兴旺、生生不息。[1]此外俚俗说法是父亲有可能是假的，而母亲必然是真的。在重视血亲继嗣的社会里，暗中约定的借腹生子或借夫生子客观存在，移情别恋也是人之常态。俚语背后的逻辑是女性具有“生养”力及母子是生命共同体的观念。[2]当然，也有因移居迁父辈骨殖而故里改葬银牌的。这种因迁流而背走女性骨骸更葬的情形，真实反映了闽人在他乡落地生根，“随处立纲常”的历史记忆，以及原乡家族偏重以男性祖先系谱作为认祖根据的文化心理（表 10-3）。

表 10-3　外迁者在故里以银牌代葬案例

序号	外迁者带走祖骸，故里以银牌代葬案例	出处
1	一世十一郎妣郭七娘金骸，葬于广东长乐县（五华县）棉洋约罗径埧圳上乡水口岭上。公与妣合葬上都大屋场石岩前，妣系设立银牌，巽山兼巳，坟修于明万历年间，再修于明崇祯壬午年（1642 年），三修于清朝康熙甲午年（1714 年），四修于嘉庆戊午年（1798 年）。	闽杭田背乡《刘氏家谱》卷八《刘氏十一郎公一脉》，民国十年（1921 年）三修。
2	二世祖七郎公配谢妣暨三世祖三九郎公配李、魏、蓝三妣合坟，坟在小陈坑桐树窝，仙人跷足形，坟右竖有华表一。《同治谱》称：魏、蓝妣金骸经广东嗣裔迁去后，本处嗣裔权奉银牌附此安葬云。三九郎葬始祖坟右肩牛后穴，乾山巽向，庚戌庚辰分金。配李七娘、继魏小六娘、又蓝一娘，俱附葬二世祖妣坟。（第 1 册）	闽杭《包氏族谱》第 3 册，1996 年印本，第 32 页，第 2 页。
3	二世克让公，洋堡开基祖，生殁缺，葬科坪里竹子窠山。祖妣杨婆太与邱婆太，生殁缺，杨婆太骨骸系广东东坑叔侄取去，邱婆太骨骸系漳州南靖叔侄取去。	永定《徐氏族谱》之《文兴户洋堡徐氏世系概况》，2002 年印本，第 57 页。
4	我祖奋公，原葬在萧公山凹墩大路上，不知何年被永贵公掘去在泉州安溪高山安葬。因清初扰乱，族谱遗失，莫知缘由，后四大房子孙创制银牌，于康熙壬子年（1672 年）闰七月廿三丙辰日巳时，更葬在双峰社大崇头上穴，坤山艮向。祖妣林氏安葬在下穴，庚山甲向，丙辰丙寅分金。上穴先前被邱家谋侵，三大房子孙不愿，备银控告，公廷判还坟山明白。将所伸之资生放，累积日多，即置公田数段，以为祭扫之资。故不得凭房陪祭，仍照先辈备银者共十三股次序轮流，周而复始。	南靖书山《萧氏族谱》，萧仰高编纂，清光绪三十二年（1906 年）稿本，1949 年重抄本。

1. 地理先生 WLP 的说法。采访时间和地点同前注。
2. 地理先生 LLZ 的说法。LLZ，民国十七年（1928 年）生，高中文化，长汀县濯田镇长巫村人。访谈时间：2003 年 2 月 13 日；访谈地点：长巫村 LLZ 家中。

清代以降，闽人多迁南洋。在异乡漂泊，常有卒葬异邦，或因恶死而骨殖无存者，族人亦多于原乡唐山代葬银牌，以示“落叶归根”（表 10–4）。

表 10–4　南洋华人在故里葬银牌

序号	南洋华人在故里打牌	出处
1	二十世圣述，字硕彦，乳名文禄，景南长子，生于康熙十八年己未（1679 年）正月二十九日卯时，卒在暹罗国（泰国），寄葬伊处。公马鞍山坟墓以银牌为记。原配马月季，生康熙十九年庚申（1680 年）九月初十日丑时，卒乾隆三十七年壬辰（1772 年）二月十二日丑时，享寿九十三，葬马鞍山。生子三，廷侯，廷健，廷振。	汀州龙足乡《邹氏族谱》，民国二年（1913 年）刻本。
2	廿二世铨俊公，一八九八年生，享年三十四岁，因在南洋得神经病，在护送途中跳海身亡，打银牌与妻陈亚应合葬于大窠排。	永定《徐氏族谱》，2002 年印本，第 196 页。
3	十八世祖考号炉兴，谥德辉，生于同治。妣简老孺人，生于同治己巳年（1869 年）八月十三日，卒于民国辛酉岁（1921 年）十一月初一日申时。妣简孺人生二子，长拱斗，次安斗。卒于一九〇〇年。因往南洋谋生，据言有番婆要与其成亲，可虑家有前妻，不敢应允，想回家乡与妻商量能得同意，始再重往，但番婆心存不良，认为祖父不答应亲事，便下毒手，做杠头于祖父身上，如此竟不幸身亡，于归途船上尸沉大海，可悲也。祖父为人忠厚善良，读书之人，若不南往，据其老师所言，有秀才之望。祖母简氏贤惠，生下二子二女，长子开斗，幼年夭折，祖父亡，时仅已二女，一子安斗。祖母当时考虑儿子少，家庭难以兴旺，意将祖父在南洋有所积蓄带回存款，再买一子名拱斗，是由叔祖佛兴所生，大于安斗，故拱斗为长，安斗为次。长女名宽娘，大安斗二岁，嫁苦竹大旧德苏德茂家为孙媳，家庭富裕。幼女小安斗二岁，嫁长教天贝楼简标为妻，名慧娘。祖母简老孺人葬凹头坪。祖父有银牌一块，与祖母同葬。	南靖书洋石桥《张氏族谱》，张双魁编修清道光二十三年（1843 年）稿本，民国三十四年（1945 年）张绍基重抄。按：降头（杠头）是一种接触黑巫术，主要有药降。宋代郑樵《通志 · 六书略》曰：“造蛊之法，以百虫置皿中，俾相啖食。其存者为蛊。”用以杀人。
4	十九世建峰，居仰光，回国后殁于山城，葬浮山埔。后因为政府征用浮山埔迁坟，以致逾期骸骨散失，已装置银牌安葬，妻黄亚春生一子钦水，二女大玉、细玉。	南靖石桥开基《张念三郎公派下族谱》，张维清主编，石桥张念三郎派下修谱委员会编纂，1994 年铅印本。

根据族谱记载，福建家族更葬始（迁）祖或远祖坟墓的时间，多集中于明万历至清康熙、乾隆年间，与这一时期宗族共同体的发展有着密切的关系，宗族共同体试图借助更葬始祖或远祖坟墓，强化宗族内部的身份认同。而借用银牌、附葬金罐以补祖先骨骸缺失或减少之憾，亦是家族随方立俗因应之关键举措。

永定洛阳《江氏高头族谱》，录有江氏迁居不同地方的旧“世系歌”多首，提到“塔边合葬周骸失，银牌犹镌氏不忘”“后人思念不忘本，银牌合葬里垄乡”“祖无金罐骨骸失，银牌合葬久不忘”等等，有助于我们理解闽人借葬银牌以维系家族世系的空间记忆的集体共识。葬银牌说明，晚近福建宗族组织形态的建构，同样也受到“早期全球化”的影响，地方亦在世界之中。[1]

二、生生之气与开枝散叶：葬木主

从卜辞可知，商代木制牌位叫“示”，周代木牌位叫“主”。历代祭主礼仪，有点主和入主（祠堂、家庙），其起源甚早，原属天子诸侯礼。[2]明清以来，民间在完坟谢土之后，也行点主和入主仪。请回神主，称回龙或回灵。若因搬迁或年久，木主毁坏，可借道士或巫师引魂重做。点主和入主是仪式专家（如礼生）对

---

1. 《江氏世系歌》：“伯益云礽历夏商，成周封国入江湘。裔孙以国为族姓，分支两脉济淮阳。我祖来由脉济阳，悠悠世系渺难详。溯源像迹留遗纪，宋季精忠万古扬。万里江公为宋相，气休休下返家乡。元兵南下都城破，拒绝投降殉国殇。举室尽忠赴止水，尚传三子各奔忙。流离搬迁入宁化，穴居野处石壁乡。石壁村中云僻陋，转徙移居到上杭。”《上杭世系歌》：“始祖八郎居上杭，继室姓刘原配张。二世十二郎为号，刘线二妣互匡□。十八郎公为三世，邱妣贤声内助娘。祖考三世生九子，高头长房百八郎。二三四房迁广东，五房移居陈东乡。六七房孙居莒溪，八九房裔留上杭。”《高头世系歌》：“高头四世百八郎，胥字偕来同二娘。塔边合葬周骸失，银牌犹镌氏不忘。五世千十刘妈配，因失坟墓叹云亡。后人思念不忘本，银牌合葬里垄乡。倒员□箕称吉地。廖妣空竖念六郎。妣随满子居抚市，骸葬祠边开墓场。七世海螺五十八，妣葬南溪氏为黄。八世成海林婆太，合葬龟形竹仔塘。”《高头北山世系歌》：“添洧九世肇北方，葬在水口塔下岗。松林胜景葬邬妣，龙奇结穴在右旁。十世源深赖氏杨，宗祠右片大路旁。祖无金罐骨骸失，银牌合葬久不忘。宏宝蕉头十一世，饭头栋上葬大娘。十二受銮吴氏配，北山开基建宗坊。公葬松林称佳域，子山午向传五房。妣葬蛟塘日洋里，金龟负印世流芳。”（永定洛阳《江氏高头族谱》，江世标编，高头北山修谱小组编纂，1989年稿本）
2. 〔汉〕许慎《五经异议》曰：“主者，神像也。孝子既葬，心无所依，故虞而立主以事之。唯天子诸侯有主，卿大夫无主，尊卑之差也。卿大夫无主者，依神以几筵。故小牢之祭，但有尸无主。三王之代，小祥以前，主用桑者，始死尚质，故不相变。毁练易之，送藏于庙，以为祭主。”
〔汉〕郑玄《礼祭法篇注》称：“惟天子诸侯有主，禘祫。大夫有祖考者，亦鬼其百世，不禘祫，无主尔。”清秦蕙田《五礼通考》：“世俗题主皆虚‘王’字一点，临时请显者点之。遍考诸书，皆无此说。明儒吕新吾及本朝刘山蔚皆辟其谬。……今世遵用朱子《家礼》，朱子固南宋士大夫也，《家礼》只有‘题主’，并不言‘点主’。”（〔清〕黄艾庵：《见道集》卷三之“木主”条，第14页）

上层礼仪及宗法祭祀观念的创造性盗用。点主[1]和入主[2]的祝文，大多融入一些表彰祖先风水的标准化、格式化谀辞。若墓地是祖先灵魂的一个永久性居所的话，则入主祠堂或家庙的神主牌（一般用木做成，外铬以金银）也是祖灵暂居之所，是联结祖先与子孙之"骨气"以及天地之"生气"的象征载体，能将墓地及祠堂的气运福荫给子孙，故家（祠）祭与墓祭是有机统一的。

在客家和闽南地区，如果祖先骨骸不存或存之太少，葬木主或银牌祔主被视为一种有效的弥补办法。为了添加或补充家族的"风水气运"，家族会想尽办法（包括请神扶鸾），针对同一祖先甚至可设几座坟墓，或葬银牌或葬木主。葬木主时，子孙同样应当咬指滴血于木主上，以喻血气骨脉相连。若是更葬远祖坟墓，而房派较多，各房子孙当各有代表滴血，以示房分平等，同荫祖先之风水灵气。

闽人做木主的木材甚有讲究，一般采用生命力顽强、质料较硬的柏树、板栗树等，代表"生生之气"。客家人常使用较有年份的板栗树上带球刺状的分枝做木主（一棵板栗树通常只生长一节这样的分枝）。一方面板栗树的木质坚硬，不易腐烂；另一方面板栗树"节外生枝""开枝散叶"，象征木主也像骨骸一样，得乘天地间生气，有荫庇子孙的效用；三则栗子音近"利子"，隐喻瓜瓞绵绵，兴旺发达。[3]

清代闽南族谱曾经记载家族用栗树制作木主的事宜："统宗祠在水流社，坐石鼓山向渡东社。祠堂中木主古制栗树，高一尺二寸，象十二月；广四寸，象四时；厚一寸二分，象十二时；顶圆，象天；座方，象地。统宗祠神主记。"[4]（表10–5）

1. 限于篇幅，试录一则"点主口诀"："我把朱笔对天庭，二十四山作圣灵。孔子赐我文昌笔，万世由我来作成。点天天清，点地地灵，点人人长生，点主主有灵。主上点来一点红，代代儿孙状元郎。"（惠安县山霞镇东坑村 LDX 提供）
2. 平和《家礼会通集录》的"迎主升龛祝文"："恭维我〇，积德流芳。卜葬斯地，龙穴昌扬。形为窀穸，神返宗堂。卜以今日，奉主升香。伏祈列祖，引翼和光。千秋俎豆，百代蒸尝。伏我后裔，富贵绵长。"
3. 讲述人：廖柏霖，1968 年生，长汀县濯田镇政府司法所所长及统战干事；访谈时间：2003 年 2 月 12 日；访谈地点：长汀县濯田镇政府。
4. 龙溪芹霞《宋氏前厝派次房家谱》，宋进兴修辑，清光绪十八年（1892 年）稿本。

表 10-5 闽人在故里葬木主案例

序号	闽人在故里葬木主案例	出处	备注
1	（十世祖林茂）公先葬羊屎坑后，嘉靖元年（1522 年）改葬上马鞍山。又至嘉靖三十一年（1552 年）正月初九日，迁葬清流四保杨坊土名长坑，猫儿洗面形，卯山酉向兼乙辛三分，并无杂姓坟墓相连。至崇祯十五年（1642 年）正月初四日三房会议，改葬本里大桐桥，普贤骑象形，骸骨十存二三，又立神主，三房滴血在罐内，与马萧二孺人并葬。马萧二孺人先于弘治十一年（1498 年）正月初一日同葬清流四保杨坊长坑，至嘉靖二十九年（1550 年）十二月十九日迁葬在大桐桥，普贤骑象形。二孺人共穴，右祖妣张氏坟，左马姓祖坟，其地于嘉靖二十九年庚戌（1550 年）与马天锡家相争讦，告到县，后尊长鲍南埜、马芹谷二公劝息，中间立有众界，断回官费全八十余两。（图 10.4）	闽汀龙足乡《邹氏族谱》卷三，民国二年（1913 年）铅印本。	改葬，埋骸骨及神主。各房派滴血于金罐内。
2	世谱八十三世朝美公（六郎公次子）初葬武平东山口文曲朝天形，失查。明隆庆四年（1570 年）间，用木牌改葬汤湖水口崩山里吊钟形。明崇祯七年（1634 年）用银牌更修。	长汀《赖氏族谱》，首届联修族谱理事会编，1999 年，第 721 页。	改葬，先用木主，后用银牌更修。
3	十五世朝坚公，乳名木生，字畅萌，易名朝坚，温质祖第六子也。生于乾隆十四年己巳（1749 年）正月十四日丑时，卒于乾隆五十五年庚戌（1790 年）七月十五日丑时，享年四十二，归世在咬留吧，次子明容公在前送终。至于光绪二十六年庚子（1900 年）十月，将木主贮藏金罐，初六甲辰日子时与妣同穴葬在奎洋山上土名下坝顶，坐向己丑己未分金。妣谢氏乳名娘易，名慎薇，生于乾隆十三年戊辰（1748 年）八月初六日辰时，卒于道光十三年癸巳（1833 年）十二月十五日，享寿八十加六。生下五男一女。至同治二年癸亥（1863 年）八月，祖妣棺柩复葬在蕉坑尾南门营，坐癸向丁兼子午正针，丙子丙午分金。越光绪二十六年庚子（1900 年）十月，起迁贮藏金罐，初六日辰子时与公同穴，葬在下坝顶，丑山未向，己丑己未分金。	南靖龟洋《庄氏十一世王政系族谱》，庄吉星编纂，清光绪六年（1880 年）稿本。	咬留吧，即今印度尼西亚雅加达。卒葬异邦，故里与妣合葬，葬木主。
4	龟山七世祖玄弼公，公乳名相，字逸谷，谥仁德，生于大明成化元年乙酉（1465 年）正月初七日亥时，卒于嘉靖三十四年乙卯（1555 年）十月廿七日戌时，享寿九十有一，葬在上圭洋水尾东山坝，形曰鲤鱼上滩。至万历丁巳（1617 年）改葬在下斗底，与陈妈合葬，坐未向丑。今鲤鱼上滩葬神主三身藏墓中，立石为记，坐南向北，丙壬兼午子，丙午丙子分金。至嘉庆庚申年（1800 年），仙妈又点蕉坑风水一穴，号曰更襞地尊送公，今葬银牌。	南靖奎洋《庄氏族谱》，十一世弥庚系，清光绪年间抄本。	改葬，立穴葬木主，又因神占另立新穴葬银牌。

续表

序号	闽人在故里葬木主案例	出处	备注
5	始祖肇元千五公，百十三郎五男，江寨始祖。元末祥兴时避乱平和新安里，以打铁为业，先后在半山、葛布溪、大径、吴子坑、何关公，卜筑仕堡谋生。公生日失传，卒于明洪武四年岁次辛亥（1371 年），葬大径狮子嘴，为贼所挖，后提一木主埋于狮耳土穴，故有土穴、石穴二坟。先住五斗埔，今刘家祖祠即吾祖所居之地。后万三公、万四公两人嫌其地狭小，因胥于大溪江寨卜居焉。先为贼所挖，后赎回之骸，疑其非真，故寄石壁潭面。后乾隆辛未（1751 年）众议迁葬坑口崇，因改号为元济公，而石壁潭之坟遂为寨人所有。葬坑口崇坟穴，坐癸丁兼丑未分金。	平和大溪《鸿江族谱》，江佩琼主编，鸿溪江氏族谱编委会编纂，1997 年印本。	石穴葬赎回之骨骸，土穴葬木主。因骨骸为贼所挖，恐所赎非真，另葬木主。
6	一世国礼，乳名佛养，如庵次子。于元朝成宗元贞元年（1295 年），与张友仁等十六人，由南靖西城之可塘迁居云霄，佃种官田在莆美垄等处。初住西林，为方氏入云霄始祖。生二子，长惟修，次惟贤，墓葬西林赊狗山。至明万历十五年丁亥（1587 年）十一月朔，翔魂以木主葬在尖峰山天穴，有石碑‘明方氏始祖暨祖妣墓’之字记。二世维贤公，系始祖佛养公之次子，生一子元仲。当时户役不均，百姓苦之，所以兄惟珍公子孙愿降入甲户，最后衰微。而惟贤公克家亢宗，祀祖明宗者欲为一本记载，因惟珍公派系未详，故大宗中独祀此公。生卒年月日失考，墓葬莆美城内，穴名虎地。	漳州云阳《方氏族谱》，云阳方氏族谱编辑组编纂，1992 年 四修稿本。	一葬骨殖，一“翔魂以木主葬”。
7	（肇基祖均保公）妣陈氏，名五娘，谱庄慎，生于元成宗乙巳年（1305 年）十二月初七日巳时，卒于明洪武廿七年甲戌（1394 年）六月十八日吉时，享九十寿，葬在大寨尾金星盂。因崩山陷失，跟至清嘉庆廿三年戊寅（1818 年）冬，用银牌书名氏，衬主藏在骸罐内，安葬在内村基祖坟脚大石礂下，竖碑为记。	南靖和溪高山《刘氏族谱》，清光绪廿七年（1901 年）重修本。	改葬，因崩山陷失而葬银牌附木主。此例与表 10–1 之案例 17 内容同，文字有异。
8	四世祖，讳冠才，字子贵，号谦斋，良斋公子也，娶柯氏，无出，继娶朱氏，生男一。公生元癸酉年（1333 年）二月十一，卒明辛卯年（1411 年）五月十六，享年七十九。奉县委解税至京，卒于扬州黄河，不及归葬，以神主与柯氏合葬于荣山下坵背，□□向。朱氏葬于上坵背□□向。	南安武荣英山《洪氏族谱》，洪承畴家谱，清手抄本。	卒葬外乡，以神主与妣合葬。
9	考莹在此三坂桥头，庚子年（1900 年）七月十六日壬辰日甲辰时安葬，发袍神主墓，坐申向寅兼坤艮，用丙申丙寅分金。	郑振满、丁荷生编纂:《福建宗教碑铭汇编·泉州府分册》，第 1354 页。	民国十四年（1925 年），厦门禾山里因城市兴建自来水厂，搬迁李氏坟山部分坟墓。《李氏坟山租约碑阴题记》所记。

随着家族人口的扩张和死亡人数的增加，祠堂必然容不下太多的祧祖牌位。

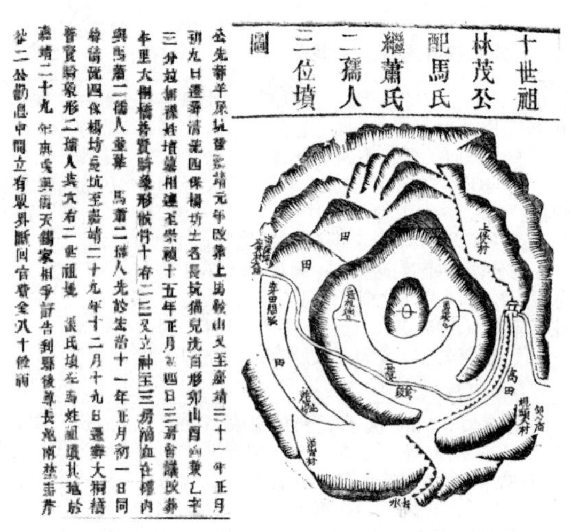

图 10.4　邹氏改葬骨骸及神主的十世祖林茂公坟图

民间往往根据身份或金钱，来决定族人神主入主祠堂的权利。关于祠堂牌位的处理，宋朱熹设想“始祖亲尽则藏其主于墓所”之制。[1] 清毛奇龄《辨定祭礼通俗谱》卷一曰：“高祖易主为牌，则主埋墓间，或焚之。凡易牌易博牌皆同。或曰焚非古礼，则古凡立学祭先圣先师，有以暂设主而焚去者，即结帛结茅亦然。若埋主墓间，与汉制埋陵园意同，必依何休注埋两阶间，保无失足致践踏乎。”[2] 这些设想有没有实施，我们不得而知。当然，宗族共同体往往有变通办法，以尊重那些自家神主被处理的宗裔对于风水的诉求。

考虑到有些宗裔不愿将祠堂神主付丙，民间还有变通办法，即选择一块吉地做神主墓，将归入祧祖之列的神主牌位统一埋藏，或焚烧神主牌，藏灰烬于埕金罐，再入葬（图 10.5）。家族每年须共同祭扫神主墓，以祈求宗亲英灵共佑族裔。家族举力共筑神主墓，亦是统合宗亲之骨肉亲情感，补充并强化家族历史记忆的方式。

据永春东关镇灵宝派“灵应坛”道士 LWC 告知，该镇某姓曾经将祠堂神

1. 〔宋〕朱熹：《家礼》卷一，《景印文渊阁四库全书》第 142 册，第 531—533 页。
2. 《景印文渊阁四库全书》第 142 册，第 751 页。

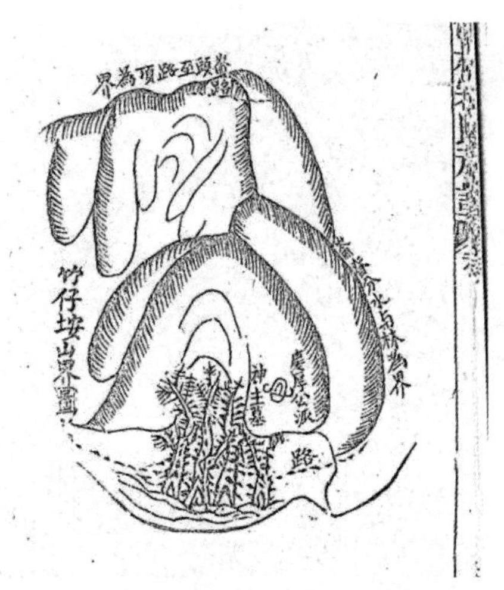

图 10.5 神主墓图（永春《儒林宋氏族谱》，民国刻本）

主牌统一烧掉，灰烬置于埕金内，做神主墓，每年祭扫。[1]2003 年，笔者至惠安山霞镇东坑村考察清代李姓神主墓。[2] 神主墓墓碑题字与一般祖墓不同，字数顺数，须合吉数口诀“兴旺衰微”中的“兴”“旺”。笔者看到两块神主墓，一块是“清李公祖墓”（惠安县山霞镇虎摇头山），一块是“清西厝大祖正位神主墓”（图 10.6）。[3]

---

1. LWC，1962 年生，灵宝派道士，小学教员，访谈时间：2003 年 11 月 7 日，访谈地点：永春东关镇某小学办公室。
2. LDX，民国三十二年（1943 年）生，初中文化，风水先生，访谈时间：2003 年 11 月 5 日，访谈地点：泉州市金星大酒店。12 月 17 日、18 日，访谈地点：惠安县山霞镇东坑村。勘察墓地时间：2003 年 12 月 16 日下午。
3. 据 LDX 告知：清李公祖墓系宗族李姓长房长支的神主墓，主要埋葬各支祖神主，由家族组织祭扫，给墓碑“顺红”（涂红碑字以易辨认）。墓“坐壬向丙兼子午，辛巳辛亥分金，坐天度 348° 向 165° ，穿山甲子，透地丙子，顺丁水，来龙由丑转酉入首，坐壬向丙，为少男配少女，阴阳正配，葬后本房支人丁兴旺，有三百多丁，名牌大学就出四人，为富亦多家”。该神主墓杂草丛生，但较周围的私人墓地规模大。“清西厝大祖正位神主墓”属于东坑村大西厝李姓三房，穴名田螺形，是该山头最好的风水地，比“清李公祖墓”好，墓“坐戌向辰兼乙辛，分金丙戌丙辰，坐天度 298° 向 118° ，葬后人丁兴旺，全房男丁二千多人，人才辈出，有名牌大学学生多人，出过国家海洋局的高级工程师”。墓坐落在石头丛中，格局颇好，墓脑灌水泥，尚有祭扫，墓碑“顺红”。

图 10.6　清西厝大祖正位神主墓
（惠安山霞镇）

三、魂兮归来：葬石、砖、鸡蛋等

明清以来，在故里未有骨殖或骨殖不多的情况下，民间除共筑神（木）主墓、银牌墓之外，还采用其他类型兴造纪念先祖或族人之墓。早年福建居民向台湾拓垦移居，有些汉人甚至被土著“猎人头”（猎首、出草），不全身体火化后，带回故里，改用瓦棺舁入葬（图 10.7）。也有采用像招魂附碑、附砖置入金罐入葬等事宜，以使逝者“魂归故里”，埋葬时亦重视风水吉地的抉择（表 10–6）。

表 10-6　特殊墓葬葬例

序号	特殊墓葬（招魂附碑、附砖、葬鸡蛋）葬例	出处	备注
1	宗八房二世，南京户部主事官章张班，讳贵信公，妣谥贞懿林夫人。生一子璇辨。公讳贵信，乃德润公之第八子也，慨然有志，出居靖邑东门墨场，娶妣林氏，终生一子璇辨，即将妻送居外家，在靖桥南半卷，自往南京候选。既而由吏员出身，于洪武七年（1374年）特授户部主事。至永乐十五年（1417年）奉旨和番，功成荣归，即梦于南京莫回，后招魂，与子璇辨合葬南靖宝林埔，大蟹形分金。昔有传闻其侧室生子居南京小西门外未知果否。妣林氏诰赠一品夫人，卒于桥南卷，葬在南靖西门外归德里海仔溪尾山。 今南靖简氏宗祠藏有祭祀用之简贵信祖妣图（相传为明代所绘，图 10.9）。	南靖长教《简氏世系族谱》，清光绪三修稿本。	张班奉旨到宁夏镇压叛乱，班师回朝时，将回人贵族带回安置，有陶、马、丁、姚、哈、莫、白姓，南京"七家湾"因此得名。
2	显一世祖简会益公，谥万五郎，自江西诣上杭县蓝路口居住。生于宋徽宗政和五年（1115年），寿七十一岁，卒于淳熙十二年（1185年），原葬蓝路口背。显一世祖妣郑氏，寿六十八岁，亦葬蓝路口背。因年远，二墓俱失，后洪源嗣孙于万历四十六年（1618年）十月初四寅时，望空招魂，择地于太平里上留塘背仑，坐甲向庚，以尚义捐资，逐年祭扫。生三子，长曰驱，次曰骥，三曰骡，俱往广东。显二世祖考简驱公，谥千五郎，生于宋高宗二十六年（1156年），寿七十三岁，卒于理宗绍定元年（1228年），葬在上杭城下北岭。祖妣林氏，寿六十九岁，亦葬上杭城下北岭。年久二墓俱失，洪源嗣孙于万历四十七年（1619年）七月廿八日申时，望空招魂，择地于太平里南埔坪，坐巳向亥，以尚义捐资祭扫。生一子曰志德。	南靖书洋枫林《简氏六世天佑系谱》，简醇编纂，清道光五年（1825年）稿本。	因年远祖先坟墓俱失，隔空招魂择葬。
3	承墉，字厚，号宗暨，行百五十七，攸翔次子，生康熙五十六年丁酉（1717年）七月初九日卯时，故乾隆十三年戊辰（1748年）十一月十六日巳时，享年三十二，在台湾被番贼盗杀，取其首而去，瓦棺舁归，与五弟承提同葬本乡车后垅头，坐壬向丙。	永春仙溪《郑氏族谱》卷一九，民国刻本。	被台湾土著出草猎首，瓦棺舁归葬。
4	赐进士出身，钦点工部主事，姆陈氏名兰英，十六世亲叔乳名庆平，字阶甫，讳逢泰，号星槎，谥耿节公，生二子，长学礼，次学準。叔生于嘉庆二十年乙亥（1815年）二月初十日亥时，……咸丰七年（1857年）升用员外郎衔，诰授奉直大夫。权于咸丰五年（1855年）因丁父忧，移家回漳，居于漳州城内镇台后街箭场仔巷。同治三年甲子（1864年）九月十四日，长发贼陷漳，骂贼不屈，以身殉难，寿五十岁。可怜吾叔，平生英伟，而丧于盗贼之手，良可浩叹。至同治四年（1865年）八月三十日，在后街招魂附主，观荫禄位于潭头祠、东山祠、追来祠。……癸酉年（1873年）长子渊置碑一座，书其年岁，生时日辰。渊亲咬中指出血点魂碑，置于金罐。现寄于佛祖坑大路上，坐癸向丁。光绪五年己卯（1879年）夫妻合葬于竹仔窠新尖脚，坐午向子兼丁癸。	南靖长教范阳郡《简氏世代族谱》，简庭编纂，清同治十二年（1873年）二修稿本。	殉难于清太平天国之乱，招魂附主，咬指血点魂碑，置于金罐中代葬。

续表

序号	特殊墓葬（招魂附碑、附砖、葬鸡蛋）葬例	出处	备注
5	连城邹氏更葬九世祖文亮公：右地在本里旱窠里号下山虎形，坐辰向戌兼巽乾三分，左一穴安葬八世祖定敷公。于明成化二十年甲辰岁（1484 年），又将九世祖文亮公迁葬在旱窠里敷公坟右傍一穴，更改时骸朽无存，子孙咬指滴血，书名于砖上以葬。	闽汀龙足乡《邹氏族谱》卷三，民国铅印本。	更葬骨骸无存，滴血葬土砖。
6	得公（灿公次子）字宣贤，号云谷，仕于唐高祖武德元年（618 年），官任都尉，有功勋封开国公，妣李、王、陈氏，合葬松口。据史料载，唐末为避乱，赖得由宁都沿石城入闽，迁居长汀，后分居上杭古田、清流、宁化、永定、连城等地。本届修谱也已查明，汀之赖氏大部分属得公后裔。公实属赖氏入汀始祖。1990 年，全县赖氏联手重建松阳亭后，各地老者一致倡议，用建亭余款再建一得公纪念墓，爰于是年 11 月，择址于宝珠峰南麓山脚下，松阳亭斜对面一小山包下兴建，墓为艮山坤向，呼之龟形，内用金斗装有得公灵位小石碑，墓门全用青砖砌筑。此后，每年春分日，全县各赖氏村点都有派员前往祭祀。	《赖氏族谱》，长汀赖氏首届联修族谱理事会编，1999 年全印本。	用金斗装写有祖先灵位的小石碑。
7	惠安山霞镇一带以往以“讨海”为生，凡有海难者，东家须至死者落难方向引魂，到厅堂安神位，道士剪一纸人替身，藏于金斗中，须择吉地，由后裔滴指血于金斗中以连血亲。图 10.8 系惠安山霞镇东坑村某李姓家族合葬墓地，葬四个世代先人。“该地坐乾向巽兼亥巳分金，庚辰戌天度 318° 向 138° ，穿山乙亥，透地丁亥，来龙由坤方入首，至本山落脉，蜿蜒曲折，水出甲口”，墓碑题有“皇清祖考十四世李公暨祖妣孺必陈氏墓”17 个字，逢吉字口诀“兴旺衰微”之“兴”字。据东家 LDZ（李姓十九世）述，旧坟坐在土名坑子尾某军营营房边，穴喝七星落地，坐壬向丙兼亥巳分金。按旧穴风水，男丁多娶双妻，已验证。1997 年驻军开辟靶场，坟墓迁葬启封，内藏埕金罐七个，藏骨骸者五，空罐一乃其父为己所备，有个埕金套装小瓦罐，内灌水，藏鸡蛋一，铁钉一，启后鸡蛋风化。此埕金葬叔公 LXD。LXD 行船讨海时跟 Z 镇 F 村 Z 姓渔船相撞而被 Z 姓沉海。迁往新穴后，瓦罐照旧放清水、鸡蛋和铁钉。因 LDZ 之父已择地另葬，主事风水先生 LDX 建议新穴不必再置空罐，各房头异议，仍照旧放埕金罐七个。后 LDZ 有子患脑癌去世，怀疑该坟主凶。LDX 则称，当初不该再葬空罐。	LDX，民国三十年（1941 年）生，初中文化，以讨海为生，访谈时间：2003 年 12 月 17 日；访谈地点：惠安县山霞镇东坑村 LDX 家中。	藏鸡蛋于金罐。

其实，有关惠安墓葬鸡蛋的案例，早在汉代墓葬中就有相似的记载。据陕西咸阳教育学院 M2 号东汉砖墓出土的永平初三年（60 年）“陶瓶中还装有半块鸡蛋壳”，“M10 墓室上部的汉唐文化层中发现 2 件陶瓶，瓶上各盖有青砖一块，瓶内均装有一鸡蛋壳，十分完整，配合鸡蛋壳同出的还有部分小石块及若干蓝黑

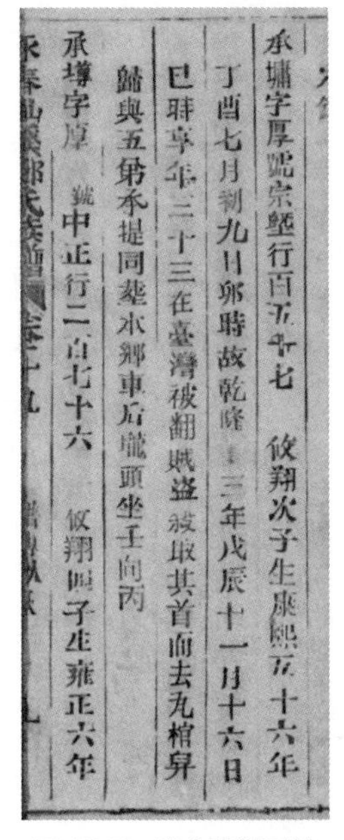

承墉字厚號宗壆行百五十七　攸翔次子生康熙五十六年
丁酉七月初九日卯時故乾隆十三年戊辰十一月十六日
巳時享年三十三在臺灣被翻賊盜被取其首而去瓦棺舁
歸與五弟承提同葬水鄉車后壠頭坐壬向丙
承導字厚　號中正行二百七十六　攸翔四子生雍正六年

图 10.7　清永春郑氏被“猎首”瓦棺归葬

图 10.8　惠安县山霞镇葬鸡蛋的龟壳墓

色小颗粒，当属五石一类石头”[1]。洛阳汉墓出土的光和二年（179 年）王当买地券曰：“即欲有所为，待焦大豆生，铅卷华荣，鸡子之鸣，乃与诸神相听。”意思是说，死者若欲与生人接触，除非等到烧焦的大豆发芽，铅券像草木开花，鸡蛋像公鸡一样啼鸣。[2]江西吉安出土的北宋开宝七年（974 年）王氏买地券有“死灰烟起，卵中鸡子能啼，如此之时，不可顾问”等语。[3]中国国家图书馆藏宋至道元年（995 年）彭司空买地券也有“卵中鸡子能啼，死烟灰起”等字样。

据 LDX 解释，前人用鸡蛋代葬，比喻生生不息。当地若有人因讨海遇险，凡有亲朋好友来探望，按俗东家须送染红色的熟鸡蛋。至于“钉”跟“丁”谐音，盖系世系继嗣的隐喻。因死者沉尸于海，金罐内装水及可上浮的鸡蛋，是

1. 咸阳市文物考古研究所:《咸阳教育学院汉墓清理简报》，载《文物考古论集：咸阳市文物考古研究所成立十周年纪念》，西安：三秦出版社，2000 年。
2. 洛阳博物馆:《洛阳东汉光和二年王当墓发掘简报》，载《文物》1980 年第 6 期。
3. 王吉允:《吉安发现一座北宋纪年墓》，载《考古》1989 年第 10 期。

否象征死者灵魂能浮出水面并转世，不得而知。这些葬法“生气”效应可能差一些，但同样发挥风水效用。

四、阳祖与阴祖：父祖子孙同气

在讨论汉人祖先崇拜时，人类学者基于阴阳二元的虚拟分类，谓牌位象征其“魂”的祖先，即“阳祖”；坟墓象征其“魄”的祖先，即“阴祖”。阳祖和阴祖“都能够统合他们子孙们的血统集团，都能够成为集团统合的象征，也都能够成为祖先祭祀和祖先崇拜的对象”。[1] 在传统观念中，人死即阴阳两隔，“上下不相呼”，无论神主还是骨殖，都是世系继嗣的象征，都是阴界的祖灵（魂魄）的载体，所以能不能用“阳祖”和“阴祖”的范畴来界定是值得怀疑的。在历史文献[2]及地方族谱的精英叙述[3]中，神主同骨殖一样，都是祖先与子孙保持共感关联的中介，对于子孙祭祀和血缘认同有着重要的象征意义。

然而，这种“魂驻于庙，魄藏于墓”的观念，还只是一种代表士绅或精英的类型化“通识”[4]，早在汉代《熹平二年张叔敬镇墓文》就有“异例”观念。[5] 从主

1. ［日］渡边欣雄：《汉族的民俗宗教：社会人类学的研究》，第 105 页。
2. 《左传・昭公七年》引郑子产语：“人生始化曰魄，既生魄，阳曰魂。用物精多，则魂魄强。”孔颖达释曰：“附形之灵为魄，附气之神为魂。”《礼记・郊特性》曰：“魂气归于天，形魄归于地。”

   明代《刘氏家藏阐微通书》卷四《丧葬篇》“论四魂入墓之非”：“按四魂入墓，此甚谬也。□人之既死，则魂升于天，魄降于地，岂有其魂入墓之理乎？今通书起例，以年月日时数至辰戌丑未为四入墓，甚可哂也。谚曰‘生不认魂，死不认尸’是也。盖葬者，藏尸骨也，乘地之生气，又得山向之利，年月日时之符合。俗云‘生者气之聚凝者’，气之藏入死骨留，故葬者反气纳骨，枯骸得气，遗躯受荫，一气感召，理也。岂有魂重入墓而有此应乎？”（中国国家图书馆藏）
3. 明万历乙卯年（1615 年）泉州回族丁氏《三宗祀议碑》载：“窃惟庙宇所以妥祖灵，邱陇所以藏祖魄，两者并重。”（庄景辉编校：《陈埭丁氏回族宗谱》，第 195 页）
4. 不能说有错对之分，只是不可由此来构建所谓汉人或涵化的异族之普化的祖先观念。
5. 张叔敬镇墓文曰：“熹平二年（173 年）十二月乙巳朔十六日庚申，天帝使者告张氏之家。三丘五墓、墓左墓右、中央墓主、冢丞冢令、主冢司令、魂门亭长、冢中游击等，敢告移丘丞墓佰、地下二千石、东冢侯、西冢伯、地下击牛直卿，秏里伍长等：今日吉良，非用他故，但以死人张叔敬薄命蚤死，当来下归丘墓。黄神生五岳，主生人录，召魂召魄，主死人籍。生人筑高台，死人归，深自貍里，眉须以落，下为土灰。今故上复除之药，欲令后世无有死者。上党人参九枚，欲持代生人，铅人持代死人，黄豆瓜子，死人持给地下赋。立制牡厉，辟除土咎，欲令祸殃不行。传到约束地吏，勿复烦扰张氏之家，急急如律令。”索安（Anna

位的眼光看，民间关于“魂”“魄”的分辨一直在趋向模糊化。在对待祠堂祖先和坟墓祖先时，民间遵循的并非“魂魄二体”，而是“魂魄一体”。

上述案例说明，并非所有的神主都能入主祠堂，神主置久之后还有可能被“化主”（烧）或“藏主”（埋）。祖辈若是没骨骸或少了骨骸后，也可以用其他可资凭依的象征物（木主、银牌等）代替或补充。墓地是祠堂的一种延伸和补充，成为祖先所谓的“魂”与“魄”的共居之处。如果仅仅将木主或银牌等看作祖先阳“魂”之所依，那么葬银牌或木主于墓中，岂不意味祖先之魂与魄皆共藏于墓中？而没有骨骸只藏银牌或木主者，究竟是魂与魄共藏于墓中的银牌或木主上，还是留魂而落魄？这些案例是否意味阳的祖“魂”藏于此墓地，阴的祖魄藏于彼墓地？特别是“化主”（烧神主）的案例，是否意味着祖先“失魂”，只在墓中魄骨相依？

这些发问显得钻牛角尖，在此只有“魂魄一体”的观念有相对周延的解释。无论是汉人，还是已涵化的回人的祖先观念，祖先灵（魂与魄）骨（体）既可以是一体的，也可以是分离的。只要子孙愿意（堪舆手段）或祖先同意（借抽签卜筶、扶乩、灵媒、托梦、招魂等通灵方式），魂魄合一的祖灵完全可以寄居多个地方，或跟骨骸在一起，或跟骨骸分离。

从民间文献中，我们至少可知东南宗族（不只是汉人，还有涵化的异族）关于祖先的多元化的观念系谱：灵骨一体，灵骨二分；魂魄二分，魂魄一体，并组合成四种体系：

A 灵骨一体和魂魄二分（灵骨一体其实是魄骨二位一体）；

B 灵骨一体和魂魄一体（灵骨一体其实是魂魄骨三位一体）；

C 灵骨二分和魂魄二分（按理，灵骨二分应包括魂骨二分或魄骨二分，也就是说没有骨头魂或魄仍在，比如依附于替代物中，当然要有替代物才行）；

D 灵骨二分和魂魄一体（魂魄或附于骨头，或不附于骨头）。

上述组合而成的观念系谱，其文化逻辑同国人重“认祖归宗”“安土重迁”

Seidel）据此称“在死后灵魂不再分为‘魂’和‘魄’，而是一起归于阴间。这与文人们提出的理论，即魂升入天空，而魄随尸体进入坟墓，相去甚远。根据这一更为大众化的想象，人们的‘魂’在死后就处于五岳的权限范围内。”（［法］索安：《从墓葬的葬仪文书看汉代宗教的轨迹》，《法国汉学》第七辑，北京：中华书局，2002 年，第 124 页）

的观念以及风水技术及其信仰形态有关。对于汉人的祖先灵魂观念，我们理当采纳辩证的多元论，而非一元论或独断论（将灵骨一体或灵骨分离，魂魄一体或魂魄二分绝对化、普遍化）。[1]

事实上，民间对于祖墓风水及祖灵的观念系谱，自有一整套圆融的解释与实践的模式。不仅仅是骨骸，而且是神主牌、银牌或代表祖先的纸人、魂碑、砖头一样能成为世系继嗣具象物，都是祖灵（魂与魄）的有力凭依者。而后裔在代表世系继嗣象征物上的"咬指滴血"，隐喻子孙与祖先的"骨肉"关系，是让"祖考子孙一气相属者"的保证。即使在没有遗骨的情形下（特别是远祖，或者恶死尸首无存），只要子或徒子徒孙一心感召，一心眷念，祖先之"灵"或"气"也可通过神主牌或银牌得到凝聚、延续，从而左右子孙的祸福。滴上子孙指血的银牌、神主牌同骨骸一样，甚至一同构成合力，与墓地所存留"生气"（天地之气）一起发挥荫庇的效用。而用银牌或木主代葬，也可多次更葬、迁葬。

由上可知，在风水术数观念中，天地万物是一体同构的，都是阴阳之气和合、生生之物，而整体与部分都是全息关联的，哪怕是器物与人物，都同样可以禀有相类的性情、灵性（天地之性、气质之性）。是故，在省思民间丧葬实践时，我们除要注意骨骸存在的典型意义外，也应意识到神主牌和银牌等器物的象征内涵。[2] 这种器物的文化实践基础，同"天人相应""相感"的"生生"观密切相关。

---

1. 何彬称："民间大多只取一魂说，不大顾及文人对魂与魄的分工。魂多数时间停留于墓中，与躯体同在。但在祠堂祭祖、家牌位时，灵魂又会应需而在。一魂说致使汉民族的灵魂所在呈一种多元的，有时是矛盾的同时存在。与少数民族以及和海外民族日本大和民族相对比之下，汉民族灵魂与躯体同在墓中这一点显得突出，从而成为汉民族灵魂观的特征。"（何彬：《江浙汉族丧葬文化》，第 107 页）从客位眼光看，何氏的见解属于"通识"，然而民间形成许多"异例"。"灵骨分离"也是南方普遍的乡土观念。我们不能将灵骨（体）一体或灵骨二分的观念比附为中日两国灵魂观念的主要区别。多元论的观念更加符合"因土成俗"通则。
2. 《严溪彭氏三房二修支谱》卷七（厦门大学图书馆藏）录有"严溪二世祖招魂更葬异事"："祖武陵葬十三都鲶形，被孽孙明选振起，富喇挟势掘祖扬骸，篡穴葬父，千古惨凄，合族上告下诉，寻祖骸骨。奉陈邑侯明断宽辟，拟从革孽衣巾，刻木招魂，滴血剪发，备棺葬。"一则《招武祖魂歌》："祖之魂无，□飘荡兮，仍归窀穸，命翁仲以守藏兮。祖之魂无，或怨恫兮，春秋享祀，永世以尊崇兮。祖之魂无，忘尔贼兮，上告天帝，下诉地祇，山灵河伯，必使尔速殄灭兮。祖之魂无，无忘我子孙兮，俾昌炽，俾寿富，万有千岁，萃贤肖而骏奔兮。"此佐证无骨骼就与祖先恩惠源头脱离云云，未必为汉人习俗所认同耳。

比如，上杭白沙林氏一直期许祖墓更葬银牌之后可以福荫子孙。族谱叙事充满着情感化的色彩：“万马奔腾驻市垣，海螺浴水势盘旋。千峰秀耸五星聚，紫袋余香近帝前。”（一世祖）“将军大座势威雄，案外千峰及万峰，秀水东流三百步，满堂朱紫世封公。”（二世祖）南靖庄氏七世祖玄弼公自择的寿域“鲤鱼上滩”，系万历丁巳年（1617 年）因洪水冲坏坟所，棺浮水面才改葬：“乾隆壬午年（1762 年）十月十五日，十五世孙端惠鸠众重兴鲤鱼上滩风水，后复鸠众议定重修于乾隆辛卯年（1771 年），不忍忘先祖故址也，将祠中所祀旧神主三身藏在墓中，立石为记。”[1] 庄氏七世祖身首异处，先是在甲处葬棺，后于乙处葬骸，又于甲处添葬神主牌，再借神乩葬银牌于丙处。

在民间风水观念和实践操作中，祖先与子孙的互动网络是复杂多变的，二者互为有机的主体。尽管子孙掌握着祖灵象征物（骨殖、神主、银牌）的操弄权，能够决定祖先魂魄所居的象征物于何时（天时）寄藏于何处（地利），我们却不能因此说“死去的祖先只是被动的代理者”。代表祖先魂魄所寄的象征物——神主、骨殖、银牌等“有主（神、鬼）无灵（气）”，而山川是“有灵无主”。[2] 好的风水之象征营造就是通过时空关系的优化组合（择日择地），既让“祖考子孙一气”的相续相通（咬指滴血），又让子孙透过祭祀一心感召、一心眷念，从而达成一种“有主有灵”的共赢局面。当然，若所葬之地非获天地吉气凝聚之所，祖考子孙因相生相感，亦不能守善荫庇后人。

当然，祖先骨骸、神主牌、银牌等传递的“气”，亦不能局限于代表形象化的父系继嗣，女性祖先的“骨气”“神气”同样是获取好风水的中介。通过这些象征物，死者方能成为在故里（魂归故里、魂兮归来）享受祭扫、荫庇子孙的“祖先”，而非领受孤食的“孤魂野鬼”。永春和惠安现存的神主墓及依旧祭扫的情形，表明神主墓形态是家族祠祭与墓祭相互混合、祖先崇拜与风水信仰相互结

1. 林氏家族对墓葬有一个周延的风水解释范式：“坝中祖坟，龙自西方云栋，奔放腾娜，转而南至特起楼殿后，迤逦至花坵石脉，过江中，浮大渚，状如河鲤登龙，前案后，左龙右虎，堂襟两涧面溯长渠，水秀山明，既挹晨光而启夕翠，渊渟岳峙，则萃玉野而孕珠胎。维精灵之独蕴，实间气所攸钟。至于后遭悯凶者，或曰是地公已规为草墩，后诸富女为筑灰坟，有伤鱼性，似矣。抑亦后人禄薄，地不为灵，俱未可知也。今有灰墩在花坵，江中能动而不能漂，存其古迹也。”（上杭《西河林氏族谱》卷三《墓考》，民国年间刻本）
2. 这是长汀县地理先生、礼生 WLP（白云居士）的说法。

合的产物。神主墓形式亦藏有传统宗庙制度“迁主毁（坏）庙”的影子。神主墓可以被视为祠堂的延续和补充（在北方，按照昭穆秩序排列的祖坟也有相应的内涵），是家族房派宗亲灵魂（祧祖）共居的场所。由于神主墓的风水效应被认为能够影响全族子孙，因此也是家族构建命运共同体的一个象征载体。[1]

诚如《认祖歌》所言，乡族社会的人口迁流同样伴随着文化礼俗的迁流（年深外境犹吾境，身处他乡似故乡）。在“安土”（落叶归根）和“迁徙”（落地生根）皆是常态的乡族社会中，由于宗法观念及风水信仰的不断发酵，中国丧葬礼俗制度在坚守其基本趋同的思想脉络和仪式框架的同时，其操作的细节则因土成俗，随方设教，被人们自觉自愿地改变，象征祖先灵魂驻居的场所呈现了多元化、本土化的趋向，作为主体趋势的“灵体一致”“灵骨一致”的观念形态发生了许多变异（藏骨仍是主流），与之相应的“一墓制”丧葬形态也未得到严格的实施。灵骨（特别是没有骨骸时）被视为可以分离的，藏骨之地和祭祀之地亦可以分离，并能够分别作用（感应）于子孙。风水刺激下的“二墓制”雏形业已出现。所谓阳祖和阴祖的划分，更多是虚拟的想象，坟墓和祠堂只是阴界的祖灵享受祭祀的象征场所而已。

五、骨肉与气：女性墓地的风水效应

濑川昌久称，东南墓地祭祀的家礼、礼书的规范化程度远比祠堂祭祀低得多，“为了弥补这种以男性祖先为中心的祭祀体系，就重视起女性祖先的墓地”[2]。这种推测源于中国“男尊女卑”意识的直觉，忽视了民俗形成中的地域性、实用性的因素。祖妣墓地风水与其说是弥补以男性祖先为中心的祭祀体系的不足，不如说是基于遵守孝道观念的逻辑延伸，以及“好风水”提升家族或个体的诱惑力。用莫里斯・弗里德曼的话说，基于改变命运的诱惑，“风水是分散埋葬的‘原因’”。[3]

其实，在墓地风水方面，女性祖先所受到的人格尊重和身后纪念绝对不逊色

1. 风水先生 LDX 反对我用朱熹的“始祖亲尽则藏其主于墓所”来解释该信仰现象，谓此俗同因地制宜地改变朱熹的设定无关，主要是牌位太满了，必须有效处理。
2. ［日］濑川昌久：《族谱：华南汉族的家族、风水、移居》，第 170 页。
3. ［英］莫里斯・弗里德曼：《中国东南的宗族组织》，第 100 页。

于男性祖先（图 10.9）。明清以来，族谱开始大量出现绘有男女祖先的图像，家族祭祀时也常常挂出男女祖先的祖图。《礼记・祭义》曰："身也者，父母之遗体也，行父母之遗体，敢不敬乎？" 儒家孝道观并不是以男性祖先为优先的，民间关于"二十四孝"的话语构建就是个很好的例证。而为女性祖先（嫡妣与继妣）择风水、建墓地，反映了传统宗族祭祀是等级性和平等性的有机结合体。如果不建女性祖先坟墓，或者将女坟修得比男坟差，在情感上是令人难以接受的。而风水利益的因素不言自明。既然祖先好风水能带来好运，那么为何就不能重视女性祖先墓地？家族重视女性祖先墓地，是重孝和重利的双重因素结合的产物。

滋贺秀三根据对华北平原的旧惯调查，强调在儒家影响下的祭祀体系中，夫与妻同属于宗法关系结构的一部分，具有一体性的地位。[1] 但东南丘陵地区女性已婚者不一定都要被埋葬于祖坟区内（指按昭穆次序排列的祖坟）或夫妇合葬。从女性祖先与宗之所属关系，亦即女性根据"夫妻一体"原则纳入夫家继承系列的视角来看，所谓家族或房派为何重视女性墓地问题的提法并不妥当。甚至在外籍的同宗女性，同样有回宗祠祭祖的习惯。这种判断还牵涉女性祖先是否有"骨气"及其"骨气"如何发挥效用的讨论。部分学者错误主张，"就母亲来说，'气'这样的词语却不能使用。在生命的形成中，母亲的参与关涉到'形'，而赋给'形'以'气'的全部都是父亲的"；[2] "骨由父传递，肉由母传递"，女性通过与结婚而传接丈夫之"气"。[3] 传统文本反映的是掌握文字的士绅或文人的观念系谱及叙事，它所表述的只是经过精英精心"格式化"后的一些价值规范，未必能

---

1. ［日］滋贺秀三："在中国人的人生观中，任何人都必须以某种方式被纳入祭祀被祭祀的关系之中。在曾对于超自然持冷淡、怀疑态度的中国人的思维中，所谓祖先子孙之祭祀、被祭祀的关系只在自然的、可见的之中，是人生永远追求的，任何人都不可被排除于这种关系之外。男性因出生而当然被保证给予祭祀、被祭祀关系之中坚定的地位，相对来说，女性不因出生而因结婚被纳入这种关系之中。妻与夫一起负有祭祀夫之祖先的义务。……同时，妻与夫共同接受夫之子孙的祭祀。已婚者一定要被埋葬于祖坟而且是夫妇合葬于同一坟墓。……夫作为考（死去的父亲）被祭祀，妻必须作为妣（死去的母亲）被祭祀。如果附有牌位的话，就将考妣对照的两个牌位作为一对。……总之，在祭祀被祭祀的关系中，夫妻构成一体。……对女性来说，结婚绝不单单是与夫个人的结合，而是与在宗之秩序之中夫所占据着的地位的合并。"（《中国家族法原理》，第 374—375 页）
2. ［日］滋贺秀三：《中国家族法原理》，第 29 页。
3. ［日］滋贺秀三：《中国家族法原理》，第 178—181 页。

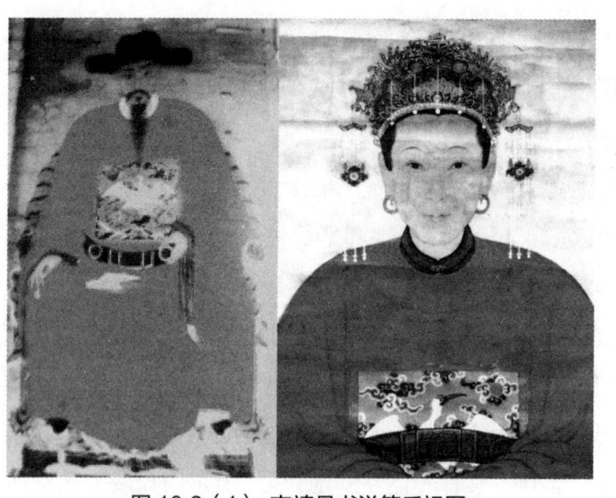

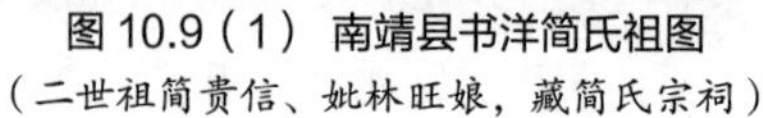

图 10.9（1） 南靖县书洋简氏祖图

（二世祖简贵信、妣林旺娘，藏简氏宗祠）

图 10.9（2） 台湾宜兰陈氏祖图

（陈协和夫人刘氏）

够真正代表传统宇宙观念的精神。倘若我们换位思考，就会发现，民间大多不顾及这类类型化的分辨。

在东南地区，家族“骨肉”关系本身就意味男性女性共同传接考与妣之“气”。[1]“身体发肤受之父母，不敢毁伤。”“气”是骨肉的表征，父子、母子都是不可分割的生命连续体，都是一气相通、同气相从的。风水所讲的生气的联结，一是男女祖先的“血气”或“骨气”（魂魄所依），二是自然山川的“精气”或“灵气”。好风水之所以能发挥效力，就是“有灵有主”，人之骨气或血气与天地的精气或灵气相互感通、感应、感化。倘若没有妣（女性祖先）骨骸的“骨气”或替代物所注入的子孙“血气”，妣之墓地风水又何以荫庇子孙呢？

民间判断男女祖先风水好坏的标准，特别重视更改葬时“骨气”的气色。在明清宗族组织的墓地投资中，迁改葬比重较大。因为合房出资整修祖墓及共祭远

1. 孙江称：“在中国传统社会里，人们并不是用‘血’，而是用‘骨肉’来想象和解释亲属关系和模拟亲属关系的。……人们认为维系亲缘关系的纽带不是‘血’，而是‘气’，‘气’的表征为‘骨肉’。‘父精母血’之说固然表明母子之间是以‘血’来连结的，不过，‘血’本身包含在‘气’之中。”（孙江：《中国传统社会存在“血缘”关系吗？》，载《中国社会科学院院报》2004 年 3 月 16 日第 3 版）

祖，有助于凝聚家族的向心力。迁改葬除考虑到穴地美恶、墓主八字和时令吉凶外，更不能忽视各类信仰禁忌和符镇法术。试举一例。在约 260 年的时间里，上杭白沙林氏兼顾“地气”和“骨气”，来判定穴之吉凶、子孙祸福，更葬四世祖达兴公妣合葬冢（海螺穴）四次。谱赞曰：“万马奔腾驻市垣，海螺浴水势盘旋。千峰秀耸五星聚，紫袋余香近帝前。”[1] 每次更葬皆依山法定夺坐朝向、择日起攒等事宜，并关注墓中土色及“骨气”的成色。[2]

即便是从历史文献及当代的案例中，我们也能看到民间观念（因而也异于士绅或文人的观念）中存在着异于常态之论的“异例”。由于“骨肉”概念（预示着家族中无论直系或非直系的男女同接较早世代的祖先之气）是中国人表达亲缘关系的纽带，即便是未结婚的女性的骨殖，也可以影响其所属血统的家族兴衰。[3]

2004 年 4 月 13 日，笔者随同长汀某庙罗祖教徒到朝斗岩去拜扫他们的师傅

---

1. 《西河林氏族谱》卷三《墓考》，民国年间刻本，第 25 页。
2. “四世祖达兴公、妣邱九娘合葬冢前坪下穴，海螺形，丑山未向兼艮坤，辛丑辛未分金。明天启七年丁卯（1627 年）十二月初九日丑时更葬，原式左右平位，公居左，妣居右，俱丑山兼艮。至大清康熙十六年丁巳（1677 年）四月初七日丑时更葬。是时公的骨骸甚佳，妣之骸骨稍逊，乃议中开一穴，用连珠合葬法，圹内俱系五色佳土及红粉石，暖气熏蒸，洵佳穴也，旧牌仍埋穴内。乾隆三十二年丁亥（1767 年）十二月十三日丑时更葬一次。此时骸骨甚佳，兼有雪白清水半罐。迨光绪十四年戊子（1888 年），距乾隆丁亥计九十一年，商议更修，乃端人至漳州请杨明智先生，拣择吉期，奉去笔资银六圆，携日课人火资银三圆。择课光绪戊子年（1888 年）十月初六甲申日丑时，有太阳、太阴二星正照。此骨骸如故，已无雪白清水，罐中甚爽。更葬时，前日初五天气晴明，至夜半子分天忽降细雨，并无风声。至丑初天复清朗，满天星斗，明白如昼。安葬后复细雨如丝，有片刻之久，又复晴明。寅卯分又降大雨一时，次日仍复晴明。此太阳、太阴正照之验也。其穴位坟位俱照原式，只换石枋十一块。通计用费银一百七十三两一钱正，计三房每房派六三兑边四十员，每男丁派银三分式厘。……现议题捐者，每元春祭时分胙四两，至善后章程尚需再酌。”（《西河林氏族谱》卷三《墓考》，民国年间刻本，第 25—26 页）
3. 清代有关李光地坟墓的传说或可印证，“骨气”未必是男性的专利品：“文贞公之墓，在安溪某乡。康熙间，有道士李姓者利其风水。道士之女病瘵将危，道士告之曰：‘汝为我所生，而此病已无生理。今欲取汝身一物，以利吾门可乎？’女愕然曰：‘惟父所命。’道士曰：‘我欲分李氏风水，谋之久矣。必得亲生儿女之骨肉埋之，方能有应。但已死者不甚灵，现活者不忍杀，惟汝将死未死之人，正合我用耳。’女未及答，道士遽以刀划取其指骨，置羊角中，私埋于文贞公之墓前。自后李氏门中死一科甲，则道士族中增一科甲。李氏田中减收若干斛，则道士田中增收若干斛。”（〔清〕梁章钜：《归田琐记》，北京：中华书局，1981 年，第 66—67 页）

图 10.10 长汀县朝斗岩罗祖教大姑墓
（墓碑反置）

LRF 大姑（“大姑”是罗祖教教阶之称）之墓，发现墓碑竟被反置，刻字阳面被反砌。据祭扫者庙主林氏（“大姑”是林氏母亲的姐妹）说，大姑未婚嫁，出家住庙，修行“大乘经”（罗清《五部六册》），死后葬在这里（图 10.10），一位道友陪葬左侧墓地。因未嫁的大姑仍属 L 姓之“宗”，其堂弟认为大姑的墓地风水不利于其家族的家运，便将大姑及其道友的墓碑都翻了过来。因此，在讨论墓地风水效应（施加影响的对象）时，我们不能只注意祖先与子孙（包括直系或拟制）的关系，也应同时注意与“气”相连的“骨肉”关系。

此外，在探讨东南家族为何重视女性墓地的问题时，不能忽视地域社会所延续的女性崇拜现象。这种观念是早期越族土著习俗（母系社会）积淀的产物。在畲人及客家人地区，至今还盛行“婆太崇拜”，即以某一房支女性祖宗为尊崇对象（由于房支所指涉的世代深度是无限的，婆太也没有固定的系谱范围限制）。今武平县永平乡帽村方氏宗族还有“婆太会”组织。[1] 闽西人迁居异地时，随身带走的常常是母亲（母系）而非父亲（父系）的骨骸，原乡旧坟则借用“银牌”代葬。回归到探讨的主题时，我们更应意识到，因为中国家族贯彻的是“夫妻一

1. 杨彦杰：《永平帽村的方氏宗族》，载杨彦杰：《闽西客家宗族社会研究》，第 113 页。有关婆太崇拜问题，可参见谢重光：《闽台客家社会与文化》，福州：福建人民出版社，2003 年，第 278—279 页。

体”的祭祀原则，“妣”（不论嫡妣与继妣之区别）与“祖”（考）相连，家族对于远妣坟墓风水的营造，同样受到“族/房”相关的向力关系以及风水“房分”理论的左右，并因为“房”的系谱深度不同和功能化程度不同，而形成不同的认同“箭垛化”中心。

第二节　坟墓形制的符号化及其风水象征

本节拟深描福建及琉球群岛坟墓形制的物化象征问题，[1]关注一般性的风水知识和观念，如何赋予丧葬“记忆之所”符号化的意义，使之成为凝聚、固化祖先崇拜的文化媒介和物质载体。[2]

福建金水墓或龟壳墓等坟墓形制，不仅嵌入技术性的、规则性的“数”（有形的筮、卜、易，无形的风水气运）和“象”（有形的形象，无形的吉凶兆象）的观念，而且植入人文化的、体制化的“礼”（理）与“仪”（轨）的观念。坟墓形制首先是“礼（理）数”（《抱朴子·讥惑》：“制礼数以异等威之品。”）的对象化和客观化，同时包含着差序化、秩序化的“度数”（《周礼·春官》：“令国民族葬，而掌其禁令。正其位，掌其度数。”《商君书·错法》：“法无度数而事日烦，则法立而治乱矣。”）。坟墓作为一种承载逝者记忆的物化象征，其进入地方历史而得到集体叙事或被带回当下的方式，在一定程度上揭示了地域整体的社会构造及其所共享的“文化共相”。

一、风水书籍关于坟墓形制的规范

中外学者对中国北方与南方地区的坟墓形制问题有不少比较研究，并探讨地形地貌及风水观念对坟墓形制的影响。北方坟墓样式相对单一，以“土馒头”形为主，这与平原地形有很大关系，其坟形受风水观念的影响程度较浅。[3]南方坟

1. 笔者初稿《坟墓形制与风水信仰——福建与琉球的事例》刊于台湾《新世纪宗教》2005年第1期。
2. 这包括坟墓的“堆式”“茔式”“圹式”“乾池”“墓碑”等。
3. 中国北方累累若馒头的土丘式坟墓是最常见的。清初朝鲜使节记录了北京城外的“坟制”：“皇城外（朝阳门外也）平田旷野，皆都坟墓。环墓皆筑墙设门，松杉蔚苍，碑碣森罗。其有节义可尚者，建牌楼旌之。其坟形上锐下丰，状如帽子，不以莎草封之，只是累土，无龙

墓样式之间存在着复杂的共生、共存关系，细部特征有些差异，称谓用语亦不一，有龟壳墓、类龟壳墓、马蹄形墓、土馒头墓、半月形墓、Ω 形墓、风形墓、钟形墓、椅子坟、交椅墓、“后圆前方”墓、“后圆前圆”墓等说法。

根据清代徐珂分析，闽中墓葬习俗大多尊重古制，重视族葬，更因山陵的条件限制，多营造坚致，选择圆形或方形之墓形。[1] 陈尔履纂修《颍川陈氏族谱》收录一则“立包造坚固坟茔进葬约字”，记载清末闽侯复杂的墓葬礼仪及“造坚固坟茔”的情形。当地墓式营造多照凭图样，采用三夹料，做工精致，并遵照吉凶尺寸。[2] 这些坟墓样式除与地形地貌相关外，亦是当地人“做（养）风水”（提

尾阶砌。或于冢之前面嵌石而为碑。其子孙显达者，墓前竖华表柱二行。都门之外，大抵人家坟冢混无区域，篱落之间，累累皆是。其火葬者，加垩涂坟（坟封之外皆耕种，虽有子孙者亦然，故庶民兆域皆在田中。其葬埋皆平原旷野，无山脉来龙水势合抱之所据，只是掬土成坟而已）。清明日过玉田城外，平陂广漠，累累馒头，尽封新土，上挂一陌纸钱，窸窣野风前。盖其土俗，每年清明日如土坟上云。”（［韩］林基中编：《燕行录全集》卷七十《燕行录》，韩国东国大学校出版部，2001 年，第 97 页）

1. 徐珂曰：“坟墓之制，各地异俗。大率葬平壤者多简率，葬山陵者多坚致。如闽中坟墓，其营造犹近古制，而异其习尚。他处仅夫妻有合墓之义，闽中士大夫之家常合祖孙父子数世为一墓。其俗以三世计，约几何人，即就山凿一深穴以为圹，广大如屋，中有一石榻，如其家三世共十人者，则此石榻可容置十棺，穴口就石凿三门，含有机栝，封固即不可复开。穴上则用磁粉、油泥等，筑一或圆或长方之墓形。其第一世棺入圹后，即封其墓之中门。右一门本虚设，左一门留以启闭，子孙岁时入而洒扫。俟三世棺均入圹，则并左一门亦封之，即永不得开矣。故闽中古墓，虽历时至久，均复存在。纵经兵燹，从无伐墓之举，以其坚不得开也。”（徐珂：《清类稗钞・祠庙类》，北京：中华书局，1984 年，第 234 页）
2. “立包造坚固坟茔进葬约字。张青倪今在陈处包造六圹全座坟茔，坐落侯邑北关外后墼地方。其山地四至丈数，俱载卖契内明白。惟墓式照凭图样，其料用三夹料，其各摆帐概用五寸厚。其坟墓全座尺寸、长短应配如何，凭老师临时分发，合经尺好字，不敢更改分毫。磨光去垢，一一从命。即日先行补葬二俥，由高节里起俥，用十六名扛棺，至墓埕候告时进葬。凡动棺、扛棺车、租回俥、埋葬时解俥、封圹各花彩，以及圹前祭土地礼、前后点心、飰菜、草鞋钱诸费一切在内，自破土起以及进葬时，开圹、封圹、挑沙、挑水、夹料、裁界墓、面凿字、做花、周围推土垄、起工、犒工、完工、搭厂，所有人工、铁器、木器、竹器、篷厂、边丈、大杆、粽索、灰土、水沙石一概还用，并副都司嫩家私工钱、饮食一切在内，面约仿钱五百千文，其钱面约。首次造土墓、扛棺、埋葬、买家私祭礼支一百千文，二次造屏风止支七十千文，三次作圹山支七十千文，四次作栏杆支六十千文，五次作如意支六十千文，六次造墓面福鼎埕水旺支六十千文，七次完竣支八十千文。即请陈府察看，果一一照约，当无话可说。自约造后，保固二十年。如有崩裂各等情，愿自备工料，赔修如式，不得翻异。议约之后，两相允愿，各无反悔。今欲有凭，立包造坟茔宇字一纸为照。再约：后日遇有补葬，每东议完扛棺十六名，以及花彩一切在内，共成三十千文，不及别生枝节为照。中友：梁元桢、元杜押。代笔：副都司王丹生押。光绪十六年（1890 年）七月 日。

高或改善墓地风水效能）的手段。[1]

学者在讨论南方坟墓类型及墓身内外结构的象征内涵时，大多停留于田野调查结论，往往忽视风水书籍的相关记载及其影响坟墓形制营造的程度。坟墓营造样式被堪舆家赋予承气接脉、制泄煞气、收迎来水的功用，关涉风水吉凶和人事祸福。特别是墓丘和墓碑的营造样式向无定式，堪称阴阳五行观念在丧葬器物层面上的生动展现。

明崇祯元年（1628 年）建阳人余应虬、余应科之刻本《刻仰止子参定正传地理统一全书》强调，坟丘样式关系到穴场的风水效应（早发或迟发，吉或凶）。坟丘堆式所属五行应该与来龙坐山星体所属五行相生比和。该书对于“开茔作法”和“穿圹作法”亦有细致规定。[2] 清代闽西抄本录有“十二掩土法”，根据穴场四周山势及地形特征，对坟墓结构如墓丘、坟圈[3]、乾池[4]等进行营造，以培育或改善穴场的风水效能。[5] 根据明末淮右禅师“穴证”图（第七章第二节），因穴

立包造坚固坟茔进葬字。张青倪押。在见：男腾金、腾吉、腾全、腾春押。”［陈尔履纂修：《颍川陈氏族谱》卷八，民国六年（1917 年）铅印本，中国国家图书馆藏］

1. 平敷令治、渡边欣雄、何彬、周星、吕青华等探讨了中国南方及琉球的椅子坟、龟壳墓的样式。详见平敷令治：《沖縄の亀甲墓》、窪德忠编：《沖縄の風水》，日本株式会社平河出版社，1990 年，第 97—123 页；［日］渡边欣雄：《风水：气的景观地理学》，第 115—120 页；渡边欣雄：《風水の社会人類学——中国とその周辺比較》，东京风响社，2001 年，第 308—320 页、第 388—396 页；何彬：《江浙汉族丧葬文化》，第 55—76 页、第 136—138 页、第 172—183 页；周星：《椅子坟与龟壳墓》，载何彬：《江浙汉族丧葬文化》附录，第 142—169 页；吕青华：《龟甲墓的中琉比较研究》，载第七届中琉历史关系国际学术会议《中琉历史关系论文集》，台北：中琉文化经济协会，1999 年，第 15—23 页；周星：《福建省の亀殻墓と風水》，《アジア游学》第 47 号，2003 年，第 46—54 页；周星：《坟墓形制、风水实践、建筑仪礼及其他》，载《中国福建省福州及泉州与冲绳的文化、社会比较研究》（中国福建省福州及び泉州と沖縄の文化・社会の比較研究），2003 年，第 71—121 页。
2. 该书卷一一《垒堆作法》曰：“古者墓而不坟，至汉始有之，皆取五行相生之义。如金山宜作台形，而忌火堆也。水山宜作覆磬形、偃月形，而忌土堆也。木山宜作层塔形，而忌金堆也。火山宜作蚕茧形，而忌水堆也。土山宜作马鬣形，而忌木堆也。其阔狭居茔之半高，亦不过三尺许。不论高山平地，或土堆或砖砌，其形要相生，如金作土堆，则发更速。如金作火堆，则发必迟，余皆仿此。”
3. 坟圈，也叫墓圈，墓后墩、墓后案、龟后坪、圆岭（以上闽南地区用语）、地（墓）后影、月影（以上客家地区用语）等。
4. 乾池，也叫水池、丹池、深井、坍池、坟堂、排水等。
5. “长鬣掩，风踰掩，妙掩，高掩，抵掩，楼台掩，墙照掩，伏龟掩，伏钟掩，含砂掩，拱月掩，半月掩。以上十二掩土作法，用砂水高压，四方风吹，前逼岐增，劫曜冲射，前山走

场的地理各异，考虑“养”“补”“发”风水的需要，墓丘、乾池、碑石等的构造形态，坟墓开挖的深度、构筑的高度（浮）各有讲究（图 10.11、图 10.12）。鉴于有些来脉气脉过旺，为了消泄杀气，有些坟墓还禁开墓碑、乾池等。坟墓样式的营造原则应按“阴阳五行相生相克之法”，通常不会偏离所谓“星体堆式”，即“立堆身使全山之精神皆注于正堆体，使八方之山水皆朝立一向”云云。

风水是一门赋予“地理”（自然环境）以象征意义的术数（故又称相地术），主张顺应并适当营造“地理”[1]，以转移祸福，夺造化神工鬼斧。倘若忽视对南方地形特征及相应的风水观念的历史理解，我们很难准确把握该地区坟墓形制样式的民俗内涵。南方坟墓形制的外部细部结构（如墓丘、墓碑、乾池）的风格各异，万变不离其宗，都深受“藏风聚气”的风水观念系谱影响。南方“土馒头”坟形（土丘墓）亦然。[2] 而在穴地空间受限的情形下，民间并未完全按照五行生克原则来划分墓丘或干池的形态。椅子坟和龟壳墓的墓圈、墓壳趋向于偃月形状，系因地制宜接受地方其他文化元素濡染的结果。

二、金水墓：坟墓形制的主体样式

南方地区坟墓形制虽然在细部特征或外部景观上呈现出多样化的样式，但是仍然有一些共同的“建筑”特征，带有地域的民俗共性。何彬借用浙江民俗用语——椅子坟或交椅坟——来界定分布于东南、华南地区的坟墓样式：地面椁室

窜，倾泻直流，穴下空陷，堂前飘泻，来龙雄猛带杀，天空地漏，左窜右乘，凶顽破碎，凹风暗杀，是以用此作法。又有十二掩土作法外有不能掩者何当？以开沟掩之，或开播龙沟以掩之，或开云沟以掩之，或造云墩以掩之，或作方土以掩之，或用沟以泄杀气。补土可以制杀，最宜详要。看上下左右前后，前则当开池掩，后则当堆掩，左右杀风则用土坪掩，上则用五星堆土掩。此是剪风消杀、避强炊压之大作用。此理岂凡骨之流所能知？廿四山俱可作用，要看龙穴真假，杀风方向，属何字位，立其此相，避其此相者矣。看坟宅用五行体式诀。凡作坟宅，尖为火体，圆为金体，方为土体，曲为水体，直为木体，以五行到头入首点穴一节，相生比和为吉，相冲相克为凶。水星入首式宜曲吉，余凶。金星入首宜圆吉，余凶。木星入首宜直，余凶。火星入首宜尖，余凶。土星入首宜方，余凶。”长汀县濯田镇东山村 WKC 提供。WKC，民国二十六年（1937 年）生，初中文化，祖传风水先生。访谈时间：2003 年 2 月 12 日；访谈地点：东山村 WKC 家中。

1. 风水术家往往将这些来龙山势归结为金、木、水、火、土等星体。
2. 福建平原地区亦多“土馒头”坟形。闽侯县宋代李纲墓为“‘土馒头’，高约丈余，周围十二合抱，是用陶砖砌成”。（中共福州市委文史资料写作组：《福州地方志》，1979 年，87 页）

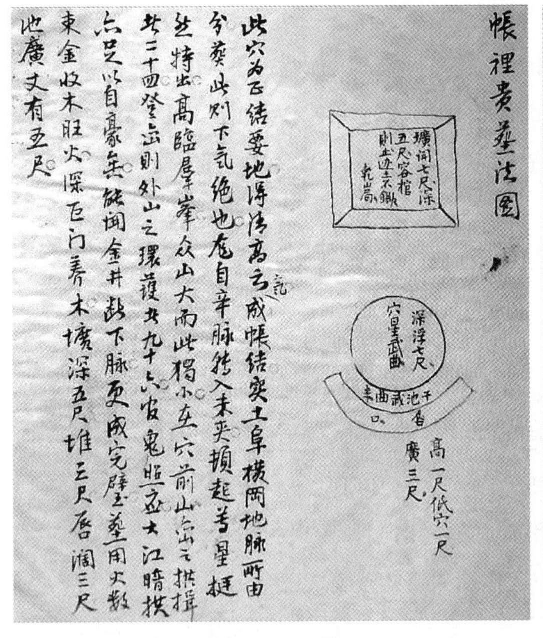

图 10.11　葬法图

（〔明〕释淮右：《南山、晋北、紫帽、南门外图》，清抄本）

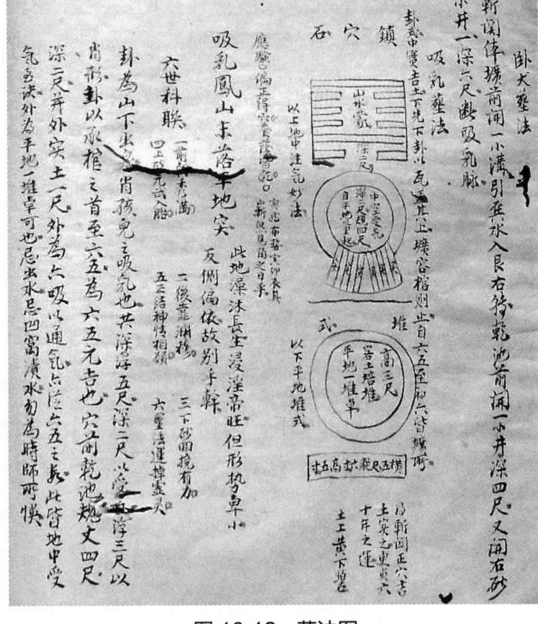

图 10.12　葬法图

（〔明〕释淮右：《清源图》，清抄本）

（或者坟堆）加上后部的圈式围墙（坟圈），围墙自后朝前作缓坡式降低而呈椅子形状。其形制特点是前低后高、前方后圆，但在形制样式细节上有许多近似的变体。日本学者使用“龟壳（甲）墓”，来称谓南部中国以及琉球等地外形细部有些差异的坟墓形制。周星倾向于使用“龟壳墓”或“类龟壳墓”二辞[1]，视之为从

1. 2004 年 11 月 17 日下午，周星电子邮件告：“关于坟墓形制，‘欧米伽形’‘马蹄形’‘风形’‘钟形’等用语，基本上只是就其外形来描述的。他们都注意到了坟墓形制的地方独特性，但大多没有意识到其外形本身也就蕴含着风水的寓意，这一点或许算得上是我自己研究的一点点贡献。这些用语的定义和彼此区分并不明确。事实上，也很难使之明确。我本人比较倾向于使用‘龟壳墓’或‘类龟壳墓’来称谓。但是考虑到各位学者已经多次采用以上各种用语，一般也就不特别强调自己的见解了。‘马蹄形’的用法，最早来自洋人，可能很早了。弗里德曼也用过。似乎可以说明他们开始时完全没有意识到墓形本身也有风水的意义。‘风形’是说坟墓的外形接近于一个‘风’字。‘欧米伽形’的用法也一样，说它类似于 Ω 符号。由于是按照外形由研究者去命名的，因此，名称很多样化。此外，坟墓外形的细部多有不同，也是导致产生用语差异的原因之一吧。”

一般的椅子坟发展而来的、更为地方化的特型。

据何彬研究，椅子坟造型可上溯至北宋时期。周星强调，狭义的龟壳墓最迟在明代已经成形和普及。[1] 按明弘治甲子年（1504 年）《林氏重修先墓记》记载，莆田尊贤里福平山林氏九牧公墓就是龟壳墓形，“九垢一行，并丙向”，“九龟平峙，广一十六丈而奇，莆仅有也”。明万历三十五年（1607 年）秋工部侍郎温陵何乔远《福平山志》曰：“予尝至其处，见九坟齐列，作龟体，莆人谓之九龟。”。[2]

早在宋代，南方地区就出现三合土和糖灰水黏合剂的造坟技术，明代堪舆书对“和土法”的配合有详细的记述。[3] 清代陈盛韶也记录漳州的三合土造墓工艺。[4]1956 年，闽侯白沙区桐口乡发现编号 M6 明墓的墓室是三合土、砖、石的混合建筑，“墓的结构为三合土，长方形”，“墓砖外又用三合土封闭，甚牢固”。[5] 三合土用糯米、石灰、小石粗砂掺和而成。这是考古发现的明代墓的普遍做法。[6]1978 年，惠安东园下埭村发现一座伊斯兰塔式墓盖，三合土结构，共分六层，截面呈尖拱状，碑文刻有“大明钦赐捕盗官郭公墓道。时岁成化丁未（1487

---

1. 周星「福建省の亀殻墓と風水」。
2. 详见《西河林氏族谱》卷三《墓考》，题“弘治甲子六月吉邵州二十二世孙尚书俊”书，民国年间刻本。何乔远语亦见《闽书》。周星《福建省的龟甲墓与风水》（福建省の亀殻墓と風水）提到，根据台湾《林氏家谱》，明代弘治十七年（1504 年）修复的林氏先祖墓是龟壳（甲）墓。
3. 《葬法类・和土法》：“净石灰六石，黄土三石，石子一石。石灰筛过，土亦晒干打细筛过，石取其如指头大者，亦筛去小砂，然后三件和匀，用毛桃藤浸水润之，不可太湿。穴底布二三寸，宜筑实方下棺，四旁各厚五六寸，上厚尺余，俱要渐渐筑实，久则化成坚石，虽锄究不能入矣。如无毛桃藤，用白芨面调水亦可。”（〔明〕黄慎编：《新编秘传堪舆类纂人天共宝》卷一二）
4. 《古田县・墓圹》：“东郭墦间，葬冢累累，古邑无有也。民间送死必作墓圹，上用石，次以砖，次以石灰、细沙、土末杵之，谓三合土，坚不可破。空其中，可容三五棺。形若半月，后仰前俯，砌以石墙，勒以石碑，刻以石联。跪拜者石坪，炷香者石炉。或费千金数百金，最下亦数十金。无财不可为，故古田停柩不葬者十之七。”（〔清〕邓传安、陈盛韶：《蠡测汇钞 问俗录》卷二，第 68 页）
5. 曾凡：《南福铁路古墓群发掘记》，载福建博物院编《福建考古资料汇编（1953—1959）》，第 153—154 页。
6. 《福建四年来清理古墓葬简况》，载福建博物院编：《福建考古资料汇编（1953—1959）》，第 231—234 页。

年）仲冬月日立”，此墓系白崎郭崇儿（1419—1487 年）墓葬。[1] 永定《熊氏族谱》则提到该族复斋公及数位太婆墓的迁改葬都“筑三合土大坟”。[2]

另外，永春县一都镇黄沙村新发现的明万历庚戌年（1610 年）造陈氏夫妇合葬墓（图 10.13），是典型的椅子坟造型。墓设有上下埕、台阶、长方形月池、矮围墙，墓门内有钟鼓，墓门外有双狮守卫，皆系三合土工艺。左右墓手还有守墓将军、土地公以及松鹤、鹿、凤凰等浮雕。该墓规模宏阔，占地约 1 800 平方米，建筑面积约 300 平方米。[3] 墓顶题名“明寿城”，应是墓主生前所造之寿域。墓题联“风月长伴侣，溪山老故人”，墓碑题明“明诏赐”（上）“冠带乡宾乐泉陈公暨”（左）“元配慈仁郭氏孺人墓”（右）“万历庚戌年仲冬吉旦”（左外）“男遇（？）龙名讳□筹等立”（右外）等字，共四行各九字，亦合闽南墓碑竖字合在“兴旺衰微”顺数的“兴”字上。[4]

在讨论南部中国主流坟墓样式的民俗意义时，“椅子坟”“（类）龟壳墓”等民俗用语比较契合当地人赋予坟墓样式的“关键象征”。像“椅子坟”或“交椅坟”这样的用法，注意到“交椅”或“太师椅”在汉语语境中具有官职俸禄及身份显贵的标志；“龟壳（甲）墓”或“类龟壳墓”的用法，意识到墓丘（俗称“龟背”或“墓龟”）造型与崇龟现象以及龟的“长寿”“吉祥”和“灵异”等象

---

1. 泉州海外交通史博物馆编（陈达生主撰）:《泉州伊斯兰教石刻》，第 60 页。《郭氏奇山义房家谱》载:“智房三世谏评公，讳崇儿，仕敏公长子也。公晓文墨，习武艺。成化时杀贼（倭寇）有功，钦赐冠带捕盗官职。”
2. “（复斋公）明弘治十八年（1505 年）十二月二十一日葬于杏坑望洋唐帽山，虎形，巽山乾向，至万历八年（1580 年）庚辰十二月廿六日筑大坟。徐太婆葬窠里下山屋背，龟形，至万历二十四年（1596 年）占正穴情，筑三合土大坟。邱太婆初葬檬林前，万历二十二年（1594 年）冬迁葬岐山岌肖太婆坟左侧。至康熙五十四年（1715 年）乙未又迁葬于长坪坑石圳潭面上，筑三合土大坟，龟形，壬山丙向，辛巳辛亥分金。”（永定县《江陵熊氏祥人公家谱》，2001 年重修，第 18 页）
3. 照片为永春陈金清提供。详见《东南早报》“永春发现明代巨富古大墓”，2020 年 1 月 10 日。
4. 根据《赐冠带义士乐泉陈君墓志铭》称，墓主陈乐泉，名勋，字孔敬，乐泉其号也，为当地巨富。“万历十三年（1576 年），边饷乏，有旨‘民能助边者，与冠带荣身’，君然应诏。明年饥，檄民实仓赈贷；邑城圮，檄民助工修筑，君皆不靳百金。若造桥梁，修蹊路，掩骼施木，饭僧建坛，皆出一念之善，无望报者。其好义之类如此。或有争质，官未能理者，用君一言而息”云云。墓志铭为江西九江府通判颜廷榘撰文，奉敕提督杨道会篆盖，江西按察司李开藻书丹。详见永春一都人民政府编《一都镇志》，2019 年，第 228—229 页。

图 10.13 （1–3）明代永春陈氏三合土墓

征有关联。[1]

椅子坟和龟壳墓的结构造型含有风水方面的象征含义。关于墓丘、墓庭、乾池等类型构造的解释，仍然语焉不详。[2]造型不同的“墓龟”或“龟背”，往往是为顺应山龙所属五行关系而采纳不同的掩土作法或堆式，[3]非常接近于掩土作法中的“伏龟掩”、“拱月掩”、“半月掩”或“金体”堆式。当然，地方坟墓造型往往相互仿效。我们不能夸大附加于其上的风水象征意义，而应综合考虑多重的地域民俗文化元素的混合作用。

“龟背”或“墓龟”是闽台民间形容墓丘的习惯用语，但鉴于坟墓形态的多样性及多变性，将其他墓丘非伏龟状或龟甲纹样之典型特征的坟墓形制称作“类龟壳墓”，或称作“龟壳墓”的简化形态，是否欠妥？像那些做成马蹄状、蚕茧状、覆钟状、风形、土馒头状、长方形、草鞋形的墓丘，我们很难直接将其象征内涵同崇龟现象相关联，应该从“养”“补”“发”风水的角度去分析。

由于东南地形地貌以丘陵或河谷小平原为主，考虑到防水护坟的物理功能，椅子坟和龟壳墓的墓丘造型虽然各异，但是其墓后墩或坟圈基本上采用“上半圆”的形式，或单重或多重，并呈缓坡式降低。[4]因受到藏风、聚气、压煞、消煞等观念的影响，坟圈构造各异，墓地空间较大及坡度较缓的地方，或开沟或造云墩，或做围墙，以便于与墓丘区隔。墓地空间较窄或坡度较陡的地方，坟圈和墓丘的区分已经不太明显。

在闽南地区，椅子坟和龟壳墓的坟墓样式，还有其他“民俗用语”可代之——金水墓，较直观反映了南方主流坟墓形制的结构形态及其风水内涵，亦是一个富有包容力的界说。

“金水墓”之用语，是根据墓圈及墓碑、墓耳、坟手等的结构形态及相应的

1. 周星《椅子坟与龟壳墓》（1995 年）、周星《坟墓形制、风水实践、建筑仪礼及其他》（2003 年）对龟壳墓与地域崇龟的习俗传统关系有较深的论述。
2. 详细的讨论请参见上文提到的何、周二人的相关文章，不再赘列。
3. 周星说：“我们还是倾向于将那些墓顶明显呈龟壳状，或特意在坟墓顶部勾勒出明确的龟背纹样的椅子坟，才称作龟壳墓。”参见周星《椅子坟与龟壳墓》（1995 年）第二小节。
4. 在讨论椅子坟样式的缘起时，何彬《江浙汉族丧葬文化》强调“外走山”“坟圈”或所谓“交椅梢”“高椅靠”的物理功能，即防水护坟，并将其视为地理、地形决定民俗形成的一个明证。地形只是影响坟制的一方面，并非决定条件。文化的因素特别是风水信仰更是决定这种墓制民俗形成的关键因素。

风水象征内涵来界定的。其典型特征乃陈盛韶所称地“形若半月，后仰前俯”。墓圈（有时也包括墓丘或墓碑石），采用偃月（上半圆）形状，有收来龙之气，藏风生气，牵制煞气等作用。五行之中，圆形及其变体代表“金”；镶嵌墓碑的墓埕（墓耳）和墓两边的墓手相连[1]，起到消砂纳水[2]的功能。墓碑、墓耳和三重墓手合抱成凸字状，呈“外八字”或喇叭形伸张，高低错落有致，形近波浪起伏状，代表“水”，有些还设有外池等。五行中金生水，水消金，表示穴场既藏风又收水，符合“入处为风，出处为水”说法，故俗称“金水墓”。金水墓还有拟像女性生殖器的意味。族谱墓图多有清楚展示（图 10.14）。

“金水墓”有广义和狭义之分。广义的金水墓，包括椅子坟、龟壳墓和类龟壳墓等坟墓样式，也包括那些墓丘类型各异的样式。龟壳墓只是金水墓一种独特的亚形。狭义的金水墓，区别于一类具有典型的伏龟状或龟甲纹样墓丘的龟壳墓，专指墓丘倾斜度较大，没有明显的伏龟状或龟甲纹样的坟墓样式。值得注意的是，金水墓的墓碑有方形和半月形，半月形的墓碑有没有受到当地伊斯兰墓葬的顶石碑的影响，我们不得而知。

相对来说，金水墓常见于坡度较大或墓室空间较难伸展的地方，龟壳墓通常见于坡度较缓或墓室空间较开阔的地方。两者大多具有墓圈、墓丘、墓碑、墓埕、祭台、墓手、墓庭、坍池、后土座等构造，并构成交椅座的形状。两者的护围或墓圈，形近 Ω 形、马蹄形、椭圆形、半月形不等。两者的墓丘中间皆呈凸状，不过金水墓墓丘大多呈 45° 左右倾斜，龟壳墓墓丘则较为平缓。两者的墓手大多是凸字形的三重，可根据坟墓堂局大小调整。墓手规模往往决定了墓庭大小。墓庭内坍池形态各异，有方形、喇叭形、五角形、半月形不等。墓壳坡度较大的金水墓，坍池造成半月形或多角形的居多。墓壳坡度较平缓的龟壳墓，坍池造成方形、喇叭形的居多，亦非绝对化。出于风水考虑，有些金水墓和龟壳墓不设墓碑和坍池。

讨论南方“形若半月，后仰前俯”的坟墓形制这一民俗文化事象时，“金水墓”与“椅子坟”“龟壳墓”等民俗用语可交互使用。从坟墓形制与风水信仰的

---

1. 墓碑左右石称为墓埕、墓耳，墓耳接于墓手。墓手，拜桌两旁的护石，也叫砂手、伸手、摆手，包括文笔柱、印斗柱、青龙柱、角拢等。
2. 传统风水术语，喻指穴场前、穴场右的案砂、来水等。

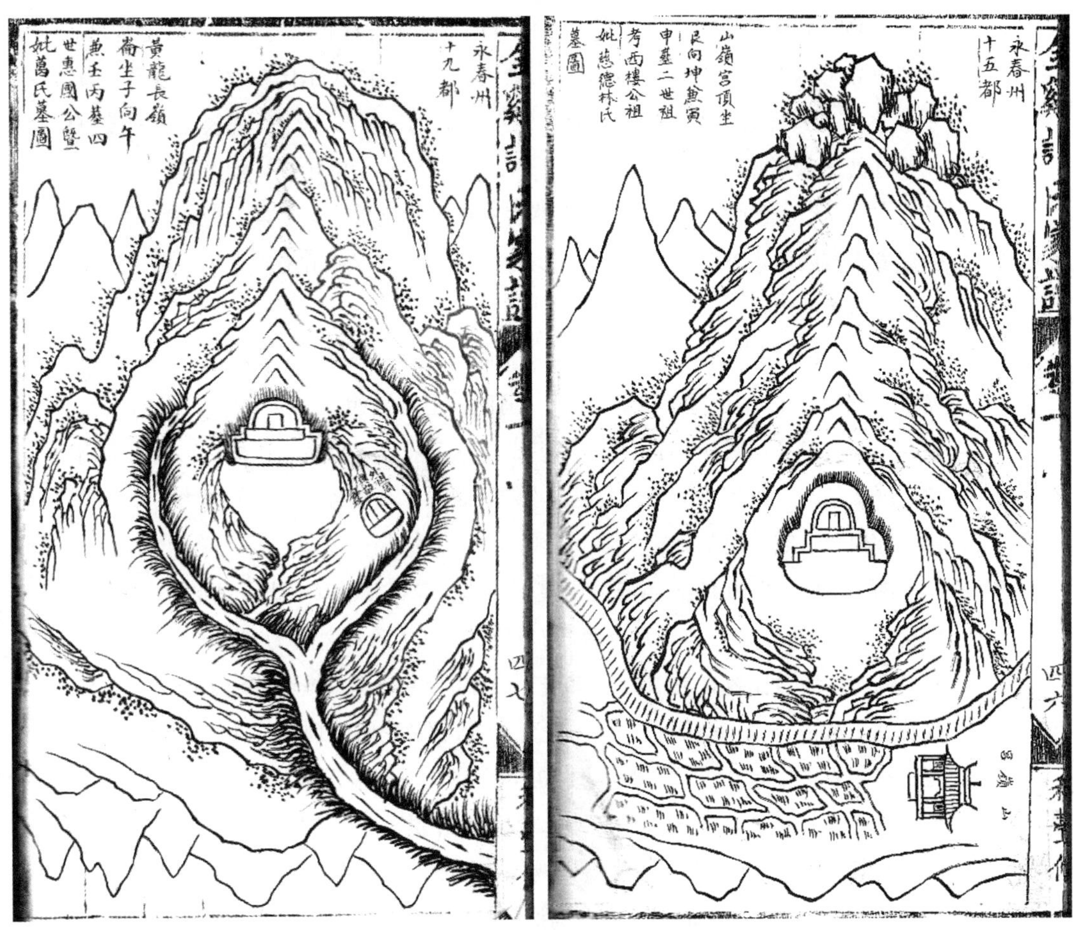

图 10.14 《永春金溪谢氏家谱》卷一“墓图”

关联看，笔者拟将“龟壳墓”称作“类金水墓”，而非将“金水墓”视为“类龟壳墓”。这些外延相近的“民俗用语”，从不同侧面凸显了南方坟墓样式的多重文化内涵。

三、闽南地区坟墓形制的风水象征

在闽南地区，到处可见“形若半月，后仰前俯”的坟墓样式。闽南人称修造坟墓为“做墓”“做风水”。对于宗族老墓、大墓，人们习惯按“喝形”来称呼，如鸡母墓、品箫墓、美女献花墓。当地风水专家通称这种坟墓样式为“金水墓”或“龟壳（甲）墓”，未闻“椅子坟”之说。闽南石雕技术比较发达，墓碑、墓手柱（印头、石笔）做工很是讲究。坟墓两旁的三重墓手营造规模颇大，墓庭较为开阔，墓形很像闽南人所谓“金交椅”。闽南有崇龟传统，加上盛行“洗骨葬”，具有伏龟状或龟甲纹样的龟壳墓占有相当的比重。金水墓或龟壳墓的造型蕴涵着丰富的风水意象。造型气派的坟墓，不仅是好风水和有孝心的象征，更是身份和地位的象征。

据 LDX 介绍[1]，金水墓前庭部分由墓碑、墓耳、供桌、文笔柱、印斗柱、青龙柱、角拢、石砱（丁砱和涵头砱）、坍池、池坪等组成，墓后墩（案）部分，由墓龟、墓圈（圆岭）、后土神座等组成。龟壳墓前庭跟金水墓相近，墓后墩由龟后屏、龟沟、龟脚、龟壳、大螺、小螺等组成。墓身各部分空间可大可小，遵照“寸白”吉凶（图 10.15）。

图 10.16、图 10.17 乃惠安县山霞镇两座失祭的清代椅子坟。墓身各部分刚好构成一个整体，“形若半月，后仰前俯”，当地人称该墓形为“金水墓”。若山势较高（墓后墩比较高），或“墓龟孔”（也叫金井，即藏棺或放埋金的地方）直接藏在土坡内，没有空间做“墓龟壳”，将墓后墩稍做修理，墓圈修成半月形即可，有一重、二重、三重不等。图 10.16 拜庭及坍池很开阔，墓碑、拜案[2]和墓两边的三重摆手，亦合抱成凸字状，呈喇叭形或“外八字”向外伸张，以聚朝山、案砂、来水之气。图 10.17 除墓碑用偃月形外，墓龟壳上还放着一块装饰器物石鱼。坟墓靠近崇武海岸，石鱼的拟象应是坟墓形制接纳地方习俗的反映。而偃月碑及石鱼也象征墓地风水像海上明月，呈上升趋势，让子孙年年有余（鱼）。当地人对拜案前的砱石很讲究。除“寸白”须合吉数外，砱石埋入地下之一面，应有类似男性生殖器的凸出状[3]，比喻人丁兴旺。

图 10.18 最内环的“墓龟壳”（龟壳和龟脚）呈半椭圆形的伏龟状，用块石

1. LDX，民国三十二年（1943 年）生，初中文化，风水先生，勘察墓地时间：2003 年 12 月 17—18 日；访谈地点：惠安县山霞镇东坑村。承蒙 LDX 及张板镇张亚细在百忙中陪同，谨此致谢。2004 年 11 月 17 日，笔者再次打电话采访了 LDX。
2. 拜案，也叫拜桌、墓桌、供桌、祭台，即祭祖时摆放供品和茶酒的石块。
3. 凸出状的石块与丁砱连成一体，有固定丁砱的作用。

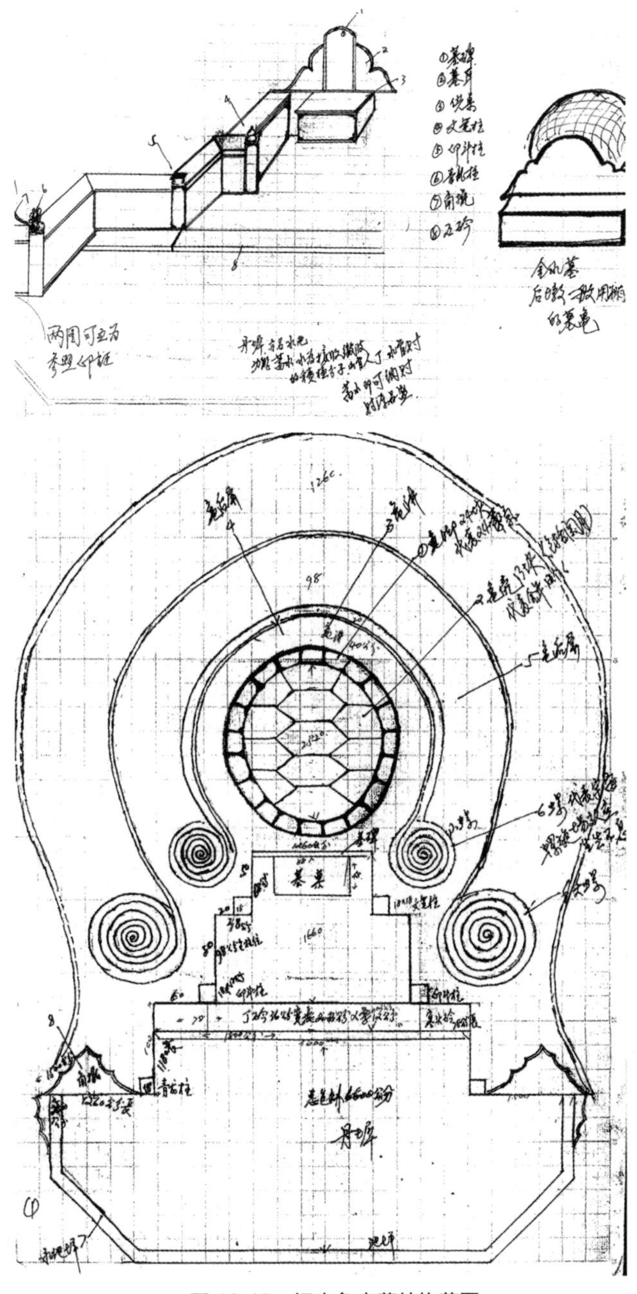

图 10.15　闽南龟壳墓结构草图

（惠安县山霞镇 LDX 绘）

参差排列而成。内层墓龟沟组成半圆形状，亦用条石围绕而成；外层后墩（案）或龟后屏亦呈半椭圆形，用碎石叠成，早已散落。拜（供）桌上的墓碑、墓耳组成偃月状，墓碑、墓耳、拜桌与两边墓（摆）手，构成典型的椅子形状。拜庭内坍池呈方形。墓后墩右下方（即墓龟壳右上方）立后土（福神）神座，便于祭拜，借以取悦神祇，护持祖先风水，防止阴界地权被侵夺。

据 LDX 说，龟壳墓的龟壳、龟沟及龟后屏所组成的三环太极圈，主要是凝聚坐山来龙之气，消纳四方气煞，使得穴场风水效用更加显发。倘若做成方形的话，来风受到阻挡，不能藏风，煞气就无法化解了。墓碑、墓耳、墓桌、两边摆手、拜庭合成椅子形状，一则消砂纳水，二则让祖先坐得自然、舒服。从物理角度讲，这种造型很符合科学道理。因为南方雨较多，墓龟壳、墓龟沟和后墩做成椭圆环，有助于减少雨水冲刷。坍池修成喇叭形或方形，使得排水较缓、泥沙淤积较快，减少墓体的坍塌。

图 10.18、图 10.19 乃 LDX 主持修造的龟壳墓（葬骨骸）。除方位设置、藏金时间考虑风水因素之外，墓地皆被设计成最符合藏风聚气的样式，形成集天时、地利、人和三位一体的象征场。最内层墓龟壳呈半椭圆形伏龟状，龟背石块数应符合节气变化规律，即中间五块，两边各四块，共十三块，象征十三个月（闰月）。墓龟壳裙边砖石为二十四块，象征二十四节气。两重墓圈环绕墓龟壳，形若半月，略高于墓龟壳。墓圈底部类似海螺形的凸出物，以接山龙之地气及四季中的天（宇宙）气。用现代话语讲，此器物是根据太极圈原理设置的，像“接收器”，以便形成“宇宙螺旋场效应”，接收宇宙发射的能量。墓圈与螺旋刚好组成一个 Ω 或马蹄的形状。墓碑形似椅子靠背，拜桌形似椅子座，三重墓手上的文笔柱（螺古）、印斗柱（金童玉女像）、青龙柱（狮子像）。形似椅子的手柄，除让祖先坐得平坦、自在外，亦起到凝聚“丹（铜）鼓”[1]之气，避邪消煞之效用。拜庭应根据墓形大小、分金坐字，定好尺寸。拜庭内坍池或为半月形，或为多角形状，可收朝山来龙，发挥藏风聚气之作用。墓圈大螺右上方设土地牌位。

在坟墓营造中，巫觋及地方神祇也经常扮演重要角色。据 LDX 称，图 10.19 墓地属“螃蟹穴”，根据“玄空三元论”选址，乃台商 ZDE 在祖籍地兴修

1. 丹（铜）鼓，指穴两边的青龙和白虎案砂，闽南有“左旗右鼓”说法。

图 10.16、图 10.17　清代金水墓
（惠安县山霞镇）

的合葬墓，“坐乙向辛兼戊辰，分金辛卯辛酉，天度 28.8° 向 108° ，龙自西兑迢迢而来，至本山入道落脉，前架拱透青龙，砂金拱穴场。葬后子孙出了 11 个男丁，收入亦好，财禄丰盈”。在平整土地时，因几个“埕金”安放秩序被弄乱，分不清“埕金”主人，东家抬了“境主”[1]武安公来到坟茔前，附体“神者”[2]说出每个“埕金”所藏祖先名号，东家翻开族谱对照，分毫不差。

四、闽西地区坟墓形制的风水象征

闽西地区通称墓为“地”或“地坟”，做风水叫“做地”。该地区大多为丘陵地形，坟墓样式与闽南“形若半月，后仰前俯”的金水墓、龟壳墓大体相近，但远不如闽南的造型来得舒张、大气。比如一些较大型祖坟墓手规模宏大，墓庭开阔，但其三重墓（坟）手造型较为简单，鲜有各类造型讲究的墓柱或石雕装饰品。至于大众化的坟形，可能受到坡度偏陡的穴场地形的限制，三重墓手被简化成三层文武台或纸台，坟堂或坍池之堂缘（子孙台）替代了墓手原有的部分物理及象征性的功能。由于墓手空间被压缩，原本由墓碑、墓耳及墓手组成的凸字形

1. 境主，通常指村落角头的神明，一般置于村落的水口庙内。
2. 神者，当地人对巫婆的通称，也叫僮子，据说具有神灵附体的本事。

图 10.18　当代龟壳墓
（惠安县山霞镇）

图 10.19　当代龟壳墓
（惠安县张阪镇）

圹堂，与坍池合二为一，呈封闭的半月形状。

琉球现存文书《凡墓造图诀》，乃清乾隆年间张丙琳[1]为永定县太平里黄龙寨前某墓设计的草图（图 10.20）[2]。墓造图诀介绍了墓身各部分的尺寸要求、墓后墩和墓庭造型的内涵。[3]民俗学者将这类模仿“天圆地方”宇宙模式的设计方案，视为琉球龟甲墓的原型之一。这种圹堂略近方形并开有墓门的圹形，其实并非客家圹墓样式的主流。

长汀、上杭等地家族古墓的圹堂构造，有部分是接近方形的，基本是两边墓手结构延伸的结果，不开设外门（图 10.21、图 10.22）。大多数祖圹在墓手之前加设半月形坍池。比照圹圈和圹堂的造型，这种圹形更接近于“后圆前圆”格局（图 10.24）。明清以来，闽西主流墓形，基本上由地后影[4]、龟背[5]、墓脑[6]、过扛[7]、碑石[8]、对联[9]、墓庵[10]、文武台[11]、底盘、祭台、香炉、祭垫、圹堂[12]、圹堂埕[13]、外池（外明堂）等组成（图 10.23—图 10.27）。

当然，不同地方对墓身结构各部分的叫法有些差异。上述圹墓样式在长汀乡村最为常见，其外形中龟壳墓的特征并不明显，仍然带有“形若半月，后仰前俯”之金水墓的基本特点。长汀、上杭等地较老的墓碑样式，大多设为玉笏

---

1. 根据钟义明编《中国堪舆名人小传记》（台北：武陵出版有限公司，1996 年）记载，张丙琳“福建永定人，字廷机，曾祖和中，祖明士，父未生。乾隆四年（1739 年）著《地理全成连环记》，图说二十四山各山之龙、水所宜。此言定法，未审元运得失也”。（第 222 页）
2. 图 10.20 录自渡边欣雄:「風水の社会人類学——中国とその周辺比較」，东京风响社、2001 年，第 390 页。
3. 该墓图诀“墓后墩”处题曰:“天形至圆 ，故墓之顶形圆。”“圹堂”题曰:“地形至方，故穴内四分形方。此天地人相和乐而安葬也。……书曰:‘墓形，妇人正坐象也，知生道，知妇道。’”
4. 地后影，客家话又叫月影，是墓缘，即墓圈、圹圈。
5. 客家人也称龟背为马蹄，相当于闽南的墓龟壳，半月形或马蹄形。
6. 墓脑也叫墓头，形若半月，位于墓碑顶部。若是用偃月形的冲天碑，则无墓脑。
7. 过扛，墓脑下的横石或砖，写上入闽祖先的堂号。
8. 碑石是方形或梯形或偃月形墓碑，碑字纵三行，从右到左分别是：公元 ×× 年 × 月 × 日立、显祖（考、妣）×× 之茔墓、男 ×× 孙 ×× 仝祀。
9. 对联或称门筒，写上赞祖先功德文字。
10. 墓庵也叫灶庵子，放置蜡烛。
11. 文武台也叫纸台，有三级，象征出贵，步步高升，近于闽南的罣手、墓手。
12. 圹堂也叫墓井窝、月池、门堂、地明堂等。
13. 圹堂埕或称子孙台，堂缘，半月形。

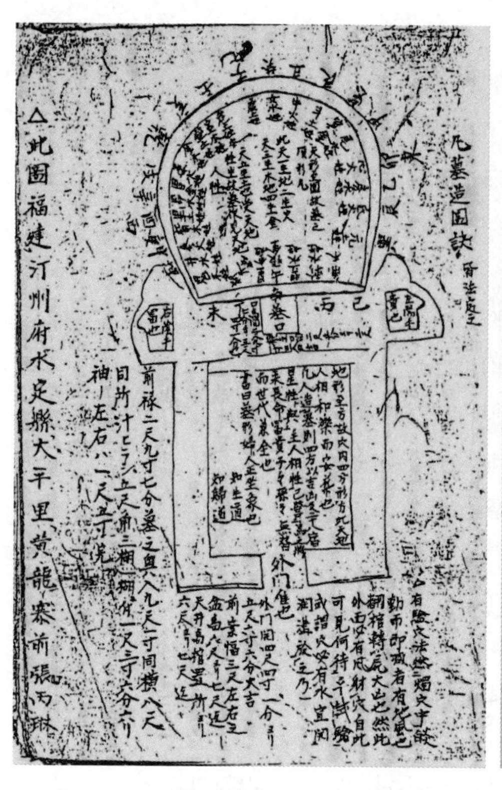

图 10.20 琉球识名家文书“凡墓造图诀”

（永定张丙琳作）

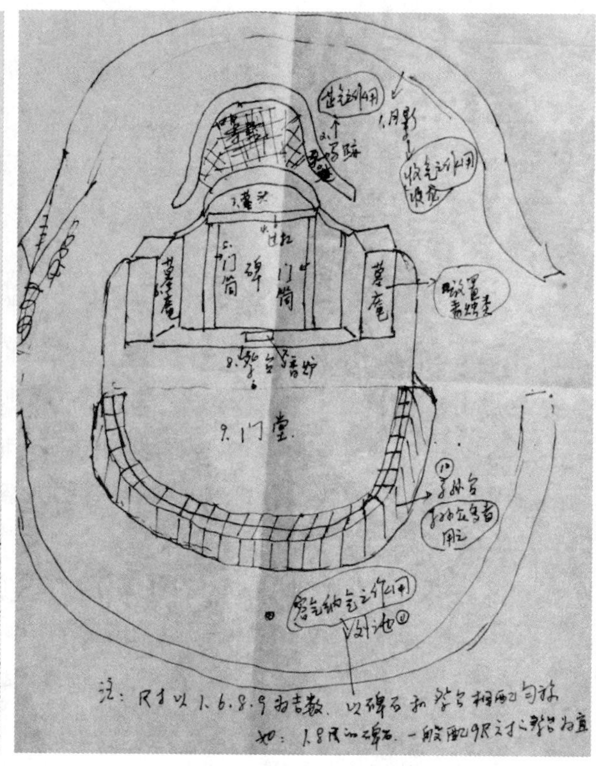

图 10.21 坟墓结构草图

（长汀县濯田镇 LLZ 绘）

状（长方形），并与“墓脑”组成半月形状，墓脑亦用块石雕刻而成。客家墓碑还有一种类型（长汀县较少，上杭、连城等地更多一些），如碑石用偃月形或凸字形的“冲天碑”，碑石后的龟背做成马蹄印，没有墓脑、墓庵及文武台等（图 10.26），与闽南山区的金水墓造型基本一致。

有关客家地区坟墓形制的象征营造情况，据 LLZ[1] 讲述：

其一，坟墓外部结构各部分与风水观念密切相关。

风水术数讲究“藏风聚气”，坟圈即月影（墓后影）有收龙、收气的作用，

1. 这些资料由 LLZ 手书（2004 年 11 月），并由廖柏霖转寄，谨此致谢。

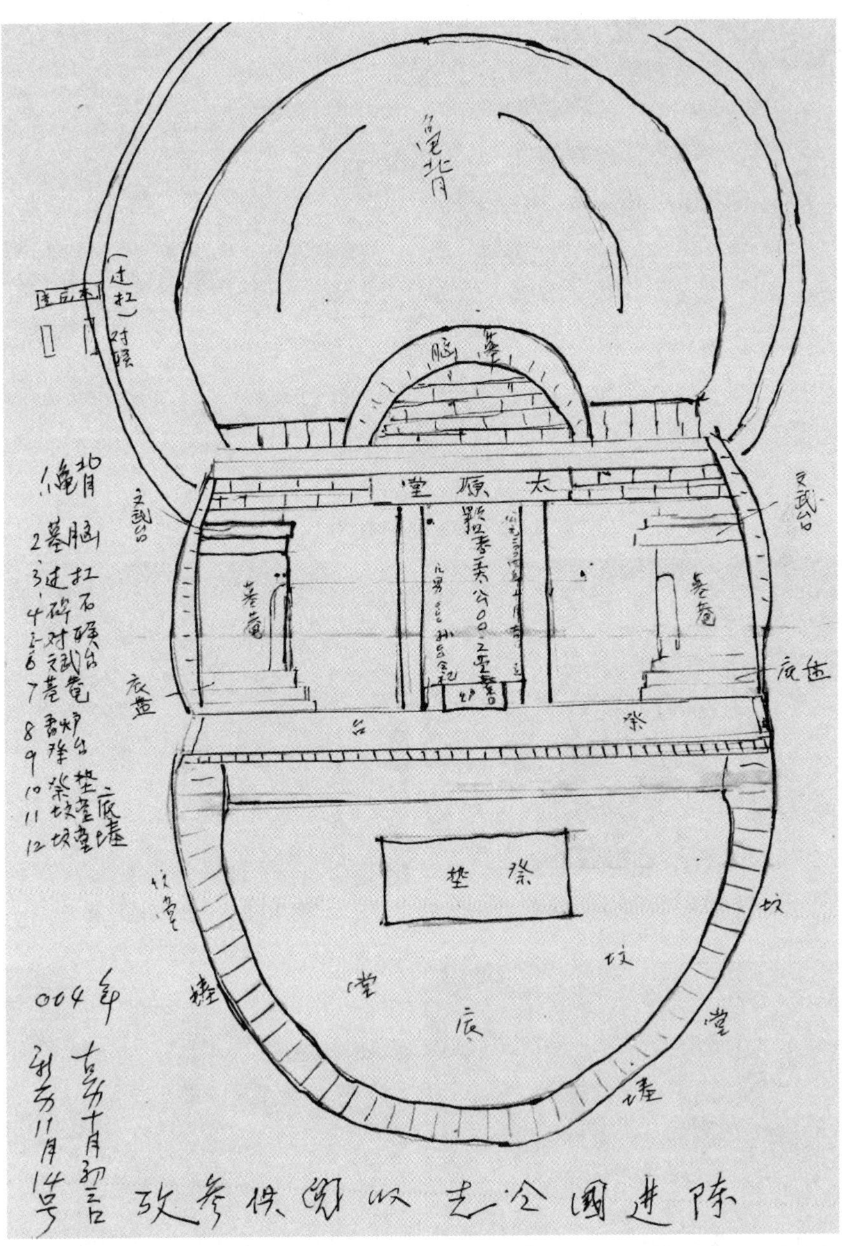

图 10.22　坟墓结构草图

（长汀县新桥镇 WDX 绘）

图 10.23　钟氏古墓
（长汀县濯田镇桐睦村）

图 10.24　明代刘姓坟墓
（上杭县）

图 10.25　明代黄姓坟墓
（上杭县南阳镇）

图 10.26　清代曹姓坟墓
（上杭县南阳镇）

图 10.27　厉坛
（长汀县大同镇黄屋村尚缘寺）

马蹄或龟背有藏气的功能。月影、马蹄皆“略制强猛来气，使聚圹内”。墓脑（头）饱满，像天柱高，表示男女寿如彭祖。碑石具有收气的功用。如果穴场龙脉比较小、比较弱，使用冲天碑就更能收气。另穴场被“喝形”为虎、狮子者常不能设墓碑，恐煞气太重，过于威猛。“喝形”为蛇、龟、鱼、象、人形者，有些也不用，恐龙气被治死。

碑石气色是判断某块旧坟聚气与否的依据。碑石呈现浅红色，表示风水很好。碑石尺寸与祭台尺寸相配匀称，以一、六、八、九为吉数，如一尺八寸的碑石，祭台以九尺六寸为宜。碑文纵行字数须合“小皇道”之“生老”二字，或者“大皇道”以“辶”为偏旁部首的字方为吉利，故纵行数字以 11 字较普遍。[1]

至于墓地面积大小，因地制宜，无硬性的规定，一般以祭台长度为标准，并用石尺[2]计算，“单尺双寸，双尺单寸”，即尺逢单数，寸则为双数，反之亦然。祭台有三尺二寸、五尺六寸、六尺七寸、七尺六寸、八尺一寸、十尺七寸、十二尺七寸、十五尺二寸不等。寸白星次序及相应代表的颜色、五行是“一白水，二黑土，三碧木，四绿木，五黄土，六白金，七赤金，八白土，九紫火”。“内明堂以收元辰去水，如母血藏聚，滋养胎元。外明堂以宽广容受众水之意，亦随局势大小而定”。[3]

其二，坟墓内部形制，亦根据五行原则进行相应的吉凶设定。

1. “大皇道”是指“道远几时通达路遥何日还乡”十二字，“大皇道”逢偏旁部首为“辶”的字过，即顺数遇到第 1、2、5、6、8、11 或 13、14、17、18、20、23 等数合道，吉利。“小皇道”是指“生老病死苦”五字，逢“生老”二字过，即顺数遇到第 1、2 或 6、7 或 11、12 等数合道，吉利。
2. 当地石匠做地坟所用之尺，老石尺 1 尺等于 28.8 厘米，新石尺 1 尺等于 27 厘米。石尺也叫阴尺，专用于做地坟，阳宅则用阳尺即鲁班尺。
3. 关于坍池为何“作半月形”，某清代堪舆书抄本“开池法”曰：“墓前不流水谓之元辰，最关祸福。此外陡泄，初年必主退败。若是平坦，有小明堂兜住，初年自然发福。故茔前阶级之下，须作半月形，以收住元辰，勿令飘散。池背开一出水之孔，宜放干维，莫放地支，又要合净阴净阳之龙。阳龙阳向水流，阳宜放乾（西北方）甲（东方）坤（西南方）乙（东方）壬癸（北方）六阳水。阴龙阴向水流，阴宜放艮（东北方）丙（南方）巽（东南方）辛（西方）丁（南方）庚（西方）阴水。若向脱龙就局，亦不必拘净阴净阳之说，只要水去合位便佳。其吉凶方位在月池中央处定盘，仍用三合五行为主。明堂水出墓口者，池水要出沐浴口；明堂水出沐浴口，池水要出墓口方，合小水出迎、大水会合同归之义。沐浴口取合坐山五行也，墓口取合向上五行也。”（长汀县城西山下原城隍庙长住、风水先生 WZF 提供）

坟墓内以挖开死土，至有滋润，现五色或红黄色土为佳。各山所用尺寸亦不同。如子山高二尺，穴深四尺或九尺；艮山高三尺二寸，穴深六尺。又云东方木，山头土色略青；南方火，山头土色略红；西方金，山头土色略白；北方水，山头土色略黑；等等。土气有滋润、红黄色或五色为佳。至于圹之大小，应根据其棺柩（古有‘大棺小椁’之说）、金斗、骨灰盒大小而定。以目力测定来气止聚之处，观山形，以吞吐浮沉之法而定放棺之位。吞是拼入穴山内一点，吐是略离穴山一点，浮是高一点，沉是低一些。但吞防逼气，吐防脱气，低防气上过，高防气下漏。

客家村落中的厉坛或义冢，在选址和墓形方面也有五行相生及风水吉凶方面的考量（图 10.27）。[1] 不少厉坛或义冢是谋风水者营建的，通常择址于富有气脉又交通方便的山麓、路旁，并择立夏日营建。术家谓立夏日照长，孤魂饥饿，彼时须供养以济之。义冢竣工后，营建者须撰祭文，谓某村某人等修心营造，敬请远近孤魂于某日某刻前来受领云云。其高低大小依山势而定，参照普通的坟墓样式。圹内埋一个小金斗，内置放金、银、铜、铁、锡等物，取其金石自土生长，乃气之核、土之骨之意也。

五、琉球的坟墓形制与风水民俗的流变

明清时期，琉球与中国交往密切。明洪武二十五年（1392 年），明太祖颁令赐琉球“闽人三十六姓善操舟者，令往来朝贡”。[2] 福州是中琉之间重要的贸易口岸。仓山区还保存着不少琉球人坟墓。平敷令治、渡边欣雄、周星、吕青华、徐恭生 [3] 已有相关的调查成果，都提到琉球龟甲墓样式是闽人风水观念投射的结果。笔者试在时贤研究的基础上，对琉球人（特别是迁徙琉球的汉人）在福州及琉球的龟壳墓形略作介绍，以比较不同地区墓形如何纳入一般性的风水知识和观念系谱。

---

1. 厉坛或义冢主要埋藏那些散落于地表、无人祭拜的人体骨骸（图 10.27）。有些义冢并没有埋藏骨骸，只有象征性的意义。厉坛或义冢的主要功用是保护义冢所在地的村落免受孤魂野鬼的侵害。
2. 〔明〕龙文彬：《明会要》卷七七，北京：中华书局，1956 年。
3. 徐恭生：《福州仓山区琉球墓初探》[《福建师范大学学报（哲学社会科学版）》，1985 年第 3 期] 对福州仓山区的 68 块琉球墓碑碑文有详细记录。

据谢必震提供的两张 20 世纪 60 年代拍摄的福州琉球墓照片（图 10.28、图 10.29）来看，琉球墓基本上是按照福州坟墓形制建造的。图 10.28 清楚展示了清代福州坟墓的整体样式：墓后墩的墓圈接近半月形（或马蹄状），墓碑、墓耳后面的墓丘造型，显得较为狭促，伏龟状并不明显。碑石属金水状，并非冲天碑。墓耳、祭台构造与闽南、闽西金水墓相近，两边三层墓手和墓耳、墓碑呈凸字状，组成交椅形状。墓庭内埗池呈半月形，但跟张丙琳设计的墓式一样，也有墓门。二座墓碑文详下（从左至右）：

琉球国		琉球国
嘉庆十五年丙午二月初四日卒 坐间味间切庆间村迎 船作事大城筑登之墓 地长二丈二尺横一丈九尺		同治乙丑四年二月初七日卒 小船二吾主沙姓久米村□子 新垣筑登之亲云上大光之墓 长二丈二尺横阔一丈三尺

按闽中习俗，墓碑总字数及纵行字数应合吉凶，福州琉球墓是找当地风水先生勘察并由当地工匠营建的，墓碑总字数及纵行字数是否遵从此俗，不得而知。琉球人客死他乡，其葬地必须购买，因此不大可能像当地人那样费心于风水。仓山区白泉庵尚保存不少琉球坟墓及墓碑。尽管坟墓经过修理，但还能看出其原初的形态和象征内涵（图 10.30、图 10.31）。这些琉球墓坟庭基本由三重墓手合抱而成，不太重视埗池的营造。[1] 闽南、闽西的金水墓或龟壳墓墓身造型线条细腻、流畅、轻巧，福州的墓身造型线条粗犷、大方、厚重。

琉球的闽人后裔关于一般性的风水知识及观念系谱的认识，与闽人没有多大的差别。[2] 琉球现存墓形，跟张丙琳所画墓图及福州坟墓样式很相近，有“形若

1. 福州市仓山白泉庵墓园内共有琉球墓葬九座，园内还有六方无墓葬的碑刻。感谢陈金亮为笔者拍摄了墓园的最新图片并抄录了相关的墓碑文。
2. 在琉球群岛与那国岛，“前低后高”（墓后方高的地形）被视为好地形，“龟甲墓是符合风水

图 10.28、图 10.29　福州仓山区琉球墓
（20 世纪 60 年代摄，谢必震提供）

半月，后仰前俯”的金水墓影子。琉球那霸市的族谱，记录了不少琉球闽人坟墓样式的资料，反映出当地坟墓形制与风水信仰的关联。下面择取数例。

1. 蔡氏

蔡氏大宗讳崇，号升亭，行二，泉州府南安县人，洪武二十五年（1392 年）敕赐闽人三十六姓，蔡崇乃三十六姓之一。其“十二世讳其栋具志亲云上，童名五良美，字邦用，号建亭，因父致仕，继□□，康熙三十二年癸酉（1693 年）十一月二十四日子时生，乾隆六年辛酉（1741 年）四月二十一日亥时，在福建柔远驿风痰病故，享年四十九岁，官终于正议大夫，二十九日葬于南台下渡清流山”。[1]

蔡其栋墓坐乾向巽，重视墓身各部分的尺寸吉凶。其墓“若半月形，后仰前俯”，形近金水墓（图 10.32）。墓碑、墓耳及两边的墓手错落有致，组成凸字形

的理念并深受很多人喜欢的墓形”，“还有久米岛，墓地的位置是在丘陵的斜面上的，据说与‘背后靠山，面向大海’的条件相吻合的地形是风水上的好地形。……在石垣岛白保地区，尽可能地把墓建在背靠高山的山麓上是普遍的观念”。与那国岛很重视墓地方位判断，“据说考虑到岛的形状才把墓都建造成向西的。与那国岛是东西长，所以墓的朝向如果是向南的话，不自然”。（渡边欣雄：《风水：气的景观地理学》，第 109—113 页）

1. 《那霸市史 · 资料篇》第 1 卷 6《蔡氏家谱》，第 309 页。感谢学长谢必震提供资料。

图 10.30、图 10.31　福州市仓山区白泉庵琉球墓

坟庭，并有题名“名山拱秀”的屏风或照墙及“墙照掩”类的营造。该墓茔前阶级之下有半月形坍池，以防止“前逼岐增，劫曜冲射，前山走窜，倾泻直流，穴下空陷，堂前飘泻”。

2. 郑氏

郑氏“元祖讳肇祚，字允保，原是福建长乐县人，其夫姓长，名梅园，亦福建省城人也。明嘉靖年间，日本人鹤屋将监攻入福建，劫掠民家时，肇祚幼而不能逃避，遂被虏至日本，居丰后地方，至嘉靖年间，彼国王怜之放回本国。当是时，本国三十六姓凋谢，鲜有谙中国文字言语者，故先王晋之，赐宅于唐荣，以补三十六姓”。[1]

图 10.33 是十五世郑得功之墓，嘉庆六年（1801 年）郑氏在闽驿病故，葬于福州府南过江上渡。[2] 从坟圈与坍池的对应关系看，该墓图属于“后圆前方”形，与张丙琳设计的墓图（图 10.19）相近，但郑氏墓墓手亦合闽南坟形造法，有三重，是“丁财贵”和步步高升的象征，其坟堂缘或围栏上的“旗峰”“鼓屾”“朝迎侍卫”“清水源远”等字，颇符合坟手能发挥“聚拢案砂、朝案、来水之气”之说。冲绳博物馆所保存的龟甲墓设计图（图 10.34）约与马蹄形金水墓造型相同。

3. 梁氏

梁氏“吾宗乃闽吴航（长乐）江田人也，系宋南渡相臣梁克家之后，至明太祖握乾纲，御宇内，文明之泽及于琉球，而琉球奉贡焉。琉球虽素尚淳朴之风，而未闻诗书礼乐之曲，故特赐闽人三十六姓，广敷文教以成守礼之邦。时吾宗奉圣旨迁于琉球，而三十六姓中称首云。……梁氏由吴航始迁，故曰吴江，皆不忘其祖而称也”。[3] 图 10.35 是十一世梁廷权及其直亲的合葬墓图，清乾隆十八年（1753 年）葬于琉球雪崎。墓“坐辛朝乙，外像神龟”。其数重墓手基本呈“外

---

1. 《那霸市史·资料篇》第 1 卷 6《郑氏家谱》，第 686 页。
2. 《那霸市史·资料篇》第 1 卷 6《郑氏家谱》，第 639 页。
3. 《那霸市史·资料篇》第 1 卷 6《吴江梁氏家谱》，那霸市企画部市史编集室，1980 年，第 752 页。

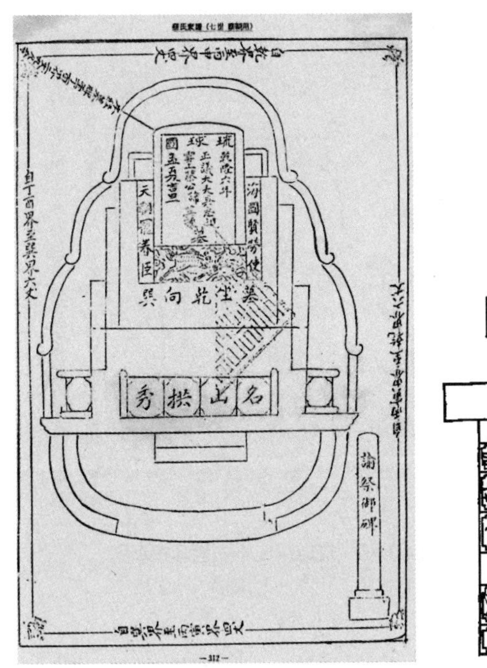

图 10.32 琉球蔡氏十二世其栋墓图
［清乾隆六年（1741 年）造 · 福州］

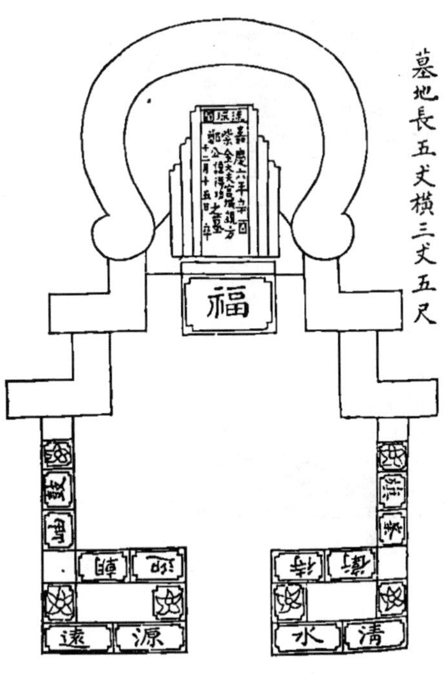

图 10.33 琉球郑氏十五世得功墓图
［清嘉庆六年（1801 年）造 · 福州］

八字”伸张。

4. 毛氏

毛氏“元祖正议大夫讳国鼎，字擎台，福建漳州府泷（龙）溪县人也。隆庆五年辛未（1571 年）八月十五生，崇祯十六年癸未（1643 年）六月十六日卒，享年七十三，葬于安里村八幡南伊礼岳前墓”[1]。从图 10.36 看，毛氏元祖墓的后墩接近于 Ω 形之护围，属于“开云沟掩法”，“用沟以泄杀气”。

在今闽南及客家等地，墓庭坍池一般不设外门，这与防水护坟的物理功能有一定关系。从风水角度上看，防止龙脉地气“元辰飘散”，不吉利。而福州市区琉球墓和琉球龟壳墓的墓庭内坍池采用方形并开设外门，除了跟该地区坟墓周围

---

1. 《那霸市史 · 资料篇》第 1 卷 6《毛氏家谱》，第 705 页。

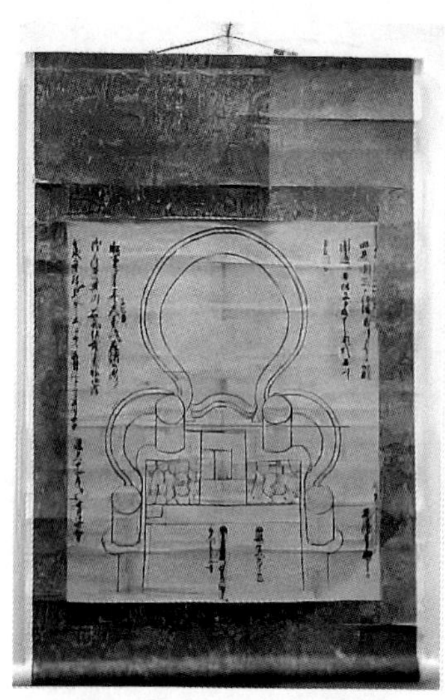

图 10.34 琉球博物馆所藏龟甲墓图
（林国平提供）

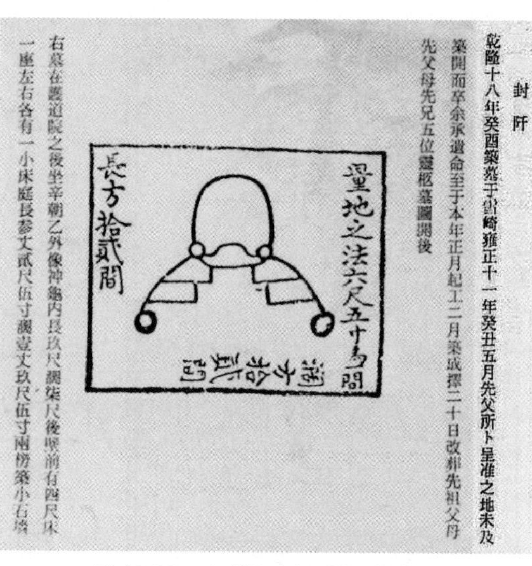

封阡

乾隆十八年癸酉築塋于雪崎雍正十一年癸丑五月先父所卜塋准之地未及
築開而卒余承遺命至于本年正月起工二月築成擇二十日改葬先祖父母
先父母先兄五位靈柩墓圖開後

量地之法六尺五寸為間
濶方拾貳間
長方拾貳間

右墓在護道院之後坐辛朝乙外像神龜內長玖尺濶柒尺後壁前有四尺床
一座左右各有一小床庭長參丈貳尺伍寸濶壹丈玖尺伍寸兩傍築小石墻

图 10.35 琉球梁氏十一世廷权墓图
［清乾隆五十年（1785 年）· 雪崎］

不易发生水土流失有关外，是否也能从风水角度略论之？福州及琉球群岛的地势较为平坦（风水术语叫“平洋”），靠近海岸，坟墓来龙起伏较不明显。按风水论，其来龙星体大多应以水论，故坟圈采用属金体的 Ω 形，墓丘用代表金体的伏龟状，有助于聚养来气（金生水）。水之气又易飘散，水气过旺，宜以土星制之，故而坟圈及墓丘也采取类似于方形的变体。这或许是琉球龟壳墓墓圈和墓丘造型较扁平的原因。明淮右禅师称：“惟金土喜剥泄，土性实，金性顽，不泄则不动也。”坟墓朝向大海，来水太旺，宜泄而不宜收，故坍池的外门开启并不致造成“元辰飘散”。因坟墓形制历史不可能准确地回溯，加上风水理论多样，这类民俗解释有些猜想的成分，未必是琉球坟墓样式本来的象征意义。

从民俗变迁的角度看，琉球闽人“身处他乡是故乡”，最初通常会“广敷文教以成守礼之邦”，有效继承原乡的生活方式和文化规范。如琉球汉人的墓葬文化及龟壳墓形制基本上是从原乡移植过来的。琉球与那国岛上的龟壳墓之墓向大多朝西，除与地形地貌及风水信仰因素有关外，还受到其他文化观念的影响。祖籍地及宗主国就在琉球群岛的西面，岛屿上的龟壳墓朝西的现象，应是希望逝者的灵魂能够回归原乡的一种情感表达。[1]

不过，随着琉球移居汉人在地生根，与本地土著文化相互交融，其接受的原乡墓葬文化自然会“因土成俗”，呈现出异质性。琉球坟墓形制较独特的“器物”特征，应是福建墓形及其依附的风水观念形态在地变异的标志。

在闽人观念中，占据着坟墓的中心的不是墓丘（壳）而是墓碑、墓耳、祭台，因为墓碑、墓耳代表祖先所居墓门，刻录着祖先身份。其竖立方位、时间、高宽尺寸乃至碑石的纵行字数，都被设想为事关祸福。即便是合葬之墓，墓碑也是重要的。除非确是源于风水，才考虑不设墓碑。福建比较重视方位、朝向之吉凶，重视墓碑的正确安放与否。客家地区洗骨改葬时，应举行竖揭碑仪式，并诵念祝文，由泥水匠割破鸡冠血“打花”祭碑，做寿坟竖碑时亦然。此外，闽地坟墓通常没有墓门，坟墓做好后便封死了，以免打扰祖先安宁。而琉球墓穴外通常没有墓碑，并设有小墓门（图 10.37—图 10.39）。琉球龟壳墓大多是“门中大墓”[2]，除不大可能将祖先名号一一列上外，还要经常开启墓门安放家族的骨灰。[3]

相对而言，琉球龟壳墓形的风水象征内涵较缺乏实质性的成分。由于受到地形的限制，琉球岛屿上好风水的资源毕竟是有限的，与那国岛上龟壳墓星罗棋布的状态（图 10.40）也说明，当地龟壳墓造作可能只是琉球闽人后裔因循守旧、延续传统的结果。而地形条件的限制亦影响了琉球汉人的风水诉求。据学长林国平访谈，今琉球人传统墓穴并未太多考虑风水信仰的因素（图 10.41）。特别是琉球墓龟壳相对平坦，墓圈和墓丘接近于风形，很可能受到当地“破风墓”的影响。当然，琉球坟墓构造上的风水内涵“隐而不显”的情况，也反映了风水观念积淀为“百姓日用而不知”的集体情感。龟壳墓或金水墓等样式也相应成为与风水相关的民俗事象，承载着琉球闽人后裔古拙、厚重的原乡历史记忆。

六、风水与坟墓的丰碑性记忆

大体而言，东南地区坟墓造型特征，除了受到官本位、生殖崇拜、灵龟崇拜的影响外，大多根据地形变化（山情），灵活地将“地理五诀”（龙、穴、砂、

---

1. 这种观点系受中国社会科学出版社编辑李是的启发，谨此致谢。
2. “门中”相当于中国地域社会中的宗族组织。
3. 学长林国平讲，琉球的龟壳墓大多没有墓碑。周星的《椅子坟与龟壳墓》对此有论述。

图 10.36　琉球安里毛氏元祖龟壳墓
（林国平提供）

图 10.37　琉球野宜湾的龟甲墓
（林国平提供）

图 10.38　琉球久米岛的龟甲墓
（林国平提供）

图 10.39　琉球首里城附近的龟甲墓
（林国平提供）

图 10.40　琉球浦野墓地中的龟甲墓

（渡边欣雄著作）[1]

图 10.41　琉球古宇利岛的传统墓穴

（林国平提供）

1. ［日］渡边欣雄：《风水：气的景观地理学》，扉页题“浦野墓地中星罗棋布着的龟甲墓”。

水、向）引入其中。如墓后墩（顶）及墓圈与“龙”，墓丘（壳）与“龙”“穴”，墓碑、祭台与“向”，墓手与“砂”，墓庭、乾池与“水”，皆有对应关系。阴阳五行理论乃营造这些坟墓形制的基础理念。“形若半月，后仰前俯”的椅子坟和龟壳墓，可能是中国式宇宙观的内化，是一个“天圆地方”宇宙模型框架。[1] 各地坟墓造作存在着多样性，加上风水理论运用的多样性，实际内涵更为复杂，我们应从地域多元文化元素的镶嵌相叠的角度去思考。

东南地区坟墓后墩接近于半月形的坟圈，包含着“天圆”的象征，而由墓碑、墓耳、墓手及砱石组成的“凸”字状坟庭部分，本初代表“地方”。在闽南沿海或闽西客家地区，由墓碑、墓耳、墓手、砱石等组成的坟庭与坍池是分开的。客家和琉球的墓手被简化，坍池与坟庭合二为一，或方或圆。这些方形坍池未必是“地方”的象征，它更多是考虑风水因素细节的结果。“金水墓”的提法，透露这方面的民俗内涵。当然，我们也不能因为坍池是半月形，就认为这并不符合“地方”观念，这也很可能是某些坟墓结构被简化后的墓形。

东南“形若半月，后仰前俯”的坟墓形制，是风水观念“具象化”为地域民俗信仰的结晶，也是风水专家为适应东南丘陵或小平原“地脉较浅”因素而灵活调整葬法的结果。淮右禅师云：“北多有隧道，南方用之则舛矣。予倡中泉南概用五尺内浅深，至六尺以下非地脉，太厚绝不敢此出。”[2] 此说道出龟壳墓造型的地形因素和风水根源。

随着东南家族组织的发展、乡族势力的扩大、经济实力的增强，人们崇信风水之风不断升温，愿意花心力于祖墓形制的设计与营建，并给墓身结构增添新的内涵。惠安县沿海新造的龟壳墓样式，很讲究墓丘上的龟甲块数、龟脚格数及螺旋等。这是风水先生接受“墓地是一个宇宙信息磁场”的时尚观念的结果。

此外，无论是闽南人，还是客家人，都相当讲究墓碑刻字的吉数。如闽南人墓碑竖列刻字数必须顺合“兴旺衰微”的“兴”或“旺”二字（图 10.42），客家人墓碑刻字则要顺合“大皇道”（道远几时通达路遥何日还乡）中有“辶”部首

1. 渡边欣雄「識名家文書『風水書』の『凡墓造図訣』と琉中の亀甲墓——福建省永定県・長汀県との比較・覚書」、『沖縄文化』38 卷 1 号、2003 年 3 月。文中对“天圆地方”坟形与地形的关系有所探讨。
2. 〔明〕释淮右：《紫帽乌山记》，清抄本复印件，泉州图书馆藏。

的字；或顺合“小皇道”（生老病死苦）的“生”或“老”二字。这些术数都进一步强化了祖先坟墓“丰碑性”的历史记忆。

闽人形象地称墓丘为“墓龟壳”（闽南人）或“龟背”（闽南人、客家人），并将之造成龟壳或类似龟壳的形状，除跟东南崇龟的习俗有关外[1]，与仿真龟壳坚固、保存长久的特性，及其“丰碑性”的纪念和祭祀功能关系密切。因坟墓是祖先魂魄永久居住的场所，倘若不稳固、有所破损，祖先住得不舒服，会影响到后代祸福。以石头或三合土建造的墓形，“展现的是持久、永恒和不朽，总之，是一种独立于时间的存在模式”。[2]“金水墓”（椅子坟和龟壳墓）的历史发展及在琉球样式变化，亦是透视中国人普世化（跨越社会阶层和区域）的信仰传统之延续机制的切入点。

毋庸置疑，那些仍然被祭祀或被重修的坟墓是一种“作为记忆承载者的建筑”，象征了一种“处在当下”的存在状态，代表了一种有关逝者记忆的存续，让可能被遗忘的逝者与今人乃至后人有情感性的联系。而坟墓作为连结逝者与生者的动因，既有血缘性的道德维度（信守孝道），亦有功能性的认知维度（风水荫庇）。伴随着时间的推移，认知维度往往又超过道德维度，而成为重新维护或营造祖先坟墓的主要动力。特别是坟墓风水的好坏，往往先在地决定了有关坟墓及墓主被记忆或被遗忘的周期。

东南地区坟墓样式和祠堂建筑一样，相应地形成兼具普遍性与地方性特色的建筑格式，在展示、塑造乃至矫正社会事实方面，具有相当重要的存在意义。特别是模式化、统一化的坟墓图式以其特有的肃穆感、沧桑感、秩序感，构成一种内在的文化规矩和道德能量。它们形塑了某种身体规训和惩戒的信仰氛围，从而深远影响着地域人群的认知范式、行为方式和精神气质。作为承载、复刻家族整体历史的记忆场域（回忆之所）之一，祖先坟墓同样具有唤醒、范导、强化家族共同情感和文化传承，维系家族社会关系或宗族共同体纽带、实现事生与事死的连接等功能。

或许可以说，风水、祖先、鬼神的力量被外化到坟墓样式之中，坟墓样式本

---

1. 中外学者将龟壳墓与“四神”观念相联，仍然是大胆的猜测与联想。象征龟蛇合缠的“玄武”神往往指的是墓穴之后的山龙，而不是墓穴本身。
2. ［美］米尔恰·伊利亚德：《宗教思想史》，第 101 页。

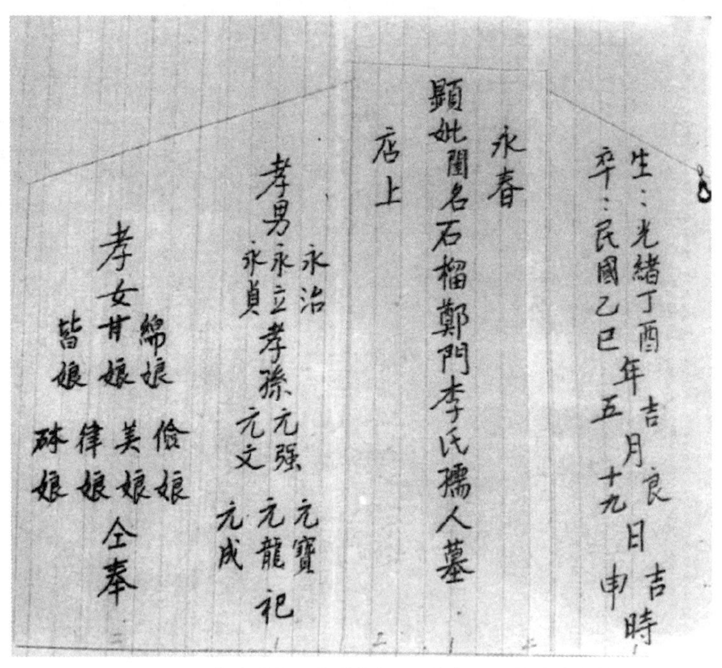
生：光緒丁酉年吉月良日吉時
卒：民國乙巳年五月十九日申時
永春
顯妣閨名石榴鄭門李氏孺人墓
店上
孝男永治 永立 永貞 孝孫元強 元文 元寶 元龍 元成 祀
孝女綿娘 甘娘 皆娘 儉娘 美娘 律娘 砵娘 仝奉

图 10.42 永春《郑氏族谱》(手抄本)记录的墓碑吉数

身同样显示了风水、祖先、鬼神的力量，二者是相辅相成的。祖先坟墓的建筑样式关系到“构造家族历史”和“保存祖先回忆”的“丰碑性”(纪念碑性)的记忆，是逝者家族地位和身份的象征，富有家族个体或群体(宗族)“圣迹”的成分。因此，坟墓作为祭祀礼仪的平台，自然具有“回溯性”和“前瞻性”，既是生者对亏欠逝者情感的补偿，也让生者以祖先为镜子，提醒、反思自我，为未来生活指明方向。特别是生者在营造寿域时，是在为自己修筑一座小型的、不朽的丰碑式建筑，是在提前“将自己历史化的一种精神练习”[1]。“在这种耗工费时之后隐藏着一种互惠的特殊理念：一个人若是虔诚地对待自己的先人，便可以期待

1. [德]哈拉尔德·韦尔策编:《社会记忆：历史·回忆·传承》，第 92—93 页。

其后人也如此对待他，在这里，社会互动的网络在时间层面上被永恒化。”[1]风水的象征意义体系直接提供了这样一种信任和互惠的资本，参与形塑祖先崇拜最关键的物化媒介，并再次确证子孙对有血缘关系的祖先之优先伦理责任。

1. ［德］扬·阿斯曼:《文化记忆：早期高级文化中的文字、回忆和政治身份》，第 57 页。

余　论

术数中国：我们如何解释和理解“风水”

毋庸置疑，社会科学里面自西方历史经验而来的一般法则和范畴，是人类反思自身文明体系的重要组成部分，但未必真正具有普遍的应用性，更不能作为判断和衡量中国历史发展的唯一标准。而透过中国史实和中国经验所获得的社会理论思考，包括中层的理论构建，作为多元文明之间的相互观照，同样可以具有世界范围的解释力。考古学家张光直指出，世界文明的形成方式有两种基本形态，即中国式的（也即世界式的）和西方式的，前者是“连续性的文明”，保持着“民神杂糅”的特点；后者为“突破性的文明”，即“断裂性的文明”，带有“绝地天通”的特征。古代中国文明兴起的一个因素就是“王巫合一”，[1]“巫—萨满”的文明传统在推动以华夏为中心的中国“大一统”形成过程中发挥了关键的作用。这种理论突破“把文明发生提高到思想史的高度上认识，指出天地人神的关系是各种文明形成其独特内心理解的基本背景”[2]。

“中国”作为一个“事实”本身，你可以依据现象学“本质直观”它，却始终无法有效预设或完整观察、归纳它——中国如何成为中国——你最多只能从不同的“符号经验”方式去暂时规定它。[3]我们从史前和早期历史来反思，中国文

1. 张光直：《连续与破裂：一个文明起源新说的草稿》，载《美术、神话与祭祀》，北京：生活·读书·新知三联书店，2013 年；张光直：《从商周青铜器谈文明与国家的起源》。
2. 李零：《中国方术考（修订本）》，第 12 页。
3. ［德］马克思·舍勒（Max Scheler）：《哲学与现象学》，倪梁康、罗悌伦译，北京：北京师范大学出版社，2017 年，第 6 页。

明与文化认同的形成与跨区域的迁流、贸易活动及其礼仪行为相关。“礼仪行为常使用某些类型的贵重物品，特别是玉器和青铜器。这些礼仪形态帮助了在中国文明形成期大范围内形成共同的信仰体系、祭祀方式和象征性符号组合”，伴随着贵重物品和资源向政治中心流动以及地区间礼仪传统的融合，“中国”即中心国家的观念也逐渐形成。[1]“术数中国”（冷传统）和“礼义中国”（热传统）一直是“连续性文明”相辅相成、相互交融的存在方式，并随着南进“迁流”浪潮而被形塑，形成不断扩散的“文明涟漪”，诸如“礼义为体，术数为用”、冷热交织的“圣教传统”（华心）。宋元以来，“礼义文明”只是更因“华夷观念”的深化而凸显出来而已，它并非特定地域社会（如东南或华南）的近世特色。

因此，“连续性文明”路径反思的是“中国何以中国”的核心问题，考古学家、人类学家、历史学家都反复在阐释这样的问题——寻找中国文明中形塑自我“中国”形象的历史原动力。“两个文明起源”的假说提示我们，如何以长时段的眼光和原生性的视角，来省思中国文化传统和信仰、思想世界，特别是“眼睛向下”去反观地域社会绵绵相续的整体性的观念系谱和文化取向，以及中国文明与其他世界文明的差异所在。[2]

本书的写作思路，正是在“文化·社会·人”三维关系的大历史视角中，尝试将一般性的风水知识和观念，以及信仰习俗的本质、功能与文化意义，放在“文明中国”的连续性生成机制内，放在精英和民众所共享的文化取向中考察，以期对以“风水”为代表的“术数中国”的基本风貌及其在南方地域社会的存在样式，有所思考。而这个“天地人神”共栖其间的“风水社会”体系，亦是领会中国之“天地之道”的曲径之一。

1. 刘莉、陈星灿:《中国考古学：旧石器时代晚期到早期青铜时代》，第 415 页。
2. 史华兹指出，反观古代中国的思想世界，“存在着广泛共享的文化假设（当然并不是所有的思想模式都认同它们），借助于这些假设，普遍的论题似乎被折射出来”，而三个相互关联的文化取向更是值得注意，“以宇宙论为基础的、普世王权为中心的、普遍的、包含一切的社会政治秩序的观念；秩序至上的观念（无论在宇宙领域还是在人类领域，更普遍地得到了认可）；以整体主义的‘内在论’（immanentist）为特色的秩序观成为社会的主流趋向”。（[美]本杰明·史华兹:《古代中国的思想世界》，2004 年，第 425—426 页）

第一节 华夏化与乡族化：风水作为社会文化资本

在人类建造世界的活动过程中，社会虽然是作为文化的一个方面出现的，却在人的文化组成中占有一种特权的地位。这乃是因为人在本质上具有社会性。个人对文化的参与不仅依社会过程（所谓社会化的过程）而定，而且个人连续不断的文化存在也有赖于特定的社会安排之维持。社会不仅是文化的结果，而且是文化的必要条件。社会构成、分配、调整是影响人建造世界的活动的因素。只有在社会中，那些活动的产物才能超越时间而持续存在。[1]

因此，离开具体的历史环境或社会结构来解释、讨论风水文化的实质及其合理存在的原因，总要冒太大的风险。研究者理应多从社会变迁的角度，来探讨风水文化在中国地域社会的存在方式、表现形态和思想意义，特别是要重视对风水观念、信仰与区域历史的社会互动关系的考察，除必须注意分析地域社会结构形态、地方权力支配关系的变迁给风水文化形态所带来的影响外，也要关注风水观念和信仰在维系或颠覆社会文化秩序、促进地域社会认同方面的功能意义。

在开篇章节中，笔者利用考古文献，讨论福建丧葬文明与地域社会文化发展的关系。这种思考同样涉及“现实的中国”如何形成、生长和扩展的问题，还有在特定的历史处境和历史进程中，以“闽人”为主体的在地社会如何成为“文明中国”的一部分，从而强化“华心”的身份认同和家国想象的问题。福建地区文明同样是中国各区域文明相互作用和交错的结果。与史前南岛语系人口的南迁相似的是，华夏文明时代的人口迁流运动，同样讲述着生态、资源和人口压力的生存悲歌，讲述着精神观念在塑造不同时段历史动力中的作用。其中，源于“关联性宇宙观”的巫教传统是理解各区域文明交流网络的关键因素。

当然，福建地区因长期移民流动的关系，作为“重瓣花朵”中心的中原文明对福建的文化深层结构具有主导性的影响。各种丧葬明器，特别是阴阳券、洗骨改葬的记忆形态，堪称记录地方文化变迁的活化石，生动展示了在汉人文化“涂层”下地域信仰形态的“土著本（底）色”。具有“重巫尚鬼”色彩的地域风水

1. ［美］彼得·贝格尔（Peter Berger）:《神圣的帷幕：宗教社会学理论之要素》，高师宁译，何光沪校，上海：上海人民出版社，1991 年，第 13 页。

知识，亦是一种多元文化类型相互作用下的综合知识谱系的反映。在事生事死的信仰民俗中，地域社会表层的文化一体性获得了较好的保持和发展。通过闽越人的巫教传统与北方、中原丧葬习俗的有机结合，汉人的宇宙观念、礼仪传统业已“因地成俗”，成为地域社会记忆的一部分。

扬·阿斯曼指出：“假如巩固群体身份认同的知识没有存储于文字中的可能性，那么它只能存储于人的记忆中。这类知识要实现其在构建统一体、提供行动指南方面（即规范性和定型性）的推动力，就必须首先具备这三个作用：存储、调取、传达，或者说是：诗的形式、仪式的展演和集体成员的共同参与。”[1]有关风水的知识—实践体系中，往往蕴含着人们对生于斯、长于斯的地域归属感，蕴含着他们对于区域发展历史的深度关切。特别是各类风水祭祀仪式和口头叙事传统，不仅是长时段的地域变迁过程的聚态反应，更是以“华夏”（“中华”）自居的在地族群的文化记忆形式。其中寓意的观念系谱既是相对静止的，也是富有绵延力的。而传统社会正是透过这类仪式文本的反复实践，来保存那些巩固群体身份的知识谱系，并成功进行自我形象的建构，特别是关于“中国”共同体的政治和文化想象。有关都邑、城池、村社的堪舆实践，充分体现了中国人对于地域空间及其聚居家园的命运共同体的思索，在形塑人们心中清晰可感的、有关中国或地方的文化意象时，自然形成了超越现实之理想世界的政治或文化共相。

毋庸置疑，风水术数不仅是一种可操作的技术和理性化的知识系统（堪舆学），还是一种具有可塑性的精神力量和富有“野性思维”的价值系统，从而左右中国人在事生事死活动中的文化记忆和行为模式。它并不纯属于“迷信”或“异端”，反而代表了一种华夏化的文明化符号和符合正统性的思想传统。

比如，堪舆学形成一整套针对山川形势的拟人化、整体性、开放性的空间观念体系，像三大干龙的龙脉说和分野体系基本涵盖了传统中国大致的政治势力范围，一定程度上影响了历代王朝追求“政治大一统”及“华夷秩序”的话语构建与政治运作。而地区性的城邑规制、人文地景同样在风水观念框架下获得了情感认同上的意义，并被赋予各种具有政治性的隐喻或富有文化性的想象，牵涉地方治理的意识形态塑造和地方愿景的话语构建。特别是在针对自然或定居空间的

1. ［德］扬·阿斯曼：《文化记忆：早期高级文化中的文字、回忆和政治身份》，第 51 页。

“意象化”或“美学化”的过程中，人与自然之间便形成“共在”和“善在”的存在关系，相辅相成，共生共荣，而地域社会的自我形象和身份认同也由此被培植起来，形塑出某些高度共享性的“文化共相”。诸如可以“诗意栖居”的故乡山水景观，作为一种历史化的文化空间和情感化的系谱链条，其实是离散者（游子、文人、乡绅）与地方历史、传统连接的心境写照与典范化的记忆之所，因此也被回忆和营造为藏风聚气的“胜景”或“圣境”。

值得注意的是，民间社会流传的有关失败者“天子地”的风水叙事，兼及“作为顺服的回忆”和“作为反抗的回忆”这两种历史化的记忆形态，其实包含着某些独特的意义建构和文化编码。一方面，这些修辞性的叙事反复凸显一种代表官方的“龙飞承天”或“奉天承运”的政治正确话语，折射出南部“周边”地区对于趋向稳固的“中心”（王朝）秩序的理性认知和政治默认；另一方面，这些戏谑的叙事也是一种民间化的“对立记忆”和“反面记忆”[1]，扮演着批判性、颠覆性、去合法性的政治记忆的角色。先秦以来，朝向整体主义的秩序观念和代表正统性的天下观等思想框架，业已在被规训和被选择的地方记忆形式之中得到更进一步的内化。

此外，明清回人宗族共同体的建构及其丧葬习俗的“礼仪化”和“术数化”的特征，堪称儒教传统在地方“存神过化”和“随方设教”的精彩篇章。尽管回汉双方共享一个用以整合身份认同的思想文化框架，即家族坟墓风水和族谱文字等可资纪念的记忆媒介和符号标识，回人群体的祖先文化底色却借此获得重建意义的方向和动力，呈现了一种文明间既有机交融又各设边界的独特景象。由此，一些抽象的族群历史知识被反复地感性化和纪念碑化，并被各自写进既是家族的也是地方的历史记忆之中。

本书指出，梁启超、傅衣凌提出的“乡族”范畴，是解读近世南方地域社会形态及其发展机制、组织局限性的一把钥匙。糅杂乡土及家族观念的“乡族意识”或“乡族主义”，俨然构成了有机统合地方社会秩序的黏合剂。它在维系乡族与地方的本真性关系（如地方性认同）的同时，也框限了地方的文化视野。如果我们将南方地域社会视为一个由细条竹片编织而成的圆形的、封闭式的类

1. ［德］阿莱达·阿斯曼:《回忆空间：文化记忆的形式和变迁》，第 153 页。

簸箕式结构，那么作为扩大化的“亲属群体”（血缘和模拟血缘）和微雕化的社群（包括地缘性的异姓结盟、民间宗教结社）的“乡族共同体”（乡族网络），堪称这个类簸箕式社会结构的网格交点，组成一个个相互交织的、类同的“网格”（社会和文化空间），每个网格都相应地构成一个自我运行（组织）的中心（小社会），具有顽强的组织性和再生能力。故，这种由众多的乡族组织而成的地域社会，可被视为一个具有多中心、网格状、强韧性、超稳定、有高边界的社会。在宗（家）族或社区范围内的社会，可称得上是一个以血缘或模拟血缘（拟亲）为基础的平面社会，而在跨宗族联盟或跨社区范围的社会，堪称地缘和血缘相结合的立体社会。即便局部或个别的平面网格受损，也不会立即导致整个立体的社会结构或大共同体边界的破坏或终止。

近世以来，乡族社会通过自我组织和秩序构建，虽然展现出具有自我修复功能的“内生性秩序”，但这种秩序毕竟“早熟而不成熟”，它具有地域性、封闭性、自给自足性的特征。乡族社会因过于在意碎片化、网格化的地域利益和地域资源的交易与争夺，而忽略真正具有普遍规范性的“信用原则”和“契约精神”，导致其内部均衡体系脆弱而不稳定，即便偶尔出现均衡态势，也往往不可能是最优的“合作博弈”组合。特别是丘陵地理的特殊构造，土地的私有化或家族化，同样构成了强有力的制约性要素，加上与家族或乡族的社会结构形态相互勾连，使得风水实践终究是有限度的，大多数群体只能在“螺蛳壳里做道场”，借助精细化的风水操作而获得心理上的情感慰藉和精神平衡而已。因此，风水知识—实践体系，作为乡族社会之内在化的文化记忆形式，为我们提供了一个透视南方社会结构形态及地域性集体行为的窗口，特别是透视每个“网格”之中具有韧性的社会机制和文化机制的窗口。

毋庸讳言，各类风水叙事呈现了一种独特的地方历史现象，即乡族社会的发展史或迁移史，堪称一部风水选择的文化记忆史。乡族社会也可被视为“风水社会”，一个展示“跨人间”伦理关系的“风水社会”。围绕家族风水的种种叙事，几近“神话化”，具有典型的根基性的历史文化意义，是乡族（宗族、家族、房派）维持有序的社会文化网络和原子化的身份构建的中坚力量。

其中，作为“神圣文献”的族谱书写，有效地提高了存储、重塑、传承、传达家族之社会历史信息的能力，并使得那些体现编撰者和家族意志的意识形态建构成为可能。而族谱的核心内容是家族的世代谱系，包括祠堂和坟墓风水信息，有效凝聚了家族之历史感和地方感，让家族“自己的历史内化，从而使其成为发展的动力”[1]，并指明了家族之连续性和方向性的道路。至于那些标志性的祠堂和坟墓等象征场，则体现了宗法等级关系的文化空间，不仅传递着“生生之气（理）”的风水效应和道德能量，而且承载着家族或祖先“丰碑性的历史”，是凸显家族的优越感和杰出性的标记，是形塑家族身份和归属的箭垛化的标签。而不同代际者对这些风水图景的回忆或者遗忘、美化或者压抑，往往折射出内化的价值折叠、复杂的时代印记或特定的政治和文化链条的断裂。

从某种意义上说，对于南方的乡族或家族社会而言，风水术数的文化记忆暗含着一种刺激地方和个体发展的解放力量，潜藏着具有未完成性、开放性和不确定性的“变化之道”（生生、日新）。这种牵涉家族或乡族可持续性发展的精神力量和文化习惯（或者文化模式），可以视为一种辅助性的“风水动力”。特别是乡族社会因生态压力和资源的竞争而形成的人口“迁流”模式，既是地理和文化意义上的双重迁流（“骏马堂堂出异方，任从随地入纲常”），也是礼仪化和术数化的中国文明（“朝夕莫忘亲命语，晨昏须荐祖宗香”）的落地生根和开枝散叶（“年深外境犹吾境，身处他乡似故乡”），它们不断地叠合和扩散“华夏文明圈”的信仰版图（“唯愿苍天垂庇佑，三七男儿总炽昌”）。在迁流过程中传承“土著化”的圣教传统，其实是构建“正统性”乃至“辨得华夷”的文明进程，同时也让作为“地方”的乡族社会的结构变迁带有一定的世界性要素。

事实上，风水知识—实践体系的在地化、习俗化的演进过程，是与地域内的宗族或乡族共同体的发展相辅相成的，它们互为条件，彼此镶嵌，共同参与了地域内生性秩序的维持与构建。倘若离开了风水知识—实践体系，那东南地区新型家族制度体系的形成是不可想象的，甚至可以说失去了树立自我形象的文化象征和纪念性、指导性、方向性的精神力量。随着南方家族制度的成熟及乡族组织的扩展，风水知识—实践体系为家族或乡族面对聚合性的生态压力提供了一种可操作的文化选择模式，即智慧地或乖舛地调解自然环境的压力和族群竞争的有效方式。地域社会秩序的构建模式，部分受到风水观念图式的先在制约，从而在“破

1. ［德］扬·阿斯曼：《文化记忆：早期高级文化中的文字、回忆和政治身份》，第 64 页。

坏/整合”的相对向力之中维持一种动态的平衡机制。

然而，风水观念、信仰不只是一种构建地方认同的统一力量，还是一种导向社会冲突的异己力量。它既是乡族内部稳定秩序的润滑剂，也是地域内秩序动荡的催化剂。近世以来，闽人借助风水实践以维持良性的生存空间和提高生存质量的欲望，反而有与日俱增之势态。风水为不同族群取得生存竞争的效益最大化和社会资源的有效调配、控制提供了可能性，特别是为族裔向上的社会流动机会等提供了利益想象的可能性，它既是家族扩充势力、强化自我身份的象征资本，也是乡族势力控制社会秩序的象征资本。

在南方乡族社会的结构形态中，所谓“风水力量”尽管仍然是一种保持着术数化色彩的神圣力量，并且已内在化为血缘或地缘的意识形态和习俗传统——它或许有助于形塑那种冒险、开拓、进取的“迁流精神”，有助于推动乡族或家族的组织资源或内部团结的整合，有助于刺激符号化、意义化、熟人化的地域空间之社会网络的构建，有助于平民阶层和士绅阶层分享一套共同的观念谱系和文化框架，有助于培育内在的心理情感和外在的人伦关系的均衡——但终究不是一种富有超越性或纯粹理性化的精神力量，最多只是一种有条件性的、小群体性的“精神激素”。风水术数建立在以自我（个体、家族或乡族）为中心的工具理性诉求（丁财贵）的基础上，这反而削弱甚至阻碍了乡族社会“大共同体”意识的发展和价值上的替换，并反复侵蚀着大共同体社会的有机团结并增加博弈成本（诸如地域、乡族分类械斗）。尽管基层社会的弱者可以借此谋求改变被等级化的个体命运，强者同样可以借此维持现成的身份地位和权力秩序，基层社会流动性的部分活力被激发了，但终究不是一种真正意义上的普遍的精神自觉，或者是一种平民化的建设性力量。

其实，所谓“风水动力”更是一种“内卷化”的文化力量，根本无法超越传统的宗法或乡族组织资源之生存逻辑、内生性秩序本身，那些内嵌于地域社会历史之中的工具理性、价值理性常常走向变形、扭曲、失序的状态，不能成为涵育责任伦理或信念伦理的“培养基”。它在乡族社会的发展进程中，尽管发挥着富有竞争性的“鲇鱼效应”，但终究是一种“浪费”社会成本较高的外延性的文化力量，并相伴产生着一些排他性、压力性的“负激励”因素。如明代《地理人子须知》专门罗列了“琐言”十条——“不可不知地理”“不可停柩不葬”“不可侵葬祖冢”“不可图葬旧穴”“不可拘泥公位”“不可轻易改葬”“不可专意图大”“不可不观古格”“不可不择良师”“不可不修阴德”云云[1]，昭示了风水术数与宗法性、道德性要素的相互嵌合，反倒容易与地域社会的秩序构建形成长期的紧张关系。而风水诉求的背后同样潜藏着权力（贵）、财富崇拜（财）、生育崇拜（丁）等历史惯习。所谓德性（阴德的积累）的培育往往不是为了成己成人的道义目的本身，反而异化为一种乞求“好生活”的手段。

我们还要反思的是，在急剧变迁的当代中国，至今尚未真正松懈的城乡户籍隔绝制度，尚未完全实施的农村社会保障制度，以及权力下沉后的基层政权因无法适应社会结构变迁而变相地对乡村的单向剥夺，不仅使得各阶层的实质性流动仍然相当困难，也在保持社会稳定的前提下加剧了广大乡村的相对贫困。出外读书或经商或打工，以走出聚族而居的、可亲而又可恨的那片故土，成为农民摆脱各类恶劣环境所造就的苦难命运的一种本能性的梦想。而在乡村社会曾经实行得特别严格的计划生育政策，由于配套的社会福利措施并未完全到位，并未真正改变“重男轻女”“传宗接代”的观念。一定程度上讲，“讲（做、养）风水”吊诡地变成一种隐性抵抗社会制度的文化“助缘”，甚至变本加厉地成为迅速改变生存环境并提高生存质量、传承祖宗香火（生男丁）的一种可悲而又可气的想象方式，人们并不会因主流意识形态反“封建迷信”的运动而主动放弃它。

某种意义上说，风水术数吊诡地刺激了地域社会的文化想象、精神活力乃至社会秩序的动态均衡。在直面生存的苦难时，生于斯、长于斯的我的祖辈同其他百姓的“唯心”想法并没有什么两样，都渴求着向上的社会流动机会，只是他们凭借着求生或好生的诗性智慧，更加懂得比他人用心于子孙的现代教育而已。地域社会民众在日常生活中持续地反抗现代科学、唯物话语的文化取向和顽固的“封建迷信”行为，仍然“很大程度上是由政治秩序的当权者创造的‘环境’决定的”[2]，这是远未逃脱的古老文明的宿命和遗产。

是故，解决问题的关键不在于是否应该像历代王朝一样，为地域崇拜留下一些具有合法性的空间或重新进行价值判断，而在于如何调适自身的结构性矛盾，

1. 〔明〕徐善继、徐善述:《重刊人子须知资孝地理心学统宗》“琐言”凡十条。
2. ［美］本杰明·史华兹:《古代中国的思想世界》，第 426 页。

不再试图以软性的意识形态或刚性的权力形式，继续用救世主或真理持有者的自得心态改造地域社会，而是给予地域社会一个合法而开放的博弈乃至对话、合作的机会。清代士绅陈盛韶在对治诏安县因风水而导致的停柩不葬流弊时，曾经设泽枯局，“请乩议定章程，以鬼治鬼，使鬼有所归，且地亦必求其藏风避水，顺民所欲，毋犯所忌”，这样的智慧举措，某种意义上为现代社会治理者提供了一个很好的人文反思视角。

我们应该清醒意识到，在强调“以生存权为基本人权”而尚未实现以“人的解放”为立论根本的古老国度里，风水是人民精神的抚慰剂，是麻醉和回避苦难的方式的意识形态话语，它亦将继续承担其“教化和拯救草民”的使命。如何克服“非此即彼”的异文化思维，如何克服从属于自身的某些政治精英“有点相信而不大承认”的败俗之举，并走出因强权“解构”各类传统迷信或信仰而频繁引发冲突的尴尬，以重建或维持相对安静的地域社会秩序（在提倡“现代性”政权形态的冲击下，这种秩序正在丧失支撑其自身的文化基础），确是一个不得不面对的严峻的文化战略问题。

第二节　术数化与理性化：风水作为纵贯的文化体系

自古及今，宗教学家对人类的宗教信仰需求进行过诸多思考。彼得·贝格尔指出，从生理结构而言，人类生来就具有未完成的特征，人必须为自己创造一个世界，为生活提供意义与秩序，以完成人自己的存在。而人类所建造的世界乃是一种广义的文化系统。文化其实是人的“第二本性”。在人类建造世界的活动中，宗教意味着最大限度地达到人的自我外在化，达到人向实在输入他自己意义之目的。宗教意味着把人类秩序投射进存在之整体。换言之，宗教是把整个宇宙设想为对人类来说具有意义的尝试。[1]

这种从文化需要的角度对宗教信仰的省思，为我们反思风水知识、技术及与之相关的信仰习俗存在的根源，提供了相当有价值的启示。我们如何克服思维模

1. ［美］彼得·贝格尔：《神圣的帷幕：宗教社会学理论之要素》，第1章。

式的“逆溯的误差”（环节跳跃、情景误植、倒果为因），[1] 从近人梦里呓语中聆听古人的声音，乃是反思潜伏其中的文化深层结构、观念形态的方便法门。毕竟，不断增删的社会记忆总是建立在连续性的原则之上的。风水的知识与法术虽然带有感应式的“巫术”或“萨满”文明的色彩，但是并不仅局限于此，毕竟“冷传统”也刺激了立基于道德理性主义的“热传统”。伴随着礼仪传统的共同滋长，这类术数系统最终也形成了中国的“文明黑洞”，广泛吸纳、统合各类相关的知识、观念，从而繁茂地发展成一个开放多元的知识—实践体系。

诚如李泽厚指出的，“巫的理性化的主要成果或集中体现便是礼。这也就是中国‘巫史传统’”，“巫”通由“礼”，“性存而体匿，巫术活动的仪典形式不见了，但巫的特征、性格、实质却长久地保存下来了”，“由巫到礼”和“由礼归仁”，诸如情感性、活动性和人的主动性等基本性格仍然存在，是“巫的内外理性化的中国传统”。[2] 风水属于“元科学”形态的方术、术数，它灵巧而又诡秘地将我们关于天、地、神（鬼、祖先）、人的信仰，以技术化和术数化的形式呈现和延续。我们不应贸然将带有实用理性色彩的风水术数，等同于具有超越性意义的信仰。当然，风水知识和观念体系与中国特色的地理学、天文学相辅相成，与各类的自然论、泛神论及祖先崇拜共生共长，同样附带着整体性或一体性的中国信仰体系的基本要素，并内化为集体性的乡里人情、人伦情感与文化风俗。

从文化发生学的视角来看，风水知识和观念体系一直立足于构成“文明中国”的宇宙观的基础之上，诸如生生（善生）、理气、天命、阴阳、五行等范畴，本身包含着一整套逻辑自洽的诠释系统，并使得我们对于中国人的社会伦理关系的视域扩展到人与非人、人与自然、人（物）与物（器）、生者与亡灵、子孙与祖先的关联性之中。中国人强调“事死如事生，事亡如事存，孝之至也”（《礼记·中庸》），生与死、阳界与阴界、子孙与祖先的界限并不是独立的“两个世界”，而是“生生之谓易”“日新之谓盛德”，形成相互贯通的“一个世界”。而风水的观念体系就是对这种反映关联性、一体性和运动性的宇宙观念的生动诠释，进而强调生命存在的意义在于寻求一种更有利于生命永续生存的存在方式。当

1. 李零：《中国方术考（修订本）》，第 3 页。
2. 李泽厚：《由巫到礼 释礼归仁》，第 40 页、92 页、104 页。

然，这种风水观也是一种倡导“生生”的生命观和历史观。

风水的代名词——堪舆——早就透露了这种整体主义、宇宙全息论或生命有机论（天地大宇宙，人体小宇宙）的知识信息，是反思天地之通道的窗口之一。特别是在历经“绝地天通”的人文革命之后，风水术数作为一种潜行的“冷传统”，就一直在精英文化（官学，作为道德理想主义的意识形态、制度化的宗教形态）与民间文化（私学，源于实用功利主义的文化巫术、非制度化的民间教派、信仰形态）之间隐秘而又灵活地游离着，刺激着中国正统文化与非正统文化的有机整合，连接着地方社会富有道德意味的正统性实践和文化意义上的一体化进程。恰是以风水为代表的术数传统，在与各种形态的宗教信仰的交融中，展示综摄的“超力”特征，将祀神（沟通天地神人）、祭祖（沟通祖先与子孙）、事鬼（沟通祖先与鬼、人与鬼、神与鬼）的祭祀传统有机结合，并与地方的社会结构相互连接和嵌合，一定程度上纠正了中国人自我形塑道统的错位（如对儒学道统的过度强化）与文化意识结构的扭曲，并有效延续先秦“民神杂糅”的文明因子。

我们所能确定的经验事实是，风水术数及与之相关的信仰习俗，堪称中国人赋予宇宙秩序以生命意义和赋予生命秩序以宇宙意义的大胆尝试。在香火缭绕的神灵王国中，这个神秘的“文化幽灵”业已找到栖息的安乐窝，却也搅得窥测者心神不宁。我们在考察堪舆术数的发展史及其活跃于官方与民间的事实后，便很难去界定堪舆术数究竟是属于精英（高层）文化还是民间文化，也很难从发生学的意义上来界定夹杂于风水知识和观念当中的“相关性宇宙论”及鬼神崇拜，究竟起源于精英还是民间。从近年出土的简帛古文献来看，早期堪舆术数是对日常生活的吉凶祸福经验的总结，阴阳家的理论是由各种术数整合而成的，而不是相反。[1] 作为冷传统的风水术数与其他方术，堪称一种纵贯的文化象征体系，与“礼义文明”一道，是“文明中国”一个很关键的整合性的文化框架。

要而言之，古代中国关于天、地、人、神（鬼）的普遍知识，堪称一种表达

1. 李零《简帛古书与学术源流》（北京：生活·读书·新知三联书店，2004 年）曰：“阴阳五行说就是中国古代技术的通用理论，不但渗透于术数、方技，而且在兵书四门中也是独占一门的（即其‘阴阳’类），在古代知识系统中是半壁江山，讲宇宙论（古代叫‘天论’）离不开，讲自然哲学（古人叫‘道论’）也离不开。……阴阳家的背景是术数之学。”（第 400 页）

即存有即活动的“生生”宇宙观，亦即将“这个宇宙当成浑然合一、笼罩一切的整体，并产生一种根深蒂固的秩序感”[1]。而那些将天、地、人、神（鬼）贯通一串的“气”“阴阳”“五行”“八方”等“观念丛”，则构成中国人共通、共享的基本文化逻辑和思想框架，同样是构筑堪舆法术、信仰的文化骨骼，并延续至今。

学术界或讲中国有一个连续性的“巫史传统”，后来发生了某种程度的断裂，如先秦儒学派的崛起和发展。[2]走出逆溯的误差，“文明中国”并不尽是一个文质彬彬、只论道统的“礼义（乐）中国”。先秦以降，风水及其他术数方技所组成的普遍知识和观念系谱，恰恰构成一个“纵贯”的文化体系。而风水术数“冷传统”充分表现了它的韧性，它在延续也在弥合，并诞育出新的民间传统，从而让我们看清了另一个“巫烟瘴气”和“阴阳怪气”的“术数中国”（冷传统）的幽灵。

如果我们把“礼义（乐）中国”看作“文明中国”的阳面，那么“术数中国”就是“文明中国”的阴面。阴阳相生相克，共同刺激着文明中国的生长。[3]历史上精英和民间所构建的关于天、地、人、神（鬼）的知识基盘之所以形成，离不开这些知识系统长时段地信仰化和技术化的双向整合过程。风水知识—实践体系参与构成了这样一个融通的文化平台，从而促进了带有技术化、理性化、人文化特征（术数）的中国信仰特质的塑造。借用牟宗三的话说，宇宙秩序即道德秩序，二者必然通而为一，文明中国是讲“纵贯关系（系统）”的，有自己的“共通模式”，都是“一心开二门”。[4]

1. 葛兆光：《中国思想史》第 1 卷，上海：复旦大学出版社，2001 年，第 133—137 页。
2. 李零称：“‘天人合一’代表的是‘民神杂糅’的巫术传统，道教也是带有巫术色彩的宗教。这些可以算‘连续性’，但‘绝地天通’之后的史官文化和民间巫术，汉以来的儒与释、道并不是一种东西，从总体结构上讲，反而不如说是一种破裂。”[《中国方术考（修订本）》，第 12 页]“以中国的经验来看，巫术的历史遗产，是经礼仪的制度化和方术的技术化，把它压低为最低层次，才发生飞跃性的转变，上升为更为高级的信仰活动。它为道教的产生提供了本土资源。”（李零：《简帛古书与学术源流》，第 431 页）
3. 李泽厚认为，巫不能一概被看作小传统，其精神被吸收到大传统中来了。小传统承接了巫的“形”（外表、仪式），大传统承接了巫的“神”（实质特征），礼是属于大传统的。（李泽厚：《由巫到礼 释礼归仁》，第 115 页）
4. 牟宗三：《中国哲学十九讲》之第十九讲《纵贯系统的圆熟》，上海：上海古籍出版社，2009 年。

在风水知识和观念系统的背后，一直隐藏着一个不愿被知识精英所承认的文化事实："热传统"内在化于"冷传统"之中，彼此互为条件、互为构建，互为解释、互为意义，从而演化为地域社会的历史心性、生活态度、民风民俗。风水知识和观念系谱，亦是一个追求人界（身体、社会）、灵界（鬼、神、祖先）、自然界（时空）"三维"均衡和谐的立体的文化系统。它既与"超人类"力量如祖先、鬼怪、神灵密切相关，也与人们对泛灵的"超自然"力量如象征龙神的"吉气"、反映"反常"的时空关系的"煞"（凶气）密切相关。对于这类"超力"，人们的情感是矛盾的，既"说不"，表现出焦虑、恐惧，亦由此"称是"，表现出崇拜、敬畏。

值得反思的是，这类源于"天地人神"四位一体观的"超力"信仰，却被风水术数转化成为程式化、系统化乃至可预测化（计算化）的符号系统，构成一种实用理性的文化心理结构或"一个世界"观的华夏传统。[1]"术"与"数"（筮、卜、易），本身是"天道"的落实与"人道"的参证，是连续性文明走向理性化的历史途径和知识媒介。而堪舆学带有鲜明的知识整合的"互文性"，足以灵活地引用、改写、扩展和转化其他相关的知识和观念谱系，相互地参照、镶嵌、解释，从而形成民间文化具有开放性的统合网络。

暂且不说风水术数的操作工具——罗经——是一种"知天道""尽人事"的媒介和神秘化的工具，其试图通过合乎"法度"和"理数"的理性演算，通过寻找地理形胜之图像化的"美"，来验证天人相感应的"真"和"善"，只说具象化的"喝形"学说，其符号化和象征化的特质亦刺激了"天地与我共生，万物与我一体"的精神诉求，赋予自然和宇宙以一种人格化、情感化的积极色彩，将生命价值寄托在自然与人世上（"风与水，所以察生气之来与止聚云尔"，"无风则气聚，得水则气融，此所以有风水之名"）[2]，寄托在祖先与子孙的跨界联系上（事亡如存，事死如生）。是故，在术数的操作实践中，人可以"参天地，赞化育"，其主导性、能动性也越发明显。术数的世界，"变而为符号（象征）的世界、数字

1. "巫史传统"与"一个世界"观是李泽厚的观点。参见李泽厚：《由巫到礼 释礼归仁》，第183页。

2. 〔明〕徐善继、徐善述：《重刊人子须知资孝地理心学统宗》"论风水名义"。

的世界、历史事件的世界”[1]。

诚如《孟子·告子章句上》所称：“有天爵者，有人爵者。仁义忠信，乐善不倦，此天爵也；公卿大夫，此人爵也。古之人修其天爵，而人爵从之。今之人修其天爵，以要人爵，既得人爵，而弃其天爵，则惑之甚者也，终亦必亡而已矣。”中国人关于风水术数的信仰，不仅是关于自然、土地的信仰，也是关于超力或泛灵的信仰，更是关于修天爵以从人爵的信仰，即宇宙即自然，即自然即名教，诸如敬畏、忠孝、仁义等道德传统也内在化于其中，进而“随方设教”，演化为社会的教化和历史的责任。在风水宇宙观中，“人间社会”之外的“非人间世界”（自然或鬼神或祖先）同样被赋予作为有机生命体一部分的伦理意义，并形成子孙与祖先之间的“共生模式”，既有反馈的关系，也有接力的关系，让我们必须适度地敬畏和善待。

是故，明代堪舆家将风水视为一种“资孝地理心学”，其中一条原则就是“不可不修阴德”，“人事极时天理变”，“故得吉地，必有德可以膺福，然后神以吉地畀之。神之俾以吉地，即天之报善故也。欲求吉地，为祖父宅兆，俾先人之体魄安而后世之荣盛不替者，当先积德以端其本焉。……修德以俟天，择地以尽人，并行而不悖，仁人孝子之为心也”。[2] 而风水知识—实践体系因属于一种纵贯的生命有机论，属于一种具有统合性、可操作性的文化模式，因此能够以术数化、理性化、礼仪化的方式，将普遍的道德观念（如“阴德”作为一种不张扬的、源自内心自觉的道德义务的美德，被反复强调）内在化于地域的时空秩序中，并落实到人世间和日常生活世界中，从而具有嵌入地方历史记忆、规训社会化的身体、范导地方的认知图式、建构共同意义或集体表征体系的能力。

扬·阿斯曼指出，那些赋予象征意义体系的共同经验、期待和行为空间，起到一种发挥连接和联系的“凝聚性结构”作用，“把昨天跟今天连接在一起：它将一些应该被铭刻于心的经验和回忆以一定形式固定下来，并且使其保持现实意义。其方便之处在于，将发生在从前某个时间段中的场景和历史拉进持续向前的‘当下’的框架之内，从而生产出希望和回忆。这一文化视角是神话和历史传说

---

1. 李泽厚：《由巫到礼 释礼归仁》，第 17 页。
2. 〔明〕徐善继、徐善述：《重刊人子须知资孝地理心学统宗》“琐言”十条。

的基础。规范性和叙事性的方面，即指导性方面和叙事性方面，构成了归属感和身份认同的基石，使得个体有条件说‘我们’。与共同遵守的规范和共同认可的价值紧密相连、对共同拥有的过去的回忆，这两点支撑着共同的知识和自我认知（Selbstbild），基于这种知识和认知而形成的凝聚性结构，方才将单个人体和一个相应的‘我们’连接在一起”。[1]那些指涉我们身份的过去的象征物或祖先丰碑性的圣迹，如祠堂、坟墓、墓碑、庙宇和其他空间秩序，承载并框定了我们的历史心性、行动轨迹，它们不只是人化的物世界的储存符号，而且是“现时化”的文化记忆场域，构成了家族相似性的“同体感”。

事实上，有关一般性的风水知识、观念和信仰的文化记忆形式，不只附着在各种堪舆典籍和族谱之中，还楔入石敢当、买地券习俗、风水符咒术、寺庙的风水签诗和签占、竖造和丧葬仪式、风水乩示文之中。这些具有重复性的“文化互化”形式，构成风水知识—实践体系及其象征意义存储和传承的文化基础，并传递着有关风水与自然、鬼神及祖先崇拜之内涵交织的文化生态信息。而透过安龙、游龙、呼龙、破土、起基、上梁、出煞等民俗仪式，风水知识—实践体系其实提供了一套精致的象征图像。其参与确立合理化的时空秩序和生命秩序的构建，并成功消解个人生活中的边缘情境（如无序、焦虑、死亡）所造成的深切恐怖。一般性的风水知识、观念和信仰通过这些仪式实践而得以存储、激活、展现、传承，从而实现其自身的价值转换和意义生成。特别是经过空间化、语言化、典章化的塑造，有关风水知识、观念的记忆已完成自我的内化和固化，成为精英和民间所共通、共享之文化常识系统。在集体意识深处，它为短暂的生命找到暂时的身心安顿。

“提出一种宇宙论，也就提出了一种宗教。”[2]而当我们将文化视野转向人如何展示自我身体的习性和灵性时，我们便也领悟到了人与天地自然的本真性关系。因此，一般性的风水知识、观念和信仰究竟表意什么，并非我们的思考重心。它们在文化展演中所再生产和创造的内容，才是我们关注的重点。特别是堪舆术数在技术和信仰的层面上，将不确定的宇宙或自然秩序与人类生命秩序进行有机

---

1. ［德］扬·阿斯曼：《文化记忆：早期高级文化中的文字、回忆和政治身份》，第6—7页。
2. ［美］科布（Cobb）、［美］格里芬（Griffin）：《过程神学》，曲跃厚译，北京：中央编译出版社，1999年，第2页。

的联结，即体现了天道与人道之“共在”“善在”的同构。它鼓吹“配天”，反对“逆天”，只有“神性”的天道、天意、天数才是人道、人意、人事的绝对尺度。人只有在天道限度内发挥自己的主体性和能动性，才能获得自然秩序和心理秩序的均衡、和谐。传统中国追求“天地人神”四位和谐的术数文化模式，既是印证“民神杂糅”的文明“连续性”及在“绝地天通”后“创造性断裂”（藕断丝连）的活态化石，也是透视传统中国精英和民间的信仰与思想世界相互交错的一个动态窗口。

当然，术数传统还以一种实用而又神秘、诡异而又古板的文化姿态，在抽象的整体主义的“相关性宇宙论”（神秘的天人感应、阴阳的生克和谐）的基础上，与复合性的鬼神观念（表现为人、神、祖先、鬼的互通互动）、理性化的人伦礼仪传统有效地联结，从而形成了一种超稳定而又不断演进、整合的文化结构，并将中国人的日常生活世界模式化、礼数化。风水知识—实践体系既讲理性化的“知识”，也讲规范化的“礼（理）数”，更讲标准化的“度数”。“礼（理）”“数（术）”“度”的三位一体格局，在过程中、在活动中得以呈现与落实，参与创造了日常生活空间的文化神性和历史意识。[1]

因此，以汉人为主体的中国人关于风水的知识、观念、信仰，既是术数化的，又是礼义化的，更是审美化的，因此也是工具化的、符号化的，深刻地表达了中国人对自然、生命和死亡的基本态度和文化理解。风水术数的知识—实践体系，既体现了中国人“诗意栖居”的生存智慧，也反映了百姓“知天命”“尽人事”的生活态度、思维定式、情感取向。而主导这类文化实践逻辑的整体的宇宙观念、可操作的实用理性、复合的鬼神观念，更一直左右着中国人的信仰世界、精神生活、审美情趣。

1. 李泽厚指出，“礼”既是“数”，又是“理”。“数”是一类规范化的秩序、过程、行为、规矩等细节，如祭祀的仪式、姿态、手势、容貌、言语、服饰等。“礼数”是由巫术力量（Magic Force）演化而成的巫术道德（Magic Moral），经全面理性化和体制化，建立了一种人际世间关系，故具有神圣性质。（李泽厚：《由巫到礼 释礼归仁》，第 24—26 页）

第三节 造化与异化：风水作为象征意义图式

文化对于人类起到“双刃剑”的功能。“人与文化之间的关系，可以恰当地用巫师的徒弟那个童话来说明。人的命令使若干个奇妙的水桶像变魔术一般地凭空出现，并使它们运动。从那时起，它们根据自己存在的内在逻辑（至少，其创造者不能完全控制它）来来去去地打水。正如那个故事中发生的事一样，人可能会发现另外一种魔力，它将会把人赋予实在的种种巨大力量拉回人的控制之下。当然，这种魔力并不是先前使那些巨大力量运动起来的那一个力。然而人也完全可能溺死于他自己造成的洪水之中。”[1]

马歇尔·萨林斯（Marshall Sahlins）指出：“人的独特本性在于……是根据由他自己设定的意义图式来生活的。”“意义是人类学对象的特定属性，文化都是关于人与事物的意义秩序。”[2] 而本尼迪克谈道：“个体生活历史首先是适应由他的社区代代相传下来的生活模式和标准。从他出生之时起，他生于其中的风俗就在塑造着他的经验与行为。到他能说话时，他就成了自己文化的小小的创造物，而当他长大成人并能参与这种文化的活动时，其文化的习惯就是他的习惯，其文化的信仰就是他的信仰，其文化的不可能性就是他的不可能性”[3]。

同各类宗教信仰形态一样，扎根于乡土的风水知识、观念，在内化为一种社会记忆形式和信仰民俗之后，在长时段的历史进程中充分展示着其有效“异化”（陌生化）浸润于其中的人的文化符号力量。无论是在精英阶层还是普通民众中，无论是在信仰者还是反对者那里，风水都以不同的形式表现出它形形色色、变幻莫测的社会和文化功能。

同样，风水术数塑造了中国人“天地人神”和谐有序的宇宙观及道德话语，塑造了中国人术数化的文化习惯和日常生活方式。当风水知识、观念在开化地区中透过民俗化和仪式化的记忆方式，积淀为一种内生的情感与信仰，成为社会文

1. ［美］彼得·贝格尔：《神圣的帷幕：宗教社会学理论之要素》，第 15 页。
2. ［美］马歇尔·萨林斯：《文化与实践理性》，赵丙祥译，上海：上海人民出版社，2002 年，第 2—4 页。
3. ［美］露丝·本尼迪克：《文化模式》，第 2 页。

化网络的一部分并具有“工具合理性”时，“选择变成了命运”，[1] 因风水术数而引发的文化“洪水”从此也开始了惊涛骇浪式的放肆旅程。在近现代西方观念、社会进化论和无神论的冲击下，风水术数不仅成为中西“文明冲突”的重要象征符号，而且吊诡地成为“解构”自我文明传统的关键性标签。特别是基督教传教士对风水“迷信”“陋俗”“巫术”的反复批判，亦与官方和知识精英相互形成“话语共谋”，从而影响中国宗教及地域信仰的现当代命运，并加剧了中国文化生态的持续失衡。这无疑是崇礼尚礼之邦的文化异象。

事实上，风水术数立足于“生、养、护”人的土地之中，一直在借助我们的身体及其游离的祖先灵魂（骨骸是一部分）说话。它以一种神秘而缥缈的方式，以自然和身体为实践原体来“还原”并延续关于天人合一、天人感应、阴阳五行等普遍性的知识和观念，并积淀或积累自身的社会记忆。风水往往是一种虚幻地超越有限的意义设定，并以此提供一种平衡人性矛盾的可资想象的文化方式。它试图让活着或死去的人在各自“世界”（阴阳两界）中作为一种文化生命而得以存续，既“安身”又“立命”，理想地甚至是想当然地追寻生与死、人与地的“和谐均衡”的取向。风水术数提供了一种稳定性的文化形式，一种整体性的文化框架，使我们“事生事死”的日常生活模式化成为可能。[2]

然而，“人能弘道（术），非道（术）弘人”，隐藏于风水背后的“均衡”“和谐”的宇宙观念及相应的实践方式，从来就不太可能让创造这种文化图像的人群有效告别社会的失衡与心灵的冲突。历尽苦难的国人百年来对“文化原罪”的苦苦追究，似乎也并未真正带来社会管理成本的降低或民众思想的彻底净化。标榜“社会良心”的人们只能不时地兴叹——“封建迷信沉渣泛起”。但我们似乎忘

1. ［美］彼得·贝格尔：《神圣的帷幕：宗教社会学理论之要素》，第 114 页。
2. 明代徐善继、徐善述所撰的《人子须知资孝地理心学统宗》（又称《地理人子须知》，明万历十一年刻本）旧序：“论法象者莫辨于《易》，其曰‘天地定位，山泽通气’，夫位有定而气实通焉。氤氲磅礴，游魂灵怪，气也；蒸为风雨，应为列星，流形于山川草木，亦气也。气也者，载天地而浮之也，是故山气多勇，泽气多瘖，谷气多痹，险阻气多寿。……吾以是知葬之起也，盖仁人孝子之心也。不乘生气，避五患，万一夺乌鸢而饲蝼蚁，其与委沟壑者何殊哉！夫善爱亲者，疾必择名医，葬不敢以付庸术，盖慎之也。是故乘生气，避五患，以宁吾亲，以毕吾终天之愿，此仁人孝子所为心也，非徒以祸福论休咎也。彼堪舆者，倘能以其所尝试者藏遗器于造化，而毕吾仁人孝子之心，其道亦大矣哉！世乌得而易视之？（明代赐进士及第南京国子监司业前翰林院国史编修浮梁星桥金达撰）

了，这个文化幽灵的最后藏身之所，恰恰是我们所释放的“物欲横流”、人心不古的社会现象。我们总在遮蔽中，不在所在，不知所是。

本书的研究表明，要探讨风水观念和信仰在塑造中国人的生活世界方面的异化能力，必须从历史上的信仰主体——不同阶层的风水实践角色及心态变迁入手。在南方地域社会，富有儒家教养的士绅同庶民是否有共同的信仰基础的争论，可能没什么特别意义。[1]士绅阶层作为特殊的地方精英，属于更有自觉反思能力的文化群体，因而更有智慧来充分接受和利用思想观念的作用。他们的文化观念并非铁板一块，而是同庶民有着共同的信仰和意义诉求。特别是乡族士绅针对地方空间的风水实践，甚至成为推动文教发展的中坚力量，也是他们表达公共声望和社会权威的文化策略。士绅也充分借助风水的象征资源，干涉矿业开采、水利设施建设等经济活动，旨在树立自我的社会形象和控制地方秩序等。此外，士绅通过倡导正统化的价值规范和政治正确的思想资源，至少在表面上占领了德性乃至灵性的高地，可以娴熟地掌控地方的公共舆论和秩序整合的运作，甚至一定程度上引发了地方力量和国家权威的歧离，从而为地域社会走向自治化的公共领域提供一种可能的场域。

当然，那些因文化理念的实践差别而卷入地域社会纷争的乡民，也在那些标准化、象征化的地方自治体系中，找到能够自我立足和维护脸面的妥协空间。特别是为乡族士绅所引领的、为民众所迎合的种种文化实践（如和息约），早已形成累积的文化惯习，并构成一种长时段的时势和理性化的规定，带有形式主义、仪式主义的展演内容，以至于社会各阶层都乐于接受合作博弈的方案（和息约、禁约），以免基于“脸面”的乡族社会“失范”甚至“越轨”。社会各阶层的理性节制，以大家对共通的历史记忆和文化秩序的黏合为基础，从而将乡族社会连接成一个和而不同的文化整体。在“和息”实践的背后，无疑也有儒家礼义传统所追求的“义合”关系在发挥着关键的作用。

乡族社会围绕着风水的实践而产生的种种利益交易乃至不和谐的冲突，以及最后的磋商解决机制，恰恰意味着乡族社会的结构形态并不存在完全异质性的冲

1. ［美］杜赞奇（Prasenjit Duara）:《文化、权力与国家：1900—1942 年的华北农村》，王福明译，南京：江苏人民出版社，1995 年，第 123 页。

突，是基于血缘与地缘的组合平衡（基于血缘组合的宗族，基于地缘组合的庙社）而形成的一种契约化的规范。当然，这种“早熟而不成熟”的乡族政治并不像西方社会那样，纯粹以对无限者或超越者的敬畏为基础，而是从未离开宗祖祭祀或地域崇拜的文化底色。构成双方契约之信义基础的要件，仍然需要乡贤、乡绅等地方权威的见证和背书。在乡族士绅之中充斥的关于“天理”与“地理”的争执，同样是生态压力衍生下的文化刺激，是有限的乡土资源分配矛盾的集体观念反映。而风水信仰作为有限和有效的象征资产，提供各阶层“优化组合”现有资源和有效提升社会流动机会的文化理想。特别是风水术数所表述的“添丁”“进财”“显贵”等理想效果，借用现代话语，或可代表“人力资本”“商业资本”“权力资本”的优化组合，获取它们是增强社会竞争能力、提高社会地位和转变身份的利器。在王朝时代，风水信仰的想象利益，通过与教育考试制度和文武官选择制度的结合，吊诡地变为连接地方与中央之关系的文化符号，成为维护王朝之统治秩序的符号力量。

诚然，传统士绅乃至当代的上流阶层潜伏于心底的那股对待风水的狂热，或许正是源于他们更加浪漫而又理性地意识到风水实践可能带来的向上的社会流动机会。审视个别官员或上层社会精英沉迷于风水的种种“非理性”或功利性的现象，或可从传统士绅的“理性”追求中找到相应的标准答案。风水实践其实是各个阶层，特别是掌握资源的精英提高社会资本或政治竞争力的一种“软性”的文化战略与战术。

此外，自宋明以来，儒家礼义制度的“下乡”和“化乡”运动方兴未艾，如新儒家积极透过天理的抽象建构和祭祀礼仪的具体教化，向民众灌输正统化的宗法和礼教观念，以期构建一个均衡和谐的地域社会秩序和精神秩序。东南家族或宗族组织的新发展，跟礼教秩序的持续扩张与强化不无关联。[1] 宗法伦理精神借助各种制度化安排及民俗信仰载体，逐渐在地域社会的土壤中深耕。这些礼教传统之所以能“以家达乡”，随方设教，并不纯粹是因为统治阶层代理人或士绅主动施加了影响。事实上，民间仪式专家或文化媒人同样发挥着相当重要的媒介作

1. ［英］科大卫、刘志伟:《宗族与地方社会的国家认同：明清华南地区宗族发展的意识形态基础》,《历史研究》2000 年第 3 期。

用。他们是近世“礼教社会”得以真正落实和扎根的最底层的精神性枢纽。

诸如火居道士、风水先生、解签师、扶鸾生、专业择日师、礼生等边缘化的群体，通常将术数实践作为糊口的工具，尽管其地位和身份让他们尴尬和无奈，但他们是货真价实的文化承载者。他们受过一定程度的文化和信仰教育，精通各类民俗知识和专业技能，有力地刺激着地方文化整合的进程和文化框架的设定。无论是儒家价值规范的下沉、历史典籍的通俗诠释，还是人神沟通的渠道、术数传统的延续，倘若没有这些仪式专家和文化媒人的主动引领，几乎是不能真正完成的。正是依靠这些文化媒人的文化整合和历史叙事、复线书写，从精英到民众才能共享一整套知识框架和观念体系，拥有共通的心理图式、文化逻辑和文化形式。也正是他们基于生计和理念的反复实践，使得“礼义中国”与“术数中国”的地方表达，特别是从文本诠释到口头传统，都得以完美统合在一起，从而保证“文明中国”符号的连续性、统一性的存在，并深刻影响着我们的生活实践和文化惯习。

我们应该冷静地意识到，地域社会“风水动力”的异化力量同样充满着种种“负”能量的社会效能。从海量的风水契约文书及相关的诉讼案件中，我们洞息熟人社会的“情理”观念和人际关系网络强势运作的痕迹，特别是大量的社会资源和人力资本被种种文化习惯、社会脸面所耗散、所内卷。而随着近代化进程和民族—国家的构建，乡族社会治理体制的“内卷化”趋势也越发明显，并影响到当下的社会秩序。用马来西亚华人“族魂”林连玉的兴叹来说：“这风水问题在我家竟是一颗魔星！”这个冷传统的幽灵尽管也对“跨人间社会”的伦理秩序（修阴德、讲孝悌）保持了基本的敬畏，但对无限性或超越性力量也保持着有效的疏离，特别是其对世俗的权力、财富、生育的天生膜拜，终究是让立基于社会正义、意志自由的公序良俗成为整个社会可怜的装饰物。“人性的，太人性的！世俗的，太世俗的！”这何尝不是千年“冷传统”所滋生的异数。

近代孔教的呐喊者康有为替晋江黄秀烺古檗山庄（合葬黄氏族人之茔）写过《古檗山庄家苗图》，其代表了一位知识精英对于风水术数异化力量的典型表述：“凡物精气必有所聚。地形之有结穴也，犹树之孕花果也。藏先骸于地气所结聚，如得良果而食之，不亦善乎！惟地穴必百十数里乃能结聚，则甚寡，而百十里中人死者接踵而无穷也。人人必求地气结穴而后葬，穴不可得，则停棺者累上至天而干霄，否则积骸遍地矣。”[1] 倘若从唯物者的眼光去看，风水是“把虚构的无情性质加之于人造的世界”[2]，但我们绝对不能怀疑甚至否定“术数文明”在参与“造化”中国与地方的自我形象和文化身份的同时，也具有一种顽强的“异化”力量。这不仅成为地方社会经济发展的阻力，甚至可能成为近世以来反复刻写的“礼义文明”的某种掣肘。如民间盛行的地理图谶，一方面有效刺激了地方关于向上社会流动的文化想象，另一方面诱发地方的世俗欲望而产生了大量的纷争。当然，这种文化选择上的“异化”现象，有时可能是一种断裂性的精神动力，推动我们对于整体性的文化模式及其文化意义的反思，加深我们对中国地方化的文化整合形式的反思。

当然，问题并不仅仅在于中国人在风水实践中是如何有效思维，以及如何合理使用相关的风水仪式和法术的，而是一般性的风水知识、观念在未经人的自我反思或追问的情况之下，其本身如何被当成天经地义、不言自明的东西而左右着人的思维。在实地的采访当中能感受到，普通民众或风水实践者对于与风水相关的法术、仪式行为的实际效用、象征意义往往没有普遍的共识，不知其所云，甚至没有兴趣，他们往往以“我不知道”“这是当地的规矩”“师傅或祖先传下来的”“可能是这么回事”等方式来回答。然而，这种表面上对隐含于仪式行为中的观念的悬置，并不会阻碍人们对风水法术和仪式的策略运用，以及对风水吉凶事项的理性判断。他们所关心的只是如何在程式化、标准化的仪式或类仪式实践中重新确立和安排日常生活秩序，并由此获得最大化的“想象的利益”和对栖居山水的审美愉悦。

学者们往往将民众意识生活中这种习惯性的、不反思的、依赖古人意见和生活规矩的文化取向称为“未受教育的情感”[3]。这其实是一种积淀于记忆之中的“未受启蒙或唤醒的情感”，一直在精英或民众的思想意识深处静静流淌着、发酵着。由于生于斯，长于斯，死于斯，民间文化媒人或仪式专家其实是培育这种情感记忆的天然的导师和实践者。然而在长时段的历史进程中，大多数人的见识仍然是模糊的、笼统的“未受启蒙或唤醒的情感”。但这种集体情感早已将一般性

1. 《古檗山庄题咏集》。
2. ［美］彼得·贝格尔：《神圣的帷幕：宗教社会学理论之要素》，第 114 页。
3. ［美］本杰明·史华兹：《古代中国的思想世界》，第 8—9 页。

的风水知识和观念内化于身体实践之中。正因为“观念内在化于情感”而“观念外在化于仪式”，风水术数才成为中国人未经反思的文化记忆和民俗信仰的一部分，成为中国人爱恨交加的文化幽灵和日常生活世界中的文化符号。

正因为如此，我们必须换位思考，走出优等生的魔咒，对民众的风水民俗知识有“心性之体会”，对他们源于复杂人性的文化生活有“同情之默应”。用芒德鲁（Mandrou）关于“心态史”的定义来说，我们探讨地域社会的风水信仰形态及其文化表现的目标，何尝不是要“重建那些表述集体情感的态度、言辞和沉默”[1]？“心态史研究日常的自动行为。心态史研究的对象是历史的个人没有意识到的东西，因为心态史所揭示的是他们思想中非个人的内容。”[2]当代人实在没有理由和资格，带着独断论的思维和“上帝”的眼光，持续地对中国古人和民众体察世界的智慧、情趣表现出思想的乃至批评的无端骄傲，尽管民众的诗性语言也充满着日常的诡异和算计，但毕竟指向了一种意向性的、面对面的反思。

《圣经》曰：“引到灭亡，那门是宽的，路是大的，进去的人也多；引到永生，那门是窄的，路是小的，找着的人也少。”[3]无论“事生”，还是“事死”，人终究要寻找一条走向永恒的出路。在这静谧的深夜中，望着星空，我们总是陷入虚空，就像印度诗圣泰戈尔的永恒忧郁——“我求索我得不到的，我得到我不求索的”。究竟是哪处，究竟是哪刻，人类在真正闪烁着生命的灵光呢？在神圣帷幕尚未拉开之际，我们可能从恍兮惚兮的风水知识、观念和信仰之中，智慧地提撕那关于人物与自然、人性与物性、人性与神性的千古之谜吗？寻觅那些扎根于民间的历史记忆和文化取向，兴许便是我们空间性的思念和时间性的乡愁。在时间中旅行，发现古老的风水术数所蕴存的精神元素和原生土壤，呈现其活态化的、在地化的文化表达，或许也是一种超越有限时空的深刻的文化方式和审美情趣。

我们理当思考的是，处在人类世（Anthropocene）的历史进程之中，还始复

---

1. ［英］辛西亚·海伊：《何谓历史社会学》，载 S. 肯德里克、P. 斯特劳、D. 麦克龙编：《解释过去，了解现在：历史社会学》，第 38 页。
2. ［法］勒戈夫：《心态：一种模糊史学》，载雅克·勒戈夫（Jacques Le Goff）、皮埃尔·诺拉（Pierre Nora）主编《史学研究的新问题、新方法、新对象》，郝名玮译，北京：社会科学文献出版社，1988 年，第 270 页。
3. 《圣经·马太福音》，7：14，中国基督教协会，1996 年。

本，以正观心，以风水术数为代表的“冷传统”，何尝不是一种文明的“提醒”与“告诫”？当它可计算和可实操的技术层面的功能、意义日益走向褪色，并主要作为一种天地人神之“诗意栖居”的“超越性传统”和“精神性力量”凸显此在的意义的时候，当下的我们，如何直面内在化于我们自身历史的“术数文明”（冷传统）？即便傲慢的我们惯性地蔑视或怠慢这个“冷传统”，它也依然像幽灵般徘徊在我们的周围。或许，这才是我们要深化讨论的困惑和问题。

附录

附录一

福建出土的买地券文本摘抄

序号	券名	福建出土的买地券文本	说明	出处
1	唐陈氏买地券	索诃世界南瞻部洲大唐国福建道管内漳浦县嘉岭乡□惠里□□堡没故□□陈氏林，宅兆□□□月□□，背阴向阳，当归呵里。有冥钱万一千贯文，就地主张坚固、李亭度口收买，给八艮山刚［岗］地一片，东至王公，西至王母，南瞻部洲，北郁越单为界，亡人收领，永为冢宅。何人书？星与月。何人见？竹与木。星月归于天，竹木归于土。急急如律令。	方豪《金门出土宋墓买地券考释》谓“（管内）此本吾国故有名词，见《旧唐书·薛嵩传》：‘嵩感恩奉职，数年间，管内粗理。’又白居易答刘济昭：‘管内百姓殷进等七人奏前后事由。’宋人用此词尤多。”	王文径编：《漳浦历代碑刻》，漳浦县博物馆，1994年自印本，第271页。[1]
2	唐龙溪王楚中买地券	维咸通二年岁次辛巳（861年）朔十五日乙酉，漳州龙溪县永泰乡唐化里没故琅琊府君、押衙兼南界游弈将、知孔目官王楚中，行年五十三。咸通二年六月五日身亡故，十一月十五日移就祖宗。今用白银钱九千九百九十九贯文，就土下卅六神，买得信义里箭竹洋村祖墓西北边乾山岗华盖之前圹地一所，长九尺九寸九分，阔三尺三寸三分。东至甲乙，南至丙丁，西至庚辛，北至壬癸，中至戊己。内圆外方，各掌四夷。上至青天，下至黄泉，以将安葬亡人黄金。从今以后，他鬼异神不得妄有侵夺。如有此口，并仰地下卅六神能了事，不涉亡人。如不能了，任亡人执此契券，诣天帝，释论讼追科，并勒状倍钱者。见署人东王公、西王母、镇墓神、青龙、白虎，前行朱雀，后至玄武，日月星宿为明。永保人张坚固、李定度，并依买地界古今为志。急急如律令。	查陈垣《二十史朔闰表》（北京：中华书局，1962年，下简称“陈表”），唐咸通二年十一月朔辛未，十五日乙酉。葬日或斩草日乙酉乃鸣吠日，契合传统择日之例。“以将安葬黄金”，是否属于火化，不得而知。	郭封城：《唐代漳州“买地券”考辨》，《闽南日报》2004年12月13日。

1. 按：此券真伪尚有争议。王文径《买地券和唐代福建道》（《福建画报》1998年第12期）推测该唐墓时间上限在唐肃宗以后，下限在唐僖宗以前。校文参郑振满、丁荷生编纂：《福建宗教碑铭汇编·漳州府分册》，第715页。

续表

序号	券名	福建出土的买地券文本	说明	出处
3	五代闽国郑雄买地券	维永隆五年岁次癸卯（943年）二月庚戌朔廿二日辛未，大闽国／长乐府闽县公使乡上仁里没故府君郑八郎雄，行／年五十七岁，去正月十二日／背阳向阴，去于闾里。今用土下／银钱九万九千九百九十九钱九分九毫，于闽县闻弦乡／孝义里陈地西山脚下地主、地老太母明王、张坚固、李定度、太母明王等边买得家宅地一所，东至甲乙，南至丙丁，西至／庚辛，北至壬癸。上至青天，下至黄泉。得保人东王公，见人西／王母，保见分明。钱与地各交相分付讫，永为雄冢宅居住，不／涉他神外鬼之事。如有一鬼妄有争夺，请付地辰、地法收／管，常赦不允。急急如律令。没故府君郑八郎雄买冢／宅地契券一道。地主张坚固、李（定）度。地主太母明／王。钱主郑八郎雄，保人东王公，见人西王母。合书：今年日月主。/	1989年3月在福州市东郊梅亭西山出土，泥质，牌坊状，倭角，下带插把，长43.6厘米、宽28.2厘米，12行263字。辛未非鸣吠日或鸣吠对日。其中“地老太母明王”“太母明王”的用法，是否受到佛教或摩尼教的影响，不得而知。	刘敬扬:《五代永隆五年〈郑雄买地券〉》,《福建文博》2007年第1期。
4	五代南唐范韬买地券	南赡部州大顺阳郡范韬司空，充江南西道抚州军行使，年六十岁，奄辞凡尘，殁落黄泉。吉兆卜得建州浦城县敦义乡仁风里□ 坝土名河源，大利庚向地一坟，□地东止甲乙青龙，西止庚辛白虎，南止丙丁朱雀，北止壬癸玄武。□维悉皆自得，上止崖天，下止地镇，中央戊己，永为亡人范韬司空之穴。用金银钱财共万仟，□□仪香酒物，呈告皇天后土，五方尊神，开灶地主，□得其他及钱，斩草，□□相分付讫。太岁日月等共约，天地神明，日月同休，或有旧住神祇，原在□□内，便速移□，祯神富贵并官禄万世子孙，日月大利，风水会图。保大拾年太岁辛亥（951年）二月廿八日谨券。急急如律令。	1981年浦城临江镇瓦铺村出土，砖质，正方形，墨写楷书，边长35厘米。按太岁辛亥为公元951年，二月朔癸巳，廿八日即庚申，为鸣吠日。券文提到“斩草”，早于北宋《地理新书》记载，属买地券中较早的用语。	赵洪章:《浦城发现南唐范韬墓志铭》,《福建文博》1989年第1—2期合刊。

续表

序号	券名	福建出土的买地券文本	说明	出处
5	五代后周林十七娘买地券	维广顺二年岁次壬子（952年）朔十二月壬午三日甲申，侯官县桂/枝乡永福里故济南郡林十七娘，行年五十二岁，当年八月/九日倍（背）阳向阴，去于蒿里。神奏令丞主、太上老君、天直地直、/日月三神、天道四海、何德力广太由之灵……交龙……/盟、墓门庭（亭）长、山四地诸神、营土将军、使者将军、顾左将军、/都催用官、功曹、传送、登明、太乙。今于当县孝……/亡人林十七娘用见（现）钱九万九千九百九十贯九……/图，出买得故山……今就地下……/好月吉日良时，不□地下……/并乱丝千两为当钱□，兼有……/荐苣能生，乱丝能解，□地作……。/东至甲乙，南至丙丁，西至朱雀，北至玄武。……/泉。东西各有丈尺，南北各有所属安厝，……/如律令。孝君地者如天□。急急如律令。……林安厝……证见/……神并……月同……。/	1997年6月在福州市西南郊马坑山解放军医学高等专科学校院内五代吴越国墓葬出土，黑色页岩，嵌置于浮刻有双层仰莲的石座上，通高63.6厘米，地券高46厘米，楷书阴刻。按：甲申日为鸣吠日。墓主去世后停厝近四个月。本券的一大特色，是使用至少汉代之前就出现的式盘十二神（如功曹、传送、登明、太乙）。[1]	福建省博物馆:《福建马坑山五代吴越国墓葬清理简报》,《福建文博》1999年第2期。
6	南宋林七娘买地券	维绍兴十七年（1147年）岁次丁卯六月丁酉/日寅良初时，安葬……/角音亡人林七娘神魂，甲子……/年八十四岁，入甲子出……丁山癸向……/□，分金坐穴……，于……。其地东/至青龙，西至白虎，南至朱雀，北至/玄武，各一百二十步。保人张坚固，□人李定度。用钱一千贯文，……开/皇地主、蒿里父老，买……/管……时□人□分/付，当无……/。依此扶助亡人，永□祖者……/券□执为凭。急急如律令。/	1985年出土于泉州泉港区南埔镇肖厝村。砖质，正方形，边长33厘米，墨书。按绍兴十七年岁次丁卯，六月朔癸巳，五日丁酉，即鸣吠日。	梁少金:《泉港古墓葬拾遗》,《文物鉴定与鉴赏》2014年第5期。
7	宋郭聂买地券	维绍兴十九年岁次己巳（1149年）十月三十日戊寅，大宋国管内泉州府晋江县晋江乡临江里故助教郭三郎、太孺聂十五娘，于本县本乡鸾歌里上，得辛（兖）山来龙、乾亥入路、辛（兖）仙□穴□，甲卯向，发□水，折艮癸，归艮甲，长流甲，钱（分）九万九千九百九十贯，就地主封侯明王边买地一穴，当得张坚固、李庭［定］度、地下武夷王同共，给与殁亡人郭助教及本孺女葬，永古为祖。东至青龙，西至白虎，南至朱雀，北至玄武，上至青天，下至黄泉。应地下诸神恶鬼，不得妄乱侵占。太上老君急急如律令。阴阳事□□□。（下有符箓一道）	1996年泉州城东郊出土，陶质，呈碑形，碑首有北斗七星图案，原座堆贴莲花瓣。券文为阴刻，通高32.5厘米，宽22.6厘米。绍兴十九年岁次己巳十月朔己酉，三十日戊寅，未合鸣吠习俗。“大宋国管内”字样，与唐漳浦陈氏买地券佐证。	陈健鹰:《读碑三题》,《闽台民俗》创刊号，1997年。

1. 李零:《中国方术考（修订本）》，第110—112页。

续表

序号	券名	福建出土的买地券文本	说明	出处
8	宋蔡氏买地券	维淳熙十三年岁次丙午（1186 年）闰七月丙午朔十四日己 / 未，恭人蔡氏以辛巳年（1161 年）九月十二日殁故。黾筮叶从，相地 / 袭吉。宜于泉州南安县归化里西峰龙安禅院之后 / 山安厝宅兆。谨用钱九万九千九百九十九贯文，兼五彩信币，买地一段，东西一百步，南北一百步，东至青 / 龙，西至白虎，南至朱雀，北至玄武，内方勾陈，分壁掌 / 四域。丘丞墓伯，封步累畔。道路将军，齐整阡陌，千 / 秋万岁，永无殃咎。若辄干犯诃禁者，将军亭长，/ 收付河伯。今以牲牢酒饭、百味香新，共为信契，财地 / 相交分付工匠修营，安厝以后，永保休吉。知见人：岁 / 月主，保人：直符。故气邪精，不得忏悋。先有居者，永 / 避万里。若违此约，地府主吏自当其祸。主人内外存亡，/ 悉皆安吉。急急如五帝使者女青律令。/	1973 年南安县城西峰寓舍铺南宋墓出土，铁铸阳文，长 39 厘米，宽 32 厘米，厚 1.3 厘米。墓主系“皇叔祖少师和义郡王”赵士珸之侍妾、“恭人”蔡氏。赵不劬书之墓志铭谓“恭人于绍兴三十一年［1161 年］九月十二日以疾卒于崇寓舍，享年二十有八，卜以淳熙十三年［1186 年］闰七月十四日己未葬于南安县归化里西峰院后山之原”。葬日己未非鸣吠（对）日。但铁券亦符合北宋《地理新书》“用铁为地券”之说法。	王洪涛：《泉州、南安发现宋代火葬墓》，《文物》1975 年第 3 期。
9	宋许叶买地券	维嘉定十五年（1222 年）四月十八日［丙申］（由贵州）丑时，据泉州晋江县井林保亡魂许二十三郎同叶十五娘，因游南山采药，寻见一穴，谨备银钱一千贯文，就地主张坚固、李定度，买乙山下冢地，内立辛酉向，外作壬向。其地东至甲乙，南至丙丁，西至庚辛，北至壬癸，上至青天，下至黄泉，四至广□九九八十一。左居青龙郁郁，右居白虎锵锵，朱雀导前赫赫，玄武特后堂堂。不祥□严，火光入宅舍光辉，男封官爵，女事名郎，□□□寿，幼子张长。夫妇和睦，禄位金章。一门□□，□□双野，仆从成行。同立合同地契二本，一本随□□□□□地主，一本与收执，永为祖宅。如有地下不祥，侵占□□□，定送黄泉院司报究，的无轻恕。奉老君之□□□□。时人：许二十三郎、叶十五娘。地主：张坚固、李定度。牙人：柏人。善人飞上天，□人入黄泉。	晋江东石镇井林村宋墓出土，砖制，毛笔书写。有灰罐二只，罐盖内有铭文二：“羽音翁许廿三郎辛未［1091 年］生，一百三十三岁，嘉定十五年四月廿八葬。”“羽音婆叶十五娘癸酉［1093 年］生，一百三十岁，嘉定十五年壬午四月廿八日”。按“由贵州丑时”疑编抄者笔误。嘉定十五年岁次壬午，四月朔己卯，十八日丙申，系斩草之鸣吠日。罐盖铭文谓“廿八葬”，葬日丙午乃鸣吠日。	郑国栋、林胜利、陈垂成编《泉州道教》，厦门：鹭江出版社，1993 年，第 169—170 页。

续表

序号	券名	福建出土的买地券文本	说明	出处
10	宋黄氏买地券	维淳祐三年岁次癸卯（1243年）朔二十二日甲子（午）辰时末，以/符告：天一地二、孟仲四季、黄泉后土、百工文武、土/曆土伯、土星土宿、土下二千石神、蒿里父老、武夷山王、/玄武［都］鬼律、地女星照：今有大宋国福州怀安县八/座乡观风里殁故黄氏五二孺人，元命丁亥（1227）四月二/十五日午时受生，不幸于今年七月初十日酉时身亡，/享年一十七岁。生居城郭，死居窀穸，音利吉方，于/本县忠信里地名浮仓山，坤山，坐丁向癸，利居安堉。/用伸安厝此岗，更不迁移，不改村名。谨赍银钱壹/（九）万玖仟玖百玖拾玖贯文，分付地主张坚固、保人李/定度卖得此山乙所，东至甲乙，南至丙丁，西望庚辛，/北至壬癸，上至青天，下至黄泉，内至陈分［擘］壁。今以牲/牢酒食，共为信契。或有无道思神，不得干犯亡灵。/先有居者，永避万里。若违此约，直符使者自/当其祸。保护亡魂安稳，荫佑生人平康。五帝/使者奉太上敕，急急如律令。卖地主：张坚固。/保人：李定度。/	1975年福州北郊浮仓山宋墓出土。砖制，正面丹书16行，墓主黄升系宋室后裔赵师恕季孙赵与骏之妻。墓志铭曰："得此一穴，浮仓之阴。左蟠卧龙，右拥翠林。莲花一峰，对起千寻。为尔之宫，万古犹今。"据二十二日甲子反推，是月朔癸卯。淳祐三年十一月朔癸卯。"子""午"相近，或原券误书或抄误所致。甲午属鸣吠对日，反推是月朔癸酉，淳祐三年十二月朔癸酉。黄氏停柩近五个月。	福建省博物馆:《福州市北郊南宋墓清理简报》,《文物》1977年第7期。
11	宋黄六十三娘买地券	大宋国管内泉州同安县绥德乡翔风里□屿/东北系林舍黄氏六十三娘，今择地壹穴，在徐/西北林系，辰山，乾戌向，欲为自己葬地，情愿托/徐家西北地主牙人，就张坚固、李定度请买。二/面商量，价值冥财玖阡玖佰玖拾玖贯[文]。其/钱系张坚固、李定度亲手领讫，其地并还/黄六十三娘管占安葬。作为伍者所查，□系二/比情愿，日后各无休悔。□□字乙本，还钱主/收执为照者。/宝祐伍年（1257年）初十日。张坚固、李定度。地契。/卖主：张坚固、李定度。/卖主：黄六十三娘。/牙保：徐家西北地主。/	1959年金门宋墓出土，砖质，呈正方形，淡褐色，高26.5厘米，上宽25.5厘米，下宽26厘米，厚约1.2厘米。宝祐五年历月初十日干支是丙申（一）、丙寅（二）、丙申（三）、乙丑（四）、乙申（闰四）、甲子（五）、癸巳（六）、癸亥（七）、壬辰（八）、辛酉（九）、辛卯（十）、辛酉（十一）、庚寅（十二）。若择鸣吠（对）日破土入葬，则葬月是一、二、三、九、十、十一、十二。	方豪:《金门出土宋墓买地券考释》,《中国历史学会史学集刊》1971年第3期。

续表

序号	券名	福建出土的买地券文本	说明	出处
12	元刘千六买地券	维大元大德二年岁次戊戌（1298年）六月丙辰朔越十有八日癸酉，五方五帝、山川百/灵、后土阴官、丘丞墓伯、阡陌诸神、蒿里父老、玄都鬼律女青诏书：今据南/剑州城内□□坊□□居□、三宝事第子□贡进士刘公千六学正，存命/庚子年（1240年）十一月初五日□□□，享年五十七岁，于丙申年（1296年）二月十一日巳时倾世。今/三年六旬，既出礼丧，□□于三□，合卜吉地安厝，□土吉、音利，本郡梯云/坊田坑里土名南山下□山□之原，□□向甲，以为冢宅。谨择六月十八日癸/酉丁时安厝。□□□□□□□□□□□□□□□九千九百九十九贯文，兼/彩信币，□□□□□□□□□□□□□□□□□东至甲乙张元君，南/至丙丁□乙君，西至庚辛□□□，□□□□□□□群。上至青天，下至□海，左/有章光……六学正水为冢客，千年/万载……魍魉，□草□木要，无生魂□。/□□古器邪……河伯水官陈告，急急□五帝主者女青律……若辄干犯，□□□□亭长，收付何伯。若违此约，/地府主吏自当其祸，亡人内外存亡□□□□。□□□□达于天一地二、左日右月、并皆护相。青龙向……内方勾陈，分掌四域。丘丞/墓伯，谨肃界封。道路将军，□□□□□□□书给付/刘公学正收执为照□。/大德二年（1298）六月日，五方五帝、后土阴官立契。/……牙人：张坚固。/……牙人：李定度。/	南平三官堂元代合葬墓出土，青石质，高40.6厘米，宽38厘米。券文阴刻楷书二十行，边框阴刻缠枝花卉。大德二年（1298年）六月十八日癸酉安厝属鸣吠日。	张文崟、林蔚起:《福建南平市三官堂元代纪年墓的清理》，《考古》1996年第6期。
13	元张德瑜买地券	维大元至正二年（1342年）天运□年五□□巳朔十七日乙酉，为泉州路在城南隅善济坊第四铺□□□□巷保张德瑜，凭牙人张坚固□□□□契，出银钱九万九千九百九十九贯九钱□□□□，许明地下□坐□□□□□□□二都宅，坤坐山□□□面向坤，水流归乾□，东至□□（甲乙），西至庚□（辛），南至□□（丙丁），北至壬癸，上至□□，下至黄泉，□□四□人。自立文券亡后，所有□□□阴府一切亡灵，不得妄行□□□□□□惠及子孙，贯增崇九百九十□□□□□人见□与观。何人读？松与□。□□立与□□竹四时青云来何□□□。奉太上女青律令敕到奉行。	泉州出土。按至正二年（1342年）壬午，由十七日乙酉反推，是月朔己巳。是年九月十一月朔己巳，乙酉日乃鸣吠日。	地券现藏泉州博物馆。陈建中馆长提供文字。

续表

序号	券名	福建出土的买地券文本	说明	出处
14	元叶丰叔买地券	武王夷今有大盘地龙一所，坐落莲坂保地名报恩后垄 / 田上，其地东至甲乙，西至庚辛，南至丙丁，北至壬癸，中是 / 其地，四至分明。地价□三贯三千文足，卖与本保亡人叶丰叔 / 出手承买，为坟安葬。其钱当日随契两相交付去 / 讫，并无领目。所卖其地与上下神祇无预，亦无 / 干涉争占。如有执占，一仰武王夷支当，不涉买 / 主之事。今仁理难信用，立契一本，与本人收讫为用者。/ 至正二十一年（1361 年）太岁辛丑十月 日行契。武王夷二契。/ 牙人：张坚固。[见]（内）人：李定度。/ 何人书了？天上鹤。何人读了？水中鱼。/ 白鹤读了上青天，鱼书读了入深渊。/	厦门莲坂堡出土。陶质板状，竖长方形，正面近边缘用阴刻线框边，高 40 厘米，宽 35 厘米，厚 2 厘米，正面镌刻券文。版存厦门市博物馆。吴诗池《厦门考古与文物》（厦门：鹭江出版社，1996 年，第 202 页）录文略异，题头添“五王夷买地券”。至正二十一年（1361 年）十月朔戊寅，何日书契不得而知。	何丙仲编纂《厦门碑志汇编》，北京：中国广播电视出版社，2004 年，第 475 页。
15	明祝恒齐买地券	符告天一、地二、孟仲季座下、二千石神，曰：/ 伏闻生有宫室，死有冢（正）/ 宅。今据（反） 大明国福建福州府侯官县右乙坊文兴状元境世 / 居，（正）/ 诰封奉直大夫、户部员外郎、显考恒齐祝公，/ 讳德，字永明，行二。生于景（反）/ 泰丁丑年（1457 年）三月二十八日酉时，卒于嘉靖二十五 / 年（1546 年）正月初五日子时，享年九（正）/ 十岁在世日。凭牙人张坚固等处，备冥财 / 九万九千九百九十九贯文，就于本（反）/ 山土地□处，买到山穴一所，坐落怀安县二都 / 保溪境山，东至青龙，西至白虎，南（正）/ 至朱雀，北至玄武。等山四至明白。自买之后，/ 听从亡者掌管。其山坐壬向丙。择于十（反）/ 一月十七甲午日未时破土，十一月二十三庚子 / 日未时定茔，至十二月十七甲子日（正）/ 子时安葬。殁魂在此穴中，永为阴宅。十二时辰，/ 金鸡、玉狗，木奴、瓦婢、人、铁牛，侍（反）/ 从香魂，朝夕出入，常欢常乐。亡者安稳，生 / 人吉昌，千年冢宅，万载无疆。如有（正）/ 无道鬼神，不得侵占其地，截断方隅，各远他方。/ 今欲有凭，遂立阴阳文契，付与（反）/ 亡者珎藏，永为照者。（正）/ 时嘉靖二十六年丁未岁（1547）十二月十七甲子日，土地 / 文契（正）。/ 知见：东五公——福。/ 牙人：张坚固——寿。/ 保人：李定度——康。/ 证见：西皇母——宁。/	2002 年福州市晋安区新店镇益凤村出土。买地券 5 块。每圹均有一块，除第四室内为石质外，其他均为砖质。每块砖质买地券上均用朱砂书写土地文契，由右向左竖写，一行正写，一行倒写，为阴阳文契。第四室的石质买地券上阴阳文书为阴刻，一行正刻，一行反刻。其上也涂有朱砂。除第二、三室的买地券放在墓室左侧前部外，其他三室均放在墓室后部中间。一般是贴墙直立，只有第一室买地券、第四室石质买地券倾斜摆放。此券为第三室买地券。第三室买地券为砖质，长 29 厘米，宽 29 厘米，厚 5 厘米，在最左侧上部画有一较大的道符。按：破土甲午日、定茔庚子日皆为鸣吠对日。	福州市文物考古工作队:《福州市新店祝恒齐明墓发掘简报》,《福建文博》2015 年第 1 期。

续表

序号	券名	福建出土的买地券文本	说明	出处
16	明邓元锡等买地券	A阴灵墓契：福建道延平府顺昌县宁安都大槎后坊保居，奉/神上报恩，凡孝邓洎家眷等投词：伏念/皇明寿官邓公元锡神主，原命前己卯年（1519年）正月二十六日寅/时受生，享年柒拾岁，终于万历十六年（1588年）六月十一日。彼时收/棕在柩，谨凭龟筮，叶从相地。今凭张坚固为中，引进丘西湖/边，用价钱玖万玖仟玖佰玖拾玖文，买来阴地壹穴，土名土西/峰泉水坑，系坎山行龙，癸山落脉，坐向俱吉。东抵青龙，西至白虎，南抵朱雀，北至玄武，内方勾陈，分为四域。中央安葬亡/者，永为寝室，庇荫子孙。绵绵瓜瓞，滚滚生侯。在在益进，产贯/崇高。自今立契之后，不许山妖鬼怪、古冢伏尸，毋得侵占。如有此等，许亡人执契阴君处告，照依/天条女青律治罪施行。万载不休，为凭。谨契。/万历十九年（1591年）闰三月初七日。立阴契人：丘西湖。契。/为中人：张坚固。/在见人：李定度。/扦穴人：白鹤仙。/寻龙人：青乌仙。/书契人：云中鹤。/读契人：水里鱼。/鹤在天，鱼在渊。视不见，听不闻。吾奉/太上乾元李老君急急如律令敕。/ B铁牛墓契：维/大明万历十九年（1591年）闰三月初七日，福建道延平府顺昌县交溪乡安宁都/待槎后坊保居，孝信邓如玉、如珪、如□、如琰、如珮、如睿、如玑、如/瑗，伏以故妣吴氏晋娘，生于正德十年乙亥（1515）秋九月十一日/亥时，卒于万历三年（1575）二月十五日巳时，得年五十七岁，停柩未/葬。今卜本乡西峰都泉水坑之麓，坐癸向丁，筮龟叶吉，易占允/藏。谨凭白鹤仙师，置金银财帛九万九千九百九十九贯文，虔/诚致敬于/开皇后土元君位下，买到本山。东至青龙，西至白虎，南至朱雀，北至/玄虎，上止青天，下止黄泉，中止亡人吉穴。内方勾陈，分掌四域。/丘丞墓伯，谨守封界。道路将军，齐肃阡陌。若辄干犯诃禁，将军/即行敕付河伯。今以牲牢酒礼，共盟信誓。财地两相交付，谨择/于万历拾玖年（1591）闰三月初七日天地开通日，吉时良，斩草立穴，破土/安茔，用工修建。工程毕后，另择天地和宁，玉犬金鸡鸣吠，歌吼/吉辰，奉柩安葬。山川钟灵，神祇保佑，永锡洪庥。若	顺昌县元坑镇槎溪村出土，现存槎溪邓氏祠堂中，石质，二方，厦门大学历史系饶伟新拍照并录文。按第二方契文提到“择天地和宁、玉犬金鸡鸣吠歌吼吉辰，奉柩安葬”，符合《地理新书》“用铁为地券”的用法。邓氏停柩三年入葬。吴氏停柩二十六年入葬。	鲁西奇：《中国古代买地券研究》，厦门：厦门大学出版社，2014年，第613页。

续表

序号	券名	福建出土的买地券文本	说明	出处
		违斯约，地府/主吏，自当厥祸。神其掌握，内外存亡，永协贞吉。急急奉/太上玉帝律令。/万历拾玖年闰叁月初七日。立契人：丘西湖。/知契人：李定度。/为中人：张坚固。/在见人：高里阜。/代书人：水中鱼。/读书人：云中鹤。/鹤在天，鱼在涧。乾坎艮震。/视不见，听不闻。巽离坤兑。/		
17	明陈尧章买地券	皇明廿洲陈公，讳尧章，字孔咨，居闽县嘉崇里万寿上境住，公生于嘉靖丁酉年（1537）六月初四日戌时，卒于万历庚寅年（1590）十一月二十一日辰时，享年五十有四。今则卜兹宅兆，安妥遗鬼，依凭牙人张坚固、保人李定度，引到武夷山主处，自用冥钱九万九千九百九十九贯零九文，买得吉地一围，坐本县时升里天宁山地方，坐丙向壬，上至青天，下至黄河；东至青龙，西至白虎；南朱雀，北玄武。中央吉地，开造墓堂，涓取万历癸巳岁（1593）十二月十二日吉时安葬。墓内十二时辰，麒麟、玉兔、金鸡、凤凰，依时鸣吠。柏人、铁牛、木奴、瓦婢，日逐歌舞，胜光神后，功曹传送，各守阴阳。千年宅冢，万载吉祥。亡人安稳，风水利宜。参随造葬之后，大发财产，儿孙富贵，科第传芳。伏尸故气，无道幽夹，不得侵占其地。奉太上白鹤仙师，急急如律令勑。万历二十一年岁在癸巳（1593年）冬十二月十二日。立契牙人：张坚固（福）。保人：李定度（寿）。阴阳交泰。	福州马尾上岐山出土，青石质地，长66.8厘米，宽32.6厘米，厚3.5厘米。券体为单面，碑额呈半圆形，阴刻券文。碑首刻“阴阳交泰”四字，正文纵刻阴文楷书，券文11行。逐行正反交替书写，碑身右端刻有太极图及道符。其墓原葬于仓山区仓前山（天宁山），不知何时移至马尾。万历二十一年（1593年）十二月朔庚戌，十二日辛酉乃鸣吠日。陈氏停柩三年入葬。	林萱治主编《福州马尾港图志》，福州：福建省地图出版社，1984年，第379—380页。（图1.32）
18	明郑岳买地券	皇明亚中大夫云南布政司左参政、谦山郑公，讳岳，字永翰，居大明国福建福州府长乐县二都异难乡崇丘里龙阳人。今寓闽县左二坊东街金鱼境住，生于嘉靖丙申年（1536年）正月初二酉时，卒于万历壬辰年（1592年）六月二十七日酉时，春秋五十有七。今则卜兹宅兆，安妥遗鬼，凭牙人张坚固等，引到武夷山主、当山土地处，自用冥钱九万九千九百九十九贯零九文，买得吉地一围，坐产侯官县三十九都莲花峰之原，坐壬向丙。上至青天，下至黄河；东至青龙，西至白虎；南至朱雀，北至玄武；中央吉地，开建墓堂。涓取万历二十三年乙未岁（1595年）三月二十三日丑时安葬。墓内十二时辰，金鸡、玉犬，依时鸣吠；柏人、铁牛、木奴、瓦婢，胜光神后，功曹传送，各守阴	福州市郊区一明墓出土，正反文交替。万历二十三年（1595年）三月朔甲戌，二十三日丙申乃鸣吠日。契文更有“金鸡、玉犬，依时鸣吠”等丧葬斩草用语。郑氏系停柩三年入葬。	徐心希：《试论福建民俗及其教化作用》，载《闽台文化》（原闽台关系史博物馆编）第3期，1999年。

续表

序号	券名	福建出土的买地券文本	说明	出处
		阳。千年宅冢，万载吉祥。亡人安稳，风水利宜。天上七十二星，点点光辉，照出中天二十八宿，个个拱辰。葬后儿孙富贵，大发财产；文林茂盛，科甲流芳。山间魑魅魍魉、无道之神，不得侵占。如有此等，阡陌大将军施治。奉太上白鹤仙师，急急如律令敕。万历二十三年乙未岁（1595年）三月廿三日立契。牙人：张坚固（福）。保人：李定度（寿）。看墓人：万年春（康）。代书人：许长义（宁）。阴阳交泰。		
19	明魏母刘氏买地券	福建福州府侯官县右二坊亮功……生于正德癸酉年（1513年）六月初三日，卒于万历乙酉年（1585年）十二月二十二日。……山铺之原，坐……兼坤艮，易……青鸟白鹤仙师……百九十九贯文，处齐沐政……开垦……吉位下，买到本山一……玄武，上止青天，下止……吉六。内八（方？）勾陈，兮（分？）掌四域，立丞……阡陌。辄于纪何禁□军即……河□□，以红仪酒礼，共盟信誓……天地开通，日吉时良，□□立穴破土，□□用工建造，工程毕后……当葬。山川钟灵，神祇□□永□洪庥□建斯约地府□吏，自当□□内外……吉。吾奉太上律令。	2008年8月福州台江区吉祥山出土，共有买地券4块，均为方砖，紧贴墓室后壁。朱砂书写，书写方式为一列正，一列反，但字迹多已模糊不清， 仅第一圹买地券尚能部分辨识。该圹墓室砌封门有墨书："明魏母刘氏……吉祥山一脉结……浩轴文笔……见孙济济祭……万代光荣……万历丙申［1596年］"等字样，可知墓主身份，亦知其停厝11年。另外，该墓第二圹疑为墓主魏后园的另一位妻子，其圹墨书"白鹤青鸟仙人/穴卜精微葬法良/荣华富贵祯祥/下后亡灵生上界/从今久与天长/万历□午闰腊月甲申题"字样，其中甲申为鸣吠日。	福州市文物考古工作队:《福州市吉祥山明墓发掘简报》,《福建文博》2011年第2期。

续表

序号	券名	福建出土的买地券文本	说明	出处
20	清杜方参买地券	伏以天地初分，乾坤交泰，日月仝照，阴阳分明。今于顺治肆年（1647年）四月拾陆日，信公杜方参□信钱九万九千九百九十九贯，托得张坚固、李定度为中□，买得地主武夷王坟地一所，坐落道者山，东至青龙，西至白虎，南至朱雀，北至玄武，上下四至，分明为界，葬于自己暨配王氏。自葬以后，万代光荣，子孙昌盛，田园万顷，进丁进产，肇发簪缨，日富日贵。继世云仍，不敢违约，土地证明。恐后无凭，亲立契书全砖，□□□□坟主收受，永荫儿孙，福寿无疆。为照者示。顺治四年（1647年）四月日。卖人：武夷王。仝中人：李定度。作中人：张坚固。代书人：天上鹤。证见人：东王公。仝见人：西王母。	厦门杏林双穴墓出土，砖质，方形，契文墨书，版存厦门市博物馆。券文书写布局呈椭圆形，按顺时针螺旋式向内圈书写，券尾名字位于券文正中，由右至左书写。顺治四年（1647年）即永明王永历元年，四月朔壬申，十六日丁亥非鸣吠日或鸣吠对日。	吴诗池:《厦门考古与文物》，厦门：鹭江出版社，1996年，第36页。（图1.33）

附录二

石敢当点眼科科仪文书摘抄

1. 石敢当点眼科仪本（德化县）

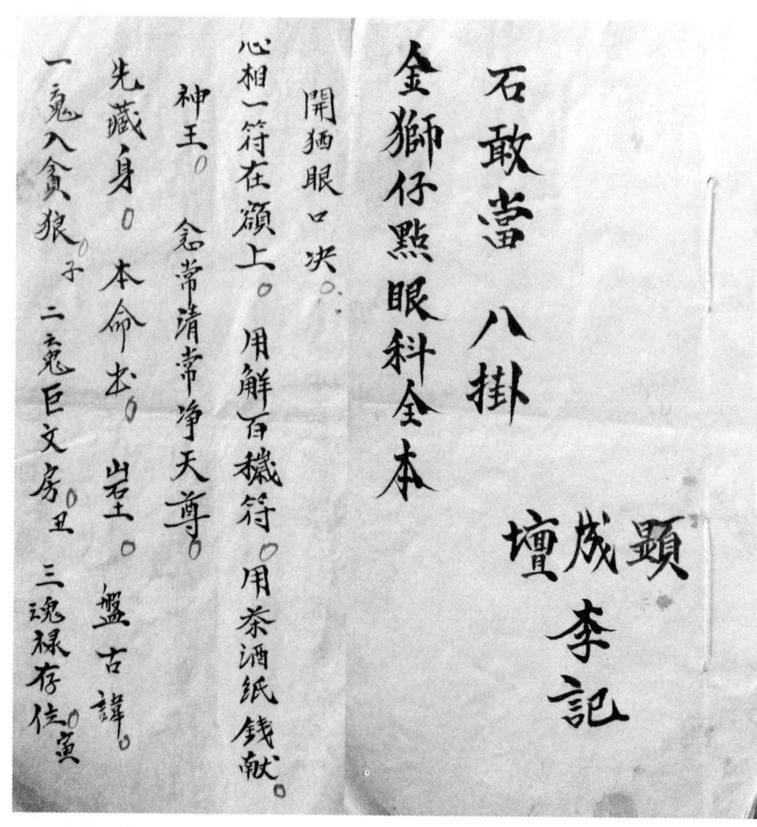
石敢當八掛

金獅仔點眼科全本

顯茂壇

李記

開插眼口决。

心相一符在額上。用觧百穢符。用茶酒紙錢献。

神王。念常清常净天尊。

先藏身。本命出。岩王。盤古諱。

一魂入貪狼子。二魂巨文房丑。三魂禄存住寅。

四魂文曲方○卯　五魂廉貞吉○辰　六魂武曲當○巳
七魂破軍位○午　三魂同入藏○　五身騰雲起○
盤古殿中藏○　號上子○　又本命書紫微諱
[illegible]○　念口傳○
上元天官賜福○　中元地官赦罪○　下元水官解厄○
南斗星君○　北斗星君○　雷公電母○　風伯雨師○
上元唐將軍○　中元葛將軍　下元周將軍○
貪○　巨○　祿○　存○　廉○　武○　破○　左輔○　右弼○
天蓬元帥○　天猷元帥○　翊聖真君○　祐聖真君○
魔王斬鬼使○

鹿旨火天尊聖勅。

吾身带領往來一行人等并合家合鄉男婦老幼

頭牲六畜三魂七魄盡行透上紫微殿中藏

有口決南北斗盖身。依前盖身。

藏身明白。

破　武　廉

祿　文

巨　貪

化為盤古。

點香。

取炁提決日月常如戌時時見破軍。

又提決

東方青

南方赤

西方白

北方黑

炁中決黄炁皆納。

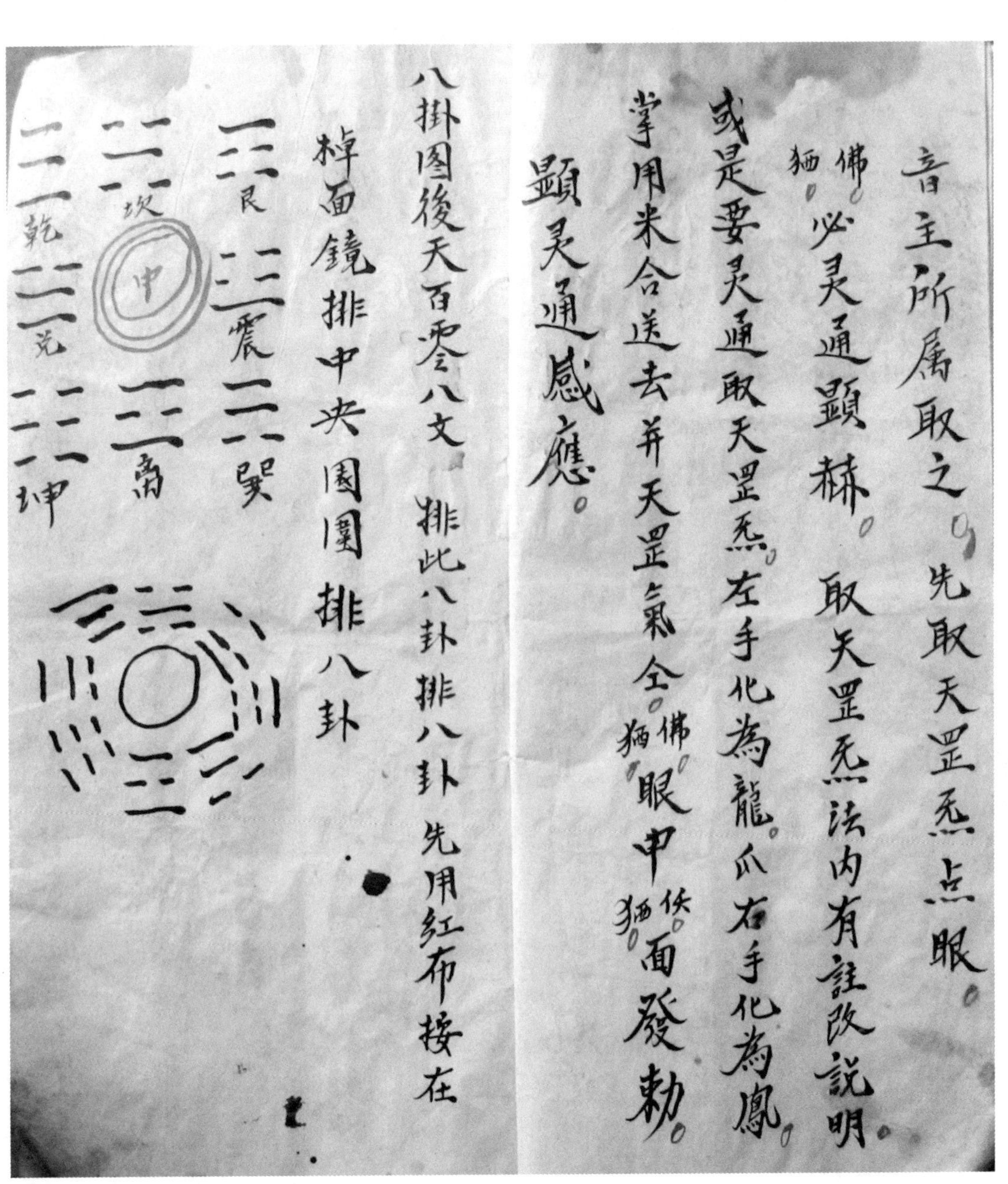

音主所屬取之。先取天罡炁点眼。

佛猫。必灵通顯赫。取天罡炁法內有註改說明。

或是要灵通取天罡炁。左手化為龍。爪右手化為鳳。

掌用来合送去并天罡氣全。佛猫眼中伕猫面發勅。

顯灵通感應。

八掛圖後天百零八文　排此八卦排八卦　先用红布接在

棹面鏡排中央圓圈排八卦

金獅仔開眼科 向利方刀拿右手 步五雷斗噀水一口 雞頸處去

伏以 金雞本在出扶桑 吾今把來手中藏

金刀割出生氣血 點開獅眼萬年光 石敢

將刀雞髻告諱 然後雞割生血 血用新筆抹起合

神沙条在鏡中 勅鏡 諱用 雷光明

清清灵灵 寶鏡開晶 點開獅眼 石敢

日月齊明 勅墨本祖二師來勅墨

此墨不是凡間墨 正是九龍吐出龍烟墨

勅筆本祖二師來勅筆 此筆不是凡間筆

正是老君親勅賜

舉筆（向𤇍眼去）。（并点灼照）。伏以。

舉起一筆點眼精。覌天覌（地）甚分明。

點開金獅仔（石敢）聖眼神通顯。福蔭本堂（宫）人（樓）丁世代興。

（用鑽仔刀仔　耳目各处小按）（耳鼻用鑽仔　目用刀仔小按）

左眼似金精（刀按）。右眼日月明（刀按）。

左耳听千里。（鑽仔按）右耳顧（本位）家（本境）门。

鼻中八宝香。（鑽仔按）開口食四方。

左（前脚）手掃去及惡煞。右（后脚）手驅除無道鬼。

左脚步千里。右脚步四方。

開点　左眼光左眼為太陽。諱 [illegible] 眼日月（一两眼笔小按不可点）

点天天清。笔向天门 點地地灵。向地户 点人人長生。向人门

點狮獅能應。石敢 向狮 諱 手取筆献筆三下

（筆拿念上向上念中向中念下向下）

上献三十三天盤古帝王下降。

中献山川社稷魯班造像真人五猖兵將遊行下達。

九天諸帝。福地灵祇安泰。（点香三支手拿念）

一炷茗香通三界。諸神各狮齊降來。

地户閉。凶星惡煞尽迴避。謹請。

盤古帝王。魯班仙師。二十八宿 五猖猛將。

下降証明。點開狮眼。石敢 萬星灵通。

点开右眼光右眼为太阴。讳 ……料 腩月朋。
太阴太阳光燦烂。招财进宝旺人丁。
左耳讳书卯文取炁入耳 ……雷鸣。春嘘 夏呵。秋呬 冬吹。
点开左耳。启发神聪所吾嘱咐。大展神通。
右耳酉文。……雷电。入炁。
点开右耳。千里顺风。知凶知吉。叩焉皆通。
鼻中。……通香。入炁。
点开鼻中光。茗烟百世香。威灵垂万古。
适泽沛千乡。门阀大吉昌。口中讳。……圣旨。
点开石敢金狮仔舌。开口出圣旨。判下吉凶事。

左脚光去。[符]（風車）。入炁。

點開左脚光。騰雲步四方。驅除無惡煞（道鬼）。

人物永安康。右脚諱。[符]（火輪）。入炁。

點開右脚光。寶獅儼威風。永鎮本堂上。

降福自無疆。頭額上去。衫沸。[符]（福祉）。入炁。

點開額上天門開。天官賜福凡間來。

庇佑士女皆康泰。人丁代代出賢才。

背后諱。[符]（開通）。背後光三百六十骨節尽開通。

發毫光。火帋燒。掛去。[符]（毫光尖）。

祖。本師發毫光。發起。

七祖光。

金獅得身前後光○身左右光○頭上脚中光○一身三百六十○

骨節一○尽發毫光○放毫决○

嘱咐語

開光點眼已完成
獅仔降赴金身上
合家祷請迎百福
吉凶断定無差錯

金獅巍巍赫赫聲
永鎮本堂顯威灵
庇佑人丁永康寧
是是非非早降臨

斷定無差移○ 口中光○諱○

口中光○衣食永豐隆○家々納百福○户々納千祥

心中諱

點開栖仔○心頭自此庇佑心開通○詩書萬卷腹中藏○

威灵顯赫人敬仰○世代荣華祖三光○

腹中諱 家 宮 入炁○

點開栖腹々無量○詩書振起名字香○

家々世々荣華久○人丁興旺富貴長○

左手諱○入炁○點開左手前腳掃妖邪○

右手諱○入炁○點開右手后腳除驅惡煞○

掃去妖魔及悪煞　迎來吉慶紫微星

庇佑萬事皆大吉　老幼均安慶太平

听吾囑咐須當記　一一魄永奉行

開光点眼已完明　就此占卦报分明

民國庚申年元月李福士抄

2. 显成坛双狮开眼科

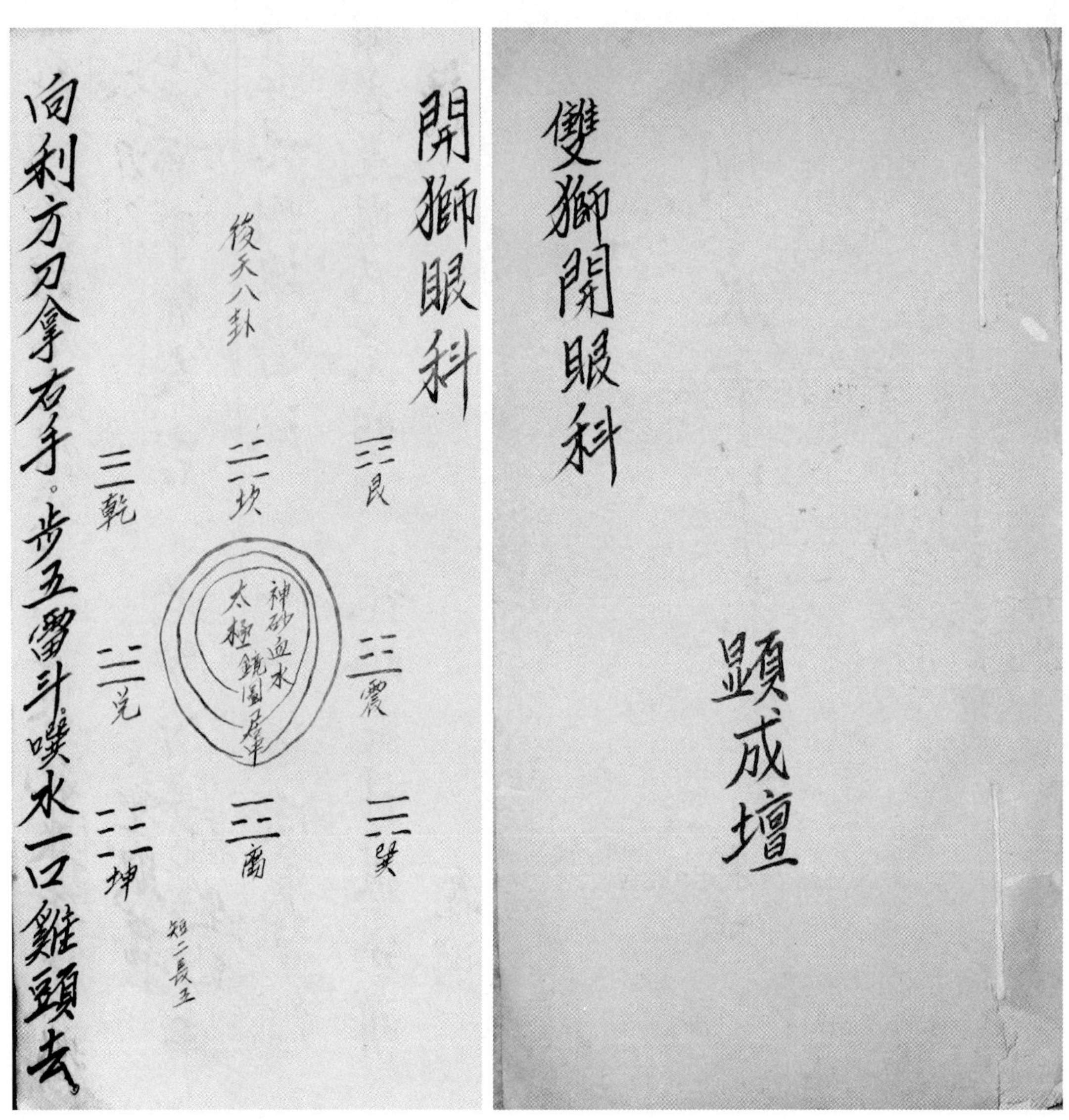
雙獅開眼科
顯成壇
開獅眼科
後天八卦
艮
坎
乾
震
兑
巽
离
坤
神砂血水
太極鏡圖九星
短二長五
向利方刀拿右手。步五雷斗噀水一口雞頭去。

伏以金雞本在出扶桑。吾今把來手中藏。

金刀劃出生氣血。點開聖眼萬年光。

將刀向雞髻书。[illegible] 然後雞劃生血。

血用新筆抹起。合神砂参在鏡中。

勅鏡用諱 光明 [illegible] 念

清清灵灵。宝鏡開晶。點開聖眼。

日月齊明。勅墨

本祖二師來勅墨。此墨不是凡間墨。

正是九龍吐出龍烟墨。勅筆

本祖二師來勅筆。此筆不是凡間筆。

正是老君親勅賜。奌天天清 向天門

奌地地灵。向地户 奌人長生。向人门

吳獅獅能灵。向獅書讃 表6 手取筆献筆三下

拿筆念上中下向上中下

上献三十三天。盤古帝王下降。

中献山川社稷。魯班造像真人。五猖

兵将遊行。

下達九天。諸地帝福靈祇。安泰。 點香三枝 手拿筆念

一炷茗香通三界 雌雄双獅齐降來

地户閉 凶星悪煞尽回避 謹請

盤古帝王 魯班仙師 二十八宿

五猖盤将 下降証明 吳開聖眼

萬里灵通 举筆向獅眼去並吳灼照

伏以举起一筆點眼精 观地天甚分明

點開〻獅聖眼神通顯　福蔭門庭世

代興　手拿鉆仔刀仔小按

左眼似金精　刀按　右眼日月明　刀按

左耳聽千里　鉆仔按　右耳顧家門　鉆仔按

鼻中八逕香　鉆仔按　開口佑家中　刀按

肚中出子孫旺盛　左腳走千里

右腳走四方　左眼諱[illegible]　[illegible]晶

点開左眼光左眼為太陽　兩眼小按不可点

右眼諱[illegible]　胴[illegible]　点開右眼光右眼為太陰

太陽太陰光灿烂　招財進逕旺人丁

左耳諱[illegible]点開左耳啟發神聰听吾囑咐

大展神通　右耳諱[illegible]

點開右耳千里順風 知凶知吉

叩焉此皆通 鼻中諱

點開鼻中光 茗煙百世香 威靈垂萬古

適澤作家門 知 門閭大吉昌 舌中諱

點開舌中光 能凶吉事 知凶並知吉

斷定並改移 口中諱

點開口中光 家中永豐隆 家中納百福

門庭納千祥 心中諱

點開雄雌獅心心頭自此 庇佑心開通

斷定吉凶心中藏 威靈顯赫此自敬仰

世代榮華祖三光 腹中諱

點開獅腹腹無量 掃去凶惡招來福

家中世代榮華久　家堂子孫富貴長

左脚諱　[illegible]（風連）

點開左脚光　騰雲走四方　驅除無道鬼

人物永安康　右脚諱　[illegible]（火輪）

點開右脚光　寶像俾威風　永鎮家堂上

降福自無疆　頭額上諱　禘[illegible]（福祉）

點開額上天門開　天官賜福凡間來

庇佑士女皆康泰　子孫世代出賢才

背後諱　[illegible]（開通）

點開背後光　三百六十骨節盡開通

發毫光　火紙諱　[illegible]

本祖
七祖先師發毫光　發起雄雌獅王身前後光

身左右光　頭上腳下光一身三百六十骨節一盡

發毫光

附录三

明清时期福建风水示禁碑文摘抄

下面所抄录的碑刻原文，凡有讹误或异体字者，未做校订。凡涉朝代年号，补加西元纪年，特此说明。

1. 龙溪《禁谕碑》

漳郡之山来自天宝，至望高突起，再伏而起为诸峰，又数起伏，衍为平原，而郡治在焉。望高山后一线，实漳郡来龙之正脉也。向年开掘有禁，遮阴有树。迩来禁驰民顽，日斲月削，凹为坑堑。适与郡丞二思沈公谭及之，公慨然曰："是可视弗禁耶？"爰出教："山麓有仍开掘者，罪无赦。"及斥羡金，募工役，观凹之广狭加填筑焉，不旬日而冈平如故。先是龙溪尹继川、范侯力赞其事。事既竣，于是请纪之石，以垂勿坏。

碑文录自吴宜燮修，黄惠、李田寿纂：《龙溪县志》卷二一《杂记》，乾隆二十七年（1762年）修、清光绪五年（1879年）补刊本。同卷志云："《淳祐志纪遗》：本州天宝山发龙至近城五里有白塔山，系郡治过龙，山下有漏泽园，宜改。按白塔山即今望高山，丛冢累累，势难迁改。而郡民又于山后取土，伤陷龙脉。万历七年（1579年），龙溪县蔡中丞文白二守沈植严禁之，立石为禁谕碑。"

2. 莆田《禁建牌坊碑》

自梅峰铺至长寿铺一带地方，俱属本县来龙。不得起盖牌坊，致伤地脉。谨告来者。

万历辛卯（1591 年）莆田县立石。

此碑立于万历十九年（1591 年），原无碑题。文见《莆田金石木刻拓本志》下册。《福建宗教碑铭汇编 · 兴化府分册》亦有录。

3. 永安《禁矿祛弊记》

自邑有铁贡额，射利者每籍以滋蠹，不知额有常数，启有常所，即所以冶缘数以贡，孰□不宜。且公移云，毋毁坟墓，毋坏田畴，重民计也。今射利者不念惟私，寔逞察其可入，始焉啖之以细，乘其间隙，遂号召丁夫，锄夷其葬胔，践蹂其植穗，挖损疆土，所经为墟。兹者莲花山之东为邑治主脉，其小干自白水漈过行，散为二十八都东西洋、北坑、北峡、虎溪、洪坑、黄狮坑、黄村等乡。前畲屏风山等处，为庐舍千烟，为民数万计。昔曾经兴造者欲沿此挖冶矿，以数乡民噪止。今春，冶场又欲图为启取，乡众合议，集里老陈永福等连佥赴县控愬。君侯乃单车至其地觇之，果属有干地脉，愬牒不虚，禁永不许启取。于是福等谓中孰知地宜，共征一言为记，以志侯至仁，覃被八乡民，庶草木命脉于深长也。铭曰："咨冶铸兮规巨利，驱丁夫兮日万篑。截地脉兮岣嵝陂，地脉伤兮庶命毙。愿攸塈兮謦真汩，临荒僻兮开高睇。伸众志兮神君惠，惠泽流兮千百世。"

万历戊戌（1598 年）。

乡民陈永福等立石。

该碑万历二十六年（1598 年）立，撰者邑人萧时中。文见裘树荣纂修:《永安县志》卷二，清雍正十年（1732 年）修，清道光十三年（1833 年）重刊本。

4. 漳浦《李仔园碑》

皇明漳浦县七都王松祖，景泰三年（1452 年）买蔡阿、陈紫本山地乙所，坐塔田倒店埔等处，东至放坑，西至豪振埔埒，南至官路，北至敢老田边，栽插历掌。缘兰弘秀来葬山内穴，致山盗卖林宅管占。万历二十七年

（1599 年）经分巡二道金告批，漳州府韩发漳浦县王勘审处息，解府覆招申详，分守道俞批允，林宅得价，王松得界，从此可以无争矣。续蒙本府准松告照，立石杜患。日后不许豪强侵占界地及附近居民盗践等。有敢有故违，许呈究，定以三尺绳之。先蒙给示张挂外，为此立碑，以垂不朽。

万历三十年（1602 年）十二月日。

王家立、王廷相、廷富、承祧、时选、承化、世龙。

该碑位于漳浦县旧镇李仔园东侧，公路北侧。文见王文径编:《漳浦历代碑刻》，漳浦县博物馆自印，1994 年。

5. 漳浦《患断官山碑》

本县招断七都丹灶宪官山申详，分守道程爷批允给示立碑：

断官崇业灶山灯心田大坑内许田等业，原配官米一石二斗。……业照旧官其庐瑞容窑后住屋、进坑口祖坟、井陂父坟住……陈汉结窑后屋门前拘尾山沟，郑阳太杉坪小屋托槌岭坟……载屋照界坟照禁步外，余地及黄任家退还山胡盛辗襵仔……载志东至大髻，西至吴坑翁仔石大岭，南至白岭小……西庐窑后，悉听谈都居民樵牧埋葬，不许仍前蠢……占田上山仑以坟禁屋界之植而广阴界外植木，利……给帖私垦阻占等弊。如违，许居民告官，从重……。

万历三十五年（1607 年）五月廿四日给。

七都十五□□民，蔡正淑、林守计、郑槟宗、曾元春、林□江、郑□□、许□云、陈国□、周□昶、林□□、陈□□（以下残）。

碑立于寨内上蔡村中民居旁边，碑残破为二，下半截埋于屋基中，为明万历三十五年（1607 年）县令判断山界碑，碑露出部门高 150 厘米，宽 120 厘米，额首刻“患断官山”四大字。文见王文径编:《漳浦历代碑刻》，漳浦县博物馆自印，1994 年。

6. 泉州《泉州府告示》

泉州府为给禁示杜害事：

据吴选状告称："义父吴乡官有祖坟二首。一葬在灵源寺西，东至路，西至路，南至□□□，北至洞仔；一坐在灵源寺西牛岭山，东至路，西至山脊处，南至龚宅山，北至岭。界限明白，植荫数千。近被附近居民乘父宦游，累肆侵剪。愚民视为利薮，公行旦旦之斧斤。奸民恁□□图冥冥之风水，痛深水火，害切肤身，恳乞给示严禁。"等情到府。看得坟茔树木乃系远荫风水，附近居民乘机累肆侵剪，情甚可恨，本当查究，姑记出示严禁。为此示仰附近居民人等知悉："凡系吴乡官坟茔界内草木生枯，不许擅行分伐，亦不许纵放牛羊践害。如有不遵，许社首及墓客指名呈报，告提究罪，枷号示惩，决不轻贷。须至示者，右仰知悉。"

万历四十六年（1618 年）正月廿二日给。

仰该地方社首常川张挂晓谕。

此石刻立于安海镇灵源山灵源寺山门东。文见粘良图编：《晋江碑刻选》，厦门：厦门大学出版社，2002 年。

7. 厦门《示禁石刻》

历奉文武宪示禁："毋许在蒋氏山坡坟地纵畜、挖土、锄播草木、假堆盗葬，侵灭界址。如违查究。"蒋山。

此石位于厦门鸿山南麓，无年款，题刻时间约为清初。文见厦门市政协文史和学习宣传委员会编：《厦门摩崖石刻》，福州：福建美术出版社，2001 年。

8. 福州《鼓山涌泉禅寺康熙十二年告示》

福州府为豪势纵横侵损龙脉事：

康熙十二年（1673 年）三月初二日，奉巡抚都察院批："据鼓山涌泉禅寺监院僧道悟词投前事，奉批：'仰福州府速查报，奉此遵行。'"闽县提讯问随。

据鼓山里约正许献璧、永北里保长陈任大，具为恳鉴舆议、准许宥息事词称："鼓山寺僧道悟告林德昌等俱送台下，璧等邻近保约不忍坐视，随同生员林炜，公请省城各位乡绅登山，会集士民两造人等，公同勘明。查所葬只有林炜父母二棺于鼓山大垄，乃般若庵之后偏，实系康熙己酉年（1669年）营葬，在未奉宪禁之先。僧亦听诸乡绅公谕照旧，此后不得再埋别棺，其附近居民并不得侵界盗埋、樵采，致伤龙脉。均愿和息，伏乞俯鉴议准息，转详请示严饬，以警将来。庶鼓山九百载之常住得以保全，而省会千万年之龙脉不至毁伤，全闽造福。"等情到府。据此，随该卑府看得鼓山乃省城左护龙，涌泉则八百年古刹也。其前后、左右山场树木历奉饬禁，不许侵占樵采。近因住持为霖和尚出山，有等奸民渐生觊觎，复奉两院示禁在案。

查涌泉寺西南有山一片，名般若洋，中有般若庵，端住种田诸僧，内有僧具鲁与林德昌、林得岂等俗亲，私以堪舆家言述与德昌，遂暗用骸礶，诡称竖木牌，书"己酉年 日 月"，在于庵前、庵后各埋一圹。去冬，当家僧悟道、悟先具词卑府，继以财势弥天违法盗葬事控布政司，又以豪势纵横等事上控宪辕。奉批："卑府查报，遵行提审。"

间有约正保长许献璧、陈任大等具呈称："林德昌、林德岂等埋礶系己酉年（1669年），未奉宪禁之先。今各乡绅公议处息，免其起迁，仍应严禁，嗣后不许更埋等情，前来伏照。鼓山虽属僧业，实省会之脉地也。印册久据，从无林姓坟茔。兹德昌等忽然盗葬，官法、佛法两俱不容。况德昌等情知理亏，先邀林尚志等立议，认于大寒日迁骸，其议单现在。不系盗葬，议迁何为？乃议后仍变执不迁。在城乡绅不得已为之处和，特为将来杜禁之计，亦以入土则死者既安，仁慈不忍耳。但鼓山关系省城龙脉，僧弱人，人人可欺，若徒此效尤，则清净道场不几成业冢乎？论法自应押迁，只念乡绅既为劝息，或现埋冢姑免起迁，合请宪台严示，勒碑饬禁。此后虽闲隙空山，不许尺寸侵越。庶奸民稍知敬畏，而名山古刹不至侵芜蔑夺也。缘系批审事理，既据约正保长具息，仰体宪慈无讼之仁，俯允舆情具由，详结案者也。伏乞裁夺。"等缘由，于康熙十二年（1673年）四月十九日申详本抚院。

奉批："林德昌等自认盗立议起迁，据审又确系省会脉地，印册久据，则安得终据为林氏之坟墓？众议具息，揆之于法，未为允协。仰府从公确议，妥详报夺。缴。”

奉此，遵即行委闽县县丞周文，前往鼓山查勘去后续。据本官称：“蒙本府票文，仰职带同各犯查勘本山界限，其林冢或在界内、界外，一目了然。再吊丈量印册查对，则此地应林应僧，昭若指掌。事干院驳，难以草率，务要执法严查，毋得偏私。刻具妥由详府，以凭覆讯，转详批夺施行等因。奉此，卑职带同林德昌等，并僧道悟、当月、画工杨汉凌，亲诣鼓山会同踏勘，逐一绘明山图，系保约攒造，开报本寺田亩清册，粘连结状现在具申。伏乞审详。”等缘由到府。

据此，随吊各犯并保约许献璧、监院僧道悟当堂查讯，各取确供在案。随该本府复审得鼓山涌泉禅寺历今八百余载，其山场树木向有禁约，毋敢樵采侵越。近奉两院饬示杜绝，案墨犹鲜。乃因住持和尚出山，有生员林炜等随营坟于般若庵，此当家僧道悟所以具词上控，前经卑府提讯，原详剖析已备矣。

今奉宪驳：“盖以省会脉地，安得据为林坟。众议具息，于法未为允协，斯诚犀照也。兹再委官细勘，质之两照供词。”

查“般若庵前后，尽属鼓山之田地，已经清丈受税纳粮，载在鼓山一图，印册可据。本山四至界限甚明，而林墓造在交界之内，似难议非侵越。今反云民山僧欲强占，夫不思飘然一衲，既破生死之关，有何孙子，必欲图此吉穴？在僧之举动，无非不忍以千百载丛林一旦化为丛冢坟尔。喋喋有辞，然究竟与僧何益？此言只可出诸炜等之口，啥者恐难作此昧心语耳。惟此风水渺茫焉，得山川能语，要求福地先种心田。倘非所有，则将佳气郁苍者，自必转为白杨衰草。于此揆之，僧亦可以释然矣。论法本应断迁，但念骨已入土，死者既安，重复起之，在宪台仁慈固所不忍，即佛氏慈悲之念，断不靳斯抔土也。合无仰请宪恩，俯准现埋之冢免其起迁，仍乞严示勒碑，以后虽寸土隙地，不许踰越霸占，庶古刹不至荒蔑，而将来之觊觎者庶知敛迹矣。伏候裁夺。”等缘由，奉批：“鼓山界址既经该府委官查勘明白如详，勒碑严禁，嗣后不许侵占。林炜等埋葬既久，姑免深究，依议发落。缴。”

奉此，又为财势弥天违法盗葬事。本年七月初七日，蒙布政司批该本府申同前由，蒙批：“仰遵抚院批示行。缴。”

蒙此，除行闽知县照并勒石立碑外，合行给示永禁。为此示仰鼓山等里一切兵民人等知悉：“凡遇鼓山东至深洋石船峰大坑，南至牛坑，西至鼓山二面，北至双溪为界，四至界限，载在印册甚明，嗣后敢有奸民仍前违越于本界内盗葬及樵采树木作践禅林者，许本寺僧众指名赴府陈告，以凭差拏究详，院司尽法重处，决不轻贷。须至示者。”

康熙十二年（1673年）七月初九日给。

文见〔清〕陈祚康纂：《续修鼓山志》卷五，中国佛寺志丛刊第99册，扬州：江苏广陵古籍刻印社，1996年。

9. 福州《灵光寺府宪印示》

调署福州府正堂、随带加三级蒋，为严禁事：

据翰林院修撰郑开极、前山西道御史萧震武、进士李灿、举人曾大升、吴士宏、陈学夔、蒋垣、生员李尚斌、蒋晟等禀称：“窃缘会垣北关外三十九都五峰山地方，旧有灵光寺。自唐宋元明以迄国朝，虽兴废无常，寺未湮没。兹有鼓山涌泉寺住持僧道霈确守禅规，力图修建。经极等佥议，请其来寺募修，派僧兼司香火，所有大殿、法堂以及方丈、客厅、僧寮、厨房均已捐资起盖，将次完竣。□五峰廨院暨百禅庵各处殿宇、房屋亦已次第修葺，旧址一新。惟寺内□置山园田庙界址分明，载在事迹，合刻卷内，另呈察阅。只恐乡曲无知小民或强批寺田，抗欠租谷；或伐树木，蹧跶丛林；或占据园山，盗造坟墓，均应先事预防，禀请分别示禁，以免临时周章，转多讼累。合就佥同禀恳，伏乞察夺，出示严禁。俗□腾欢，不胜顶祝。”等情到府。据此，除禀批示外，合行示禁。为此示仰附近居民人等知悉：“自示之后，凡系五峰山灵光寺上下一带山场及北禅庵所买田园各物业，概不许附近居民混行樵采，侵占串通，盗卖盗买，私造坟墓。如敢不遵许，该绅士与寺僧等拿获送办。倘寺僧串同弊卖，容隐徇情，一经查出，从严拘究。本府言出法随，决不姑宽。毋违！特示。”

康熙十四年（1675年）十一月初九日给。

文见《灵光寺志》，中国佛寺志丛刊第106册，扬州：江苏广陵古籍刻印社，1996年。

10. 诏安《王官岭禁坟林石碑志》

廖敏山地盖翁坟，系孩儿坐栏，又似团鹤栖林，留树鹤有栖，且明堂略高，栽种杉松茂密起盂，人文蔚起，财谷盈丰，予裁内接生气，外受堂局，砂消水纳，千古肆古莫移，孙遵师言，祖前谨告。上段树齐，下灰坟横过，近坟恐压，随卖下段树直落至田面，有杉松并什树半枝，不可卖。盖林树木畅茂，则祖安孙福。倘有贪利盗坎并斩树，祖灵决不轻宥，长亦难恕情。无论亲疏，重罚猪酒戏。勒石牌禁，千载勿忘。切切！

康熙乙酉年（1705年）八月建造虎坑楼，至十二月初楼完，坐庚向甲兼酉卯。地师曾辉廷先生云："左片有大石挟，溪中有罗星石一石、竹柏潭大石、马石屈大石，面前向东一大石、石片溪中员屈一大石，又有山罗田中一大石、水井窠大石。石空大四处的，不可錾毁。龙身大石乃是龙展翼抵煞的，不可錾毁。地师叮咛。"虎坑楼，坐毕宿三度。

文见福建诏安秀篆:《游氏家谱汇纂》，佚名，清嘉庆稿本。

11. 莆田《郑氏示禁砍卖山木》

兴化府正堂、加一级下，为乞示严禁砍卖山木，勒石远垂保全祖墓，永杜争端事：

据都长郑文安、房长郑侨生、敦颐等状呈词称："窃照柳季荒冢，昔王必严樵采之诛，鼻祖封茔，子孙宁之，保护之计。安等始祖先儒唐太府卿郑露公倡莆来学，首祀乡贤，故茔坐壶公里宝胜地方，山共七仑，穴号仙人脱履，继世簪缨，四传而产巩、乐、阜、凖、肇五公，兄弟俱登显宦，号五垂簪，派衍族蕃，科名济美，皆祖坟发祥所致。自唐迄今，千有余年，通族子孙从无砍伐坟树，盗卖山穴。祸因近年子孙贤愚不等，輙敢砍伐树木，致兴讼端，历控不休。岂但伤坏风水，而且有乖族谊。安等忝居都长，上为祖宗，下为族党，非仗天威严禁，将来效尤，乱砍乱葬，秀山变为童山，祖冢流为义冢。不已具呈，叩恳青天龙图大老爷准赐给示，勒石永禁，向后不许卖砍树木，卖葬坟山，子孙亦不得乱行安厝，庶风水得以保全，通族得免争端，幽明衔结。”等情词到府。据此，为查唐太府卿郑讳露公首倡莆学，志乘炳垂，佳城郁葱在望。即他姓皆当存起敬之心，况属孙子忍争伐树木，以贻濯濯之诮乎？今据前情，合行出示严禁。为此示谕附近地方居民及族众人等知悉：“嗣后如有不肖子孙仍前卖砍树木并卖葬坟山，许该都长据实指名赴府禀明，以凭严拿重究，决不少贷。慎之！特示。”

康熙五十五年（1716年）六月二十六日给。

文见郑惠元纂:《郑氏族谱》未定卷（莆田郑樵家谱），清道光二十八年（1848年）刊本，碑题系笔者加拟。

12. 莆田《圣泉宫禁约碑》

唐宋创始此地，系是郑家□入祖殿，存为风火，历代受纪念。为因郑□□道士张之阴谋为中私，将本地盗卖郑帝□，变价银九两，于五十九年（1720年）十二月初三夜抬柩盗葬，被乡民阻止，讦告在县。经处息外，承青天县主批判在案。道士张之被驱逐出宫，不许擅入，如违罚究。郑□私卖公山众山场，本应重究，姑从宽免□□□□，许退还山价。兹特立石而证。此地永入本社，不得侵占。□□□情□□□林木舍为本宫公用，其四至并不许挖坏。

康熙六十年（1721年）二月。

圣泉宫众立石。

此碑存莆田赖店圣泉宫。文见郑振满、丁荷生编纂:《福建宗教碑铭汇编·兴化府分册》。

13. 厦门《万石岩勘定山界示禁石刻》

兴泉永道按察使司副使、加一级朱，为蒙发勘定山界等事：

查万石一岩创自明季，乃僧维信师祖向定远侯募地建盖，历管已经五世。其岩宇之前后左右，业经本道饬厅立石定界在案。兹据呈请，合就勒石永禁。为此示禁厦岛军民人等知悉："嗣后如有不遵禁令，胆敢仍前复将万石岩界地混给占葬以及樵采树木暨纵放牛羊践踏五谷蔬果者，许住僧、该地保长立即赴泉防厅衙门具禀，以凭严拿究处。其各凛遵毋忽！特示。"

乾隆三年（1738年）四月初一日给。

此石位于厦门万石莲寺海会桥边上，定远侯，即郑成功之宗兄郑联。题名系笔者添加。文载厦门市政协文史和学习宣传委员会编:《厦门摩崖石刻》，福州：福建美术出版社，2001年。

14. 厦门《黄姓示禁碑》

特授泉州清军海防总捕、驻镇厦门分府、加三级胡，为恩准示禁以彰永久：

乾隆十二年（1747年）十月十三日，据黄钟伯等佥呈："缘本年八月间，邻乡陈福将园地二丘谋先，富豪林克隆乘夜欲葬小棺，冲伤黄姓祖祠宗社。族众知觉较阻，呈官宪处。时陈、林业将小棺抬回别处安葬，园地付黄承坐充租，以为永远祀产。业□遵依，恳恩准给示禁勒石。"等情。据此，合就出示严禁。为此示□□□外姓暨麻灶乡居民人等知悉："嗣后毋许在于黄姓本乡祖祠宗社前后坐向一概山地，盗买盗卖，并恃强葬伤，亦不许黄姓不肖子孙钩谋别姓影藉混占以及坪上园址假造卢堆、起盖寮间、筑厕池，致启讼端。倘敢故违，许该族房长即行具禀。本分府以凭按法严究，混占起迁，决不轻恕。各宜凛尊！特示。"

乾隆十二年（1747年）十 月 日 示禁。

碑藏厦门市博物馆碑廊。文见郑振满等编:《湖里文史资料》第五辑，2000年。

15. 同安《阖邑绅士公禁应城山罗汉峰掘砂伤坏县脉碑》

地灵人杰，古今不爽。考同安县治自三秀以发源，洎五芦而结穴，堆阜耸伏，蜿蜒逶迤，惟应城山为最要。宋朱子簿同时，于此山筑堤补其脉，造峰耸其势，所以保护县治，载在邑乘。奈何前人筑之，后人毁之；贤人造之，愚人坏之。自是官多诖误，俗多忿争，士气颓坠，民风衰薄，弊盖有自来矣。乾隆十七年（1752 年），署县篆陈公鼎阅同山之奇秀，悼同俗之嚣陵不惮，跋涉相度源流，乃由入脉之山凿石挑砂实阶之厉，慨然以兴利除害为己任，愿闻大吏刻石禁止，种树累土，以补其缺。大功未竣，复回原任。署县篆熊公定猷奋然绍成之，更出示令保、练、马快、巡缉，禀究各遵依，以防其后。裨将坏者复完，将衰者复隆，视朱子之筑堤造峰心源若接焉。同人感二公之德寿，诸石以纪之。铭曰："咽喉银色，冈岭钟祥。紫阳过化，夙美仁疆。无何俗变，龙脉戕伤。士民凋瘵，鲜获吉康。昊穹降福，宰得贤良。补天成地，严禁叙详。勒碑纪德，石寿并长。"

文见林学增等修、吴锡璜纂:《同安县志》卷四，民国十八年（1929 年）退补斋排印本。

16. 厦门《曾厝垵西边社示禁题石》

特调泉州清军海防总捕、驻镇厦门分府、加三级刘，为恳恩示禁以塞弊窦以保祖坟事：

本年十一月二十三日，据嘉禾里仓里社族众房长黄永达等禀称："切永达等聚族二十二都仓里社，承祖遗下本乡公山一所，土名圳坫赤矿头灯山，列葬历代祖茔，并无他族坟墓。缘子孙日繁，力农是赖，公议许就荒埔报垦以及山麓盖寮，年供薄税，世作祀资，不准售人盗葬戕祖。延今百余载，相传无或异。讵世风日下，人心不古，迩年来有一二不肖孙子，妄听地棍勾引，或藉自耕园地，或藉已盖寮屋，贪金盗卖造坟，致他族涎图戕祖。客岁曾经公出银项赔赎，今年又有效尤，计谋阴鬻。此虽子弟之不肖，实亦杜塞之无方。因思各处乡山多有蒙宪张示，达等乃佥议，循例垦恩给禁，俾远方咸知着落，庶地棍不开弊窦。伏乞俯察与情，恩准给示，严禁盗卖。祖骨蒙泽，合族载德。”等情。据此，合行出示严禁。为此示仰附近居民及黄姓阖族人等知悉：“嗣后务须遵照，所有圳垰赤砱头灯山既系通族列葬历代祖茔，该子侄不许私行盗卖造坟，并不得藉耕园搭寮屋，贪金转售；附近居民及远方人等毋得私自承买。如敢故违，许该地保同族众房长指名，前赴本分府具禀，以凭拘究。该族众亦不得藉示，侵占他人物业。各宜凛遵毋违！特示。”

乾隆二十三年（1758年）十二月日给。

仓里乡族众房长：黄国圭、国标、国永、泰元、禹文、与权、瑞芳、与模、与咸、永智、子霞、仕华、永达、永清、永位

同勒石。

此石现位于厦门曾厝埯西边社。题名系笔者添加。文见厦门市政协文史和学习宣传委员会编：《厦门摩崖石刻》，福州：福建美术出版社，2001年。

17. 漳浦《运头山碑》

漳浦县正堂、卓异何讳洽远集审林夔等具控刘纯等占葬坟山一件：

刘纯具诉党阻翻诬家长生监刘捷得、刘显等呈断久复翻一宗，明断院林坑山归林夔等凭契管业，由象鼻石直落至牧牛大路为林山，象鼻以西为刘山。具谳通报抚督两司道府备宪立案，仍令勒石遵守。审看得林夔等有契买刘千龄祖山一座，土名院林坑，坐南向北，东至东风岭路，西至象鼻石坑，由象鼻石直落至牧牛大路，东属林山，象鼻石以西为刘纯等世掌祖业，界址分明，各有契据。缘乾隆二十一年（1756年）十月十八日，刘纯等兄弟抬葬父柩侵越林夔界内，向较不理，粘契具控。兹查案催差集讯，据公亲林大章具呈请息，就犯查讯，备悉前情。查此山界分东西，历掌无异，刘纯等何得混占，致启讼端，本应究处，既据公亲林大章处令刘纯扦葬己山界内，林夔情愿帮贴银两，仍立礑永远遵守，不敢再生事端。二比输服，具结呈销。姑从宽免其深求，均予省释，完案依结。附券此谳，理合造报。

乾隆二十四年（1759年）八月初四日。

族正、房长正：林廷球、林廷宠

仝承差：徐榕、蔡清，勒石。

运头山碑，位于霞美镇运头村林氏祠堂前。文见王文径编:《漳浦历代碑刻》，漳浦县博物馆自印，1994年。

18. 上杭《火德公墓禁碑》

立禁碑，陇西李氏。

切念我始祖考妣坟墓古葬于丰朗岗头上下二穴。其山岗坪埔周围宽广，自宋迄今从无敢侵犯占碍。乃近来强横滋肆，只得严立禁碑，加砌石坎、竖界石。如有盗脱草皮、侵削唇坎、开圳、过水、架屋牮碍，定行鸣官究治，决不干休。立禁碑是实。

清乾隆二十六年辛巳（1761年）正月。

陇西李氏合族立。

文见上杭稔田镇李氏大宗祠管理委员会编辑组编:《李氏族谱》下册，1998年。

19. 永安《奉宪禁》

永安县正堂、加三级、记录五次邬，为恳给示禁保全地方事:

据阪尾众等具禀前事到县词称:“阪尾地方人烟甚多，所有龙脉风峡俱有松杉等木遮荫风水，无如各处邻乡俱潜山内盗砍，不惟伐以斧斤，载以船只，甚且烈火焚化，根株悉拔。而不法之徒，不顾人生理，徒知砍伐肥己，如茶、桐、棕、竹均恣残害。若不给示禁，终莫杜奸。况阪尾山场所蓄有限，本地尚且难供，何堪别处资取。若不恳天示禁，将来此侵彼越，恐地方山场生理必至尽成荒山，且有关龙脉，为害非小。不已，呈乞俯念生息甚微，风水最重，人烟甚众，侵害难堪，恩准给示严禁，合乡沐德靡涯。切禀。”据此，除批示外，合行示禁。为此示仰邻乡民人等知悉:“嗣后毋许潜入阪尾山内，侵害松杉竹木。如敢故违，许阪尾烟民人等，立扭赴县具禀，以凭拿究。毋违！特示。”

清乾隆三十二年（1767年）闰七月给。

此碑原立在永安市合成氨厂旧址路口，后移至阪尾村之一破亭子旁。永安城郊阪尾《饶氏族谱》有此碑文记载。邬指当时永安知县邬维肃。文见赖承先：《阪尾的封山禁伐古碑》,《永安文史资料》第6辑，1989年。

20. 厦门《东边社示禁题刻》

特授泉州海防总捕、驻镇厦门分府、加五级、纪录五次张，为恳恩示禁以安幽坟事：

本年七月十七日，据监生林云广具禀前事词称："切广父安葬厦门东边社土名岑内口，历年祭扫无异。奈住居窎远，巡视不周，近处乡民放纵牛畜，恣意践踏；或不论男女，三五为群，采刈芼草，连根锄掘，甚至挖石取土，乘便图利，罔顾有主幽坟。广到山巡视，触目伤心。惟仁宪西伯为政，凡无主废坟，尚蒙加恩补葺，况广历年祭扫，岂容恣意戕害？非蒙示禁，壤土莫保。叩乞恩给示严禁，俾愚顽知儆，人鬼沾恩。"等情到府。据此，除批示外，合行示禁。为此示仰该地练、保及附近居民人等知悉："自示之后，毋许仍前在林云广父坟界内，放纵牛畜践踏及锄挖芼草、土、石。如敢故违，许该地练、保及山主指名赴府禀究。各宜凛遵毋违！特示。"

乾隆四十一年（1776年）七月 日给。抄白发岑内口晓谕。

该碑文刻于厦门大学东边社情人谷湖边一山石上，现存。题名系笔者添加。

21. 沙县《禁船碓碑》

据合邑士民罗禀绪等呈称："邑十里平流，水声沈寂，自古并无船碓拦河。迩来船碓一十八座，斩断平流，大伤县脉。石庄、石柜暗埋河内，致来往官民粮货等船多受惨害。又自船碓一设，勾通奸贩囤积高抬，无所不至。业已万命陈情事，佥叩给发封条，饬差协保，将所有船碓悉行押拆，仍还邑志原无船碓拦河之旧。此功此德，应与史水长流。拆碓之后，各奸贩囤积之米，即有发粜米铺，虽昂价未即平减，贫民亦得买食资生。窃恐害民之船碓违禁设，合具与情，恳请勒石严禁，庶风雨不磨，而一邑讴歌，子孙永续。"

等情。据此，为查私造船碓，业已拆除。兹据前情，合再勒石，永久示禁。嗣后毋许私造船碓及勾通奸贩囤积高抬，贻害贫民。各宜凛遵毋违！

文见梁伯荫修、罗克涵纂:《沙县志》卷九，民国十七年（1928年）排印本。志谓“乾隆四十六年（1781年）阖邑士民呈请知县陈松勒在仪门”。

22. 沙县《陶金山禁碑》

龙脉关系通县，各宜加意栽培。小民惟利是图，只知取予之便，日是斧斤，以致秀灵濯濯，殊堪痛恨。今据各绅士呈词恺切，足见为顾地方，准出示严禁:“该处来脉土石草木，毋许损掘砍伐。”仍捐廉俸，以资善举。

文见梁伯荫修、罗克涵纂:《沙县志》卷九，民国十七年（1928年）铅印本。志谓“碑在大洲坊，乾隆五十二年（1787年）介宾管士瑢等佥呈知县邹人敏批示立”。

23. 浦城《钮邑侯禁碑》

特授建宁府浦城县正堂、加五级、纪录十次钮，为恳请给示等事:

案据生员詹震、詹临等呈称:“缘有南隅里土名高山祖坟累匕，立有墓碑，自前明醮管至今。本山左右另有一岗，系震等五房私山，乾隆二十九年（1764年）遭族人詹如茂将震山盗卖林姓扦葬，具控，茂托求息，除价退还林姓扦棺外，写立再不敢盗卖字据，粘呈在案。讵有罗维健胆勾茂子詹乌狗串立卖契，将震祖母坟顶扦埋。震等祭祖撞获，凶多莫阻。呈蒙捕主讯断押健扦还，健抗不遵，呈投程主提讯健，转嘱差延审。七月投蒙廉批候即示期讯断。八月廿七日沐恩察审，将乌狗并中议责惩，断限起扦别葬。其乌狗得健山价钱二千文，劝震代缴还健，经遵缴给健领扦棺案结。震等兄弟感激，尚有何词？但震族繁，恐有无知或复背串盗卖、盗葬，震等又添讼累，仍烦廉心合具，投叩恩全彻底，赐准给示，俾得立碑示知，以杜盗卖，以斩讼根，幽明两感。切投。”等情到县。据此，除批示外，合行给示。为此示仰詹姓及买卖穴人等知悉:“所有罗维健经断扦棺退还詹临等，本岗之山乃詹临等私业，毋许詹姓族中倚属同姓冒行扦葬，并不得盗卖他人葬穴及妄向詹姓私买私扦。其本岗山右系詹临等众长房孟芳、孟亨两派公山，亦毋许詹姓私串买卖。如有故违，准詹临等指名具控。或已葬者即押扦坟，未葬者即饬差阻外，仍行拿究不贷。各宜凛遵毋违！特示。”

乾隆五十九年（1794 年）九月初七　日给。

计开原葬天策詹公本岗，上至岗顶、下至田、左至湾合水、右至湾合水为界，系詹震、詹临等本房私业。本山岗右毗连出兔子湾坪外岗分水，上至岗顶、下至田为界，系詹震、詹临等众长房孟芳、孟亨两派公山。

山主：詹、临、震、履 仝侄：道中　敬立碑。

文见詹贤拔主修、詹程勋纂：《浦城詹氏族谱》卷四《长肃房墓图》，清光绪三十二年（1906 年）续修本。同卷录有乾隆十年（1745 年）《白邑侯告示》，示禁盗葬宋儒詹元善墓事，谱载“元善公墓在东乡高泉里土名高坂园，坐乾向巽”。附后：

特授浦城县正堂、加一级、纪录三次白，为晓谕事：

邑之东乡高泉高坂园有宋贤詹元善先生墓，该裔孙春霜秋露，醮管无失。本年六月据生员詹昴、监生詹坤元等具控季应瑞、王达琳侵占坟境，业经本县亲讯，断令季应瑞、王达琳将从前侵占之处逐一清还，薄予责惩，取具遵依在案。外合再出示晓谕。为此示仰高泉里高坂居民人等知悉：“嗣后于先贤墓道四至界内毋许混行侵占，堆积污秽，并不得假称樵采，砍伐树木。如敢故违，该地保即刻禀县，以凭拿究，决不宽贷。毋违！特示。”

乾隆十年（1745 年）七月日给。

24. 同安县《林希元墓禁》

为特设坟茔之禁以崇理学之儒事：

盖闻生正人而没，明神虽云万古不死，魂升天而魄入地，不免一坏长干。不封不树之前，莫问巾野；如堂如坊而后，宜护穸台。凡过墟者思哀矧，遇贤焉必式思人。及树南国歌棠，慕德观碑，岘山堕泪，惟柳下禁五十步樵采，庶雍门免千万岁之怆凄。

明儒林次崖先生，麝浦钟灵，凤里毓秀。八条新政，进药石之格言；三理法司，问豺狼于当道。滇逆褫魄，阉竖落权。凡其坐言起行，皆本读书穷理。存疑笺注，阐往圣之心传；考古类钞，示后贤以手援。固宜学宫俎豆，千秋馨香。尚惜胜代碑坊，八字沦没，而草莽林麓之处，乃杖屦衣冠所藏。看守无人，变迁异状，啼鹧鸪而走麋鹿，已非马帐高悬，生梅藏而长松楸。空说漆灯暗照，加以牛羊践履，斧斤往来蹂躏，徧于丘陵，毁伤及乎薪木。萧条秋草，无复书带之荣；冷落暮烟，不堪篷颗之象。侮慢先哲，罪莫大焉；损伤佳城，罚难宽矣。本县忝莅斯土地，恭谒是茔，杯酒奠诚，不啻亲聆当年之馨欬；大号涣汗，尚期共爱佳气之鬱葱。倘有牧竖樵夫仍前剪伐，如或土豪地棍向后戕伤，一经告发访闻，即刻拘提究拟，莫谓盗其抔土难比长陵，当思置彼万家即赖仁里。为此禁饬，各宜凛尊！

明寺丞林希元墓在厦门市同安区从顺坑。此墓禁为清张对墀代知县所立。文见清乾隆《泉州府志》卷一七《宅墓坊亭》。立墓禁年代不详。

25. 仙游《林氏祖坟示禁碑》

特授仙游县正堂、加五级、纪录五次林，为乞示禁弊以保祖坟以免讼祸事：

本年二月二十八日，据万善里溪西保族房亲林世尊、林奕准、林藩国、林仕静等呈称："准等始祖明广文敬斋公墓在孝仁里台斗山，迹载县志，历今两朝，守祭无异。只因族繁，子孙居莆、居仙，皆属远隔。乾隆年间，坟前被人盖店蔽碍，致及讦控，自是整界定管安静。奈迄今日久，近坟处所地颇进夷，商贾辐辏，事属寻常。讵族内有一二射利之徒，胆藉地主，私抽牙税，致肩□不愿，致处哓哓。又在地棍徒擅于分坟前搭盖蓬棚，招集匪类，呼卢压宝，无少间断，致前后左右堆积瓦砾、粪矼，任意秽亵。准等目击情伤，逼年重阳祭扫，理斥押拆，概被狡延。此次准等率同子孙往拆，反被此辈负隅凶殴，幸得药救命存。地方人等求处息讼，准等实念先人封域在兹，姑弗与较。但族人星散，近地常欺，恐日后年深，此风复起，得无斗殴兴讼之虞？倘更酿命祸，噬脐莫及。心切祖先情深，乡讵自分安良，频繁滋事。为此佥叩台下赐念宦坟，恩准给示严禁，以保先茔。俾远年安守没存，均沾厚德于无穷矣。切呈。”等情到县。据此，除批示外，合行示禁。为此示仰林姓本族及孝仁里附近居民人等知悉：“此后林姓族内人等务知尊祖敬宗，慎毋藉充地主，私抽牙税；附近居中人等毋许擅在坟前搭盖蓬棚，招集匪类，呼卢压宝；至坟前后左右，概不许堆镇瓦砾、粪矼，任意积亵滋事。自示之后，敢有复犯者，许族房、保长人等指名，佥禀朧赴县，以凭吡究。各宜凛尊勿违！特示。”

嘉庆十二年（1807 年）十月日给。

文见郑振满、丁荷生编纂:《福建宗教碑铭汇编·兴化府分册》。

26. 莆田《浮山东阳陈氏祖墓示禁文》

A. 特授仙游县正堂、加五级、纪录五次林，为人地分别廉管声明佥恳宪示事：

本年八月初一日，蒙本府正堂富批，据莆邑举人陈为沛、族房陈君选、贡生陈岩呈称：“切沛等籍居莆邑东阳沙黄石，祖山坐落仙邑枫亭秀郊，与惠邑交界，内葬始祖光山公墓，三房子孙科甲蝉联，经六世祖都御史志公修葺，竖立界碑灼据。去年丁卯科（1807 年）岩男、弼赉、侄云章、侄孙池养均邀中式举人，会试晋京未旋。近来该山祖墓左右上下，被东沙房族侄子理盗葬二所，德禄子燕君、俻德可各盗葬一所，致子云效葬。东沙房子孙靠住近山，抽阻滋讼。沛等知骇，以同族争竞兴词，上慰（违？年）宪衷，下伤族谊，是以约同族房君选、君泰通众到祠训谕，佥议要葬者固不得盗葬，即已葬者亦不得盗葬，均令起迁，咸归平允。又恐贫富不同，措资构地艰难稽迟，故议望水处祖山数十亩，本约子孙欲葬者须银二十两入公充祭。今此六穴，议准迁入望水山无碍处所听葬，不惟免送公银，且祠内仍公贴各番八员以助工费，俾无竭蹶理。已遵迁一穴，同燕等立约定，限本年内迁竣，息讼完谊。但虽经议迁年逾月，□心犹叵测，或先允后翻，或先迁后延，或此迁彼葬，或自葬不足盗卖，或他人无买盗葬，种种难防，更适岩长男、长汀儒学训导陈膺简物故，是祖山风水难容受伤，侄选、泰情切，以盗葬议迁事呈辕，恳示保护杜祸。蒙批：‘所呈如果非虚，即邀同族内绅士佥名具呈，赴县请禁可也。’足见优渥。沛等应遵赴县呈请，奚敢冒渎。奈沛等人地分别，山坐在仙，人居在莆，具呈莆主，以山在仙辖，仙民恃隔不遵；具呈仙主，以人系莆辖，莆民亦恃隔莫畏，纵禁无益。莆仙乃仁辕统管，德政覃敷，恩膏普遍，言出而法随，示悬而心警，光被四表，此沛等所以仰恳宪恩也。合情遵批声明，佥叩老公祖辕下，俯念莆仙赤子咸沐覆载，恩准一笔生春，给示严禁，保坟弭祸，阖族难报鸿慈于万一。切呈。”等情。蒙批：“仰仙游县查明示禁等。”因蒙批，除饬差查明外，合行示禁。为此示仰该处近山陈姓人等知悉：“嗣后毋许该族子孙在枫亭秀郊祖山内砌葬，有碍光山公祖坟风水。至陈子理等盗葬六所，前据该族房等公议，均令起迁，议准迁入望水山内无碍处所听葬，仍公贴各番八员以助公费，以全族谊，不究已往。自示之后，该族陈姓子孙不得仍复在秀郊祖山内盗葬迫伤。倘敢不遵，许该族房等扭禀赴县，以凭拿究，决不宽贷。各宜凛尊毋违！特示。”

嘉庆十三年（1808年）八月廿七日给。

B. 特授莆田县正堂、加七级、纪录十次、候选分府、军功世袭恩骑慰张，为恳恩示禁事：

本年正月廿四日，据族房陈学紫、恩贡陈岩、生员陈鸿谟等呈称：“紫等族内圻载坐落枫岭课山树三亩五分，葬澹泉公茔二所。因子孙多住金陵，山树遭占。兹紫等同族绅云章，按圻查复界址，付佃林佛三兄弟看管其侵占之处。陈元材等批种纳租，充澹泉公祀典。爰念二坟塌坏，修费无资，公议就本山东边抽出一所，卖云章兄完固，费逾百金，仍捐银四十两置租，送入大宗祠，为澹泉公充祭。此系公卖公用，自今之后，御史拙斋公及宪九公澹泉公派裔俱于本山界内不得变卖，亦不得添造坟墓。但恐族议事久变生，恳示永垂法立。为此抄粘佃批，佥叩老父母台下恩赐给示，以杜侵占觊觎，永保坟山，幽明戴德。切呈。”等情到县。据此，除批示外，合行示禁。为此示仰该姓房族人等知悉：“尔等毋许在前项山内觊觎侵占，添造坟墓。倘敢抗违，许该族房投仝地保指控赴县，以凭拏究。各宜凛遵毋违！特示。”

嘉庆十六年（1811 年）三月初六日给。

文见《莆田浮山东阳陈氏族谱》卷七，中国国家图书馆藏，A 题语：“嘉庆戊辰年（1808 年）因子孙盗葬本山，经族中绅士呈请示禁。今将告示附刻于后。”

27. 泉州《后茂乡告示》

署泉州府徐汝澜，为示禁事：

照得泉郡东关外后茂乡，地近清源山，乃系发源入脉之所。前因屡被附近居民挖掘窑土，开筑礐厕，有伤源脉，当经前府示禁在案，乃愚民无知，仍复任意开掘射利，殊属玩违。查永春、仙游交界之白鸽岭（即鹁鸪岭）亦系泉郡发源之处，先被官民树立路碑，开筑礐厕，业经本府因公驻州，当经会同永春州捐资，填塞迁移，百姓咸皆悦从。在隔属尚知凛畏，岂本辖转难遵奉耶？除现在捐与诸绅给资填塞外，诚恐将来无知匪徒再行开掘射利，合行勒石示禁。为此示仰附近居民知悉：“自示之后，尔等毋许仍在该处挖掘窑土，开筑礐厕，致伤源脉。倘敢故违，许该地保及董事人等指名禀究。保约涉私容隐，并予责革，决不宽贷。各宜凛遵毋违！特示。”

嘉庆二十一年（1816 年）四月 日给。

文见〔清〕周学曾等纂修：《晋江县志》（上册）卷四，晋江县地方志编纂委员会整理，福州：福建人民出版社，1990 年。本志卷四曰：“此碑立在后茂乡祀公宫前，有摧倒作三段者，后乃接竖在宫内壁。又立小碑七石在各行脉处，文云：‘署府正堂徐示：此处地接清源，全郡风水所关，毋许挖窑筑厕，如违断不轻恕。’”故也称泉州府龙脉示禁碑。

28. 漳浦《狮屿村禁伐公木公约》

众父兄公约：

公木系祖荫，严禁子侄采取。如违议，罚呈官究治。仍敢盗窃，仝咒言绝子害孙。切告。

道光元年（1821 年）正月谨识。

此公约刻于漳浦旧镇镇狮屿村后山下一大石上，碑题系自拟。抄文见王文径编:《漳浦历代碑刻》，漳浦县博物馆自印，1994 年。

29. 福州《永南清凉山碑》

闽邑仁丰里义序乡黄姓祖山一仑，坐辖清凉山地方，宋前葬祖朱公，又葬朱公之长子积卿公。两坟向东北坐西南，上至高顶峰，下至大潭下，左至田垅，右至虎沙仑界内。余地遍栽树木，庇荫风水，前已示禁砍伐树木，不许掘取沙土。但历年久远，诚恐附近乡人致伤地脉，兹再立碑。倘有故犯，着看山人指名报信，决不徇情。特此布知。

道光壬辰年（1832 年）长青月立。

文见黄尊杰修辑:《虎邱义山黄氏世谱·志》，民国年间铅印本。

30. 金门《贤聚乡示禁碑》

署泉州府马巷抚民分府、加十级、纪录十次程，为出示立碑严禁以息讼端事：

本年十一月初三日□贡生陈科章、乡老陈克修呈称：“缘生员颜润时赴分县呈‘金门贤聚乡□□等在伊祖祠后掘土□毁龙脉，向阻不理。’等情，经蒙分县履勘填明。而□九昌亦赴案呈诉，未蒙讯结。兹二比复赴辕控诉，蒙批：‘行金门分县秉公讯结，出示永禁。’等因，金批明慎章等仰体仁宪爱民之心，又系戚邻出为劝解，□遵仁宪前批出示：‘永禁附近居民毋许在颜姓祖祠挖掘气土，□毁来龙之谕。’合亟□率粘批。叩乞西伯仁政，恩准出示立碑严禁以杜来滋事。俾两家感德，世世不忘。切叩。”等情。据此，除批并□饬金门县丞速将案录覆详情外，合行出示立碑，永远严禁。为此示仰金门合岛附近军民人等知悉：“嗣后毋许在贤聚乡颜姓祖祠前后左右掘土，□毁来龙滋事。倘敢不遵，许该颜姓衿耆呈请立挚究办。各宜凛遵毋违！

特示。”

咸丰七年（1857年）一月初十日给。

文见杨天厚、林丽宽:《金门寺庙楹联碑文》，台北：稻田出版有限公司，1998年。

31. 泉州《保护真武殿庙基禁示》

钦加道街署泉州府正堂、加十级、纪录十次程，为出示严禁事：

照得社崇庙祀，固为神佛凭依，而人杰地灵，端赖山以毓秀。本署府访问晋江县三十五都法江铺地方，建有真武大帝庙宇一座，崇祀有年。庙后余地，土色紫赤，乃龙脉发祥之处，为一乡风水所关。近有附近村住民常于庙后掘土挑用，竟成陷坎，殊伤风水，并坏庙基。现谣传该处绅耆雇工挑土填满，若不出示严禁，难保该棍徒等不再有偷情事，合亟勒碑示禁。为此示仰该处乡民人等知悉：“你等须知（毋许在？）庙后至崎头山等处，掘土、伐木、锄草以及牛羊践踏蹭跶，俾护风水而固庙基。如敢故违不遵，一经耆绅指禀，定即严拏究办，决不稍宽。其各凛遵毋违！特示。”

同治四年（1865年）十一月（给）。

文见吴予麟编:《泉州法石志资料汇编》(1964年)，泉州市泉州历史研究会，1986年。

32. 永春《庄氏示禁碑记》

特授永春直隶州知州、军功加二级、随带加一级、纪录十次翁，为出示严禁事：

案据泉州府晋江县举人署顺昌县学教谕庄纪云，二品封职候选都司庄元才，惠安县举人五品衔候选内阁中书庄观潮，晋江县举人候选内阁中书庄正，举人庄为琪、庄为璧，军功监锡纲先同知庄炯文，候选光录仕署福清县学训导庄抡元，德化县岁贡生署罗源教谕庄寅琛、庄为瑞、庄玉光，晋江县学生员庄为琛、庄彬，德化县学生员庄以成等佥呈称：“为欺隔混占，盗葬成害，恳差查究示禁，勒限归管。纪云等始祖森公于唐朝入闽，在宪辖十九都蓬莱山等处建盖祖宇山场，四处产册炳据。山内安葬祖考妣坟墓，至宋朝九世祖少师夏公，祖山御书‘锦绣山’，载州志，古今著闻。嗣赐第泉郡，支分各县，并漳州、仙游、德化等处，谱志炳据，历管无异。讵因尔来世风不古，附近庄山等乡欺云等族分隔远，遂将坟山界内肆横混侵、盗葬、栽种，甚将祖坟毁害，又将锦绣山七世祖坟龙脉斩断。种种欺凌，屡阻不理。兹云等来永祭扫，目击心裂。似此特欺隔，强占叠害，蛮横已极。非伏宪法勒差，查明拘禁，一面出示严禁，勒限迁徙砍伐，填脉归管。隔业奚赖，各有肆横。各乡姓名，容查实再行补呈。合先开列被害清单粘乞带，即勒差确实严究，并恳请禁，勒限归管。庶强恶知儆，祖业有赖沾恩。切呈计粘单，内开：

一锦绣山被栽种插，本山背龙脉颖高平乡被斩断，深二丈余，阔八九尺，直一百余步。

一留后及留陋坟山被筑、栽种、盗葬。

一湖洋东门外祖林垄坟地被盗葬逼伤。

一乌门桥坟山土名青蛇遇蛤，被侵垦、盗葬、逼伤。

一三岁岭寮坟山被侵占、栽种、戕毁基石。

一涂桥头坟山被侵逼伤。

一西林埔土名驷马驾车坟山被侵占、盗葬。

一坑源铁灶山垄坟山被侵占、盗葬。

一山名桃核坑兜后被占盗葬、栽种。

一事平后垄及东村祖墓被混叠，未查获。

一桃源一世祖坟盗，未查获。

以上均属州辖十九都、一十五都，土名草洋岭、土飞凤，坟山被伤盗葬。”等情到州。据此，查乡贤名宦坟茔不容侵占毁损，庄姓祖坟山历管数朝，葬坟叠叠，产册炳据。世远年灭，屡被附近村民侵占、盗葬、插种、毁害，不法已极。除呈批示并饬差速查谕禁外，合行出示严禁。为此示仰十九、十五都各乡居民人等知悉：“盗葬他人山场有例禁，侵占名宦坟山，更干法纪。自示之后，如有在庄姓坟山墓内盗葬盗种、斩断来龙、盗砍树木、增建坟墓种种侵害者，一经查出，或被告发，立即饬令究办。本州言出，决不姑宽。各宜照遵毋违！特示。”

同治七年（1868 年）九月秋。

进士、翰林院编修、甘肃西宁道庄俊元同宗人等勒石。

此碑旧刻现立于永春庄氏祠堂门口左侧，新刻碑嵌祠堂大门两边壁间。文见庄炳章等编:《泉州桃源庄氏族谱汇编》，厦门：厦门大学出版社，1999 年。

33. 永春《修筑永春大鹏山龙脉碑记》

城之北有峰岿然，昔人取其象之轩举，而名之曰“大鹏”，亦曰“云梯”，盖桃源之主山也。侧出一峰，俗谓学龙。两峰对峙，形如文笔，蜿蜒而下，直抵城阙。比多坍塌，脉络几断，堪舆家以兹山为人文攸关，常深惜之。丁卯（1867 年）夏，予牧是邦，乡父老述所闻，以修筑请。予考州志，自宋迄明，理学继起，会状联登。入国朝初，人文亦复不少。而近自周君凤翔以后，不获题名雁塔者此八十年。因思乡父老所请，未为无据，且兴作视午其时，幸得年报丰稔，不于此时大为经营，尚复何待？□年□□，黄文炳、颜文华、郑金文、林吉英、林隆兴、郑兴文、刘文扬、查智梁、刘邦英、林永美、王万成等十一人，慷慨输资壹千壹百元，董其事者余正中、□□□、周同彩、郑金城、方扬祖等，启工于戊辰（1868 年）季秋，三年□告竣。圣人者□□□，平地虽覆一篑，进吾往也。有洎者□□成，予于斯举益信矣。诸君子生于斯，长于斯，聚国族于斯，今而后斯地灵人杰乎？殆人杰而地逾灵也。乡父老不可□□□□□其始末而勒诸石。

同治七年岁次戊辰（1868 年）冬十有二月。

楚南翁学本兰畦氏撰并书。

《修筑永春大鹏山龙脉碑记》，系笔者手抄。

34. 永春大鹏山垂云寺《奉宪示禁》碑

加府衔永春直隶州正堂、加十级、纪录十次王，为恳□示禁等事：

本年六月十三日，据二十五都大鹏岩僧克恭呈称：“缘城治来脉，寔由大鹏主山。鹏山高耸，乃系趋结堂署，所以前代筑岩崇奉如来，培植乔木，遮护州龙。住僧顾守，历久勿替，关系其巨。近因匪徒欺僧，白日强砍，肆意残扰。无奈本五月初三日据情□叩，蒙批：‘匪徒□害，准予示禁。’跪读金批，喜见天日。阖属顶戴，军民颂德。但树木既蒙示禁，而岩宇宜肃清规。每逢春秋二季，远近豪强藉名进香，纠众残扰。恩蒙前州主先后出示叠禁，毋许进香喧嚣践踏，案可查电。延今年久，传闻不再，辖豪藐玩，视为故套，竞藉迎神赛会，列旗执帜，鸣锣击鼓，放花持鎗，不下数日，百□重云集□岩吵闹，任意肆扰，秽渎神聪，狎亵道场，应勒多端，肇衅不一。贫僧孱弱，寔难悬止，酿祸胡底？式礼神明之谓何？非伏宪威，莫能遏止。时届秧季将至，辖豪嚣欲蹈前辙，不得不拟粘示禁，沥情叩乞三邑福星，恩准出示严禁，以礼神明而止尘嚣。庶德泽与佛日增辉，恩膏共鹏山长在。阴□齐天，公侯奕世。切叩。”等情到州。据此，除批示外，合行照案示禁。为此，示仰阖属军民人等知悉：“该寺州治主山，清净佛地。尔等入寺拈香，固所不禁，倘系聚众藉称迎神赛会，蹧践污秽，不特亵渎神明，亦复有干宪典。自示之后，饬……寺僧协同地保，指名禀就，按法惩办，绝不姑宽。各宜凛遵毋违！特示。”

道光二十八年（1848年）七月□日。

发大鹏岩勒石。

垂云寺《奉宪示禁》碑，摘自郑振满、丁荷生编纂：《福建宗教碑铭汇编·泉州府分册》，第881—882页。

35. 厦门《太平岩永禁毋许寄厝棺骸题刻》

太平岩梵宇建自有唐，千有余年，兴废频仍，略无可考。嘉庆辛未（1811年），孝廉林君云青出资修葺，并输己置南城门外虞朝巷口小店乙座，征□直以奉香火，石刻存焉。同治建元（1862年）正月上旬，佛堂夜灾，榱栋几案俱成灰烬，佛像剥落，非复具足诸相。德瞻礼彷徨，慨焉兴感，爰募同志缮完佛殿庄严宝相，经勒诸石。第事同草创，未复旧观。不特禅居荒敝，举目萧条。廊庑间又复积棺累累，益以骸瓶秽我净土，尤足痛心。岁辛未（1811 年），乃重邀李君永仁、康君超英、叶君如衡，同出橐金，鸠工庀材，一切修复。普劝仁孝诸君各取寄厝棺骸，妥诸窀穸。复于洋药税局每月筹措番银两圆，给常住僧，永禁毋许寄厝棺骸，而梵刹焕然改观矣。寺僧岁有小店赁直之入，而寺左缭垣内李氏墓田仰僧守护，岁岁食其田之所产，以为顾宜。复如以筹措之款，则薪水可不乏于供。幸无以违禁，为诸君子所纠劾，尤德等所愿望也。岩下鸟道自半山塘蜿蜒直上通西山等处，为岛中之北邙。清明前后，展墓者趾错其间，旧甃石蹬，岁久坍塌，行者苦之。又深田内山土名七脚仔等处，掘土者众，致蹈坟茔，殊堪□□。复以余资悉加完筑，履险有如夷之乐，灵泉安厚夜之常。襄斯举者，各大欣慰，而德实董其成，敬述梗概，用志诸同志乐善之勤，且以踵事□毕，护持胜地，望后之君子焉。是为记。

同治十一年岁在壬申（1872 年）嘉平月 日重修。

董事职员黄仕德刻石。

此石位于厦门太平岩寺外殿外。文见厦门市政协文史和学习宣传委员会编：《厦门摩崖石刻》，福州：福建美术出版社，2001 年。

36. 晋江《陈江陈氏祖墓示禁文》

钦加同知衔晋江县正堂、加十级、纪录十次金，为佥请示禁等事：

本年三月十八日，据监生陈祥云、武生陈抡元、贡生陈正元、生员陈植槐、陈彦禄、陈彦鸿、陈梦元等遣抱呈称："云等仝承祖通使公于雍正九年（1731 年）暨十二年间明给尤云蛟、云鹗等产山一仑，坐在新门外三十三都乌石乡土名沙峰坑，坐北向南，上至顶星头为界，下至山脚坑沟为界，东至吴宅良平坑分水为界，西至吴宅山倒石坑分水为界，四至明白，安葬元卿公祖茔。经于乾隆二十六年（1761 年）投税印契确据，迨乾隆三十年（1765 年）间又向乌石乡吴伦淑等给换推批字，戎图二甲十九户内推出产米一亩，听陈宅收入道图九甲二十二户，前去完纳钱粮，四至界至各镌石字为记，历管无异。祭扫偶疎，则盗葬迫伤靡无不至，甚至有在祖茔界内纵放牛羊，践踏明堂砂水，或樵采苏薪，毁伤脉石拦山，种种戕扰，以致筑戕伤，致生事端。合亟检齐印给批各处，佥叩恩准赐示，严禁盗筑、樵采、蹭跶等弊，俾云等祖茔得以久安无恐，此不特云等合族沾恩德之施，即九原之下亦沐慈祥之惠矣。切叩。”等情，业经前县批准给示在案。兹本县莅任接准移交，合行出示严禁。为此示仰该处附近居民人等知悉：“嗣后毋许在监生陈祥云等祖茔界内盗筑、迫伤以及纵放牛羊践踏、樵采薪木，致有践踏毁伤，滋生事端。自示之后，如敢故违不遵，许该佥呈人等指告赴县，定即饬差拏究，决不宽贷。各宜凛遵毋违！特示。”

同治十二年（1873 年）五月初十日给。

文见《陈江陈氏五房五家谱》，福建师范大学图书馆藏清抄本。

37. 莆田《示禁乡民不得蹂躏青山松木碑》

钦加都转盐运使司运同升衔、特用清军府直隶州知州、摄理莆田县正堂、加十级、纪录十次赵，为出示严禁事：

本年八月十五日，据生员曾启泰、举人宋学祁、生员浀达章、生员余祖珍、生员朱世贵、增生浀史才、增生陈其昌、廪生林霆荣、生员吴玉森等呈称：“缘泰等世居水南，该处有一榖城山，又名青山，为黄石二十四铺主山，实红泉书院风水所关系。曾经先人栽培松树、竹、梅，以资遮荫，于是文运兴隆，科名不辍。谶云：‘青山青，黄石山下出公卿。’自昔兵燹之际，树木被火焚烧，以致风水伤碍。兹泰等佥议捐赀，于本年二月内买种雇工，在于该山内仍旧培植松、竹、梅等树，留为遮荫风水。经邀同各乡耆老写立禁约，遍贴告明，免遭蹂踏，冀易成林。讵邻近瑶台等村男妇日藉采薪为由，恣意蹂躏，肆行掳拔，劝之弗听，诫之不悛。若遇坚向理阻，动辄恃众凶辱。伏思泰等实为风水攸关，费尽赀力，冀望成林，岂容刀斫藐视，任意滋扰。诚恐别乡效尤，为害伊于胡底，惟仰恳凌威赐准示禁差止，庶杜别效而保山林，则文风日炽，皆赖仁恩之栽培，共沐鸿慈于无既矣。合沥佥叩台下俯垂赐鉴，恩准出示严禁，并恳出差谕止。俾刁顽知所敛迹，而松竹可保成林。阖邑士民载德不朽。切呈。”等情到县，粘缴库票具呈，已经批饬明白，绘注图说，呈核去后。兹据老民方显祖、生员曾启泰等绘图呈明前来，除批示后，合行出示严禁。为此示仰该处附近各乡居民人等知悉："尔等须知黄石榖城山有关红泉书院风水，现经绅耆捐赀种树，留为遮荫，不容附近乡民藉采薪为由，恣意蹂躏。自示之后，务须约束子弟，不得再行到山扰跶。倘敢故违，一经该□□等指名呈控，定即饬差严拏究办，决不姑宽。各宜凛尊！特示。"

同治十三年（1874年）十月廿五日给。

水南绅耆同立石。

此碑原在黄石水南书院，现存黄石榖城宫。原无碑题。文见郑振满、丁荷生编纂：《福建宗教碑铭汇编·兴化府分册》。

38. 厦门《枋湖村薛氏告示碑》

署泉州厦门海防分府徐，为出示晓谕事：

本年四月二十七日，据生员薛胜辉乡老等佥称："切辉等世居禾山林后、庵兜，两社毗连，同宗共祖，分作四房头，公建大宗祠址在林后社中。所有祖祠社后一带旷埔，号图俱以田岸界限。左边透角至义仓馆下横沟，沟上有树为界；右边透角至路，并无与别姓交连。乃系本族二社公地，承先剖约，历守无异。迩来多有不肖子侄，或恃辖近而私侵筑，或恃强蛮而擅自占造，以致互阻生端，屡欲酿祸。辉等忝属族中绅耆，虽经迭次训斥，以期敦睦，但是人众既集，贤愚不一，亦有遵守约束，亦有逞刁肆横，未免因此角斗，恐伤和气，不成体统。辉等爰集共议，公同立约：'凡此公地，不论庵兜、林后两社人等，遇要起筑房屋者，须当鸣众妥议，不碍祖祠，无违乡规。不准强横擅侵占筑，违者请究。如此杜渐，免生后患。'合亟相率佥恳仁宪善政，体念敦爱睦族，恩准给示晓喻，俾乡愚有所畏守，庶免阻扰生端，皆赖恩施之教，殊感鸿慈于无既。呈请示谕。"等情到本分府。据此，除批示外，合行出示晓谕。为此示仰林后、庵兜两社薛姓人等知悉："凡此公地，尔等如有欲行起盖房屋者，务须遵照公约，鸣众妥议，方准筑造。不得恃辖逞强，混行侵占，以致酿事生端，有伤和气。自示之后，倘敢故违，许该社绅者指名禀究，立即拘案严惩，决不稍贷。各宜凛遵毋违！特示。”

光绪四年（1878 年）五月初十日 给。

林后祖祠为合族四房肇基之祖，妥先灵，荫后嗣，胥于是焉。系祠后有旷埔所，为祠来龙，亦后靠也，关系甚大。虑后人居狭，或因而盖屋戕伤，致滋争端，旭如先生因敬祖睦族，防微杜渐，于光绪四年（1878 年）间首倡赴官，递呈给示垂禁。兹欲勒石未远，而四房人等佥谓，埔系伻房世管，争执甚力，几于构衅。中系薛姓戚谊，出为力肴力议，以薛机厝后一带为止，明立限界，载在合约，归四房私业。以外埔之周围俱为祖祠公地，永远禁止开戕。如有无关之地欲筑房屋，须合族公议，项归祖祠公款，示不得私也。仝立合约，一样四帋，各据为据外，合就示后批明，以垂久远。合族孙子，敦和气敬，祖宗福祉，未有艾也。

光绪九年（1883 年）五月五日。

公人：沈志中。

长房：流、伙。

二房：蟾、明。

三房：考、騟。

四房：体、港。

仝立。

碑立于厦门枋湖村林后社青龙宫，碑题自拟。文见郑振满等编:《湖里文史资料》第 5 辑，2000 年。

39. 福州《劝谕停丧不葬文》

照得葬者藏也，孝子不忽其亲之暴露无遗，故敛而藏之。在《礼》，未葬不变服、食粥、居庐、寝苫、枕块，盖悲亲之未有所归，故寝食不安也。

乃本县近查，县属士民或拘于禁忌，或拘于堪舆，因循怠缓，往往久而不葬，皆曰“岁月未利也”，曰“未有吉地也”，曰“贫未能便葬具也”。前丧未已，后丧又继，使死者不得归葬，生者不得乐生，积阴气于城郭之中，留伏尸于室家之内，不详莫大焉，而莫之省察也。且人之所贵于有子孙者，为能藏其形骸也，乃各年而不克归土。设有水火之厄，则枯骨不能保全，曷若无子孙者？死于道路，犹有仁者见之埋之耶？呜呼！不孝之罪，上通于天矣。

昔张尔岐《笃终论》曰："葬之习于侈也，于是有久而不克葬者，是后知备物丰仪之为厚其亲，而不知久而弗葬之大悖于礼也。"先王之制丧礼，始死，而袭，袭而敛，敛而殡，三日而殡，而治葬具。其葬也，贵贱有时，天子七月，诸侯五月，大夫三月，士逾月。先时而葬者，谓之渴葬；后时而葬者，谓之怠丧。其自袭而敛，自敛而殡，自殡而葬，中间皆不治他事，各视其力，日夕拮据，至葬而已，以为所以计安亲体者，必至乎葬而始毕也。袭也，敛也，殡也，皆以期成乎葬者也。殡则不可不葬，犹之袭则不可不敛；敛则不可不殡，相待而为始终者也，故不可以他事间也。今有人亲死，逾日而不袭，逾旬而不敛，逾月而不殡，苟非狂易丧心之人，必有痛乎其中者矣。至于累年而不葬，则相与安之，何也耶？殡者必于宾俭，所以宾之也。父母而宾之，人子之所不忍也。而为之者以将葬，故宾之也，所以渐即乎远也。殡而不葬，是使其亲退而不得返于寝，进而不得即于墓，不犹之客而未得归，归而未得至者与？非人事之至难安，而人子之大不忍者与？

《丧服子记》曰："久而不葬者，惟主丧者不除。其余以麻终日，教者除丧则已。"孔氏注："久而不葬，谓有事碍。不得依月葬者，则三年冠服，身皆不能祥除。主丧者谓子为父，妻为夫，臣为君，孙为祖，缘为丧主而不得除也，其余谓期以下至缌也。"孔业子司徒文子问于子思曰："丧服既除，然后乃葬，则其服何服？"子思曰："三年之丧未葬，服不变除，何有焉？"乃知古之人有不幸，有故不得葬其亲者，虽逾三年不除服，其心所痛在于未葬，以为与未及三月者同寔也。与未及三月者同，寔斯不及计时而即吉矣。何也？丧之即吉，始于虞，故为虞以安之。未葬，则无所为而虞。不虞则卒哭而祔，皆无所为而举。卒哭与祔不得举，又何为而可以练？何为而可以祥且禫？故虽踰三年，与未及三月者同寔也。未及三月而欲举祥禫之礼，行道之人弗忍矣。斯其可以除而弗除，与斯所以宁。敛形还葬，悬棺而封，而不必不敢为谥望奢求，以致于久而不葬也。由是言之，则人子之未葬其亲者，未可以虞，未可以卒哭也。未可以虞，未可以卒哭，又可以为婚姻？又可以为仕宦乎？

昔海虞令何子平母丧，去官哀毁，踰礼顿绝方苏。属宋末东土饥荒，继以师旅八年，不得营葬，昼夜号哭，常如袒括之，日寒不衣絮，暑不就清凉，一日以数合米为粥，不进盐菜，以居屋败，不蔽风水。兄子佰兴欲为葺理，子平不肯，曰："我情事未伸，天地罪人耳，屋何岂覆？"又新野庾自营葬事，至于掌穿。

历观古贤者言行如此，于葬何汲汲也。尔缙绅士庶，岂无续而明礼者欤？何弗考于前言往训，而为是因循乎？夫先王垂训，孝子因心非以厚葬焉，为贤只以称家为礼，扫地而祭，尚可以告虔。负土成茔，所贵乎尽力。

为此示仰各属绅士庶民人等知悉："自示之后，务各竭力经营。无论新旧停棺，统限三日之内尽行葬理。如有故违，绅士则通详递革，民人则重杖痛惩，以妥幽魂，以全孝道。令出必行，忽视为具文也。各宜凛尊勿违！特示。"

文见〔清〕龚葆琛纂修:《福州通贤龚氏支谱》，清光绪九年（1883 年）刻本，中国国家图书馆藏。是文乃龚氏十四世厚斋公所书。其"世系考"曰:"始祖修，字孟质，元末自莆田迁福州，始居福建省城内南街通贤境巷，世称通贤龚氏焉。""厚斋公，十四世，天字行，一发，原名关渭，字天磻，号厚斋，山元长子，母林氏，清康熙五十四年乙未（1715 年）十月初九日寅时生，府学廪生，乾隆丁卯科（1747 年）优贡生，中乾隆庚午科（1750 年）顺天举人，官到云南镇南州诰授奉直大夫。"是谱"坟墓"曰:"厚斋公曰：生事葬祭而后子孙之心安理得焉。祭墓始于汉而人均遵而行之，亦秋霜春露，古今情然。或遭离乱变迁，发掘无存；或年久式微失祭，不可考。此皆仁人孝子之所宜动心，况吾闽风水之说易于惑人，而豪强多生觊觎，尤有意外之事，为子孙者可不详纪之哉？厚斋公曰：风水之说不可信，亡人以归土为安，不可惑于风水求福，并惑于利某房、不利某房之说，以致停棺不葬，罪莫大焉，则有子孙不如无子孙矣。伤哉！"

40. 浦城《徐氏廿八世前街祠楫公房马鞍山山场碑记》

钦加同知衔、特授浦城县正堂、两次卓异、加七级、记录一次熊，为给示立碑以杜盗葬事：

案据职员徐步青控潘树良等掘占葬一案，经传集质讯，该处坟山徐有税印议字为凭，乃潘树良等輙藉洪姓无根之送字占葬母柩，并毁徐步青祖坟，拆开椁砖，殊属藐法。本当照例严究，惟据该族房潘大本等佥明再三呈恳，姑免深究。除批准释并将洪姓山字涂销给与徐步青领回备查外，合行出示严禁。为此示仰合邑诸色人等暨徐姓族人知悉："尔等须知该处坟山系徐步青名下之业，徐姓族中及早年葬有坟墓在马鞍山内，俱许登山祭扫，不得藉坟占山及藉族占葬。自示之后，此马鞍山坟山三湾两岗由徐步青照旧掌管，无论何人不准盗卖盗葬。倘有不法棍徒再有盗卖盗葬情弊，准徐步青指名具禀，定即拘案严究，决不姑宽。其各凛遵毋违！特示。"

谨将马鞍山各四至开列于后：

一其山三湾两岗，左两湾一岗，东至山脚田为界，南至岗外坑坪为界，两至纱帽垄口分水为界，至北湾下分水为界。又有横一湾一岗，东至面前湾下田为界，南至本岗外分水直透大路为界，西至岗外水口为界，北至连本山左岗为界。

光绪十六年（1890年）四月廿四日给。

文见徐裴纂：《重修徐氏族谱》卷一〇《墓田》，民国三十五年（1946年）铅印本。

41. 晋江《禁止在粉壁山盗墓告示》

加同知衔、本任永安县□、署晋江县正堂、加十级、纪录十次叶，为重申示禁事：

案据吏书赵汝芳、生员赵师杨等佥称："伊等承祖明解元、进士、广东学政讳瑶公□□□仑在涂关外三十六都土名粉壁山，安葬前明历代乡贤暨任浮梁县讳应封茔，嗣瑶亦附葬该山，四至镌界载明郡志。后伊祖伯叔坟茔累累，俗呼赵厝山，就界内建立墓庵，付山甲詹姓看守。嗣乾隆年间遭黄姓盗葬，经赵元斌呈控，至嘉庆年间复经赵虎续控，蒙断迁还给示。道光、同治又被陈姓盗筑虚堆，伊父子先后控，蒙差勘押划，彭前县示禁有案。伊等恐年久告示淹没，奸人复图盗葬，抄示绘图，佥恳再行示禁。”等情，定经前县饬勘在案。兹据吏书赵汝芳等呈缴谱志催，据该差勘覆前来，除批示并将谱志发还外，合行示禁。为此示仰三十六都及附近诸色人等知悉：“尔等须知赵姓坟墓系属前代乡贤，自示之后，毋许在赵姓界内□前盗葬以及纵放牛羊践踏滋事。如敢故违，一被指控，定即尽法惩办，决不宽宥。其各凛遵毋违！特示。”

光绪二十年（1894年）六月　日给。

文见泉州赵宋南外宗正司研究会编:《南外天源赵氏族谱》，1994年。

42. 上杭《胡氏禁碑》

为禁止事：

案据胡太乙郎公裔开辉、象椿、浚等呈称：“三世祖太乙郎公祖坟卜葬大池赤岭峡，历数百年无异。不料坟右居民陈家强在坟前谋筑厕所，侵占妨害。”等情，当即亲临莅勘，认明新筑确有故害，勒令平除了事。旋据以“祖坟距乡百里之遥，窃恐日久年长，难免不法之徒再谋侵害，请立禁碑，以儆效尤。”各等情前来，准予立碑禁示。

光绪壬寅年（1902年）十月八日。

龙岩县分司传肇修立。

文见《杭武胡氏族谱》（第二册）卷一，1949年修本。

43. 泉州《东石示禁风水械斗碑》

府宪赏戴花翎、署理泉州府正堂兼充兵备处提调、加十级、纪录十次李，为勒石示禁事：

照得同乡共井，须知时切和新，毖后惩前，要在永垂禁令。查刘蔡洪都连乡械斗一案，祸因刘姓重修祖祠，蔡姓惑于风水，互相龃龉，致起祸端，蔓延数百乡，伤毙数百命，焚毁数百家，男妇游离，生灵涂炭。其懦弱者，田园废尽，尚且征苗；其强梁者，劫杀为生，反行得计。天地荒凉，道路荆棘，山川为之变色，神鬼为之含悲。自光绪甲辰（1904 年）以迄丁未（1907 年），官凡五易，终无宁宇。去年十月，闽浙总督部堂福建提督军门洪念此案情重大，特命本府督队临办，驻乡凡五阅月，不妄一人，不骚扰百姓，秋毫无犯，安堵如垣。各乡感化，捐集赔款五万余金，尽数抚恤，榜示通衢，然后死者瞑目，生者甘心，无家者得以修我墙屋，失所者得利复我邦家。举数年不解之深仇，一旦而消融尽净，悉敦旧好如初。日役也，凡获犯三十余名，情节较重者，供证确凿，就地正法。其余监禁，相辅枷杖，有差而押。起尸、缴军械、拆枪楼，各以法。天心厌乱，我泉其有豸乎！惟是法久则易驰，事久则生疏，必使惊心触目，居安思危，防患于未然，征祸于既往，是非勒石不为功，合行出示垂禁。为此示仰刘蔡洪都各乡人等知悉："尔等须知械斗一事，怨毒最深。杀人之父者，人亦杀其父；杀人之兄者，人亦杀其兄。好勇斗狠，以危父母，一朝之忿，忘其身以及其亲，小不忍则乱大谋，可不戒哉！思之思之。前车之覆，后车之鉴；往事不谏，来者可追。过此以往，务宜痛改前非，永为厉禁。勿因睚眦细故，旧怨复萌；勿因口角微嫌，前仇顿作；勿得弱肉强食，须知桑梓敬恭；勿得尔诈我虞，须念朱陈婚姻。父诫其子，兄勉其弟，立去会盟之习，潜消强弱之形，相助相扶，兴仁兴让，化互乡为仁里，卖佩刀以买牛，是则本府所厚望焉。倘敢仍蹈前愆，定当置之重典。恐天网恢恢，尔时心不能幸逃也。懔懔戒之毋违！特示。"

公亲：许声炎、施钦舍、施彪舍、黄金柳、孙九梗。

乡耆：陈联沾、许志脚、洪克明、郭育鳏、王腾宽、洪祖汉。

光绪三十四年（1908 年）六月给。

碑立于晋江市东石塔头村刘厝宗祠门口。碑题系笔者加拟。文为泉州文庙管委会主任何振良抄录。

44. 永春《颜姓公禁凿石》

公官立禁约字：

颜姓有山曰乌石仑，内有崆峒山、国山、云根山石及上下左右等处所有大石，关系龙脉。公禁以后，概不准石匠打凿。如敢违禁，听该族捉拿送官究治，决不姑宽，勿谓言之不早。此禁。

清光绪 颜姓族公禁。

石刻立于永春魁星岩后崆峒通玄处。文见《厦门日报》，2002 年 6 月 5 日第 3 版。

45. 福州《萨氏祖墓示禁碑》

赏戴花翎四品衔、调署福州府侯官县正堂谢，为出示严禁事：

本年七月二十三日，准海军提督萨镇冰、知县萨起严、萨嘉曦、陆军部员外郎萨嘉榘、候选道萨福楙等呈称："窃职先世祖父在有明时，服官礼部侍郎，尽忠国事。天顺元年（1457 年），钦赐祭葬，赐茔坐落治下西关外大梦山地方。考《福建通志·侯官县·冢墓志》载：'明孝子萨琅墓在大梦山，子礼部侍郎琦墓亦在焉，有司营葬。'《福州府志》《闽都记》所载略同。自前明以迄国朝，数百年来，久经示禁有案。职之家谱载，大梦山全山均属萨氏，即萨氏之族葬兹山者，坟墓已百有余座，世阡相望，在外姓固无盗葬之虞。惟日久玩生，附近无知愚民往往肆意糟蹋，或牧放牛羊，或砍伐树木，甚至乘间凿石取土，震动先茔。查例载'忠臣烈士坟墓不许于上樵采、耕种及牧放牛羊等畜，违者治罪。注云：所在有司当加保护。'各等语，今先臣名登《明史》正传，其坟墓又为有司所营葬，理合严加保护，以慰忠魂。但职等劬劳王事，职守有羁，瞻望松楸，不获及时展拜，理合呈请出示严禁，勒石垂久，俾附近居民咸知警戒。如有抗违，准即呈控，照例惩办。职等世世子孙感且不朽。伏乞恩准施行。谨呈。"等情到县。

除批示外，合行出示严禁。为此示仰该处乡民人等知悉："尔等须知先贤坟墓理宜钦敬，糟蹋践踏毁坏，有干例究。自示之后，不得上山樵采、耕种以及牧放牛羊糟蹋践踏，致坏坟墓。倘敢抗违，一经告发，或被访闻，定即差拘到案，从严究办，决不宽贷。其各凛遵毋违！特示。”

宣统二年（1910年）七月二十八日。

谢公名刚国、号慈周。

文见萨镇冰、萨嘉曦同续修:《雁门萨氏家谱》卷二《赐茔录》，民国二十四年（1935年）刊本。碑题系笔者自拟。萨镇冰（1859—1952年），字鼎铭，近代海军将领。先世为色目人（蒙古族），原籍雁门（今山西代县）。始祖萨拉布哈，为元世祖忽必烈所信任，使掌兵权，“元统年间，家于闽”，十六世传至萨镇冰。萨镇冰曾任北洋政府海军总长、福建省省长，中华人民共和国中国人民政治协商会议全国委员会委员、中央人民革命军事委员会委员、华侨事务委员会委员和福建省人民政府委员等职。

46. 永春《李氏五世祖近竹公墓前不许盖屋立碑存案》

钦加三品衔在任即补府特授永春直隶州正堂李，为勒石示谕事：

案据十五都太平乡乡宾李佳期、例贡李联春、州同李钟成等控称：“伊五世祖近竹公墓前祀田遭蔡察等占盖笺伤等情，当经本州诣勘，嗣由公长镇议长颜阳秋、城议长李自华、省议员周寿恩等出为调处，劝令蔡姓另迁别盖，李姓贴出搬徙木料费一千元交收清楚，蔡姓甘愿将原盖之地铲平，永远遵照公处，不在李姓坟前左右田内盖屋，以全邻好。”等情，禀经本州核准并提两造讯供，亦无异词，当堂取结谕遵在案。兹据“李佳期等以现在控案虽了，但恐时代沧桑易变，习俗积渐难防，恳请给勒石，以垂永远。”具禀前来，本州察核所禀，系为惩前毖后起见，自可照准。除禀批示外，合给示禁。为此示仰该处人等一体遵照，务各明白此案理由，切勿再蹈前辙，复在李姓坟前左右田内兴工盖造，致启论争。倘敢故违，一经指告，定即拘拿严究，决不宽贷。凛之，切切！特示。

宣统三年（1911年）八月十五日给。

文见《桃源太平李氏族谱》，1999年重印本。

47. 福州《螺江陈氏告示及附件》

（1）高盖山素居公及各支祖坟地县示别人不及占葬稿出示严禁事

案奉闽海道饬开，据螺洲陈姓支长陈殿阜等禀称：“切阜等世居螺洲，忝属支长，缘有七世祖素居公及各房支祖闽洲公、君慥公、昌芳公、昌顺公、宏顺公、子绅公、钧离公、苑川公、道惠公、君锦公、永兼公、昌琚公、昌宠公、昌助公、二惟公侧室等墓，自明万历年间至前清中叶，先后葬于高盖山凤之第三髻第二顶下文殊寺上乙仑，俗呼椅条穴，横造一片墓，共八台。万历迄今，相传三百余年，上至本仑之顶众碑脑，下自本墓之墘隙地颇多。同治年间，有螺洲乡林述评、述新者，首盗葬其祖骸于阜等素居公墓上，经族房等投控前清闽侯署，林述评、述新旋即起迁有案。讵去岁秋间，复有下渡现开泛船浦宁波道德源麻苎行之任长标，明知此前系林述评、述新盗葬控县拘案，因恃光复后县署案牍强半失散，贪图风水，遂串扛桥乡张鼻鼻、郭希希，同现开下渡双兴漆店之半田乡黄寇寇等私行盗买，寇复串同扛乡素为墓匠王云翊之子依妹，胆将素居公等祖坟顶之地盗卖，任姓潜行埋入，墓上水沟全泻阜等祖坟，痕迹宛然，所有墓石多被窃毁。去年阴历十一月初八日，任墓始竖墓牌，倒填‘宣统年’字样，希图蒙混。妹与义序乡现开该乡福来店之黄桂銮，更将阜等祖墓项一处余地，尽行私造假墓二行，计十台，横压祖墓上，以待售卖。阜等去秋上山祭扫时目击情形，举族同愤，以欲和平了结，免生争端。因由各支长先后往诘，令其从速迁葬，迅锄假墓，以重物权。任始则造有宣统三年（1911 年）伪契以为谋占地步，旋由族人驳以‘该地自明万历十九年（1591 年）至民国四年（1915 年）其间三百三十余年，均属陈姓祖坟所有，宣统三年（1911 年）何从得有契据’，任姓语塞，嗣后以自愿展期迁葬为请。黄桂銮则承认择吉迁葬，有函可据。其余张鼻鼻、郭希希、黄朗达之长子寇寇、王依妹等先则互相推诿，继则百端延宕，以相观望。任姓则日复一日并无迁葬消息，而黄桂銮则造假墓现尚在招徕贩卖中。其前后翻覆若此，不知何所。挟持而蓄意枭占，合谋串卖，一至于此！窃念阜等祖坟，上至本仑之顶众碑脑，下至本墓之墘，三百余年并无别人坟墓，其为陈姓所有物，不辨自明，况同治间尚有林述评、述新起迁一案为证乎？在任姓亦明知地为陈姓所有，远近同声，特以年代久远，陈姓契据既已无存，县署案卷又已散失，遂伪造一宣统三年（1911 年）契据以为搪塞地步，不知阜等祖坟系属万历年间营葬，何至相隔三百余年尚有宣统三年（1911 年）之契据？其为掩饰耳目，欲盖弥彰，且黄桂銮于阜等祖坟之上私造假墓二行计十台，在彼等原为尝试之计，不知三百余年之地既无一人营葬，岂待至民国光复后不数年而骤增此十余台之墓乎？其为朋串卖，更属显然。谁无父母，谁非子孙，忍令三百余年祖宗发祥之地，一旦任人侵占而默无言乎？不已，仰恳道尹钧台，俯念祖地悉被人占，恶棍转为地主，先行出示保护，并一面迅派差警，勒令盗买之任长标从速起迁，勿再延宕，并严拿串卖之黄桂銮、张鼻鼻、郭希希、黄依妹及谋占之黄桂銮等到案究办。”等情。

据此，除批示外，合行饬仰该知事，迅即先行出示：“该乡现争山地，不准再有别人葬入，以杜争端。”一面派员履勘该陈姓祖坟是否在万历年间营葬、任姓之坟是否系近年新造，新旧一分，真伪自判；并一面传集任长标、黄桂銮等到案讯究确情，秉公断结。此饬等因奉此查此案，前据陈殿阜来县禀同前情，业经批侯饬查在案。兹蒙前因，除饬黄山警察事务所就近查谕外，合行出示严禁。为此示仰该处乡民人等知悉：“尔等须知该处山地现经争控在官，应侯官厅查办。自示之后，不准再有别人占葬情事，致滋事端。倘敢故违，一经察出，或被指控，定即从严拘办不贷。其各凛遵毋违，切切！特示。”

中华民国四年（1915 年）五月九日。

闽侯县知事童益临。

（2）高盖山七世祖素居公坟地被任姓盗卖诉讼判回厅县告示并卖断契底

为布告事：

案查前所据陈殿阜等状称：“窍阜等世居螺洲乡，缘有祖山全仑坐落闽侯县南关外仁丰里高盖山地方，俗呼椅条穴，上至本仑磹顶，下自山蜓左；上至长乐许墓左，下至义湖郭墓右；上至长乐许墓右，下至义屿黄墓，缘有界牌为志，计安葬七世祖素居公及各支祖闽洲公、君憔公、昌芳公、昌顺公、宏顺公、子绅公、钓离公、苑川公、道惠公、君锦公、永兼公、昌琚公、昌宠公、昌助公、二惟公侧室等墓，共八台。自明万历年间至前清中叶，该地全仓历掌三百余年，无异突。于民国四年（1915年）秋季祭扫时，察出界内祖坟之上忽有下渡任祥标墓一台、义屿黄桂銮土墓二台、黄应俤土墓一台、半田黄依六土墓一台、吴屿林春春土墓一台、义屿黄福兴土墓一台、下渡陆银官土墓一台、光桥陆嫩俤土墓一台、光桥郭妹嫂土墓一台、义屿黄金城土墓一台。其中有自行侵占者，有为王梦熊、黄德达合契盗卖者，当将盗卖盗葬各情，具诉钧厅。案经履勘，证据分明，各姓自愿起迁，将所占各地交还，而任姓所买黄德达之地亦愿立契转卖。经公亲状请钧厅，准予和解了结，于民国四年（1915年）十月十六日当庭取具切结，并发交南台分庭执行各在案。现各姓坟墓已一律迁移，阜等所承受任姓转卖之黄姓山地亦已立契收执，当将阜原有祖山并新买山地，开列详细六至，遵照《闽省税契施行细则》第二十六条之规定，照章具禀闽侯县补税立案，并请给予执照，当于民国五年（1916年）五月十七日蒙发补字节三十二号补税契单收执为据。惟山场寥廓，易起奸徒之觊觎，非仗官厅告示，不足以儆后来。今将全案结束情形并详列六至丈数状请察照，准予会仝以下开地立案给示，以便勒碑墓侧，垂诸久远，殁存颂德。切状。”等情，粘呈六至界址单一纸并到县，呈同前情到厅。

据此，查该地既经和解，执行定结，计给契章管业，一面会衔布告在案，诚恐日久玩生，合再告人民一体知悉：“南关外仁丰里高盖山陈姓祖墓山地，发中后开六至其所有权之范围，无论何人，不得于其六至界内居心谋买盗卖以及盗葬等情事。如上项情事，一经发觉，定必按律严惩，决不姑贷。恐未周知，特布告。”

中华民国九年（1920年）十二月二十九日。

审判厅厅长章朝瑞，闽侯县知事娄启铨。

计开：

陈坟中间直线，上至鲤山黄墓，下至本墓石磅，计直长二十一丈；

陈坟左界直线，上至长乐许墓，下至玉湖郭墓，计直长二十丈八尺；

陈坟右界直线，上至长乐许墓，下至义屿黄墓，计直长一十八丈；

陈坟上界横线，左至长乐许墓，右至长乐许墓，计横阔一十四丈；

陈坟下界横线，左至玉湖郭墓，右至义屿黄墓，计横阔一十五丈八尺；

陈坟中界横线，计横阔一十四丈五尺；

陈坟新买任姓转卖地址，上至长乐许墓，下至义屿黄德达墓，左至陈坟本山，右至霞湖吴墓，计直长一十三丈，横阔一十五尺。

立卖断契任长标原标，于民国壬子年（1912年）十二月用价买得黄德达、黄梦熊山地一所，坐落闽侯县辖仁丰里高盖山，俗呼椅条穴，螺江陈族祖坟偏右之上，计直长一十三丈零，上横阔三丈一尺零，下横阔三丈一尺零，先经标造坟葬亲。嗣因黄梦雄所售地址系属陈坟界地，彼此涉讼不休。兹经公亲调处，标情愿将所买黄梦雄之地让还陈族。其黄德达界内之地亦即转卖与陈族掌业。三面言议，乃价台伏五十五元。其钱即日收足，其地听凭陈族掌管，至标已葬该地灵柩五具，依限于立契后尽三个月，迁往他处。恐口无凭，立卖断契一纸，并附缴黄德达、黄梦雄卖断契税单各一纸，共成三纸为据。

在见公亲　王弋山、郑味泉、郑梦珍、王屏藩。

中华民国四年（1915年）十月二十五日。

立卖断契：任长标，即祥标。

代笔人：郑君记。

（3）高盖山素居公及各支祖坟地禀县补契稿

为禀请补契事：

螺洲乡陈族支长陈殿阜等世居螺洲，缘有祖山全仑坐落闽侯县南关外仁丰里高盖山地方，俗呼椅条穴，上至本仑碑顶，下至山墘左，上至长乐许墓左，下至玉湖郭墓右，上至长乐许有才右，下至义屿黄墓，皆有界牌为志，计安葬七世祖素居公及各房支祖闽洲公、君慥公、昌芳公、昌顺公、宏顺公、子绅公、钧离公、苑川公、道惠公、君锦公、永兼公、昌琚公、昌宠公、昌助公、二惟公侧室等墓，共八台。自明万历年间至前清中叶，该地全山全仑历掌三百余年无异突。于去秋祭扫时，察出界内祖坟忽有任姓墓一台，更有黄姓墓并各姓已葬未葬墓十台，各皆新造土坟。查其中有自行侵占者，有为黄梦雄、黄德达合契盗卖者。当将盗卖葬各情，具诉闽侯地方审判厅，案经履勘，证据分明。嗣任姓情愿起迁，将所占山地交还，并将买得黄德达之地立契转卖与阜，其黄姓各墓亦均限期认迁。经公亲廷琮、郑嘉璧、王熷、王屏藩等状请地方审判厅准予和解了结，当于本年（1916年）十月十六日当庭取具切结，并由厅发交南台分庭执行各在案。现各姓坟墓均已限期陆续起迁，阜所承受任姓转卖之黄姓山地亦已立契收执，自应将原有祖山及新买山地开列详细。六至丈数，估价台状一百八十元，遵照《闽省税契施行细则》第二十六条之规定，照章补税。除照缴税银并随禀附呈任姓新契一律遵章投税及绘就祖山图式禀请立案外，应请察照下开界址丈数，给予执照，以便立碑基侧，垂诸久远。不已禀恳县长大人，如恳施行颂德。计开：

陈坟中间直线，上至鲤山黄墓，下至本墓石磅，计直长二十一丈；

陈坟左界直线，上至长乐许墓，下至玉湖郭墓，计直长二十丈八尺；

陈坟右界直线，上至长乐许墓，下至义屿黄墓，计直长一十八丈；

陈坟上界横线，左至长乐许墓，右至长乐许墓，计横阔一十四丈；

陈坟下界横线，左至玉湖郭墓，右至义屿黄墓，计横阔一十五丈八尺；

陈坟中界横线，计横阔一十四丈五尺；

陈坟新购任姓转卖地址，上至长乐许有才墓，下至义屿黄德达墓，左至陈坟本山，右至霞湖吴墓，计直长一十三丈，横阔一十五尺。

中华民国五年（1916年）月 日。

具禀

螺乡陈族支长：陈殿阜

暨

各房绅士：陈承晋、陈宝璠、陈兆锵、陈兆琛、陈恩焘、陈懋鼎、陈元凯、陈元撰、陈边筹、陈懋复、陈瑜、陈玉麟、陈柏侯、陈长龄、陈希贤、陈藩侯、陈金孙。

文见陈宝琛编：《螺江陈氏宗谱》，民国二十二年（1933年）刻本，中国国家图书馆藏。

附录四

福建风水诉讼案例谱牒资料摘抄

谱牒手抄本有不少讹误处，无别本可校，特做说明。

1. 南安武荣英山洪氏祖墓被盗葬案（明）

资料摘自《南安英山洪氏族谱》（未分卷），洪承畴家谱，清抄本。洪氏“一世祖顺斋公，清源郡王陈洪进公之裔孙也。宋末避乱，由朋阳岭后徙居英山，遂家焉。……二世祖温斋公，讳字、生卒未详。温斋公冘家英山，颇营生产，家声渐起。洪氏招婿，温斋公始赘其家。洪为翁山长者，世有巨积，夫亡子丧，家无朞近之亲，业付一女，后妣洪氏，遂姓其子，示不忘所自云”。

三世祖讳玑，字伯玉，号良斋，娶林洋蔡氏，生卒年月俱未详。公葬廿九都土名南坑，坐辛向乙兼酉卯。后因道路隔远，被土豪吕一龙盗葬其顶，至万历庚子年（1600年）众孙子等探墓才知，即纠众诣按院告诉，赖府主寀判迁他坟。妣葬坂埔坑口龙船埔尾，坐庚向甲兼酉卯，生谦斋公。……三世祖良斋公，葬本县廿九都南坑村，坐辛向乙兼酉卯。

万历四年（1576年）丙子科，孙有助中式竖旗，失其故处，其后寂寂，并废祭扫。十五年前，被都伯吕一龙盗葬其顶（头脑）。庚子（1600年）春正月当祭，孙有则与四房邦彦、邦珍、邦璋等到彼探墓，芟除草木，始知两墓相错，才□觉究，忽被一龙鸣螺集众、混打剥衣，各重伤奔回。本月宗孙、举监、生员相牵府告，批晋江县，抗提不出，且欺诳欧八山求和，反院告先发，批南安县，行提有执、启贤、宗洙、邦期、邦仪、邦璋等。二月十六日，宗孙举人启聪、承选为首，率族中举监、生员共四十六人，匍匐院告。当时张抚院辩难数次，辞色甚厉。幸二十日出示状准收，批带管兴泉永道俞招报。俞转批泉州府窦招解，府主其判其迁。招报署府包，包道入李维玄之言，经委南安县表勘报，表以升任不果。至辛丑（1601 年）秋，按院行催，兴泉永道佥事王委南安县萧勘报，经至墓所，时举人启聪、承选，生员有观、启荣、从萧，以墓木环拱，灼知吕坟新筑，混占洪祖坟无终，断令迁去。招申兴泉永道王、院刘，俱依据一龙等罪各有差。署府印同知杨行牌，委南安县典史许督迁。一龙自行迁移，于是祖先魂魄乃安地下，而奸民不得侵夺。此亦一奇事哉！故录之以示子孙。

张抚院，讳应扬，直隶休宁人，癸未进士。

刘抚院，讳应凤，湖广□阳人，庚辰进士。

俞道，讳士章，直隶宜兴人，癸未进士。进表去。

窦府主，讳子称，直隶合肥人，壬辰进士。就觐去。

兴泉道包，讳应登，浙江钱塘人，丙戌进士。

兴泉道王，讳在晋，直隶太仓人，壬辰进士。

同知杨，讳一桂，江西青江人，丁卯贡士。

南安县表，讳宗友，广东东莞人，乙未进士。

知县萧，讳鸣凤，湖广江陵人，壬午贡士。

南安县典史许。

万历庚子（1600 年）春，裔孙有则、邦珍等缉知都伯吕一龙盗葬混夺，联名告诉，计开名式：

乡官：有复（进士，官布政）、有助（进士）、启睿（地魁传胪）、启聪（举人，后亦中进士）、承选（解元，后亦中进士）。

监生：有俨、有笃、启唯、启初（后中进士）。

生员：庭翘、有相、有观、有录、有密、有中、有璋、应陆、有台、有宝、有典、有春、升光、有馨、有济、有瑜、有东、涞启、显启、烨启、荣启、进启、华启、洙启、辉启、标启、忭启、淳启、熙启、睿启、烜启、勲启、胤（后中举人，官布政）、承铨、承诰、承议、三锡、启都、承申、启宣。

窦太尊审语：审得洪懋祖坟，葬廿九都南坑村，经今二百余载，谱志陈迹。姑勿论古人相传以为洪厝墓，而洪家科第竖旗山上，远近观望，何可欺也？吕一龙贪风水，盗葬其上，似乎强大不能得之弱小，弱小宁能施之强大乎？三尺具在，本□藉之以惩盗葬者，但细问其故，则洪居中一穴耳，吕已受产其上，阴谋所从来矣。姑于坟地各量四十丈，立石为界，吕坟迁去。此非奇货可居也。洪诸生祭扫，原不虞长林丰草，睹此奇事，突受野人凌欧，理有固然，不必责其赔衣冠也，致令小人有辞于君子也。二比各复无言。吕一龙军六据罪取供。

道批：吕一龙盗葬事情，已经府县三审，面认混坟，仰府立限迁移，不许延迟。如再顽抗，提解。审得吕正儒、吕钟南等祖山与洪德主、洪宜毗连，而儒等世居山麓，艳其风水，以人强盗葬，被洪讼。院断批允"前后左右各四十丈"在案。嗣是洪以仇不共戴，而吕亦不忘血矣。至万历四十七年（1619年），因芦顺庆买吕族穴山二契，一开穿心九步，一开四至，俱在洪坟砂手之界。芦查知，始向洪领价还山。继又洪自买吕一桧山一处，环山有木。儒等恃近砍之，洪讼，臬司批晋江审断："桧山吕赎，庆山洪管。"洪召佃认租，正儒咆烋力阻。洪以控断，县告拘审，验契鞠证。正儒不敢以契为伪，只称四至添设，即召原书契吕正乐比对笔迹，比同，正儒语塞，而佃李安吾自愿供批。

不设正儒狡诈百出，旋捏晋江籍，易吕钟南名，以势窜道告，洪德亦以蔑案续控。蒙批并审夫案，至院司批允："情亦云详，事亦云定，何物正儒、钟南，岂化外之民，敢于叠判不休也？"究其所自，只争洪买芦一山耳。如设祖山不容劓睡，则族众何以卖？且可卖芦为葬，则洪之为护坟者益无妨矣。臬司之批，盖见及此。又况在院断四十丈界乎？正儒等明抱世仇，悻悻之心，故不难易籍变名，刑锁肤愬，以冀一胜。不知书契、佥契有人，四至有数，历审有案，魑魅何能白昼公行？本县罕譬数次，开谕再三，而正儒等始憣然改口也。具佃李安吾等亦以戢心，赴洪供租矣。虽然狡猾如正儒，累审变，安吾此犯面从耶？当从重惩，但念悔祸，量杖示儆。钟南以所使之人，与李安吾、郑汝助各笞，为抗断之戒，亦以小人反复，一纵一擒意也。

具招申详。

萧太尹审语：审得洪懋之祖坟代历十余世，岁经二百四十余年，固未闻有吕氏祖坟在其山中者也。一龙之谋，盖由见洪氏之盛发于兹山，既惑乎地理山家之说而有艳心，又乘见洪氏以前中科者不竖旗于坟前，而竖于茔门之首，洪氏子孙遂以为世族祖坟，谁弗识之。而一龙愚罔，方窃□洪氏迷其真坟所在，贪占之谋遂起矣，始而盗葬其中，继而稍露其形，今则骜然与洪为敌，而□争之。设心甚巧，为计亦甚伪矣。本县清晨至墓所踏勘，一茔之内有洪氏祖坟一座，旗杆尚存，而吕坟堂斧鲜然，牌石俱系新立。当鞠地邻蔡国祯，称“洪坟在先，吕坟在后”。而审之里长洪朝佐，亦云“先年山属洪垦，坟属洪筑。后洪氏中微，而山场属吕，茔属洪”。此环山众口公论明然者也。夫盛衰消长，人所时有，洪氏不能长守此土，而为吕所有也者。其故虽不可究诘，然而山与坟各有主之者。一龙安得兼并洪山于先世，而复思隐占洪坟于今日者？据诸踏勘之迹，洪坟卑卑，吕坟隆隆。大凡人情实则率直，假则矫饰，洪氏安然，祖坟故任其旧城而不修；一龙有心相竞，故巍然新饰以欺众也。此其情状，一目了然矣。又况洪氏今日子孙之所讼而争者，不以山而以坟，使此坟非真洪氏之坟，冠襟济济，安肯认他姓之饿鬼为三世之祖先，而安用弹丸黑子地为也？已经升任窦知府鞠审明断，令周围各量四十丈为洪坟之界，吕坟令其迁去。设非奇货可居，此其议不独妥两家之阴灵，亦可杜争夺风水之俗。前断迁外，无容置喙。

晋江县张审语（按察司批允）：审得吕正儒祖之祖茔与洪德之主洪官祖茔地毗连也，向以侵越致烦告争，业经前府县断详，各守其略，无异言矣。万历四十七年（1619 年），正儒以其余地受价十八两，卖芦顺庆为穴。顺庆以前地非吉壤也，遂归于洪植树之界。六年于兹，至天启三年（1623 年），族吕一桧者，复以坟之别地归洪，受价四十八两。时吕之族人以不便于先茔也，从而据之，故洪德有法变之告。今断一桧所卖者退还正儒，代比前价还洪，以安地下之坟，以息彼此之讼。前顺庆转卖者，无论为时已久，但昔既已割于芦，独不可割于洪乎？仍听洪官管业，正儒不许得陇望蜀。若其卖地开衅，妄挟求赎，不能无罪，杖之。

南安县南审语：审得吕正儒等祖山住居与洪德之主洪官祖坟毗连，先年以侵越讼院，经断“前后左右各量四十丈”在案矣。万历四十七年（1619年），芦顺庆不知其详，契买吕姓族众穴山，明开四至，乃在洪山之界。洪觉向较，芦不得已，缴契原价十八两买之。嗣又用价买一桧之山，无非为护坟计耳。正儒等当土侵砍，致洪讼。臬司批晋江县审“一桧山姑听吕赎，其芦顺庆山还洪管掌”。洪德照断召佃，李安吾、郑汝助等认租，正儒阻之，致德以抗断告拘审。正儒不敢以契为伪，称“契内既写穿心九步，契外岂有计开四至”，云“四至后添”。阅契，一载价三两，一载价十五两。如设买只九步，则三两一契足矣，何用载契？岂加至五倍者尚不加地，而无四至耶？顺庆愚，不至是。据曰分房，则三两者是，而十五者不买四至，而买谁哉？且二契同一月，想后此嫌狭，故捐多价以买之，则四至之为原契也明甚。此审之芦顺庆义所供者，况召原书吕正乐对笔又同，何庸碟碟也！晋江断芦顺庆契“听洪管掌，不许吕之得陇望蜀”，臬司笔墨未干，敢复构争？宁知三尺者，揔之因山叠讼，怨忿已深。芦山归洪，非吕本意，故耽耽虎视，不能一日忘也。隘矣哉，正儒之心乎！合断山佃李安吾、郑汝助等当堂立写认批，纳洪租税，以息其争可也。正儒违断阻佃，本当重究，念其族众，量笞以儆。李安吾等盗砍顽抗，亦应并究，姑念昔违今认，宥之。追纸取供。

2. 连城沈氏争大丰山檀樾案暨沈周争控坟山案（明、清、民国）

该资料摘自连城《沈氏族谱》，民国抄本。

（1）连城沈氏争大丰山仙源堂檀樾案（附明代沈氏祖祠碑记、祭祖文）

① 重修丰山沈氏碑记（载县志）

丰山者，今欧阳仙宫阙，初故侍郎沈公佳城也。公讳彪，在宋有护卫功，诰封银青光禄大夫、检校国子监祭酒兼殿御史，御史上柱国，御赐名勇，字见义，别号冰洁。今不从彪者，从赐讳也。公先世居杭，宋入闽，娶夫人胡氏，生子二。长永钦，为连令，家连城；次路钦，家清流琴源。而丰山为清连界道，公素往来，闲览其奇峭葱郁，林壑幽闲，若蓬岛，若桃源，徘徊久之不能去，乃构数椽，携二三友人盘桓容与，时而吞吐烟霞，时而吟弄风月。盖不知岁月之几何而飘飘羽化矣，乃卒葬其中，即真君殿座是也。时真君受吕仙秘闻，有投桃索藕之奇。迨绍兴己卯（1159年），望气云端，隐隐灵异，将卜宅于兹，而公塚存焉，则谓钦曰："此仙宫也，昔六祖假座具于亚仙而还其冢，功德无量，声施至今。若能为亚仙乎，当报以吉穴。"于是卜十里许，改扦公冢，而真君遂从原坟右坐化焉，是为今之化身岩。钦奇其事，乃构堂宇，塑像祀之，复置田数百亩为住持资。栋宇云廻，亭阁雾隐，旁有丹灶汞鼎，围棋垒石。每当清霁之暇，时隐作丁丁声。直望为天香炉，睹旸谷初升，似浴日磨轮。奇踪异迹，莫可胜书。骚人贵士会于兹者，祈求辄应，而雅韵芳题尤难殚述。于是食其土者，奉檀樾公于左而并祀，人人咸知有沈氏丰山云。迄今百有余载，沈氏螽斯衍荫，诜诜数万；赋税田园，强居一邑之半；缙绅豪杰、鼎钟鸣者，累累奚能屈指。吉穴之报，亶其然乎？

余读卷灯录，见六祖亚仙之事，每心奇之，以今观于丰山与亚仙辉映后先，不更奇乎？余既慕其灵异，且仰侍郎公之高节，神往者屡矣。适国子博士仲继沈君重修镌石，乞记于余，余与君有师生雅，故以夙所睹记者复其请，且以明鄙况、异日解带入山，与沈君登丰之巅，讲黄石赤松故事，亦生平大快也。遂书以券。

赐进士及第国子监祭酒、通家弟张显宗顿首拜撰。

永乐二年岁次甲申（1404年）仲冬。

裔孙：仲洪、仲信、仲美、仲初、仲举、仲儒、仲继、仲旅、阳贤、仲宗、仲丕、文宣等立。

② 明崇祯间与罗口吴家争仙源堂檀樾经汀州二府樊公审单

审得丰山顶有欧阳仙庵，中有宋祭酒冰洁祠。其所由来，载志勒碑可考。下三十里许，又建庵祀仙。而沈氏子孙岁八月祀祖沈冰洁公于内，则沈氏为开山檀樾，奚待辨也？置租赡僧供奉香火，沈能私有其庵，不能私有其仙，任人朝拜，任人施舍，于是有吴姓人塑仙像者矣。世远年湮，栋宇颓坏，于是又有托神网利缘化十方者矣。崇祯元年（1628年）冬，沈氏发银一十五两修葺，而妖道吴茂淳复募收异姓人八两。至次年（1629年）正月上梁，生员吴有照、吴维新辄标题檀樾，此生员沈柱、沈魁等群起讦告，其理直、其情激也。今断吴生员去梁题明此庵堂沈氏子孙世世主事。据沈生员执称，吴立塑像尚在，恐后复有争端。但查其像，自嘉靖年间塑入，祀奉八九十载，一旦责令捧去，不几获罪阳仙乎？合著吴立借帖，付与沈边，准仍祀仙，不得藉争庵堂，千万禩阳仙作证也。

③ 汀州府鄢太尊为沈冰洁公子孙杜灭祀碑记

汀州府正堂、加二级鄢，为土棍屡占祀田，勒石以杜觊觎事：

据连城县贡生沈元奇、沈日表、沈兆阶，庠生沈登瀛、沈公彦、沈天津、沈其澜、沈象珠、沈济易、沈士镜、沈人杰、沈毅骏、沈友龙、沈应昌、沈兆奎、沈应龙、沈济龙、沈济众、沈任圣、沈南秀、沈韵协、沈之葑、沈培菁、沈培蓉、沈恩仁、沈希韩、沈奇芳、沈先蛟、沈逢瑞、沈显鲲、沈应虹、沈元点、沈建勋、沈圣恩、沈琦、沈镜、沈斌、沈举、沈鳞等呈称："天台法政，泽及幽显；大造仁恩，孚及神鬼。缘祖沈氏勇与欧阳真人为方外交，因建庵崇祀，施田租二千五百桶，以为仙庵香火。先祖蒸尝，府志院碑朗据，自宋迄今数百余年无异。蹇因世变，于康熙五年（1666年）被土棍张仙衢等侵占，不已控告。前任孟太尊送卢二太尊公审，追出归单一百余张，租交住持，收作焚修之费。审单在案，案墨未干，效尤殊甚。近遭邓健如、钟亨我等或以囮诱妖道，车算朘削；或乘当役也泊，庵内租税如抽盆茧，以致香火寂灭，蒸尝斩绝，只得奔走宪台，追出侵占契券。仙庵得以永存，租尝得以无恙。但庵田尽属膏腴，豪强每图吞并。如仙衢之后复有健如，安知健如之后宁无刺棍？与其戚于已坏，孰若杜于未然。为此匍叩天台，恳乞给示勒石，永杜奸谋，永存尝产。倘妖道再听迷惑，许乞驱逐，以绝祸端，则仙人感佩于上天，祖宗啣结于下地。"等情到府。据此，合就给示晓谕："为此示知仙庵该处人等知悉：除前免究，嗣后不许土棍诱道侵占本庵堂崇祀香火尝祖。如有违犯，许即指名呈府，以凭拿究，断不轻贷。特示。"

④ 沈氏重修大丰山仙源堂记

此文系光绪廿五年（1899 年）敕授文林郎庚午科举人、任南靖县学训导童选青敬撰，题名系笔者加拟。

大丰山初为沈冰洁公之佳城，继欧阳真仙宫也。当日，真人谓公子永钦、路钦曰："昔六祖假座具于亚仙而还其冢，功德无量，声施至今。若能为亚仙乎，当投以吉穴。"二公许焉。不数年而真人羽化登仙矣，二公因创构堂宇于顶上，祀仙座于中，祀父祠于左，复置田数百亩以给住持。事迹本末，具见府县志及碑文记序诸载，靡不详悉确凿，固无俟鄙人哓舌也。然鄙人又不可无言者，何也？丰山顶上，殿宇巍然，迨至年深日久，雨坏风颓，沈姓修葺者屡矣，而终不敢私有其殿、私有其仙也，任人朝拜，任人施舍，乃往往因此而生端者有二焉：一则灭祀争堂，饱棍徒、奸僧之囊橐；一则捐金修殿，改开山檀樾之姓名，致讦讼公庭，环生叠起。明崇祯间，府佐樊公断还仙源堂，府尊笪公、邑尊李公断逐丰山庵僧。本朝康熙间，府佐卢公断归祀田，府尊鄢公杜灭祀碑记，连邑尊颜公移文，清邑尊刘公及本省学宪汪公断归标题梁上"沈勇"名字。若是者何可缕述？乾隆间，有马君某，合诸善士，襄金修理。至若感仙功德、小补酬恩者，安可胜数？今沈公裔星五、仰颐倡议重修仙殿，非特二公子孙争先踊跃，即清、连好善诸君，亦莫不解囊，以襄美举。鄙人尝闻真仙解疾厄、致丰稔，功德在人，与天地无终极，而山川"大丰"名者，殆有时和年丰之意欤！今之登此山者，宜乎生大欢喜，共庆丰年，是山永以"大丰"二字流传矣，诸善士亦可与此山俱传矣。

附明清沈氏祖祠碑记、祭祖文书数则。

① 重修东塔祖祠碑记（载县志）

沈氏，连之世家也。其祖祠居邑之名胜独多焉。东山胜地者，前金鸡后天马，左豸屏，右保障，四顾蜿蜒磅礴，山光水色，呈秀吐奇，胜地之光也。宋绍兴三年（1133 年），开县宣尉、寿宁翁令兹邑，绿野清暇日与士夫寻乐，于是乃建大刹，塑如来佛像于中。佛虽非吾道之正也，庶亦诱贪夫怵邪淫乎。寺之前累砖为塔，高可若干丈，棂星薄日，节乎为邑之镇。禅堂数十楹，香田数十亩，饲夫山僧野衲，而缁流弥增。翁乃构栖幽书院于侧，日与士夫繙阅图书子史，时娱观甜乐，以终天年。翁卒，士夫仰之，乡人德之，乃图其像，祀于院。院之前若干步旧有观，洪武辛未（1391 年）诏天下，遂并于丛林。凡元旦万岁千秋节届，百官习仪于兹。迨其孙训导德卫翁、知府仲继翁嗣修葺之，既而岁月弥深，日就颓圮。弘治丙辰（1496 年），孙仪隆辈率子姓供事翼之，越五年乃落成。适辛酉（1501 年）徵邑隐士寻乐，翁童世坚记之，八世孙定陶尹绍祖篆额。又若干年，院碑倾仆，十二世孙廷翰辈柄家政出纳。凡蒸尝租用有长，概不入私，且争先仗义鸠资以足费，于是寿宁翁祠重建一新，雄视杰制、焕乎千秋之祀矣。乃寓言倩康续记，时因循未果，又三年石业已砻，康适营墓于邑，廷翰复促余言，康乃作而曰："水源木本之念，孰能已之？而失真弗可纪也，获其真矣，而听其湮弗恤，斯非尊祖敬宗之孝矣。今而沈氏之族，诚有颜子登制科入翰林者，岂唯今日之光，数十世后将复有登堂而拜郭令公者乎？子孙才，族滋大，俎豆惟馨，将归诸沈氏已。"

明嘉靖甲寅（1554 年）孟春。

乡进士文林郎、知泰顺县事、姻年家弟黄康拜撰。

② 沈氏重建石门岩祖祠碑记（载县志）

连城东门出城八里许，为石门岩，两石相峙，中虚成门，其内为垣为壁，为床灶户牖，纵横献奇，应接不暇，意若为招隐者。有宋元祐，吾宗永钦公来居，因亭曰"偬宜"，堂曰"宿云"，阁曰"悠然"。阁置图书、琴杖，其中水树浮丹，禽鹿含韵，俨然紫都始青之乡。再传宣尉寿宁公，衣冠之藏在焉。乃即岩而祠之，自始祖而下数公皆治主以升，岁时禋祀。从者数千人，驾幔亭之虹，奏宾云之曲，樵牧往返，无不耸观太息，比于大姥宴曾孙然尔。后兴废不一，而代加修葺，在洪武与嘉靖时，固已再修，越今万历，世鼎等鸠工庀材，堂构聿光。役竣，将垂千古，示后之人，以其言命孟化，固以美吾宗之多奇也。当其卜藏丰山，真仙坐化，选胜之余，复得石门。造化者固若秘其灵，为至人苞孕。六百年来，或通籍而树骏，或立言而流鸿，不下数千百人，固宗德之垂荫远，亦宁可谓地之无灵也？嗟夫！地以其灵毓之，人以其灵护之。欧阳氏之谱纂也，拳拳祈子姓阐扬光大之，而陈后山之记思亭也，方其缮修之日，即以后人颓废为念。吾宗而欲示后之人，所命孟化言之者，其意犹此也夫。

赐进士通议大夫、湖广广西两省参政、前广东按察司副使、永定宗弟孟化顿首拜撰。

万历二十二年岁甲午（1594 年）仲冬。

督修裔孙：玉珪、源流、良史、世宽、岳、文诏、学深、玕、世鼎、文项、文显、宾、惟良　仝立。

③ 重建石门岩祖祠碑记

石门岩祖祠，肇自有宋，原丙山壬向，气脉规模，堪甲连阳。历经修葺，俱依旧址。迨万历时，更为午子，宾主护从咸失其正，以致易于颓朽。裔等目击心伤，深念水木，协力殚衷，图仍旧向。商诸族众，率皆解囊乐输，以使其成。是役也，经始于崇祯乙亥（1635 年），至己卯（1639 年）冬告竣。堂构聿新，妥先灵也；继前修也，岂直壮一时之伟观已哉？爰泐诸石，以垂不朽。董事裔孙廷诏、文榔、文昊、文昶、明义、宗儒、崇膺、春鸾、明辅、纯儒、贞性、九苞、瑞、所蕴、起昌、茂光、一祥、光天、有虹、济龙、金振、扬清、仑、复荣、魁、恩赐、期扬、中玑、拱陛、贞藩、尽忠、有蛟、济众、栋梁、有播、显魁、柱、万仙、公翰、挺芳、元霁、拱北、登瀛凡四十人。

崇祯己卯（1639 年）冬月立昢　丁亥蒲月。

步云书于松岑山房。

④ 敦敬社序

始祖冰洁公，官宋侍郎、检校国子监祭酒。宋乱去官如闽，隐清流大丰山，与真人欧阳大一结侣，唱傲其间，不知岁事之几何。遂醒邯郸之梦，是即葬其地，即今真仙殿座也。二世祖永钦、路钦二公，因真人假座仙殿，改迁公冢于琴源水尾，喝形仙人抱鼓，而真人遂于座右之岩成真焉。迨二公建殿奉仙于中，设堂祀祖于左，并置祀田，以食住持，故世称沈氏为开山檀越。事详郡县志。厥后路钦公家琴源，永钦公于襄阳解组后迁来连城。自是发祥于兹，卜公祠于后门岩及西门城内，卜四世祖祠于东坛，卜五世祖祠于东塔寺右，卜六世祖祠于冠荐，卜八世祖、十世祖祠于水南尾，卜十一世祖祠于西门楼背阁及北门城外。至子姓徙居邑南之莒溪及天马村，邑北之龙公桥及黄家墩，邑东之姑田坎、兜郭坑，各别建祠，洵称文川望族也。然丰山侍郎祠及抱鼓形墓向例，递年仲秋朔日为清、连两邑裔孙会祭。其中规定：预于东祠秋祭日，铨缙绅备束烛登山拜祖。先鼓素祭于仙殿，继陈牲馔于祖茔，再诣抱鼓形拜扫祖茔。格思孝思，两尽其诚。祭典历来弗替，独我姑田一派因途较远，不能以时参与荐祭。长此以往，或将淡然若忘，日者乃商之，郭坑君林、君翰，谋勷一社以祭。佥曰："善举也，亟为之。"遂议每份捐毫洋贰元，即是合勷贰拾余元，责余生放。今幸置田租贰拾余桶，祭费有出，取名"敦敬"，其意盖以敦本敬宗，不敢忘其所自。愿同社之子若孙，拓而大之，庶几源远者流自长，本茂者枝必盛乎。是为序。

壬申二十三代裔孙登淦谨识。

⑤八月初一致祭真仙殿文

伏以　胜境非凡，垒石围棋多异迹；仙方授秘，投桃索藕有奇灵。洪唯真仙，真成宋代，道显丰山，迹著当时，与鼻祖厌世云游。君子、真人同隐逸，功垂后世。我裔孙营祠建庙，神居祖宇并留存。有仙分者，享万载馨香之祀典；绵族类者，延千秋奕叶之子孙。神德普及人间，子姓恒叨庇下。来此三薰三沐，修远祖素好之明禋；用先既稷既斋，报真仙乌及之厚爱。伏愿居歆是享，体通家投契之诚；更祈申锡无疆，庇合族如天之福。丕哉暨本庙列列神祇同。尚飨！

⑥致祭宋侍郎始祖考冰洁公、妣胡夫人神主文

窃念　木本水源，世世莫忘先祀；祖功宗德，人人共展孝思。洪惟始祖，披一品衣，匡国是而功昭汴宋；抱九仙骨，识时务而隐寄丰山。虽不类载仙传之丹阳沈建、吴郡沈义、九嶷沈文泰，俱登仙籍，抑犹如居隐志之泛

海陶朱、归山李秘、辟谷张子房，不恋官途。既与真人而同俦，咸谓仙家之流亚。又绵子姓而聚族，长操祖德之高风。裔等派衍连阳，传世已将三十；乔迁姑里，发祥亦达百家。为殷水木之思，礼隆报本；爰结枌榆之社，敬共抒忱。兹届桂朔之期，用致黍馨之敬。和声嘒嘒，展拜跄跄。愿祖灵来格来歆，僾忾如在佑后嗣。俾昌俾炽，福禄来崇。丕哉暨本祠土祇同。尚飨！

⑦ 祭抱鼓形 冰洁公、胡夫人墓文

洪惟　始祖职修祭酒，官晋侍郎。进而登朝，见于有道之日；退而在野，隐于乱世之时。由浙入闽，由闽而丰山居隐；知几而处，知处而胜地修真。交友而得真人，迹留丰顶；启后而宏先绪，枝茂琴连。谋安先祖遗骸，卜兹吉穴；形喝仙人抱鼓，洵是佳城。穴正龙真，四面山明水秀；地灵人杰，双房万叶千枝。裔等派衍连阳，乔迁姑里；山川虽远，祖德莫忘。欲伸思孝之诚，爰结敦敬之社。届既降既濡之候，蟾拜茔堂；具告慈告孝之忱，式陈酒醴。伏祈合祖妣以居歆，更冀锡后昆以多福。丕哉暨本坟后土墓道同。尚飨！

（2）连城沈周争控坟山案（民国）

① 福建省连城县司法处民事判决三十二年（1943 年）度易字第五十五号

原告沈葆忠，男，年五十七岁，连城人，住南门外业学界。沈汝霖未详，沈登扬未详。

被告周道雄未详，周明乾未详。

右当事人间因起迁坟墓事件，本处判决如左：

主文：被告应将葬在龙岗枫树坪、原告继祖妣邱氏墓后右边之坟墓起迁，交还原告管业。诉讼费用由被告负担。

事实：原告等声明求为判决如主文。其起诉意旨略谓“原告等四世祖继妣邱氏古葬土名岗上（即龙岗）枫树坪，肖号铜锣形，遗有坟山一块，上下左右具有弓文界限。族谱朗载，自宋以来无人敢觊觎者。执意被告周道雄等于民国十七年（1928 年）腊月在邱氏祖坟后半山右旁界内盗葬坟茔一穴，至十八年（1929 年）四月经族人沈賛勋等起诉孙前县长。彼时被告周道雄兄弟自知非是，将坟起迁别筑。该处平复，自无再议之必要。三十年（1941 年）秋间，原告等前往扫墓，瞥见被告周道雄等覆行移上筑造坟茔，比前更大，碑内改书‘廿九年三月重修’字样，显系侵权行为，请求严令该被告周道雄等起迁，交还管业”云云。

被告等声明请求驳回原告等之诉讼，讼费由原告负担。其答弁意旨略谓“系争山场被告等购自余姓，有契可凭，四至今明。十七年间虽与沈賛勋一度讼争，然经凭契反证原诉，早已驳回。该坟因共党祸乱，建筑碉堡而有砖石被拆无存，所以于二十九年（1940 年）春间始行重修，乃原告以为有机可乘，重兴讼端，含沙射影，为理法而不容。请求如声明事项”云云。

理由：本件被告周道雄等对于所葬之坟茔应否起迁，应以有无向余姓契卖该坟地为断据。证人于胜文（即余苟）供称“我上祖廷璋公坟茔确在龙港枫树坪之山，于民国十六年有将廷璋公坟左之地让与谢霭康，并无卖与周道雄等。让与谢霭康字据是红纸写的，并无西至，只准在廷璋公坟左四弓之内埋葬就是了”。又状称“民在该处本来有坟无山，除此地身周围数弓之外，余均沈家之地”，由此审究被告周道雄等所提出白纸契据，显系临讼书写，是该被告等抎葬于原山场之内，可以无疑。被告并称此案虽与沈賛勋一度讼争，经孙前县长判决原诉驳回。查孙前县长对于此案尚未终结，于此更足证明被告抎葬原告土地界内。原告请求判令被告应将葬在龙岗枫树坪原告继祖妣邱氏墓后右边之坟墓起迁，交还原告管业，自非无理。被告周道雄等迭经本处合法传唤均无故不到场。原告请求就一造弁论终结。核与《民事诉讼法》第三百八十五条第一项相符，其请求不为无据，应予判决。

基上论结，本件原告之诉为有理由，应准其请求。合依《民事诉讼法》第七十八条判决如主文。

中华民国三十二年（1943 年）十月二十一日。

福建连城县司法处民事庭　审判官：林大潭。

不服本件判决，应于收受判决节本之翌日起二十日内提出上诉书状。上诉福建高等法院上诉状，得请本处转送。

右判决正本证明与原本无异。

书记官吴蓉镜印。

中华民国三十二年（1943 年）十月二十二日。

② 福建高等法院民事判决卅三年度（1944 年）上字第八九号

上诉人周道雄，住连城龙山保；周明乾，住仝上；共同诉讼代理人周必铨，住仝上；蔡嵩律师。

被上诉人沈葆忠，住连城南门；沈汝霖，住连城东门外；沈登扬，住连城北门外；共同诉讼代理人申朝贤，住连城下南保。

右当事人间起迁坟墓事件，上诉人对于中华民国三十二年（1943 年）十月廿一日连城县司法处第一审判决提起上诉。本院判决如左

主文：上诉驳回，二审诉讼费用由上诉人负担。

事实：上诉人声明废弃原判，驳回被上诉人在第一审之诉。被上诉人声明驳回上诉。其余两造事实上之陈述，核与原判决记载相符，依法引用之。

理由：本件被上诉人在原审诉请上诉人起迁还地，以系争枫树坪上诉人所葬坟墓之地，在伊祖遗共有坟山范围之内，提出沈姓族谱为证。审核该谱系属老旧印谱，毫无瑕疵，可指自可认为真实。其谱内“四世继祖妣邱孺人坟图”下载明“坟坐岗上枫树坪铜锣形，自碑心起丈，西至山顶大陆一百十五弓，东至沈善生公坟明堂下九十弓，左北至山脚，在南至山脚为界”字样，此项四至与被上诉人主张系争坟山之界至相符，以及上诉人所葬坟墓系在上开界至之内，均经原审勘验明确，有勘验图说可证。是上诉人所葬坟墓之地，为被上诉人共有，毫无疑义。上诉人抗辩该葬坟之地系向余胜文即余苟买来，提出余胜文卖契，以为反证。不独余胜文在原审判到庭，始终否认该契之真实，即退步。如上诉人主张无误，上诉人所葬坟地在余胜文上祖余廷璋老坟在上，相距十一弓之处（两造不争，见本院笔录）。检据于胜文在原审状供，均称民国十六年（1927 年）将廷璋公坟左四弓之内卖谢霭康葬坟民，在该处本来有坟无山，除地身数弓之外，余均沈家之地云云。该地并非余胜文所有，亦属无权处分，不能有效，何能执该卖契以为讼争凭证？又查上诉人于民国十七年葬坟之后，被上诉人即于十八年（1929 年）四月间诉请连城县政府追究，延未判决。即在涉讼之后，上诉人并无起迁改

葬，只有重修事实。殊不容以此为争执口实。原判准许被上诉人之请求，判令起迁还地。虽其裁判结果要无错误，应予维持。上诉论旨非有理由。

据上论结本件上诉为无理由。依《民事诉讼法》第四百四十六条第一项第七十八条判决如主文。

中华民国三十三年（1944年）五月二十四日。

福建高等法院民事庭审判长、推事：陆雪塘。

推事：罗从权。

推事：魏琳璋。

书记官：王栋。

本件证明与原本无异。

③ 中华民国三十三年（1944年）五月三十日连城县司法处命令　令字第　号

为声请执行周明乾起迁坟墓视同执行完毕由，令原告沈葆忠等：

查沈葆忠等与周明乾因执行起迁坟墓事件，顷据本处主任书记官吴蓉镜签呈，略以"该坟墓已由周明乾起迁完毕，唯尚未完全恢复原状。"等情前来，既该坟墓起迁完毕，对恢复原状部分，仰原告自行恢复，并即收管为要。本案视同执行完毕。此令。

生任审判官：何绍祖。

校对：吴蓉镜。

监印：成淑德。

3. 闽清塔峰梅谷陈氏祖坟（祠）遭占案（清及当代）

此资料录自《颍川陈熹公系千郎宗谱可行支谱》，闽清县塔峰、梅谷（渡口）颍川陈熹公系千郎宗谱可行支谱编委会编，1998年。此谱系厦门大学台湾研究院陈在正教授家谱，蒙其惠示，特此致谢。

明万历十五年（1587年）陈懋清之《重修陈氏族谱序》称：

后梁开平初，有祖千郎公者，由光州固始入仕闽王，因家于福州之大义。二世而柄公，迁于漈上，盖以漈上之山川毓秀，风气攸钟，择而处焉。甫三世而英贤辈出，或以状元、探花发甲，或以进士翰林及第，有著述经忆可传于世者，有直言极谏不私其身者，有司外台而监察者，有任提点而尚书者，有登兵部之侍郎者，有居内阁之学士者。故一门七进士之坊，至今不泯。三代五翰林之志，传诵弗衰。

有宋一代，漈上颍川陈氏已是望族，尤以五世玩公（妣谢氏太夫人）之后裔最为显赫。按陈在正考证，玩公之子祥道、安道、旸道、从道兄弟连登进士榜，世称“五子四登科”。七世祥道子行中、旸道子刚中登进士第，世称“一门七进士”，后安道子和中亦进士，实是“一门八进士”。祥道、旸道乃理学大儒，《宋史》有传，世称“棣萼一堂双理学，梅溪千古两先生”。肇因科场盛，谢氏太夫人墓被视为吉穴，以致有遭占之讼。

第四篇“大事记略”记载祖坟（祠）遭占事数则（第163—169页），照录：

（1）谢氏太夫人墓沧桑记

闽清漈上凤凰山，虎砂过案，号凤凰展翅。上下斜连三穴，左边上一穴葬玩公骨殖，中一穴葬衲公，右边一穴葬陈旸公生母谢氏太夫人，坐申向寅。

谢氏太夫人古坟吉穴，地灵人杰，为他族人垂涎。乾隆廿七年（1762年）壬午秋，该墓遭漈上蒋某乘夜锄毁。经祥道公祀生陈枕、奎峰宗亲协力呈告，县主宋学源敬尊先贤，于乾隆廿八年（1763年）三月案断：蒋家复土还坟，归还我族。

不期二百三十年后，1982年漈上苏某再度图谋我族吉地，起盖房屋。漈上宗亲及时通报。是年清明节，各地宗亲集中谢氏太夫人墓前祭扫，并运石建墓。漈上蒋某具告我方石块堆砌其毗邻的蒋家墓道。闽清县法院受理此案，严令我漈上宗亲亲自毁坟认错，并歪曲事实，强压按下手印，以所谓“陈姓祖墓并无碑记，系无主墓”之偏词，助纣为虐。由此激起我族亲之义愤，由东宜发起，阪头东标、三溪绍煌、樟山邦凤三位领头，天佑、景容、明春、香奎、泉金、梅良、亨邦、起梅等大力声援、协助工作。他们为争祖宗事业，不畏入狱之危，不畏蒋家拳力，不畏小人讥讽，不畏倾尽私囊，不畏劳累力疲，以百折不挠之勇气，奔告鸣冤。世萍、绍煌、东标、邦凤等在法庭上不怕权势，据理力争。前后历时六个年头，十四庭次审辩，闽清法院固执偏理。我宗亲不服，屡败屡告。

在此山穷水尽之时，旅马宗亲树新（号梅澄）闻讯，立即资助人民币一千元。各宗亲背状上省，呈诉于福州中级人民法院。在榕宗亲明基等闻风回应。经福州中院调审所有诉状档案，查明事实，于1987年案断："蒋家在原诉状中已供认陈家祖墓之事实。古墓年代久远，坐向等与陈家宗谱所载相符。"物归原主，断还我族。谢氏太夫人之墓二次遭难，幸宗亲团结协力，终于焚香告灵，魂安古穴。又蒙华侨捐资，重建立碑。春秋祭扫，永怀祖德！

（2）族亲团结重修宋代祖墓志事

沧海桑田，世事多变。我漈上陈姓在北宋时满朝袍笏，望重三山，何等兴盛。然家运随国运日衰，恐天威不测，避祸尤邑等地。二百多年来，祖坟失祀，荒烟蔓草。强邻垂涎，图谋霸占。乾隆九年（1744年）漈上祖厝被占，乾隆二十七年（1762年）旸公生母谢氏夫人墓遭毁，尤邑宗亲状呈县主宋学源，令其复土还坟。1981年—1987年谢氏太夫人墓再度被毁，历尽艰辛，六载诉讼，终于由福州中级人民法院判还我族，海内外族亲欢欣雀跃。

东宜宗亲古稀开外，争回祖坟后，为亡羊补牢计，与东标联名修书马来西亚树声先生，请他以老教授名望，在海外募集资金，重修宋代祖墓，免得日后再生事端。颍川陈氏公会主席恩化宗亲鼎力支持，并首先乐捐马币二千元。炳荣宗亲不顾年高老迈，到处奔波募捐，为尊祖敬宗，竭尽孝道。海外赤子闻风集资，国内修墓主席明春、东标等大批宗亲齐心协力，精诚经营，新修了祖墓十一台。在此之前，塘阪仁广、昭祥、贞忠、学煊、学仁、孔坤已联合修建墓一台。其修墓规模之大，数量之多，轰动梅邑。在修坟高潮推动下，南平樟湖阪学炳老宗亲，鉴于以往大事皆联合整个熹公系族亲，首倡重修大唐晋国公熹陵墓。学炳、东标、周德、孟仁、景沐、仁团、绍煌、明春，依据樟湖族谱详细记载，做过细查勘考证，在闽清三溪崇福寺后找到千郎公生父熹公陵墓。学炳、周德即赴长乐江田，找三忠祠汇报祖陵考察经过，熹公三支苗裔重叙手足之情。在南阳陈明省会长支持下，合力重修。这样前后共一十三台祖陵，旧貌新颜，再展雄姿。祖宗神安吉地，含笑九泉；裔孙扬眉吐气，福荫绵长。

（3）漈上祖祠遭占始末

据尤溪奎峰《陈氏宗谱》载："文华公乃昴中公之仲子，因祖父旸公坐言盐铁利，为防天威不测，避地入九。……迨后，漈上祖家风水先为地师所破，族人亦各散他方，致漈上祖祠圮塌倒坏，仅存地基，自宋及元、明至清犹存。缘于乾隆间遭豪强蒋有雅谋将原基、石阪、砖厅填高灭迹，占架住居，经祥道公祀生陈有信于乾隆甲子九年（1744 年）控造，闽清县主童受贿枉断，不究其案。"所志斑斑，以为后考。

第六编"附录"（第 199—200 页）附清乾隆二十八年（1763 年）诉讼文复印件一张（多脱字）、中华人民共和国福建省福州市中级人民法院一九八七年民事判决书复印件一张。

（1）清乾隆廿八年（1763 年）陈惟良乞严饬押扞事（残稿）

……陈惟良，为豪谋抗延县断……饬押扞事：

切良祖祥道、旸公二先贤，雍正二年（1724 年）奉恩建祠，享祭所有，曾祖衲公、四公暨妣谢氏俱葬闽清二都漈上凤凰山中仑，赠父玩公葬于左仑后坟，历祭无异，谱载炳据。雍正七年（1729 年），□蒙藩宪赵饬□□民不得侵占坟山。缘乾隆九年（1744 年），生员黄□华谋迁中仑□□□坟，经侯前主勘断，不许扞造违碍，断案文据。殊豪监生……有符葬，宪禁如故。币视断案若弁□祖，听棍衿陈忠高主谋□□，九月初十夜着土司刘兴弟等盗将中仑祖坟占葬父柩。良觉子□□九月十二以藐贤坟等事奔控，署主陆批饬补勘。监惧中仑祖坟断案有据，买承黄辉弊串刻补，改中仑为一仑，改祖坟为后坟。蒙县主宋勘讯，断以凤凰山系是贤坟境也，断归照旧管业，断今起扦在案。奈蒋捷春谋心愈炽，不遵官断，贿蠹庇延，抗不起扦。催县饬□差，承如风过耳，才有百叩难治寝廷之弊。明藉黄金有色，断案无灵，惓沥奔叩宪辕。唯贤春贤格外施恩，乞准严饬押扦，豪谋蠹弊莫施莫存，均感奕世腰金。切告。计开：

被告监生捷春系闽清县住二都处。

乾证系闽清县住处。

福建粮驿巡道福州府事、加一级、纪录八次朱批。

乾隆廿八年（1763 年）三月 日。

具告状人：陈惟良。

……

（2）福建省福州市中级人民法院民事判决书

（87）榕法民二字第 289 号

上诉人（原审原告）：陈东标，男，六十九岁，闽清县人，住闽清县阪东镇塘阪村。

上诉人（原审原告）：陈绍煌，男，三十九岁，闽清县人，农民，住闽清县三溪乡三溪村。

上诉人（原审原告）：陈邦凤，男，三十一岁，闽清县人，农民，住闽清县白樟乡樟树村。

被上诉人（原审被告）：蒋宗理，男，五十一岁，闽清县人，农民，住闽清县白樟乡际上村。

被上诉人（原审被告）：蒋宗松，男，四十岁，闽清县人，农民，住址同上。

被上诉人（原审被告）：蒋瑞崇，男，四十五岁，闽清县人，农民，住址同上。

上诉人陈东标、陈绍煌、陈邦凤因坟墓基纠纷一案，不服闽清县人民法院（87）梅法民字第 02 号民事判决，向本院提起上诉。本院依法组成合议庭审理本案，现已审理终结，查明：

被上诉人蒋宗理、蒋宗松等于一九八三年六月二十九日向闽清县人民法院诉讼，提出：蒋乃亨坟台与陈家一座坟台相邻接，同月二十七日发现陈家集中十余人将陈家坟台右边摆手一直伸向蒋家坟台左方，并用石块砌挡遮蔽蒋家墓碑，要求责令停工。陈家则要求继续整修陈家祖墓。嗣经闽清县人民法院调解，双方达成停工协议。

一九八五年一月二十六日闽清县人民法院又作出判决：

一、准蒋家在其祖基中心线向左延伸 2.1 米范围内修建；

二、讼争基按无主基处理，维持现状。

一审判决后，上诉人陈东标、陈绍煌、陈邦凤不服上诉，经本院发回重审，现闽清县人民法院又作了重新判决，上诉人仍不服，上诉本院。

经本院调查和实地勘察结果认为：上诉人和被上诉人在际上凤凰山中仑右边下各有祖坟一台，两台相邻，这在蒋家诉状中已承认，现被上诉人又加以否认，是不对的。为了维护群众祖墓，加强双方团结，从实际情况出发，特作如下判决：

一、维持闽清县人民法院（87）梅法民字第 02 号民事判决书第一条、撤销第二条。

二、讼争坟墓属陈家祖坟，准许陈家在其范围内即距离蒋乃亨墓中心线延伸 2.1 米外修建。

本判决为终审判决。

审判长：黄仁滔。

审判员：侯春海。

代理审判员：林达成。

书记员：李滨。

一九八七年九月二十七日

（盖福建省福州市中级人民法院公章）

4. 浦城姚氏控潘氏盗卖盗葬案（清）

文见詹贤拔主修、詹程勋纂：《浦城詹氏族谱》卷五，清光绪三十二年（1906 年）续修刊本。

乾隆五十四年（1789 年），毕岭里姚泽监生姚崧呈控，蒙王邑侯审得姚崧等呈控潘良振等盗卖盗葬坟穴一案：

缘姚崧等之祖契买潘良振之祖官田一图，土名回龙湾、大湾口、道堂基等处山场一所，安葬姚英公及杨氏祖妣坟茔。其山与潘良振未卖之土名踢蹋排山连界。乾隆五十三年（1788 年），潘良振于连界内抽出坟境一穴，凭中徐德元契卖詹道安扦葬妻棺。又詹廷绪私向姚松仔契买坟穴，致姚崧等以潘良振盗卖盗葬具控到县，并据潘良振、詹道安各具诉前来。兹集庭讯，得悉前情。查潘良振虽无山契呈缴，然因回禄呈控有案，且叠葬有坟茔碑摹为凭，未便因其无契，遂以此山概系姚崧等之业质。据姚崧等亦称：潘姓原有坟，是潘良振之祖尚有未卖土名踢蹋排等处山场，并核姚崧买契内有土名大湾口，而詹道安向潘良振买契系土名大湾夹口，其连界之处已属无疑，致有是讼。断令潘良振、姚崧等，均以詹道安所葬坟茔之处定界，二比均不得再卖再葬。其詹道安只许照依一丈二尺坟境祭扫，亦不得越占两造山场。詹廷绪缴案买契，抹销取具，各管各业，遵依存案。此判。

乾隆五十五年（1790 年）四月初四日，审七月二十八日姚崧以再叩恩察等事具投，蒙批："果属经承受嘱舞弊，胆将供断抽换，候调卷查究。倘尔有诬混，亦予重究。"八月初七日，加批："卷查潘良振尚有未卖土名踢蹋排山场，与契卖尔祖土名回龙湾、大湾口、道堂基等处山场毗连，嗣潘良振于连界内契卖詹道安一穴，埋葬妻棺，是潘良振并非盗卖，詹道安亦非盗葬。前已查讯明确乃刑书。姚缵善系与尔等一族徇庇蒙混，胆将潘良振、詹道安供内妄写'盗卖盗葬'字样当据。潘良振等指控，即经查明改正，饬承另缮送佥发谳立案，未予深求，已从宽典。何得反称经承舞弊抽换，肆行渎混！试问抽换何处，有无案情矛盾？可见前次堂供，明系尔等私嘱姚缵善有心妄写，以为后日控告张本。今见改正又复混告，殊属可恶。似此刁狡之徒，本应重究。姑念本案已经断结，暂从宽免。倘敢再行哓呋，定予挐究不贷。"案落兵房周大成承行。

5. 浦城西溪黄氏祖墓被张氏盗葬案（清）

资料录自〔清〕黄锦澜纂《浦城西溪黄氏世谱》卷五，清嘉庆七年（1802

年）重修，清浦城黄氏刊本。谱云六世祖匡镒公“宋赠太子少保，银青光禄大夫”。二十七世祖墓被盗葬案载卷五《西溪当吾公墓图》。

（1）六世祖墓被盗葬案

右地（指匡镒公墓）坐落太平里土名致孝岭黄家山学士坟，坐艮向坤兼丑未，外兼寅申分金安葬。六世祖匡镒公墓其山，东至本山岗顶后直下山坪田横流水为界，西至玉带砂坪外官大路为界，南至龙砂第三重岗外义冢山分水为界，北至虎砂第三重岗外刘宅山湾流水为界。公墓筑封自宋，明嘉靖间，遂昌二十五世孙、贵州道监察御史中公率族翕和、邦和、瑞鹄、崇大、有九、畴九、义，重整建碑。国朝嘉庆四年（1799年）五月，因邑人盗葬，浦城、遂昌、江山裔孙忿掘构讼。五年（1800年）五月案结，蒙各宪饬迁余冢，给修祖墓。事竣，谨志并载县详道府谳语。

署建宁府浦城县为喊禀事：查此案，黄翔等发掘张翘等棺柩，抛弃尸骸。先经卑职据报之际，即刻亲诣查勘所毁圹墈灰砖，验系远年砌筑，并非新造。据张翘呈缴祖手康熙四十四年（1705年）买自黄有望出卖印契，称“其葬经九十余载”。而据黄翔等坚称是穴“系伊前朝嫡祖黄匡镒坟茔，原圹被张姓近年盗葬，张姓移立旧碑，现划毁字痕可核。契系黄姓出售，自属不肖子孙捏卖”，伏查黄匡镒坟墓葬自宋朝，碑立明代，历今年久。据黄翔供称“浦邑忠信现有嫡派后裔，并非远年无后可比”，如果坟被盗卖、盗葬，何以并无知觉？本年黄大中、黄德中查见原碑移竖墓下土堆，坟坛另立张姓旧碑，又何以不就近赴告，反写信通知忠信族长，转嘱加封寄知浙江江山、遂昌两县族房？而遂昌黄翔、江山黄大海从未到过浦城，一接黄大中之信，即毅然率族远来，遽行将坟发掘，甚将骸骨抛弃？于情于理，均有未合。即张翘等现虽执有卖穴契字，但查核卖主既系黄姓，契内复载明“将本山祖坟头内及拜坛内抽出一穴，出卖安葬”各字样。今履勘该山发掘坟外，并无另有匡镒坟墓。据供称“系买黄有望祖坟并非匡镒古墓”，但张翘等究亦不能指出黄匡镒古墓实在处所，并亦不能指出所买之穴系属黄有望何祖之墓。卑职查该山前后左右虽有坟穴，多系乾隆年间黄姓续葬之坟，而所起张姓之碑又委有划去两字痕迹。是张姓买葬久，近亦未能保无情弊，故黄姓得以藉口。卑职传齐两造，隔别再四开导，晓以利害。张翘等佥以祖骸现被黄姓抛灭，求追按究。而黄翔等均称祖坟先被张姓开墎灭骸，盗葬原圹，以致子孙忿激报复，亦恳追还祖骨。分别究拟，加以研审。黄乾松等并皆坚供如一，两造各执一词，案殊掣肘难谳。但查张翘等呈缴契字，核虽可疑，若果葬康熙年间，则贪图吉壤、谋买老穴私葬事，当罪其前人，难就现在子孙追究。今黄翔等不告官司，擅将所葬棺骸发掘抛弃，罪无可逭。诘其起意为首之人及尸骸着落，佥称"激由众忿，骸骨委系抛弃无存"，坚不供吐实情，显系恃属隔省武举、生员所致。若非详请咨移，分别斥革，无从严审定谳。除将黄翔等取具、在城生员徐珂地保看守外，合将勘讯缘由、录供、绘图、具文，详报宪台察核。是否仰邀咨移浙省查明斥革，饬知究讯，抑或提省委员研究定拟之处，并乞宪恩批示祗遵。再，此案事关情罪出入，卑职反复推鞫，是以详报稍迟。至此案限期，供情尚未讯确，应请饬知斥革到日或提省究出实情之日起限，合并声明。除径报督抚两宪暨藩臬巡道宪外，为此备由缮册具申，伏乞照详施行。

奉按察使司刘（名）烒批：据该县通详，监生张苍龙等喊禀祖妣孙氏坟茔昨晚忽被黄衣照等发掘抛弃尸骸一案。勘讯缘由，查核县详绘图，致孝岭山场坐落官路旁，并非深山僻壤。如果山内葬有名宦坟墓、竖立碑记，自五代迄今几及千载，岁时致祭，共见共闻，该处白叟、黄童、樵夫、牧竖靡不共知为黄氏始祖之墓，断不致被人毁占。若果系张翘等近年移棺盗葬，新泥宿草形迹分明。黄氏子孙住浦者甚多，岂竟毫无知觉？倘实系张姓之坟葬，及百年亦属众目昭彰，现在发掘之圹是黄是张，何难立剖？即使两造坚执，亦应博采旁求。山内坟茔累累，并非一姓，何以不传齐各子孙质审？罗凤高既系该处地保，岂得诿为不知？至黄翔等佥供，均未到过浦城，焉知黄氏之业匡镒之墓，登山发掘如同旧识？其为黄大中等指引主唆，毫无疑义。且当日发冢弃骸，即江山、遂昌两处人民均系黄翔等父子兄弟，究竟何人起意、何人动手、骸骨现存何处、有无毁弃，俱属在场目击，奚至不能供指？该县概置不究，任其囫囵狡卸！又张姓呈出旧契，是否实有卖主黄有望，其人有无后裔，可询其契内所载"将祖坟头拜坛内抽出一穴卖与张姓"等语，该县踏勘时黄姓祖坟现在何处，拜坛现在何处，张姓安葬之穴果否在伊拜坛内，与所呈契纸相符，均系案中紧要关键。一无讯及，此案断非该县所能办理。

已奉抚宪批：委延建邵道督同该府审办，仰建宁府立即飞关江山、遂昌各县，查明黄翔等何年入学，何年中式，遵何事例，捐监捐职，平日在籍曾否安分；黄大中、黄德中与黄翔等是否一族。吊齐各处全谱，逐一核对。一面遵照指饬，随同巡道督同该县提齐全案犯证，并采访忠信、棠岭两房族内老成端谨一二人，密传确询，并传黄朝式、黄太兰、黄显扬及林坟、吴坟各子孙同黄日书等到案，秉公虚衷。先就黄大中、黄德中、黄乾阳、黄乾松、张翘等严行究讯。匡镒公旧碑系在何人家内起出？黄大中等既见张翘等盗葬，该犯等果系黄氏子孙？因何不就近赴县控告，转通信隔省之人来浦发掘？至张翘之祖究竟葬自何年？是否移棺盗葬，抑系黄大中等冒认滋事？追起骸骨下落，究明首伙人数及起意下手各犯，务得确切真情，录供通详，分别按拟解司，毋稍颟顸枉纵，大干参咎，仍候。

两院宪暨藩司巡道批示：缴勘图各呈词清折存。

奉分巡道宪戴批：既验讯详，仰建宁府饬候。

两院宪暨藩司批示：缴图折存。

奉布政使司李批：据该县通详，浙省生员黄翔等率同族众、武举、生监人等发掘该县张翘等祖坟棺柩抛弃尸骸一案，勘讯缘由，仰建宁府饬候。

两院宪暨臬司巡道批示：缴图词折存。

奉巡抚部院汪批：仰布政司会同按察司，即日确核妥议，通详察夺，并候。

阁督部堂批示：书册勘图清折并发，仍缴。

奉宫保督部堂批：据浦城县通详，浙省生员黄翔等率同族众、武举、生监人等发掘浦邑太平里张翘等祖坟棺柩抛弃尸骸一案。勘讯缘由，查开棺抛骸，有干严谴，据详两造各执一词，必须勘讯明确，方成信谳。仰福建按察司查明，秉公核议具详，请咨革审，并应否咨明浙省遴委干员会同该县秉公确勘严究之处，一并议详察夺，并候。

抚部院批示：图折并发，仍缴。

布政使司、按察使司为喊禀事：嘉庆四年（1799 年）八月廿七日，奉宫保督部堂书、巡抚部院汪批“仰两司确核妥议，通详察夺”，奉此，两本司详核此案，县详绘图，业经移委延、建、邵道提讯应请，毋庸咨委浙员会审。再，本案肇衅首祸，全系黄大中、黄德中二人，应就该犯等严行究讯，不难水落石出。俟审有端倪，再将黄翔等分别详咨斥革。是否允洽，理应核议，详覆宪台察夺。除详阁督部外，为此备由申覆。

奉抚部院批：如详，飞移延、建、邵道督仝府县，提齐两造人等，吊仝各处全谱，究审确情，录取切供，通详解勘，仍候。

阁督部堂批示：缴册图折存。

具呈帖说：生员黄衣照，增监黄大海，生员黄翔，武举黄万年、黄光祖，生员黄文楷、黄球，监生黄玳、黄大中、黄德中、黄乾松、黄乾阳等，伏查：至孝岭山场虽近官路旁，但匡镃公墓距路旁尚遥，更有重砂叠嶂，亦与深山无异。公坟葬于该山，遂昌、江山、忠信清明两朝宗谱确载“碑记立于前明嘉靖，二十五世孙中立，有墓碑在焉”等语，况旧碑古石现缴县案，断非一时可以捏造。碑阴现刊“致孝岭墓”四字，是匡镃公有墓有碑，本有确据。浦邑每岁以清明展墓，黄大中等暨中信祠内每年祭扫，现据供明在案。其江邑之黄大谋等因发达贵显，登山拜祭，实属共见其闻。是坟葬后，子旦曾觉传详浦志，孙震来璘崇祀乡贤。终北宋世，簪缨不绝，至今浦邑黄童、白叟、樵夫、牧竖靡不呼为“学士坟”，临地可访。

如奉驳“浦人皆知为黄氏始祖之墓，断不致被人毁占”固属至理，但天下无是理，往往有是事。既归三尺土，难保百年坟。生等亦不必博征远引，即如浦邑名地称“白羊坟第一”，所葬非他章太傅仔钧之母越国刘太夫人也，名宦浦邑首推。子孙住浦最盛乃在明中叶，坟遭林姓去其碑，冒为己冢，真伪不能辨。迨至乾隆年间，又遭朱姓盗葬。历年久远，族众因亦不问。嗣经道宪来公访明押扦在案，章姓宗谱记载甚明，抄呈乞核。可知始祖坟墓被人侵占事亦常有。

即奉驳“若果系张翘等近年盗葬，新泥宿草形迹分明。黄姓子孙住浦者甚多，岂竟毫无知觉”亦属至理，但思谋吉盗葬之辈类多深谋诡计，不卜昼而卜夜。张翘等盗葬此坟，坟面不动，原碑仍立，而浦人惟以清明展墓，张姓若于清明后盗移棺柩，一至来岁清明，则草生草萎，尽为宿草，虽有新土，亦成故土，亦无从觉察，且如上年。张姓若不移碑、竖碑，则黄大中等亦永为所□矣。至张姓棺柩并未移葬多年，现有张翘等移立旧碑可核查。张姓本有两孙氏祖妣，据张翘等供称“二孙本系姊妹，仝归良一为妻，一有出，一无出，有出者葬于是载圹”云。查碑记，左刊“乾隆五十四年（1789 年）重建”，中刊“皇清待赠良一孙　氏　氏张母仝穴之墓”各字样。详核碑记，自属双棺仝穴之墓。碑既系乾隆五十四年（1789 年）重建，则五十四年是碑犹竖于双棺仝穴之墓前。今止盗葬一棺，则此棺自系近始移来。张翘等在县理屈词穷，呈缴绘像灵牌，自称祖遗五十余载，内载“孙氏葬致孝岭，有碑志”各字样，希图抵塞。但系讼后装点，画蛇添足，容俟庭讯，再行指驳。犀照之下无遁情，翘等虽有百喙，亦难辨其碑非新移、棺属久葬也。

此案浦主履勘四次，亦经博采旁求，已知坟系黄坟，圹系黄圹。唯因案关重大，身属署任，有意卸肩，不肯任怨直言。但查详内既称“伏查黄匡镒坟墓葬自宋朝，碑立明代”，又称“今履勘该山发掘坟外，并无另有匡镒坟墓”，则是县详已称“匡镒之坟即属发掘之墓”，况复称“卑职查该山前后左右，既系乾隆年间黄姓续葬坟茔，岂有正中一穴反系张姓康熙年间筑葬之理”，再观其后又称“查张翘等呈缴印契核虽可疑，若果葬康熙年间，则贪图吉壤、谋买老穴移葬事，当罪其前人，难就现在子孙追究”，果则固难就现在子孙追究矣，果与否对，否则究将作何办理？然即就详论详，其于张姓谋买私葬之处，浦主初未尝代为隐讳，而是黄非张意亦显露也。至于山内坟茔累累，浦主并不传齐各子孙质审，自属疏漏。但查山内坟茔，惟吴启绪一坟系属黄姓外甥，先年系向邑派子孙丐葬。其余有碑无碑并系黄姓续葬坟茔，即札后所开林氏亦系前明黄林氏之墓，并非另有林姓坟墓在山。若罗凤高虽系地保，但系十三里地保，并非五里塘地保。住隔八里，不知坟是谁坟，似非有意推诿。至生等初未到过浦城，似乎难以遽知匡镒之墓黄姓之业，登山不能如同旧识，但生等一接黄大中之信，即经着黄坦来坟查勘明确。当日登山，复有历年祭扫之黄乾松与黄坦等带路，且生祖坟山南现有聂前县义冢碑记，上刊“北至黄家山堑为界”，而匡镒公坟修于遂昌中公坟式，与浦邑坟墓迥不相同，现在山内各坟可验。是以甫经登山，即知为祖墓祖山，更无待黄大中之指引也。

至张姓呈出卖契所谓黄有望其人，实属子虚乌有。查张姓所呈卖契，既称“其山应在县三房子孙照管。今三房俱已无人，唯有望父子二人”各等语，何以年月之下又列有见契之叔侄黄盛卿、黄凤鸣等？更可异者，是山坐东朝西，东即坟顶，西即拜坛外，康熙四十四年（1705 年）东西两至本宅并无新坟。现有新坟，一系乾隆五十六年（1791 年）棠岭派下黄朝锡所葬，一系乾隆五十一年（1786 年）忠信派下黄太兰所葬，乃其契内东西两至俱载“以本宅新坟为界”，岂伊祖于立契之日即预知乾隆年间必有黄姓葬坟而先于契内注明耶？况查契内花押互异，印信可疑，其为伪造，无烦再计。

然生等竟亦不指为伪契者，一则因假印外不究办，一则因黄有望究属姓黄。若山坟不是黄姓物业，则张姓又何故必向黄姓承买？更查契内明载有“自情愿将本山祖坟头内拜坛内抽出一穴，听凭张姓安葬管业”各等语，则其谋埽葬棺，契已先自注明。张姓虽于呈契时将祖坟头下“内”字涂改为“及”字，但“及”字之义自上贯下，今即改换，仍是自头至脚听其自便之意。契内系是祖坟头内拜坛内中抽出一穴，并非祖坟头上另有拜坛卖给安葬。今黄姓祖坟即系发掘之坟，拜坛即系祖坟拜坛。张姓盗葬在匡镒公原圹之中，并非葬在拜坛内。夫内与外相对相异，祖坟头内即非祖坟外也，祖坟拜坛内即非祖坟拜坛外也。内抽一穴，乞察究在何处。如谓所葬之坟系伊自营，然则究将置生祖圹于何地乎？再上则祖坟头外矣。既有黄朝锡之坟为限，再下则拜坛外矣。又有黄太兰之坟为限，是张姓盗葬之穴实与契纸相符。生族发掘并无舛错，是以明知其伪，竟亦不言其假。盖欲以伪为真，使翘等无喙可辩也。

已上奉驳，情节相应，逐一声明。伏乞大人府赐察核附详，实为恩便。上呈。

钦命福建分巡、延建邵道戴（名）求仁、督同福建全省粮储道、摄理建宁府正堂赵（名）三元、浦城县王（名）宗徽、建安县刘（名）瑞麟、瓯宁县欧阳（名）立焌、松溪县丞彭（名）泽濂，审看得张贻价即张映台迁棺盗葬被黄翔等发掘一案：

缘监生张贻价等籍隶浦城县，其高祖妣两孙氏向葬小漈山，前娶孙氏无出，后娶孙氏生有二子，长张联元，次张联芳，张贻价系张联芳子孙。黄翔等有六世祖黄匡镒，宋代建葬浦城县致孝岭，历时已久，族谱墓碑可考。黄匡镒子孙住浦城县城并忠信里及浙江江山、遂昌等县，其江山、遂昌子孙较浦城繁衍。致孝岭古墓年湮，加以江山、遂昌隔省路遥，不能常赴祭扫。乾隆二十七年（1762 年），已故张一太将后孙氏移葬致孝岭黄姓祖坟内。乾隆五十四年（1789 年），张彩仪值祭，欲立坟碑，因素不识字，遂向张苍龙开写碑式，张苍龙不懂家务，混开“两孙氏张母仝穴”字样。石碑刻成，族众共指其错，张彩仪随将右边“氏”字下面“仝”字概行划去。族众以致孝岭所葬乃系后孙氏，今划去右边“氏”字更为错谬。张彩仪即将石碑丢弃坟下，未经竖立，旋因族内人口不宁，疑系后孙氏亡命与山向不利，公同商议于乾隆五十六年（1791 年）十月将后孙氏扦葬官塘源。嘉庆三年（1798 年），经官出示禁止停棺不葬，张贻价因伊祖张成三尚浮厝未葬，稔知致孝岭现有空圹可以安葬，即告族众，雇土工徐大疤、徐老六、高洪德、刘乌驴、徐魁魁、刘和尚、宁士才，于是年七月初二日将棺柩抬赴致孝岭空圹下葬。

嘉庆四年（1799 年）三月，张贻价登山祭扫坟墓，经黄大中、黄德中查知，往视见坟下放有一碑，内刻“两孙氏张母穴之墓”字样，并有张贻价等名字，知被张贻价盗葬。四月初一日，黄大中、黄德中寄信至忠信里，经该处族长遣黄乾阳寄信至浙江江山、遂昌两县知道，约其齐抵浦城商议告官。黄坦、黄国太、黄翔、黄大海、黄衣照、黄球、黄文楷、黄玳、黄光祖、黄万年先后赶赴浦城，顺路先至黄乾松家中，黄乾松先引黄坦、黄国太、黄翔、黄大海至致孝岭查看墓门石碑，知系张贻价盗葬。黄坦欲刨坟看明，向附近种田人借锄掘开，见非千载古墓情形，一时气忿，同黄国太将棺拖出，复恐骨殖遗失，告官无理，当即捡拾骨殖，脱衣包好收藏。维时黄翔触目伤心，伏地痛哭，黄大海、黄乾松分赴山上察看山界，并未帮同发掘。黄翔等忆及嘉靖年间立有墓碑，见坟前并无碑刻，即在离坟四丈有余之处寻有石碑半块，内又见坟下石碑刻有“孙氏张母”字样，遂以“张贻价等盗葬孙氏”等情赴浦城县告究。而张贻价以孙氏废碑被黄翔等打破藏起，仍复改作孙氏，事觉有据，亦以“孙氏棺骸被掘”情词到县争控，并将张苍龙等列入祠内。

经浦城县王令勘明绘图，勒拘两造集讯，恃符狡供，详奉宪台檄饬职道督同府县审办，职道遵即驰赴建宁郡城，督同建宁府县提犯查审，两造仍复狡供，不吐实情。经将监生黄大海、张贻价、张苍龙，生员黄翔、张翘先后详革，连日研讯。

据黄坦呈出男骸一具，验未齐全，督同建宁府前赴浦城县致孝岭履勘，并于圹内土工检出手指骨二节，碎骨四片，又碎骨一小节，带回郡城，传齐两造，将原缴骨殖，饬令建瓯两县仵作，细加比对相符，饬县发交地保看守。复集犯，督同府县隔别研讯，各供前情如绘，加以究诘。

张贻价等坚称，张一太盗葬以及假造印信，实不知情，即其移葬张成三棺柩，亦错认黄坟为己业，并非有心盗葬。各情不讳，似无遁饰。

查例载"贪人吉壤将远年之坟盗发者，将盗发之人以开棺见尸律，拟绞监候。若实系本人远祖之坟被人发掘盗葬，因将所盗葬之棺发掘抛弃者，照祖父母、父母被杀子孙不告官司而擅杀行凶人律，杖六十"，又例载"如于有祖坟地盗葬，尚无侵犯，致被地主发掘等情者，照强占山场满流律，量减一等，杖一百，徒三年"各等语。今张一太将后孙氏盗葬致孝岭黄姓祖坟，有无见尸，事难稽考，且业已身故，应无庸议。

张贻价在致孝岭空圹，盗葬张成三棺柩，是张一太先启其端，张贻价误以为黄坟为己业，居然移葬，并无发掘侵犯等情事，亦非有意盗葬。张贻价应照"有主坟地盗葬，尚无侵犯，致被地主发掘等情者，照强占山场满流律，量减一等，杖一百，徒三年"例，杖一百，徒三年；

黄坦因见祖坟被掘盗葬，辄行气忿，将盗葬张成三棺柩发掘，合依"本人远祖之坟被人发掘盗葬，照祖父母、父母被杀、子孙不告官司而擅杀行凶人律，杖六十"；

黄国太随同发掘，应照"为从律"，于黄坦杖六十罪上减一等，笞五十；

张贻价犯事在嘉庆四年（1799 年）十一月二十七日恩旨以前，应请减为杖九十，徒二年半。本年四月十八日又奉有清刑恩旨，应请再减为杖一百，折责发落；

所有监生业已详革，应无庸议；

黄坦、黄国太笞杖各罪，均请援免，未到之黄国太并免关提；

张翘等因致孝岭坟圹认为己业，是以随同列名，并无帮讼情事，应与讯不知情之；

徐大疤等概请免议；

徐老六等籍隶江西，并免提；

质革生黄翔、张翘，革监张苍龙、黄大海，现经审明，均无不合，应请一并开复；

黄匡镒坟葬千年，所有骨殖无从查究。伪照印契讯系张贻价祖上移留，且张一太又经身故，碍难深求；

致孝岭山场，断令黄翔等领照旧管业；黄匡镒墓碑饬令黄翔等领回，无许张姓再行侵葬滋事；

黄姓及他姓侵葬坟墓并各殡铺，饬县清理押迁；

张成三骨殖给张贻价等领回，择地安葬；

孙氏石碑候文销毁；

张贻价监照饬县追取，另详送销除。将张贻价等发回浦城县分别禁押，取保听候宪示；

并将各依结附卷外，是否允协，合将勘讯议拟缘由，备文绘图，并将碑摹一并详送宪台察核示遵；

再，伪契一纸现在缴送臬司查核合并声明，除详督抚宪外，为此备由具申，伏乞照详施行。须至申者右申。

总督部堂玉（名）德奉批：如详饬遵，仍候抚部院批示缴。

巡抚部院汪（名）志伊奉批：如详饬遵，仍于季底汇咨，并候督部堂批示缴。

布政使司李（名）殿图、按察使瞻（名）柱：嘉庆五年（1800年）五月初三日详。

署建宁府浦城县正堂加五级、纪录五次王为恳拘押迁等事：嘉庆五年（1800年）五月十七日，据生员黄衣照、黄大海、黄翔、黄球、黄文楷，监生黄玳，举人黄光祖、黄万年，民人黄坦、黄大中、黄德中、黄乾松、黄乾阳等呈称："切照祖宗邱墓，子孙理应封崇。族属殷繁埋葬，岂容僭越。生等六世祖少保匡镒公，宋代建葬本邑致孝岭山内，前明先御使中公率族修墓立碑。若使后裔咸知保守，则他族何由觊觎？无如历世久远，不肖生必接踵效尤，毫无顾忌。如黄朝锡、太兰、显扬等身系子孙，罔思敬祖，或葬坟前，或埋坟后，先后侵葬，殊堪痛恨！内变既作，外衅亦生。随有吴启绪、吴兰、郑孔道、黄德妹等并于茔地之内或葬坟穴，或造铺寄停。诘其偪处之由，佥称赁买自黄。伏查公共祖坟山地，子孙捏卖投献与受，均干严典。而子孙侵犯祖墓不孝，法更难容。生等格于道长未克清查，嗣因张祸未靖不及催呈，兹蒙道府各宪勘讯明确，断将山场坟墓给生等领回管业，并蒙檄饬内开'祖坟前后左右所有黄姓及他姓侵葬各坟并殡铺停柩一并押迁'等因在案，蒙此，生等感激深恩，唯知涕泣。除黄朝锡现蒙拘案迁移外，查黄太兰、员员父子住城；吴兰、郑孔道亦均住邑；吴启绪、黄显扬虽已物故，但现有嫡亲弟侄吴祖伯、黄弟弟、黄意妹等，并应恳请传案勒迁外，有土坟数穴亦乞出示召认，令速扦移。俾生等得以涤除修墓，先祖重安夜室，永禁侵葬盗卖，以杜祸端，则感仰鸿慈，既同于再造；而子孙食德，更垂于奕祺。为此备呈，伏乞照禀施行。上呈。"等情到县。据此，查此案，先蒙延建邵道戴摄理府正堂赵两宪牌开饬"将该致孝岭黄匡镒坟山内所有黄姓及他姓侵葬各坟冢并各停柩迅即一并押迁"各等因下县。蒙此，业经饬差协保清查勒迁各在案。兹据前情，合行示禁。为此示仰黄姓及他姓等知悉："尔等如在致孝岭黄故绅坟山内侵葬坟墓者，即日自行插标承认，限五日内迁移别葬。倘竟抗违，定即拘究。嗣后毋许盗卖占葬，致干查办。并着该啚地保不时稽查，均无违忽干咎。特示。"嘉庆五年（1800年）五月十七日给。

并志原委：公墓圆围，族人及他姓偪葬一十九穴，致张贻价觊谋移碑土堆盗葬，公之原圹竖立"孙氏张母"墓石。嘉庆四年（1799年）春，三十二世孙大中、德中查知传书布告各族。五月廿八日遂昌、江山忠信子孙登山发掘，对面案山有火球二把，一红一蓝，直至开圹方灭。次日具控，邑侯王勘讯通详，张故豪于乡勾连司胥舞文下，大中、德中、乾松、乾阳、坦于狱。五年（1800年）五月，蒙道府宪勘明平反，释中等，置张于理结案，饬修公墓并迁余冢。是役也，讼词之事，翔为主；资用之费，秀峰祠为多。自余浦遂勋办。六年（1801年），大中、德中复于坟旁植松树，以为拥护，嗣后子孙宜世守之。谨志。……十五世宋处士彪公并各祖坟茔，其山四水归内为界，山内蓄留树木荫护来龙，永禁无许砍伐。置祭田一百二十担招僧住持，向俱惟善公裔管理山与庙整。乾隆年间，嗣裔经理不善，盗卖坟山，砍伐树木。嘉庆三年（1798年），寺邻张含光等请禁构讼，经年案结。而致孝岭之狱起事直后，合族清厘祭田、山场、坟墓。因山残庙落，于是呈请邑侯黄（名年）恬示禁，蒙批“候查案给示严禁”。

署建宁府浦城县正堂加五级、纪录五次黄为恳赐禁等事：案据生员黄焜、黄略、黄为离、黄坤五，监生黄日绪，民人黄显中、黄锦洹、黄日照、黄文藻、黄廷选等具呈：“切南隅东狱行宫，乃焜等昼锦堂合族公业，山内安葬宋十五世祖彪公坟墓。经前祖黄君寿、黄柳、黄宜置买苗田一百二十石，归宫召僧住持，奉香灯醮管坟墓，四水归内蓄蓑松杉竹木，颇为葱蔚。嗣因族裔管理不善，以致不肖生心任意蹧跶，是以宫邻生员张含光等叩请前县宪王示禁在案。迄今日久禁驰，不逞之徒仍复登山蹂躏盗砍，撞遇则称爬扫松毛、捡拾枯枝，无人则折树枝、挖脑盗砍蓄树。种种侵害，不一而足。仁廉荣政，草木沾春，合恳给示严禁，庶若辈知所炯戒。为此，叩乞俯念宫山虽系黄氏之业，实乃合邑胜境，恩准示禁。不惟合族沾恩，即合邑士民均感激无既矣。上呈。”等情。据此，查东岳行宫山场合邑胜境，理宜蓄留树木以资荫护，未便蹧跶砍伐，业经前县示禁在案。兹据黄焜等以上均存府案。经承胡文焕、县丞垦房章奏宜、刑房田庆登。

（2）黄氏二十七世祖墓被盗葬案

天二府君汝吾公并附葬各祖坟茔，详载谱图。其山西至岗顶为界，东至山坪直下陈姓后门地基为界，南至本宅山堑为界，北至山湾合水外孙宅山为界。乾隆廿四年（1759年），王金养盗葬坟傍，控，蒙魏主扦印契呈缴在案，刑房刘廷纲经承未经给领。嘉庆五年（1800年）三月十八日，王（名）宗徽任内，生员黄焜呈请给领，以叩赐饬查，俾得领管以安祖茔事。切生祖遗置山场一所，坐落西隅外四畐土名莲塘，西至岗顶，东至山坪直下陈姓后门地基，南至本宅山堑，北至山湾合水为界外孙宅山为界。山内安葬汝吾公及附葬各祖坟数十穴。乾隆廿四年，地棍王金养盗葬，经生堂伯黄裳粘契呈控，前县主魏蒙差黄升拘获，亲履该山查勘，究扞完案。案经刑胥刘廷纲承办，因纲蠹悍，勒礼甚重，以致搁契未领。纲故后，所有办理案卷归刑胥祖之良接办，生屡到科房具领。良以老案一时难捡，抵答兹查。良又亡故，生不知此案归于何胥接办。生向房首询查，讵又含糊推托。总之生家寒礼薄之故，不然经承报案，而案卷值期，现有顶手，一胥故一胥接，片纸均关紧要。焉有缴案朱契无所查寻者耶？合将缘由陈词，伏乞恩饬刑房首督同经胥查捡禀缴，俾生请领，祖茔得安，存没均感。上呈蒙批："候饬该房各书细查，禀送察夺。"呈落刑房首李映承，搁不查禀，仍未给领。

6. 漳州白石丁氏贤官大宗祠被占葬案（清）

此资料录自《白石丁氏古谱》，漳州市方志办重编，影印抄本。谱云丁氏始祖"奉命同会镇府陈将军入闽式辟漳土"。

（1）文峰丁氏族谱序

士生千百世之后，千百世之上，渺乎不相接耳，而何以古今来之治乱兴亡，帝王卿相以至贤人君子，皎如日月之丽天，令人神往？其际者盖史之力居多云。国固有之，家亦宜然。

我祖来自河南，卜宅象山，继迁畝中，其间气运不齐，升降亦异。当其盛也，障海为田，开凿港道，或乐施舍，或擢高第，或高山林之，致笃士嗜学。及其衰也，倭寇厄之，而且疫病沦没，逃散外郡者比比皆然。此亦气运使然，无足怪也。

最可憾者，辛丑（1661年）之间，海上割据，我皇朝迁内地之民，俾勿与通。于是田野尽荒，庐舍尽坏。嗟我族人，破家荡产，乃有不肖之流，遂图献地于仇家徐氏，独不思乱极必治，数穷必返；今虽离散，后将复合。则此祖宗相传基业，何可一旦遽毁于人？更有甚者，为家之蠹，显附于徐氏，与我二三叔伯兄长之有气节者互控于法庭。仇家势焰，我族力薄，祖宗千余年之庙宇，遂沦而为徐氏之坟墓矣。文峰之地，被他图占三分损二。今僻在西隅，人无完宇。族孽之贻害，一至于此！

吁嗟！我祖之来兹江东也，化盐为淡，障海为田。后人继之，开凿港道，遥通三十里之潮，利及乡人多矣。今其祠宇不保乃如此，天之报施善人，其如何哉！愚不才，不能开拓旧业。而吾家气运，未甚振兴。则夫雪先人之耻，以复丁氏之境土者，尚有待于后人也欤！

旹康熙四十七年（1708 年）戊子仲秋，余以丁母忧，不及乡试，族兄昭文因宗谱废坏禀诸家长，命余重修，不觉有感而为之叙。

承事郎、二十五世孙春芳煦埜甫拜撰。

（2）重兴文峰贤官大宗祠记

贤官祠者，我丁家大宗祠也。昔始祖唐别驾名宦公九承事郎，同将军陈元光开漳佐郡，建居象山。六世祖孟孙公移居畆中，即今文峰社是也。九世叔祖宋进士乡贤知几公以开凿官港，功入乡贤祠。宗祠之建由来旧矣，自唐迄明，世世庙祀不替。

国初，有巨富徐跃者，贪图祖祠吉地。因海氛画界，族人播迁，徐跃越界毁祠占葬。时有二十四世裔孙郡庠生世勲等倡首与控，仇徐富赂官司，酷押寝案，势无奈何。千年祖祠，一旦沦亡，伤哉！迨二十五世孙贡生中驹痛祖祠之被占，思恢复之，不易。

幸逢雍正七年（1729 年）上谕修葺名宦乡贤祠宇，中驹豫先具禀有司，本县主吴公道来勘估详请，应修造报在案。

至乾隆十八年（1753 年）癸酉科，中驹恩例岁贡竖旗，与弟邑庠生为骥谋诸族兄，郡庠生春芳、弟正亨，侄天定、顶峙、其澜、宏中，邑庠生元侯等，于仇徐坟边重兴祖祠，合族欣然乐从，鸠合各房人工费、孟孙公银六十两，先构中堂。

仇徐控告于官，中驹时为霞北书院掌教，身当其事，录案声明，仇徐理屈，祖祠赖安。其癸酉年（1753 年）冬，官事未竟，而寝庙未成，费无所出，中驹又谋之族众捐资入主。贡元房节斋公、乐山公、澄源公、中井公四主捐金一百八十两，乡贤房汝恭公捐金五十两，助成寝庙。中驹之力，诚可谓有功于祖宗者也。嗟乎！德固待时而兴，功亦须人而成。祖祠被毁近百年，至中驹乃能光复旧物，此固祖德宗功神灵默佑，要非中驹倡议善谋，又孰能鸠合各房族众，协力齐心，重兴祖迹于今日也哉！

时因甲寅修谱，谨书其事，以示后人云。

二十七世孙克贤拜记。

…………

始祖承事郎佐将军元光开漳，实先随会镇府及将军陈政平闽。自唐高宗麟德元年（664年）甲子冬日到泉郡，进次九龙江。至睿宗景云元年（710年）庚戌十月，染岚气终于外，计在漳四十七年，迨今千有余载，废兴不一，其孙裔家象山白石犹故也。

迨国朝迁界播越，屋宇划废，大商徐跃中号百万，越界占葬，将乡贤祠葬其父，名宦祠葬其兄。迨复界，二十四世孙世勲倡为义举，率族中有劲概者与徐氏控，校撄其势焰，反遭荼毒。控不一次，受笞杖不下数百，孱弱不敌，而千余年来祠宇倏为徐氏鬼窟。乡邻悲愤，通都不平，孙子痛心椎骨莫何。迩来又控。二十多年旁地稍复，穴据难移，贤宦两祠，犹是徐坟。孺童目击心伤，有知者谁不饮泣！

我祖佐郡功成名隐，诗歌记载，划然可稽，以至开港事迹，载在志书，家传不坠，犹得承述旧闻，千年支系不紊也。祠宇泯灭，当必有伸其事者，识之以俟能者。二十五世裔孙中驹识。

幸逢雍正七年（1729年）奉旨，修葺名宦等祠宇，详动存公银两与修损坏。饬部咨、院缴、司行、府仰、县蒙，县主吴勘估，白石保文峰社名宦丁儒系唐朝开漳名臣，乡贤丁知几系宋进士，开渠利民伟绩，贤宦祠毁坏应修，工费银二百三十两一钱七分，造报奉院咨、部在案。工房黄传承。

（3）奸商徐跃占葬贤宦祠地冤揭

漳州府学生员丁世勲，为抗旨越界占祠毁坟不共奇冤事：

奸商徐跃等通海，猝富百万，徐泗买顶长泰学首，名林珪，改姓冒滥，因谑诬奸，离去生妻，秽行腥闻，结熖婚势，威占乡闾。左右邻里，历被荼毒，恶欤如山吞，忍莫何痛。

勲自始祖唐开漳别驾讳儒，位列郡学名宦，肇居于龙溪白石乡，历宋九世祖讳知微乡荐第一，九世叔祖讳知几宋进士，开凿水利，从祀乡贤。族建大宗庙祀始祖名宦，小宗祀九世二祖乡贤。

跃等窥宗祠穴吉，乘奉旨迁移地属界外，径于康熙乙巳四年（1665 年）十一月厚赂防守，越界占葬，将名宦乡贤祖祠营筑大坟，合族千家居址占封为坟域，每日鸠筑，阅月方毕。通漳骇异，虑抗旨重情，墓碑倒题年月为“顺治己亥十六年（1659 年）”。

切顺治辛丑十八年（1661 年）未迁界以前，丁族千家居住，通漳共睹，且庚子科省试海澄学陈君二，为犹在祠中歇宿。族居稠密，安有徐坟抗旨占葬，欲盖弥彰矣！

经控前部院赵，蒙批云：“奉旨定界，不许偷越。”何等森严！那得越界占葬。盖事出非常，不信其奸也。

康熙庚戌九年（1670 年），幸逢展界扩地，勳等为抗旨越界占葬贤官祖祠具词府控，蒙孙府尊委常二尹踏勘。

徐跃等统凶二百余，猛毁碎祠前进士坊石。勳等奔较，跃父子兄弟，同凶猛推杀，昏倒淋血，常二尹所目睹也。赴府验伤，附案据证。跃阴赂衙差李仕、李仁、柯城等，锁禁粮衙、土地祠、县庭，拳辱日夜，威制饮食，集身狼狈，仍锁押沿街。徐跃等府前秽骂挞辱，满街切齿，通庠惧势，徒怀义愤。临审，又被徐跃等统凶拳挞，逃生无地，斯文丧辱极矣。并将族人丁钦、丁从等，诬架勒比罪赎身，受棰楚数百，几毙杖下。

贫儒饮恨，义不共戴。惨被荼毒，奇冤莫伸。仁人君子，其谓之何！

康熙辛亥十年（1671 年）日。

丁世勳具揭。

7. 安溪詹敦仁祖地佛耳山盗葬案（清）

此资料摘自《清溪詹氏族谱》，清刻本，卷首。詹敦仁（生于 914 年），字君泽。安溪首任县令，追封靖惠侯。先世河南光州固始人。祖父詹缵随王审知入闽，任前锋兵马使，后退居仙游县植德山下。《全唐诗》《全唐诗补编》共存其诗十九首，《全唐文》《唐文拾遗》共存其文二篇。生平见《十国春秋》卷九七。此案未记时间，推断应为清朝。

（1）佛耳山复望云亭址识

余祖清隐公筚路蓝缕，以基兹邑也。谢邑事去，因家于佛耳山之巅，构亭曰“望云”，今亭址尚在。邑有陈若者阴利地脉，藏遗骸焉。余宗讼之不胜也，群而骂余而不修谒公门，今无如祖宗，弹丸地何？余无以应也。而乡缙绅诸先生代余愤矣，为造太守白见宪状，廼檄县具牍，杖陈若而移其骸，亭址复如故。噫嘻！兹山无改人事，能无陵谷？不意当吾世而祖宗荒裹寻尺之地，狡焉者几鼾睡其侧，幸而列祖在天即念之不肖，有司亦察其无大过于乡里，而怜余宗之不枉。兹山之奕世而下，孰知世业之难而保世之不易乎哉？高山仰止，景行行止，有遐思矣。

太守程公讳远号信，吾清江人。

府县公牍其如左：

府移县勘山文： 据勘佛耳山，查志载有詹敦仁故宅，此足为詹教民家祖山确证矣。陈若何所据而侵占其巅乎？仰县再一亲勘。如果盗葬，即令迁改。速详。勘得佛耳山有詹敦仁筑亭故址，则山宜属之詹氏。陈若误为官山，葬坟其巅。今已迁改，已经具由申请，乞赐详夺施行。

府断公文： 审得安溪之佛耳山，初据县由，谓是官山，则陈若之词尚属有因。今查郡志，载有詹敦仁故宅，是此山向属之詹氏管业七百余年矣。今据委官踏勘，玩其画图，则见环山之屋既皆詹氏子姓也，环山之坟又皆詹氏古冢也。是詹氏之盛其来远矣。陈若以一儒民，贪图风水，盗葬山巅，欲以一异姓之坟而杂出于数百年同姓古冢之上，亦可谓不自量者矣。既经县断迁去瓦棺，又留土堆，复而捏讼，刁悍可恶，本当重究，姑念无知，且自愿刬平，姑杖警之。招详。

察院批语： 陈若用瓦棺盗葬风水，得迁去瓦全，幸矣。返诬发冢，何为自愿刬平？姑依拟赎杖发落实收缴。

8. 南安刘林乡侯姓控争六世祖坟案（清）

资料载于南安刘林乡《刘氏祖谱》，民国十八年（1929 年）刻本。侯（刘）陈之控争时间为清光绪壬辰年（1892 年）。根据谱中《光复刘氏世系考》记载，刘氏先祖受奸人冤杀，林元帅搭救，侯子代祸，先祖易姓为侯，后又把定居村庄命名为“刘林乡”，暗藏祖先真姓，并嵌恩人林氏。民国一十八年（1929年）经乡里先贤研究决定才光复刘姓。

（1）控争六世祖坟首呈存稿（申庭光训）

具佥呈人十都刘林乡原告武生侯廷鸿、侯应元、侯维新、侯光昭，武举侯廷衡，监生侯澄波，生员侯赞元、侯胜辉，监生侯源书、侯图草等，为藉索不遂会毁攻家，佥恳亲临履勘谕止律办事：

窃鸿等六世考妣祖坟，大明年间葬在本都磨内山，坐艮向坤，世管祭扫无异。因年久崩损，众议于五月十三日到坟修理，至十五日完竣，毫无异言。罔料本都苦奄乡陈抱住屋在鸿等祖坟右边，前年起盖，截伤祖坟内水，鸿等阻当，抱不得起盖护厝，正厝亦不得超脊，只用圆头，方无射伤祖坟，以此挟恨，遂听土豪陈墙、陈树主唆藉，称此山是伊现管，突向鸿等勒索礼银不遂，胆于十六日纠会陈惜、陈剑等逞凶，将鸿祖坟毁掘。鸿等闻知，心裂欲向抱等理较复听，陈墙陈树主画倏然鸣鼓传众，各执铳械，蜂拥攻家，鸿等奔回，幸脱虎口。现日夜迫斗，鸿自守本地，时时约束子侄，但抱等与鸿等乡里比连，窃恐攻其不备，祸延旦夕，非蒙亲临谕止履勘，一面严拏抱等到案律办，贻害胡底，合亟望光。呼叩老父台执法如山，恩准如乞批行。切叩。

壬辰（1892年）八月施府宪断结堂谕：两造各执一词，对质多堂，侯姓所指磨内山与家谱尚属相符，陈姓所指之后岭山则与木主内石壁仑不相符合。本府秉公酌断，应将坟断给侯姓承管，陈姓狃于积习，欲行祭扫，听其便，但不准与侯姓争执此山，断为公山。两造均不准迁移进葬，以息讼端。各取具切结，附卷一面，由府详销可也。此谕。

（2）壬辰十月初三请发结稿

为呈请酌订未蒙批示，恳迅批发并准督脩详覆事：

痛训六世祖坟惨被陈懿德等捏诬混争，负冤上控，蒙臬宪抄奉督宪，先后催饬仁宪提集覆，断结“如两造再不遵依，即照例从严详办，以杜刁告而断葛藤”等因，训遵奉赴案，蒙仁宪自七月初五日提集覆讯数堂，陈树惧罪，抗不到案。至八月廿八日，再蒙覆讯，断结“当当断令陈树捐银四百大元充公，以当罚赎。该山断作公山，该坟断归训等承管”。仁宪当堂硃书立案，令传供书宣读，训伏读宪谕。硃书有云“侯姓所指磨内山与家谱尚属相符，陈姓所指之后岭山则与木主内石壁仑不相符合。本府秉公酌断，应将山坟断给侯姓承管，陈姓狃于积习欲行祭扫应听其便。但不准与侯姓争执此山，断为公山。两造均不得迁移进葬，以息讼端”等谕，仰见廉明，洞悉民隐，训当堂供称“陈姓如欲祭扫，应作侯姓子孙”，抱当堂供称“欲作无名氏废坟”，荷沐仁宪爱民息讼，再三劝诫，二比当堂各具遵依，切结画押，各交代保带候填写完案。迨上月三十日发出结稿，与堂谕堂供稍异，亦未明晰。训细查来由，始知招书受陈贿嘱，弊漏堂供，混拟结稿。遂于上月初一日，恳请酌订结稿，并请准予委员督脩祖坟。历叙前呈，未蒙批示。训亦知此案既蒙断结，自应静候，毋庸再渎。特因训现续修宗谱并董脩宗祠，两役交迫，似难旁诿淹留。府邸且案定断已久，理合各具切结，以备录祥，不得不粘抄堂谕，渎叩青天大人执法如山，恩迅酌定结稿批发，俾训并懿德等各具遵依，填写完案，并准予派委督脩，一面录案，详覆。沾恩切叩。壬辰（1892 年）十月十六日发出结稿，两造填写完案。

9. 永春湖洋郑刘两姓控争房基案（清）

资料摘自《永春仙溪郑氏族谱》（清刻本）卷一。郑氏开基祖进二郎西峰公（生年不详，卒于 1407 年）系元季从龙岩来永春湖洋仙溪定居，子孙再迁永春、仙游等地。

（1）美阪形胜记（来孙琳记）

美阪形胜，一望平畴衍沃，齐云诸峰屏其后，吉潭一水绕其前。登高而望，蔚乎若玉带之环焉，洵千古聚族之盛也。顾其始，皆属荒坡，榛莽荟翳，每为恶兽毒蛇所凭。太高祖以儿孙七人小居于此，披榛辟草，地势敞然宏开，美阪山麓建祠宇一座，以奉祖先；傍则架容轩楼，为子孙修业地。延间水溁洄而下，则居室焉。室之右则当美阪之阳，巍巍土堡，为都内一巨观。堡以前詹鲁公宅在焉，坐南拱北，接乎刘姓，为美阪上游而与詹鲁公比连。而面东者，纯朴公之宇也。堡以后如人吐舌，雁塔山下特音公居之。沿山之麓为西山之坡，高祖拱辰公二屋相连，规模又极宏敞。其在墩美，面挹狮峰，和平公之居，又与拱辰公若相对。其后五房孙曾筑室架轩，各增式廓要皆傍依祖址，各峙方隅而因思是土也。巨姓若刘，杂若罗、夏，不能为争。而独留以为高祖有试行其里，自首至尾，约有二千余步，对宇望衡，悉子姓宗支、伯叔兄弟。所谓毋滋他族实偪处，此其可忘所自乎？盖祖宗功德之留贻远矣。

逮光绪十八年（1892 年）七月，西莲刘姓新盖房屋，迫伤九世与十世两祠。知同生员一经等赴州呈告。两造覆讯，蒙张宪堂谕："刘宝才业已到案，讯刘对扬等，众口一词，即着具结存案。嗣后郑刘两姓比邻而居，各有田园差错其间。倘不共敦和好，即不盖屋，亦难安居。本州行将去位，期斯民相率和平，永享升平之福也。"蒙谕，奎等邀同才等具结在案，凛尊公断，讵刘意欲图翻。十月，沈宪诣勘。十一月覆讯，复蒙堂谕："卷查前州堂谕，己地己盖。今刘奎族众不允郑善知在伊祖宇三十弓之外己地起盖，以伤碍祖宇为借口，则刘奎亦不得在郑姓祖宇左近己地起盖。推己度人，此心同此理亦同。二比另行择地可也。着郑刘房族各长，为二比备席和面，以释讼嫌，即取具遵结完案。"

诣勘丈量注说附：

自郑善知起基中间，量至刘姓祖宇墙基中止，相距三十弓零一尺。[1]

自郑善知下田岸，量至起基处，相距四弓。

自郑善知上田岸，量至起基处，相距六弓。

自刘奎起基田案，量至郑姓祖宇石坽，相距三十四弓零一尺。

自刘奎起基处，量至郑姓十世祖墙基，相距三弓（系詹鲁公派居之）。

自郑善知坟前，量至刘奎起基后墙，相距一十三弓半（系瓦葬连坡叔，今无传）。

---

1. 弓，旧时丈量地亩的计算单位，1 弓等于 5 尺（约 1.67 米）。

（2）美阪郑氏祖宇图

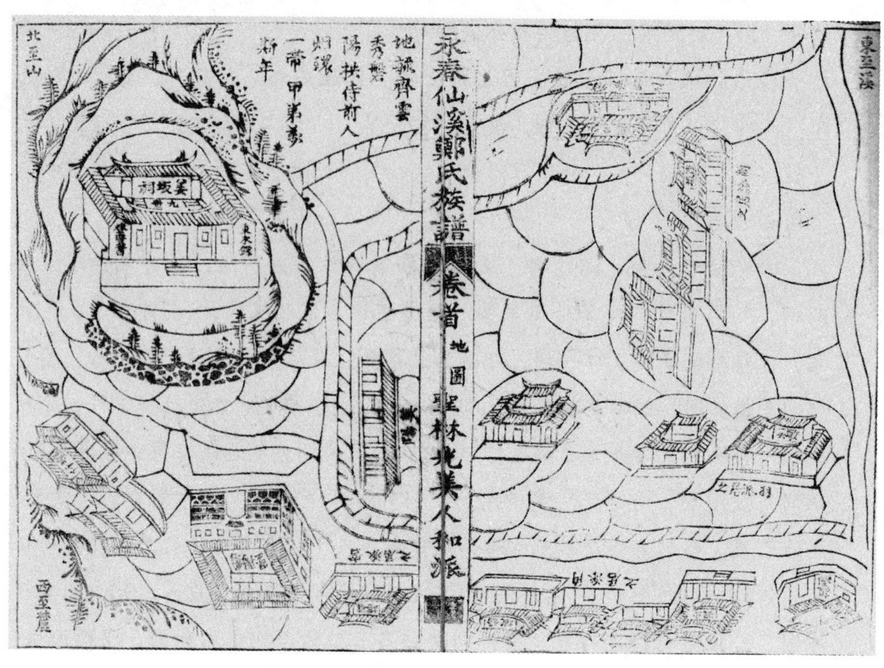

10. 永春蓬莱巷梁氏畬园判令永作校园案（民国）

资料摘自《永春蓬莱巷梁氏族谱》“杂志”，民国十八年（1929 年）重修刻本。中国闽台缘博物馆梁白瑜女史提供资料，特此致谢。

（1）上菜园判词

肖潭公坟前畬园充作本乡校园缘起：人生无百年不毙之躯，死有七尺容棺之地。谁不欲窀穸长存，夜台永固，无如沧桑世景，与废靡常。或子孙式微而失于追远报本，或碑铭湮没受占。夫强族势家，苟无一二仗义者出而力争，则有名吉壤恐为黠者所觊觎。兹因祖叔肖潭公坟前荒地被绳全、来春占盖，族众激于公愤，绳藩、祖清、绳渊、绳春、祖金、祖添、祖振等呈控折毁，蒙本县长及泉州法院判令永作校园。

判词附录：

主文：两造争执之地，归合族共有，作进化学校园并改益之。原告所布置之屋基材料拆除之。

事实及理由：缘梁普童公与长子肖潭均葬上菜园垅仔头，两坟相距不过十余丈，中间坪地。原告梁绳全等于民国十五年（1926年）欲就此地盖屋，梁普童公派下仁义礼三房仝立合约，不许子孙盖屋，阻制之。据原告状称"十五年秋在垅仔头盖屋，被人焚毁，今年仍引续盖，请求备案，未准"。越二日，复状指"前被梁绳藩、祖清等放火焚毁，今于古历十二月十三日就原地续盖，二十日梁祖金等复听主谋纠众阻闹，并掘壁搬料而去"。旋据"梁祖金以普童公葬上菜园，地段距仁房肖潭公坟相隔匪遥，中有园坪原属公地，于十五年各房合约认为禁地。梁绳全贪图占盖，移甲作乙，影射混争，并于是年八月经藩清等请县存案，充作进化校园，请求制止盖屋。"等情，反诉之。查核该地土名不一。

一据原告持出家谱载，普童公葬上菜园，肖潭公葬垅仔头，然两坟不过十余丈之地，中无天然与人造界可分。故反诉人等以上菜园俗呼南阳垅仔头，合并一块，则两土名合混一处也。

二据原告持出产册所载，粮额除垅仔头产二厘外，馀并无垅仔头及上菜园之产，即《诗书礼易阄书》所载后头畲是否垅仔头，亦无从查考。而反诉人持产册，普童公梁荣子拔亦有垅仔头、上菜园等名，莫衷一是。且远代土名变换不一，无旧契以根据，无界址以凭藉。盖屋、折屋竞争迭起，同类相残，殊非乐观。

三据反诉人所持合约内载，仁义礼三房均有署名画押，此种意思出于保护祖坟，对于公共权亦足维持。既已取得合族同意，依民律一千零六五条规定，认为合法。

兹为维持全族和平及公共利益起见，将该地归为普童公派下共有，作进化学校园地，则双方之纠纷可免，而两坟前后亦无妨碍。于公于私，均沾利益。依上论结，爰为判决，如主文。

永春县长：陈应魁。

承审员：周国瑛。

应讯：梁祖金、绳渊、绳春、祖添、祖振。

原告不服，上诉。经晋江地方法院驳回。判词附载。

右两造因园地涉讼一案，控告人不服。永春县政府于民国十八年三月十六日所为第一审判决提起控告，本院审理判决如左：

主文：控告审诉讼费用，归控告人员负担。

理由：按控告案件上诉人未预纳审判费，经审判长限期补缴。上诉人若逾期不纳，即程式未备，为不合法，以决定驳回。此高法院解字一一七号早有先例，亦依民律五百三十八条所规定，本巡查控告人尚未缴纳审判费，经决定限期补缴。延今多日，并不遵行。依上法条，应将本件控告驳回之。本审诉讼费亦着控告人负担。特为决定，如主文。

民国十八年（1929 年）五月九日。

福建晋江地方法院民事审判长、推事：韩潮。

副推事：张光龙。

（2）建筑南阳学校记

天运有时而变迁，人事因世为转移。至于国家制度亦随潮流以改革。自毛血变为火化，巢窟变为宫室，结绳变为文字，中国数千年来自洪荒变为文化。降及今世，欧风美雨，日渐涵濡，运会所趋，岂能安常守旧？易曰："穷则变，变则通，通则久。"此变科举为学堂，尤为当今急务也。迩来京师滬上有大学堂之设矣，而村镇之中学、小学亦已次第举行。但府县与学有公款什捐，可拔补助。至于乡村，贫者多而富者少，欲以建筑校舍、聘致教员，种种巨费弥缝，苦于无术。汲深绠短，徒唤奈何耳。虽迎神赛会，无益之需，不惜挥霍，而公益之事，解囊捐助，寥寥无几。是公益之费转不敌无益之开销。呜呼！此举学之难也！乃有乡长梁绳藩、祖淮、祖清三君，稔知兴学为地方要素，而兴学宜先盖校舍，以为储才之地。于是择适中之地点，因克期以落成，以乡民之苦于负担也，乃节省迷信费以助建筑，又恐族众之观望也。藩竟先交二百元以为倡，从此为地方培人才，为青年造幸福，功莫大焉。校舍方七丈四尺，轩厂幽雅，有讲堂，有宿舍；莳花有园，踢球有场，泱泱乎大观也。是役兴工于庚午（1930年）春讦，半年而竣事，可谓速矣。提倡建筑、殚厥心力者，惟绳藩君也。雇工督造、不避风雨者，绳芳、祖添、绳甘诸位也。例得并志芳名，候泐贞珉，以垂不朽。

岁民国十九年庚午（1930年）孟春上浣。

蓬壶吕景先撰。

（3）牵涉纷争坟图暨南阳校舍图

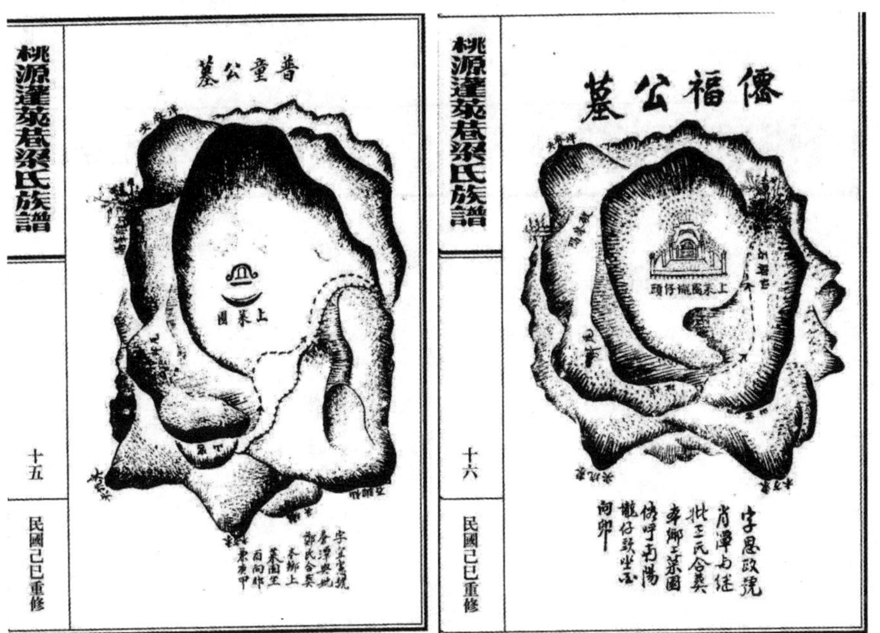

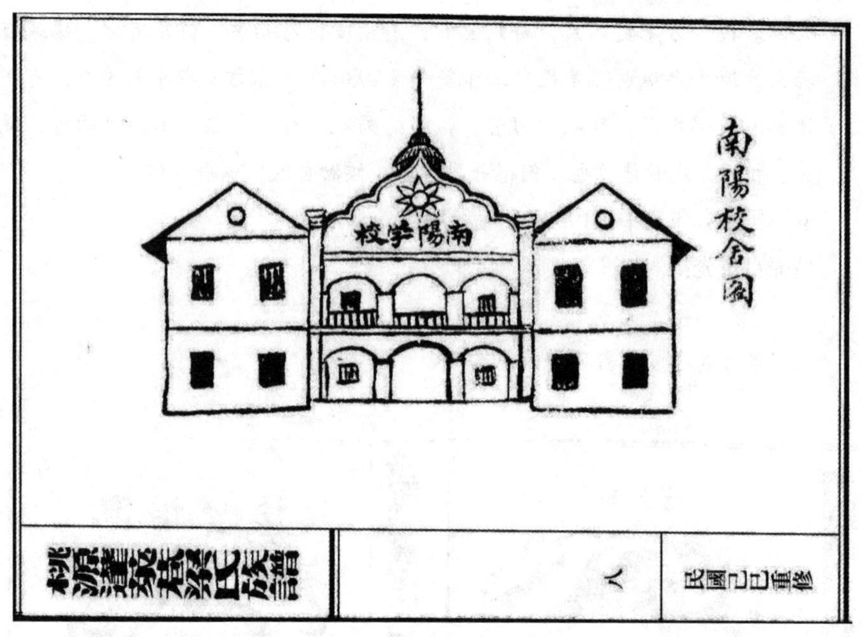
南陽校舍圖
南陽学校
八
民國己巳重修

附录五

《晋江古檗山庄题咏集》拓本摘录

古檗山庄，位于晋江市东石镇檗谷村北。民国五年（1916年），旅居菲律宾巨商黄秀烺（字猷炳，1859—1925年）于此亲营家族兆域，“思仿古人族葬之法”。山庄格局“就其形势”，兼顾风水，如家茔前设半月形荷花池，池岸用低栏围护，与闽南私人墓形之坍池相仿，以藏风聚气也。黄氏礼请乡绅及各界名流题咏，铭刻于山庄中。士绅、权贵大多濡染儒学，精通书法，虽祈尊古法，却未尽恶形势之说。

兹从《晋江古檗山庄题咏集》[民国二十一年（1932年）拓本，厦门大学图书馆藏]中，摘录林纾、康有为、吴昌硕等名家拓本，以管窥身陷“新思潮”之士绅、名流之“旧观念”。

1. 林纾《黄氏古檗山庄记》

林纾（1852—1924），原名群玉、秉辉，字琴南，号畏庐、畏庐居士，别署冷红生。晚称蠡叟、践卓翁、六桥补柳翁、春觉斋主人，闽县（今福州）人。与王寿昌、魏易、王庆骥、王庆通等合译外国小说二百余种，被誉为“译界之王”。严复《甲辰出都呈同里诸公》诗云：“孤山处士音琅琅，皂袍演说常登堂。可怜一卷茶花女，断尽支那荡子肠。”

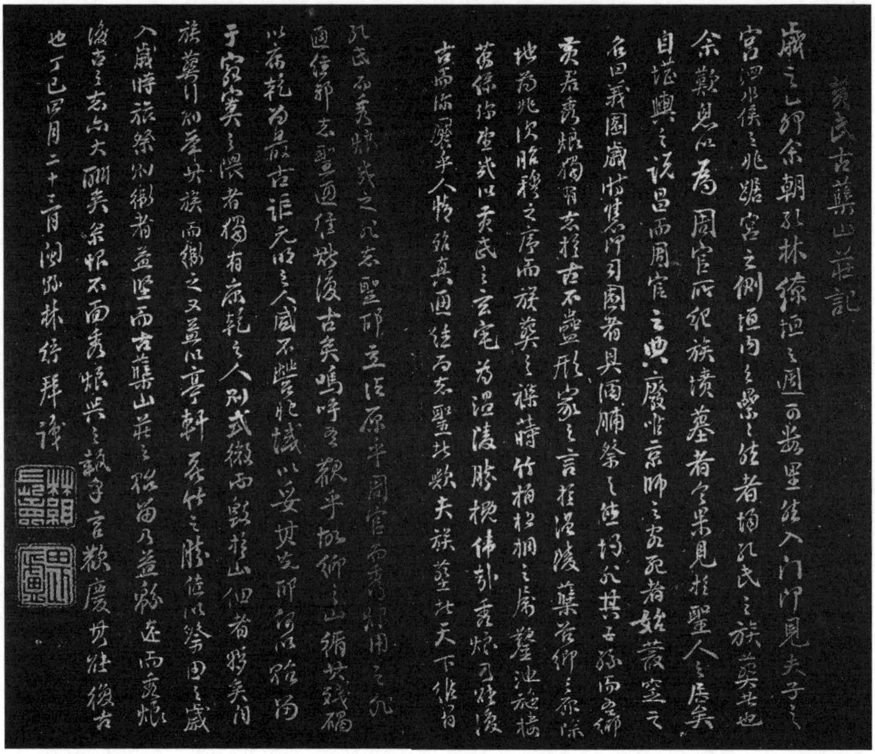

2. 康有为《古檗山庄图记》

康有为（1858—1927 年），名祖诒，字广厦，号长素，广东南海人。光绪二十一年（1895 年）进士，发动“公车上书”，极陈时局忧危，变法维新。戊戌变法失败，逃亡海外。辛亥革命后，鼓吹“虚君共和”，力倡孔教。民国六年（1917 年），策划清逊帝溥仪复辟。晚年办天游学院，讲授国学。书法精湛，人称康体。《广艺舟双楫》力倡碑学，尊魏卑唐。

古檗山莊圖記
凡物精氣必有所聚地形之
有結穴也猶樹木之孕花果
也藏骸于地氣所結聚如得
良果而食之不亦善乎惟地穴
秀烺乃行古族葬禮為古檗山
莊因佳山水盡飾為宮室園圃
美妙甚花木以樂先人之魂庶
幾家而好禮者乎庚申三月
南海康有為題記

3. 吴昌硕《古檗山庄图题识》

吴昌硕（1844—1927 年），初名俊、俊卿，字昌硕、仓石，晚年以字行，别号苦铁、破荷、大聋等，浙江安吉人。幼喜刻画，三十研石鼓文，不惑学画，善用篆隶古籀之法，花卉具金石味。精篆刻，融皖派、浙派之长，汲秦汉印精华，为“海上画派”领袖。

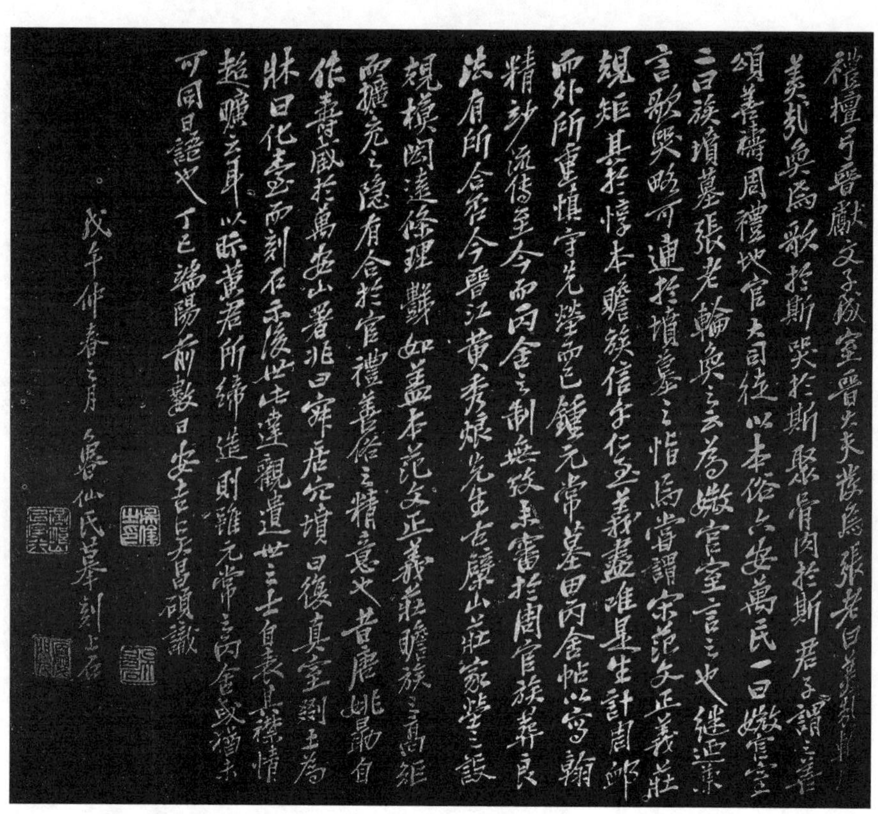

4. 郑文焯《古檗山庄记》

郑文焯（1856—1918 年？），字小坡，一字俊臣，号叔问，别号大鹤山人，又号石芝崦主人，别署冷红词客。内务府汉军正白旗人，本山东高密郑康成裔。清光绪二年（1876 年）进士。濡染家学，工诗词，通医理，精金石考证之学，工诗及篆刻。善画，山水高古。花卉有徐渭余韵，亦善人物。晚年居沪渎，行医，鬻书、画以自给。著《大鹤山房集》。

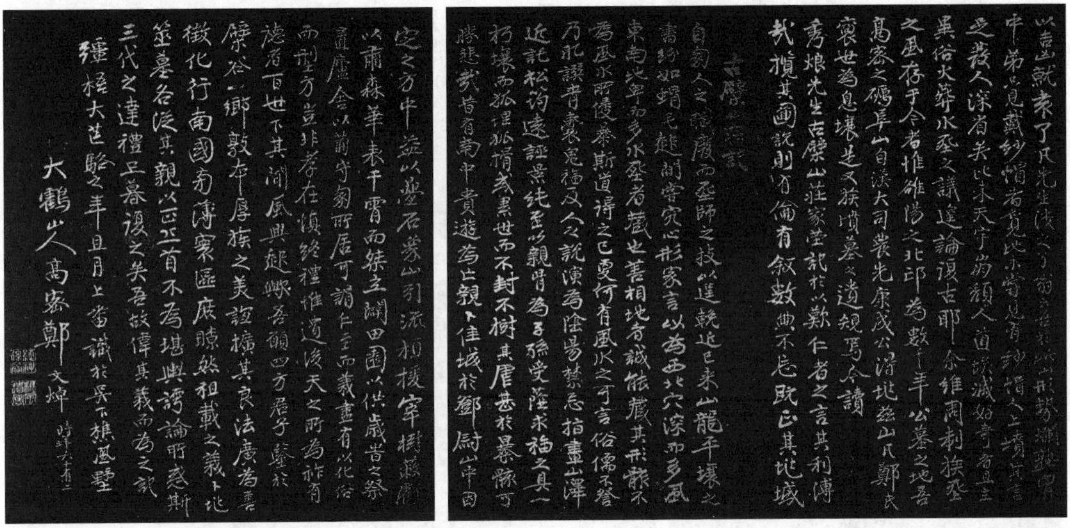

5. 陈衍《古檗山庄图题记》

陈衍（1856—1937 年），字叔伊，号石遗。侯官（今福州市）人。清光绪八年（1882 年）举人。曾入台湾巡抚刘铭传幕。光绪二十四年（1898 年），居京城，为《戊戌变法榷议》十条，提倡维新。清亡后，在南北各大学讲授，编修《福建通志》，与章炳麟、金天翮共倡办国学会，任无锡国学专修学校教授。通经史训诂之学，诗倡“同光体”，与郑孝胥同为闽派诗之翘楚。

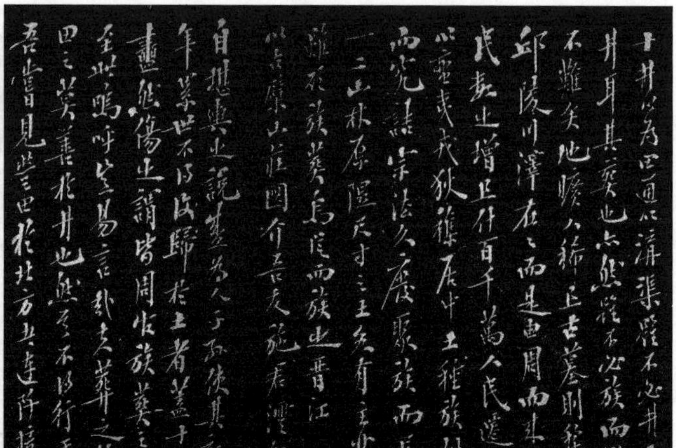

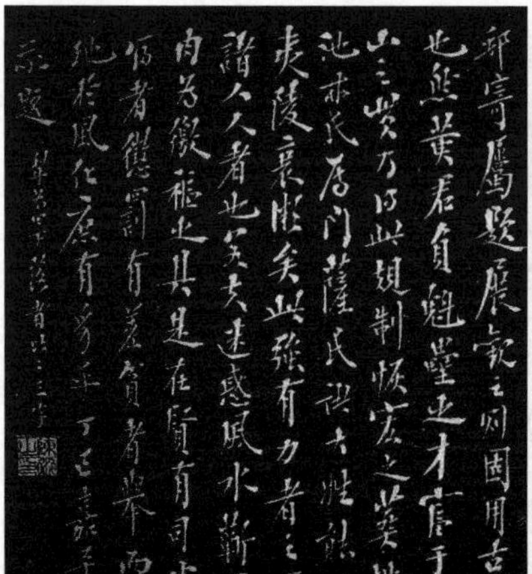

6. 梅兰芳《奉题黄氏檗庄图》

梅兰芳（1894—1961 年），字畹华，江苏泰州人，京剧表演艺术家，创立京剧旦行流派——梅派，与程砚秋、尚小云、荀慧生并称“四大名旦”。抗日战争期间，蓄须明志。中华人民共和国成立后，历任中国戏曲研究院院长、中国戏曲学院院长、中国京剧院院长等职。

7. 谭延闿《古槃山庄图题记》

谭延闿（1880—1930 年），字组安，号无畏。湖南茶陵人。清光绪三十年（1904 年）进士，授翰林院编修。民国期间曾任湖南督军、省长、湘军总司令、国民政府主席、行政院院长等职。

自族葬之法不行而形家言乃大勝名賢大儒或不得免焉先公嘗病之欲營高敞地以復古昔此願未果延闿兄弟當大事亦囿於習俗不能奉行先志今讀黄君古槃山莊圖記信當代之有達人為之慙恧敬題數語以自識也 庚申臘八日譚延闿

主要参考文献

第一部分：史料

一、族谱

长汀闽汀龙足乡《邹氏族谱》，新奕堂编纂，敦本堂铅印本，厦门大学复印本，1996 年。

长汀《马氏大宗族谱》，孝思堂活字本，厦门大学复印本，1996 年。

长汀《赖氏族谱》，长汀赖氏首届联修族谱理事会编，1999 年。

福州《虎邱义山黄氏族谱》，黄尊杰修辑，民国年间铅印本。

《福州郭氏支谱》，清郭则寿编，民国九年（1920 年）刊本。

福州《雁门萨氏家谱》，萨镇冰、萨嘉羲同续修，民国二十四年（1935 年）刊本。

福州《陶江林氏族谱》，林志崇、林恭襄等修，民国十八年（1929 年）铅印本。

福州《颍川陈氏族谱》，陈尔履纂修，民国六年（1917 年）铅印本。

广东揭西河婆《黄氏统宗谱》，1992 年编修。

华安《银塘赵氏族谱》，清赵紫绶、赵鲲飞编纂，清乾隆二十七年七修稿本。

华安《蒋氏宗谱》，华安蒋氏宗谱编纂委员会编纂（蒋一婷主编），2005 年印本。

华安岱山宝山《郭氏族谱》，明隆庆十七年重修本，清光绪十六年（1890年）再钞补本。

华安马坑《李氏族谱》，民国年间刊本。

侯官《云程林氏家乘》，民国二十七年（1938年）铅印本。

惠安《锦秀庄氏族谱》，惠安科山庄应祯史迹陈列馆，翻印本，1987年。

建阳《庐峰蔡氏族谱》，蔡乃清主修，清光绪三年（1877年）修，建阳蔡氏济阳堂刊本。

江西《严溪彭氏三房二修支谱》，清刻本。

晋江《陈江陈氏五房五家谱》，清陈重绳修，抄本，1963年。

晋江《晋邑庄氏族谱》，明庄际昌重修刊本。

晋江《陈埭丁氏回族宗谱》，庄景辉编校，香港：绿叶教育出版社，1996年。

晋江虹山《彭氏族谱》，民国二十年（1931年）重修刊本。

连城四堡《马氏族谱》，敦本堂铅印本，厦门大学复印本，1996年。

龙海角美《郭氏族谱》，郭天锦编纂，清康熙二十四年（1685年）稿本。

龙溪芹霞《宋氏前厝派次房家谱》，清宋进兴修辑，光绪十八年（1892年）稿本。

闽清《颍川陈焘公系千郎宗谱可行支谱》，闽清塔峰梅谷（渡口）可行支谱编委会编，1998年。

南安《诗山凤坡梁氏宗谱》，清梁焜兆等重纂，台北：龙文出版社，1993年。

南安《武荣英山洪氏族谱》，清抄本。

南安蓬岛《郭氏家谱》，民国十年（1921年）重修刊本。

南靖阪场《李氏祭祖簿》，清道光十六年（1836年）抄本。

南靖船场赤坑《庄氏家谱》，清末抄本。

南靖船场赤坑《庄氏图谱》，清光绪二十年（1894年）抄本。

南靖船场赤坑《桃源古图录庄氏族谱》，清乾隆抄本。

南靖高才社《徐氏族谱》，抄本。

南靖葛竹《赖氏族谱》，清赖征祥编纂，清光绪十二年（1886年）稿本。

南靖葛竹《赖氏族谱》，葛竹赖氏族谱编纂委员会编纂（赖束主编），1999年。

南靖龟洋《庄氏族谱》，庄兆祥承录，庄成国承抄本，1963年。

南靖和溪《林氏世系家谱》，抄本。

南靖和溪《李氏族谱》，清抄本。

南靖《和溪乐土黄氏族谱》，黄土江藏，抄本。

南靖和溪高山《刘氏族谱》，清光绪二十七年（1901年）重修本。

南靖和溪月水《黄氏族谱》，清光绪二十二年（1896年）稿本。

南靖后溪寨《王氏族谱》，王材编纂，清光绪二十二年（1896年）修稿本。

南靖奎洋《庄氏族谱》，十世期魁系，清光绪抄本。

南靖奎洋《庄氏族谱》，清同治六年（1867年）重修本。

南靖奎洋《庄氏族谱》，十一世弥庚系，清光绪抄本。

南靖奎洋《庄氏族谱》，十一世昭毅系，明编清光绪补抄本。

南靖奎洋《庄氏族谱》，十一世昭毅系，清宣统抄本。

南靖奎洋《庄氏族谱》，十四世贞裕房，清康熙抄本。

南靖奎洋店美仁和《庄氏族谱》，五世敬旺岩岭开基祖系，清光绪抄本。

南靖奎洋上洋《庄氏家谱》，十世友平系，清光绪抄本。

南靖奎洋上洋《庄氏坟墓考》，民国九年（1920年）抄本。

南靖奎洋上洋《庄氏族谱》，民国十一年（1922年）抄本。

南靖奎洋上洋埔头《庄氏族谱》，清光绪抄本。

南靖奎洋松峰村《庄氏族谱》，清光绪抄本。

南靖奎洋下峰庄炎上《庄氏族谱》，抄本。

南靖默林北垄光裕堂《魏氏族谱》，清光绪二十八年（1902年）稿本。

南靖十八家村《郑氏族谱》，抄本。

南靖书山《萧氏族谱》，萧仰高编纂，清光绪三十二年（1906年）稿本，1949年重抄本。

南靖书洋阪寮《李氏族谱》，抄本。

南靖书洋枫林《简氏六世天佑系谱》，简醇编纂，清道光五年稿本。

南靖塔下《张氏族谱》，民国三十年（1941年）铅印本。

南靖梧宅罗山《赖氏族谱》，清光绪三修稿本。

南靖松洋《庄氏族谱》，清宣统三年（1911 年）重修本。

平和《宏农杨氏房谱》，清杨玉清修，清同治九年文华堂邱爱庆梓。

平和《弘农杨氏平和谱》，杨氏渊源研究会编纂（杨敦慎主编），1999 年稿本。

平和《周氏霞山世系谱》，民国二十年（1931 年）二修稿本。

平和《林氏家祖族谱来历经书》，林泰山抄本，1996 年。

平和管溪西山《李氏族谱》，李敬宗编纂，清宣统抄本。

平和侯卿《陈氏印宗公家谱》，陈玉瑛纂修，清同治八年（1869 年）稿本。

平和芦溪《郑氏族谱》，民国二十四年（1935 年）抄本，不分卷。

平和五寨《锦绣庄氏族谱》，抄本。

平和心田《赖氏族谱》，清光绪十年（1884 年）稿本。

莆田《郑氏族谱》，清郑惠元编纂，道光二十八年（1848 年）刊本。

莆田《莆阳砻溪黄氏宗谱》甲乙丙 3 辑，清黄邦士辑，手抄本。

莆田《蒲阳刺桐金紫方氏族谱》，方尚祖纂，明崇祯十五年（1642 年）重修，抄本，1964 年。

《莆田浮山东阳陈氏族谱》，中国国家图书馆藏。

《浦城詹氏族谱》，詹贤拔主修、詹程勋纂，清光绪三十二年（1906 年）续修，浦城詹氏刊本。

《浦城西溪黄氏世谱》，黄锦澜纂，清嘉庆七年（1802 年）重修，清浦城黄氏刊本。

浦城《渤海西吴宗谱》，吴懋基主修，清光绪十七年（1891 年）修，豫章集贤堂刊本。

浦城《崔氏合修族谱》，清崔君佐修，清同治十一年（1872 年）修，浦城崔氏宗祠刊本。

浦城《重修徐氏族谱》，徐裴纂，民国三十五年（1946 年）铅印本。

浦城《莲湖祖氏族谱》，祖国钧纂，清光绪二十五年（1899 年）修，清刊本。

泉州《丁氏族谱》，清丁仪等修，手抄本。

泉州《郭氏族谱》（回族），福建师范大学图书馆藏抄本。

泉州《泉州回族谱牒资料选编》，泉州历史研究会编，泉州文献丛刊第3种，1980年。

泉州百崎《郭氏族谱》，手抄本，年代不详。

泉州新榜《吴氏家谱》，清末民初抄本。

上杭《西河林氏族谱》，民国年间刻本。

上杭《仙村邓氏族谱》，重修印本，2000年。

上杭《梁氏族谱（安定郡忠公系）》，安定郡梁氏忠公系修谱理事会编，年代不详。

上杭《胜运乡曹田丘氏族谱》，重修印本，2002年。

上杭珊瑚乡《陈氏三十四郎一脉宗谱》，陈福兴主修，民国二十九年（1940年）刻本。

上杭《闽杭包氏族谱》，印本，1996年。

上杭《中都丘氏族谱》，文经总编，1996年。

上杭《李氏史记》，李氏火德公总祠李氏史记编辑小组编，铅印本，1999年。

上杭《李氏族谱》，上杭稔田李氏大宗祠管理委员会编，1998年。

上杭《闽杭田背乡刘氏家谱》，民国十年（1921年）三修，宏文馆藏版。

上杭院前《李氏族谱》，清李英华、李诚敬编纂，清光绪三十四年（1908年）刻本。

邵武《樵西古潭何氏宗谱》，清刻本。

台湾《重修五美派心田卜隆系赖氏家谱》，赖长荣编纂，民国二十年（1931年）稿本。

台湾嘉义《张氏大宗谱》，张明树主编，铅印本，1978年。

武平《陈氏联族宗谱》，出版不详。

武平县象洞《何氏族谱》，编印本，1996年。

厦门《西河林氏族谱》，清林捷云修，厦门林氏宗祠民国二十三年（1934年）刊本。

仙游罗峰《傅氏族谱》，清刻本，民国十五年（1926年）重修铅印本。

永春《泉州桃源庄氏族谱汇编》，厦门：厦门大学出版社，1999年。

永春《桃源太平李氏族谱》，重印本，1999年。

永春《桃源仙乡郭氏宗谱》，清道光四年（1824年）重修本，整理本，1996年。

永春《桃源岩春杨氏族谱》，清抄本。

永春《桃源美山林氏族谱》，民国十七年（1928年）刻本。

永春《桃源辜氏宗谱》，清宣统年间（1909—1911年）刻本。

永春《儒林宋氏族谱》，民国年间刻本。

永春南美《夏氏族谱》，手抄本，当代。

永春山城《蔡氏族谱》，清抄本。

永定《陈氏族谱》，编印本，1998年。

永定《彭城刘氏礼簿本》，清代手抄本。

永定《徐氏族谱》，编印本，2002年。

永定《吴氏宗谱》，修编本，1995年。

永定《广平游氏族谱》，永定大溪游氏家族修谱委员会编，1999年。

永定江陵《熊氏祥人公家谱》，印本，2001年。

尤溪《紫阳朱氏建安谱》，明朱莹撰，明崇祯年间（1628—1644年）修，尤溪县文化馆重印，1982年。

漳浦赵家堡《赵氏玉牒》，民国乙丑年（1925年）五修稿本。

漳浦浯江《乌石林氏族谱》，林拱海主编，民国稿本。

漳州《天宝韩氏族谱》，民国十四年（1925年）手写墨书稿本。

漳州圭海《许氏世谱》，清许朝瑛、许文焕编纂，清雍正八年（1730年）刻本。

漳州《颍川陈氏开漳族谱》，陈祯祥纂，民国五年（1916年）木刻本。

漳州《白石丁氏古谱》，漳州方志办影印抄本。

漳州《庄氏世系族谱》，庄宝与汇集，民国十一年（1922年）抄本。

漳州梅溪《陈氏族谱》，抄本。

安溪钟山《易氏宗谱》，民国二十九年（1940年）重修，铅印本。

诏安秀篆《游氏龙潭楼系谱》，清宣统（1909年—1911年）稿本。

浙江龙游贺庄清河《傅氏宗谱》，傅寿祺编纂，民国八年（1919年）刻本。

《柏埔洪氏家谱》，洪福增编印（台湾出版），1993年。

《刘氏大族谱》，刘阿亨、江万哲等编，台中：新远东出版社，1962年。

《林氏族谱》，林英富、江万哲等编，台中：新远东出版社，1962年。

《闽台关系族谱资料选编》，庄为玑、王连茂编，福州：福建人民出版社，1984年。

《那霸市史·资料篇》“家谱资料”，那霸市企画部市史编集室，1980年。

《台湾吴氏族谱》，吴金璋撰编，台湾彰化县吴氏宗亲会，1993年。

《漳州氏族源流汇编》第1辑，漳州市地方志编纂委员会、漳州市氏族渊源研究会编，自印本，1992年。

《庄氏族谱》，台湾高雄庄氏宗亲会编，台中：新远东出版社，1967年。

《中国南方回族谱牒选编》，马建钊主编，南宁：广西民族出版社，1998年。

二、方志、类志、寺庙志

〔宋〕梁克家:《淳熙三山志》,《景印文渊阁四库全书》第484册，台北：台湾商务印书馆，1983年。

〔宋〕胡太初修、赵与沐纂:《临汀志》，福州：福建人民出版社，点校本，1990年。

〔元〕《徐仙翰藻》,《道藏》第35册，北京：文物出版社、上海：上海书店出版社、天津：天津古籍出版社，1988年。

〔明〕周华:《兴化县志》，明正统间修，民国二十五年（1936年）张国枢重校排印本。

〔明〕黄仲昭修纂:《八闽通志》（上下），福州：福建人民出版社，1990—1991年。

〔明〕陈能修、郑庆云等纂:《延平府志》，天一阁嘉靖四年（1525年）刊本，上海：上海古籍书店，1964年。

〔明〕范嵩修，谢纯、汪佃等纂:《建宁府志》，天一阁嘉靖二十年（1541年）刊本，上海：上海古籍书店，1964年。

〔明〕冯继科修、朱凌纂:《建阳县志》，天一阁嘉靖三十二年（1553年）刊本，上海：上海古籍书店，1964 年。

〔明〕叶春及:《惠安政书》，福州：福建人民出版社，1987 年。

〔明〕叶溥、张孟敬纂修:《福州府志》，福州：海风出版社，2001 年。

〔明〕徐𤊹纂辑《雪峰志》，清乾隆二十年（1755 年）重刊本，扬州：江苏广陵古籍刻印社，1996 年。

〔明〕何乔远:《闽书》，福州：福建人民出版社，1994 年。

〔明〕冯梦龙撰，陈煜奎点校:《寿宁待志》，福州：福建人民出版社，1983 年。

〔清〕刘佑修，叶献论、洪孟瓒纂:《南安县志》，清康熙十一年（1672 年）刊本。

〔清〕刘旷纂修、赵良生增修:《武平县志》，民国十九年（1930 年）排印本。

〔清〕祝文郁修、李世熊纂:《宁化县志》，清康熙二十三年（1684 年）刊本，同治八年（1869 年）重刊本。

〔清〕邓其文纂修:《瓯宁县志》，清康熙三十二年（1693 年）刊本。

〔清〕潘拱辰纂修、黄鉴补遗:《松溪县志》，清康熙三十九年（1700 年）刊本，民国十七年（1928 年）重印本。

〔清〕王士俊纂修、王霖纂:《清流县志》，清康熙四十一年（1702 年）刊，抄本。

〔清〕李鋐王柏等修、昌天锦等纂:《平和县志》，清康熙五十八年（1719 年）修，光绪十五年重刊本。

〔清〕曹抡彬等修、朱肇济等纂:《处州府志》，清雍正十一年（1733 年）刊本。

〔清〕徐景熹修，鲁曾煜、施廷枢等纂:《福州府志》，福州：海风出版社，2001 年。

〔清〕陈焱、王纲修，俞荔、陈云客纂:《永福县志》，清乾隆十三年（1748 年）刊本。

〔清〕董天工:《武夷山志》，清乾隆十六年（1751 年）刊本。

〔清〕沈钟纂修:《屏南县志》，清乾隆十七年（1752 年）增补刊本，屏南县地方志编纂委员会点校，1989 年。

〔清〕曾曰瑛修、李拔、熊为霖纂:《汀州府志》，清乾隆十七年（1752年）刊本，同治六年补刊本。

〔清〕庄成修，沈钟、李畴纂:《安溪县志》，清乾隆二十二年（1757年）刊本。

〔清〕宫兆麟、王恒等修，廖必琦、林黉纂:《莆田县志》，清乾隆二十三年（1758年）修，光绪五年（1879年）潘文凤补刊本。

〔清〕吴宜燮修、黄惠、李田寿纂:《龙溪县志》，清乾隆二十七年（1762年）修，光绪五年（1879年）补刊本。

〔清〕陈锳、王作霖修，邓来祚、叶廷推纂:《海澄县志》，清乾隆二十七年（1762年）刊本。

〔清〕薛起凤主纂:《鹭江志》，乾隆三十一年（1766年）修，厦门：鹭江出版社，1998年。

〔清〕郑一崧修，颜铸、林为楫纂:《永春州志》，清乾隆五十一年（1786年）刊本。

〔清〕陈祚康撰:《续修鼓山志》，扬州：江苏广陵古籍刻印社，1996年。

〔清〕谭抡修，王锡龄、高昊纂:《福鼎县志》，清嘉庆十一年（1806年）刊本。

〔清〕魏大名修、章朝栻纂:《崇安县志》，清嘉庆十三年（1808年）刊本。

〔清〕薛凝度修、吴文林纂:《云霄厅志》，清嘉庆十九年（1814年）修，民国二十四年（1935年）排印本。

〔清〕孙尔准、陈用光修，陈寿祺纂:《重纂福建通志》，清同治七年（1868年）正谊书院刊本。

〔清〕怀荫布修，黄佐、郭赓武纂:《泉州府志》，清同治九年（1870年）章倬标重刊本。

〔清〕傅尔泰修、陶元藻纂:《延平府志》，清乾隆十六年（1751年）修，清同治十二年（1874年）补刊本。

〔清〕胡启植修、叶和侃纂:《仙游县志》，清同治十二年（1873年）吴森重刊本，民国十九年（1930年）排印本。

〔清〕裘树荣纂修:《永安县志》，清雍正十年（1732年）修，道光十三年

（1833 年）增刊本。

〔清〕卢凤棽修、林春溥纂：《罗源县志》，清道光九年（1829 年）刊本。

〔清〕周学曾等纂修：《晋江县志》，青江县地方志编纂委员会整理，福州：福建人民出版社，1990 年。

〔清〕周凯修，凌翰、林焜等纂：《厦门志》，清道光十年（1830 年）修，厦门：鹭江出版社，1996 年。

〔清〕孙义修，陈树兰、刘永美纂：《永安县续志》，清道光十三年（1833 年）刊本。

〔清〕彭衍堂、袁曦业修，陈文衡纂：《龙岩州志》，清道光十五年（1835 年）修，光绪十六年（1890 年）补刊本。

〔清〕郭柏苍、刘永松纂辑：《乌石山志》，福州：海风出版社，2001 年。

〔清〕陈池养编：《莆田水利志》，清光绪刊本。

〔清〕董钟骥修，陈天枢、吴正南纂：《宁洋县志》，清光绪元年（1875 年）刊本。

〔清〕潘绍诒修、周荣椿纂：《处州府志》，清光绪三年（1877 年）刊本。

〔清〕沈定均续修、吴联熏增纂：《漳州府志》，清光绪三年（1877 年）芝山书院刊本。

〔清〕王垒、乔有豫修，杨澜、周联奎等纂：《长汀县志》，清光绪五年（1879 年）刊本。

〔清〕李拔纂修：《福宁府志》，清光绪六年（1880 年）刊本，宁德地区地方编纂委员会点校，1991 年。

〔清〕张景祈修、黄锦灿纂：《福安县志》，清光绪十年（1884 年）刊本。

〔清〕杨浚纂：《凤山寺志略》，清光绪十三年（1887 年）刊本。

〔清〕万友正纂：《马巷厅志》，清乾隆四十二年（1777 年）修，清光绪十九年（1893 年）校补刊本。

〔清〕李麟瑞、钮承藩续修，何秋渊继修：《光泽县志》，清道光二十年（1840 年）刊本，清光绪二十三年（1897 年）增刊。

〔清〕翁天祜、吕渭英修，翁昭泰纂：《浦城县志》，清光绪二十三年（1897 年）刊本。

〔清〕戴凤仪纂:《郭山庙志》,清光绪二十三年(1897 年)刊本。

〔清〕饶安鼎、邵应龙修,林昴、李修卿纂:《福清县志》,清光绪二十四年(1898 年)刘玉璋重刊本。

〔清〕王琛、徐兆丰修,张景祁、张元奇等纂:《邵武府志》,清光绪二十三年(1897 年)刊本。

〔清〕罗汝泽、刘以臧修,徐友梧纂:《霞浦县志》,民国十八年(1929 年)排印本。

〔清〕周凯修、林焜熿纂,刘松亭续修、林豪续纂:《金门志》,民国年间抄本。

〔清〕陈汝咸修,林登虎、林绍祖纂,施锡卫续纂修:《漳浦县志》,民国二十五年(1936 年)排印本。

〔清〕张琴编纂:《莆田县广化寺志》,扬州:江苏广陵古籍刻印社,1996 年。

何振岱纂:《西湖志》,福州:海风出版社,2001 年。

钱鸿文、黄体震修,李熙纂:《政和县志》,民国八年(1919 年)排印本。

钱江修、范毓桂纂,吴海清续修,张书简续纂:《建宁县志》,民国八年(1919 年)铅印本。

马和鸣等修,杜翰生、郑丰稔等纂:《龙岩县志》,民国九年(1920 年)铅印本。

杨宗彩修、刘训瑺纂:《闽清县志》,民国十年(1921 年)排印本。

董秉清修、王绍沂纂:《永泰县志》,民国十一年(1922 年)排印本。

卢兴邦、马传经修,洪清芳纂:《尤溪县志》,民国十一年(1922 年)修,民国十六年(1927 年)排印本。

曹刚、高时驾等修,邱景雍纂:《连江县志》,民国十六年(1927 年)排印本。

陈一夔纂修:《甘棠堡琐志》,民国十六年(1927 年)铅印本。

吴栻、刘维浚修,蔡建贤纂:《南平县志》,民国十七年(1928 年)排印本。

陈朝宗修、王光张纂:《大田县志》,民国十七年(1928 年)修,民国二十年(1931 年)排印本。

梁伯荫修、罗克涵纂:《沙县志》,民国十七年(1928 年)排印本。

林学增修、吴锡璜纂:《同安县志》，民国十八年（1929年）厦门退补斋排印本。

万文衡修、罗应辰纂、姚有则续修:《建阳县志》，民国十八年（1929年）排印本。

詹宣猷、刘达潜修，蔡振坚、何履祥纂:《建瓯县志》，民国十八年（1929年）排印本。

郑翘楚纂:《永春县志》，北京：中华书局排印本，民国十九（1930年）年。

张汉修、丘复纂:《上杭县志》，民国六年修，民国二十七年（1938年）上杭启文书局排印本。

陈一坤等修、邓光瀛纂:《连城县志》，民国二十七年（1938年）维新书局排印本。

方清芳修、王光张纂:《德化县志》，民国十六年（1927年）修，二十九年（1940年）排印本。

刘超然修、郑丰稔纂:《崇安县志》，民国三十一年（1942年）排印本。

陈荫祖修、吴名世纂:《诏安县志》，民国六年（1917年）修，民国三十一年（1942年）排印本。

徐炳文修、郑丰稔纂:《云霄县志》，民国三十六年（1947年）排印本。

吴金炎、吴幼雄主编:《泉州通淮关岳庙志》，北京：九州出版社，2018年。

辜安庆:《保安广泽尊王史略》，香港：开元禅院，1992年。

福建省武平县县志编纂委员会编:《武平县志》，北京：中国大百科全书出版社，1993年。

证亮碧溪编:《西禅小记》，扬州：江苏广陵古籍刻印社，1996年。

《灵光北禅事迹合刻》，扬州：江苏广陵古籍刻印社，1996年。

《藏外道书》第14册，成都：巴蜀书社，1996年。

郑丽生辑:《罗星塔文献》，1963年手抄本。

三、碑刻、契约文书、文史资料

〔清〕刘尚文撰:《莆阳金石初编》，清光绪二十六年（1900年）福州刊本。

陈启仁撰、林尔嘉考证:《闽中金石略》，菽庄丛书本。

吴文良编著:《泉州宗教石刻》，北京：科学出版社，1957年。

泉州海外交通史博物馆编（陈达生主撰）:《泉州伊斯兰教石刻》，银川：宁夏人民出版社；福州：福建人民出版社，1984年。

吴予麟编:《泉州法石志资料汇编》（1964年），泉州市泉州历史研究会，1986年。

邱秀堂编:《台湾北部碑文集成》，台北市文献委员会，1986年。

黄典权编:《台湾南部碑文集成》，台北：台湾大通出版社，1987年。

刘枝万编:《台湾中部碑文集成》，台北：台湾大通出版社，1987年。

傅衣凌、陈支平:《明清福建社会经济史料杂抄》，《中国社会经济史研究》1986—1987年连载。

北京图书馆金石组编:《北京图书馆藏中国历代石刻拓本汇编》，郑州：中州古籍出版社，1989年。

华社资料研究中心编:《历史的跫音：三保山资料选辑》，马六甲：马六甲中华总商会、马六甲中华大会堂，1989年。

杨国桢编:《闽南契约文书综录》，《中国社会经济史研究》1990年增刊。

周宗贤编:《台北市古碑》，台北市文献委员会，1993年。

潘耀金:《永春回族》，《永春文史资料》第13辑，1993年。

何培夫编:《台湾地区现存碑碣图志》，台北市台湾分馆，1994年。

王文径编:《漳浦历代碑刻》，福建漳浦县博物馆自印，1994年。

《台湾私法物权编》，南投台湾省文献委员会，1994年。

郑振满、丁荷生编纂:《福建宗教碑铭汇编·兴化府分册》，福州：福建人民出版社，1995年。

郑振满、丁荷生编纂:《福建宗教碑铭汇编·漳州府分册》，福州：福建人民出版社，2018年。

郑振满、丁荷生编纂:《福建宗教碑铭汇编·泉州府分册》，福州：福建人民出版社，2003年。

福建师范大学历史系编（唐文基、鹤见尚弘、周瑛）:《明清福建经济契约文书选辑》，北京：人民出版社，1997年。

杨天厚、林丽宽:《金门寺庙楹联碑文》，台北：稻田出版有限公司，

1998 年。

王连茂、叶恩典编:《泉州台湾张士箱家族文件汇编》，福州：福建人民出版社，1999 年。

南靖文学艺术界联合会编:《南靖旅游景点故事集》，1999 年。

郑振满、石奕龙等编:《湖里文史资料》第 5 辑，2000 年 10 月。

《明清泉州契约文书》，中国闽台缘博物馆藏。

厦门市政协文史和学习宣传委员会编:《厦门摩崖石刻》，福州：福建美术出版社，2001 年。

高立人主编:《庐陵古碑录》，南昌：江西人民出版社，2007 年。

成都文物考古研究所、成都博物院编著:《成都出土历代墓铭券文图录综释》（上中下），北京：文物出版社，2012 年。

四、术数资料

〔宋〕王洙等撰:《图解校正地理新书》，台北：集文书局，1985 年。

〔宋〕题陈朗:《风水谶地书》，德化民间抄本。

〔宋〕《天竺灵签》，台北：广文书局，1989 年。

北京大学图书馆藏金刻本《重校正地理新书》，《续修四库全书》（子部·术数类）第 1054 册，上海：上海古籍出版社，2002 年。

〔元〕题杨明山:《大懺地懺书》，永春民间手抄本。

〔元〕赵汸:《风水问对》，清光绪五年（1879 年）陆氏刻十万卷丛书本。

〔明〕顾陵冈汇集、徐试可重编:《重镌地理天机会元》，上海：锦章图书局，民国刻本。

〔明〕徐试可:《地理天机会元》，郑州：中州古籍出版社，1997 年影印本。

〔明〕蔡有鹍辑:《蔡牧堂集》，《蔡氏九儒书》，清光绪十三年（1887 年）刊本。

〔明〕黄慎编:《新编秘传堪舆类纂人天共宝》，明崇祯年间刻本，中国国家图书馆藏。

〔明〕罗明祖:《地理微绪》，《罗纹山先生全集》，扬州：江苏广陵古籍刻印社，1996 年。

〔明〕熊宗立编:《类编历法通书大全》，明经厂本，中国国家图书馆藏。

〔明〕《三订历法玉堂通书捷览》（元宋鲁珍通书、何士泰历法），明崇祯十六年（1643年）刊刻，《中国古籍珍本海外丛刊·美国哈佛大学哈佛燕京图书馆藏中文善本汇刊》第22册，桂林：广西师范大学出版社，2003年。

〔明〕午荣编:《新镌京版工师雕斫正式鲁班经匠家镜》卷一，李峰整理，海口：海南出版社，2003年。

〔明〕《儒门崇理折衷堪舆完孝录》，《道藏》第35册，北京：文物出版社；上海：上海书店出版社；天津：天津古籍出版社，1988年。

〔明〕释淮右:《清源穴图（水源坑柳洋附）》，清抄本，中国闽台缘博物馆藏。

〔明〕释淮右:《清源山结穴图》，清抄本（残）。

〔明〕释淮右:《淮右师泉郡地理谶图说》，清抄本。

〔明〕释淮右:《东岳世家坑七里庵图》，清抄本。

〔明〕释淮右:《象坑桃花山五里亭万安山图（浔美乌屿惠安附）》，清抄本。

〔明〕释淮右:《紫帽罗裳图》，清抄本。

〔明〕释淮右:《潘山翠屏葵山图》，清抄本。

〔明〕释淮右:《南山晋北紫帽南门外图》，清抄本。

〔明〕释淮右:《东岳洛阳风水结穴图》，清抄本（残）。

〔明〕释淮右:《清源钟秀记上（桃花、南山附属一）》，清抄本复印件，泉州图书馆藏。

〔明〕释淮右:《紫帽乌山记（五县各地总目）》，清抄本复印件。

〔明〕释淮右:《双阳白虹罗裳钟秀（晋江附属三）》，清抄本复印件。

〔明〕释淮右:《癸山钟秀记（南安附属四）》，清抄本复印件。

〔明〕释淮右:《五浪太武记（安溪惠安附属五）》，清抄本复印件。

〔明〕刘春沂:《刘氏家藏阐微通书》，中国国家图书馆藏。

〔明〕《新刻订正原板刘氏家藏二十四山造葬全书》，中国国家图书馆藏。

《永乐大典》卷14217—14218，卷8199，北京：中华书局，1960年。

《景印文渊阁四库全书》，子部·术数类·相宅相墓之属，台北：台湾商务印书馆，1983年。

《景印文渊阁四库全书》，子部·术数类·阴阳五行之属，《钦定协纪辨方书》。

〔清〕丁芮朴：《风水祛惑》，清月河精舍丛抄本。

〔清〕邵嗣宗、蔚田辑：《葬考》，棣香斋丛书本。

〔清〕张丙琳：《地理全成连环记》，清乾隆刻本。

〔清〕洪潮和：《洪氏锦囊》，泉州民间翻印本。

〔清〕《大清康熙五十五年岁次丙申便览全备通书》，中国国家图书馆藏。

〔清〕马良容：《催福通书》，长汀民间复印本。

〔清〕袁守定：《地理啖蔗录》卷八，金志文译注，北京：世界知识出版社，2010 年。

〔清〕赵玉材：《绘图地理五诀》，金志文译注，北京：世界知识出版社，2010 年。

继成堂《洪潮和通书》，泉州长房择日馆民国十六年（1927 年）。

继成堂《洪潮和通书》，泉州长房择日馆民国十七年（1928 年）。

继成堂《洪潮和通书》，厦门长房择日馆民国二十七年（1938 年）。

继成堂《日学讲义》，泉州长房择日馆编。

继成堂《洪潮和通书》，泉州三房择日馆民国元年（1912 年）。

继成堂《洪潮和通书》，泉州三房择日馆民国十九年（1930 年）。

继成堂《克择讲义》，泉州三房择日馆编。

《古今图成集成·博物汇编·艺术典·堪舆部》，北京：中华书局影印本，民国二十三年（1934 年）。

《无上三元镇宅灵箓》，《道藏》第 11 册，北京：文物出版社；上海：上海书店出版社，天津：天津古籍出版社，1988 年。

《扶天广圣如意灵签》，《道藏》第 32 册，北京：文物出版社；上海：上海书店出版社，天津：天津古籍出版社，1988 年。

《玄天上帝感应灵签》，《道藏》，第 36 册，北京：文物出版社；上海：上海书店出版社；天津：天津古籍出版社，1988 年。

刘永明主编：《增补四库未收术数类古籍大全》之《堪舆集成》，扬州：江苏广陵古籍刻印社，1991 年。

东谷山人曹庆玉编纂《阴阳日表合吉通书》，1994年。

《太平境五庙览概》，永春昆仑洞进香百年庆典委员会编，1996年。

许绍龙撰:《符咒施法全书》，台北：满庭芳出版社，1996年。

程灵凡:《昆仑符法总解》，台北：武陵出版有限公司，1998年。

罗志文编《宗睦堂罗家推算通书》，1998年。

《实用符咒大全》，郑州：中州古籍出版社，1999年。

董珍辉编《阴阳日表趋避通书》，洪潮和长房派星华堂，2001年。

李丰成编《洪潮和来孙洪英林授生李丰成大通书》，2001年。

《通用杂谱》一册，平和民间手抄本。

《家礼会通集录》，平和民间手抄本。

《祝文、药方等》，南靖奎洋民间手抄本。

《民间古今实用礼节》，长汀民间油印本。

《三平寺签诗解》，漳州平和三平寺自印本。

《碧湖岩观音佛祖签诗解》，云霄民间自印本。

《九鲤湖仙吉凶梦解》，仙游民间自印本。

浩渺山人编著《北帝灵签精解》，民间刻本。

《咒语簿》，同安马巷洪厝村民间手抄本，陈支平提供。

五、文集、杂记、笔记小说等

〔宋〕程颢、程颐:《二程集》，王孝鱼点校，北京：中华书局，1981年。

《司马温公文集》，《全宋文》第54册，上海：上海辞书出版社；合肥：安徽教育出版社，2006年。

〔宋〕蔡元定:《发微论》，《景印文渊阁四库全书》，第808册。

〔宋〕《御纂朱子全书》，《影印摛藻堂四库全书荟要》第249—251册，台北：世界书局，1985年。

〔宋〕《朱子文集》，民国丛书集成初编本，上海：商务印书馆，民国二十五年（1936年）。

〔宋〕《朱子语类》，北京：中华书局，1994年。

〔宋〕周密:《癸辛杂识》，《景印文渊阁四库全书》，第1040册。

〔宋〕叶嗣宗:《四朝闻见录》，留香堂《浦城遗书》刊本，清嘉庆十九年（1814 年），中国国家图书馆藏。

〔元〕熊禾:《勿轩集》,《景印文渊阁四库全书》，第 1188 册。

〔元〕吴海:《闻过斋集》,《景印文渊阁四库全书》，第 1217 册。

〔明〕谢肇淛:《五杂组》，上海：上海书店出版社，2001 年。

〔明〕王祎:《青岩丛录》，载《五朝小说大观》，上海：扫叶山房石印本，民国十五年（1926 年）。

［意］艾儒略:《西方答问》卷下《堪舆》，武林超性堂重梓刻本，明崇祯十五年（1642 年）。

〔清〕王夫之:《船山思问录》，上海：上海古籍出版社，2000 年。

〔清〕李光地:《榕村续语录》，北京：中华书局，1995 年。

〔清〕蓝鼎元:《鹿洲初集》,《鹿洲全集》，清雍正十年（1732 年）刊本。

〔清〕毛奇龄:《辨定祭礼通俗谱》,《景印文渊阁四库全书》，第 142 册。

〔清〕蔡世远:《二希堂文集》，清乾隆年间刻本。

〔清〕孟超然:《亦园亭全集 · 孟氏八录》，清嘉庆二十年（1815 年）陈寿祺校刊本。

〔清〕梁章钜:《归田琐记》，北京：中华书局，1981 年。

〔清〕杨捷:《平闽记》,《中国野史集成》，第 39 册，成都：巴蜀书社，1993 年。

〔清〕陈盛韶:《问俗录》，北京：书目文献出版社，1983 年。

〔清〕屈大均:《广东新语》，北京：中华书局，1985 年。

〔清〕郭柏苍:《葭柎草堂集》，清光绪十二年（1886 年）郭氏丛刊本。

〔清〕郭柏苍述:《沙合新港开塞合编》，福建师范大学馆藏清抄本。

〔清〕郭柏苍:《我私录》，清光绪十二年（1886 年）郭氏丛刊本。

〔清〕赵翼:《陔馀丛考》，清嘉庆刻瓯化全集本。

〔清〕杨澜:《临汀汇考》，清光绪四年（1878 年）刻本。

〔清〕郭柏苍辑:《竹间十日话》，福州：海风出版社，2001 年。

〔清〕林枫撰:《榕城考古略》，福州：海风出版社，2001 年。

〔清〕里人何求:《闽都别记》，福州：福建人民出版社，1987 年。

〔清〕徐珂:《清类稗钞》，北京：中华书局，1984 年。

〔清〕永瑢、纪昀编纂:《四库全书总目提要》，北京：中华书局，1965 年。

〔清〕黄艾庵:《见道集》，清光绪二十九年（1904 年）福州道学院刊本。

《五朝小说大观》，上海：扫叶山房石印本，民国十五年（1926 年）。

黄猷炳等撰《晋江古檗山庄题咏集》，民国二十一年（1932 年）拓本。

〔清〕陈国仕辑录:《丰州集稿》，南安县志编纂委员会，1992 年。

《笔记小说大观》全十六册，扬州：江苏广陵古籍刻印社，1995 年。

向达校注:《两种海道针经》，北京：中华书局，1961 年。

［意］利玛窦、［意］金尼阁:《利玛窦中国札记》，何高济等译，北京：中华书局，1983 年。

《泉州旧风俗资料汇编》，泉州市民政局泉州志编纂委员会办公室，1985 年。

傅金星:《泉州采璞》，泉州鲤城区地方志编纂委员会，1992 年。

朱杰人、严佐之等主编:《朱子全书》，上海：上海古籍出版社；合肥：安徽教育出版社，2002 年。

黄征、吴伟校注:《敦煌愿文集》，长沙：岳麓书社，1995 年。

李禧:《紫燕金鱼室笔记》，何丙仲、吴仰荣校注，北京：北京广播学院出版社，1995 年。

《中国民间歌谣集成》福建卷，北京：中国 ISBN 中心，1996 年。

《中国民间故事集成·福建卷》，北京：中国 ISBN 中心，1998 年。

《中国民间故事集成》福建卷各县分卷，1991—1993 年不等。

吕大吉、何耀华总主编:《中国各民族原始宗教资料集成》（土家族卷、瑶族卷、壮族卷、黎族卷），北京：中国社会科学出版社，1998 年。

［英］麦高温:《中国人生活的明与暗》，朱涛等译，北京：时事出版社，1998 年。

［美］苏尔（Donald F. Sure）、［美］诺尔（Ray R. Noll）编《中国礼仪之争：西文文献一百篇（1645—1941）》，沈保义、顾卫民、朱静译，上海：上海古籍出版社，2001 年。

［德］花之安:《自西徂东》，上海：上海书店出版社，2002 年。

［意］艾儒略:《口铎日抄》，载北京大学宗教文化研究所编《明末清初耶稣

会思想文献汇编》第九册，北京：北京大学出版社，2003 年。

高津孝、陈捷主编：《琉球王国汉文文献集成》，上海：复旦大学出版社，2013 年。

Dukes, Edwin Joshua.1885. *Everyday Life in China: or, Scenes along River and Road in Fuh-Kien,* London: The Religious Tract Society.

第二部分：研究文献

一、学术专著

[德] 扬·阿斯曼：《文化记忆：早期高级文化中的文字、回忆和政治身份》，金寿福、黄晓晨译，北京：北京大学出版社，2015 年。

[德] 阿莱达·阿斯曼：《回忆空间：文化记忆的形式和变迁》，潘璐译，北京：北京大学出版社，2016 年。

[德] 阿莱达·阿斯曼：《记忆中的历史：从个人经历到公共演示》，袁斯乔译，南京：南京大学出版社，2017 年。

[德] 艾伯华：《中国民间故事类型》，王燕生、周祖华译，刘魁立审校，北京：商务印书馆，1999 年。

包弼德：《斯文：唐宋思想的转型》，刘宁译，南京：江苏人民出版社，2001 年。

北京图书馆编：《北京图书馆古籍善本书目》，北京：书目文献出版社，1987 年。

[美] 彼得·贝格尔：《神圣的帷幕：宗教社会学理论之要素》，高师宁译，何光沪校，上海：上海人民出版社，1991 年。

[美] 露丝·本尼迪克：《文化模式》，何锡章、黄欢译，北京：华夏出版社，1987 年。

[英] 拉德克利夫–布朗：《社会人类学方法》，夏建中译，北京：华夏出版社，2002 年。

［美］卜正民:《为权力祈祷：佛教与晚明中国士绅社会的形成》，张华译，南京：江苏人民出版社，2005 年。

曹英主编:《中国神秘文化鉴赏大全》，北京：金城出版社，2000 年。

陈进国:《救劫：当代济度宗教的田野研究》，北京：社会科学文献出版社，2017 年。

陈其南:《家族与社会》，台北：联经出版社，1990 年。

陈其南:《台湾的传统中国社会》，台北：允晨文化实业股份有限公司，1987 年。

陈其南:《传统制度与社会意识的结构：历史与人类学的探索》，台北：允晨文化实业股份有限公司，1998 年。

陈寅恪:《金明馆丛稿二编》，北京：生活·读书·新知三联书店，2001 年。

陈昭珍:《明代书坊之研究》（硕士论文），台湾大学图书馆学研究所，1984 年。

陈支平:《近 500 年来福建的家族社会与文化》，上海：生活·读书·新知三联书店上海分店，1991 年。

陈支平主编:《福建宗教史》，福州：福建教育出版社，1996 年。

陈支平:《福建族谱》，福州：福建人民出版社，1996 年。

陈支平:《客家源流新论》，南宁：广西教育出版社，1997 年。

陈支平:《福建六大民系》，福州：福建人民出版社，2000 年。

程建军、孙尚朴:《风水与建筑》，南昌：江西科学技术出版社，1992 年。

董芳苑:《台湾民宅门楣八卦牌守护功用的研究》，台北：稻香出版社，1988 年。

董晓萍:《田野民俗志》，北京：北京师范大学出版社，2003 年。

［日］渡边欣雄:《汉族的民俗宗教：社会人类学的研究》，周星译，天津：天津人民出版社，1998 年。

［日］渡边欣雄:《东方社会之风水思想》，杨昭译，台北：地景企业股份有限公司，1999 年。

［日］渡边欣雄:《风水·气的景观地理学》，索秋劲译，台北：地景企业股份有限公司，2000 年。

范正义:《众神喧哗中的十字架：基督教与福建民间信仰共处关系研究》，北京：社会科学文献出版社，2015 年。

费孝通:《美国与美国人》，北京：生活·读书·新知三联书店，1985 年。

费孝通等:《中华民族多元一体格局》，北京：中央民族大学出版社，1989 年。

费孝通:《乡土中国 生育制度》，北京：北京大学出版社，1998 年。

冯时:《中国天文考古学》，北京：中国社会科学出版社，2010 年。

福建博物院编:《福建考古资料汇编（1953—1959）》，北京：科学出版社，2011 年。

福建省地方志编纂委员会编:《福建省志·文物志》，北京：方志出版社，2002 年。

［法］米歇尔·福柯:《必须保卫社会》，钱翰译，上海：上海人民出版社，1999 年。

［英］弗雷泽:《金枝——巫术与宗教之研究》，徐育新等译，北京：大众文艺出版社，1998 年。

［英］莫里斯·弗里德曼:《中国东南的宗族组织》，刘晓春译，王铭铭校，上海：上海人民出版社，2000 年。

傅衣凌:《明清社会经济史论文集》，北京：人民出版社，1982 年。

傅衣凌、杨国桢主编:《明清福建社会与乡村经济》，厦门：厦门大学出版社，1987 年。

傅衣凌:《傅衣凌治史五十年文编》，厦门：厦门大学出版社，1989 年。

傅衣凌:《明清社会经济变迁论》，北京：人民出版社，1989 年。

高丙中:《民俗文化与民俗生活》，北京：中国社会科学出版社，1994 年。

高令印、陈其芳:《福建朱子学》，福州：福建人民出版社，1986 年。

高友谦:《中国风水》，北京：中国华侨出版社，1992 年。

高友谦主编:《建筑风水理论与实务资料集》，北京：中国国家建设部研究中心，1995 年。

［美］克利福德·格尔茨:《文化的解释》，纳日碧力戈等译，上海：上海人民出版社，1999 年。

葛兆光:《思想史的写法：中国思想史导论》，上海：复旦大学出版社，

2004年。

葛兆光:《宅兹中国：重建有关“中国”的历史论述》，北京：中华书局，2011年。

葛兆光:《中国思想史（第二卷）：七世纪至十九世纪中国的知识、思想与信仰》，上海：复旦大学出版社，2014年。

葛兆光:《历史中国的内与外：有关“中国”与“周边”概念的再澄清》，香港：香港中文大学出版社，2017年。

［日］沟口雄三、［日］小岛毅主编:《中国的思维世界》，孙歌等译，南京：江苏人民出版社，2006年。

［日］沟口雄三:《中国思想史：宋代至近代》，龚颖、赵士林等译，北京：生活·读书·新知三联书店，2014年。

［法］莫里斯·哈布瓦赫:《论集体记忆》，毕然、郭金华译，上海：上海人民出版社，2002年。

何彬:《江浙汉族丧葬文化》，北京：中央民族大学出版社，1995年。

何淑宜:《明代士绅与通俗文化：以丧葬礼俗为例的考察》，台北：台湾师范大学历史研究所，2000年。

何晓昕编著:《风水探源》，南京：东南大学出版社，1990年。

何晓昕、罗隽:《风水史》，上海：上海文艺出版社，1995年。

何星亮:《中国图腾文化》，北京：中国社会科学出版社，1992年。

何兆武、陈启能主编:《当代西方史学理论》，上海：上海社会科学院出版社，1996年。

湖北省文物考古研究所、北京大学中文系编:《九店楚简》，北京：中华书局，2000年。

黄树民:《林村的故事：一九四九年后的中国农村变革》，素兰、纳日碧力戈译，北京：生活·读书·新知三联书店，2002年。

姜义华主编:《胡适学术文集·中国文学史》（下），北京：中华书局，1998年。

金其鑫:《中国古代建筑尺寸设计研究：论〈周易〉蓍尺制度》，合肥：安徽科学技术出版社，1992年。

金泽：《宗教禁忌研究》，北京：社会科学文献出版社，1996 年。

金泽：《宗教人类学导论》，北京：宗教文化出版社，2001 年。

[德] 恩斯特·卡西尔：《人论》，甘阳译，上海：上海译文出版社，1985 年。

[美] 康豹：《中国宗教及其现代命运》，陈亭佑译，台北：博扬文化事业有限公司，2017 年。

亢亮、亢羽编著：《风水与城市》，天津：百花文艺出版社，1999 年。

亢亮、亢羽编著：《风水与建筑》，天津：百花文艺出版社，1999 年。

[英] 保罗·康纳顿：《社会如何记忆》，纳日碧力戈译，上海：上海人民出版社，2000 年。

[英] S. 肯德里克、[英] P. 斯特劳、[英] D. 麦克龙编：《解释过去，了解现在：历史社会学》，王辛慧、江政宽、詹缘端、廖慧真译，上海：上海人民出版社，1999 年。

[日] 濑川昌久：《族谱：华南汉族的宗族、风水、移居》，钱杭译，上海：上海书店出版社，1999 年。

[法] 雅克·勒戈夫、[法] 皮埃尔·诺拉主编：《史学研究的新问题、新方法、新对象：法国新史学发展趋势》，郝名玮译，北京：社会科学文献出版社，1988 年。

李伯重：《火枪与账簿：早期经济全球化时代的中国与东亚世界》，北京：生活·读书·新知三联书店，2017 年。

李丰楙：《从圣教到道教：马华社会的节俗、信仰与文化》，台北：台湾大学出版中心，2018 年。

[法] 保罗·利科：《记忆，历史，遗忘》，李彦岑、陈颖译，上海：华东师范大学出版社，2018 年。

李零：《中国方术考（修订本）》，北京：东方出版社，2000 年。

李零：《中国方术续考》，北京：东方出版社，2000 年。

李零：《简帛古书与学术源流》，北京：生活·读书·新知三联书店，2004 年。

李零：《我们的中国》，北京：生活·读书·新知三联书店，2016 年。

李如龙：《福建方言》，福州：福建人民出版社，1997 年。

李亦园:《文化的图像》(上下),台北:允晨文化实业股份有限公司,1992年。

李亦园:《宗教与神话论集》,台北:立绪文化事业有限公司,1998年。

李亦园:《李亦园自选集》,上海:上海教育出版社,2002年。

李泽厚:《由巫到礼 释礼归仁》,北京:生活·读书·新知三联书店,2015年。

李泽厚:《人类学历史本体论》,青岛:青岛出版社,2016年。

梁启超:《饮冰室合集》,北京:中华书局,影印本,1989年。

[法]伊曼努尔·列维纳斯:《总体与无限》,朱刚译,北京:北京大学出版社,2016年。

[法]伊曼努尔·列维纳斯:《伦理与无限:与菲利普·尼莫的对话》,王士盛译,王恒校译,南京:南京大学出版社,2020年。

[法]伊曼努尔·列维纳斯:《时间与他者》,王嘉军译,武汉:长江文艺出版社,2020年。

林国平、彭文宇:《福建民间信仰》,福州:福建人民出版社,1993年。

林国平主编:《福建省志·民俗志》,北京:中国方志出版社,1997年。

林华敏:《遇见不可见者——列维纳斯论超越》,北京:人民出版社,2021年。

林嘉书:《南靖与台湾》,香港:华星出版社,1993年。

林嘉书:《土楼与中国传统文化》,上海:上海人民出版社,1995年。

林文慧:《清季福建教案之研究》,台北:台湾商务印书馆,1979年。

林耀华:《金翼:中国家族制度的社会学研究》,庄孔韶、林余成译,北京:生活·读书·新知三联书店,1989年。

[韩]林基中编:《燕行录全集》卷七十,韩国东国大学校出版部,2001年。

刘海峰、庄明水:《福建教育史》,福州:福建教育出版社,1996年。

刘浩然:《闽南侨乡风情录》,香港:香港闽南人出版有限公司,1998年。

刘莉、陈星灿:《中国考古学:旧石器时代晚期到早期青铜时代》,北京:生活·读书·新知三联书店,2017年。

刘敏耀:《澎湖的风水》,澎湖:澎湖县立文化中心,1998年。

刘沛林:《风水：中国人的环境观》，上海：上海三联书店，1995 年。

刘浦江:《正统与华夷：中国传统政治文化研究》，北京：中华书局，2017 年。

刘善群编著:《客家与宁化石壁》，北京：中国华侨出版社，2000 年。

刘晓明:《风水与中国社会》，南昌：江西高校出版社，1994 年。

刘晓明:《中国符咒文化》，百花洲文艺出版社 1999 年。

刘枝万:《中国民间信仰论集》，台北："中央研究院"民族学研究所，1974 年。

[法] 禄是遒:《中国民间崇拜》，据甘沛澍英译本，王定安译，李天纲审校，上海：上海科学技术文献出版社，2014 年。

鲁迅:《中国文与中国人：鲁迅杂文精选》，北京：中国人民大学出版社，1992 年。

[英] R. R. 马雷特:《心理学与民俗学》，张颖凡、汪宁红译，济南：山东人民出版社，1988 年。

妙摩、慧度:《中国风水术》，北京：中国文联出版公司，1993 年。

[法] 马塞尔 · 莫斯:《论祈祷》，蒙养山人译，夏希原校，北京：北京大学出版社，2013 年。

[法] 马塞尔 · 莫斯:《社会学与人类学》，佘碧平译，上海：上海译文出版社，2014 年。

[法] 马塞尔 · 莫斯:《礼物——古式社会中交换的形式与理由》，汲喆译，陈瑞桦校，北京：商务印书馆，2016 年。

牟宗三:《中国哲学十九讲》，上海：上海古籍出版社，2009 年。

[法] 皮埃尔 · 诺拉主编:《记忆之场：法国国民意识的文化社会史》，黄艳红等译，南京：南京大学出版社，2017 年。

[德] 庞纬:《中国灵签研究(资料篇)》，台北：龙记图书有限公司，1976 年。

蒲慕州:《墓葬与生死：中国古代宗教之省思》，台北：联经出版事业公司，1993 年。

蒲慕州:《追寻一己之福：中国古代的信仰世界》，台北：允晨文化实业股份有限公司，1995 年。

全实、程建军主编:《风水与建筑》，北京：中国建材工业出版社，1999 年。

饶宗颐:《中国史学上之正统论》，北京：中华书局，2015 年。

［美］马歇尔·萨林斯:《历史之岛》，蓝达居、刘永华等译，上海：上海人民出版社，2003 年。

［美］P. R. 桑迪:《神圣的饥饿：作为文化系统的食人俗》，郑元者译，北京：中央编译出版社，2004 年。

［德］马克思·舍勒:《哲学与现象学》，倪梁康、罗悌伦译，北京：北京师范大学出版社，2017 年。

沈津:《美国哈佛大学哈佛燕京图书馆中文善本书志》，上海：上海辞书出版社，1999 年。

［美］本杰明·史华兹:《古代中国的思想世界》，程钢译，刘东校，南京：江苏人民出版社，2004 年。

［美］施坚雅主编:《中华帝国晚期的城市》，叶光庭等译，北京：中华书局，2000 年。

石守谦:《移动的桃花源——东亚世界中的山水画》，北京：生活·读书·新知三联书店，2015 年。

史宗主编:《20 世纪西方宗教人类学文选》，金泽等译，上海：上海三联书店，1995 年。

束景南:《朱子大传》，福州：福建教育出版社，1992 年。

宿白:《白沙宋墓》，北京：文物出版社，1957 年。

苏秉琦:《满天星斗：苏秉琦论远古中国》，北京：中信出版集团，2016 年。

苏黎明:《泉州家族文化》，北京：中国言实出版社，2000 年。

［爱尔兰］泰特罗讲演:《本文人类学》，王宇根等译，吴剑平校，北京：北京大学出版社，1996 年。

汤用彤:《汤用彤全集》第 1 卷，石家庄：河北人民出版社，2000 年。

［法］爱弥尔·涂尔干:《宗教生活的基本形式》，渠东、汲喆译，上海：上海人民出版社，1999 年。

万建中:《解读禁忌：中国神话、传说和故事中的禁忌主题》，北京：商务印书馆，2001 年。

王建设、张甘荔:《泉州的方言与文化》，厦门：鹭江出版社，1994 年。

王卡:《敦煌道教文献研究：综述 · 目录 · 索引》，北京：中国社会科学出版社，2004 年。

王柯:《消失的“国民”：近代中国的“民族”话语与少数民族的国家认同》，香港：香港中文大学出版社，2017 年。

王铭铭:《社会人类学与中国研究》，上海：上海三联书店，1997 年。

王铭铭、潘忠党主编:《象征与社会：中国民间文化的探讨》，天津：天津人民出版社，1997 年。

王铭铭:《逝去的繁荣：一座老城的历史人类学考察》，杭州：浙江人民出版社，1999 年。

王其亨主编:《风水理论研究》，天津：天津大学出版社，1992 年。

王日根:《明清民间社会的秩序》，长沙：岳麓书社，2003 年。

王先明:《近代绅士：一个封建阶层的历史命运》，天津：天津人民出版社，1997 年。

王耀华:《客家艺能文化》，福州：福建教育出版社，1995 年。

吴春明、林果:《闽越国都城考古研究》，厦门：厦门大学出版社，1998 年。

[美] 巫鸿:《礼仪中的美术：巫鸿中国古代美术史文编》，郑岩、王睿编，郑岩等译，北京：生活 · 读书 · 新知三联书店，2005 年。

[美] 巫鸿:《中国古代艺术与建筑中的“纪念碑性”》，李清泉、郑岩等译，上海：上海人民出版社，2009 年。

吴诗池:《厦门考古与文物》，厦门：鹭江出版社，1996 年。

吴小强:《秦简日书集释》，长沙：岳麓书社，2000 年。

[德] 哈拉尔德 · 韦尔策编:《社会记忆：历史 · 回忆 · 传承》，季斌、王立君、白锡堃译，北京：北京大学出版社，2007 年。

卫绍生:《解开风水之谜》，郑州：中州古籍出版社，1996 年。

谢必震:《中国与琉球》，厦门：厦门大学出版社，1996 年。

谢重光:《陈元光与漳州早期开发史研究》，台北：文史哲出版社，1994 年。

谢重光:《客家源流新探》，福州：福建教育出版社，1995 年。

谢重光:《畲族与客家福佬关系史略》，福州：福建人民出版社，2002 年。

谢重光:《闽台客家社会与文化》，福州：福建人民出版社，2003 年。

谢水顺、李珽:《福建古代刻书》，福州：福建人民出版社，1997 年。

许地山:《箕仙迷信的研究》，北京：商务印书馆，1999 年。

徐吉军:《中国丧葬史》，南昌：江西高校出版社，1998 年。

［美］许烺光:《驱逐捣蛋者：魔法、科学与文化》，王芃、徐隆德、余伯泉译，台北：南天书局，1997 年。

许倬云:《说中国：一个不断变化的复杂共同体》，桂林：广西师范大学出版社，2015 年。

杨国桢:《明清土地契约文书研究》，北京：人民出版社，1988 年。

杨宽:《中国古代陵寝制度史研究》，上海：上海人民出版社，2003 年。

杨彦杰:《闽西客家宗族社会研究》，香港：国际客家学会、海外华人研究社、法国远东学院，1996 年。

杨彦杰主编:《闽西的城乡庙会与村落文化》，香港：国际客家学会、海外华人研究社、法国远东学院，1997 年。

杨彦杰主编:《汀州府的宗族庙会与经济》，香港：国际客家学会、海外华人研究社、法国远东学院，1998 年。

叶国庆:《笔耕集》，厦门：厦门大学出版社，1997 年。

［美］米尔恰·伊利亚德:《宗教思想史》，晏可佳、吴晓群、姚蓓琴译，上海：上海社会科学院出版社，2004 年。

余嘉锡:《四库提要辨证》，北京：中华书局，1980 年。

［美］余英时:《朱熹的历史世界：宋代士大夫政治文化的研究》，北京：生活·读书·新知三联书店，2004 年。

詹鄞鑫:《神灵与祭祀：中国传统宗教综论》，南京：江苏古籍出版社，1992 年。

詹石窗:《道教风水学》，台北：文津出版社，1994 年。

赵世瑜:《狂欢与日常：明清以来的庙会与民间社会》，北京：生活·读书·新知三联书店，2002 年。

张爱玲:《张爱玲文集》，合肥：安徽文艺出版社，1992 年。

张光直:《中国考古学论文集》，北京：生活·读书·新知三联书店，1999年。

张光直:《中国青铜时代》，北京：生活·读书·新知三联书店，2013年。

张光直:《古代中国考古学》，北京：生活·读书·新知三联书店，2013年。

张建建:《冲傩还愿》，贵阳：贵州人民出版社，1997年。

张荣明:《方术与中国传统文化》，上海：学林出版社，2000年。

张勋燎、白彬:《中国道教考古》，北京：线装书局，2006年。

张泽洪:《道教斋醮符咒仪式》，成都：巴蜀书社，1999年。

［美］张仲礼:《中国绅士：关于其在十九世纪中国社会中作用的研究》，李荣昌译，上海：上海社会科学院出版社，1991年。

赵汀阳:《天下体系：世界制度哲学导论》，北京：中国人民大学出版社，2011年。

赵汀阳:《天下的当代性：世界秩序的实践与想象》，北京：中信出版集团，2016年。

郑国栋等编:《泉州道教》，厦门：鹭江出版社，1993年。

郑振满:《明清福建家族组织与社会变迁》，长沙：湖南教育出版社，1992年。

周銮书主编:《千古一村：流坑历史文化的考察》，南昌：江西人民出版社，2000年。

周振鹤、游汝杰:《方言与中国文化》，上海：上海人民出版社，1996年。

［日］中岛乐章:《明代乡村纠纷与秩序：以徽州文书为中心》，郭万平、高飞译，南京：江苏人民出版社，2012年。

钟义明:《中国堪舆名人小传记》，台北：武陵出版有限公司，1996年。

周质平主编:《胡适早年文存》，台北：远流出版公司，1995年。

朱维干:《福建史稿》，福州：福建教育出版社，1986年。

朱越利:《道藏分类解题》，北京：华夏出版社，1996年。

庄孔韶:《银翅：中国的地方社会与文化变迁（1920—1990）》，台北：桂冠书局，1996年。

庄为玑:《古刹桐港》，厦门：厦门大学出版社，1989年。

[日]滋贺秀三:《中国家族法原理》，张建国、李力译，法律出版社2003年。

《圣经》：中国基督教协会印1996年。

《中国民族文化大观·畲族编》，北京：民族出版社，1999年。

《法国汉学》第七辑“宗教史专号”，北京：中华书局，2002年。

Ahern, Emily M. 1973. *The Cult of the Dead in a Chinese Village*. Stanford University Press.

Feuchtwang, Stephan D.R. [王斯福].1982. *An Anthropological Analysis of Chinese Geomancy*. 台北：南天书局，1982年影印本。

Freedman, Maurice. 1966. *Chinese Lineage and Society: Fukien and Kwangtung*. New York: Humanities Press Inc.

Lessa,William A. Evon Z. Vogt. 1979. *Reader in Comparative Relgion:An Anthropological Appoach,* Fourth Edition. New York: Harper & Row Press.

[日]窪德忠編:「沖縄の風水」、株式会社平河出版社，1990年。

[日]窪德忠:「沖縄民間信仰」、ひるぎ社，1992年。

[日]渡边欣雄、[日]三浦国雄编:「風水論集」、『環中国海の民俗と文化(4)』、凱風社，1994年。

[日]渡边欣雄:「風水の社会人類学——中国とその周辺比較」、風響社，2001年。

二、考古报告、论文等

包发生:《四堡雕版印刷业情况调查》,《客家纵横》1998年第12期。

宝鸡市博物馆:《宝鸡市铲车厂汉墓》,《文物》1981年第3期。

曾凡:《福建连江宋墓清理简报》,《考古通讯》1985年第5期。

陈柏泉:《江西出土地券综述》,《考古》1987年第3期。

陈存洗、杨琮:《福建青铜文化初探》,《考古学报》1990年第4期。

陈定荣:《江西吉水纪年宋墓出土文物》,《文物》1987年第2期。

陈定荣、徐建昌:《江西临川县宋墓》,《考古》1988年第4期。

陈恩、骆明勇:《福建连江县发现西晋纪年墓》,《考古》1991年第3期。

陈健鹰:《读碑三题》，载泉州闽台关系史博物馆编:《闽台民俗》1997年12月创刊号。

陈建中:《泉州南安丰州六朝墓群出土“阮”纹砖及其学术意义初探》,《东南文化》2007年第3期。

陈进国:《理性的驱驰与义利的兼容：宋明理学与东南家族社会经济变迁简论》,《东南学术》2001年第6期。

陈进国:《安镇符咒的利用与风水信仰的辐射：以福建为中心的探讨》,《世界宗教研究》2002年第4期。

陈进国:《寺庙灵签的流传与风水信仰的扩散：以闽台为中心的探讨》,《宗教学研究》2003年第1期。

陈进国:《风水信仰与乡族秩序的议约化：以契约为证》,《中国社会经济史研究》2004年第4期。

陈进国:《扶乩活动与风水信仰的人文化》,《世界宗教研究》2004年第4期。

陈槃:《于历史与民俗之间看所谓“瘗钱”与“地券”：附论所谓“镇墓券”与“造墓告神文”》,《国际汉学会议论文集·历史考古组·中册》，台湾“中央研究院”编印，1981年10月。

陈邵龙:《福建六朝佛教文物的发现和思考》,《福建文博》2011年第4期。

陈在正、庄英章:《闽南龟山庄氏宗族的发展及向台移民》，1993年第34届亚洲及北非研究国际学术会议论文。

陈支平:《社会调查与史学研究》,《东南学术》1999年第4期。

陈支平:《20世纪中国历史学的三大情结》,《厦门大学学报（哲社版)》2001年第4期。

程美宝:《区域研究取向的探索：评杨念群著〈儒学地域化的近代形态〉》,《历史研究》2001年第1期。

［日］渡边欣雄:《民俗知识的动态研究》，梁景之译，《民族译丛》1994年第6期。

［日］渡边欣雄:《何彬著〈江浙汉族丧葬文化〉读后》，北坪译，《民俗研究》1996年第4期。

杜正胜:《中国古代社会多元性与一统性的激荡：特从政治与文化的交涉

论》,《新史学》2000年第11卷第2期。

段友文:《南蛮盗宝型传说母题的文化阐释》,《民间文学论坛》1998年第1期。

范正义:《基督教与中国民间信仰：以福建为研究中心》，福建师范大学硕士论文，2000年5月。

房学嘉:《从民间信仰等看宗族互动：以丰顺县汤南镇罗氏宗族为例》,《客家研究辑刊》2000年第1期。

方彦寿:《朱熹及其相关的书院考述》,《朱子研究》1997年第2期。

费孝通:《家庭结构变动中的老年赡养问题——再论中国家庭结构的变动》,载《北京大学学报（哲学社会科学版）》1983年第3期。

福建博物院:《南安丰州皇冠山墓群的发掘与收获》,《福建文博》2007年第3期。

福建博物院:《政和县凤凰山南朝砖窑发掘简报》,《福建文博》2011年第4期。

福建博物院:《政和县凤凰山六朝墓第二次考古发掘简报》,《福建文博》2013年第4期。

福建博物院:《福建政和石屯六朝墓发掘简报》,《文物》2014年第2期。

福建省博物馆:《五代闽国刘华墓发掘报告》,《文物》1975年第1期。

福建省博物馆:《福州市北郊南宋墓清理简报》,《文物》1977年第7期。

福建省博物馆:《福州市北郊胭脂山宋墓清理简报》,《文物资料丛刊（2）》,北京：文物出版社，1978年。

福建省博物馆:《福建闽侯南屿南朝墓》,《考古》1980年第1期。

福建省博物馆、崇安县文化馆:《福建崇安武夷山白岩崖洞墓清理简报》,《文物》1980年第6期。

福建省博物馆:《福建闽侯黄土仑遗址发掘简报》,《文物》1984年第4期。

福建省博物馆、尤溪县文管会、尤溪县博物馆:《福建尤溪城关宋代壁画墓》,《文物》1988年第4期。

福建省博物馆、浦城县文化馆:《福建浦城吕处坞晋墓清理简报》,《考古》1988年第10期。

福建省博物馆、三明市博物馆、尤溪县博物馆:《福建尤溪麻洋宋壁画墓清理简报》,《考古》1989 年第 7 期。

福建省博物馆:《福建霞浦两晋南朝唐墓》,《福建文博》1995 年第 1 期。

福建省博物馆、将乐县文化局、将乐县博物馆:《福建将乐元代壁画墓》,《考古》1995 年第 1 期。

福建省博物馆、三明市文管会:《福建三明市岩前村宋代壁画墓》,《考古》1995 年第 10 期。

福建省博物馆、福建省昙石山遗址博物馆、福州市晋安区文管会:《福建福州市新店古城发掘简报》(欧潭生执笔),《考古》2001 年第 3 期。

福建省泉州市文馆办、福建省晋江市博物馆:《福建晋江霞福南朝纪年墓》,《南方文物》2000 年第 2 期。

福建省文物管理委员会:《福建漳浦县刘坂乡唐墓清理简报》,《考古》1959 年第 11 期。

福建省文物管理委员会:《福清渔溪发现唐画像砖墓》,《文物》1966 年第 2 期。

傅衣凌:《关于中国封建社会后期经济发展若干问题的考察》,《历史研究》1963 年第 4 期。

福州市文物考古工作队:《福州市吉祥山明墓发掘简报》,《福建文博》2011 年第 2 期。

福州市文物考古工作队:《福州市新店祝恒齐明墓发掘简报》,《福建文博》2015 年第 1 期。

高丙中:《时空设置的构造与重构》, 载王铭铭、潘忠党主编《象征与社会》, 天津人民出版社 1997 年。

广西梧州市博物馆:《广西苍梧倒水南朝墓》,《文物》1981 年第 12 期。

郭沫若:《由王谢墓志的出土论到兰亭序的真伪》,《文物》1965 年第 6 期。

郭双林:《论晚清思想界对风水的批判》,《史学月刊》1994 年第 3 期。

郭于华:《生命的续存与过渡: 传统丧葬仪礼的意识结构分析》, 载王铭铭、潘忠党主编:《象征与社会: 中国民间文化的探讨》, 天津: 天津人民出版社, 1997 年。

洪健荣:《当“矿脉”遇上“龙脉”——清季北台鸡笼煤务史上的风水论述》,《台湾风物》2000年第50卷第3期、2001年第20卷第4期。

黄汉杰:《福建闽侯桐口乡后屿山东晋墓清理记》,《考古通讯》1957年第1期。

黄兰翔:《风水中的宗族脉络与其对生活环境的影响》,《台湾史研究》1999年第4卷第2期。

黄一农:《通书:中国传统天文与社会的交融》,《汉学研究》1996年第14卷第2期。

呼林贵、孙铁山、李恭:《西安东郊国棉五厂汉墓发掘简报》,《文博》1991年第4期。

将乐县博物馆:《将乐县明代壁画墓清理简报》,《福建文博》2011年第3期。

江西省博物馆:《江西南昌唐墓》,《考古》1977年第6期。

金洪:《惠安县张阪的一处道教遗址》,《泉州道教文化》1994年第1期。

晋江地区文管会、永春县文化馆:《福建永春发现五代墓葬》,《文物》1980年第8期。

[英]科大卫、[中]刘志伟:《宗族与地方社会的国家认同:明清华南地区宗族发展的意识形态基础》,《历史研究》2000年第3期。

[英]科大卫、[中]刘志伟:《“标准化”还是“正统化”?——从民间信仰与礼仪看中国文化的大一统》,《历史人类学学刊》2008年第6卷第1、2期合刊。

李丰楙:《煞与出煞:一个宇宙秩序的破坏与重建》,载“中央图书馆”台北分馆编《民俗系列讲座》,1993年。

李丰楙:《金门闾山派奠安仪式及其功能:以金湖镇复国墩关氏家庙为例》,《民俗典艺》第91期(1994年)。

李福生:《福州地区买地券的发现及历史演变述论》,《福建文博》2013年第4期。

李家浩:《论〈太一避兵图〉》,载袁行霈主编《国学研究》第1卷,北京:北京大学出版社,1993年。

李零:《绝地天通:研究中国早期宗教的三个视角》,《法国汉学》第6辑,北京：中华书局，2002年。

廖晋雄:《广东始兴发现南朝买地券》,《考古》1989年第6期。

林国平:《中国灵签研究：以福建为中心》，厦门大学历史系博士论文1998年。

林公务:《福建闽侯庄边山的古墓群》,《东南文化》1991年第1期。

林美容:《由祭祀圈来看草屯镇的地方组织》,《“中央研究院”民族学研究所集刊》1987年第62期。

林美容:《由地理与年签来看台湾汉人村庄的命运共同体》,《台湾风物》1996年第4期，第38卷。

林忠干:《论福建地区出土的汉代陶器》,《考古》1987年第1期。

林忠干、林存琪、陈子文:《福建六朝墓初论》,《福建文博》1987年第2期。

林忠干:《福建五代至宋代墓葬出土明器神煞考》,《福建文博》1990年第1期。

林宗鸿、郑焕章、黄天柱:《南安丰州西晋太康五年墓》,《泉州文史》1989年，总第10期。

凌纯声:《东南亚的洗骨葬及其环太平洋的分布》,《中国民族学报》1955年第1期。

刘翔:《江西高安县汉家山元墓》,《考古》1989年第6期。

卢茂村:《福建松政县发现西晋墓》,《文物》1975年第4期。

卢增荣:《福建民间契约文书的最新搜集和论说》，厦门大学博士论文，2000年。

吕青华:《龟甲墓的中琉比较研究》，第七届中琉历史关系国际学术会议《中琉历史关系论文集》，台北：中琉文化经济协会，1999年。

茂宁:《建瓯水西山南朝墓》,《考古》1965年第4期。

牟钟鉴:《中国宗法性传统宗教试探》,《世界宗教研究》1990年第1期。

南平市博物馆:《福建南平市西芹镇宋墓》,《考古》1991年第8期。

彭适凡、唐昌朴:《江西发现几座北宋纪年墓》,《文物》1980年第5期。

邱博舜:《从“天圆地方”的观点看“八宅”的操作架构》，载黄应贵主编《空间·力与社会》，“中央研究院”民族学研究所，1995年。

饶宗颐:《秦简中的五行说与纳音说》，载《古文字研究》第十四辑，北京：中华书局，1986 年。

［日］山里纯一:《流传于久米岛的咒符诸相》，载《久米岛上东亚诸文化媒介事象的综合研究》1999 年。

沈洁:《“反迷信”话语及其现代起源》,《史林》2006 年第 2 期。

施振民:《祭祀圈与社会组织：彰化平原聚落发展模式的探讨》,《“中央研究院”民族学研究所集刊》1975 年第 36 期。

宋德剑:《宗族发展与族群互动：以丰顺县留隍镇九河村为例》,《客家研究辑刊》2000 年第 1 期。

孙江:《中国传统社会存在“血缘”关系吗？》,《中国社会科学院院报》2004 年 3 月 16 日第 3 版。

台静农:《记四川江津县地券》,《大陆杂志》1951 年第 1 卷第 3 期。

汤毓贤:《“陈王迁墓”初探》,《福建文博》1998 年第 1 期。

王洪涛:《泉州、南安发现宋代火葬墓》,《文物》1975 年第 3 期。

王吉允:《吉安发现一座北宋纪年墓》,《考古》1989 年第 10 期。

王闽石:《蔡温与中国堪舆学说在琉球的传播》,《道韵》第 8 期，中华大道文化事业股份有限公司 2001 年。

王铭铭:《民族志：一种广义人文关系学的界定》,《学术月刊》2015 年第 3 期。

王铭铭:《联想、比较与思考：费孝通“天人合一论”与人类学“本体论转向”》,《学术月刊》2019 年第 8 期。

王秋桂、王天麟:《奠安与出煞：安龙科仪初探》,《民俗曲艺》94—95 期（1995 年）。

［英］王斯福:《中国风水：历史与文化》，王铭铭译，载王铭铭、潘忠党主编《象征与社会：中国民间文化的探讨》，天津：天津人民出版社，1997。

王卫平:《清代江南地区社会问题研究：以停棺不葬为例》,《江苏社会科学》2001 年第 2 期。

王文径:《从石榴镇东晋墓群的发掘看开漳前的闽南》,《闽台文化交流》2006 年第 1 期。

王育成:《东汉道符释例》,《考古学报》1991 年第 1 期。

王育成:《徐副地券中天师道史料考释》,《考古》1993 年第 6 期。

王育成:《文物所见中国古代道符述论》,《道家文化研究》第九辑，上海:上海古籍出版社，1996 年。

王育成:《中国古代道教奇异符铭考论》,《中国历史博物馆馆刊》1997 年第 2 期。

王振铎:《司南指南针与罗经盘：中国古代有关静磁学知识之发现及发明（下）》,《考古学报》1951 年 12 月第 5 期。

王振镛:《福清发现千年古墓》,《福建文博》1998 年第 2 期。

王志杰、朱捷元:《汉茂陵及其陪葬冢附近新发现的重要文物》,《文物》1976 年第 7 期。

吴荣曾:《镇墓文中所见到的东汉道巫关系》,《文物》1981 年第 3 期。

吴春明:《福建秦汉墓葬文化类型及其民族史意义》,《东南文化》1988 年第 3—4 期（合刊）。

吴文良:《泉州发现的五代砖墓》,《考古通讯》1958 年第 1 期。

武夷山市博物馆:《武夷山市陈家洲宋墓清理简报》,《福建文博》2014 年第 2 期。

吴幼雄:《泉州伊斯兰教清净寺创建考证》,《鲤城方志》1993 年 12 月。

吴之邨:《“武夷”名实考》,《安徽史学》1996 年第 3 期。

厦门大学历史系考古专业、南平市博物馆:《福建建瓯市东峰村六朝墓》,《考古》2015 年第 9 期。

徐苹芳:《宋元时代的火葬》,《文物参考资料》1956 年第 9 期。

徐苹芳:《唐宋墓葬中的“明器神煞”与“墓仪”制度——读〈大汉原陵秘葬经〉札记》,《考古》1963 年第 2 期。

徐心希:《试论福建民俗及其教化作用》,《闽台文化》1999 年 6 月第 3 期。

严耀中:《论占卜与隋唐佛教的结合》,《世界宗教研究》2002 年第 4 期。

羊泽林:《福建古代墓砖纹样初探》,《福建文博》2002 年第 1 期。

叶春荣:《风水与空间——一个台湾农村的考察》，载黄应贵主编《空间·力与社会》,“中央研究院”民族学研究所，1995 年。

叶春荣:《风水与报应——一个台湾农村的例子》,《“中央研究院”民族学研究所集刊》1999 年第 88 期。

叶文程:《厦门岛首次发现宋代火葬遗物》,《考古参考资料》1958 年第 1 期。

余光弘:《没有祖产就没有祖宗牌位? ——E. Ahern 溪南资料的再分析》,《“中央研究院”民族学研究所集刊》1987 年第 62 期。

曾凡:《南福铁路工程中福州附近的考古发现》,《考古通讯》1958 年第 1 期。

曾凡:《福州洪塘金鸡山古墓葬》,《考古》1992 年第 10 期。

曾凡:《关于福建六朝墓的一些问题》,《考古》1994 年第 5 期。

曾国栋:《从示禁碑探讨清代台湾的社会现象》,《史联杂志》1999 年第 35 期。

曾凌颂:《闽国王后刘华墓的考古发现》,《大众考古》2015 年第 5 期。

张焕新:《福建博物院藏南宋陈元吉墓出土器物》,《文物》2011 年第 7 期。

张文崟:《福建南平店口宋墓》,《考古》1992 年第 5 期。

张文崟、林蔚起:《福建南平市三官堂元代纪年墓的清理》,《考古》1996 年第 6 期。

张小军:《再造宗族:福建阳村宗族“复兴”的研究》,香港中文大学博士学位论文,1997 年。

张勋燎:《东汉墓葬出土的解注器材料和天师道的起源》,《道家文化研究》第九辑,上海:上海古籍出版社,1996 年。

赵洪章:《浦城发现南唐范韬墓志铭》,载《福建文博》1989 年第 1—2 期合刊。

周建新:《风水:传统社会中宗族的生存策略——粤东地区的实证分析》,《客家研究辑刊》1999 年第 2 期。

周建璋:《历史及其理解和解释》,厦门大学历史系博士论文 2004 年。

周星:《中国和日本的石敢当》,《“中央研究院”民族学研究所资料汇编》1993 年第 8 期。

周星:《椅子坟与龟壳墓》,载何彬《江浙汉族丧葬文化》附录,北京:中央民族大学出版社,1995 年。

朱亚仁:《宁化六中唐墓清理简报》,《福建文博》1984 年第 2 期。

庄吉发:《信仰与生活：从现藏档案资料看清代台湾的民间信仰》,《台湾文献》2000 年第 51 卷第 3 期。

庄孔韶:《“金翼”黄村山谷的风水实践》,《民俗研究》1999 年第 4 期。

庄英章:《南村的宗族与地方自治》,《“中央研究院”民族学研究所集刊》1971 年第 31 期。

庄英章:《台湾汉人宗教发展的若干问题：寺庙宗祠与竹山的垦殖型态》,《“中央研究院”民族学研究所集刊》1975 年第 36 期。

Oguma, Makoto. 1995.The Village of “Two Dragons” and the Village of “Dragon and Tiger”: A Field of Fengshui in Two Zhejiang Village, *Perspectives on Chinese Society*, edited by Suenari Michio, J.S.Eddes, and Christian Daniels.

蔡文高「福建省西部の洗骨改葬と風水信仰」、『アジア漢文化地域の民俗宗教に関する宗教人類学的研究』(研究成果報告書，研究代表者佐々木宏幹)、平成 13 年（2001 年）3 月。

周星「福建省の亀殻墓と風水」、『アジア游学』第 47 号「風水の歴史と現代」、2003 年 1 月。

水口拓寿「福建上杭『李氏族谱』に見る風水観念—始祖の墓をめぐる［機械論］と［人格論］」、『アジア漢文化地域の民俗宗教に関する宗教人類学的研究』(研究成果報告書，研究代表者佐々木宏幹)、平成 13 年（2001 年）3 月。

渡边欣雄「識名家文書『風水書』の『凡墓造図訣』と琉中の亀甲墓——福建省永定県・長汀県との比較・覚書」、『沖縄文化』38 巻 1 号、2003 年 3 月。

增订版说明

《信仰、仪式与乡土社会：风水的历史人类学探索》系笔者在厦门大学历史系的博士论文修订稿（原题《事生事死：风水与福建社会文化变迁》），2005年在中国社会科学出版社出版。因出版仓促，有不少的硬伤和错误，有些思考也不成熟。原编辑黄燕生女史、李是先生多次催促出增订版，终因种种复杂的缘故，未能及时开展，甚是遗憾。

2017年，笔者《救劫：当代济度宗教的田野研究》正式列入中国社会科学院创新文库出版，道（教）门的研究暂告一段落。因此我便集中精力，来处理本书的增订。在补充考古材料和田野调查的基础上，我重排了篇章结构，由六章扩展至十章，并进行较大规模的删写。其中导论的学术回顾，我按学科问题意识导向重新梳理，但因精力有限，未能再关注最新的研究进展，只能从旧从简。

增订版将旧体例拆解成上篇和下篇。新的篇章结构拟从社会史和民俗史的视角，批判性地反思风水术数作为"生生（善生）"宇宙观的文化模式和"连续性文明"的信仰样态，在地域社会发展中扮演着怎样的角色，何以构成"术数中国"（冷传统）和"礼义中国"（热传统）之双翼的文明基因，进而左右着中国人的历史心性、集体记忆、行为选择。是书的侧重点毋宁说尝试将一般性的风水知识、观念和信仰，视为一种长时段累积的思想传统和文明力量，视为传统中国社会文化统合的一面镜子，以期从一个象征文化体系的横切面，管窥"历史中国"和"现实中国"之关联性的宇宙观念、信仰和思想世界的实态相。

是故，本书的"野心"乃结合大历史与区域史，眼睛向下，从底层社会的

“野俗巫言”和礼仪实践出发，追问“何以中国”暨中国汉人之主体的“精神性”根基问题。宅兹中国，惠此中国，吾深知传统中国的文化幽灵栖居何处，却无以静心倾听她超越时空的一声叹息。于胥斯原，提撕本心，永恒的星空依旧遥不可及，而内在的律令依旧愰兮惚兮。鉴于“中国”作为“一统多源”的历史事实的复杂性，本书充其量属于区域性的历史理解和大众惯习的思想注解，系针对汉人社会特别是东南地区特定的文化结构及其生活模式的过程反思和活态呈现，并不足以解释作为总体社会事实的文化中国、信仰中国。

尽管我本科、硕士的知识训练属于哲学，本书依然可忝列为一部历史学本位的著作，亦可强名之兼顾历史过程与思想结构的历史人类学的尝试。其继承“傅衣凌学派”（社会经济史学派）的理论方法，以民俗乡例证史，以实物碑刻证史，以民间文献证史，并试图结合生活史、宗教史、家族史、思想史，来进行科际整合的史学范式写作。亦因其非民族志或信俗志的范例，亦只能涂写在文化人类学的边上。

其中，上篇侧重于风水术数在近世福建社会中的功能与意义的分析，关注在地社会的发展与丧葬文明的风水术数遗存、“中国”意识的地方记忆与风水的文明隐喻、汉人迁流模式与乡族社会的风水动力、风水资源的整合与乡族社会的宗族发展、风水资源的交易与乡族社会的秩序重建、风水话语的构建与乡族士绅的文化情结等主题，旨在探究东南的乡族社会如何借助各类风水事象和文化记忆形式，来持续塑造和组织自我的日常生活世界，进而刺激地域社会整体的文化变迁乃至政治认同上的“一体化”进程。

下篇重点讨论“风水信仰与地域社会的民俗记忆”问题，侧重于风水宗派的知识谱系及其地域化形态、地域文化网络与风水观念的传播渠道、祭祀礼仪与风水观念的民俗传承、祖先崇拜与墓葬纪念物的风水象征等角度，探讨一般性的风水知识、观念和信仰，如何借助各种文化媒人和文化形式，随方设教，“流行化育”于日常生活世界之中。本篇立足于“民俗传承”或“地方记忆”的视野，以期反思生活化、活态化的术数礼俗，如何有效形塑地域社会中的精神姿态、生活方式和文化标准。

前三章系原版第一章的扩展和重写。我着重分析风水信仰的物质遗存与地域丧葬文明一体化进程的关系，风水的知识、观念对地方“乡族意识”的培育和入闽汉人的定居、迁流进程的深刻影响，风水叙事背后如何潜藏着“华夏化”与“正统性”的文明隐喻。而“神话化”和“符号化”的风水记忆，在树立乡族社会整体性的自我形象、指导乡（家）族的发展方向等方面，都发挥着一种带有乡（家）族意识形态特征的核心力量。欲了解南方社会的乡族发展，离不开对“风水动力”的思考。一部地域风水实践史，堪称一部乡族发展史，一部乡族精神史。

第四、五章系原版第六章的扩写。第四章选取了汉、回两大族群的宗族发展的个案进行比较性的分析。其中，庄氏个案旨在反思汉人谱系性的、跨地域的宗族发展与“箭垛化”的风水象征场域营造的密切关系；丁氏个案旨在探讨风水作为一种文明化的符号，在近世地方“多源一统”的文明互化与交融中的涵化作用。南方回人的日常生活样态，反复提醒我们，文化的相互涵摄才是推进地域社会有机团结的常道。共通的礼仪规范而非族群或宗教的想象建构，才是铸牢中华共同体意识的黏合剂。

第五章拟探讨近世“乡族政治”之盗机（借势）模式是如何有效开展的。其中风水资源的交易与象征性的争夺，攸关乡族势力的想象利益和地方精英的社会声望之战，是乡族社会的秩序控制与重塑的仪式化表达和地方性展演。而包含亲属关系和义合关系的礼仪规范，有效地化解了社会日常生活中的紧张与冲突，是“早熟而不成熟”的地域社会维持动态均衡的基本契约和习惯法则。

第六章系原版第四章的改写，增补新的族谱文献和侨批家书资料，以期省思近世的科举制度、家族制度的发展如何刺激风水术数的兴盛。而风水术数又何以影响地方文教事业和经济开发。各种学场的风水象征营造是乡族士绅一种自我表征的文化事件，是反复塑造和强化身份、地位体系和阶序、等级制度的方式。汗牛充栋的“和息约”和“示禁碑”等地域书写，堪称地域社会近似自我裁剪下来的“类仪式”的历史记忆载体，是刻意掩饰等级性权力关系的统治艺术，用以戏剧化展演地方社会秩序的实然状态与应然状态的张力。我们借此可以冷静地透视乡族士绅及文化媒人的集体情感、行为逻辑和话语构建模式。

第七章、第八章、第九章系原版第二、三、四章，我改写了各节标题，补添了新近调查内容。这些章节旨在探讨一般性的风水知识、技术如何同其他地域文化形态相互叠合，走向“民俗化”和“仪式化”，进而影响了地域社会文化整合的历史进程。各种牵涉风水信仰和观念的仪式化实践、展演、组合和观看，不断地彰显、再现、教导生（善）生的价值观念和行为规范，充分体现了地域社会对有序化、理想化的日常生活的美好希望状态。在各类“野俗巫言”的背后，我们同样可以洞观天地人神诗意栖居的“一个世界”。

第十章系原版第二章、第四章抽出内容的扩充。我重点考察祖先崇拜体系与丧葬纪念物的风水象征关系，以期反思一般性的风水知识、观念，如何直接影响祖先骸骨的处理及坟墓形制的营造样式，并赋予其地方性的文化象征意义。对祖先骨殖及其替代物的仪式化处理和坟墓形制的象征营造，堪称家族的一场自我疗愈过程和内聚化行动的媒介。而祭祀场域的丰碑性和纪念性，让我们对南方中国人的生死观有更同情的理解和心性的体认。

增订版的出版一波三折。我要感谢中信出版社愿意接纳这本旧著新编；感恩田海（Barend J.ter Haar）、赵汀阳、王琛发、杜靖、赵丙祥、刘永华、施爱东、郑少雄、张宏斌、张蕾蕾、闵艳云、张弘泓诸先进的补充意见；感恩梁恒豪、王琛发、宗树人（David A.Palmer）、夏怡诸贤达为目录英译的贡献；感恩张士闪、王晓葵二君将增补部分内容收入杂志刊发。我的研究生王雪健、钱宝亿、赵一瑛亦帮忙校对了新稿。

因本书改删内容超过原著一半，吾接受了丙祥兄的建议，将书名改为《于胥斯原：乡族、风水与地方记忆》。人生充满诸多偶然，本书的增订及择社出版堪称一场精神炼狱，旷日持久。在大数据时代，后来者不应再迷恋于故纸堆的气息或新史料的发现，而是理当用简约化的叙事和明晰化的问题意识，让阅者愉悦地吸纳智慧资粮。倘若有心的阅者批判我不明智的烦琐和不通透的表述，吾必然欣然接受和承认，毕竟此书只是我在“南方之强”求学的时光见证，敝帚无须过多自珍。

陈进国，2018 年 1 月 1 日初记
2021 年 10 月 1 日、2024 年 2 月 1 日增补于北京

专家推介

陈进国的博士论文是一篇用力甚勤的优秀论文。

作者摒弃从意识形态角度对以往历史文化进行判官式的裁决，而以学者客观的态度，对风水这种社会现象进行从容而敏锐的描述分析，使读者从中受益，了解一种文化现象在八闽地区的传承、流变。在大跨度宏观描述中，作者牢牢把握了一种普文化在特定时空中演变的特定品位。除了宏观描述，作者在对民间通书、寺庙灵签、安镇符咒、念祝仪式、扶乩降笔等文化现象分析过程中，把风水研究纳入更广阔而细微，也更深入的研究领域。在这种研究中，作者也无形中把自己带入了更艰难、深而难测的境地。要从这篇论文向前，需要有更深厚的学养。这篇论文在许多方面已跨过了前人的研究。

作者治学态度是可取的。对自己研究对象的近距离感，大概得益于作者的经历。而对人民生活方式采取贵族老爷式的态度，显然有悖于时代潮流。

——马西沙，中国社会科学院世界宗教研究所研究员 / 荣誉学部委员

最近，对于区域社会的宗教信仰与社会生活的历史人类学研究，由于国际与国内一批学者的努力，取得相当引人注目的成就。这一研究将历史学与社会学、人类学的方法沟通，将历史学的文献研读与人类学的田野调查结合，把当下的实际社会生活现象与古代历史传统联系起来，使我们更加生动和形象地理解历史上的民间信仰和现实中的社会风俗。目前，以保存旧俗与文献较多的广东、福建、江西数省的大学，在这一方面的研究尤其出色，而陈进国博士正是在这方面的中

心——厦门大学从事研究，并师从陈支平教授进行博士论文写作的。这部博士论文的特点有以下三方面：

首先，本书文献资料价值很高，作者进行了大量的文献调查与田野考察。对于福建地方文献的调查，是一个很艰苦的工作，尽管前此已经有大陆（如厦门大学已故傅衣凌教授，现陈支平、郑振满教授等等）、台湾以及国外（如法国远东学院）的一些学者的努力，但因为各自用力方向不同，涉及民间风水信仰的这一类资料平时尚较少人关注，也相对较少引用，一切需要从头开始，而且本书涉及的文献，上至考古资料、宋元风水方技之书，中为明清方志、家谱族谱，下及当代通书、符箓，而田野调查则见于私人笔记、访谈记录以及照片资料等等，仅就这一点，本书就已经有其价值。

其次，本书内容与角度有其独特之处。过去的风水研究，除了从历史角度做风水史研究外，多侧重于风水的技术与观念背景、风水与地理和建筑的配合关系等等，从最早的 Johann Jakob Maria de Groot，*The Religious System of China*（Vol. Ⅲ），到近年的渡边欣雄《风水：气の景观地理学》（人文书院，京都，1994）、濑川昌久《族谱：华南汉族的宗族、风水、移居》（钱杭译，上海书店出版社，1999）、王其亨主编《风水理论研究》（天津大学出版社，1992）、汉宝德《风水与环境》（天津古籍出版社，2003）等等，大体不出这一范围。

但是，本书作者是从以下几方面入手的：第一是风水与乡土社会之间的关系，这是社会史的研究角度，主要讨论的是风水在福建地方社会生活中的影响；第二是风水构成的福建民间信仰世界，这是宗教与信仰史方面的研究，主要讨论它如何被乡土社会所接受，并形成一种民俗信仰；第三是风水信仰与乡土社会中士绅的关系，这又涉及了一个作为地方精英的士绅如何面对看来是小传统的风水信仰的问题，因此它又涉及了思想史，即知识阶层的身份角色与观念接受的问题；第四则针对风水信仰（包括祖先墓地、家族祠堂的安排）与家族系谱的关联，这又是如今相当热门的家族史的内容。

再次，本书不仅选择了一个相当好的研究角度，而且在理论架构、历史叙述两方面结合得相当出色。作者不仅广泛阅读欧美、日本以及台湾学者的有关著作，对本课题的研究史有相当的了解，而且能够采撷东西方的理论和方法，结合相当丰富的文献与田野资料，将生活史、宗教史、家族史、思想史糅合在一起，构筑一个很好的研究框架，从而对于作为中国一个区域的福建的历史状况、社会生活与信仰世界，有了较深入和细致的论述。

——葛兆光，复旦大学历史系文科资深教授

陈进国博士的著作，基于大量的历史文献、民间乡土文书和亲自调查所获得的田野资料，对浸透于福建地域社会的风水文化体系进行了全面和细致的研究。通过阅读本书，我进一步加深了对中国民众的生活文化及其原理的认识和理解。

——周星，日本神奈川大学历史民俗学科教授

作者认为，自唐宋以来，风水文化的民俗化与仪式化为社会各阶层所普遍接受，成为社会记忆的基本形式，从而深刻地影响着社会秩序的建构与家族组织的发展。这一观点富有新意，对于揭示传统社会文化的发展机制具有重要价值。作者立足于历史学本位，吸收了文化人类学、宗教学等学科的理论与方法，对多学科结合的史学研究范式做出了有益的尝试。

——郑振满，厦门大学历史系特聘教授

研究中国文化中的风水传统是一个很紧迫的学术任务。在西方我们只有几本介绍性的书［J.J.M. de Groot（高延），Stephan Feuchtwang（王斯福）等］，以及一两本翻译的风水手册（主要就是 Michael Paton）。目前唯一研究风水具体情况的书就是丹麦学者 Ole Bruun 的 *Fengshui in China*（原著 2003；2011 Open Access 复印），关注 20 世纪 90 年代的四川。虽然这些作品都有贡献，但是它们都不如陈进国教授的著作。通过长期的田野调查和深入的文献分析，陈教授获得了更为深刻的了解。把风水当作旧社会的迷信是现代社会常常听到的看法。虽然如此，只有通过对风水的理解，我们才能真正地把握很多传统与现代地方社会的表现。社会矛盾与其解决之道也经常依靠风水的语言：不了解这个语言，我们就不能更好地解释地方社会的过程。除非我们能够做长期的田野调查，否则这种文化理解也是得不到的。所以我非常感谢陈进国教授给我们做过这种调查，让我们从很多角度了解风水在中国社会及历史上所起的作用。

——田海（Barend J.ter Haar），德国汉堡大学中国学教授